U0906612

中国统计年鉴

CHINA STATISTICAL YEARBOOK

2014

（总第 33 期 No.33）

中华人民共和国国家统计局　编

Compiled by

National Bureau of Statistics of China

图书在版编目 (CIP) 数据

中国统计年鉴 . 2014 : 汉英对照 / 中华人民共和国国家统计局编 . -- 北京 : 中国统计出版社 , 2014.9
ISBN 978-7-5037-7280-1

Ⅰ . ①中… Ⅱ . ①中… Ⅲ . ①统计资料－中国－2014 －年鉴－汉、英 Ⅳ . ① C832-54

中国版本图书馆 CIP 数据核字 (2014) 第 208742 号

中国统计年鉴 −2014

作　　者 / 中华人民共和国国家统计局
责任编辑 / 郭　栋　李　冲
E-mail: yearbook@gj.stats.cn
Address: No.57 Yuetan Nanjie, Sanlihe, Beijing 100826
封面设计 / 张　冰
出版发行 / 中国统计出版社
通信地址 / 北京市西城区月坛南街 57 号　　邮政编码 / 100826
办公地址 / 北京市丰台区西三环南路甲 6 号
电　　话 / (010)63376898、63376907（发行部）、63376877（编辑部）
印　　刷 / 河北天普润印刷厂
经　　销 / 新华书店
开　　本 / 890 × 1240 毫米　1/16
字　　数 / 2000 千字
印　　张 / 61.25
版　　别 / 2014 年 9 月第 1 版
版　　次 / 2014 年 9 月第 1 次印刷
定　　价 / 498.00 元　　Price: 498.00 yuan (RMB)

本书附同版本 CD-ROM 一张，光盘内容以书面文字为准。
如有印装错误，本社发行部负责调换。

《中国统计年鉴－2014》

编委会和编辑出版人员

China Statistical Yearbook - 2014

EDITORIAL BOARD AND EDITORIAL STAFF

编 者 说 明

一、《中国统计年鉴—2014》系统收录了全国和各省、自治区、直辖市2013年经济、社会各方面的统计数据，以及多个重要历史年份和近年全国主要统计数据，是一部全面反映中华人民共和国经济和社会发展情况的资料性年刊。因2013年为全国经济普查年份，除注明外2013年均采用快报数据。

二、本年鉴正文内容分为27个篇章，即：1.综合;2.人口;3.国民经济核算;4.就业和工资;5.价格;6.人民生活;7.财政;8.资源和环境;9.能源;10.固定资产投资;11.对外经济贸易;12.农业;13.工业;14.建筑业;15.房地产;16.批发和零售业;17.住宿、餐饮业和旅游;18.运输和邮电;19.金融业;20.科学技术;21.教育;22.卫生和社会服务;23.文化和体育;24.公共管理、社会保障和社会组织;25.城市、农村和区域发展;26.香港特别行政区主要社会经济指标;27.澳门特别行政区主要社会经济指标;同时附录两个篇章：台湾省主要社会经济指标；国际主要社会经济指标。

为方便读者使用，各篇章前设有《简要说明》，对本篇章的主要内容、资料来源、统计范围、统计方法以及历史变动情况予以简要概述。篇末附有《主要统计指标解释》。

三、本年鉴所涉及的全国性统计数据，除行政区划、土地面积和森林资源及特殊注明外，均未包括香港、澳门特别行政区和台湾省数据。根据中华人民共和国“香港特别行政区基本法”和“澳门特别行政区基本法”的有关原则，香港、澳门与内地是相对独立的统计区域，依据各自不同的统计制度和法律规定，独立进行统计工作，本年鉴中有关统计资料分别由香港特别行政区政府统计处、澳门特别行政区政府统计暨普查局提供，国家统计局进行编辑。

四、本年鉴所涉及东部、中部、西部和东北地区的具体划分为：

东部地区：有10个省（市），包括北京、天津、河北、上海、江苏、浙江、福建、山东、广东和海南。

中部地区：有6个省，包括山西、安徽、江西、河南、湖北和湖南。

西部地区：有12个省（区、市），包括内蒙古、广西、重庆、四川、贵州、云南、西藏、陕西、甘肃、青海、宁夏和新疆。

东北地区：有3个省，包括辽宁、吉林和黑龙江。

五、本年鉴所使用的度量衡单位均采用国际统一标准计量单位，并统一使用最新颁布实施的产品目录。

六、本年鉴中涉及到的历史数据，均以最新出版的本年鉴数据为准；本年鉴中部分数据合计数或相对数由于单位取舍不同而产生的计算误差，均未做机械调整。

七、符号使用说明:年鉴各表中的“空格”表示该项统计指标数据不足本表最小单位数、数据不详或无该项数据；“#”表示其中的主要项；“*”或“①”表示本表下有注解。香港及澳门部分的符号使用方法具体见其篇章说明。

八、与2013年版《中国统计年鉴》相比较，本年鉴在篇章结构和内容上主要做了如下修订：将原“就业人员和工资”篇章名称改为“就业和工资”；原“价格指数”篇章名称改为“价格”；将房地产相关内容从“固定资产投资”篇中拆分出来，增设“房地产”篇；将“教育和科技”篇章分开设“教育”和“科学技术”两个篇章；将“城市概况”篇章改为“城市、农村和区域发展”篇，相应增加或调整反映农村建设和区域发展的内容。根据新的行业分类标准，将原“公共管理、社会保障及其他”改为“公共管理、社会保障和社会组织”；将附录二“我国经济、社会统计指标同世界主要国家和地区比较”改为“国际主要社会经济指标”；并总体遵循“综合+人口+经济+社会+区域”的原则，调整部分篇章顺序；根据最新统计制度报表制度对个别专业内容及相关统计指标进行了调整，增加反映经济转型升级的统计指标；行业分类除核算、能源、价格等专业及注明以外均采用2011年版行业分类标准。

EDITOR'S NOTES

I. *China Statistical Yearbook 2014* is an annual statistical publication, which reflects comprehensively the economic and social development of China. It covers data for 2013 and key statistical data in recent years and some historically important years at the national level and the local levels of province, autonomous region and municipality directly under the Central Government. Data of 2013 are preliminary data except notified specially for Economic Census in 2013.

II. The Yearbook contains twenty-seven chapters : 1. General Survey; 2. Population; 3. National Accounts; 4. Employment and Wages; 5. Prices; 6. People's Living Conditions; 7. Government Finance; 8. Resources and Environment; 9. Energy; 10. Investment in Fixed Assets; 11. Foreign Trade and Economic Cooperation; 12. Agriculture; 13. Industry; 14. Construction; 15. Real Estate; 16. Wholesale and Retail Trades; 17. Hotels, Catering Services and Tourism; 18. Transport, Postal and Telecommunication Services; 19. Financial Intermediation; 20. Science and Technology; 21. Education; 22. Public Health and Social Services; 23. Culture and Sports; 24. Public Management, Social Security and Social Organizations; 25. Urban, Rural and Regional Development; 26. Main Social and Economic Indicators of Hong Kong Special Administrative Region (SAR); 27. Main Social and Economic Indicators of Macao Special Administrative Region (SAR). Two chapters listed as Appendices are Main Social and Economic Indicators of Taiwan Province and Main Social and Economic Indicators of Other Countries/Regions.

To facilitate readers, the Brief Introduction at the beginning of each chapter provides a summary of the main contents of the chapter, data sources, statistical scope, statistical methods and historical changes. At the end of each chapter, Explanatory Notes on Main Statistical Indicators are included.

III. The national data in this book do not include those of the Hong Kong Special Administrative Region, the Macao Special Administrative Region and Taiwan Province, except for the divisions of administrative areas, the area of the national territory and forest resources and otherwise specified. In accordance with the principles set down in the *Basic Law of Hong Kong Special Administrative Region*, and the *Basic Law of Macao Special Administrative Region*, statistically Hong Kong, Macao and the mainland of China are three mutually independent regions, each following its own and different statistical systems and legal provisions in conducting statistical operations independently. Statistics on the Hong Kong Special Administrative Region and the Macao Special Administrative Region as included in this yearbook are provided by the Census and Statistics Department of the Government of Hong Kong Special Administrative Region and the Statistics and Census Service of the Government of Macao Special Administrative Region respectively; and are edited by the National Bureau of Statistics.

IV. Eastern region, central region, western region and northeastern region in the Yearbook are divided as following:

Eastern 10 provinces (municipalities) include: Beijing, Tianjin, Hebei, Shanghai, Jiangsu, Zhejiang, Fujian, Shandong, Guangdong and Hainan;

Central 6 provinces include: Shanxi, Anhui, Jiangxi, Henan, Hubei and Hunan;

Western 12 provinces (autonomous regions and municipalities) include: Inner Mongolia, Guangxi, Chongqing, Sichuan, Guizhou, Yunnan, Tibet, Shaanxi, Gansu, Qinghai, Ningxia and Xinjiang;

Northeastern 3 provinces include: Liaoning, Jilin and Heilongjiang.

V. The units of measurement used in the Yearbook are internationally standard measurement units, and newly published and implemented Product Categories are uniformly used.

VI. Please refer to the newly published version of the Yearbook for updated historical data. Statistical discrepancies on totals and relative figures due to rounding are not adjusted in the Yearbook.

VII. Notations used in the Yearbook：(blank space) indicates that the figure is not large enough to be measured with the smallest unit in the table, or data are unknown, or are not available; "#" indicates a major breakdown of the total; and "*"or "①"indicates footnotes at the end of the table. About the notations in the chapters of Hong Kong SAR and Macao SAR, please refer to the brief introduction in relevant chapters.

VIII. In comparison with *China Statistical Yearbook 2013*, following revisions have been made in this new version in terms of the statistical contents and in editing: The Chinese name of "Employment and Wages" is changed. The original chapter of "Price Indices" is changed with "Prices"; the tables about housing and real estate are taken out of the chapter of "Investment in Fixed Assets" and formed a new chapter of "Real Estate"; the chapter of "Education, Science and Technology" is separated into two chapters of "Education" and "Science and Technology"; and the chapter of "General Survey of Cities" is changed with "Urban, Rural and Regional Development" so as to include data about rural and regional development. On the basis of the new version of industrial classifications, the chapter of "Public Management, Social Security and Others" is changed with "Public Management, Social Security and Social Organizations"; and Appendix II "A Comparison of Indicators of Economy and Society Among the People's Republic of China and Other Countries/Regions" is changed with "Main International Social and Economic Indicators". Following the principle of general, population, economy, society and regional development, the sequence of some chapters is readjusted. According to the new statistical report system, a few contents and indicators are readjusted in order to accommodate statistics about economic transformation and upgrading. The 2011's edition of standard industrial classifications is applied in this Yearbook unless these professionals of national accounting, energy, prices and otherwise specified.

目 录

CONTENTS

一、综 合
General Survey

二、人 口
Population

三、国民经济核算
National Accounts

四、就业和工资
Employment and Wages

五、价 格
Prices

六、人民生活
People's Living Conditions

七、财 政
Government Finance

八、资源和环境
Resources and Environment

九、能　源
Energy

十、固定资产投资
Investment in Fixed Assets

十一、对外经济贸易
Foreign Trade and Economic Cooperation

十二、农 业
Agriculture

十三、工　业
Industry

十四、建筑业
Construction

十五、房地产
Real Estate

十六、批发和零售业
Wholesale and Retail Trades

十七、住宿、餐饮业和旅游
Hotels, Catering Services and Tourism

十八、运输和邮电
Transport, Postal and Telecommunication Services

十九、金融业
Financial Intermediation

二十、科学技术
Science and Technology

二十一、教　育
Education

二十二、卫生和社会服务
Public Health and Social Services

二十三、文化和体育
Culture and Sports

二十四、公共管理、社会保障和社会组织
Public Management, Social Security and Social Organizations

二十五、城市、农村和区域发展
Urban, Rural and Regional Development

二十六、香港特别行政区主要社会经济指标
Main Social and Economic Indicators of Hong Kong Special Administrative Region

二十七、澳门特别行政区主要社会经济指标
Main Social and Economic Indicators of Macao Special Administrative Region

附录一、台湾省主要社会经济指标
APPENDIX　I. Main Social and Economic Indicators of Taiwan Province

附录二、国际主要社会经济指标
APPENDIX II. Main Social and Economic Indicators of Other Countries/Regions

1

综　合

General Survey

简 要 说 明

本篇章主要内容和资料来源

一、综合资料主要包括我国行政区划、国民经济和社会发展综合资料。由民政部和国家统计局编辑整理。

二、“全国行政区划”资料，由民政部根据国务院批准的、截止到上一年末全国行政区划变更情况汇总整理并提供。

三、国民经济综合资料是本年鉴之精华，集中反映中国国民经济和社会发展的总量、速度、结构、比例和效益状况及变化。

Brief Introduction

Main Contents and Sources of Data

I. This chapter consists of three parts: divisions of administrative areas, summary data on the national economy and social development, which are compiled by the Ministry of Civil Affairs, National Bureau of Statistics respectively.

II. Data on divisions of administrative areas in China are prepared and provided by the Ministry of Civil Affairs on the basis of the changes in the divisions of administrative areas as approved by the State Council at the end of the previous year.

III. The summary data on the national economy reflect the overall situation of the economic and social development by presenting further processed statistics including growth, structure, ratio, and efficiency data derived from other chapters

1-1 全国行政区划（2013年底）

Divisions of Administrative Areas in China (End of 2013)

单位：个 (unit)

省级区划名称 Provinces, Autonomous Regions and Municipalities	地级区划数 Number of Regions at Prefecture Level	#地级市 Cities at Prefecture Level	县级区划数 Number of Regions at County Level	#市辖区 Districts under the Jurisdiction of Cities	#县级市 Cities at County Level	#县 Counties	#自治县 Autonomous Counties	乡镇级区划数 Number of Regions at Townships Level	#镇 Towns	#乡级 Towns	#街道办事处 Street Communities
全国 National Total	**333**	**286**	**2853**	**872**	**368**	**1442**	**117**	**40497**	**20117**	**12812**	**7566**
北京市 Beijing			16	14		2		325	144	38	143
天津市 Tianjin			16	13		3		240	121	6	113
河北省 Hebei	11	11	172	37	22	107	6	2246	1045	914	286
山西省 Shanxi	11	11	119	23	11	85		1398	564	632	202
内蒙古自治区 Inner Mongolia	12	9	102	22	11	17		1010	493	275	242
辽宁省 Liaoning	14	14	100	56	17	19	8	1521	636	228	657
吉林省 Jilin	9	8	60	20	21	16	3	900	434	184	282
黑龙江省 Heilongjiang	13	12	128	64	18	45	1	1279	495	398	386
上海市 Shanghai			17	16		1		208	108	2	98
江苏省 Jiangsu	13	13	100	55	23	22		1265	797	79	389
浙江省 Zhejiang	11	11	90	34	21	34	1	1324	639	264	421
安徽省 Anhui	16	16	105	43	6	56		1508	927	330	251
福建省 Fujian	9	9	85	26	14	45		1104	616	313	175
江西省 Jiangxi	11	11	100	20	10	70		1546	807	594	145
山东省 Shandong	17	17	137	48	29	60		1826	1107	91	628
河南省 Henan	17	17	159	50	21	88		2406	1085	755	566
湖北省 Hubei	13	12	103	38	24	38	2	1232	757	175	300
湖南省 Hunan	14	13	122	35	16	64	7	2407	1138	925	344
广东省 Guangdong	21	21	121	58	23	37	3	1585	1128	11	446
广西壮族自治区 Guangxi	14	14	110	36	7	55	12	1247	722	405	120
海南省 Hainan	3	3	20	4	6	4	6	224	182	21	21
重庆市 Chongqing			38	19		15	4	1016	611	213	192
四川省 Sichuan	21	18	183	48	14	117	4	4657	1853	2502	302
贵州省 Guizhou	9	6	88	13	7	56	11	1507	782	606	119
云南省 Yunnan	16	8	129	13	12	75	29	1388	652	574	162
西藏自治区 Tibet	7	1	74	1	1	72		694	140	544	10
陕西省 Shaanxi	10	10	107	24	3	80		1420	1142	74	204
甘肃省 Gansu	14	12	86	17	4	58	7	1347	478	750	119
青海省 Qinghai	8	2	43	5	3	28	7	395	137	228	30
宁夏回族自治区 Ningxia	5	5	22	9	2	11		237	101	92	44
新疆维吾尔自治区 Xinjiang	14	2	101	11	22	62	6	1035	276	589	169
香港特别行政区 Hong Kong Special Administrative Region											
澳门特别行政区 Macao Special Administrative Region											
台湾省 Taiwan											

注：乡镇级总数包含河北省、新疆维吾尔自治区的各一个区公所。

a) Number of regions at townships level include one district office of Hebei and Xinjiang separately.

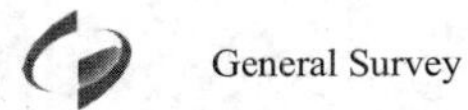

1-2 国民经济和社会发展总量与速度指标

指　标	Item	1978
人口　(万人)	**Population (10 000 persons)**	
总人口(年末)	Population at Year-end	96259
男性人口	Male	49567
女性人口	Female	46692
城镇人口	Urban	17245
乡村人口	Rural	79014
就业　(万人)	**Employment (10 000 persons)**	
就业人员数	Employment	40152
城镇登记失业人数	Registrated Unemployment in Urban Areas	530
国民经济核算	**National Accounting**	
国民总收入　(亿元)	Gross National Income (100 million yuan)	3645.2
国内生产总值　(亿元)	Gross Domestic Product (100 million yuan)	3645.2
第一产业	Primary Industry	1027.5
第二产业	Secondary Industry	1745.2
第三产业	Tertiary Industry	872.5
人均国内生产总值　(元)	GDP Per Capita (yuan)	381
人民生活	**People's Living Conditions**	
城镇居民人均可支配收入　(元)	Per Capita Annual Disposable Income of Urban Households(yuan)	343
农村居民人均纯收入　(元)	Per Capita Net Income of Rural Residents (yuan)	134
城乡人民币储蓄存款余额　(亿元)	Outstanding Amount of Saving Deposits in Urban and Rural Areas (100 million yuan)	211
财政　(亿元)	**Government Finance (100 million yuan)**	
公共财政收入	Public Government Revenue	1132.3
中　央	Central Government	175.8
地　方	Local Governments	956.5
公共财政支出	Public Government Expenditure	1122.1
中　央	Central Government	532.1
地　方	Local Governments	590.0
环境、灾害	**Environment and Disaster**	
废水中化学需氧量排放量　(万吨)	COD Discharge of Waste Water (10 000 tons)	
废气中二氧化硫排放量　(万吨)	Sulphur Dioxide Emission of Waste Gas (10 000 tons)	
交通事故发生数　(起)	Number of Traffic Accidents (unit)	
交通事故直接财产损失　(万元)	Loss of Traffic Accidents (10 000 yuan)	
能源　(万吨标准煤)	**Production and Consumption of Energy (10 000 tons of SCE)**	
能源生产总量	Total Energy Production	62770
能源消费总量	Total Energy Consumption	57144
固定资产投资	**Investment in Fixed Assets**	
全社会固定资产投资总额　(亿元)	Total Investment in Fixed Assets (100 million yuan)	
#房地产开发	Real Estate Development	
#住宅	Residential Buildings	
全社会房屋施工面积　(万平方米)	Floor Space of Buildings under Construction (10 000 sq.m)	
全社会房屋竣工面积　(万平方米)	Floor Space of Buildings Completed (10 000 sq.m)	
对外经济贸易　(亿美元)	**Foreign Trade (USD 100 million)**	
货物进出口总额	Total Value of Imports and Exports	206.4
出口额	Exports	97.5
进口额	Imports	108.9
实际利用外资额　(亿美元)	Actually Utilization of Foreign Capital (USD 100 million)	
外商直接投资	Foreign Direct Investments	
外商其他投资	Other Foreign Investments	

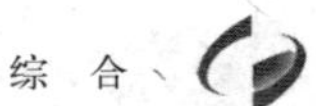

Principal Aggregate Indicators on National Economic and Social Development and Growth Rates

总量指标	Aggregate Data			指数(%) Index (%) (2013为以下各年) (2013 as Percentage of the Following Years)				平均增长速度(%) Average Annual Growth Rate (%)		
1990	2000	2012	2013	1978	1990	2000	2012	1979–2013	1991–2013	2001–2013
114333	126743	135404	136072	141.4	119.0	107.4	100.5	1.0	0.8	0.5
58904	65437	69395	69728	140.7	118.4	106.6	100.5	1.0	0.7	0.5
55429	61306	66009	66344	142.1	119.7	108.2	100.5	1.0	0.8	0.6
30195	45906	71182	73111	424.0	242.1	159.3	102.7	4.2	3.9	3.6
84138	80837	64222	62961	79.7	74.8	77.9	98.0	-0.6	-1.3	-1.9
64749	72085	76704	76977	191.7	118.9	106.8	100.4	1.9	0.8	0.5
383	595	917	926	174.7	241.8	155.6	101.0	1.6	3.9	3.5
18718.3	98000.5	518214.7	566130.2	2596.1	919.1	345.9	107.4	9.8	10.1	10.0
18667.8	99214.6	519470.1	568845.2	2608.6	926.0	343.3	107.7	9.8	10.2	10.0
5062.0	14944.7	52373.6	56957.0	474.9	249.1	171.4	104.0	4.6	4.0	4.2
7717.4	45555.9	235162.0	249684.4	4105.3	1349.9	379.5	107.8	11.2	12.0	10.8
5888.4	38714.0	231934.5	262203.8	3542.6	978.2	370.5	108.3	10.7	10.4	10.6
1644	7858	38459	41908	1837.5	774.4	319.3	107.1	8.7	9.3	9.3
1510	6280	24565	26955	1227.0	619.4	319.8	107.0	7.4	8.3	9.4
686	2253	7917	8896	1286.4	413.4	266.1	109.3	7.6	6.4	7.8
7120	64332	399551	447602	212536.4	6286.7	695.8	112.0	24.5	19.7	16.1
2937.1	13395.2	117253.5	129209.6	11411.7	4399.2	964.6	110.2	14.5	17.9	19.0
992.4	6989.2	56175.2	60198.5	34248.4	6065.8	861.3	107.2	18.1	19.5	18.0
1944.7	6406.1	61078.3	69011.2	7215.0	3548.7	1077.3	113.0	13.0	16.8	20.1
3083.6	15886.5	125953.0	140212.1	12495.6	4547.0	882.6	111.3	14.8	18.1	18.2
1004.5	5519.9	18764.6	20471.8	3847.2	2038.1	370.9	109.1	11.0	14.0	10.6
2079.1	10366.7	107188.3	119740.3	20296.0	5759.2	1155.1	111.7	16.4	19.3	20.7
		2424	2353				97.1			
		2118	2044				96.5			
250244	616971	204196	198394		79.3	32.2	97.2		-1.0	-8.4
35362	263290	117490	103897		293.8	39.5	88.4		4.8	-6.9
103922	135048	331848	340000	541.7	327.2	251.8	102.5	4.9	5.3	7.4
98703	145531	361732	375000	656.2	379.9	257.7	103.7	5.5	6.0	7.6
4517.0	32917.7	374694.7	446294.1		9880.3	1355.8	119.1		22.3	22.5
253.3	4984.1	71803.8	86013.4		33963.8	1725.8	119.8		30.1	25.1
	3312.0	49374.2	58950.8			1779.9	119.4			19.1
137171	265294	1167238	1336288		974.2	503.7	114.5		9.2	12.3
107952	181974	335504	349896		324.1	192.3	104.3		5.2	4.7
1154.4	4742.9	38671.2	41589.9	20150.2	3602.7	876.9	107.5	16.4	16.9	18.2
620.9	2492.0	20487.1	22090.0	22656.5	3557.7	886.4	107.8	16.8	16.8	18.3
533.5	2250.9	18184.1	19499.9	17906.2	3655.1	866.3	107.2	16.0	16.9	18.1
34.9	407.2	1117.2	1175.9		3372.1	288.8	105.3		16.5	8.5
2.7	86.4	15.8	11.3		423.1	13.1	71.9		6.5	-14.5

1-2 续表 1

指 标	Item	1978
农业	**Agriculture**	
农林牧渔业总产值 (亿元)	Gross Output Value of Agriculture, Forestry, Animal Husbandry and Fishery (100 million yuan)	1397.0
主要农产品产量 (万吨)	Output of Major Farm Products (10 000 tons)	
粮 食	Grain	30476.5
棉 花	Cotton	216.7
油 料	Oil-bearing Crops	521.8
甘 蔗	Sugar Cane	2111.6
甜 菜	Beet Roots	270.2
茶 叶	Tea	26.8
水 果	Fruits	657.0
肉 类	Meat	943.0
奶 类	Milk	
水产品	Aquatic Products	465.4
工业	**Industry**	
主要工业产品产量	Output of Major Industrial Products	
原 煤 (亿吨)	Coal (100 million tons)	6.18
原 油 (万吨)	Crude Oil (10 000 tons)	10405
天然气 (亿立方米)	Natural Gas (100 million cu.m)	137
水 泥 (万吨)	Cement (10 000 tons)	6524
粗 钢 (万吨)	Crude Steel (10 000 tons)	3178
钢 材 (万吨)	Rolled Steel (10 000 tons)	2208
原 铝(电解铝) (万吨)	Primary Aluminium(Electrolytic Aluminium) (10 000 tons)	
汽 车 (万辆)	Motor Vehicles (10 000 units)	14.9
家用电冰箱 (万台)	Household Refrigerators (10 000 units)	2.8
房间空气调节器 (万台)	Air Conditioners (10 000 units)	0.02
家用洗衣机 (万台)	Household Washing Machines (10 000 units)	0.04
彩色电视机 (万台)	Colour Television Sets (10 000 units)	0.38
发电量 (亿千瓦小时)	Electricity (100 million kwh)	2566
规模以上工业企业主要指标 (亿元)	Principal Indicators of Industrial Enterprises above Designated Size (100 million yuan)	
资产总计	Original Value of Fixed Assets	
主营业务收入	Revenue from Principal Business	
利润总额	Total Profits	
建筑业	**Construction**	
建筑业企业从业人员 (万人)	Number of Employed Persons (10 000 persons)	
建筑业总产值 (亿元)	Gross Output Value (100 million yuan)	
房地产业	**Real Estate**	
房地产企业土地购置面积 (万平方米)	Land Space Purchased This Year (10 000 sq.m)	
房地产企业土地成交价款 (亿元)	Transaction Value of Land This Year (100 million yuan)	
房地产企业房屋施工面积(万平方米)	Floor Space of Buildings under Construction (10 000 sq.m)	
房地产企业房屋竣工面积(万平方米)	Floor Space of Buildings Completed (10 000 sq.m)	
房地产企业商品房销售面积(万平方米)	Floor Space of Commercialized Buildings Sold (10 000 sq.m)	
#住宅	Residential Buildings	
房地产企业商品房销售额 (亿元)	Total Sale of Commercialized Buildings (100 million yuan)	
#住宅	Residential Buildings	

continued

总量指标 Aggregate Data				指数(%) Index (%) (2013为以下各年) (2013 as Percentage of the Following Years)				平均增长速度(%) Average Annual Growth Rate (%)		
1990	2000	2012	2013	1978	1990	2000	2012	1979-2013	1991-2013	2001-2013
7662.1	24915.8	89453.0	96995.3	728.4	357.2	186.1	104.0	5.8	5.7	4.9
44624.3	46217.5	58958.0	60193.8	197.5	134.9	130.2	102.1	2.0	1.3	2.1
450.8	441.7	683.6	629.9	290.7	139.7	142.6	92.1	3.1	1.5	2.8
1613.2	2954.8	3436.8	3517.0	674.0	218.0	119.0	102.3	5.6	3.4	1.3
5762.0	6828.0	12311.4	12820.1	607.1	222.5	187.8	104.1	5.3	3.5	5.0
1452.5	807.3	1174.0	926.0	342.7	63.8	114.7	78.9	3.6	-1.9	1.1
54.0	68.3	179.0	192.4	718.1	356.3	281.6	107.5	5.8	5.7	8.3
1874.4	6225.1	24056.8	25093.0	3819.5	1338.7	403.1	104.3	11.0	11.9	11.3
2857.0	6013.9	8387.2	8535.0	905.1	298.7	141.9	101.8	6.5	4.9	2.7
475.1	919.1	3875.4	3649.5		768.2	397.1	94.2		9.3	11.2
1237.0	3706.2	5907.7	6172.0	1326.3	498.9	166.5	104.5	7.7	7.2	4.0
10.80	13.84	36.50	36.80	595.5	340.7	265.9	100.8	5.2	5.5	7.8
13831	16300	20571	20947	201.3	151.4	128.5	101.8	2.0	1.8	1.9
153	272	1070	1170	852.5	765.1	430.3	109.4	6.3	9.3	11.9
20971	59700	220984	241614	3703.5	1152.1	404.7	109.3	10.9	11.2	11.4
6635	12850	72388	77904	2451.4	1174.1	606.3	107.6	9.6	11.3	14.9
5153	13146	95578	106762	4835.2	2071.8	812.1	111.7	11.7	14.1	17.5
		2021	2206				109.2			
51	207	1928	2212	14833.8	4303.0	1068.5	114.7	15.4	17.8	20.0
463	1279	8427	9261	330750.7	2000.0	724.1	109.9	26.1	13.9	16.4
24	1827	12399	13057	65286000.0	54246.8	714.8	105.3	46.6	31.5	16.3
663	1443	6791	7202	18004750.0	1086.8	499.1	106.0	41.3	10.9	13.2
1033	3936	12824	12776	3362118.4	1236.7	324.6	99.6	34.7	11.6	9.5
6212	13556	50210	53976	2103.5	868.9	398.2	107.5	9.1	9.9	11.2
	126211	768421	850626			674.0	110.7			15.8
	84152	929292	1029150			1223.0	110.7			21.2
	4393	61910	62831			1430.1	101.5			22.7
1011	1994	4267	4499		445.2	225.6	105.4		6.7	6.5
1345	12498	137218	159313		11844.7	1274.7	116.1		23.1	21.6
	16905	35667	38814			229.6	108.8			6.6
		7410	9918				133.9			
	65897	573418	665572			1010.0	116.1			19.5
	25105	99425	101435			404.0	102.0			11.3
	18637	111304	130551			700.5	117.3			16.2
	16570	98468	115723			698.4	117.5			16.1
	3935	64456	81428			2069.1	126.3			26.2
	3229	53467	67695			2096.7	126.6			26.4

1-2 续表 2

指　　标	Item	1978
批发、零售和旅游业	**Wholesale, Retail Sales and Tourism**	
社会消费品零售总额 (亿元)	Total Retail Sales of Consumer Goods (100 million yuan)	1559
外国入境旅客 (万人次)	Number of Tourists (Oversea Visitors) (10 000 person-times)	23
国内旅客 (亿人次)	Number of Tourists (Domestic Visitors) (10 000 person-times)	
国际旅游收入 (亿美元)	Foreign Exchange Earnings from International Tourism (USD 100 million)	2.6
国内旅游收入 (亿元)	Earnings from Domestic Tourism (100 million)	
交通运输业	**Transportation**	
客运量 (万人)	Passenger Traffic (10 000 persons)	253993
铁　路	Railways	81491
公　路	Highways	149229
水　运	Waterways	23042
民　航	Civil Aviation	231
货运量 (万吨)	Freight Traffic (10 000 tons)	248946
铁　路	Railways	110119
公　路	Highways	85182
水　运	Waterways	43292
民　航	Civil Aviation	6
管　道	Pipelines	10347
沿海规模以上港口货物吞吐量(万吨)	Volume of Freight Handled at Coastal Ports above Designated Size (10 000 tons)	19834
民用汽车拥有量 (万辆)	Possession of Civil Motor Vehicles (10 000 sets)	135.84
#私人汽车	Private Vehicles	
邮政、电信和信息软件业	**Postal, Telecommunication & Information Services**	
邮电业务总量 (亿元)	Business Volume of Postal and Telecommunication Services(100 million yuan)	34.1
函　件 (亿件)	Number of Letters Delivered (100 million pieces)	28.4
报刊期发数 (万份)	Number of Newspapers and Magazines Distributed (10 000 copies)	11250
移动电话年末用户 (万户)	Number of Mobile Telephone Subscribers at Year-end (10 000 subscribers)	
固定电话年末用户 (万户)	Number of Fixed Telephone Subscribers at Year-end (10 000 subscribers)	192.5
城市	Urban Telephone Subscribers	119.2
农村	Rural Telephone Subscribers	73.4
公用电话 (万户)	Public Telephone (10 000 subscribers)	1.2
局用交换机容量 (万门)	Capacity of Local Telephone Exchanges (10 000 lines)	405.9
互联网宽带接入用户 (万户)	Broadband Subscribers of Internet(10 000 accounts)	
软件业务收入 (亿元)	SoftwareIncome(100 million yuan)	
金融业 (亿元)	**Financial Intermediation (100 million yuan)**	
社会融资规模	Social Financing	
货币和准货币 (M_2)	Money and Quasi-Money (M_2)	
货币 (M_1)	Money (M_1)	
流通中现金 (M_0)	Currency in Circulation (M_0)	
金融机构人民币各项存款余额	Deposits of National Banking System	1155
金融机构人民币各项贷款余额	Loans of National Banking System	1890
股票筹资额	Raised Capital of Listed Companies	
保险公司保费金额	Insurance Premium of Insurance Companies	
保险公司赔款及给付金额	Indemnity Expenditure and Payment of Insurance Companies	
科学技术 (亿元)	**Science and Technology (100 million yuan)**	
研究与试验发展经费支出	Expenditures on Research and Development	
技术市场成交额	Volume of Transaction in Technical Markets	

continued

总量指标		Aggregate Data		指数(%) Index (%) (2013为以下各年) (2013 as Percentage of the Following Years)				平均增长速度(%) Average Annual Growth Rate (%)		
1990	2000	2012	2013	1978	1990	2000	2012	1979－2013	1991－2013	2001－2013
8300	39106	210307	237810	15257.9	2865.1	608.1	113.1	15.4	15.7	14.9
175	1016	2719	2629	11430.6	1504.9	258.8	96.7	14.5	12.5	7.6
	7.44	29.57	32.62			438.4	110.3			12.0
22.2	162.2	500.3	516.6	19644.1	2329.3	318.4	103.3	16.3	14.7	9.3
	3175.5	22706.2	26276.1			827.5	115.7			17.7
772682	1478573	3804035	2122992	835.8	274.8	143.6	55.8	6.3	4.5	2.8
95712	105073	189337	210597	258.4	220.0	200.4	111.2	2.7	3.5	5.5
648085	1347392	3557010	1853463	2483.7	571.9	275.1	104.2	9.6	7.9	8.1
27225	19386	25752	23535	115.1	97.4	136.8	103.0	0.4	-0.1	2.4
1660	6722	31936	35397	15323.2	2132.3	526.6	110.8	15.5	14.2	13.6
970602	1358682	4100436	4098900	1646.5	422.3	301.7	100.0	8.3	6.5	8.9
150681	178581	390438	396697	360.2	263.3	222.1	101.6	3.7	4.3	6.3
724040	1038813	3188475	3076648	4151.1	488.4	340.4	110.9	11.2	7.1	9.9
80094	122391	458705	559785	1169.8	632.3	413.8	110.4	7.3	8.3	11.5
37	197	545	561	8769.6	1516.9	285.3	103.0	13.6	12.6	8.4
15750	18700	62274	65209	630.2	414.0	348.7	104.7	5.4	6.4	10.1
48321	125603	665245	728098	3671.0	1506.8	579.7	109.4	10.8	12.5	14.5
551.4	1608.9	10933.1	12670.1	9327.3	2298.0	787.5	115.9	13.8	14.6	17.2
81.6	625.3	8838.6	10501.7		12866.6	1679.4	118.8		23.5	24.2
155.5	4792.7	15019.3	18432.2	202358.2	44348.9	1439.3	117.8	24.3	30.3	22.8
54.9	77.7	70.7	63.4	223.7	115.6	81.6	89.6	2.3	0.6	-1.6
20078	20090	15402	15141	134.6	75.4	75.4	98.3	0.9	-1.2	-2.2
1.8	8453.3	111215.5	122911.3		6709498.3	1454.0	110.5		62.1	22.9
685.0	14482.9	27815.3	26698.5	13866.2	3897.4	184.3	96.0	15.1	17.3	4.8
538.4	9311.6	18893.4	18456.8	15490.4	3427.8	198.2	97.7	15.5	16.6	5.4
146.6	5171.3	8921.9	8241.7	11229.4	5622.6	159.4	92.4	14.4	19.1	3.7
4.6	352.0	2347.1	2233.4	191889.3	48503.7	634.5	95.2	24.1	30.8	15.3
1231.8	17825.6	43749.3	41089.3	10123.5	3335.7	230.5	93.9	14.1	16.5	6.6
		17518.3	18890.9				107.8			
		24794	30587				123.4			
		157631	173168				109.9			
15293	134610	974149	1106525			778.2	113.6			17.1
6951	53147	308664	337291			619.3	109.3			15.1
2644	14653	54660	58574			399.8	107.1			11.2
13943	123804	917555	1043847	90375.6	7486.6	843.1	113.8	21.5	20.6	17.8
17511	99371	629910	718961	38031.8	4105.8	723.5	114.1	18.5	17.5	16.4
	2103	4134	3869			183.9	93.6			4.8
	1598	15488	17222			1077.7	111.2			20.1
	526	4716	6213			1181.2	131.7			20.9
	895.7	10298.4	11846.6			1322.6	115.0			22.0
75.1	650.8	6437.1	7469.0		9945.4	1147.8	116.0		22.1	20.6

1-2 续表 3

指　标		Item		1978
教育		**Education**		
专任教师数	(万人)	Full-time Teachers	(10 000 persons)	
#普通高等学校		Regular Institutions of Higher Education		20.6
普通中学		Secondary Schools		318.2
普通小学		Primary Schools		522.6
在校学生数	(万人)	Students Enrollment	(10 000 persons)	
#普通本专科		Regular Undergraduates and College Students		85.6
普通中学		Secondary Schools		6548.3
普通小学		Primary Schools		14624.0
教育经费支出	(亿元)	Government Expenditures on Education	(100 million yuan)	
卫生		**Health Care**		
医院	(个)	Number of Hospitals	(unit)	9293
执业(助理)医师	(万人)	Number of Licensed (Assistant) Doctors	(10 000 persons)	97.8
医院床位数	(万张)	Number of Beds of Hospitals	(10 000 units)	110.0
卫生总费用	(亿元)	Total Health Expenditure		110.2
文化		**Culture**		
图书出版总印数	(亿册、亿张)	Number of Books Published	(100 million copies)	37.7
电视节目制作时间	(万小时)	Time for TV Programs Production	(10 000 hours)	
故事片产量	(部)	Production of Feature Films	(film)	46
社会保险		**Welfare and Social Insurance**		
社会保险基金收入	(亿元)	Revenue of Social Insurance Fund	(100 million yuan)	
社会保险基金支出	(亿元)	Expenses of Social Insurance Fund	(100 million yuan)	
参加城镇职工基本养老保险人数	(万人)	Contributors in Urban Employees Basic Pension Insurance	(10 000 persons)	
参加失业保险人数	(万人)	Contributors in Unemployment Insurance	(10 000 persons)	
参加城镇职工基本医疗保险人数	(万人)	Contributors in Urban Employees Basic Medical Care Insurance	(10 000 persons)	
城市市政建设		**Municipal Works**		
年供水总量	(亿吨)	Annual Supply of Tap Water	(100 million tons)	78.8
人工煤气供气量	(亿立方米)	Volume of Coal Gas Supply	(100 million cu.m)	
天然气供气量	(亿立方米)	Volume of Natural Gas Supply	(100 million cu.m)	
年末实有道路长度	(万公里)	Length of Paved Roads at Year-end	(10 000 km)	2.7
排水管道长度	(万公里)	Length of Sewer Pipelines	(10 000 km)	2.0
年末公共交通车辆运营数	(万辆)	Number of Public Vehicles in Operation at Year-end	(10 000 units)	2.6
城市绿地面积	(万公顷)	Areas of Green Land	(10 000 hectare)	8.2

注：1.本表价值指标除邮电业务总量按不变价格计算外，其余均按当年价格计算。邮电业务总量2000年及以前按1990年不变价格计算，2001-2010年按2000年不变价格计算，2011年起按2010年不变价格计算。
2.本表速度指标中，国民总收入、国内生产总值及三次产业增加值、农林牧渔业总产值、邮电业务总量和城乡居民收入指标均按可比价格计算。固定资产投资平均增长速度按累计法计算。
3.2011年起，固定资产投资除房地产投资、农村个人投资外，统计起点由50万元提高至500万元，城镇固定资产投资数据发布口径改为固定资产投资(不含农户)。固定资产投资(不含农户)等于原口径的城镇固定资产投资加上农村企事业组织的项目投资。
4.全国规模以上工业企业统计范围1998年至2006年为全部国有及年主营业务收入在500万元及以上非国有工业企业；2007年至2010年为年主营业务收入在500万元及以上的工业企业；2011年及以后年份为年主营业务收入在2000万元及以上的工业企业。
5.2013年公路及水运客运量、货运量口径调整，参见18-2。

continued

总量指标	Aggregate Data			指数(%) Index (%) (2013为以下各年) (2013 as Percentage of the Following Years)				平均增长速度(%) Average Annual Growth Rate (%)		
1990	2000	2012	2013	1978	1990	2000	2012	1979-2013	1991-2013	2001-2013
39.5	46.3	144.0	149.7	726.6	379.0	323.4	103.9	5.8	6.0	9.4
303.2	400.6	509.8	510.9	160.6	168.5	127.5	100.2	1.4	2.3	1.9
558.2	586.0	558.5	558.5	106.9	100.0	95.3	100.0	0.2	0.0	-0.4
206.3	556.1	2391.3	2468.1	2883.3	1196.4	443.8	103.2	10.1	11.4	12.1
4586.0	7368.9	7228.4	6875.0	105.0	149.9	93.3	95.1	0.1	1.8	-0.5
12241.4	13013.3	9695.9	9360.5	64.0	76.5	71.9	96.5	-1.3	-1.2	-2.5
	3849.1	27696.0				790.6				
14377	16318	23170	24709	265.9	171.9	151.4	106.6	2.8	2.4	3.2
176.3	207.6	261.6	279.5	285.7	158.5	134.6	106.8	3.0	2.0	2.3
186.9	216.7	416.1	457.9	416.2	245.0	211.3	110.0	4.2	4.0	5.9
747.4	4586.6	28119.0	31669.0	28735.1	4237.3	690.5	112.6	17.6	17.7	16.0
56.4	62.7	79.2	83.1	220.2	147.4	132.5	104.9	2.3	1.7	2.2
9.2	58.5	343.6	339.8		3709.5	580.8	98.9		17.0	14.5
134	91	745	638	1387.0	476.1	701.1	85.6	7.8	7.0	16.2
187	2645	30739	35253		18872.9	1332.9	114.7		25.6	22.0
152	2386	23331	27916		18380.9	1170.2	119.7		25.4	20.8
6166	13617	30427	32218		522.5	236.6	105.9		7.5	6.8
	10408	15225	16417			157.7	107.8			3.6
	3787	26486	27443			724.7	103.6			16.5
382.3	469.0	523.0	537.3	681.9	140.5	114.6	102.7	5.6	1.5	1.1
174.7	152.4	77.0	62.8		35.9	41.2	81.6		-4.4	-6.6
64.2	82.1	795.0	901.0		1403.4	1097.4	113.3		12.2	20.2
9.5	16.0	32.7	33.6	1247.1	354.0	210.2	102.8	7.5	5.7	5.9
5.8	14.2	43.9	46.5	2377.2	801.5	327.4	105.9	9.5	9.5	9.6
6.2	22.6	43.2	46.1	1784.1	743.5	204.0	106.7	8.6	9.1	5.6
47.5	86.5	236.8	242.7	2969.6	511.0	280.6	102.5	10.2	7.3	8.3

a) Figures in value terms in this table are at current prices, except that on the business volume of postal and telecommunication services which is at 1990 constant prices before 2000 and at 2000 constant prices since 2000.Since 2011, it was calculated at 2010 constant prices.

b) The indices and growth rates of the follow indicators are calculated at constant prices: gross national income, gross domestic product, value-added of the three strata of industry, gross output value of agriculture, forestry, animal husbandry and fishery, business volume of postal and telecommunication services, per capita income of urban and rural residents. The average annual growth rate of total investment in fixed assets is calculated at the accumulate method.

c) Since 2011, the cut-off point of projects of investment has changed from 500 000 yuan to 5 million yuan, published coverage of investment in fixed assets in urban area changed into investment in fixed assets (excluding rural households) which included investment in urban area and investment in rural enterprises(units).

d) Industrial enterprises above designated size are all state-owned enterprises and non-state owned enterprises with annual revenue from principal business over 5 million yuan from 1998 to 2006, and are industrial enterprise with annual revenue from principal business over 5 million yuan from 2007 to 2010, and are industrial enterprise with annual revenue from principal business over 20 million yuan since 2011. The same applies to the tables following.

e) Statistical coverage of passenger traffic and freight traffic of highways and waterways was adjusted in 2013, please refer to Table 18-2.

1-3 国民经济和社会发展结构指标
Composition Indicators on National Economic and Social Development

单位：% (%)

指　　标	Item	1978	1990	2000	2013
人口	**Population**				
性别	Sexual Composition				
男	Male	51.5	51.5	51.6	51.2
女	Female	48.5	48.5	48.4	48.8
年龄	Age Composition				
0-14岁	Aged 0-14		27.7	22.9	16.4
15-64岁	Aged 15-64		66.7	70.1	73.9
65岁及以上	Aged 65 and Over		5.6	7.0	9.7
城乡	Urban and Rural Composition				
城镇	Urban	17.9	26.4	36.2	53.7
乡村	Rural	82.1	73.6	63.8	46.3
国民经济核算	**National Accounting**				
国内生产总值(生产法)	Gross Domestic Product(Production Approach)				
第一产业	Primary Industry	28.2	27.1	15.1	10.0
第二产业	Secondary Industry	47.9	41.3	45.9	43.9
第三产业	Tertiary Industry	23.9	31.5	39.0	46.1
国内生产总值(支出法)	Gross Domestic Product(Expenditure Approach)				
消费支出	Expenses on Consumption	62.1	62.5	62.3	49.8
固定资本形成	Fixed Capital Formation	38.2	34.9	35.3	47.8
净出口	Net Exports	-0.3	2.6	2.4	2.4
就业	**Employment**				
第一产业	Primary Industry	70.5	60.1	50.0	31.4
第二产业	Secondary Industry	17.3	21.4	22.5	30.1
第三产业	Tertiary Industry	12.2	18.5	27.5	38.5
人民生活	**People's Living Conditions**				
城镇居民人均现金消费支出	Cash Consumption Composition of Urban Residents				
食　品	Food		54.3	39.4	35.0
衣　着	Clothing		13.4	10.0	10.6
居　住	Residence		4.8	11.3	9.7
家庭设备及用品	Household Facilities and Articles		8.5	7.5	6.7
交通通信	Transport and Communications		3.2	8.5	15.2
文教娱乐	Education, Culture and Recreation		8.8	13.4	12.7
医疗保健	Health Care and Medical Services		2.0	6.4	6.2
其　他	Others		5.2	3.4	3.9
农村居民人均消费支出	Consumption Composition of Rural Residents				
食　品	Food		58.8	49.1	37.7
衣　着	Clothing		7.8	5.7	6.6
居　住	Residence		17.3	15.5	18.6
家庭设备及用品	Household Facilities and Articles		5.3	4.5	5.8
交通通信	Transport and Communications		1.4	5.6	12.0
文教娱乐	Education, Culture and Recreation		5.4	11.2	7.3
医疗保健	Health Care and Medical Services		3.3	5.2	9.3
其　他	Others		0.7	3.1	2.6

1-3 续表 1 continued

单位：% (%)

指 标	Item	1978	1990	2000	2013
财政	**Government Finance**				
公共财政收入	Composition of Public Government Revenue				
中央	Central Government	15.5	33.8	52.2	46.6
地方	Local Governments	84.5	66.2	47.8	53.4
公共财政支出	Composition of Public Government Expenditure				
中央	Central Government	47.4	32.6	34.7	14.6
地方	Local Governments	52.6	67.4	65.3	85.4
公共财政收入	Composition of Public Government Revenue				
税收收入	Tax Revenue	45.9	96.1	93.9	85.5
#国内增值税	Domestic Value-added Tax		14.2	36.2	26.1
#国内消费税	Domestic Consumption Tax			6.8	7.4
#营业税	Business Revenue Tax		18.3	14.9	15.6
#企业和个人所得税	Corporate and Individual Income Tax		25.4	13.2	26.2
#关 税	Tariffs	5.5	5.6	6.0	2.4
能源	**Energy**				
能源生产	Composition of Total Energy Production				
原煤	Coal	70.3	74.2	73.2	75.6
原油	Crude Oil	23.7	19.0	17.2	8.9
天然气	Natural Gas	2.9	2.0	2.7	4.6
水电、核电、风电	Hydro-power, Nuclear Power, Wind Power	3.1	4.8	6.9	10.9
能源消费	Composition of Total Energy Consumption				
煤炭	Coal	70.7	76.2	69.2	66.0
石油	Petroleum	22.7	16.6	22.2	18.4
天然气	Natural Gas	3.2	2.1	2.2	5.8
水电、核电、风电	Hydro-power, Nuclear Power, Wind Power	3.4	5.1	6.4	9.8
固定资产投资	**Investment in Fixed Assets**				
全社会固定资产投资	Composition of Investment in Fixed Assets				
建筑安装工程	Construction and Installation		66.6	62.4	66.9
设备工器具购置	Purchase of Equipment and Instruments		25.8	23.7	20.4
其他	Others		7.6	13.9	12.7
实际到位资金	Composition of Actual Funds for Investment				
国家预算资金	State Budget		8.7	6.4	4.5
国内贷款	Domestic Loans		19.6	20.3	12.1
利用外资	Foreign Investment		6.3	5.1	0.9
自筹和其他投资	Self-raising Funds and Other Investments		65.4	68.2	82.5
货物进出口	**Imports and Exports of Goods**				
出口	Composition of Exports				
初级产品	Primary Goods		25.6	10.2	4.9
工业制成品	Manufactured Goods		74.4	89.8	95.1
进口	Composition of Imports				
初级产品	Primary Goods		18.5	20.8	33.7
工业制成品	Manufactured Goods		81.5	79.2	66.3
利用外资	**Utilization of Foreign Capital**				
实际利用外资	Composition of Foreign Capital Actually Utilized				
外商直接投资	Foreign Direct Investment		33.9	68.6	99.0
外商其他投资	Other Foreign Investment		2.6	14.6	1.0

1-3 续表 2 continued

单位：% (%)

指　标	Item	1978	1990	2000	2013
农业	**Agriculture**				
农林牧渔业产值	Composition of Gross Output Value of Agriculture				
#农业	Farming	80.0	64.7	55.7	53.1
林业	Forestry	3.4	4.3	3.8	4.0
牧业	Animal Husbandry	15.0	25.7	29.7	29.3
渔业	Fishery	1.6	5.4	10.9	9.9
工业	**Industry**				
工业企业资产	Composition of Assets of Industrial Enterprises				
采矿业	Mining				10.2
制造业	Manufacturing				76.6
电力、热力、燃气及水生产和供应业	Production and Supply of Electricity, Heat, Gas and Water				13.2
工业企业资产	Composition of Assets of Industrial Enterprises				
大型企业	Large Enterprises			56.3	48.0
中型企业	Medium-sized Enterprises			12.9	23.6
小型企业	Small Enterprises			30.8	28.4
交通运输业	**Transportation**				
货运量	Composition of Freight Traffic				
铁　路	Railways	34.5	15.5	13.1	9.7
公　路	Highways	47.5	74.6	76.5	75.1
水　运	Waterways	14.8	8.3	9.0	13.7
民　航	Civil Aviation	0.002	0.004	0.014	0.014
管道输油(气)	Pipelines	3.2	1.6	1.4	1.6
金融业	**Financial Intermediation**				
金融机构资金来源	Composition of Sources of Funds in Financial Institutions				
各项存款	Deposits				88.9
金融债券	Financial Bonds				0.6
流通中货币	Currency in Circulation				5.0
对国际金融机构负债	Liability to International Financial Institutions				0.1
其他	Others				5.5
金融机构资金运用	Composition of Fund Uses in Financial Institutions				
各项贷款	Total Loans				61.2
有价证券	Portfolio Investments				10.7
股权及其他投资	Shares and Other Investments				3.6
黄金占款	Position for Bullion Purchase				0.1
外汇占款	Position for Foreign Exchanges Purchase				24.4
在国际金融机构资产	Assets with International Financial Institutions				0.1
社会融资规模	Composition of Social Financing				
#人民币贷款	RMB Loans				51.3
外币贷款(折合人民币)	Foreign Currency Loans (RMB)				3.4
委托贷款	Credit Loans				14.7
信托贷款	Entrusted Loans				10.6
未贴现银行承兑汇票	Undiscounted Bankers' Acceptances				4.5
企业债券	Corporate Bonds				10.5
非金融企业境内股票融资	Domestic Equity Financing of Non-financial Enterprises				1.3

1-3 续表 3 continued

单位：% (%)

指 标	Item	1978	1990	2000	2013
教育	**Education**				
教育经费	Composition of Education Funds				
国家财政性教育经费	National Government Appropriation for Education			66.6	
#公共财政教育经费	Public Expenditure on Education			85.5	
科技	**Science and Technology**				
研究与试验发展经费支出	Composition of Expenditure on R&D				
基础研究	Basic Research			5.2	4.7
应用研究	Applied Research			17.0	10.7
试验发展	Experimental Development			77.8	84.6
研究与试验发展经费来源	Composition of Expenditure on R&D				
政府资金	Basic Research				21.1
企业资金	Applied Research				74.6
卫生	**Health Care**				
卫生技术人员	Composition of Medical Technical Personnel				
#执业(助理)医师	Licensed (Assistant) Doctors	39.7	45.2	46.2	38.8
注册护士	Registered Nurses	16.4	25.0	28.2	38.6
药师(士)	Pharmacist	10.8	10.4	9.2	5.5
卫生费用	Composition of Total Health Expenditure				
政府卫生支出	Government Health Expenditure	32.2	25.1	15.5	30.1
社会卫生支出	Social Health Expenditure	47.4	39.2	25.6	36.0
个人现金卫生支出	Out-of-pocket Health Expenditure	20.4	35.7	59.0	33.9
社会保障	**Social Security**				
社会保险基金收入	Composition of Revenue of Social Insurance Fund				
城镇职工基本养老保险	Basic Pension Insurance of Urban Staff		95.7	86.1	70.2
失业保险	Unemployment Insurance		3.9	6.1	3.7
城镇基本医疗保险	Basic Medical-care Insurance			6.4	23.4
工伤保险	Work Injury Insurance			0.9	1.7
生育保险	Maternity Insurance			0.4	1.0
社会保险基金支出	Composition of Expenses of Social Insurance Fund				
城镇职工基本养老保险	Basic Pension Insurance of Urban Staff		98.3	88.7	71.0
失业保险	Unemployment Insurance		1.7	5.2	1.9
城镇基本医疗保险	Basic Medical-care Insurance			5.2	24.4
工伤保险	Work Injury Insurance			0.6	1.7
生育保险	Maternity Insurance			0.3	1.0
环境保护	**Environmental Protection**				
工业污染治理投资	Composition of Investment in the Treatment of Industrial Pollution				
治理废水	Waste Water Treatment			46.7	14.4
治理废气	Waste Gas Treatment			38.7	73.9
治理固体废物	Solid Waste Treatment			4.9	1.6
治理噪声	Noise Abatement			0.6	0.2
其他	Others			9.1	9.9

1-4 国民经济和社会发展比例和效益指标
Indicators on National Economic and Social Development

指　　标	Item	1978	1990	2000	2012	2013
人口与就业	**Population and Employment**					
出生率 (‰)	Birth Rate (‰)	18.25	21.06	14.03	12.10	12.08
死亡率 (‰)	Death Rate (‰)	6.25	6.67	6.45	7.15	7.16
自然增长率 (‰)	Natural Growth Rate (‰)	12.00	14.39	7.58	4.95	4.92
总抚养比 (%)	Gross Dependency Ratio (%)		49.8	42.6	34.9	35.3
少儿抚养比 (%)	Children Dependency Ratio (%)		41.5	32.6	22.2	22.2
老年抚养比 (%)	Old Dependency Ratio (%)		8.3	9.9	12.7	13.1
城镇登记失业率 (%)	Registered Unemployment Rate in Urban Areas (%)	5.3	2.5	3.1	4.1	4.05
国民经济核算	**National Accounting**					
人均国内生产总值 (元)	Per Capita GDP (yuan)	381	1644	7858	38459	41908
人民生活	**People's Living Conditions**					
城乡收入比(农村居民收入为1)	Urban and Rural Income Ratio(Rural Income as 1)	2.57	2.20	2.79	3.10	3.03
基尼系数	Gini Coefficient				0.474	0.473
农村贫困发生率 (%)	Rural Poverty (%)	30.7	9.4	3.5	10.2	8.5
财政	**Government Finance**					
公共财政收入与国内生产总值之比 (%)	Proportion of Government Revenue to GDP (%)	31.1	15.7	13.5	22.6	22.7
公共财政支出与国内生产总值之比 (%)	Proportion of Government Expenditure to GDP (%)	30.8	16.5	16.0	24.2	24.6
外债	Foreign Debts					
偿债率 (%)	Debt Service Ratio (%)		8.7	9.2	1.6	1.6
负债率 (%)	Liability Ratio (%)		13.6	12.2	9.0	9.4
债务率 (%)	Foreign Debt Ratio (%)		91.6	52.1	32.8	35.6
能源	**Energy**					
能源生产弹性系数	Elasticity Ratio of Energy Production		0.58	0.28	0.57	0.31
电力生产弹性系数	Elasticity Ratio of Electricity Production		1.63	1.12	0.75	0.97
能源消费弹性系数	Elasticity Ratio of Energy Consumption		0.47	0.42	0.51	0.48
电力消费弹性系数	Elasticity Ratio of Electricity Consumption		1.63	1.13	0.77	0.97
万元国内生产总值能源消费量 (吨标准煤/万元)	Energy Consumption per Unit of GDP (ton of SCE/ 10 000 yuan)		5.32	1.47	0.76	
能源加工转换总效率 (%)	Total Efficiency of Energy Conversion (%)		66.48	69.04	72.43	
资源环境	**Resources and Environment**					
万元国内生产总值用水量 (立方米/万元)	Water Use Per 10000 Yuan GDP(cu.m/ 10 000 yuan)			554	130	122
万元工业增加值用水量 (立方米/万元)	Water Use Per 10000 Yuan of Industrial Added Value (cu.m/ 10 000 yuan)			285	72	68
工业固体废物综合利用率 (%)	Ratio of Industrial Solid Wastes Utilized (%)			45.9	60.9	62.2
环境污染治理投资与国内生产总值之比(%)	Proportion of Total Investment in the Treatment of Environmental Pollution to GDP (%)			1.06	1.59	1.67
固定资产投资	**Investment in Fixed Assets**					
固定资产交付使用率 (%)	Rate of Projects of Fixed Assets Completed and Put into Use (%)			79.0	61.0	61.9
项目建成投产率 (%)	Rate of Projects Completed and Put into Use (%)			60.9	62.0	63.7
房地产开发企业房屋建筑面积竣工率 (%)	Rate of Floor Space of Buildings Completed			38.1	17.3	15.2
对外贸易	**Foreign Trade**					
进出口总额与国内生产总值之比(按人民币计算) (%)	Proportion of Total Value of Imports & Exports to GDP (calculated by Renminbi) (%)	9.7	29.8	39.6	47.0	45.4

注：计算单位能耗的国内生产总值：1990年按1990年可比价计算，2000年按2000年可比价计算，2012年按2010年可比价计算。

a) The national energy consumption for unit GDP is calculated: at the 1990 constant price in 1990, at the 2000 constant price in 2000, at the 2010 constant price in 2012.

1-4 续表 continued

指 标	Item	1978	1990	2000	2012	2013
农业	**Agriculture**					
每公顷播种面积农产品产量（公斤）	Output of Farm Crops per Hectare of Sown Area (kg)					
粮食	Grain	2527	3933	4261	5302	5377
棉花	Cotton	445	807	1093	1458	1449
油料	Oil-bearing Crops	839	1480	1919	2467	2508
工业	**Industry**					
总资产贡献率 (%)	Ratio of Total Assets to Industrial Output Value (%)			9.00	15.11	15.00
资产负债率 (%)	Assets-Liability Ratio (%)			60.81	57.96	57.81
流动资产周转次数 (次/年)	Turnover of Working Capital (times/year)			1.62	2.57	2.67
成本费用利润率 (%)	Ratio of Profits to Industrial Cost (%)			5.35	7.11	6.60
建筑业	**Construction**					
建筑业劳动生产率 (元／人)（按增加值计算）	Overall Labor Productivity (yuan/person) (in terms of value-added per employee)			15929	57427	62737
交通运输业	**Transportation**					
铁路网密度 (公里／万平方公里)	Railway Density (km/10 000 sq.km)	53.9	60.3	71.6	101.7	107.4
公路网密度 (公里／万平方公里)	Highway Density (km/10 000 sq.km)	927	1071	1750	4414	4538
邮电通信业	**Postal and Telecommunication Services**					
电话普及率(含移动电话)(部/百人)	Access to Telephones (include mobile phone) (set/100 persons)	0.4	1.1	19.1	103.1	109.9
移动电话普及率 (部/百人)	Access to Mobile Phones (set/100 persons)			6.7	82.5	90.3
金融业	**Financial Intermediation**					
货币和准货币(M_2)与国内生产总值之比 (%)	Proportion of Money and Quasi-Money(M_2) to GDP (%)		81.9	135.7	187.5	194.5
金融机构存款与国内生产总值之比 (%)	Proportion of Deposits of Financial Institutions to GDP (%)	31.7	74.7	124.8	176.6	183.5
金融机构贷款与国内生产总值之比 (%)	Proportion of Loans of Financial Institutions to GDP (%)	51.9	93.8	100.2	121.3	126.4
科技	**Science and Technology**					
研究与试验发展经费内部支出与国内生产总值之比 (%)	Proportion of R&D Expenditure to GDP (%)			0.90	1.98	2.08
教育	**Education**					
小学学龄儿童净入学率 (%)	Net Enrollment Ratio of Primary Schools (%)	95.5	97.8	99.1	99.9	99.7
小学升学率 (%)	Promotion Rate from Primary Schools to Junior Secondary Schools (%)	87.7	74.6	94.9	98.3	98.3
初中升学率 (%)	Promotion Rate from Junior Secondary Schools to Senior Secondary Schools (%)	40.9	40.6	51.2	88.4	91.2
高中升学率 (%)	Promotion Rate from Senior Secondary Schools to Higher Education (%)		27.3	73.2	87.0	87.6
卫生	**Health Care**					
每万人口执业(助理)医师数 (人)	Number of Licensed (Assistant) Doctors per 10 000 Population (person)	10.8	15.6	16.8	19.4	20.4
每万人口医疗卫生机构床位数(张)	Number of Beds of Hospitals and Health Centers per 10 000 Population (bed)				42.4	45.5
医疗卫生机构病床使用率 (%)	Beds Utilization Rate of Medical Organizations (%)		80.9	60.8	82.8	89.0
城市市政建设	**Municipal Works**					
用水普及率 (%)	Percentage of Population with Access to Tap Water (%)		48.0	63.9	97.2	97.6
燃气普及率 (%)	Percentage of City Population with Access to Gas(%)		19.1	45.4	93.2	94.3
人均公园绿地面积 (平方米)	Per Capita Public Green Area (sq.m)		1.8	3.7	12.3	12.6

主要统计指标解释

行政区划 指国家对行政区域的划分。根据有关法规规定，我国的行政区域划分如下：(1)全国分为省、自治区、直辖市；(2)省、自治区分为自治州、县、自治县、市；(3)自治州分为县、自治县、市；(4)县、自治县分为乡、民族乡、镇；(5)直辖市和较大的市分为区、县；(6)国家在必要时设立的特别行政区。

平均增长速度 平均增长速度表明社会经济现象在一个较长的时期内逐期平均增长变化的程度，它不能根据各个环比增长速度直接求得，但与平均发展速度之间存在着一定的数量关系：平均增长速度＝平均发展速度－1。

平均发展速度是一种根据环比发展速度计算的序时平均数，由于各时期对比的基础不同，所以计算平均发展速度不能采用一般的序时平均数的计算方法，计算方法分为水平法和累计法。水平法，又称几何平均法，即将环比发展速度按连乘法用几何平均数公式计算。累计法，也称方程法，根据一段时期内各年发展水平总和与基期水平的关系，列出方程式计算平均发展速度。水平法着重考虑最后一年所达到的发展水平；累计法着重考虑整个时期累计发展水平的总量。

本《年鉴》内所列的平均增长速度，除固定资产投资用“累计法”计算外，其余均用“水平法”计算。从某年到某年平均增长速度的年份，均不包括基期年在内。如建国四十三年以来的平均增长速度是以 1949 年为基期计算的，则写为 1950-1992 年平均增长速度，其余类推。

国民经济行业分类 自 2012 年定期报表开始使用新的《国民经济行业分类》(GB/T4754-2011)。该分类是由国家统计局组织修订，国家质量监督检验检疫总局和中国国家标准化管理委员会于 2011 年 4 月 29 日发布。这次修订是在 2002 年分类标准的基础上，参照联合国《全部经济活动的国际标准产业分类》(ISIC/Rev.4) 进行的。修订后的《国民经济行业分类》(GB/T4754-2012) 共有门类 20 个，大类 96 个，中类 432 个，小类 1094 个。

企业(单位)登记注册类型 是以在工商行政管理机关登记注册的各类企业为划分对象，以工商行政管理部门对企业登记注册的类型为依据，将企业登记注册类型分为内资企业、港澳台商投资企业和外商投资企业三大类。内资企业包括国有企业、集体企业、股份合作企业、联营企业、有限责任公司、股份有限公司、私营企业和其他企业；港澳台商投资企业和外商投资企业分别包括合资经营企业、合作经营企业、独资经营企业和股份有限公司等。对不在工商行政管理部门进行登记注册的行政机关、事业单位和社会团体，主要按其经费来源和管理方式进行划分。

国有企业 指企业全部资产归国家所有，并按《中华人民共和国企业法人登记管理条例》规定登记注册的非公司制的经济组织。不包括有限责任公司中的国有独资公司。

集体企业 指企业资产归集体所有，并按《中华人民共和国企业法人登记管理条例》规定登记注册的经济组织。

股份合作企业 指以合作制为基础，由企业职工共同出资入股，吸收一定比例的社会资产投资组建，实行自主经营，自负盈亏，共同劳动，民主管理，按劳分配与按股分红相结合的一种集体经济组织。

联营企业 指两个及两个以上相同或不同所有制性质的企业法人或事业单位法人，按自愿、平等、互利的原则，共同投资组成的经济组织。联营企业包括国有联营企业、集体联营企业、国有与集体联营企业和其他联营企业。

有限责任公司 指根据《中华人民共和国公司登记管理条例》规定登记注册，由两个以上、五十个以下的股东共同出资，每个股东以其所认缴的出资额对公司承担有限责任，公司以其全部资产对其债务承担责任的经济组织。有限责任公司包括国有独资公司以及其他有限责任公司。

股份有限公司 指根据《中华人民共和国公司登记管理条例》规定登记注册，其全部注册资本由等额股份构成并通过发行股票筹集资本，股东以其认购的股份对公司承担有限责任，公司以其全部资产对其债务承担责任的经济组织。

私营企业 指由自然人投资设立或由自然人控股，以雇佣劳动为基础的营利性经济组织。包括按照《公司法》、《合伙企业法》、《私营企业暂行条例》规定登记注册的私营有限责任公司、私营股份有限公司、私营合伙企业和私营独资企业。

其他企业 指上述企业之外的其他内资经济组织。

合资经营企业（港或澳、台资） 指港澳台地区投资者与内地企业依照《中华人民共和国中外合资经营企业法》及有关法律的规定，按合同规定的比例投资设立、分享利润和分担风险的企业。

合作经营企业（港或澳、台资） 指港澳台地区投资者与内地企业依照《中华人民共和国中外合作经营企业法》及有关法律的规定，依照合作合同的约定进行投资或提供条件设立、分配利润和分担风险的企业。

港澳台商独资经营企业 指依照《中华人民共和国外资企业法》及有关法律的规定，在内地由港澳台地区投资者全额投资设立的企业。

港澳台商投资股份有限公司 指根据国家有关规定，经原外经贸部依法批准设立，其中港、澳、台商的股本占公司注册资本的比例达 25% 以上的股份有限公司。凡其中港、澳、台商的股本占公司注册资本的比例小于 25%的，属于内资企业中的股份有限公司。

其他港澳台商投资企业 指在中国境内参照《外国企业

或个人在中国境内设立合伙企业管理办法》和《外商投资合伙企业登记管理规定》，依法设立的港、澳、台商投资合伙企业等。

中外合资经营企业 指外国企业或外国人与中国内地企业依照《中华人民共和国中外合资经营企业法》及有关法律的规定，按合同规定的比例投资设立、分享利润和分担风险的企业。

中外合作经营企业 指外国企业或外国人与中国内地企业依照《中华人民共和国中外合作经营企业法》及有关法律的规定，依照合作合同的约定进行投资或提供条件设立、分配利润和分担风险的企业。

外资企业 指依照《中华人民共和国外资企业法》及有关法律的规定，在中国内地由外国投资者全额投资设立的企业。

外商投资股份有限公司 指根据国家有关规定，经原外经贸部依法批准设立，其中外资的股本占公司注册资本的比例达 25% 以上的股份有限公司。凡其中外资股本占公司注册资本的比例小于 25%的，属于内资企业中的股份有限公司。

其他外商投资企业 指在中国境内依照《外国企业或个人在中国境内设立合伙企业管理办法》和《外商投资合伙企业登记管理规定》，依法设立的外商投资合伙企业等。

行政机关、事业单位和社会团体 参照企业登记注册类型，主要按其经费来源和管理方式划分。具体规定如下：

⑴行政机关：包括国家机关和政党机关，原则上均列为“国有”。但有特殊规定的，如供销社等，则列为“集体”。

⑵事业单位：包括经国家机构编制部门和有关业务主管部门批准成立的各类事业单位，不包括实行企业化管理的事业单位。事业单位的划分办法如下：

①由国家财政预算拨款或列入财政预算外资金管理以及经费主要来源于国有主管部门或国有上级单位的事业单位，列为“国有”。

②经费主要来源于集体单位的事业单位，列为“集体”。

③公民个人(或个人合伙)开办的事业单位，列为“私营”。

④上述以外的其他事业单位，如果其经费来源不明确，按管理方式进行归类。

⑶社会团体：包括经民政部门批准成立以及未纳入社会团体管理条例范围的工会、妇联等各类社会团体。社会团体的划分办法如下：

①未纳入民政部社会团体管理条例范围的工会、妇联、共青团、青联、工商联、科协、侨联等社会团体，国家拨款设立的基金会或基金管理组织以及经费主要来源于国有业务主管部门或国有上级单位的社会团体，列为“国有”。

②经费主要来源于集体单位的社会团体，列为“集体”。

③公民个人(或个人合伙)开办的社会团体，划为“私营”。

④上述以外的其他社会团体，如果其经费来源不明确，改按管理方式进行归类。

Explanatory Notes on Main Statistical Indicators

Divisions of Administrative Areas refer to the division of administrative areas by the State. The relative laws stipulate that 1) the whole country is divided into provinces, autonomous regions and municipalities directly under the Central Government; 2) provinces and autonomous regions are further divided into autonomous prefectures, counties, autonomous counties and cities; 3) autonomous prefectures are further divided into counties, autonomous counties and cities; 4) counties and autonomous counties are further divided into townships, ethnic townships and towns; 5) municipalities directly under the Central Government and large cities are divided into districts and counties, 6) the State shall, when necessary, establish special administrative regions.

Average Annual Growth Rate shows the average growth rate of social and economic development during a longer period. It can not be directly calculated by chain based growth rate. The relation is:

Average Annual Growth Rate = Average Speed of Development – 1

Average speed of development is the time series average of speed which calculated by chain based. Because the reference bases during the different periods are not same, average speed of development can not be calculated by the general method. Level approach and accumulative approach for calculating average speed of development rate are applied. The "level approach", or the method of calculating the geometric average, is derived by the formula of geometric average of the chain-based speeds of development, or comparing the level of the last year of the interval with that of the beginning year; the other is called the "accumulative approach" or the "algebraic average", "equation" method, which is derived by the summation of the actual figure of each year in the interval divided by the figure in the base year. The level approach focuses on the level of the last year, while the accumulative approach emphasizes the aggregate development in the duration.

The average annual growth rates listed in the Yearbook are calculated by the level approach except for the growth rate of investment in fixed assets. The base year is not listed in the duration for which average annual growth rates are computed. For instance, the average annual growth rate of the 43 years since 1949 is shown as the average annual growth rate of 1950-1992 without showing the base year 1949.

Industrial Classification of the National Economy The new *Industrial Classification of the National Economy* (GB/T 4754-2011) is introduced starting from the compilation of 2012 annual statistics. The revision, based on the 2002 classification, was organized by the National Bureau of Statistics taking into consideration of the *International Standards of the Industrial Classification of All Economic Activities* (ISIC/Rev.4) of the United Nations. The new *Classification* was promulgated by the National Administration of Quality Supervision, Inspection and Quarantine and the Standardization Administration of the People's Republic of China on April 29, 2011. The revised version of the *Industrial Classification of the National Economy* (GB/T 4754-2012) is composed of 20 sections, 96 divisions, 432 groups and 1094 classes.

Registration Status of Enterprises (Units) Enterprises are classified into 3 categories, namely domestic-funded enterprises, enterprises with investment from Hong Kong, Macao and Taiwan, and enterprises with foreign investment, according to the registration status of an enterprise in industrial and commercial administration agencies. Domestic-funded enterprises include State-owned enterprises, collective-owned enterprises, cooperative enterprises, joint ownership enterprises, limited liability corporations, share-holding corporations Ltd., private enterprises and other enterprises. Included in the enterprises with investment from Hong Kong, Macao and Taiwan and enterprises with foreign investment are joint-venture enterprises, cooperative enterprises, sole investment enterprises and share-holding corporations Ltd. For government agencies, institutions and social organizations which are not registered in industrial and commercial administration agencies, they are classified mainly by their sources of funding and manner of management.

State-owned Enterprises refer to non-corporation economic units where the entire assets are owned by the State and which have been registered in accordance with the *Regulation of the People's Republic of China on the Management of Registration of Corporate Enterprises*. Not included from this category are solely State-funded corporations in the limited liability corporations.

Collective-owned Enterprises refer to economic units where the assets are owned collectively and which have been registered in accordance with the *Regulation of the People's Republic of China on the Management of Registration of Corporate Enterprises*.

Cooperative Enterprises refer to a form of collective economic units (enterprises) where capitals come mainly from employees as their shares, with certain proportion of capital from the outside, where production is organized on the basis of independent operation, independent accounting for profits and losses, joint work, democratic management, and a distribution system that integrates remuneration according to work with dividend according to capital share.

Joint Ownership Enterprises refer to economic units established by two or more corporate enterprises or corporate institutions of the same or different ownership, through joint investment on the basis of voluntary participation, equality, and mutual benefits. They include State joint ownership enterprises; collective joint ownership enterprises; joint State-collective enterprises; and other joint ownership enterprises.

Limited Liability Corporations refer to economic units established with investment from 2-50 investors and registered in accordance with the *Regulation of the People's Republic of China on the Management of Registration of Corporations*, each investor bearing limited liability to the corporation depending on its share of investment, and the corporation bearing liability to its debt to the maximum of its total assets. Limited liability corporations include solely State-funded limited liability corporations and other limited liability corporations.

Share-holding Corporations Ltd. refer to economic units registered in accordance with the *Regulation of the People's Republic of China on the Management of Registration of Corporations*, with total registered capital divided into equal shares and raised through issuing stocks. Each investor bears limited liability to the corporation depending on the holding of shares, and the corporation bears liability to its debt to the maximum of its total assets.

Private Enterprises refer to profit-making economic units invested and established by natural persons, or controlled by natural persons using employed labour. Included in this category are private limited liability corporations, private share-holding corporations Ltd., private partnership enterprises and private-funded enterprises registered in accordance with the *Company Law, the Law on Partnership Business* and *Interim Regulations on Private Enterprises*.

Other Domestic-funded Enterprises refer to domestic-funded economic units other than those mentioned above.

Joint Venture Enterprises(Funds are from Hong Kong, Macao or Taiwan.) are enterprises established by investors from Hong Kong, Macao and Taiwan with enterprises in the mainland of China in accordance with the *Law of the People's Republic of China on Sino-foreign Equity Joint Ventures* and other relevant laws, where the establishment of the investment and the sharing of profits and risks are stipulated under joint venture contracts.

Cooperative Enterprises(Funds are from Hong Kong, Macao or Taiwan.) established by investors from Hong Kong, Macao and Taiwan with enterprises in the mainland of China in accordance with the *Law of the People's Republic of China on Sino-foreign Contractual Joint Venture* and other relevant laws, where the investment or provision of facilities and the sharing of profits and risks are stipulated under cooperative contracts.

Enterprises with Sole (exclusive) Investment from Hong Kong, Macao and Taiwan refer to enterprises established in the mainland of China with exclusive investment from investors from Hong Kong, Macao and Taiwan in accordance with the *Law of the People's Republic of China on Wholly Foreign-owned Enterprises* and other relevant laws.

Share-holding Corporations Ltd. with Investment from Hong Kong, Macao and Taiwan refer to share-holding corporations Ltd. established with the approval from the former Ministry of Foreign Trade and Economic Relations in line with relevant State regulations, where the share of investment from Hong Kong, Macao or Taiwan businessmen exceeds 25% of the total registered capital of the corporation. In case the share of investment from Hong Kong, Macao or Taiwan is less than 25% of the total registered capital, the enterprise is to be classified as domestic-funded share-holding corporation Ltd.

Other Enterprises with Funds From Hong Kong, Macao and Taiwan refer to partnership enterprises with investments from Hong Kong, Macao and Taiwan established within the territory of China in accordance with Administrative Measures on the Establishment of Partnership Enterprises in China by Foreign Enterprises or Foreign Individuals and Regulations for the Administration of the Registration of Foreign-invested Partnership Enterprises.

Joint Venture Enterprises with Foreign Investment refer to enterprises jointly established by foreign enterprises or foreigners with enterprises in the mainland of China in accordance with the *Law of the People's Republic of China on Sino-foreign Equity Joint Ventures* and other relevant laws, where the sharing of investment, profits and risks is stipulated under contract.

Cooperative Enterprises with Foreign Investment refer to enterprises jointly established by foreign enterprises or foreigners with enterprises in the mainland of China in accordance with the *Law of the People's Republic of China on Sino-foreign Contractual Joint Venture* and other relevant laws, where the investment or provision of facilities and the sharing of profits and risks are stipulated under cooperative contracts.

Enterprises with Sole (exclusive) Foreign Investment refer to enterprises established in the mainland of China with exclusive investment from foreign investors in accordance with the *Law of the People's Republic of China on Wholly Foreign-owned Enterprises* and other relevant laws.

Share-holding Corporations Ltd. with Foreign Investment refer to share-holding corporations Ltd. established with the approval from the former Ministry of Foreign Trade and Economic Relations in line with relevant State regulations, where the share of investment from foreign investors exceeds 25% of the total registered capital of the corporation. In case the share of foreign investment is less than 25% of the total registered capital, the enterprise is to be classified as domestic-funded share-holding corporation Ltd.

Other Enterprises with Foreign Funds refer to partnership enterprises established within the territory of China in accordance with Administrative Measures on the Establishment of Partnership Enterprises in China by Foreign Enterprises or Foreign Individuals and Regulations for the Administration of the Registration of Foreign-invested Partnership Enterprises.

Government Agencies, Institutions and Social Organizations are classified into the following categories by source of funds and manner of management taking reference of the registration status of enterprises:

(1) Government agencies: include State and party agencies, classified in principle as State-owned. There are exceptions, such as supply and marketing cooperatives which are classified as collective-owned.

(2) Institutions: include institutions of various types established with the approval by organization and staffing departments of the government, but exclude institutions where enterprise management system is introduced. Institutions are further classified as follows:

(a) Institutions for which their main budgets are from government budget appropriations or extra-budget funds, or allocated from the budget of their competent government agencies. Such institutions are classified as state-owned.

(b) Institutions for which their budget mainly come from collective units. Such institutions are classified as collective-owned.

(c) Social institutions established by individual or a group of citizens, which are classified as private.

(d) Institutions other than those mentioned above for which their sources of budget are not clear. Such institutions are classified by the manner of management.

(3) Social organizations: include social organizations established with the approval from the Ministry of Civil Affairs, and organizations that are not covered by social organization management regulations such as trade unions, women's federations etc.. Social organizations are further classified as follows:

(a) Social organizations that are not covered by social organization management regulations of the Ministry of Civil Affairs such as trade unions, women federations, communist youth leagues, youth associations, industrial and commerce associations, scientist associations, overseas Chinese associations, etc., foundations and fund management organizations established with funds from the state, and social organizations whose funds mainly come from the budget of their competent government agencies. Such institutions are classified as State-owned.

(b) Social organizations for which their budget mainly come from collective units. Such institutions are classified as collective-owned.

(c) Social organizations established by individual or a group of citizens, which are classified as private.

(d) Social organizations other than those mentioned above for which their sources of budget are not clear. Such organizations are classified by the manner of management.

2

人　口

Population

简 要 说 明

一、本篇资料的主要内容

本篇资料反映我国 2013 年及历年人口方面的基本情况，包括全国及 31 个省、自治区、直辖市的主要人口统计数据，如：全国历年人口数、城镇人口、乡村人口；2013 年各地区人口数、出生率、死亡率、自然增长率、人口负担系数、家庭户规模、人口受教育程度等。

二、本篇的资料来源

本篇资料由国家统计局人口和就业统计司整理。其中表 2–1 至 2–6 中，1981 年及以前数据为户籍统计数；1982、1990、2000、2010 年数据为当年普查数据推算数；其余年份数据为年度人口抽样调查推算数据，部分年份数据根据人口普查数据进行了修订。表 2–7 为 2013 年全国人口变动情况抽样调查推算数据，表 2–8 至 2–16 为 2013 年全国人口变动情况抽样调查样本数据。

本篇各表如不做特殊说明，均未包括香港特别行政区、澳门特别行政区和台湾地区的人口数据。

三、本篇的统计调查方法

目前由国家统计局人口和就业统计司实施的人口统计调查有：

在逢“0”的年份进行全国人口普查；在逢“5”的年份进行全国 1%人口抽样调查；其余年份进行全国人口变动情况抽样调查，其样本量约占全国总人口的 1‰左右。人口抽样调查是以全国为总体，省级单位为次总体，采用分层、多阶段、整群概率比例抽样方法抽取样本。

Brief Introduction

I. Main Contents

Data in this chapter show the basic condition of the population in 2013 as well as in previous years for the whole nation and 31 provinces, autonomous regions and municipalities directly under the Central Government. They include the sizes of the national population, urban population and rural population over the years; as well as size, birth rates, death rates, natural growth rates, population dependency coefficient, average family household size and education attainments of the population by the end of 2013.

II. Sources of Data

Data in this chapter are prepared by the Department of Population and Employment Statistics of the National Bureau of Statistics. In tables 2-1 to 2-6, figures for 1981 and before are from household registrations; data for the year 1982, 1990, 2000 and 2010 are the census year estimates; the rest of the data covered in those tables are estimates from the annual national sample survey on population changes and data for selected years have been revised according to the census results. In table 2-7, data are estimates from the 2013 national sample survey on population changes. In tables 2-8 to 2-16, data are the sample data from the 2013 national sample survey on population changes.

Data in all the tables of this chapter do not include that from Hong Kong SAR, Macao SAR and Taiwan unless otherwise stated.

III. Sampling Methodology

The statistical surveys on population which are conducted by Department of Population and Employment Statistics of NBS are as follows:

The national population census is conducted in the year ending with 0; the national 1 percent population sample survey is conducted in the year ending with 5; sample surveys on population changes are conducted in the rest of the years which cover about 1 per thousand of the total population of the country. The sample survey on population change takes the whole nation as the population and each province, autonomous region or municipality as sub-populations, and the stratified multi-stage systematic PPS cluster sampling scheme is used.

2-1 人口数及构成
Population and Its Composition

单位：万人 (10 000 persons)

年 份 Year	总人口(年末) Total Population (year-end)	按性别分 By Sex 男 Male 人口数 Population	 男 Male 比重(%) Proportion	 女 Female 人口数 Population	 女 Female 比重(%) Proportion	按城乡分 By Residence 城镇 Urban 人口数 Population	 城镇 Urban 比重(%) Proportion	 乡村 Rural 人口数 Population	 乡村 Rural 比重(%) Proportion
1949	54167	28145	51.96	26022	48.04	5765	10.64	48402	89.36
1950	55196	28669	51.94	26527	48.06	6169	11.18	49027	88.82
1951	56300	29231	51.92	27069	48.08	6632	11.78	49668	88.22
1955	61465	31809	51.75	29656	48.25	8285	13.48	53180	86.52
1960	66207	34283	51.78	31924	48.22	13073	19.75	53134	80.25
1965	72538	37128	51.18	35410	48.82	13045	17.98	59493	82.02
1970	82992	42686	51.43	40306	48.57	14424	17.38	68568	82.62
1971	85229	43819	51.41	41410	48.59	14711	17.26	70518	82.74
1972	87177	44813	51.40	42364	48.60	14935	17.13	72242	82.87
1973	89211	45876	51.42	43335	48.58	15345	17.20	73866	82.80
1974	90859	46727	51.43	44132	48.57	15595	17.16	75264	82.84
1975	92420	47564	51.47	44856	48.53	16030	17.34	76390	82.66
1976	93717	48257	51.49	45460	48.51	16341	17.44	77376	82.56
1977	94974	48908	51.50	46066	48.50	16669	17.55	78305	82.45
1978	96259	49567	51.49	46692	48.51	17245	17.92	79014	82.08
1979	97542	50192	51.46	47350	48.54	18495	18.96	79047	81.04
1980	98705	50785	51.45	47920	48.55	19140	19.39	79565	80.61
1981	100072	51519	51.48	48553	48.52	20171	20.16	79901	79.84
1982	101654	52352	51.50	49302	48.50	21480	21.13	80174	78.87
1983	103008	53152	51.60	49856	48.40	22274	21.62	80734	78.38
1984	104357	53848	51.60	50509	48.40	24017	23.01	80340	76.99
1985	105851	54725	51.70	51126	48.30	25094	23.71	80757	76.29
1986	107507	55581	51.70	51926	48.30	26366	24.52	81141	75.48
1987	109300	56290	51.50	53010	48.50	27674	25.32	81626	74.68
1988	111026	57201	51.52	53825	48.48	28661	25.81	82365	74.19
1989	112704	58099	51.55	54605	48.45	29540	26.21	83164	73.79
1990	114333	58904	51.52	55429	48.48	30195	26.41	84138	73.59
1991	115823	59466	51.34	56357	48.66	31203	26.94	84620	73.06
1992	117171	59811	51.05	57360	48.95	32175	27.46	84996	72.54
1993	118517	60472	51.02	58045	48.98	33173	27.99	85344	72.01
1994	119850	61246	51.10	58604	48.90	34169	28.51	85681	71.49
1995	121121	61808	51.03	59313	48.97	35174	29.04	85947	70.96
1996	122389	62200	50.82	60189	49.18	37304	30.48	85085	69.52
1997	123626	63131	51.07	60495	48.93	39449	31.91	84177	68.09
1998	124761	63940	51.25	60821	48.75	41608	33.35	83153	66.65
1999	125786	64692	51.43	61094	48.57	43748	34.78	82038	65.22
2000	126743	65437	51.63	61306	48.37	45906	36.22	80837	63.78
2001	127627	65672	51.46	61955	48.54	48064	37.66	79563	62.34
2002	128453	66115	51.47	62338	48.53	50212	39.09	78241	60.91
2003	129227	66556	51.50	62671	48.50	52376	40.53	76851	59.47
2004	129988	66976	51.52	63012	48.48	54283	41.76	75705	58.24
2005	130756	67375	51.53	63381	48.47	56212	42.99	74544	57.01
2006	131448	67728	51.52	63720	48.48	58288	44.34	73160	55.66
2007	132129	68048	51.50	64081	48.50	60633	45.89	71496	54.11
2008	132802	68357	51.47	64445	48.53	62403	46.99	70399	53.01
2009	133450	68647	51.44	64803	48.56	64512	48.34	68938	51.66
2010	134091	68748	51.27	65343	48.73	66978	49.95	67113	50.05
2011	134735	69068	51.26	65667	48.74	69079	51.27	65656	48.73
2012	135404	69395	51.25	66009	48.75	71182	52.57	64222	47.43
2013	136072	69728	51.24	66344	48.76	73111	53.73	62961	46.27

注：1.1981年及以前数据为户籍统计数;1982、1990、2000、2010年数据为当年人口普查数据推算数；其余年份数据为年度人口抽样调查推算数据(下相关表同)。

2.总人口和按性别分人口中包括现役军人，按城乡分人口中现役军人计入城镇人口。

a) Figures 1981 (inclusive) are from household registrations; for the year 1982,1990,2000 and 2010 are the census year estimates; the rest of the data covered in those tables have been estimated on the basis of the annual national sample surveys of population. The same applies to the relevant tables following.

b) Total population and population by sex include the military personnel of the Chinese People's Liberation Army, the military personnel are classified as urban population in the item of population by residence.

2-2 人口出生率、死亡率和自然增长率
Birth Rate, Death Rate and Natural Growth Rate of Population

单位：‰ (‰)

年 份 Year	出生率 Birth Rate	死亡率 Death Rate	自然增长率 Natural Growth Rate	年 份 Year	出生率 Birth Rate	死亡率 Death Rate	自然增长率 Natural Growth Rate
1978	18.25	6.25	12.00	1997	16.57	6.51	10.06
1980	18.21	6.34	11.87	1998	15.64	6.50	9.14
1981	20.91	6.36	14.55	1999	14.64	6.46	8.18
1982	22.28	6.60	15.68	2000	14.03	6.45	7.58
1983	20.19	6.90	13.29	2001	13.38	6.43	6.95
1984	19.90	6.82	13.08	2002	12.86	6.41	6.45
1985	21.04	6.78	14.26	2003	12.41	6.40	6.01
1986	22.43	6.86	15.57	2004	12.29	6.42	5.87
1987	23.33	6.72	16.61	2005	12.40	6.51	5.89
1988	22.37	6.64	15.73	2006	12.09	6.81	5.28
1989	21.58	6.54	15.04	2007	12.10	6.93	5.17
1990	21.06	6.67	14.39	2008	12.14	7.06	5.08
1991	19.68	6.70	12.98	2009	11.95	7.08	4.87
1992	18.24	6.64	11.60	2010	11.90	7.11	4.79
1993	18.09	6.64	11.45	2011	11.93	7.14	4.79
1994	17.70	6.49	11.21	2012	12.10	7.15	4.95
1995	17.12	6.57	10.55	2013	12.08	7.16	4.92
1996	16.98	6.56	10.42				

2-3 流动人口数
Floating Population

单位：亿人 (100 million persons)

年 份 Year	人户分离人口 Population of Residence-Registration Inconsistency	流动人口 Floating Population
2000	1.44	1.21
2005		1.47
2010	2.61	2.21
2011	2.71	2.30
2012	2.79	2.36
2013	2.89	2.45

注：2000年、2010年分别为当年人口普查时点数据，其余年份数据根据年度人口抽样调查推算。

a) Data of 2000 and 2010 are based on the National Population Census and the rest are estimates based on annual national sample surveys of population.

2-4 人口年龄结构和抚养比
Age Composition and Dependency Ratio of Population

单位：万人 (10 000 persons)

年份 Year	总人口(年末) Total Population (year-end)	按年龄组分 by Age 0-14岁 Aged 0-14 人口数 Population	比重(%) Proportion	15-64岁 Aged 15-64 人口数 Population	比重(%) Proportion	65岁及以上 Aged 65 and Over 人口数 Population	比重(%) Proportion	总抚养比(%) Gross Dependency Ratio(%)	少儿抚养比(%) Children Dependency Ratio(%)	老年抚养比(%) Old Dependency Ratio(%)
1982	101654	34146	33.6	62517	61.5	4991	4.9	62.6	54.6	8.0
1987	109300	31347	28.7	71985	65.9	5968	5.4	51.8	43.5	8.3
1990	114333	31659	27.7	76306	66.7	6368	5.6	49.8	41.5	8.3
1991	115823	32095	27.7	76791	66.3	6938	6.0	50.8	41.8	9.0
1992	117171	32339	27.6	77614	66.2	7218	6.2	51.0	41.7	9.3
1993	118517	32177	27.2	79051	66.7	7289	6.2	49.9	40.7	9.2
1994	119850	32360	27.0	79868	66.6	7622	6.4	50.1	40.5	9.5
1995	121121	32218	26.6	81393	67.2	7510	6.2	48.8	39.6	9.2
1996	122389	32311	26.4	82245	67.2	7833	6.4	48.8	39.3	9.5
1997	123626	32093	26.0	83448	67.5	8085	6.5	48.1	38.5	9.7
1998	124761	32064	25.7	84338	67.6	8359	6.7	47.9	38.0	9.9
1999	125786	31950	25.4	85157	67.7	8679	6.9	47.7	37.5	10.2
2000	126743	29012	22.9	88910	70.1	8821	7.0	42.6	32.6	9.9
2001	127627	28716	22.5	89849	70.4	9062	7.1	42.0	32.0	10.1
2002	128453	28774	22.4	90302	70.3	9377	7.3	42.2	31.9	10.4
2003	129227	28559	22.1	90976	70.4	9692	7.5	42.0	31.4	10.7
2004	129988	27947	21.5	92184	70.9	9857	7.6	41.0	30.3	10.7
2005	130756	26504	20.3	94197	72.0	10055	7.7	38.8	28.1	10.7
2006	131448	25961	19.8	95068	72.3	10419	7.9	38.3	27.3	11.0
2007	132129	25660	19.4	95833	72.5	10636	8.1	37.9	26.8	11.1
2008	132802	25166	19.0	96680	72.7	10956	8.3	37.4	26.0	11.3
2009	133450	24659	18.5	97484	73.0	11307	8.5	36.9	25.3	11.6
2010	134091	22259	16.6	99938	74.5	11894	8.9	34.2	22.3	11.9
2011	134735	22164	16.5	100283	74.4	12288	9.1	34.4	22.1	12.3
2012	135404	22287	16.5	100403	74.1	12714	9.4	34.9	22.2	12.7
2013	136072	22329	16.4	100582	73.9	13161	9.7	35.3	22.2	13.1

2-5 分地区年末人口数
Population at Year-end by Region

单位：万人 (10 000 persons)

地 区	Region	2002	2003	2004	2005	2006	2007	2008	2009	2010	2011	2012	2013
全 国	**National Total**	**128453**	**129227**	**129988**	**130756**	**131448**	**132129**	**132802**	**133450**	**134091**	**134735**	**135404**	**136072**
北 京	Beijing	1423	1456	1493	1538	1601	1676	1771	1860	1962	2019	2069	2115
天 津	Tianjin	1007	1011	1024	1043	1075	1115	1176	1228	1299	1355	1413	1472
河 北	Hebei	6735	6769	6809	6851	6898	6943	6989	7034	7194	7241	7288	7333
山 西	Shanxi	3294	3314	3335	3355	3375	3393	3411	3427	3574	3593	3611	3630
内蒙古	Inner Mongolia	2384	2386	2393	2403	2415	2429	2444	2458	2472	2482	2490	2498
辽 宁	Liaoning	4203	4210	4217	4221	4271	4298	4315	4341	4375	4383	4389	4390
吉 林	Jilin	2699	2704	2709	2716	2723	2730	2734	2740	2747	2749	2750	2751
黑龙江	Heilongjiang	3813	3815	3817	3820	3823	3824	3825	3826	3833	3834	3834	3835
上 海	Shanghai	1713	1766	1835	1890	1964	2064	2141	2210	2303	2347	2380	2415
江 苏	Jiangsu	7406	7458	7523	7588	7656	7723	7762	7810	7869	7899	7920	7939
浙 江	Zhejiang	4776	4857	4925	4991	5072	5155	5212	5276	5447	5463	5477	5498
安 徽	Anhui	6144	6163	6228	6120	6110	6118	6135	6131	5957	5968	5988	6030
福 建	Fujian	3476	3502	3529	3557	3585	3612	3639	3666	3693	3720	3748	3774
江 西	Jiangxi	4222	4254	4284	4311	4339	4368	4400	4432	4462	4488	4504	4522
山 东	Shandong	9082	9125	9180	9248	9309	9367	9417	9470	9588	9637	9685	9733
河 南	Henan	9613	9667	9717	9380	9392	9360	9429	9487	9405	9388	9406	9413
湖 北	Hubei	5672	5685	5698	5710	5693	5699	5711	5720	5728	5758	5779	5799
湖 南	Hunan	6629	6663	6698	6326	6342	6355	6380	6406	6570	6596	6639	6691
广 东	Guangdong	8842	8963	9111	9194	9442	9660	9893	10130	10441	10505	10594	10644
广 西	Guangxi	4822	4857	4889	4660	4719	4768	4816	4856	4610	4645	4682	4719
海 南	Hainan	803	811	818	828	836	845	854	864	869	877	887	895
重 庆	Chongqing	2814	2803	2793	2798	2808	2816	2839	2859	2885	2919	2945	2970
四 川	Sichuan	8110	8176	8090	8212	8169	8127	8138	8185	8045	8050	8076	8107
贵 州	Guizhou	3837	3870	3904	3730	3690	3632	3596	3537	3479	3469	3484	3502
云 南	Yunnan	4333	4376	4415	4450	4483	4514	4543	4571	4602	4631	4659	4687
西 藏	Tibet	268	272	276	280	285	289	292	296	300	303	308	312
陕 西	Shaanxi	3662	3672	3681	3690	3699	3708	3718	3727	3735	3743	3753	3764
甘 肃	Gansu	2531	2537	2541	2545	2547	2548	2551	2555	2560	2564	2578	2582
青 海	Qinghai	529	534	539	543	548	552	554	557	563	568	573	578
宁 夏	Ningxia	572	580	588	596	604	610	618	625	633	639	647	654
新 疆	Xinjiang	1905	1934	1963	2010	2050	2095	2131	2159	2185	2209	2233	2264

注：2010年数据为当年人口普查数据推算数；其余年份数据为年度人口抽样调查推算数据。2005年起各地区数据为常住人口口径。

a) Data of 2010 are the census year estimates; the rest are the estimates from the annual national sample survey of population. Since 2005, data by region are of usual residents.

2-6 分地区年末城镇人口比重
Proportion of Urban Population at Year-end by Region

单位：% (%)

地 区	Region	2005	2006	2007	2008	2009	2010	2011	2012	2013
全 国	**National Total**	**42.99**	**44.34**	**45.89**	**46.99**	**48.34**	**49.95**	**51.27**	**52.57**	**53.73**
北 京	Beijing	83.62	84.33	84.50	84.90	85.00	85.96	86.20	86.20	86.30
天 津	Tianjin	75.11	75.73	76.31	77.23	78.01	79.55	80.50	81.55	82.01
河 北	Hebei	37.69	38.77	40.25	41.90	43.74	44.50	45.60	46.80	48.12
山 西	Shanxi	42.11	43.01	44.03	45.11	45.99	48.05	49.68	51.26	52.56
内蒙古	Inner Mongolia	47.20	48.64	50.15	51.71	53.40	55.50	56.62	57.74	58.71
辽 宁	Liaoning	58.70	58.99	59.20	60.05	60.35	62.10	64.05	65.65	66.45
吉 林	Jilin	52.52	52.97	53.16	53.21	53.32	53.35	53.40	53.70	54.20
黑龙江	Heilongjiang	53.10	53.50	53.90	55.40	55.50	55.66	56.50	56.90	57.40
上 海	Shanghai	89.09	88.70	88.70	88.60	88.60	89.30	89.30	89.30	89.60
江 苏	Jiangsu	50.50	51.90	53.20	54.30	55.60	60.58	61.90	63.00	64.11
浙 江	Zhejiang	56.02	56.50	57.20	57.60	57.90	61.62	62.30	63.20	64.00
安 徽	Anhui	35.50	37.10	38.70	40.50	42.10	43.01	44.80	46.50	47.86
福 建	Fujian	49.40	50.40	51.40	53.00	55.10	57.10	58.10	59.60	60.77
江 西	Jiangxi	37.00	38.68	39.80	41.36	43.18	44.06	45.70	47.51	48.87
山 东	Shandong	45.00	46.10	46.75	47.60	48.32	49.70	50.95	52.43	53.75
河 南	Henan	30.65	32.47	34.34	36.03	37.70	38.50	40.57	42.43	43.80
湖 北	Hubei	43.20	43.80	44.30	45.20	46.00	49.70	51.83	53.50	54.51
湖 南	Hunan	37.00	38.71	40.45	42.15	43.20	43.30	45.10	46.65	47.96
广 东	Guangdong	60.68	63.00	63.14	63.37	63.40	66.18	66.50	67.40	67.76
广 西	Guangxi	33.62	34.64	36.24	38.16	39.20	40.00	41.80	43.53	44.81
海 南	Hainan	45.20	46.10	47.20	48.00	49.13	49.80	50.50	51.60	52.74
重 庆	Chongqing	45.20	46.70	48.30	49.99	51.59	53.02	55.02	56.98	58.34
四 川	Sichuan	33.00	34.30	35.60	37.40	38.70	40.18	41.83	43.53	44.90
贵 州	Guizhou	26.87	27.46	28.24	29.11	29.89	33.81	34.96	36.41	37.83
云 南	Yunnan	29.50	30.50	31.60	33.00	34.00	34.70	36.80	39.31	40.48
西 藏	Tibet	20.85	21.13	21.50	21.90	22.30	22.67	22.71	22.75	23.71
陕 西	Shaanxi	37.23	39.12	40.62	42.10	43.50	45.76	47.30	50.02	51.31
甘 肃	Gansu	30.02	31.09	32.25	33.56	34.89	36.12	37.15	38.75	40.13
青 海	Qinghai	39.25	39.26	40.07	40.86	41.90	44.72	46.22	47.44	48.51
宁 夏	Ningxia	42.28	43.00	44.02	44.98	46.10	47.90	49.82	50.67	52.01
新 疆	Xinjiang	37.15	37.94	39.15	39.64	39.85	43.01	43.54	43.98	44.47

注：2010年数据为当年人口普查数据推算数；其余年份数据为年度人口抽样调查推算数据，部分省份2005-2009年数据根据2010年普查数据进行了修订。

a) Data of 2010 are the census year estimates; the rest are the estimates from the annual national sample survey of population. Data of some provinces from 2005 to 2009 have been revised according to the Sixth National Population Census in 2010.

2-7 分地区人口的城乡构成和出生率、死亡率、自然增长率（2013年）
Total Population by Urban and Rural Residence and Birth Rate, Death Rate, Natural Growth Rate by Region (2013)

地 区	Region	总人口(年末)(万人) Total Population (year-end) (10 000 persons)	城镇人口 Urban Population 人口数 Population	城镇人口 Urban Population 比重（%） Proportion	乡村人口 Rural Population 人口数 Population	乡村人口 Rural Population 比重（%） Proportion	出生率(‰) Birth Rate (‰)	死亡率(‰) Death Rate (‰)	自然增长率(‰) Natural Growth Rate (‰)
全 国	**National Total**	**136072**	**73111**	**53.73**	**62961**	**46.27**	**12.08**	**7.16**	**4.92**
北 京	Beijing	2115	1825	86.30	290	13.70	8.93	4.52	4.41
天 津	Tianjin	1472	1207	82.01	265	17.99	8.28	6.00	2.28
河 北	Hebei	7333	3528	48.12	3804	51.88	13.04	6.87	6.17
山 西	Shanxi	3630	1908	52.56	1722	47.44	10.81	5.57	5.24
内蒙古	Inner Mongolia	2498	1466	58.71	1031	41.29	8.98	5.62	3.36
辽 宁	Liaoning	4390	2917	66.45	1473	33.55	6.09	6.12	-0.03
吉 林	Jilin	2751	1491	54.20	1260	45.80	5.36	5.04	0.32
黑龙江	Heilongjiang	3835	2201	57.40	1634	42.60	6.86	6.08	0.78
上 海	Shanghai	2415	2164	89.60	251	10.40	8.18	5.24	2.94
江 苏	Jiangsu	7939	5090	64.11	2849	35.89	9.44	7.01	2.43
浙 江	Zhejiang	5498	3519	64.00	1979	36.00	10.01	5.45	4.56
安 徽	Anhui	6030	2886	47.86	3144	52.14	12.88	6.06	6.82
福 建	Fujian	3774	2293	60.77	1481	39.23	12.20	6.01	6.19
江 西	Jiangxi	4522	2210	48.87	2312	51.13	13.19	6.28	6.91
山 东	Shandong	9733	5232	53.75	4502	46.25	11.41	6.40	5.01
河 南	Henan	9413	4123	43.80	5290	56.20	12.27	6.76	5.51
湖 北	Hubei	5799	3161	54.51	2638	45.49	11.08	6.15	4.93
湖 南	Hunan	6691	3209	47.96	3482	52.04	13.50	6.96	6.54
广 东	Guangdong	10644	7212	67.76	3432	32.24	10.71	4.69	6.02
广 西	Guangxi	4719	2115	44.81	2604	55.19	14.28	6.35	7.93
海 南	Hainan	895	472	52.74	423	47.26	14.59	5.90	8.69
重 庆	Chongqing	2970	1733	58.34	1237	41.66	10.37	6.77	3.60
四 川	Sichuan	8107	3640	44.90	4467	55.10	9.90	6.90	3.00
贵 州	Guizhou	3502	1325	37.83	2177	62.17	13.05	7.15	5.90
云 南	Yunnan	4687	1897	40.48	2789	59.52	12.60	6.43	6.17
西 藏	Tibet	312	74	23.71	238	76.29	15.77	5.39	10.38
陕 西	Shaanxi	3764	1931	51.31	1833	48.69	10.01	6.15	3.86
甘 肃	Gansu	2582	1036	40.13	1546	59.87	12.16	6.08	6.08
青 海	Qinghai	578	280	48.51	298	51.49	14.16	6.13	8.03
宁 夏	Ningxia	654	340	52.01	314	47.99	13.12	4.50	8.62
新 疆	Xinjiang	2264	1007	44.47	1257	55.53	15.84	4.92	10.92

注：1.本表数据根据2013年人口变动情况抽样调查数据推算。全国总人口根据抽样误差和调查误差进行了修正，分地区人口未作修正。
2.全国总人口包括现役军人数，分地区数字中未包括。

a) Data in the table are estimates from the 2013 National Sample Survey on Population Changes. The national total population was adjusted on the basis of sampling errors and survey errors. Similar adjustments were not made to regional figures.

b) The military personnel were included in the national total population, but were not included in the population by region.

2-8 按年龄和性别分人口数（2013年）
Population by Age and Sex (2013)

本表是2013年全国人口变动情况抽样调查样本数据，抽样比为0.822‰。
Data in this table are obtained from the 2013 National Sample Survey on Population Changes. The sampling fraction is 0.822‰.

年 龄 Age	人口数（人） Population (person)	男 Male	女 Female	占总人口比重（%） Percentage to Total Population (%)	男 Male	女 Female	性别比（女=100） Sex Ratio (Female=100)
总计 Total	**1118433**	**573428**	**545005**	**100.00**	**51.27**	**48.73**	**105.22**
0-4	63490	34273	29218	5.68	3.06	2.61	117.30
5-9	62446	33890	28556	5.58	3.03	2.55	118.68
10-14	57562	31141	26422	5.15	2.78	2.36	117.86
15-19	68715	36177	32538	6.14	3.23	2.91	111.18
20-24	97406	50961	46446	8.71	4.56	4.15	109.72
25-29	93136	46693	46443	8.33	4.17	4.15	100.54
30-34	82677	41986	40691	7.39	3.75	3.64	103.18
35-39	84334	43057	41277	7.54	3.85	3.69	104.31
40-44	103771	53017	50753	9.28	4.74	4.54	104.46
45-49	98129	49884	48245	8.77	4.46	4.31	103.40
50-54	69533	35355	34178	6.22	3.16	3.06	103.44
55-59	70719	35892	34827	6.32	3.21	3.11	103.06
60-64	58256	29230	29026	5.21	2.61	2.60	100.70
65-69	39216	19577	19638	3.51	1.75	1.76	99.69
70-74	27905	13748	14157	2.49	1.23	1.27	97.11
75-79	21253	10054	11199	1.90	0.90	1.00	89.78
80-84	12769	5759	7011	1.14	0.51	0.63	82.14
85-89	5256	2104	3152	0.47	0.19	0.28	66.75
90-94	1558	555	1003	0.14	0.05	0.09	55.33
95+	304	77	227	0.03	0.01	0.02	34.05

注：由于各地区数据采用加权汇总的方法，全国人口变动情况抽样调查样本数据合计与各分项相加略有误差(以下表同)。

a) Because data by region are calculated by the method of weighted sum, total data of the national sample survey on population changes is not equal to the sum of each item. The same applies to the tables following.

2-9 分地区户数、人口数、性别比和户规模（2013年）
Household, Population, Sex Ratio and Household Size by Region (2013)

本表是2013年全国人口变动情况抽样调查样本数据，抽样比为0.822‰。
Data in this table are obtained from the 2013 National Sample Survey on Population Changes. The sampling fraction is 0.822‰.

地 区	Region	户数（户）Number of Households (household)	家庭户 Family Household	集体户 Collective Household	人口数（人）Population (person)	男 Male	女 Female	性别比（女=100）Sex Ratio (Female=100)
全 国	**National Total**	**371789**	**362031**	**9758**	**1118433**	**573428**	**545005**	**105.22**
北 京	Beijing	6166	5439	727	17454	9047	8407	107.62
天 津	Tianjin	4515	4406	109	12150	6040	6109	98.87
河 北	Hebei	19036	18922	114	60517	31069	29449	105.50
山 西	Shanxi	9903	9757	146	29957	15381	14576	105.52
内蒙古	Inner Mongolia	7521	7420	101	20613	10699	9914	107.91
辽 宁	Liaoning	13106	12706	400	36231	18292	17939	101.97
吉 林	Jilin	8206	8185	21	22707	11696	11010	106.23
黑龙江	Heilongjiang	11554	11535	19	31651	16055	15596	102.94
上 海	Shanghai	8377	7965	412	19932	10268	9664	106.24
江 苏	Jiangsu	22008	21350	658	65526	32754	32772	99.94
浙 江	Zhejiang	17034	15657	1377	45376	23512	21864	107.54
安 徽	Anhui	16155	15835	320	49765	25383	24382	104.11
福 建	Fujian	11340	10879	462	31148	16165	14982	107.89
江 西	Jiangxi	10730	10607	123	37321	19423	17898	108.52
山 东	Shandong	28638	28477	161	80331	40928	39403	103.87
河 南	Henan	23644	23446	198	77688	39055	38633	101.09
湖 北	Hubei	15907	15690	217	47860	24322	23538	103.33
湖 南	Hunan	16935	16753	182	55219	28374	26845	105.70
广 东	Guangdong	27050	24828	2223	87847	46183	41665	110.84
广 西	Guangxi	11809	11559	251	38947	20352	18595	109.44
海 南	Hainan	2060	1991	69	7389	3899	3490	111.71
重 庆	Chongqing	9071	8771	300	24512	12494	12018	103.96
四 川	Sichuan	24136	23612	524	66904	34111	32793	104.02
贵 州	Guizhou	9296	9099	197	28905	14944	13960	107.05
云 南	Yunnan	11739	11606	133	38680	20044	18635	107.56
西 藏	Tibet	636	632	4	2575	1308	1267	103.23
陕 西	Shaanxi	10203	10032	171	31063	15912	15151	105.02
甘 肃	Gansu	6280	6222	57	21311	10948	10363	105.64
青 海	Qinghai	1414	1394	20	4769	2429	2339	103.85
宁 夏	Ningxia	1684	1675	10	5399	2757	2642	104.32
新 疆	Xinjiang	5634	5583	51	18688	9583	9105	105.25

2-9 续表 continued

地 区	Region	家庭户人口数(人) Family Household Population (person)	男 Male	女 Female	集体户人口数(人) Collective Household Population (person)	男 Male	女 Female	平均家庭户规模(人/户) Average Family Size (person/household)
全 国	**National Total**	**1077642**	**550008**	**527634**	**40791**	**23420**	**17371**	**2.98**
北 京	Beijing	14170	6988	7182	3284	2059	1225	2.61
天 津	Tianjin	11744	5959	5785	405	81	324	2.67
河 北	Hebei	59922	30752	29170	595	317	278	3.17
山 西	Shanxi	29389	15018	14371	569	363	205	3.01
内蒙古	Inner Mongolia	20325	10484	9841	288	215	74	2.74
辽 宁	Liaoning	34620	17843	16777	1611	449	1162	2.72
吉 林	Jilin	22639	11650	10990	67	47	20	2.77
黑龙江	Heilongjiang	31581	16025	15556	70	29	40	2.74
上 海	Shanghai	18725	9557	9167	1207	710	497	2.35
江 苏	Jiangsu	62891	31402	31488	2635	1351	1284	2.95
浙 江	Zhejiang	39733	20361	19372	5643	3152	2492	2.54
安 徽	Anhui	48036	24761	23275	1729	622	1107	3.03
福 建	Fujian	29612	15331	14281	1535	834	701	2.72
江 西	Jiangxi	36298	18485	17813	1023	938	85	3.42
山 东	Shandong	79775	40609	39166	556	318	237	2.80
河 南	Henan	76916	38373	38543	772	682	90	3.28
湖 北	Hubei	46196	23453	22742	1665	869	796	2.94
湖 南	Hunan	54501	27910	26591	718	464	254	3.25
广 东	Guangdong	78242	40514	37728	9605	5668	3937	3.15
广 西	Guangxi	38265	19967	18298	682	385	298	3.31
海 南	Hainan	7017	3707	3310	372	192	180	3.52
重 庆	Chongqing	23315	11843	11472	1197	651	546	2.66
四 川	Sichuan	65186	32826	32361	1718	1286	432	2.76
贵 州	Guizhou	27970	14501	13469	935	443	491	3.07
云 南	Yunnan	38077	19616	18461	602	428	175	3.28
西 藏	Tibet	2562	1300	1262	14	8	5	4.05
陕 西	Shaanxi	30584	15609	14975	478	303	175	3.05
甘 肃	Gansu	20862	10673	10189	449	275	174	3.35
青 海	Qinghai	4693	2380	2313	75	49	26	3.37
宁 夏	Ningxia	5361	2726	2635	38	31	8	3.20
新 疆	Xinjiang	18435	9382	9053	253	201	52	3.30

2-10 分地区分性别、户口登记状况的人口(2013年)
Population by Sex, Household Registration Status and Region (2013)

本表是2013年全国人口变动情况抽样调查样本数据，抽样比为0.822‰。
Data in this table are obtained from the 2013 National Sample Survey on Population Changes. The sampling fraction is 0.822‰.

单位：人 (person)

地 区	Region	人口数 Population			住本乡、镇、街道，户口在本乡、镇、街道 Residing in the Townships, Towns and Street Communities with Permanent Household Registration There		
		合计 Total	男 Male	女 Female	小计 Sub-total	男 Male	女 Female
全 国	**National Total**	**1118433**	**573428**	**545005**	**897422**	**459713**	**437710**
北 京	Beijing	17454	9047	8407	8139	4349	3790
天 津	Tianjin	12150	6040	6109	9242	4607	4635
河 北	Hebei	60517	31069	29449	54572	28175	26397
山 西	Shanxi	29957	15381	14576	23635	12157	11478
内蒙古	Inner Mongolia	20613	10699	9914	14904	7753	7151
辽 宁	Liaoning	36231	18292	17939	28085	14609	13476
吉 林	Jilin	22707	11696	11010	19086	9933	9153
黑龙江	Heilongjiang	31651	16055	15596	26678	13634	13044
上 海	Shanghai	19932	10268	9664	7839	3891	3948
江 苏	Jiangsu	65526	32754	32772	53232	26527	26705
浙 江	Zhejiang	45376	23512	21864	26392	13378	13014
安 徽	Anhui	49765	25383	24382	42915	22084	20830
福 建	Fujian	31148	16165	14982	19047	9768	9279
江 西	Jiangxi	37321	19423	17898	33680	17374	16306
山 东	Shandong	80331	40928	39403	71213	36188	35024
河 南	Henan	77688	39055	38633	70947	35675	35272
湖 北	Hubei	47860	24322	23538	37612	19200	18412
湖 南	Hunan	55219	28374	26845	49990	25728	24262
广 东	Guangdong	87847	46183	41665	56359	28999	27360
广 西	Guangxi	38947	20352	18595	33469	17668	15801
海 南	Hainan	7389	3899	3490	5978	3186	2792
重 庆	Chongqing	24512	12494	12018	19427	9887	9539
四 川	Sichuan	66904	34111	32793	56677	28870	27807
贵 州	Guizhou	28905	14944	13960	23902	12515	11387
云 南	Yunnan	38680	20044	18635	33645	17351	16294
西 藏	Tibet	2575	1308	1267	2398	1214	1184
陕 西	Shaanxi	31063	15912	15151	26012	13347	12665
甘 肃	Gansu	21311	10948	10363	19220	9867	9353
青 海	Qinghai	4769	2429	2339	3976	2029	1947
宁 夏	Ningxia	5399	2757	2642	4140	2112	2028
新 疆	Xinjiang	18688	9583	9105	15012	7636	7375

2-10 续表 continued

单位：人 (persons)

地 区	Region	住本乡、镇、街道，户口在外乡、镇、街道，离开户口登记地半年以上 Residing in Townships, Towns and Street Communities, with Permanent Household Registration Elsewhere Having Been Away from That Places For More Than 6 Months.			住本乡、镇、街道，户口待定 Residing in Townships, Towns and Street Communities, with Place of Permanent Household Registration Unsettled			居住在港澳台或国外，户口在本乡、镇、街道 Residing in Hong Kong, Macao and Taiwan Provinces or abroad, with Permanent Household Registration in Townships,Towns and Street Communities		
		小 计 Sub-total	男 Male	女 Female	小 计 Sub-total	男 Male	女 Female	小 计 Sub-total	男 Male	女 Female
全 国	**National Total**	**211539**	**108946**	**102593**	**7797**	**3857**	**3939**	**1675**	**911**	**763**
北 京	Beijing	9206	4644	4562	74	38	36	34	16	18
天 津	Tianjin	2881	1420	1461	14	7	7	13	7	6
河 北	Hebei	5621	2741	2880	308	146	162	16	7	9
山 西	Shanxi	6181	3148	3033	139	74	64	3	2	1
内蒙古	Inner Mongolia	5611	2892	2719	92	48	43	7	5	2
辽 宁	Liaoning	8028	3633	4395	63	26	37	55	25	30
吉 林	Jilin	3352	1624	1727	51	27	24	218	112	106
黑龙江	Heilongjiang	4889	2376	2512	58	25	33	26	20	6
上 海	Shanghai	11986	6318	5668	30	20	10	76	38	37
江 苏	Jiangsu	11806	5965	5841	360	189	172	127	73	54
浙 江	Zhejiang	18300	9773	8527	219	111	108	464	250	215
安 徽	Anhui	6341	3045	3297	488	240	247	22	14	7
福 建	Fujian	11385	6039	5346	443	205	238	273	152	121
江 西	Jiangxi	3335	1896	1439	296	146	150	10	6	3
山 东	Shandong	8627	4460	4167	402	233	169	89	47	43
河 南	Henan	6424	3210	3214	296	155	142	20	15	6
湖 北	Hubei	9882	4944	4938	335	156	180	30	22	8
湖 南	Hunan	4896	2489	2407	311	147	164	22	10	12
广 东	Guangdong	30065	16461	13604	1351	688	663	72	35	38
广 西	Guangxi	4951	2426	2525	520	254	267	7	4	3
海 南	Hainan	1356	689	666	52	24	29	3		3
重 庆	Chongqing	5007	2566	2441	70	36	34	7	4	3
四 川	Sichuan	9598	4942	4656	594	272	322	36	27	8
贵 州	Guizhou	4686	2289	2397	314	140	173	3		3
云 南	Yunnan	4668	2520	2148	346	161	185	21	12	9
西 藏	Tibet	162	86	76	15	7	7	1		1
陕 西	Shaanxi	4899	2488	2411	140	73	67	12	4	8
甘 肃	Gansu	1966	1024	942	124	56	67	2	1	1
青 海	Qinghai	746	377	369	46	23	23	1	1	
宁 夏	Ningxia	1224	627	597	34	17	17	1		
新 疆	Xinjiang	3460	1832	1628	212	112	99	4	3	2

2-11 分地区人口年龄构成和抚养比（2013年）
Age Composition and Dependency Ratio of Population by Region (2013)

本表是2013年全国人口变动情况抽样调查样本数据，抽样比为0.822‰。
Data in this table are obtained from the 2013 National Sample Survey on Population Changes. The sampling fraction is 0.822‰.

地区	Region	人口数(人) Population (person)	0-14岁 Aged 0-14	15-64岁 Aged 15-64	65岁及以上 Aged 65 and Over	总抚养比(%) Gross Dependency Ratio (%)	少年儿童抚养比 Children Dependency Ratio	老年人口抚养比 Old Dependency Ratio
全国	**National Total**	**1118433**	**183498**	**826674**	**108261**	**35.29**	**22.20**	**13.10**
北京	Beijing	17454	1732	14225	1498	22.70	12.17	10.53
天津	Tianjin	12150	1359	9399	1392	29.27	14.46	14.81
河北	Hebei	60517	10772	44198	5547	36.92	24.37	12.55
山西	Shanxi	29957	4710	22860	2388	31.05	20.61	10.45
内蒙古	Inner Mongolia	20613	2831	16020	1762	28.67	17.67	11.00
辽宁	Liaoning	36231	3774	28756	3701	25.99	13.13	12.87
吉林	Jilin	22707	2669	17844	2193	27.25	14.96	12.29
黑龙江	Heilongjiang	31651	3792	25029	2830	26.46	15.15	11.31
上海	Shanghai	19932	1866	15945	2121	25.01	11.71	13.30
江苏	Jiangsu	65526	8733	48762	8030	34.38	17.91	16.47
浙江	Zhejiang	45376	5417	35785	4174	26.80	15.14	11.66
安徽	Anhui	49765	9186	35337	5241	40.83	26.00	14.83
福建	Fujian	31148	5249	23355	2543	33.37	22.48	10.89
江西	Jiangxi	37321	7353	26608	3360	40.26	27.63	12.63
山东	Shandong	80331	12432	59077	8822	35.98	21.04	14.93
河南	Henan	77688	16133	54620	6935	42.23	29.54	12.70
湖北	Hubei	47860	7153	35966	4741	33.07	19.89	13.18
湖南	Hunan	55219	10088	39294	5837	40.53	25.67	14.85
广东	Guangdong	87847	14653	66830	6364	31.45	21.93	9.52
广西	Guangxi	38947	8361	26966	3620	44.43	31.01	13.42
海南	Hainan	7389	1385	5402	602	36.79	25.64	11.15
重庆	Chongqing	24512	3824	17440	3247	40.55	21.93	18.62
四川	Sichuan	66904	11073	47295	8536	41.46	23.41	18.05
贵州	Guizhou	28905	6385	19838	2682	45.70	32.19	13.52
云南	Yunnan	38680	7745	27835	3099	38.96	27.83	11.13
西藏	Tibet	2575	599	1843	133	39.73	32.50	7.23
陕西	Shaanxi	31063	4685	23324	3053	33.18	20.09	13.09
甘肃	Gansu	21311	3603	15813	1895	34.77	22.78	11.98
青海	Qinghai	4769	948	3479	341	37.06	27.24	9.81
宁夏	Ningxia	5399	1093	3924	382	37.59	27.86	9.72
新疆	Xinjiang	18688	3893	13605	1190	37.36	28.61	8.75

2-12 分地区按性别和婚姻状况分的人口(2013年)
Population by Sex, Marital Status and Region (2013)

本表是2013年全国人口变动情况抽样调查样本数据，抽样比为0.822‰。
Data in this table are obtained from the 2013 National Sample Survey on Population Changes. The sampling fraction is 0.822‰.

单位：人 (person)

地 区	Region	15岁及以上人口 Population Aged 15 and Over	男 Male	女 Female	未 婚 Never Married	男 Male	女 Female	初婚有配偶 First Married	男 Male	女 Female
全 国	**National Total**	**934935**	**474125**	**460810**	**188708**	**111561**	**77147**	**665734**	**330964**	**334770**
北 京	Beijing	15722	8149	7574	4704	2734	1970	10076	5062	5014
天 津	Tianjin	10790	5315	5476	2077	1041	1037	7868	3959	3909
河 北	Hebei	49745	25174	24571	8091	4744	3346	37632	18752	18880
山 西	Shanxi	25247	13006	12241	5141	2957	2184	18307	9323	8984
内蒙古	Inner Mongolia	17782	9223	8560	3075	1874	1201	13217	6720	6497
辽 宁	Liaoning	32457	16354	16103	7060	3940	3120	22149	11100	11050
吉 林	Jilin	20038	10293	9744	3096	1863	1234	14817	7493	7324
黑龙江	Heilongjiang	27859	14091	13768	4350	2489	1861	20509	10305	10205
上 海	Shanghai	18065	9264	8801	3456	1944	1512	13213	6818	6395
江 苏	Jiangsu	56793	27932	28861	9757	5427	4330	41962	20617	21345
浙 江	Zhejiang	39959	20665	19294	10003	5876	4127	27112	13770	13341
安 徽	Anhui	40579	20257	20322	8356	4747	3609	28840	14165	14675
福 建	Fujian	25899	13292	12606	4759	2912	1847	19181	9718	9462
江 西	Jiangxi	29968	15317	14650	6640	4031	2609	21070	10454	10616
山 东	Shandong	67898	34119	33779	9948	5916	4032	52436	26034	26402
河 南	Henan	61555	29957	31597	12349	7030	5319	44335	20937	23397
湖 北	Hubei	40707	20446	20262	7915	4668	3248	29365	14457	14908
湖 南	Hunan	45131	22842	22289	8354	5028	3326	32367	16064	16303
广 东	Guangdong	73194	38115	35079	20453	12169	8284	48510	24541	23969
广 西	Guangxi	30586	15862	14724	7005	4488	2516	20811	10367	10444
海 南	Hainan	6004	3113	2891	1687	1023	665	3937	1963	1974
重 庆	Chongqing	20687	10448	10239	3849	2382	1467	14357	7042	7315
四 川	Sichuan	55831	28322	27510	11340	7088	4252	37941	18587	19354
贵 州	Guizhou	22520	11470	11050	5328	3059	2270	14920	7456	7464
云 南	Yunnan	30934	15956	14978	5810	3706	2104	22412	11166	11246
西 藏	Tibet	1976	1004	972	587	312	275	1229	629	600
陕 西	Shaanxi	26377	13409	12968	5152	3115	2036	19016	9396	9619
甘 肃	Gansu	17709	9037	8672	3685	2193	1492	12578	6271	6306
青 海	Qinghai	3821	1945	1876	795	466	330	2608	1314	1294
宁 夏	Ningxia	4306	2178	2128	862	495	367	3090	1548	1542
新 疆	Xinjiang	14795	7570	7225	3024	1845	1179	9871	4935	4937

2-12 续表 continued

单位：人 (person)

地区	Region	再婚有配偶 Re-married	男 Male	女 Female	离婚 Divorced	男 Male	女 Female	丧偶 Widowed	男 Male	女 Female
全国	**National Total**	**15023**	**7175**	**7848**	**14778**	**8595**	**6183**	**50692**	**15830**	**34862**
北京	Beijing	247	123	124	217	101	116	478	128	350
天津	Tianjin	142	69	73	188	90	99	515	157	359
河北	Hebei	921	441	480	572	385	187	2529	851	1677
山西	Shanxi	390	182	209	300	199	101	1109	346	763
内蒙古	Inner Mongolia	367	176	191	286	183	103	837	269	568
辽宁	Liaoning	542	260	282	992	532	460	1714	523	1191
吉林	Jilin	360	175	185	678	399	279	1087	364	724
黑龙江	Heilongjiang	614	300	314	975	563	412	1410	434	976
上海	Shanghai	259	129	130	320	150	171	818	224	593
江苏	Jiangsu	887	417	470	783	473	310	3403	997	2406
浙江	Zhejiang	568	263	305	535	303	231	1742	453	1289
安徽	Anhui	646	283	363	473	298	175	2264	763	1500
福建	Fujian	427	214	214	269	150	119	1263	298	964
江西	Jiangxi	347	166	181	360	232	128	1552	435	1117
山东	Shandong	990	428	562	684	440	245	3840	1301	2539
河南	Henan	669	318	351	781	460	322	3421	1212	2208
湖北	Hubei	621	295	325	551	296	255	2256	730	1526
湖南	Hunan	782	359	423	738	451	288	2890	940	1949
广东	Guangdong	592	317	275	547	304	244	3092	785	2307
广西	Guangxi	339	169	170	455	286	169	1976	552	1425
海南	Hainan	56	31	25	45	27	18	278	68	210
重庆	Chongqing	489	227	262	493	269	224	1500	529	971
四川	Sichuan	1404	629	776	1282	748	534	3864	1269	2594
贵州	Guizhou	442	230	212	450	266	184	1379	459	920
云南	Yunnan	493	238	256	488	271	217	1731	575	1156
西藏	Tibet	15	9	6	44	15	29	102	39	63
陕西	Shaanxi	344	168	176	321	225	97	1544	505	1039
甘肃	Gansu	186	93	93	209	124	86	1050	356	694
青海	Qinghai	81	39	42	118	62	57	218	65	153
宁夏	Ningxia	80	41	38	93	47	46	181	47	134
新疆	Xinjiang	719	386	333	529	248	281	651	155	496

2-13 分地区按性别和受教育程度分的人口（2013年）
Population by Sex, Educational Attainment and Region (2013)

本表是2013年全国人口变动情况抽样调查样本数据，抽样比为0.822‰。
Data in this table are obtained from the 2013 National Sample Survey on Population Changes. The sampling fraction is 0.822‰.

单位：人 (person)

地 区	Region	6岁及以上人口 Population Aged 6 and Over	男 Male	女 Female	未上过学 No Schooling	男 Male	女 Female	小 学 Primary School	男 Male	女 Female
全 国	**National Total**	**1041825**	**532072**	**509754**	**52010**	**16272**	**35738**	**274658**	**130360**	**144299**
北 京	Beijing	16645	8622	8023	278	76	202	1692	782	910
天 津	Tianjin	11582	5737	5844	292	90	202	1894	875	1020
河 北	Hebei	55688	28411	27277	2177	729	1448	13798	6498	7300
山 西	Shanxi	28116	14438	13677	722	263	460	6385	2988	3397
内蒙古	Inner Mongolia	19503	10086	9417	962	333	629	4918	2354	2564
辽 宁	Liaoning	34925	17627	17298	809	307	502	6401	2938	3463
吉 林	Jilin	21702	11170	10532	610	217	394	5046	2391	2655
黑龙江	Heilongjiang	30284	15351	14934	818	282	535	6674	3150	3523
上 海	Shanghai	19046	9804	9241	758	224	534	2654	1253	1400
江 苏	Jiangsu	61632	30638	30994	2629	664	1965	14527	6411	8115
浙 江	Zhejiang	43066	22279	20787	2412	683	1729	11329	5483	5846
安 徽	Anhui	45731	23122	22609	3394	1055	2339	13022	6017	7005
福 建	Fujian	28714	14832	13882	1679	377	1302	8746	3998	4748
江 西	Jiangxi	34378	17813	16566	1081	340	741	9105	4205	4900
山 东	Shandong	75252	38111	37142	4288	1196	3092	18912	8626	10286
河 南	Henan	71151	35389	35762	3770	1231	2539	18142	8725	9417
湖 北	Hubei	44496	22519	21976	2409	701	1708	10067	4730	5337
湖 南	Hunan	51107	26154	24953	1875	620	1255	14311	6949	7362
广 东	Guangdong	81324	42608	38716	2620	668	1952	18284	8503	9781
广 西	Guangxi	35486	18510	16977	1447	456	991	11385	5366	6018
海 南	Hainan	6755	3539	3216	328	90	238	1319	630	689
重 庆	Chongqing	23095	11736	11359	1199	388	811	7595	3717	3878
四 川	Sichuan	62617	31901	30716	4313	1311	3002	22277	11025	11252
贵 州	Guizhou	26607	13673	12934	2657	893	1763	8982	4522	4460
云 南	Yunnan	35624	18454	17170	2980	1072	1908	14753	7404	7350
西 藏	Tibet	2300	1169	1131	955	448	507	915	478	437
陕 西	Shaanxi	28894	14787	14107	1356	419	937	6615	3084	3532
甘 肃	Gansu	19821	10160	9661	1521	515	1006	6747	3255	3492
青 海	Qinghai	4398	2246	2152	597	213	384	1532	778	754
宁 夏	Ningxia	4969	2524	2445	380	128	253	1427	671	757
新 疆	Xinjiang	16918	8662	8256	694	285	409	5205	2553	2653

2-13 续表 continued

单位：人 (person)

地区	Region	初中 Junior Secondary School	男 Male	女 Female	高中 Senior Secondary School	男 Male	女 Female	大专及以上 College and Higher Level	男 Male	女 Female
全国	**National Total**	**425144**	**225878**	**199266**	**172088**	**95972**	**76116**	**117925**	**63590**	**54336**
北京	Beijing	4496	2396	2099	3321	1722	1599	6859	3645	3214
天津	Tianjin	4242	2234	2009	2483	1255	1228	2670	1285	1386
河北	Hebei	26955	14337	12619	8452	4612	3840	4307	2236	2071
山西	Shanxi	13129	6984	6145	4866	2623	2243	3013	1580	1432
内蒙古	Inner Mongolia	8374	4491	3883	3283	1838	1446	1966	1071	895
辽宁	Liaoning	15256	8073	7183	5535	2992	2543	6924	3317	3606
吉林	Jilin	9594	5111	4483	3942	2121	1821	2509	1331	1180
黑龙江	Heilongjiang	13761	7218	6543	5324	2783	2542	3708	1917	1791
上海	Shanghai	7063	3762	3301	3868	2065	1804	4703	2501	2203
江苏	Jiangsu	24668	12674	11994	11346	6342	5004	8462	4547	3916
浙江	Zhejiang	15432	8518	6914	6428	3611	2818	7464	3985	3480
安徽	Anhui	18937	10335	8602	6191	3520	2671	4186	2194	1992
福建	Fujian	11293	6475	4818	4443	2543	1900	2554	1440	1115
江西	Jiangxi	13419	6842	6577	7546	4490	3056	3228	1936	1292
山东	Shandong	32094	16942	15151	12514	7246	5267	7445	4100	3345
河南	Henan	32606	16375	16231	10877	5873	5003	5757	3184	2571
湖北	Hubei	16684	8660	8023	10032	5478	4554	5304	2950	2354
湖南	Hunan	21498	11054	10443	9080	5206	3874	4343	2324	2018
广东	Guangdong	37022	19944	17078	16733	9648	7085	6665	3845	2820
广西	Guangxi	15385	8598	6788	4538	2612	1925	2732	1477	1254
海南	Hainan	3169	1658	1511	1345	787	558	593	374	221
重庆	Chongqing	8486	4326	4159	3653	2049	1604	2162	1254	907
四川	Sichuan	21140	11245	9895	8290	4533	3757	6597	3786	2812
贵州	Guizhou	9731	5443	4288	2818	1677	1141	2419	1137	1282
云南	Yunnan	11631	6555	5076	3497	1896	1601	2763	1527	1235
西藏	Tibet	279	163	115	97	53	44	55	27	28
陕西	Shaanxi	12128	6449	5679	5331	2940	2391	3463	1895	1568
甘肃	Gansu	6945	3758	3187	2820	1624	1196	1788	1007	780
青海	Qinghai	1206	681	524	511	273	237	553	299	253
宁夏	Ningxia	1825	1007	818	778	420	358	559	298	258
新疆	Xinjiang	6697	3567	3130	2147	1138	1008	2174	1118	1057

2-14 分地区按性别分的15岁及以上文盲人口（2013年）
Illiterate Population Aged 15 and Over by Sex and Region (2013)

本表是2013年全国人口变动情况抽样调查样本数据，抽样比为0.822‰。
Data in this table are obtained from the 2013 National Sample Survey on Population Changes. The sampling fraction is 0.822‰.

地 区	Region	15岁及以上人口（人） Population Aged 15 and Over (person)	男 Male	女 Female	文盲人口（人） Illiterate Population (person)	男 Male	女 Female	文盲人口占15岁及以上人口的比重（%） Percentage of Illiterate Population to Total Aged 15 and Over(%)	男 Male	女 Female
全 国	**National Total**	**934935**	**474125**	**460810**	**43002**	**11997**	**31005**	**4.60**	**2.53**	**6.73**
北 京	Beijing	15722	8149	7574	239	57	182	1.52	0.70	2.41
天 津	Tianjin	10790	5315	5476	222	51	171	2.06	0.96	3.12
河 北	Hebei	49745	25174	24571	1553	432	1121	3.12	1.72	4.56
山 西	Shanxi	25247	13006	12241	529	168	361	2.09	1.29	2.95
内蒙古	Inner Mongolia	17782	9223	8560	759	238	520	4.27	2.59	6.08
辽 宁	Liaoning	32457	16354	16103	582	205	377	1.79	1.25	2.34
吉 林	Jilin	20038	10293	9744	456	143	313	2.27	1.38	3.21
黑龙江	Heilongjiang	27859	14091	13768	608	188	420	2.18	1.34	3.05
上 海	Shanghai	18065	9264	8801	658	184	474	3.64	1.99	5.39
江 苏	Jiangsu	56793	27932	28861	2148	443	1705	3.78	1.59	5.91
浙 江	Zhejiang	39959	20665	19294	2150	560	1590	5.38	2.71	8.24
安 徽	Anhui	40579	20257	20322	3014	879	2136	7.43	4.34	10.51
福 建	Fujian	25899	13292	12606	1312	241	1071	5.06	1.81	8.50
江 西	Jiangxi	29968	15317	14650	825	201	624	2.75	1.31	4.26
山 东	Shandong	67898	34119	33779	3604	834	2770	5.31	2.44	8.20
河 南	Henan	61555	29957	31597	3004	882	2122	4.88	2.94	6.72
湖 北	Hubei	40707	20446	20262	2158	589	1569	5.30	2.88	7.74
湖 南	Hunan	45131	22842	22289	1408	390	1018	3.12	1.71	4.57
广 东	Guangdong	73194	38115	35079	2051	407	1645	2.80	1.07	4.69
广 西	Guangxi	30586	15862	14724	1045	252	793	3.42	1.59	5.38
海 南	Hainan	6004	3113	2891	286	65	221	4.76	2.08	7.65
重 庆	Chongqing	20687	10448	10239	995	290	705	4.81	2.78	6.89
四 川	Sichuan	55831	28322	27510	3723	1034	2689	6.67	3.65	9.78
贵 州	Guizhou	22520	11470	11050	2350	745	1605	10.44	6.50	14.53
云 南	Yunnan	30934	15956	14978	2614	893	1720	8.45	5.60	11.49
西 藏	Tibet	1976	1004	972	814	374	440	41.18	37.23	45.26
陕 西	Shaanxi	26377	13409	12968	1132	317	815	4.29	2.37	6.29
甘 肃	Gansu	17709	9037	8672	1309	421	887	7.39	4.66	10.23
青 海	Qinghai	3821	1945	1876	517	173	345	13.53	8.87	18.37
宁 夏	Ningxia	4306	2178	2128	339	109	230	7.88	5.01	10.82
新 疆	Xinjiang	14795	7570	7225	598	234	364	4.04	3.09	5.04

注：本表“文盲人口”指15岁及15岁以上不识字及识字很少人口。
a) Illiterate population in this table refers to the population aged 15 and over who are unable or have difficulty in reading.

2-15 分地区按家庭户规模分的户数（2013年）
Family Households by Size and Region (2013)

本表是2013年全国人口变动情况抽样调查样本数据，抽样比为0.822‰。
Data in this table are obtained from the 2013 National Sample Survey on Population Changes. The sampling fraction is 0.822‰.

单位：户 (household)

地区	Region	家庭户户数 Number of Family Households	一人户 One Person	二人户 Two Persons	三人户 Three Persons	四人户 Four Persons	五人户 Five Persons	六人户 Six Persons	七人户 Seven Persons	八人户 Eight Persons	九人户 Nine Persons	十人及以上户 Ten Persons and Over
全 国	**National Total**	**362031**	**52764**	**98671**	**97541**	**61517**	**30776**	**14032**	**4115**	**1539**	**575**	**502**
北 京	Beijing	5439	985	1675	1726	598	329	86	25	9	2	3
天 津	Tianjin	4406	598	1451	1555	517	209	66	9	2		
河 北	Hebei	18922	1982	4946	4955	3854	1796	1040	251	70	16	10
山 西	Shanxi	9757	1174	2543	2820	2014	743	366	67	21	7	3
内蒙古	Inner Mongolia	7420	883	2390	2593	1040	376	115	17	5		1
辽 宁	Liaoning	12706	1687	4165	4332	1489	772	203	46	9	3	
吉 林	Jilin	8185	1040	2815	2516	969	589	215	28	10	5	
黑龙江	Heilongjiang	11535	1343	3938	3984	1300	696	214	38	19	4	
上 海	Shanghai	7965	1995	2779	2122	643	343	62	14	4	1	3
江 苏	Jiangsu	21350	2959	6129	5899	3159	2142	768	203	61	20	10
浙 江	Zhejiang	15657	3499	5030	3890	1900	925	302	77	28	4	2
安 徽	Anhui	15835	2014	4181	4428	2967	1429	586	152	54	16	8
福 建	Fujian	10879	2296	3216	2577	1509	774	360	86	44	12	5
江 西	Jiangxi	10607	1027	2320	2568	2499	1076	714	239	94	43	28
山 东	Shandong	28477	3568	9064	8912	4315	1845	587	137	32	11	5
河 南	Henan	23446	2495	5453	5678	5411	2510	1325	379	121	47	27
湖 北	Hubei	15690	1968	4375	4895	2450	1300	507	117	56	13	10
湖 南	Hunan	16753	2251	3580	4125	3607	1757	909	297	126	54	47
广 东	Guangdong	24828	4873	5745	4813	4281	2495	1385	660	298	129	150
广 西	Guangxi	11559	1798	2300	2640	2329	1320	679	244	124	52	73
海 南	Hainan	1991	244	374	414	460	244	147	59	26	12	12
重 庆	Chongqing	8771	1781	2609	2220	1414	499	192	38	12	4	3
四 川	Sichuan	23612	4573	7001	5696	3561	1747	717	215	66	22	15
贵 州	Guizhou	9099	1308	2296	2349	1637	946	385	131	32	10	4
云 南	Yunnan	11606	1528	2415	2798	2462	1358	760	192	54	26	13
西 藏	Tibet	632	78	109	123	111	68	48	33	24	16	23
陕 西	Shaanxi	10032	1283	2499	2832	1996	871	428	85	27	7	4
甘 肃	Gansu	6222	646	1365	1630	1227	716	448	121	45	17	7
青 海	Qinghai	1394	131	304	378	296	151	87	28	12	5	4
宁 夏	Ningxia	1675	150	413	497	341	166	70	25	9	1	2
新 疆	Xinjiang	5583	611	1191	1577	1164	583	261	101	45	18	30

2-16 育龄妇女分年龄、孩次的生育状况
(2012年11月1日至2013年10月31日)
Age-specific Fertility Rate of Childbearing Women by Age of Mother and Birth Order (2012.11.1-2013.10.31)

本表是2013年全国人口变动情况抽样调查样本数据，抽样比为0.822‰。
Data in this table are obtained from the 2013 National Sample Survey on Population Changes. The sampling fraction is 0.822‰.

年 龄 Age	平均育龄妇女人数（人） Average Number of Childbearing Women (person)	出生人数（人） Births (person)	一孩 1st Birth	二孩 2nd Birth	三孩及以上 3rd Birth and Above	生育率（‰） Fertility Rate (‰)	一孩 1st Birth	二孩 2nd Birth	三孩及以上 3rd Birth and Above
总计 Total	**308867**	**11022**	**7092**	**3431**	**490**	**35.68**	**22.96**	**11.11**	**1.59**
15-19	**33282**	**261**	**244**	**17**	**1**	**7.84**	**7.32**	**0.50**	**0.02**
15	6088	2	2			0.38	0.34	0.03	
16	6784	14	13	1		2.03	1.95	0.08	
17	7181	44	44	1		6.19	6.07	0.12	
18	6243	86	81	4	1	13.71	12.97	0.61	0.12
19	6986	115	104	11		16.42	14.84	1.58	
20-24	**47741**	**3320**	**2777**	**512**	**30**	**69.53**	**58.17**	**10.73**	**0.63**
20	8001	264	237	25	2	32.95	29.58	3.18	0.19
21	8385	451	395	55	1	53.75	47.08	6.55	0.12
22	9747	625	547	74	3	64.10	56.12	7.64	0.34
23	11302	968	807	156	5	85.63	71.38	13.80	0.45
24	10306	1013	792	201	19	98.26	76.85	19.54	1.87
25-29	**45289**	**4256**	**2772**	**1347**	**136**	**93.97**	**61.22**	**29.75**	**3.00**
25	10325	991	721	254	16	96.02	69.88	24.63	1.51
26	10045	963	671	264	28	95.89	66.82	26.28	2.78
27	8903	895	554	315	27	100.57	62.19	35.35	3.04
28	8199	790	482	276	33	96.39	58.79	33.61	3.99
29	7815	615	344	239	33	78.72	44.02	30.53	4.17
30-34	**40800**	**2074**	**932**	**985**	**153**	**50.84**	**22.84**	**24.15**	**3.76**
30	8330	512	270	209	33	61.50	32.45	25.05	4.00
31	8620	534	240	265	29	61.94	27.89	30.69	3.36
32	7705	384	159	196	30	49.84	20.60	25.41	3.83
33	8189	371	146	183	41	45.30	17.79	22.30	4.99
34	7956	273	117	134	21	34.33	14.67	16.83	2.59
35-39	**42037**	**785**	**250**	**418**	**113**	**18.68**	**5.96**	**9.95**	**2.68**
35	7437	220	77	116	25	29.60	10.35	15.64	3.36
36	7763	179	58	89	31	23.00	7.43	11.52	4.05
37	8352	141	44	81	15	16.87	5.23	9.70	1.84
38	8910	126	37	66	23	14.12	4.13	7.42	2.57
39	9576	120	35	66	18	12.53	3.68	6.85	1.86
40-44	**51856**	**242**	**79**	**122**	**41**	**4.66**	**1.52**	**2.35**	**0.78**
40	9920	77	26	36	16	7.81	2.61	3.64	1.57
41	9832	51	19	25	6	5.19	1.97	2.54	0.60
42	10449	40	13	22	5	3.86	1.21	2.14	0.52
43	10581	45	11	23	11	4.25	1.06	2.19	1.01
44	11075	28	10	15	3	2.52	0.86	1.38	0.28
45-49	**47862**	**84**	**38**	**29**	**17**	**1.76**	**0.80**	**0.61**	**0.35**
45	9274	27	11	8	7	2.89	1.21	0.90	0.78
46	8870	17	5	7	4	1.89	0.56	0.83	0.50
47	9973	17	5	11	2	1.75	0.53	1.06	0.16
48	9516	9	6	1	2	0.96	0.63	0.12	0.21
49	10229	14	11	2	1	1.37	1.05	0.19	0.13

主要统计指标解释

人口数　指一定时点、一定地区范围内有生命的个人总和。

年度统计的年末人口数指每年 12 月 31 日 24 时的人口数。年度统计的全国人口总数内未包括香港、澳门特别行政区和台湾省以及海外华侨人数。

城镇人口和乡村人口　城镇人口是指居住在城镇范围内的全部常住人口；乡村人口是除上述人口以外的全部人口。

出生率(又称粗出生率)　指在一定时期内(通常为一年)一定地区的出生人数与同期内平均人数(或期中人数)之比，用千分率表示。本资料中的出生率指年出生率，其计算公式为：

$$出生率=\frac{年出生人数}{年平均人数}\times 1000‰$$

式中：出生人数指活产婴儿，即胎儿脱离母体时(不管怀孕月数)，有过呼吸或其他生命现象。年平均人数指年初、年底人口数的平均数，也可用年中人口数代替。

死亡率(又称粗死亡率)　指在一定时期内(通常为一年)一定地区的死亡人数与同期内平均人数(或期中人数)之比，用千分率表示。本资料中的死亡率指年死亡率，其计算公式为：

$$死亡率=\frac{年死亡人数}{年平均人数}\times 1000‰$$

人口自然增长率　指在一定时期内(通常为一年)人口自然增加数(出生人数减死亡人数)与该时期内平均人数(或期中人数)之比，用千分率表示。计算公式为：

$$人口自然增长率=\frac{本年出生人数-本年死亡人数}{年平均人数}\times 1000‰$$

$$=人口出生率-人口死亡率$$

总抚养比　也称总负担系数。指人口总体中非劳动年龄人口数与劳动年龄人口数之比。通常用百分比表示。说明每 100 名劳动年龄人口大致要负担多少名非劳动年龄人口。用于从人口角度反映人口与经济发展的基本关系。计算公式为：

$$GDR=\frac{P_{0\sim 14}+P_{65^+}}{P_{15\sim 64}}\times 100\%$$

其中：GDR 为总抚养比；

$P_{0\sim 14}$ 为 0～14 岁少年儿童人口数；

P_{65}^{+} 为 65 岁及 65 岁以上的老年人口数；

$P_{15\sim 64}$ 为 15～64 岁劳动年龄人口数。

老年人口抚养比　也称老年人口抚养系数。指某一人口中老年人口数与劳动年龄人口数之比。通常用百分比表示。用以表明每 100 名劳动年龄人口要负担多少名老年人。老年人口抚养比是从经济角度反映人口老化社会后果的指标之一。计算公式为：

$$ODR=\frac{P_{65^+}}{P_{15\sim 64}}\times 100\%$$

其中：ODR 为老年人口抚养比；

P_{65}^{+} 为 65 岁及 65 岁以上的老年人口数；

$P_{15\sim 64}$ 为 15～64 岁的劳动年龄人口数。

少年儿童抚养比　也称少年儿童抚养系数。指某一人口中少年儿童人口数与劳动年龄人口数之比。通常用百分比表示。以反映每 100 名劳动年龄人口要负担多少名少年儿童。计算公式为：

$$CDR=\frac{P_{0\sim 14}}{P_{15\sim 64}}\times 100\%$$

其中：CDR 为少年儿童抚养比；

$P_{0\sim 14}$ 为 0～14 岁少年儿童人口数；

$P_{15\sim 64}$ 为 15～64 岁劳动年龄人口数。

人户分离人口　是指居住地与户口登记地所在的乡镇街道不一致且离开户口登记地半年以上的人口。

流动人口　是指人户分离人口中不包括市辖区内人户分离的人口。市辖区内人户分离的人口是指一个直辖市或地级市所辖区内和区与区之间，居住地和户口登记地不在同一乡镇街道的人口。

Explanatory Notes on Main Statistical Indicators

Total Population refers to the total number of people alive at a certain point of time within a given area.

The annual statistics on total population is taken at midnight, the 31st of December, not including residents in Taiwan province, Hong Kong SAR and Macao SAR and Chinese national residing abroad.

Urban Population and Rural Population Urban population refers to all people residing in cities and towns, while rural population refers to population other than urban population.

Birth Rate (or Crude Birth Rate) refers to the ratio of the number of births to the average population (or mid-period population) during a certain period of time (usually a year), expressed in ‰. Birth rate in the chapter refers to annual birth rate. The following formula is used:

$$\text{Birth Rate} = \frac{\text{Number of Births}}{\text{Annual Average Population}} \times 1000‰$$

Number of births in the formula refers to live births, i.e. when a baby has breathed or showed any vital phenomena regardless of the length of pregnancy.

Annual average population is the average of the number of population at the beginning of the year and that at the end of the year. Sometimes it is substituted by the mid-year population.

Death Rate (or Crude Death Rate) refers to the ratio of the number of deaths to the average population (or mid-period population) during a certain period of time (usually a year), expressed in ‰. Death rate in the chapter refers to annual death rate. The following formula is used:

$$\text{Death Rate} = \frac{\text{Number of Deaths}}{\text{Annual Average Population}} \times 1000‰$$

Natural Growth Rate of Population refers to the ratio of natural increase in population (number of births minus number of deaths) in a certain period of time (usually a year) to the average population (or mid-period population) of the same period, expressed in ‰. The following formula is applied:

$$\text{Natural Growth Rate of Population} = \frac{\text{Number of Births - Number of Deaths}}{\text{Annual Average Population}} \times 1000‰$$

Natural Growth Rate of Population = Birth Rate-Death Rate

Gross Dependency Ratio also called gross dependency coefficient, refers to the ratio of non-working-age population to the working-age population, express in %. Describing in general the number of non-working-age population that every 100 people at working ages will take care of, this indicator reflects the basic relation between population and economic development from the demographic perspective. The gross dependency ratio is calculated with the following formula:

$$GDR = \frac{P_{0\sim14} + P_{65^+}}{P_{15\sim64}} \times 100\%$$

Where: GDR is the gross dependency ratio,

P_{0-14} is the population of children aged 0-14,

P_{65+} is the elderly population aged 65 and over, and

P_{15-64} is the working-age population aged 15-64.

Old Dependency Ratio also called old dependency coefficient, refers to the ratio of the elderly population to the working-age population, express in %. It describes the number of the elderly population that every 100 people at working ages will take care of. Old dependency ratio is one of the indicators reflecting the social implication of population aging from the economic perspective. The old dependency ratio is calculated with the following formula:

$$ODR = \frac{P_{65^+}}{P_{15\sim64}} \times 100\%$$

Where: ODR is the old dependency ratio,

P_{65+} is the elderly population aged 65 and over, and

P_{15-64} is the working-age population aged 15-64.

Children Dependency Ratio also called children dependency coefficient, refers to the ratio of the children population to the working-age population, express in %. It describes the number of children population that every 100 people at working ages will take care of. The children dependency ratio is calculated with the following formula:

$$CDR = \frac{P_{0\sim14}}{P_{15\sim64}} \times 100\%$$

Where: CDR is the children dependency ratio,

P_{0-14} is the children population aged 0-14, and

P_{15-64} is the working-age population aged 15-64.

Population of Residence-registration Inconsistency refer to those who have been residing in places other than the registered streets or towns and been away from their registration areas for over half a year.

Floating Population refer to the population of residence-registration inconsistency excluding those intra-city ones. Population of intra-city residence-registration inconsistency refer to those whose residing streets or towns and registered ones are inconsistent but still in the same municipality or prefecture city either the two are in the same district or different ones.

3

国民经济核算

National Accounts

简 要 说 明

本篇章的主要内容和资料来源

国民经济核算资料主要包括国内生产总值、资金流量表及国际收支平衡表三个部分。

一、国内生产总值

国内生产总值数据是由国家统计局国民经济核算司根据不同产业部门、不同支出构成的特点和资料来源情况而采用不同方法计算的。国民总收入是在国内生产总值的基础上加上来自国外的净要素收入求得的。

本年鉴公布的国内生产总值以及与之有关的指标数据，最后一年数据不是最终数，还会在获得更多的财务和行政记录等资料后发生变动。如果遇到普查，在能够获得更详细的基础资料的情况下，国内生产总值的历史数据还会发生变动。

国内生产总值是一个价值量指标，其价值的变化受价格变化和物量变化两大因素影响。不变价国内生产总值是把按当期价格计算的国内生产总值换算成按某个固定期（基期）价格计算的价值，从而使两个不同时期的价值进行比较时，能够剔除价格变化的影响，以反映物量变化，反映生产活动成果的实际变动。国内生产总值指数就是根据两个时期不变价国内生产总值计算得到的。随着经济的不断发展，各行业的价格结构也会不断发生变化，为了更好的反映这种变化对于经济的影响，计算不变价国内生产总值需要每隔若干年调整一次基期。我国自开始核算国内生产总值以来，共有 1952 年、1957 年、1970 年、1980 年、1990 年、2000 年、2005 年、2010 年 8 个不变价基期，目前的基期是 2010 年。也就是说，2011 年的不变价国内生产总值是按照 2010 年价格计算的。由于计算不变价国内生产总值采用按不同基期分段计算，因此本年鉴中的不变价国内生产总值数据也按分段方式公布。

本年鉴所列分地区的数据来自各省、自治区、直辖市统计局的国民经济核算资料。由于采取分级核算，各地区数据相加不等于全国总计。

二、资金流量表

我国资金流量表表式与国际上通用的表式相似，是机构部门与交易项目的矩阵表式。主栏为交易项目，主要反映分配方式和融资工具；宾栏按机构部门分类。机构部门分类是根据机构单位具有的基本特征所进行的部门分类。资金流量表把参与资金活动的主体分为非金融企业、金融机构、政府、住户和国外五个部门。每一部门下设资金来源与资金运用两栏。现行的资金流量表分为两大部分，上半部分为实物交易部分，由国家统计局国民经济核算司编制；下半部分为金融交易部分，由中国人民银行调查统计司编制。

三、国际收支平衡表

国际收支平衡表由国家外汇管理局国际收支司依据国际货币基金组织编写的《国际收支统计手册》第五版编制。

Brief Introduction

Statistics on national accounts include mainly three parts, namely, gross domestic product, flow of funds table and balance of payments table.

I. Gross Domestic Product

Data on GDP are computed by the Department of National Accounts of the National Bureau of Statistics (NBS) based on different approaches in the light of the different features of various sectors, various expenditure structures and different data sources. Gross National Income (GNI) can be calculated on the basis of GDP on top of which is added the net factor income from the rest of the world.

Data on GDP and related indicators of the most recent year published in the Yearbook are not final and are subject to changes when more information from financial data and administrative records become available. Where a census has been conducted, historical data of GDP of the previous years may also undergo change. Gross Domestic Product (GDP) is a measurement of value which changes depending on changes of price and production. GDP at constant prices converts the gross domestic product based on the current price into a value based on the price of the base period. When adjusted for price changes, the values of two different periods can be compared to reflect changes of both products and production activities. GDP index is derived from the constant-price GDPs of the two periods. As economy grows, changes will take place in the price structures of various industries, and the base period for the measurement of constant-price GDP thus needs to be adjusted every few years in order to better reflect the impact of price change on the economy. Since China started GDP calculation, eight constant-price base periods have been used, i.e., 1952, 1957, 1970, 1980, 1990, 2000, 2005, and 2010 and the current base period is 2010. That is to say, the 2011 GDP is calculated on the basis of the 2010 prices. As the calculation of constant-price GDP is based on different base periods, the constant-price GDP data in this yearbook shall also be announced in accordance with various periods.

Regional data in this Yearbook are prepared from the national accounts data provided by the statistical bureaus of the provinces, autonomous regions and municipalities. The sum of the regional data is not equal to the national total due to the decentralized accounting approach.

II. Flow of Funds Table

Similar to internationally accepted format, the Flow of Funds table of China constitutes a matrix of institutional sectors by transaction items. Items of transactions are expressed as row headings representing forms of distribution and methods of financing. Institutional sectors are shown as column headings, grouped by the characteristics of the transactors. There are 5 groups of institutional sectors in the flow of funds table, namely, non-financial corporations, financial institutions, general governments, households, and the rest of the world. Under each sector there are 2 headings: sources of funds and uses of funds. The current flow of funds table is composed of two parts: the first part, comprising the physical (real) transactions, is compiled by the Department of National Accounts of the National Bureau of Statistics; and the second part, comprising financial transactions, is compiled by the Research and Statistics Department of the People's Bank of China.

III. Balance of Payments Table

The Balance of Payments Table is compiled by the Balance of Payments Department of the State Administration of Foreign Exchanges in accordance with the 5th edition of the *Manual on Balance of Payments* prepared by the International Monetary Fund.

3-1 国内生产总值
Gross Domestic Product

本表按当年价格计算。

Data in this table are calculated at current prices.

单位：亿元 (100 million yuan)

年份 Year	国民总收入 Gross National Income	国内生产总值 Gross Domestic Product	第一产业 Primary Industry	第二产业 Secondary Industry	工业 Industry	建筑业 Construction	第三产业 Tertiary Industry	人均国内生产总值(元) Per Capita GDP (yuan)
1978	3645.2	3645.2	1027.5	1745.2	1607.0	138.2	872.5	381
1979	4062.6	4062.6	1270.2	1913.5	1769.7	143.8	878.9	419
1980	4545.6	4545.6	1371.6	2192.0	1996.5	195.5	982.0	463
1981	4889.5	4891.6	1559.5	2255.5	2048.4	207.1	1076.6	492
1982	5330.5	5323.4	1777.4	2383.0	2162.3	220.7	1163.0	528
1983	5985.6	5962.7	1978.4	2646.2	2375.6	270.6	1338.1	583
1984	7243.8	7208.1	2316.1	3105.7	2789.0	316.7	1786.3	695
1985	9040.7	9016.0	2564.4	3866.6	3448.7	417.9	2585.0	858
1986	10274.4	10275.2	2788.7	4492.7	3967.0	525.7	2993.8	963
1987	12050.6	12058.6	3233.0	5251.6	4585.8	665.8	3574.0	1112
1988	15036.8	15042.8	3865.4	6587.2	5777.2	810.0	4590.3	1366
1989	17000.9	16992.3	4265.9	7278.0	6484.0	794.0	5448.4	1519
1990	18718.3	18667.8	5062.0	7717.4	6858.0	859.4	5888.4	1644
1991	21826.2	21781.5	5342.2	9102.2	8087.1	1015.1	7337.1	1893
1992	26937.3	26923.5	5866.6	11699.5	10284.5	1415.0	9357.4	2311
1993	35260.0	35333.9	6963.8	16454.4	14188.0	2266.5	11915.7	2998
1994	48108.5	48197.9	9572.7	22445.4	19480.7	2964.7	16179.8	4044
1995	59810.5	60793.7	12135.8	28679.5	24950.6	3728.8	19978.5	5046
1996	70142.5	71176.6	14015.4	33835.0	29447.6	4387.4	23326.2	5846
1997	78060.9	78973.0	14441.9	37543.0	32921.4	4621.6	26988.1	6420
1998	83024.3	84402.3	14817.6	39004.2	34018.4	4985.8	30580.5	6796
1999	88479.2	89677.1	14770.0	41033.6	35861.5	5172.1	33873.4	7159
2000	98000.5	99214.6	14944.7	45555.9	40033.6	5522.3	38714.0	7858
2001	108068.2	109655.2	15781.3	49512.3	43580.6	5931.7	44361.6	8622
2002	119095.7	120332.7	16537.0	53896.8	47431.3	6465.5	49898.9	9398
2003	134977.0	135822.8	17381.7	62436.3	54945.5	7490.8	56004.7	10542
2004	159453.6	159878.3	21412.7	73904.3	65210.0	8694.3	64561.3	12336
2005	183617.4	184937.4	22420.0	87598.1	77230.8	10367.3	74919.3	14185
2006	215904.4	216314.4	24040.0	103719.5	91310.9	12408.6	88554.9	16500
2007	266422.0	265810.3	28627.0	125831.4	110534.9	15296.5	111351.9	20169
2008	316030.3	314045.4	33702.0	149003.4	130260.2	18743.2	131340.0	23708
2009	340320.0	340902.8	35226.0	157638.8	135239.9	22398.8	148038.0	25608
2010	399759.5	401512.8	40533.6	187383.2	160722.2	26661.0	173596.0	30015
2011	468562.4	473104.0	47486.2	220412.8	188470.2	31942.7	205205.0	35198
2012	518214.7	519470.1	52373.6	235162.0	199670.7	35491.3	231934.5	38459
2013	566130.2	568845.2	56957.0	249684.4	210689.4	38995.0	262203.8	41908

注：1.1980年以后国民总收入(原称国民生产总值)与国内生产总值的差额为国外净要素收入。
2.2013年为初步核算数据(以下相关表同)。

a) Since 1980, the difference between the Gross Domestic Product and the Gross National Income (formerly, the Gross National Product) is the net factor income from the rest of the world.

b) Data of 2013 were preliminary estimation. The same applies to the relevant tables following.

3-2 国内生产总值构成
Composition of Gross Domestic Product

本表按当年价格计算。
Data in this table are calculated at current prices.

单位：% (%)

年份 Year	国内生产总值 Gross Domestic Product	第一产业 Primary Industry	第二产业 Secondary Industry			第三产业 Tertiary Industry
				工业 Industry	建筑业 Construction	
1978	100.0	28.2	47.9	44.1	3.8	23.9
1979	100.0	31.3	47.1	43.6	3.5	21.6
1980	100.0	30.2	48.2	43.9	4.3	21.6
1981	100.0	31.9	46.1	41.9	4.2	22.0
1982	100.0	33.4	44.8	40.6	4.1	21.8
1983	100.0	33.2	44.4	39.8	4.5	22.4
1984	100.0	32.1	43.1	38.7	4.4	24.8
1985	100.0	28.4	42.9	38.3	4.6	28.7
1986	100.0	27.1	43.7	38.6	5.1	29.1
1987	100.0	26.8	43.6	38.0	5.5	29.6
1988	100.0	25.7	43.8	38.4	5.4	30.5
1989	100.0	25.1	42.8	38.2	4.7	32.1
1990	100.0	27.1	41.3	36.7	4.6	31.5
1991	100.0	24.5	41.8	37.1	4.7	33.7
1992	100.0	21.8	43.5	38.2	5.3	34.8
1993	100.0	19.7	46.6	40.2	6.4	33.7
1994	100.0	19.9	46.6	40.4	6.2	33.6
1995	100.0	20.0	47.2	41.0	6.1	32.9
1996	100.0	19.7	47.5	41.4	6.2	32.8
1997	100.0	18.3	47.5	41.7	5.9	34.2
1998	100.0	17.6	46.2	40.3	5.9	36.2
1999	100.0	16.5	45.8	40.0	5.8	37.8
2000	100.0	15.1	45.9	40.4	5.6	39.0
2001	100.0	14.4	45.2	39.7	5.4	40.5
2002	100.0	13.7	44.8	39.4	5.4	41.5
2003	100.0	12.8	46.0	40.5	5.5	41.2
2004	100.0	13.4	46.2	40.8	5.4	40.4
2005	100.0	12.1	47.4	41.8	5.6	40.5
2006	100.0	11.1	47.9	42.2	5.7	40.9
2007	100.0	10.8	47.3	41.6	5.8	41.9
2008	100.0	10.7	47.4	41.5	6.0	41.8
2009	100.0	10.3	46.2	39.7	6.6	43.4
2010	100.0	10.1	46.7	40.0	6.6	43.2
2011	100.0	10.0	46.6	39.8	6.8	43.4
2012	100.0	10.1	45.3	38.4	6.8	44.6
2013	100.0	10.0	43.9	37.0	6.9	46.1

3-3 不变价国内生产总值
Gross Domestic Product at Constant Prices

单位：亿元 (100 million yuan)

年 份 Year	国内生产总值 Gross Domestic Product	第一产业 Primary Industry	第二产业 Secondary Industry	工 业 Industry	建筑业 Construction	第三产业 Tertiary Industry
		按1970年价格计算		Price Base Year=1970		
1978	3548.2	936.0	1766.2	1644.8	121.4	846.0
1979	3816.9	993.5	1911.0	1787.2	123.8	912.4
1980	4116.2	978.7	2170.3	2013.4	156.9	967.2
		按1980年价格计算		Price Base Year=1980		
1980	4567.9	1371.6	2213.4	2017.9	195.5	982.9
1981	4807.4	1467.4	2254.7	2053.0	201.7	1085.3
1982	5242.8	1636.5	2380.1	2171.5	208.6	1226.2
1983	5811.8	1772.8	2626.8	2382.6	244.2	1412.2
1984	6693.8	2001.1	3007.2	2736.5	270.7	1685.5
1985	7595.2	2038.0	3565.6	3234.8	330.8	1991.6
1986	8267.1	2105.7	3930.0	3546.7	383.3	2231.4
1987	9224.7	2204.7	4468.2	4016.4	451.8	2551.8
1988	10265.3	2260.8	5116.9	4629.0	487.9	2887.6
1989	10682.4	2330.3	5309.7	4863.0	446.7	3042.4
1990	11092.5	2501.1	5478.0	5026.0	452.0	3113.4
		按1990年价格计算		Price Base Year=1990		
1990	18547.9	5062.0	7717.4	6858.0	859.4	5768.5
1991	20250.4	5183.5	8786.6	7845.0	941.6	6280.3
1992	23134.2	5427.1	10645.3	9505.7	1139.6	7061.8
1993	26364.7	5682.3	12760.1	11415.4	1344.7	7922.3
1994	29813.4	5909.6	15102.8	13574.2	1528.6	8801.0
1995	33070.5	6205.2	17198.4	15480.3	1718.1	9667.0
1996	36380.4	6521.7	19280.5	17416.2	1864.3	10578.2
1997	39762.7	6749.9	21300.9	19387.8	1913.1	11711.9
1998	42877.4	6986.1	23198.9	21113.3	2085.6	12692.4
1999	46144.6	7181.7	25086.3	22911.4	2174.9	13876.6
2000	50035.2	7354.1	27451.7	25153.5	2298.2	15229.4
		按2000年价格计算		Price Base Year=2000		
2000	99214.6	14944.7	45555.9	40033.6	5522.3	38714.0
2001	107449.7	15363.2	49401.5	43504.6	5896.9	42685.0
2002	117208.3	15808.7	54257.3	47842.2	6415.1	47142.3
2003	128958.9	16203.9	61132.7	53942.5	7190.2	51622.2
2004	141964.5	17224.8	67926.1	60151.3	7774.8	56813.6
2005	158020.7	18125.8	76133.1	67114.7	9018.4	63761.8
		按2005年价格计算		Price Base Year=2005		
2005	184937.4	22420.0	87598.1	77230.8	10367.3	74919.3
2006	208381.0	23541.0	99328.5	87175.1	12153.4	85511.6
2007	237892.8	24422.4	114290.6	100170.1	14120.5	99179.7
2008	260812.9	25735.9	125579.7	110117.4	15462.2	109497.4
2009	284844.8	26812.6	138062.7	119731.4	18331.3	119969.4
2010	314602.5	27957.8	154975.8	134175.5	20800.3	131668.9
		按2010年价格计算		Price Base Year=2010		
2010	401512.8	40533.6	187383.2	160722.2	26661.0	173596.0
2011	438853.0	42256.5	206655.1	177403.6	29251.5	189941.4
2012	472436.5	44178.6	223014.5	191034.6	31979.9	205243.3

注：1.更换基期的年份有两个不变价数据，一个按上一基期价格计算，一个按新基期价格计算。
2.有关不变价国内生产总值的解释见简要说明。

a) There are two figures at the base switching year, one at the former base year prices, another at the latter.
b) Please refer to the brief introduction for the defination of gross domestic product at constant prices.

3-4 国内生产总值指数
Indices of Gross Domestic Product

本表按不变价格计算。
Data in this table are calculated at constant prices.

(上年=100) (preceding year=100)

年份 Year	国民总收入 Gross National Income	国内生产总值 Gross Domestic Product	第一产业 Primary Industry	第二产业 Secondary Industry	工业 Industry	建筑业 Construction	第三产业 Tertiary Industry	人均国内生产总值 Per Capita GDP
1978	111.7	111.7	104.1	115.0	116.4	99.4	113.8	110.2
1979	107.6	107.6	106.1	108.2	108.7	102.0	107.9	106.1
1980	107.8	107.8	98.5	113.6	112.7	126.7	106.0	106.5
1981	105.2	105.2	107.0	101.9	101.7	103.2	110.4	103.9
1982	109.2	109.1	111.5	105.6	105.8	103.4	113.0	107.5
1983	111.1	110.9	108.3	110.4	109.7	117.1	115.2	109.3
1984	115.3	115.2	112.9	114.5	114.9	110.9	119.3	113.7
1985	113.2	113.5	101.8	118.6	118.2	122.2	118.2	111.9
1986	108.5	108.8	103.3	110.2	109.6	115.9	112.0	107.2
1987	111.5	111.6	104.7	113.7	113.2	117.9	114.4	109.8
1988	111.3	111.3	102.5	114.5	115.3	108.0	113.2	109.5
1989	104.2	104.1	103.1	103.8	105.1	91.6	105.4	102.5
1990	104.1	103.8	107.3	103.2	103.4	101.2	102.3	102.3
1991	109.1	109.2	102.4	113.9	114.4	109.6	108.9	107.7
1992	114.1	114.2	104.7	121.2	121.2	121.0	112.4	112.8
1993	113.7	114.0	104.7	119.9	120.1	118.0	112.2	112.7
1994	113.1	113.1	104.0	118.4	118.9	113.7	111.1	111.8
1995	109.3	110.9	105.0	113.9	114.0	112.4	109.8	109.7
1996	110.2	110.0	105.1	112.1	112.5	108.5	109.4	108.9
1997	109.6	109.3	103.5	110.5	111.3	102.6	110.7	108.2
1998	107.3	107.8	103.5	108.9	108.9	109.0	108.4	106.8
1999	107.9	107.6	102.8	108.1	108.5	104.3	109.3	106.7
2000	108.6	108.4	102.4	109.4	109.8	105.7	109.7	107.6
2001	108.1	108.3	102.8	108.4	108.7	106.8	110.3	107.5
2002	109.5	109.1	102.9	109.8	110.0	108.8	110.4	108.4
2003	110.5	110.0	102.5	112.7	112.8	112.1	109.5	109.3
2004	110.5	110.1	106.3	111.1	111.5	108.1	110.1	109.4
2005	110.8	111.3	105.2	112.1	111.6	116.0	112.2	110.7
2006	113.3	112.7	105.0	113.4	112.9	117.2	114.1	112.0
2007	114.6	114.2	103.7	115.1	114.9	116.2	116.0	113.6
2008	110.1	109.6	105.4	109.9	109.9	109.5	110.4	109.1
2009	108.3	109.2	104.2	109.9	108.7	118.6	109.6	108.7
2010	110.2	110.4	104.3	112.3	112.1	113.5	109.8	109.9
2011	108.7	109.3	104.3	110.3	110.4	109.7	109.4	108.8
2012	108.4	107.7	104.5	107.9	107.7	109.3	108.1	107.1
2013	107.4	107.7	104.0	107.8	107.6	109.5	108.3	107.1

3-5 国内生产总值指数
Indices of Gross Domestic Product

本表按不变价格计算。
Data in this table are calculated at constant prices.

(1978年=100) (year of 1978=100)

年份 Year	国民总收入 Gross National Income	国内生产总值 Gross Domestic Product	第一产业 Primary Industry	第二产业 Secondary Industry	工业 Industry	建筑业 Construction	第三产业 Tertiary Industry	人均国内生产总值 Per Capita GDP
1978	100.0	100.0	100.0	100.0	100.0	100.0	100.0	100.0
1979	107.6	107.6	106.1	108.2	108.7	102.0	107.9	106.1
1980	116.0	116.0	104.6	122.9	122.4	129.2	114.3	113.0
1981	122.0	122.1	111.9	125.2	124.5	133.3	126.2	117.5
1982	133.3	133.1	124.8	132.1	131.7	137.9	142.6	126.2
1983	148.2	147.6	135.1	145.8	144.5	161.4	164.3	137.9
1984	170.8	170.0	152.6	166.9	166.0	179.0	196.0	156.8
1985	193.4	192.9	155.4	197.9	196.2	218.7	231.7	175.5
1986	209.9	210.0	160.5	218.2	215.2	253.4	259.6	188.2
1987	234.1	234.3	168.1	248.1	243.6	298.7	296.8	206.6
1988	260.6	260.7	172.3	284.1	280.8	322.5	335.9	226.3
1989	271.4	271.3	177.6	294.8	295.0	295.3	353.9	231.9
1990	282.5	281.7	190.7	304.1	304.9	298.8	362.1	237.3
1991	308.2	307.6	195.2	346.3	348.8	327.4	394.3	255.6
1992	351.5	351.4	204.4	419.5	422.6	396.2	443.3	288.4
1993	399.6	400.4	214.0	502.8	507.5	467.5	497.4	324.9
1994	452.0	452.8	222.6	595.2	603.5	531.5	552.5	363.3
1995	494.2	502.3	233.7	677.7	688.2	597.4	606.9	398.6
1996	544.5	552.6	245.6	759.8	774.3	648.2	664.1	433.9
1997	596.9	603.9	254.2	839.4	861.9	665.2	735.3	469.4
1998	640.6	651.2	263.1	914.2	938.6	725.2	796.8	501.4
1999	691.5	700.9	270.5	988.6	1018.6	756.2	871.2	534.9
2000	750.6	759.9	277.0	1081.8	1118.3	799.1	956.1	575.5
2001	811.1	823.0	284.8	1173.1	1215.2	853.3	1054.2	618.7
2002	888.5	897.8	293.0	1288.4	1336.4	928.3	1164.2	670.4
2003	981.6	987.8	300.3	1451.7	1506.8	1040.4	1274.9	733.1
2004	1084.5	1087.4	319.3	1613.0	1680.2	1125.0	1403.1	802.2
2005	1201.7	1210.4	336.0	1807.9	1874.7	1305.0	1574.7	887.7
2006	1361.2	1363.8	352.8	2050.0	2116.1	1529.8	1797.3	994.7
2007	1560.5	1557.0	366.0	2358.8	2431.5	1777.4	2084.6	1129.6
2008	1717.8	1707.0	385.6	2591.8	2673.0	1946.3	2301.4	1232.1
2009	1861.1	1864.3	401.8	2849.4	2906.4	2307.4	2521.5	1339.0
2010	2050.0	2059.0	418.9	3198.4	3257.0	2618.2	2767.5	1471.7
2011	2228.9	2250.5	436.8	3527.4	3595.0	2872.6	3028.0	1600.9
2012	2416.9	2422.7	456.6	3806.6	3871.3	3140.5	3272.0	1715.1
2013	2596.1	2608.6	474.9	4105.3	4164.0	3440.2	3542.6	1837.5

3-6 第三产业增加值

Value-added of the Tertiary Industry

本表按当年价格计算。

Data in this table are calculated at current prices.

单位：亿元　　(100 million yuan)

年 份 Year	第三产业 Tertiary Industry	交通运输、仓储和邮政业 Transport, Storage and Post	批发和零售业 Wholesale and Retail Trades	住宿和餐饮业 Hotels and Catering Services	金融业 Financial Intermediation	房地产业 Real Estate	其他 Others
1978	872.5	182.0	242.3	44.6	68.2	79.9	255.6
1979	878.9	193.7	200.9	44.0	66.9	86.3	287.1
1980	982.0	213.4	193.8	47.4	75.0	96.4	356.0
1981	1076.6	220.7	231.1	54.1	79.8	99.9	390.9
1982	1163.0	246.9	171.4	62.3	114.8	110.8	456.8
1983	1338.1	274.9	198.7	72.5	149.0	121.8	521.2
1984	1786.3	338.5	363.5	96.8	203.9	162.3	621.2
1985	2585.0	421.7	802.4	138.3	259.9	215.2	747.5
1986	2993.8	498.8	852.6	163.2	356.4	298.1	824.6
1987	3574.0	568.3	1059.6	187.1	450.0	382.6	926.3
1988	4590.3	685.7	1483.4	241.4	585.4	473.8	1120.6
1989	5448.4	812.7	1536.2	277.4	964.3	566.2	1291.6
1990	5888.4	1167.0	1268.9	301.9	1017.5	662.2	1470.9
1991	7337.1	1420.3	1834.6	442.3	1056.3	763.7	1819.9
1992	9357.4	1689.0	2405.0	584.6	1306.2	1101.3	2271.3
1993	11915.7	2174.0	2816.6	712.1	1669.7	1379.6	3163.7
1994	16179.8	2787.9	3773.4	1008.5	2234.8	1909.3	4465.8
1995	19978.5	3244.3	4778.6	1200.1	2798.5	2354.0	5602.9
1996	23326.2	3782.2	5599.7	1336.8	3211.7	2617.6	6778.3
1997	26988.1	4148.6	6327.4	1561.3	3606.8	2921.1	8423.0
1998	30580.5	4660.9	6913.2	1786.9	3697.7	3434.5	10087.3
1999	33873.4	5175.2	7491.1	1941.2	3816.5	3681.8	11767.7
2000	38714.0	6161.0	8158.6	2146.3	4086.7	4149.1	14012.4
2001	44361.6	6870.3	9119.4	2400.1	4353.5	4715.1	16903.3
2002	49898.9	7492.9	9995.4	2724.8	4612.8	5346.4	19726.7
2003	56004.7	7913.2	11169.5	3126.1	4989.4	6172.7	22633.9
2004	64561.3	9304.4	12453.8	3664.8	5393.0	7174.1	26571.2
2005	74919.3	10666.2	13966.2	4195.7	6086.8	8516.4	31488.0
2006	88554.9	12183.0	16530.7	4792.6	8099.1	10370.5	36579.1
2007	111351.9	14601.0	20937.8	5548.1	12337.5	13809.7	44117.7
2008	131340.0	16362.5	26182.3	6616.1	14863.3	14738.7	52577.1
2009	148038.0	16727.1	28984.5	7118.2	17767.5	18654.9	58785.9
2010	173596.0	19132.2	35746.1	8068.5	20980.6	22782.0	66886.6
2011	205205.0	22432.8	43445.2	9172.8	24958.3	26783.9	78412.0
2012	231934.5	24660.0	49394.4	10464.2	28722.7	29359.7	89333.5
2013	262203.8	27282.9	55671.9	11494.1	33534.8	33294.8	100925.4

3-7 第三产业增加值构成
Composition of Value-added of the Tertiary Industry

本表按当年价格计算。
Data in this table are calculated at current prices.

单位：% (%)

年 份 Year	第三产业 Tertiary Industry	交通运输、仓储和邮政业 Transport, Storage and Post	批发和零售业 Wholesale and Retail Trades	住宿和餐饮业 Hotels and Catering Services	金融业 Financial Intermediation	房地产业 Real Estate	其他 Others
1978	100.0	20.9	27.8	5.1	7.8	9.2	29.3
1979	100.0	22.0	22.9	5.0	7.6	9.8	32.7
1980	100.0	21.7	19.7	4.8	7.6	9.8	36.3
1981	100.0	20.5	21.5	5.0	7.4	9.3	36.3
1982	100.0	21.2	14.7	5.4	9.9	9.5	39.3
1983	100.0	20.5	14.8	5.4	11.1	9.1	38.9
1984	100.0	19.0	20.3	5.4	11.4	9.1	34.8
1985	100.0	16.3	31.0	5.3	10.1	8.3	28.9
1986	100.0	16.7	28.5	5.5	11.9	10.0	27.5
1987	100.0	15.9	29.6	5.2	12.6	10.7	25.9
1988	100.0	14.9	32.3	5.3	12.8	10.3	24.4
1989	100.0	14.9	28.2	5.1	17.7	10.4	23.7
1990	100.0	19.8	21.5	5.1	17.3	11.2	25.0
1991	100.0	19.4	25.0	6.0	14.4	10.4	24.8
1992	100.0	18.0	25.7	6.2	14.0	11.8	24.3
1993	100.0	18.2	23.6	6.0	14.0	11.6	26.6
1994	100.0	17.2	23.3	6.2	13.8	11.8	27.6
1995	100.0	16.2	23.9	6.0	14.0	11.8	28.0
1996	100.0	16.2	24.0	5.7	13.8	11.2	29.1
1997	100.0	15.4	23.4	5.8	13.4	10.8	31.2
1998	100.0	15.2	22.6	5.8	12.1	11.2	33.0
1999	100.0	15.3	22.1	5.7	11.3	10.9	34.7
2000	100.0	15.9	21.1	5.5	10.6	10.7	36.2
2001	100.0	15.5	20.6	5.4	9.8	10.6	38.1
2002	100.0	15.0	20.0	5.5	9.2	10.7	39.5
2003	100.0	14.1	19.9	5.6	8.9	11.0	40.4
2004	100.0	14.4	19.3	5.7	8.4	11.1	41.2
2005	100.0	14.2	18.6	5.6	8.1	11.4	42.0
2006	100.0	13.8	18.7	5.4	9.1	11.7	41.3
2007	100.0	13.1	18.8	5.0	11.1	12.4	39.6
2008	100.0	12.5	19.9	5.0	11.3	11.2	40.0
2009	100.0	11.3	19.6	4.8	12.0	12.6	39.7
2010	100.0	11.0	20.6	4.6	12.1	13.1	38.5
2011	100.0	10.9	21.2	4.5	12.2	13.1	38.2
2012	100.0	10.6	21.3	4.5	12.4	12.7	38.5
2013	100.0	10.4	21.2	4.4	12.8	12.7	38.5

3-8 第三产业不变价增加值
Value-added of the Tertiary Industry at Constant Prices

单位：亿元 (100 million yuan)

年 份 Year	第三产业 Tertiary Industry	交通运输、仓储和邮政业 Transport, Storage and Post	批发和零售业 Wholesale and Retail Trades	住宿和餐饮业 Hotels and Catering Services	金融业 Financial Intermediation	房地产业 Real Estate	其他 Others
			按1970年价格计算	Price Base Year=1970			
1978	846.0	180.9	253.2	44.8	75.2	46.4	245.4
1979	912.4	195.9	275.3	49.8	73.1	48.3	270.1
1980	967.2	204.3	270.2	51.7	77.9	52.1	311.0
			按1980年价格计算	Price Base Year=1980			
1980	982.9	214.0	201.9	48.3	86.6	57.1	375.0
1981	1085.3	218.0	261.6	56.7	90.3	55.1	403.7
1982	1226.2	242.8	259.6	74.6	130.6	60.1	458.5
1983	1412.2	265.8	314.7	89.1	165.8	63.2	513.6
1984	1685.5	305.4	392.6	96.3	217.3	80.7	593.3
1985	1991.6	347.5	524.2	102.3	254.1	100.9	662.5
1986	2231.4	395.7	573.7	118.3	334.4	127.0	682.3
1987	2551.8	433.7	658.2	129.8	412.3	164.2	753.6
1988	2887.6	488.0	735.6	162.4	492.5	185.0	824.1
1989	3042.4	508.5	656.8	178.4	620.0	214.5	864.0
1990	3113.4	551.0	622.2	184.7	631.5	227.9	896.1
			按1990年价格计算	Price Base Year=1990			
1990	5768.5	1167.0	1268.9	301.9	1234.5	325.3	1470.9
1991	6280.3	1290.2	1334.6	326.5	1263.0	364.2	1701.7
1992	7061.8	1420.0	1474.9	414.7	1364.0	490.6	1897.5
1993	7922.3	1598.0	1601.5	448.9	1512.0	543.4	2218.6
1994	8801.0	1734.2	1732.6	570.7	1653.7	608.4	2501.3
1995	9667.0	1924.6	1875.2	629.1	1794.3	684.1	2759.6
1996	10578.2	2137.0	2018.4	672.1	1928.9	711.7	3110.1
1997	11711.9	2333.7	2195.4	745.7	2092.0	741.1	3604.1
1998	12692.4	2580.8	2338.3	828.2	2194.8	798.0	3952.4
1999	13876.6	2894.9	2541.9	892.1	2300.0	845.4	4402.3
2000	15229.4	3143.3	2781.3	975.4	2449.3	905.5	4974.6
			按2000年价格计算	Price Base Year=2000			
2000	38714.0	6161.0	8158.6	2146.3	4086.7	4149.1	14012.4
2001	42685.0	6703.6	8900.6	2310.4	4350.2	4605.1	15815.2
2002	47142.3	7181.3	9684.7	2590.9	4651.3	5061.4	17972.7
2003	51622.2	7621.2	10647.2	2911.0	4975.3	5557.6	19910.0
2004	56813.6	8724.5	11346.4	3270.2	5159.4	5885.5	22427.6
2005	63761.8	9702.0	12824.4	3671.2	5870.0	6605.7	25088.6
			按2005年价格计算	Price Base Year=2005			
2005	74919.3	10666.2	13966.2	4195.7	6086.8	8516.4	31488.0
2006	85511.6	11729.4	16684.6	4723.0	7662.9	9834.8	34876.8
2007	99179.7	13113.6	20057.5	5177.3	9777.1	12230.1	38824.2
2008	109497.4	14074.1	23236.6	5674.3	11080.8	12347.3	43084.3
2009	119969.4	14661.9	26048.9	5985.1	13099.9	13740.4	46433.3
2010	131668.9	16097.5	29772.2	6584.1	14414.6	14700.6	50099.9
			按2010年价格计算	Price Base Year=2010			
2010	173596.0	19132.2	35746.1	8068.5	20980.6	22782.0	66886.6
2011	189941.4	21020.5	40253.3	8600.5	22491.3	24312.0	73263.8
2012	205243.3	22451.7	44443.5	9286.1	24739.2	25306.6	79016.3

注：1.更换基期的年份有两个不变价数据，一个按上一基期价格计算，一个按新基期价格计算。
2.有关不变价国内生产总值的解释见简要说明。

a) There are two figures at the base switching year, one at the former base year prices, another at the latter.
b) Please refer to the brief introduction for the defination of gross domestic product at constant prices.

3-9 第三产业增加值指数
Indices of Value-added of the Tertiary Industry

本表按不变价格计算。
Data in this table are calculated at constant prices.

(上年＝100) (preceding year=100)

年 份 Year	第三产业 Tertiary Industry	交通运输、仓储和邮政业 Transport, Storage and Post	批发和零售业 Wholesale and Retail Trades	住宿和餐饮业 Hotels and Catering Services	金融业 Financial Intermediation	房地产业 Real Estate	其他 Others
1978	113.8	108.9	123.1	118.1	109.8	105.7	111.0
1979	107.9	108.3	108.7	111.1	97.2	104.1	110.1
1980	106.0	104.3	98.1	103.9	106.6	107.9	115.1
1981	110.4	101.9	129.5	117.5	104.3	96.5	107.6
1982	113.0	111.4	99.3	131.6	144.6	109.1	113.6
1983	115.2	109.5	121.2	119.4	127.0	105.2	112.0
1984	119.3	114.9	124.7	108.1	131.1	127.7	115.5
1985	118.2	113.8	133.5	106.3	116.9	125.0	111.7
1986	112.0	113.9	109.4	115.6	131.6	125.9	103.0
1987	114.4	109.6	114.7	109.7	123.3	129.3	110.4
1988	113.2	112.5	111.8	125.1	119.5	112.7	109.4
1989	105.4	104.2	89.3	109.9	125.9	115.9	104.9
1990	102.3	108.3	94.7	103.5	101.9	106.2	103.7
1991	108.9	110.6	105.2	108.2	102.3	112.0	115.7
1992	112.4	110.1	110.5	127.0	108.0	134.7	111.5
1993	112.2	112.5	108.6	108.2	110.9	110.8	116.9
1994	111.1	108.5	108.2	127.1	109.4	112.0	112.7
1995	109.8	111.0	108.2	110.2	108.5	112.4	110.3
1996	109.4	111.0	107.6	106.8	107.5	104.0	112.7
1997	110.7	109.2	108.8	110.9	108.5	104.1	115.9
1998	108.4	110.6	106.5	111.1	104.9	107.7	109.7
1999	109.3	112.2	108.7	107.7	104.8	105.9	111.4
2000	109.7	108.6	109.4	109.3	106.5	107.1	113.0
2001	110.3	108.8	109.1	107.6	106.4	111.0	112.9
2002	110.4	107.1	108.8	112.1	106.9	109.9	113.6
2003	109.5	106.1	109.9	112.4	107.0	109.8	110.8
2004	110.1	114.5	106.6	112.3	103.7	105.9	112.6
2005	112.2	111.2	113.0	112.3	113.8	112.2	111.9
2006	114.1	110.0	119.5	112.6	125.9	115.5	110.8
2007	116.0	111.8	120.2	109.6	127.6	124.4	111.3
2008	110.4	107.3	115.9	109.6	113.3	101.0	111.0
2009	109.6	104.2	112.1	105.5	118.2	111.3	107.8
2010	109.8	109.8	114.3	110.0	110.0	107.0	107.9
2011	109.4	109.9	112.6	106.6	107.2	106.7	109.5
2012	108.1	106.8	110.4	108.0	110.0	104.1	107.9
2013	108.3	107.2	110.3	105.3	110.1	106.6	107.7

3-10 第三产业增加值指数
Indices of Value-added of the Tertiary Industry

本表按不变价格计算。
Data in this table are calculated at constant prices.

(1978年＝100) (year of 1978=100)

年 份 Year	第三产业 Tertiary Industry	交通运输、仓储和邮政业 Transport, Storage and Post	批发和零售业 Wholesale and Retail Trades	住宿和餐饮业 Hotels and Catering Services	金融业 Financial Intermediation	房地产业 Real Estate	其他 Others
1978	100.0	100.0	100.0	100.0	100.0	100.0	100.0
1979	107.9	108.3	108.7	111.1	97.2	104.1	110.1
1980	114.3	112.9	106.7	115.5	103.6	112.3	126.7
1981	126.2	115.0	138.2	135.6	108.0	108.4	136.4
1982	142.6	128.1	137.2	178.5	156.2	118.2	154.9
1983	164.3	140.2	166.3	213.1	198.3	124.3	173.5
1984	196.0	161.1	207.4	230.3	259.9	158.7	200.4
1985	231.7	183.3	277.0	244.8	304.0	198.4	223.8
1986	259.6	208.8	303.2	283.1	400.0	249.7	230.5
1987	296.8	228.9	347.8	310.5	493.2	322.9	254.6
1988	335.9	257.5	388.7	388.5	589.1	363.8	278.4
1989	353.9	268.3	347.1	426.9	741.6	421.8	291.9
1990	362.1	290.7	328.8	441.8	755.4	448.2	302.8
1991	394.3	321.4	345.8	477.9	772.8	501.7	350.3
1992	443.3	353.7	382.2	607.0	834.6	675.9	390.6
1993	497.4	398.1	414.9	657.0	925.2	748.6	456.7
1994	552.5	432.0	448.9	835.3	1011.9	838.2	514.9
1995	606.9	479.4	485.9	920.8	1097.9	942.5	568.1
1996	664.1	532.4	523.0	983.8	1180.3	980.5	640.2
1997	735.3	581.3	568.8	1091.4	1280.1	1021.0	741.9
1998	796.8	642.9	605.9	1212.2	1343.0	1099.4	813.6
1999	871.2	721.2	658.6	1305.7	1407.4	1164.7	906.2
2000	956.1	783.0	720.7	1427.7	1498.7	1247.5	1024.0
2001	1054.2	852.0	786.2	1536.8	1595.4	1384.6	1155.7
2002	1164.2	912.7	855.5	1723.4	1705.8	1521.8	1313.4
2003	1274.9	968.6	940.5	1936.4	1824.6	1671.0	1455.0
2004	1403.1	1108.9	1002.2	2175.3	1892.1	1769.6	1639.0
2005	1574.7	1233.1	1132.8	2442.0	2152.7	1986.1	1833.4
2006	1797.3	1356.0	1353.3	2748.9	2710.2	2293.5	2030.7
2007	2084.6	1516.0	1626.9	3013.3	3457.9	2852.1	2260.6
2008	2301.4	1627.1	1884.7	3302.6	3919.0	2879.5	2508.6
2009	2521.5	1695.0	2112.8	3483.5	4633.1	3204.4	2703.6
2010	2767.5	1861.0	2414.8	3832.1	5098.1	3428.3	2917.1
2011	3028.0	2044.7	2719.3	4084.8	5465.1	3658.5	3195.3
2012	3272.0	2183.9	3002.4	4410.4	6011.3	3808.2	3446.1
2013	3542.6	2341.6	3312.9	4645.9	6620.9	4060.9	3711.0

3-11 分行业增加值
Value-added by Sector

本表按当年价格计算。
Data in this table are calculated at current prices.

单位：亿元 (100 million yuan)

行　业	Sector	2009	2010	2011	2012
总　计	**Total**	**340902.8**	**401512.8**	**473104.0**	**519470.1**
第一产业	**Primary Industry**	**35226.0**	**40533.6**	**47486.2**	**52373.6**
农林牧渔业	Agriculture, Forestry, Animal Husbandry and Fishery	35226.0	40533.6	47486.2	52373.6
第二产业	**Secondary Industry**	**157638.8**	**187383.2**	**220412.8**	**235162.0**
工业	Industry	135239.9	160722.2	188470.2	199670.7
采矿业	Mining	16726.0	20936.6	27225.6	27081.8
制造业	Manufacturing	110118.5	130325.0	150597.2	161326.1
电力、燃气及水的生产和供应业	Production and Supply of Electricity, Gas and Water	8395.4	9460.6	10647.4	11262.7
建筑业	Construction	22398.8	26661.0	31942.7	35491.3
第三产业	**Tertiary Industry**	**148038.0**	**173596.0**	**205205.0**	**231934.5**
交通运输、仓储和邮政业	Transport, Storage and Post	16727.1	19132.2	22432.8	24660.0
信息传输、计算机服务和软件业	Information Transmission, Computer Services and Software	8163.8	8881.9	9780.3	10974.1
批发和零售业	Wholesale and Retail Trades	28984.5	35746.1	43445.2	49394.4
住宿和餐饮业	Hotels and Catering Services	7118.2	8068.5	9172.8	10464.2
金融业	Financial Intermediation	17767.5	20980.6	24958.3	28722.7
房地产业	Real Estate	18654.9	22782.0	26783.9	29359.7
租赁和商务服务业	Leasing and Business Services	6191.4	7785.0	9407.1	10837.7
科学研究、技术服务和地质勘查业	Scientific Research, Technical Services and Geologic Prospecting	4721.7	5636.9	6965.8	8241.1
水利、环境和公共设施管理业	Management of Water Conservancy, Environment and Public Facilities	1480.4	1752.1	2039.5	2405.3
居民服务和其他服务业	Services to Households and Other Services	5271.5	6101.7	7280.5	8039.6
教育	Education	10481.8	12042.1	14429.4	16282.7
卫生、社会保障和社会福利业	Health, Social Security and Social Welfare	5082.6	5980.8	7495.9	8989.7
文化、体育和娱乐业	Culture, Sports and Entertainment	2231.0	2495.8	3007.1	3446.6
公共管理和社会组织	Public Management and Social Organizations	15161.7	16210.3	18006.4	20116.5

3-12 三次产业贡献率

Share of the Contributions of the Three Strata of Industry to the Increase of the GDP

本表按不变价格计算。
Data in this table are calculated at constant prices.

单位：% (%)

年 份 Year	国内生产总值 Gross Domestic Product	第一产业 Primary Industry	第二产业 Secondary Industry	#工 业 Industry	第三产业 Tertiary Industry
1990	100.0	41.6	41.0	39.7	17.3
1991	100.0	7.1	62.8	58.0	30.1
1992	100.0	8.4	64.5	57.6	27.1
1993	100.0	7.9	65.5	59.1	26.6
1994	100.0	6.6	67.9	62.6	25.5
1995	100.0	9.1	64.3	58.5	26.6
1996	100.0	9.6	62.9	58.5	27.5
1997	100.0	6.7	59.7	58.3	33.5
1998	100.0	7.6	60.9	55.4	31.5
1999	100.0	6.0	57.8	55.0	36.2
2000	100.0	4.4	60.8	57.6	34.8
2001	100.0	5.1	46.7	42.1	48.2
2002	100.0	4.6	49.8	44.4	45.7
2003	100.0	3.4	58.5	51.9	38.1
2004	100.0	7.8	52.2	47.7	39.9
2005	100.0	5.6	51.1	43.4	43.3
2006	100.0	4.8	50.0	42.4	45.2
2007	100.0	3.0	50.7	44.0	46.3
2008	100.0	5.7	49.3	43.4	45.0
2009	100.0	4.5	51.9	40.0	43.6
2010	100.0	3.8	56.8	48.5	39.3
2011	100.0	4.6	51.6	44.7	43.8
2012	100.0	5.7	48.7	40.6	45.6
2013	100.0	4.9	48.3	39.9	46.8

注：三次产业贡献率指各产业增加值增量与GDP增量之比。
a) Share of the contributions of the three strata of industry to the increase of the GDP refers to the proportion of the increment of the value-added of each industry to the increment of GDP.

3-13 三次产业对国内生产总值增长的拉动

Contribution of the Three Strata of Industry to GDP Growth

本表按不变价格计算。
Data in this table are calculated at constant prices.

单位：百分点 (percentage points)

年 份 Year	国内生产总值 Gross Domestic Product	第一产业 Primary Industry	第二产业 Secondary Industry	#工 业 Industry	第三产业 Tertiary Industry
1990	3.8	1.6	1.6	1.5	0.7
1991	9.2	0.7	5.8	5.3	2.8
1992	14.2	1.2	9.2	8.2	3.9
1993	14.0	1.1	9.1	8.3	3.7
1994	13.1	0.9	8.9	8.2	3.3
1995	10.9	1.0	7.0	6.4	2.9
1996	10.0	1.0	6.3	5.9	2.8
1997	9.3	0.6	5.6	5.4	3.1
1998	7.8	0.6	4.8	4.3	2.5
1999	7.6	0.5	4.4	4.2	2.8
2000	8.4	0.4	5.1	4.9	2.9
2001	8.3	0.4	3.9	3.5	4.0
2002	9.1	0.4	4.5	4.0	4.1
2003	10.0	0.3	5.9	5.2	3.8
2004	10.1	0.8	5.3	4.8	4.0
2005	11.3	0.6	5.8	4.9	4.9
2006	12.7	0.6	6.3	5.4	5.7
2007	14.2	0.4	7.2	6.2	6.6
2008	9.6	0.6	4.7	4.2	4.3
2009	9.2	0.4	4.8	3.7	4.0
2010	10.4	0.4	5.9	5.1	4.1
2011	9.3	0.4	4.8	4.2	4.1
2012	7.7	0.4	3.7	3.1	3.5
2013	7.7	0.4	3.7	3.1	3.6

注：三次产业拉动指GDP增长速度与各产业贡献率之乘积。
a) Contribution of the three strata of industry to GDP growth refers to the growth rate of GDP multiplied by the contribution share of every industry.

3-14 地区生产总值和指数
Gross Regional Product and Indices

本表绝对数按当年价格计算，指数按不变价格计算。
Level data in this table are calculated at current prices while indices at constant prices.

地区	Region	地区生产总值（亿元） Gross Regional Product (100 million yuan)					指数（上年=100） Indices (preceding year=100)				
		2009	2010	2011	2012	2013	2009	2010	2011	2012	2013
北京	Beijing	12153.03	14113.58	16251.93	17879.40	19500.56	110.2	110.3	108.1	107.7	107.7
天津	Tianjin	7521.85	9224.46	11307.28	12893.88	14370.16	116.5	117.4	116.4	113.8	112.5
河北	Hebei	17235.48	20394.26	24515.76	26575.01	28301.41	110.0	112.2	111.3	109.6	108.2
山西	Shanxi	7358.31	9200.86	11237.55	12112.83	12602.24	105.4	113.9	113.0	110.1	108.9
内蒙古	Inner Mongolia	9740.25	11672.00	14359.88	15880.58	16832.38	116.9	115.0	114.3	111.5	109.0
辽宁	Liaoning	15212.49	18457.27	22226.70	24846.43	27077.65	113.1	114.2	112.2	109.5	108.7
吉林	Jilin	7278.75	8667.58	10568.83	11939.24	12981.46	113.6	113.8	113.8	112.0	108.3
黑龙江	Heilongjiang	8587.00	10368.60	12582.00	13691.58	14382.93	111.4	112.7	112.3	110.0	108.0
上海	Shanghai	15046.45	17165.98	19195.69	20181.72	21602.12	108.2	110.3	108.2	107.5	107.7
江苏	Jiangsu	34457.30	41425.48	49110.27	54058.22	59161.75	112.4	112.7	111.0	110.1	109.6
浙江	Zhejiang	22990.35	27722.31	32318.85	34665.33	37568.49	108.9	111.9	109.0	108.0	108.2
安徽	Anhui	10062.82	12359.33	15300.65	17212.05	19038.87	112.9	114.6	113.5	112.1	110.4
福建	Fujian	12236.53	14737.12	17560.18	19701.78	21759.64	112.3	113.9	112.3	111.4	111.0
江西	Jiangxi	7655.18	9451.26	11702.82	12948.88	14338.50	113.1	114.0	112.5	111.0	110.1
山东	Shandong	33896.65	39169.92	45361.85	50013.24	54684.33	112.2	112.3	110.9	109.8	109.6
河南	Henan	19480.46	23092.36	26931.03	29599.31	32155.86	110.9	112.5	111.9	110.1	109.0
湖北	Hubei	12961.10	15967.61	19632.26	22250.45	24668.49	113.5	114.8	113.8	111.3	110.1
湖南	Hunan	13059.69	16037.96	19669.56	22154.23	24501.67	113.7	114.6	112.8	111.3	110.1
广东	Guangdong	39482.56	46013.06	53210.28	57067.92	62163.97	109.7	112.4	110.0	108.2	108.5
广西	Guangxi	7759.16	9569.85	11720.87	13035.10	14378.00	113.9	114.2	112.3	111.3	110.2
海南	Hainan	1654.21	2064.50	2522.66	2855.54	3146.46	111.7	116.0	112.0	109.1	109.9
重庆	Chongqing	6530.01	7925.58	10011.37	11409.60	12656.69	114.9	117.1	116.4	113.6	112.3
四川	Sichuan	14151.28	17185.48	21026.68	23872.80	26260.77	114.5	115.1	115.0	112.6	110.0
贵州	Guizhou	3912.68	4602.16	5701.84	6852.20	8006.79	111.4	112.8	115.0	113.6	112.5
云南	Yunnan	6169.75	7224.18	8893.12	10309.47	11720.91	112.1	112.3	113.7	113.0	112.1
西藏	Tibet	441.36	507.46	605.83	701.03	807.67	112.4	112.3	112.7	111.8	112.1
陕西	Shaanxi	8169.80	10123.48	12512.30	14453.68	16045.21	113.6	114.6	113.9	112.9	111.0
甘肃	Gansu	3387.56	4120.75	5020.37	5650.20	6268.01	110.3	111.8	112.5	112.6	110.8
青海	Qinghai	1081.27	1350.43	1670.44	1893.54	2101.05	110.1	115.3	113.5	112.3	110.8
宁夏	Ningxia	1353.31	1689.65	2102.21	2341.29	2565.06	111.9	113.5	112.1	111.5	109.8
新疆	Xinjiang	4277.05	5437.47	6610.05	7505.31	8360.24	108.1	110.6	112.0	112.0	111.0

3-15 人均地区生产总值和指数
Per Capita Gross Regional Product and Indices

本表绝对数按当年价格计算，指数按不变价格计算。
Level data in this table are calculated at current prices while indices at constant prices.

地 区	Region	人均地区生产总值（元） Per Capita Gross Regional Product (yuan)					指 数（上年=100） Indices (preceding year=100)				
		2009	2010	2011	2012	2013	2009	2010	2011	2012	2013
北 京	Beijing	66940	73856	81658	87475	93213	104.6	104.8	103.8	104.9	105.2
天 津	Tianjin	62574	72994	85213	93173	99607	111.1	111.7	110.9	109.2	107.9
河 北	Hebei	24581	28668	33969	36584	38716	109.3	110.6	109.7	108.9	107.5
山 西	Shanxi	21522	26283	31357	33628	34813	104.9	111.2	110.4	109.6	108.4
内蒙古	Inner Mongolia	39735	47347	57974	63886	67498	116.2	114.4	113.8	111.1	108.7
辽 宁	Liaoning	35149	42355	50760	56649	61686	112.5	113.4	111.6	109.4	108.6
吉 林	Jilin	26595	31599	38460	43415	47191	113.4	113.6	113.5	111.9	108.2
黑龙江	Heilongjiang	22447	27076	32819	35711	37509	111.4	112.6	112.2	110.1	107.9
上 海	Shanghai	69164	76074	82560	85373	90092	104.6	106.4	105.0	105.7	106.1
江 苏	Jiangsu	44253	52840	62290	68347	74607	111.8	112.0	110.3	109.7	109.3
浙 江	Zhejiang	43842	51711	59249	63374	68462	107.7	109.5	107.2	107.7	107.8
安 徽	Anhui	16408	20888	25659	28792	31684	112.8	118.8	112.6	111.8	109.8
福 建	Fujian	33437	40025	47377	52763	57856	111.6	113.2	111.6	110.5	110.2
江 西	Jiangxi	17335	21253	26150	28800	31771	112.3	113.2	111.8	110.4	109.7
山 东	Shandong	35894	41106	47335	51768	56323	111.6	111.3	109.9	109.2	109.0
河 南	Henan	20597	24446	28661	31499	34174	110.2	112.6	112.5	110.1	108.9
湖 北	Hubei	22677	27906	34197	38572	42613	113.3	114.7	113.5	110.7	109.7
湖 南	Hunan	20428	24719	29880	33480	36763	113.2	112.9	111.2	110.7	109.3
广 东	Guangdong	39436	44736	50807	54095	58540	107.1	109.5	108.0	107.4	107.8
广 西	Guangxi	16045	20219	25326	27952	30588	112.9	113.9	112.0	110.4	109.3
海 南	Hainan	19254	23831	28898	32377	35317	110.4	115.0	111.1	108.0	108.7
重 庆	Chongqing	22920	27596	34500	38914	42795	114.1	116.2	115.1	112.4	111.3
四 川	Sichuan	17339	21182	26133	29608	32454	114.0	115.7	115.9	112.3	109.6
贵 州	Guizhou	10971	13119	16413	19710	22922	112.9	114.7	116.1	113.5	111.9
云 南	Yunnan	13539	15752	19265	22195	25083	111.4	111.6	112.9	112.3	111.4
西 藏	Tibet	15295	17319	20077	22936	26068	111.2	111.2	111.3	110.4	110.5
陕 西	Shaanxi	21947	27133	33464	38564	42692	113.3	114.4	113.7	112.6	110.6
甘 肃	Gansu	13269	16113	19595	21978	24296	110.2	111.6	112.3	112.2	110.4
青 海	Qinghai	19454	24115	29522	33181	36510	109.6	114.5	112.3	111.3	109.9
宁 夏	Ningxia	21777	26860	33043	36394	39420	110.6	112.2	110.8	110.3	108.6
新 疆	Xinjiang	19942	25034	30087	33796	37181	106.5	109.3	110.7	110.8	109.6

3-16 按三次产业分地区生产总值（2013年）
Gross Regional Product by Three Strata of Industry (2013)

本表绝对数按当年价格计算，指数按不变价格计算。
Level data in this table are calculated at current prices while indices at constant prices.

单位：亿元 (100 million yuan)

地区	Region	地区生产总值 Gross Regional Product	第一产业 Primary Industry	第二产业 Secondary Industry	工业 Industry	建筑业 Construction	第三产业 Tertiary Industry
北京	Beijing	19500.56	161.83	4352.30	3536.89	815.41	14986.43
天津	Tianjin	14370.16	188.45	7276.68	6678.60	598.08	6905.03
河北	Hebei	28301.41	3500.42	14762.10	13194.76	1567.34	10038.89
山西	Shanxi	12602.24	773.81	6792.68	6032.99	759.69	5035.75
内蒙古	Inner Mongolia	16832.38	1599.41	9084.19	7944.40	1139.79	6148.78
辽宁	Liaoning	27077.65	2321.63	14269.46	12510.27	1759.19	10486.56
吉林	Jilin	12981.46	1509.34	6858.23	6033.35	824.88	4613.89
黑龙江	Heilongjiang	14382.93	2516.79	5918.22	5090.34	827.88	5947.92
上海	Shanghai	21602.12	129.28	8027.77	7236.69	791.08	13445.07
江苏	Jiangsu	59161.75	3646.08	29094.03	25612.24	3481.79	26421.64
浙江	Zhejiang	37568.49	1784.62	18446.65	16368.43	2078.22	17337.22
安徽	Anhui	19038.87	2348.09	10403.96	8928.02	1475.94	6286.82
福建	Fujian	21759.64	1936.31	11315.30	9455.32	1859.98	8508.03
江西	Jiangxi	14338.50	1636.49	7671.38	6434.41	1236.97	5030.63
山东	Shandong	54684.33	4742.63	27422.47	24222.16	3200.31	22519.23
河南	Henan	32155.86	4058.98	17806.39	15960.60	1845.79	10290.49
湖北	Hubei	24668.49	3098.16	12171.56	10531.37	1640.19	9398.77
湖南	Hunan	24501.67	3099.23	11517.35	10001.00	1516.35	9885.09
广东	Guangdong	62163.97	3047.51	29427.49	27426.26	2001.23	29688.97
广西	Guangxi	14378.00	2343.57	6863.04	5749.65	1113.39	5171.39
海南	Hainan	3146.46	756.47	871.29	551.11	320.18	1518.70
重庆	Chongqing	12656.69	1016.74	6397.92	5249.65	1148.27	5242.03
四川	Sichuan	26260.77	3425.61	13579.03	11578.55	2000.48	9256.13
贵州	Guizhou	8006.79	1029.05	3243.70	2686.52	557.18	3734.04
云南	Yunnan	11720.91	1895.34	4927.82	3767.58	1160.24	4897.75
西藏	Tibet	807.67	86.82	292.92	61.16	231.76	427.93
陕西	Shaanxi	16045.21	1526.05	8911.64	7507.34	1404.30	5607.52
甘肃	Gansu	6268.01	879.37	2821.04	2225.22	595.82	2567.60
青海	Qinghai	2101.05	207.59	1204.31	970.53	233.78	689.15
宁夏	Ningxia	2565.06	222.98	1264.96	944.50	320.46	1077.12
新疆	Xinjiang	8360.24	1468.29	3765.97	3024.27	741.70	3125.98

3-16 续表 1 continued

单位：亿元 (100 million yuan)

地 区	Region	交通运输、仓储和邮政业 Transport, Storage and Post	批发和零售业 Wholesale and Retail Trades	住宿和餐饮业 Hotels and Catering Services	金融业 Financial Intermediation	房地产业 Real Estate	其 他 Others
北 京	Beijing	883.58	2372.43	374.75	2822.07	1339.52	7194.08
天 津	Tianjin	725.05	1902.52	241.34	1202.04	519.37	2314.71
河 北	Hebei	2377.59	2163.95	415.18	1033.55	1041.28	3007.34
山 西	Shanxi	891.66	1079.48	324.59	736.27	329.80	1673.95
内蒙古	Inner Mongolia	1303.73	1547.04	468.85	563.00	414.59	1851.57
辽 宁	Liaoning	1384.09	2414.31	541.90	1136.10	1134.49	3875.67
吉 林	Jilin	486.18	1080.58	267.63	303.02	266.60	2209.88
黑龙江	Heilongjiang	616.03	1458.12	403.89	551.16	553.11	2365.61
上 海	Shanghai	935.06	3533.10	314.34	2823.29	1343.77	4495.51
江 苏	Jiangsu	2530.02	6273.46	1142.79	3703.69	3436.65	9335.03
浙 江	Zhejiang	1326.02	4111.44	736.34	2965.67	2190.03	6007.72
安 徽	Anhui	707.10	1355.54	298.03	735.44	763.56	2427.15
福 建	Fujian	1176.19	1789.88	353.23	1174.59	1216.76	2797.38
江 西	Jiangxi	678.62	1035.04	339.71	494.78	500.57	1981.91
山 东	Shandong	2746.11	7523.79	1187.26	2265.50	2237.46	6559.11
河 南	Henan	1309.30	2072.59	998.47	1181.77	1165.07	3563.29
湖 北	Hubei	1078.11	1903.62	579.73	1073.89	797.19	3966.23
湖 南	Hunan	1174.29	2045.65	503.65	706.92	636.26	4818.32
广 东	Guangdong	2604.41	7039.20	1391.84	3817.42	4207.46	10628.64
广 西	Guangxi	677.77	1083.06	399.52	706.91	520.51	1783.62
海 南	Hainan	140.96	344.49	110.33	151.64	288.54	482.74
重 庆	Chongqing	580.93	984.40	229.79	1068.35	728.83	1649.73
四 川	Sichuan	751.55	1472.59	685.84	1581.47	762.77	4001.91
贵 州	Guizhou	775.09	582.05	294.86	433.53	202.94	1445.57
云 南	Yunnan	273.51	1162.17	373.24	693.93	262.84	2132.06
西 藏	Tibet	28.80	51.24	25.71	43.05	22.74	256.39
陕 西	Shaanxi	657.31	1293.77	339.51	674.88	507.72	2134.33
甘 肃	Gansu	347.18	440.31	159.64	234.18	158.40	1227.89
青 海	Qinghai	74.23	126.27	23.47	94.37	34.21	336.60
宁 夏	Ningxia	201.71	133.44	46.07	199.81	101.84	394.25
新 疆	Xinjiang	422.37	480.94	120.94	420.27	232.44	1449.02

3-16 续表 2 continued

地区 Region	构 成（地区生产总值=100） Composition (GRP=100)			指 数 （上年=100） Indices (preceding year=100)			
	第一产业 Primary Industry	第二产业 Secondary Industry	第三产业 Tertiary Industry	地区生产总值 Gross Regional Product	第一产业 Primary Industry	第二产业 Secondary Industry	第三产业 Tertiary Industry
北 京 Beijing	0.8	22.3	76.9	107.7	103.0	108.1	107.6
天 津 Tianjin	1.3	50.6	48.1	112.5	103.7	112.7	112.5
河 北 Hebei	12.4	52.2	35.5	108.2	103.5	109.0	108.4
山 西 Shanxi	6.1	53.9	40.0	108.9	104.5	110.2	107.5
内蒙古 Inner Mongolia	9.5	54.0	36.5	109.0	105.2	110.7	107.1
辽 宁 Liaoning	8.6	52.7	38.7	108.7	104.8	108.9	109.2
吉 林 Jilin	11.6	52.8	35.5	108.3	104.0	108.8	108.7
黑龙江 Heilongjiang	17.5	41.1	41.4	108.0	105.1	106.6	110.4
上 海 Shanghai	0.6	37.2	62.2	107.7	97.1	106.1	108.8
江 苏 Jiangsu	6.2	49.2	44.7	109.6	103.1	110.0	109.8
浙 江 Zhejiang	4.8	49.1	46.1	108.2	100.4	108.4	108.7
安 徽 Anhui	12.3	54.6	33.0	110.4	103.5	112.4	109.5
福 建 Fujian	8.9	52.0	39.1	111.0	104.4	112.9	109.6
江 西 Jiangxi	11.4	53.5	35.1	110.1	104.6	111.7	109.1
山 东 Shandong	8.7	50.1	41.2	109.6	103.8	110.7	109.2
河 南 Henan	12.6	55.4	32.0	109.0	104.3	110.0	108.8
湖 北 Hubei	12.6	49.3	38.1	110.1	104.7	111.3	110.0
湖 南 Hunan	12.6	47.0	40.3	110.1	102.8	110.9	111.4
广 东 Guangdong	4.9	47.3	47.8	108.5	102.5	107.7	109.9
广 西 Guangxi	16.3	47.7	36.0	110.2	104.3	111.9	110.2
海 南 Hainan	24.0	27.7	48.3	109.9	106.3	109.2	112.1
重 庆 Chongqing	8.0	50.5	41.4	112.3	104.7	113.4	112.0
四 川 Sichuan	13.0	51.7	35.2	110.0	103.6	111.5	109.9
贵 州 Guizhou	12.9	40.5	46.6	112.5	105.8	114.1	112.6
云 南 Yunnan	16.2	42.0	41.8	112.1	106.8	113.3	112.4
西 藏 Tibet	10.7	36.3	53.0	112.1	103.8	120.0	108.7
陕 西 Shaanxi	9.5	55.5	34.9	111.0	104.7	112.6	109.9
甘 肃 Gansu	14.0	45.0	41.0	110.8	105.6	111.5	111.5
青 海 Qinghai	9.9	57.3	32.8	110.8	105.3	112.3	109.8
宁 夏 Ningxia	8.7	49.3	42.0	109.8	104.5	112.5	107.5
新 疆 Xinjiang	17.6	45.0	37.4	111.0	106.9	113.6	109.3

3-17 地区生产总值收入法构成项目（2012年）
Income Approach Components of Gross Regional Product (2012)

本表按当年价格计算。
Data in this table are calculated at current prices.

单位：亿元 (100 million yuan)

地 区	Region	地区生产总值 Gross Regional Product	劳动者报酬 Compensation of Employees	生产税净额 Net Taxes on Production	固定资产折旧 Depreciation of Fixed Assets	营业盈余 Operating Surplus
北 京	Beijing	17879.40	9102.64	2894.58	2269.61	3612.57
天 津	Tianjin	12893.88	5040.37	2138.15	1506.75	4208.61
河 北	Hebei	26575.01	13656.68	3408.74	3346.67	6162.92
山 西	Shanxi	12112.83	5319.18	1989.99	1866.68	2936.98
内蒙古	Inner Mongolia	15880.58	6960.77	2152.04	1718.26	5049.51
辽 宁	Liaoning	24846.43	11559.60	5192.66	3680.90	4413.27
吉 林	Jilin	11939.24	4589.20	1859.57	1992.09	3498.38
黑龙江	Heilongjiang	13691.58	5417.92	2107.32	1549.06	4617.28
上 海	Shanghai	20181.72	8389.14	4022.74	2460.38	5309.46
江 苏	Jiangsu	54058.22	22867.66	7862.22	7209.94	16118.40
浙 江	Zhejiang	34665.33	14583.69	5495.64	4463.09	10122.91
安 徽	Anhui	17212.05	8445.19	2350.44	2083.07	4333.35
福 建	Fujian	19701.78	9979.11	2809.74	2114.83	4798.10
江 西	Jiangxi	12948.88	5529.01	2114.79	1986.72	3318.36
山 东	Shandong	50013.24	19235.34	8307.74	7143.36	15326.81
河 南	Henan	29599.31	14834.53	4633.77	3348.38	6782.62
湖 北	Hubei	22250.45	10814.15	3161.57	2765.11	5509.62
湖 南	Hunan	22154.23	10988.08	3596.68	2369.19	5200.28
广 东	Guangdong	57067.92	27239.83	8988.68	7535.69	13303.72
广 西	Guangxi	13035.10	7183.36	1719.70	1474.92	2657.12
海 南	Hainan	2855.54	1447.36	546.25	424.91	437.02
重 庆	Chongqing	11409.60	5679.13	1664.96	1240.30	2825.21
四 川	Sichuan	23872.80	10537.71	3676.83	3007.03	6651.23
贵 州	Guizhou	6852.20	3650.80	1241.50	900.51	1059.39
云 南	Yunnan	10309.47	5214.01	2316.81	1069.53	1709.12
西 藏	Tibet	701.03	450.54	62.14	104.33	84.02
陕 西	Shaanxi	14453.68	5566.50	2585.50	1747.26	4554.42
甘 肃	Gansu	5650.20	2628.86	987.21	923.16	1110.98
青 海	Qinghai	1893.54	823.58	278.38	335.98	455.60
宁 夏	Ningxia	2341.29	1150.85	328.05	399.08	463.31
新 疆	Xinjiang	7505.31	3979.27	1140.66	1096.08	1289.30

3-18 支出法国内生产总值
Gross Domestic Product by Expenditure Approach

本表按当年价格计算。
Data in value terms in this table are calculated at current prices.

年 份 Year	支出法国内生产总值(亿元) Gross Domestic Product by Expenditure Approach (100 million yuan)	最终消费支出 Final Consumption Expenditures	资本形成总额 Gross Capital Formation	货物和服务净出口 Net Exports of Goods and Services	最终消费率(消费率)(%) Final Consumption Rate (%)	资本形成率(投资率)(%) Capital Formation Rate (%)
1978	3605.6	2239.1	1377.9	-11.4	62.1	38.2
1979	4092.6	2633.7	1478.9	-20.0	64.4	36.1
1980	4592.9	3007.9	1599.7	-14.7	65.5	34.8
1981	5008.8	3361.5	1630.2	17.1	67.1	32.5
1982	5590.0	3714.8	1784.2	91.0	66.5	31.9
1983	6216.2	4126.4	2039.0	50.8	66.4	32.8
1984	7362.7	4846.3	2515.1	1.3	65.8	34.2
1985	9076.7	5986.3	3457.5	-367.1	66.0	38.1
1986	10508.5	6821.8	3941.9	-255.2	64.9	37.5
1987	12277.4	7804.6	4462.0	10.8	63.6	36.3
1988	15388.6	9839.5	5700.2	-151.1	63.9	37.0
1989	17311.3	11164.2	6332.7	-185.6	64.5	36.6
1990	19347.8	12090.5	6747.0	510.3	62.5	34.9
1991	22577.4	14091.9	7868.0	617.5	62.4	34.8
1992	27565.2	17203.3	10086.3	275.6	62.4	36.6
1993	36938.1	21899.9	15717.7	-679.5	59.3	42.6
1994	50217.4	29242.2	20341.1	634.1	58.2	40.5
1995	63216.9	36748.2	25470.1	998.6	58.1	40.3
1996	74163.6	43919.5	28784.9	1459.2	59.2	38.8
1997	81658.5	48140.6	29968.0	3549.9	59.0	36.7
1998	86531.6	51588.2	31314.2	3629.2	59.6	36.2
1999	91125.0	55636.9	32951.5	2536.6	61.1	36.2
2000	98749.0	61516.0	34842.8	2390.2	62.3	35.3
2001	109028.0	66933.9	39769.4	2324.7	61.4	36.5
2002	120475.6	71816.5	45565.0	3094.1	59.6	37.8
2003	136613.4	77685.5	55963.0	2964.9	56.9	41.0
2004	160956.6	87552.6	69168.4	4235.6	54.4	43.0
2005	187423.4	99357.5	77856.8	10209.1	53.0	41.5
2006	222712.5	113103.8	92954.1	16654.6	50.8	41.7
2007	266599.2	132232.9	110943.2	23423.1	49.6	41.6
2008	315974.6	153422.5	138325.3	24226.8	48.6	43.8
2009	348775.1	169274.8	164463.2	15037.0	48.5	47.2
2010	402816.5	194115.0	193603.9	15097.6	48.2	48.1
2011	472619.2	232111.5	228344.3	12163.3	49.1	48.3
2012	529399.2	261993.6	252773.2	14632.4	49.5	47.7
2013	586673.0	292165.6	280356.1	14151.3	49.8	47.8

注：最终消费率指最终消费支出占支出法国内生产总值的比重；资本形成率指资本形成总额占支出法国内生产总值的比重。
a) Final consumption rate refers to final consumption expenditures as percentage of gross domestic product by expenditure approach, capital formation rate refers to gross capital formation as percentage of gross domestic product by expenditure approach.

3-19 支出法国内生产总值及构成
Components of Gross Domestic Product by Expenditure Approach

本表按当年价格计算。
Data in value terms in this table are calculated at current prices.

年份 Year	最终消费支出 Final Consumption Expenditures								资本形成总额 Gross Capital Formation			
	绝对数(亿元) Level (100 million yuan)				构成 Composition 最终消费支出=100 Final Consumption Expenditures=100		构成 Composition 居民消费支出=100 Household Consumption Expenditures=100		绝对数(亿元) Level (100 million yuan)		构成(资本形成总额=100) Composition (Gross Capital Formation=100)	
	居民消费支出 Household Consumption Expenditures	农村居民 Rural Household	城镇居民 Urban Household	政府消费支出 Government Consumption Expenditures	居民消费支出 Household Consumption Expenditures	政府消费支出 Government Consumption Expenditures	农村居民 Rural Household	城镇居民 Urban Household	固定资本形成总额 Gross Fixed Capital Formation	存货变动 Change in Inventories	固定资本形成总额 Gross Fixed Capital Formation	存货变动 Change in Inventories
1978	1759.1	1092.4	666.7	480.0	78.6	21.4	62.1	37.9	1073.9	304.0	77.9	22.1
1979	2011.5	1252.9	758.6	622.2	76.4	23.6	62.3	37.7	1153.1	325.8	78.0	22.0
1980	2331.2	1411.0	920.2	676.7	77.5	22.5	60.5	39.5	1322.4	277.3	82.7	17.3
1981	2627.9	1603.8	1024.1	733.6	78.2	21.8	61.0	39.0	1339.3	290.9	82.2	17.8
1982	2902.9	1787.5	1115.4	811.9	78.1	21.9	61.6	38.4	1503.2	281.0	84.3	15.7
1983	3231.1	2010.5	1220.6	895.3	78.3	21.7	62.2	37.8	1723.3	315.7	84.5	15.5
1984	3742.0	2312.1	1429.9	1104.3	77.2	22.8	61.8	38.2	2147.0	368.1	85.4	14.6
1985	4687.4	2809.6	1877.8	1298.9	78.3	21.7	59.9	40.1	2672.0	785.5	77.3	22.7
1986	5302.1	3059.2	2242.9	1519.7	77.7	22.3	57.7	42.3	3139.7	802.2	79.6	20.4
1987	6126.1	3428.9	2697.2	1678.5	78.5	21.5	56.0	44.0	3798.7	663.3	85.1	14.9
1988	7868.1	4174.0	3694.1	1971.4	80.0	20.0	53.0	47.0	4701.9	998.3	82.5	17.5
1989	8812.6	4545.7	4266.9	2351.6	78.9	21.1	51.6	48.4	4419.4	1913.3	69.8	30.2
1990	9450.9	4683.1	4767.8	2639.6	78.2	21.8	49.6	50.4	4827.8	1919.2	71.6	28.4
1991	10730.6	5082.0	5648.6	3361.3	76.1	23.9	47.4	52.6	6070.3	1797.7	77.2	22.8
1992	13000.1	5833.5	7166.6	4203.2	75.6	24.4	44.9	55.1	8513.7	1572.6	84.4	15.6
1993	16412.1	6858.0	9554.1	5487.8	74.9	25.1	41.8	58.2	13309.2	2408.5	84.7	15.3
1994	21844.2	8875.3	12968.9	7398.0	74.7	25.3	40.6	59.4	17312.7	3028.4	85.1	14.9
1995	28369.7	11271.6	17098.1	8378.5	77.2	22.8	39.7	60.3	20885.0	4585.1	82.0	18.0
1996	33955.9	13907.1	20048.8	9963.6	77.3	22.7	41.0	59.0	24048.1	4736.8	83.5	16.5
1997	36921.5	14575.8	22345.7	11219.1	76.7	23.3	39.5	60.5	25965.0	4003.0	86.6	13.4
1998	39229.3	14472.0	24757.3	12358.9	76.0	24.0	36.9	63.1	28569.0	2745.2	91.2	8.8
1999	41920.4	14584.1	27336.3	13716.5	75.3	24.7	34.8	65.2	30527.3	2424.2	92.6	7.4
2000	45854.6	15147.4	30707.2	15661.4	74.5	25.5	33.0	67.0	33844.4	998.4	97.1	2.9
2001	49435.9	15791.0	33644.9	17498.0	73.9	26.1	31.9	68.1	37754.5	2014.9	94.9	5.1
2002	53056.6	16271.7	36784.9	18759.9	73.9	26.1	30.7	69.3	43632.1	1932.9	95.8	4.2
2003	57649.8	16305.7	41344.1	20035.7	74.2	25.8	28.3	71.7	53490.7	2472.3	95.6	4.4
2004	65218.5	17689.9	47528.6	22334.1	74.5	25.5	27.1	72.9	65117.7	4050.7	94.1	5.9
2005	72958.7	19958.4	53000.3	26398.8	73.4	26.6	27.4	72.6	74232.9	3624.0	95.3	4.7
2006	82575.5	21786.0	60789.5	30528.4	73.0	27.0	26.4	73.6	87954.1	5000.0	94.6	5.4
2007	96332.5	24205.6	72126.9	35900.4	72.9	27.1	25.1	74.9	103948.6	6994.6	93.7	6.3
2008	111670.4	27677.3	83993.1	41752.1	72.8	27.2	24.8	75.2	128084.4	10240.9	92.6	7.4
2009	123584.6	29005.3	94579.3	45690.2	73.0	27.0	23.5	76.5	156679.8	7783.4	95.3	4.7
2010	140758.6	31974.6	108784.0	53356.3	72.5	27.5	22.7	77.3	183615.2	9988.7	94.8	5.2
2011	168956.6	38969.6	129987.0	63154.9	72.8	27.2	23.1	76.9	215682.0	12662.3	94.5	5.5
2012	190584.6	43065.4	147519.2	71409.0	72.7	27.3	22.6	77.4	241756.8	11016.4	95.6	4.4
2013	212187.5	47113.5	165074.0	79978.1	72.6	27.4	22.2	77.8	269075.4	11280.7	96.0	4.0

3-20 支出法地区生产总值（2013年）
Gross Regional Product by Expenditure Approach (2013)

本表按当年价格计算。
Data in value terms in this table are calculated at current prices.

地区	Region	支出法地区生产总值（亿元） Gross Regional Product by Expenditure Approach (100 million yuan)	最终消费支出 Final Consumption Expenditures	资本形成总额 Gross Capital Formation	货物和服务净流出 Net Outflow of Goods and Services	最终消费率（消费率）(%) Final Consumption Rate (%)	资本形成率（投资率）(%) Capital Formation Rate (%)
北京	Beijing	19500.6	11946.1	7868.4	-313.9	61.3	40.3
天津	Tianjin	14370.2	5634.8	11046.8	-2311.4	39.2	76.9
河北	Hebei	28301.4	11886.6	16386.2	28.6	42.0	57.9
山西	Shanxi	12602.2	6182.8	9169.0	-2749.5	49.1	72.8
内蒙古	Inner Mongolia	16832.4	6889.6	15728.1	-5785.4	40.9	93.4
辽宁	Liaoning	27077.7	11214.9	16944.6	-1081.8	41.4	62.6
吉林	Jilin	13946.8	5500.5	9708.1	-1261.8	39.4	69.6
黑龙江	Heilongjiang	14382.9	7963.6	9432.3	-3013.0	55.4	65.6
上海	Shanghai	21602.1	12516.3	8358.8	727.0	57.9	38.7
江苏	Jiangsu	59161.8	26422.8	28634.3	4104.7	44.7	48.4
浙江	Zhejiang	37568.5	17737.2	17112.4	2718.9	47.2	45.5
安徽	Anhui	17212.1	9189.3	9919.0	-69.4	53.4	57.6
福建	Fujian	21759.6	8389.9	12804.7	565.0	38.6	58.8
江西	Jiangxi	14338.5	7042.1	7160.1	136.3	49.1	49.9
山东	Shandong	54684.3	22601.6	30952.9	1129.8	41.3	56.6
河南	Henan	32155.9	15287.4	24830.0	-7961.5	47.5	77.2
湖北	Hubei	25431.7	11161.2	14245.4	25.1	43.9	56.0
湖南	Hunan	24501.7	11281.0	14001.6	-781.0	46.0	57.1
广东	Guangdong	62164.0	32196.2	26050.8	3917.0	51.8	41.9
广西	Guangxi	14378.0	7407.7	10129.5	-3159.1	51.5	70.5
海南	Hainan	3146.5	1590.4	2326.6	-770.5	50.5	73.9
重庆	Chongqing	12656.7	6001.6	6915.6	-260.5	47.4	54.6
四川	Sichuan	26260.8	13223.1	13494.6	-456.9	50.4	51.4
贵州	Guizhou	8006.8	4535.8	5261.4	-1790.4	56.6	65.7
云南	Yunnan	11720.9	7364.2	9955.3	-5598.5	62.8	84.9
西藏	Tibet	807.7	518.6	899.1	-610.0	64.2	111.3
陕西	Shaanxi	16045.2	7051.9	11038.4	-2045.1	44.0	68.8
甘肃	Gansu	6268.0	3682.9	3775.9	-1190.7	58.8	60.2
青海	Qinghai	2101.1	1048.5	2519.1	-1466.5	49.9	119.9
宁夏	Ningxia	2565.1	1340.1	2334.2	-1109.2	52.2	91.0
新疆	Xinjiang	8360.2	4599.2	7192.5	-3431.5	55.0	86.0

3-21 分地区资本形成总额及构成（2013年）
Gross Capital Formation and Its Composition by Region (2013)

本表按当年价格计算。
Data in value terms in this table are calculated at current prices.

地区	Region	资本形成总额（亿元）Gross Capital Formation (100 million yuan)	固定资本形成总额 Gross Fixed Capital Formation	存货变动 Change in Inventories	构成（资本形成总额=100）Composition (Total=100) 固定资本形成总额 Gross Fixed Capital Formation	存货变动 Change in Inventories
北京	Beijing	7868.4	7595.4	273.0	96.5	3.5
天津	Tianjin	11046.8	10438.8	607.9	94.5	5.5
河北	Hebei	16386.2	16167.1	219.1	98.7	1.3
山西	Shanxi	9169.0	8693.5	475.5	94.8	5.2
内蒙古	Inner Mongolia	15728.1	15287.1	441.0	97.2	2.8
辽宁	Liaoning	16944.6	16479.8	464.8	97.3	2.7
吉林	Jilin	9708.1	9751.5	-43.4	100.4	-0.4
黑龙江	Heilongjiang	9432.3	9153.5	278.8	97.0	3.0
上海	Shanghai	8358.8	7617.1	741.7	91.1	8.9
江苏	Jiangsu	28634.3	27711.1	923.2	96.8	3.2
浙江	Zhejiang	17112.4	16139.7	972.7	94.3	5.7
安徽	Anhui	9919.0	9739.1	179.9	98.2	1.8
福建	Fujian	12804.7	11678.6	1126.1	91.2	8.8
江西	Jiangxi	7160.1	6774.2	385.8	94.6	5.4
山东	Shandong	30952.9	29249.5	1703.4	94.5	5.5
河南	Henan	24830.0	24376.0	453.9	98.2	1.8
湖北	Hubei	14245.4	13701.9	543.5	96.2	3.8
湖南	Hunan	14001.6	13573.9	427.8	96.9	3.1
广东	Guangdong	26050.8	24997.7	1053.0	96.0	4.0
广西	Guangxi	10129.5	9725.6	403.8	96.0	4.0
海南	Hainan	2326.6	2233.5	93.1	96.0	4.0
重庆	Chongqing	6915.6	6581.0	334.6	95.2	4.8
四川	Sichuan	13494.6	13081.7	412.9	96.9	3.1
贵州	Guizhou	5261.4	5141.8	119.7	97.7	2.3
云南	Yunnan	9955.3	9311.1	644.1	93.5	6.5
西藏	Tibet	899.1	898.4	0.7	99.9	0.1
陕西	Shaanxi	11038.4	10779.5	259.0	97.7	2.3
甘肃	Gansu	3775.9	3649.1	126.7	96.6	3.4
青海	Qinghai	2519.1	2418.3	100.8	96.0	4.0
宁夏	Ningxia	2334.2	2223.0	111.2	95.2	4.8
新疆	Xinjiang	7192.5	6943.7	248.7	96.5	3.5

3-22 分地区最终消费支出及构成（2013年）
Final Consumption Expenditure and Its Composition by Region (2013)

本表按当年价格计算。
Data in value terms in this table are calculated at current prices.

地区	Region	最终消费支出（亿元）Final Consumption Expenditures (100 million yuan)	居民消费支出 Household Consumption	农村居民 Rural Household	城镇居民 Urban Household	政府消费支出 Government Consumption	最终消费支出=100 Final Consumption Expenditures=100: 居民消费支出 Household Consumption	政府消费支出 Government Consumption	居民消费支出=100 Household Consumption Expenditures=100: 农村居民 Rural Household	城镇居民 Urban Household
北京	Beijing	11946.1	6974.3	508.1	6466.3	4971.8	58.4	41.6	7.3	92.7
天津	Tianjin	5634.8	3788.7	392.9	3395.8	1846.1	67.2	32.8	10.4	89.6
河北	Hebei	11886.6	8448.1	2481.1	5967.0	3438.5	71.1	28.9	29.4	70.6
山西	Shanxi	6182.8	4372.7	1301.4	3071.3	1810.1	70.7	29.3	29.8	70.2
内蒙古	Inner Mongolia	6889.6	4281.3	856.1	3425.1	2608.3	62.1	37.9	20.0	80.0
辽宁	Liaoning	11214.9	8847.4	1552.4	7295.0	2367.4	78.9	21.1	17.5	82.5
吉林	Jilin	5500.5	3762.0	984.7	2777.3	1738.5	68.4	31.6	26.2	73.8
黑龙江	Heilongjiang	7963.6	4976.5	1228.8	3747.8	2987.1	62.5	37.5	24.7	75.3
上海	Shanghai	12516.3	9405.0	511.5	8893.5	3111.3	75.1	24.9	5.4	94.6
江苏	Jiangsu	26422.8	18702.2	4210.4	14491.7	7720.6	70.8	29.2	22.5	77.5
浙江	Zhejiang	17737.2	13593.2	3087.6	10505.6	4144.1	76.6	23.4	22.7	77.3
安徽	Anhui	9189.3	6981.3	1940.6	5040.8	2208.0	76.0	24.0	27.8	72.2
福建	Fujian	8389.9	6437.0	1519.6	4917.4	1953.0	76.7	23.3	23.6	76.4
江西	Jiangxi	7042.1	5375.2	1737.1	3638.1	1667.0	76.3	23.7	32.3	67.7
山东	Shandong	22601.6	16241.4	4200.8	12040.6	6360.2	71.9	28.1	25.9	74.1
河南	Henan	15287.4	11086.7	3446.0	7640.7	4200.7	72.5	27.5	31.1	68.9
湖北	Hubei	11161.2	8053.8	2064.7	5989.1	3107.4	72.2	27.8	25.6	74.4
湖南	Hunan	11281.0	8610.7	2459.9	6150.8	2670.3	76.3	23.7	28.6	71.4
广东	Guangdong	32196.2	25208.5	3436.5	21772.0	6987.8	78.3	21.7	13.6	86.4
广西	Guangxi	7407.7	5504.4	1520.6	3983.8	1903.3	74.3	25.7	27.6	72.4
海南	Hainan	1590.4	1043.4	298.0	745.4	547.0	65.6	34.4	28.6	71.4
重庆	Chongqing	6001.6	4516.3	818.7	3697.6	1485.3	75.3	24.7	18.1	81.9
四川	Sichuan	13223.1	10102.5	3599.6	6502.9	3120.6	76.4	23.6	35.6	64.4
贵州	Guizhou	4535.8	3332.7	1182.1	2150.6	1203.1	73.5	26.5	35.5	64.5
云南	Yunnan	7364.2	5244.6	1685.9	3558.7	2119.6	71.2	28.8	32.1	67.9
西藏	Tibet	518.6	195.8	92.2	103.6	322.7	37.8	62.2	47.1	52.9
陕西	Shaanxi	7051.9	4962.9	1227.3	3735.6	2089.0	70.4	29.6	24.7	75.3
甘肃	Gansu	3682.9	2480.7	819.4	1661.3	1202.2	67.4	32.6	33.0	67.0
青海	Qinghai	1048.5	694.6	208.2	486.4	353.9	66.2	33.8	30.0	70.0
宁夏	Ningxia	1340.1	880.8	223.6	657.3	459.3	65.7	34.3	25.4	74.6
新疆	Xinjiang	4599.2	2563.5	745.2	1818.4	2035.7	55.7	44.3	29.1	70.9

3-23 居民消费水平
Household Consumption Expenditure

本表绝对数按当年价格计算，指数按不变价格计算。

Level in this table are calculated at current prices, while indices are calculated at constant prices.

年 份 Year	绝对数(元) Level (yuan)			城乡消费水平对比(农村居民=1) Urban/Rural Consumption Ratio (Rural Household=1)	指数（上年=100) Index (Preceding Year=100)			指数(1978=100) Index (1978=100)		
	全体居民 All Households	农村居民 Rural Household	城镇居民 Urban Household		全体居民 All Households	农村居民 Rural Household	城镇居民 Urban Household	全体居民 All Households	农村居民 Rural Household	城镇居民 Urban Household
1978	184	138	405	2.9	104.1	104.3	103.3	100.0	100.0	100.0
1980	238	178	489	2.7	109.0	108.4	107.2	116.5	115.4	110.2
1985	446	349	765	2.2	113.5	113.3	111.1	185.2	195.7	141.3
1990	833	560	1596	2.9	103.7	99.2	108.5	229.2	215.4	190.9
1995	2355	1313	4931	3.8	107.8	106.8	107.2	345.1	282.9	303.2
2000	3632	1860	6850	3.7	108.6	104.5	107.8	491.0	371.3	391.1
2001	3887	1969	7161	3.6	106.1	104.5	103.9	521.2	388.0	406.3
2002	4144	2062	7486	3.6	107.0	105.2	104.9	557.6	408.1	426.2
2003	4475	2103	8060	3.8	107.1	100.3	107.0	596.9	409.5	456.1
2004	5032	2319	8912	3.8	108.1	104.2	106.9	645.3	426.7	487.7
2005	5596	2657	9593	3.6	108.2	110.8	105.0	698.2	472.8	511.8
2006	6299	2950	10618	3.6	109.8	108.2	108.0	766.4	511.6	552.7
2007	7310	3347	12130	3.6	110.9	106.9	109.7	849.9	546.8	606.2
2008	8430	3901	13653	3.5	109.0	108.5	106.9	926.4	593.5	647.9
2009	9283	4163	14904	3.6	110.3	107.7	109.1	1022.0	639.3	706.5
2010	10522	4700	16546	3.5	108.2	108.0	105.9	1106.1	690.3	748.3
2011	12570	5870	19108	3.3	110.3	112.6	107.3	1219.8	777.4	803.3
2012	14110	6632	21035	3.2	109.4	109.3	107.5	1334.5	849.6	863.6
2013	15632	7409	22880	3.1	108.0	108.7	106.1	1440.9	923.1	915.8

注：1.城乡消费水平对比没有剔除城乡价格不可比的因素（下表同）。
2.居民消费水平指按常住人口平均计算的居民消费支出(下表同)。

a) The effect of price differentials between urban and rural areas has not been removed in the calculation of the urban/rural consumption ratio. The same applies to the table following.

b) Household consumption level refers to per capita household consumption on the basis of usual residents. The same applies to the table following.

3-24 三大需求对国内生产总值增长的贡献率和拉动
Contribution Share and Contribution of the Three Components of GDP to the Growth of GDP

本表按不变价格计算。

Data in this table are calculated at constant prices.

年 份 Year	最终消费支出 Final Consumption Expenditure		资本形成总额 Gross Capital Formation		货物和服务净出口 Net Exports of Goods and Services	
	贡献率(%) Contribution Share (%)	拉 动(百分点) Contribution (percentage points)	贡献率(%) Contribution Share (%)	拉 动(百分点) Contribution (percentage points)	贡献率(%) Contribution Share (%)	拉 动(百分点) Contribution (percentage points)
1978	39.4	4.6	66.0	7.7	-5.4	-0.6
1980	71.8	5.6	26.4	2.1	1.8	0.1
1985	85.5	11.5	80.9	10.9	-66.4	-8.9
1990	47.8	1.8	1.8	0.1	50.4	1.9
1995	44.7	4.9	55.0	6.0	0.3	
2000	65.1	5.5	22.4	1.9	12.5	1.0
2001	50.2	4.2	49.9	4.1	-0.1	0.0
2002	43.9	4.0	48.5	4.4	7.6	0.7
2003	35.8	3.6	63.3	6.3	0.9	0.1
2004	39.0	3.9	54.0	5.5	7.0	0.7
2005	39.0	4.4	38.8	4.4	22.2	2.5
2006	40.3	5.1	43.6	5.5	16.1	2.1
2007	39.6	5.6	42.4	6.0	18.0	2.6
2008	44.2	4.2	47.0	4.5	8.8	0.9
2009	49.8	4.6	87.6	8.1	-37.4	-3.5
2010	43.1	4.5	52.9	5.5	4.0	0.4
2011	56.5	5.3	47.7	4.4	-4.2	-0.4
2012	55.1	4.2	47.0	3.6	-2.1	-0.1
2013	50.0	3.9	54.4	4.2	-4.4	-0.3

注：1.三大需求指支出法国内生产总值的三大构成项目，即最终消费支出、资本形成总额、货物和服务净出口。
2.贡献率指三大需求增量与支出法国内生产总值增量之比。
3.拉动指国内生产总值增长速度与三大需求贡献率的乘积。

a)Three components of GDP by expenditure approach are final consumption expenditure,gross capital formation and net exports of goods and services.

b)Contribution share of the three components to the increase of the GDP refers to the proportion of the increment of the each component of GDP by expenditure approach to the increment of GDP.

c)Contribution of the three components to GDP growth refers to the growth rate of GDP multiplied by the contribution share of the three components.

3-25 分地区居民消费水平（2013年）
Household Consumption Expenditure by Region (2013)

本表绝对数按当年价格计算，指数按不变价格计算。
Level in this table are calculated at current prices, while indices are calculated at constant prices.

地区	Region	绝对数(元) Level (yuan)			城乡消费水平对比(农村居民=1) Urban/Rural Consumption Ratio (Rural Household=1)	指数（上年=100) Index (Preceding Year=100)		
		全体居民 All Households	农村居民 Rural Household	城镇居民 Urban Household		全体居民 All Households	农村居民 Rural Household	城镇居民 Urban Household
北京	Beijing	33337	17663	35836	2.0	106.6	118.5	105.7
天津	Tianjin	26261	14954	28779	1.9	106.7	113.2	105.6
河北	Hebei	11557	6460	17198	2.7	110.8	115.7	107.0
山西	Shanxi	12078	7476	16341	2.2	110.5	113.5	107.5
内蒙古	Inner Mongolia	17168	8218	23590	2.9	109.9	113.7	107.7
辽宁	Liaoning	20156	10417	25161	2.4	109.5	117.6	106.7
吉林	Jilin	13676	7773	18714	2.4	112.6	116.9	110.6
黑龙江	Heilongjiang	12978	7478	17102	2.3	109.7	111.8	108.5
上海	Shanghai	39223	20221	41464	2.1	107.3	110.3	107.0
江苏	Jiangsu	23585	14571	28753	2.0	116.6	119.6	114.7
浙江	Zhejiang	24771	15458	30101	1.9	107.4	110.6	105.8
安徽	Anhui	11618	6114	17779	2.9	103.8	100.5	102.1
福建	Fujian	17115	10147	21725	2.1	107.1	108.1	105.4
江西	Jiangxi	11910	7429	16728	2.3	110.0	113.7	106.3
山东	Shandong	16728	9224	23358	2.5	110.1	112.0	107.7
河南	Henan	11782	6438	18833	2.9	109.6	110.2	106.7
湖北	Hubei	13912	7755	19156	2.5	110.6	112.7	108.2
湖南	Hunan	12920	7005	19508	2.8	108.1	109.0	105.6
广东	Guangdong	23739	9914	30440	3.1	106.4	108.0	105.5
广西	Guangxi	11710	5795	19185	3.3	109.1	105.4	107.9
海南	Hainan	11712	7072	15877	2.2	108.2	115.1	103.7
重庆	Chongqing	15270	6538	21681	3.3	112.2	114.9	109.4
四川	Sichuan	12485	8074	17899	2.2	108.7	111.4	105.4
贵州	Guizhou	9541	5383	16581	3.1	112.7	118.7	106.7
云南	Yunnan	11224	6003	19089	3.2	111.7	105.2	111.8
西藏	Tibet	6275	3874	14001	3.6	116.7	122.4	108.7
陕西	Shaanxi	13206	6620	19620	3.0	110.4	113.1	106.6
甘肃	Gansu	9616	5245	16327	3.1	111.7	108.1	113.3
青海	Qinghai	12070	6954	17617	2.5	111.8	109.7	111.1
宁夏	Ningxia	13537	7062	19671	2.8	108.8	116.1	105.0
新疆	Xinjiang	11401	5942	18285	3.1	103.7	102.1	106.1

3-26 资金流量表(实物交易，2012年)
Flow of Funds Accounts (Physical Transaction, 2012)

单位：亿元 (100 million yuan)

机构部门	Sectors	非金融企业部门 Non-financial Enterprises		金融机构部门 Financial Institutions		政府部门 Governments	
交易项目	Items	运用 Utilization	来源 Source	运用 Utilization	来源 Source	运用 Utilization	来源 Source
一、净出口	**Net Exports**						
二、增加值	**Value Added**		**306220.3**		**28722.7**		**39052.0**
三、劳动者报酬	**Compensation of Employees**	**119076.0**		**9250.7**		**33605.0**	
四、生产税净额	**Taxes on Production, Net**	**63208.8**		**3403.3**		**261.9**	**68866.0**
五、财产收入	**Income from Properties**	**51673.6**	**24761.5**	**49928.0**	**54612.4**	**7697.5**	**14622.3**
(一)利息	Interest	30116.0	22839.5	48129.3	53860.0	6850.6	6228.4
(二)红利	Distributed Income of Corporations	15319.0	1857.6	430.3	752.4		2104.2
(三)地租	Rent on Land, Natural Resources, and Subsoil Assets	4360.1					4411.2
(四)其他	Others	1878.4	64.5	1368.4		846.9	1878.4
六、初次分配总收入	**Total Income from Primary Distribution**		**97023.5**		**20753.0**		**80975.9**
七、经常转移	**Current Transfer**	**19309.1**	**1161.6**	**7600.9**	**3703.3**	**39681.2**	**60006.5**
(一)所得税、财产税等经常税	Current Taxes on Income, Wealth, etc.	14751.6		4903.0			25818.2
(二)社会保险缴款	Payment to Social Security					6349.4	31411.0
(三)社会保险福利	Social Security Welfare					23930.7	
(四)社会补助	Allowances	166.4				8541.9	
(五)其他	Others	4391.2	1161.6	2698.0	3703.3	859.2	2777.3
八、可支配总收入	**Total Disposable Income**		**78875.9**		**16855.4**		**101301.1**
九、最终消费	**Final Consumption Expenditure**					**71409.0**	
(一)居民消费	Household Consumption						
(二)政府消费	Government Consumption					71409.0	
十、总储蓄	**Savings**		**78875.9**		**16855.4**		**29892.1**
十一、资本转移	**Capital Transfers**	**2661.8**	**6622.5**			**6640.1**	**3006.2**
(一)投资性补助	Investment Allowances		6622.5			6622.5	
(二)其他	Other	2661.8				17.5	3006.2
十二、资本形成总额	**Gross Capital Formation**	**163348.1**		**530.6**		**26122.4**	
(一)固定资本形成总额	Gross Fixed Capital Formation	155414.1		530.6		25744.2	
(二)存货增加	Changes in Inventories	7934.0				378.3	
十三、其他非金融资产获得减处置	**Acquisitions Less Disposals of Other Non-financial Assets**	**20769.8**				**-6318.0**	
十四、净金融投资	**Net Financial Investment**	**-101281.2**		**16324.8**		**6453.8**	

3-26 续表 continued

单位：亿元 (100 million yuan)

机构部门 / 交易项目	Sectors / Items	住户部门 Households 运用 Utilization	住户部门 Households 来源 Source	国内合计 Total of Domestic Sectors 运用 Utilization	国内合计 Total of Domestic Sectors 来源 Source	国外部门 Rest of the World 运用 Utilization	国外部门 Rest of the World 来源 Source	合计 Total 运用 Utilization	合计 Total 来源 Source
一、净出口	**Net Exports**						**-14632.4**		**-14632.4**
二、增加值	**Value Added**		**145475.1**		**519470.1**				**519470.1**
三、劳动者报酬	**Compensation of Employees**	**93667.8**	**256563.9**	**255599.5**	**256563.9**	**1077.3**	**112.9**	**256676.8**	**256676.8**
四、生产税净额	**Taxes on Production, Net**	**1992.0**		**68866.0**	**68866.0**			**68866.0**	**68866.0**
五、财产收入	**Income from Properties**	**11253.4**	**24336.6**	**120552.5**	**118332.8**	**9466.9**	**11686.7**	**130019.5**	**130019.5**
(一)利息	Interest	11202.3	20474.8	96298.2	103402.7	7609.3	504.9	103907.5	103907.5
(二)红利	Distributed Income of Corporations		1710.9	15749.3	6425.1	1857.6	11181.8	17606.9	17606.9
(三)地租	Rent on Land, Natural Resources, and Subsoil Assets	51.1		4411.2	4411.2			4411.2	4411.2
(四)其他	Others		2150.9	4093.8	4093.8			4093.8	4093.8
六、初次分配总收入	**Total Income from Primary Distribution**		**319462.4**		**518214.7**				
七、经常转移	**Current Transfer**	**36022.9**	**37959.7**	**102614.2**	**102831.0**	**3229.7**	**3012.9**	**105843.9**	**105843.9**
(一)所得税、财产税等经常税	Current Taxes on Income, Wealth, etc.	6163.6		25818.2	25818.2			25818.2	25818.2
(二)社会保险缴款	Payment to Social Security	25061.6		31411.0	31411.0			31411.0	31411.0
(三)社会保险福利	Social Security Welfare		23930.7	23930.7	23930.7			23930.7	23930.7
(四)社会补助	Allowances		8708.3	8708.3	8708.3			8708.3	8708.3
(五)其他	Others	4797.7	5320.7	12746.0	12962.8	3229.7	3012.9	15975.7	15975.7
八、可支配总收入	**Total Disposable Income**		**321399.2**		**518431.5**				**518431.5**
九、最终消费	**Final Consumption Expenditure**	**190584.6**		**261993.6**				**261993.6**	
(一)居民消费	Household Consumption	190584.6		190584.6				190584.6	
(二)政府消费	Government Consumption			71409.0				71409.0	
十、总储蓄	**Savings**		**130814.6**		**256437.9**		**-13593.9**		**242844.1**
十一、资本转移	**Capital Transfers**	**57.3**		**9359.1**	**9628.7**	**287.1**	**17.5**	**9646.3**	**9646.3**
(一)投资性补助	Investment Allowances			6622.5	6622.5			6622.5	6622.5
(二)其他	Other	57.3		2736.6	3006.2	287.1	17.5	3023.7	3023.7
十二、资本形成总额	**Gross Capital Formation**	**62772.0**		**252773.2**				**252773.2**	
(一)固定资本形成总额	Gross Fixed Capital Formation	60068.0		241756.8				241756.8	
(二)存货增加	Changes in Inventories	2704.0		11016.4				11016.4	
十三、其他非金融资产获得减处置	**Acquisitions Less Disposals of Other Non-financial Assets**	**-14451.8**							
十四、净金融投资	**Net Financial Investment**	**82437.1**		**3934.3**		**-13863.5**		**-9929.1**	

3-27 资金流量表（金融交易，2012年）
Flow of Funds Accounts (Financial Transaction, 2012)

单位：亿元 (100 million yuan)

机构部门	Sectors	非金融企业部门 Non-financial Corporations		金融机构部门 Financial Institutions		政府部门 General Governments	
交易项目	Items	运用 Uses	来源 Sources	运用 Uses	来源 Sources	运用 Uses	来源 Sources
净金融投资	Net Financial Investment	-44272		-18554		5899	
资金运用合计	Financial Uses	94843		227219		22344	
资金来源合计	Financial Sources		139116		245774		16445
通货	Currency	321		31	3910	78	
存款	Deposits	46968		5290	129748	20569	
活期存款	Demand Deposits	6008			33482	7684	
定期存款	Time Deposits	21425			71498	11243	
财政存款	Fiscal Deposits				-1782	-1782	
外汇存款	Foreign Exchange Deposits	9811		295	8259	131	
其他存款	Other Deposits	9723		4995	18291	3293	
证券公司客户保证金	Deposits with Margin Securities Trading Account	-4		-232	-685	-19	
贷款	Loans		91609	122250			-18
短期贷款	Short-term Loans		33729	46795			
票据融资	Bill Financing		5309	5309			
中长期贷款	Medium & Long-term Loans		15376	28742			
外汇贷款	Foreign Exchange Loans		6427	9122			-25
委托贷款	Credit Loans		13208	13208			
其他贷款	Other Loans		17559	19073			8
未贴现的银行承兑汇票	Undiscounted Bankers' Acceptances	10499	10499	10499	10499		
保险准备金	Insurance Technical Reserves	646			6868		7406
金融机构往来	Inter-financial Institutions Accounts			9329	-60		
准备金	Required and Excessive Reserves			23150	23150		
证券	Securities	951	24660	38012	12625	505	8783
债券	Bonds	1078	22532	36951	9764	420	8783
国债	Government and Public Bonds	-31		6353		-133	8783
金融债券	Financial Bonds	-16		17610	17614	20	
中央银行债券	Central Bank Bonds	-55		-7743	-7850	-52	
企业债券	Corporate Bonds	1181	22532	20730		585	
股票	Stock	-128	2129	1062	2861	85	
证券投资基金份额	Investment Funds	29		1764	5198	142	
库存现金	Cash in Vault			971	928		
中央银行贷款	Central Bank Loans			476	476		
其他（净）	Miscellaneous (net)	27388		9208	51780	1068	
直接投资	Foreign Direct Investment	3919	15932				
其他对外债权债务	Changes in Other Foreign Assets and Debts	4126	1429	403	1338		273
国际储备资产	Changes in Reserve Assets			6069			
国际收支错误与遗漏	Errors and Omissions in the Balance of Payments		-5014				

3-27 续表 continued

单位：亿元 (100 million yuan)

机构部门 交易项目	Sectors Items	住户部门 Households 运 用 Uses	住户部门 Households 来 源 Sources	国内合计 All Domestic Sectors 运 用 Uses	国内合计 All Domestic Sectors 来 源 Sources	国外部门 The Rest of the World 运 用 Uses	国外部门 The Rest of the World 来 源 Sources	合 计 Total 运 用 Uses	合 计 Total 来 源 Sources
净金融投资	Net Financial Investment	69335		12408		-12408			
资金运用合计	Financial Uses	97059		441465		12539		454004	
资金来源合计	Financial Sources		27724		429058		24947		454005
通货	Currency	3245		3675	3910	235		3910	3910
存款	Deposits	58929		131756	129748	519	2527	132275	132275
活期存款	Demand Deposits	19789		33482	33482			33482	33482
定期存款	Time Deposits	38830		71498	71498			71498	71498
财政存款	Fiscal Deposits			-1782	-1782			-1782	-1782
外汇存款	Foreign Exchange Deposits	109		10346	8259	439	2527	10785	10785
其他存款	Other Deposits	200		18211	18291	80		18291	18291
证券公司客户保证金	Deposits with Margin Securities Trading Account	-408		-663	-685	-22		-685	-685
贷款	Loans		27724	122250	119315	-310	2624	121940	121940
短期贷款	Short-term Loans		13066	46795	46795			46795	46795
票据融资	Bill Financing			5309	5309			5309	5309
中长期贷款	Medium & Long-term Loans		13365	28742	28742			28742	28742
外汇贷款	Foreign Exchange Loans		21	9122	6423	-310	2389	8812	8812
委托贷款	Credit Loans			13208	13208			13208	13208
其他贷款	Other Loans		1271	19073	18838		235	19073	19073
未贴现的银行承兑汇票	Undiscounted Bankers' Acceptances			20998	20998			20998	20998
保险准备金	Insurance Technical Reserves	13628		14274	14274			14274	14274
金融机构往来	Inter-financial Institutions Accounts			9329	-60	-4025	5363	5304	5304
准备金	Required and Excessive Reserves			23150	23150			23150	23150
证券	Securities	4493		43961	46068	1979	-128	45940	45941
债券	Bonds	2629		41078	41079			41078	41079
国债	Government and Public Bonds	2594		8783	8783			8783	8783
金融债券	Financial Bonds			17614	17614			17614	17614
中央银行债券	Central Bank Bonds			-7850	-7850			-7850	-7850
企业债券	Corporate Bonds	35		22531	22532			22531	22532
股票	Stocks	1864		2883	4989	1979	-128	4862	4862
证券投资基金份额	Investment Funds	3097		5033	5198	165		5198	5198
库存现金	Cash in Vault			971	928		43	971	971
中央银行贷款	Central Bank Loans			476	476			476	476
其他（净）	Miscellaneous (net)	14076		51740	51780	39		51780	51780
直接投资	Foreign Direct Investment			3919	15932	15932	3919	19851	19851
其他对外债权债务	Changes in Other Foreign Assets and Debts			4529	3040	3040	4529	7569	7569
国际储备资产	Changes in Reserve Assets			6069			6069	6069	6069
国际收支错误与遗漏	Errors and Omissions in the Balance of Payments				-5014	-5014		-5014	-5014

3-28 国际收支平衡表(2013年)
Balance of Payments (2013)

单位：万美元 (USD 10 000)

项 目	Type of Transaction	差 额 Balance	贷 方 Credit	借 方 Debit
一.经常项目	**Current Account**	**18280719**	**266366130**	**248085411**
A.货物和服务	Goods and Services	23537956	242499453	218961497
a.货物	Goods	35988995	221897668	185908673
b.服务	Services	-12451039	20601785	33052824
1.运输	Transportation	-5667811	3764566	9432377
2.旅游	Travel	-7691239	5166400	12857639
3.通讯服务	Communication Service	2718	166592	163874
4.建筑服务	Construction Service	677276	1066304	389027
5.保险服务	Insurance Service	-1809653	399617	2209270
6.金融服务	Financial Service	-50616	318508	369124
7.计算机和信息服务	Computer and Information Service	944728	1543252	598524
8.专有权利使用费和特许费	Fees for Patent or Royalty	-2014641	88667	2103308
9.咨询	Consultation	1693190	4053563	2360373
10.广告、宣传	Advertisement and Publicity	176722	490610	313888
11.电影、音像	Movies and Audio-video Products	-63558	14716	78274
12.其它商业服务	Other Commercial Service	1347960	3406228	2058268
13. 别处未提及的政府服务	Government Service not Elsewhere Classified	3885	122763	118878
B.收益	Income and Profit	-4383889	18550512	22934401
1.职工报酬	Compensation of Staff and Workers	1607590	1779011	171420
2.投资收益	Profit from Investment	-5991479	16771502	22762981
C.经常转移	Current Transfers	-873348	5316164	6189512
1.各级政府	Governments	-311273	112423	423696
2.其它部门	Other Departments	-562075	5203741	5765817
二.资本和金融项目	**Capital and Finance Account**	**32620319**	**172709962**	**140089643**
A.资本项目	Capital Account	305201	445221	140020
B.金融项目	Financial Account	32315118	172264741	139949623
1. 直接投资	Direct Investments	18497190	34784874	16287684
1.1 我国在外直接投资	Chinese Direct Investments Abroad	-7324400	3640164	10964565
1.2 外国在华直接投资	Foreign Direct Investments in China	25821590	31144710	5323119
2. 证券投资	Securities	6054653	10414738	4360085
2.1 资产	Assets	-535297	2576007	3111305
2.1.1 股本证券	Capital Stock	-253107	1356293	1609400
2.1.2 债务证券	Liability Stock	-282191	1219714	1501905
2.1.2.1 (中)长期债券	(Metaphase) Long-term Bonds	-282081	1219624	1501705
2.1.2.2 货币市场工具	Money Market Tools	-109	90	199
2.2 负债	Liabilities	6589950	7838731	1248781
2.2.1 股本证券	Capital Stock	3259497	4068433	808936
2.2.2 债务证券	Liability Stock	3330453	3770298	439845
2.2.2.1 (中)长期债券	(Metaphase) Long-term Bonds	1598903	2038748	439845
2.2.2.2 货币市场工具	Money Market Tools	1731550	1731550	
3. 其它投资	Other Investments	7763275	127065128	119301854
3.1 资产	Assets	-13652915	14388900	28041815
3.1.1 贸易信贷	Trade Credits	-6026615	648000	6674615
长期	Long Term	-120532	12960	133492
短期	Short Term	-5906082	635040	6541122
3.1.2 贷款	Loans	-3194727	3739214	6933941
长期	Long Term	-4215052	1000000	5215052
短期	Short Term	1020325	2739214	1718889
3.1.3 货币和存款	Currencies and Deposits	-201413	8902860	9104273
3.1.4 其它资产	Other Assets	-4230160	1098826	5328986
长期	Long Term	1000000	1000000	
短期	Short Term	-5230160	98826	5328986
3.2 负债	Liabilities	21416190	112676229	91260039
3.2.1 贸易信贷	Trade Credit	4493654	4493654	
长期	Long Term	78639	78639	
短期	Short Term	4415015	4415015	
3.2.2 贷款	Loans	9344283	94926479	85582195
长期	Long Term	1941285	5692646	3751361
短期	Short Term	7402999	89233833	81830834
3.2.3 货币和存款	Currencies and Deposits	7576161	12075961	4499800
3.2.4 其它负债	Other Liabilities	2092	1180135	1178043
长期	Long Term	79920	213087	133166
短期	Short Term	-77828	967049	1044877
三. 储备资产	**Reserve Assets**	**-43137943**	**132026**	**43269969**
3.1 货币黄金	Gold Reserves			
3.2 特别提款权	SDR (Special Drawing Rights)	20292	20656	364
3.3 在基金组织的储备头寸	China's Position in IMF (International Monetary Fund)	111370	111370	
3.4 外汇	Foreign Currencies	-43269605		43269605
3.5 其它债权	Other Creditor's Rights			
四.净误差与遗漏	**Net Error and Omission**	**-7763095**		**7763095**

注：1.本表贸易数据来自海关统计。
2.本表直接投资贷方数据来自商务部统计和间接申报中的“与土地有关的土地批租和租赁”；借方数据来自间接申报统计。
3.本表其余数据来自间接申报统计。

a) Trade data in the table are from customs statistics.

b) Credit data on direct investment in the table are from statistics and from "Approved Leasing of Land" in indirect reporting, both collected by the Ministry of Commerce, and debit data are from indirect reporting.

c) Other data in the table are from indirect reporting.

主要统计指标解释

国内生产总值(GDP) 指按市场价格计算的一个国家（或地区）所有常住单位在一定时期内生产活动的最终成果。国内生产总值有三种表现形态，即价值形态、收入形态和产品形态。从价值形态看，它是所有常住单位在一定时期内生产的全部货物和服务价值与同期投入的全部非固定资产货物和服务价值的差额，即所有常住单位的增加值之和；从收入形态看，它是所有常住单位在一定时期内创造并分配给常住单位和非常住单位的初次收入之和；从产品形态看，它是所有常住单位在一定时期内最终使用的货物和服务价值与货物和服务净出口价值之和。在实际核算中，国内生产总值有三种计算方法，即生产法、收入法和支出法。三种方法分别从不同的方面反映国内生产总值及其构成。

对于一个地区来说，称为地区生产总值或地区 GDP。

国民总收入（GNI） 即国民生产总值，指一个国家(或地区)所有常住单位在一定时期内收入初次分配的最终结果。一国常住单位从事生产活动所创造的增加值在初次分配中主要分配给该国的常住单位，但也有一部分以生产税及进口税(扣除生产和进口补贴)、劳动者报酬和财产收入等形式分配给非常住单位；同时，国外生产所创造的增加值也有一部分以生产税及进口税(扣除生产和进口补贴)、劳动者报酬和财产收入等形式分配给该国的常住单位，从而产生了国民总收入的概念。它等于国内生产总值加上来自国外的净要素收入。与国内生产总值不同，国民总收入是个收入概念，而国内生产总值是个生产概念。

三次产业 三产业的划分是世界上较为常用的产业结构分类，但各国的划分不尽一致。我国的三次产业划分是：

第一产业是指农、林、牧、渔业。

第二产业是指采矿业，制造业，电力、煤气及水的生产和供应业，建筑业。

第三产业是指除第一、二产业以外的其他行业。

劳动者报酬 指劳动者因从事生产活动所获得的全部报酬。包括劳动者获得的各种形式的工资、奖金和津贴，既包括货币形式的，也包括实物形式的，还包括劳动者所享受的公费医疗和医药卫生费、上下班交通补贴、单位支付的社会保险费、住房公积金等。

生产税净额 指生产税减生产补贴后的余额。生产税指政府对生产单位从事生产、销售和经营活动以及因从事生产活动使用某些生产要素(如固定资产、土地、劳动力)所征收的各种税、附加费和规费。生产补贴与生产税相反，指政府对生产单位的单方面转移支出，因此视为负生产税，包括政策亏损补贴、价格补贴等。

固定资产折旧 指一定时期内为弥补固定资产损耗按照规定的固定资产折旧率提取的固定资产折旧，或按国民经济核算统一规定的折旧率虚拟计算的固定资产折旧。它反映了固定资产在当期生产中的转移价值。各类企业和企业化管理的事业单位的固定资产折旧是指实际计提的折旧费；不计提折旧的政府机关、非企业化管理的事业单位和居民住房的固定资产折旧是按照统一规定的折旧率和固定资产原值计算的虚拟折旧。原则上，固定资产折旧应按固定资产的重置价值计算，但是目前我国尚不具备对全社会固定资产进行重估价的基础，所以暂时只能采用上述办法。

营业盈余 指常住单位创造的增加值扣除劳动者报酬、生产税净额和固定资产折旧后的余额。它相当于企业的营业利润加上生产补贴，但要扣除从利润中开支的工资和福利等。

支出法国内生产总值 是从最终使用的角度反映一个国家(或地区)一定时期内生产活动最终成果的一种方法，包括最终消费支出、资本形成总额及货物和服务净出口三部分。计算公式为：

支出法国内生产总值=最终消费支出+资本形成总额+货物和服务净出口

最终消费支出 指常住单位为满足物质、文化和精神生活的需要，从本国经济领土和国外购买的货物和服务的支出。它不包括非常住单位在本国经济领土内的消费支出。最终消费支出分为居民消费支出和政府消费支出。

居民消费支出 指常住住户在一定时期内对于货物和服务的全部最终消费支出。居民消费支出除了直接以货币形式购买的货物和服务的消费支出外，还包括以其他方式获得的货物和服务的消费支出，即所谓的虚拟消费支出。居民虚拟消费支出包括如下几种类型：单位以实物报酬及实物转移的形式提供给劳动者的货物和服务；住户生产并由本住户消费了的货物和服务，其中的服务仅指住户的自有住房服务和付酬的家庭雇员提供的家庭和个人服务；金融机构提供的金融媒介服务。

政府消费支出 指政府部门为全社会提供的公共服务的消费支出和免费或以较低的价格向居民住户提供的货物和服务的净支出，前者等于政府服务的产出价值减去政府单位所获得的经营收入的价值，后者等于政府部门免费或以较低价格向居民住户提供的货物和服务的市场价值减去向住户收取的价值。

资本形成总额 指常住单位在一定时期内获得减去处置的固定资产和存货的净额，包括固定资本形成总额和存货变动两部分。

固定资本形成总额 指常住单位在一定时期内获得的固定资产减处置的固定资产的价值总额。固定资产是通过生产活动生产出来的，且其使用年限在一年以上、单位价值在规定标准以上的资产，不包括自然资产。可分为有形固定资本形成总额和无形固定资本形成总额。有形固定资本形成总额包括一定时期内完成的建筑工程、安装工程和设备工器具购置(减处置)价值，以及土地改良、新增役、种、奶、毛、娱乐用牲畜和新增经济林木价值。无形固定资本形成总额包括矿藏的勘探、计算机软件等获得减处置。

存货变动 指常住单位在一定时期内存货实物量变动的市场价值，即期末价值减期初价值的差额，再扣除当期由于价格变动而产生的持有收益。存货变动可以是正值，也可以是负值，正值表示存货上升，负值表示存货下降。存货包括生产单位购进的原材料、燃料和储备物资等存货，以及生产单位生产的产成品、在制品和半成品等存货。

货物和服务净出口 指货物和服务出口减货物和服务进口的差额。出口包括常住单位向非常住单位出售或无偿转让的各种货物和服务的价值；进口包括常住单位从非常住单位购买或无偿得到的各种货物和服务的价值。由于服务活动的提供与使用同时发生，一般把常住单位从非常住单位得到的服务作为进口，非常住单位从常住单位得到的服务作为出口。货物的出口和进口都按离岸价格计算。

机构单位 指有权拥有资产和承担负债，能够独立地从事经济活动并与其他实体进行交易的经济实体。

机构部门 将相同性质的机构单位归并在一起，就形成机构部门。资金流量核算将常住机构单位划分为以下四个机构部门：非金融企业部门、金融机构部门、政府部门、住户部门。与常住单位发生经济往来关系的非常住单位组成国外部门，在资金流量核算中也视同机构部门。

非金融企业与非金融企业部门 非金融企业指主要从事市场货物生产和提供非金融市场服务的常住企业，它主要包括从事上述活动的各类法人企业。所有非金融企业归并在一起，就形成非金融企业部门。

金融机构与金融机构部门 金融机构指主要从事金融媒介以及与金融媒介密切相关的辅助金融活动的常住单位，它主要包括中央银行、商业银行和政策性银行、非银行信贷机构、证券机构、保险机构及其他金融机构。所有金融机构归并在一起，就形成金融机构部门。

政府单位与政府部门 政府单位指在我国境内通过政治程序建立的、在一特定区域内对其他机构单位拥有立法、司法和行政权的法律实体及其附属单位。政府单位的主要职能是利用征税和其他方式获得的资金向社会和公众提供公共服务。通过转移支付，对社会收入和财产进行再分配。它主要包括各种行政单位和非营利性事业单位。所有政府单位归并在一起，就形成政府部门。

住户与住户部门 住户指共享同一生活设施、部分或全部收入和财产集中使用、共同消费住房、食品和其他消费品与消费服务的常住个人或个人群体。所有住户归并在一起，就形成住户部门。

非常住单位与国外部门 所有不具有常住性的机构单位都是非常住单位。将所有与我国常住单位发生交易的非常住单位归并在一起，就形成国外部门。

初次分配总收入 初次分配是生产活动形成的净成果在参与生产活动的生产要素的所有者及政府之间的分配。生产活动的净成果是增加值。生产要素包括劳动力、土地、资本。劳动力所有者因提供劳动而获得劳动报酬；土地所有者因出租土地而获得地租；资本的所有者因资本的形态不同而获得不同形式的收入：借贷资本所有者获得利息收入；股权所有者获得红利或未分配利润；政府因直接或间接介入生产过程而获得生产税或支付补贴。初次分配的结果形成各个机构部门的初次分配总收入。各部门的初次分配总收入之和就等于国民总收入，亦即国民生产总值。

经常转移 转移是一个机构单位向另一个机构单位提供货物、服务或资产，而同时并没有从后一机构单位获得任何货物、服务或资产作为回报的一种交易。经常转移包括扣除资本转移外的所有转移。其形式有收入税、社会保险缴款、社会保险福利、社会补助和其他经常转移。

可支配总收入 在初次分配总收入的基础上，通过经常转移的形式对初次分配总收入进行再次分配。再分配的结果形成各个机构部门的可支配总收入。各部门的可支配总收入之和称为国民可支配总收入。

总储蓄 指可支配总收入用于最终消费后的余额。各部门的总储蓄之和称为国民总储蓄。

资本转移 指一个部门无偿地向另一个部门支付用于非金融投资的资金，是一种不从对方获取任何对应物作为回报的交易。资本转移具有不同于经常转移的两个特征，一是转移的目的是用于投资，而不是用于消费；二是资本转移其实物形式往往涉及除存货和现金以外资产所有权的转移；其现金形式往往涉及除存货以外的资产的处置。资本转移包括投资性补助和其他资本转移。

净金融投资 它反映机构部门或经济总体资金富余或短缺的状况。从实物交易角度看，它是指总储蓄加资本转移收入减资本转移支出减资本形成总额，再加上其他非金融资产获得减处置后的余额。从金融交易角度看，它是金融资产的增加额减金融负债的增加额之后的差额。

通货 指以现金形式存在于市场流通中的货币，包括本币和外币。

存款 指金融机构接受客户存入的货币款项，存款人可随时或按约定时间支取款项的信用业务。包括活期存款、定期存款、住户储蓄存款、财政存款、外汇存款和其他存款等。

贷款 指金融机构将其所吸收的资金，按一定的利率贷放给客户并约期归还的信用业务。包括短期贷款、中长期贷款、财政贷款、外汇贷款和其他贷款。

证券（不含股票） 由债券购买者承购的或因销售产品而拥有的，可在金融市场上交易并代表一定债权的书面证明。包括政府债券、金融债券、企业债券、商业票据、支付固定收入但不提供法人企业残余价值分享权的优先股等。

股票及其他股权 指股票购买者及直接投资者对其投资企业净资产所拥有的权益。股票是股份公司签发的证明股东投资并按其所持股份享有权益和承担义务的权益性证券。其他股权是机构单位以直接投资的方式用除股票、债权性证券以外的土地、房屋及建筑物、机器设备、存货、资源资产等实物资产，商标、专利权、土地使用权、特许使用权、商誉等无形资产及货币资金直接向其他单位进行的投资。通常以股权证、出资证明书、参与证或类似的单据为凭证。

保险准备金 指对人寿保险准备金和养恤基金的净权益、保险费预付款和未结索赔准备金。

结算资金 指金融机构用于结算目的汇兑在途的资金。

金融机构往来 指各金融机构之间的资金往来，包括同业存放款和同业拆借款。

准备金 指各金融机构在中央银行的存款及缴存中央银行的法定准备金。

中央银行贷款 指中央银行向各金融机构的贷款。

经常项目 包括货物、服务、收益及经常性转移。

货物进出口 指通过我国海关进出口的货物。货物的进出口值都按离岸价格估价。离岸价格可视为进口商在出口商边境领取货物时支付的购买者价格。当进口商领取该货物时，该货物已装载到进口商自己的运载工具或其他运载工具，出口商已为该货物支付了出口税或获得了出口退税。

服务进出口 指常住单位与非常住单位之间相互提供的服务。包括运输服务、旅游服务、通讯服务、建筑服务、保险服务、金融服务、计算机和信息服务、咨询服务、广告、宣传服务、电影音像服务、专有权力使用费和特许费、其他商务服务、政府服务。

收益 指常住单位与非常住单位之间因相互提供生产要素而产生的收入，包括劳动者报酬和投资收益。其中投资收益包括直接投资、证券投资和其他投资的收益和支出，以及直接投资收益的再投资。

资本项目 包括移民转移、债务减免等资本性转移。

金融项目 包括直接投资、证券投资和其他投资。

直接投资 指外国、港澳台地区在我国和我国在外国、港澳台地区以独资、合资、合作及合作勘探开发方式进行的投资。

证券投资 指我国对外国、港澳台地区发行的股票、债券等有价证券和我国购买外国、港澳台地区发行的股票、债券等有价证券。

其他投资 指除直接投资和证券投资以外的所有对外金融资产与负债交易项目。包括外国提供给我国和我国提供给外国的贸易信贷、贷款、货币和存款以及其他资产。

储备资产增减额 指我国在黄金储备、外汇储备、在国际货币基金组织的储备头寸、特别提款权、使用基金信贷等方面本年末与上年末余额之间的差额。负号表示储备资产增加，正号表示储备资产减少。

Explanatory Notes on Main Statistical Indicators

Gross Domestic Product (GDP) refers to the final products at market prices produced by all resident units in a country during a certain period of time. Gross domestic product is expressed in three different perspectives, namely value, income, and products respectively. GDP in its value perspective refers to the balance of total value of all goods and services produced by all resident units during a certain period of time, minus the total value of input of goods and services of the nature of non-fixed assets; in other words, it is the sum of the value-added of all resident units. GDP from the perspective of income includes the primary income created by all resident units and distributed to resident and non-resident units. GDP from the perspective of products refers to the value of all goods and services for final demand by all resident units plus the net exports of goods and services during a given period of time. In the practice of national accounting, gross domestic product is calculated from three approaches, namely production approach, income approach and expenditure approach, which reflect gross domestic product and its composition from different angles.

For a region, it is called as Gross Regional Product(GRP) or regional GDP.

Gross National Income (GNI) also known as Gross National Product, refers to the final result of the primary distribution of the income created by all the resident units of a country (or a region) during a certain period of time. The value-added created by the resident units of a country engaged in production activities is distributed, during the primary distribution, mainly to the resident units of that country, while part of it is distributed to the non-resident units in the form of production tax and import duties (minus subsidies to production and import), compensation of employees and property income. In the meantime, a part of the value-added created abroad is distributed to the resident units of the country in the form of production tax and import duties (minus subsidies to production and import), compensation of employees and property income. The concept of Gross National Income is thus developed, which equals to Gross Domestic Product plus the net factor income from abroad. Unlike GDP which is a concept of production, GNP is a concept of income.

Three Strata of Industry Classification of economic activities into three strata of industry is a common practice in the world, although the grouping varies to some extent from country to country. In China economic activities are categorized into the following three strata of industry:

Primary industry refers to agriculture, forestry, animal husbandry and fishery industries.

Secondary industry refers to mining and quarrying, manufacturing, production and supply of electricity, water and gas, and construction.

Tertiary industry refers to all other economic activities not included in the primary or secondary industries.

Compensation of Employees refers to the total payment of various forms to employees for the productive activities they are engaged in. It includes wages, bonuses and allowances, which the employees earn in cash or in kind. It also includes the free medical services provided to the employees and the medicine expenses, transport subsidies and social insurance, and housing fund paid by the employers.

Net Taxes on Production refers to taxes on production less subsidies on production. The taxes on production refers to the various taxes, extra charges and fees levied on the production units on their production, sale and business activities as well as on the use of some factors of production, such as fixed assets, land and labour in the production activities they are engaged in. In contrast to taxes on production, subsidies on production refer to the unilateral government transfer to the production units and are therefore regarded as negative taxes on production. They include subsidies on the loss due to implementation of government policies, price subsidies, etc.

Depreciation of Fixed Assets refers to the depreciation of fixed assets in a given period, drawn in accordance with the stipulated depreciation rate for the purpose of compensating the wear-and-tear loss of the fixed assets or the depreciation of fixed assets imputed in accordance with the stipulated unified depreciation rate in the national economic accounting system. It reflects the value of transfer of the fixed assets in the production of the current period. The depreciation of fixed assets in various enterprises and institutions managed as enterprises refers to the depreciation expenses actually drawn. In government agencies and institutions not managed as enterprises which do not draw the depreciation expenses, as well as for the houses of residents, the depreciation of fixed assets is the imputed depreciation, which is calculated in accordance with the stipulated unified depreciation rate. In principle, the depreciation of fixed assets should be calculated on the basis of the re-purchased value of the fixed assets. However, currently the conditions in China do not facilitate the revaluation of all the fixed assets. Therefore, only the above-mentioned methods can be adopted at present.

Operating Surplus refers to the balance of the value added created by the resident units after deducting the labourers remuneration, net taxes on production and the depreciation of fixed assets. It is equivalent to the business profit of the enterprises plus subsidies to production, but the wages and welfare expenses paid from the profits should be deducted.

GDP by Expenditure Approach refers to the method of measuring the final results of production activities of a country (region) during a given period from the perspective of final uses. It includes final consumption expenditure, gross capital formation and net export of goods and services. The formula for computation is.:

GDP by expenditure approach = final consumption expenditure + gross capital formation + net export of goods and services

Final Consumption Expenditure refers to the total expenditure of resident units for purchases of goods and services from both the domestic economic territory and abroad to meet the needs of material, cultural and spiritual life. It does not include the expenditure of non-resident units on consumption in the economic territory of the country. The final consumption expenditure is broken down into household consumption expenditure and government consumption expenditure.

Household Consumption Expenditure refers to the total expenditure of resident households on the final consumption of goods and services. In addition to the consumption of goods and services bought by the households directly with money, the household consumption expenditure also includes expenditure on goods and services obtained by the households in other ways, i.e. the so-called imputed consumption expenditure, which includes the following: (a) the goods and services provided to households by employers in the form of payment in kind and transfer in kind; (b) goods and services produced and consumed by the households themselves, in which the services refer to the owner-occupied housing and services offered by paid family employees; (c) financial intermediate services provided by financial institution.

Government Consumption Expenditure refers to the consumption expenditure spent for the provision of public services provided by the government to the whole country and the net expenditure on the goods and services provided by the government to households free of charge or at reduced prices. The former equals to the output value of the government services minus the value of operating income obtained by the government departments. The latter equals to the market value of the goods and services provided by the government free of charge or at reduced prices to the households minus the value received by the government from the households.

Gross Capital Formation refers to the fixed assets acquired less disposals and the net value of inventory, thus including gross fixed capital formation and changes in inventories.

Gross Fixed Capital Formation refers to the value of acquisitions less those disposals of fixed assets during a given period. Fixed assets are the assets produced through production activities with unit value above a specified amount and which could be used for over one year. Natural assets are not included. Gross fixed capital formation can be categorized into total tangible fixed capital formation and total intangible fixed capital formation. Total tangible fixed capital formation includes the value of the construction projects and installation projects completed and the equipment, apparatus and instruments purchased (less those disposed) as well as the value of land improved, the value of draught animals, breeding stock and animals for milk, for wool and for recreational purposes and the newly increased forest with economic value. Total intangible fixed capital formation includes the prospecting of minerals and the acquisition of computer software minus the disposal of them.

Changes in Inventories refers to the market value of the change in the physical volume of inventory of resident units during a given period, i.e. the difference between the values at the beginning and at the end of the period minus the gains due to the change in prices. The changes in inventories can have a positive or a negative value. A positive value indicates an increase in inventory while a negative value indicates a decrease in inventory. The inventory includes raw materials, fuels and reserve materials purchased by the production units as well as the inventory of finished products, semi-finished products and work-in-progress.

Net Export of Goods and Services refers to the exports of goods and services subtracting the imports of goods and services. Exports include the value of various goods and services sold or gratuitously transferred by resident units to non-resident units. Imports include the value of various goods and services purchased or gratuitously acquired resident units from non-resident units. Because the provision of services and the use of them happen simultaneously, the acquisition of services by resident units from abroad is usually treated as import while the acquisition of services by non-resident units in this country is usually treated as export. The exports and imports of goods are calculated at FOB.

Institutional Units refer to economic entities that are in a position to own assets and incur liabilities; to engage independently in economic activities; and to conduct transactions with other entities.

Institutional Sectors refer to groups of institutional units that are homogenous in nature and have been grouped together. The following 4 institutional sectors are identified in the flow of funds accounts: non-financial corporations, financial institutions, general government and households. Also treated as an institutional sector is the rest of the world, which is composed of non-resident units that have economic relations with resident units.

Non-Financial Corporations and the Sector of Non-Financial Corporations Non-financial corporations refer to resident corporations that are engaged in the production of goods and the provision of non financial services in the market, mainly covering corporate enterprises of various types engaged in the above-mentioned activities. All non-financial corporations make up the sector of non-financial corporations.

Financial Institutions and the Sector of Financial Institutions Financial institutions refer to resident institutions that are engaged in the financial intermediary services or auxiliary financial activities that are closely related with financial intermediary services, mainly covering the Central Bank, commercial banks, policy banks, non-banking credit institutions, security institutions, insurance institutions and other financial institutions. All financial institutions together make up the sector of financial institutions.

General Government and the Sector of General Governments General government refer to legal entities and their auxiliary units within the territory of China that are established through the political process and are empowered with legislative, administrative or judicial rights over other institutional within specific regions. The main function of general government is to acquire funds through taxation or other means in order to provide public services to society and households, and to conduct redistribution of income and properties of society through transfer payment. General government cover mainly administrative and non-profit institutional units of various types. All general government together make up the sector of general governments.

Households and the Sector of Households Households refer to resident individuals or groups of resident individuals who share common living facilities, pool together entire or part of their income and properties for their common disposal, and share their housing, food and other consumer goods and services. All households together make up the sector of households.

Non-resident Units and the Rest of the World Non-resident units refer to units that are of a non-resident nature. All non-resident units that have transactions with resident units together make up the rest of the world.

Total Income from Primary Distribution Primary distribution refers to the distribution of net results from production activities among the owners of factors of production and the governments. The net result from production activities is the value-added. Factors of production include labour force, land and capital. Owners of labour force gain remuneration by providing labour. Owners of land receive rents from leasing of land. Owners of capitals get income of various forms depending on the type of capital: owners of loan capital receive income from interests. Share holders receive dividends or non-distributed profits. Government either obtains production tax or pays subsidies in participating directly or indirectly in the production processes. Results of primary distribution generate the total income from primary distribution of each sector, and the sum of the total income of primary distribution of all sectors make up the Gross National Income, or the Gross National Product.

Current Transfers Transfer refers to the transaction in the form of provision of goods, services or assets by an institutional unit to another institutional unit without receiving any goods, services or assets in return from the recipient. Current transfers refer to all kinds of transfers other than capital transfers. They include income tax, payment to social securities, social security benefits, social allowances and other current transfers.

Total Disposable Income Total income from primary distribution is re-distributed through current transfer, resulting in the total disposable income of various institutional sectors. The sum of total disposable income of all institutional sectors makes up the total national disposable income.

Total Savings refer to total disposable income subtracting final consumption. Total savings of all sectors make up the total national savings.

Capital Transfer refers to the free payment from one sector to another sector of non-financial investment capital, and is a transaction that seeks no return from the recipient. Capital transfer differs from current transfer in 2 aspects: 1) The purpose of the capital transfer is investment rather than consumption. 2) Capital transfer features the transfer of the ownership of assets other than inventory and cash, and capital transfer in its monetary form involves the disposal of assets other than inventory. Capital transfer includes investment subsidies and other capital transfers.

Net Financial Investment reflects the surplus or shortage of capitals of institutional sectors or of the economy in general. It refers to total savings plus the income from capital transfer minus payment for capital transfer and capital formation, and plus other non-financial assets minus disposal from the point of view of physical transaction. In terms of monetary transaction, it is the difference between the increase in financial assets minus the increase of the financial liabilities.

Currency refers to currency that is in circulation in the market, including local and foreign currencies.

Deposits refer to credit transactions by which financial institutions accept deposits from clients who could withdraw their deposit at any time or by an agreed time frame. They include demand deposit, time deposit, savings deposit, fiscal deposit, foreign exchange deposit and other deposits.

Loans refer to credit transactions by which financial institutions lend their capital to clients at certain level of interest rates, which the latter will repay by an agreed time frame. They include short-term loan, medium- and long-term loan, fiscal loan, foreign exchange loan and other loans.

Securities (excluding shares) refer to written certificates representing creditors' rights as purchased by bond holders or as acquired by selling products, which can be transacted at the financial markets. They include government bonds, financial bonds, corporation bonds, commercial drafts, preferential stocks that provide fixed income without the right to share the residual value of corporations, and so on.

Shares and Other Holding Rights refer to the rights of stockholders and direct investors on the net assets of corporations they have invested in. Shares refer to negotiable securities on creditor's rights, issued by share companies certifying the investment by stockholders and their rights and duties in accordance with the amount of stocks that they hold. Other holding rights refer to the direct investment by institutional units in other units with currency capital or with assets, in forms other than shares and negotiable securities on creditor's rights, including such tangible assets such as land, buildings, machines and equipment, inventory, resources, etc., and such intangible assets as trade marks, patents, monopolies, rights on land use, licenses, commercial reputation, etc.. Documents of proof of holding rights usually include certificates on creditor's right, certificates on investment or on participation, etc.

Insurance Reserve Funds consists of net equity of households in life insurance reserves and in pension funds reserves, prepayments of insurance premiums, and reserves for outstanding claims.

Settlement Fund refers to fund in float of financial institutions for settlement.

Inter- financial Institutions Accounts refer to flow of capital between financial institutions, consisting of nostro & vostro accounts, inter-bank lending.

Required and Excessive Reserves refer to financial institutions' deposits with the People's Bank of China.

Central Bank Lending refer to lending to financial institutions by the People's Bank of China

Current Account includes goods, services, income and current transfers.

Import and Export of Goods refer to imported or exported goods through Chinese customs. Both import and export of goods are valued at free on board (f.o.b.) prices. Free on board prices can be regarded as the purchaser's prices paid by importers when claiming goods at the border of the exporters. When the importer claim the imported goods, the goods have been loaded in importer's carriers or other carriers, and the exporter has paid export duty or received export redeem.

Import and Export of Services refer to services provided between resident and non-resident units, including services on transportation, tourism, communications, construction, insurance, finance, computer and information, consultancy, advertising and publicity, as well as film, audio and video services, royalty for patents, trademarks and other special rights, other commercial services, and government services.

Income refers income from provision of factors of production between resident and non-resident units, including compensation of labour and earnings from investment. Earnings from investment include earnings from and expenses on direct investment, security investment and other investment, as well as reinvestment of earnings from direct investment.

Capital Account includes capital transfers such as immigration transfer, reduction or exemption of debts, etc.

Financial Account includes direct investment, security investment and other investments.

Direct Investment refers to investment by foreign investors or investors from Hong Kong, Macao and Taiwan in China, or by Chinese investors in foreign countries or in Hong Kong, Macao and Taiwan, in forms of exclusive investment, joint investment, contracted operation and cooperative development.

Security Investment refers to the issue of stocks and securities by China in foreign countries or in Hong Kong, Macao and Taiwan, and the purchase by Chinese units of stocks and securities issued in foreign countries or in Hong Kong, Macao and Taiwan.

Other Investment refers to all external transactions on financial assets and liabilities other than direct investment and security investment, including trade credits, loans, currency, deposits and other assets, provided by foreign countries to China and by China to foreign countries.

Reserve Assets, Net Increase refers to the difference between the end of the reference year and the end of the previous year, in gold reserve, foreign exchange reserve, special drawing rights in the International Monetary Fund, and the use of the Fund's credits. An increase in reserve assets is expressed in a negative figure and a decrease in the reserve assets is expressed in a positive figure.

4

就业和工资

Employment and Wages

简 要 说 明

一、本篇资料的主要内容

本篇资料反映我国劳动经济方面的基本情况，包括31个省、自治区、直辖市的主要劳动统计数据。如：经济活动人口数，就业人员数，城镇登记失业人数，就业人员工资总额，平均工资及指数变化情况等。

二、本篇资料的统计范围

《劳动工资统计报表制度》的调查范围为城镇地区全部法人单位；《劳动力调查制度》的调查范围为全国16岁及以上人口；《农林牧渔业统计调查制度》的调查范围为全国乡镇以下农村地区；《培训就业统计报表制度》的填报范围为全国就业服务和职业介绍机构；私营企业及个体工商业统计范围为全社会。1990−2000年的全国经济活动人口、就业人员、城镇和乡村就业人员的总计资料，是根据第五次全国人口普查资料及历年劳动力调查资料推算的；2001年及以后的全国经济活动人口、就业人员、城镇和乡村就业人员的总计资料，是根据第六次全国人口普查资料及历年劳动力调查资料推算的，因此分地区、分类型、分行业的资料相加不等于总计。1998年及以后城镇单位就业人员、工资总额、平均工资等指标中不再包括离开本单位仍保留劳动关系的职工及其生活费。

本篇“城镇单位”均指“城镇非私营单位”。

三、本篇的资料来源

1.就业基本情况及分组资料、工资总额等资料，是国家统计局人口和就业统计司根据《劳动工资统计报表制度》、《劳动力调查制度》及《农林牧渔业统计调查制度》搜集资料，加工整理。

2.职业介绍服务机构及劳动力交流情况、城镇登记失业人数，是人力资源和社会保障部根据其《培训就业统计报表制度》整理提供。

3.私营企业及个体工商业就业人员，由国家工商行政管理总局提供。

四、本篇的统计调查方法

劳动工资统计中，城镇非私营单位采用全面调查方法，城镇私营单位采用抽样调查方法；劳动力调查采用抽样调查方法；培训、就业统计及私营企业和个体工商业统计利用行政登记资料加工整理。

Brief Introduction

I. Main Contents

Data in this chapter show the basic conditions of China's labour economy, including main labour statistics on the whole country and 31 provinces, autonomous regions and municipalities directly under the Central Government, such as the economically active population, number of employed persons, number of registered unemployed persons in urban areas, total wage bills and average wages of employed persons and the changes in index.

II. Scope of Statistics

The Reporting Form System on Labour Wage Statistics covers corporate units in all urban area. The scope of survey of *The Sample Survey System on Labour Force* are the population aged 16 and over of the whole country. *The System of Rural Social and Economic Surveys* covers all rural areas below township level in China. *The Reporting Form System on Training and Employment Statistics* covers all agencies and units providing employment services and job centers. The scope of statistics on private enterprises and self-employed individuals covers the whole country. Data on economically active population, employed persons and employed persons by urban and rural areas from 1990 to 2000 are estimated on the basis of the 2000 National Population Census and the annual Sample Survey on Labour Force; and data since 2001 are estimated on the basis of the Sixth National Population Census and the annual Sample Survey on Labour Force. So, sums of these data by region, by type of ownership and by industry do not add up to the totals. The scope of statistics on employed person in urban areas, total wage bills, average wages do not include the persons who had left their working units and while keeping their labour contract/employment relation unchanged since 1998.

In this chapter, urban corporate units refers to urban corporate unit excluding private units.

III. Sources of Data

(1) Data on basic conditions of employment, data by groups, total wage bills of staff and workers are collected and compiled through *The Reporting Form System on Labour Wage Statistics*, *The Sample Survey System on Labour Force*, and *The System of Rural Social and Economic Surveys* by the Department of Population and Employment Statistics, the NBS.

(2) Data on the employment services and the exchanges of labour force and on the number of registered unemployed persons in urban areas are collected through *The Reporting Form System on Training and Employment Statistics,* which provided by the Ministry of Human Resources and Social Security.

(3) Data on the number of employed persons in private enterprises and self-employed individuals are provided by the State Administration for Industry and Commerce.

IV. Methodology of Survey

A complete reporting form system from lower-level statistical bureaus to higher level statistical bureaus is used in the labour wage statistics of urban non-private enterprises, and sampling methods is used in the statistics of urban private enterprises. The Sample Survey on Labour Force is conducted by using sampling methods. Statistics on training, employment, private enterprises and self-employed individuals are collected and compiled on basis of administrative registering records.

4-1 就业基本情况
Employment

项　目	Item	2009	2010	2011	2012	2013
经济活动人口　（万人）	**Economically Active Population　(10 000 persons)**	**77510**	**78388**	**78579**	**78894**	**79300**
就业人员合计　（万人）	**Total Number of Employed Persons　(10 000 persons)**	**75828**	**76105**	**76420**	**76704**	**76977**
第一产业	Primary Industry	28890	27931	26594	25773	24171
第二产业	Secondary Industry	21080	21842	22544	23241	23170
第三产业	Tertiary Industry	25857	26332	27282	27690	29636
就业人员构成(合计=100)	**Composition of Employed Persons　(total=100)**					
第一产业	Primary Industry	38.1	36.7	34.8	33.6	31.4
第二产业	Secondary Industry	27.8	28.7	29.5	30.3	30.1
第三产业	Tertiary Industry	34.1	34.6	35.7	36.1	38.5
按城乡分就业人员(万人)	**Number of Employed Persons by Urban and Rural Areas　(10 000 persons)**					
城镇就业人员	Urban Employed Persons	33322	34687	35914	37102	38240
#国有单位	State-owned Units	6420	6516	6704	6839	6365
城镇集体单位	Urban Collective-owned Units	618	597	603	589	566
股份合作单位	Cooperative Units	160	156	149	149	108
联营单位	Joint Ownership Units	37	36	37	39	25
有限责任公司	Limited Liability Corporations	2433	2613	3269	3787	6069
股份有限公司	Share-holding Corporations Ltd.	956	1024	1183	1243	1721
私营企业	Private Enterprises	5544	6071	6912	7557	8242
港澳台商投资单位	Units with Funds from Hong Kong, Macao & Taiwan	721	770	932	969	1397
外商投资单位	Foreign Funded Units	978	1053	1217	1246	1566
个体	Self-employed Individuals	4245	4467	5227	5643	6142
乡村就业人员	Rural Employed Persons	42506	41418	40506	39602	38737
#私营企业	Private Enterprises	3063	3347	3442	3739	4279
个体	Self-employed Individuals	2341	2540	2718	2986	3193
城镇登记失业人数(万人)	**Number of Registered Unemployed Persons in Urban Areas　(10 000 persons)**	**921**	**908**	**922**	**917**	**926**
城镇登记失业率　(%)	**Registered Unemployment Rate in Urban Areas　(%)**	**4.3**	**4.1**	**4.1**	**4.1**	**4.05**

注：1.全国就业人员1990年及以后的数据根据劳动力调查、人口普查推算(下表同)。
　　2.2013年部分经济类型单位、部分行业就业人员数、工资总额变动较大，系将原属于乡镇企业的规模以上法人单位纳入劳动工资统计范围所致(以下相关表同)。

a) From 1990 to 2000, the total number of employed persons were estimated according to Labour Force Survey and Population Census. The same applies to the following tables.

b) In 2013, some units by status of registration, some employment by industry, total wages bill changed greatly, because legal persons above designated size originally belonged to township enterprises were taken into statistics of labour wages. The same applies to the relevant tables following.

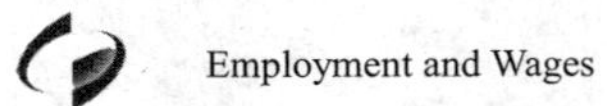

4-2 按城乡分就业人员数（年底数）
Number of Employed Persons at Year-end in Urban and Rural Areas

单位：万人 (10 000 persons)

年份 Year	合计 Total	城镇 Urban Areas						
		小计 Subtotal	#国有单位 State-owned Units	#集体单位 Collective-owned Units	#股份合作单位 Cooperative Units	#联营单位 Joint Ownership Units	#有限责任公司 Limited Liability Corporations	#股份有限公司 Share Holding Corporations Ltd.
1978	40152	9514	7451	2048				
1980	42361	10525	8019	2425				
1985	49873	12808	8990	3324		38		
1990	64749	17041	10346	3549		96		
1995	68065	19040	11261	3147		53		317
1996	68950	19922	11244	3016		49		363
1997	69820	20781	11044	2883		43		468
1998	70637	21616	9058	1963	136	48	484	410
1999	71394	22412	8572	1712	144	46	603	420
2000	72085	23151	8102	1499	155	42	687	457
2001	72797	24123	7640	1291	153	45	841	483
2002	73280	25159	7163	1122	161	45	1083	538
2003	73736	26230	6876	1000	173	44	1261	592
2004	74264	27293	6710	897	192	44	1436	625
2005	74647	28389	6488	810	188	45	1750	699
2006	74978	29630	6430	764	178	45	1920	741
2007	75321	30953	6424	718	170	43	2075	788
2008	75564	32103	6447	662	164	43	2194	840
2009	75828	33322	6420	618	160	37	2433	956
2010	76105	34687	6516	597	156	36	2613	1024
2011	76420	35914	6704	603	149	37	3269	1183
2012	76704	37102	6839	589	149	39	3787	1243
2013	76977	38240	6365	566	108	25	6069	1721

4-2 续表 continued

单位：万人 (10 000 persons)

年份 Year	城镇 Urban Areas				乡村 Rural Areas		
	#私营企业 Private Enterprises	#港澳台商投资单位 Units with Funds from Hong Kong, Macao and Taiwan	#外商投资单位 Foreign Funded Units	#个体 Self-employed Individuals	小计 Subtotal	#私营企业 Private Enterprises	#个体 Self-employed Individuals
1978				15	30638		
1980				81	31836		
1985			6	450	37065		
1990	57	4	62	614	47708	113	1491
1995	485	272	241	1560	49025	471	3054
1996	620	265	275	1709	49028	551	3308
1997	750	281	300	1919	49039	600	3522
1998	973	294	293	2259	49021	737	3855
1999	1053	306	306	2414	48982	969	3827
2000	1268	310	332	2136	48934	1139	2934
2001	1527	326	345	2131	48674	1187	2629
2002	1999	367	391	2269	48121	1411	2474
2003	2545	409	454	2377	47506	1754	2260
2004	2994	470	563	2521	46971	2024	2066
2005	3458	557	688	2778	46258	2366	2123
2006	3954	611	796	3012	45348	2632	2147
2007	4581	680	903	3310	44368	2672	2187
2008	5124	679	943	3609	43461	2780	2167
2009	5544	721	978	4245	42506	3063	2341
2010	6071	770	1053	4467	41418	3347	2540
2011	6912	932	1217	5227	40506	3442	2718
2012	7557	969	1246	5643	39602	3739	2986
2013	8242	1397	1566	6142	38737	4279	3193

4-3 按三次产业分就业人员数（年底数）

Number of Employed Persons at Year-end by Three Strata of Industry

年份 Year	经济活动人口（万人） Economically Active Population (10 000 persons)	就业人员（万人） Total Employed Persons (10 000 persons)	第一产业 Primary Industry	第二产业 Secondary Industry	第三产业 Tertiary Industry	构成（合计=100） Composition in Percentage 第一产业 Primary Industry	第二产业 Secondary Industry	第三产业 Tertiary Industry
1952	21106	20729	17317	1531	1881	83.5	7.4	9.1
1957	23971	23771	19309	2142	2320	81.2	9.0	9.8
1962		25910	21276	2059	2575	82.1	8.0	9.9
1965		28670	23396	2408	2866	81.6	8.4	10.0
1970		34432	27811	3518	3103	80.8	10.2	9.0
1975		38168	29456	5152	3560	77.2	13.5	9.3
1978	40682	40152	28318	6945	4890	70.5	17.3	12.2
1979	41592	41024	28634	7214	5177	69.8	17.6	12.6
1980	42903	42361	29122	7707	5532	68.7	18.2	13.1
1981	44165	43725	29777	8003	5945	68.1	18.3	13.6
1982	45674	45295	30859	8346	6090	68.1	18.4	13.5
1983	46707	46436	31151	8679	6606	67.1	18.7	14.2
1984	48433	48197	30868	9590	7739	64.0	19.9	16.1
1985	50112	49873	31130	10384	8359	62.4	20.8	16.8
1986	51546	51282	31254	11216	8811	60.9	21.9	17.2
1987	53060	52783	31663	11726	9395	60.0	22.2	17.8
1988	54630	54334	32249	12152	9933	59.3	22.4	18.3
1989	55707	55329	33225	11976	10129	60.1	21.6	18.3
1990	65323	64749	38914	13856	11979	60.1	21.4	18.5
1991	66091	65491	39098	14015	12378	59.7	21.4	18.9
1992	66782	66152	38699	14355	13098	58.5	21.7	19.8
1993	67468	66808	37680	14965	14163	56.4	22.4	21.2
1994	68135	67455	36628	15312	15515	54.3	22.7	23.0
1995	68855	68065	35530	15655	16880	52.2	23.0	24.8
1996	69765	68950	34820	16203	17927	50.5	23.5	26.0
1997	70800	69820	34840	16547	18432	49.9	23.7	26.4
1998	72087	70637	35177	16600	18860	49.8	23.5	26.7
1999	72791	71394	35768	16421	19205	50.1	23.0	26.9
2000	73992	72085	36043	16219	19823	50.0	22.5	27.5
2001	73884	72797	36399	16234	20165	50.0	22.3	27.7
2002	74492	73280	36640	15682	20958	50.0	21.4	28.6
2003	74911	73736	36204	15927	21605	49.1	21.6	29.3
2004	75290	74264	34830	16709	22725	46.9	22.5	30.6
2005	76120	74647	33442	17766	23439	44.8	23.8	31.4
2006	76315	74978	31941	18894	24143	42.6	25.2	32.2
2007	76531	75321	30731	20186	24404	40.8	26.8	32.4
2008	77046	75564	29923	20553	25087	39.6	27.2	33.2
2009	77510	75828	28890	21080	25857	38.1	27.8	34.1
2010	78388	76105	27931	21842	26332	36.7	28.7	34.6
2011	78579	76420	26594	22544	27282	34.8	29.5	35.7
2012	78894	76704	25773	23241	27690	33.6	30.3	36.1
2013	79300	76977	24171	23170	29636	31.4	30.1	38.5

4-4 按登记注册类型和行业分城镇单位就业人员数（2013年底）
Number of Employed Persons in Urban Units at Year-end by Status of Registration and Sector in Detail (2013)

单位：万人 (10 000 persons)

项目	Item	合计 Total	国有单位 State-owned Units	城镇集体单位 Urban Collective-owned Units	其他单位 Units of Other Types of Ownership
全国总计	**National Total**	**18108.4**	**6365.1**	**566.2**	**11177.2**
农、林、牧、渔业	Agriculture, Forestry, Animal Husbandry and Fishery	294.8	280.3	2.5	12.1
采矿业	Mining	636.5	97.2	15.8	523.4
制造业	Manufacturing	5257.9	232.6	97.4	4927.9
电力、热力、燃气及水生产和供应业	Production and Supply of Electricity, Heat, Gas and Water	404.5	199.0	4.2	201.4
建筑业	Construction	2921.9	267.5	181.6	2472.8
批发和零售业	Wholesale and Retail Trades	890.8	110.1	38.3	742.4
交通运输、仓储和邮政业	Transport, Storage and Post	846.2	410.3	19.0	417.0
住宿和餐饮业	Hotels and Catering Services	304.4	45.7	10.0	248.7
信息传输、软件和信息技术服务业	Information Transmission, Software and Information Technology	327.3	49.5	0.9	276.9
金融业	Financial Intermediation	537.9	147.9	48.7	341.3
房地产业	Real Estate	373.7	37.1	8.3	328.3
租赁和商务服务业	Leasing and Business Services	421.9	123.6	38.1	260.2
科学研究和技术服务业	Scientific Research and Technical Services	387.8	223.7	5.5	158.5
水利、环境和公共设施管理业	Management of Water Conservancy, Environment	259.2	207.7	10.7	40.8
居民服务、修理和其他服务业	Services to Households, Repair and Other Services	72.3	22.9	5.4	44.1
教育	Education	1687.2	1573.8	21.8	91.6
卫生和社会工作	Health and Social Service	770.0	672.7	54.0	43.3
文化、体育和娱乐业	Culture, Sports and Entertainment	147.0	109.9	2.0	35.0
公共管理、社会保障和社会组织	Public Management, Social Security and Social Organization	1567.0	1553.6	2.1	11.3

注：本表城镇单位数据不含私营单位(以下相关表同)。

a) Data of employed persons in urban units do not include those of private enterprises. The same applies to the tables following.

4-5 按行业分城镇单位就业人员数(年底数)
Number of Employed Persons in Urban Units at Year-end by Sector

单位: 万人 (10 000 persons)

年份 地区	Year Region	合计 Total	农、林、牧、渔业 Agriculture, Forestry, Animal Husbandry and Fishery	采矿业 Mining	制造业 Manufacturing	电力、热力、燃气及水生产和供应业 Production and Supply of Electricity, Heat, Gas and Water	建筑业 Construction	批发和零售业 Wholesale and Retail Trades
	2003	10969.7	484.5	488.3	2980.5	297.6	833.7	628.1
	2004	11098.9	466.1	500.7	3050.8	300.6	841.0	586.7
	2005	11404.0	446.3	509.2	3210.9	299.9	926.6	544.0
	2006	11713.2	435.2	529.7	3351.6	302.5	988.7	515.7
	2007	12024.4	426.3	535.0	3465.4	303.4	1050.8	506.9
	2008	12192.5	410.1	540.4	3434.3	306.5	1072.6	514.4
	2009	12573.0	373.7	553.7	3491.9	307.7	1177.5	520.8
	2010	13051.5	375.7	562.0	3637.2	310.5	1267.5	535.1
	2011	14413.3	359.5	611.6	4088.3	334.7	1724.8	647.5
	2012	15236.4	338.9	631.0	4262.2	344.6	2010.3	711.8
	2013	18108.4	294.8	636.5	5257.9	404.5	2921.9	890.8
北京	Beijing	742.3	3.1	6.8	103.5	8.7	43.9	68.8
天津	Tianjin	302.4	0.5	7.6	122.3	4.5	31.0	17.2
河北	Hebei	653.4	5.2	28.3	150.3	19.6	90.6	28.9
山西	Shanxi	464.0	2.2	103.0	73.1	11.5	38.4	21.2
内蒙古	Inner Mongolia	303.8	24.1	21.5	47.5	13.4	25.5	11.4
辽宁	Liaoning	689.1	23.3	34.0	179.5	16.5	112.1	27.7
吉林	Jilin	338.4	13.7	15.4	88.4	14.0	33.9	12.9
黑龙江	Heilongjiang	467.8	79.9	38.4	65.0	18.3	37.2	19.7
上海	Shanghai	618.8	1.3	0.1	211.8	5.2	37.2	66.9
江苏	Jiangsu	1503.3	6.6	13.6	555.4	18.1	420.5	61.4
浙江	Zhejiang	1071.6	0.8	1.0	357.9	13.5	303.2	40.2
安徽	Anhui	519.7	4.9	33.1	120.4	12.0	99.7	22.6
福建	Fujian	644.0	4.5	2.8	252.6	8.9	146.2	26.4
江西	Jiangxi	445.0	5.6	8.3	125.8	13.2	91.3	15.6
山东	Shandong	1290.6	1.8	74.6	437.2	23.9	188.6	67.3
河南	Henan	1076.0	5.2	62.6	312.7	24.6	189.5	52.7
湖北	Hubei	696.5	9.1	8.9	190.9	18.1	140.4	41.7
湖南	Hunan	601.0	2.3	15.5	134.2	16.6	107.4	23.3
广东	Guangdong	1967.0	6.2	2.9	1020.2	32.2	162.3	95.5
广西	Guangxi	403.0	9.1	4.4	80.8	14.7	60.9	14.1
海南	Hainan	98.8	4.8	0.8	10.6	2.2	7.7	12.8
重庆	Chongqing	402.0	1.1	10.1	86.4	7.0	103.6	22.1
四川	Sichuan	846.2	3.7	23.2	204.6	27.2	177.8	33.2
贵州	Guizhou	296.7	1.6	18.4	46.4	13.5	39.5	14.0
云南	Yunnan	428.1	7.1	22.9	74.0	10.3	73.7	25.5
西藏	Tibet	31.0	0.8	0.6	1.1	1.0	1.8	0.9
陕西	Shaanxi	505.3	2.6	36.3	107.9	12.2	72.1	26.0
甘肃	Gansu	256.6	5.2	10.6	39.2	10.0	46.1	7.7
青海	Qinghai	64.2	1.4	4.4	11.8	1.9	7.3	2.4
宁夏	Ningxia	72.2	2.0	6.6	12.6	3.4	6.2	2.7
新疆	Xinjiang	309.5	54.9	19.7	33.7	8.3	26.3	8.3

4-5 续表 1 continued

单位: 万人 (10 000 persons)

年 份 Year / 地 区 Region		交通运输、仓储和邮政业 Transport, Storage and Post	住宿和餐饮业 Hotels and Catering Services	信息传输、软件和信息技术服务业 Information Transmission, Software and Information Technology	金融业 Financial Intermediation	房地产业 Real Estate	租赁和商务服务业 Leasing and Business Services
	2003	636.5	172.1	116.8	353.3	120.2	183.5
	2004	631.8	177.1	123.7	356.0	133.4	194.4
	2005	613.9	181.2	130.1	359.3	146.5	218.5
	2006	612.7	183.9	138.2	367.4	153.9	236.7
	2007	623.1	185.8	150.2	389.7	166.5	247.2
	2008	627.3	193.2	159.5	417.6	172.7	274.7
	2009	634.4	202.1	173.8	449.0	190.9	290.5
	2010	631.1	209.2	185.8	470.1	211.6	310.1
	2011	662.8	242.7	212.8	505.3	248.6	286.6
	2012	667.5	265.1	222.8	527.8	273.7	292.3
	2013	846.2	304.4	327.3	537.9	373.7	421.9
北 京	Beijing	59.2	31.0	58.2	39.1	40.6	66.2
天 津	Tianjin	14.3	6.6	3.6	8.1	9.1	5.8
河 北	Hebei	27.6	6.9	8.6	25.6	9.1	11.5
山 西	Shanxi	23.6	5.6	6.0	15.6	3.2	7.3
内蒙古	Inner Mongolia	21.7	4.6	5.9	11.1	4.8	4.4
辽 宁	Liaoning	37.7	8.1	12.7	23.2	14.0	13.3
吉 林	Jilin	17.2	3.3	6.7	11.0	5.7	5.5
黑龙江	Heilongjiang	28.1	4.9	7.1	15.9	6.0	5.9
上 海	Shanghai	49.2	21.1	21.7	30.0	24.0	42.1
江 苏	Jiangsu	48.4	19.2	30.5	30.8	21.2	31.9
浙 江	Zhejiang	31.4	14.7	15.4	36.3	17.9	28.8
安 徽	Anhui	22.0	5.8	6.2	17.2	9.4	7.1
福 建	Fujian	24.3	9.8	7.0	15.1	12.6	11.4
江 西	Jiangxi	21.2	4.7	6.3	11.3	5.4	5.5
山 东	Shandong	50.6	19.3	17.5	34.8	23.7	20.8
河 南	Henan	43.6	11.8	9.5	24.1	15.8	12.5
湖 北	Hubei	33.2	12.2	9.1	17.3	12.0	9.0
湖 南	Hunan	24.5	9.5	7.3	21.2	11.2	9.0
广 东	Guangdong	83.3	39.3	33.3	43.3	52.5	55.8
广 西	Guangxi	21.2	5.4	5.2	11.6	7.8	9.8
海 南	Hainan	5.4	6.8	1.3	2.8	5.8	2.0
重 庆	Chongqing	26.1	7.1	4.9	13.1	10.1	10.9
四 川	Sichuan	39.4	12.5	15.6	24.1	15.7	12.2
贵 州	Guizhou	11.3	4.1	3.4	8.0	6.9	4.6
云 南	Yunnan	16.8	9.6	6.6	9.9	10.1	9.4
西 藏	Tibet	0.7	0.6	0.5	1.0	0.13	0.5
陕 西	Shaanxi	25.0	12.6	9.5	15.0	8.7	7.6
甘 肃	Gansu	12.7	3.5	3.1	7.2	3.9	2.7
青 海	Qinghai	4.8	0.6	1.0	2.2	0.8	0.7
宁 夏	Ningxia	4.0	0.6	0.8	3.1	1.4	2.0
新 疆	Xinjiang	17.5	2.8	2.9	8.7	4.0	5.9

4-5 续表 2 continued

单位：万人 (10 000 persons)

年份 Year 地区 Region		科学研究和技术服务业 Scientific Research and Technical Services	水利、环境和公共设施管理业 Management of Water Conservancy, Environment and Public Facilities	居民服务、修理和其他服务业 Services to Households, Repair and Other Services	教育 Education	卫生和社会工作 Health and Social Service	文化、体育和娱乐业 Culture, Sports and Entertainment	公共管理、社会保障和社会组织 Public Management, Social Security and Social Organization
	2003	221.9	172.5	52.8	1442.8	485.8	127.8	1171.0
	2004	222.1	176.1	54.2	1466.8	494.7	123.4	1199.0
	2005	227.7	180.4	53.9	1483.2	508.9	122.5	1240.8
	2006	235.5	187.0	56.6	1504.4	525.4	122.4	1265.6
	2007	243.4	193.5	57.4	1520.9	542.8	125.0	1291.2
	2008	257.0	197.3	56.5	1534.0	563.6	126.0	1335.0
	2009	272.6	205.7	58.8	1550.4	595.8	129.5	1394.3
	2010	292.3	218.9	60.2	1581.8	632.5	131.4	1428.5
	2011	298.5	230.3	59.9	1617.8	679.1	135.0	1467.6
	2012	330.7	243.8	62.1	1653.4	719.3	137.7	1541.5
	2013	387.8	259.2	72.3	1687.2	770.0	147.0	1567.0
北 京	Beijing	59.7	9.8	9.1	46.1	24.8	18.1	45.5
天 津	Tianjin	10.7	4.1	10.8	18.9	9.3	2.3	15.5
河 北	Hebei	14.0	11.5	1.4	89.7	33.7	5.3	85.4
山 西	Shanxi	7.0	8.8	1.5	52.4	18.8	4.7	60.1
内蒙古	Inner Mongolia	6.1	8.2	1.0	35.1	13.9	3.5	40.3
辽 宁	Liaoning	16.9	15.9	2.8	59.1	33.4	5.5	53.5
吉 林	Jilin	8.0	8.3	1.3	37.1	17.4	3.6	35.1
黑龙江	Heilongjiang	11.2	10.2	4.7	45.2	22.3	4.6	43.3
上 海	Shanghai	20.4	8.1	5.1	29.5	18.8	5.9	20.5
江 苏	Jiangsu	19.2	14.0	3.6	89.5	43.9	7.7	67.7
浙 江	Zhejiang	16.0	11.7	2.2	68.4	39.4	7.2	65.6
安 徽	Anhui	8.3	7.8	0.9	63.7	27.2	3.4	48.1
福 建	Fujian	7.7	5.5	1.4	48.2	19.8	4.0	35.9
江 西	Jiangxi	5.7	7.4	0.6	45.8	19.7	3.3	48.3
山 东	Shandong	16.9	14.9	3.3	120.1	56.2	7.2	112.1
河 南	Henan	14.8	12.4	2.0	116.9	48.4	8.5	108.5
湖 北	Hubei	15.1	9.3	1.7	68.1	37.2	5.6	57.5
湖 南	Hunan	12.4	9.6	1.9	72.2	36.4	5.1	81.5
广 东	Guangdong	29.5	16.3	7.3	118.6	55.9	10.9	101.7
广 西	Guangxi	9.4	9.6	0.6	61.8	28.0	3.3	45.2
海 南	Hainan	2.0	3.1	0.4	12.5	5.3	1.3	11.3
重 庆	Chongqing	6.4	5.0	1.3	39.1	16.2	2.6	28.9
四 川	Sichuan	19.9	12.1	1.7	90.9	42.7	5.9	83.9
贵 州	Guizhou	6.5	4.6	1.3	47.6	16.7	1.9	46.4
云 南	Yunnan	9.2	7.8	1.4	58.0	22.2	3.5	50.2
西 藏	Tibet	1.1	0.2	0.1	4.4	1.7	0.7	13.2
陕 西	Shaanxi	16.7	8.9	2.0	58.5	23.4	4.6	55.7
甘 肃	Gansu	6.9	5.4	0.3	36.5	12.8	2.5	40.4
青 海	Qinghai	2.3	1.0	0.1	7.6	3.7	0.8	9.4
宁 夏	Ningxia	1.4	2.1	0.1	8.8	4.1	0.8	9.3
新 疆	Xinjiang	6.5	5.5	0.7	37.0	16.7	3.0	47.2

4-6 分地区按行业分私营企业和个体就业人数(2013年底)
Number of Engaged Persons in Private Enterprises and Self-employed Individuals at Year-end by Sector and Region (2013)

单位: 万人 (10 000 persons)

地区	Region	合计 Total	#制造业 Manufacturing	#建筑业 Construction	#批发和零售业 Wholesale and Retail Trades	#交通运输、仓储和邮政业 Transport, Storage and Post	#住宿和餐饮业 Hotels and Catering Services	#租赁和商务服务业 Leasing and Business Services	#居民服务、修理和其他服务业 Services to Household, Repair and Other Services
全国总计	**National Total**	**21857.3**	**4778.9**	**976.3**	**8749.4**	**599.2**	**1346.2**	**1272.6**	**1216.8**
北京	Beijing	640.3	42.3	28.4	173.0	15.9	29.5	99.3	19.4
天津	Tianjin	152.3	40.5	6.5	29.4	2.8	29.7	10.8	6.1
河北	Hebei	595.8	145.3	13.0	278.9	20.0	33.6	16.0	35.0
山西	Shanxi	425.2	64.7	14.5	195.5	14.2	29.2	13.7	27.8
内蒙古	Inner Mongolia	467.4	50.3	10.9	203.6	31.9	46.6	16.2	41.0
辽宁	Liaoning	838.4	144.6	47.3	331.0	64.4	37.8	42.0	58.6
吉林	Jilin	473.1	55.5	32.5	173.8	15.9	37.0	13.5	40.1
黑龙江	Heilongjiang	531.3	63.6	18.4	251.9	21.5	46.0	26.3	41.6
上海	Shanghai	781.4	131.1	54.4	288.5	27.6	17.8	118.0	17.8
江苏	Jiangsu	2543.0	978.1	241.1	748.4	51.1	79.5	111.5	90.7
浙江	Zhejiang	1760.6	838.8	65.3	488.9	28.4	60.2	87.3	63.2
安徽	Anhui	705.1	153.5	31.1	314.0	12.1	41.3	29.9	43.6
福建	Fujian	640.3	151.7	24.8	267.3	10.9	30.7	46.4	31.1
江西	Jiangxi	672.5	134.3	19.0	300.6	20.2	36.0	33.2	40.8
山东	Shandong	1502.3	354.2	61.5	663.9	51.1	79.2	68.5	80.9
河南	Henan	729.9	145.0	24.9	353.3	11.1	44.0	27.7	51.1
湖北	Hubei	1156.1	180.3	32.0	481.2	42.5	123.7	44.7	91.7
湖南	Hunan	797.0	100.2	22.9	343.9	14.4	40.0	95.2	40.7
广东	Guangdong	2040.6	483.5	48.4	910.4	33.7	113.5	121.2	98.5
广西	Guangxi	508.8	64.2	9.7	252.8	21.5	35.0	25.8	28.1
海南	Hainan	152.5	12.8	11.4	51.0	5.1	14.7	13.2	9.9
重庆	Chongqing	646.6	78.8	23.1	266.0	12.3	43.2	48.7	34.5
四川	Sichuan	955.0	125.7	29.3	434.9	24.7	84.4	60.2	65.8
贵州	Guizhou	346.8	37.7	9.3	158.2	8.5	33.7	17.4	22.7
云南	Yunnan	620.2	71.0	39.9	254.2	12.6	50.4	29.5	37.1
西藏	Tibet	54.5	2.6	9.2	21.7	0.9	8.3	2.7	4.0
陕西	Shaanxi	466.8	47.9	20.2	217.3	9.8	47.3	21.9	46.9
甘肃	Gansu	263.8	27.4	13.2	132.4	4.3	28.7	7.7	18.8
青海	Qinghai	66.5	10.3	2.5	25.3	0.7	14.1	1.6	4.2
宁夏	Ningxia	95.8	10.1	4.2	44.3	1.8	8.5	6.0	8.8
新疆	Xinjiang	227.1	32.9	7.5	93.7	7.2	22.4	16.8	16.3

4-7 分地区按行业分城镇私营企业和个体就业人数(2013年底)

Number of Engaged Persons in Urban Private Enterprises and Self-employed Individuals at Year-end by Sector and Region (2013)

单位：万人 (10 000 persons)

地区	Region	合计 Total	#制造业 Manufacturing	#建筑业 Construction	#批发和零售业 Wholesale and Retail Trades	#交通运输、仓储和邮政业 Transport, Storage and Post	#住宿和餐饮业 Hotels and Catering Services	#租赁和商务服务业 Leasing and Business Services	#居民服务、修理和其他服务业 Services to Household, Repair and Other Services
全国总计	**National Total**	**14384.6**	**2484.2**	**669.2**	**6134.5**	**385.1**	**971.9**	**1004.6**	**874.4**
北京	Beijing	420.5	11.0	12.9	111.5	6.7	21.6	77.6	12.8
天津	Tianjin	132.4	32.8	5.8	24.4	2.5	27.6	10.1	5.2
河北	Hebei	430.2	89.9	8.6	215.8	15.2	28.1	11.4	29.0
山西	Shanxi	232.1	26.4	10.3	113.7	8.3	16.2	9.0	14.9
内蒙古	Inner Mongolia	341.5	25.7	8.4	170.1	17.9	34.4	13.1	37.3
辽宁	Liaoning	612.7	88.7	40.5	254.3	46.4	31.5	36.6	36.4
吉林	Jilin	361.1	39.8	30.1	136.6	12.7	28.9	11.4	34.5
黑龙江	Heilongjiang	392.3	39.8	13.9	191.1	16.6	35.2	19.4	32.2
上海	Shanghai	426.3	50.7	29.8	156.1	15.4	15.0	72.7	12.5
江苏	Jiangsu	1678.6	546.3	144.7	529.2	38.2	71.0	96.5	72.0
浙江	Zhejiang	1008.5	336.2	45.2	355.9	18.6	43.6	73.6	46.9
安徽	Anhui	523.9	97.5	21.8	240.1	8.6	37.4	23.7	37.8
福建	Fujian	485.8	94.4	21.1	209.7	9.6	24.7	43.5	23.9
江西	Jiangxi	368.4	51.0	11.3	178.3	10.9	25.8	22.5	28.2
山东	Shandong	762.0	131.2	37.6	361.3	21.7	44.7	48.1	44.1
河南	Henan	459.2	61.9	11.9	244.7	6.1	34.8	18.6	38.8
湖北	Hubei	623.0	90.8	17.2	295.4	19.4	57.7	23.9	57.1
湖南	Hunan	652.9	66.7	19.5	290.4	11.4	37.2	83.9	36.7
广东	Guangdong	1670.1	332.4	41.6	777.8	29.5	97.4	110.8	82.3
广西	Guangxi	297.7	31.0	6.1	155.0	12.7	22.9	17.7	18.7
海南	Hainan	119.1	5.2	10.2	43.0	4.2	12.6	12.4	8.5
重庆	Chongqing	505.7	47.4	21.5	225.7	10.6	37.2	46.2	30.5
四川	Sichuan	514.0	59.8	19.2	236.3	14.5	44.8	37.3	35.6
贵州	Guizhou	170.1	15.1	5.8	80.0	3.6	17.6	11.3	11.6
云南	Yunnan	401.9	46.5	35.3	155.9	9.6	28.6	26.2	23.4
西藏	Tibet	44.5	2.0	5.5	18.4	0.8	7.0	2.6	3.6
陕西	Shaanxi	300.9	22.4	13.1	149.4	3.1	32.7	19.1	27.3
甘肃	Gansu	166.5	12.8	10.0	87.7	2.5	19.5	5.7	11.9
青海	Qinghai	49.9	4.1	1.4	21.7	0.5	13.4	1.1	3.5
宁夏	Ningxia	56.7	4.2	2.7	28.5	1.2	5.0	4.0	4.4
新疆	Xinjiang	176.2	20.2	6.1	76.5	6.0	17.7	14.7	12.7

4-8 分地区私营企业就业人数(2013年底)
Number of Engaged Persons in Private Enterprises at Year-end by Region (2013)

单位: 万户、万人 (10 000 households, 10 000 persons)

地区	Region	户数 Number of Households	就业人数 Number of Engaged Persons	#投资者 Employers	城镇就业人数 Number of Engaged Persons in Urban Area	#投资者 Employers	乡村就业人数 Number of Engaged Persons in Rural Area	#投资者 Employers
全国	**National Total**	**1253.9**	**12521.6**	**2485.7**	**8242.3**	**1826.8**	**4279.2**	**659.0**
北京	Beijing	67.3	527.9	126.7	355.7	89.8	172.2	36.9
天津	Tianjin	19.0	101.8	40.7	91.8	36.3	10.0	4.5
河北	Hebei	40.0	204.3	79.9	109.0	52.8	95.3	27.1
山西	Shanxi	22.0	216.2	46.2	124.5	25.8	91.7	20.4
内蒙古	Inner Mongolia	16.6	195.8	36.1	124.8	29.9	71.0	6.2
辽宁	Liaoning	39.1	435.7	73.3	337.0	60.8	98.7	12.4
吉林	Jilin	18.0	199.0	35.7	165.7	30.9	33.3	4.8
黑龙江	Heilongjiang	20.4	217.3	43.0	159.8	35.1	57.5	7.9
上海	Shanghai	93.9	734.8	176.0	395.4	98.8	339.5	77.2
江苏	Jiangsu	145.1	1918.8	253.4	1236.1	183.4	682.7	70.0
浙江	Zhejiang	93.6	1222.6	188.8	671.6	128.5	551.0	60.4
安徽	Anhui	35.4	323.2	75.7	222.7	55.5	100.5	20.2
福建	Fujian	40.2	419.1	82.1	344.1	70.6	75.0	11.6
江西	Jiangxi	26.3	330.8	54.6	164.9	37.9	165.9	16.7
山东	Shandong	75.3	792.6	153.7	428.5	106.1	364.1	47.5
河南	Henan	40.1	329.4	94.5	168.5	58.0	160.9	36.5
湖北	Hubei	46.3	409.5	95.6	206.1	69.5	203.5	26.0
湖南	Hunan	30.5	464.8	67.0	370.4	52.1	94.4	14.9
广东	Guangdong	153.0	1218.4	289.5	1043.0	246.6	175.4	42.8
广西	Guangxi	28.3	259.6	58.0	129.9	34.6	129.7	23.3
海南	Hainan	13.3	94.4	29.5	71.9	24.0	22.5	5.5
重庆	Chongqing	35.6	449.5	62.9	346.6	50.3	102.9	12.5
四川	Sichuan	50.4	418.5	108.1	238.4	85.9	180.1	22.2
贵州	Guizhou	19.5	161.7	34.8	84.5	21.0	77.2	13.8
云南	Yunnan	22.9	322.0	46.7	268.2	42.2	53.8	4.5
西藏	Tibet	1.3	26.5	3.0	22.4	2.7	4.1	0.3
陕西	Shaanxi	27.2	217.0	59.1	149.0	46.0	68.0	13.2
甘肃	Gansu	11.7	118.2	23.8	77.5	16.6	40.7	7.3
青海	Qinghai	2.6	26.1	5.4	12.7	3.2	13.3	2.2
宁夏	Ningxia	5.6	49.5	12.1	31.9	7.5	17.5	4.7
新疆	Xinjiang	13.4	116.8	29.8	89.9	24.3	26.9	5.5

4-9 分地区个体就业人数(2013年底)

Number of Self-employed Individuals at Year-end by Region (2013)

单位: 万户、万人 (10 000 households, 10 000 persons)

地 区	Region	个体户数 Number of Households	个体就业人数 Number of Engaged Persons	城 镇 Urban Area	乡 村 Rural Area
全 国	**National Total**	**4436.3**	**9335.7**	**6142.3**	**3193.5**
北 京	Beijing	66.4	112.4	64.8	47.6
天 津	Tianjin	27.6	50.5	40.5	10.0
河 北	Hebei	165.3	391.5	321.2	70.3
山 西	Shanxi	100.1	209.1	107.6	101.5
内蒙古	Inner Mongolia	109.9	271.7	216.7	55.0
辽 宁	Liaoning	170.5	402.7	275.7	127.0
吉 林	Jilin	114.3	274.1	195.4	78.7
黑龙江	Heilongjiang	133.9	314.0	232.5	81.5
上 海	Shanghai	36.8	46.6	30.9	15.6
江 苏	Jiangsu	379.3	624.2	442.5	181.7
浙 江	Zhejiang	259.2	538.1	336.9	201.2
安 徽	Anhui	167.8	381.9	301.2	80.7
福 建	Fujian	109.9	221.2	141.7	79.5
江 西	Jiangxi	137.3	341.7	203.5	138.2
山 东	Shandong	312.2	709.8	333.5	376.3
河 南	Henan	199.1	400.5	290.7	109.8
湖 北	Hubei	268.5	746.5	417.0	329.6
湖 南	Hunan	182.7	332.2	282.5	49.7
广 东	Guangdong	399.0	822.3	627.1	195.1
广 西	Guangxi	124.3	249.2	167.8	81.4
海 南	Hainan	30.9	58.1	47.2	10.9
重 庆	Chongqing	111.5	197.0	159.1	37.9
四 川	Sichuan	274.9	536.5	275.6	260.9
贵 州	Guizhou	106.1	185.2	85.6	99.5
云 南	Yunnan	150.8	298.2	133.6	164.5
西 藏	Tibet	11.3	28.0	22.1	5.9
陕 西	Shaanxi	104.9	249.7	151.9	97.9
甘 肃	Gansu	77.4	145.6	89.0	56.6
青 海	Qinghai	15.4	40.5	37.2	3.3
宁 夏	Ningxia	24.4	46.4	24.8	21.6
新 疆	Xinjiang	64.6	110.3	86.3	24.0

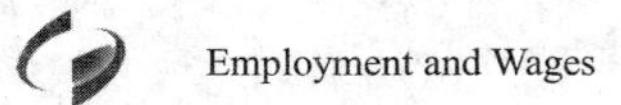

4-10 城镇单位就业人员工资总额和指数
Total Wage Bill of Employed Persons in Urban Units and Related Indices

年份 Year / 地区 Region	工资总额（亿元） Total Wage Bill (100 million yuan)				指数（上年=100） Indices (preceding year=100)			
	合计 Total	国有单位 State-owned Units	城镇集体单位 Urban Collective-owned Units	其他单位 Units of Other Types of Ownership	合计 Total	国有单位 State-owned Units	城镇集体单位 Urban Collective-owned Units	其他单位 Units of Other Types of Ownership
1995	8055.8	6172.6	1210.6	672.6	119.0	117.4	115.6	142.2
1996	8964.4	6893.3	1269.4	801.7	111.3	111.7	104.9	119.2
1997	9602.4	7323.9	1283.9	994.5	107.1	106.2	101.1	124.0
1998	9540.2	6934.6	1054.9	1550.7	99.4	94.7	82.2	155.9
1999	10155.9	7289.9	995.8	1870.1	106.5	105.1	94.4	120.6
2000	10954.7	7744.9	950.7	2259.1	107.9	106.2	95.5	120.8
2001	12205.4	8515.2	898.5	2791.7	111.4	109.9	94.5	123.6
2002	13638.1	9138.0	863.9	3636.2	111.7	107.3	96.1	130.3
2003	15329.6	9911.9	867.1	4550.6	112.4	108.5	100.4	125.1
2004	17615.0	11038.2	876.2	5700.6	114.9	111.4	101.0	125.3
2005	20627.1	12291.7	906.4	7429.0	117.1	111.4	103.4	130.3
2006	24262.3	13920.6	983.8	9357.9	117.6	113.3	108.5	126.0
2007	29471.5	16689.1	1108.1	11674.3	121.5	119.9	112.6	124.8
2008	35289.5	19487.9	1203.2	14598.4	119.7	116.8	108.6	125.0
2009	40288.2	21862.7	1273.3	17152.1	114.2	112.2	105.8	117.5
2010	47269.9	24886.4	1433.7	20949.7	117.3	113.8	112.6	122.1
2011	59954.7	28954.8	1737.4	29262.4	126.8	116.3	121.2	139.7
2012	70914.2	32950.0	1990.4	35973.8	118.3	113.8	114.6	122.9
2013	93064.3	33359.6	2195.8	57508.9	131.2	101.2	110.3	159.9
北京 Beijing	6869.8	1771.4	74.5	5023.9	114.3	109.0	97.7	116.5
天津 Tianjin	2053.8	593.7	31.6	1428.4	115.5	97.9	92.5	125.6
河北 Hebei	2724.1	1181.1	60.6	1482.5	113.6	91.2	98.8	142.3
山西 Shanxi	2161.1	883.1	77.7	1200.3	112.4	90.8	96.0	138.2
内蒙古 Inner Mongolia	1599.1	919.9	37.1	642.1	122.6	105.6	95.9	162.6
辽宁 Liaoning	3229.7	1336.6	123.5	1769.5	126.6	99.2	119.8	160.8
吉林 Jilin	1476.6	790.1	25.3	661.3	133.4	118.2	92.4	160.8
黑龙江 Heilongjiang	1947.9	1155.5	59.8	732.6	112.4	94.2	120.0	160.7
上海 Shanghai	5676.6	1079.4	67.6	4529.6	128.9	84.6	105.4	147.8
江苏 Jiangsu	8396.4	1966.7	193.7	6236.0	199.6	109.2	153.3	273.7
浙江 Zhejiang	5985.1	1715.0	117.0	4153.1	112.6	104.7	97.8	116.8
安徽 Anhui	2464.5	954.9	61.4	1448.3	128.0	94.7	105.8	168.4
福建 Fujian	3135.3	898.4	56.4	2180.6	112.3	101.2	92.3	118.3
江西 Jiangxi	1878.0	853.7	52.6	971.7	140.7	104.5	103.7	208.0
山东 Shandong	6098.8	2184.4	247.7	3666.6	131.8	102.8	114.5	160.3
河南 Henan	4048.7	1556.0	149.0	2343.7	126.1	97.4	108.5	158.9
湖北 Hubei	3012.4	1195.2	49.6	1767.6	127.7	95.9	78.3	168.4
湖南 Hunan	2538.1	1184.2	76.0	1277.9	116.0	104.5	95.4	131.2
广东 Guangdong	10467.4	2473.1	205.4	7789.0	159.5	97.2	119.6	202.6
广西 Guangxi	1634.2	886.5	45.2	702.5	127.6	110.8	100.3	161.3
海南 Hainan	437.7	208.3	11.0	218.4	123.7	95.5	99.8	175.3
重庆 Chongqing	1960.3	666.7	31.1	1262.5	127.8	103.9	106.7	146.4
四川 Sichuan	4003.5	1917.5	118.0	1968.0	148.3	112.4	106.6	222.9
贵州 Guizhou	1387.1	809.3	28.8	549.0	126.9	107.1	112.4	175.9
云南 Yunnan	1786.7	864.7	58.1	863.8	122.9	102.9	129.5	151.9
西藏 Tibet	177.7	157.6	1.4	18.7	138.3	126.4	125.6	693.9
陕西 Shaanxi	2409.4	1164.1	71.3	1174.0	133.4	92.2	145.0	237.5
甘肃 Gansu	1109.0	673.4	37.3	398.3	136.8	108.5	141.3	243.3
青海 Qinghai	330.5	190.9	4.3	135.2	114.8	86.5	95.6	215.7
宁夏 Ningxia	389.9	199.7	5.2	185.0	111.5	97.0	110.6	132.9
新疆 Xinjiang	1674.7	928.7	17.3	728.8	120.6	107.4	97.3	144.1

注：1.1995-2008年的城镇单位就业人员工资总额即为原来的城镇单位就业人员劳动报酬总额(以下相关表同)。

a) Total wage bill of employed persons in urban units from 1995 to 2008 referred to total earning of employed persons in urban units. The same applies to the related tables following.

4-11 城镇单位就业人员平均工资和指数

Average Wage of Employed Persons in Urban Units and Related Indices

年 份 地 区	Year Region	平均工资（元） Average Wage (yuan)				
		合 计 Total	#在岗职工 Staff and Workers	国有单位 State-owned Units	城镇集体单位 Urban Collective-owned Units	其他单位 Units of Other Types of Ownership
	1995	5348	5500	5553	3934	7728
	1996	5980	6210	6207	4312	8521
	1997	6444	6470	6679	4516	9092
	1998	7446	7479	7579	5314	9241
	1999	8319	8346	8443	5758	10142
	2000	9333	9371	9441	6241	11238
	2001	10834	10870	11045	6851	12437
	2002	12373	12422	12701	7636	13486
	2003	13969	14040	14358	8627	14843
	2004	15920	16024	16445	9723	16519
	2005	18200	18364	18978	11176	18362
	2006	20856	21001	21706	12866	21004
	2007	24721	24932	26100	15444	24271
	2008	28898	29229	30287	18103	28552
	2009	32244	32736	34130	20607	31350
	2010	36539	37147	38359	24010	35801
	2011	41799	42452	43483	28791	41323
	2012	46769	47593	48357	33784	46360
	2013	51483	52388	52657	38905	51453
北 京	Beijing	93006	93997	94173	42502	94256
天 津	Tianjin	67773	68864	75881	41094	65797
河 北	Hebei	41501	42532	39648	33057	43578
山 西	Shanxi	46407	47417	42175	36409	51086
内蒙古	Inner Mongolia	50723	51388	53977	50932	46680
辽 宁	Liaoning	45505	46310	45936	31789	46578
吉 林	Jilin	42846	43821	45618	34570	40289
黑龙江	Heilongjiang	40794	42744	39072	35819	44381
上 海	Shanghai	90908	91477	95573	55098	90733
江 苏	Jiangsu	57177	57984	67826	50560	54691
浙 江	Zhejiang	56571	57310	81157	52070	50390
安 徽	Anhui	47806	48929	48683	37926	47765
福 建	Fujian	48538	49328	58199	41293	45625
江 西	Jiangxi	42473	43582	45315	36004	40629
山 东	Shandong	46998	47652	52811	41416	44486
河 南	Henan	38301	38804	42270	33135	36393
湖 北	Hubei	43899	44613	44746	33216	43734
湖 南	Hunan	42726	43893	44153	32975	42205
广 东	Guangdong	53318	53611	62652	35650	51553
广 西	Guangxi	41391	42637	42552	32197	40738
海 南	Hainan	44971	45573	47159	36418	43559
重 庆	Chongqing	50006	51015	55870	34492	47882
四 川	Sichuan	47965	49019	53896	39112	43859
贵 州	Guizhou	47364	49087	49734	47941	44229
云 南	Yunnan	42447	44188	46849	43702	38729
西 藏	Tibet	57773	64409	59904	24865	48183
陕 西	Shaanxi	47446	48853	48381	38455	47212
甘 肃	Gansu	42833	44109	45636	32822	39834
青 海	Qinghai	51393	52105	55410	34255	47311
宁 夏	Ningxia	50476	52185	49914	48650	51151
新 疆	Xinjiang	49064	49843	45834	56809	53712

注：1995-2008年的城镇单位就业人员平均工资即为原来的城镇单位就业人员平均劳动报酬(以下相关表同)。

a) Average wage of employed persons in urban units from 1995 to 2008 referred to average earning of employed persons in urban units. The same applies to the related tables following.

4-11 续表 continued

年 份 地 区	Year Region	平均货币工资指数(上年=100) Indices of Average Wage(preceding year=100)					平均实际工资指数(上年=100) Indices of Average Real Wage(preceding year=100)				
		合 计 Total	#在岗职工 Staff and Workers	国有单位 State-owned Units	城镇集体单位 Urban Collective-owned Units	其他单位 Units of Other Types of Ownership	合 计 Total	#在岗职工 Staff and Workers	国有单位 State-owned Units	城镇集体单位 Urban Collective-owned Units	其他单位 Units of Other Types of Ownership
	1995	118.9	121.2	117.3	121.1	119.9	101.8	103.8	100.4	103.7	102.6
	1996	111.8	112.9	111.8	109.6	110.3	102.8	103.8	102.7	100.7	101.3
	1997	107.8	104.2	107.6	104.7	106.7	104.5	101.1	104.4	101.6	103.5
	1998	115.5	106.6	113.5	117.7	101.6	116.2	107.2	114.2	118.4	102.3
	1999	111.7	111.6	111.4	108.4	109.8	113.2	113.1	112.9	109.8	111.2
	2000	112.2	112.3	111.8	108.4	110.8	111.3	111.4	110.9	107.5	109.9
	2001	116.1	116.0	117.0	109.8	110.7	115.3	115.2	116.2	109.0	109.9
	2002	114.2	114.3	115.0	111.5	108.4	115.4	115.5	116.2	112.6	109.5
	2003	112.9	113.0	113.0	113.0	110.1	111.9	112.0	112.0	112.0	109.1
	2004	114.0	114.1	114.5	112.7	111.3	110.3	110.5	110.9	109.1	107.7
	2005	114.3	114.6	115.4	114.9	111.2	112.5	112.8	113.6	113.1	109.4
	2006	114.6	114.4	114.4	115.1	114.4	112.9	112.7	112.7	113.4	112.7
	2007	118.5	118.7	120.2	120.0	115.6	113.4	113.6	115.0	114.8	110.6
	2008	116.9	117.2	116.0	117.2	117.6	110.7	111.0	109.8	111.0	111.4
	2009	111.6	112.0	112.7	113.8	109.8	112.6	113.0	113.7	114.8	110.8
	2010	113.3	113.5	112.4	116.5	114.2	109.8	110.0	108.9	112.9	110.7
	2011	114.4	114.3	113.4	119.9	115.4	108.6	108.5	107.7	113.9	109.6
	2012	111.9	112.1	111.2	117.3	112.2	109.0	109.2	108.3	114.3	109.2
	2013	110.1	110.1	108.9	115.2	111.0	107.3	107.3	106.1	112.2	108.2
北 京	Beijing	109.8	110.2	107.9	110.2	110.1	107.0	107.4	105.2	107.4	107.3
天 津	Tianjin	110.2	110.7	111.2	101.5	110.9	107.4	107.9	108.4	98.9	108.1
河 北	Hebei	107.4	107.6	101.2	115.6	112.3	104.7	104.9	98.6	112.7	109.5
山 西	Shanxi	104.9	105.5	103.2	111.1	101.1	102.2	102.8	100.6	108.3	98.5
内蒙古	Inner Mongolia	108.9	109.2	109.5	112.3	112.2	106.1	106.4	106.7	109.5	109.4
辽 宁	Liaoning	108.7	109.0	106.4	112.8	110.4	105.9	106.2	103.7	109.9	107.6
吉 林	Jilin	111.6	112.1	116.0	117.2	106.8	108.8	109.3	113.1	114.2	104.1
黑龙江	Heilongjiang	112.1	110.7	106.1	124.5	122.0	109.3	107.9	103.4	121.3	118.9
上 海	Shanghai	115.6	114.1	106.5	104.4	120.1	112.7	111.2	103.8	101.8	117.1
江 苏	Jiangsu	112.9	113.1	110.8	119.3	121.6	110.0	110.2	108.0	116.3	118.5
浙 江	Zhejiang	112.7	112.8	110.4	111.3	114.8	109.8	109.9	107.6	108.5	111.9
安 徽	Anhui	107.2	106.2	108.6	109.2	105.7	104.5	103.5	105.8	106.4	103.0
福 建	Fujian	109.0	109.7	107.4	107.0	110.8	106.2	106.9	104.7	104.3	108.0
江 西	Jiangxi	110.3	109.9	114.9	122.3	106.2	107.5	107.1	112.0	119.2	103.5
山 东	Shandong	112.2	111.9	110.3	121.8	116.2	109.4	109.1	107.5	118.7	113.3
河 南	Henan	102.6	102.2	107.4	119.7	99.7	100.0	99.6	104.7	116.7	97.2
湖 北	Hubei	110.2	109.1	106.6	101.6	114.9	107.4	106.3	103.9	99.0	112.0
湖 南	Hunan	109.6	109.7	109.3	111.2	110.0	106.8	106.9	106.5	108.4	107.2
广 东	Guangdong	106.0	106.0	105.4	115.2	110.1	103.3	103.3	102.7	112.3	107.3
广 西	Guangxi	113.8	113.4	112.9	111.7	116.1	110.9	110.5	110.0	108.9	113.2
海 南	Hainan	113.9	113.8	117.2	114.8	111.5	111.0	110.9	114.2	111.9	108.7
重 庆	Chongqing	112.4	112.4	110.6	114.6	115.4	109.6	109.6	107.8	111.7	112.5
四 川	Sichuan	113.3	113.7	112.9	117.1	122.7	110.4	110.8	110.0	114.1	119.6
贵 州	Guizhou	115.1	114.9	113.8	123.3	122.1	112.2	112.0	110.9	120.2	119.0
云 南	Yunnan	112.8	113.6	107.9	117.4	123.1	109.9	110.7	105.2	114.4	120.0
西 藏	Tibet	111.7	110.4	114.7	95.8	96.9	108.9	107.6	111.8	93.4	94.4
陕 西	Shaanxi	110.2	110.2	106.3	118.7	121.1	107.4	107.4	103.6	115.7	118.0
甘 肃	Gansu	113.7	114.7	118.8	100.7	110.4	110.8	111.8	115.8	98.1	107.6
青 海	Qinghai	110.6	111.3	109.2	116.7	127.5	107.8	108.5	106.4	113.7	124.3
宁 夏	Ningxia	106.4	106.6	106.5	109.7	105.7	103.7	103.9	103.8	106.9	103.0
新 疆	Xinjiang	110.1	110.2	107.9	122.3	110.5	107.3	107.4	105.2	119.2	107.7

4-12 按登记注册类型分城镇单位就业人员平均工资
Average Wage of Employed Persons in Urban Units by Status of Registration

单位：元 (yuan)

年份 Year 地区 Region		合计 Total	国有单位 State-owned Units	城镇集体单位 Urban Collective-owned Units	股份合作单位 Cooperative Units	联营单位 Joint Ownership Units	有限责任公司 Limited Liability Corporations	股份有限公司 Shareholding Corporations Ltd.	其他内资 Others	港、澳、台商投资单位 Units with Funds from Hong Kong, Macao & Taiwan	外商投资单位 Foreign Funded Units
1995		5348	5553	3934	7260	6074			6483	7711	8812
1996		5980	6207	4312	7620	6879			7025	8557	10084
1997		6444	6679	4516	7712	7370			7183	9553	11216
1998		7446	7579	5314	6051	8431	7762	8829	6183	10330	12927
1999		8319	8443	5758	6709	9494	8658	9734	8571	11349	14353
2000		9333	9441	6241	7479	10608	9750	11105	9888	12210	15692
2001		10834	11045	6851	8446	11882	11024	12333	11888	12959	17553
2002		12373	12701	7636	9498	12438	11994	13815	10444	14197	19409
2003		13969	14358	8627	10558	13556	13358	15738	10670	15155	21016
2004		15920	16445	9723	11710	15218	15103	18136	10211	16237	22250
2005		18200	18978	11176	13808	17476	17010	20272	11230	17833	23625
2006		20856	21706	12866	15190	19883	19366	24383	13262	19678	26552
2007		24721	26100	15444	17613	23746	22343	28587	16280	22593	29594
2008		28898	30287	18103	21497	27576	26198	34026	19591	26083	34250
2009		32244	34130	20607	25020	29474	28692	38417	21633	28090	37101
2010		36539	38359	24010	30271	33939	32799	44118	25253	31983	41739
2011		41799	43483	28791	36740	36142	37611	49978	29961	38341	48869
2012		46769	48357	33784	43433	42083	41860	56254	34694	44103	55888
2013		51483	52657	38905	48657	43973	46718	61145	38306	49961	63171
北京	Beijing	93006	94173	42502	36778	41945	74700	121635	46047	106762	130840
天津	Tianjin	67773	75881	41094	49668	40854	62761	80782	63740	64689	65775
河北	Hebei	41501	39648	33057	56446	38087	41803	48870	32436	45721	43662
山西	Shanxi	46407	42175	36409	29855	33956	51715	56052	28337	39421	45108
内蒙古	Inner Mongolia	50723	53977	50932	49321	64038	46341	47860	35276	43831	51134
辽宁	Liaoning	45505	45936	31789	32810	41341	42389	56457	33861	45896	54523
吉林	Jilin	42846	45618	34570	32418	32093	36730	45133	47034	41882	48718
黑龙江	Heilongjiang	40794	39072	35819	47240	38758	43801	47092	32025	37317	45526
上海	Shanghai	90908	95573	55098	41407	56655	69954	119730	66810	79874	106045
江苏	Jiangsu	57177	67826	50560	47044	40519	51714	60759	52107	51930	59094
浙江	Zhejiang	56571	81157	52070	70158	45366	45992	61850	50323	51197	51678
安徽	Anhui	47806	48683	37926	48334	43769	48036	50289	36624	39665	47165
福建	Fujian	48538	58199	41293	49364	55046	44343	61632	48507	41348	47335
江西	Jiangxi	42473	45315	36004	30107	33950	40603	46405	38416	37310	38038
山东	Shandong	46998	52811	41416	49713	49549	42856	50613	40578	45770	42981
河南	Henan	38301	42270	33135	41673	34299	34323	41388	32572	42801	36985
湖北	Hubei	43899	44746	33216	46113	38658	42990	44069	35169	40436	52642
湖南	Hunan	42726	44153	32975	48713	36631	40178	51502	34237	38589	44027
广东	Guangdong	53318	62652	35650	43532	51228	50814	74540	50097	44398	53926
广西	Guangxi	41391	42552	32197	55553	31824	40598	44249	31952	34525	44965
海南	Hainan	44971	47159	36418	33818	34937	42414	45168	34942	49727	47824
重庆	Chongqing	50006	55870	34492	55987	50618	45338	60858	36697	47681	50604
四川	Sichuan	47965	53896	39112	48911	40490	42025	50120	35559	44190	47031
贵州	Guizhou	47364	49734	47941	91658	31332	41461	52944	31233	43239	48239
云南	Yunnan	42447	46849	43702	40622	34541	41170	52336	29790	39158	44758
西藏	Tibet	57773	59904	24865	26572	45983	49303	44916	39870	86954	54764
陕西	Shaanxi	47446	48381	38455	46089	51756	44557	57861	29804	42354	51482
甘肃	Gansu	42833	45636	32822	29516	34934	37354	48992	26550	40333	41875
青海	Qinghai	51393	55410	34255	41315	30353	39773	62088	24233	57156	39891
宁夏	Ningxia	50476	49914	48650	44109	30376	52368	50172	34531	48112	47264
新疆	Xinjiang	49064	45834	56809	99171	43212	49548	69246	31867	49755	49232

4-13 按行业分城镇单位就业人员工资总额
Total Wage Bill of Employed Persons in Urban Units by Sector

单位: 亿元 (100 million yuan)

年份 Year / 地区 Region		合计 Total	农、林、牧、渔业 Agriculture, Forestry, Animal Husbandry and Fishery	采矿业 Mining	制造业 Manufacturing	电力、热力、燃气及水生产和供应业 Production and Supply of Electricity, Heat, Gas and Water	建筑业 Construction	批发和零售业 Wholesale and Retail Trades
	2003	15329.6	335.8	662.9	3772.7	552.0	965.9	696.3
	2004	17615.0	351.2	831.8	4316.4	646.8	1081.3	770.5
	2005	20627.1	368.7	1031.2	5056.6	741.8	1324.7	832.0
	2006	24262.3	403.3	1259.6	6035.8	858.0	1612.1	920.0
	2007	29471.5	464.6	1500.5	7241.2	1012.7	1946.2	1061.8
	2008	35289.5	516.4	1847.3	8498.9	1180.4	2313.6	1323.9
	2009	40288.2	537.4	2089.1	9302.2	1283.5	2837.9	1509.2
	2010	47269.9	627.1	2458.8	11140.8	1468.3	3471.5	1783.0
	2011	59954.7	697.7	3174.2	15031.4	1755.7	5596.4	2594.8
	2012	70914.2	760.8	3600.7	17668.1	1999.6	7392.7	3271.3
	2013	93064.3	758.0	3833.2	24566.6	2715.3	12315.1	4451.9
北京	Beijing	6869.8	15.7	56.1	763.7	88.8	302.2	592.6
天津	Tianjin	2053.8	3.0	63.6	768.3	44.1	180.4	96.8
河北	Hebei	2724.1	7.3	175.5	608.1	125.3	327.6	91.1
山西	Shanxi	2161.1	6.5	694.4	269.8	70.5	157.7	69.4
内蒙古	Inner Mongolia	1599.1	71.5	150.2	217.7	84.6	138.6	45.9
辽宁	Liaoning	3229.7	30.2	194.5	821.1	87.4	526.6	112.5
吉林	Jilin	1476.6	31.7	77.9	409.3	74.3	145.8	44.4
黑龙江	Heilongjiang	1947.9	188.8	213.6	261.2	99.8	181.9	74.1
上海	Shanghai	5676.6	7.7	0.6	1538.5	66.7	241.8	669.3
江苏	Jiangsu	8396.4	19.8	81.7	3036.1	176.5	1905.8	318.6
浙江	Zhejiang	5985.1	3.6	4.6	1650.0	127.9	1259.8	219.9
安徽	Anhui	2464.5	12.2	231.8	531.3	86.7	436.5	87.8
福建	Fujian	3135.3	11.9	10.7	1091.7	63.3	654.4	121.7
江西	Jiangxi	1878.0	15.3	34.9	493.1	68.5	339.2	60.8
山东	Shandong	6098.8	7.2	478.7	1807.5	138.3	769.0	262.0
河南	Henan	4048.7	13.0	318.9	1034.1	131.9	621.5	176.3
湖北	Hubei	3012.4	22.1	37.9	815.0	101.5	594.5	156.3
湖南	Hunan	2538.1	4.9	57.5	579.7	87.0	381.9	89.4
广东	Guangdong	10467.4	15.5	20.3	4756.7	286.4	648.3	491.2
广西	Guangxi	1634.2	20.9	16.9	304.1	83.1	221.3	53.0
海南	Hainan	437.7	9.4	3.7	43.6	11.6	30.3	41.6
重庆	Chongqing	1960.3	4.0	45.6	401.5	49.7	428.0	96.9
四川	Sichuan	4003.5	12.9	118.7	916.6	185.4	624.7	138.5
贵州	Guizhou	1387.1	5.2	84.4	199.8	87.7	164.2	62.2
云南	Yunnan	1786.7	17.4	95.3	299.9	66.0	225.3	99.0
西藏	Tibet	177.7	1.2	3.4	4.8	5.3	7.0	5.1
陕西	Shaanxi	2409.4	9.5	253.2	476.6	69.4	280.5	88.8
甘肃	Gansu	1109.0	15.2	61.7	182.1	57.6	171.0	25.1
青海	Qinghai	330.5	4.7	32.2	53.3	11.6	31.7	9.4
宁夏	Ningxia	389.9	7.1	53.7	54.8	27.2	45.6	11.3
新疆	Xinjiang	1674.7	162.7	161.0	176.9	51.4	271.8	41.0

4-13 续表 1 continued

单位：亿元 (100 million yuan)

年份 地区	Year Region	交通运输、仓储和邮政业 Transport, Storage and Post	住宿和餐饮业 Hotels and Catering Services	信息传输、软件和信息技术服务业 Information Transmission, Software and Information Technology	金融业 Financial Intermediation	房地产业 Real Estate	租赁和商务服务业 Leasing and Business Services
	2003	1008.0	190.9	356.0	734.4	202.7	305.2
	2004	1144.7	221.2	404.3	866.7	243.3	351.4
	2005	1279.5	249.8	491.8	1047.7	293.0	449.8
	2006	1471.5	280.0	587.4	1292.9	338.4	565.6
	2007	1727.9	314.6	699.1	1670.3	426.2	668.9
	2008	2006.3	371.2	862.8	2202.9	520.8	893.7
	2009	2234.9	418.9	996.2	2658.8	607.8	1021.4
	2010	2541.9	484.6	1171.7	3219.0	745.6	1198.5
	2011	3074.1	655.2	1475.6	4007.0	1052.5	1325.3
	2012	3531.5	824.4	1769.4	4669.0	1271.3	1531.2
	2013	4834.6	1038.3	2957.7	5269.0	1882.3	2629.4
北京	Beijing	422.2	142.1	784.6	791.4	292.6	651.1
天津	Tianjin	118.0	21.8	36.6	92.6	56.9	36.4
河北	Hebei	128.7	19.5	60.4	167.2	34.6	43.2
山西	Shanxi	130.8	12.8	29.6	104.8	10.3	22.7
内蒙古	Inner Mongolia	120.3	14.8	32.0	76.8	19.7	19.5
辽宁	Liaoning	208.5	26.8	91.6	167.3	62.5	45.7
吉林	Jilin	82.9	9.2	33.5	72.7	22.2	18.6
黑龙江	Heilongjiang	140.1	18.1	39.3	89.4	22.8	23.9
上海	Shanghai	394.1	95.5	327.3	550.2	162.1	544.9
江苏	Jiangsu	273.0	60.7	286.2	319.0	117.9	151.8
浙江	Zhejiang	198.5	53.9	162.8	444.9	101.5	150.0
安徽	Anhui	103.5	16.5	32.7	111.4	42.6	28.9
福建	Fujian	134.3	33.1	51.3	150.5	64.8	55.9
江西	Jiangxi	114.9	12.4	37.2	80.6	20.0	21.0
山东	Shandong	274.9	71.8	130.4	277.0	106.3	104.1
河南	Henan	191.4	33.2	44.9	149.2	58.2	44.4
湖北	Hubei	164.0	34.8	51.4	115.7	50.0	36.3
湖南	Hunan	121.5	28.2	40.0	160.2	46.5	31.3
广东	Guangdong	507.8	138.4	330.7	491.4	275.8	334.9
广西	Guangxi	104.0	13.8	30.2	93.3	27.1	33.0
海南	Hainan	31.6	21.9	10.2	20.9	27.0	8.8
重庆	Chongqing	141.1	22.2	36.1	123.1	49.3	39.1
四川	Sichuan	224.7	38.3	109.3	182.5	70.7	58.5
贵州	Guizhou	58.6	12.0	21.3	80.4	27.3	16.4
云南	Yunnan	89.2	25.6	37.1	102.0	38.1	32.7
西藏	Tibet	4.0	2.2	4.1	12.9	0.6	1.5
陕西	Shaanxi	124.5	35.0	65.7	106.2	35.5	35.4
甘肃	Gansu	64.6	9.4	12.2	34.7	14.5	7.4
青海	Qinghai	27.7	2.0	5.1	14.2	2.6	2.3
宁夏	Ningxia	21.9	2.1	5.3	22.5	6.1	6.5
新疆	Xinjiang	113.3	10.7	18.5	63.9	16.2	23.3

4-13 续表 2 continued

单位: 亿元 (100 million yuan)

年份 地区	Year Region	科学研究和技术服务业 Scientific Research and Technical Services	水利、环境和公共设施管理业 Management of Water Conservancy, Environment and Public Facilities	居民服务、修理和其他服务业 Services to Households, Repair and Other Services	教育 Education	卫生和社会工作 Health and Social Service	文化、体育和娱乐业 Culture, Sports and Entertainment	公共管理、社会保障和社会组织 Public Management, Social Security and Social Organization
	2003	454.4	202.6	66.4	2035.9	782.1	217.9	1787.6
	2004	514.6	226.1	71.8	2346.2	902.3	251.5	2072.7
	2005	614.0	257.3	85.1	2690.8	1047.8	275.8	2489.6
	2006	736.9	289.8	102.5	3127.8	1226.1	314.9	2839.7
	2007	923.9	352.2	115.8	3917.2	1496.6	378.1	3553.8
	2008	1154.6	413.8	132.1	4556.1	1789.3	429.3	4276.0
	2009	1350.6	474.3	146.8	5338.6	2095.3	488.5	4896.8
	2010	1619.3	555.9	168.4	6136.5	2506.4	543.7	5428.8
	2011	1879.6	659.8	197.9	6938.8	3078.6	642.1	6118.1
	2012	2259.4	784.6	217.1	7851.0	3718.5	735.4	7058.3
	2013	2940.3	933.7	277.2	8721.1	4397.8	867.8	7675.0
北京	Beijing	666.2	57.2	39.9	400.5	266.5	203.7	332.6
天津	Tianjin	109.2	26.0	33.2	153.3	80.0	15.3	118.5
河北	Hebei	84.0	32.0	4.0	366.5	131.2	19.2	298.6
山西	Shanxi	34.9	19.6	4.1	216.8	66.8	16.9	222.9
内蒙古	Inner Mongolia	34.3	32.7	3.5	217.8	77.7	18.2	223.2
辽宁	Liaoning	98.2	46.1	9.6	291.4	159.8	25.8	224.3
吉林	Jilin	39.8	20.3	3.7	166.8	76.3	13.6	133.6
黑龙江	Heilongjiang	67.8	27.1	23.2	195.9	95.4	17.9	167.7
上海	Shanghai	287.2	48.2	27.5	266.4	203.8	53.3	191.6
江苏	Jiangsu	147.1	62.4	16.3	585.3	295.0	48.5	494.9
浙江	Zhejiang	129.7	53.7	9.8	509.0	332.3	52.6	520.7
安徽	Anhui	50.5	25.4	3.3	292.9	135.4	14.4	220.9
福建	Fujian	47.9	20.3	5.2	269.8	123.9	21.1	203.4
江西	Jiangxi	27.6	30.4	1.8	209.4	98.5	14.6	197.6
山东	Shandong	96.7	56.3	12.0	623.2	305.8	40.8	536.4
河南	Henan	69.9	39.0	5.5	488.4	207.5	29.4	392.0
湖北	Hubei	90.7	28.4	5.2	278.9	177.8	25.2	226.7
湖南	Hunan	57.6	25.9	6.2	298.2	196.2	24.7	301.3
广东	Guangdong	262.3	70.4	31.0	695.0	380.1	71.3	660.0
广西	Guangxi	44.7	26.7	2.0	234.4	129.9	13.2	182.4
海南	Hainan	9.3	9.6	1.1	67.4	28.0	5.5	56.3
重庆	Chongqing	50.0	16.8	4.7	199.6	98.8	14.0	139.7
四川	Sichuan	150.3	40.9	6.2	444.1	247.9	27.9	405.4
贵州	Guizhou	29.7	12.7	3.7	220.5	86.3	8.2	206.4
云南	Yunnan	44.8	23.5	4.1	261.8	100.3	14.4	210.4
西藏	Tibet	6.4	0.7	0.5	27.2	9.0	4.1	78.0
陕西	Shaanxi	108.9	31.4	6.2	297.0	115.6	21.2	248.7
甘肃	Gansu	34.1	18.1	0.8	169.0	54.1	9.9	167.4
青海	Qinghai	13.3	4.1	0.2	43.9	17.7	4.0	50.6
宁夏	Ningxia	8.0	7.5	0.3	44.0	17.7	3.9	44.2
新疆	Xinjiang	39.5	20.0	2.4	186.5	82.2	15.0	218.4

4-14 按登记注册类型和行业分城镇单位就业人员平均工资（2013年）
Average Wage of Employed Persons in Urban Units by Status of Registration and Sector in Detail (2013)

单位：元 (yuan)

项目	Item	合计 Total	国有单位 State-owned Units	城镇集体单位 Urban Collective-owned Units	其他单位 Units of Other Types of Ownership
全国总计	**National Total**	**51483**	**52657**	**38905**	**51453**
农、林、牧、渔业	Agriculture, Forestry, Animal Husbandry and Fishery	25820	25444	26754	34310
采矿业	Mining	60138	56317	39007	61475
制造业	Manufacturing	46431	54094	34689	46297
电力、热力、燃气及水生产和供应业	Production and Supply of Electricity, Heat, Gas and Water	67085	68146	45082	66489
建筑业	Construction	42072	43849	33893	42476
批发和零售业	Wholesale and Retail Trades	50308	55980	26200	50700
交通运输、仓储和邮政业	Transport, Storage and Post	57993	59516	31772	57720
住宿和餐饮业	Hotels and Catering Services	34044	36298	39491	33400
信息传输、软件和信息技术服务业	Information Transmission, Software and Information Technology	90915	60182	40268	96618
金融业	Financial Intermediation	99653	87732	70249	109161
房地产业	Real Estate	51048	45435	37155	52052
租赁和商务服务业	Leasing and Business Services	62538	46542	33296	74632
科学研究和技术服务业	Scientific Research and Technical Services	76602	69501	52204	87590
水利、环境和公共设施管理业	Management of Water Conservancy, Environment	36123	35155	27855	43213
居民服务、修理和其他服务业	Services to Households, Repair and Other Services	38429	41416	31005	37738
教育	Education	51950	52283	47610	47194
卫生和社会工作	Health and Social Service	57979	59200	48990	50173
文化、体育和娱乐业	Culture, Sports and Entertainment	59336	59437	37715	60288
公共管理、社会保障和社会组织	Public Management, Social Security and Social Organization	49259	49371	45859	34486

4-15 按行业分城镇单位就业人员平均工资
Average Wage of Employed Persons in Urban Units by Sector

单位: 元 (yuan)

年 份 地 区	Year Region	合 计 Total	农、林、牧、渔业 Agriculture, Forestry, Animal Husbandry and Fishery	采矿业 Mining	制造业 Manufacturing	电力、热力、燃气及水生产和供应业 Production and Supply of Electricity, Heat, Gas and Water	建筑业 Construction	批发和零售业 Wholesale and Retail Trades
	2003	13969	6884	13627	12671	18574	11328	10894
	2004	15920	7497	16774	14251	21543	12578	13012
	2005	18200	8207	20449	15934	24750	14112	15256
	2006	20856	9269	24125	18225	28424	16164	17796
	2007	24721	10847	28185	21144	33470	18482	21074
	2008	28898	12560	34233	24404	38515	21223	25818
	2009	32244	14356	38038	26810	41869	24161	29139
	2010	36539	16717	44196	30916	47309	27529	33635
	2011	41799	19469	52230	36665	52723	32103	40654
	2012	46769	22687	56946	41650	58202	36483	46340
	2013	51483	25820	60138	46431	67085	42072	50308
北 京	Beijing	93006	48352	82623	72915	99743	68501	86715
天 津	Tianjin	67773	55191	82111	63093	101131	54095	56137
河 北	Hebei	41501	13859	61544	40169	63938	34670	32091
山 西	Shanxi	46407	29661	68633	36683	63435	36719	32802
内蒙古	Inner Mongolia	50723	29501	69278	45338	64325	37575	40609
辽 宁	Liaoning	45505	13058	56411	45416	55207	38992	40569
吉 林	Jilin	42846	23249	49884	46613	53553	35730	34569
黑龙江	Heilongjiang	40794	23824	56637	39691	54211	36776	38401
上 海	Shanghai	90908	55329	113338	71305	125279	65134	100692
江 苏	Jiangsu	57177	29334	58932	53980	96912	49693	52495
浙 江	Zhejiang	56571	47000	46043	45895	93793	43251	54908
安 徽	Anhui	47806	24302	70893	43980	72363	44710	39255
福 建	Fujian	48538	26205	38110	42820	71123	44202	45998
江 西	Jiangxi	42473	26459	41762	39351	51676	38753	39111
山 东	Shandong	46998	39617	62390	41202	58181	40118	39219
河 南	Henan	38301	25268	51158	33951	53634	33856	33759
湖 北	Hubei	43899	24336	41853	42959	56047	44194	38099
湖 南	Hunan	42726	21744	37388	43356	51793	36989	38649
广 东	Guangdong	53318	24884	71465	45829	89166	42074	51767
广 西	Guangxi	41391	23430	37414	38245	55724	39126	37762
海 南	Hainan	44971	20032	45707	41841	52156	41126	32411
重 庆	Chongqing	50006	35415	45092	47621	67647	43375	44484
四 川	Sichuan	47965	34437	51485	44259	66679	37421	41814
贵 州	Guizhou	47364	33490	45308	43368	64270	42874	44489
云 南	Yunnan	42447	24290	41997	40659	64083	32598	38441
西 藏	Tibet	57773	13761	57940	42581	51458	37470	56026
陕 西	Shaanxi	47446	36800	69904	42072	56935	39375	34561
甘 肃	Gansu	42833	29317	57788	46152	57778	34793	33083
青 海	Qinghai	51393	32204	72764	45090	63403	40242	40200
宁 夏	Ningxia	50476	32753	81809	43353	80137	39589	41684
新 疆	Xinjiang	49064	30199	79421	51673	62704	45940	49631

4-15 续表 1 continued

单位：元 (yuan)

年 份 Year 地 区 Region	交通运输、仓储和邮政业 Transport, Storage and Post	住宿和餐饮业 Hotels and Catering Services	信息传输、软件和信息技术服务业 Information Transmission, Software and Information Technology	金融业 Financial Intermediation	房地产业 Real Estate	租赁和商务服务业 Leasing and Business Services
2003	15753	11198	30897	20780	17085	17020
2004	18071	12618	33449	24299	18467	18723
2005	20911	13876	38799	29229	20253	21233
2006	24111	15236	43435	35495	22238	24510
2007	27903	17046	47700	44011	26085	27807
2008	32041	19321	54906	53897	30118	32915
2009	35315	20860	58154	60398	32242	35494
2010	40466	23382	64436	70146	35870	39566
2011	47078	27486	70918	81109	42837	46976
2012	53391	31267	80510	89743	46764	53162
2013	57993	34044	90915	99653	51048	62538
北 京 Beijing	72006	45280	136599	206110	72828	99511
天 津 Tianjin	82315	33048	102922	118448	67872	63436
河 北 Hebei	46599	27464	69718	65547	38716	37884
山 西 Shanxi	54751	22924	49299	67729	32837	31191
内蒙古 Inner Mongolia	57041	31958	54434	69426	39964	44301
辽 宁 Liaoning	55620	33121	72837	73851	44905	34439
吉 林 Jilin	48587	27189	49288	66938	38598	33392
黑龙江 Heilongjiang	50797	36746	55854	57390	36885	39156
上 海 Shanghai	77999	45169	153989	181909	67231	129430
江 苏 Jiangsu	56782	31574	94616	105289	56357	48648
浙 江 Zhejiang	64156	35829	106946	124711	56607	52596
安 徽 Anhui	47235	28563	53755	65920	46737	41054
福 建 Fujian	55821	33572	74101	101550	52646	49942
江 西 Jiangxi	54417	26772	57867	70497	37376	37835
山 东 Shandong	55174	37068	74249	80835	44393	46169
河 南 Henan	44633	27895	47671	62835	37594	34965
湖 北 Hubei	49918	29452	56715	68047	42767	40533
湖 南 Hunan	49583	29931	54344	77457	42022	35201
广 东 Guangdong	65980	35460	100186	117219	53601	60605
广 西 Guangxi	49651	25500	58162	82062	35230	33584
海 南 Hainan	58729	33564	78812	75429	47873	46747
重 庆 Chongqing	55089	31090	73598	100437	50317	37097
四 川 Sichuan	58276	30613	69552	76687	45758	48724
贵 州 Guizhou	52524	29760	64260	102294	39683	35696
云 南 Yunnan	53775	26571	56193	104144	38864	35425
西 藏 Tibet	55166	34981	80988	137033	46613	32568
陕 西 Shaanxi	50410	27587	69266	71987	41317	47752
甘 肃 Gansu	51229	26817	39962	48791	37381	27057
青 海 Qinghai	60428	31724	49989	67182	32456	30685
宁 夏 Ningxia	54726	32363	65043	74026	42676	33492
新 疆 Xinjiang	64997	37072	64214	74551	42100	39154

4-15 续表 2 continued

单位：元 (yuan)

年份 地区	Year Region	科学研究和技术服务业 Scientific Research and Technical Services	水利、环境和公共设施管理业 Management of Water Conservancy, Environment and Public Facilities	居民服务、修理和其他服务业 Services to Households, Repair and Other Services	教育 Education	卫生和社会工作 Health and Social Service	文化、体育和娱乐业 Culture, Sports and Entertainment	公共管理、社会保障和社会组织 Public Management, Social Security and Social Organization
	2003	20442	11774	12665	14189	16185	17098	15355
	2004	23351	12884	13680	16085	18386	20522	17372
	2005	27155	14322	15747	18259	20808	22670	20234
	2006	31644	15630	18030	20918	23590	25847	22546
	2007	38432	18383	20370	25908	27892	30430	27731
	2008	45512	21103	22858	29831	32185	34158	32296
	2009	50143	23159	25172	34543	35662	37755	35326
	2010	56376	25544	28206	38968	40232	41428	38242
	2011	64252	28868	33169	43194	46206	47878	42062
	2012	69254	32343	35135	47734	52564	53558	46074
	2013	76602	36123	38429	51950	57979	59336	49259
北京	Beijing	113206	57563	43754	87820	109940	112707	73563
天津	Tianjin	102610	62405	30517	80673	86807	67310	76626
河北	Hebei	61114	27926	28024	41021	39382	36423	35150
山西	Shanxi	50793	22506	27476	41695	35993	36348	37173
内蒙古	Inner Mongolia	56780	38722	36346	61981	56148	52312	55697
辽宁	Liaoning	59624	29565	34562	50032	48430	46818	42162
吉林	Jilin	49805	24552	28343	44988	44311	37367	38028
黑龙江	Heilongjiang	60631	27025	49101	43527	43211	39644	39325
上海	Shanghai	141766	59119	54276	89333	107891	90056	91983
江苏	Jiangsu	77708	44635	45774	66056	68571	63059	73532
浙江	Zhejiang	82352	46195	44727	74700	86220	73090	80118
安徽	Anhui	60816	32453	37074	46183	50908	42787	46164
福建	Fujian	63208	37278	38689	56378	64544	53391	57022
江西	Jiangxi	47738	40756	31840	45499	48823	44087	40732
山东	Shandong	56233	37195	38233	51658	54919	56870	48062
河南	Henan	47717	31679	27878	42099	43526	36555	36348
湖北	Hubei	61121	30664	31492	41068	48539	45201	39465
湖南	Hunan	47101	27238	34523	41389	54704	48902	37143
广东	Guangdong	90557	43548	42187	58947	69057	65268	65245
广西	Guangxi	48101	28505	34921	38350	47276	40389	40748
海南	Hainan	46333	31753	28983	54503	53771	43622	50047
重庆	Chongqing	78204	34480	35535	51560	62470	53723	48733
四川	Sichuan	76610	33646	36253	49234	59159	47138	48635
贵州	Guizhou	45749	27832	28437	47235	53103	43319	45226
云南	Yunnan	48879	30608	30000	45448	46400	41914	42351
西藏	Tibet	60332	32923	34467	62163	55017	62046	60202
陕西	Shaanxi	65546	35276	32047	50826	50090	46364	44868
甘肃	Gansu	49957	33119	27199	46495	43061	39989	41848
青海	Qinghai	59097	39286	27848	57705	48976	49730	54414
宁夏	Ningxia	57000	35624	35155	50283	44547	48919	47962
新疆	Xinjiang	60859	36283	32441	50809	49696	50951	46636

4-16 分地区按行业分城镇私营单位就业人员平均工资(2013年)
Average Wage of Employed Persons in Urban Private Units by Sector and Region (2013)

单位：元 (yuan)

地区	Region	合计 Total	农、林、牧、渔业 Agriculture, Forestry, Animal Husbandry and Fishery	采矿业 Mining	制造业 Manufacturing	电力、热力、燃气及水生产和供应业 Production and Supply of Electricity, Heat, Gas and Water	建筑业 Construction	批发和零售业 Wholesale and Retail Trades
全　国	**National Average**	**32706**	**24645**	**33081**	**32035**	**29597**	**34882**	**30604**
北　京	Beijing	48027	32531	36432	42809	41939	40942	40742
天　津	Tianjin	41975	41255	16738	42765	34968	39704	40093
河　北	Hebei	28135	24198	27096	28983	27760	28852	25345
山　西	Shanxi	27580	21064	37694	27348	27199	29185	25978
内蒙古	Inner Mongolia	33245	31246	38644	33368	41316	35242	29201
辽　宁	Liaoning	30233	24194	28723	29354	25658	33830	28330
吉　林	Jilin	24244	18281	28830	22915	19804	24389	25170
黑龙江	Heilongjiang	24750	18992	27912	24899	24063	27687	23335
上　海	Shanghai	32828	22722		30443	31231	32413	27420
江　苏	Jiangsu	36308	32507	31812	36188	36986	37051	34213
浙　江	Zhejiang	35302	27932	33613	33186	28185	39113	33766
安　徽	Anhui	30872	21159	34019	31943	26903	35024	27437
福　建	Fujian	36657	30234	36500	35460	29918	39207	33192
江　西	Jiangxi	27819	25854	30184	26924	31275	32085	25652
山　东	Shandong	34317	30394	35905	34705	39881	35392	31817
河　南	Henan	23936	19869	24314	23142	23711	27104	23086
湖　北	Hubei	25898	17742	29872	25696	26030	27611	23028
湖　南	Hunan	27637	23363	33314	27287	32001	29932	23271
广　东	Guangdong	36943	25709	29852	35646	21670	37488	40866
广　西	Guangxi	28508	22762	28908	29315	27879	30752	25026
海　南	Hainan	30002	16593	26315	27836	20408	33335	29126
重　庆	Chongqing	35666	27961	39138	35398	34641	36539	32919
四　川	Sichuan	29830	25127	31623	29652	30099	30850	29149
贵　州	Guizhou	29370	18034	38758	27183	43575	26704	22260
云　南	Yunnan	26738	21580	25750	24646	26405	27603	28732
西　藏	Tibet							
陕　西	Shaanxi	26454	22480	32114	25582	25193	26140	24392
甘　肃	Gansu	24334	19319	29127	24212	24873	25256	26544
青　海	Qinghai	26226	18363	23828	27676	33502	24730	27760
宁　夏	Ningxia	32097	24172	32466	31638	32293	36178	28035
新　疆	Xinjiang	33409	30308	44315	32990	33911	41001	27373

4-16 续表 1 continued

单位：元 (yuan)

地区	Region	交通运输、仓储和邮政业 Transport, Storage and Post	住宿和餐饮业 Hotels and Catering Services	信息传输、软件和信息技术服务业 Information Transmission, Software and Information Technology	金融业 Financial Intermediation	房地产业 Real Estate	租赁和商务服务业 Leasing and Business Services
全国	**National Average**	**33141**	**27352**	**44060**	**37253**	**35038**	**36243**
北京	Beijing	34213	34517	73626	61099	55328	54613
天津	Tianjin	48095	38877	46580	43257	52518	45224
河北	Hebei	30108	24783	27827	29054	29993	27953
山西	Shanxi	22411	20577	21177	34975	31987	19582
内蒙古	Inner Mongolia	40449	29899	33239	34357	32652	29898
辽宁	Liaoning	31019	26197	30848	31635	30218	31298
吉林	Jilin	25836	22530	29716	32078	27219	25670
黑龙江	Heilongjiang	22793	22768	26667	31006	26322	21201
上海	Shanghai	36601	28119	58420	43202	29584	41639
江苏	Jiangsu	37625	32144	48032	39086	36701	36319
浙江	Zhejiang	38760	30096	46003	60961	36664	37798
安徽	Anhui	38871	27810	21489	28163	33413	26026
福建	Fujian	40793	28951	46072	36432	40708	36366
江西	Jiangxi	29388	22678	30168	32712	34705	28202
山东	Shandong	35833	30311	37675	35532	36515	35223
河南	Henan	24919	21798	22215	20682	26746	24655
湖北	Hubei	23379	23694	33526	37203	33276	24110
湖南	Hunan	25321	23264	35898	26735	29032	24571
广东	Guangdong	41074	29401	61935	37383	39566	41573
广西	Guangxi	28395	24300	26484	27609	30312	29916
海南	Hainan	37389	27086	29651	36019	40721	26308
重庆	Chongqing	34703	27616	38615	46209	42573	33767
四川	Sichuan	29386	26066	28671	33847	33876	29351
贵州	Guizhou	23913	21155	35040	52258	34022	20719
云南	Yunnan	28718	25552	25011	26141	26616	24983
西藏	Tibet						
陕西	Shaanxi	25359	23418	33454	30310	34150	26870
甘肃	Gansu	25435	18656	25994	21144	18383	27761
青海	Qinghai	25290	24295	24681	19408	24481	25245
宁夏	Ningxia	30101	28544	29269	30540	37562	27781
新疆	Xinjiang	37746	24646	31279	36275	34108	27265

4-16 续表 2 continued

单位：元 (yuan)

地 区	Region	科学研究和技术服务业 Scientific Research and Technical Services	水利、环境和公共设施管理业 Management of Water Conservancy, Environment and Public Facilities	居民服务、修理和其他服务业 Services to Households, Repair and Other Services	教 育 Education	卫生和社会工作 Health and Social Service	文化、体育和娱乐业 Culture, Sports and Entertainment	公共管理、社会保障和社会组织 Public Management, Social Security and Social Organization
全 国	**National Average**	**42854**	**31241**	**27483**	**31521**	**33862**	**30402**	**33953**
北 京	Beijing	55689	48257	34963	49832	47657	52990	62461
天 津	Tianjin	43931	42718	30275	44716	38910	36413	39713
河 北	Hebei	31978	23851	24149	25815	29717	23901	
山 西	Shanxi	26056	20260	20070	20985	21526	19786	
内蒙古	Inner Mongolia	33023	25497	29659	30418	33420	27826	35229
辽 宁	Liaoning	35772	24338	26958	29414	31971	26765	40486
吉 林	Jilin	36264	21818	25854	28620	32578	21976	
黑龙江	Heilongjiang	29169	19968	18300	24576	22782	19033	20500
上 海	Shanghai	52064	30746	22429	40653	42990	34377	
江 苏	Jiangsu	43460	40851	36241	45041	36868	32744	45805
浙 江	Zhejiang	41481	33611	27718	34148	44432	32170	
安 徽	Anhui	38103	27576	21399	25658	31235	27302	20080
福 建	Fujian	43081	31463	29248	36318	33909	36042	24534
江 西	Jiangxi	30383	25767	23432	27144	31086	26600	
山 东	Shandong	37934	33750	33792	32741	32485	32012	31393
河 南	Henan	28898	24410	21372	24772	25966	22177	18940
湖 北	Hubei	29828	21578	23151	25519	26457	23887	19994
湖 南	Hunan	34857	24813	26474	31969	32314	24419	16421
广 东	Guangdong	54150	35293	30653	37452	47443	33023	31824
广 西	Guangxi	29536	24374	24336	24595	30584	20050	18869
海 南	Hainan	33200	42116	19653	24754	31256	23804	24143
重 庆	Chongqing	40366	32299	32185	34736	38268	36085	28549
四 川	Sichuan	34180	30931	26736	30772	31738	31131	
贵 州	Guizhou	29439	17241	18781	25664	28746	20643	19525
云 南	Yunnan	36762	28165	23712	28625	30343	24519	25320
西 藏	Tibet							
陕 西	Shaanxi	35281	26817	24315	28344	27224	24069	
甘 肃	Gansu	25220	21640	17945	26742	23149	19808	16553
青 海	Qinghai	40967	21637	22409	22828	22147	28538	19200
宁 夏	Ningxia	38531	28084	24299	26716	30811	24202	20701
新 疆	Xinjiang	32319	27346	27320	29960	32130	22839	

4-17 分地区城镇登记失业人员及失业率
Registered Unemployed Persons and Unemployment Rate in Urban Area by Region

地 区	Region	失业人员（万人） Unemployed Persons (10 000 persons)							失业率 (%) Unemployment Rate (%)						
		1990	2005	2009	2010	2011	2012	2013	1990	2005	2009	2010	2011	2012	2013
北 京	Beijing	1.7	10.6	8.2	7.7	8.1	8.1	7.5	0.4	2.1	1.4	1.4	1.4	1.3	1.2
天 津	Tianjin	8.1	11.7	15.0	16.1	20.1	20.4	21.7	2.7	3.7	3.6	3.6	3.6	3.6	3.6
河 北	Hebei	7.7	27.8	34.5	35.1	36.0	36.8	37.2	1.1	3.9	3.9	3.9	3.8	3.7	3.7
山 西	Shanxi	5.5	14.3	21.6	20.4	21.1	21.0	21.1	1.2	3.0	3.9	3.6	3.5	3.3	3.1
内蒙古	Inner Mongolia	15.2	17.7	20.1	20.8	21.8	23.1	23.8	3.8	4.3	4.0	3.9	3.8	3.7	3.7
辽 宁	Liaoning	23.7	60.4	41.6	38.9	39.4	38.1	39.6	2.2	5.6	3.9	3.6	3.7	3.6	3.4
吉 林	Jilin	10.5	27.6	23.4	22.7	22.2	22.3	22.6	1.9	4.2	4.0	3.8	3.7	3.7	3.7
黑龙江	Heilongjiang	20.4	31.3	31.4	36.2	35.0	41.3	41.4	2.2	4.4	4.3	4.3	4.1	4.2	4.4
上 海	Shanghai	7.7	27.5	27.9	27.6	27.0	26.7	25.3	1.5		4.3	4.4	3.5	3.1	4.0
江 苏	Jiangsu	22.5	41.6	40.7	40.6	41.4	40.5	37.6	2.4	3.6	3.2	3.2	3.2	3.1	3.0
浙 江	Zhejiang	11.2	29.0	30.7	31.1	31.7	33.4	33.4	2.2	3.7	3.3	3.2	3.1	3.0	3.0
安 徽	Anhui	15.2	27.8	30.1	26.9	33.1	31.3	32.4	2.8	4.4	3.9	3.7	3.7	3.7	3.4
福 建	Fujian	9.0	14.9	15.2	14.5	14.6	14.5	14.7	2.6	4.0	3.9	3.8	3.7	3.6	3.6
江 西	Jiangxi	10.3	22.8	27.3	26.3	24.6	25.7	27.4	2.4	3.5	3.4	3.3	3.0	3.0	3.2
山 东	Shandong	26.2	42.9	45.1	44.5	45.1	43.4	42.2	3.2	3.3	3.4	3.4	3.4	3.3	3.2
河 南	Henan	25.1	33.0	38.5	38.2	38.4	38.3	40.2	3.3	3.5	3.5	3.4	3.4	3.1	3.1
湖 北	Hubei	12.7	52.6	55.3	55.7	55.1	42.3	40.2	1.7	4.3	4.2	4.2	4.1	3.8	3.5
湖 南	Hunan	15.9	41.9	47.8	43.2	43.1	44.1	45.6	2.7	4.3	4.1	4.2	4.2	4.2	4.2
广 东	Guangdong	19.2	34.5	39.5	39.3	38.8	39.6	38.0	2.2	2.6	2.6	2.5	2.5	2.5	2.4
广 西	Guangxi	13.9	18.5	19.1	19.1	18.8	18.9	18.0	3.9	4.2	3.7	3.7	3.5	3.4	3.3
海 南	Hainan	3.5	5.1	5.3	4.8	2.9	3.6	3.9	3.0	3.6	3.5	3.0	1.7	2.0	2.2
重 庆	Chongqing		16.9	13.4	13.0	13.0	12.4	12.1		4.1	4.0	3.9	3.5	3.3	3.4
四 川	Sichuan	38.0	34.3	36.3	34.6	36.9	40.7	42.9	3.7	4.6	4.3	4.1	4.2	4.0	4.1
贵 州	Guizhou	10.7	12.1	12.3	12.2	12.5	12.6	13.7	4.1	4.2	3.8	3.6	3.6	3.3	3.3
云 南	Yunnan	7.8	13.0	15.4	15.7	16.0	17.4	18.1	2.5	4.2	4.3	4.2	4.1	4.0	4.0
西 藏	Tibet			2.0	2.1	1.0	1.6	1.6			3.8	4.0	3.2	2.6	2.5
陕 西	Shaanxi	11.2	21.5	21.5	21.4	20.9	19.5	21.1	2.8	4.2	3.9	3.9	3.6	3.2	3.3
甘 肃	Gansu	12.5	9.3	10.3	10.7	10.8	9.8	9.3	4.9	3.3	3.3	3.2	3.1	2.7	2.3
青 海	Qinghai	4.2	3.6	4.1	4.2	4.4	4.1	4.2	5.6	3.9	3.8	3.8	3.8	3.4	3.3
宁 夏	Ningxia	4.0	4.4	4.8	4.8	5.2	4.6	4.7	5.4	4.5	4.4	4.4	4.4	4.2	4.1
新 疆	Xinjiang	9.6	11.1	11.9	11.0	11.1	11.8	11.9	3.0	3.9	3.8	3.2	3.2	3.4	3.4

主要统计指标解释

经济活动人口 指在16周岁及以上，有劳动能力，参加或要求参加社会经济活动的人口。包括就业人员和失业人员。

就业人员 指在一定年龄以上，有劳动能力，为取得劳动报酬或经营收入而从事一定社会劳动的人员。具体指年满16周岁，为取得报酬或经营利润，在调查周内从事了1小时（含1小时）以上的劳动或由于学习、休假等原因在调查周内暂时处于未工作状态，但有工作单位或场所的人口。

单位就业人员 指报告期末最后一日24时在本单位中工作，并取得工资或其他形式劳动报酬的人员数。该指标为时点指标，不包括最后一日当天及以前已经与单位解除劳动合同关系的人员，是在岗职工、劳务派遣人员及其他就业人员之和。就业人员不包括：

(1)离开本单位仍保留劳动关系，并定期领取生活费的人员；

(2)利用课余时间打工的学生及在本单位实习的各类在校学生；

(3)本单位因劳务外包而使用的人员。

城镇私营和个体就业人员 城镇私营就业人员指在工商管理部门注册登记，其经营地址设在县城关镇(含县城关镇)以上的私营企业就业人员，包括私营企业投资者和雇工。城镇个体就业人员指在工商管理部门注册登记，并持有城镇户口或在城镇长期居住，经批准从事个体工商经营的就业人员，包括个体经营者和在个体工商户劳动的家庭帮工和雇工。

在岗职工 指在本单位工作且与本单位签订劳动合同，并由单位支付各项工资和社会保险、住房公积金的人员，以及上述人员中由于学习、病伤、产假等原因暂未工作仍由单位支付工资的人员。在岗职工还包括：

(1)应订立劳动合同而未订立劳动合同人员(如使用的农村户籍人员)；

(2)处于试用期人员；

(3)编制外招用的人员；

(4)派往外单位工作，但工资仍由本单位发放的人员(如挂职锻炼、外派工作等情况)。

工资总额 指根据《关于工资总额组成的规定》(1990年1月1日国家统计局发布的一号令)进行修订，在报告期内(季度或年度)直接支付给本单位全部就业人员的劳动报酬总额。包括计时工资、计件工资、奖金、津贴和补贴、加班加点工资、特殊情况下支付的工资，是在岗职工工资总额、劳务派遣人员工资总额和其他就业人员工资总额之和。

工资总额是税前工资，包括单位从个人工资中直接为其代扣或代缴的房费、水费、电费、住房公积金和社会保险基金个人缴纳部分等。

工资总额不论是计入成本的还是不计入成本的，不论是以货币形式支付的还是以实物形式支付的，均应列入工资总额的计算范围。

平均工资 指单位就业人员在一定时期内平均每人所得的工资额。它表明一定时期工资收入的高低程度，是反映就业人员工资水平的主要指标。计算公式为：

$$平均工资=\frac{报告期就业人员工资总额}{报告期就业人员平均人数}$$

平均工资指数 指报告期就业人员平均工资与基期就业人员平均工资的比率，是反映不同时期就业人员货币工资水平变动情况的相对数。计算公式为：

$$平均工资指数=\frac{报告期就业人员平均工资}{基期就业人员平均工资}\times 100\%$$

平均实际工资指数 就业人员平均实际工资指扣除物价变动因素后的就业人员平均工资。就业人员平均实际工资指数是反映实际工资变动情况的相对数，表明就业人员实际工资水平提高或降低的程度。计算公式为:

$$平均实际工资指数=\frac{报告期就业人员平均工资指数}{报告期城镇居民消费价格指数}\times 100\%$$

城镇登记失业人员 指有非农业户口，在一定的劳动年龄内(16周岁至退休年龄)，有劳动能力，无业而要求就业，并在当地劳动保障部门进行失业登记的人员。

城镇登记失业率 城镇登记失业人员与城镇单位就业人员(扣除使用的农村劳动力、聘用的离退休人员、港澳台及外方人员)、城镇单位中的不在岗职工、城镇私营业主、个体户主、城镇私营企业和个体就业人员、城镇登记失业人员之和的比。

Explanatory Notes on Main Statistical Indicators

Economically Active Population refers to the population aged 16 and over who are capable of working, are participating in or willing to participate in economic activities, including employed persons and unemployed persons.

Employed Persons refers to persons above a specified age who had labour capacity and performed some social work for compensation or business gains. Specifically, it refers to all persons, aged 16 and over, who performed some work for compensation or business gains for one hour or more during the reference period; or who had work units or sites but were temporarily not at work during the reference period,

Persons Employed in Various Units refer to the total number of employees who work at his unit and obtain wages or other forms of payment at the end of the reporting period. This indicator is a kind of time point index and it equals to the sum of the number of employed staff and workers, labor dispatch personnel and other employed persons. Employed persons do not include:

1)persons who have left their working units while keeping their labour contract (employment relation) unchanged and receiving regular alimony;

2)students who do part-time jobs in spare time and all kinds of enrolled students who do internship in various units;

3)persons employed due to labor outsourcing;

4)persons who dissolve labor contracts with their units on the last day of reporting period or before.

Persons Employed in Private Enterprises and Self-Employed Individuals in Urban Areas Persons employed in private enterprises refer to the persons employed in the private enterprises which have been registered at the departments of industrial and commercial administration for which the business operation are situated at a county town (i.e. a town where the county government is located), or at urban areas with administrative hierarchy higher than a county town. The self-employed individuals in urban areas refer to persons who hold the certificates of residence in urban areas or have resided in the urban areas for a long time and have been registered at the departments of industrial and commercial administration and approved to be engaged in individual industrial or commercial business, including self-employed persons as well as helpers and hired laborers who work in individual households.

Employed Staff and Workers refer to persons who signed labor contracts with working units and working units would pay wages, social insurance and housing funds for them. Persons who have their work posts but are temporarily absent from work for reasons of study or on sick, injury or maternal leave and still receive wages from their working units are also included. Employed staff and workers also include:

1)Persons who should have signed the labor contracts but not (like people with rural household registration);

2)Employees on probation;

3)Employees beyond the staffing quota;

4)Employees who are sent to other working units but still obtain wages from their original units (situations like on-the-job placement, expatriated assignment, etc.)

1)Employed Staff and Workers do not include: Dispatched personnel who work and are paid directly by the working units; they shall be counted into "labour dispatch personnel" of the working units;

2)Personnel through labor outsourcing, they shall be counted into "employed staff and workers" of the units which contracted them.

Total Wage Bill It is revised according to the "Provision of Composition of Total Wages" (Order No.1 by National Bureau of Statistics on January, 1st, ,1990), total wage bill refers to the total remuneration payment to all employed persons in various units during the reporting period (by quarter or by year), including hourly-paid wages, piece-rate wages, bonuses, allowance and subsidies, overtime wages and wages paid under special circumstances. It equals to the sum of total wages of employed staff and workers, dispatch labors and other employed persons.

Total wage bill is pre-tax wages, including the room charges, utility bills, housing funds and social insurance paid or withheld by employee's units.

Total wage bill, whether or not included in cost, whether or not paid in money or in kind, shall be included in the calculation of total wage.

Average Wage refers to the average per capita wage during a certain period of time for employed persons. It shows the general level of wage income during a certain period of time, one major indicator to reflect the wage level. It is calculated as follows:

$$\text{Average Wage} = \frac{\text{Total Wage Bill of Employed Persons at Reference Time}}{\text{Average Number of Persons Employed at Reference Time}}$$

Average Wage Indices refers to the ratio of average wage of employed persons the reporting period to that at the base period, which reflects the change of wage of employed persons at the different period. It is calculated as follows:

$$\text{Average Wage Indices} = \frac{\text{Average Wage of Employed Persons at Reference Time}}{\text{Average Wage of Persons Employeds at Base Period}} \times 100\%$$

Average Real Wage Indices average real wage of employed persons refers to the average wage of employed

persons after removing the effects of the price changes and average real wage indices of employed persons refers to the change of real wage, which reflects the relative increasing or decreasing level of real wage of employed persons ,which is calculated as follows:

$$\text{Average Real Wage Indices} = \frac{\text{Average Wage Indices of Employed Persons at the Reference Time}}{\text{Urban Consumer Price Indices at Reference Time}} \times 100\%$$

Registered Unemployed Persons in Urban Areas refer to the persons with non-agricultural household registration at certain working ages (16 years old to retirement age), who are capable of working, unemployed and willing to work, and have been registered at the local employment service agencies to apply for a job.

Registered Unemployment Rate in Urban Areas refers to the ratio of the number of the registered unemployed persons to the sum of the number of persons employed in various units (minus the employed rural labour force, re-employed retirees, and Hong Kong, Macao, Taiwan or foreign employees), laid-off staff and workers in urban units, owners of private enterprises in urban areas, owners of self-employed individuals in urban areas, employees of private enterprises in urban areas, employee of self-employed individuals in urban areas, and the registered unemployed persons in urban areas.

5

价　格

Prices

简 要 说 明

一、本篇资料的主要内容

本篇价格指数资料，反映生产、流通、消费与投资等环节的价格变动趋势和变动幅度。主要包括居民消费价格指数、商品零售价格指数、农业生产资料价格指数、农产品生产价格指数、工业生产者出厂价格指数、工业生产者购进价格指数、固定资产投资价格指数、进出口商品价格指数等。

二、本篇的资料来源

除进出口商品价格指数以外的价格指数编制由国家统计局城市社会经济调查司和农村社会经济调查司组织实施。由各省、自治区、直辖市及抽选出的市、县调查队依据国家统计局统一制定的价格统计调查制度从基层采集原始数据汇总后上报。进出口商品价格指数统计资料由海关总署提供。

三、居民消费、商品零售价格指数

编制居民消费、商品零售价格指数的资料采用抽样调查和重点调查相结合的方法取得，即在全国选择不同经济区域和分布合理的地区，以及有代表性的商品作为样本，对其市场价格进行定期调查，以样本推断总体。目前，参加国家级数据汇总的调查市、县500个。编制过程按下列几个步骤进行：

1.选择调查地区和调查点。调查地区按照经济区域和地区分布合理等原则，选出具有代表性的大、中、小城市和县作为国家的调查地区，在此基础上选定经营规模大、商品种类多的商场(包括集市和服务网点)作为调查点。

2.选择代表规格品。代表规格品是选择那些消费量大、价格变动有代表性的商品；代表规格品的确定是根据商品零售资料和城乡居民的消费支出记账资料，按照有关规定筛选的。筛选原则：(1)与社会生产和人民生活关系密切；(2)消费(销售)数量(金额)大；(3)市场供应稳定；(4)价格变动趋势有代表性；(5)所选的代表规格品之间差异大。

目前，居民消费价格调查按用途划分为8大类，262个基本分类，各调查市县每月调查600种以上的规格品价格；商品零售价格按用途划分为16个大类，229个基本分类，各地每月调查500种以上的规格品价格。

3.价格调查方式。采用派员直接到调查点登记调查，同时全国聘请近万名辅助调查员协助登记调查。

4.权数的确定。商品零售价格指数的权数主要根据社会商品零售额资料确定；居民消费价格指数的权数主要根据城乡居民家庭消费支出构成确定。

四、工业生产者出厂价格指数

工业生产者出厂价格是工业品第一次出售时的出厂价格。该项调查采用重点调查与典型调查相结合的调查方法。重点调查对象为年主营业务收入2000万元及以上的工业法人企业；典型调查对象为年主营业务收入2000万元以下的工业法人企业。

1.选择代表企业的原则：(1)按工业行业选择调查企业，各中类行业原则上都要有调查企业；(2)大型企业应尽量都选上(或占相当大比重)；(3)选择生产正常、稳定的企业作为调查对象。

2.选择代表产品的原则：(1)按工业行业选择代表产品；(2)选择对国计民生影响大的产品；(3)选择生产较为稳定的产品；(4)选择有发展前景的产品；(5)选择具有地方特色的产品。

目前《工业生产者出厂价格调查目录》包括11000多种产品，并将其划分为1702个基本分类；《工业生产者购进价格调查目录》包括6000多种产品，并划分为900多个基本分类。

3.价格调查方式。采用企业报表形式，每月近6万家工业企业上报数据资料。

4.权数的确定。工业生产者出厂价格统计中，工业小类及小类以上的权数资料来源于工业统计中分行业工业销售产值数据资料；基本分类的权数资料来源于独立的工业企业产品权数调查。权数一般五年更换一次。

五、固定资产投资价格指数

固定资产投资价格调查采用重点调查与典型调查相结合的方法。固定资产投资价格调查所涉及的价格是构成固定资产投资额实体的实际购进价格或结算价格。调查的内容包括构成当年建筑工程实体的钢材、木材、水泥、地方材料(如砖、瓦、灰、沙、石等)、化工材料(如油漆等)等主要建筑材料价格；作为活劳动投入的劳动力价格（单位工资）和建筑机械使用费用；设备工器具购置和其他费用投资价格。

固定资产投资价格调查样本的选择遵循以下原则：

1.选择建筑安装工程调查点的原则：(1)样本单位应具有一定覆盖面；(2)投资经济活动代表性强；(3)兼顾不同登记注册类型；(4)选择重点工程；(5)兼顾国民经济各门类及不同工程类别。

2.选择其他费用调查点的原则：在选择其他费用调查点时，所遵循的原则与建筑安装工程调查点的原则基本相同，特别是要注意选择那些投资额大的工程。但由于其他费用不易取得，所以在实际操作过程中，应同时在建设单位、施工单位开展重点调查，并辅以典型调查(从管理部门取得资料)。

3.价格调查方式。采用企业报表和调查员走访相结合的方式。

4.权数的确定。固定资产投资价格指数的计算权数是建筑安装工程、设备工器具购置和其他费用三者前三年的平均比重。

六、农产品生产价格指数

农产品生产价格是农产品生产者直接出售其产品时实际获得的单位产品价格。农产品生产价格调查采用抽样调查和重点调查相结合的方法。内容包括被调查单位生产并出售的主要农产品。农产品代表产品的选择涵盖农、林、牧、渔四大类、各中类以及90%以上的小类，一般是生产量和销售量大的对国计民生影响大、稳定性强的产品，具有发展前景的新产品和具有地方特色的产品。代表品一般稳定五年。调查周期为季度。

七、进出口商品价格指数

海关总署采用“单位价值法”编制进出口商品价格指数，计算指数的资料全部来自海关进出口货物贸易统计。进口价格指数的计算按到岸价格计算，出口价格指数的计算按离岸价格计算。海关根据详细的货物进出口记录计算出的同种商品价格变异系数，选取商品名称及编码协调制度（HS）分类8位码商品作为计算样本，样本覆盖率在70%以上。调查频率为月度。

Brief Introduction

I. Main Contents

Data on price indices in this chapter show the changing trends and the change rates in the prices of production, trade, consumption and investment, including mainly consumer price indices, retail price indices, price indices for means of agricultural production, producer price indices for farm products, producer price indices for industrial products, purchasing price indices for industrial producers, price indices for investment in fixed assets, and price indices for imports and exports.

II. Sources of Data

Compilation of statistics on price indices is organized by the Department of Urban Social and Economic Survey, NBS and the Department of Rural Social and Economic Survey, NBS. The urban socio-economic survey organizations of the provinces, autonomous regions and municipalities directly under the Central Government and of the selected cities and counties collect data from the grassroots units in accordance with the scheme of price survey system stipulated by the NBS, tabulate them and report them to the higher agencies.

III. Consumer Price Indices and Retail Price Indices

Data for compilation of the consumer price indices and the retail price indices in China are collected through a combination of sample surveys and surveys of key units. Areas distributed in different economic regions are selected as the sample areas and representative commodities are selected as the sample commodities. Regular surveys are conducted to collect data on their market prices. Population parameters are inferred on the basis of the sample data. At present, 500 cities and counties have been selected for this purpose. Following are major steps in the process of calculation of the price indices:

(1) The selection of areas and survey points: Based on such principles as regional economic features and reasonable geographic distribution, representative sample areas for the national survey are selected which include large, medium and small cities and counties. When the sample areas have been selected, large-scale shops and markets (including fairs and service outlets) with wide variety of commodities are selected as survey points.

(2) The selection of representative commodities and their specifications or varieties: The representative commodities selected are those consumed in large quantity and representative in price changes. The representative specifications or varieties are determined according to the data on the retail sales of commodities and the consumption expenditure account data of urban and rural residents; and selection follows the related instructions. The principles for selection are: (a) The commodities are closely related to social production and people's living conditions; (b) They are consumes (or sold) in large quantities (or large values); (c) The market supply is stable; (d) The changes of their prices are representative in trend; (e) There is great heterogeneity among the specifications or varieties selected.

At present, data are collected on over 600 specifications each month under 262 basic headings in 8 categories in the consumer price surveys. For the retail price surveys, data are collected on more than 500 specifications each month under 229 basic headings in 16 categories.

(3) Method of data collection: Enumerators are sent to the survey points to take the records of the prices. Nearly 10 thousand assistant enumerators are recruited to assist the survey work.

(4) Determination of the weights: The weights of the retail price indices are determined mainly according to the total retail sales of commodities. The weights of the consumer price indices are determined according to the composition of the consumption expenditures of urban and rural households.

IV. Producer Price Indices for Industrial Products

Producer prices for industrial products refer to the ex-factory price of manufactured goods when they are first sold. The survey program is a combined use of the key units' survey and typical units' survey methods. Key units refer to those industrial enterprises with annual revenue from the primary activities at and above 20 million yuan. Typical units refer to the industrial enterprises with annual revenue from the primary activities below 20 million yuan.

(1) Principles for selecting the representative enterprises: (a) Enterprises to be covered in the survey are selected by industrial sectors. In principle, every branch should have enterprises selected; (b) All (or a majority of) large-scaled enterprises should be selected; (c) Enterprises selected should be those with normal and stable production.

(2) Principle for the selection of representative goods:

(a) The goods are selected by industrial sectors; (b) The selected goods should have great impact on the national economy and people's living conditions; (c) The production of the goods selected are relatively more stable; (d) The prospects of the goods selected are promising; (e) The goods selected are representative to the localities.

The *survey catalog of Producer Prices for Industrial*

Products includes over 11,000 goods, and they are divided into 1702 basic classification; *Survey catalog of Purchasing Price for Industrial Producers* includes over 6000 goods, and they are divided into over 900 basic classifications.

(3) Method of data collection: The method of reporting forms by enterprises is adopted. There are about 60,000 industrial enterprises which should report the price data every month.

(4) Determination of the weights: In statistics of producer price indices for industrial products, the weight of industrial small classification and above comes from the output value of industrial sales by sector in industrial statistics; the weight of basic headings of categories comes from weight survey of independent industrial enterprise products. The weights are replaced every five years.

V. Price Indices for Investment in Fixed Assets

Data on prices of investment in fixed assets are collected by a program involving the combined use of surveys on key units and surveys on typical units. The prices collected in the surveys of investment in fixed assets are the actual purchasing prices or settlement prices of entities of investment in fixed assets. The survey content includes the prices of main construction materials that constitute the architectural engineering entity in the year, such as steel, timber, cement, local construction materials (such as brick, tile, calcareous ashes, sand, stone, etc.), chemical materials (such as oil paint, etc.), the price of labor force as input (wages), prices for renting of building machinery and equipment, the purchasing price of equipment, tools and instruments and the prices of others investments.

The following principles should be followed in selecting the sample for the price survey of investment in fixed assets:

(1) Principles for selecting the survey points of construction and installation: (a) Sample units should have a good coverage; (b) The economic activity of investment should have strong representativeness; (c) Different types of registration should be considered; (d) Key projects should be selected; (e) Attention should be given to various sectors of the national economy and types of projects.

(2) Principles for selecting price survey points of other fees: The principles for selecting survey points of others fees is in general the same as that of construction and installation, with special attention being paid to selecting projects with huge investment value. Since it is not easy to obtain the other fees, during the actual data gathering operations, survey on key construction owner units and building units is to conducted concurrently with survey on typical units (with information from administration units)

(3) Method of price survey: A combination of enterprises reporting system and enumerator visits method.

(4) Determination of the weights: The weights for calculation of the price indices for investment in fixed assets are determined according to the average proportion of construction and installation, purchase of equipment, tools and instruments and other investments in the 3 preceding years.

VI. Price Index for Farm Products

Price Index for Farm Products refers to the actual price per unit through directly selling their products by producers of farm products. The survey program of Price Index for Farm Products is a combined use of sampling survey and typical units' survey. It covers main farm products produced and sold by the units surveyed. Representative farm products include those in Agriculture, Forestry, Animal Husbandry and Fishery, 90% of small classification in medium-sized classification. The products are generally with large production and sales, having great impact on the national economy and people's living conditions, with strong stability, with promising to new products and with local characters. Representative products are for 5 years. The survey is conducted quarterly.

VII. Price Indices for Imports and Exports

Price Indices for Imports and Exports is compiled by the General Administration of Customs with the unit value method on the basis of the statistics of imports and exports of goods. The import price indices is estimated with c.i.f. prices while the export price indices with f.o.b. prices. Based on detailed records of imports and exports of goods, the Customs estimates the coefficients of variation of the prices of the same commodity group, selects a sample of commodities at the 8-digit level of the Harmonized Commodity Description and Coding System with a coverage of over 70%. The price indices is compiled on a monthly basis.

5-1 各种价格指数
Price Indices

(上年=100) (preceding year=100)

年份 Year	居民消费价格指数 Consumer Price Index	城市居民消费价格指数 Urban Household	农村居民消费价格指数 Rural Household	商品零售价格指数 Retail Price Index	工业生产者出厂价格指数 Producer Price Index for Industrial Products	工业生产者购进价格指数 Purchasing Price Index for Industrial Producers	固定资产投资价格指数 Price Index for Investment in Fixed Assets
1978	100.7	100.7		100.7	100.1		
1980	107.5	107.5		106.0	100.5		
1985	109.3	111.9	107.6	108.8	108.7		
1990	103.1	101.3	104.5	102.1	104.1	105.6	108.0
1995	117.1	116.8	117.5	114.8	114.9	115.3	105.9
1996	108.3	108.8	107.9	106.1	102.9	103.9	104.0
1997	102.8	103.1	102.5	100.8	99.7	101.3	101.7
1998	99.2	99.4	99.0	97.4	95.9	95.8	99.8
1999	98.6	98.7	98.5	97.0	97.6	96.7	99.6
2000	100.4	100.8	99.9	98.5	102.8	105.1	101.1
2001	100.7	100.7	100.8	99.2	98.7	99.8	100.4
2002	99.2	99.0	99.6	98.7	97.8	97.7	100.2
2003	101.2	100.9	101.6	99.9	102.3	104.8	102.2
2004	103.9	103.3	104.8	102.8	106.1	111.4	105.6
2005	101.8	101.6	102.2	100.8	104.9	108.3	101.6
2006	101.5	101.5	101.5	101.0	103.0	106.0	101.5
2007	104.8	104.5	105.4	103.8	103.1	104.4	103.9
2008	105.9	105.6	106.5	105.9	106.9	110.5	108.9
2009	99.3	99.1	99.7	98.8	94.6	92.1	97.6
2010	103.3	103.2	103.6	103.1	105.5	109.6	103.6
2011	105.4	105.3	105.8	104.9	106.0	109.1	106.6
2012	102.6	102.7	102.5	102.0	98.3	98.2	101.1
2013	102.6	102.6	102.8	101.4	98.1	98.0	100.3

注：从2011年起工业品出厂价格指数改为工业生产者出厂价格指数，原材料、燃料、动力购进价格指数改为工业生产者购进价格指数(以下相关表同)。

a) From 2011, the producer price index for manufactured goods and the purchasing price index for raw materials, fuel and power changed to the producer price index for industrial products and the purchasing price index for industrial producers.The same applies to the tables following.

5-2 各种价格定基指数
Fixed-base Price Indices

年份 Year	居民消费价格指数 Consumer Price Index (1978=100)	城市居民消费价格指数 Urban Household (1978=100)	农村居民消费价格指数 Rural Household (1985=100)	商品零售价格指数 Retail Price Index (1978=100)	工业生产者出厂价格指数 Producer Price Index for Industrial Products (1985=100)	工业生产者购进价格指数 Purchasing Price Index for Industrial Producers (1990=100)	固定资产投资价格指数 Price Index for Investment in Fixed Assets (1990=100)
1978	100.0	100.0		100.0			
1980	109.5	109.5		108.1			
1985	131.1	134.2	100.0	128.1	100.0		
1990	216.4	222.0	165.1	207.7	159.0	100.0	100.0
1995	396.9	429.6	291.4	356.1	307.1	222.9	186.9
1996	429.9	467.4	314.4	377.8	316.0	231.6	194.3
1997	441.9	481.9	322.3	380.8	315.0	234.6	197.6
1998	438.4	479.0	319.1	370.9	302.1	224.7	197.3
1999	432.2	472.8	314.3	359.8	294.8	217.3	196.5
2000	434.0	476.6	314.0	354.4	303.1	228.4	198.6
2001	437.0	479.9	316.5	351.6	299.2	227.9	199.4
2002	433.5	475.1	315.2	347.0	292.6	222.7	199.8
2003	438.7	479.4	320.2	346.7	299.3	233.4	204.2
2004	455.8	495.2	335.6	356.4	317.6	260.0	215.7
2005	464.0	503.1	343.0	359.3	333.2	281.6	219.1
2006	471.0	510.6	348.1	362.9	343.2	298.5	222.4
2007	493.6	533.6	366.9	376.7	353.8	311.6	231.1
2008	522.7	563.5	390.7	398.9	378.2	344.3	251.8
2009	519.0	558.4	389.5	394.1	357.8	317.2	245.8
2010	536.1	576.3	403.5	406.3	377.5	347.7	254.6
2011	565.0	606.8	426.9	426.2	400.2	379.3	271.4
2012	579.7	623.2	437.6	434.7	393.4	372.5	274.4
2013	594.8	639.4	449.9	440.8	385.9	365.1	275.2

5-3 居民消费价格分类指数（2013年）
Consumer Price Indices by Category (2013)

(上年=100) (preceding year=100)

项　目	Item	全　国 National Indices	城　市 Urban Indices	农　村 Rural Indices
居民消费价格指数	**Consumer Price Index**	**102.6**	**102.6**	**102.8**
食品	**Food**	**104.7**	**104.6**	**104.9**
粮食	Grain	104.6	104.5	104.8
#大米	Rice	102.3	102.3	102.4
面粉	Flour	108.8	108.8	108.8
淀粉及制品	Starches and Tubers	103.3	103.6	102.5
干豆类及豆制品	Beans and Bean Products	105.3	105.3	105.6
油脂	Oil or Fat	100.3	100.3	100.4
肉禽及其制品	Meat, Poultry and Processed Products	104.3	104.4	104.0
蛋	Eggs	104.9	104.9	105.0
水产品	Aquatic Products	104.2	104.1	104.6
菜	Vegetables	108.0	107.5	109.7
#鲜菜	Fresh Vegetables	108.1	107.5	110.1
调味品	Flavoring	103.6	103.3	104.0
糖	Carbohydrate	100.5	100.8	99.8
茶及饮料	Tea and Beverages	102.0	101.9	102.2
茶叶	Tea	102.0	101.7	102.8
饮料	Beverages	102.0	102.1	101.9
干鲜瓜果	Dried and Fresh Melons and Fruits	105.9	105.5	107.2
#鲜果	Fresh Fruits	107.1	106.7	108.5
糕点饼干面包	Cake, Biscuit and Bread	102.5	102.5	102.6
液体乳及乳制品	Milk and Its Products	105.7	106.2	103.6
在外用膳食品	Dining Out	104.7	104.4	106.0
其它食品	Other Foods	101.4	101.3	101.7
烟酒及用品	**Tobacco, Liquor and Articles**	**100.3**	**100.1**	**100.8**
烟草	Tobacco	100.4	100.2	100.9
酒	Liquor	100.3	100.1	100.5
衣着	**Clothing**	**102.3**	**102.2**	**102.5**
服装	Garments	102.4	102.4	102.7
衣着材料	Clothing Material	102.2	101.6	103.2
鞋袜帽	Footgear and Hats	101.6	101.5	101.7
衣着加工服务	Clothing Manufacturing Services	106.8	106.5	107.4
家庭设备用品及维修服务	**Household Facilities, Articles and Services**	**101.5**	**101.5**	**101.3**
耐用消费品	Durable Consumer Goods	100.3	100.2	100.4
家具	Furniture	101.2	101.4	100.9
家庭设备	Household Facilities	99.8	99.6	100.1

5-3 续表 continued

(上年=100) (preceding year=100)

项 目	Item	全国 National Indices	城市 Urban Indices	农村 Rural Indices
室内装饰品	Interior Decorations	100.4	100.3	100.9
床上用品	Bed Articles	100.5	100.5	100.5
家庭日用杂品	Daily Use Household Articles	101.3	101.2	101.6
家庭服务及加工维修服务	Household Services and Maintenance and Renovation	108.7	109.0	107.1
医疗保健和个人用品	**Health Care and Personal Articles**	**101.3**	**101.2**	**101.8**
医疗保健	Health Care	101.5	101.4	101.8
医疗器具及用品	Medical Instrument and Articles	100.7	100.9	100.4
中药材及中成药	Traditional Chinese Medicine	103.3	103.3	103.3
西药	Western Medicine	100.2	100.4	99.6
保健器具及用品	Health Care Appliances and Articles	102.1	102.2	101.4
医疗保健服务	Health Care Services	101.5	100.8	103.0
个人用品及服务	Personal Articles and Services	101.0	100.7	101.9
化妆美容用品	Cosmetics	101.0	101.0	101.2
清洁化妆用品	Sanitation Articles	102.0	102.0	102.1
个人饰品	Personal Ornaments	95.3	95.0	96.3
个人服务	Personal Services	105.4	105.0	106.6
交通和通信	**Transportation and Communication**	**99.6**	**99.5**	**100.1**
交通	Transportation	100.2	100.0	100.7
交通工具	Transportation Facility	98.8	98.5	99.7
车用燃料及零配件	Fuels and Parts	99.4	99.3	99.4
车辆使用及维修费	Fees for Vehicles Use and Maintenance	104.0	104.0	103.9
市区公共交通费	Incity Traffic Fare	100.9	100.6	102.1
城市间交通费	Intercity Traffic Fare	101.0	100.6	102.0
通信	Communication	98.8	98.7	99.1
通信工具	Communication Facility	91.8	90.3	95.0
通信服务	Communication Service	99.9	99.9	100.0
娱乐教育文化用品及服务	**Recreation, Education and Culture Articles**	**101.8**	**101.7**	**101.8**
文娱用耐用消费品及服务	Durable Consumer Goods for Cultural and Recreational Use and Services	96.3	95.9	97.8
教育	Education	102.7	102.8	102.5
教材及参考书	Teaching Materials and Reference Books	102.3	102.2	103.0
教育服务	Education Services	102.8	102.9	102.4
文化娱乐	Cultural and Recreational Articles	101.4	101.3	101.6
文化娱乐用品	Cultural Articles	100.2	100.1	100.4
书报杂志	Newspapers and Magazines	101.0	101.0	101.2
文娱费	Expenditure on Culture and Recreation	102.4	102.2	103.2
旅游	Touring and Outing	104.0	103.8	104.9
居住	**Residence**	**102.8**	**103.0**	**102.3**
建房及装修材料	Building and Building Decoration Materials	101.2	101.3	101.1
住房租金	Renting	104.1	104.0	104.7
自有住房	Private Housing	103.8	103.9	103.8
水电燃料	Water, Electricity and Fuels	101.6	101.9	100.9

5-4 商品零售价格分类指数（2013年）
Retail Price Indices by Category (2013)

(上年=100) (preceding year=100)

项 目	Item	全 国 National Indices	城 市 Urban Indices	农 村 Rural Indices
商品零售价格总指数	**Retail Price Index**	**101.4**	**101.3**	**101.8**
食品类	**Food**	**104.7**	**104.6**	**105.0**
粮食	Grain	104.9	104.8	105.0
油脂	Oil or Fat	100.4	100.3	100.6
肉禽及其制品	Meat, Poultry and Processed Products	104.4	104.7	103.9
蛋	Eggs	104.8	104.8	104.9
水产品	Aquatic Products	104.1	103.9	104.7
菜	Vegetables	108.1	107.4	109.9
调味品	Flavoring	103.9	103.5	104.6
糖	Sugar	100.6	101.0	99.8
干鲜瓜果	Dried and Fresh Melons and Fruits	106.0	105.5	107.4
糕点饼干面包	Cake, Biscuit and Bread	102.5	102.5	102.4
液体乳及乳制品	Milk and Its Products	105.7	106.2	103.5
在外用膳食品	Outward Dinner Food	104.6	104.3	105.6
主食	Staple Food	106.5	106.4	106.9
炒菜	Fried Dishes	103.5	103.3	104.2
地方小吃	Local Snack	107.0	106.6	108.3
其它食品	Other Foods	101.3	101.2	101.7
饮料、烟酒	**Beverages, Tobacco and Liquor**	**100.7**	**100.5**	**101.1**
茶及饮料	Tea and Beverages	102.1	102.1	101.9
烟草	Tobacco	100.5	100.0	101.5
酒	Liquor	100.0	99.9	100.3
服装、鞋帽	**Garments, Shoes and Hats**	**102.2**	**102.1**	**102.5**
服装	Garments	102.5	102.4	103.0
鞋袜帽	Footgear and Hats	101.6	101.6	101.6
纺织品	**Textiles**	**101.0**	**100.9**	**101.2**
衣着材料	Clothing	102.0	101.6	102.5
床上用品	Bedding	100.6	100.6	100.4
家用电器及音像器材	**Household Appliances, Music and Video Equipment**	**98.3**	**98.0**	**98.9**
文化办公用品	**Cultural and Office Appliances**	**98.6**	**98.3**	**99.7**
日用品	**Articles for Daily Use**	**100.8**	**100.7**	**101.2**
日用百货	General Merchandise for Daily Use	100.5	100.3	100.7
日用杂品	Miscellaneous for Daily Use	101.0	100.8	101.5
体育娱乐用品	**Sports and Recreation Articles**	**100.7**	**100.7**	**100.8**
交通、通信用品	**Transportation and Communication Appliances**	**97.3**	**97.1**	**98.1**
家具	**Furniture**	**101.2**	**101.4**	**100.8**
化妆品	**Cosmetics**	**101.5**	**101.5**	**101.6**
金银珠宝	**Gold, Silver and Jewelry**	**91.9**	**91.9**	**91.8**
中西药品及医疗保健用品	**Traditional Chinese and Western Medicines and Health Care Articles**	**101.3**	**101.5**	**101.0**
医疗器具及用品	Medical Apparatus and Article	100.8	100.8	101.0
中药材及中成药	Traditional Chinese Medicinal Materials and Medicines	103.1	103.1	103.2
西药	Western Medicines	100.0	100.2	99.4
书报杂志及电子出版物	**Books, Newspapers, Magazines and Electronic Publications**	**101.3**	**101.2**	**101.6**
燃料	**Fuels**	**99.9**	**100.0**	**99.7**
建筑材料及五金电料	**Building Materials and Hardware**	**100.5**	**100.5**	**100.5**
建筑装璜材料	Building Decoration Materials	100.3	100.4	100.2
五金电料	Hardware	101.1	100.9	101.6

5-5 分地区居民消费价格指数和商品零售价格指数
Consumer Price Indices and Retail Price Indices by Region

(上年=100) (preceding year=100)

年 份 Year / 地 区 Region	居民消费价格 Consumer Price Index			商品零售价格 Retail Price Index		
	总指数 General	城 市 Urban Household	农 村 Rural Household	总指数 General	城 市 Urban Household	农 村 Rural Household
1994	124.1	125.0	123.4	121.7	120.9	122.9
1995	117.1	116.8	117.5	114.8	113.5	116.4
1996	108.3	108.8	107.9	106.1	105.8	106.4
1997	102.8	103.1	102.5	100.8	100.8	100.7
1998	99.2	99.4	99.0	97.4	97.4	97.6
1999	98.6	98.7	98.5	97.0	97.0	97.1
2000	100.4	100.8	99.9	98.5	98.5	98.5
2001	100.7	100.7	100.8	99.2	98.9	99.6
2002	99.2	99.0	99.6	98.7	98.5	99.1
2003	101.2	100.9	101.6	99.9	99.6	100.5
2004	103.9	103.3	104.8	102.8	102.1	104.2
2005	101.8	101.6	102.2	100.8	100.5	101.4
2006	101.5	101.5	101.5	101.0	100.9	101.4
2007	104.8	104.5	105.4	103.8	103.3	104.9
2008	105.9	105.6	106.5	105.9	105.5	106.7
2009	99.3	99.1	99.7	98.8	98.7	99.0
2010	103.3	103.2	103.6	103.1	102.8	103.6
2011	105.4	105.3	105.8	104.9	104.7	105.5
2012	102.6	102.7	102.5	102.0	101.9	102.2
2013	102.6	102.6	102.8	101.4	101.3	101.8
北 京 Beijing	103.3	103.3		99.8	99.8	
天 津 Tianjin	103.1	103.1		101.7	101.7	
河 北 Hebei	103.0	102.7	103.5	102.2	102.1	102.5
山 西 Shanxi	103.1	103.0	103.2	101.8	101.6	102.3
内蒙古 Inner Mongolia	103.2	103.4	102.8	102.6	102.6	102.7
辽 宁 Liaoning	102.4	102.4	102.4	101.6	101.6	101.7
吉 林 Jilin	102.9	102.9	102.9	101.6	101.6	102.2
黑龙江 Heilongjiang	102.2	102.0	103.1	101.1	100.9	101.7
上 海 Shanghai	102.3	102.3		100.2	100.2	
江 苏 Jiangsu	102.3	102.3	102.5	101.4	101.4	101.5
浙 江 Zhejiang	102.3	102.3	102.4	101.0	101.2	100.5
安 徽 Anhui	102.4	102.4	102.5	101.3	101.2	101.4
福 建 Fujian	102.5	102.6	102.3	101.1	101.1	101.3
江 西 Jiangxi	102.5	102.4	102.9	101.5	101.2	101.9
山 东 Shandong	102.2	102.1	102.5	101.4	101.2	101.8
河 南 Henan	102.9	102.9	102.9	101.9	101.6	102.3
湖 北 Hubei	102.8	102.7	103.0	101.8	101.6	102.1
湖 南 Hunan	102.5	102.6	102.5	101.7	101.4	102.3
广 东 Guangdong	102.5	102.4	102.7	101.0	100.8	101.6
广 西 Guangxi	102.2	102.1	102.4	101.2	101.1	101.3
海 南 Hainan	102.8	102.8	102.7	101.5	101.5	101.6
重 庆 Chongqing	102.7	102.7		101.8	101.8	
四 川 Sichuan	102.8	102.8	102.8	101.7	101.7	101.6
贵 州 Guizhou	102.5	102.9	101.7	101.5	101.7	100.8
云 南 Yunnan	103.1	103.4	102.7	102.6	102.3	103.0
西 藏 Tibet	103.6	103.5	103.6	103.0	103.3	102.5
陕 西 Shaanxi	103.0	102.8	103.6	101.8	101.8	102.0
甘 肃 Gansu	103.2	103.0	103.4	102.6	102.3	103.1
青 海 Qinghai	103.9	104.1	103.7	102.7	102.8	102.6
宁 夏 Ningxia	103.4	103.3	103.8	102.4	102.4	102.9
新 疆 Xinjiang	103.9	103.8	104.1	103.3	103.3	103.1

5-6 分地区居民消费价格分类指数
Consumer Price Indices by Category and Region

(上年=100) (preceding year=100)

年份 Year / 地区 Region		总指数 General Index	食品 Food	#粮食 Grain	#油脂 Oil or Fat	#肉禽及其制品 Meat,Poultry and Processed Products	#蛋 Eggs	#水产品 Aquatic Products	#菜 Vegetables	#鲜菜 Fresh Vegetables
	2001	100.7	100.0	99.3	91.7	101.6	106.0	97.1	100.9	101.4
	2002	99.2	99.4	98.3	98.7	99.5	102.6	96.7	98.2	98.1
	2003	101.2	103.4	102.3	112.6	103.3	98.6	100.3	117.7	120.5
	2004	103.9	109.9	126.4	118.2	117.6	120.2	112.7	95.1	93.9
	2005	101.8	102.9	101.4	94.3	102.5	104.6	105.9	109.1	110.4
	2006	101.5	102.3	102.7	98.6	97.1	96.0	101.2	108.2	108.2
	2007	104.8	112.3	106.3	126.7	131.7	121.8	105.1	107.9	107.3
	2008	105.9	114.3	107.0	125.4	121.7	104.3	114.2	111.0	110.7
	2009	99.3	100.7	105.6	81.7	91.3	101.6	102.5	113.6	115.4
	2010	103.3	107.2	111.8	103.8	102.9	108.3	108.1	118.5	118.7
	2011	105.4	111.8	112.2	113.4	122.6	114.2	112.1	101.1	100.5
	2012	102.6	104.8	104.0	105.1	102.1	97.1	108.0	113.7	115.9
	2013	102.6	104.7	104.6	100.3	104.3	104.9	104.2	108.0	108.1
北京	Beijing	103.3	104.7	104.4	99.8	106.7	103.7	103.4	109.6	108.7
天津	Tianjin	103.1	105.8	108.7	98.7	108.0	102.2	100.9	110.0	109.1
河北	Hebei	103.0	105.9	108.1	101.0	106.8	103.6	101.9	108.8	108.9
山西	Shanxi	103.1	106.2	109.1	101.5	104.6	103.1	101.5	109.4	109.1
内蒙古	Inner Mongolia	103.2	106.3	105.7	101.5	109.6	105.1	104.6	108.8	107.9
辽宁	Liaoning	102.4	104.6	105.9	99.8	107.4	104.2	101.5	104.9	105.0
吉林	Jilin	102.9	105.7	105.9	99.0	107.9	106.4	101.9	112.3	111.9
黑龙江	Heilongjiang	102.2	104.3	104.6	95.5	106.8	102.8	101.8	107.6	107.5
上海	Shanghai	102.3	104.4	103.7	97.9	103.7	102.2	105.0	108.1	107.7
江苏	Jiangsu	102.3	104.1	103.0	98.2	103.1	104.4	105.5	107.0	107.2
浙江	Zhejiang	102.3	103.8	102.8	98.2	103.9	102.8	104.8	106.8	106.6
安徽	Anhui	102.4	104.7	104.3	99.8	104.6	104.5	105.6	108.9	108.9
福建	Fujian	102.5	104.0	102.9	100.3	103.0	109.6	104.3	108.5	109.0
江西	Jiangxi	102.5	104.5	102.3	100.0	103.9	105.7	107.3	107.5	107.9
山东	Shandong	102.2	104.8	107.3	102.6	103.2	102.2	103.4	109.1	109.3
河南	Henan	102.9	105.6	106.6	99.7	104.8	104.4	103.0	110.1	110.3
湖北	Hubei	102.8	104.9	104.1	99.5	105.0	106.6	105.1	104.9	104.8
湖南	Hunan	102.5	104.2	105.5	102.2	103.7	104.5	104.5	104.5	104.8
广东	Guangdong	102.5	103.6	101.9	101.0	102.0	105.4	104.4	110.7	111.4
广西	Guangxi	102.2	103.8	101.4	101.5	102.4	107.7	103.9	107.6	108.0
海南	Hainan	102.8	103.9	102.5	103.6	101.9	101.9	103.2	110.8	111.1
重庆	Chongqing	102.7	104.1	103.0	98.6	103.7	109.1	102.7	107.1	106.4
四川	Sichuan	102.8	104.8	103.1	101.4	104.1	106.5	104.4	108.6	108.8
贵州	Guizhou	102.5	104.1	103.3	100.2	103.8	104.7	103.1	101.6	101.3
云南	Yunnan	103.1	105.5	102.2	100.4	103.5	106.6	102.6	107.3	107.3
西藏	Tibet	103.6	107.7	106.3	103.5	112.5	106.3	106.6	108.8	107.7
陕西	Shaanxi	103.0	105.6	107.9	100.8	104.4	109.0	102.3	107.4	107.6
甘肃	Gansu	103.2	105.6	106.9	101.0	104.4	107.3	101.4	108.4	107.5
青海	Qinghai	103.9	108.1	108.1	102.7	111.1	108.1	104.6	111.1	110.4
宁夏	Ningxia	103.4	107.2	105.8	101.0	110.3	106.8	104.6	108.7	108.1
新疆	Xinjiang	103.9	108.5	106.3	103.4	114.9	111.0	107.0	105.8	105.6

5-6 续表 1 continued

(上年=100) (preceding year=100)

年份 地区	Year Region	#干鲜瓜果 Dried and Fresh Melons and Fruits	#鲜果 Fresh Fruits	#在外用膳食品 Dining Out	烟酒及用品 Tobacco, Liquor and Articles	#烟草 Tobacco	#酒 Liquor	衣着 Clothing	服装 Garments	衣着材料 Clothing Material
	2001	99.9	100.3	100.2	99.7	99.6	99.9	98.1	97.6	98.8
	2002	103.1	103.6	99.9	99.9	99.9	100.1	97.6	97.4	98.9
	2003	103.0	101.8	100.1	99.8	99.8	100.1	97.8	97.6	99.2
	2004	104.0	102.2	104.1	101.2	100.9	102.2	98.5	98.3	100.2
	2005	102.2	101.6	102.4	100.4	100.4	100.6	98.3	98.1	100.0
	2006	117.9	121.5	101.6	100.6	100.2	101.2	99.4	99.0	100.5
	2007	102.2	100.1	107.3	101.7	100.8	103.5	99.4	99.4	101.6
	2008	110.8	109.0	111.8	102.9	100.4	107.5	98.5	98.3	102.4
	2009	107.1	109.1	102.7	101.5	100.4	103.4	98.0	97.8	100.9
	2010	114.6	115.6	103.6	101.6	100.5	103.6	99.0	99.1	103.0
	2011	115.9	116.4	108.2	102.8	100.3	106.7	102.1	102.4	109.2
	2012	100.1	98.8	106.7	102.9	100.5	106.3	103.1	103.3	103.5
	2013	105.9	107.1	104.7	100.3	100.4	100.3	102.3	102.4	102.2
北 京	Beijing	105.7	107.2	104.0	100.1	99.8	100.5	101.5	101.8	103.1
天 津	Tianjin	112.6	116.6	104.6	100.9	100.2	101.6	101.1	100.9	99.8
河 北	Hebei	106.3	108.0	105.7	100.6	100.5	100.6	102.7	103.3	101.2
山 西	Shanxi	108.5	110.4	106.0	102.1	99.9	106.0	102.0	101.8	101.5
内蒙古	Inner Mongolia	106.9	107.2	105.3	101.5	100.3	102.7	103.7	103.8	105.0
辽 宁	Liaoning	101.1	101.1	105.4	100.6	100.1	101.4	102.1	102.1	102.1
吉 林	Jilin	105.1	106.1	104.5	100.7	100.8	100.5	102.1	101.8	100.5
黑龙江	Heilongjiang	103.9	104.1	103.6	101.6	101.1	102.0	102.2	102.0	101.4
上 海	Shanghai	107.3	108.2	103.3	100.1	100.1	99.9	100.0	100.3	98.5
江 苏	Jiangsu	106.8	107.8	103.7	98.7	99.7	97.1	103.2	103.0	104.4
浙 江	Zhejiang	104.2	105.4	102.9	99.8	100.1	99.1	102.9	102.8	102.5
安 徽	Anhui	106.3	107.4	104.8	98.7	100.0	97.0	102.1	102.5	100.8
福 建	Fujian	106.6	109.2	102.8	99.7	100.2	99.1	101.9	101.9	99.4
江 西	Jiangxi	105.9	106.4	104.9	100.6	100.7	100.5	102.8	103.4	102.4
山 东	Shandong	108.6	111.0	104.5	100.3	100.5	100.1	103.3	103.9	107.4
河 南	Henan	104.1	106.3	106.7	100.4	100.3	100.5	102.5	102.5	101.0
湖 北	Hubei	105.0	105.6	107.2	100.5	100.0	101.3	102.2	102.4	104.3
湖 南	Hunan	106.4	107.7	104.9	103.1	104.0	101.4	102.3	102.4	103.7
广 东	Guangdong	105.5	106.5	102.7	100.6	101.0	99.9	101.6	101.8	100.4
广 西	Guangxi	107.5	109.1	103.9	99.8	99.8	99.8	102.3	102.8	100.6
海 南	Hainan	108.4	109.3	103.9	100.6	100.1	101.7	100.5	100.1	103.7
重 庆	Chongqing	101.7	100.7	104.6	100.6	100.0	101.6	106.3	106.2	102.6
四 川	Sichuan	107.9	109.6	105.0	99.4	99.9	98.5	100.8	101.0	100.9
贵 州	Guizhou	104.4	105.7	107.6	101.5	100.8	102.8	102.3	102.8	101.1
云 南	Yunnan	107.9	109.1	109.3	100.7	100.3	102.4	101.0	102.3	100.7
西 藏	Tibet	106.4	106.3	107.8	100.2	99.8	100.8	102.2	101.2	101.1
陕 西	Shaanxi	104.5	105.3	106.6	100.6	100.1	101.3	102.9	102.6	102.2
甘 肃	Gansu	102.9	102.8	108.4	101.0	99.9	102.7	102.7	102.9	103.9
青 海	Qinghai	106.2	107.7	108.3	99.4	100.0	98.8	101.7	100.5	101.2
宁 夏	Ningxia	110.3	112.5	107.1	99.8	100.0	99.4	103.0	103.1	103.5
新 疆	Xinjiang	102.9	101.9	108.8	101.7	101.3	102.0	99.8	99.4	101.6

5-6 续表 2 continued

(上年=100) (preceding year=100)

年份 地区	Year Region	鞋袜帽 Footgear and Hats	衣着加工服务费 Clothing Manufacturing Service	家庭设备用品及维修服务 Household Facilities, Articles and Services	耐用消费品 Durable Consumer Goods	室内装饰品 Interior Decorations	床上用品 Bed Articles	家庭日用杂品 Daily Use Household Articles	家庭服务及加工维修服务费 Household Services and Maintenance and Renovation
	2001	99.0	100.3	97.7	96.1	98.3	99.3	98.6	101.5
	2002	98.0	99.9	97.5	95.9	98.8	98.7	98.0	101.2
	2003	97.7	100.1	97.4	95.8	98.8	98.4	98.3	101.1
	2004	98.3	100.7	98.6	97.1	99.2	99.3	99.8	101.9
	2005	98.3	101.1	99.9	98.8	99.5	99.4	100.4	104.4
	2006	100.2	101.5	101.2	100.8	100.0	99.6	101.1	105.8
	2007	99.0	102.3	101.9	101.6	100.3	99.4	101.7	107.2
	2008	98.2	104.1	102.8	101.2	100.2	99.7	104.9	109.0
	2009	97.8	103.5	100.2	98.1	99.7	98.8	102.5	105.2
	2010	98.2	102.9	100.0	98.5	99.9	99.9	100.3	106.7
	2011	100.7	107.3	102.4	100.4	101.0	104.7	102.5	111.4
	2012	102.3	107.1	101.9	100.4	100.8	100.4	102.6	109.7
	2013	101.6	106.8	101.5	100.3	100.4	100.5	101.3	108.7
北京	Beijing	100.8	105.3	101.7	100.8	102.0	98.9	100.3	109.8
天津	Tianjin	101.6	104.4	102.0	100.7	99.1	104.8	101.6	109.2
河北	Hebei	101.1	110.8	101.4	100.9	101.5	100.8	101.8	105.8
山西	Shanxi	102.3	108.3	101.6	100.8	100.8	103.1	100.9	109.6
内蒙古	Inner Mongolia	103.4	105.2	100.8	99.9	101.1	101.6	101.1	104.6
辽宁	Liaoning	102.0	106.8	101.2	100.0	100.9	100.6	102.4	103.1
吉林	Jilin	102.8	102.8	100.6	100.1	99.8	101.0	100.5	104.3
黑龙江	Heilongjiang	102.5	103.8	100.0	98.6	99.8	97.4	101.0	105.5
上海	Shanghai	98.4	105.4	101.3	99.5	98.0	100.8	101.1	108.8
江苏	Jiangsu	103.5	107.2	102.2	101.6	101.0	100.1	102.1	107.1
浙江	Zhejiang	102.7	108.8	102.2	100.6	101.4	102.7	100.8	110.5
安徽	Anhui	101.0	106.1	100.9	99.8	100.9	98.0	100.6	109.6
福建	Fujian	101.7	106.6	100.4	98.8	100.4	98.0	100.7	109.1
江西	Jiangxi	100.8	105.0	101.0	99.1	102.4	100.4	101.4	109.3
山东	Shandong	101.3	106.3	100.3	99.2	99.7	100.6	101.6	104.5
河南	Henan	102.4	108.6	101.5	101.2	100.9	100.2	101.2	110.7
湖北	Hubei	100.7	111.9	101.9	99.8	101.1	102.7	101.6	113.4
湖南	Hunan	101.1	113.8	101.8	100.7	101.0	101.1	101.7	109.1
广东	Guangdong	100.9	104.0	101.8	99.7	100.1	98.6	100.7	109.8
广西	Guangxi	100.6	104.0	101.1	100.4	101.0	102.3	100.9	103.8
海南	Hainan	101.1	105.1	101.6	100.0	100.6	101.3	102.3	106.3
重庆	Chongqing	106.9	106.7	101.6	100.4	98.0	101.0	100.6	111.4
四川	Sichuan	100.2	106.4	101.9	100.9	99.6	102.0	101.2	107.7
贵州	Guizhou	101.0	103.4	101.1	100.9	104.7	95.8	100.8	107.4
云南	Yunnan	97.3	106.3	101.7	101.1	98.7	101.4	101.4	107.8
西藏	Tibet	101.7	110.8	100.5	100.3	100.7	101.1	100.1	101.4
陕西	Shaanxi	103.4	110.1	103.0	101.8	101.5	102.0	102.5	113.7
甘肃	Gansu	102.0	106.0	101.8	99.9	101.2	99.6	102.7	111.2
青海	Qinghai	105.0	110.2	100.9	99.4	102.6	100.9	101.8	107.9
宁夏	Ningxia	102.4	109.3	101.3	100.5	99.8	100.6	102.5	103.4
新疆	Xinjiang	100.2	106.2	101.3	99.6	100.2	100.8	101.0	109.8

5-6 续表 3 continued

(上年=100) (preceding year=100)

年 份 地 区	Year Region	医疗保健和个人用品 Health Care and Personal Articles	医疗保健 Health Care	医疗器具及用品 Medical Appliances and Articles	中药材及中成药 Traditional Chinese Medicine	西 药 Western Medicine	保健器具及用品 Health Care Appliances and Articles	医疗保健服务 Health Care Services	个人用品及服务 Personal Articles and Services
	2001	100.0	100.3	98.3	101.4	94.8	97.3	110.5	99.5
	2002	98.8	98.5	97.2	96.6	94.5	97.1	108.2	99.5
	2003	100.9	101.2	101.0	105.0	94.5	98.2	108.9	100.2
	2004	99.7	99.1	102.3	98.9	94.9	98.6	105.2	101.2
	2005	99.9	99.5	97.4	96.5	97.7	100.0	105.2	100.8
	2006	101.1	100.2	97.2	99.9	98.4	100.3	103.0	103.2
	2007	102.1	102.1	98.2	107.9	99.1	101.1	102.2	102.1
	2008	102.9	102.2	99.7	106.8	101.1	102.1	100.5	104.4
	2009	101.2	101.4	101.6	102.6	101.0	101.1	101.0	100.8
	2010	103.2	103.3	105.0	111.2	101.0	101.6	100.9	103.0
	2011	103.4	102.9	101.9	111.9	99.7	104.4	100.6	104.4
	2012	102.0	101.7	102.7	105.0	100.3	102.5	100.7	102.6
	2013	101.3	101.5	100.7	103.3	100.2	102.1	101.5	101.0
北 京	Beijing	100.2	101.2	100.1	103.8	99.9	103.0	100.0	98.4
天 津	Tianjin	100.6	101.2	99.9	104.3	100.8	100.1	100.0	99.3
河 北	Hebei	101.9	101.9	100.8	103.8	102.7	101.5	100.6	102.1
山 西	Shanxi	100.8	100.9	101.0	103.4	101.3	102.7	99.3	100.8
内蒙古	Inner Mongolia	101.4	101.9	101.4	102.2	101.6	100.2	102.1	100.7
辽 宁	Liaoning	101.5	101.3	101.3	102.4	101.6	100.4	100.6	102.1
吉 林	Jilin	101.3	101.1	101.7	103.1	100.8	100.9	100.1	101.7
黑龙江	Heilongjiang	101.4	101.4	101.0	102.3	100.7	105.0	101.3	101.2
上 海	Shanghai	100.0	100.8	100.6	103.3	99.3	103.1	100.4	99.3
江 苏	Jiangsu	101.1	101.3	102.0	104.9	98.1	100.5	102.0	100.8
浙 江	Zhejiang	100.3	100.3	99.3	100.0	94.3	103.9	104.6	100.3
安 徽	Anhui	101.2	101.3	101.3	101.3	101.3	102.3	101.2	101.0
福 建	Fujian	101.4	102.2	100.4	103.2	100.0	102.7	103.6	100.1
江 西	Jiangxi	101.3	101.2	100.6	102.7	101.0	99.8	100.7	101.4
山 东	Shandong	101.0	100.8	99.8	101.8	99.1	101.6	102.0	101.5
河 南	Henan	101.5	101.6	101.4	104.0	101.5	102.5	100.8	101.3
湖 北	Hubei	102.1	102.2	99.7	103.3	102.9	101.3	100.5	101.8
湖 南	Hunan	101.7	101.7	102.5	104.2	101.1	101.8	100.6	101.7
广 东	Guangdong	101.3	101.6	101.7	104.4	98.6	102.2	101.9	100.8
广 西	Guangxi	100.7	100.9	101.0	100.8	100.5	100.7	101.8	100.2
海 南	Hainan	102.8	102.9	102.0	104.2	103.7	102.2	101.9	102.6
重 庆	Chongqing	101.0	101.2	100.9	101.2	101.1	102.6	100.6	100.6
四 川	Sichuan	102.2	102.3	99.8	102.7	99.8	102.0	104.5	102.0
贵 州	Guizhou	101.5	101.0	99.8	103.0	100.9	100.3	100.0	102.2
云 南	Yunnan	102.5	102.9	100.7	107.6	101.2	102.8	100.3	101.4
西 藏	Tibet	100.2	100.3	99.4	101.6	98.9	99.9	101.2	100.2
陕 西	Shaanxi	102.7	102.5	99.9	105.7	100.8	100.2	101.6	103.0
甘 肃	Gansu	102.1	102.8	101.7	104.2	102.0	101.2	102.5	100.0
青 海	Qinghai	101.7	102.5	101.8	104.4	103.3	104.2	101.2	100.3
宁 夏	Ningxia	103.2	103.4	101.3	107.1	101.0	108.1	102.8	102.7
新 疆	Xinjiang	101.4	101.5	99.6	102.7	101.3	106.2	99.9	101.3

5-6 续表 4 continued

(上年=100) (preceding year=100)

年份 Year 地区 Region	化妆美容用品 Cosmetics	清洁化妆用品 Sanitation Articles	个人饰品 Personal Ornaments	个人服务 Personal Services	交通和通信 Transportation and Communication	交通 Transportation	交通工具 Transportation Facility
2001	99.8	97.9	97.8	101.7	99.0	101.0	96.4
2002	99.7	97.3	99.3	101.2	98.1	99.1	95.0
2003	99.5	97.1	102.9	100.8	97.8	99.5	95.9
2004	98.8	98.4	104.5	101.8	98.5	100.4	96.5
2005	99.4	99.4	101.6	101.9	99.0	101.5	97.3
2006	99.7	99.9	110.8	102.5	99.9	103.2	97.8
2007	100.1	100.3	104.5	103.1	99.1	100.8	97.7
2008	100.6	101.7	109.7	105.0	99.1	102.2	98.4
2009	100.8	102.1	96.3	103.8	97.6	98.6	98.0
2010	100.5	100.4	108.4	102.8	99.6	101.7	98.7
2011	101.0	101.8	108.8	104.9	100.5	102.6	99.0
2012	101.3	103.5	100.2	105.3	99.9	101.2	99.2
2013	101.0	102.0	95.3	105.4	99.6	100.2	98.8
北京 Beijing	97.0	100.7	92.3	108.8	99.0	100.4	97.6
天津 Tianjin	101.7	100.2	94.1	102.9	98.6	98.3	95.3
河北 Hebei	102.7	102.3	97.0	106.2	99.7	100.0	99.3
山西 Shanxi	102.7	100.9	97.0	104.1	99.2	99.6	98.6
内蒙古 Inner Mongolia	100.3	102.4	95.5	105.1	99.5	99.4	96.7
辽宁 Liaoning	101.2	101.8	96.0	105.9	99.7	100.2	99.9
吉林 Jilin	101.4	102.9	95.8	103.8	99.5	99.9	98.2
黑龙江 Heilongjiang	100.8	102.2	97.4	103.8	98.7	100.0	99.5
上海 Shanghai	100.3	102.0	94.2	106.7	100.4	101.3	98.5
江苏 Jiangsu	101.4	102.5	93.1	105.0	99.7	99.8	98.4
浙江 Zhejiang	101.6	101.7	93.2	104.5	99.4	99.3	98.7
安徽 Anhui	100.0	101.9	95.4	105.3	99.9	100.5	98.2
福建 Fujian	101.3	100.2	95.4	102.7	99.8	100.5	99.4
江西 Jiangxi	100.9	103.1	96.0	106.2	99.7	100.7	99.8
山东 Shandong	101.3	102.1	97.7	105.1	99.3	99.7	99.0
河南 Henan	101.8	101.7	95.5	106.4	100.2	100.8	98.8
湖北 Hubei	101.1	102.8	94.8	107.8	99.4	100.0	98.8
湖南 Hunan	101.2	102.3	95.4	104.4	100.0	100.4	99.0
广东 Guangdong	100.8	101.8	95.0	105.1	99.5	100.0	99.2
广西 Guangxi	100.2	101.5	94.5	103.8	99.9	100.7	98.7
海南 Hainan	100.1	102.5	95.5	113.1	101.3	102.3	101.8
重庆 Chongqing	101.6	103.2	95.8	102.2	98.3	99.3	97.8
四川 Sichuan	101.1	102.1	95.5	107.3	100.0	100.5	99.7
贵州 Guizhou	100.0	103.7	97.6	106.4	99.6	101.3	99.9
云南 Yunnan	100.3	101.1	95.6	106.4	100.2	101.0	100.2
西藏 Tibet	100.9	101.8	96.0	103.3	100.4	101.3	100.2
陕西 Shaanxi	102.3	102.5	96.1	108.1	98.7	100.7	100.4
甘肃 Gansu	101.0	101.9	97.7	104.0	100.0	101.9	100.4
青海 Qinghai	100.2	102.1	93.9	105.8	99.0	99.7	98.3
宁夏 Ningxia	101.4	103.3	97.9	106.8	98.6	100.2	98.4
新疆 Xinjiang	102.5	102.5	95.8	105.1	100.1	101.3	99.8

5-6 续表 5 continued

(上年=100) (preceding year=100)

年 份 地 区	Year Region	车用燃料及零配件 Fuels and Parts	车辆使用及维修费 Fees for Vehicles Use and Maintenance	市区公共交通费 Incity Traffic Fare	城市间交通费 Intercity Traffic Fare	通信 Communication	通信工具 Communication Facility	通信服务 Communication Services
	2001	99.0	100.4	105.8	104.0	96.8	80.5	101.1
	2002	98.5	100.0	101.9	101.8	97.2	83.5	100.3
	2003	108.3	98.9	100.6	101.4	96.1	82.1	99.4
	2004	107.7	101.0	101.0	102.5	96.8	84.3	99.8
	2005	110.3	102.0	102.2	103.3	96.6	84.1	99.6
	2006	112.8	102.4	104.8	105.6	96.4	82.2	100.0
	2007	103.5	102.4	101.3	103.0	97.1	81.8	100.6
	2008	113.5	100.8	100.5	104.3	95.6	80.7	98.8
	2009	92.8	101.1	100.6	100.5	96.3	81.7	99.5
	2010	111.5	101.7	100.7	101.7	97.3	86.5	99.7
	2011	111.7	103.8	101.7	102.7	97.5	87.0	99.8
	2012	102.9	104.5	101.4	101.6	98.0	87.8	99.9
	2013	99.4	104.0	100.9	101.0	98.8	91.8	99.9
北 京	Beijing	99.0	104.9	103.2	101.3	96.1	74.4	99.5
天 津	Tianjin	99.4	109.6	100.0	96.4	98.9	88.7	100.0
河 北	Hebei	98.8	106.5	100.2	100.3	99.4	95.4	99.9
山 西	Shanxi	98.6	105.0	101.4	98.9	98.6	85.1	100.1
内蒙古	Inner Mongolia	99.1	105.0	100.4	103.5	99.5	97.9	100.0
辽 宁	Liaoning	99.6	102.5	100.5	99.8	99.1	90.8	100.2
吉 林	Jilin	99.0	104.3	100.4	100.8	98.8	93.7	100.0
黑龙江	Heilongjiang	98.7	102.7	99.5	100.9	97.3	87.4	99.2
上 海	Shanghai	99.0	108.2	100.0	107.2	97.8	79.8	100.0
江 苏	Jiangsu	101.0	103.7	99.4	99.1	99.7	96.9	100.2
浙 江	Zhejiang	98.9	102.3	102.2	99.0	99.8	94.8	100.3
安 徽	Anhui	99.3	103.3	101.9	101.5	99.3	95.2	100.2
福 建	Fujian	100.1	102.1	101.2	102.0	98.9	88.5	100.0
江 西	Jiangxi	99.0	105.4	100.7	101.0	98.7	90.7	100.0
山 东	Shandong	99.2	101.6	100.5	100.4	98.6	92.7	99.8
河 南	Henan	99.7	104.0	103.4	107.7	99.2	93.7	100.1
湖 北	Hubei	99.7	105.9	101.8	97.1	98.7	89.7	100.3
湖 南	Hunan	99.4	103.0	100.5	102.8	99.5	96.5	100.0
广 东	Guangdong	98.9	102.1	100.3	100.9	98.7	90.8	99.9
广 西	Guangxi	98.7	104.6	101.1	103.0	99.0	94.1	100.1
海 南	Hainan	100.4	108.7	106.1	99.8	99.4	90.8	100.2
重 庆	Chongqing	98.9	104.0	101.1	96.1	97.2	93.1	98.2
四 川	Sichuan	99.5	101.8	101.3	100.5	99.3	92.9	100.2
贵 州	Guizhou	101.1	107.3	100.4	101.6	97.7	91.2	98.9
云 南	Yunnan	99.1	107.7	100.6	101.3	99.0	92.9	100.0
西 藏	Tibet	99.0	105.9	102.1	100.8	99.1	98.9	99.2
陕 西	Shaanxi	98.8	105.2	100.4	100.1	96.8	86.9	99.0
甘 肃	Gansu	99.9	105.2	101.7	104.0	98.2	92.7	99.1
青 海	Qinghai	100.4	105.3	100.0	99.2	98.1	91.1	99.8
宁 夏	Ningxia	98.2	101.9	105.7	98.3	96.3	86.0	98.8
新 疆	Xinjiang	99.5	106.4	103.2	99.6	98.9	92.7	100.0

5-6 续表 6 continued

(上年=100) (preceding year=100)

年 份 地 区	Year Region	娱乐教育文化用品及服务 Recreation, Education and Culture	文娱用耐用消费品及服务 Durable Consumer Goods and Service for Recreational Use	教 育 Education	教材及参考书 Teaching Materials and Reference Books	教育服务 Educational Services	文化娱乐 Cultural and Recreational Articles	文化娱乐用品 Cultural Articles
	2001	106.6	91.2	113.6	106.1		101.7	99.4
	2002	100.6	90.5	103.7	99.0		101.2	98.9
	2003	101.3	92.7	104.3	101.7		101.3	98.7
	2004	101.3	93.3	103.4	102.8		101.1	99.4
	2005	102.2	93.8	105.1	100.9		101.2	99.8
	2006	99.5	94.2	100.0	100.3		101.0	99.6
	2007	99.0	93.1	99.6	99.1		101.0	99.5
	2008	99.3	92.3	100.5	100.6		101.3	99.9
	2009	99.3	90.6	101.6	102.9		102.5	99.8
	2010	100.6	94.3	101.4	102.6		101.0	99.7
	2011	100.4	93.7	101.3	101.1	101.4	101.1	100.6
	2012	100.5	94.5	101.7	101.7	101.7	101.3	100.4
	2013	101.8	96.3	102.7	102.3	102.8	101.4	100.2
北 京	Beijing	103.9	92.2	107.2	100.3	107.8	102.7	101.5
天 津	Tianjin	102.5	94.2	100.2	100.0	100.2	101.1	99.6
河 北	Hebei	101.7	97.3	102.2	101.1	102.3	101.0	100.6
山 西	Shanxi	102.5	95.8	102.6	106.6	102.2	101.6	99.9
内蒙古	Inner Mongolia	101.9	98.5	102.5	100.6	102.7	101.1	99.3
辽 宁	Liaoning	100.9	96.2	101.9	102.2	101.9	101.3	100.5
吉 林	Jilin	102.3	97.3	103.7	100.3	104.5	100.4	99.5
黑龙江	Heilongjiang	100.7	93.3	102.7	101.6	102.9	98.8	99.6
上 海	Shanghai	100.1	88.7	103.0	103.9	103.0	100.3	98.4
江 苏	Jiangsu	101.3	97.4	101.1	103.7	100.9	101.8	101.0
浙 江	Zhejiang	102.5	97.0	103.0	100.1	103.1	101.9	100.0
安 徽	Anhui	102.7	98.7	103.7	109.0	102.5	100.8	100.5
福 建	Fujian	101.9	95.5	102.0	111.7	101.0	100.6	99.7
江 西	Jiangxi	101.8	96.0	102.9	101.0	103.1	100.4	99.2
山 东	Shandong	101.3	97.8	101.8	101.4	101.9	101.2	100.3
河 南	Henan	102.9	97.0	104.2	103.3	104.2	105.1	99.9
湖 北	Hubei	101.5	95.2	102.5	101.8	102.5	100.6	100.1
湖 南	Hunan	102.1	99.1	102.5	101.0	102.5	100.8	100.6
广 东	Guangdong	101.9	96.7	103.8	101.4	104.3	101.0	100.3
广 西	Guangxi	100.8	95.1	102.9	99.8	103.3	101.5	99.1
海 南	Hainan	101.6	99.2	102.1	101.5	102.2	101.7	101.0
重 庆	Chongqing	101.4	99.3	103.3	101.8	103.5	101.9	101.1
四 川	Sichuan	101.6	96.9	102.7	101.3	102.9	101.7	100.0
贵 州	Guizhou	101.8	94.6	103.0	101.2	103.2	102.9	99.5
云 南	Yunnan	101.2	97.4	100.6	97.5	101.1	100.3	99.5
西 藏	Tibet	101.4	99.3	100.6	99.6	101.0	100.8	99.7
陕 西	Shaanxi	100.8	95.7	101.3	102.4	101.1	102.3	101.6
甘 肃	Gansu	101.6	97.9	102.4	100.8	102.5	100.1	99.7
青 海	Qinghai	101.0	95.2	102.9	104.3	102.6	99.9	98.9
宁 夏	Ningxia	99.7	91.7	103.8	106.1	103.3	103.0	100.9
新 疆	Xinjiang	101.1	97.2	101.4	101.2	101.4	103.7	100.0

5-6 续表 7 continued

(上年=100) (preceding year=100)

年 份 地 区	Year Region			旅 游	居 住				
		书报杂志 Newspapers and Magazines	文娱费 Expenditure on Culture and Recreation	Touring and Outing	Residence	建房及装修材料 Building and Decoration Materials	住房租金 Renting	自有住房 Private Housing	水电燃料 Water, Electricity and Fuels
	2001	101.9	104.4	100.3	101.2	98.8	108.6	100.0	102.5
	2002	101.0	104.2	95.9	99.9	98.4	104.4	95.4	102.9
	2003	100.4	104.6	95.4	102.1	99.5	103.5	99.1	105.7
	2004	100.6	103.2	100.6	104.9	104.3	103.0	100.9	107.5
	2005	100.8	102.9	99.6	105.4	102.6	101.9	105.6	108.6
	2006	100.7	102.6	103.1	104.6	103.9	102.7	103.7	105.9
	2007	100.7	102.7	102.3	104.5	105.1	104.2	107.0	103.0
	2008	102.1	102.1	101.1	105.5	107.1	103.5	102.8	106.4
	2009	107.6	102.1	97.5	96.4	100.2	101.6	85.3	97.9
	2010	100.6	102.3	104.9	104.5	103.3	104.9	103.6	105.5
	2011	101.0	101.5	103.8	105.3	104.7	105.3	106.5	103.5
	2012	101.4	101.9	101.7	102.1	101.0	102.7	102.3	102.4
	2013	101.0	102.4	104.0	102.8	101.2	104.1	103.8	101.6
北 京	Beijing	101.0	103.3	105.6	105.6	100.8	106.0	106.8	103.4
天 津	Tianjin	101.4	102.1	113.7	104.4	103.4	99.9	106.0	101.7
河 北	Hebei	102.0	101.0	105.9	102.0	100.9	102.7	101.9	102.8
山 西	Shanxi	101.8	102.7	107.9	102.5	100.5	106.3	104.0	100.1
内蒙古	Inner Mongolia	100.6	102.1	104.2	102.3	100.4	101.5	103.7	100.7
辽 宁	Liaoning	100.8	102.1	100.5	102.3	101.0	102.8	103.2	100.8
吉 林	Jilin	100.7	100.9	104.2	102.4	100.2	103.1	102.4	103.5
黑龙江	Heilongjiang	98.7	98.3	101.6	102.4	98.7	103.1	103.8	102.7
上 海	Shanghai	100.4	101.2	103.4	103.9	101.4	104.0	104.9	102.8
江 苏	Jiangsu	101.0	102.4	104.0	102.5	100.9	103.3	102.9	101.9
浙 江	Zhejiang	100.8	102.9	105.2	102.5	101.5	105.4	103.5	100.6
安 徽	Anhui	100.7	101.2	104.5	101.4	101.1	101.7	101.6	101.1
福 建	Fujian	101.4	100.9	107.4	103.3	100.8	103.0	103.8	103.7
江 西	Jiangxi	100.4	101.4	104.3	101.9	101.9	104.8	103.2	100.6
山 东	Shandong	100.9	102.5	104.1	101.4	101.2	101.7	102.0	100.5
河 南	Henan	102.6	109.4	101.4	101.9	100.4	103.5	103.8	99.6
湖 北	Hubei	101.3	100.6	104.2	103.1	101.8	103.9	104.3	102.2
湖 南	Hunan	101.2	100.8	106.5	101.8	102.1	103.4	102.8	100.0
广 东	Guangdong	101.4	101.4	102.3	103.7	101.6	106.9	105.3	101.7
广 西	Guangxi	100.1	104.0	100.1	102.7	101.9	102.5	103.0	103.2
海 南	Hainan	100.1	104.1	102.3	103.4	97.9	104.9	107.6	102.9
重 庆	Chongqing	100.2	103.0	98.2	102.8	102.9	103.7	103.3	101.5
四 川	Sichuan	101.0	103.7	101.9	103.7	101.8	105.5	104.9	102.1
贵 州	Guizhou	104.9	103.9	104.9	103.0	101.5	105.8	105.1	100.9
云 南	Yunnan	100.4	101.1	107.1	103.6	102.5	104.9	103.5	104.4
西 藏	Tibet	101.1	102.0	108.1	102.5	101.9	100.4	104.1	102.5
陕 西	Shaanxi	100.3	103.8	102.7	102.8	99.5	105.0	104.4	102.0
甘 肃	Gansu	100.0	100.2	107.5	102.7	101.3	104.0	103.3	102.5
青 海	Qinghai	102.3	100.0	101.6	104.5	100.2	107.0	106.0	103.8
宁 夏	Ningxia	102.7	105.0	95.1	102.2	100.4	110.8	103.6	102.0
新 疆	Xinjiang	104.6	106.6	102.8	103.4	99.1	103.3	104.8	101.6

5-7 分地区商品零售价格分类指数
Retail Price Indices by Category of Commodities by Region

(上年=100) (preceding year=100)

年份 地区	Year Region	总指数 General Index	食品 Food	#粮食 Grain	#油脂 Oil or Fat	#肉禽及其制品 Meat, Poultry and Processed Products	#蛋 Eggs	#水产品 Aquatic Products	#菜 Vegetables	#干鲜瓜果 Dried and Fresh Melons and Fruits
	2001	99.2	100.6	101.5	89.3			96.3		
	2002	98.7	99.9	98.6	100.1			96.2		
	2003	99.9	103.4	102.2	112.5	103.0	98.5	100.3	116.3	102.2
	2004	102.8	109.9	126.5	116.8	117.1	119.8	112.5	95.2	104.1
	2005	100.8	103.1	101.4	94.7	103.0	104.7	105.8	108.1	101.7
	2006	101.0	102.6	102.5	98.7	97.3	96.3	101.6	108.1	117.0
	2007	103.8	112.3	106.4	126.3	131.0	121.8	105.3	107.9	102.5
	2008	105.9	114.4	107.0	125.0	121.7	104.3	114.5	110.4	111.3
	2009	98.8	100.9	105.7	81.8	91.7	101.6	102.3	113.2	106.7
	2010	103.1	107.6	111.7	103.7	103.0	108.3	108.3	119.0	114.3
	2011	104.9	111.9	112.3	113.4	122.4	114.3	112.1	101.0	115.9
	2012	102.0	104.8	103.8	105.1	102.2	97.1	108.1	113.5	99.7
	2013	101.4	104.7	104.9	100.4	104.4	104.8	104.1	108.1	106.0
北京	Beijing	99.8	104.9	104.4	99.8	106.7	103.7	103.4	109.6	105.7
天津	Tianjin	101.7	105.8	108.7	98.7	108.0	102.2	100.9	110.0	112.6
河北	Hebei	102.2	105.8	108.1	101.1	106.7	103.3	101.8	108.0	105.8
山西	Shanxi	101.8	106.3	109.3	102.2	104.5	103.6	101.3	109.3	108.7
内蒙古	Inner Mongolia	102.6	106.5	105.9	101.2	109.7	104.3	102.8	108.6	107.6
辽宁	Liaoning	101.6	104.7	106.0	100.0	107.2	104.1	101.8	104.9	100.8
吉林	Jilin	101.6	105.6	106.1	98.2	107.0	106.1	101.9	112.6	104.9
黑龙江	Heilongjiang	101.1	104.3	104.5	96.1	106.7	102.8	102.3	107.4	102.9
上海	Shanghai	100.2	104.5	103.6	97.5	103.7	102.2	105.0	108.0	107.3
江苏	Jiangsu	101.4	104.1	102.9	98.3	103.1	104.5	105.6	107.0	106.7
浙江	Zhejiang	101.0	103.8	102.8	98.1	103.9	103.7	104.5	106.4	104.2
安徽	Anhui	101.3	104.7	104.5	99.9	104.6	104.6	105.8	108.8	106.4
福建	Fujian	101.1	104.3	102.4	100.0	103.5	109.7	104.4	107.9	107.1
江西	Jiangxi	101.5	104.6	102.4	100.0	104.3	105.7	107.4	107.6	105.6
山东	Shandong	101.4	104.9	107.2	102.6	103.2	102.7	102.7	109.2	108.7
河南	Henan	101.9	105.6	107.0	100.0	104.8	104.2	103.3	110.4	104.1
湖北	Hubei	101.8	105.2	104.2	99.3	105.3	107.1	105.7	106.1	105.6
湖南	Hunan	101.7	104.3	105.6	102.7	103.9	104.4	103.3	104.2	106.5
广东	Guangdong	101.0	103.8	102.4	100.9	102.0	105.1	104.4	111.1	105.6
广西	Guangxi	101.2	103.9	101.6	101.1	102.8	107.6	104.5	107.3	107.4
海南	Hainan	101.5	103.7	101.9	103.5	102.0	101.1	104.1	110.5	108.4
重庆	Chongqing	101.8	103.3	103.0	98.6	103.7	109.1	102.7	107.1	101.7
四川	Sichuan	101.7	105.0	102.9	101.2	103.9	106.6	104.0	109.4	108.7
贵州	Guizhou	101.5	104.2	103.7	100.8	104.1	106.1	103.5	101.6	106.0
云南	Yunnan	102.6	105.3	102.4	100.3	103.6	106.0	103.1	107.1	107.8
西藏	Tibet	103.0	108.4	107.9	102.3	112.7	107.2	107.4	108.7	107.1
陕西	Shaanxi	101.8	105.2	107.3	100.6	104.0	109.1	102.6	107.0	102.6
甘肃	Gansu	102.6	106.2	107.4	100.6	104.2	107.5	101.4	108.8	102.9
青海	Qinghai	102.7	108.0	107.8	102.6	110.6	108.2	104.7	110.2	106.5
宁夏	Ningxia	102.4	106.8	106.0	100.8	109.0	105.7	106.5	110.0	109.2
新疆	Xinjiang	103.3	108.2	106.3	103.6	114.7	110.5	107.4	104.5	101.8

5-7 续表 1 continued

(上年=100) (preceding year=100)

年 份 Year 地 区 Region	饮料烟酒 Beverages, Tobacco and Liquor	服装鞋帽 Garments, Shoes and Hats	纺织品 Textiles	家用电器及音像器材 Household Appliances, Music and Video Equipment	文化办公用品 Cultural and Office Appliances	日用品 Articles for Daily Use	体育娱乐用品 Sports and Recreation Articles	交通、通信用品 Transportation and Communication Appliances
2001	99.5	98.9	99.1			98.3		
2002	99.9	97.9	99.4			98.7		
2003	99.9	97.5	99.3	94.2	95.8	98.5	98.1	91.1
2004	101.0	98.2	100.0	94.7	96.9	99.6	98.2	91.8
2005	100.5	97.9	99.8	96.3	96.7	100.2	98.4	91.7
2006	100.7	99.8	100.0	97.3	97.6	100.8	98.5	92.3
2007	101.8	99.4	100.2	97.4	97.0	101.1	97.4	92.7
2008	103.4	98.4	100.5	96.9	96.8	103.7	97.7	93.2
2009	101.7	97.9	99.6	94.2	96.2	102.0	97.8	93.7
2010	101.7	98.8	101.2	96.1	97.8	100.3	98.3	95.6
2011	103.3	101.8	105.7	96.9	97.6	102.3	100.9	96.1
2012	103.3	102.9	101.5	97.7	98.1	102.1	101.0	96.0
2013	100.7	102.2	101.0	98.3	98.6	100.8	100.7	97.3
北 京 Beijing	100.6	101.5	99.3	95.7	95.6	100.8	101.9	94.5
天 津 Tianjin	101.8	101.0	103.5	96.6	97.7	101.0	107.6	96.8
河 北 Hebei	100.9	102.7	101.3	99.1	99.5	100.8	100.9	98.8
山 西 Shanxi	101.4	102.1	102.7	98.5	98.0	100.6	100.9	98.1
内蒙古 Inner Mongolia	101.4	103.8	104.0	99.1	98.9	101.5	100.8	98.2
辽 宁 Liaoning	100.8	101.9	101.2	98.1	99.5	101.1	100.6	97.8
吉 林 Jilin	100.5	102.0	100.6	99.1	98.9	100.5	99.1	95.7
黑龙江 Heilongjiang	101.1	102.5	99.3	96.5	96.3	100.5	101.7	95.4
上 海 Shanghai	100.1	99.9	100.6	94.9	94.9	100.2	98.6	96.8
江 苏 Jiangsu	99.7	103.1	101.5	99.6	99.5	101.6	101.1	98.3
浙 江 Zhejiang	100.2	103.0	102.1	99.4	98.2	100.6	100.4	98.7
安 徽 Anhui	98.9	102.0	99.1	99.1	99.6	100.6	100.3	97.0
福 建 Fujian	100.1	101.7	98.9	96.5	98.5	99.9	99.9	96.7
江 西 Jiangxi	100.8	102.7	101.2	97.8	98.0	100.9	100.2	97.0
山 东 Shandong	100.6	102.8	101.3	98.0	98.9	100.7	100.5	97.4
河 南 Henan	101.4	102.7	100.8	99.8	99.2	101.3	100.3	97.4
湖 北 Hubei	101.2	101.7	102.3	97.9	99.1	101.0	100.5	93.5
湖 南 Hunan	102.6	102.2	101.4	99.4	99.8	100.8	101.2	98.2
广 东 Guangdong	100.4	101.7	98.0	97.9	99.3	100.4	100.6	97.3
广 西 Guangxi	100.5	101.7	101.7	98.4	98.6	100.6	100.0	98.5
海 南 Hainan	100.7	100.5	101.5	99.1	99.2	101.7	102.5	99.1
重 庆 Chongqing	102.0	106.3	100.8	100.4	98.7	100.5	99.8	96.9
四 川 Sichuan	100.0	101.1	101.6	98.7	98.2	100.7	100.8	98.5
贵 州 Guizhou	101.7	102.9	99.2	97.3	98.6	101.0	99.6	98.1
云 南 Yunnan	102.4	101.0	102.0	99.5	100.3	101.1	100.8	98.0
西 藏 Tibet	100.6	101.3	100.6	99.5	99.3	100.3	99.7	99.6
陕 西 Shaanxi	101.4	103.0	102.2	98.0	99.6	101.3	101.6	96.8
甘 肃 Gansu	100.7	102.8	101.5	97.8	99.9	102.1	101.3	96.1
青 海 Qinghai	99.8	101.5	100.0	96.2	97.4	101.0	101.4	95.1
宁 夏 Ningxia	100.4	102.4	102.1	96.0	98.7	101.9	100.4	94.0
新 疆 Xinjiang	102.0	99.8	102.4	97.7	99.5	101.2	99.2	97.3

5-7 续表 2 continued

(上年=100) (preceding year=100)

年份 Year / 地区 Region		家具 Furniture	化妆品 Cosmetics	金银珠宝 Gold, Silver and Jewelry	中西药品及医疗保健用品 Traditional Chinese and Western Medicines and Health Care Articles	书报杂志及电子出版物 Books, Newspapers, Magazines and Electronic Publications	燃料 Fuels	建筑材料及五金电料 Building Materials and Hardware
	2001		98.8				102.4	
	2002		98.4				102.0	
	2003	97.8	98.9	108.6	98.4	100.3	109.3	99.7
	2004	98.8	98.9	111.6	96.7	101.0	112.4	103.7
	2005	99.1	99.3	104.4	97.6	100.3	115.4	102.1
	2006	100.1	99.8	119.7	99.1	100.2	112.4	103.0
	2007	101.6	100.2	107.9	102.0	99.7	104.2	105.1
	2008	102.6	100.7	116.8	103.1	101.5	116.0	107.9
	2009	99.7	100.8	95.6	101.5	105.0	92.7	98.4
	2010	100.1	100.4	114.5	104.3	101.3	112.3	103.5
	2011	102.3	101.3	114.3	103.9	100.8	111.1	105.1
	2012	101.3	102.2	101.0	102.1	101.4	102.9	100.3
	2013	101.2	101.5	91.9	101.3	101.3	99.9	100.5
北京	Beijing	103.2	99.1	88.9	101.6	100.8	100.6	100.4
天津	Tianjin	102.6	102.2	91.0	101.9	100.3	99.8	102.4
河北	Hebei	101.9	103.0	91.7	102.7	101.2	98.7	101.3
山西	Shanxi	101.7	101.9	92.1	101.9	102.9	97.4	99.7
内蒙古	Inner Mongolia	100.9	100.7	91.5	102.0	100.4	100.0	99.8
辽宁	Liaoning	100.8	101.6	91.9	101.8	101.2	99.6	100.4
吉林	Jilin	100.9	101.6	89.1	101.5	100.3	101.6	100.9
黑龙江	Heilongjiang	99.5	102.0	98.3	101.3	100.1	99.1	99.1
上海	Shanghai	99.7	100.8	93.7	101.0	100.9	99.3	100.6
江苏	Jiangsu	102.1	102.1	91.2	100.7	101.4	101.9	100.3
浙江	Zhejiang	101.0	101.5	91.8	98.6	100.5	99.8	100.3
安徽	Anhui	99.5	100.8	90.9	101.5	103.4	99.3	100.1
福建	Fujian	100.7	101.3	94.1	101.2	105.2	100.7	99.3
江西	Jiangxi	100.1	101.4	92.2	101.6	100.5	100.1	101.3
山东	Shandong	100.3	101.4	93.9	100.5	101.1	99.5	100.3
河南	Henan	101.4	102.0	91.5	102.2	102.5	98.3	100.0
湖北	Hubei	100.8	102.0	92.3	102.7	101.7	100.5	101.3
湖南	Hunan	102.1	101.5	91.7	102.4	100.9	99.0	101.9
广东	Guangdong	101.6	101.4	90.6	100.8	101.0	99.2	100.8
广西	Guangxi	100.2	101.0	90.6	100.6	99.9	99.7	100.9
海南	Hainan	102.7	101.4	90.5	103.2	100.9	102.4	97.3
重庆	Chongqing	99.6	102.6	93.9	101.3	100.7	100.7	103.1
四川	Sichuan	101.7	101.6	91.8	101.0	100.5	100.4	100.3
贵州	Guizhou	103.1	102.2	95.1	102.1	104.9	99.7	99.3
云南	Yunnan	100.5	100.7	90.5	104.8	99.4	103.9	101.3
西藏	Tibet	100.4	100.9	99.7	100.0	100.2	100.9	104.7
陕西	Shaanxi	105.0	102.1	90.2	102.6	101.6	99.4	98.7
甘肃	Gansu	102.7	102.3	91.4	102.9	100.1	100.5	100.8
青海	Qinghai	101.5	100.0	91.4	103.3	102.8	100.3	99.7
宁夏	Ningxia	100.3	102.3	90.8	105.2	104.9	100.7	100.1
新疆	Xinjiang	101.1	103.0	94.4	102.5	105.4	102.0	99.6

5-8 分地区农业生产资料价格分类指数
Price Indices for Means of Agricultural Production by Category and Region

(上年=100) (preceding year=100)

年 份 Year / 地 区 Region	总指数 General Index	农用手工工具 Farm Handtools	饲 料 Forage	产品畜 Commodity Animals	半机械化农具 Semi-mechanized Farm Tools	机械化农具 Mechanized Farm Machinery
2003	101.4	99.3	102.0	102.9	99.4	98.5
2004	110.6	104.3	116.5	127.6	102.1	102.2
2005	108.3	105.1	103.9	106.5	102.3	102.3
2006	101.5	106.2	101.1	88.0	101.8	101.5
2007	107.7	104.9	108.2	144.5	102.7	101.7
2008	120.3	112.5	115.8	131.5	107.9	109.0
2009	97.5	103.1	102.4	82.7	101.5	100.9
2010	102.9	102.5	108.3	100.8	100.7	101.4
2011	111.3	105.3	107.6	137.3	103.6	104.6
2012	105.6	104.4	105.7	104.6	102.1	102.1
2013	101.4	103.0	104.5	100.3	100.7	100.5
北 京 Beijing						
天 津 Tianjin						
河 北 Hebei	101.1	100.2	104.0	102.1	101.0	101.0
山 西 Shanxi	102.5	101.8	102.0	101.4	100.0	99.9
内蒙古 Inner Mongolia	103.5	101.1	103.3	128.2	100.9	100.9
辽 宁 Liaoning	99.9	101.8	103.8	91.6	100.1	100.3
吉 林 Jilin	100.8	101.9	105.7	102.5	100.7	100.7
黑龙江 Heilongjiang	104.1	102.1	103.9	104.3	100.4	100.4
上 海 Shanghai						
江 苏 Jiangsu	102.4	101.9	104.3	101.1	102.0	100.6
浙 江 Zhejiang	102.8	104.1	105.2	101.8	101.1	100.3
安 徽 Anhui	100.9	102.5	105.1	102.7	100.0	100.5
福 建 Fujian	99.5	101.7	102.5	97.6	100.5	100.4
江 西 Jiangxi	102.4	106.3	103.4	99.7	100.9	102.7
山 东 Shandong	101.2	101.8	104.7	104.2	99.3	100.9
河 南 Henan	101.3	105.0	106.4	98.5	102.3	100.3
湖 北 Hubei	103.1	103.0	107.3	101.6	102.0	100.5
湖 南 Hunan	102.3	105.0	103.3	98.3	104.6	100.4
广 东 Guangdong	99.7	102.0	104.9	89.7	100.9	99.5
广 西 Guangxi	99.9	104.3	103.8	90.3	99.7	99.6
海 南 Hainan	101.0	106.5	102.2	90.2	100.8	103.2
重 庆 Chongqing						
四 川 Sichuan	101.5	103.9	103.5	100.6	100.1	100.2
贵 州 Guizhou	99.0	105.8	100.7	97.9	97.6	99.3
云 南 Yunnan	100.1	101.5	104.0	96.1	101.4	101.7
西 藏 Tibet	101.8	100.9	100.7	103.3	100.9	101.7
陕 西 Shaanxi	102.6	104.4	105.7	102.7	103.0	101.0
甘 肃 Gansu	102.1	106.5	102.5	108.0	100.3	100.3
青 海 Qinghai	104.3	99.7	110.2	111.4	100.5	100.0
宁 夏 Ningxia	101.6	101.5	111.1	101.7	101.5	99.5
新 疆 Xinjiang	102.6	102.4	106.6	112.3	101.0	100.5

5-8 续表 continued

(上年=100) (preceding year=100)

年 份 Year 地 区 Region	化学肥料 Chemical Fertilizer	农药及农药械 Pesticide and Its Appliances	农用机油 Oil for Farm Machinery	其他农业生产资料 Other Means of Agricultural Production	农业生产服务 Service for Agricultural Production
2003	101.6	99.9	107.8	97.0	
2004	112.8	103.0	108.4	106.3	
2005	112.8	104.1	111.1	109.4	
2006	100.1	101.6	113.4	105.8	107.8
2007	103.4	101.4	105.3	103.4	109.7
2008	131.7	108.0	113.1	108.1	110.3
2009	93.7	100.1	94.4	102.5	107.9
2010	98.6	100.4	110.3	107.2	104.3
2011	113.3	102.6	110.8	108.1	108.3
2012	106.6	102.4	104.2	105.9	108.3
2013	97.7	101.6	100.5	103.9	106.5
北 京 Beijing					
天 津 Tianjin					
河 北 Hebei	95.3	103.2	100.8	102.8	104.8
山 西 Shanxi	100.4	101.3	100.0	102.9	110.2
内蒙古 Inner Mongolia	98.9	101.4	99.4	102.1	101.3
辽 宁 Liaoning	98.0	102.0	99.8	104.2	104.0
吉 林 Jilin	96.3	104.7	101.9	101.3	105.8
黑龙江 Heilongjiang	98.8	100.6	99.0	108.8	113.1
上 海 Shanghai					
江 苏 Jiangsu	98.2	102.4	100.7	102.2	105.5
浙 江 Zhejiang	98.3	100.7	99.8	102.8	106.7
安 徽 Anhui	95.7	101.4	99.5	102.5	104.4
福 建 Fujian	96.3	100.4	100.1	101.3	104.0
江 西 Jiangxi	99.6	100.9	99.8	103.6	112.3
山 东 Shandong	97.2	102.0	102.6	104.3	105.7
河 南 Henan	95.4	102.1	99.3	106.0	106.1
湖 北 Hubei	102.2	100.2	105.3	104.4	107.3
湖 南 Hunan	101.6	101.2	102.6	102.7	106.9
广 东 Guangdong	98.4	100.7	99.1	101.5	102.0
广 西 Guangxi	93.3	102.4	99.7	107.4	105.4
海 南 Hainan	101.8	102.9	99.7	106.7	107.3
重 庆 Chongqing					
四 川 Sichuan	99.1	102.4	99.1	101.9	109.7
贵 州 Guizhou	96.9	101.3	99.1	101.5	100.3
云 南 Yunnan	98.5	100.2	100.2	101.6	109.2
西 藏 Tibet	101.5	100.0	100.8	101.6	103.7
陕 西 Shaanxi	98.1	103.3	99.6	105.9	108.2
甘 肃 Gansu	100.3	103.5	100.2	103.3	100.9
青 海 Qinghai	100.9	99.6	100.5	104.0	105.2
宁 夏 Ningxia	96.6	102.1	100.3	102.5	103.9
新 疆 Xinjiang	98.3	101.0	101.9	103.5	106.8

5-9 农产品生产者价格指数
Producer Price Indices for Farm Products

(上年＝100) (preceding year=100)

指 标	Item	2010	2011	2012	2013
农产品生产价格指数	**Producer Price Indices for Farm Products**	**110.9**	**116.5**	**102.7**	**103.2**
种植业产品	**Planting Products**	**116.6**	**107.8**	**104.8**	**104.3**
谷物	Cereal	112.8	109.7	104.8	103.1
#小麦	Wheat	107.9	105.2	102.9	106.7
稻谷	Rice	112.8	113.3	104.1	102.2
玉米	Corn	116.1	109.9	106.6	100.2
大豆	Beans	107.9	106.3	105.7	105.7
油料	Oil-bearing Crops	112.1	112.1	105.2	102.4
棉花	Cotton	157.7	79.5	98.1	103.9
糖料	Sugar	106.0	125.5	105.0	98.9
蔬菜	Vegetable	116.8	103.4	109.9	106.9
水果	Fruit	118.9	106.2	103.9	106.2
林业产品	**Forestry Products**	**122.8**	**114.9**	**101.2**	**99.1**
畜牧业产品	**Animal Husbandry Products**	**103.0**	**126.2**	**99.7**	**102.4**
猪（毛重）	Pig (gross weight)	98.3	137.0	95.9	99.3
牛（毛重）	Cattle and Buffaloes (gross weight)	104.7	108.1	116.8	113.1
羊（毛重）	Sheep and Goats (gross weight)	108.7	115.7	107.8	109.1
家禽（毛重）	Poultry (gross weight)	107.0	112.0	103.8	103.2
蛋类	Eggs	107.5	112.6	100.5	105.8
奶类	Milk	115.3	108.1	103.9	111.0
渔业产品	**Fishery Products**	**107.6**	**110.0**	**106.2**	**104.3**
海水养殖产品	Seawater Artificially Cultured Products		111.5	101.0	100.7
海水捕捞产品	Seawater Fishing Products		111.2	110.9	107.7
淡水养殖产品	Freshwater Artificially Cultured Products		109.5	106.8	104.7
淡水捕捞产品	Freshwater Fishing Products		103.7	107.2	103.5

5-10 分地区农产品生产者价格指数
Producer Price Indices for Farm Products by Region

(上年=100) (preceding year=100)

地 区	Region	2012 总指数 General Index	2012 种植业产品 Planting Products	2012 林业产品 Forestry Products	2012 畜牧业产品 Animal Husbandry Products	2012 渔业产品 Fishery Products	2013 总指数 General Index	2013 种植业产品 Planting Products	2013 林业产品 Forestry Products	2013 畜牧业产品 Animal Husbandry Products	2013 渔业产品 Fishery Products
全 国	**National Total**	**102.7**	**104.8**	**101.2**	**99.7**	**106.2**	**103.2**	**104.3**	**99.1**	**102.4**	**104.3**
北 京	Beijing	104.7	107.9	107.8	100.7	112.6	104.7	105.5	111.3	104.2	99.0
天 津	Tianjin	105.3	109.9		100.9	100.8	105.4	106.2		101.0	112.6
河 北	Hebei	100.7	103.1	106.8	97.4	104.9	105.1	106.8	83.0	104.7	93.9
山 西	Shanxi	101.3	103.4	108.1	97.9	97.0	106.1	105.7	116.1	107.1	88.4
内蒙古	Inner Mongolia	104.7	105.4	93.0	104.9	107.3	103.3	102.2	91.4	105.3	101.1
辽 宁	Liaoning	106.6	109.4	113.6	102.6	113.7	101.1	100.3	74.9	102.3	102.2
吉 林	Jilin	105.1	107.6	107.8	97.4	110.5	100.4	98.9	92.3	105.0	103.5
黑龙江	Heilongjiang	105.9	107.0	93.5	100.4	100.2	101.0	100.2	81.2	105.7	93.4
上 海	Shanghai	101.4	103.4	111.0	94.4	104.1	104.1	104.5	97.1	101.9	106.9
江 苏	Jiangsu	103.7	105.0	104.5	97.6	110.1	103.4	104.7	104.6	100.4	104.5
浙 江	Zhejiang	104.3	106.3	106.1	99.8	104.0	103.0	102.5	97.5	101.4	108.3
安 徽	Anhui	102.9	103.0	106.8	97.4	110.8	103.7	103.8	104.0	102.1	107.6
福 建	Fujian	102.7	104.7	105.7	94.3	107.0	103.0	104.7	106.4	101.2	102.1
江 西	Jiangxi	103.5	105.9	105.1	96.1	112.3	102.3	100.9	103.8	101.7	107.8
山 东	Shandong	102.5	104.3	101.9	96.7	105.7	105.9	111.0	103.9	98.7	103.1
河 南	Henan	102.9	103.2	105.3	100.9	106.2	102.6	102.7	103.1	102.0	110.8
湖 北	Hubei	103.3	103.6	107.5	98.6	110.1	101.8	101.3	104.4	99.8	109.1
湖 南	Hunan	100.2	103.1	104.1	96.0	104.6	102.1	101.1	111.5	102.2	104.9
广 东	Guangdong	103.4	106.9	101.8	97.6	104.5	103.5	106.3	105.2	99.7	102.8
广 西	Guangxi	99.4	107.2	99.4	92.5	97.7	102.5	106.4	103.7	98.5	103.7
海 南	Hainan	103.3	109.1	78.4	99.1	107.3	100.0	99.3	81.8	102.6	108.8
重 庆	Chongqing	104.6	106.0	103.8	103.3	108.1	103.0	103.1	102.3	102.9	102.0
四 川	Sichuan	104.0	107.6	104.4	101.2	105.3	102.6	102.3	102.1	102.6	104.4
贵 州	Guizhou	104.3	106.1	103.7	102.8	108.3	102.4	102.3	101.5	102.5	102.2
云 南	Yunnan	110.7	113.7	92.2	104.7	100.7	104.9	107.6	109.9	98.1	98.2
西 藏	Tibet										
陕 西	Shaanxi	102.6	102.5	110.9	101.4	113.7	107.4	110.3	95.2	101.9	104.6
甘 肃	Gansu	105.9	106.9		106.3	108.6	105.9	105.7		106.3	108.4
青 海	Qinghai	108.2	104.4		111.8		110.4	108.3	101.6	112.3	
宁 夏	Ningxia	103.6	103.9		102.8	112.1	106.7	106.1		108.9	84.4
新 疆	Xinjiang	103.2	100.3	99.3	105.1	101.2	108.5	101.1	101.4	113.3	105.2

5-11 按工业行业分工业生产者出厂价格指数
Producer Price Indices for Industrial Products by Sector

(上年=100) (preceding year=100)

行业	Sector	2010	2011	2012	2013
工业生产者出厂价格指数	**Producer Price Indices for Industrial Products**	**105.5**	**106.0**	**98.3**	**98.1**
煤炭开采和洗选业	Mining and Washing of Coal	110.0	110.2	97.0	88.7
石油和天然气开采业	Extraction of Petroleum and Natural Gas	137.8	124.5	99.6	96.5
黑色金属矿采选业	Mining and Processing of Ferrous Metal Ores	117.5	112.7	89.0	97.0
有色金属矿采选业	Mining and Processing of Non-Ferrous Metal Ores	119.0	115.0	97.6	95.7
非金属矿采选业	Mining and Processing of Nonmetal Ores	106.4	109.1	103.4	100.6
农副食品加工业	Processing of Food from Agricultural Products	105.5	110.6	102.2	101.2
食品制造业	Processing of Foodstuff	103.3	106.3	102.2	101.7
饮料制造业	Manufacture of Beverages	102.9	104.4	101.9	100.1
烟草制品业	Manufacture of Tobacco	100.4	100.3	101.3	100.4
纺织业	Manufacture of Textile	108.5	111.1	96.6	99.8
纺织服装、鞋、帽制造业	Manufacture of Textile Wearing Apparel, Footware, and Caps	101.7	103.7	102.3	101.1
皮革、毛皮、羽毛(绒)及其制品业	Manufacture of Leather, Fur, Feather and Related Products	101.7	104.5	102.3	102.4
木材加工及木、竹、藤、棕、草制品业	Processing of Timber, Manufacture of Wood, Bamboo, Rattan, Palm and Straw Products	101.5	104.1	102.2	100.8
家具制造业	Manufacture of Furniture	101.4	102.4	101.7	100.5
造纸及纸制品业	Manufacture of Paper and Paper Products	103.5	103.0	98.5	97.7
印刷业和记录媒介的复制	Printing, Reproduction of Recording Media	100.7	101.9	100.4	99.5
文教体育用品制造业	Manufacture of Articles for Culture, Education and Sport Activities	102.4	103.7	101.8	100.2
石油加工、炼焦及核燃料加工业	Processing of Petroleum, Coking, Processing of Nuclear Fuel	117.8	114.9	101.6	96.3
化学原料及化学制品制造业	Manufacture of Raw Chemical Materials and Chemical Products	108.0	109.8	96.0	96.7
医药制造业	Manufacture of Medicines	103.2	102.5	100.1	100.6
化学纤维制造业	Manufacture of Chemical Fibers	114.1	112.1	88.0	95.6
橡胶制品业	Manufacture of Rubber	103.8	110.0	99.4	97.1
塑料制品业	Manufacture of Plastics	102.3	104.7	99.4	99.7
非金属矿物制品业	Manufacture of Non-metallic Mineral Products	102.1	107.0	98.6	99.0
黑色金属冶炼及压延加工业	Smelting and Pressing of Ferrous Metals	107.4	109.8	89.4	93.8
有色金属冶炼及压延加工业	Smelting and Pressing of Non-ferrous Metals	117.3	113.0	93.1	94.6
金属制品业	Manufacture of Metal Products	101.7	104.1	99.1	98.3
通用设备制造业	Manufacture of General Purpose Machinery	100.1	102.7	99.8	98.9
专用设备制造业	Manufacture of Special Purpose Machinery	101.2	101.5	100.3	100.2
交通运输设备制造业	Manufacture of Transport Equipment	100.3	100.4	99.5	99.3
电气机械及器材制造业	Manufacture of Electrical Machinery and Equipment	103.2	103.1	97.5	98.4
通信设备、计算机及其他电子设备制造业	Manufacture of Communication Equipment, Computers and Other Electronic Equipment	98.3	98.3	97.8	97.3
仪器仪表及文化、办公用机械制造业	Manufacture of Measuring Instruments and Machinery for Cultural Activity and Office Work	99.1	99.8	100.2	99.3
工艺品及其他制造业	Manufacture of Artwork and Other Manufacturing	103.5	105.3	100.9	99.2
废弃资源和废旧材料回收加工业	Recycling and Disposal of Waste	107.5	111.8	92.2	94.0
电力、热力的生产和供应业	Production and Supply of Electric Power and Heat Power	102.0	101.6	103.7	100.2
燃气生产和供应业	Production and Supply of Gas	105.4	109.4	102.0	102.1
水的生产和供应业	Production and Supply of Water	105.5	102.8	102.2	101.9

5-12 分地区工业生产者出厂价格指数
Producer Price Indices for Industrial Products by Region

(上年=100) (preceding year=100)

地 区	Region	2006	2007	2008	2009	2010	2011	2012	2013
全 国	**National**	**103.0**	**103.1**	**106.9**	**94.6**	**105.5**	**106.0**	**98.3**	**98.1**
北 京	Beijing	99.1	99.7	103.3	94.4	102.2	102.3	98.4	97.4
天 津	Tianjin	100.6	101.5	104.1	92.5	105.1	103.8	97.0	97.0
河 北	Hebei	100.8	106.9	116.7	89.1	109.0	107.7	94.7	96.6
山 西	Shanxi	101.0	107.4	122.4	92.0	109.5	107.5	94.5	90.7
内蒙古	Inner Mongolia	103.0	105.7	112.5	96.2	106.7	107.8	100.2	97.0
辽 宁	Liaoning	104.1	104.4	110.9	94.0	107.4	106.5	99.9	99.0
吉 林	Jilin	101.7	102.7	104.9	96.1	105.2	105.4	99.1	98.7
黑龙江	Heilongjiang	109.9	105.3	114.0	87.4	115.0	112.0	100.0	98.0
上 海	Shanghai	100.6	101.2	102.2	93.8	102.3	102.9	98.4	98.2
江 苏	Jiangsu	101.5	102.6	104.6	95.2	107.3	106.2	97.1	98.0
浙 江	Zhejiang	103.8	102.4	104.3	94.9	106.2	105.0	97.3	98.2
安 徽	Anhui	103.1	103.6	108.4	92.8	109.0	108.3	98.3	98.2
福 建	Fujian	99.2	100.8	102.7	95.5	103.2	103.9	98.7	98.4
江 西	Jiangxi	109.7	106.2	106.4	93.0	115.3	111.3	96.5	98.5
山 东	Shandong	102.3	103.3	108.6	94.1	107.2	106.0	98.4	98.4
河 南	Henan	104.3	105.2	112.1	94.9	107.8	107.2	99.4	98.5
湖 北	Hubei	102.9	103.9	106.1	95.6	104.9	106.6	100.3	99.2
湖 南	Hunan	104.3	106.1	109.3	94.3	106.9	108.5	99.1	98.5
广 东	Guangdong	101.4	101.3	103.1	95.8	103.2	103.7	99.5	98.8
广 西	Guangxi	109.6	104.5	109.0	93.5	112.0	108.5	97.8	98.2
海 南	Hainan	100.8	102.7	104.5	90.6	107.7	108.8	100.8	99.5
重 庆	Chongqing	102.2	103.5	105.8	95.5	103.1	103.8	99.9	98.0
四 川	Sichuan	101.9	103.9	109.3	96.5	105.0	107.3	98.6	98.7
贵 州	Guizhou	104.3	105.0	112.4	95.1	104.7	105.4	101.0	97.4
云 南	Yunnan	104.6	105.7	105.8	91.5	108.8	104.7	97.9	97.5
西 藏	Tibet	106.0	101.1	105.6	98.2	105.8	104.3	99.7	99.8
陕 西	Shaanxi	109.6	102.9	108.4	96.1	108.7	107.2	100.7	97.3
甘 肃	Gansu	109.8	105.5	104.9	91.0	115.0	111.0	96.8	96.9
青 海	Qinghai	109.5	104.2	107.6	91.3	109.3	107.4	96.9	97.0
宁 夏	Ningxia	106.2	103.7	112.9	93.9	109.1	109.5	97.4	96.0
新 疆	Xinjiang	114.4	106.3	116.4	85.5	125.3	114.8	96.9	96.5

5-13 工业生产者出厂价格分类指数
Producer Price Indices for Industrial Products by Category

(上年=100) (preceding year=100)

类 别	Item	2006	2007	2008	2009	2010	2011	2012	2013
总指数	**Total Price Indices**	**103.0**	**103.1**	**106.9**	**94.6**	**105.5**	**106.0**	**98.3**	**98.1**
生产资料	**Means of Production**	**103.9**	**103.2**	**107.7**	**93.3**	**106.6**	**106.6**	**97.5**	**97.4**
采掘工业	Mining & Quarrying Industry	114.1	103.8	123.2	84.2	122.2	115.4	97.6	94.3
原材料工业	Raw Materials Industry	106.6	105.6	108.9	91.9	110.1	109.2	98.0	96.9
加工工业	Processing Industry	101.1	102.0	105.2	95.1	103.1	104.6	97.3	98.0
生活资料	**Consumer Goods**	**100.2**	**102.8**	**104.1**	**98.8**	**102.0**	**104.2**	**100.8**	**100.2**
食品类	Food	100.5	107.0	108.3	98.6	103.8	107.4	101.4	100.7
衣着类	Clothing	101.3	101.2	102.2	100.1	102.0	104.2	102.1	101.2
一般日用品	Articles for Daily Use	100.8	101.5	103.6	99.2	101.9	104.0	100.9	99.8
耐用消费品	Durable Consumer Goods	98.0	99.0	99.5	97.7	99.4	99.4	99.1	99.1

5-14 工业生产者购进价格指数
Purchasing Price Indices for Industrial Producers

(上年=100) (preceding year=100)

年 份 Year	总指数 General Index	燃料、动力类 Fuel and Power	黑色金属材料类 Ferrous Metals	有色金属材料及电线类 Nonferrous Metals	化 工 原料类 Raw Chemical Materials	木材及纸浆类 Timber and Paper Pulp	建筑材料及非金属类 Building Materials	农 副 产品类 Agricultural Products	纺 织 原料类 Textile Materials
1989	126.4	124.7	130.3	127.6	124.4	111.4	122.7	128.9	128.5
1990	105.6	110.7	103.9	97.2	95.6	99.4	115.2	107.8	107.4
1991	109.1	112.9	112.5	101.2	99.8	105.6	101.2	106.8	108.9
1992	111.0	116.4	114.5	112.4	102.6	102.0	118.8	103.4	100.5
1993	135.1	136.7	174.1	115.8	114.3	128.6	140.9	112.2	107.1
1994	118.2	118.0	103.8	110.7	111.7	115.1	114.3	148.3	139.6
1995	115.3	108.7	98.2	128.3	127.2	115.8	102.6	143.1	123.6
1996	103.9	110.2	99.3	92.4	98.0	101.9	102.5	114.7	94.5
1997	101.3	109.3	97.4	96.2	97.1	100.9	99.7	102.0	94.7
1998	95.8	99.1	95.1	88.3	93.6	96.7	98.6	94.5	94.3
1999	96.7	100.9	94.7	98.9	97.6	100.4	98.8	89.8	96.8
2000	105.1	115.4	100.9	110.3	105.6	99.8	101.5	99.9	102.4
2001	99.8	100.2	100.5	95.6	98.4	100.4	98.6	101.2	99.7
2002	97.7	100.1	98.2	96.5	97.5	98.7	98.2	95.7	97.1
2003	104.8	107.4	107.9	105.3	102.9	100.3	99.7	106.7	101.4
2004	111.4	109.7	120.4	120.1	108.9	102.8	105.1	114.2	104.7
2005	108.3	115.0	107.5	114.0	108.3	103.5	103.1	101.7	102.4
2006	106.0	111.9	98.3	130.8	102.1	102.6	101.9	104.3	102.9
2007	104.4	104.3	105.4	111.6	103.6	102.7	103.0	106.1	101.4
2008	110.5	120.6	118.4	98.6	105.2	105.2	109.5	107.5	103.1
2009	92.1	89.2	86.3	81.1	91.3	95.8	101.1	97.0	98.8
2010	109.6	116.3	106.6	122.2	107.0	103.0	103.8	110.4	106.7
2011	109.1	110.8	109.4	112.1	110.4	104.6	108.4	115.6	112.7
2012	98.2	100.9	92.9	94.5	96.1	100.1	99.7	100.2	99.1
2013	98.0	96.6	95.7	95.4	97.3	99.6	98.7	101.6	99.9

5-15 固定资产投资价格指数
Price Index for Investment in Fixed Assets

年 份 Year	上年=100 Preceding Year=100				1990年=100 Year of 1990=100			
	固定资产投资 Investment in Fixed Assets	建筑安装工程 Construction and Installation	设备工器具购置 Purchase of Equipment and Instruments	其他费用 Other Expenses	固定资产投资 Investment in Fixed Assets	建筑安装工程 Construction and Installation	设备工器具购置 Purchase of Equipment and Instruments	其他费用 Other Expenses
1990	108.0	106.9	109.1	112.4	100.0	100.0	100.0	100.0
1991	109.5	109.7	106.1	116.8	109.5	109.7	106.1	116.8
1992	115.3	116.8	109.4	120.9	126.3	128.1	116.1	141.2
1993	126.6	131.3	119.7	123.4	159.8	168.2	138.9	174.3
1994	110.4	110.4	109.5	112.1	176.5	185.7	152.1	195.3
1995	105.9	104.7	106.3	112.4	186.9	194.5	161.7	219.6
1996	104.0	105.1	101.6	104.3	194.3	204.4	164.3	229.0
1997	101.7	102.9	98.1	102.9	197.6	210.3	161.2	235.6
1998	99.8	100.5	97.5	100.4	197.3	211.4	157.2	236.6
1999	99.6	100.3	97.5	99.9	196.5	212.0	153.2	236.3
2000	101.1	102.4	97.4	101.0	198.6	217.1	149.2	238.7
2001	100.4	101.4	97.0	101.0	199.4	220.1	144.8	241.1
2002	100.2	101.0	97.0	101.2	199.8	222.3	140.4	244.0
2003	102.2	104.2	97.0	101.6	204.2	231.7	136.2	247.9
2004	105.6	108.2	99.4	103.5	215.7	250.7	135.4	256.6
2005	101.6	101.8	99.4	103.2	219.1	255.2	134.6	264.8
2006	101.5	101.3	100.7	103.3	222.4	258.5	135.5	273.5
2007	103.9	105.1	100.2	104.2	231.1	271.8	135.7	284.9
2008	108.9	112.9	100.6	105.4	251.8	306.9	136.4	300.3
2009	97.6	96.3	97.6	102.4	245.8	295.5	133.1	307.5
2010	103.6	104.9	100.3	103.1	254.6	310.0	133.5	317.0
2011	106.6	109.2	101.1	104.0	271.4	338.5	135.0	329.7
2012	101.1	101.6	98.9	102.2	274.4	343.9	133.5	337.0
2013	100.3	100.3	99.0	101.7	275.2	344.9	132.2	342.7

5-16 分地区固定资产投资价格指数
Price Indices for Investment in Fixed Assets by Region

(上年=100) (preceding year=100)

地 区	Region	2012				2013			
		固定资产投资 Investment in Fixed Assets	建筑安装工程 Construction and Installation	设备工器具购置 Purchase of Equipment and Instruments	其他费用 Others	固定资产投资 Investment in Fixed Assets	建筑安装工程 Construction and Installation	设备工器具购置 Purchase of Equipment and Instruments	其他费用 Others
全 国	**National Total**	**101.1**	**101.6**	**98.9**	**102.2**	**100.3**	**100.3**	**99.0**	**101.7**
北 京	Beijing	101.3	99.0	97.4	104.0	99.9	97.3	97.7	102.9
天 津	Tianjin	100.0	100.1	98.3	101.1	99.5	99.3	98.8	100.6
河 北	Hebei	100.3	100.6	99.2	100.7	99.9	99.9	99.1	101.9
山 西	Shanxi	101.2	102.0	98.9	100.7	100.5	100.8	99.0	100.7
内蒙古	Inner Mongolia	101.6	101.0	103.1	102.2	99.6	99.6	99.0	100.8
辽 宁	Liaoning	101.0	101.2	99.3	103.2	100.0	99.9	99.2	102.2
吉 林	Jilin	100.4	100.8	99.0	102.4	100.0	100.4	99.1	100.6
黑龙江	Heilongjiang	100.8	101.0	99.3	102.8	100.1	100.4	98.7	101.8
上 海	Shanghai	99.4	98.7	98.6	101.6	100.2	99.8	98.5	102.2
江 苏	Jiangsu	98.6	97.9	98.2	102.2	100.5	100.8	98.8	103.0
浙 江	Zhejiang	99.2	98.6	98.5	101.5	100.0	99.5	98.7	102.3
安 徽	Anhui	101.0	101.3	99.2	102.3	100.2	100.3	99.0	101.2
福 建	Fujian	100.3	100.6	98.9	100.7	100.1	100.0	98.9	101.2
江 西	Jiangxi	101.0	101.2	98.8	104.4	100.4	100.4	99.0	103.2
山 东	Shandong	100.8	101.2	99.2	103.0	100.4	100.5	99.3	102.1
河 南	Henan	101.0	101.4	99.7	101.9	99.9	99.8	99.7	101.2
湖 北	Hubei	101.8	102.1	99.7	103.3	100.5	100.5	99.0	102.6
湖 南	Hunan	101.7	102.2	99.6	102.0	101.3	101.6	99.6	102.3
广 东	Guangdong	101.5	101.9	98.7	103.3	101.4	101.9	99.1	101.7
广 西	Guangxi	100.6	100.8	99.3	101.5	100.1	99.9	99.6	101.3
海 南	Hainan	102.0	102.5	98.9	102.9	99.3	98.9	99.0	101.1
重 庆	Chongqing	101.8	102.1	99.1	101.9	100.5	100.5	98.7	101.5
四 川	Sichuan	101.0	101.6	99.2	100.9	100.4	100.2	99.5	101.6
贵 州	Guizhou	101.5	102.0	99.1	101.5	100.9	101.5	99.2	100.1
云 南	Yunnan	101.4	101.7	99.3	101.9	101.1	101.2	99.3	101.9
西 藏	Tibet								
陕 西	Shaanxi	102.6	103.4	99.1	102.7	102.0	102.3	99.5	103.7
甘 肃	Gansu	102.1	102.5	100.3	102.3	100.4	101.0	97.1	101.9
青 海	Qinghai	102.2	102.7	99.2	103.0	101.5	102.0	99.0	101.6
宁 夏	Ningxia	101.5	101.9	99.8	100.0	99.8	99.9	99.1	100.0
新 疆	Xinjiang	100.6	101.5	97.3	101.0	100.5	100.5	99.5	103.5

5-17 建筑安装工程价格指数
Price Indices of Construction and Installment

(上年=100) (preceding year=100)

年份 Year	建筑安装工程价格指数 Price Indices of Construction and Installment	人工费 Labor Costs	材料费 Material Costs	#钢材 Rolled Steel	木材 Timber	水泥 Cement
2007	105.1	108.9	104.5	106.0	104.1	103.9
2008	112.9	113.8	114.1	120.1	108.3	110.4
2009	96.3	106.6	92.8	85.3	101.5	100.4
2010	104.9	109.1	104.3	105.0	103.8	103.1
2011	109.2	113.5	108.7	109.8	106.6	109.2
2012	101.6	109.7	98.0	94.4	102.6	97.8
2013	100.3	108.1	97.6	94.1	101.6	98.6

5-18 进出口商品价格指数
Price Indices of Imports and Exports of Commodity

年份 Year	出口 Exports	进口 Imports	年份 Year	出口 Exports	进口 Imports
1983	91.6	91.5	1999	95.6	104.4
1984	102.3	98.2	2000	100.8	110.1
1985	97.0	98.0	2001	98.4	100.1
1986	85.3	106.4	2002	97.5	102.3
1987	103.4	100.6	2003	103.0	109.2
1988	105.1	114.9	2004	106.6	113.3
1989	106.6	108.3	2005	103.0	103.5
1990	103.3	96.7	2006	102.5	103.2
1991	97.6	94.3	2007	105.5	106.6
1992	99.3	103.3	2008	108.6	115.8
1993	96.0	101.5	2009	93.8	87.3
1994	105.3	104.6	2010	102.9	113.6
1995	110.7	112.1	2011	110.0	113.9
1996	102.9	102.2	2012	102.0	99.3
1997	101.5	103.2	2013	99.2	97.6
1998	95.3	99.4			

5-19 分行业进出口商品价格指数
Price Index Number of Commodity Imports and Exports by Industry

(上年=100) (preceding year=100)

行 业	Item	出口 Exports		进口 Imports	
		2012	2013	2012	2013
农、林、牧、渔业	Agriculture, Forestry, Animal Husbandry and Fishery	99.2	103.7	86.6	98.4
农业	Farming	94.6	101.7	86.6	98.5
林业	Forestry	107.9	105.3	81.9	96.5
畜牧业	Animal Husbandry	100.1	100.9	95.7	102.1
渔业	Fishery	113.1	104.3	102.3	111.2
农、林、牧、渔服务业	Service in Support of Agriculture	102.8	106.2	91.2	94.6
采矿业	Mining	102.0	95.8	95.9	96.1
煤炭开采和洗选业	Mining and Washing of Coal	94.6	82.0	93.0	87.1
石油和天然气开采业	Extraction of Petroleum and Natural Gas	119.9	108.9	106.4	95.8
黑色金属矿采选业	Mining and Processing of Ferrous Metal Ores	76.6	84.0	78.7	100.5
有色金属矿采选业	Mining and Processing of Non-Ferrous Metal Ores	88.2	91.3	92.3	93.5
非金属矿采选业	Mining and Processing of Non-metal Ores	95.7	91.1	97.1	96.9
制造业	Manufacturing	101.8	99.4	101.8	98.1
农副食品加工业	Processing of Food from Agricultural Products	103.2	100.7	97.5	94.2
食品制造业	Manufacture of Foods	102.6	102.6	97.3	112.2
饮料制造业	Manufacture of Beverage	110.3	99.0	101.9	92.5
烟草制品业	Manufacture of Tobacco	108.8	100.8	102.4	111.9
纺织业	Manufacture of Textile	100.3	104.0	100.5	101.6
纺织服装、鞋、帽制造业	Manufacture of Textile Wearing Apparel, Footwear and Caps	106.8	103.2	102.7	96.4
皮革、毛皮、羽毛(绒)及其制品业	Manufacture of Leather, Fur, Feather and Its Products	112.4	106.6	106.3	101.6
木材加工及木、竹、藤、棕、草制品业	Processing of Timber, Manufacture of Wood, Bamboo, Rattan, Palm and Straw Products	107.1	102.5	98.9	105.2
家具制造业	Manufacture of Furniture	109.3	100.7	94.7	100.8
造纸及纸制品业	Manufacture of Paper and Paper Products	117.0	107.8	83.1	100.2
印刷业、记录媒介的复制	Printing, Reproduction of Recording Media	124.8	108.0	100.8	109.9
文教体育用品制造业	Manufacture of Articles for Culture, Education and Sport Activities	115.2	96.9	108.5	92.4
石油、炼焦及核燃料加工业	Processing of Petroleum, Coking and Processing of Nuclear Fuel	94.5	93.1	103.6	94.9
化学原料及化学制品制造业	Manufacture of Raw Chemical Materials and Chemical Products	97.3	96.1	97.9	98.7
医药制造业	Manufacture of Medicines	98.4	98.4	94.9	100.1
化学纤维制造业	Manufacture of Chemical Fibres	85.3	94.7	96.2	97.5
橡胶制品业	Manufacture of Rubber	100.9	90.8	87.7	91.4
塑料制品业	Manufacture of Plastics	105.0	95.0	102.4	103.2
非金属矿物制品业	Manufacture of Non-metallic Mineral Products	107.4	105.9	95.3	96.6
黑色金属冶炼业及压延加工	Smelting and Pressing of Ferrous Metals	93.3	93.6	94.8	93.6
有色金属冶炼业及压延加工	Smelting and Pressing of Non-ferrous Metals	97.0	96.0	91.8	94.4
金属制品业	Manufacture of Metal Products	112.1	100.4	96.3	98.7
通用设备制造业	Manufacture of General Purpose Machinery	106.4	89.6	95.9	95.9
专用设备制造业	Manufacture of Special Purpose Machinery	99.3	97.9	95.5	94.8
交通运输设备制造业	Manufacture of Transport Equipment	99.1	95.6	105.7	98.2
电气机械及器材制造业	Manufacture of Electrical Machinery and Equipment	101.5	102.5	98.1	101.9
通信设备、计算机及其他电子设备制造业	Manufacture of Communication Equipment, Computers and Other Electronic Equipment	95.9	98.9	109.9	101.7
仪器仪表及文化、办公用机械制造业	Manufacture of Measuring Instrument and Machinery for Cultural Activity and Office Work	102.1	98.1	105.7	87.2
工艺品及其他产品制造业	Manufacture of Artwork and Other Manufacture	116.0	104.6	108.5	99.8
废弃资源和废旧材料回收加工业	Recycling and Disposal of Waste	90.1	89.5	90.1	101.4
电力、燃气及水的生产和供应业	Production and Distribution of Electricity, Gas and Water	108.9	107.0	105.7	103.9
电力、热力的生产和供应业	Production and Supply of Electric Power and Heat Power	108.9	107.0	105.7	103.9
交通运输、仓储和邮政业	Transport, Storage and Post	191.6	70.5	108.5	76.7
邮政业	Post	191.6	70.5	108.5	76.7
文化、体育和娱乐业	Culture, Sports and Entertainment	70.6	59.3	87.4	132.7
文化艺术业	Cultural and Art Activities	70.6	59.3	100.2	134.2

主要统计指标解释

居民消费价格指数 是反映一定时期内城乡居民所购买的生活消费品和服务项目价格变动趋势和程度的相对数，是对城市居民消费价格指数和农村居民消费价格指数进行综合汇总计算的结果。通过该指数可以观察和分析消费品的零售价格和服务项目价格变动对城乡居民实际生活费支出的影响程度。

城市居民消费价格指数 是反映一定时期内城市居民家庭所购买的生活消费品价格和服务项目价格变动趋势和程度的相对数。通过该指数可以观察和分析消费品的零售价格和服务项目价格变动对城镇居民收入和消费支出的影响。

农村居民消费价格指数 是反映一定时期内农村居民家庭所购买的生活消费品价格和服务项目价格变动趋势和程度的相对数。该指数可以观察农村消费品的零售价格和服务项目价格变动对农村居民收入和生活消费支出的影响。

商品零售价格指数 是反映一定时期内城乡商品零售价格变动趋势和程度的相对数。商品零售价格的变动与国家的财政收入、市场供需的平衡、消费与积累的比例关系有关。因此，该指数可以从一个侧面对上述经济活动进行观察和分析。

农业生产资料价格指数 指反映一定时期内农业生产资料价格变动趋势和程度的相对数。其编制目的是了解农业生产中投入物质资料价格的变动状况，服务于国民经济核算。1994 年以前，农业生产资料价格指数仅仅是商品零售价格指数的一个类别，此后，从商品零售价格指数中分离出来，单独编制。

农产品生产价格指数 是反映一定时期内，农产品生产者出售农产品价格水平变动趋势及幅度的相对数。该指数可以客观反映全国农产品生产价格水平和结构变动情况，满足农业与国民经济核算需要。其中某代表品生产价格指数是通过对全部有出售该产品行为的调查单位的个体指数进行几何平均求得的，类价格指数是通过对其所属的类（或代表品）的价格指数进行加权平均求得的。季度累计价格指数的计算方法与分季指数的计算方法相同。

工业生产者出厂价格指数 是反映一定时期内全部工业产品出厂价格总水平的变动趋势和程度的相对数，包括工业企业售给本企业以外所有单位的各种产品和直接售给居民用于生活消费的产品。该指数可以观察出厂价格变动对工业总产值及增加值的影响。

工业生产者购进价格指数 是反映工业企业作为生产投入，而从物资交易市场和能源、原材料生产企业购买原材料、燃料和动力产品时，所支付的价格水平变动趋势和程度的统计指标，是扣除工业企业物质消耗成本中的价格变动影响的重要依据。

目前，我国编制的工业生产者购进价格指数所调查的产品包括燃料动力、黑色金属、有色金属、化工、建材等九大类。

固定资产投资价格指数 是反映一定时期内固定资产投资品及取费项目的价格变动趋势和程度的相对数。固定资产投资额是由建筑安装工程投资完成额、设备工器具购置投资完成额和其他费用投资完成额三部分组成的。编制固定资产投资价格指数应首先分别编制上述三部分投资的价格指数，然后采用加权算术平均法求出固定资产投资价格总指数。

该指数可以准确地反映固定资产投资中涉及的各类投资品和取费项目价格变动趋势和变动幅度，消除按现价计算的固定资产投资指标中的价格变动因素，真实地反映固定资产投资的规模、速度、结构和效益，为国家科学地制定、检查固定资产投资计划并提高宏观调控水平，为完善国民经济核算体系提供科学的、可靠的依据。

Explanatory Notes on Main Statistical Indicators

Consumer Price Indices reflect the trend and degree of changes in prices of consumer goods and services purchased by urban and rural households during a given period. They are obtained by combining Consumer Price Indices of Urban Household and Consumer Price Indices of Rural Household. The Indices enable the observation and analysis of the degree of impact of the changes in the prices of retailed goods and services on the actual living expenses of urban and rural residents.

Consumer Price Indices of Urban Household reflect the trend and degree of changes in prices of consumer goods and services purchased by urban households during a given period. It can be used to observe and analyze the impact of price changes in consumer goods and services on urban household income and consumption expenditure.

Consumer Price Indices of Rural Household reflect the trend and degree of changes in prices of consumer goods and services purchased by rural households during a given period. It can be used to observe the impact of change in retail prices of consumer goods and service prices on rural household income and consumption expenditure on living.

Retail Price Indices reflect the trend and degree of change in retail prices of commodities during a given period. The change in retail prices of commodities is related to government revenue, the equilibrium of market supply and demand, and the ratio of consumption to accumulation. Therefore, the retail price indices are useful from an oblique perspective for observing and analyzing the changes of the above economic activities.

Price Indices for Means of Agricultural Production reflect the trend and degree of changes in the prices of the means of agricultural production during a given period. Compilation of these indices helps to understand the price changes of material input in agricultural production and facilitate the compilation of national accounts. Before 1994, price indices for means of agricultural production were a sub-category in the retail price indices for commodities, and it has been compiled separately since 1994.

Producer Prices Indices for Farm Products reflect the trend and degree of changes in producers' prices received by farmers when they sell farm products during a given period. These indices depict the change in the level and structure of producer prices for farm products of the country and meet the needs of agricultural statistics and national accounts statistics. The producer price index for a given product is calculated as the geometrical mean of individual indices for all surveyed units which sell such product, and the indices for a product category is obtained as the weighted mean of price indices for all products in the category. Method for calculating accumulative quarterly indices is the same as for calculating the individual quarterly indices.

Producer Price Indices for Industrial Products reflect the trend and degree of changes in general ex-factory prices of all manufactured goods during a given period, including sales of manufactured goods by an industrial enterprise to all units outside the enterprise, as well as sales of consumer goods to residents. It can be used to analyze the impact of ex-factory prices on gross output value and value-added of the industrial sector.

Purchasing Price Indices for Industrial Producers reflect changes in the level and degree of prices paid by industrial enterprises when they purchase production input such as raw materials, fuels and power from the market or from other energy or raw materials producing enterprises. These indices provide an important basis for measuring the material consumption of industrial enterprises after removing the influence of price changes.

At present, products in 9 categories, including fuels and power, ferrous metals, non-ferrous metals, chemicals, building materials, are covered in China for the survey to produce indices for purchasing' prices for industrial producers.

Price Indices for Investment in Fixed Assets reflect the trend and degree of changes in prices of investment goods and projects in fixed assets during a given period. The investment in fixed assets consists of three components, namely the investment in construction and installation, the investment in purchases of equipment and instrument, and the investment in other items. Price indices for investment in fixed assets are calculated as the weighted arithmetic mean of the price indices for the three components of investment in fixed assets.

Removing the factor of price change in the aggregates of investment at current prices, this indicator shows the changes in the prices of commodities and fees involved in the investment of fixed assets, and can be used to observe the actual size, growth, structure, and efficiency of investment in fixed assets and provides reliable and scientific data for government planning, management, decision-making, and further improving the current national accounting system.

6

人民生活

People's Living Conditions

简 要 说 明

一、本篇资料的主要内容

本篇资料反映我国人民生活现状及变化情况，分为城镇居民生活和农村居民生活部分。新增加了2013年实施的一体化住户调查改革后的全国居民生活主要数据。

二、城镇居民生活状况资料来源及城镇住户调查方法

城镇居民生活状况的数据来源于国家统计局住户调查办公室2013年前的城镇住户抽样调查，是对城镇居民家庭抽样调查汇总的结果。调查内容主要包括家庭人口及其构成、家庭现金收支、主要商品购买数量及支出金额、劳动就业状况、居住状况和耐用消费品的拥有量等。

城镇住户调查是由国家统计局住户调查办公室组织实施，国家统计局各调查总队及抽中市、县调查队依据国家统计局统一制定的城镇住户调查方案收集资料，逐级审核，由国家超级汇总。

调查对象在2001年以前为全国非农业住户，2002年以后改为全国城市市区和县城关镇区住户。

住户调查城镇采用分层随机抽样的方法确定，首先，按照城镇规模将全国所有省（区、市）的城镇划分为三层：大中城市（地级和地级以上的城市）、县级市和县城（镇）。第二，按各层人口占全省（区、市）人口的比例来分配每层的样本量。第三，按城镇就业者年人均工资从高到低排队，依次计算各城镇人口累计数，然后根据样本量的大小随机起点等距抽取所需数量的调查城镇。

城镇住户调查的调查户的抽选工作分两步进行。第一步进行一次性的大样本调查；第二步从大样本调查中抽出一个小样本，作为经常性调查户，开展记账工作。

大样本调查每三年进行一次，其目的主要是为经常性调查提供抽样框和为经常性调查数据评估提供基础资料。在大样本调查中，各调查市、县采取分层、二（多）阶段、与大小成比例（PPS方法）的随机等距方法选取调查样本。即先按区分层，在层内按照PPS方法随机等距抽选调查社区/居委会，在抽中社区/居委会内随机等距抽选调查住宅。部分大城市根据需要可以采用三阶段抽样，即先抽选社区/居委会，再抽选调查小区，最后抽选调查住宅。对选出的大样本或一相样本开展调查，取得调查户家庭人口、就业人口、收入等辅助资料，然后，根据这些资料进行分组，从中按比例抽出一个小样本也称二相样本，作为经常性调查户，开展日记账工作。

截至2012年底，参加国家汇总的调查样本量为6.6万户。

三、农村居民生活状况资料来源及农村住户调查方法

农村居民生活状况的数据来源于国家统计局住户调查办公室2013年前的农村住户抽样调查。主要内容包括农村居民家庭基本情况、住房情况、收入、生活消费支出、主要消费品消费量、耐用消费品拥有量等。

农村住户调查是以各省(区、直辖市)为总体，直接抽选调查村，在抽中村中抽选调查户。综合运用多种抽样方法确定住户调查网点。农村住户调查网点分布在全国7100多个村，共抽取了7.4万个样本农户。

农村住户调查在95%的概率把握程度下要求抽样误差不得超过±3%。为保证农村住户调查资料的准确性，国家统计局住户调查办公室为调查户设置了现金和实物两本帐，并聘请了近万名辅助调查员帮助做好记账工作，及时核实、汇总住户调查资料。

为解决调查户的厌烦情绪及样本老化问题，增强抽样调查网点的代表性，更加准确、及时地反映农村社会经济情况，对农村住户调查网点实行样本轮换制度，每五年为一个周期。

四、全国居民生活状况资料来源及住户收支与生活状况调查方法

全国居民生活状况的数据来源于国家统计局住户调查办公室从2012年四季度起实施的住户收支与生活状况抽样调查。主要内容包括：居民收入和消费情况，同时收集反映居民就业、社会保障参与、住房状况、家庭经营和生产投资以及收入分配影响因素等调查内容。

住户收支与生活状况调查是以各省(区、市)为总体，采用分层、多阶段、与人口规模大小成比例的概率抽样方法，随机抽选调查住宅，确定调查户。全国共抽选出1650个县(市、区)的1.6万个调查小区，对抽中小区中的200多万个住户进行全面摸底调查，在此基础上随机等距抽选出约16万住户参加记账调查。

住户收支与生活状况调查是在95%的置信度下，全国居民人均可支配收入的抽样误差小于1%。主要是采用调查户记日记账的方式采集居民收支数据，同时辅之以统一的调查问卷，收集与收入支出有关的其他调查内容。所有调查工作由国家统计局派驻各地的调查队独立完成。由市县级调查队使用统一的方法和数据处理程序对原始调查资料进行编码、审核、录入，然后将分户基础数据直接传输至国家统计局进行统一汇总计算。

按照2013年起在全国统一实施的住户收支与生活状况调查制度，国家统计局收集了16万调查户12个月的记账数据，在此基础上汇总计算出2013年城乡可比的全国居民可支配收入等收支数据。

Brief Introduction

I. Main Contents

Data in this chapter show the people's living conditions in China, consisting of two parts, on the life of urban and rural households respectively. However, some national aggregates without urban and rural distinction are included in the 2013 figures as the national integrated household survey was conducted.

II. Sources of Data and Methodology on the Living Conditions of Urban Residents

Data on the living condition of urban residents come from the data collected through a sample survey on the urban households conducted by the Office of Household Surveys of the NBS before 2013. The main contents of the survey include persons in the household and the household composition; cash income and expenditure of the household; quantity of major commodities purchased and expenditure; the employment of household members; the housing condition; and the possession of durable consumer goods.

Urban household survey is organized by the Office of Household Survey of the NBS. The NBS survey offices in the provinces, autonomous regions and municipalities directly under the Central Government as well as the survey offices in selected cities and counties are responsible for collecting data in accordance with the survey scheme stipulated by the NBS and submitting the data to the offices at higher levels.

The survey had covered only non-farm households until 2001. Starting from 2002, the survey covers the households in district areas of all city and county towns.

Sample cities and towns in urban areas are selected by using stratified random sampling method. Firstly, all the urban areas and towns of all provinces (autonomous regions and municipalities directly under the Central Government) are stratified into three strata according to population size: large and medium-sized cities (at and above prefecture level), county cities and county towns; secondly, the sample size is decided by proportion of population in selected stratus to the provincial total; thirdly, cities and towns are arranged in ranking the annual average wages of the employed persons, then with the accumulative population in each city and town sample cities and towns are selected by systematic sampling scheme according to the size of the samples.

The selection of sample households in urban areas is done by two steps: the first step is to have a one-off large sample survey; the second step is to select a small sample from the large sample to be used as regular sample households for diaries.

The large sample survey is conducted for every three years; the objective is to provide sample frame for regular surveys and basic information for data evaluation of regular surveys. In the large sample survey, samples in sample cities and towns are selected by systematic sampling method schemes, such as two-phase sampling and stratifying method, two-stage (multi) method and probability proportional to size (PPS) method. Namely, stratification is done at district level, and then PPS systematic sampling method is used to select sample communities/resident's committees, finally the same method is used to select dwellings from the selected districts/resident's committees. In some large cities, three-stage sampling method is used. First, the communities/resident's committees are selected. Secondly, sample districts are selected. Thirdly, sample dwellings are selected. A survey will be conducted to the large samples or the first phase samples to collect relevant information on household population, persons employed, income and so on. Then grouping is made based on the information collected, small samples or the second phase samples are selected according to proportions which are regular sample households to keep diary.

The national sample included 66,000 households at the end of 2012.

Ⅲ. Sources of Data and Methodology on the Living Conditions of Rural Residents

Data on the living conditions of rural residents come from data collected through the sample survey on rural households, which is organized by the Office of Household Survey of the NBS before 2013. The main contents of the survey include the basic condition of rural households, housing conditions, income, consumption expenditure, consumption of major consumer goods and the quantity of durable consumer goods owned.

Sample survey on rural households is conducted by first selecting sampled villages and then selecting households in the selected villages in each province, with all rural households in the province as the population. A combination of various sampling approaches is used to identify a total of 74,000 households selected from 7,100 villages throughout the whole country.

It is required that the sampling error should not exceed ±3%, with a confidence probability as 95%. In order to ensure the accuracy of the survey data on the rural households, two accounts are designed for the respondent households by the Office of Household Survey of the NBS: the cash account and the account on goods in kind. Nearly 10 thousand assistant enumerators have been recruited to help the households keep good accounts and to check on a timely fashion and to and tabulate the data from the survey.

In order to overcome the tedium of respondent households and to ensure that the sample is accurately representative over time and reflects the changing rural social and economic situation, a rotation sampling scheme is implemented, and the complete cycle of rotation is 5 years.

Ⅳ. Sources of Data and Methodology on the Integrated Urban and Rural Households on Income and Expenditures and Living Conditions

The data on the income and expenditures and living conditions for the urban and rural households in an integrated manner are collected from the integrated household survey taken by the National Bureau of Statistics since the fourth quarter of 2012. The main contents of the survey include: income and expenditure of the household, and collection of employment, social insurance, housing, family operation and production investment, and influence factors of income distribution.

Sample survey on the integrated urban and rural households is conducted by selecting sampled houses randomly, deciding surveyed households, with all households in the province as the population, with stratified sampling, multi-stage sampling, probability sampling in proportion to population scale. 16,000 communities of counties in the total country are selected, more than 2 million households in them are surveyed comprehensively, and then on this basis, randomly select about 160,000 households for keeping diaries.

Survey on Income and Expenditures and Living Conditions is required that the sampling error should not exceed ±1%, with a confidence probability as 95%. Methods of collecting income and expenditure data are keeping diaries of the households, and questionnaires as assistance to collect other relevant data. All survey works are conducted by investigation team of NBS independently. Coding, check, entering of original data are conducted by investigation teams at city level with the same methods and data processing programming, and then basic data are transferred to NBS to tabulate the data.

In terms of the system of Integrated Urban and Rural Households on Income and Expenditures and Living Conditions conducted in 2013, NBS collected accounts of 160,000 households about 12 months, at this basis, NBS tabulated comparable national disposable income and expenditures of urban and rural households in 2013.

6-1 全国居民人均收支情况
Per Capita Income and Consumption Expenditure Nationwide

指　　标	Item	2013	
		绝对数(元) Level(yuan)	构成(%) Composition(%)
全国居民人均收入	**Per Capita Income Nationwide**		
可支配收入	Disposable Income	18310.8	100.0
1.工资性收入	1.Income of Wages and Salaries	10410.8	56.9
2.经营净收入	2.Net Business Income	3434.7	18.8
3.财产净收入	3.Net Income from Property	1423.3	7.8
4.转移净收入	4.Net Income from Transfer	3042.1	16.6
现金可支配收入	Cash Disposable Income	17114.6	100.0
1.工资性收入	1.Income of Wages and Salaries	10348.6	60.5
2.经营净收入	2.Net Business Income	3354.2	19.6
3.财产净收入	3.Net Income from Property	526.6	3.1
4.转移净收入	4.Net Income from Transfer	2885.2	16.9
全国居民人均支出	**Per Capita Expenditure Nationwide**		
消费支出	Consumption Expenditure	13220.4	100.0
1.食品烟酒	1.Food,Tobacco and Liquor	4126.7	31.2
2.衣着	2.Clothing	1027.1	7.8
3.居住	3.Residence	2998.5	22.7
4.生活用品及服务	4.Household Facilities, Articles and Services	806.5	6.1
5.交通和通信	5.Transport and Communications	1627.1	12.3
6.教育、文化和娱乐	6.Education, Cultural and Recreation	1397.7	10.6
7.医疗保健	7.Health Care and Medical Services	912.1	6.9
8.其他用品及服务	8.Miscellaneous Goods and Services	324.7	2.5
现金消费支出	Cash Consumption Expenditure	10917.4	100.0
1.食品烟酒	1.Food, Tobacco and Liquor	3822.8	35.0
2.衣着	2.Clothing	1025.7	9.4
3.居住	3.Residence	1155.1	10.6
4.生活用品及服务	4.Household Facilities, Articles and Services	801.8	7.3
5.交通和通信	5.Transport and Communications	1624.8	14.9
6.教育、文化和娱乐	6.Education, Cultural and Recreation	1396.5	12.8
7.医疗保健	7.Health Care and Medical Services	772.1	7.1
8.其他用品及服务	8.Miscellaneous Goods and Services	318.7	2.9

注：从2013年起，国家统计局开展了城乡一体化住户收支与生活状况调查，6-1至6-3表、6-20表数据来源于此调查样本，与2013年前的分城镇和农村住户调查的调查范围、调查方法、指标口径有所不同。

a) The NBS started an integrated household income and expenditure survey in 2013, including both urban and rural households. The data shown in Tables 6-1 to 6-3, 6-20 are compiled on the basis of the survey. The coverage, methodology and definitions used in the survey are different from those used for the separate urban and rural household surveys prior to 2013.

6-2 全国居民人均主要食品消费量
Per Capita Consumption of Major Foods Nationwide

单位: 千克 (kg)

指 标	Item	2013
粮食	Grain	148.7
谷物	Cereal	138.9
薯类	Tuber	2.3
豆类	Beans and the products	7.5
#大豆	Soybean	1.1
食用油	Oil and Fats	12.7
#食用植物油	Edible Vegetable Oil	12.0
蔬菜及食用菌	Vegetable and Mushroom	97.5
#鲜菜	Fresh Vegetables	94.9
肉禽及其制品	Products of meat and poultry	32.7
#猪肉	Pork	19.8
牛肉	Beef	1.5
羊肉	Mutton	0.9
家禽	Poultry	6.4
水产品	Aquatic products	10.4
蛋类	Eggs	8.2
奶类	Milk and dairy products	11.7
干鲜瓜果类	Dried and Fresh Melons and Fruits	40.7
#鲜瓜果	Fresh Melons and Fruits	37.8
坚果类	Nuts and Processed Products	3.0
食糖	Sugar	5.5

6-3 全国居民平均每百户年末主要耐用消费品拥有量
Main Durable Goods Owned Per 100 Households Nationwide

单位: 平均每百户 (per 100 households)

指 标	Item	2013
家用汽车 (辆)	Automobile (unit)	16.9
摩托车 (辆)	Motorcycle (unit)	38.5
电动助力车 (台)	Electric Bicycle (unit)	39.5
洗衣机 (台)	Washing Machine (unit)	80.8
电冰箱(柜) (台)	Refrigerator (unit)	82.0
微波炉 (台)	Microwave Oven (unit)	34.6
彩色电视机 (台)	Color Tv Set (set)	116.1
空调 (台)	Air Conditioner (unit)	70.4
热水器 (台)	Water Heater (unit)	64.2
排油烟机 (台)	Vacuum Cleaner (unit)	42.5
固定电话 (部)	Telephone (set)	41.6
移动电话 (部)	Mobile Telephone (set)	203.2
计算机 (台)	Computer (set)	48.9
照相机 (台)	Camera (set)	21.0

6-4 城乡居民人均收入及恩格尔系数

Per Capita Income and Engel's Coefficient of Urban and Rural Households

年 份 Year	城镇居民人均可支配收入 Per Capita Disposable Income of Urban Households		农村居民人均纯收入 Per Capita Net Income of Rural Households		城镇居民恩格尔系数（%）Engel's Coefficient of Urban Households (%)	农村居民恩格尔系数（%）Engel's Coefficient of Rural Households (%)
	绝对数（元）Value (yuan)	指数（1978=100）Index	绝对数（元）Value (yuan)	指数（1978=100）Index		
1978	343.4	100.0	133.6	100.0	57.5	67.7
1980	477.6	127.0	191.3	139.0	56.9	61.8
1985	739.1	160.4	397.6	268.9	53.3	57.8
1990	1510.2	198.1	686.3	311.2	54.2	58.8
1991	1700.6	212.4	708.6	317.4	53.8	57.6
1992	2026.6	232.9	784.0	336.2	53.0	57.6
1993	2577.4	255.1	921.6	346.9	50.3	58.1
1994	3496.2	276.8	1221.0	364.3	50.0	58.9
1995	4283.0	290.3	1577.7	383.6	50.1	58.6
1996	4838.9	301.6	1926.1	418.1	48.8	56.3
1997	5160.3	311.9	2090.1	437.3	46.6	55.1
1998	5425.1	329.9	2162.0	456.1	44.7	53.4
1999	5854.0	360.6	2210.3	473.5	42.1	52.6
2000	6280.0	383.7	2253.4	483.4	39.4	49.1
2001	6859.6	416.3	2366.4	503.7	38.2	47.7
2002	7702.8	472.1	2475.6	527.9	37.7	46.2
2003	8472.2	514.6	2622.2	550.6	37.1	45.6
2004	9421.6	554.2	2936.4	588.0	37.7	47.2
2005	10493.0	607.4	3254.9	624.5	36.7	45.5
2006	11759.5	670.7	3587.0	670.7	35.8	43.0
2007	13785.8	752.5	4140.4	734.4	36.3	43.1
2008	15780.8	815.7	4760.6	793.2	37.9	43.7
2009	17174.7	895.4	5153.2	860.6	36.5	41.0
2010	19109.4	965.2	5919.0	954.4	35.7	41.1
2011	21809.8	1046.3	6977.3	1063.2	36.3	40.4
2012	24564.7	1146.7	7916.6	1176.9	36.2	39.3
2013	26955.1	1227.0	8895.9	1286.4	35.0	37.7

注：本表至6-19表为城镇住户、农村住户抽样调查资料。

a) Tables from 6-4 to 6-19 are compiled on the basis of the urban and rural household surveys.

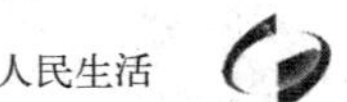

6-5 城镇居民人均收入与支出
Per Capita Income and Expenditure of Urban Households

指标	Item	1990	1995	2000	2010	2011	2012	2013
人均总收入 （元）	**Per Capita Annual Income (yuan)**	**1516.2**	**4288.1**	**6295.9**	**21033.4**	**23979.2**	**26959.0**	**29547.1**
工资性收入	Income from Wages and Salaries	1149.7	3385.3	4480.5	13707.7	15411.9	17335.6	18929.8
经营净收入	Net Business Income	22.5	77.5	246.2	1713.5	2209.7	2548.3	2797.1
财产性收入	Income from Properties	15.6	90.4	128.4	520.3	649.0	707.0	809.9
转移性收入	Income from Transfer	328.4	734.8	1440.8	5091.9	5708.6	6368.1	7010.3
#可支配收入	Disposable Income	1510.2	4283.0	6280.0	19109.4	21809.8	24564.7	26955.1
人均现金消费支出 （元）	**Per Capita Annual Cash Consumption Expenditure(yuan)**	**1278.9**	**3537.6**	**4998.0**	**13471.5**	**15160.9**	**16674.3**	**18022.6**
食　品	Food	693.8	1772.0	1971.3	4804.7	5506.3	6040.9	6311.9
衣　着	Clothing	170.9	479.2	500.5	1444.3	1674.7	1823.4	1902.0
居　住	Residence	60.9	283.8	565.3	1332.1	1405.0	1484.3	1745.1
家庭设备及用品	Household Facilities and Articles	108.5	263.4	374.5	908.0	1023.2	1116.1	1215.1
交通通信	Transport and Communications	40.5	183.2	427.0	1983.7	2149.7	2455.5	2736.9
文教娱乐	Education, Culture and Recreation	112.3	331.0	669.6	1627.6	1851.7	2033.5	2294.0
医疗保健	Health Care and Medical Services	25.7	110.1	318.1	871.8	969.0	1063.7	1118.3
其他	Others	66.6	114.9	171.8	499.2	581.3	657.1	699.4
人均现金消费支出构成 （人均现金消费支出=100）	**Composition of Per Capita Annual Cash Consumption Expenditure(Per Capita Annual Cash Consumption Expenditure=100)**							
食　品	Food	54.2	50.1	39.4	35.7	36.3	36.2	35.0
衣　着	Clothing	13.4	13.5	10.0	10.7	11.0	10.9	10.6
居　住	Residence	4.8	8.0	11.3	9.9	9.3	8.9	9.7
家庭设备及用品	Household Facilities and Articles	8.5	7.4	7.5	6.7	6.7	6.7	6.7
交通通信	Transport and Communications	3.2	5.2	8.5	14.7	14.2	14.7	15.2
文教娱乐	Education, Culture and Recreation	8.8	9.4	13.4	12.1	12.2	12.2	12.7
医疗保健	Health Care and Medical Services	2.0	3.1	6.4	6.5	6.4	6.4	6.2
其他	Others	5.2	3.2	3.4	3.7	3.8	3.9	3.9

6-6 东、中、西部及东北地区城镇居民人均可支配收入
Per Capita Disposable Income of Urban Households in Eastern, Central, Western and Northeastern Regions

年　份 Year	东部地区 Eastern Region	中部地区 Central Region	西部地区 Western Region	东北地区 Northeastern Region
城镇居民人均可支配收入(元) Per Capita Disposable Income of Urban Households (yuan)				
2005	13374.9	8808.5	8783.2	8730.0
2006	14967.4	9902.3	9728.5	9830.1
2007	16974.2	11634.4	11309.5	11463.3
2008	19203.5	13225.9	12971.2	13119.7
2009	20953.2	14367.1	14213.5	14324.3
2010	23272.8	15962.0	15806.5	15941.0
2011	26406.0	18323.2	18159.4	18301.3
2012	29621.6	20697.2	20600.2	20759.3
2013	32472.0	22736.1	22710.1	22874.6
城镇居民人均可支配收入增长率（%） Growth Rate of Per Capita Disposable Income of Urban Households (%)				
2005				
2006	11.9	12.4	10.8	12.6
2007	13.4	17.5	16.3	16.6
2008	13.1	13.7	14.7	14.4
2009	9.1	8.6	9.6	9.2
2010	11.1	11.1	11.2	11.3
2011	13.5	14.8	14.9	14.8
2012	12.2	13.0	13.4	13.4
2013	9.6	9.9	10.2	10.2

注：本表人均可支配收入增长率均为名义增长率。
a) Growth Rates of Per Capita Annual Disposable Income are at current prices in this table.

6-7 按收入五等份分组的城镇居民人均可支配收入
Per Capita Disposable Income of Urban Households by Income Quintile

年份 Year	低收入户 (20%) Low Income Households	中等偏下户 (20%) Lower Middle Income Households	中等收入户 (20%) Middle Income Households	中等偏上户 (20%) Upper Middle Income Households	高收入户 (20%) High Income Households
城镇居民人均可支配收入(元) Per Capita Disposable Income of Urban Households (yuan)					
2000	3132.0	4623.5	5897.9	7487.4	11299.0
2001	3319.7	4946.6	6366.2	8164.2	12662.6
2002	3032.1	4932.0	6656.8	8869.5	15459.5
2003	3295.4	5377.3	7278.8	9763.4	17471.8
2004	3642.2	6024.1	8166.5	11050.9	20101.6
2005	4017.3	6710.6	9190.1	12603.4	22902.3
2006	4567.1	7554.2	10269.7	14049.2	25410.8
2007	5364.3	8900.5	12042.2	16385.8	29478.9
2008	6074.9	10195.6	13984.2	19254.1	34667.8
2009	6725.2	11243.6	15399.9	21018.0	37433.9
2010	7605.2	12702.1	17224.0	23188.9	41158.0
2011	8788.9	14498.3	19544.9	26420.0	47021.0
2012	10353.8	16761.4	22419.1	29813.7	51456.4
2013	11433.7	18482.7	24518.3	32415.1	56389.5
城镇居民人均可支配收入增长率(%) Growth Rate of Per Capita Disposable Income of Urban Households (%)					
2000					
2001	6.0	7.0	7.9	9.0	12.1
2002	-8.7	-0.3	4.6	8.6	22.1
2003	8.7	9.0	9.3	10.1	13.0
2004	10.5	12.0	12.2	13.2	15.1
2005	10.3	11.4	12.5	14.0	13.9
2006	13.7	12.6	11.7	11.5	11.0
2007	17.5	17.8	17.3	16.6	16.0
2008	13.2	14.6	16.1	17.5	17.6
2009	10.7	10.3	10.1	9.2	8.0
2010	13.1	13.0	11.8	10.3	9.9
2011	15.6	14.1	13.5	13.9	14.2
2012	17.8	15.6	14.7	12.8	9.4
2013	10.4	10.3	9.4	8.7	9.6

注：本表人均可支配收入增长率均为名义增长率。
a) Growth Rates of Per Capita Annual Disposable Income are at current prices in this table.

6-8 城镇居民人均购买主要食品数量
Per Capita Purchases of Major Foods of Urban Households

指 标		Item		1990	1995	2000	2005	2010	2011	2012
粮 食	(千克)	Grain	(kg)	130.72	97.00	82.31	76.98	81.53	80.71	78.76
鲜 菜	(千克)	Fresh Vegetables	(kg)	138.70	116.47	114.74	118.58	116.11	114.56	112.33
食用植物油	(千克)	Edible Vegetable Oil	(kg)	6.40	7.11	8.16	9.25	8.84	9.26	9.14
猪 肉	(千克)	Pork	(kg)	18.46	17.24	16.73	20.15	20.73	20.63	21.23
牛 羊 肉	(千克)	Beef and Mutton	(kg)	3.28	2.44	3.33	3.71	3.78	3.95	3.73
禽 类	(千克)	Poultry	(kg)	3.42	3.97	5.44	8.97	10.21	10.59	10.75
鲜 蛋	(千克)	Fresh Eggs	(kg)	7.25	9.74	11.21	10.40	10.00	10.12	10.52
水 产 品	(千克)	Aquatic Products	(kg)	7.69	9.20	11.74	12.55	15.21	14.62	15.19
鲜 奶	(千克)	Milk	(kg)	4.63	4.62	9.94	17.92	13.98	13.70	13.95
鲜 瓜 果	(千克)	Fresh Melons and Fruits	(kg)	41.11	44.96	57.48	56.69	54.23	52.02	56.05
酒	(千克)	Liquor	(kg)	9.25	9.93	10.01	8.85	7.02	6.76	6.88

6-9 城镇居民平均每百户年末主要耐用消费品拥有量
Ownership of Major Durable Consumer Goods Per 100 Urban Households at Year-end

指 标		Item		1990	1995	2000	2005	2010	2011	2012
摩托车	(辆)	Motorcycle	(unit)	1.94	6.29	18.80	25.00	22.51	20.13	20.27
洗衣机	(台)	Washing Machine	(set)	78.41	88.97	90.50	95.51	96.92	97.05	98.02
电冰箱	(台)	Refrigerator	(set)	42.33	66.22	80.10	90.72	96.61	97.23	98.48
彩色电视机	(台)	Color Television Set	(set)	59.04	89.79	116.60	134.80	137.43	135.15	136.07
组合音响	(套)	Hi-Fi Stereo Component System	(set)		10.52	22.20	28.79	28.08	23.97	23.63
照相机	(台)	Camera	(set)	19.22	30.56	38.40	46.94	43.70	44.48	46.42
空调	(台)	Air Conditioner	(set)	0.34	8.09	30.80	80.67	112.07	122.00	126.81
淋浴热水器	(台)	Water Heater for Shower	(set)		30.05	49.10	72.65	84.82	89.14	91.02
计算机	(台)	Computer	(set)			9.70	41.52	71.16	81.88	87.03
摄像机	(架)	Video Camera	(set)			1.30	4.32	8.20	9.42	10.00
微波炉	(台)	Microwave Oven	(set)			17.60	47.61	59.00	60.65	62.24
健身器材	(套)	Health Equipment	(set)			3.50	4.68	4.24	4.09	4.27
移动电话	(部)	Mobile Telephone	(set)			19.50	137.00	188.86	205.25	212.64
固定电话	(部)	Telephone	(set)				94.40	80.94	69.58	68.41
家用汽车	(辆)	Automobile	(unit)			0.50	3.37	13.07	18.58	21.54

6-10 农村居民家庭基本情况
Basic Conditions of Rural Households

指标	Item	1990	1995	2000	2010	2011	2012
调查户数 （户）	**Number of Households Surveyed (household)**	**66960**	**67340**	**68116**	**68190**	**73630**	**73750**
调查户人口 （人）	**Number of Residents Surveyed (person)**						
平均每户常住人口	Average Number of Permanent Residents Per Household	4.80	4.48	4.20	3.95	3.90	3.88
平均每户整半劳动力	Average Number of Full/Semi Labour Force Per Household	2.92	2.88	2.76	2.85	2.78	2.76
平均每个劳动力负担人口(含本人)	Average Number of Dependents per Labour Force (including the laborer himself or herself)	1.64	1.56	1.52	1.39	1.40	1.40
人均全年收入（元）	**Per Capita Annual Income (yuan)**						
总收入	Total Income	990.38	2337.87	3146.21	8119.51	9833.14	10990.67
工资性收入	Income from Wages and Salaries	138.80	353.70	702.30	2431.05	2963.43	3447.46
家庭经营收入	Income from Household Operations	815.79	1877.42	2251.28	4937.48	5939.79	6460.97
财产性收入	Income from Properties	35.79	40.98	45.04	202.25	228.57	249.05
转移性收入	Income from Transfers		65.77	147.59	548.74	701.35	833.18
现金收入	Cash Income	676.67	1595.56	2381.60	7088.76	8638.51	9787.19
工资性收入	Income from Wages and Salaries	136.43	352.88	700.41	2427.89	2959.74	3443.53
家庭经营收入	Income from Household Operations	481.19	1116.73	1498.81	3955.36	4810.37	5313.14
财产性收入	Income from Properties	59.05	38.19	38.89	168.33	185.76	219.28
转移性收入	Income from Transfers		87.76	143.49	537.18	682.64	811.25
纯收入	Net Income	686.31	1577.74	2253.42	5919.01	6977.29	7916.58
工资性收入	Income from Wages and Salaries	138.80	353.70	702.30	2431.05	2963.43	3447.46
家庭经营纯收入	Income from Household Operations	518.55	1125.79	1427.27	2832.80	3221.98	3533.37
财产性收入	Income from Properties	28.96	40.98	45.04	202.25	228.57	249.05
转移性收入	Income from Transfers		57.27	78.81	452.92	563.32	686.70
人均全年支出（元）	**Per Capita Annual Expenditures (yuan)**						
总支出	Total Expenditure	903.47	2138.33	2652.42	6991.79	8641.63	9605.53
家庭经营费用支出	Expenditure for Household Operations	241.09	621.71	654.27	1915.62	2431.05	2626.00
购置生产性固定资产	Purchase of Productive Fixed Assets	20.29	62.33	63.90	193.26	265.75	272.61
税费支出	Taxes and Fees	38.66	88.65	95.52	8.57	11.67	10.04
消费支出	Expenses on Consumption	584.63	1310.36	1670.13	4381.82	5221.13	5908.02
财产性支出	Expenses on Properties	18.80	55.28	19.74	49.25	12.27	9.86
转移性支出	Expenses on Transfers			148.86	443.27	699.76	778.99
现金支出	Cash Expenditure	639.06	1545.81	2140.37	6307.43	7984.94	8961.85
家庭经营费用支出	Expenditure for Household Operations	162.90	454.74	544.49	1757.58	2269.19	2483.01
购买生产性固定资产	Purchase of Productive Fixed Assets	20.46	62.32	63.91	193.26	265.75	272.61
税费支出	Taxes and Fees	33.37	76.96	89.81	8.56	11.65	9.96
消费支出	Expenses on Consumption	374.74	859.43	1284.74	3859.33	4733.35	5414.47
财产性支出	Expenses on Properties	47.59	92.35	9.82	49.25	12.27	9.86
转移性支出	Expenses on Transfers			147.60	439.45	692.73	771.94

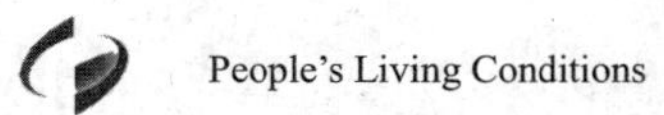

6-11 农村居民按人均纯收入分组的户数占调查户比重
Percentage of Rural Households Grouped by Per Capita Net Income

项　　目	Item	2005	2010	2011	2012
按纯收入分组户数占调查户比重 (%)	**Percentage of Households Grouped by Per Capita Annual Net Income (%)**				
2000元以下	Less Than 2000 Yuan	29.43	9.52	7.40	5.63
2000-3000元	2000-3000 Yuan	23.91	12.22	9.04	7.42
3000-4000元	3000-4000 Yuan	17.12	13.24	10.62	9.04
4000-5000元	4000-5000 Yuan	10.57	12.62	10.93	9.75
5000-6000元	5000-6000 Yuan	6.30	10.80	10.09	9.29
6000-7000元	6000-7000 Yuan	3.77	8.75	9.03	8.71
7000-8000元	7000-8000 Yuan	2.54	6.95	7.81	7.57
8000-9000元	8000-90000 Yuan	1.70	5.43	6.10	6.64
9000-10000元	9000-10000 Yuan	1.28	4.21	5.10	5.65
10000-11000元	10000-11000 Yuan	0.85	3.25	4.14	4.83
11000-12000元	11000-12000 Yuan	0.63	2.51	3.38	3.95
12000-13000元	12000-13000 Yuan	0.46	1.94	2.91	3.22
13000-14000元	13000-14000 Yuan	0.29	1.56	2.21	2.77
14000-15000元	14000-15000 Yuan	0.22	1.24	1.86	2.39
15000-16000元	15000-16000 Yuan	0.19	1.03	1.55	1.89
16000-17000元	16000-17000 Yuan	0.11	0.82	1.23	1.65
17000-18000元	17000-18000 Yuan	0.10	0.65	0.98	1.36
18000-19000元	18000-19000 Yuan	0.09	0.51	0.82	1.21
19000-20000元	19000-20000 Yuan	0.06	0.40	0.73	0.99
20000元以上	20000 Yuan and over	0.37	2.35	4.08	6.04

6-12 农村居民人均收入与支出
Per Capita Income and Consumption Expenditure of Rural Households

项目	Item	1990	1995	2000	2010	2011	2012	2013
人均纯收入 (元)	**Per Capita Annual Income (yuan)**	**686.3**	**1577.7**	**2253.4**	**5919.0**	**6977.3**	**7916.6**	**8895.9**
工资性收入	Income from Wages and Salaries	138.8	353.7	702.3	2431.1	2963.4	3447.5	4025.4
家庭经营收入	Income from Household Operations	518.6	1125.8	1427.3	2832.8	3222.0	3533.4	3793.2
财产性收入	Income from Properties	29.0	41.0	45.0	202.2	228.6	249.1	293.0
转移性收入	Income from Transfers		57.3	78.8	452.9	563.3	686.7	784.3
人均消费支出 (元)	**Per Capita Annual Consumption Expenditure(yuan)**	**584.6**	**1310.4**	**1670.1**	**4381.8**	**5221.1**	**5908.0**	**6625.5**
食品	Food	343.8	768.2	820.5	1800.7	2107.3	2323.9	2495.5
衣着	Clothing	45.4	89.8	96.0	264.0	341.3	396.4	438.3
居住	Residence	101.4	182.2	258.3	835.2	961.5	1086.4	1233.6
家庭设备及用品	Household Facilities and Articles	30.9	68.5	75.4	234.1	308.9	341.7	387.1
交通通信	Transport and Communications	8.4	33.8	93.1	461.1	547.0	652.8	796.0
文教娱乐	Education, Culture and Recreation	31.4	102.4	186.7	366.7	396.4	445.5	486.0
医疗保健	Health Care	19.0	42.5	87.6	326.0	436.8	513.8	614.2
其他	Others	4.3	23.1	52.5	94.0	122.0	147.6	174.9
人均现金消费支出 (元)	**Per Capita Annual Cash Consumption Expenditure(yuan)**	**374.7**	**859.4**	**1284.7**	**3859.3**	**4733.4**	**5414.5**	**6112.9**
食品	Food	155.9	353.2	464.3	1313.2	1651.3	1863.1	2054.5
衣着	Clothing	44.0	88.7	95.2	263.4	341.1	396.1	437.7
居住	Residence	81.2	147.9	231.1	801.4	930.2	1054.2	1169.3
家庭设备及用品	Household Facilities and Articles	30.7	68.1	74.4	233.5	308.6	341.4	384.5
交通通信	Transport and Communications	8.4	33.7	93.1	461.1	547.0	652.8	795.8
文教娱乐	Education, Culture and Recreation	31.3	102.4	186.7	366.7	396.4	445.5	485.6
医疗保健	Health Care	19.0	42.5	87.6	326.0	436.8	513.8	613.9
其他	Others	4.3	23.1	52.5	94.0	122.0	147.5	171.6
人均消费支出构成 (人均消费支出=100)	**Composition of Per Capita Annual Consumption Expenditure(Per Capita Annual Consumption Expenditure=100)**							
食品	Food	58.8	58.6	49.1	41.1	40.4	39.3	37.7
衣着	Clothing	7.8	6.9	5.7	6.0	6.5	6.7	6.6
居住	Residence	17.3	13.9	15.5	19.1	18.4	18.4	18.6
家庭设备及用品	Household Facilities and Articles	5.3	5.2	4.5	5.3	5.9	5.8	5.8
交通通信	Transport and Communications	1.4	2.6	5.6	10.5	10.5	11.0	12.0
文教娱乐	Education, Culture and Recreation	5.4	7.8	11.2	8.4	7.6	7.5	7.3
医疗保健	Health Care	3.3	3.2	5.2	7.4	8.4	8.7	9.3
其他	Others	0.7	1.8	3.1	2.1	2.3	2.5	2.6
人均现金消费支出构成 (人均现金消费支出=100)	**Composition of Per Capita Annual Cash Consumption Expenditure(Per Capita Annual Cash Consumption Expenditure=100)**							
食品	Food	41.6	41.1	36.1	34.0	34.9	34.4	33.6
衣着	Clothing	11.7	10.3	7.4	6.8	7.2	7.3	7.2
居住	Residence	21.7	17.2	18.0	20.8	19.7	19.5	19.1
家庭设备及用品	Household Facilities and Articles	8.2	7.9	5.8	6.1	6.5	6.3	6.3
交通通信	Transport and Communications	2.2	3.9	7.2	11.9	11.6	12.1	13.0
文教娱乐	Education, Culture and Recreation	8.4	11.9	14.5	9.5	8.4	8.2	7.9
医疗保健	Health Care	5.1	4.9	6.8	8.4	9.2	9.5	10.0
其他	Others	1.1	2.7	4.1	2.4	2.6	2.7	2.8

6-13 东、中、西部及东北地区农村居民人均纯收入
Per Capita Net Income of Rural Households in Eastern, Central, Western and Northeastern Regions

年 份 Year	东部地区 Eastern Region	中部地区 Central Region	西部地区 Western Region	东北地区 Northeastern Region
农村居民人均纯收入（元） Per Capita Net Income of Rural Households (yuan)				
2000	3271.3	2077.6	1661.0	2177.0
2001	3450.5	2169.5	1721.2	2339.0
2002	3629.2	2278.5	1820.9	2483.5
2003	3864.2	2368.7	1935.9	2648.2
2004	4253.8	2692.3	2157.9	3097.9
2005	4720.3	2956.6	2378.9	3379.0
2006	5188.2	3283.2	2588.4	3744.9
2007	5855.0	3844.4	3028.4	4348.3
2008	6598.2	4453.4	3517.7	5101.2
2009	7155.5	4792.8	3816.5	5456.6
2010	8142.8	5509.6	4417.9	6434.5
2011	9585.0	6529.9	5246.7	7790.6
2012	10817.5	7435.2	6026.6	8846.5
2013	12052.1	8376.5	6833.6	9909.2
农村居民人均纯收入增长率（%） Growth Rate of Per Capita Net Income of Rural Households (%)				
2000				
2001	5.5	4.4	3.6	7.4
2002	5.2	5.0	5.8	6.2
2003	6.5	4.0	6.3	6.6
2004	10.1	13.7	11.5	17.0
2005	11.0	9.8	10.2	9.1
2006	9.9	11.0	8.8	10.8
2007	12.9	17.1	17.0	16.1
2008	12.7	15.8	16.2	17.3
2009	8.4	7.6	8.5	7.0
2010	13.8	15.0	15.8	17.9
2011	17.7	18.5	18.8	21.1
2012	12.9	13.9	14.9	13.6
2013	11.4	12.7	13.4	12.0

注：本表人均纯收入增长率均为名义增长率。

a) Growth Rates of Per Capita Net Income are at current prices in this table.

6-14 按收入五等份分组的农村居民人均纯收入
Per Capita Net Income of Rural Households by Income Quintile

年 份 Year	低收入户 (20%) Low Income Households	中等偏下户 (20%) Lower Middle Income Households	中等收入户 (20%) Middle Income Households	中等偏上户 (20%) Upper Middle Income Households	高收入户 (20%) High Income Households
农村居民人均纯收入(元) Per Capita Net Income of Rural Households (yuan)					
2000	802.0	1440.0	2004.0	2767.0	5190.0
2001	818.0	1491.0	2081.0	2891.0	5534.0
2002	857.0	1548.0	2164.0	3031.0	5903.0
2003	865.9	1606.5	2273.1	3206.8	6346.9
2004	1007.0	1842.2	2578.6	3608.0	6931.0
2005	1067.2	2018.3	2851.0	4003.3	7747.4
2006	1182.5	2222.0	3148.5	4446.6	8474.8
2007	1346.9	2581.8	3658.8	5129.8	9790.7
2008	1499.8	2935.0	4203.1	5928.6	11290.2
2009	1549.3	3110.1	4502.1	6467.6	12319.1
2010	1869.8	3621.2	5221.7	7440.6	14049.7
2011	2000.5	4255.7	6207.7	8893.6	16783.1
2012	2316.2	4807.5	7041.0	10142.1	19008.9
2013	2583.2	5516.4	7942.1	11373.0	21272.7
农村居民人均纯收入增长率(%) Growth Rate of Per Capita Net Income of Rural Households (%)					
2000					
2001	2.0	3.5	3.8	4.5	6.6
2002	4.8	3.8	4.0	4.8	6.7
2003	1.0	3.8	5.0	5.8	7.5
2004	16.3	14.7	13.4	12.5	9.2
2005	6.0	9.6	10.6	11.0	11.8
2006	10.8	10.1	10.4	11.1	9.4
2007	13.9	16.2	16.2	15.4	15.5
2008	11.4	13.7	14.9	15.6	15.3
2009	3.3	6.0	7.1	9.1	9.1
2010	20.7	16.4	16.0	15.0	14.0
2011	7.0	17.5	18.9	19.5	19.5
2012	15.8	13.0	13.4	14.0	13.3
2013	11.5	14.7	12.8	12.1	11.9

注：本表人均纯收入增长率均为名义增长率。
a) Growth Rates of Per Capita Net Income are at current prices in this table.

6-15 农村居民人均主要食品消费量
Per Capita Consumption of Major Foods by Rural Households

指　标	Item	1990	1995	2000	2005	2010	2011	2012
粮食(原粮) (千克)	Grain (Unprocessed) (kg)	262.08	256.07	250.23	208.85	181.44	170.74	164.27
#小麦	Wheat	80.03	81.49	80.27	68.44	57.52	54.75	52.33
稻谷	Rice	134.99	129.25	126.82	113.36	101.91	97.09	92.59
大豆	Soybeans		2.28	2.53	1.91	1.61	1.38	1.14
蔬菜 (千克)	Fresh Vegetables (kg)	134.00	104.62	106.74	102.28	93.28	89.36	84.72
食油 (千克)	Edible Oil (kg)	5.17	5.80	7.06	6.01	6.31	7.48	7.83
#植物油	Vegetable Oil	3.54	4.25	5.45	4.90	5.52	6.60	6.93
肉禽及制品 (千克)	Meats, Poultry and Processed Products(kg)	12.59	13.56	18.30	22.42	22.15	23.30	23.45
#猪肉	Pork	10.54	10.58	13.28	15.62	14.40	14.42	14.40
牛肉	Beef	0.40	0.36	0.52	0.64	0.63	0.98	1.02
羊肉	Mutton	0.40	0.35	0.61	0.83	0.80	0.92	0.94
禽类	Poultry	1.25	1.83	2.81	3.67	4.17	4.54	4.49
蛋及制品 (千克)	Eggs and Processed Products (kg)	2.41	3.22	4.77	4.71	5.12	5.40	5.87
奶及制品 (千克)	Milk and Processed Products (kg)	1.10	0.60	1.06	2.86	3.55	5.16	5.29
水产品 (千克)	Aquatic Products (kg)	2.13	3.36	3.92	4.94	5.15	5.36	5.36
食糖 (千克)	Sugar (kg)	1.50	1.28	1.28	1.13	1.03	1.04	1.19
酒 (千克)	Liquor (kg)	6.14	6.53	7.02	9.59	9.74	10.15	10.04
瓜果及制品 (千克)	Fruits and Processed Products (kg)	5.89	13.01	18.31	17.18	19.64	21.30	22.81
坚果及制品 (千克)	Nuts and Processed Products (kg)		0.13	0.74	0.81	0.96	1.21	1.30

6-16 农村居民平均每百户年末主要耐用消费品拥有量
Number of Durable Consumer Goods Owned Per 100 Rural Households at Year-end

指　标	Item	1990	1995	2000	2005	2010	2011	2012
洗衣机 (台)	Washing Machine (set)	9.12	16.90	28.58	40.20	57.32	62.57	67.22
电冰箱 (台)	Refrigerator (set)	1.22	5.15	12.31	20.10	45.19	61.54	67.32
空调 (台)	Air Conditioner (set)		0.18	1.32	6.40	16.00	22.58	25.36
抽油烟机 (台)	Exhaust Fan (set)		0.61	2.75	5.98	11.11	13.23	14.69
自行车 (辆)	Bicycle (unit)	118.33	147.02	120.48	98.37	95.98	77.11	78.97
摩托车 (辆)	Motorcycle (unit)	0.89	4.91	21.94	40.70	59.02	60.85	62.20
固定电话 (部)	Telephone (set)			26.38	58.37	60.76	43.11	42.24
移动电话 (部)	Mobile Telephone (set)			4.32	50.24	136.54	179.74	197.80
黑白电视机 (台)	Black and White TV Set (set)	39.72	63.81	52.97	21.77	6.38	1.66	1.44
彩色电视机 (台)	Color TV Set (set)	4.72	16.92	48.74	84.08	111.79	115.46	116.90
照相机 (台)	Camera (set)	0.70	1.42	3.12	4.05	5.17	4.55	5.18
计算机 (台)	Computer (set)			0.47	2.10	10.37	17.96	21.36

6-17 城乡新建住宅面积和居民住房情况
Floor Space of Newly Built Residential Buildings and Housing Conditions of Urban and Rural Residents

年 份 Year	城镇新建住宅面积 (亿平方米) Floor Space of Newly Built Residential Buildings in Urban Areas (100 million sq.m)	农村新建住宅面积 (亿平方米) Floor Space of Newly Built Residential Buildings in Rural Areas (100 million sq.m)	城镇居民人均住房建筑面积 (平方米) Per Capita Floor Space of Residential Building in Urban Areas (sq.m)	农村居民人均住房面积 (平方米) Per Capita Floor Space of Residential Building in Rural Areas (sq.m)
1978	0.38	1.00		8.1
1980	0.92	5.00		9.4
1985	1.88	7.22		14.7
1986	2.22	9.84		15.3
1987	2.23	8.84		16.0
1988	2.40	8.45		16.6
1989	1.97	6.76		17.2
1990	1.73	6.91		17.8
1991	1.92	7.54		18.5
1992	2.40	6.19		18.9
1993	3.08	4.81		20.7
1994	3.57	6.18		20.2
1995	3.75	6.99		21.0
1996	3.95	8.28		21.7
1997	4.06	8.06		22.5
1998	4.76	8.00		23.3
1999	5.59	8.34		24.2
2000	5.49	7.97		24.8
2001	5.75	7.29		25.7
2002	5.98	7.42	24.5	26.5
2003	5.50	7.52	25.3	27.2
2004	5.69	6.80	26.4	27.9
2005	6.61	6.67	27.8	29.7
2006	6.30	6.84	28.5	30.7
2007	6.88	7.75	30.1	31.6
2008	7.60	8.34	30.6	32.4
2009	8.21	10.21	31.3	33.6
2010	8.69	9.63	31.6	34.1
2011	9.49	10.26	32.7	36.2
2012	10.00	9.51	32.9	37.1

注：城镇居民人均住房建筑面积为城镇住户抽样调查数据(不含集体户)。

a) Data of per capita floor space of residential building in urban areas are obtained from the sample survey on urban households (the collective households are not included).

6-18 农村居民家庭住房情况
Housing Conditions of Rural Households

指 标	Item	1990	1995	2000	2005	2010	2011	2012
本年新建房屋	**Houses Newly Built This Year**							
面积 (平方米/人)	Per Capita Floor Space of Houses (sq.m/person)	0.82	0.78	0.87	0.83	0.80	1.30	0.96
价值 (元/平方米)	Value of Houses (yuan/sq.m)	92.32	200.30	260.23	373.31	673.35	804.51	829.51
住房结构(平方米/人)	Structure of Houses (sq.m/person)							
#钢筋混凝土结构	Reinforced Concrete Structure	0.23	0.33	0.47	0.51	0.56	0.92	0.70
砖木结构	Brick and Wood Structure	0.47	0.37	0.36	0.29	0.21	0.34	0.24
年末住房情况	**Houses at Year-end**							
面积 (平方米/人)	Per Capita Floor Space of Houses (sq.m/person)	17.83	21.01	24.82	29.68	34.08	36.24	37.09
价值 (元/平方米)	Value of Houses (yuan/sq.m)	44.60	101.64	187.41	267.76	391.70	654.37	681.90
住房结构(平方米/人)	Structure of Houses (sq.m/person)							
#钢筋混凝土结构	Reinforced Concrete Structure	1.22	3.10	6.15	11.17	15.10	16.48	17.12
砖木结构	Brick and Wood Structure	9.84	11.91	13.61	14.12	15.24	15.92	16.35

6-19 农村贫困状况
Poverty Conditions in Rural Areas

年 份 Year	1978年标准 1978 Standard		2008年标准 2008 Standard		2010年标准 2010 Standard	
	贫困人口(万人) Poverty Population (10 000 persons)	贫困发生率(%) Poverty Headcount Rate (%)	贫困人口(万人) Poverty Population (10 000 persons)	贫困发生率(%) Poverty Headcount Rate (%)	贫困人口(万人) Poverty Population (10 000 persons)	贫困发生率(%) Poverty Headcount Rate (%)
1978	25000.0	30.7				
1980	22000.0	26.8				
1981	15200.0	18.5				
1982	14500.0	17.5				
1983	13500.0	16.2				
1984	12800.0	15.1				
1985	12500.0	14.8				
1986	13100.0	15.5				
1987	12200.0	14.3				
1988	9600.0	11.1				
1989	10200.0	11.6				
1990	8500.0	9.4				
1991	9400.0	10.4				
1992	8000.0	8.8				
1994	7000.0	7.7				
1995	6540.0	7.1				
1997	4962.0	5.4				
1998	4210.0	4.6				
1999	3412.0	3.7				
2000	3209.0	3.5	9422	10.2		
2001	2927.0	3.2	9029	9.8		
2002	2820.0	3.0	8645	9.2		
2003	2900.0	3.1	8517	9.1		
2004	2610.0	2.8	7587	8.1		
2005	2365.0	2.5	6432	6.8		
2006	2148.0	2.3	5698	6.0		
2007	1479.0	1.6	4320	4.6		
2008			4007	4.2		
2009			3597	3.8		
2010			2688	2.8	16567	17.2
2011					12238	12.7
2012					9899	10.2
2013					8249	8.5

注：1. 1978年标准：1978-1999年称为农村贫困标准，2000-2007年称为农村绝对贫困标准。
2. 2008年标准：2000-2007年称为农村低收入标准，2008-2010年称为农村贫困标准。
3. 2010年标准：是新确定的农村扶贫标准。

a) 1978 Standard: It was referred to as the rural poverty standard from 1978 to 1999, and as the rural absolute poverty standard from 2000 to 2007.
b) 2008 Standard: It was referred to as the rural low income standard from 2000 to 2007, and as the rural poverty standard from 2008 to 2010.
c) 2010 Standard: It was defined as the rural poverty alleviation standard.

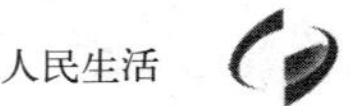

6-20 分地区全体居民人均收支情况(2013年)
Per Capita Income and Consumption Expenditure of Nationwide by Region(2013)

单位：元 (yuan)

地区	Region	可支配收入 Disposable Income	现金可支配收入 Cash Disposable Income	消费支出 Expenses on Consumption	现金消费支出 Cash Consumption Expenditure
全国	**National Average**	**18310.8**	**17114.6**	**13220.4**	**10917.4**
北京	Beijing	40830.0	35154.1	29175.6	21787.7
天津	Tianjin	26359.2	24700.4	20418.7	17064.1
河北	Hebei	15189.6	14325.9	10872.2	9177.1
山西	Shanxi	15119.7	14591.2	10118.3	8719.7
内蒙古	Inner Mongolia	18692.9	17956.5	14877.7	13235.4
辽宁	Liaoning	20817.8	19862.4	14950.2	12689.2
吉林	Jilin	15998.1	14910.3	12054.3	10565.8
黑龙江	Heilongjiang	15903.4	14863.3	12037.2	10538.2
上海	Shanghai	42173.6	35418.7	30399.9	21417.4
江苏	Jiangsu	24775.5	23188.2	17925.8	14634.1
浙江	Zhejiang	29775.0	28081.3	20610.1	16543.2
安徽	Anhui	15154.3	14403.7	10544.1	8718.6
福建	Fujian	21217.9	20097.3	16176.6	13158.6
江西	Jiangxi	15099.7	13990.6	10052.8	8005.6
山东	Shandong	19008.3	18239.2	11896.8	10078.2
河南	Henan	14203.7	13050.7	10002.5	8498.8
湖北	Hubei	16472.5	15550.5	11760.8	9586.4
湖南	Hunan	16004.9	15116.6	11945.9	9961.6
广东	Guangdong	23420.7	22129.8	17421.0	14811.3
广西	Guangxi	14082.3	13157.7	9596.5	7753.1
海南	Hainan	15733.3	14953.3	11192.9	9330.7
重庆	Chongqing	16568.7	15297.0	12600.2	10372.8
四川	Sichuan	14231.0	13012.6	11054.7	8916.0
贵州	Guizhou	11083.1	10359.3	8288.0	6698.3
云南	Yunnan	12577.9	11681.1	8823.8	7020.3
西藏	Tibet	9746.8	9089.6	6310.6	4736.1
陕西	Shaanxi	14371.5	13746.8	11217.3	9688.3
甘肃	Gansu	10954.4	10322.9	8943.4	7528.9
青海	Qinghai	12947.8	12429.2	11576.5	9714.8
宁夏	Ningxia	14565.8	13892.5	11292.0	9785.4
新疆	Xinjiang	13669.6	13043.5	11391.8	9907.7

6-21 分地区城镇居民人均可支配收入
Per Capita Disposable Income of Urban Households by Region

单位：元 (yuan)

地区	Region	2000	2005	2010	2011	2012	2013
全 国	**National Average**	**6280.0**	**10493.0**	**19109.4**	**21809.8**	**24564.7**	**26955.1**
北 京	Beijing	10349.7	17653.0	29072.9	32903.0	36468.8	40321.0
天 津	Tianjin	8140.5	12638.6	24292.6	26920.9	29626.4	32293.6
河 北	Hebei	5661.2	9107.1	16263.4	18292.2	20543.4	22580.3
山 西	Shanxi	4724.1	8913.9	15647.7	18123.9	20411.7	22455.6
内蒙古	Inner Mongolia	5129.1	9136.8	17698.2	20407.6	23150.3	25496.7
辽 宁	Liaoning	5357.8	9107.6	17712.6	20466.8	23222.7	25578.2
吉 林	Jilin	4810.0	8690.6	15411.5	17796.6	20208.0	22274.6
黑龙江	Heilongjiang	4912.9	8272.5	13856.5	15696.2	17759.8	19597.0
上 海	Shanghai	11718.0	18645.0	31838.1	36230.5	40188.3	43851.4
江 苏	Jiangsu	6800.2	12318.6	22944.3	26340.7	29677.0	32537.5
浙 江	Zhejiang	9279.2	16293.8	27359.0	30970.7	34550.3	37850.8
安 徽	Anhui	5293.6	8470.7	15788.2	18606.1	21024.2	23114.2
福 建	Fujian	7432.3	12321.3	21781.3	24907.4	28055.2	30816.4
江 西	Jiangxi	5103.6	8619.7	15481.1	17494.9	19860.4	21872.7
山 东	Shandong	6490.0	10744.8	19945.8	22791.8	25755.2	28264.1
河 南	Henan	4766.3	8668.0	15930.3	18194.8	20442.6	22398.0
湖 北	Hubei	5524.5	8785.9	16058.4	18373.9	20839.6	22906.4
湖 南	Hunan	6218.7	9524.0	16565.7	18844.1	21318.8	23414.0
广 东	Guangdong	9761.6	14769.9	23897.8	26897.5	30226.7	33090.0
广 西	Guangxi	5834.4	9286.7	17063.9	18854.1	21242.8	23305.4
海 南	Hainan	5358.3	8123.9	15581.1	18369.0	20917.7	22928.9
重 庆	Chongqing	6276.0	10243.5	17532.4	20249.7	22968.1	25216.1
四 川	Sichuan	5894.3	8386.0	15461.2	17899.1	20307.0	22367.6
贵 州	Guizhou	5122.2	8151.1	14142.7	16495.0	18700.5	20667.1
云 南	Yunnan	6324.6	9265.9	16064.5	18575.6	21074.5	23235.5
西 藏	Tibet	7426.3	9431.2	14980.5	16195.6	18028.3	20023.4
陕 西	Shaanxi	5124.2	8272.0	15695.2	18245.2	20733.9	22858.4
甘 肃	Gansu	4916.3	8086.8	13188.6	14988.7	17156.9	18964.8
青 海	Qinghai	5170.0	8057.9	13855.0	15603.3	17566.3	19498.5
宁 夏	Ningxia	4912.4	8093.6	15344.5	17578.9	19831.4	21833.3
新 疆	Xinjiang	5644.9	7990.2	13643.8	15513.6	17920.7	19873.8

注：本表至6-30表为城镇住户、农村住户抽样调查资料。

a) Tables from 6-21 to 6-30 are compiled on the basis of the urban and rural household surveys.

6-22 分地区城镇居民人均收入来源（2013年）
Per Capita Income of Urban Households by Sources and Region (2013)

单位：元 (yuan)

地区	Region	可支配收入 Disposable Income	总收入 Total Income	工资性收入 Income from Wages and Salaries	经营净收入 Net Business Income	财产性收入 Income from Properties	转移性收入 Income from Transfers
全 国	**National Average**	**26955.10**	**29547.05**	**18929.79**	**2797.11**	**809.88**	**7010.26**
北 京	Beijing	40321.00	45273.84	30273.01	1487.18	574.33	12939.31
天 津	Tianjin	32293.57	35655.52	23231.85	1257.57	586.56	10579.54
河 北	Hebei	22580.35	24142.88	14588.36	2449.37	374.01	6731.00
山 西	Shanxi	22455.63	24013.60	16216.40	1220.90	359.10	6217.20
内蒙古	Inner Mongolia	25496.67	26978.05	18377.94	3612.75	508.64	4478.72
辽 宁	Liaoning	25578.17	27904.89	15882.02	3009.60	674.17	8339.10
吉 林	Jilin	22274.60	23544.19	14388.26	2482.01	355.22	6318.70
黑龙江	Heilongjiang	19596.96	21149.20	12525.77	2237.60	264.18	6121.64
上 海	Shanghai	43851.36	48879.33	33235.39	2317.02	787.74	12539.18
江 苏	Jiangsu	32538.00	35131.00	21890.00	3565.72	764.00	8911.27
浙 江	Zhejiang	37851.00	41241.00	24453.00	5123.00	1486.00	10179.00
安 徽	Anhui	23114.22	25006.16	15535.34	2558.66	833.32	6078.84
福 建	Fujian	30816.37	33382.69	21443.39	3486.13	2106.61	6346.56
江 西	Jiangxi	21872.68	22949.38	14767.52	2455.91	1068.24	4657.71
山 东	Shandong	28264.10	30628.11	21562.13	2996.16	781.37	5288.44
河 南	Henan	22398.03	23686.53	14704.24	2706.79	491.51	5783.99
湖 北	Hubei	22906.42	25180.49	15571.83	2340.01	535.76	6732.89
湖 南	Hunan	23413.99	24643.00	13951.38	3215.37	1096.34	6379.90
广 东	Guangdong	33090.05	36503.91	25286.45	3791.29	1609.73	5816.44
广 西	Guangxi	23305.38	25028.72	15647.77	2326.75	997.91	6056.30
海 南	Hainan	22928.90	24919.86	15773.04	2721.09	829.96	5595.78
重 庆	Chongqing	25216.13	26850.32	16654.66	2329.35	675.24	7191.07
四 川	Sichuan	22367.63	23893.89	14976.04	2286.66	784.02	5847.17
贵 州	Guizhou	20667.07	21413.04	13627.56	3244.92	576.25	3964.30
云 南	Yunnan	23235.53	24698.33	15140.70	2540.32	1459.33	5557.98
西 藏	Tibet	20023.35	22560.67	19604.00	713.10	423.87	1819.70
陕 西	Shaanxi	22858.37	24108.80	16440.99	1003.89	322.82	6341.10
甘 肃	Gansu	18964.78	20149.05	13329.73	1301.74	365.09	5152.48
青 海	Qinghai	19498.54	22130.99	14015.57	1696.71	294.35	6124.36
宁 夏	Ningxia	21833.33	23766.75	15363.92	2626.08	196.43	5580.31
新 疆	Xinjiang	19873.77	22387.85	15585.27	1803.48	152.66	4846.44

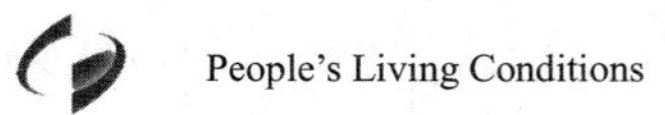

6-23 分地区城镇居民人均现金消费支出
Per Capita Cash Consumption Expenditure of Urban Households by Region

单位：元 (yuan)

地 区	Region	2000	2005	2010	2011	2012	2013
全 国	**National Average**	**4998.0**	**7942.9**	**13471.5**	**15160.9**	**16674.3**	**18022.6**
北 京	Beijing	8493.5	13244.2	19934.5	21984.4	24045.9	26274.9
天 津	Tianjin	6121.0	9653.3	16561.8	18424.1	20024.2	21711.9
河 北	Hebei	4348.5	6699.7	10318.3	11609.3	12531.1	13640.6
山 西	Shanxi	3941.9	6342.6	9792.7	11354.3	12211.5	13166.2
内蒙古	Inner Mongolia	3927.8	6928.6	13994.6	15878.1	17717.1	19249.1
辽 宁	Liaoning	4356.1	7369.3	13280.0	14789.6	16593.6	18029.7
吉 林	Jilin	4020.9	6794.7	11679.0	13010.6	14613.5	15932.3
黑龙江	Heilongjiang	3824.4	6178.0	10683.9	12054.2	12983.6	14161.7
上 海	Shanghai	8868.2	13773.4	23200.4	25102.1	26253.5	28155.0
江 苏	Jiangsu	5323.2	8621.8	14357.5	16781.7	18825.3	20371.5
浙 江	Zhejiang	7020.2	12253.7	17858.2	20437.5	21545.2	23257.2
安 徽	Anhui	4233.0	6367.7	11512.6	13181.5	15011.7	16285.2
福 建	Fujian	5638.7	8794.4	14750.0	16661.1	18593.2	20092.7
江 西	Jiangxi	3623.6	6109.4	10618.7	11747.2	12775.7	13850.5
山 东	Shandong	5022.0	7457.3	13118.2	14560.7	15778.2	17112.2
河 南	Henan	3830.7	6038.0	10838.5	12336.5	13733.0	14822.0
湖 北	Hubei	4644.5	6736.6	11451.0	13163.8	14496.0	15749.5
湖 南	Hunan	5218.8	7505.0	11825.3	13402.9	14609.0	15887.1
广 东	Guangdong	8016.9	11809.9	18489.5	20251.8	22396.4	24133.3
广 西	Guangxi	4852.3	7032.8	11490.1	12848.4	14244.0	15417.6
海 南	Hainan	4082.6	5928.8	10926.7	12642.8	14456.6	15593.0
重 庆	Chongqing	5569.8	8623.3	13335.0	14974.5	16573.1	17813.9
四 川	Sichuan	4855.8	6891.3	12105.1	13696.3	15049.5	16343.5
贵 州	Guizhou	4278.3	6159.3	10058.3	11352.9	12585.7	13702.9
云 南	Yunnan	5185.3	6996.9	11074.1	12248.0	13883.9	15156.1
西 藏	Tibet	5554.4	8617.1	9685.5	10398.9	11184.3	12231.9
陕 西	Shaanxi	4276.7	6656.5	11821.9	13782.8	15332.8	16679.7
甘 肃	Gansu	4126.5	6529.2	9895.4	11188.6	12847.1	14020.7
青 海	Qinghai	4185.7	6245.3	9613.8	10955.5	12346.3	13539.5
宁 夏	Ningxia	4200.5	6404.3	11334.4	12896.0	14067.2	15321.1
新 疆	Xinjiang	4422.9	6207.5	10197.1	11839.4	13891.7	15206.2

6-24 分地区城镇居民人均现金消费支出（2013年）
Per Capita Cash Consumption Expenditure of Urban Households by Region (2013)

单位：元 (yuan)

地区	Region	现金消费支出 Cash Consumption Expenditure	食品 Food	衣着 Clothing	居住 Residence	家庭设备及用品 Household Facilities and Articles	交通通信 Transport and Communi-cations	文教娱乐 Education, Culture and Recreation	医疗保健 Health Care and Medical Services	其他 Others
全国	**National Average**	**18022.64**	**6311.92**	**1902.02**	**1745.15**	**1215.07**	**2736.88**	**2293.99**	**1118.26**	**699.36**
北京	Beijing	26274.89	8170.22	2794.87	2125.99	1974.25	4106.04	3984.86	1717.58	1401.08
天津	Tianjin	21711.86	7943.06	1950.68	2088.62	1205.62	3468.86	2353.43	1694.29	1007.31
河北	Hebei	13640.58	4404.93	1488.11	1526.28	977.46	2149.57	1550.63	1117.30	426.29
山西	Shanxi	13166.19	3676.65	1627.53	1612.36	870.91	1775.85	2065.44	1020.61	516.84
内蒙古	Inner Mongolia	19249.06	6117.93	2777.25	1951.05	1233.39	2719.92	2111.00	1394.80	943.72
辽宁	Liaoning	18029.65	5803.90	2100.71	1936.10	1145.57	2589.18	2258.46	1343.05	852.69
吉林	Jilin	15932.31	4658.13	1961.20	1932.24	908.43	2217.87	1935.04	1692.11	627.30
黑龙江	Heilongjiang	14161.71	5069.89	1803.45	1543.29	796.38	1661.35	1396.38	1334.80	556.16
上海	Shanghai	28155.00	9822.88	2032.28	2847.88	1705.47	4736.36	4122.07	1350.28	1537.78
江苏	Jiangsu	20371.48	7074.11	2013.00	1564.30	1378.85	3135.00	3290.00	1122.00	794.00
浙江	Zhejiang	23257.19	8008.16	2235.21	2004.69	1400.57	4568.32	2848.75	1244.37	947.13
安徽	Anhui	16285.17	6370.23	1687.49	1663.55	898.55	2411.16	1904.15	869.89	480.16
福建	Fujian	20092.72	7424.67	1685.07	2013.53	1416.94	3219.46	2448.36	935.50	949.19
江西	Jiangxi	13850.51	5221.10	1566.49	1414.89	1004.15	1812.78	1671.24	672.50	471.58
山东	Shandong	17112.24	5625.94	2277.03	1780.07	1269.65	2474.83	1909.84	1109.37	665.52
河南	Henan	14821.98	4913.87	1916.99	1315.28	1281.06	1768.28	1911.16	1054.54	660.81
湖北	Hubei	15749.50	6259.22	1881.85	1456.30	1059.22	1745.05	1922.83	1033.46	391.57
湖南	Hunan	15887.11	5583.99	1520.35	1529.50	1146.65	2409.83	2080.46	1078.82	537.51
广东	Guangdong	24133.26	8856.91	1614.87	2339.12	1539.09	4544.21	3222.40	1122.71	893.95
广西	Guangxi	15417.62	5841.16	1015.88	1662.50	1086.46	2564.92	2083.99	776.26	386.46
海南	Hainan	15593.04	6979.22	932.63	1578.65	1030.79	2005.73	1923.48	734.28	408.26
重庆	Chongqing	17813.86	7245.12	2333.81	1376.15	1325.91	1976.19	1722.66	1245.33	588.70
四川	Sichuan	16343.45	6471.84	1727.92	1321.54	1196.65	2185.94	1877.55	1019.04	542.99
贵州	Guizhou	13702.87	4915.02	1401.85	1496.49	1083.77	1870.08	1950.28	633.72	351.66
云南	Yunnan	15156.15	5741.01	1356.91	1384.91	987.24	2197.73	2045.29	1085.46	357.61
西藏	Tibet	12231.86	5889.48	1528.14	963.99	541.46	500.60	1551.34	617.97	638.89
陕西	Shaanxi	16679.69	6075.58	1915.33	1465.81	1060.49	2019.08	2208.06	1310.19	626.16
甘肃	Gansu	14020.72	5162.87	1747.32	1596.00	939.48	1503.61	1547.65	1117.42	406.37
青海	Qinghai	13539.50	4777.10	1675.06	1684.78	890.08	1742.96	1471.98	813.13	484.41
宁夏	Ningxia	15321.10	4895.20	1737.21	1497.98	1001.82	2503.65	1868.42	1158.83	657.99
新疆	Xinjiang	15206.16	5323.50	2036.94	1275.35	977.80	2210.25	1597.99	1179.77	604.55

6-25 分地区农村居民人均纯收入
Per Capita Net Income of Rural Households by Region

单位：元 (yuan)

地 区	Region	2000	2005	2010	2011	2012	2013
全 国	**National Average**	**2253.4**	**3254.9**	**5919.0**	**6977.3**	**7916.6**	**8895.9**
北 京	Beijing	4604.6	7346.3	13262.3	14735.7	16475.7	18337.5
天 津	Tianjin	3622.4	5579.9	10074.9	12321.2	14025.5	15841.0
河 北	Hebei	2478.9	3481.6	5958.0	7119.7	8081.4	9101.9
山 西	Shanxi	1905.6	2890.7	4736.3	5601.4	6356.6	7153.5
内蒙古	Inner Mongolia	2038.2	2988.9	5529.6	6641.6	7611.3	8595.7
辽 宁	Liaoning	2355.6	3690.2	6907.9	8296.5	9383.7	10522.7
吉 林	Jilin	2022.5	3264.0	6237.4	7510.0	8598.2	9621.2
黑龙江	Heilongjiang	2148.2	3221.3	6210.7	7590.7	8603.8	9634.1
上 海	Shanghai	5596.4	8247.8	13978.0	16053.8	17803.7	19595.0
江 苏	Jiangsu	3595.1	5276.3	9118.2	10805.0	12202.0	13597.8
浙 江	Zhejiang	4253.7	6660.0	11302.6	13070.7	14551.9	16106.0
安 徽	Anhui	1934.6	2641.0	5285.2	6232.2	7160.5	8097.9
福 建	Fujian	3230.5	4450.4	7426.9	8778.6	9967.2	11184.2
江 西	Jiangxi	2135.3	3128.9	5788.6	6891.6	7829.4	8781.5
山 东	Shandong	2659.2	3930.6	6990.3	8342.1	9446.5	10619.9
河 南	Henan	1985.8	2870.6	5523.7	6604.0	7524.9	8475.3
湖 北	Hubei	2268.6	3099.2	5832.3	6897.9	7851.7	8867.0
湖 南	Hunan	2197.2	3117.7	5622.0	6567.1	7440.2	8372.1
广 东	Guangdong	3654.5	4690.5	7890.3	9371.7	10542.8	11669.3
广 西	Guangxi	1864.5	2494.7	4543.4	5231.3	6007.5	6790.9
海 南	Hainan	2182.3	3004.0	5275.4	6446.0	7408.0	8342.6
重 庆	Chongqing	1892.4	2809.3	5276.7	6480.4	7383.3	8332.0
四 川	Sichuan	1903.6	2802.8	5086.9	6128.6	7001.4	7895.3
贵 州	Guizhou	1374.2	1877.0	3471.9	4145.4	4753.0	5434.0
云 南	Yunnan	1478.6	2041.8	3952.0	4722.0	5416.5	6141.3
西 藏	Tibet	1330.8	2077.9	4138.7	4904.3	5719.4	6578.2
陕 西	Shaanxi	1443.9	2052.6	4105.0	5027.9	5762.5	6502.6
甘 肃	Gansu	1428.7	1979.9	3424.7	3909.4	4506.7	5107.8
青 海	Qinghai	1490.5	2151.5	3862.7	4608.5	5364.4	6196.4
宁 夏	Ningxia	1724.3	2508.9	4674.9	5410.0	6180.3	6931.0
新 疆	Xinjiang	1618.1	2482.2	4642.7	5442.2	6393.7	7296.5

6-26 分地区按来源分农村居民人均纯收入（2013年）
Per Capita Net Income of Rural Households by Sources and Region (2013)

单位：元 (yuan)

地区	Region	纯收入 Net Income	工资性收入 Income from Wages and Salaries	家庭经营纯收入 Income from Household Operations	财产性收入 Income from Properties	转移性收入 Income from Transfers
全国	**National Average**	**8895.9**	**4025.4**	**3793.2**	**293.0**	**784.3**
北京	Beijing	18337.5	12034.9	833.4	2023.5	3445.7
天津	Tianjin	15841.0	9091.5	4571.6	1120.0	1058.0
河北	Hebei	9101.9	5236.7	3219.2	161.6	484.4
山西	Shanxi	7153.5	4041.1	2273.9	93.2	745.3
内蒙古	Inner Mongolia	8595.7	1694.6	5348.4	371.0	1181.7
辽宁	Liaoning	10522.7	4209.4	5160.2	283.2	870.0
吉林	Jilin	9621.2	1813.2	6855.1	187.9	765.0
黑龙江	Heilongjiang	9634.1	1991.4	6365.4	429.6	847.8
上海	Shanghai	19595.0	12239.4	1062.0	1446.8	4846.8
江苏	Jiangsu	13597.8	7608.5	4258.4	572.1	1158.7
浙江	Zhejiang	16106.0	9204.3	4758.6	727.5	1415.7
安徽	Anhui	8097.9	3733.5	3681.4	113.6	569.3
福建	Fujian	11184.2	5193.9	4890.5	359.9	739.8
江西	Jiangxi	8781.5	4422.1	3683.8	191.0	484.6
山东	Shandong	10619.9	5127.2	4525.2	283.9	683.8
河南	Henan	8475.3	3581.6	4285.4	160.3	448.1
湖北	Hubei	8867.0	3868.2	4381.6	99.1	518.1
湖南	Hunan	8372.1	4595.6	2962.0	147.7	666.9
广东	Guangdong	11669.3	7072.4	2596.4	1040.5	960.0
广西	Guangxi	6790.9	2712.3	3420.4	70.4	587.8
海南	Hainan	8342.6	3001.5	4153.8	347.9	839.3
重庆	Chongqing	8332.0	4089.2	3136.5	234.7	871.7
四川	Sichuan	7895.3	3542.8	3321.2	202.3	829.1
贵州	Guizhou	5434.0	2572.6	2355.9	78.4	427.2
云南	Yunnan	6141.3	1729.2	3650.4	229.8	532.0
西藏	Tibet	6578.2	1475.3	4157.0	88.9	857.1
陕西	Shaanxi	6502.6	3151.2	2500.0	212.3	639.0
甘肃	Gansu	5107.8	2203.4	2231.0	132.9	540.5
青海	Qinghai	6196.4	2347.5	2570.3	165.9	1112.7
宁夏	Ningxia	6931.0	2878.4	3250.0	133.3	669.3
新疆	Xinjiang	7296.5	1311.8	4654.5	230.1	1100.0

6-27 分地区农村居民人均消费支出
Per Capita Consumption Expenditure of Rural Households by Region

单位：元 (yuan)

地 区	Region	2000	2005	2010	2011	2012	2013
全 国	**National Average**	**1670.1**	**2555.4**	**4381.8**	**5221.1**	**5908.0**	**6625.5**
北 京	Beijing	3425.7	5315.7	9254.8	11077.7	11878.9	13553.2
天 津	Tianjin	1995.6	3036.0	4936.7	6725.4	8336.5	10155.0
河 北	Hebei	1365.2	2165.7	3844.9	4711.2	5364.1	6134.1
山 西	Shanxi	1149.0	1877.7	3663.9	4587.0	5566.2	5812.7
内蒙古	Inner Mongolia	1614.9	2446.2	4460.8	5507.7	6382.0	7268.3
辽 宁	Liaoning	1753.5	2805.9	4489.5	5406.4	5998.4	7159.0
吉 林	Jilin	1553.4	2306.0	4147.4	5305.8	6186.2	7379.7
黑龙江	Heilongjiang	1540.3	2544.7	4391.2	5333.6	5718.0	6813.6
上 海	Shanghai	4137.6	7277.9	10210.5	11049.3	11971.5	14234.7
江 苏	Jiangsu	2337.5	3567.1	6542.9	8094.6	9138.2	9909.8
浙 江	Zhejiang	3230.9	5433.0	8928.9	9965.1	10652.7	11760.2
安 徽	Anhui	1321.5	2196.2	4013.3	4957.3	5556.0	5724.5
福 建	Fujian	2409.7	3292.6	5498.3	6540.9	7401.9	8151.2
江 西	Jiangxi	1642.7	2483.7	3911.6	4659.9	5129.5	5653.6
山 东	Shandong	1770.8	2735.8	4807.2	5900.6	6776.0	7392.7
河 南	Henan	1315.8	1891.6	3682.2	4320.0	5032.1	5627.7
湖 北	Hubei	1555.6	2430.2	4090.8	5010.7	5726.7	6279.5
湖 南	Hunan	1942.9	2756.4	4310.4	5179.4	5870.1	6609.5
广 东	Guangdong	2646.0	3707.7	5515.6	6725.6	7458.6	8343.5
广 西	Guangxi	1488.0	2349.6	3455.3	4210.9	4933.6	5205.6
海 南	Hainan	1483.9	1969.1	3446.2	4166.1	4776.3	5465.6
重 庆	Chongqing	1395.5	2142.1	3624.6	4502.1	5018.6	5796.4
四 川	Sichuan	1484.6	2274.2	3897.5	4675.5	5366.7	6308.5
贵 州	Guizhou	1096.6	1552.4	2852.5	3455.8	3901.7	4740.2
云 南	Yunnan	1270.8	1789.0	3398.3	3999.9	4561.3	4743.6
西 藏	Tibet	1116.6	1723.8	2666.9	2741.6	2967.6	3574.0
陕 西	Shaanxi	1251.2	1896.5	3793.8	4491.7	5114.7	5724.2
甘 肃	Gansu	1084.0	1819.6	2942.0	3664.9	4146.2	4849.6
青 海	Qinghai	1218.2	1976.0	3774.5	4536.8	5338.9	6060.2
宁 夏	Ningxia	1417.1	2094.5	4013.2	4726.6	5351.4	6489.7
新 疆	Xinjiang	1236.4	1924.4	3457.9	4397.8	5301.3	6119.1

6-28 分地区农村居民人均消费支出（2013年）
Per Capita Consumption Expenditure of Rural Households by Region (2013)

单位：元 (yuan)

地 区	Region	消费支出合计 Consumption Expenditure	食品 Food	衣着 Clothing	居住 Residence	家庭设备及用品 Household Facilities and Articles	交通通信 Transport and Communi-cations	文教娱乐 Education, Culture and Recreation	医疗保健 Health Care and Medical Services	其他 Others
全 国	**National Average**	**6625.5**	**2495.5**	**438.3**	**1233.6**	**387.1**	**796.0**	**485.9**	**614.2**	**174.9**
北 京	Beijing	13553.2	4695.9	1172.9	2387.0	898.2	1452.2	1330.9	1167.1	449.1
天 津	Tianjin	10155.0	3539.7	927.6	1403.4	599.1	1816.2	750.4	732.6	386.0
河 北	Hebei	6134.1	1963.3	458.0	1266.8	382.6	792.3	399.0	696.0	176.1
山 西	Shanxi	5812.7	1920.7	471.8	1206.0	288.2	699.1	502.5	559.0	165.4
内蒙古	Inner Mongolia	7268.3	2583.5	564.7	1111.6	302.3	1106.5	555.2	831.2	213.3
辽 宁	Liaoning	7159.0	2518.9	584.2	1279.3	299.4	850.3	632.9	789.5	204.4
吉 林	Jilin	7379.7	2438.5	535.2	1288.4	273.1	961.2	691.4	968.6	223.4
黑龙江	Heilongjiang	6813.6	2397.7	551.1	1120.9	288.7	809.3	601.4	839.2	205.2
上 海	Shanghai	14234.7	5334.6	770.7	2260.4	693.7	1718.7	963.7	1990.9	501.9
江 苏	Jiangsu	9909.8	3283.2	685.1	1788.7	556.4	1420.8	1022.3	809.9	343.4
浙 江	Zhejiang	11760.2	4190.9	848.1	1933.8	564.9	1891.1	1048.0	943.9	339.5
安 徽	Anhui	5724.5	2269.7	335.2	1138.9	390.4	540.9	376.7	551.7	121.0
福 建	Fujian	8151.2	3600.8	483.6	1418.4	483.4	806.3	592.8	481.7	284.3
江 西	Jiangxi	5653.6	2389.1	308.6	1163.1	323.9	587.6	356.4	401.3	123.8
山 东	Shandong	7392.7	2553.7	493.4	1409.6	438.1	1040.5	571.7	738.8	146.8
河 南	Henan	5627.7	1938.5	481.8	1043.9	416.0	616.0	408.1	603.7	119.7
湖 北	Hubei	6279.5	2308.5	347.7	1415.7	425.0	605.9	407.4	624.4	144.9
湖 南	Hunan	6609.5	2537.0	342.3	1438.3	420.3	640.0	426.3	638.3	167.1
广 东	Guangdong	8343.5	3736.6	309.2	1337.9	474.1	1041.0	685.3	502.0	257.5
广 西	Guangxi	5205.6	2084.7	170.9	1360.5	281.1	516.3	276.2	413.4	102.5
海 南	Hainan	5465.6	2625.0	181.0	937.7	291.5	589.2	354.5	362.2	124.4
重 庆	Chongqing	5796.4	2539.0	411.0	674.4	474.3	581.8	443.3	535.9	136.7
四 川	Sichuan	6308.5	2665.0	467.3	986.8	446.6	665.0	385.8	557.4	134.5
贵 州	Guizhou	4740.2	2036.2	254.2	980.8	272.4	489.7	301.4	302.3	103.2
云 南	Yunnan	4743.6	2097.6	211.4	906.3	258.8	589.9	241.1	352.9	85.5
西 藏	Tibet	3574.0	1938.9	370.6	189.7	273.1	522.8	63.6	71.5	143.9
陕 西	Shaanxi	5724.2	1821.3	385.1	1206.2	344.1	581.0	463.8	776.4	146.5
甘 肃	Gansu	4849.6	1798.5	352.7	794.0	302.6	598.4	366.5	513.3	123.5
青 海	Qinghai	6060.2	1872.0	449.3	1449.1	314.9	910.9	270.1	676.7	117.1
宁 夏	Ningxia	6489.7	2021.8	453.3	1409.6	382.8	827.0	439.7	702.0	253.4
新 疆	Xinjiang	6119.1	2072.0	484.7	1623.8	256.4	693.9	286.9	593.4	108.0

6-29 分地区农村居民人均现金消费支出
Per Capita Cash Consumption Expenditure of Rural Households by Region

单位：元 (yuan)

地 区	Region	2000	2005	2010	2011	2012	2013
全 国	**National Average**	**1284.7**	**2134.6**	**3859.3**	**4733.4**	**5414.5**	**6112.9**
北 京	Beijing	3336.5	5273.6	9182.2	11021.2	11828.0	13470.2
天 津	Tianjin	1833.6	2956.1	4854.6	6673.3	8305.5	10088.6
河 北	Hebei	1156.2	1916.9	3534.6	4514.2	5172.5	5969.6
山 西	Shanxi	901.6	1636.8	3395.1	4355.8	5359.0	5463.2
内蒙古	Inner Mongolia	1171.0	1992.1	3951.2	4828.0	5731.2	6763.3
辽 宁	Liaoning	1386.0	2491.5	4093.3	5081.4	5666.4	6864.9
吉 林	Jilin	1204.5	1990.2	3772.8	4891.6	5712.5	6827.6
黑龙江	Heilongjiang	1187.6	2295.2	4161.2	5024.7	5451.8	6542.1
上 海	Shanghai	3763.5	7091.5	10044.9	10834.1	11746.6	13872.9
江 苏	Jiangsu	1922.1	3137.9	6041.9	7709.1	8796.5	9486.9
浙 江	Zhejiang	2911.8	5178.6	8677.9	9792.5	10486.0	11541.1
安 徽	Anhui	954.9	1797.7	3541.9	4499.4	5153.8	5344.9
福 建	Fujian	2074.6	2928.9	4994.9	6113.0	6998.8	7552.5
江 西	Jiangxi	1170.7	1946.2	3269.1	4029.5	4456.1	4910.1
山 东	Shandong	1482.4	2470.4	4469.5	5623.6	6513.8	7184.2
河 南	Henan	889.7	1520.2	3292.0	4047.9	4779.6	5353.0
湖 北	Hubei	1058.3	1813.4	3406.1	4383.0	5070.7	5531.1
湖 南	Hunan	1467.9	2178.5	3552.7	4355.7	5023.8	5854.2
广 东	Guangdong	2197.6	3224.3	4884.6	6149.9	6867.2	7881.5
广 西	Guangxi	1087.2	1860.4	2783.2	3522.6	4165.2	4547.0
海 南	Hainan	1083.2	1523.9	2803.4	3781.6	4435.6	5090.7
重 庆	Chongqing	927.2	1494.2	2837.1	3734.6	4359.5	5057.8
四 川	Sichuan	1021.3	1623.0	3121.7	3924.3	4487.9	5406.1
贵 州	Guizhou	622.5	1095.6	2159.1	2670.7	3157.4	3888.3
云 南	Yunnan	808.3	1256.8	2575.9	3205.4	3735.3	3953.0
西 藏	Tibet	476.6	969.5	2088.5	2235.6	2303.6	2661.5
陕 西	Shaanxi	1007.6	1642.8	3506.2	4254.9	4883.9	5420.7
甘 肃	Gansu	747.6	1295.7	2329.4	3151.1	3689.0	4393.7
青 海	Qinghai	765.5	1445.4	3095.5	3920.2	4773.3	5506.6
宁 夏	Ningxia	1017.4	1648.5	3446.8	4209.6	4913.6	5942.1
新 疆	Xinjiang	871.4	1582.2	2838.0	3889.7	4784.7	5519.9

6-30 分地区农村居民人均现金消费支出（2013年）
Per Capita Cash Consumption Expenditure of Rural Households by Region (2013)

单位：元 (yuan)

地区	Region	现金消费支出合计 Cash Consumption Expenditure	食品 Food	衣着 Clothing	居住 Residence	家庭设备及用品 Household Facilities and Articles	交通通信 Transport and Communi-cations	文教娱乐 Education, Culture and Recreation	医疗保健 Health Care and Medical Services	其他 Others
全国	**National Average**	**6112.9**	**2054.5**	**437.7**	**1169.3**	**384.5**	**795.8**	**485.6**	**613.9**	**171.6**
北京	Beijing	13470.2	4635.1	1171.0	2377.6	891.1	1451.9	1330.4	1167.0	446.1
天津	Tianjin	10088.6	3485.2	927.4	1403.4	593.3	1815.8	750.4	732.5	380.7
河北	Hebei	5969.6	1813.6	457.4	1254.7	381.5	792.2	398.9	696.0	175.3
山西	Shanxi	5463.2	1711.2	470.5	1105.9	279.4	699.0	502.2	557.1	137.9
内蒙古	Inner Mongolia	6763.3	2090.3	564.6	1101.8	302.3	1106.5	555.1	830.7	212.1
辽宁	Liaoning	6864.9	2261.4	584.1	1246.7	298.7	849.5	632.7	789.3	202.5
吉林	Jilin	6827.6	2183.4	535.1	995.1	271.1	960.4	691.4	968.6	222.5
黑龙江	Heilongjiang	6542.1	2212.6	550.9	1036.3	288.5	809.1	601.4	838.6	204.6
上海	Shanghai	13872.9	5039.8	769.0	2228.3	671.4	1714.2	962.8	1990.7	496.6
江苏	Jiangsu	9486.9	2925.1	684.4	1731.4	552.9	1420.2	1021.8	809.9	341.2
浙江	Zhejiang	11541.1	4015.9	847.6	1902.5	558.4	1889.9	1046.7	942.7	337.4
安徽	Anhui	5344.9	1970.5	332.8	1064.3	388.0	540.7	376.4	551.7	120.5
福建	Fujian	7552.5	3136.5	483.4	1293.2	476.4	806.1	592.6	481.5	282.8
江西	Jiangxi	4910.1	1767.8	308.4	1041.7	323.4	587.5	356.4	401.2	123.6
山东	Shandong	7184.2	2352.8	492.3	1409.0	435.6	1040.4	571.6	738.8	143.7
河南	Henan	5353.0	1707.1	481.7	1001.1	415.8	616.0	408.1	603.7	119.6
湖北	Hubei	5531.1	1692.5	345.1	1286.9	424.4	605.8	407.1	624.4	144.8
湖南	Hunan	5854.2	1857.9	342.1	1365.1	419.8	639.7	426.3	638.3	165.1
广东	Guangdong	7881.5	3374.0	309.5	1244.8	472.0	1040.9	683.5	500.8	256.0
广西	Guangxi	4547.0	1530.3	170.9	1271.0	273.2	516.2	275.9	413.4	96.1
海南	Hainan	5090.7	2335.1	180.8	875.6	269.6	589.2	354.4	362.2	123.7
重庆	Chongqing	5057.8	1835.1	410.5	646.8	472.2	581.5	442.9	535.1	133.7
四川	Sichuan	5406.1	1817.8	466.8	936.9	445.5	664.7	385.6	556.0	132.8
贵州	Guizhou	3888.3	1230.1	254.0	944.1	270.8	489.6	301.4	302.3	96.1
云南	Yunnan	3953.0	1393.6	211.2	824.6	258.2	589.8	241.1	352.9	81.6
西藏	Tibet	2661.5	1037.4	369.5	180.9	271.9	522.8	63.6	71.5	143.9
陕西	Shaanxi	5420.7	1585.4	385.0	1141.0	342.5	580.8	463.1	776.3	146.4
甘肃	Gansu	4393.7	1362.4	352.7	781.4	300.9	598.3	366.5	513.2	118.3
青海	Qinghai	5506.6	1319.9	449.1	1449.1	313.9	910.9	270.1	676.6	117.0
宁夏	Ningxia	5942.1	1565.5	452.9	1407.0	371.0	826.4	438.9	701.4	178.9
新疆	Xinjiang	5519.9	1620.0	482.6	1481.1	254.7	693.8	286.8	593.4	107.6

主要统计指标解释

一、城镇住户调查(到 2012 年)

城镇家庭人口 指居住在一起,经济上合在一起共同生活的家庭成员。凡计算为家庭人口的成员其全部收支都包括在本家庭中。

城镇就业面 指就业人口占家庭人口的百分比。

城镇就业者负担人数 指家庭人口与就业人口之比。

城镇家庭总收入 指家庭成员得到的工资性收入、经营净收入、财产性收入、转移性收入之和，不包括出售财物收入和借贷收入。

城镇居民家庭可支配收入 指家庭成员得到可用于最终消费支出和其他非义务性支出以及储蓄的总和,即居民家庭可以用来自由支配的收入。它是家庭总收入扣除交纳的个人所得税、个人交纳的社会保障支出以及记账补贴后的收入。计算公式为：

城镇居民家庭可支配收入=家庭总收入−交纳个人所得税
−个人交纳的社会保障支出−记账补贴

城镇家庭总支出 指家庭除借贷支出以外的全部实际支出。包括现金消费支出、财产性支出、转移性支出、社会保障支出、购房与建房支出。

城镇家庭现金消费支出 指家庭用于日常生活的全部现金支出，包括食品、衣着、居住、家庭设备及用品、交通通信、文教娱乐、医疗保健、其他等八大类支出。

城镇家庭服务性消费支出 指家庭用于支付社会提供的各种文化和生活方面的非商品性服务费用。

城镇家庭收入分组方法 是将所有调查户按户人均可支配收入由低到高排队，按 10%、10%、20%、20%、20%、10%、10%的比例依次分成：最低收入户、较低收入户、中等偏下收入户、中等收入户、中等偏上收入户、较高收入户、最高收入户等七组。总体中最低 5%的户为困难户。

恩格尔系数 指食品支出在现金消费支出中所占的比例。计算公式为：

$$恩格尔系数=\frac{食品支出}{现金消费支出}\times 100\%$$

二、农村住户调查(到 2012 年)

农村住户 指农村常住户。农村常住户指长期(一年以上)居住在乡镇(不包括城关镇)行政管理区域内的住户,以及长期居住在城关镇所辖行政村范围内的农村住户。户口不在本地而在本地居住一年及以上的住户也包括在本地农村常住户范围内;有本地户口,但举家外出谋生一年以上的住户,无论是否保留承包耕地都不包括在本地农村住户范围内。

常住人口 指全年经常在家或在家居住 6 个月以上,而且经济和生活与本户连成一体的人口。外出从业人员在外居住时间虽然在 6 个月以上，但收入主要带回家中，经济与本户连为一体，仍视为家庭常住人口；在家居住，生活和本户连成一体的国家职工、退休人员也为家庭常住人口。但是现役军人、中专及以上(走读生除外)的在校学生、以及常年在外(不包括探亲、看病等)且已有稳定的职业与居住场所的外出从业人员，不算家庭常住人口。家庭常住人口主要作为计算农村住户平均每人收入、消费和积累水平及分析家庭人口状况的依据。

整、半劳动力 整劳动力指男子 18 周岁到 50 周岁，女子 18 周岁到 45 周岁；半劳动力指男子 16 周岁到 17 周岁，51 周岁到 60 周岁；女子 16 周岁到 17 周岁，46 周岁到 55 周岁，同时具有劳动能力的人。虽然在劳动年龄之内，但已丧失劳动能力的人，不应算为劳动力；超过劳动年龄，但能经常参加劳动，计入半劳动力数内。常住人口中的职工，若这些职工为劳动力，就包括在本户的整半劳动力中。

总收入 指调查期内农村住户和住户成员从各种来源渠道得到的收入总和。按收入的性质划分为工资性收入、家庭经营收入、财产性收入和转移性收入。

工资性收入 指农村住户成员受雇于单位或个人,靠出卖劳动而获得的收入。

家庭经营收入 指农村住户以家庭为生产经营单位进行生产筹划和管理而获得的收入。农村住户家庭经营活动按行业划分为农业、林业、牧业、渔业、工业、建筑业、交通运输业邮电业、批发和零售贸易餐饮业、社会服务业、文教卫生业和其他家庭经营。

财产性收入 指金融资产或有形非生产性资产的所有者向其他机构单位提供资金或将有形非生产性资产供其支配，作为回报而从中获得的收入。

转移性收入 指农村住户和住户成员无须付出任何对应物而获得的货物、服务、资金或资产所有权等，不包括无偿提供的用于固定资本形成的资金。一般情况下，指农村住户在二次分配中的所有收入。

现金收入 指农村住户和住户成员在调查期内得到以现金形态表现的收入。按来源分成工资性收入、家庭经营现金收入、财产性收入、转移性收入。

农村居民家庭纯收入 指农村住户当年从各个来源得到的总收入相应地扣除所发生的费用后的收入总和。计算方法：

农村居民家庭纯收入=总收入−家庭经营费用支出
−税费支出−生产性固定资产折旧
−赠送农村内部亲友

纯收入主要用于再生产投入和当年生活消费支出,也可用于储蓄和各种非义务性支出。“农民人均纯收入”是按人口平均的纯收入水平,反映的是一个地区农村居民的平均收入水平。

总支出 指农村住户用于生产、生活和再分配的全部支出。包括家庭经营费用支出、购置生产性固定资产支出、税费支出、消费支出、财产性支出和转移性支出。

三、一体化住户调查

从 2012 年四季度起，国家统计局对分别进行的城乡住户调查实施了一体化改革，统一了城乡居民收入指标名称、分类和统计标准，建立了城乡统一的一体化住户调查《住户收支与生活状况调查》，并据此获得全国居民有关数据。

居民可支配收入 居民可支配收入指居民可用于最终消费支出和储蓄的总和，即居民可用于自由支配的收入。既包括现金收入，也包括实物收入。按照收入的来源，可支配收入包含四项，分别为：工资性收入、经营性净收入、转移性净收入和财产性净收入。

居民消费支出 居民消费支出是指居民用于满足家庭日常生活消费需要的全部支出，既包括现金消费支出，也包括实物消费支出。消费支出可划分为食品烟酒、衣着、居住、生活用品及服务、交通和通信、教育文化和娱乐、医疗保健以及其他用品及服务八大类。

Explanatory Notes on Main Statistical Indicators

I. Urban Households (to the year of 2012)

Population of Urban Households refer to members of households living and sharing economically together in the urban areas. All the income and expenditure of all the members of such households are included in the income and expenditure of the household.

Proportion of Urban Employment refers to the proportion of employed population to the population of urban households.

Number of Dependents per Urban Employee refers to the ratio between number of persons in an urban household and the number of employed persons.

Total Income of Urban Households refers to the sum of wage income; net business income; income from properties; and income from transfers of members of the households. Income from selling of properties and income from borrowing are not included.

Disposable Income of Urban Households refers to the actual income at the disposal of members of the households which can be used for final consumption, other non-compulsory expenditure and savings. This equals to total income minus income tax, personal contribution to social security and subsidy for keeping diaries in being a sample household. The following formula is used:

Disposable Income of Urban Households= total household income - income tax - personal contribution to social security - subsidy for keeping diaries for a sampled household

Total Expenditure of Urban Households refers to all actual expenditure of households except expenditure on lending. It includes cash expenditure; property expenditure, transfer expenditure, social insurance expenditure and expenditure on house purchasing or house building.

Consumption Expenditure of Urban Households in Cash refers to total cash expenditure of households for consumption in daily life, including expenditure on the eight categories of food; clothing; housing; household appliances; transport and communications; education, cultural and recreational activities and medical care.

Consumption Expenditure of Urban Households on Services refers to non-commodity service expenditure of households on various kinds of cultural and living activities provided by society.

Urban Households by Income Group All households in the sample are grouped, by per capita disposable income of the household, into groups of lowest income, low income, lower middle income, middle income, upper middle income, high income and highest income, each group consisting of 10%, 10%, 20%, 20%, 20%, 10% and 10% of all households respectively. The lowest 5% of households are also referred to as poor households.

Engel's Coefficient refers to the percentage of expenditure on food to the total consumption in cash, using the following formula:

$$\text{Engel's Coefficient} = \frac{\text{expenditure on food}}{\text{total living consumption expenditure}} \times 100\%$$

II. Rural Households (to the year of 2012)

Rural Households refer to usual resident households in rural areas. Usual resident households in rural areas are households residing on a long term basis(for more than one year) in the areas under the administration of township governments (not including county towns), and in the areas under the administration of villages in county towns. Households residing in the current addresses for over one year with their household registration in other places are still considered as resident households of the locality. For households with their household registration in one place but all members of the households having moved away to make a living in another place for over one year, they will not be included in the rural households of the area where they are registered, irrespective of whether they still keep their contracted land.

Usual Resident Population refers to persons staying at home regularly or for over 6 months during a year and integrated with the household economically and in terms of living. Members of the household staying away from the household for over 6 months but keeping a close economic relation with the household by sending the majority of income to the household are regarded as usual resident of the household. Government staff and workers or retirees living as close members of the household are also considered as usual resident. However, servicemen, students of secondary technical schools or schools of higher education and persons with stable jobs and residence outside the household (excluding those visiting relatives or seeking medical service) are not included as resident population of the household. Resident population is used in calculating income, consumption, accumulation on per capita basis of rural households and in analyzing composition of rural households.

Full/Semi Labour Force Full labour force refers to persons capable of work, aged 18-50 for males and 18-45 for females. Semi labour force refers to persons capable of work, aged 16-17 and 51-60 for males and 16-17 and 46-55 for females. Persons at their working ages but not capable of work are not to be included as labour force. Persons not at working ages but participating regularly in work are included in semi labour force. For staff and workers who are usual residents, are included as full or semi labour force of the household if they are in the labour force.

Total Income refers to the sum of income earned from

various sources by the rural households and their members during the reference period, and is classified as income from wages and salaries, income from household operations, income from properties and income from transfers.

Income from Wages and Salaries refers to income from labour earned by the members of rural households employed by other units or individuals.

Income from Household Operations refers to income by the rural households as units of production and operation. Operations by rural households are classified according to their economic activities namely agriculture, forestry, animal husbandry, fishery, manufacturing, construction, transportation, post and telecommunications, wholesale, retail and catering, social service, culture, education, health, and other household operations.

Income from Properties refers to the income received as returns by owners of financial assets or tangible non-productive assets by providing capitals or tangible non-productive assets to other institutional units.

Income from Transfers refers to the receipt by rural households and their members of goods, services, capital or rights of assets without giving or repaying accordingly, excluding capital provided to them for the formation of fixed assets. In general, it refers to all income received by rural households through redistribution.

Cash Income refers to income received by rural households and their members in the form of cash during the reference period. It is classified, by source of income, into income from wages and salaries, cash income from household operations, income from properties and income from transfers.

Net Income of Rural Households refers to the total income of rural households from all sources minus all corresponding expenses. The formula for calculation is as follows:

Net income of rural households = total income - household operation expenses - taxes and fees-depreciation of fixed assets for production - gifts to rural relatives.

Net income is mainly used as input for reinvestment in production and as consumption expenditure of the year, and also used for savings and non-compulsory expenses of various forms. "Per capita net income of farmers" is the level of net income averaged by population, reflecting the average income level of rural population in a given area.

Total Expenditure refers to total expenses of rural households on production, consumption and redistribution, including expenditure on household operations; purchase of productive fixed assets; taxes and fees; consumption expenditure; expenses on properties; and expenses on transfers.

III. Integrated Household Survey

In the fourth quarter of 2012, the NBS launched its reform on the household survey programme in order to produce aggregates with the same concepts and definitions for the urban and rural population. This new survey programme is an integrated one whereas there had existed two separate household surveys for the urban and rural households. The reform took a number of measures, including the integration of concepts, classifications and standards, which provided a basis for producing data covering all households. The new survey includes the following indicators:

Disposable Income of Households has a national coverage comparable between urban and rural households, and refers to the kind of income that households can have at their disposal. It includes income both in cash and in kind from four categories: income from wages and salaries, cash income from household operations, income from properties and income from transfers.

Consumption Expenditure of Households has a national coverage comparable between urban and rural households, and refers to the all the expenditures of households for consumption in daily life. It includes expenditure in cash and in kind on eight categories: food; clothing; housing; household appliances and services; transport and communications; education, cultural and recreational activities; and medical care. The expenditure on housing also includes rents, water, electricity, fuels and imputed rents of owner-occupied dwellings.

7

财　政

Government Finance

简 要 说 明

一、本篇的主要内容和资料来源

本篇反映国家财政收支状况，包括全国公共财政收支、全国政府性基金收支、全国国有资本经营收支和全国社会保险基金收支四个方面。资料来源于财政部，资料基础为国家财政决算有关财务报表。

（一）全国公共财政收支

公共财政收支是指政府凭借国家政治权力，以社会管理者身份筹集以税收为主体的财政收入，用于保障和改善民生、维持国家机构正常运转、保障国家安全等方面的各项收支。

全国公共财政决算由中央级决算和地方总决算组成。省(自治区、直辖市)级决算及其所属市（州）、县(区)总决算汇总组成省(自治区、直辖市)总决算；各省(自治区、直辖市)总决算汇总成地方总决算。

中央级决算、省(自治区、直辖市)级决算和市（州）、县(区)总决算，由同级主管部门汇总的行政事业单位决算、企业财务决算、基本建设财务决算和金库年报、税收年报等组成。

为保持决算口径的一致，财政部每年要制定和颁发各省(自治区、直辖市)总决算表格和中央单位决算表格。各级财政部门和中央主管部门也要结合本部门的具体情况下达有关决算表格。决算表格按国家决算的组成，分为各级财政部门适用的总决算表格和各级主管部门、单位预算机关适用的单位决算表格，决算表数据根据总预算或单位预算会计账簿填报。

有关公共财政收支方面的资料，根据公共财政决算收支总表、决算收支明细表的数据加工整理编制。

（二）全国政府性基金收支

政府性基金收支是指政府通过向社会征收基金、收费，以及出让土地、发行彩票等方式取得收入，专项用于支持特定基础设施建设和社会事业发展等方面的各项收支。

（三）全国国有资本经营收支

国有资本经营收支是政府以所有者身份依法取得国有资本收益,并对所得收益进行分配而发生的各项收支。

（四）全国社会保险基金收支

社会保险基金收支是指通过社会保险缴费、公共财政预算安排的补助等方式取得收入，专项用于社会保障支出的各项收支。

二、统计口径的变化和数据调整

与以往年份相比，2007 年财政收支科目实施了较大改革，特别是财政支出项目口径变化很大，因此，2007 年以后年度公共财政收支及社会保障支出数据与以前年度数据不可比。从 2011 年开始，预算外资金全部纳入预算内管理，相关数据不再单独列示。

Brief Introduction

I. Main Contents and Sources of Data

The data in this chapter present the government revenue and expenditure situation, including four categories of revenue and expenditures: state revenue and expenditure, government funds, operation of state-owned assets, and social securities funds. The data are based on final State financial accounts from the Ministry of Finance.

1. State Revenue and Expenditure

The State Revenue and Expenditure refers, on the one hand, to the revenues mainly in a form of taxes collected by the government as the administration of the society using its State political power and, on the other hand, to the expenditures for the purposes of assuring and improving the life of the population, maintaining the regular operation of the government, and defending the national security.

The final State financial accounts are composed of the final accounts at the level of Central Government and the total final accounts at the level of local governments. The total final accounts at the provincial (autonomous region, municipality directly under the Central Government) level are composed of the final accounts at the provincial level and the total final accounts at the level of governments of prefectures and counties (cities). The total final accounts at the level of local governments are composed of the final accounts of the governments of provinces, autonomous regions and municipalities directly under the Central Government.

The final accounts at the central level, at the provincial level and at the county (city) level are respectively composed of the final accounts of the administrative and institutional units, the final financial accounts of enterprises, the final financial accounts of capital construction, the annual reports on treasury and the annual reports on tax revenue, pooled together by the responsible departments at the same level.

In order to ensure the accuracy and completeness of the data of final accounts, the financial departments at different levels would check the budgetary data of the higher and lower levels of the whole year before the end of the year, including the related figures of the total government budgets between different levels, the related figures between the total government budget and the budgets of the departments and the related figures between the budget of the departments and the budgets of the subordinate units. After the end of the year, the financial departments of different levels and the State Treasury would check the data of the revenue in the final accounts together with the units which submit budgeted revenues, fill out the accounts checking sheet, sign and report to the respective higher authorities.

In order to ensure the consistency in the coverage of the final accounts, the Ministry of Finance works out and issues the forms for the final account for the provinces, autonomous regions and municipalities directly under the Central Government and the forms for the final accounts for the departments at the central level. The financial departments at various levels and the Central Government departments would also work out and issue the forms for the final accounts in the light of the specific departmental conditions to the departments or units at the lower level. The forms for the final accounts are designed in accordance with the composition of the State final account and are composed of the forms for the total final accounts suitable for the financial departments of different levels and the forms for the unit final accounts suitable for the budgetary agencies of the responsible departments or units. The data for the final accounts are filled out in accordance with the data in the account books of the total budget or unit budget.

Data on government revenue and expenditure are compiled on the basis of information from the total final accounts table of revenue and expenditure, the subsidiary table of the final accounts of revenue, and the subsidiary table of the final accounts of expenditure.

2. Revenue and Expenditure of Government Funds

The revenue and expenditure of government funds refers to the revenues mada by the government through collecting funds and fees, transferring land, issuance of lottery, etc and to the expenditures for specific projects on infrastructure facilities and social undertakings.

3. Revenue and Expenditure from Operation of State-Owned Assets

The revenue and expenditure from operation of state-owned assets refers to the revenues received by the government as the owner of the assets, and to the expenditures as a result of distribution of the revenues.

4. Revenue and Expenditure of Social Securities Funds

The revenue and expenditure of social securities funds refers to the revenues made of social insurances received and subsidies arranged by public finance, and to the expenditures made for specific social security programmes.

II. Change of Statistical Scope and Data Adjustment

Compared with the previous years, the classifications of revenue and expenditure accounts have been adjusted largely in 2007. Therefore, the data on the state revenue and expenditure and the data on the expenditures of social securities funds after 2007 are not comparable with the data of ealier years. Starting from 2011, the extra-budgetary funds is included in the budgetary management and thus is not listed separately.

7-1 公共财政收支总额及增长速度
Public Government Revenue and Expenditure and Their Increase Rates

年 份 Year	公共财政收入 (亿元) Public Government Revenue (100 million yuan)	中央 Central Government	地方 Local Governments	公共财政支出 (亿元) Public Government Expenditure (100 million yuan)	中央 Central Government	地方 Local Governments	增长速度 (%) Increase Rates (%) 公共财政收入 Public Government Revenue	公共财政支出 Public Government Expenditure
1978	1132.26	175.77	956.49	1122.09	532.12	589.97	29.5	33.0
1979	1146.38	231.34	915.04	1281.79	655.08	626.71	1.2	14.2
1980	1159.93	284.45	875.48	1228.83	666.81	562.02	1.2	-4.1
1981	1175.79	311.07	864.72	1138.41	625.65	512.76	1.4	-7.5
1982	1212.33	346.84	865.49	1229.98	651.81	578.17	3.1	8.0
1983	1366.95	490.01	876.94	1409.52	759.60	649.92	12.8	14.6
1984	1642.86	665.47	977.39	1701.02	893.33	807.69	20.2	20.7
1985	2004.82	769.63	1235.19	2004.25	795.25	1209.00	22.0	17.8
1986	2122.01	778.42	1343.59	2204.91	836.36	1368.55	5.8	10.0
1987	2199.35	736.29	1463.06	2262.18	845.63	1416.55	3.6	2.6
1988	2357.24	774.76	1582.48	2491.21	845.04	1646.17	7.2	10.1
1989	2664.90	822.52	1842.38	2823.78	888.77	1935.01	13.1	13.3
1990	2937.10	992.42	1944.68	3083.59	1004.47	2079.12	10.2	9.2
1991	3149.48	938.25	2211.23	3386.62	1090.81	2295.81	7.2	9.8
1992	3483.37	979.51	2503.86	3742.20	1170.44	2571.76	10.6	10.5
1993	4348.95	957.51	3391.44	4642.30	1312.06	3330.24	24.8	24.1
1994	5218.10	2906.50	2311.60	5792.62	1754.43	4038.19	20.0	24.8
1995	6242.20	3256.62	2985.58	6823.72	1995.39	4828.33	19.6	17.8
1996	7407.99	3661.07	3746.92	7937.55	2151.27	5786.28	18.7	16.3
1997	8651.14	4226.92	4424.22	9233.56	2532.50	6701.06	16.8	16.3
1998	9875.95	4892.00	4983.95	10798.18	3125.60	7672.58	14.2	16.9
1999	11444.08	5849.21	5594.87	13187.67	4152.33	9035.34	15.9	22.1
2000	13395.23	6989.17	6406.06	15886.50	5519.85	10366.65	17.0	20.5
2001	16386.04	8582.74	7803.30	18902.58	5768.02	13134.56	22.3	19.0
2002	18903.64	10388.64	8515.00	22053.15	6771.70	15281.45	15.4	16.7
2003	21715.25	11865.27	9849.98	24649.95	7420.10	17229.85	14.9	11.8
2004	26396.47	14503.10	11893.37	28486.89	7894.08	20592.81	21.6	15.6
2005	31649.29	16548.53	15100.76	33930.28	8775.97	25154.31	19.9	19.1
2006	38760.20	20456.62	18303.58	40422.73	9991.40	30431.33	22.5	19.1
2007	51321.78	27749.16	23572.62	49781.35	11442.06	38339.29	32.4	23.2
2008	61330.35	32680.56	28649.79	62592.66	13344.17	49248.49	19.5	25.7
2009	68518.30	35915.71	32602.59	76299.93	15255.79	61044.14	11.7	21.9
2010	83101.51	42488.47	40613.04	89874.16	15989.73	73884.43	21.3	17.8
2011	103874.43	51327.32	52547.11	109247.79	16514.11	92733.68	25.0	21.6
2012	117253.52	56175.23	61078.29	125952.97	18764.63	107188.34	12.9	15.3
2013	129209.64	60198.48	69011.16	140212.10	20471.76	119740.34	10.2	11.3

注：1.在公共财政收支中，价格补贴1985年以前冲减财政收入，1986年以后列为财政支出。为了可比，本表将1985年以前冲减财政收入的价格补贴改列在财政支出中。
2.公共财政收入中不包括国内外债务收入。
3.从2000年起，公共财政支出中包括国内外债务付息支出。

a) Government price subsidies were listed as negative revenue items prior to 1986, but they have been listed as expenditure items in government accounts since 1986. For comparison purpose, budgetary price subsidies before 1985 were adjusted and listed as expenditure items.
b) Government revenue does not include the receipts of domestic and foreign debts.
c) Government expenditures include the interest payment on domestic and foreign debts since 2000.

7-2 中央和地方公共财政主要收入项目（2013年）
Main Items of Public Government Revenue of the Central and Local Governments (2013)

单位：亿元 (100 million yuan)

项　目	Item	公共财政收入 Public Government Revenue	中央 Central Government	地方 Local Governments
合计	**National Government Revenue**	**129209.64**	**60198.48**	**69011.16**
税收收入	**Total Tax Revenue**	**110530.70**	**56639.82**	**53890.88**
国内增值税	Domestic Value Added Tax	28810.13	20533.81	8276.32
国内消费税	Domestic Consumption Tax	8231.32	8231.32	
进口货物增值税、消费税	VAT and Consumption Tax from Imports	14004.56	14004.56	
出口货物退增值税、消费税	VAT and Consumption Tax Rebate for Exports	-10518.85	-10518.85	
营业税	Business Tax	17233.02	78.44	17154.58
企业所得税	Corporate Income Tax	22427.20	14443.86	7983.34
个人所得税	Individual Income Tax	6531.53	3918.99	2612.54
资源税	Resource Tax	1005.65	45.34	960.31
城市维护建设税	City Maintenance and Construction Tax	3419.90	176.30	3243.60
房产税	House Property Tax	1581.50		1581.50
印花税	Stamp Tax	1244.36	455.55	788.81
#证券交易印花税	Stamp Tax on Security Exchange	469.65	455.55	14.10
城镇土地使用税	Urban Land Use Tax	1718.77		1718.77
土地增值税	Land Appreciation Tax	3293.91		3293.91
车船税	Tax on Vehicles and Boat Operation	473.96		473.96
船舶吨税	Tax on Ship Tonnage	43.55	43.55	
车辆购置税	Vehicle Purchase Tax	2596.34	2596.34	
关税	Tariffs	2630.61	2630.61	
耕地占用税	Farm Land Occupation Tax	1808.23		1808.23
契税	Deed Tax	3844.02		3844.02
烟叶税	Tobacco Leaf Tax	150.26		150.26
其他税收收入	Other Tax Revenue	0.73		0.73
非税收入	**Total Non-tax Revenue**	**18678.94**	**3558.66**	**15120.28**
专项收入	Special Program Receipts	3528.61	406.39	3122.22
行政事业性收费	Charge of Administrative and Institutional Units	4775.83	278.48	4497.35
罚没收入	Penalty Receipts	1658.77	45.43	1613.34
其他收入	Other Non-tax Receipts	8715.73	2828.36	5887.37

7-3 中央和地方公共财政主要支出项目（2013年）
Main Items of Public Government Expenditure of Central and Local Governments (2013)

单位：亿元 (100 million yuan)

项目	Item	公共财政支出 Public Government Expenditure	中央 Central Government	地方 Local Governments
合计	**National Government Expenditure**	**140212.10**	**20471.76**	**119740.34**
一般公共服务	Expenditure for General Public Services	13755.13	1001.46	12753.67
外交	Expenditure for Foreign Affairs	355.76	354.37	1.39
国防	Expenditure for National Defense	7410.62	7177.37	233.25
公共安全	Expenditure for Public Security	7786.78	1297.03	6489.75
教育	Expenditure for Education	22001.76	1106.65	20895.11
科学技术	Expenditure for Science and Technology	5084.30	2368.99	2715.31
文化体育与传媒	Expenditure for Culture, Sport and Media	2544.39	204.45	2339.94
社会保障和就业	Expenditure for Social Safety Net and Employment Effort	14490.54	640.82	13849.72
医疗卫生与计划生育	Expenditure for Medical and Health Care, and Family Planning	8279.90	76.70	8203.20
节能环保	Expenditure for Environment Protection	3435.15	100.26	3334.89
城乡社区事务	Expenditure for Urban and Rural Community Affairs	11165.57	19.06	11146.51
农林水事务	Expenditure for Agriculture, Forestry and Water Conservancy	13349.55	526.91	12822.64
交通运输	Expenditure for Transportation	9348.82	722.99	8625.83
资源勘探电力信息等事务	Expenditure for Affairs of Exploration, Power and Information	4899.06	453.68	4445.38
商业服务业等事务	Expenditure for Affairs of Commerce and Services	1362.06	25.51	1336.55
金融监管等事务支出	Expenditure for Affairs of Financial Supervision	377.29	164.32	212.97
地震灾后恢复重建支出	Expenditure for Post-earthquake Recovery and Reconstruction	42.79		42.79
援助其他地区支出	Expenditure for Other Regional Assistance	158.54		158.54
国土资源气象等事务	Expenditure for Affairs of Land and Weather	1906.12	267.21	1638.91
住房保障支出	Expenditure for Affairs of Housing Security	4480.55	404.73	4075.82
粮油物资储备事务	Expenditure for Affairs of Management of Grain & Oil Reserves	1649.42	905.14	744.28
国债还本付息支出	Expenditure for the Principal and Interest of National Debts	3056.21	2315.41	740.80
其他支出	Other Expenditure	3271.79	338.70	2933.09

7-4 各项税收
Taxes

单位：亿元 (100 million yuan)

年 份 Year	合 计 Total	#国内增值税 Domestic Value-added Tax	#国内消费税 Domestic Consumption Tax	#营业税 Business Tax	#企业所得税 Corporate Income Tax	#个人所得税 Individual Income Tax	#关 税 Tariffs
1978	519.28						28.76
1979	537.82						26.00
1980	571.70						33.53
1981	629.89						54.04
1982	700.02						47.46
1983	775.59						53.88
1984	947.35						103.07
1985	2040.79	147.70		211.07	696.06		205.21
1986	2090.73	232.19		261.07	692.40		151.62
1987	2140.36	254.20		302.00	664.71		142.67
1988	2390.47	384.37		397.92	676.04		155.02
1989	2727.40	430.83		487.30	700.43		181.54
1990	2821.86	400.00		515.75	716.00		159.01
1991	2990.17	406.36		564.00	731.13		187.28
1992	3296.91	705.93		658.67	720.78		212.75
1993	4255.30	1081.48		966.09	678.60		256.47
1994	5126.88	2308.34	487.40	670.02	708.49		272.68
1995	6038.04	2602.33	541.48	865.56	878.44		291.83
1996	6909.82	2962.81	620.23	1052.57	968.48		301.84
1997	8234.04	3283.92	678.70	1324.27	963.18		319.49
1998	9262.80	3628.46	814.93	1575.08	925.54		313.04
1999	10682.58	3881.87	820.66	1668.56	811.41	413.66	562.23
2000	12581.51	4553.17	858.29	1868.78	999.63	659.64	750.48
2001	15301.38	5357.13	929.99	2064.09	2630.87	995.26	840.52
2002	17636.45	6178.39	1046.32	2450.33	3082.79	1211.78	704.27
2003	20017.31	7236.54	1182.26	2844.45	2919.51	1418.03	923.13
2004	24165.68	9017.94	1501.90	3581.97	3957.33	1737.06	1043.77
2005	28778.54	10792.11	1633.81	4232.46	5343.92	2094.91	1066.17
2006	34804.35	12784.81	1885.69	5128.71	7039.60	2453.71	1141.78
2007	45621.97	15470.23	2206.83	6582.17	8779.25	3185.58	1432.57
2008	54223.79	17996.94	2568.27	7626.39	11175.63	3722.31	1769.95
2009	59521.59	18481.22	4761.22	9013.98	11536.84	3949.35	1483.81
2010	73210.79	21093.48	6071.55	11157.91	12843.54	4837.27	2027.83
2011	89738.39	24266.63	6936.21	13679.00	16769.64	6054.11	2559.12
2012	100614.28	26415.51	7875.58	15747.64	19654.53	5820.28	2783.93
2013	110530.70	28810.13	8231.32	17233.02	22427.20	6531.53	2630.61

注：1.企业所得税2001年以前只包括国有及集体企业所得税，从2001年起，企业所得税还包括除国有企业和集体企业外的其他所有制企业所得税。

2.国内增值税不包括进口产品增值税；国内消费税不包括进口产品消费税。

a) Before 2001, the corporate income tax only included state-owned and collective-owned enterprises income tax. Since 2001, the corporate income tax also includes the income tax levied on other enterprises except for state-owned and collective-owned enterprises.

b) Domestic value-added tax does not include value-added tax from imports. Domestic consumption tax does not include consumption tax from imports.

7-5 分地区公共财政收入（2013年）
Public Government Revenue by Region (2013)

单位：亿元 (100 million yuan)

地区	Region	地方公共财政收入 Public Budgetary Revenue	税收收入 Tax Revenue	国内增值税 Domestic Value-added Tax	营业税 Business Revenue	企业所得税 Corporate Income Tax	个人所得税 Individual Income Tax	资源税 Resource Tax
地方合计	**Region Total**	**69011.16**	**53890.88**	**8276.32**	**17154.58**	**7983.34**	**2612.54**	**960.31**
北京	Beijing	3661.11	3514.52	574.89	1034.79	802.12	333.84	0.82
天津	Tianjin	2079.07	1310.66	225.88	425.17	204.38	58.31	3.62
河北	Hebei	2295.62	1724.87	255.36	612.10	231.67	54.60	56.96
山西	Shanxi	1701.62	1136.89	214.65	379.06	202.07	48.87	51.65
内蒙古	Inner Mongolia	1720.98	1215.20	186.44	353.02	155.26	44.97	70.64
辽宁	Liaoning	3343.81	2521.62	248.41	657.00	250.68	64.15	142.05
吉林	Jilin	1156.96	856.41	119.58	245.09	121.86	28.06	14.78
黑龙江	Heilongjiang	1277.40	912.82	151.73	267.99	98.81	35.63	75.27
上海	Shanghai	4109.51	3797.16	848.47	962.72	837.44	355.22	
江苏	Jiangsu	6568.46	5419.49	859.26	1872.41	763.66	264.88	23.39
浙江	Zhejiang	3796.92	3545.66	651.67	1069.97	565.88	193.84	9.23
安徽	Anhui	2075.08	1520.22	224.50	502.26	190.46	43.44	19.74
福建	Fujian	2119.45	1723.28	234.31	551.41	271.05	78.37	9.12
江西	Jiangxi	1621.24	1178.74	146.43	423.50	136.71	28.77	34.70
山东	Shandong	4559.95	3533.49	489.56	1068.33	445.95	104.59	92.62
河南	Henan	2415.45	1764.71	202.66	581.79	235.60	47.63	37.40
湖北	Hubei	2191.22	1604.85	225.68	526.43	215.23	57.74	16.23
湖南	Hunan	2030.88	1299.15	175.11	451.16	136.17	50.92	9.70
广东	Guangdong	7081.47	5767.94	1058.85	1636.20	974.68	348.02	13.96
广西	Guangxi	1317.60	875.74	98.75	304.20	94.04	27.74	11.97
海南	Hainan	481.01	411.63	31.65	158.96	55.46	11.68	2.66
重庆	Chongqing	1693.24	1112.62	107.25	424.31	135.82	37.54	8.40
四川	Sichuan	2784.10	2103.51	235.45	812.08	266.57	88.10	26.97
贵州	Guizhou	1206.41	839.67	96.06	300.78	103.15	34.65	15.33
云南	Yunnan	1611.30	1215.66	158.22	418.84	146.65	40.76	18.75
西藏	Tibet	95.02	71.54	10.77	28.12	12.51	11.48	0.97
陕西	Shaanxi	1748.33	1256.24	201.64	428.44	156.76	48.76	78.77
甘肃	Gansu	607.27	417.73	63.65	176.59	40.10	14.78	19.49
青海	Qinghai	223.86	175.05	28.41	70.44	21.67	4.72	18.37
宁夏	Ningxia	308.34	237.49	31.88	105.72	25.87	7.39	5.00
新疆	Xinjiang	1128.49	826.34	119.14	305.67	85.06	43.10	71.74

7-5 续表 1 continued

单位：亿元 (100 million yuan)

地 区	Region	城市维护建设税 City Maintenance and Construction Tax	房产税 House Property Tax	印花税 Stamp Tax	城镇土地使用税 Urban Land Use Tax	土地增值税 Land Appreciation Tax	车船税 Tax on Vehicles and Boat Operation	耕地占用税 Farm Land Occupation Tax
地方合计	**Region Total**	**3243.60**	**1581.50**	**788.81**	**1718.77**	**3293.91**	**473.96**	**1808.23**
北 京	Beijing	177.41	122.54	52.22	16.34	187.24	25.82	9.00
天 津	Tianjin	84.61	48.53	29.16	22.75	81.89	9.97	16.20
河 北	Hebei	101.66	41.32	30.49	62.42	100.38	23.83	42.03
山 西	Shanxi	70.07	25.86	19.82	33.84	24.74	12.67	13.82
内蒙古	Inner Mongolia	69.17	31.87	15.99	85.52	49.04	12.94	89.48
辽 宁	Liaoning	119.25	72.35	30.28	246.28	190.21	23.59	239.92
吉 林	Jilin	66.57	22.89	11.80	27.64	40.41	9.44	66.13
黑龙江	Heilongjiang	60.01	24.07	10.30	47.65	49.37	12.41	20.64
上 海	Shanghai	167.86	93.05	59.17	30.77	197.37	17.88	12.13
江 苏	Jiangsu	339.53	192.84	75.37	163.44	405.79	32.25	42.91
浙 江	Zhejiang	232.58	134.11	52.54	102.45	186.53	33.86	58.70
安 徽	Anhui	88.13	31.54	18.88	71.22	91.15	10.70	38.98
福 建	Fujian	92.16	65.65	27.66	45.01	182.28	12.51	28.57
江 西	Jiangxi	57.60	21.49	12.18	31.95	80.25	8.48	69.82
山 东	Shandong	217.84	111.75	52.86	229.16	205.91	40.26	205.07
河 南	Henan	98.57	38.78	25.40	80.25	97.03	20.17	102.62
湖 北	Hubei	109.04	34.70	22.63	36.25	137.39	11.98	80.39
湖 南	Hunan	100.12	33.34	16.49	31.99	74.39	11.30	78.19
广 东	Guangdong	383.48	198.63	95.57	129.30	417.51	57.16	80.43
广 西	Guangxi	49.59	21.18	11.70	16.00	65.16	9.01	91.79
海 南	Hainan	17.15	10.34	5.11	11.81	56.01	2.24	14.59
重 庆	Chongqing	65.62	31.40	17.50	44.21	80.73	6.41	36.93
四 川	Sichuan	119.81	52.95	26.73	54.05	127.40	19.49	87.42
贵 州	Guizhou	53.71	17.13	8.40	16.18	29.41	5.81	97.94
云 南	Yunnan	105.74	28.86	14.34	21.28	46.10	11.57	76.03
西 藏	Tibet	4.72		1.12	0.25	0.64	0.65	0.29
陕 西	Shaanxi	83.83	30.34	17.96	22.55	46.01	12.05	63.58
甘 肃	Gansu	32.14	13.00	8.03	14.46	10.16	6.34	4.11
青 海	Qinghai	11.24	3.79	2.46	2.89	1.72	1.55	3.54
宁 夏	Ningxia	14.46	6.64	3.97	8.62	5.85	2.79	3.39
新 疆	Xinjiang	49.94	20.56	12.65	12.25	25.86	8.85	33.61

7-5 续表 2 continued

单位：亿元 (100 million yuan)

地区	Region	契税 Deed Tax	烟叶税 Tobacco Leaf Tax	其他税收收入 Other Tax Revenue	非税收入 Non-Tax Revenue	专项收入 Special Program Receipts	行政事业性收费收入 Charge of Administrative and Institutional Units	罚没收入 Penalty Receipts	国有资本经营收入 Operation Income of State-owned Assets	国有资源(资产)有偿使用收入 Income from Use of State-owned Resources (Assets)	其他收入 Other Non-tax Receipts
地方合计	**Region Total**	**3844.02**	**150.26**	**0.73**	**15120.28**	**3122.22**	**4497.35**	**1613.34**	**1183.63**	**3415.23**	**1288.51**
北京	Beijing	177.49			146.59	95.56	41.69	34.49	-60.24	32.76	2.33
天津	Tianjin	100.21		0.00	768.41	59.98	238.12	16.40	28.56	253.35	172.00
河北	Hebei	111.92	0.11	0.00	570.75	94.00	169.95	97.26	80.61	95.70	33.23
山西	Shanxi	39.55	0.22		564.74	320.47	96.76	59.78	27.99	32.13	27.61
内蒙古	Inner Mongolia	50.55	0.30		505.79	154.82	124.37	44.87	59.08	105.29	17.36
辽宁	Liaoning	235.55	1.45	0.45	822.20	107.12	198.04	78.94	180.86	225.58	31.66
吉林	Jilin	80.81	1.33		300.55	51.40	84.97	40.87	22.19	86.63	14.50
黑龙江	Heilongjiang	55.17	3.53	0.25	364.58	73.61	84.22	45.96	46.51	94.89	19.38
上海	Shanghai	215.07			312.35	115.68	109.41	30.21	-1.61	48.63	10.02
江苏	Jiangsu	383.75			1148.98	193.11	389.60	118.54	241.10	167.13	39.49
浙江	Zhejiang	254.20	0.09	0.00	251.26	121.40	34.71	97.80	-51.64	42.83	6.17
安徽	Anhui	187.89	1.31		554.86	103.26	156.74	49.23	35.66	176.55	33.42
福建	Fujian	118.19	7.00		396.16	78.79	107.34	50.88	30.71	110.75	17.69
江西	Jiangxi	124.56	2.29	0.01	442.49	62.96	166.29	63.38	1.72	113.95	34.20
山东	Shandong	265.60	3.99		1026.46	163.58	284.12	125.51	58.68	343.52	51.05
河南	Henan	185.29	11.52		650.74	90.25	224.78	79.18	90.17	105.53	60.83
湖北	Hubei	125.70	5.47		586.37	68.73	268.59	67.79	43.65	109.78	27.83
湖南	Hunan	119.61	10.68		731.73	62.09	176.01	72.39	14.72	276.14	130.38
广东	Guangdong	372.50	1.65	0.00	1313.53	233.09	450.10	134.89	123.02	190.09	182.34
广西	Guangxi	73.12	1.49		441.86	40.74	120.22	38.15	96.70	116.38	29.67
海南	Hainan	33.95	0.01		69.38	11.17	17.11	10.08	13.11	14.62	3.29
重庆	Chongqing	112.40	4.10		580.63	56.80	359.08	25.96		104.73	34.05
四川	Sichuan	174.97	11.54		680.59	112.68	178.42	59.35	36.43	203.53	90.17
贵州	Guizhou	41.42	19.70		366.75	73.84	76.71	31.15	10.97	119.70	54.37
云南	Yunnan	69.16	59.35	0.02	395.64	163.24	84.69	50.25	-0.18	57.44	40.19
西藏	Tibet				23.49	4.08	3.00	2.23	-0.30	7.63	6.84
陕西	Shaanxi	62.71	2.83		492.09	147.78	125.47	39.22	30.08	83.61	65.93
甘肃	Gansu	14.62	0.27		189.55	60.79	52.12	16.26	5.22	35.51	19.65
青海	Qinghai	4.26			48.81	19.76	8.07	3.91	0.81	8.92	7.35
宁夏	Ningxia	15.88	0.03		70.85	18.80	21.35	6.92	7.86	11.89	4.04
新疆	Xinjiang	37.91	0.00		302.15	162.64	45.30	21.50	11.20	40.05	21.46

7-6 分地区公共财政支出（2013年）
Public Government Expenditure by Region (2013)

单位：亿元 (100 million yuan)

地区	Region	地方公共财政支出 Regional Public Budgetary Expenditure	一般公共服务 Expenditure for General Public Services	外交 Expenditure for Foreign Affairs	国防 Expenditure for National Defense	公共安全 Expenditure for Public Security	教育 Expenditure for Education	科学技术 Expenditure for Science and Technology	文化体育与传媒 Expenditure for Culture, Sport and Media
地方合计	**Region Total**	**119740.34**	**12753.67**	**1.39**	**233.25**	**6489.75**	**20895.11**	**2715.31**	**2339.94**
北 京	Beijing	4173.66	297.12		9.06	255.82	681.18	234.67	154.71
天 津	Tianjin	2549.21	144.73		1.62	126.18	461.36	92.81	44.53
河 北	Hebei	4409.58	524.14		10.86	243.05	837.63	49.76	72.71
山 西	Shanxi	3030.13	284.13		5.58	156.09	542.44	62.06	66.69
内蒙古	Inner Mongolia	3686.52	338.10	0.05	5.26	175.77	456.87	31.64	88.05
辽 宁	Liaoning	5197.42	501.34		11.99	244.57	669.48	118.99	95.34
吉 林	Jilin	2744.81	267.31		6.08	147.77	422.09	37.22	56.55
黑龙江	Heilongjiang	3369.18	278.80	0.03	5.58	173.35	501.28	38.61	52.37
上 海	Shanghai	4528.61	260.10		6.62	226.51	679.54	257.66	89.17
江 苏	Jiangsu	7798.47	859.41		22.54	452.99	1434.99	302.59	173.54
浙 江	Zhejiang	4730.47	538.88		8.53	347.78	950.07	191.87	106.00
安 徽	Anhui	4349.69	469.15		4.80	163.78	736.59	109.67	79.50
福 建	Fujian	3068.80	327.06		7.61	189.44	574.91	60.62	57.88
江 西	Jiangxi	3470.30	337.01		5.95	162.92	664.53	46.32	52.62
山 东	Shandong	6688.80	749.96		15.26	341.83	1399.67	149.14	127.53
河 南	Henan	5582.31	733.21		6.51	261.22	1171.52	80.00	80.78
湖 北	Hubei	4371.65	546.49		4.12	227.04	690.63	77.21	72.44
湖 南	Hunan	4690.89	628.45		14.70	231.08	809.45	55.46	68.95
广 东	Guangdong	8411.00	996.45		17.83	650.31	1744.59	344.94	141.68
广 西	Guangxi	3208.67	413.20		7.92	178.81	609.93	54.36	49.85
海 南	Hainan	1011.17	115.40	0.67	4.18	65.10	174.57	13.83	21.90
重 庆	Chongqing	3062.28	276.40	0.21	8.75	141.22	437.28	38.65	34.94
四 川	Sichuan	6220.91	610.86		15.67	323.49	1036.41	69.51	142.40
贵 州	Guizhou	3082.66	488.78		4.74	168.22	560.67	34.27	48.68
云 南	Yunnan	4096.51	394.77	0.04	7.12	214.22	685.97	42.59	61.35
西 藏	Tibet	1014.31	180.53	0.17	2.50	71.65	107.18	4.17	22.51
陕 西	Shaanxi	3665.07	414.29		3.35	156.89	710.11	38.02	100.44
甘 肃	Gansu	2309.62	278.60		1.95	102.12	377.06	19.76	59.76
青 海	Qinghai	1228.05	97.50		0.92	46.79	121.51	8.39	25.84
宁 夏	Ningxia	922.48	64.15		1.07	46.50	112.95	10.69	16.60
新 疆	Xinjiang	3067.12	337.37	0.21	4.60	197.22	532.67	39.85	74.63

7-6 续表 1 continued

单位：亿元 (100 million yuan)

地　区 Region	社会保障和就业 Expenditure for Social Safety Net and Employment Effort	医疗卫生与计划生育 Expenditure for Medical and Health Care, Family Planning	节能环保 Expenditure for Environment Protection	城乡社区事务 Expenditure for Urban and Rural Community Affairs	农林水事务 Expenditure for Agriculture, Forestry and Water Conservancy	交通运输 Expenditure for Transportation	资源勘探电力信息等事务 Expenditure for Affairs of Exploration, Power and Information	商业服务业等事务 Expenditure for Affairs of Commerce and Services
地方合计 Region Total	**13849.72**	**8203.20**	**3334.89**	**11146.51**	**12822.64**	**8625.83**	**4445.38**	**1336.55**
北　京 Beijing	469.13	276.13	138.17	510.67	297.62	231.79	183.32	41.81
天　津 Tianjin	229.28	128.94	48.44	723.03	123.03	90.02	136.80	29.40
河　北 Hebei	528.62	380.75	171.86	321.28	511.11	286.57	106.85	43.21
山　西 Shanxi	419.02	201.63	98.16	186.08	339.69	180.54	59.33	26.52
内蒙古 Inner Mongolia	491.01	196.03	132.11	480.22	466.58	295.23	109.31	27.07
辽　宁 Liaoning	824.03	229.50	108.59	807.26	466.52	302.51	304.28	57.48
吉　林 Jilin	360.19	181.51	126.83	214.22	318.26	170.05	101.01	24.45
黑龙江 Heilongjiang	542.33	190.50	115.75	301.07	461.70	244.20	95.03	22.54
上　海 Shanghai	468.01	214.92	56.43	712.92	187.25	144.46	426.07	66.51
江　苏 Jiangsu	631.15	475.86	229.18	1006.80	868.34	448.58	345.89	118.00
浙　江 Zhejiang	397.06	350.73	98.14	332.93	513.03	372.51	180.05	89.48
安　徽 Anhui	533.64	361.80	108.42	459.80	478.17	276.01	145.63	60.11
福　建 Fujian	240.66	224.23	58.60	259.78	312.22	279.31	164.21	64.63
江　西 Jiangxi	378.84	262.14	74.17	201.21	438.54	206.93	211.52	34.46
山　东 Shandong	681.98	485.86	212.81	618.50	748.14	371.15	245.54	88.87
河　南 Henan	731.41	492.48	111.92	309.12	629.85	346.19	101.95	39.74
湖　北 Hubei	605.70	322.08	109.72	320.36	465.34	308.82	227.90	47.81
湖　南 Hunan	625.94	342.47	128.67	388.27	516.55	336.96	150.80	55.87
广　东 Guangdong	746.97	569.32	307.78	664.77	595.28	688.04	156.80	80.68
广　西 Guangxi	348.12	285.61	64.23	212.33	371.90	238.99	100.59	28.74
海　南 Hainan	115.88	69.59	23.18	61.51	139.03	73.82	20.71	9.54
重　庆 Chongqing	431.89	198.05	114.55	536.08	281.94	253.96	113.01	34.93
四　川 Sichuan	833.51	487.20	159.95	381.81	741.78	528.80	231.89	64.23
贵　州 Guizhou	264.52	228.71	66.44	109.46	400.31	299.79	75.80	22.49
云　南 Yunnan	505.45	300.57	105.29	174.51	538.97	547.47	67.73	36.13
西　藏 Tibet	72.94	40.29	17.21	56.48	148.79	93.15	75.43	8.31
陕　西 Shaanxi	497.75	257.14	109.77	259.42	419.62	265.35	109.56	38.06
甘　肃 Gansu	346.77	165.86	69.82	73.19	346.58	207.94	38.62	17.62
青　海 Qinghai	162.01	68.64	66.78	86.62	159.69	197.95	48.28	12.16
宁　夏 Ningxia	102.77	53.77	32.93	133.79	149.38	54.52	27.65	16.23
新　疆 Xinjiang	263.17	160.91	68.99	243.05	387.42	284.22	83.84	29.46

7-6 续表 2 continued

单位：亿元 (100 million yuan)

地 区 Region	金融监管等事务支出 Expenditure for Affairs of Financial Supervision	地震灾后恢复重建支出 Expenditure for Post-earthquake Recovery and Reconstruction	援助其他地区支出 Expenditure for Other Regional Assistance	国土资源气象等事务 Expenditure for Affairs of Land and Weather	住房保障支出 Expenditure for Affairs of Housing Security	粮油物资储备事务 Expenditure for Affairs of Management of Grain & Oil Reserves	国债还本付息支出 Interest Payment for Domestic and Foreign Debts	其他支出 Other Expenditure
地方合计 Region Total	**212.97**	**42.79**	**158.54**	**1638.91**	**4075.82**	**744.28**	**740.80**	**2933.09**
北 京 Beijing	3.54		15.62	32.33	48.48	5.68	5.27	281.55
天 津 Tianjin	3.02		5.95	21.12	14.99	5.47		118.50
河 北 Hebei	7.84		3.60	72.45	135.01	26.42	14.41	61.45
山 西 Shanxi	9.35		2.19	244.21	95.63	19.53	5.26	26.00
内蒙古 Inner Mongolia	2.44		1.64	81.67	169.54	74.95	17.94	45.06
辽 宁 Liaoning	4.82		1.86	87.31	152.46	33.73	29.03	146.33
吉 林 Jilin	10.47		2.22	29.79	139.14	49.87	57.40	22.38
黑龙江 Heilongjiang	1.67		2.41	45.60	180.98	66.75	8.42	40.23
上 海 Shanghai	15.09		27.55	18.46	105.24	16.05	12.06	537.99
江 苏 Jiangsu	16.50		22.74	55.08	169.32	30.44	18.98	115.56
浙 江 Zhejiang	12.14		15.85	36.59	81.59	13.64	4.82	88.78
安 徽 Anhui	3.63		4.15	41.24	225.77	34.20	16.58	37.07
福 建 Fujian	2.78		0.93	39.40	51.67	14.81	12.23	125.83
江 西 Jiangxi	6.71		2.05	29.55	200.02	20.97	21.60	112.27
山 东 Shandong	12.93		8.21	132.47	126.54	38.29	47.96	86.15
河 南 Henan	28.72		1.49	53.88	191.11	43.72	84.76	82.73
湖 北 Hubei	13.76		4.57	51.77	123.11	39.04	19.06	94.67
湖 南 Hunan	2.35		0.01	67.82	174.58	30.50	19.01	42.98
广 东 Guangdong	16.43	-0.47	26.78	67.72	206.39	29.77	50.24	308.71
广 西 Guangxi	7.04		0.03	42.52	108.87	17.11	16.77	51.77
海 南 Hainan	1.39			11.69	36.30	2.85	4.58	45.47
重 庆 Chongqing	9.88	0.00	5.51	36.14	77.22	17.29	5.86	8.53
四 川 Sichuan	6.51	29.58	2.98	85.32	223.54	36.65	60.38	148.46
贵 州 Guizhou	0.48			28.76	190.45	9.28	13.60	67.22
云 南 Yunnan	2.98	0.30	0.02	66.52	206.98	10.38	77.78	49.36
西 藏 Tibet	1.10	10.97		8.86	51.94	2.56	0.36	37.21
陕 西 Shaanxi	5.48		0.06	44.19	167.59	17.40	20.89	29.69
甘 肃 Gansu	0.16	2.37		41.91	102.82	9.89	15.31	31.52
青 海 Qinghai	1.82	0.03	0.03	20.45	62.75	4.38	27.27	8.24
宁 夏 Ningxia	1.07			12.11	55.62	2.91	17.86	9.91
新 疆 Xinjiang	0.87	0.02	0.09	32.01	200.19	19.79	35.10	71.47

7-7 中央财政债务余额情况
Outstanding of Debts of Central Government

单位：亿元 (100 million yuan)

年 份 Year	合计 Total	国内债务 Domestic Debts	国外债务 External Debts
2005	32614.21	31848.59	765.52
2006	35015.28	34380.24	635.02
2007	52074.65	51467.39	607.26
2008	53271.54	52799.32	472.22
2009	60237.68	59736.95	500.73
2010	67548.11	66987.97	560.14
2011	72044.51	71410.80	633.71
2012	77565.70	76747.91	817.79
2013	86746.91	85836.05	910.86

7-8 外 债 余 额
Outstanding of External Debts

债务类型	Type of Debts	2007	2008	2009	2010	2011	2012	2013
总计 (亿美元)	**Total (USD 100 million)**	**3892.2**	**3901.6**	**4286.5**	**5489.4**	**6950.0**	**7369.9**	**8631.7**
按债务类型分	By Type of Debts							
外国政府贷款	Loans from Foreign Governments	300.6	324.7	349.2	320.8	333.0	310.5	265.2
国际金融组织贷款	Loans from International Financial Institutions	283.7	270.5	333.8	355.5	350.0	341.0	332.8
国际商业贷款	International Commercial Loans	1820.9	2010.3	1986.5	2701.1	3775.0	3803.4	4668.7
贸易信贷	Trade Loans	1487.0	1296.0	1617.0	2112.0	2492.0	2915.0	3365.0
按偿还期限分	By Repayment Terms							
长期债务余额	Balance of Long-term Debts	1535.3	1638.8	1693.9	1732.4	1941.0	1960.6	1865.4
短期债务余额	Balance of Short-term Debts	2356.9	2262.8	2592.6	3757.0	5009.0	5409.3	6766.3
构成 (%)	**Percentage (%)**	**100.0**	**100.0**	**100.0**	**100.0**	**100.0**	**100.0**	**100.0**
按债务类型分	By Type of Debts							
外国政府贷款	Loans from Foreign Governments	7.7	8.3	8.1	5.8	4.8	4.2	3.1
国际金融组织贷款	Loans from International Financial Institutions	7.3	6.9	7.8	6.5	5.0	4.6	3.9
国际商业贷款	International Commercial Loans	46.8	51.5	46.3	49.2	54.3	51.6	54.1
贸易信贷	Trade Loans	38.2	33.2	37.7	38.5	35.9	39.6	39.0
按偿还期限分	By Repayment Terms							
长期债务余额	Balance of Long Term Debts	39.4	42.0	39.5	31.6	27.9	26.6	21.6
短期债务余额	Balance of Short Term Debts	60.6	58.0	60.5	68.4	72.1	73.4	78.4

7-9 外债风险指标
Risk Indicators on External Debts

单位：% (%)

年 份 Year	偿 债 率 Debt Service Ratio	负 债 率 Liability Ratio	债 务 率 Foreign Debt Ratio
1985	2.7	5.2	56.0
1986	15.4	7.3	72.1
1987	9.0	9.4	77.1
1988	6.5	10.0	87.1
1989	8.3	9.2	86.4
1990	8.7	13.6	91.6
1991	8.5	14.9	91.9
1992	7.1	14.4	87.9
1993	10.2	13.6	96.5
1994	9.1	16.6	78.0
1995	7.6	14.6	72.4
1996	6.0	13.6	67.7
1997	7.3	13.7	63.2
1998	10.9	14.3	70.4
1999	11.2	14.0	68.7
2000	9.2	12.2	52.1
2001	7.5	15.3	67.9
2002	7.9	13.9	55.5
2003	6.9	13.4	45.2
2004	3.2	13.6	40.2
2005	3.1	13.1	35.4
2006	2.1	12.5	31.9
2007	2.0	11.1	29.0
2008	1.8	8.6	24.7
2009	2.9	8.6	32.2
2010	1.6	9.3	29.2
2011	1.7	9.5	33.3
2012	1.6	9.0	32.8
2013	1.6	9.4	35.6

注：本表资料由国家外汇管理局提供。

a) The table is provided by State Administration of Foreign Exchange.

7-10 全国政府性基金收入决算表(2013年)
Final Accounts for Revenue of Government Funds (2013)

单位：亿元 (100 million yuan)

项　　目	Item	预算数 Budget	决算数 Final Accounts	决算数为预算数的% Final as % of Budget	决算数为上年决算数的% Final as % of Previous Year
一、农网还贷资金收入	1. Credit Repayment for Rural Power Grid	149.57	151.10	101.0	104.9
二、山西省煤炭可持续发展基金收入	2. Fund for Sustainable Development of Coal of Shanxi Province	190.00	193.62	101.9	101.8
三、铁路建设基金收入	3. Railway Construction Fund	653.63	625.80	95.7	100.5
四、民航发展基金收入	4. Civil Aviation Development Fund	242.82	252.63	104.0	109.2
五、海南省高等级公路车辆通行附加费收入	5. Hainan Province Highway Traffic Surcharge	13.77	15.23	110.6	118.4
六、转让政府还贷道路收费权收入	6. Transfer of Toll Rights of Government Roads Built with Loans	24.53	22.47	91.6	97.7
七、港口建设费收入	7. Port Construction Fees	171.29	189.92	110.9	111.5
八、散装水泥专项资金收入	8. Special Fund for Bulk Cement	14.34	16.80	117.2	116.2
九、新型墙体材料专项基金收入	9. Special Fund for New Wall Materials	68.47	90.28	131.9	125.5
十、旅游发展基金收入	10. Tourism Development Fund	7.99	8.27	103.5	108.7
十一、文化事业建设费收入	11. Cultural Undertaking Fee	91.84	109.08	118.8	118.4
十二、地方教育附加收入	12. Local Education Surcharge	980.32	1058.78	108.0	113.0
十三、国家电影事业发展专项资金收入	13. National Special Fund for Film Development	8.46	10.94	129.3	142.3
十四、新菜地开发建设基金收入	14. New Vegetable Field Development and Construction Fund	8.73	8.83	101.1	86.5
十五、新增建设用地土地有偿使用费收入	15. Land Use Fee for Additional Construction Land	1059.76	1002.36	94.6	90.4
十六、育林基金收入	16. Afforestation Fund	37.52	36.28	96.7	94.9
十七、森林植被恢复费收入	17. Forest Vegetation Restoration Fee	74.29	90.42	121.7	109.4
十八、水利建设基金收入	18. Water Conservancy Construction Fund	426.67	443.64	104.0	109.2
十九、南水北调工程基金收入	19. Fund for South-to-North Water Diversion Project	51.43	55.42	107.8	214.1
二十、残疾人就业保障金收入	20. Employment Securities Fund for Disabled Persons	201.47	248.75	123.5	120.9
廿一、政府住房基金收入	21. Government Housing Fund	212.78	324.72	152.6	155.9
廿二、城市公用事业附加收入	22. City Public Utilities Fee	233.11	255.15	109.5	109.2
廿三、国有土地使用权出让金收入	23. Transfer of Use Rights of State Land	25629.93	39142.03	152.7	146.6
廿四、国有土地收益基金收入	24. State Land Income Fund	926.53	1259.67	136.0	140.4
廿五、农业土地开发资金收入	25. Agricultural Land Develoment Funds	192.11	234.30	122.0	120.2
廿六、大中型水库移民后期扶持基金收入	26. Fund for Post-Resettlement Support Due to Large and Medium-Sized Reservoirs	234.18	241.65	103.2	108.5
廿七、大中型水库库区基金收入	27. Fund for Areas of Large and Medium-Sized Reservoirs	35.37	39.51	111.7	117.9
廿八、三峡水库库区基金收入	28. Fund for Areas of Three Gorges Reservoir	7.79	6.60	84.7	84.7
廿九、中央特别国债经营基金财务收入	29. Special National Debt Management Fund	665.63	839.95	126.2	139.8
三十、彩票公益金收入	30. Public Welfare Fund from Lottery	779.80	861.28	110.4	116.7
卅一、城市基础设施配套费收入	31. Urban Infrastructure Support Fee	794.53	1251.38	157.5	141.5
卅二、小型水库移民扶助基金收入	32. Fund for Support to Small Reservoir Resettlement	8.78	14.53	165.5	143.2
卅三、国家重大水利工程建设基金收入	33. Fund for National Key Projects on Water Conservancy	306.83	321.15	104.7	108.4
卅四、车辆通行费收入	34. Vehicle Toll	1315.90	1408.77	107.1	117.7
卅五、船舶港务费收入	35. Harbour Dues on Vessels	54.08	51.71	95.6	103.3
卅六、长江口航道维护收入	36. Changjiang Estuary Waterway Maintenance	5.55	5.69	102.5	107.6
卅七、核电站乏燃料处理处置基金收入	37. Fund for Disposal of Spent Feul of Nuclear Power Plants	18.38	26.50	144.2	151.4
卅八、可再生能源电价附加收入	38. Electricity Surcharge Due to Renewable Energy	239.25	297.98	124.5	151.9
卅九、船舶油污损害赔偿基金收入	39. Vessel-Induced Oil Pollution Compensation Fund	1.00	1.05	105.0	214.3
四十、铁路资产变现收入	40. Realization of Railway Assets				
四十一、电力改革预留资产变现收入	41. Realization of Reserve Assets for Power Reform				
四十二、无线电频率占用费收入	42. Radio Frequency Use Fee	36.00	37.62	104.5	115.4
四十三、废弃电器电子产品处理基金收入	43. Fund for Disposal of Waste Electrical and Electronic Equipment	28.00	28.10	100.4	329.0
四十四、烟草企业上缴专项收入	44. Special Payment from Tobacco Enterprises		400.00		
四十五、其他政府性基金收入	45. Other Government Funds	553.73	588.79	106.3	97.2
全国政府性基金收入	**Total Revenue of Government Funds**	**36756.15**	**52268.75**	**142.2**	**139.3**
上年结转收入	**Balance at the End of Previous Year**	**781.02**	**834.73**	**106.9**	

7-11 全国政府性基金支出决算表(2013年)
Final Accounts for Expenditure of Government Funds (2013)

单位：亿元 (100 million yuan)

项 目	Item	预算数 Budget	决算数 Final Accounts	决算数为预算数的% Final as % of Budget	决算数为上年决算数的% Final as % of Previous Year
一、农网还贷资金支出	1. Credit Repayment for Rural Power Grid	159.79	154.32	96.6	109.4
二、山西省煤炭可持续发展基金支出	2. Fund for Sustainable Development of Coal of Shanxi Province	190.00	146.43	77.1	85.8
三、铁路建设基金支出	3. Railway Construction Fund	653.63	625.80	95.7	100.5
四、民航发展基金支出	4. Civil Aviation Development Fund	302.08	236.66	78.3	100.2
五、海南省高等级公路车辆通行附加费安排的支出	5. Hainan Province Highway Traffic Surcharge	13.77	13.95	101.3	107.2
六、转让政府还贷道路收费权收入安排的支出	6. Transfer of Toll Rights of Government Roads Built with Loans	24.53	24.78	101.0	108.5
七、港口建设费安排的支出	7. Port Construction Fees	211.33	203.47	96.3	133.1
八、散装水泥专项资金支出	8. Special Fund for Bulk Cement	14.34	11.00	76.7	122.8
九、新型墙体材料专项基金支出	9. Special Fund for New Wall Materials	68.47	56.09	81.9	119.2
十、旅游发展基金支出	10. Tourism Development Fund	9.26	6.91	74.6	109.3
十一、文化事业建设费安排的支出	11. Cultural Undertaking Fee	95.30	84.29	88.4	100.6
十二、地方教育附加安排的支出	12. Local Education Surcharge	980.32	797.34	81.3	134.7
十三、国家电影事业发展专项资金支出	13. National Special Fund for Film Development	15.74	12.85	81.6	212.4
十四、新菜地开发建设基金支出	14. New Vegetable Field Development and Construction Fund	8.73	10.38	118.9	151.8
十五、新增建设用地土地有偿使用费安排的支出	15. Land Use Fee for Additional Construction Land	1267.04	1219.90	96.3	134.8
十六、育林基金支出	16. Afforestation Fund	37.52	35.04	93.4	97.8
十七、森林植被恢复费安排的支出	17. Forest Vegetation Restoration Fee	75.10	79.19	105.4	108.9
十八、水利建设基金支出	18. Water Conservancy Construction Fund	437.54	570.28	130.3	128.3
十九、南水北调工程基金支出	19. Fund for South-to-North Water Diversion Project	58.10	47.69	82.1	203.2
二十、残疾人就业保障金支出	20. Employment Securities Fund for Disabled Persons	201.47	185.78	92.2	119.4
廿一、政府住房基金支出	21. Government Housing Fund	212.78	268.13	126.0	163.2
廿二、城市公用事业附加安排的支出	22. City Public Utilities Fee	233.11	223.76	96.0	105.2
廿三、国有土地使用权出让收入安排的支出	23. Transfer of Use Rights of State Land	25661.18	38265.60	149.1	143.5
廿四、国有土地收益基金支出	24. State Land Income Fund	926.53	1194.44	128.9	137.3
廿五、农业土地开发资金支出	25. Agricultural Land Develoment Funds	192.11	204.78	106.6	120.8
廿六、大中型水库移民后期扶持基金支出	26. Fund for Post-Resettlement Support Due to Large and Medium-Sized Reservoirs	354.85	262.50	74.0	167.6
廿七、大中型水库库区基金支出	27. Fund for Areas of Large and Medium-Sized Reservoirs	36.66	24.80	67.6	100.1
廿八、三峡水库库区基金支出	28. Fund for Areas of Three Gorges Reservoir	10.76	5.41	50.3	72.4
廿九、中央特别国债经营基金财务支出	29. Special National Debt Management Fund	682.87	682.87	100.0	100.0
三十、彩票公益金安排的支出	30. Public Welfare Fund from Lottery	865.53	795.51	91.9	117.9
卅一、城市基础设施配套费安排的支出	31. Urban Infrastructure Support Fee	794.53	1122.55	141.3	137.9
卅二、小型水库移民扶助基金支出	32. Fund for Support to Small Reservoir Resettlement	8.78	13.60	154.9	127.3
卅三、国家重大水利工程建设基金支出	33. Fund for National Key Projects on Water Conservancy	341.20	314.75	92.2	111.6
卅四、车辆通行费安排的支出	34. Vehicle Toll	1315.90	1374.20	104.4	114.0
卅五、船舶港务费安排的支出	35. Harbour Dues on Vessels	51.78	50.20	96.9	90.7
卅六、长江口航道维护支出	36. Changjiang Estuary Waterway Maintenance	6.34	6.34	100.0	87.1
卅七、核电站乏燃料处理处置基金支出	37. Fund for Disposal of Spent Feul of Nuclear Power Plants	64.62	0.70	1.1	83.3
卅八、可再生能源电价附加收入安排的支出	38. Electricity Surcharge Due to Renewable Energy	240.32	282.31	117.5	193.2
卅九、船舶油污损害赔偿基金支出	39. Vessel-Induced Oil Pollution Compensation Fund	1.48			
四十、铁路资产变现收入安排的支出	40. Realization of Railway Assets	4.13	4.13	100.0	
四十一、电力改革预留资产变现收入安排的支出	41. Realization of Reserve Assets for Power Reform	51.38			
四十二、无线电频率占用费安排的支出	42. Radio Frequency Use Fee	61.41	25.44	41.4	130.8
四十三、废弃电器电子产品处理基金支出	43. Fund for Disposal of Waste Electrical and Electronic Equipment	36.54	7.53	20.6	
四十四、烟草企业上缴专项收入安排的支出	44. Special Payment from Tobacco Enterprises		400.00		
四十五、其他政府性基金支出	45. Other Government Funds	558.32	449.16	80.4	108.0
全国政府性基金支出	**Total Expenditure of Government Funds**	**37537.17**	**50500.86**	**134.5**	**139.0**
结转下年支出	**Balance at the End of This Year**		**2602.62**		

7-12 全国国有资本经营收入决算表(2013年)
Final Accounts of Operation Revenue of State-owned Capital (2013)

单位：亿元 (100 million yuan)

项目	Item	预算数 Budget	决算数 Final Accounts	决算数为预算数的% Final as % of Budget	决算数为上年决算数的% Final as % of Previous Year
一、利润收入	I. Revenue from Profits	1215.73	1288.08	106.0	111.6
金融企业利润收入	Banking Enterprises	2.75	1.17	42.5	354.5
烟草企业利润收入	Tobacco Enterprises	300.00	295.68	98.6	117.0
石油石化企业利润收入	Petroleum and Petrochemical Enterprises	295.35	298.65	101.1	96.8
电力企业利润收入	Power Enterprises	90.36	139.24	154.1	181.4
电信企业利润收入	Telecommunication Enterprises	107.80	110.02	102.1	102.9
煤炭企业利润收入	Coal Enterprises	93.79	82.75	88.2	77.7
有色冶金采掘企业利润收入	Non-Ferrous Metal Enterprises	9.95	10.38	104.3	122.8
钢铁企业利润收入	Iron and Steel Enterprises	9.41	10.15	107.9	41.7
化工企业利润收入	Chemical Enterprises	1.24	2.13	171.8	687.1
运输企业利润收入	Transportation Enterprises	12.86	13.13	102.1	94.9
电子企业利润收入	Electronics Enterprises	2.23	3.55	159.2	215.2
机械企业利润收入	Machinery Enterprises	37.50	55.87	149.0	133.9
投资服务企业利润收入	Investment Services Enterprises	36.25	38.86	107.2	152.9
纺织轻工企业利润收入	Textile and Light Industry Enterprises	1.73	6.48	374.6	141.8
贸易企业利润收入	Trade Enterprises	36.43	39.40	108.2	104.4
建筑施工企业利润收入	Construction Enterprises	34.33	36.76	107.1	143.3
房地产企业利润收入	Real Estate Enterprises	9.33	11.11	119.1	224.9
建材企业利润收入	Building Material Enterprises	6.04	6.80	112.6	94.2
境外企业利润收入	Enterprises Outside Chinese Territories	25.40	25.16	99.1	97.9
对外合作企业利润收入	Enterprises of Economic Cooperation with Foreign Countries	0.56	0.84	150.0	133.3
医药企业利润收入	Medicine Enterprises	3.51	4.13	117.7	117.7
农林牧渔企业利润收入	Agriculture, Forestry, Animal Husbandry and Fishery Enterprises	2.28	4.23	185.5	166.5
邮政企业利润收入	Post Enterprises	5.00			
转制科研院所利润收入	System-Transformed Scientific Research Institutes	2.67	2.34	87.6	124.5
地质勘查企业利润收入	Geological Prospecting Enterprises	0.71	0.99	139.4	64.7
卫生体育福利企业利润收入	Public Health, Sports and Welfare Enterprises	0.01			
教育文化广播企业利润收入	Education, Culture and Broadcasting Enterprises	0.84	4.94	588.1	182.3
科学研究企业利润收入	Scientific Research Enterprises		0.02		
机关社团所属企业利润收入	Enterprise under Government Agencies and Social Organizations	1.01	2.27	224.8	137.6
其他国有资本经营预算企业利润收入	Other Enterprises with State-owned Capital	86.39	81.03	93.8	122.0
二、股利、股息收入	II. Revenue from Stock Dividends	96.76	123.67	127.8	121.3
国有控股公司股利、股息收入	State Controlling Companies	57.54	81.12	141.0	92.6
国有参股公司股利、股息收入	State Holding Companies	38.60	23.11	59.9	182.4
其他国有资本经营预算企业股利、股息收入	Other Enterprises with State-owned Capital	0.62	19.44	3135.5	1157.1
三、产权转让收入	III. Revenue from Property Right Transfer	125.76	141.83	112.8	123.5
其他国有股减持收入	From Reducing Holding-Shares	5.00	7.69	153.8	42.9
国有股权、股份转让收入	From Shares Transfer	40.62	40.20	99.0	158.6
国有独资企业产权转让收入	From Property Rights Transfer from Entirely SOEs	53.92	22.27	41.3	78.5
金融类企业国有股减持收入	From Reducing Holding-Shares of Banking Enterprises	5.00	10.68	213.6	2321.7
其他国有资本经营预算企业产权转让收入	Other Property Rights Transfers	21.22	60.99	287.4	142.8
四、清算收入	IV. Revenue from Clearing	1.47	6.11	415.6	536.0
其中：国有股权、股份清算收入	State-owned Shares	0.36	1.51	419.4	15100.0
国有独资企业清算收入	Entirely SOEs	0.80	1.64	205.0	205.0
其他国有资本经营预算企业清算收入	Other Enterprises with State-owned Capital	0.31	2.96	954.8	897.0
五、其他国有资本经营预算收入	V. Revenue from Other Activities of Operation of State-owned Capital	129.68	153.67	118.5	124.0
全国国有资本经营收入	Operation Revenue of State-owned Capital	**1569.40**	**1713.36**	**109.2**	**114.5**
上年结转收入	Balance of Previous Year	**72.11**	**71.95**	**99.8**	**231.6**

7-13 全国国有资本经营支出决算表(2013年)
Final Accounts for Operation Expenditure of State-owned Capital (2013)

单位：亿元 (100 million yuan)

项 目	Item	预算数 Budget	决算数 Final Accounts	决算数为预算数的% Final as % of Budget	决算数为上年决算数的% Final as % of Previous Year
一、教育	I. Education	5.25	8.55	162.9	171.3
二、科学技术	II. Science and Technology	16.47	26.81	162.8	230.7
三、文化体育与传媒	III. Culture, Sports and Media	22.33	15.42	69.1	127.9
四、社会保障和就业	IV. Social Securities and Employment	11.34	19.29	170.1	112.1
五、节能环保	V. Energy Saving and Environment Protection	10.41	17.12	164.5	500.6
六、城乡社区事务	VI. Urban and Rural Communities Affairs	36.40	38.12	104.7	181.6
七、农林水事务	VII. Agriculture, Forestry and Water	31.92	30.00	94.0	71.2
八、交通运输	VIII. Communications and Transportation	176.25	136.79	77.6	171.8
九、资源勘探电力信息等事务	IX. Geological Prospecting, Power, Informatics and others	957.18	887.02	92.7	98.2
十、商业服务业等事务	X. Commercial Services	187.04	197.08	105.4	106.5
十一、其他支出	XI. Other Expenditures	115.08	107.76	93.6	190.5
十二、转移性支出	XII. Transferred Expenditures	71.84	77.56	108.0	137.7
国有资本经营预算调出资金	Funds Allocated out of Operation Budget of State-owned Capital	71.84	77.56	108.0	137.7
全国国有资本经营支出	**Expenditures for Operation of State-owned Capital**	**1641.51**	**1561.52**	**95.1**	**111.3**
结转下年支出	**Balance at the End of This Year**		**223.79**		**180.2**

主要统计指标解释

公共财政收入 指国家财政参与社会产品分配所取得的收入，是实现国家职能的财力保证。主要包括：(1) 各项税收：包括国内增值税、国内消费税、进口货物增值税和消费税、出口货物退增值税和消费税、营业税、企业所得税、个人所得税、资源税、城市维护建设税、房产税、印花税、城镇土地使用税、土地增值税、车船税、船舶吨税、车辆购置税、关税、耕地占用税、契税、烟叶税等。(2) 非税收入：包括专项收入、行政事业性收费、罚没收入和其他收入。财政收入按现行分税制财政体制划分为中央本级收入和地方本级收入。

公共财政支出 指国家财政将筹集起来的资金进行分配使用，以满足经济建设和各项事业的需要。主要包括：一般公共服务、外交、国防、公共安全、教育、科学技术、文化体育与传媒、社会保障和就业、医疗卫生、节能环保、城乡社区事务、农林水事务、交通运输、资源勘探电力信息等事务、商业服务业等事务、金融监管等事务、援助其他地区、国土资源气象等事务、住房保障支出、粮油物资储备事务、政府债务付息等方面的支出。财政支出根据政府在经济和社会活动中的不同职权，划分为中央财政支出和地方财政支出。

中央公共财政收入和地方公共财政收入 属于中央公共财政的收入包括关税，进口货物增值税和消费税，出口货物退增值税和消费税，消费税，铁道部门、各银行总行、各保险公司总公司等集中缴纳的营业税和城市维护建设税，增值税 75%部分，纳入共享范围的企业所得税 60%部分，未纳入共享范围的中央企业所得税、中央企业上交的利润，个人所得税 60%部分，车辆购置税，船舶吨税，证券交易印花税 97%部分，海洋石油资源税，中央非税收入等。属于地方公共财政的收入包括营业税（不含铁道部门、各银行总行、各保险公司总公司集中缴纳的营业税），地方企业上交利润，城市维护建设税（不含铁道部门、各银行总行、各保险公司总公司集中缴纳的部分），房产税，城镇土地使用税，土地增值税，车船税，耕地占用税，契税，烟叶税，印花税，增值税 25%部分，纳入共享范围的企业所得税 40%部分，个人所得税 40%部分，证券交易印花税 3%部分，海洋石油资源税以外的其他资源税，地方非税收入等。

中央公共财政支出和地方公共财政支出 指根据政府在经济和社会活动中的不同职责，划分中央和地方政府的责权，按照政府的责权划分确定的支出。中央财政支出包括一般公共服务，外交支出，国防支出，公共安全支出，以及中央政府调整国民经济结构、协调地区发展、实施宏观调控的支出等。地方财政支出包括一般公共服务，公共安全支出，地方统筹的各项社会事业支出等。

外债偿债率 指偿还外债本息与当年贸易和非贸易外汇收入(国际收支口径)之比。

外债负债率 指外债余额与当年国内生产总值之比。

外债债务率 指外债余额与当年贸易和非贸易外汇收入(国际收支口径)之比。

Explanatory Notes on Main Statistical Indicators

Government Revenue refers to income for the government finance through participating in the distribution of social products. It is the financial guarantee to ensure government functioning. The government revenue includes the following main items: (1) Various tax revenues including domestic value added tax (VAT), domestic consumption tax, VAT and consumption tax from imports, VAT and consumption tax rebate for exports, business tax, corporate income tax, individual income tax, resource tax, city maintenance and construction tax, house property tax, stamp tax, urban land use tax, land appreciation tax, tax on vehicles and boat operation, ship tonnage tax, vehicle purchase tax, tariffs, farm land occupation tax, deed tax, and tobacco tax, etc. (2) Non-tax revenue, including special program receipts, charge of administrative and institutional units, penalty receipts and others non-tax receipts.

Government Expenditure refers to the distribution and use of the funds which the government finance has raised, so as to meet the needs of economic construction and various undertakings. It includes the following main items: expenditure for general public services, expenditure for foreign affairs, expenditure for national defence expenditure for public security, expenditure for education, expenditure for science and technology, expenditure for culture, sport and media, expenditure for social safety net and employment effort, expenditure for medical and health care, expenditure for energy conservation and environment protection, expenditure for urban and rural community affairs, expenditure for agriculture, forestry and water conservancy, expenditure for transportation, expenditure for affairs of exploration, power and information, expenditure for affairs of commerce and services, expenditure for affairs of financial supervision, aid to other regions, expenditure for affairs of land resounces and weather, expenditure for affairs of housing security, expenditure for affairs of grain & oil reserves, interest payment for public debts. Government expenditure is divided into central government expenditure and local government expenditure according to the different functions of the governments played in economic and social activities,

Revenue of the Central Government and Revenue of the Local Governments The revenue of the Central Government includes tariff, VAT and consumption tax from imports, VAT and consumption tax rebate for exports, consumption tax, business tax and city maintenance and construct tax from the Ministry of Railways, head offices of banks, head offices of insurance company, which are handed over to the government in a centralized way, 75% of the value added tax, 60% the share part of the corporate income tax, unshared part of corporate income tax of the central enterprises, profit handed in by the central enterprises, 60% of individual income tax, vehicle purchase tax, ship tonnage tax, 97% of stamp tax on securities transactions, resource tax on the offshore petroleum resources. The revenue of the local governments includes business tax (excluding the part of the Ministry of Railways, head offices of banks, head offices of insurance company, which are handed over to the government in a centralized way), profit handed in by the local enterprises, city maintenance and construct tax (excluding the part of the Ministry of Railways, head offices of banks, head offices of insurance company, which are handed over to the government in a centralized way), house property tax, urban land use tax, land appreciation tax, tax on vehicles and boat operation, farm land occupation tax, deed tax, and tobacco leaf tax, stamp tax, 25% of the value added tax, 40% the share part of the corporate income tax, 40% of individual income tax, 3% of stamp tax on securities transactions, resource tax other than the tax on offshore petroleum resources, local non-tax revenue, etc.

Expenditure of the Central Government and Expenditure of the Local Governments according to the different functions of the Central Government and local governments in economic and social activities, the rights of affairs administration are demarcated between those of the Central Government and those of local governments; and the classification of the expenditure between the Central Government and local governments are made on the basis of the classification of the rights of affairs administration between them. The expenditure of the Central Government includes the expenditure for general public services, expenditure for foreign affairs, expenditure for public security, and the expenditure of the Central Government for adjusting the national economic structure; coordinating the development among different regions; and exercising macroeconomic regulation. The expenditure of the local governments includes mainly the expenditure for general public services, expenditure for public security, and expenditures for social development which are planed by local governments, etc.

Debt Service Ratio of External Debts refers to the ratio of the payment of principal and interest of external debts to the foreign exchange receipts from foreign trade and non-trade services of the current year.

Liability Ratio of External Debts refers to the ratio of the balance of external debts to the gross domestic product of the current year.

Foreign Debt Ratio refers to the ratio of the balance of external debts to the foreign exchange receipts from foreign trade and non-trade services of the current year.

8

资源和环境

Resources and Environment

简要说明

一、本篇资料的主要内容

本篇主要反映我国自然资源状况和环境保护事业发展情况。

自然资源包括土地状况、水资源、森林资源、矿产资源和气象等资料。

环境保护事业发展情况主要包括供水用水情况；废水和废气中主要污染物排放情况；固体废物处理利用情况；城市空气质量情况；城市生活垃圾清运及处理情况；城市道路交通和区域环境噪声监测情况；造林、草原建设及自然保护基本情况；地质、地震、海洋、森林灾害及突发环境事件情况；环境污染治理投资情况等。

二、本篇的资料来源

土地状况、河流、矿产资源、气象、水资源、城市生活垃圾清运及处理、森林资源和造林、草原建设利用、自然灾害损失、地震灾害、海洋灾害等情况分别由国土资源部、水利部、中国气象局、住房和城乡建设部、国家林业局、农业部、民政部、中国地震局和国家海洋局提供。

环境污染与治理、空气质量、噪声、自然保护区、工业污染治理投资等情况由环境保护部提供。

Brief Introduction

I. Main Contents

This chapter contains information that reflects natural resource conditions and the development of environment protection in China.

Data on natural resources cover land condition, water resources, forest resources, mineral resources and meteorological phenomena.

The development of environment protection mainly include water supply and utilization, discharge of waste water and key pollutants in waste gas; treatment and utilization of solid wastes; urban air quality; collection, transport and disposal of consumption wastes in cities; monitoring of urban road traffic noise and environmental noise in major cities; afforestation, grassland construction and natural protection; incidences of geological, seismic, marine and forest disasters, environmental emergency; investment in environment pollution treatment, etc.

II. Sources of Data

Data on land condition, rivers, mineral resources, meteorological phenomena, water resources, collection and disposal of urban consumption wastes, forest resources and afforestation, grassland construction, loss of natural calamities, earthquake and marine disasters, etc. are provided respectively by Ministry of Land and Resources, Ministry of Water Resources, China Meteorological Administration, Ministry of Housing and Urban-Rural Development, State Forestry Administration, Ministry of Agriculture, Ministry of Civil Affairs, China Earthquake Administration and State Oceanic Administration.

Data on environmental pollution and treatment, air quality, noise, natural reserves and investment in the treatment of industrial pollution are provided by the Ministry of Environmental Protection.

8-1 土 地 状 况
Land Characteristics

项　　目	Item	面　　积 (万平方公里) Area (10 000 sq.km)	占总面积(%) Percentage to Total Area (%)
总面积	**Total Land Area**	**960.00**	**100.00**
#耕地	Cultivated Land	121.72	12.80
园地	Garden Land	11.79	1.24
林地	Forests Land	236.09	24.83
牧草地	Area of Grassland	261.84	27.54
其他农用地	Other Land for Agriculture Use	25.44	2.68
居民点及独立工矿用地	Land for Inhabitation, Mining and Manufacturing	26.92	2.83
交通运输用地	Land for Transport Facilities	2.50	0.26
水利设施用地	Land for Water Conservancy Facilities	3.65	0.38

注：本表数据来源于国土资源部，为2008年底数据。
a) Figures in this table were obtained from the Ministry of Land and Resources at year-end of 2008.

8-2 主要河流基本情况
Major Rivers

名　称	River	流域面积 (平方公里) Drainage Area (sq.km)	河　长 (公里) Length (km)	年径流量 (亿立方米) Annual Flow (100 million cu.m)
长　江	Changjiang River (Yangtze River)	1782715	6300	9857
黄　河	Huanghe River (Yellow River)	752773	5464	592
松花江	Songhuajiang River	561222	2308	818
辽　河	Liaohe River	221097	1390	137
珠　江	Zhujiang River (Pearl River)	442527	2214	3381
海　河	Haihe River	265511	1090	163
淮　河	Huaihe River	268957	1000	595

注：本表数据由水利部提供，为2002年至2005年进行的第二次水资源评价数据。
a) Figures in this table are obtained from Ministry of Water Resources, and are from the second water resources evaluation between 2002 and 2005.

8-3 河 流 流 域 面 积
Drainage Area of Rivers

流 域 名 称	River	流域面积 (平方公里) Drainage Area (sq.km)	占外流河、内陆河流域面积合计 Percentage to Total (%)
合计	**Total of Out-flowing Rivers and Inland Rivers**	**9506678**	**100.00**
外流河	**Out-flowing Rivers**	**6150927**	**64.70**
黑龙江及绥芬河	Heilongjiang River and Suifenhe River	934802	9.83
辽河、鸭绿江及沿海诸河	Liaohe, Yalujiang and Related Coastal Rivers	314146	3.30
海滦河	Haihe River and Luanhe River	320041	3.37
黄河	Huanghe River (Yellow River)	752773	7.92
淮河及山东沿海诸河	Huaihe and Related Coastal Rivers in Shandong Province	330009	3.47
长江	Changjiang River (Yangtze River)	1782715	18.75
浙闽台诸河	Rivers in Zhejiang, Fujian and Taiwan Provinces	244574	2.57
珠江及沿海诸河	Zhujiang River (Pearl River) and Related Coastal River	578974	6.09
元江及澜仓江	Yuanjiang River and Lancang River	240389	2.53
怒江及滇西诸河	Nujiang River and West Yunnan Rivers	157392	1.66
雅鲁藏布江及藏南诸河	Brahmaputra and Southern Tibet Rivers	387550	4.08
藏西诸河	Western Tibet Rivers	58783	0.62
额尔齐斯河	Ertix River	48779	0.51
内陆河	**Inland Rivers**	**3355751**	**35.30**
内蒙内陆河	Rivers in Inner Mongolia	311378	3.28
河西内陆河	Rivers in Huanghe Upper Reach Area	469843	4.94
准噶尔内陆河	Rivers in Zhunger Basin	323621	3.40
中亚细亚内陆河	Rivers in Central Asia	77757	0.82
塔里木内陆河	Rivers in Tarim Basin	1079643	11.36
青海内陆河	Rivers in Qinghai Province	321161	3.38
羌唐内陆河	Rivers in Qiangtang	730077	7.68
松花江、黄河、藏南闭流区	Blind Drainage Areas of Songhua River, Huanghe River and Southern Tibet	42271	0.44

注：本表数据由水利部提供，为2002年至2005年进行的第二次水资源评价数据。

a) Figures in this table are obtained from Ministry of Water Resources, and are from the second water resources evaluation between 2002 and 2005.

8-4 主要矿产基础储量
Ensured Reserves of Major Minerals

项目		Item		2013
石油	(万吨)	Petroleum	(10 000 tons)	336732.81
天然气	(亿立方米)	Natural Gas	(100 million cu.m)	46428.84
煤炭	(亿吨)	Coal	(100 million tons)	2362.90
铁矿	(矿石，亿吨)	Iron	(Ore, 100 million tons)	199.17
锰矿	(矿石，万吨)	Manganese	(Ore, 10 000 tons)	21547.74
铬矿	(矿石，万吨)	Chromium Ore	(Ore, 10 000 tons)	401.47
钒矿	(万吨)	Vanadium	(10 000 tons)	909.91
原生钛铁矿	(万吨)	Titanium Ore	(10 000 tons)	21957.03
铜矿	(铜，万吨)	Copper	(Metal, 10 000 tons)	2751.52
铅矿	(铅，万吨)	Lead	(Metal, 10 000 tons)	1577.91
锌矿	(锌，万吨)	Zinc	(Metal, 10 000 tons)	3766.18
铝土矿	(矿石，万吨)	Bauxite	(Ore, 10 000 tons)	98323.53
镍矿	(镍，万吨)	Nickel	(Metal, 10 000 tons)	253.53
钨矿	(WO3，万吨)	Tungsten	(WO3, 10 000 tons)	234.90
锡矿	(锡，万吨)	Tin	(Metal, 10 000 tons)	116.46
钼矿	(钼，万吨)	Molybdenum	(Metal, 10 000 tons)	806.71
锑矿	(锑，万吨)	Antimony	(Metal, 10 000 tons)	45.96
金矿	(金，吨)	Gold	(Metal, tons)	1865.50
银矿	(银，吨)	Silver	(Metal, tons)	37496.00
菱镁矿	(矿石，万吨)	Magnesite Ore	(Ore, 10 000 tons)	120747.48
普通萤石	(矿物，万吨)	Fluorspar Mineral	(Mineral, 10 000 tons)	3680.27
硫铁矿	(矿石，万吨)	Pyrite Ore	(Ore, 10 000 tons)	130194.08
磷矿	(矿石，亿吨)	Phosphorus Ore	(Ore,100 million tons)	30.24
钾盐	(KCl，万吨)	Potassium KCl	(KCl, 10 000 tons)	53491.55
盐矿	(NaCl，亿吨)	Sodium Salt NaCl	(NaCl, 100 million tons)	830.19
芒硝	(Na2SO4，亿吨)	Mirabilite	(Na2SO4, 100 million tons)	52.07
重晶石	(矿石，万吨)	Barite Ore	(Ore, 10 000 tons)	3986.07
玻璃硅质原料	(矿石，万吨)	Silicon Materials For Glass Ore	(Ore, 10 000 tons)	191594.09
石墨	(矿物，万吨)	Graphite Mineral (Crystal)	(Mineral, 10 000 tons)	5347.72
滑石	(矿石，万吨)	Talc Ore	(Ore, 10 000 tons)	9273.90
高岭土	(矿石，万吨)	Kaolin Ore	(Ore, 10 000 tons)	49649.70

注：本表资料由国土资源部提供。其中，石油和天然气的数据为剩余技术可采储量(下表同)。

a) The data in the table are provided by the Ministry of Land and Resources. The data for petroleum and natural gas are the remaining technical recoverable reserves. The same applies to the table following.

8-5 分地区主要能源、黑色金属矿产基础储量（2013年）
Ensured Reserves of Major Energy and Ferrous Metals by Region (2013)

地 区	Region	石 油（万吨） Petroleum (10 000 tons)	天然气（亿立方米） Natural Gas (100 million cu.m)	煤 炭（亿吨） Coal (100 million tons)	铁 矿（矿石,亿吨） Iron (Ore, 100 million tons)	锰 矿（矿石,万吨） Manganese (Ore, 10 000 tons)	铬 矿（矿石,万吨） Chromite (Ore, 10 000 tons)	钒 矿（万吨） Vanadium (10 000 tons)	原生钛铁矿（万吨） Titanium (10 000 tons)
全 国	**National Total**	**336732.81**	**46428.84**	**2362.90**	**199.17**	**21547.74**	**401.47**	**909.91**	**21957.03**
北 京	Beijing			3.83	1.34				
天 津	Tianjin	3115.22	279.79	2.97					
河 北	Hebei	26685.34	325.86	39.41	23.97	7.05	4.64	10.28	283.68
山 西	Shanxi			906.80	12.70	12.90			
内蒙古	Inner Mongolia	8339.35	8042.54	460.10	20.99	567.74	56.29	0.77	
辽 宁	Liaoning	16411.23	169.46	28.33	56.25	1402.94			
吉 林	Jilin	18326.64	756.35	10.03	4.52	0.40			
黑龙江	Heilongjiang	47311.25	1353.93	61.38	0.35				
上 海	Shanghai								
江 苏	Jiangsu	3023.37	24.30	10.93	1.76			4.68	
浙 江	Zhejiang			0.43	0.31			3.76	
安 徽	Anhui	254.20	0.24	85.19	7.90	7.37		5.98	
福 建	Fujian			4.33	3.24	135.13			
江 西	Jiangxi			3.97	1.37			6.52	
山 东	Shandong	33839.35	357.90	78.78	9.37				686.69
河 南	Henan	5037.37	72.09	89.55	1.41	0.82			0.51
湖 北	Hubei	1303.70	48.79	3.23	6.05	749.57		29.37	1053.23
湖 南	Hunan			6.61	1.79	1908.37		2.90	
广 东	Guangdong	13.85	0.50	0.23	1.06	75.23			
广 西	Guangxi	135.27	1.32	2.26	0.30	8441.54		171.49	
海 南	Hainan	274.39	-3.45	1.19	0.95				
重 庆	Chongqing	278.43	2472.83	19.86	0.22	1712.64			
四 川	Sichuan	666.66	11874.38	55.74	26.60	100.04		576.19	19887.19
贵 州	Guizhou		6.39	83.29	0.13	4247.77			
云 南	Yunnan	12.21	0.80	60.10	4.13	1074.79		0.07	
西 藏	Tibet			0.12	0.17		169.22		
陕 西	Shaanxi	33712.64	6231.14	104.38	3.99	277.27		7.87	
甘 肃	Gansu	21150.01	241.28	32.69	3.71	259.00	123.63	89.87	
青 海	Qinghai	6284.94	1511.79	12.17	0.03		3.68		
宁 夏	Ningxia	2313.96	294.40	38.47					
新 疆	Xinjiang	58393.63	9053.88	156.53	4.56	567.17	44.01	0.16	45.73
海 域	Ocean	49849.80	3312.33						

8-6 分地区主要有色金属、非金属矿产基础储量（2013年）

Ensured Reserves of Major Non-ferrous Metals and Non-metal Minerals by Region (2013)

地 区	Region	铜 矿 (铜,万吨) Copper (Metal, 10 000 tons)	铅 矿 (铅,万吨) Lead (Metal, 10 000 tons)	锌 矿 (锌,万吨) Zinc (Metal, 10 000 tons)	铝土矿 (矿石,万吨) Bauxite (Ore, 10 000 tons)	菱镁矿 (矿石,万吨) Magnesite Ore (Ore, 10 000 tons)	硫铁矿 (矿石,万吨) Pyrite Ore (Ore, 10 000 tons)	磷 矿 (矿石,亿吨) Phosphorus Ore (Ore, 100 million tons)	高岭土 (矿石,万吨) Kaolin Ore (Ore, 10 000 tons)
全 国	**National Total**	**2751.52**	**1577.91**	**3766.18**	**98323.53**	**120747.48**	**130194.08**	**30.24**	**49649.70**
北 京	Beijing	0.02							
天 津	Tianjin								
河 北	Hebei	13.49	22.80	76.36	28.01	882.34	1142.84	1.94	58.30
山 西	Shanxi	158.23	0.46	0.17	15122.81		1058.11	0.81	160.20
内蒙古	Inner Mongolia	400.27	508.02	962.32			16039.32	0.02	4814.68
辽 宁	Liaoning	30.22	10.43	44.83		104834.16	1272.11	0.81	536.93
吉 林	Jilin	19.67	13.65	19.12		1.10	730.70		48.55
黑龙江	Heilongjiang	110.63	6.37	24.24			48.20		
上 海	Shanghai								
江 苏	Jiangsu	3.60	25.88	42.44			608.84	0.13	167.65
浙 江	Zhejiang	5.68	8.43	19.49			490.28		840.34
安 徽	Anhui	168.12	10.91	13.61			14381.25	0.20	166.03
福 建	Fujian	87.81	34.07	80.41			1106.97		5366.30
江 西	Jiangxi	597.10	52.64	76.35			14886.00	0.61	3176.96
山 东	Shandong	9.99	0.28	0.34	158.90	14793.49	3.18		335.98
河 南	Henan	11.14	57.80	47.52	14376.78		5991.87	0.02	4.70
湖 北	Hubei	96.58	5.18	20.39	502.87		4722.08	7.70	460.43
湖 南	Hunan	9.63	55.14	75.92	311.43		788.52	0.24	2015.42
广 东	Guangdong	30.62	128.55	228.58			16214.60		5408.55
广 西	Guangxi	3.33	25.98	106.13	46631.76		837.06		23605.60
海 南	Hainan	3.52	6.62	16.96					1917.60
重 庆	Chongqing		5.56	18.34	6448.27		1453.10		
四 川	Sichuan	54.40	90.67	231.83	51.60	186.49	37726.98	4.55	56.10
贵 州	Guizhou	0.28	5.73	71.21	13204.97		5594.47	6.05	16.05
云 南	Yunnan	296.90	210.66	905.28	1485.24		4878.86	6.49	402.30
西 藏	Tibet	274.36	46.91	13.99					
陕 西	Shaanxi	19.45	30.65	73.20	0.89		108.30	0.06	81.10
甘 肃	Gansu	152.65	77.55	313.66			1.00		
青 海	Qinghai	25.63	55.96	115.51		49.90	50.08	0.60	
宁 夏	Ningxia							0.01	
新 疆	Xinjiang	168.20	81.01	167.98			59.36		9.93
海 域	Ocean								

8-7 主要城市平均气温(2013年)
Monthly Average Temperature of Major Cities (2013)

单位：摄氏度 (℃)

城市	City	1月 Jan.	2月 Feb.	3月 Mar.	4月 Apr.	5月 May	6月 June	7月 July	8月 Aug.	9月 Sept.	10月 Oct.	11月 Nov.	12月 Dec.	年平均 Annual Average
北京	Beijing	-4.7	-1.4	6.2	12.6	21.9	23.8	27.4	27.3	20.7	13.6	6.3	0.1	12.8
天津	Tianjin	-4.7	-1.2	5.9	12.0	21.5	24.5	27.0	27.7	21.2	13.9	6.3	-0.7	12.8
石家庄	Shijiazhuang	-4.2	-0.4	8.7	13.8	22.2	24.9	27.3	27.9	21.4	14.7	8.1	1.7	13.8
太原	Taiyuan	-5.1	-0.8	7.9	12.0	20.4	22.7	23.3	23.6	17.8	11.6	3.6	-3.2	11.2
呼和浩特	Hohhot	-10.9	-6.0	2.3	8.0	18.0	20.6	21.5	20.6	15.1	7.8	-1.5	-8.1	7.3
沈阳	Shenyang	-14.2	-8.8	-0.5	6.5	19.1	22.5	25.1	24.3	17.6	9.4	1.6	-8.1	7.9
长春	Changchun	-17.4	-13.5	-4.3	4.1	17.9	21.3	23.7	22.6	16.4	8.3	-0.8	-11.2	5.6
哈尔滨	Harbin	-21.1	-16.4	-7.4	4.4	17.9	21.4	23.9	22.5	15.8	7.0	-2.6	-14.0	4.3
上海	Shanghai	4.6	6.8	11.0	15.3	21.3	24.1	32.0	31.0	25.0	20.0	13.4	6.1	17.6
南京	Nanjing	3.0	5.5	10.8	16.0	21.7	24.3	30.5	30.8	23.6	18.4	12.1	4.7	16.8
杭州	Hangzhou	4.5	7.0	12.3	16.9	23.0	24.8	32.3	31.3	25.0	19.3	13.6	6.3	18.0
合肥	Hefei	2.8	5.9	11.9	17.0	22.5	25.3	30.2	31.1	23.6	18.3	11.4	3.6	17.0
福州	Fuzhou	10.6	12.7	15.1	17.4	22.9	26.7	29.8	29.6	26.8	22.9	17.8	12.0	20.4
南昌	Nanchang	5.6	8.0	14.1	17.5	24.0	26.9	30.9	31.6	25.7	20.8	14.8	7.8	19.0
济南	Jinan	-1.6	1.9	9.3	14.2	22.1	25.7	27.6	28.6	22.7	16.4	8.2	1.8	14.7
郑州	Zhengzhou	-0.5	3.1	11.0	16.0	22.8	27.0	29.1	30.1	23.5	17.2	9.7	3.6	16.1
武汉	Wuhan	2.9	5.9	12.9	17.1	22.1	26.1	30.6	30.6	22.9	18.2	11.4	4.5	17.1
长沙(望城)	Changsha(wangcheng)	6.0	7.4	14.9	18.0	23.6	28.0	32.6	32.0	24.3	20.6	14.4	8.5	19.2
广州	Guangzhou	13.3	17.3	19.2	20.6	25.3	27.6	27.4	27.5	26.5	22.9	19.0	11.9	21.5
南宁	Nanning	12.1	16.0	21.0	22.2	26.1	27.7	27.9	27.7	25.4	22.5	19.2	11.0	21.6
海口	Haikou	18.2	21.2	23.8	25.1	27.8	28.3	27.8	27.9	27.0	25.3	22.8	16.9	24.3
重庆(沙坪坝)	Chongqing(Shapingba)	8.3	11.9	17.9	20.3	22.5	27.9	31.5	30.5	23.4	19.7	14.7	9.3	19.8
成都(温江)	Chengdu(Wenjiang)	5.3	9.3	15.7	17.7	21.2	24.5	25.8	26.5	20.8	17.6	12.0	6.0	16.9
贵阳	Guiyang	4.2	8.7	14.3	14.8	18.9	22.3	24.0	23.1	19.5	14.9	11.7	4.9	15.1
昆明	Kunming	8.8	14.9	15.8	17.8	19.8	21.2	20.8	19.9	18.2	14.6	12.8	7.6	16.0
拉萨	Lhasa	-0.3	2.9	6.3	9.1	13.1	17.1	16.8	15.9	13.6	8.7	3.8	0.0	8.9
西安(泾河)	Xi'an(Jinghe)	0.8	4.5	13.0	16.1	21.7	27.3	27.4	28.3	22.7	16.9	8.4	2.1	15.8
兰州(皋兰)	Lanzhou(Gaolan)	-8.9	-2.0	7.0	11.3	16.1	20.0	19.9	21.0	14.3	9.3	-0.2	-8.3	8.3
西宁	Xining	-8.7	-3.2	4.4	8.9	12.3	16.3	16.9	18.2	11.4	6.7	-2.0	-8.3	6.1
银川	Yinchuan	-5.5	-0.7	9.0	13.1	19.7	23.1	24.4	24.4	17.5	11.3	2.7	-4.5	11.2
乌鲁木齐	Urumqi	-10.3	-10.1	5.5	12.4	16.6	21.5	23.6	22.8	17.5	11.4	0.2	-6.8	8.7

注：从2004年1月份开始成都站被温江站替代、兰州站被皋兰站替代；从2006年1月份开始重庆被沙坪坝站替代、西安站被泾河站替代(以下相关表同)。

a) Since January 2004, Chengdu station was substituted by Wenjiang station, Lanzhou by Gaolan; Since January 2006, Chongqing station was substituted by Shapingba station, Xi'an by Jinghe. The same applies to the tables following.

8-8 主要城市平均相对湿度（2013年）
Average Relative Humidity of Major Cities (2013)

单位：% (%)

城 市	City	1月 Jan.	2月 Feb.	3月 Mar.	4月 Apr.	5月 May	6月 June	7月 July	8月 Aug.	9月 Sept.	10月 Oct.	11月 Nov.	12月 Dec.	年平均 Annual Average
北京	Beijing	61	51	45	39	47	71	71	69	68	60	42	40	55
天津	Tianjin	67	59	48	42	47	65	71	67	68	63	52	55	59
石家庄	Shijiazhuang	71	69	44	45	53	68	74	68	73	66	45	47	60
太原	Taiyuan	53	52	40	40	43	61	78	70	69	63	51	46	56
呼和浩特	Hohhot	59	40	35	33	32	51	69	67	59	50	52	51	50
沈阳	Shenyang	72	64	60	58	55	65	78	80	75	77	66	68	68
长春	Changchun	72	64	60	58	50	63	73	74	59	61	62	69	64
哈尔滨	Harbin	71	67	67	59	54	67	76	76	64	68	69	76	68
上海	Shanghai	70	75	65	57	71	77	58	63	74	72	67	69	68
南京	Nanjing	71	79	63	51	70	78	67	66	74	69	65	64	68
杭州	Hangzhou	76	81	67	56	69	78	51	58	74	73	68	65	68
合肥	Hefei	79	84	71	62	79	84	79	74	79	73	73	70	76
福州	Fuzhou	72	79	73	71	81	80	69	72	69	60	70	63	72
南昌	Nanchang	81	90	79	77	78	81	68	64	71	61	70	54	73
济南	Jinan	68	66	41	43	56	61	77	65	60	49	49	46	57
郑州	Zhengzhou	60	64	43	42	52	52	66	54	55	49	50	45	53
武汉	Wuhan	78	87	75	70	80	81	72	69	83	76	81	73	77
长沙(望城)	Changsha(wangcheng)	77	87	70	70	72	69	51	54	72	59	68	58	67
广州	Guangzhou	73	80	85	90	89	84	86	87	83	72	75	65	81
南宁	Nanning	83	87	78	82	83	79	81	82	83	73	76	77	80
海口	Haikou	82	85	78	81	83	80	84	84	87	78	83	75	82
重庆(沙坪坝)	Chongqing(Shapingba)	72	73	59	61	73	66	59	59	80	81	87	84	71
成都(温江)	Chengdu(Wenjiang)	75	73	64	70	74	76	84	78	83	82	80	79	77
贵阳	Guiyang	83	86	73	81	80	78	74	77	79	77	81	76	79
昆明	Kunming	66	46	50	51	65	68	79	79	78	80	74	75	68
拉萨	Lhasa	15	23	27	40	42	47	60	53	56	50	27	21	38
西安(泾河)	Xi'an(Jinghe)	45	69	40	48	60	52	73	63	64	59	67	57	58
兰州(皋兰)	Lanzhou(Gaolan)	49	42	26	27	51	58	71	63	72	57	57	59	53
西宁	Xining	42	41	28	36	56	61	73	67	74	62	60	62	55
银川	Yinchuan	43	28	24	24	38	49	57	51	58	48	45	52	43
乌鲁木齐	Urumqi	79	80	62	50	40	45	42	44	40	49	75	89	58

8-9　主要城市降水量（2013年）
Monthly Precipitation of Major Cities (2013)

单位：毫米　　(milimeters)

城　市	City	1月 Jan.	2月 Feb.	3月 Mar.	4月 Apr.	5月 May	6月 June	7月 July	8月 Aug.	9月 Sept.	10月 Oct.	11月 Nov.	12月 Dec.	全年 Annual Total
北京	Beijing	3.0	3.4	10.7	5.5	23.6	91.0	235.6	118.6	71.1	16.4	0.2	0.0	579.1
天津	Tianjin	4.4	5.6	11.5	2.2	3.8	99.1	103.1	62.3	88.7	25.6	3.2	2.0	411.5
石家庄	Shijiazhuang	8.4	4.7	2.4	27.7	18.3	97.9	168.7	59.9	108.9	7.9	3.5	0.0	508.3
太原	Taiyuan	2.3	1.5	0.0	33.7	13.1	90.3	167.6	55.6	102.5	14.2	6.5	0.0	487.3
呼和浩特	Hohhot	5.2	0.0	3.6	1.9	7.8	96.0	192.6	144.0	97.3	9.0	7.2	0.0	564.6
沈阳	Shenyang	4.1	24.8	18.5	55.1	19.2	51.7	216.3	176.3	106.4	96.3	17.0	2.4	788.1
长春	Changchun	8.5	31.2	14.7	57.5	36.6	191.0	153.1	121.7	32.7	51.5	30.9	7.1	736.5
哈尔滨	Harbin	2.1	16.5	8.8	10.8	73.5	86.4	198.0	125.7	31.5	58.2	18.3	3.7	633.5
上海	Shanghai	22.8	81.5	58.1	72.5	117.7	183.5	102.1	111.5	61.1	291.7	20.4	50.5	1173.4
南京	Nanjing	17.8	69.9	42.9	22.8	110.1	172.6	229.6	115.5	67.0	22.4	17.2	10.6	898.4
杭州	Hangzhou	41.0	94.0	109.0	97.3	117.7	337.2	8.8	209.8	49.4	331.0	32.6	93.1	1520.9
合肥	Hefei	18.5	66.6	38.1	25.3	137.6	86.6	305.5	66.0	118.6	9.1	17.1	4.2	893.2
福州	Fuzhou	3.7	44.3	103.7	122.0	244.4	196.5	72.9	139.5	53.3	3.0	64.0	90.2	1137.5
南昌	Nanchang	26.9	110.1	238.5	203.0	190.1	366.9	83.1	30.5	26.7	11.1	89.2	55.7	1431.8
济南	Jinan	15.4	18.5	4.4	11.3	68.5	64.9	384.3	100.3	12.8	20.5	33.9	1.2	736.0
郑州	Zhengzhou	5.2	8.0	6.5	28.2	112.5	15.2	45.1	63.9	9.8	26.3	32.5	0.0	353.2
武汉	Wuhan	22.4	43.9	90.1	145.7	153.9	256.6	316.2	136.0	207.8	5.6	54.6	1.4	1434.2
长沙(望城)	Changsha(wangcheng)	23.4	95.0	128.4	195.9	319.0	153.8	7.6	62.5	116.8	4.9	120.5	27.1	1254.9
广州	Guangzhou	3.8	8.0	174.2	282.8	300.6	228.2	318.9	395.5	231.0	5.0	42.2	105.2	2095.4
南宁	Nanning	17.0	26.4	82.2	148.5	138.6	198.0	265.3	271.2	128.5	17.6	211.2	64.8	1569.3
海口	Haikou	6.4	18.7	50.6	140.0	248.3	121.3	273.0	231.2	448.6	263.8	149.3	115.8	2067.0
重庆(沙坪坝)	Chongqing(Shapingba)	9.3	29.0	3.4	114.8	126.6	241.6	81.1	62.6	194.5	91.0	56.8	16.2	1026.9
成都(温江)	Chengdu(Wenjiang)	1.2	4.7	7.6	42.2	99.0	182.1	525.5	228.3	196.2	27.1	21.8	7.6	1343.3
贵阳	Guiyang	11.4	17.3	37.9	43.6	224.2	191.7	26.4	123.7	81.6	53.2	45.9	31.4	888.3
昆明	Kunming	9.6	0.8	7.5	9.9	113.3	78.5	155.9	153.9	70.7	168.6	8.0	28.0	804.7
拉萨	Lhasa	0.0	0.0	1.5	17.2	30.8	129.8	164.4	120.3	62.1	38.4	0.7	0.0	565.2
西安(泾河)	Xi'an(Jinghe)	0.9	12.4	5.5	19.3	139.6	27.0	119.3	30.5	23.1	14.5	31.8	0.0	423.9
兰州(皋兰)	Lanzhou(Gaolan)	0.8	2.5	0.0	9.8	30.6	40.3	65.7	36.0	62.4	2.9	3.5	1.0	255.5
西宁	Xining	0.0	1.3	0.9	18.6	67.6	68.1	74.5	107.9	54.9	10.5	6.7	2.6	413.6
银川	Yinchuan	0.5	0.0	0.0	5.8	37.6	22.5	33.5	12.2	32.7	4.0	0.0	0.0	148.8
乌鲁木齐	Urumqi	7.1	11.7	13.2	69.2	27.1	31.3	23.3	29.2	12.7	16.6	44.5	15.0	300.9

8-10 主要城市日照时数（2013年）
Monthly Sunshine Hours of Major Cities (2013)

单位：小时 (Hours)

城　市	City	1月 Jan.	2月 Feb.	3月 Mar.	4月 Apr.	5月 May	6月 June	7月 July	8月 Aug.	9月 Sept.	10月 Oct.	11月 Nov.	12月 Dec.	全年 Annual Total
北京	Beijing	138.9	159.6	213.1	264.2	244.8	132.4	216.4	223.8	164.8	203.9	201.2	208.0	2371.1
天津	Tianjin	116.4	145.2	216.2	250.4	239.3	154.9	183.7	206.3	164.9	212.7	183.2	182.0	2255.2
石家庄	Shijiazhuang	83.6	67.9	149.2	224.1	178.9	119.0	138.8	219.5	113.2	106.2	173.4	143.0	1716.8
太原	Taiyuan	206.4	159.8	243.8	269.5	251.3	218.6	184.8	260.8	183.1	240.6	204.1	204.3	2627.1
呼和浩特	Hohhot	174.2	202.4	253.8	257.1	265.7	209.9	230.9	224.7	215.3	238.0	171.3	186.5	2629.8
沈阳	Shenyang	170.7	199.9	202.3	207.2	266.8	213.6	231.1	168.2	207.7	179.7	168.4	174.0	2389.6
长春	Changchun	118.1	181.1	223.3	218.6	272.3	234.5	227.0	207.8	235.3	176.8	164.1	137.5	2396.4
哈尔滨	Harbin	94.1	166.5	218.9	202.3	240.7	151.7	195.1	163.7	230.1	158.5	106.2	95.7	2023.5
上海	Shanghai	112.9	78.0	154.2	207.5	156.4	65.5	254.3	241.5	174.0	138.2	147.2	135.0	1864.7
南京	Nanjing	136.4	98.5	172.9	222.3	168.7	160.4	263.4	260.3	176.8	210.9	171.0	155.3	2196.9
杭州	Hangzhou	81.4	38.7	130.1	162.6	167.6	79.2	289.7	213.2	127.1	128.4	142.1	105.4	1665.5
合肥	Hefei	91.7	83.6	178.2	212.0	162.3	167.0	239.9	228.7	141.0	189.2	152.4	125.4	1971.4
福州	Fuzhou	80.9	56.0	137.3	90.8	91.6	137.4	248.9	196.7	141.9	181.6	111.1	104.2	1578.4
南昌	Nanchang	100.1	28.8	132.6	108.0	158.3	193.7	305.2	278.0	176.5	202.1	183.4	167.4	2034.1
济南	Jinan	148.4	120.0	221.1	246.9	227.5	220.3	165.5	275.2	173.4	234.2	188.5	187.0	2408.0
郑州	Zhengzhou	93.9	82.7	166.6	224.3	178.8	176.3	144.8	251.4	130.2	166.8	172.9	136.9	1925.6
武汉	Wuhan	128.5	55.8	142.1	174.0	156.0	200.5	287.5	281.7	165.5	192.3	142.6	166.0	2092.5
长沙(望城)	Changsha(wangcheng)	89.3	27.4	131.1	113.0	149.5	225.6	377.6	281.9	156.5	182.0	155.9	159.9	2049.7
广州	Guangzhou	121.1	61.7	80.5	40.3	66.0	160.6	165.7	151.7	167.1	222.9	152.0	193.3	1582.9
南宁	Nanning	13.3	53.0	123.5	99.2	135.7	200.9	184.8	173.5	145.3	168.6	130.4	191.6	1619.8
海口	Haikou	47.1	69.3	131.0	112.5	199.5	232.1	215.9	200.9	120.5	173.1	74.3	149.5	1725.7
重庆(沙坪坝)	Chongqing(Shapingba)	35.0	45.7	102.3	135.6	115.1	186.7	213.2	209.2	80.9	74.7	7.7	7.6	1213.7
成都(温江)	Chengdu(Wenjiang)	65.3	51.2	148.1	129.1	123.6	108.5	85.4	168.9	38.4	78.2	59.6	72.5	1128.8
贵阳	Guiyang	39.9	66.1	116.2	85.7	117.5	171.4	160.5	148.5	117.8	105.1	51.5	50.5	1230.7
昆明	Kunming	223.8	279.3	281.3	272.4	234.8	212.1	127.3	175.2	155.3	135.6	237.7	177.7	2512.5
拉萨	Lhasa	268.4	247.7	241.9	228.1	254.6	263.7	224.8	281.3	244.7	251.3	279.4	260.9	3046.8
西安(泾河)	Xi'an(Jinghe)	171.9	90.8	207.5	233.9	171.4	256.9	123.3	260.5	171.1	191.4	146.7	165.1	2190.5
兰州(皋兰)	Lanzhou(Gaolan)	202.9	199.2	249.8	268.4	233.9	238.5	164.3	270.0	189.2	215.7	179.8	189.2	2600.9
西宁	Xining	221.7	229.7	289.6	250.1	233.4	235.6	158.3	246.0	188.9	239.7	189.8	177.8	2660.6
银川	Yinchuan	200.4	166.5	216.1	281.4	274.6	241.5	235.8	257.0	219.3	230.0	177.7	193.2	2693.5
乌鲁木齐	Urumqi	165.8	157.7	259.1	270.7	329.8	325.0	354.8	317.4	306.6	281.0	195.3	105.4	3068.6

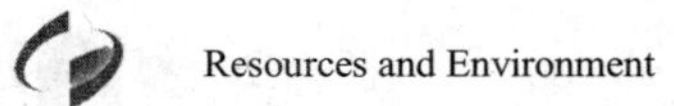

8-11 水资源情况
Water Resources

年份 Year 地区 Region	水资源总量(亿立方米) Total Amount of Water Resources (100 million cu.m)	地表水资源量 Surface Water Resources	地下水资源量 Groundwater Resources	地表水与地下水资源重复量 Duplicated Measurement Between Surface Water and Groundwater	人均水资源量(立方米/人) Per Capita Water Resources (cu.m/person)
2000	27700.8	26561.9	8501.9	7363.0	2193.9
2001	26867.8	25933.4	8390.1	7455.7	2112.5
2002	28261.3	27243.3	8697.2	7679.2	2207.2
2003	27460.2	26250.7	8299.3	7089.9	2131.3
2004	24129.6	23126.4	7436.3	6433.1	1856.3
2005	28053.1	26982.4	8091.1	7020.4	2151.8
2006	25330.1	24358.1	7642.9	6670.8	1932.1
2007	25255.2	24242.5	7617.2	6604.5	1916.3
2008	27434.3	26377.0	8122.0	7064.7	2071.1
2009	24180.2	23125.2	7267.0	6212.1	1816.2
2010	30906.4	29797.6	8417.0	7308.2	2310.4
2011	23256.7	22213.6	7214.5	6171.4	1730.2
2012	29526.9	28371.4	8416.1	7260.6	2186.1
2013	27957.9	26839.5	8081.1	6962.7	2059.7
北京 Beijing	24.8	9.4	18.7	3.4	118.6
天津 Tianjin	14.6	10.8	5.0	1.2	101.5
河北 Hebei	175.9	76.8	138.8	39.8	240.6
山西 Shanxi	126.6	81.0	96.9	51.4	349.6
内蒙古 Inner Mongolia	959.8	813.5	249.3	103.0	3848.6
辽宁 Liaoning	463.2	420.3	139.4	96.5	1055.2
吉林 Jilin	607.4	535.2	160.2	88.0	2208.2
黑龙江 Heilongjiang	1419.6	1253.3	381.5	215.2	3702.1
上海 Shanghai	28.0	22.8	8.2	3.0	116.9
江苏 Jiangsu	283.5	202.3	97.2	16.0	357.6
浙江 Zhejiang	931.3	917.3	207.3	193.3	1697.2
安徽 Anhui	585.6	525.4	144.5	84.3	974.5
福建 Fujian	1151.9	1150.7	337.6	336.3	3062.7
江西 Jiangxi	1424.0	1405.3	378.4	359.7	3155.3
山东 Shandong	291.7	191.1	172.3	71.7	300.4
河南 Henan	213.1	123.1	147.1	57.2	226.4
湖北 Hubei	790.1	756.6	251.3	217.8	1364.9
湖南 Hunan	1582.0	1574.3	382.1	374.5	2373.6
广东 Guangdong	2263.2	2253.7	532.5	523.1	2131.2
广西 Guangxi	2057.3	2056.3	478.1	477.1	4376.8
海南 Hainan	502.1	496.5	119.5	113.9	5636.8
重庆 Chongqing	474.3	474.3	96.4	96.4	1603.9
四川 Sichuan	2470.3	2469.1	607.5	606.4	3052.9
贵州 Guizhou	759.4	759.4	235.6	235.6	2174.2
云南 Yunnan	1706.7	1706.7	573.3	573.3	3652.2
西藏 Tibet	4415.7	4415.7	991.7	991.7	142530.6
陕西 Shaanxi	353.8	331.5	118.5	96.2	941.3
甘肃 Gansu	268.9	262.2	138.9	132.2	1042.3
青海 Qinghai	645.6	629.5	290.8	274.7	11216.6
宁夏 Ningxia	11.4	9.5	22.1	20.2	175.3
新疆 Xinjiang	956.0	905.6	560.2	509.8	4251.9

8-12 供水用水情况
Water Supply and Water Use

年份 Year 地区 Region	供水总量(亿立方米) Water Supply (100 million cu.m)	地表水 Surface Water	地下水 Ground-water	其他 Others	用水总量(亿立方米) Water Use (100 million cu.m)	农业 Agricul-ture	工业 Industry	生活 Consump-tion	生态 Ecological Protection	人均用水量(立方米/人) Per Capita Water Use (cu.m/person)
2000	5530.7	4440.4	1069.2	21.1	5497.6	3783.5	1139.1	574.9		435.4
2001	5567.4	4450.7	1094.9	21.9	5567.4	3825.7	1141.8	599.9		437.7
2002	5497.3	4404.4	1072.4	20.5	5497.3	3736.2	1142.4	618.7		429.3
2003	5320.4	4286.0	1018.1	16.3	5320.4	3432.8	1177.2	630.9	79.5	412.9
2004	5547.8	4504.2	1026.4	17.2	5547.8	3585.7	1228.9	651.2	82.0	428.0
2005	5633.0	4572.2	1038.8	22.0	5633.0	3580.0	1285.2	675.1	92.7	432.1
2006	5795.0	4706.8	1065.5	22.7	5795.0	3664.4	1343.8	693.8	93.0	442.0
2007	5818.7	4723.9	1069.1	25.7	5818.7	3599.5	1403.0	710.4	105.7	441.5
2008	5910.0	4796.4	1084.8	28.7	5910.0	3663.5	1397.1	729.3	120.2	446.2
2009	5965.2	4839.5	1094.5	31.2	5965.2	3723.1	1390.9	748.2	103.0	448.0
2010	6022.0	4881.6	1107.3	33.1	6022.0	3689.1	1447.3	765.8	119.8	450.2
2011	6107.2	4953.3	1109.1	44.8	6107.2	3743.6	1461.8	789.9	111.9	454.4
2012	6141.8	4963.0	1134.2	44.6	6141.8	3880.3	1423.9	728.8	108.8	454.7
2013	6183.4	5007.3	1126.2	49.9	6183.4	3921.5	1406.4	750.1	105.4	455.5
北京 Beijing	36.4	8.3	20.0	8.0	36.4	9.1	5.1	16.3	5.9	173.9
天津 Tianjin	23.8	16.2	5.7	1.8	23.8	12.4	5.4	5.1	0.9	164.7
河北 Hebei	191.3	43.1	144.6	3.6	191.3	137.6	25.2	23.8	4.7	261.7
山西 Shanxi	73.8	33.2	36.1	4.5	73.8	43.1	14.9	12.3	3.5	203.8
内蒙古 Inner Mongolia	183.2	91.4	88.9	2.9	183.2	132.5	23.6	10.7	16.4	734.7
辽宁 Liaoning	142.1	78.4	60.0	3.7	142.1	90.8	22.8	23.4	5.1	323.8
吉林 Jilin	131.5	86.9	44.0	0.6	131.5	88.8	26.5	12.3	3.9	478.0
黑龙江 Heilongjiang	362.3	194.9	167.4		362.3	308.3	34.0	17.1	3.0	944.8
上海 Shanghai	123.2	123.1	0.1		123.2	16.3	80.4	25.7	0.8	513.9
江苏 Jiangsu	576.7	567.4	9.3		576.7	301.9	220.1	51.4	3.2	727.3
浙江 Zhejiang	198.3	194.6	2.5	1.2	198.3	91.9	58.8	42.5	5.2	361.4
安徽 Anhui	296.0	260.9	33.4	1.8	296.0	162.1	98.4	31.5	4.1	492.6
福建 Fujian	204.8	197.7	6.5	0.7	204.8	95.7	75.0	30.9	3.2	544.6
江西 Jiangxi	264.8	255.3	9.5		264.8	175.7	60.1	26.9	2.1	586.8
山东 Shandong	217.9	124.9	86.9	6.1	217.9	149.7	28.9	33.3	6.1	224.5
河南 Henan	240.6	101.0	138.8	0.7	240.6	141.7	59.4	33.4	6.1	255.7
湖北 Hubei	291.8	282.6	9.2		291.8	159.6	92.4	39.4	0.4	504.1
湖南 Hunan	332.5	314.8	17.7		332.5	195.3	94.4	40.0	2.9	498.9
广东 Guangdong	443.2	425.6	15.9	1.7	443.2	223.7	119.6	94.8	5.2	417.3
广西 Guangxi	308.2	295.9	11.6	0.7	308.2	209.4	57.4	38.3	3.0	655.6
海南 Hainan	43.2	40.0	3.1	0.1	43.2	32.3	3.8	6.9	0.2	484.5
重庆 Chongqing	83.9	82.2	1.6	0.1	83.9	24.6	40.4	18.1	0.8	283.7
四川 Sichuan	242.5	219.7	16.4	6.4	242.5	139.4	58.3	40.1	4.7	299.7
贵州 Guizhou	92.0	90.0	1.9	0.1	92.0	48.2	27.0	16.0	0.7	263.4
云南 Yunnan	149.7	143.7	4.8	1.2	149.7	102.7	25.3	20.5	1.3	320.4
西藏 Tibet	30.3	26.8	3.5		30.3	27.6	1.7	1.0		978.2
陕西 Shaanxi	89.2	54.6	33.5	1.1	89.2	58.1	13.8	15.1	2.3	237.3
甘肃 Gansu	122.0	90.9	29.4	1.6	122.0	99.2	13.1	7.9	1.8	472.9
青海 Qinghai	28.2	24.3	3.8	0.1	28.2	22.8	2.9	2.3	0.2	490.0
宁夏 Ningxia	72.1	66.4	5.6	0.2	72.1	63.4	5.0	1.6	2.0	1108.6
新疆 Xinjiang	588.0	472.2	114.7	1.2	588.0	557.7	12.8	11.7	5.8	2615.4

注：1.生态用水仅包括部分河湖、湿地人工补水和城市环境用水。
2.2012年起，生活用水量中的牲畜用水量调整至农业用水量中。

a) Water use by ecological protection only includes artficial supplement of river & lake, wetland and city entironment.
b) Since 2012, water use for animal husbandry in water use for consumption is moved to rural water use.

8-13 分地区废水中主要污染物排放情况（2013年）
Main Pullutant Emission in Waste Water by Region (2013)

地 区	Region	废水排放总量（万吨）Total Waste Water Discharged (10 000 tons)	废水中主要污染物排放量 Main Pullutant Emission in Waste Water					
			化学需氧量（万吨）COD (10 000 tons)	氨氮（万吨）Ammonia Nitrogen (10 000 tons)	总氮（万吨）Total Nitrogen (10 000 tons)	总磷（万吨）Total Phosphorus (10 000 tons)	石油类（吨）Petroleum (ton)	挥发酚（吨）Volatile Phenol (ton)
全 国	**National Total**	**6954433**	**2352.72**	**245.66**	**448.10**	**48.73**	**18385.3**	**1277.3**
北 京	Beijing	144580	17.85	1.97	3.13	0.40	50.4	0.5
天 津	Tianjin	84210	22.15	2.47	3.61	0.44	118.2	1.8
河 北	Hebei	310921	130.99	10.71	36.10	3.93	897.5	27.5
山 西	Shanxi	138030	46.13	5.53	8.29	0.78	985.0	621.1
内蒙古	Inner Mongolia	106920	86.32	5.12	15.50	1.25	947.8	241.5
辽 宁	Liaoning	234508	125.26	10.33	20.35	2.68	958.6	8.1
吉 林	Jilin	117703	76.12	5.47	12.87	1.57	341.3	5.7
黑龙江	Heilongjiang	153090	144.73	8.77	26.52	2.54	290.4	6.5
上 海	Shanghai	222963	23.56	4.58	1.56	0.18	622.4	3.0
江 苏	Jiangsu	594359	114.89	14.74	17.41	1.82	1319.5	40.5
浙 江	Zhejiang	419120	75.51	10.75	9.38	1.06	747.4	7.3
安 徽	Anhui	266234	90.27	10.33	18.61	1.97	758.6	6.3
福 建	Fujian	259098	63.90	9.09	9.64	1.25	515.3	2.0
江 西	Jiangxi	207138	73.45	8.88	10.66	1.26	737.3	15.8
山 东	Shandong	494570	184.57	16.15	56.53	6.20	531.0	39.2
河 南	Henan	412582	135.42	14.42	41.65	4.75	1231.9	140.6
湖 北	Hubei	294054	105.82	12.49	19.39	2.32	1009.4	19.0
湖 南	Hunan	307227	124.90	15.77	22.07	2.38	585.0	19.5
广 东	Guangdong	862471	173.39	21.64	19.37	2.49	648.9	12.6
广 西	Guangxi	225303	75.94	8.10	11.69	1.36	265.2	12.9
海 南	Hainan	36156	19.44	2.26	3.07	0.39	8.7	
重 庆	Chongqing	142535	39.18	5.22	5.38	0.63	337.2	9.5
四 川	Sichuan	307648	123.20	13.70	28.74	3.17	641.4	3.5
贵 州	Guizhou	93085	32.82	3.83	4.38	0.44	437.4	0.3
云 南	Yunnan	156583	54.72	5.80	7.66	0.74	373.6	2.7
西 藏	Tibet	5005	2.58	0.32	0.58	0.04	0.6	
陕 西	Shaanxi	132169	51.93	5.96	9.56	0.83	662.7	2.7
甘 肃	Gansu	64969	37.91	3.92	4.74	0.38	295.2	2.8
青 海	Qinghai	21953	10.34	0.97	0.72	0.06	342.4	1.3
宁 夏	Ningxia	38528	22.19	1.71	2.74	0.21	153.4	6.9
新 疆	Xinjiang	100720	67.24	4.65	16.21	1.20	1571.9	16.0

8-13 续表 continued

地 区	Region	废水中主要污染物排放量 Main Pullutant Emission in Waste Water					
		铅（千克）Plumbum (kg)	汞（千克）Mercury (kg)	镉（千克）Cadmium (kg)	六价铬（千克）Hexavalent Chromium (kg)	总铬（千克）Total Chromium (kg)	砷（千克）Arsenic (kg)
全 国	**National Total**	**76112.0**	**916.5**	**18435.7**	**58291.5**	**163117.7**	**112230.0**
北 京	Beijing	201.0	0.6	17.4	321.3	438.1	15.1
天 津	Tianjin	101.0	5.7	2.6	132.9	355.8	12.6
河 北	Hebei	346.6	3.6	28.9	2589.4	5401.0	89.5
山 西	Shanxi	191.7	11.3	784.6	141.6	242.8	197.5
内蒙古	Inner Mongolia	3746.9	94.2	536.9	37.3	152.5	6071.6
辽 宁	Liaoning	247.0	12.8	42.7	236.7	682.3	246.7
吉 林	Jilin	161.6	5.9	28.9	59.5	134.0	590.5
黑龙江	Heilongjiang	39.2	1.7	4.2	98.7	115.0	28.3
上 海	Shanghai	173.7	11.8	12.7	1073.2	2443.7	68.3
江 苏	Jiangsu	1128.7	15.8	28.3	4009.4	8869.8	237.6
浙 江	Zhejiang	555.3	7.4	220.2	8795.0	18684.7	292.7
安 徽	Anhui	1550.0	7.6	131.8	272.8	714.6	4827.1
福 建	Fujian	3117.0	14.3	317.2	3096.5	11425.5	1430.5
江 西	Jiangxi	5716.5	79.5	1983.6	17196.7	17563.8	9364.5
山 东	Shandong	913.6	18.2	1054.0	514.0	7849.2	2401.4
河 南	Henan	4054.9	19.3	964.9	890.6	30091.2	1207.0
湖 北	Hubei	2624.3	32.0	540.8	9053.0	9924.0	6110.0
湖 南	Hunan	24318.6	234.7	6746.9	1025.0	11366.9	42572.3
广 东	Guangdong	2564.6	29.7	366.9	5178.8	22181.2	1048.6
广 西	Guangxi	6301.9	108.1	1075.9	154.6	1780.4	8291.0
海 南	Hainan	5.9	0.4	1.8		123.5	2.1
重 庆	Chongqing	95.2	0.6	5.1	218.8	428.4	36.9
四 川	Sichuan	1137.3	12.7	84.5	734.8	1835.2	2084.2
贵 州	Guizhou	265.7	20.3	26.9	30.6	63.9	486.9
云 南	Yunnan	6248.4	10.6	1210.1	19.3	117.6	8161.5
西 藏	Tibet	2.6	0.1	0.5		1.0	8943.0
陕 西	Shaanxi	1449.3	27.2	566.4	224.2	1665.2	708.0
甘 肃	Gansu	8068.4	94.7	1289.5	415.1	6144.6	4286.2
青 海	Qinghai	631.3	8.7	299.5	6.8	13.2	1480.1
宁 夏	Ningxia	19.1	5.2	2.4	125.9	241.6	52.8
新 疆	Xinjiang	135.0	21.8	59.6	1639.0	2067.1	885.4

8-14 主要城市废水中主要污染物排放情况（2013年）
Main Pullutant Emission in Waste Water in Main Cities (2013)

城市	City	工业废水排放量（万吨）Industrial Waste Water Discharged (10 000 tons)	工业化学需氧量排放量（吨）Industrial COD Emission (ton)	工业氨氮排放量（吨）Industrial Ammonia Nitrogen (ton)	城镇生活污水排放量（万吨）Urban Living Waste Water Discharged (10 000 tons)	生活化学需氧量排放量（吨）Living COD Emission (ton)	生活氨氮排放量（吨）Living Ammonia Nitrogen (ton)
北京	Beijing	9486	6055	330	134991	89868	14189
天津	Tianjin	18692	26215	3339	65469	84886	15671
石家庄	Shijiazhuang	25753	39802	5702	34769	6831	2364
太原	Taiyuan	4085	4089	294	18315	11333	3244
呼和浩特	Hohhot	2082	10543	631	11931	17957	2834
沈阳	Shenyang	8533	9159	809	34711	25895	14027
长春	Changchun	5482	11670	1384	20797	32006	6970
哈尔滨	Harbin	4487	6914	1055	33636	86227	14093
上海	Shanghai	45426	25503	1934	177210	173181	40322
南京	Nanjing	25291	21697	1283	52336	62535	13337
杭州	Hangzhou	39186	31947	1373	53902	39650	8060
合肥	Hefei	6018	7898	387	42108	47131	6342
福州	Fuzhou	4682	5190	405	32268	67654	9509
南昌	Nanchang	10602	11479	1596	33466	37879	6060
济南	Jinan	8596	5413	380	29788	30317	4982
郑州	Zhengzhou	11835	11978	562	48646	26947	8477
武汉	Wuhan	18814	15163	1402	66521	90092	12733
长沙	Changsha	4049	13499	456	43000	59931	8656
广州	Guangzhou	21391	22664	1389	135179	106077	17442
南宁	Nanning	9752	23954	1298	26696	62244	7944
海口	Haikou	825	858	51	11120	6341	3799
重庆	Chongqing	33451	51534	3266	108937	218601	36211
成都	Chengdu	10524	12321	801	99860	102595	13144
贵阳	Guiyang	2262	6993	293	21774	26324	4490
昆明	Kunming	4808	8115	266	48882	4840	4543
拉萨	Lhasa	378	312	27	2114	7927	994
西安	Xi'an	7771	21615	1632	32672	62906	10675
兰州	Lanzhou	4909	4446	2723	14043	32806	4977
西宁	Xining	2798	15759	591	7660	16332	3496
银川	Yinchuan	6194	16726	2741	13922	3026	2618
乌鲁木齐	Urumqi	4889	5950	666	18816	13709	4613

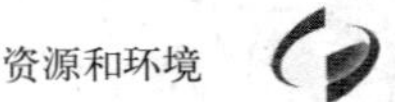

8-15 分地区废气中主要污染物排放情况（2013年）
Main Pullutant Emission in Waste Gas by Region (2013)

单位：万吨 (10 000 tons)

地 区	Region	二氧化硫 Sulphur Dioxide	氮氧化物 Nitrogen Oxides	烟(粉)尘 Smoke and Dust
全 国	**National Total**	**2043.92**	**2227.36**	**1278.14**
北 京	Beijing	8.70	16.63	5.93
天 津	Tianjin	21.68	31.17	8.75
河 北	Hebei	128.47	165.25	131.33
山 西	Shanxi	125.54	115.78	102.67
内蒙古	Inner Mongolia	135.87	137.76	82.21
辽 宁	Liaoning	102.70	95.54	67.06
吉 林	Jilin	38.15	56.05	32.02
黑龙江	Heilongjiang	48.91	75.16	72.25
上 海	Shanghai	21.58	38.04	8.09
江 苏	Jiangsu	94.17	133.80	50.00
浙 江	Zhejiang	59.34	75.30	31.97
安 徽	Anhui	50.13	86.37	41.86
福 建	Fujian	36.10	43.83	25.94
江 西	Jiangxi	55.77	57.04	35.63
山 东	Shandong	164.50	165.13	69.67
河 南	Henan	125.40	156.56	64.13
湖 北	Hubei	59.94	61.24	35.95
湖 南	Hunan	64.13	58.82	35.87
广 东	Guangdong	76.19	120.42	35.40
广 西	Guangxi	47.20	50.43	28.95
海 南	Hainan	3.24	10.02	1.80
重 庆	Chongqing	54.77	36.20	19.12
四 川	Sichuan	81.67	62.43	29.60
贵 州	Guizhou	98.64	55.73	30.13
云 南	Yunnan	66.31	52.37	38.69
西 藏	Tibet	0.42	4.43	0.68
陕 西	Shaanxi	80.62	75.89	53.77
甘 肃	Gansu	56.20	44.29	22.66
青 海	Qinghai	15.67	13.23	17.38
宁 夏	Ningxia	38.97	43.74	23.06
新 疆	Xinjiang	82.94	88.69	75.59

8-16 主要城市废气中主要污染物排放情况（2013年）
Main Pullutant Emission in Waste Gas in Main Cities (2013)

单位：吨 (ton)

城市	City	工业二氧化硫排放量 Volume of Industrial Sulphur Dioxide Emission	工业氮氧化物排放量 Volume of Industrial Sulphur Dioxide Emission	工业烟(粉)尘排放量 Volume of Industrial Sulphur Dioxide Emission	生活二氧化硫排放量 Volume of Sulphur Dioxide Emission by Consumption	生活氮氧化物排放量 Volume of Nitrogen Dioxide Emission by Consumption	生活烟尘排放量 Volume of Consumption Soot Emission
北京	Beijing	52041	75927	27182	34967	13638	28258
天津	Tianjin	207793	250646	62766	8959	5221	18400
石家庄	Shijiazhuang	176469	200301	99806	9564	2802	6635
太原	Taiyuan	88880	96018	37003	33396	6738	26727
呼和浩特	Hohhot	96190	131665	48822	4257	665	3763
沈阳	Shenyang	130672	83348	60425	14389	5154	15276
长春	Changchun	57246	95190	72970	7344	1545	7919
哈尔滨	Harbin	65987	85515	82323	50012	22985	80792
上海	Shanghai	172867	262346	67174	42947	23474	6451
南京	Nanjing	110665	109693	65256	1750	400	1000
杭州	Hangzhou	82021	67283	40243	633	335	135
合肥	Hefei	41483	70311	42387	2710	130	3188
福州	Fuzhou	76043	72284	43483	1279	169	547
南昌	Nanchang	40756	18597	11413	641	58	254
济南	Jinan	81118	72969	47117	26087	3629	8355
郑州	Zhengzhou	106123	134120	33828	11975	1780	9150
武汉	Wuhan	96222	95612	20020	5720	1416	1001
长沙	Changsha	21173	15951	19545	2366	153	2946
广州	Guangzhou	65589	57164	16660	663	276	214
南宁	Nanning	33045	34797	20950	8748	1068	4631
海口	Haikou	1798	86	1149	11	17	5
重庆	Chongqing	494415	247905	179842	53261	4487	4401
成都	Chengdu	52040	44411	21452	4891	2109	661
贵阳	Guiyang	70603	30450	24233	35493	1753	5530
昆明	Kunming	102842	68213	57366	5263	970	328
拉萨	Lhasa	930	2016	538	678	40	199
西安	Xi'an	69103	34917	15893	23831	10951	14012
兰州	Lanzhou	72148	79915	40109	7413	1950	1088
西宁	Xining	71839	53280	52765	7129	1419	4793
银川	Yinchuan	92369	84321	27170	5697	1237	3016
乌鲁木齐	Urumqi	74216	113803	52441	6691	1425	4920

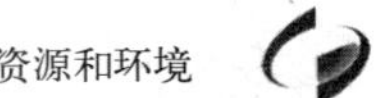

8-17 分地区固体废物处理利用情况（2013年）
Disposal and Utilization of Industrial Solid Wastes by Region (2013)

单位：万吨 (10 000 tons)

地区	Region	一般工业固体废物产生量 Common Industrial Solid Wastes Produced	一般工业固体废物综合利用量 Common Industrial Solid Wastes Comprehen-sively Utilized	一般工业固体废物处置量 Common Industrial Solid Wastes Disposed	一般工业固体废物贮存量 Stock of Common Industrial Solid Wastes	一般工业固体废物倾倒丢弃量 Common Industrial Solid Wastes Discharged	危险废物产生量 Hazardous Wastes Produced	危险废物综合利用量 Hazardous Wastes Utilized	危险废物处置量 Hazardous Wastes Disposed	危险废物贮存量 Stock of Hazardous Wastes
全　国	**National Total**	**327701.94**	**205916.33**	**82969.49**	**42634.16**	**129.28**	**3156.89**	**1700.09**	**701.20**	**810.88**
北　京	Beijing	1044.12	904.46	140.16			13.22	5.79	6.81	0.63
天　津	Tianjin	1592.11	1582.44	9.67			11.81	3.53	8.29	
河　北	Hebei	43288.78	18356.16	23428.61	1846.99		64.50	38.75	25.45	0.31
山　西	Shanxi	30520.46	19814.58	8186.93	2748.91		19.49	14.20	5.14	0.20
内蒙古	Inner Mongolia	20080.59	9984.08	8296.08	2233.40	1.37	117.70	59.35	26.64	31.90
辽　宁	Liaoning	26759.45	11742.28	11289.33	3883.11	9.05	104.64	76.63	39.75	5.39
吉　林	Jilin	4591.13	3711.69	521.55	521.51		74.03	39.39	34.65	
黑龙江	Heilongjiang	6094.49	4144.87	419.46	1557.47		22.58	4.36	17.68	0.57
上　海	Shanghai	2054.49	1995.35	57.99	5.18	0.04	54.31	28.76	25.64	0.39
江　苏	Jiangsu	10855.87	10501.86	286.79	197.14		218.09	107.34	109.17	3.76
浙　江	Zhejiang	4299.58	4091.13	176.63	49.47		104.68	31.97	70.99	4.33
安　徽	Anhui	11936.74	10461.71	1373.65	933.04		55.84	48.91	11.33	0.28
福　建	Fujian	8535.17	7543.88	962.29	51.21	0.05	21.23	7.13	9.24	4.92
江　西	Jiangxi	11518.19	6430.98	397.18	4738.01	1.84	44.17	36.43	7.40	1.20
山　东	Shandong	18172.44	17134.43	787.57	436.08	0.03	509.07	442.42	61.82	8.79
河　南	Henan	16270.08	12465.81	3470.37	449.88	0.01	59.27	42.15	17.10	0.05
湖　北	Hubei	8180.61	6196.28	1645.64	411.54	0.80	59.63	30.50	19.90	9.94
湖　南	Hunan	7805.68	5010.85	1964.33	888.24	0.60	284.29	242.85	20.79	29.07
广　东	Guangdong	5911.84	5023.74	731.76	168.88	1.56	133.12	74.22	58.64	0.59
广　西	Guangxi	7675.64	5424.94	1608.50	1198.23	0.38	96.23	79.70	6.72	14.95
海　南	Hainan	414.89	271.24	46.10	97.55		2.38		2.24	0.24
重　庆	Chongqing	3161.80	2695.41	415.12	78.66	11.48	46.68	32.78	13.23	1.03
四　川	Sichuan	14006.62	5780.47	5300.70	3106.51	7.15	41.72	15.91	25.40	0.69
贵　州	Guizhou	8194.05	4159.92	1606.57	2470.27	19.22	35.78	26.90	5.24	3.80
云　南	Yunnan	16039.97	8413.87	4833.79	2862.72	48.86	193.76	98.16	28.70	69.24
西　藏	Tibet	361.52	5.49	25.71	345.62					
陕　西	Shaanxi	7491.10	4758.46	1621.81	1130.68	0.24	30.34	9.57	11.90	9.21
甘　肃	Gansu	5907.22	3299.79	1858.81	767.81		30.72	8.49	13.78	10.28
青　海	Qinghai	12377.39	6797.90	7.22	5602.46	0.09	399.85	69.66	8.10	325.04
宁　夏	Ningxia	3276.85	2397.89	612.69	292.04		5.09	3.93	0.27	0.89
新　疆	Xinjiang	9283.05	4814.37	886.48	3561.56	26.50	302.67	20.31	9.21	273.21

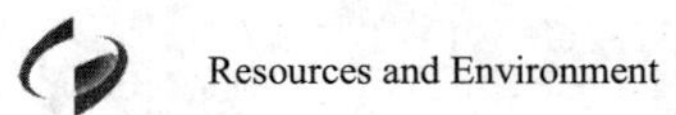

8-18 主要城市固体废物处理利用情况(2013年)
Disposal and Utilization of Industrial Solid Wastes in Main Cities (2013)

单位：万吨 (10 000 tons)

城市	City	一般工业固体废物产生量 Common Industrial Solid Wastes Produced	一般工业固体废物综合利用量 Common Industrial Solid Wastes Comprehensively Utilized	一般工业固体废物处置量 Common Industrial Solid Wastes Disposed	一般工业固体废物贮存量 Stock of Common Industrial Solid Wastes
北京	Beijing	1044.12	904.46	140.16	
天津	Tianjin	1592.11	1582.44	9.67	
石家庄	Shijiazhuang	1558.32	1533.65	21.88	63.33
太原	Taiyuan	2632.13	1435.76	1020.59	178.70
呼和浩特	Hohhot	875.65	407.69	461.24	6.71
沈阳	Shenyang	790.93	733.09	132.53	50.69
长春	Changchun	606.02	604.77	1.25	
哈尔滨	Harbin	574.53	539.22	35.31	
上海	Shanghai	2054.49	1995.35	57.99	5.18
南京	Nanjing	1697.01	1555.24	21.00	129.08
杭州	Hangzhou	687.48	647.92	37.71	2.67
合肥	Hefei	1024.10	955.17	7.78	62.36
福州	Fuzhou	809.63	763.65	43.60	5.27
南昌	Nanchang	224.23	219.08	4.40	
济南	Jinan	932.39	920.43	11.49	0.47
郑州	Zhengzhou	1548.72	1138.85	377.46	33.22
武汉	Wuhan	1384.14	1409.00	7.88	10.29
长沙	Changsha	100.56	86.91	10.19	4.35
广州	Guangzhou	555.56	528.88	21.93	4.96
南宁	Nanning	396.32	375.87	20.20	1.03
海口	Haikou	6.41	6.00	0.41	
重庆	Chongqing	3161.80	2695.41	415.12	78.66
成都	Chengdu	533.35	525.35	8.44	
贵阳	Guiyang	1104.37	515.96	594.87	5.09
昆明	Kunming	3319.12	1412.80	1841.13	76.89
拉萨	Lhasa	278.84	5.49	24.94	263.72
西安	Xi'an	254.85	244.10	8.73	2.02
兰州	Lanzhou	624.57	608.17	14.75	1.66
西宁	Xining	538.14	555.77	3.75	8.85
银川	Yinchuan	685.69	581.30	59.36	45.03
乌鲁木齐	Urumqi	1127.51	988.11	139.39	0.01

8-19 环保重点城市空气质量情况（2013年）
Ambient Air Quality in Key Cities of Environmental Protection (2013)

城市 City	二氧化硫年平均浓度 $(\mu g/m^3)$ Annual Average Concentration of SO_2 $(\mu g/m^3)$	二氧化氮年平均浓度 $(\mu g/m^3)$ Annual Average Concentration of NO_2 $(\mu g/m^3)$	可吸入颗粒物(PM_{10})年平均浓度 $(\mu g/m^3)$ Annual Average Concentration of PM_{10} $(\mu g/m^3)$	一氧化碳日均值第95百分位浓度 (mg/m^3) 95th Percentile Daily Average Concentration of CO (mg/m^3)	臭氧(O_3)日最大8小时第90百分位浓度 $(\mu g/m^3)$ 90th Percentile Daily Maximum 8 Hours Average Concentration of $O_3(\mu g/m^3)$	细颗粒物($PM_{2.5}$)年平均浓度 $(\mu g/m^3)$ Annual Average Concentration of $PM_{2.5}$ $(\mu g/m^3)$	空气质量达到及好于二级的天数（天） Days of Air Quality Equal to or Above Grade II (day)
北　京 Beijing	26	56	108	3.4	188	89	167
天　津 Tianjin	59	54	150	3.7	151	96	145
石家庄 Shijiazhuang	105	68	305	5.7	173	154	49
太　原 Taiyuan	80	43	157	3.4	148	81	162
呼和浩特 Hohhot	56	40	146	4.1	104	57	213
沈　阳 Shenyang	90	43	129	3.2	139	78	215
长　春 Changchun	44	44	130	2.1	127	73	230
哈尔滨 Harbin	44	56	119	2.2	72	81	239
上　海 Shanghai	24	48	84	1.6	158	62	246
南　京 Nanjing	37	55	137	2.1	138	78	198
杭　州 Hangzhou	28	53	106	1.9	155	70	212
宁　波 Ningbo	22	44	86	1.7	137	54	277
温　州 Wenzhou	23	51	94	1.9	147	58	252
嘉　兴 Jiaxing	30	47	94	2.1	173	68	214
湖　州 Huzhou	29	52	111	1.8	180	74	192
绍　兴 Shaoxing	38	49	105	1.9	133	71	240
金　华 Jinhua	34	41	99	1.9	164	70	195
衢　州 Quzhou	36	37	94	1.4	134	68	248
舟　山 Zhoushan	10	22	58	1.1	122	33	319
台　州 Taizhou	17	34	82	1.8	154	53	266
丽　水 Lishui	19	32	69	1.2	143	49	297
合　肥 Hefei	22	39	115	1.8	101	88	180
福　州 Fuzhou	11	43	64	1.2	73	36	343
厦　门 Xiamen	20	44	62	1.2	136	36	336
南　昌 Nanchang	40	40	116	1.8	122	69	230
济　南 Jinan	95	61	199	3.1	190	110	79
青　岛 Qingdao	58	43	106	2.0	115	67	259
郑　州 Zhengzhou	59	52	171	4.9	109	108	134
武　汉 Wuhan	33	60	124	2.1	161	94	161
长　沙 Changsha	33	46	94	2.3	134	83	196
广　州 Guangzhou	20	52	72	1.5	156	53	259
深　圳 Shenzhen	11	40	61	1.6	123	40	325
珠　海 Zhuhai	13	37	59	1.5	128	38	319
佛　山 Foshan	32	53	83	1.6	167	52	247
江　门 Jiangmen	27	33	77	2.1	164	51	261
肇　庆 Zhaoqing	28	38	85	2.1	167	54	249
惠　州 Huizhou	16	29	59	1.3	150	38	310
东　莞 Dongguan	23	45	65	1.4	172	47	263
中　山 Zhongshan	19	42	66	1.4	164	48	267
南　宁 Nanning	19	38	90	1.7	125	57	275
海　口 Haikou	7	17	47	1.0	106	27	342
重　庆 Chongqing	32	38	106	1.5	163	70	207
成　都 Chengdu	31	63	150	2.6	157	96	139
贵　阳 Guiyang	31	33	85	1.3	101	53	278
昆　明 Kunming	28	40	82	2.0	121	42	329
拉　萨 Lhasa	9	22	64	2.0	143	26	341
西　安 Xi'an	46	57	189	4.5	132	105	157
兰　州 Lanzhou	33	35	153	2.2	92	67	193
西　宁 Xining	48	41	163	3.3	102	70	216
银　川 Yinchuan	77	43	118	2.7	107	51	249
乌鲁木齐 Urumqi	29	61	146	5.9	116	88	184

注：2013年数据根据全国74个执行新环境空气质量标准(GB3095-2012)的城市统计结果计算。

a) Data of 2013 are calculated by the statistics of 74 cities implementing new Ambient Air Quality Standard (GB3095-2012).

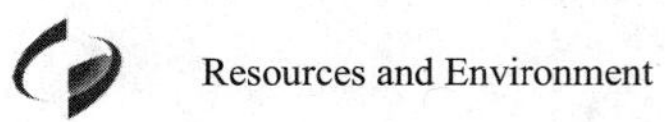

8-20 分地区城市生活垃圾清运和处理情况（2013年）
Collection, Transport and Disposal of Consumption Wastes in Cities by Region (2013)

地 区	Region	生活垃圾清运量（万吨） Consumption Wastes Collected and Transported (10 000 tons)	无害化处理厂数（座） Number of Factories for Wastes Treatment (unit)	#卫生填埋 Landfill	#焚 烧 Incinerate	#其 他 Others	无害化处理能力（吨/日） Treatment Capacity (ton/day)	#卫生填埋 Landfill	#焚 烧 Incinerate	#其 他 Others
全 国	**National Total**	**17238.6**	**765**	**580**	**166**	**19**	**492300**	**322782**	**158488**	**11030**
北 京	Beijing	671.7	24	17	4	3	21971	12371	5800	3800
天 津	Tianjin	200.0	10	6	4		10500	6200	4300	
河 北	Hebei	585.3	30	25	3	2	12345	9185	2600	560
山 西	Shanxi	394.6	21	15	5	1	10140	6630	3280	230
内蒙古	Inner Mongolia	350.1	24	23	1		11333	9833	1500	
辽 宁	Liaoning	927.1	27	24	2	1	20446	18066	1780	600
吉 林	Jilin	485.4	16	13	3		10123	7283	2840	
黑龙江	Heilongjiang	581.9	20	16	2	2	11849	10709	500	640
上 海	Shanghai	735.0	13	5	4	4	20530	11230	6300	3000
江 苏	Jiangsu	1202.7	49	27	22		40723	17253	23470	
浙 江	Zhejiang	1123.3	59	27	30	2	42932	15779	26803	350
安 徽	Anhui	455.9	25	20	5		14202	10252	3950	
福 建	Fujian	551.8	26	12	13	1	16480	4780	11200	500
江 西	Jiangxi	339.0	17	17			9085	9085		
山 东	Shandong	1007.4	58	44	13	1	32237	19837	11800	600
河 南	Henan	805.6	43	39	4		23277	19327	3950	
湖 北	Hubei	745.8	36	26	10		22539	12539	10000	
湖 南	Hunan	616.8	31	30	1		17368	16768	600	
广 东	Guangdong	2092.1	61	40	21		59189	37844	21345	
广 西	Guangxi	302.3	20	18	2		8891	8291	600	
海 南	Hainan	125.3	9	6	3		3880	2230	1650	
重 庆	Chongqing	349.8	14	12	2		8174	4574	3600	
四 川	Sichuan	750.7	40	34	6		19498	14278	5220	
贵 州	Guizhou	248.4	13	13			7393	7393		
云 南	Yunnan	324.1	20	14	6		8316	2916	5400	
西 藏	Tibet	24.1								
陕 西	Shaanxi	437.3	16	15		1	13136	12986		150
甘 肃	Gansu	272.8	12	12			3155	3155		
青 海	Qinghai	74.1	4	4			1470	1470		
宁 夏	Ningxia	106.0	7	7			2780	2780		
新 疆	Xinjiang	352.3	20	19		1	8338	7738		600

8-20 续表 continued

地 区	Region	无害化处理量(万吨) Volume of Wastes Disposed (10 000 tons)	#卫生填埋 Landfill	#焚 烧 Incinerate	#其 他 Others	粪便清运量(万吨) Collection and Transport of Excrement and Urine (10 000 tons)	粪便无害化处理量(万吨) Disposal of Excrement and Urine (10 000 tons)	生活垃圾无害化处理率(%) Treatment Rate of Consumption Wastes (%)
全 国	**National Total**	**15394.0**	**10492.7**	**4633.7**	**267.6**	**1682.4**	**677.8**	**89.3**
北 京	Beijing	667.0	489.9	97.8	79.2	220.7	195.5	99.3
天 津	Tianjin	193.6	112.2	81.3		30.9	14.2	96.8
河 北	Hebei	487.4	367.1	95.2	25.1	81.7	16.3	83.3
山 西	Shanxi	346.8	204.9	135.5	6.5	76.3	0.7	87.9
内蒙古	Inner Mongolia	327.5	304.5	23.0		82.8	13.1	93.6
辽 宁	Liaoning	812.2	726.8	63.5	21.9	98.1	17.0	87.6
吉 林	Jilin	295.3	207.6	87.7		66.8	37.2	60.9
黑龙江	Heilongjiang	316.6	296.0	9.7	10.9	153.2	27.5	54.4
上 海	Shanghai	665.8	419.0	170.0	76.7	222.0	63.8	90.6
江 苏	Jiangsu	1171.0	432.6	738.3		81.7	42.3	97.4
浙 江	Zhejiang	1117.0	471.0	646.0		69.4	58.5	99.4
安 徽	Anhui	450.5	346.9	103.6		24.8	4.6	98.8
福 建	Fujian	541.7	192.8	335.8	13.1	3.9	2.8	98.2
江 西	Jiangxi	316.2	316.2			12.9	6.3	93.3
山 东	Shandong	1002.0	546.8	435.5	19.7	136.3	59.1	99.5
河 南	Henan	725.4	607.8	117.6		48.3	12.1	90.0
湖 北	Hubei	636.9	294.8	342.1		19.4	8.1	85.4
湖 南	Hunan	592.3	569.3	23.1		3.4	0.2	96.0
广 东	Guangdong	1770.3	1200.4	569.9		94.4	46.9	84.6
广 西	Guangxi	291.5	281.7	9.8		10.0	2.5	96.4
海 南	Hainan	125.2	61.8	63.4		0.9		99.9
重 庆	Chongqing	347.8	234.4	113.4		64.6	26.2	99.4
四 川	Sichuan	713.0	512.2	200.8		20.2	4.6	95.0
贵 州	Guizhou	229.1	229.1			4.1		92.2
云 南	Yunnan	284.0	113.3	170.8		15.9	5.7	87.6
西 藏	Tibet							
陕 西	Shaanxi	421.8	417.1		4.7	15.6	6.2	96.4
甘 肃	Gansu	115.4	115.4			19.4	4.7	42.3
青 海	Qinghai	57.6	57.6			2.0		77.8
宁 夏	Ningxia	98.0	98.0			2.7	1.6	92.5
新 疆	Xinjiang	275.1	265.4		9.8	0.3	0.3	78.1

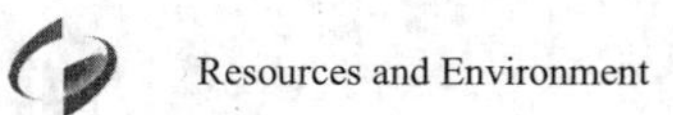

8-21 环保重点城市道路交通噪声监测情况（2013年）
Monitoring of Urban Road Traffic Noise in Key Cities of Environmental Protection (2013)

城市	City	等效声级 dB(A) Average Noise Value dB(A)	城市	City	等效声级 dB(A) Average Noise Value dB(A)	城市	City	等效声级 dB(A) Average Noise Value dB(A)
北京	Beijing	69.1	温州	Wenzhou	68.1	深圳	Shenzhen	68.9
天津	Tianjin	67.6	湖州	Huzhou	69.2	珠海	Zhuhai	67.3
石家庄	Shijiazhuang	67.8	绍兴	Shaoxing	67.7	汕头	Shantou	67.6
唐山	Tangshan	65.0	合肥	Hefei	67.8	湛江	Zhanjiang	67.5
秦皇岛	Qinhuangdao	66.8	芜湖	Wuhu	64.0	南宁	Nanning	69.8
邯郸	Handan	68.6	马鞍山	Maanshan	67.5	柳州	Liuzhou	67.1
保定	Baoding	67.9	福州	Fuzhou	69.2	桂林	Guilin	69.5
太原	Taiyuan	68.0	厦门	Xiamen	65.6	北海	Beihai	65.7
大同	Datong	65.6	泉州	Quanzhou	68.2	海口	Haikou	68.0
阳泉	Yangquan	65.9	南昌	Nanchang	67.3	重庆	Chongqing	67.4
长治	Changzhi	67.1	九江	Jiujiang	65.7	成都	Chengdu	69.2
临汾	Linfen	67.6	济南	Jinan	69.3	自贡	Zigong	66.1
呼和浩特	Hohhot	69.3	青岛	Qingdao	68.9	攀枝花	Panzhihua	67.9
包头	Baotou	66.5	淄博	Zibo	67.0	泸州	Luzhou	68.0
赤峰	Chifeng	67.7	枣庄	Zaozhuang	68.7	德阳	Deyang	62.0
沈阳	Shenyang	69.8	烟台	Yantai	68.6	绵阳	Mianyang	67.9
大连	Dalian	67.7	潍坊	Weifang	66.2	南充	Nanchong	68.2
鞍山	Anshan	66.4	济宁	Jinin	66.5	宜宾	Yibin	67.8
抚顺	Fushun	67.7	泰安	Taian	68.0	贵阳	Guiyang	66.6
本溪	Benxi	63.2	日照	Rizhao	63.2	遵义	Zunyi	67.5
锦州	Jinzhou	67.5	郑州	Zhengzhou	67.6	昆明	Kunming	67.9
长春	Changchun	68.9	开封	Kaifeng	67.9	曲靖	Qujing	66.0
吉林	Jilin	69.0	洛阳	Luoyang	67.1	玉溪	Yuxi	65.9
哈尔滨	Harbin	67.8	平顶山	Pingdingshan	67.3	拉萨	Lhasa	67.0
齐齐哈尔	Qiqihar	67.8	安阳	Anyang	67.7	西安	Xi'an	68.2
牡丹江	Mudanjiang	65.8	焦作	Jiaozuo	67.7	铜川	Tongchuan	63.6
上海	Shanghai	68.4	三门峡	Sanmenxia	69.0	宝鸡	Baoji	67.7
南京	Nanjing	68.0	武汉	Wuhan	69.0	咸阳	Xianyang	66.3
无锡	Wuxi	67.9	宜昌	Yichang	67.1	渭南	Weinan	65.8
徐州	Xuzhou	67.5	荆州	Jingzhou	67.2	延安	Yan'an	66.4
常州	Changzhou	67.7	长沙	Changsha	69.3	兰州	Lanzhou	68.6
苏州	Suzhou	63.5	株洲	Zhuzhou	65.8	金昌	Jinchang	66.8
南通	Nantong	68.4	湘潭	Xiangtan	68.0	西宁	Xining	69.0
连云港	Lianyungang	67.2	岳阳	Yueyang	68.9	银川	Yinchuan	66.9
扬州	Yangzhou	66.3	常德	Changde	68.4	石嘴山	Shizuishan	64.2
镇江	Zhenjiang	67.3	张家界	Zhangjiajie	69.4	乌鲁木齐	Urumqi	67.5
杭州	Hangzhou	69.3	广州	Guangzhou	67.6	克拉玛依	Karamay	64.4
宁波	Ningbo	68.4	韶关	Shaoguan	64.7			

8-22 环保重点城市区域环境噪声监测情况（2013年）

Monitoring of Urban Environment Noise in Key Cities of Environmental Protection (2013)

城市	City	等效声级 dB(A) Average Noise Value dB(A)	城市	City	等效声级 dB(A) Average Noise Value dB(A)	城市	City	等效声级 dB(A) Average Noise Value dB(A)
北京	Beijing	53.8	温州	Wenzhou	54.8	深圳	Shenzhen	56.6
天津	Tianjin	54.0	湖州	Huzhou	54.4	珠海	Zhuhai	53.7
石家庄	Shijiazhuang	52.2	绍兴	Shaoxing	54.8	汕头	Shantou	55.5
唐山	Tangshan	52.0	合肥	Hefei	54.8	湛江	Zhanjiang	54.2
秦皇岛	Qinhuangdao	54.7	芜湖	Wuhu	54.6	南宁	Nanning	53.4
邯郸	Handan	53.3	马鞍山	Maanshan	55.4	柳州	Liuzhou	55.1
保定	Baoding	55.4	福州	Fuzhou	57.4	桂林	Guilin	53.6
太原	Taiyuan	53.0	厦门	Xiamen	55.6	北海	Beihai	56.0
大同	Datong	53.5	泉州	Quanzhou	54.6	海口	Haikou	54.7
阳泉	Yangquan	53.5	南昌	Nanchang	53.6	重庆	Chongqing	53.4
长治	Changzhi	52.2	九江	Jiujiang	53.9	成都	Chengdu	54.4
临汾	Linfen	51.9	济南	Jinan	52.6	自贡	Zigong	53.2
呼和浩特	Hohhot	54.0	青岛	Qingdao	57.6	攀枝花	Panzhihua	51.6
包头	Baotou	54.2	淄博	Zibo	53.0	泸州	Luzhou	54.1
赤峰	Chifeng	54.9	枣庄	Zaozhuang	56.1	德阳	Deyang	49.7
沈阳	Shenyang	54.3	烟台	Yantai	53.9	绵阳	Mianyang	54.3
大连	Dalian	53.7	潍坊	Weifang	53.3	南充	Nanchong	55.4
鞍山	Anshan	53.3	济宁	Jinin	51.5	宜宾	Yibin	54.7
抚顺	Fushun	52.6	泰安	Taian	55.8	贵阳	Guiyang	55.4
本溪	Benxi	54.9	日照	Rizhao	52.4	遵义	Zunyi	55.4
锦州	Jinzhou	53.2	郑州	Zhengzhou	54.7	昆明	Kunming	53.7
长春	Changchun	55.3	开封	Kaifeng	51.5	曲靖	Qujing	50.8
吉林	Jilin	52.4	洛阳	Luoyang	53.5	玉溪	Yuxi	55.0
哈尔滨	Harbin	55.9	平顶山	Pingdingshan	54.0	拉萨	Lhasa	47.7
齐齐哈尔	Qiqihar	51.8	安阳	Anyang	54.8	西安	Xi'an	55.3
牡丹江	Mudanjiang	55.0	焦作	Jiaozuo	54.2	铜川	Tongchuan	55.4
上海	Shanghai	55.5	三门峡	Sanmenxia	54.6	宝鸡	Baoji	53.7
南京	Nanjing	54.0	武汉	Wuhan	55.1	咸阳	Xianyang	56.6
无锡	Wuxi	56.7	宜昌	Yichang	55.6	渭南	Weinan	53.7
徐州	Xuzhou	53.5	荆州	Jingzhou	54.3	延安	Yan'an	56.2
常州	Changzhou	53.9	长沙	Changsha	54.8	兰州	Lanzhou	54.6
苏州	Suzhou	54.3	株洲	Zhuzhou	53.6	金昌	Jinchang	53.5
南通	Nantong	57.8	湘潭	Xiangtan	53.8	西宁	Xining	54.3
连云港	Lianyungang	53.7	岳阳	Yueyang	51.2	银川	Yinchuan	53.1
扬州	Yangzhou	54.5	常德	Changde	53.7	石嘴山	Shizuishan	51.0
镇江	Zhenjiang	55.9	张家界	Zhangjiajie	52.4	乌鲁木齐	Urumqi	54.8
杭州	Hangzhou	56.3	广州	Guangzhou	54.9	克拉玛依	Karamay	51.7
宁波	Ningbo	58.7	韶关	Shaoguan	55.5			

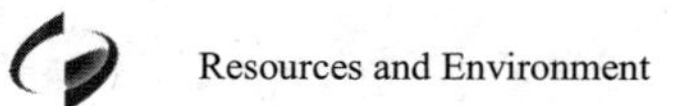

8-23 分地区土地利用情况（2008年）
Land Use by Region (2008)

单位：万公顷 (10 000 hectares)

地区	Region	土地调查面积 Area under Land Survey	农用地 Land for Agriculture Use	#园地 Garden Land	#牧草地 Grazing and Pasture Land	建设用地 Land for Construction	居民点及工矿用地 Land for Inhabitation, Mining and Manufacturing	交通运输用地 Land for Transport Facilities	水利设施用地 Land for Water Conservancy Facilities
北京	Beijing	164.1	109.6	12.0	0.2	33.8	27.9	3.3	2.6
天津	Tianjin	119.2	69.3	3.5	0.1	36.8	28.1	2.2	6.5
河北	Hebei	1884.3	1308.2	70.5	79.9	179.4	154.5	12.0	12.9
山西	Shanxi	1567.1	1014.3	29.5	65.8	86.9	77.3	6.3	3.3
内蒙古	Inner Mongolia	11451.2	9523.0	7.3	6560.9	149.2	123.9	16.0	9.3
辽宁	Liaoning	1480.6	1122.8	59.6	34.9	139.9	115.9	9.2	14.8
吉林	Jilin	1911.2	1639.3	11.5	104.4	106.5	84.2	6.7	15.6
黑龙江	Heilongjiang	4526.5	3792.4	6.0	220.8	149.2	116.1	11.9	21.2
上海	Shanghai	82.4	36.7	2.1		25.4	23.0	2.1	0.2
江苏	Jiangsu	1067.4	671.6	31.6	0.1	193.4	161.0	13.1	19.3
浙江	Zhejiang	1054.0	867.2	66.1		104.9	81.7	9.5	13.8
安徽	Anhui	1401.3	1119.0	33.9	2.8	166.2	133.4	10.1	22.7
福建	Fujian	1240.2	1073.1	62.9	0.3	64.7	50.7	7.9	6.1
江西	Jiangxi	1668.9	1416.4	27.8	0.4	95.4	67.5	7.5	20.5
山东	Shandong	1571.3	1156.6	100.7	3.4	251.1	209.3	16.3	25.5
河南	Henan	1655.4	1228.1	31.4	1.4	218.7	188.3	12.2	18.2
湖北	Hubei	1858.9	1465.2	42.4	4.4	140.0	100.9	9.2	30.0
湖南	Hunan	2118.5	1789.8	49.0	10.4	139.0	108.8	10.4	19.8
广东	Guangdong	1798.1	1489.1	100.8	2.7	179.0	145.7	12.1	21.1
广西	Guangxi	2375.6	1786.6	53.9	71.6	95.4	71.0	8.8	15.5
海南	Hainan	353.5	282.3	53.2	1.9	29.8	22.3	1.4	6.1
重庆	Chongqing	822.7	692.0	24.0	23.7	59.3	48.9	4.8	5.5
四川	Sichuan	4840.6	4239.8	71.6	1371.1	160.3	136.6	13.5	10.2
贵州	Guizhou	1761.5	1524.6	12.1	159.8	55.7	45.7	6.1	4.0
云南	Yunnan	3831.9	3176.0	84.2	78.2	81.6	62.8	10.0	8.8
西藏	Tibet	12020.7	7760.6	0.2	6444.1	6.7	4.2	2.4	0.1
陕西	Shaanxi	2057.9	1847.8	70.6	306.4	81.7	71.0	6.6	4.0
甘肃	Gansu	4040.9	2387.9	20.0	1261.3	97.7	88.2	6.6	2.9
青海	Qinghai	7174.8	4372.4	0.7	4034.7	32.7	24.7	3.2	4.8
宁夏	Ningxia	519.5	417.4	3.4	226.4	21.2	18.6	1.9	0.7
新疆	Xinjiang	16649.0	6308.5	36.4	5111.4	124.0	99.3	6.3	18.4

8-24 分地区森林资源情况
Forest Resources by Region

地 区	Region	林业用地面积（万公顷） Area of Afforested Land (10 000 hectares)	森林面积（万公顷） Forest Area (10 000 hectares)	#人工林 Man-made Forest	森林覆盖率（%） Forest Coverage Rate (%)	活立木总蓄积量（万立方米） Total Standing Forest Stock (10 000 cu.m)	森林蓄积量（万立方米） Stock Volume of Forest (10 000 cu.m)
全 国	**National Total**	**31259.00**	**20768.73**	**6933.38**	**21.63**	**1643280.62**	**1513729.72**
北 京	Beijing	101.35	58.81	37.15	35.84	1828.04	1425.33
天 津	Tianjin	15.62	11.16	10.56	9.87	453.98	374.03
河 北	Hebei	718.08	439.33	220.90	23.41	13082.23	10774.95
山 西	Shanxi	765.55	282.41	131.81	18.03	11039.38	9739.12
内蒙古	Inner Mongolia	4398.89	2487.90	331.65	21.03	148415.92	134530.48
辽 宁	Liaoning	699.89	557.31	307.08	38.24	25972.07	25046.29
吉 林	Jilin	856.19	763.87	160.56	40.38	96534.93	92257.37
黑龙江	Heilongjiang	2207.40	1962.13	246.53	43.16	177720.97	164487.01
上 海	Shanghai	7.73	6.81	6.81	10.74	380.25	186.35
江 苏	Jiangsu	178.70	162.10	156.82	15.80	8461.42	6470.00
浙 江	Zhejiang	660.74	601.36	258.53	59.07	24224.93	21679.75
安 徽	Anhui	443.18	380.42	225.07	27.53	21710.12	18074.85
福 建	Fujian	926.82	801.27	377.69	65.95	66674.62	60796.15
江 西	Jiangxi	1069.66	1001.81	338.60	60.01	47032.40	40840.62
山 东	Shandong	331.26	254.60	244.52	16.73	12360.74	8919.79
河 南	Henan	504.98	359.07	227.12	21.50	22880.68	17094.56
湖 北	Hubei	849.85	713.86	194.85	38.40	31324.69	28652.97
湖 南	Hunan	1252.78	1011.94	474.61	47.77	37311.50	33099.27
广 东	Guangdong	1076.44	906.13	557.89	51.26	37774.59	35682.71
广 西	Guangxi	1527.17	1342.70	634.52	56.51	55816.60	50936.80
海 南	Hainan	214.49	187.77	136.20	55.38	9774.49	8903.83
重 庆	Chongqing	406.28	316.44	92.55	38.43	17437.31	14651.76
四 川	Sichuan	2328.26	1703.74	449.26	35.22	177576.04	168000.04
贵 州	Guizhou	861.22	653.35	237.30	37.09	34384.40	30076.43
云 南	Yunnan	2501.04	1914.19	414.11	50.03	187514.27	169309.19
西 藏	Tibet	1783.64	1471.56	4.88	11.98	228812.16	226207.05
陕 西	Shaanxi	1228.47	853.24	236.97	41.42	42416.05	39592.52
甘 肃	Gansu	1042.65	507.45	102.97	11.28	24054.88	21453.97
青 海	Qinghai	808.04	406.39	7.44	5.63	4884.43	4331.21
宁 夏	Ningxia	180.10	61.80	14.43	11.89	872.56	660.33
新 疆	Xinjiang	1099.71	698.25	94.00	4.24	38679.57	33654.09

注：1.本表为第八次全国森林资源清查（2009-2013）资料。
2.全国总计数包括台湾省和香港、澳门特别行政区数据。

a) Data in the table are the figures of the Seventh National Forestry Survey (2009-2013).
b) Data of national total include forest resources in Taiwan province and Hong Kong SAR and Macao SAR.

8-25 造 林 面 积
Area of Afforestation

单位：公顷 (hectare)

年份 地区	Year Region	造林总面积 Total Area of Afforestation	按造林方式分 By Approach			按林种用途分 By Function of Forest				
			人工造林 Manual Planting	飞播造林 Airplane Planting	无林地和疏林地新封山育林 Area without Forest or of Sparse Forest	用材林 Timber Forests	经济林 By-product Forests	防护林 Protection Forests	薪炭林 Fuel Forests	特种用途林 Forests for Special Purpose
	2000	5105138	4345008	760130		1218461	1350277	2430834	82338	23228
	2001	4953038	3977324	975714		905518	1068540	2913538	45611	19831
	2002	7770971	6896041	874930		898736	964211	5828810	59144	20070
	2003	9118894	8432486	686408		1175812	797318	7087319	37070	21374
	2004	5598079	5018885	579194		871132	456691	4210768	49966	9522
	2005	3647942	3231556	416386		607547	337816	2678214	16074	8291
	2006	2717925	2446122	271803		481629	403322	1824687	4837	3450
	2007	3907711	2738521	118671	1050519	610367	478417	2790172	7993	20762
	2008	5354387	3684913	154065	1515409	782109	850774	3697812	4020	19672
	2009	6262330	4156293	226337	1879700	801317	1002555	4407654	23705	27099
	2010	5909919	3872762	195948	1841209	809937	1110896	3943432	18887	26767
	2011	5996613	4065693	196931	1733989	1019320	1218281	3688827	36805	33380
	2012	5595791	3820704	136409	1638678	774398	1101053	3650842	41145	28353
	2013	6100057	4209686	154400	1735971	1057558	1233676	3748409	24898	35516
北京	Beijing	45813	30871		14942		436	44737		640
天津	Tianjin	5792	5792			618	1116	4058		
河北	Hebei	318737	238007	20001	60729	31127	45852	240298		1460
山西	Shanxi	298796	240843	1732	56221	2267	83995	202872	9662	
内蒙古	Inner Mongolia	805156	349624	78666	376866	8357	16489	777993		2317
辽宁	Liaoning	237457	134459		102998	16899	26565	193993		
吉林	Jilin	112446	48448		63998	8255	136	104055		
黑龙江	Heilongjiang	124122	81512		42610	13491	1409	106778	4	2440
上海	Shanghai	862	862				85	777		
江苏	Jiangsu	65258	64925		333	7848	11446	43923		2041
浙江	Zhejiang	42362	30310		12052	3266	9690	28856	224	326
安徽	Anhui	172086	162488		9598	63164	40285	60790	716	7131
福建	Fujian	100185	100185			72977	9055	15081	272	2800
江西	Jiangxi	153368	141041		12327	86665	37867	28207	140	489
山东	Shandong	220473	219129		1344	32569	63604	122536		1764
河南	Henan	253914	201208		52706	55701	41444	156769		
湖北	Hubei	246858	165652		81206	83439	58163	103083	112	2061
湖南	Hunan	349772	188680		161092	183884	36111	125879	2161	1737
广东	Guangdong	139058	119083		19975	29986	5143	102917		1012
广西	Guangxi	149875	133510		16365	89186	35510	24339		840
海南	Hainan	12829	12829			1888	8192	2103		646
重庆	Chongqing	227883	152832		75051	60683	28605	133465	3447	1683
四川	Sichuan	126191	67992		58199	31306	23961	70791		133
贵州	Guizhou	340000	256253		83747	100000	144727	90000	4333	940
云南	Yunnan	524334	467658		56676	61336	352109	110010	879	
西藏	Tibet	69629	30540		39089		1426	68203		
陕西	Shaanxi	343981	215732	54001	74248	8371	73744	261866		
甘肃	Gansu	174470	108377		66093		12514	156923		5033
青海	Qinghai	152755	44397		108358		6868	145887		
宁夏	Ningxia	101145	60695		40450		10118	91027		
新疆	Xinjiang	164450	115752		48698	4275	47011	110193	2948	23

注：2013年全国合计造林面积中包括军事管理区20000公顷退耕还林工程荒山荒地造林。根据造林技术规程(GB/T 15776-2006)，自2006年起将无林地和疏林地新封山育林面积计入造林总面积。

a) The areas of afforestation in 2013 include 20000 hectares plantation of barren mountains and wasteland in the Conversion of Cropland to Forest Program. According to Afforestation Technical Regulation (GB/T 15776-2006), since 2006, area of afforestation include the area without forest or of sparse forest.

8-26 分地区草原建设利用情况(2013年)
Grassland Construction and Utilization by Region (2013)

单位：千公顷 (1 000 hectares)

地 区	Region	草原总面积 Area of Grassland	可利用草原面积 Grassland Available	累计种草保留面积 Accumulated Grass Reserved	当年新增种草面积 Newly Increased Grassland This Year	草原鼠害 Rodent Pests in Grassland: 危害面积 Area Harmed	草原鼠害 Rodent Pests in Grassland: 治理面积 Area Harnessed	草原虫害 Insect Pests in Grassland: 危害面积 Area Harmed	草原虫害 Insect Pests in Grassland: 治理面积 Area Harnessed	草原火灾受害面积 Area Affected by Fire
全 国	**National Total**	**392832.7**	**330995.4**	**20867.1**	**6915.3**	**36776.0**	**7585.3**	**15307.3**	**4641.3**	**35.3**
北 京	Beijing	394.8	336.3	19.6	18.2					
天 津	Tianjin	146.6	135.4	9.0	8.3					
河 北	Hebei	4712.1	4085.3	626.0	147.7	392.0	236.9	443.3	256.0	
山 西	Shanxi	4552.0	4552.0	434.9	147.9	412.7	114.7	434.7	100.0	
内蒙古	Inner Mongolia	78804.5	63591.1	4499.4	1926.4	4835.3	1310.2	6103.3	1522.7	30.7
辽 宁	Liaoning	3388.8	3239.3	725.5	366.8	277.3	193.0	296.0	143.3	
吉 林	Jilin	5842.2	4379.0	663.6	263.3	396.7	268.7	290.7	125.3	0.8
黑龙江	Heilongjiang	7531.8	6081.7	462.1	195.9	615.3	128.0	469.3	102.0	0.1
上 海	Shanghai	73.3	37.3	47.7	41.3					
江 苏	Jiangsu	412.7	325.7	115.3	70.5					
浙 江	Zhejiang	3169.9	2075.2	55.0	30.5					
安 徽	Anhui	1663.2	1485.2	233.0	132.3					
福 建	Fujian	2048.0	1957.1	168.2	68.8					
江 西	Jiangxi	4442.3	3847.6	235.8	150.4					
山 东	Shandong	1638.0	1329.2	238.5	97.8					0.4
河 南	Henan	4433.8	4043.3	224.4	42.6					
湖 北	Hubei	6352.2	5071.5	48.4	37.0					
湖 南	Hunan	6372.7	5666.3	89.1	24.2					
广 东	Guangdong	3266.2	2677.2	18.3	0.3					
广 西	Guangxi	8698.3	6500.3	94.7	42.8					
海 南	Hainan	949.8	843.3	2183.4						
重 庆	Chongqing	2158.4	1867.2	620.7	158.7					
四 川	Sichuan	20380.4	17753.1	974.9	315.7	3016.0	935.0	868.7	382.0	
贵 州	Guizhou	4287.3	3759.7	154.4	64.8					
云 南	Yunnan	15308.4	11925.6	856.3	136.9					
西 藏	Tibet	82051.9	70846.8	2828.5	537.3	7410.0	157.3	9.3	5.3	0.2
陕 西	Shaanxi	5206.2	4349.2	1560.9	826.4	648.0	208.5	352.7	63.3	0.2
甘 肃	Gansu	17904.2	16071.6	732.9	281.9	4596.7	884.7	1390.7	302.7	1.7
青 海	Qinghai	36369.7	31530.7	1712.9	731.0	8718.7	1129.3	1654.7	443.3	
宁 夏	Ningxia	3014.1	2625.6	233.6	49.7	335.3	589.1	446.0	118.0	0.8
新 疆	Xinjiang	57258.8	48006.8	1767.6	586.9	5122.0	1429.9	2548.0	1077.3	0.5

8-27 分地区湿地面积
Area of Wetlands by Region

地 区	Region	湿地面积(千公顷) Area of Wetlands (1 000 hectares)	天然湿地 Natural Wetlands	近海与海岸 Coasts and Seashores	河 流 Rivers	湖 泊 Lakes	沼 泽 Marshland	人工湿地 Man-made Wetlands	湿地面积占辖区面积比重 (%) Proportion of Wetlands in Total Area of Territory (%)
全 国	**National Total**	**53602.6**	**46674.7**	**5795.9**	**10552.1**	**8593.8**	**21732.9**	**6745.9**	**5.56**
北 京	Beijing	48.1	24.2		22.7	0.2	1.3	23.9	2.86
天 津	Tianjin	295.6	151.1	104.3	32.3	3.6	10.9	144.5	23.94
河 北	Hebei	941.9	694.6	231.9	212.5	26.6	223.6	247.3	5.04
山 西	Shanxi	151.9	108.1		96.9	3.1	8.1	43.8	0.97
内蒙古	Inner Mongolia	6010.6	5878.8		463.7	566.2	4848.9	131.8	5.08
辽 宁	Liaoning	1394.8	1077.7	713.2	251.5	2.9	110.1	317.1	9.42
吉 林	Jilin	997.6	862.9		223.5	112.0	527.4	134.7	5.32
黑龙江	Heilongjiang	5143.3	4953.8		733.5	356.0	3864.3	189.5	11.31
上 海	Shanghai	464.6	409.0	386.6	7.3	5.8	9.3	55.6	73.27
江 苏	Jiangsu	2822.8	1948.8	1087.5	296.6	536.7	28.0	874.0	27.51
浙 江	Zhejiang	1110.1	843.3	692.5	141.2	8.9	0.7	266.8	10.91
安 徽	Anhui	1041.8	713.6		309.6	361.1	42.9	328.2	7.46
福 建	Fujian	871.0	711.2	575.6	135.1	0.3	0.2	159.8	7.18
江 西	Jiangxi	910.1	710.7		310.8	374.1	25.8	199.4	5.45
山 东	Shandong	1737.5	1103.0	728.5	257.8	62.6	54.1	634.5	11.07
河 南	Henan	627.9	380.7		368.9	6.9	4.9	247.2	3.76
湖 北	Hubei	1445.0	764.2		450.4	276.9	36.9	680.8	7.77
湖 南	Hunan	1019.7	813.5		398.4	385.8	29.3	206.2	4.81
广 东	Guangdong	1753.4	1158.1	815.1	337.9	1.5	3.6	595.3	9.76
广 西	Guangxi	754.3	536.6	259.0	268.9	6.3	2.4	217.7	3.20
海 南	Hainan	320.0	242.0	201.7	39.7	0.6		78.0	9.14
重 庆	Chongqing	207.2	87.7		87.3	0.3	0.1	119.5	2.51
四 川	Sichuan	1747.8	1665.6		452.3	37.4	1175.9	82.2	3.61
贵 州	Guizhou	209.7	151.6		138.1	2.5	11.0	58.1	1.19
云 南	Yunnan	563.5	392.5		241.8	118.5	32.2	171.0	1.43
西 藏	Tibet	6529.0	6524.0		1434.5	3035.2	2054.3	5.0	5.35
陕 西	Shaanxi	308.5	276.2		257.6	7.6	11.0	32.3	1.50
甘 肃	Gansu	1693.9	1642.4		381.7	15.9	1244.8	51.5	3.73
青 海	Qinghai	8143.6	8001.0		885.3	1470.3	5645.4	142.6	11.27
宁 夏	Ningxia	207.2	169.5		97.9	33.5	38.1	37.7	4.00
新 疆	Xinjiang	3948.2	3678.3		1216.4	774.5	1687.4	269.9	2.38

注：1.本表为中国第二次湿地调查资料。

2.全国总计数包括台湾省和香港、澳门特别行政区数据。

a) Data in the table are the figures of China Second Wetlands Survey.

b) Data of national total include forest resources in Taiwan province and Hong Kong SAR and Macao SAR.

8-28 分地区自然保护基本情况（2013年）

Basic Situation of Natural Protection by Region (2013)

地区	Region	自然保护区个数(个) Number of Nature Reserves (unit)	#国家级 Nation Level	自然保护区面积(万公顷) Area of Nature Reserves (10 000 hectares)	#国家级 Nation Level	自然保护区占辖区面积比重(%) Percentage of Nature Reserves in the Region (%)
全　国	**National Total**	**2697**	**407**	**14631.0**	**9403.9**	**14.8**
北　京	Beijing	20	2	13.4	2.6	8.0
天　津	Tianjin	8	3	9.0	3.8	8.0
河　北	Hebei	44	13	70.7	25.5	3.7
山　西	Shanxi	46	7	110.5	11.7	7.1
内蒙古	Inner Mongolia	184	27	1368.9	416.7	11.6
辽　宁	Liaoning	105	15	280.5	100.1	13.4
吉　林	Jilin	44	19	243.0	109.3	13.0
黑龙江	Heilongjiang	226	33	680.6	291.2	15.0
上　海	Shanghai	4	2	9.4	6.6	5.2
江　苏	Jiangsu	31	3	53.0	29.9	3.9
浙　江	Zhejiang	33	10	19.9	14.7	1.6
安　徽	Anhui	104	7	52.4	13.9	3.8
福　建	Fujian	90	15	42.8	23.0	3.1
江　西	Jiangxi	199	13	124.6	22.0	7.5
山　东	Shandong	86	7	110.0	22.0	4.8
河　南	Henan	34	11	73.9	42.6	4.4
湖　北	Hubei	70	15	101.9	35.6	5.5
湖　南	Hunan	128	23	128.4	61.0	6.1
广　东	Guangdong	392	14	185.0	31.4	7.2
广　西	Guangxi	78	21	145.6	37.4	6.0
海　南	Hainan	50	9	273.5	10.7	7.0
重　庆	Chongqing	57	6	84.5	27.7	10.3
四　川	Sichuan	167	29	897.8	292.4	18.5
贵　州	Guizhou	123	8	88.1	24.4	5.0
云　南	Yunnan	154	20	285.7	150.3	7.5
西　藏	Tibet	47	9	4136.9	3715.3	33.9
陕　西	Shaanxi	57	22	116.6	60.0	5.7
甘　肃	Gansu	60	19	746.3	511.7	16.4
青　海	Qinghai	11	7	2176.5	2073.4	30.1
宁　夏	Ningxia	14	8	53.3	43.9	10.3
新　疆	Xinjiang	31	10	1948.3	1193.1	11.7

8-29 分地区自然灾害损失情况(2013年)
Loss Caused by Natural Disasters by Region (2013)

单位：千公顷 (1 000 hectares)

地区	Region	农作物受灾面积合计 Total Areas Affected of Farm Crops		旱灾 Drought		洪涝、山体滑坡、泥石流和台风 Flood, Waterlogging, Landslides and Debris Flow, Typhoon		风雹灾害 Wind and Hail	
		受灾 Area Affected	绝收 Total Crop Failure	受灾 Area Affected	绝收 Total Crop Failure	受灾 Area Affected	绝收 Total Crop Failure	受灾 Area Affected	绝收 Total Crop Failure
全国	**National Total**	**31349.8**	**3844.4**	**14100.4**	**1416.1**	**11426.9**	**1828.9**	**3387.3**	**412.4**
北京	Beijing	26.9	3.7			9.8	0.3	17.1	3.4
天津	Tianjin	7.8	0.8					7.8	0.8
河北	Hebei	1106.5	94.5	250.3	7.4	311.3	41.9	386.3	29.1
山西	Shanxi	1592.4	132.4	1001.7	33.9	145.1	18.8	161.4	20.5
内蒙古	Inner Mongolia	1733.1	232.6	582.6	24.3	549.1	131.1	469.6	76.8
辽宁	Liaoning	450.5	82.1	23.9	4.3	336.1	58.1	90.5	19.7
吉林	Jilin	623.2	67.5			427.1	61.9	196.0	5.5
黑龙江	Heilongjiang	2734.1	828.8			2654.0	815.1	66.2	13.1
上海	Shanghai	28.0	1.6			28.0	1.6		
江苏	Jiangsu	487.1	25.1	223.1	11.7	43.6	1.3	164.4	6.3
浙江	Zhejiang	1326.9	142.5	635.6	58.4	641.6	81.5	3.1	0.6
安徽	Anhui	1769.7	138.2	1165.0	117.7	317.1	11.3	38.8	4.3
福建	Fujian	276.8	24.3	31.9	0.8	217.2	19.7	20.0	3.5
江西	Jiangxi	1049.1	84.8	576.1	68.7	316.4	11.6	24.5	1.4
山东	Shandong	1461.7	145.1	206.7		900.5	141.7	111.6	1.1
河南	Henan	1179.9	93.7	848.1	72.0	61.3	0.2	198.7	20.7
湖北	Hubei	2487.9	141.3	1861.9	110.0	455.7	22.5	70.0	6.6
湖南	Hunan	3047.2	496.5	2075.9	424.7	623.2	46.4	180.8	17.1
广东	Guangdong	1134.5	119.2	8.4	0.4	1120.0	117.3	6.1	1.5
广西	Guangxi	694.4	20.1	52.1	5.6	526.9	7.3	48.7	6.5
海南	Hainan	164.7	57.4			159.4	57.0	5.3	0.4
重庆	Chongqing	455.3	38.1	309.1	26.5	98.6	8.9	19.3	1.5
四川	Sichuan	1602.9	102.6	800.4	31.9	605.1	57.2	62.4	5.2
贵州	Guizhou	1522.4	309.7	1175.0	271.4	123.3	13.3	169.2	23.9
云南	Yunnan	1231.1	161.7	807.4	97.7	126.1	16.9	185.2	37.0
西藏	Tibet	22.1	4.0			12.6	1.2	7.8	2.7
陕西	Shaanxi	813.4	90.7	400.0	10.0	199.0	49.0	115.5	6.6
甘肃	Gansu	1282.9	66.3	694.9	19.2	278.6	22.4	200.9	19.3
青海	Qinghai	171.2	8.3	41.7		15.5	0.4	30.8	5.3
宁夏	Ningxia	301.3	41.9	194.0	10.6	54.3	5.7	8.3	1.6
新疆	Xinjiang	564.8	88.9	134.6	8.9	70.4	7.3	321.0	70.4

8-29 续表 continued

单位：千公顷 (1 000 hectares)

地 区	Region	低温冷冻和雪灾 Low-temperature, Freezing and Snow Disaster		人口受灾 Population		直接经济损失(亿元) Direct Economic Loss (100 million yuan)
		受灾 Area Affected	绝收 Total Crop Failure	受灾人口(万人次) Population Affected (10 000 person-times)	死亡人口(含失踪)(人) Deaths (including missing) (person)	
全 国	**National Total**	**2320.1**	**180.7**	**38818.7**	**2284**	**5808.4**
北 京	Beijing			21.1	1	4.8
天 津	Tianjin			8.6		1.0
河 北	Hebei	158.6	16.1	1709.6	19	113.3
山 西	Shanxi	284.2	59.2	1465.9	50	146.9
内蒙古	Inner Mongolia	131.8	0.4	565.6	75	128.9
辽 宁	Liaoning			322.0	168	125.2
吉 林	Jilin	0.1	0.1	675.4	23	133.3
黑龙江	Heilongjiang	13.9	0.6	666.9	23	325.2
上 海	Shanghai			12.1	3	3.7
江 苏	Jiangsu	56.0	5.8	590.7	11	32.7
浙 江	Zhejiang	46.6	2.0	1702.2	23	695.9
安 徽	Anhui	248.8	4.9	2855.9	36	206.4
福 建	Fujian	7.7	0.3	404.2	45	120.8
江 西	Jiangxi	132.1	3.1	1160.3	35	90.2
山 东	Shandong	242.9	2.3	1157.5	3	89.7
河 南	Henan	71.8	0.8	2587.8	20	109.6
湖 北	Hubei	100.3	2.2	2353.9	46	145.0
湖 南	Hunan	167.3	8.3	3344.0	50	282.7
广 东	Guangdong			2464.0	189	489.8
广 西	Guangxi	66.7	0.7	764.8	96	63.1
海 南	Hainan			366.3	90	37.5
重 庆	Chongqing	28.3	1.2	1085.2	30	51.1
四 川	Sichuan	25.5	2.4	4555.5	575	1202.6
贵 州	Guizhou	54.9	1.1	2278.1	66	129.0
云 南	Yunnan	112.4	10.1	1984.2	179	154.2
西 藏	Tibet	1.7	0.1	151.5	114	42.0
陕 西	Shaanxi	98.9	25.1	1471.9	90	231.7
甘 肃	Gansu	102.9	5.0	1540.2	165	542.7
青 海	Qinghai	83.2	2.6	167.5	36	13.6
宁 夏	Ningxia	44.7	24.0	188.7	9	15.4
新 疆	Xinjiang	38.8	2.3	197.1	14	80.4

注：死亡人口(含失踪)和直接经济损失含森林、海洋等灾害。
a) Deaths (including missing) and direct economic loss include forest disasters and sea disasters.

8-30 地质灾害及防治情况
Geological Disasters and Prevention and Cure

年份 Year 地区 Region	发生地质灾害数量(处) Geological Disasters (unit)	#滑坡 Land-slide	#崩塌 Collapse	#泥石流 Mud-rock Flow	#地面塌陷 Land Subside	人员伤亡(人) Casualties (person)	#死亡人数 Deaths	直接经济损失(万元) Direct Economic Losses (10 000 yuan)	地质灾害防治项目数(个) Number of Projects of Prevention of Geological Disasters (unit)	地质灾害防治投资(万元) Investment of Projects of Prevention of Geological Disasters (10 000 yuan)
2000	19653	13431	2945	1958	347	27697	1179	494201	429	33197
2001	5793	3034	583	1539	554	1675	788	348699	999	44639
2002	40246	31247	3097	4976	521	2759	853	509740	1595	110022
2003	15489	10240	2604	1549	574	1333	767	504325	1815	166514
2004	13555	9130	2593	1157	445	1407	734	408828	2247	175231
2005	17751	9367	7654	566	137	1223	578	357678	3179	166860
2006	102804	88523	13160	417	398	1227	663	431590	2914	193570
2007	25364	15478	7722	1215	578	1123	598	247528	3492	244885
2008	26580	13450	8080	843	454	1598	656	326936	5325	529939
2009	10580	6310	2378	1442	326	845	331	190109	28061	542368
2010	30670	22250	5688	1981	478	3445	2244	638509	28106	1159813
2011	15804	11504	2445	1356	386	413	244	413151	20871	928085
2012	14675	11112	2152	952	364	636	293	625253	26882	1024183
2013	15374	3288	9832	1547	385	929	482	1043568	36984	1235363
北京 Beijing	40	32	3		5			44	42	10000
天津 Tianjin									6	701
河北 Hebei	19	8	6		4	16	8	113	195	36188
山西 Shanxi	38	24	9		4	29	27	769	68	28979
内蒙古 Inner Mongolia	2	1	1					100	4	4346
辽宁 Liaoning	95	3	40	48	4	4	2	30913	6	9000
吉林 Jilin	76	16	34	22	4			1799	23	19553
黑龙江 Heilongjiang	2	2						600	23	10860
上海 Shanghai	1								2	4051
江苏 Jiangsu	11	2	7		2			1190	91	15804
浙江 Zhejiang	778	254	428	94	2	9	7	3830	1549	44167
安徽 Anhui	261	108	147	3	3	2	1	2248	624	29280
福建 Fujian	175	109	65			6	4	1981	1765	44967
江西 Jiangxi	281	52	199	6	24	6	3	1395	106	17080
山东 Shandong	29	12	7		10			19	109	33734
河南 Henan	29		2	1	25	1	1	135	27	9230
湖北 Hubei	311	46	228	7	30	19	8	6511	228	87346
湖南 Hunan	2140	184	1770	132	43	29	15	16322	422	56031
广东 Guangdong	2500	944	1463	22	42	45	34	20516	2283	81144
广西 Guangxi	481	275	152	4	47	63	35	2918	940	38546
海南 Hainan	30	24	6					24	95	1319
重庆 Chongqing	347	52	268	2	24	5	2	6495	665	50498
四川 Sichuan	2758	442	1855	442	9	266	79	189587	24183	198007
贵州 Guizhou	98	21	63		9	53	36	7704	287	109372
云南 Yunnan	424	83	245	69	9	105	69	51672	2910	200001
西藏 Tibet	138	13	50	75		83	66	16611	6	4926
陕西 Shaanxi	345	149	168	12	12	70	29	9011	157	32957
甘肃 Gansu	3860	410	2562	583	69	98	53	667296	130	33622
青海 Qinghai	37	10	21	6		16		668	21	19035
宁夏 Ningxia	32	2	27		3			2800	1	1697
新疆 Xinjiang	36	10	6	19	1	4	3	298	16	2922

8-31 森林火灾情况(2013年)
Forest Fires (2013)

地　区	Region	森林火灾次数(次) Forest Fires (time)	一般火灾 Ordinary Fires	较大火灾 Major Fires	重大火灾 Severe Fires	特别重大火灾 Especially Severe Fires	火场总面积(公顷) Total Area of Fires (hectare)	受害森林面积(公顷) Destructed Forest Area (hectare)	伤亡人数(人) Casualties (person)	其他损失折款(万元) Economic Loss (10 000 yuan)
全　国	**National Total**	**3929**	**2347**	**1582**			**42890**	**13724**	**55**	**6061.6**
北　京	Beijing	1		1			6	6		
天　津	Tianjin	4	1	3			31	31		
河　北	Hebei	52	43	9			422	31	2	4.5
山　西	Shanxi	32	15	17			2145	422	3	439.0
内蒙古	Inner Mongolia	78	34	44			826	287		250.3
辽　宁	Liaoning	25	19	6			143	31		1.1
吉　林	Jilin	11	9	2			63	7		1.9
黑龙江	Heilongjiang	14	13	1			106	11		
上　海	Shanghai									
江　苏	Jiangsu	33	32	1			52	14		5.1
浙　江	Zhejiang	206	34	172			2540	1271	2	
安　徽	Anhui	67	38	29			314	158		52.9
福　建	Fujian	132	13	119			2224	1376	2	83.6
江　西	Jiangxi	82	20	62			2039	752	1	678.5
山　东	Shandong	19	12	7			139	109		0.6
河　南	Henan	693	533	160			3048	619		92.3
湖　北	Hubei	286	247	39			1024	215	2	0.3
湖　南	Hunan	493	214	279			5019	2824	5	1180.5
广　东	Guangdong	158	71	87			1965	679		231.0
广　西	Guangxi	261	146	115			2806	594	2	152.7
海　南	Hainan	42	21	21			166	116	1	21.0
重　庆	Chongqing	34	21	13			249	84	2	109.2
四　川	Sichuan	447	370	77			2674	811	12	543.6
贵　州	Guizhou	208	156	52			1721	411	2	175.0
云　南	Yunnan	264	73	191			11634	2401		1851.6
西　藏	Tibet	1	1				1			
陕　西	Shaanxi	187	118	69			1013	374	19	65.4
甘　肃	Gansu	16	13	3			32	9		
青　海	Qinghai	7	6	1			116	65		91.2
宁　夏	Ningxia	45	45				307	7		22.3
新　疆	Xinjiang	31	29	2			65	13		8.1

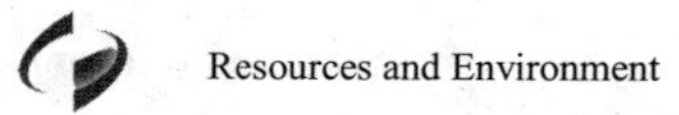

8-32 林业有害生物防治情况
Prevention of Forest Biological Disasters

单位：万公顷 (10 000 hectare)

年份 Year / 地区 Region		合计 Total 发生面积 Area of Occurrence	防治面积 Area of Prevention	防治率(%) Prevention Rate (%)	森林病害 Forest Diseases 发生面积 Area of Occurrence	防治面积 Area of Prevention
	2000	851.86	574.19	67.4	93.45	61.95
	2001	839.03	587.29	70.0	80.50	58.29
	2002	841.25	571.96	68.0	74.50	57.12
	2003	888.74	582.92	65.6	75.75	55.25
	2004	944.84	639.52	68.0	75.79	56.71
	2005	961.03	640.75	66.7	101.20	70.62
	2006	1100.67	735.47	66.8	103.87	71.80
	2007	1209.68	801.20	66.2	110.95	85.88
	2008	1141.84	783.96	68.7	116.83	90.48
	2009	1141.97	819.38	71.8	103.12	81.88
	2010	1164.24	812.36	69.8	129.06	89.56
	2011	1168.14	728.50	62.4	119.72	79.23
	2012	1176.90	782.59	66.5	131.16	84.26
	2013	1223.05	766.83	62.7	139.17	89.88
北京	Beijing	4.03	4.03	100.0	0.16	0.16
天津	Tianjin	5.00	5.00	100.0	0.72	0.72
河北	Hebei	54.29	44.39	81.8	3.03	2.71
山西	Shanxi	24.09	12.94	53.7	0.67	0.60
内蒙古	Inner Mongolia	120.67	59.60	49.4	19.82	4.22
辽宁	Liaoning	65.05	58.20	89.5	6.25	5.57
吉林	Jilin	24.59	19.20	78.1	2.69	1.48
黑龙江	Heilongjiang	51.55	41.02	79.6	3.73	3.09
上海	Shanghai	0.44	0.43	97.7	0.05	0.05
江苏	Jiangsu	12.04	10.33	85.9	1.07	1.01
浙江	Zhejiang	6.98	6.64	95.1	1.24	1.11
安徽	Anhui	40.16	31.27	77.9	3.88	2.98
福建	Fujian	24.83	22.97	92.5	1.20	1.12
江西	Jiangxi	27.08	17.83	65.8	5.16	3.65
山东	Shandong	55.32	52.95	95.7	9.79	9.20
河南	Henan	59.47	50.18	84.4	11.38	9.94
湖北	Hubei	35.47	22.37	63.1	2.91	2.43
湖南	Hunan	34.73	29.27	84.3	4.34	3.40
广东	Guangdong	30.66	10.16	33.1	1.33	1.04
广西	Guangxi	35.94	6.69	18.6	3.69	0.37
海南	Hainan	2.37	0.47	19.8	0.04	
重庆	Chongqing	28.60	15.44	54.0	2.04	1.61
四川	Sichuan	76.60	31.79	41.5	9.25	2.34
贵州	Guizhou	23.56	18.46	78.3	1.27	1.07
云南	Yunnan	31.44	28.82	91.7	4.58	4.40
西藏	Tibet	27.44	23.31	84.9	8.25	6.98
陕西	Shaanxi	43.76	30.96	70.8	3.21	2.53
甘肃	Gansu	31.48	20.21	64.2	8.24	6.60
青海	Qinghai	30.47	9.28	30.4	0.03	
宁夏	Ningxia	25.74	13.63	53.0	2.74	1.29
新疆	Xinjiang	175.98	67.96	38.6	14.02	8.16
大兴安岭	Daxinganling	13.21	1.04	7.9	2.40	0.05

8-32 续表 continued

单位：万公顷 (10 000 hectare)

年 份 Year 地 区 Region	森林虫害 Forest Pest Plague		森林鼠害 Forest Rat Plague		有害植物 Harmful Plants	
	发生面积 Area of Occurrence	防治面积 Area of Prevention	发生面积 Area of Occurrence	防治面积 Area of Prevention	发生面积 Area of Occurrence	防治面积 Area of Prevention
2000	669.28	456.59	89.12	55.65		
2001	668.38	459.27	90.15	69.74		
2002	679.23	451.23	87.52	63.61		
2003	718.46	463.33	94.53	64.34		
2004	744.03	494.85	125.02	87.96		
2005	726.09	498.51	133.73	71.62		
2006	829.87	557.20	166.93	106.47		
2007	887.72	604.53	211.02	110.79		
2008	843.19	590.23	181.81	103.25		
2009	850.30	638.14	188.55	99.36		
2010	852.32	628.70	182.86	94.11		
2011	845.91	546.58	202.51	102.69		
2012	846.29	572.93	199.45	125.41		
2013	847.46	589.56	224.25	82.97	12.16	4.43
北 京 Beijing	3.87	3.87				
天 津 Tianjin	4.27	4.27				
河 北 Hebei	48.85	39.60	2.41	2.08		
山 西 Shanxi	19.12	10.67	4.19	1.61	0.11	0.06
内蒙古 Inner Mongolia	73.80	39.55	27.06	15.83		
辽 宁 Liaoning	58.41	52.29	0.40	0.34		
吉 林 Jilin	19.27	15.55	2.63	2.17		
黑龙江 Heilongjiang	27.43	20.51	20.39	17.42		
上 海 Shanghai	0.39	0.38				
江 苏 Jiangsu	10.96	9.32				
浙 江 Zhejiang	5.74	5.52				
安 徽 Anhui	36.29	28.29				
福 建 Fujian	23.63	21.85				
江 西 Jiangxi	21.92	14.18				
山 东 Shandong	45.53	43.75				
河 南 Henan	48.09	40.24				
湖 北 Hubei	25.88	17.40	0.38	0.32	6.30	2.22
湖 南 Hunan	30.40	25.87				
广 东 Guangdong	26.97	7.89			2.36	1.23
广 西 Guangxi	32.22	6.28			0.04	0.04
海 南 Hainan	0.74	0.40			1.59	0.07
重 庆 Chongqing	20.61	12.17	5.96	1.66		
四 川 Sichuan	62.20	28.29	5.15	1.16		
贵 州 Guizhou	21.61	16.80	0.68	0.59		
云 南 Yunnan	25.26	23.74	0.15	0.14	1.44	0.54
西 藏 Tibet	13.26	11.28	5.93	5.05		
陕 西 Shaanxi	30.84	20.95	9.70	7.48		
甘 肃 Gansu	11.81	6.64	11.44	6.97		
青 海 Qinghai	9.70	1.52	20.74	7.76		
宁 夏 Ningxia	9.90	6.32	12.77	5.75	0.33	0.27
新 疆 Xinjiang	75.00	53.80	86.96	6.00		
大兴安岭 Daxinganling	3.48	0.36	7.33	0.64		

8-33 突发环境事件情况(2013年)
Environmental Emergencies (2013)

地 区	Region	突发环境事件次数(次) Number of Environmental Emergencies (time)	特别重大环境事件 Extraordinarily Serious Environmental Emergencies	重 大 环境事件 Serious Environmental Emergencies	较 大 环境事件 Comparatively Serious Environmental Emergencies	一 般 环境事件 Ordinary Environmental Emergencies
全 国	**National Total**	**712**		**3**	**12**	**697**
北 京	Beijing	16				16
天 津	Tianjin					
河 北	Hebei	3				3
山 西	Shanxi	13		1		12
内蒙古	Inner Mongolia	4				4
辽 宁	Liaoning	12			1	11
吉 林	Jilin	1				1
黑龙江	Heilongjiang					
上 海	Shanghai	251			1	250
江 苏	Jiangsu	125			1	124
浙 江	Zhejiang	26			1	25
安 徽	Anhui	6			1	5
福 建	Fujian	13				13
江 西	Jiangxi	5		1		4
山 东	Shandong	5			1	4
河 南	Henan	17				17
湖 北	Hubei	7			2	5
湖 南	Hunan	3			1	2
广 东	Guangdong	5			1	4
广 西	Guangxi	16		1	1	14
海 南	Hainan	4				4
重 庆	Chongqing	11				11
四 川	Sichuan	14				14
贵 州	Guizhou	9				9
云 南	Yunnan	2				2
西 藏	Tibet					
陕 西	Shaanxi	118				118
甘 肃	Gansu	11				11
青 海	Qinghai	2				2
宁 夏	Ningxia	3			1	2
新 疆	Xinjiang	10				10

8-34 地震灾害情况
Earthquake Disasters

年 份 Year 地 区 Region	地震灾害次数（次）Number of Earthquakes (time)	5.0-5.9级 5.0-5.9 Richter scale	6.0-6.9级 6.0-6.9 Richter scale	7.0级以上 Over 7.0 Richter scale	人员伤亡（人）Casualties (person)	#死亡人数 Deaths	直接经济损失（万元）Direct Economic Loss (10 000 yuan)
2000	10	7	2		2987	10	146792
2001	12	8	2	1	750	9	148449
2002	5	4			362	2	14774
2003	21	10	6	1	7465	319	466040
2004	11	8	1		696	8	94959
2005	13	9	2		882	15	262811
2006	10	9			229	25	79962
2007	3	1	1		422	3	201922
2008	17	6	4	2	446293	69283	85949594
2009	8	5	2		407	3	273782
2010	12	4		1	13795	2705	2361077
2011	18	11	2	1	540	32	6020873
2012	12	8	3		1279	86	828757
2013	14	10	3	1	15965	294	9953631
内蒙古 Inner Mongolia	1	1			13		64720
吉 林 Jilin	1	1			25		202300
湖 北 Hubei	1	1			4		7531
四 川 Sichuan	2	1		1	13217	196	6714639
云 南 Yunnan	3	3			110	3	237178
西 藏 Tibet	1		1		87		270715
甘 肃 Gansu	1		1		2509	95	2441600
新 疆 Xinjiang	4	3	1				14948

8-35 主要海洋灾害情况（2013年）
Major Marine Disasters (2013)

灾 种 Disaster Categories	发生次数（次）Disasters (time)	人员死亡、失踪（人）Casualties and Missing People (person)	直接经济损失（亿元）Direct Economic Loss (100 million yuan)
合 计 Total	**115**	**121**	**163.48**
风暴潮 Stormy Tides	26		153.96
赤 潮 Red Tides	46		
海 浪 Huge Waves	43	121	6.30
海 冰 Sea Ice			3.22

8-36 全海域未达到第一类海水水质标准的海域面积(2013年)
Sea Area with Water Quality Not Reaching Standard of Grade 1 (2013)

单位：平方公里 (sq.km)

项 目	Item	第二类水质海域面积 Sea Area with Water Quality at Grade 2	第三类水质海域面积 Sea Area with Water Quality at Grade 3	第四类水质海域面积 Sea Area with Water Quality at Grade 4	劣于第四类水质海域面积 Sea Area with Water Quality Below Grade 4
总 计	**Total**	**143620**	**47160**	**36490**	**15630**
渤 海	Bohai Sea	33400	9060	12920	2930
黄 海	Huanghai Sea	34810	16010	10590	4710
东 海	Donghai Sea	52850	13640	8600	5790
南 海	Nanhai Sea	22560	8450	4380	2200

8-37 环境污染治理投资
Investment in the Treatment of Environmental Pollution

指 标	Item	2009	2010	2011	2012	2013
环境污染治理投资总额(亿元)	**Total Investment in the Treatment of Environmental Pollution (100 million yuan)**	**5258.4**	**7612.2**	**7114.0**	**8253.5**	**9516.5**
#城镇环境基础设施建设投资	Investment in Urban Environmental Infrastructure	3245.1	5182.2	4557.2	5062.7	5223.0
#燃气	Gas Supply	219.2	357.9	444.1	551.8	607.9
集中供热	Centralized Heating	441.5	557.5	593.3	798.1	819.5
排水	Drainage Works	1035.5	1172.7	971.6	934.1	1055.0
园林绿化	Gardening and Greening	1137.6	2670.6	1991.9	2380.0	2234.9
市容环境卫生	Environmental Sanitation	411.2	423.5	556.2	398.6	505.7
工业污染源治理投资	Investment in the Treatment of Industrial Pollution	442.6	397.0	444.4	500.5	867.7
当年完成环保验收项目环保投资	Environmental Investment of Project of Environmental Protection Acceptance Completed This Year	1570.7	2033.0	2112.4	2690.4	3425.8
环境污染治理投资总额占国内生产总值比重(%)	**Total Investment in the Treatment of Environmental Pollution as Percent of GDP (%)**	**1.54**	**1.90**	**1.50**	**1.59**	**1.67**

注：城镇环境基础设施建设投资中增加了县城基础设施建设投资。

a) Investment in environmental infrastructure at county level was added to investment in urban environmental infrastructure.

8-38 工业污染治理投资完成情况
Investment Completed in the Treatment of Industrial Pollution

年份 地区	Year Region	工业污染治理完成投资（万元） Investment Completed in the Treatment of Industrial Pollution (10 000 yuan)	治理废水 Treatment of Waste Water	治理废气 Treatment of Waste Gas	治理固体废物 Treatment of Solid Waste	治理噪声 Treatment of Noise Pollution	治理其他 Treatment of Other Pollution
	2000	2347895	1095897	909242	114673	13692	214390
	2001	1745280	729214	657940	186967	6424	164734
	2002	1883663	714935	697864	161287	10464	299113
	2003	2218281	873748	921222	161763	10139	251408
	2004	3081060	1055868	1427975	226465	13416	357336
	2005	4581909	1337147	2129571	274181	30613	810396
	2006	4839485	1511165	2332697	182631	30145	782848
	2007	5523909	1960722	2752642	182532	18279	606838
	2008	5426404	1945977	2656987	196851	28383	598206
	2009	4426207	1494606	2324616	218536	14100	374349
	2010	3969768	1295519	1881883	142692	14193	620021
	2011	4443610	1577471	2116811	313875	21623	413831
	2012	5004573	1403448	2577139	247499	11627	764860
	2013	8676647	1248822	6409109	140480	17628	860608
北　京	Beijing	42768	8428	31732		35	2573
天　津	Tianjin	148366	6436	74491		25	67414
河　北	Hebei	511769	59637	440113	513	130	11376
山　西	Shanxi	555609	43014	416619	22519	593	72863
内蒙古	Inner Mongolia	626746	53677	477779	27484	101	67706
辽　宁	Liaoning	276908	25596	237364	1426	549	11971
吉　林	Jilin	93731	9485	81643	988	8	1606
黑龙江	Heilongjiang	206988	17509	184619	1193		3668
上　海	Shanghai	52077	7809	19056	216	275	24720
江　苏	Jiangsu	593776	102501	456160	16534	461	18120
浙　江	Zhejiang	576645	150634	312508	547	1035	111921
安　徽	Anhui	413195	19127	204807	102	146	189013
福　建	Fujian	383964	139471	209778	7700	572	26443
江　西	Jiangxi	155192	32334	104202	462	25	18169
山　东	Shandong	843493	101281	701240	2775	5768	32430
河　南	Henan	439720	48112	349729	22011	185	19683
湖　北	Hubei	251745	15873	216673	1700	52	17447
湖　南	Hunan	233655	53022	143636	3764	56	33176
广　东	Guangdong	324634	43912	262342	2725	509	15146
广　西	Guangxi	183218	66235	110217	540	276	5950
海　南	Hainan	35094	572	28497			6025
重　庆	Chongqing	78880	6399	71856		44	581
四　川	Sichuan	188392	29791	148926	1407	2216	6052
贵　州	Guizhou	195562	22867	170472	198	543	1483
云　南	Yunnan	238930	35224	163633	8768	3115	28190
西　藏	Tibet	9889	8450	466	845	15	113
陕　西	Shaanxi	417562	60626	321029	2300	851	32755
甘　肃	Gansu	182144	21783	138315	400		21647
青　海	Qinghai	30456	2985	27174			297
宁　夏	Ningxia	165486	18947	138889	5176	6	2469
新　疆	Xinjiang	220054	37086	165143	8187	38	9600

8-39 林业投资资金来源情况(2013年)
Sources of Funds of Forestry Investment (2013)

单位：万元 (10 000 yuan)

地 区	Region	林业投资本年资金来源 Sources of Funds This Year	上年末结余资金 Balance at Preceding Year-end	本年资金来源 Source of Funds This Year	国家预算资金 State Budget	国内贷款 Domestic Loans	债券 Bonds	利用外资 Foreign Investment	自筹资金 Self-raising Funds	其他资金 Other Funds
全 国	**National Total**	**37998294**	**689635**	**37308659**	**17263438**	**3855681**	**173**	**506374**	**13163683**	**2519310**
北 京	Beijing	1714149	50643	1663506	1540554				118543	4409
天 津	Tianjin	112535		112535	112535					
河 北	Hebei	676512	9310	667202	448108	101948		2719	87752	26675
山 西	Shanxi	1101015		1101015	776415			740	323860	
内蒙古	Inner Mongolia	1329341	2018	1327323	1236251		110	1631	70261	19070
辽 宁	Liaoning	1364450	4469	1359981	824360			2929	531068	1624
吉 林	Jilin	706286	69555	636731	446300	22100		2450	113541	52340
黑龙江	Heilongjiang	1253997	4646	1249351	1119213	201			117892	12045
上 海	Shanghai	91043		91043	85376				147	5520
江 苏	Jiangsu	1271007	23663	1247344	349891	1420		10384	867041	18608
浙 江	Zhejiang	932304	21678	910626	562716	158004	60	6611	167388	15847
安 徽	Anhui	957981	1358	956623	292788	87370		5478	543611	27376
福 建	Fujian	2648719	1078	2647641	287793	2119326	3	182100	45922	12497
江 西	Jiangxi	793124	253	792871	504343	50859		6474	135233	95962
山 东	Shandong	2631186	826	2630360	760060	31647		12808	1539725	286120
河 南	Henan	1019382		1019382	110350	310000		3800	430000	165232
湖 北	Hubei	681950	7189	674761	390356	63685		1905	190668	28147
湖 南	Hunan	1611826	8945	1602881	702522	215705		5465	625279	53910
广 东	Guangdong	1037204	29681	1007523	893548	10211		5989	60152	37623
广 西	Guangxi	8365736	22964	8342772	435157	376650		207269	6104349	1219347
海 南	Hainan	194494	36267	158227	142691				11351	4185
重 庆	Chongqing	457583		457583	441098	1998			8885	5602
四 川	Sichuan	1923299	27445	1895854	943066	54987		22762	602184	272855
贵 州	Guizhou	390000		390000	390000					
云 南	Yunnan	965697	128078	837619	647937	37370			75211	77101
西 藏	Tibet	164920		164920	164920					
陕 西	Shaanxi	1027321	7694	1019627	912937	6460		3400	64070	32760
甘 肃	Gansu	788001	4126	783875	594938	138764		16811	17219	16143
青 海	Qinghai	252175	249	251926	233728	15320		2878		
宁 夏	Ningxia	196984	180	196804	152930	27893			11535	4446
新 疆	Xinjiang	751128	151430	599698	410652	23763		1771	157661	5851
大兴安岭	Daxinganling	439177	12160	427017	284953				142064	

注：全国合计数包含国家林业局直属单位的固定资产投资数据(下表同)。

a) The national total sources of funds include the investment in fixed assets by departments directly under State Forestry Administration. The same applies to the table following.

8-40 林业投资完成情况(2013年)
Forestry Investment Completed (2013)

单位：万元 (10 000 yuan)

地 区	Region	本年完成投资 Investment Completed During the Year	生态建设与保护 Ecological Construction	林业支撑与保障 Forestry Support	林业产业发展 Forestry Development	林业民生工程 Forestry Project for People's Livelihood	其他投资 Other Investment
全 国	**National Total**	**37822690**	**18705774**	**2216819**	**10776201**	**1868405**	**4255491**
北 京	Beijing	2071603	1811906	48073	54701	2807	154116
天 津	Tianjin	112535	104396	2568	2000		3571
河 北	Hebei	676512	393974	34694	129335	30594	87915
山 西	Shanxi	1101015	952452	21694	9724	92212	24933
内蒙古	Inner Mongolia	1500005	1046212	61108	11528	190992	190165
辽 宁	Liaoning	1363756	1207383	51640	53352	14951	36430
吉 林	Jilin	606084	259454	91621	39674	132088	83247
黑龙江	Heilongjiang	1246000	696928	88295	8658	397123	54996
上 海	Shanghai	102636	94445	4965	1037		2189
江 苏	Jiangsu	1255738	973963	89121	173581	11074	7999
浙 江	Zhejiang	923541	516116	76856	172096	51798	106675
安 徽	Anhui	983084	729153	47348	143169	7603	55811
福 建	Fujian	2384170	553252	132465	1455869		242584
江 西	Jiangxi	820201	351801	76694	148577	67097	176032
山 东	Shandong	2700406	1308604	416100	865460	26775	83467
河 南	Henan	1019382	658534	32669	248036	3750	76393
湖 北	Hubei	674917	330860	42950	176974	52548	71585
湖 南	Hunan	1603967	675665	77559	619921	81435	149387
广 东	Guangdong	983675	699232	73357	20871	35618	154597
广 西	Guangxi	8283917	1250515	307564	5162743	218993	1344102
海 南	Hainan	153080	92594	20724	7853	12806	19103
重 庆	Chongqing	474109	355200	34204	11503	14471	58731
四 川	Sichuan	1901917	712489	59752	838544	62951	228181
贵 州	Guizhou	390000	345969	13425	900	3020	26686
云 南	Yunnan	854863	493739	77968	58284	72798	152074
西 藏	Tibet	166755	149535	6340	1454	2023	7403
陕 西	Shaanxi	1012633	625860	29883	68122	63560	225208
甘 肃	Gansu	784173	359383	42263	157491	47781	177255
青 海	Qinghai	268967	201321	11519	28708	2263	25156
宁 夏	Ningxia	186810	118161	7995	48964	2632	9058
新 疆	Xinjiang	695760	424264	72392	50003	14386	134715
大兴安岭	Daxinganling	393445	182059	6759	7001	152086	45540

主要统计指标解释

耕地　指种植农作物的土地，包括熟地，新开发、复垦、整理地，休闲地（含轮歇地、轮作地）；以种植农作物（含蔬菜）为主，间有零星果树、桑树或其他树木的土地；平均每年能保证收获一季的已垦滩地和海涂。耕地中包括南方宽度<1.0 米，北方宽度<2.0 米固定的沟、渠、路和地坎（埂）；临时种植药材、草皮、花卉、苗木等的耕地，以及其他临时改变用途的耕地。

园地　指种植以采集果、叶、根、茎、汁等为主的集约经营的多年生木本和草本作物，覆盖度大于 50%和每亩株数大于合理株数 70%的土地。包括用于育苗的土地。

林地　指生长乔木、竹类、灌木的土地，及沿海生长红树林的土地。包括迹地，不包括居民点内部的绿化林木用地，铁路、公路征地范围内的林木，以及河流、沟渠的护堤林。

草地　指生长草本植物为主的土地。

径流量　指在一定时段内通过河流某一过水断面的水量，用以反映一个国家或地区水资源的丰歉程度。计算公式为：

径流量=降水量-蒸发量

流域　每条河流都有自己的干流和支流，干支流共同组成这条河流的水系。每条河流都有自己的集水区域，这个集水区域就称为该河流的流域。

外流河　指直接或间接流入海洋的河流。供给外流河河水的区域称为外流区域。

内陆河　指在陆地内部干燥地区，河水沿途消失于沙漠或注入内陆湖泊的河流。供给内陆河河水的区域称为内陆区域。

矿产资源　矿产资源指由地质作用形成的，具有利用价值的，呈固态、液态、气态的自然资源，是社会生产发展的重要物质基础。目前我国已发现矿种有 170 多种，按其特点和用途，可分为能源矿产(如煤炭、石油、天然气、地热)、金属矿产(如铁矿、锰矿、铜矿、铅矿、铝土矿)、非金属矿产(如金刚石、石灰岩、粘土)和水气矿产(如地下水、矿泉水、二氧化碳气)四大类。其中：金属矿产按其物质成份和性质又可分为：黑色金属矿产、有色金属矿产、贵金属矿产、稀有金属矿产、稀土金属矿产、分散元素金属矿产六类。

矿产基础储量　基础储量是查明矿产资源的一部分。它能满足现行采矿和生产所需的指标要求，是控制的、探明的并通过可行性或预可行性研究认为属于经济的、边界经济的部分，用未扣除设计、采矿损失的数量表示。

平均气温　气温指空气的温度，我国一般以摄氏度为单位表示。气象观测的温度表是放在离地面约 1.5 米处通风良好的百叶箱里测量的，因此，通常说的气温指的是离地面 1.5 米处百叶箱中的温度。计算方法：月平均气温是将全月各日的平均气温相加，除以该月的天数而得。年平均气温是将 12 个月的月平均气温累加后除以 12 而得。

年平均相对湿度　指空气中实际水气压与当时气温下的饱和水气压之比。其统计方法与气温相同。

降水量　指从天空降落到地面的液态或固态(经融化后)水，未经蒸发、渗透、流失而在地面上积聚的深度。计算方法：月降水量是将全月各日的降水量累加而得。年降水量是将 12 个月的月降水量累加而得。

全年日照时数　指太阳实际照射地面的时数，通常以小时为单位表示。其统计方法与降水量相同。

水资源总量　指当地降水形成的地表和地下产水总量，即地表径流量与降水入渗补给量之和。

地表水资源量　指河流、湖泊以及冰川等地表水体中可以逐年更新的动态水量，即天然河川径流量。

地下水资源量　指地下饱和含水层逐年更新的动态水量，即降水和地表水入渗对地下水的补给量。

地表水与地下水重复计算量　指地表水和地下水相互转化的部分，即天然河川径流量中的地下水排泄量和地下水补给量中来源于地表水的入渗补给量。

供水总量　指各种水源为用水户提供的包括输水损失在内的毛水量。

地表水源供水量　指地表水体工程的取水量，按蓄、引、提、调四种形式统计。从水库、塘坝中引水或提水，均属蓄水工程供水量；从河道或湖泊中自流引水的，无论有闸或无闸，均属引水工程供水量；利用扬水站从河道或湖泊中直接取水的，属提水工程供水量；跨流域调水指水资源一级区或独立流域之间的跨流域调配水量，不包括在蓄、引、提水量中。

地下水源供水量　指水井工程的开采量，按浅层淡水、深层承压水和微咸水分别统计。城市地下水源供水量包括自来水厂的开采量和工矿企业自备井的开采量。

其他水源供水量　包括污水处理再利用、集雨工程、海水淡化等水源工程的供水量。

用水总量　指各类用水户取用的包括输水损失在内的毛水量。

农业用水　包括农田灌溉用水、林果地灌溉用水、草地灌溉用水、鱼塘补水和畜禽用水。

工业用水　指工矿企业在生产过程中用于制造、加工、冷却、空调、净化、洗涤等方面的用水，按新水取用量计，不包括企业内部的重复利用水量。

生活用水 包括城镇生活用水和农村生活用水。城镇生活用水由居民用水和公共用水（含第三产业及建筑业等用水）组成；农村生活用水指居民生活用水。

生态环境补水 仅包括人为措施供给的城镇环境用水和部分河湖、湿地补水，而不包括降水、径流自然满足的水量。

一般工业固体废物产生量 指未被列入《国家危险废物名录》或者根据国家规定的危险废物鉴别标准（GB5085）、固体废物浸出毒性浸出方法（GB5086）及固体废物浸出毒性测定方法（GB／T 15555）鉴别方法判定不具有危险特性的工业固体废物。计算公式是：

一般工业固体废物产生量=（一般工业固体废物综合利用量－其中：综合利用往年贮存量）+一般工业固体废物贮存量+（一般工业固体废物处置量－其中：处置往年贮存量）+一般工业固体废物倾倒丢弃量

一般工业固体废物综合利用量 指报告期内企业通过回收、加工、循环、交换等方式，从固体废物中提取或者使其转化为可以利用的资源、能源和其他原材料的固体废物量（包括当年利用的往年工业固体废物累计贮存量）。如用作农业肥料、生产建筑材料、筑路等。综合利用量由原产生固体废物的单位统计。

一般工业固体废物处置量 指报告期内企业将工业固体废物焚烧和用其他改变工业固体废物的物理、化学、生物特性的方法，达到减少或者消除其危险成分的活动，或者将工业固体废物最终置于符合环境保护规定要求的填埋场的活动中，所消纳固体废物的量。

一般工业固体废物贮存量 指报告期内企业以综合利用或处置为目的，将固体废物暂时贮存或堆存在专设的贮存设施或专设的集中堆存场所内的量。专设的固体废物贮存场所或贮存设施必须有防扩散、防流失、防渗漏、防止污染大气、水体的措施。

一般工业固体废物倾倒丢弃量 指报告期内企业将所产生的固体废物倾倒或者丢弃到固体废物污染防治设施、场所以外的量。

危险废物产生量 指当年全年调查对象实际产生的危险废物的量。危险废物指列入国家危险废物名录或者根据国家规定的危险废物鉴别标准和鉴别方法认定的，具有爆炸性、易燃性、易氧化性、毒性、腐蚀性、易传染性疾病等危险特性之一的废物。按《国家危险废物名录》（环境保护部、国家发展和改革委员会2008部令第1号）填报。

危险废物综合利用量 指当年全年调查对象从危险废物中提取物质作为原材料或者燃料的活动中消纳危险废物的量。包括本单位利用或委托、提供给外单位利用的量。

危险废物处置量 指报告期内企业将危险废物焚烧和用其他改变工业固体废物的物理、化学、生物特性的方法，达到减少或者消除其危险成分的活动，或者将危险废物最终置于符合环境保护规定要求的填埋场的活动中，所消纳危险废物的量。处置量包括处置本单位或委托给外单位处置的量。

危险废物贮存量 指将危险废物以一定包装方式暂时存放在专设的贮存设施内的量。专设的贮存设施指对危险废物的包装、选址、设计、安全防护、监测和关闭等符合《危险废物贮存污染控制标准》（GB18597-2001）等相关环保法律法规要求，具有防扩散、防流失、防渗漏、防止污染大气和水体措施的设施。

生活垃圾清运量 指报告期收集和运送到各生活垃圾处理厂(场)和生活垃圾最终消纳点的生活垃圾数量。生活垃圾指城市日常生活或为城市日常生活提供服务的活动中产生的固体废物以及法律行政规定的视为城市生活垃圾的固体废物。包括：居民生活垃圾、商业垃圾、集市贸易市场垃圾、街道清扫垃圾、公共场所垃圾和机关、学校、厂矿等单位的生活垃圾。

生活垃圾无害化处理率 指报告期生活垃圾无害化处理量与生活垃圾产生量的比率。在统计上，由于生活垃圾产生量不易取得，可用清运量代替。计算公式为：

$$\text{生活垃圾无害化处理率}=\frac{\text{生活垃圾无害化处理量}}{\text{生活垃圾产生量}}\times 100\%$$

森林面积 包括郁闭度0.2以上的乔木林地面积和竹林面积，国家特别规定的灌木林地面积，农田林网以及村旁、路旁、水旁、宅旁林木的覆盖面积。

人工林面积 指由人工播种、植苗或扦插造林形成的生长稳定，(一般造林3-5年后或飞机播种5-7年后)每公顷保存株数大于或等于造林设计植树株数80%或郁闭度0.20以上(含0.20)的林分面积。

森林覆盖率 以行政区域为单位的森林面积占区域土地总面积的百分比。计算公式为：

$$\text{森林覆盖率}=\frac{\text{森林面积}}{\text{土地总面积}}\times 100\%$$

活立木总蓄积量 指一定范围土地上全部树木蓄积的总量，包括森林蓄积、疏林蓄积、散生木蓄积和四旁树蓄积。

森林蓄积量 指一定森林面积上存在着的林木树干部分的总材积。

造林面积 指在宜林荒山荒地、宜林沙荒地、无立木林地、疏林地和退耕地等其他宜林地上通过人工措施形成或恢复森林、林木、灌木林的过程。

人工造林 指在宜林荒山荒地、宜林沙荒地、无立木林地、疏林地和退耕地等其他宜林地上通过播种、植苗和分植来提高森林植被覆被率的技术措施。

飞播造林 通过飞机播种，为宜林荒山荒地、宜林沙荒地、其他宜林地、疏林地补充适量的种源，并辅以适当的人工措施，在自然力的作用下使其形成森林或灌草植被，提高森林植被覆被率的技术措施。

无林地和疏林地本年新封山育林 指本年开始对具有天然下种或萌蘖能力的疏林地、灌丛地、采伐迹地、火烧迹地以及荒山荒地、沙荒地等有条件的地方采取划界封禁和人工辅助措施，使其成为森林或灌草植被的面积。

用材林 指以生产木材为主要目的的森林和林木，包括以生产竹材为主要目的的竹林。

经济林 指以生产果品，食用油料、饮料、调料，工业原料和药材为主要目的的林木。经济林是人们为了取得林木的果实、叶片、皮层、胶液等产品作为工业原料或者供食用所营造的林木，如油茶、油桐、核桃、樟树、花椒、茶、桑、果等。

防护林 指以防护为主要目的的森林、林木和灌木丛。包括水源涵养林，水土保持林，防风固沙林，农田、牧场防护林，护岸林，护路林等。

薪炭林 指以生产燃料为主要目的的林木。

特种用途林 指以国防、环境保护、科学实验等为主要目的的森林和林木。包括国防林、实验林、母树林、环境保护林、风景林，名胜古迹和革命纪念地的林木，自然保护区的森林。

湿地 指天然或人工、长久或暂时性的沼泽地、泥炭地或水域地带，包括静止或流动、淡水、半咸水、咸水体，低潮时水深不超过 6 米的水域以及海岸地带地区的珊瑚滩和海草床、滩涂、红树林、河口、河流、淡水沼泽、沼泽森林、湖泊、盐沼及盐湖。

自然保护区 指为了保护自然环境和自然资源，促进国民经济的持续发展，将一定面积的陆地和水体划分出来，并经各级人民政府批准而进行特殊保护和管理的区域个数。根据保护对象，自然保护区分为自然生态系统类、野生生物类、自然遗迹类。风景名胜区、文物保护区不计在内。

滑坡 指斜坡上不稳定的岩土体在重力作用下沿一定软弱面(或滑动带)整体向下滑动的物理地质现象。

崩塌 指陡坡上大块的岩土体在重力作用下突然脱离母体崩落的物理地质现象。

泥石流 指山地突然爆发的饱含大量泥沙、石块的特殊洪流。

地面塌陷 指地表岩、土体在自然或人为因素作用下向下陷落，并在地面形成塌陷坑(洞)的一种动力地质现象。

森林火灾次数 指发生在城市市区外的一切森林、林木和林地的火灾次数。按照受害森林面积和伤亡人数，森林火灾分为一般森林火灾、较大森林火灾、重大森林火灾和特别重大森林火灾：1.一般森林火灾：受害森林面积在 1 公顷以下或者其他林地起火的，或者死亡 1 人以上 3 人以下的，或者重伤 1 人以上 10 人以下的；2.较大森林火灾：受害森林面积在 1 公顷以上 100 公顷以下的，或者死亡 3 人以上 10 人以下的，或者重伤 10 人以上 50 人以下的；3.重大森林火灾：受害森林面积在 100 公顷以上 1000 公顷以下的，或者死亡 10 人以上 30 人以下的，或者重伤 50 人以上 100 人以下的；4.特别重大森林火灾：受害森林面积在 1000 公顷以上的，或者死亡 30 人以上的，或者重伤 100 人以上的。本条所称“以上”包括本数，“以下”不包括本数。

森林病虫鼠害 指对森林、林木、林木种苗及木材、竹材形成的病害、虫害和鼠害。森林病害是指林木机体遭受真菌、细菌、病毒、寄生性种子植物和线虫等的危害，而使林木在生理机能、细胞和组织结构以及外部形态等方面发生的病理性变化。森林虫害是指林木机体遭受松毛虫、金花虫、竹蝗、金龟子、蝼蛄等各种昆虫的危害，而造成一定面积森林的生长衰弱或死亡。森林鼠害是指森林、林木、林木种苗遭受各种鼠类的危害，而造成一定程度的损失或死亡。

突发环境事件 指突然发生，造成或可能造成重大人员伤亡、重大财产损失和对全国或者某一地区的经济社会稳定、政治安定构成重大威胁和损害，有重大社会影响的涉及公共安全的环境事件。

发生地震灾害次数 指发生形成灾害(包括人员伤亡或经济损失)的所有震级的地震次数。

Explanatory Notes on Main Statistical Indicators

Cultivated Land refers to land mainly for the regular cultivation of farm crops (including vegetables), with some fruit trees, mulberry trees and others, covers cultivated land, newly-developed land, reclaimed land, consolidated land, fallow, beach land that can guarantee one harvest per year on average. It also covers fixed ditch, canal, road and sill (ridge) with width less than 1 meter in the South and 2 meters in the North, lands planted temporarily with herbs, grass, flowers and nursery stocks, and other cultivated land with temporary change of use.

Garden Land refers to land for intensive cultivation of perennial woody plants and herbs to collect fruits, leaves, roots, stems and juice, with a covering rate over 50% and plant number per mu over 70% of rational plant number. Land for nursery is included.

Forestland refers to land for planting arbor, bamboo, bush shrub and land in coastal zones for planting mangrove. It includes slash, but not the green belts in residential area, forests requested for railway and highway, and the dike protection forest around rivers and ditches.

Pastureland refers to land mainly for the growth of herbs.

Volume of Runoff refers to the total volume of water running through a certain cross section of a river during a certain period of time, reflecting the water resource condition in a country or a region. The formula for calculating volume of runoff is as follows:

Runoff =Precipitation-Evaporation

Drainage Area Each river has its own main stream and branches to form the water system of the river. Each river has its own catchment's area, which is also called as the drainage area of the river.

Out-flowing Rivers refer to rivers directly or indirectly flowing into the sea. The area providing water to the out-flowing rivers is called as out-flowing area.

Inland Rivers refer to rivers in inland dry areas that die away in desert on the way or infuse into inland lakes. The area providing water to the inland rivers is called as inland area.

Mineral Resources refer to useful minerals, with solid state, liquid state, gaseity, due to the geological process. Minerals are important natural resources, and important material base for social development. At present, there are more than 170 types of minerals discovered in China. They can be categorized into four groups: energy producing minerals (including coal, petroleum, natural gas and terrestrial heat), metallic minerals (including iron, manganese, copper, lead and bauxite), non metallic minerals (including diamond, limestone and clay), and water/gas related minerals (including ground water, mineral water and carbon dioxide). Metallic minerals can be further classified as ferrous, non-ferrous, noble metal, rare metal, rare earth metal and dispersed metals.

Ensured Mineral Reserves refer to the actual mineral reserves, which equal to the proven mineral reserves (including industrial reserves and prospective reserves) minus extracted parts and underground losses.

Average Temperature refers to the air temperature. China uses centigrade as the unit. The thermometry used for weather observation is put in a breezy shutter, which is 1.5 meters high from the ground. Therefore, the commonly used temperature refers to the temperature in the breezy shutter 1.5 meters away from the ground. The calculation method is as follows:

Monthly average temperature is the summation of average daily temperature of one month divided by the actual days of that particular month.

Annual average temperature is the summation of monthly average of a year divided by 12 months.

Average Annual Relative Humidity refers to the ratio of actual water vapour pressure to the saturation water vapour pressure under the current temperature. The calculation method is the same as that of temperature.

Volume of Precipitation refers to the deepness of liquid state or solid state (thawed) water falling from the sky to the ground that has not been evaporated, infiltrated or run off. The calculation method is as follows:

Monthly precipitation is the summation of daily precipitation of a month.

Annual precipitation is the summation of 12 months precipitation of a year.

Annual Sunshine Hours refer to the actual hours of sun irradiating the earth, usually expressed in hours. The calculation method is the same as that of the precipitation.

Total Water Resources refers to total volume of surface water and groundwater and is measured as run-off for surface water and replenishment of groundwater with rainfall in local area.

Surface Water Resources refers to total volume of year by year renewable dynamic resources which exist in rivers, lakes, glaciers and other surface water and are the natural run-off of rivers.

Groundwater Resources refers to total volume of year by year renewable dynamic resources which exist in saturation acquifers of groundwater and are measured as replenishment of groundwater with rainfall and surface water.

Duplicated Measurement between Surface Water and Groundwater refers to mutual exchange between surface water and groundwater, i.e. run-off of rivers includes some depletion into groundwater while groundwater includes some replenishment from surface water.

Water Supply refers to gross water of various sources supplied to consumers, including losses during distribution.

Surface Water Supply refers to withdrawals by surface water supply system, broken down with storage, flow, pumping and transfer. Supply from storage projects includes withdrawals from reservoirs; supply from flow includes withdrawals from rivers and lakes with natural flows no matter if there are locks or not; supply from pumping projects includes withdrawals from rivers or lakes with pumping stations; and supply from transfer refers to water supplies transferred from first-level regions of water resources or independent river drainage areas to others, and should not be covered under supplies of storage, flow and pumping.

Groundwater Supply refers to withdrawals from supplying wells, broken down with shallow layer freshwater, deep layer freshwater and slightly brackish water. Groundwater supply for urban areas includes water mining by both waterworks and own wells of enterprises.

Other Water Supply Sources include supplies by waste-water treatment, rain collection, seawater desalinization and other water projects.

Water Use refers to gross water used by various water users, including losses during distribution.

Water Use by Agriculture includes uses of water by irrigation of farming fields, forestry and orchards, irrigation of grassland, replenishment of fishing farms and water used by animal husbandry.

Water Use by Industry refers to new withdrawals of water, excluding reuse of water within enterprises.

Water Use by Living Consumption includes use of water for living consumption in both urban and rural areas. Urban water use by living consumption is composed of household use and public use (including tertiary industry and construction). Rural water use by living consumption includes water used by households.

Water Use by Ecological and Environmental Protection includes replenishment of rivers and lakes and use for urban environment.

Common Industrial Solid Wastes Produced refers to the industrial solid wastes that are not listed in the 《National Catalogue of Hazardous Wastes》, or not regarded as hazardous according to the national hazardous waste identification standards (GB5085), solid waste-Extraction procedure for leaching toxicity (GB5086) and solid waste-Extraction procedure for leaching toxicity (GB/T 15555). The calculation formula is as followed:

Common Industrial Solid Wastes Produced = (common industrial solid wastes utilized – the proportion of utilized stock of previous years) + common industrial solid waste stock + (common industrial solid wastes disposed – the proportion of disposed stock of previous years) + common industrial solid wastes discharged.

Common Industrial Solid Wastes Comprehensively Utilized refers to volume of solid wastes from which useful materials can be extracted or which can be converted into usable resources, energy or other materials by means of reclamation, processing, recycling and exchange (including utilizing in the year the stocks of industrial solid wastes of the previous year) during the report period, e.g. being used as agricultural fertilizers, building materials or as material for paving road. Examples of such utilizations include fertilizers, building materials and road materials. The information shall be collected by the producing units of the wastes.

Common Industrial Solid Wastes Disposed refers to the quantity of industrial solid wastes which are burnt or specially disposed using other methods to alter the physical, chemical and biological properties and thus to reduce or eliminate the hazard, or placed ultimately in the sites meeting the requirements for environmental protection during the report period.

Stock of Common Industrial Solid Wastes refers to the volume of solid wastes placed in special facilities or special sites by enterprises for purposes of utilization or disposal during the report period. The sites or facilities should take measures against dispersion, loss, seepage, and air and water contamination.

Common Industrial Solid Wastes Discharged refers to the volume of industrial solid wastes dumped or discharged by producing enterprises to disposal facilities or to other sites.

Hazardous Wastes Produced refers to the volume of actual hazardous wastes produced by surveyed samples throughout the year of the survey. Hazardous waste refers to those included in the national hazardous wastes catalogue or specified as any one of the following properties in light of the national hazardous wastes identification standards and methods: explosive, ignitable, oxidizable, toxic, corrosive or liable to cause infectious diseases or lead to other dangers. The report of this indicator should follow the 《National Catalogue of Hazardous Wastes》 (the NO.1 Ministry Order in 2008 by the Ministry of Environment Protection and National Development and Reform Commission).

Hazardous Wastes Utilized refers to the volume of hazardous wastes that are used to extract materials for raw materials or fuel throughout the year of the survey, including those utilized by the producing enterprise and those provided to other enterprises for utilization.

Hazardous Wastes Disposed refers to the quantity of hazardous wastes which are burnt or specially disposed using other methods to alter the physical, chemical and biological properties and thus to reduce or eliminate the hazard, or placed ultimately in the sites meeting the requirements for environmental protection during the report period.

Stock of Hazardous Wastes refers to the volume of hazardous wastes specially packaged and placed in special facilities or special sites by enterprises. The special stock facilities should meet the requirements set in relevant environment protection laws and regulations such as "Pollution Control Standards for Hazardous Waste Stock" (GB18597-2001) in regard to package of hazardous waste, location, design, safety, monitoring and shutdown, and take measures against dispersion, loss, seepage, and air and water contamination.

Consumption Wastes Transported refers to volume of consumption wastes collected and transported to disposal factories or sites during the reference period. Consumption wastes are solid wastes produced from urban households or from service activities for urban households, and solid wastes regarded by laws and regulations as urban consumption wastes, including those from households, commercial activities, markets, cleaning of streets, public sites, offices, schools, factories, mining units and other sources.

Ratio of Consumption Wastes Treated refers to consumption wastes treated over that produced. In practical statistics, as it is difficult to estimate, the volume of consumption wastes produced is replaced with that transported. It is calculated as:

$$\text{Ratio of consumption wastes treated} = \frac{\text{consumption wastes treated}}{\text{consumption wastes produced}} \times 100\%$$

Forest Area refers to the area of trees and bamboo grow with a canopy density above 0.2 degree, the area of shrubby tree according to regulations of the government, the area of forest land inside farm land and the area of trees planted by the side of villages, farm houses and along roads and rivers.

Area of Man-made Forests refer to the area of stable growing forests, planted manually or by airplanes, with a survival rate of 80% or higher of the designed number of trees per hectare, or with a canopy density of 0.20 degree or above after 3-5 years of manual planting or 5-7 years of airplane planting.

Forest Coverage Rate Taking the administrative jurisdiction as the unit, the percentage of area of afforested land to the area of total land. The formula for calculating forest coverage rate is as follows:

$$\text{Forestry coverage rate} = \frac{\text{Area of Afforested Land}}{\text{Area of Total Land}} \times 100\%$$

Total Standing Stock Volume refers to the total stock volume of trees growing in land, including trees in forest, trees in sparse forest, scattered trees and trees planted by the side of villages, farm houses and along roads and rivers.

Stock Volume of Forest refers to total stock volume of wood growing in forest area, which shows the total size and level of forest resources of a country or a region.

Area of Afforestation refers to the total area of land suitable for afforestation, including barren hills, idle land, sand dunes, non-timber forest land, woodland and "grain for green" land, on which acres of forests, trees and shrubs are planted through manual planting.

Manual Planting refers to technical measures of sowing, planting seedlings and divided transplanting on land suitable for afforestation, including barren hills, idle land, sand dunes, non-timber forest land, woodland and "grain for green" land to increase vegetation coverage rate of forests.

Airplane Planting refers to technical measures of airplane planting with of appropriate artificial help taken under the influence of natural power to restore certain amount of seedlings on land suitable for afforestation, including barren hills, idle land, sand dunes, non-timber forest land, woodland and "grain for green" land, with an aim of increasing vegetation coverage rate of forests.

No-stocked Land and Sparse Forest Land Newly Closed for Afforestation This Year refers to the area of sparse forest land, brush shrub land, stump land, burned land, barren hills, barren land, sand dunes where trees can naturally grow or sprout, which are demarcated, closed down and returned to forest, shrubbery and grass land with the assistance of special measures by men.

Timber Forests refer to forests which are mainly for the production of timber, including bamboo groves planted to harvest bamboos.

By-product Forests refer to forests that mainly produce fruits, nuts, edible oil, beverages, indigents, raw materials and medicine materials. By-product forests are planted to harvest the fruits, leaves, bark or liquid of trees, and consume them as food or raw materials for the manufacturing industry, such as tea-oil trees, tung oil trees, walnut trees, camphor trees, tea bushes, mulberry trees, fruit trees, etc.

Protection Forests refer to forests, trees and bushes planted mainly for protection or preservation purpose, including water resource conservation forests, water and soil conservation forests, windbreak and dune-fixing forests, farmland and pasture protection forests, riverside protection forests, roadside protection forests, etc.

Fuel Forests refer to forests planted mainly for fuels.

Forests for Special Purpose refer to forests planted mainly for national defence, environment protection or scientific experiments, including national defence forests, experimental forests, mother-tree forests, environment protection forests, scenery forests, trees in historical or scenic spots, forests in natural reserves.

Wetlands refer to marshland and peat bog, whether natural or man-made, permanent or temporary; water covered areas, whether stagnant or flowing, with fresh or semi-fresh or salty water that is less than 6 meters deep at low tide; as well as coral beach, weed beach, mud beach, mangrove, river outlet, rivers, fresh-water marshland, marshland forests, lakes, salty bog and salt lakes along the coastal areas.

Natural Reserves refer to number of certain areas of land, or waters that have been set aside and put under special protection and management in order to protect natural environment and natural resources, and promote the sustainable development of national economy. They are subject to formal approval from governments of various levels. According to the protected targets, natural reserves can be divided into three categories: reserves of natural ecological system, natural reserves of wildlife species, and natural heritage of historical significance.Scenic spots and cultural preservation zones are not included.

Landslides refer to the geological phenomenon of unstable rocks and earth on slopes sliding down along certain soft surface as a result of gravitational force.

Collapse refers to the geological phenomenon of large mass of rocks or earth suddenly collapsing from the mountain or cliff as a result of gravitational force.

Mud-rock Flow refers to the sudden rush of flood torrents containing large amount of mud and rocks in mountainous areas.

Land Subside refers to the geological phenomenon of surface rocks or earth subsiding into holes or pits as a result of natural or human factors.

Number of Forest Fires refers to the number of fires in forests, woods and woodland outside of the downtown areas of cities. In light of the area plagued by fires and the number of casualties, forest fires can be categorized into usual forest fires, relatively larger fires, serious forest fires and extraordinary serous forest fires: 1). Usual forest fires: the destructed forest area is less than 1 hectare, or the fire erupts in other woodland, or the number of deaths is no less than 1 but less than 3, or the number of seriously injured persons is no less than 1 but less than 10 persons. 2). Relatively larger forest fires: the destructed forest area is no less than 1 hectare but less than 100 hectares, or the number of deaths is no less than 3 but less than 10, or the number of seriously injured persons is no less than 10 but less than 50 persons. 3). Serious forest fires: the destructed forest area is no less than 100 hectares but less than 1000 hectares, or the number of deaths is no less than 10 but less than 30, or the number of seriously injured persons is no less than 50 but u less than 100 persons. 4). Extraordinary serious forest fires: the destructed forest area is no less than 1000 hectares, or the number of deaths is no less than 30, or the number of seriously injured persons is no less than 100 persons.

Forest Diseases, Pest and Rat Plagues refers to the diseases, pests and rats that plague forests, woods, seedlings and timbers, and bamboos. Forest diseases refer to the plague of fungi, bacteria, virus, parasitic seed plants and nematode suffered by wood organism, which will cause pathologic changes in trees in terms of physiology function, cells, texture and shape. Forest pest plague means wood organism is plagued by pests such as pine moth, leaf beetle, bamboo locust, cockchafer, and mole cricket that damage a certain area of forest, and slow down the growth or cause them to die. Forest rat plague means the forest, trees, seedlings are damaged by rats, resulting in a certain amount of loss or death.

Environmental Emergencies refer to environmental emergencies that caused or likely to cause significant causalities, serious property damages and pose a major threat and damage to the economic, social or political stability of the country or a region, or have significant social impact that related to the public safety.

Number of Earthquakes the number of earthquakes of all magnitude that cause damages (including casualties or economic losses).

9

能　源

Energy

简 要 说 明

一、本篇资料的主要内容

本篇包括的主要内容有能源生产、消费及品种构成，能源生产和消费弹性系数，综合能源平衡表和主要能源品种的单项平衡表，分行业、分主要能源品种的消费量，能源加工转换效率及生活用能源消费量等。从 2013 年开始，增加全国单位国内生产总值能耗和发电装机容量等指标。

二、本篇资料的统计范围

本篇资料的统计范围为全社会。

三、本篇的资料来源

9－1 表数据来自能源产品产量统计，并以此为依据计算；9－14、9－15 表数据来自电力企业联合会；其他表的数据均来自历年能源平衡表。

四、关于数据口径与计算方法的说明

1．一次能源生产量与能源产品产量统计数字一致。

2．能源生产与消费弹性系数分别以能源生产、消费增长速度与国内生产总值增长速度相比求得。

3．能源平衡表中，进口量和出口量采用海关统计数据。进口量中包括我国轮船、飞机在国外加油量，出口量中包括外国轮船、飞机在我国加油量。电力折算标准煤系数按平均发电煤耗计算。

4．能源加工转换效率表中，电力折算标准煤系数采用当量值计算，每千瓦小时折 0.1229 千克标准煤。

5．GDP 按可比价格计算。

Brief Introduction

I. Main Contents

Data in this chapter cover mainly energy production, consumption, and composition; elasticity ratio of energy production and consumption; overall balance sheet of energy and balance sheets by different types of energy; consumption of energy by sector and by types of energy; efficiency of energy processing and conversion; and the consumption of energy for non-production uses. Since 2013, indicators like energy consumption per unit of GDP and installed power-generating capacity are also included.

II. The Scope of Data

The scope of data in this chapter is the whole country.

III. Sources of Data

Data in Table 9-1 are calculated on the basis of statistics on output of energy products; data in Tables 9-14 and 9-15come from the Association of Power Generation Enterprises; and data in other tables in this chapter are from the energy balance sheets over the years.

IV. Notes on Coverage and Compilation of Data

(1) The data on production of primary energy are the same as the corresponding data on output of energy products.

(2) The elasticity ratio of energy production is calculated as the quotient of the growth rate of energy production divided by the growth rate of GDP; and the elasticity ratio of energy consumption is calculated as the quotient of the growth rate of energy consumption divided by the growth rate of GDP.

(3) In the energy balance sheet, data on imports and exports are from Customs statistics. The refueling by Chinese ships and airplanes abroad is included in imports. The refueling by foreign ships and airplanes in China is included in exports. The coefficient for conversion of electric power into the standard coal equivalent is calculated according to the average consumption of coal for generating electricity.

(4) In the table on the efficiency of energy conversion, the coefficient for the conversion of electric power into the standard coal equivalent is calculated on the basis of the heat value equivalent. One kilowatt is equal to 0.1229 kg SCE.

(5) Gross domestic product are calculated at constant prices.

9-1 能源生产总量及构成
Total Production of Energy and Its Composition

年 份 Year	能源生产总量(万吨标准煤) Total Energy Production (10 000 tons of SCE)	占能源生产总量的比重(%) As Percentage of Total Energy Production (%)			
		原 煤 Coal	原 油 Crude Oil	天然气 Natural Gas	水电、核电、风电 Hydro-power, Nuclear Power, Wind Power
1978	62770	70.3	23.7	2.9	3.1
1980	63735	69.4	23.8	3.0	3.8
1985	85546	72.8	20.9	2.0	4.3
1990	103922	74.2	19.0	2.0	4.8
1991	104844	74.1	19.2	2.0	4.7
1992	107256	74.3	18.9	2.0	4.8
1993	111059	74.0	18.7	2.0	5.3
1994	118729	74.6	17.6	1.9	5.9
1995	129034	75.3	16.6	1.9	6.2
1996	133032	75.0	16.9	2.0	6.1
1997	133460	74.3	17.2	2.1	6.5
1998	129834	73.3	17.7	2.2	6.8
1999	131935	73.9	17.3	2.5	6.3
2000	135048	73.2	17.2	2.7	6.9
2001	143875	73.0	16.3	2.8	7.9
2002	150656	73.5	15.8	2.9	7.8
2003	171906	76.2	14.1	2.7	7.0
2004	196648	77.1	12.8	2.8	7.3
2005	216219	77.6	12.0	3.0	7.4
2006	232167	77.8	11.3	3.4	7.5
2007	247279	77.7	10.8	3.7	7.8
2008	260552	76.8	10.5	4.1	8.6
2009	274619	77.3	9.9	4.1	8.7
2010	296916	76.6	9.8	4.2	9.4
2011	317987	77.8	9.1	4.3	8.8
2012	331848	76.5	8.9	4.3	10.3
2013	340000	75.6	8.9	4.6	10.9

注：电力折算标准煤的系数根据当年平均发电煤耗计算(下表同)。

a) The coefficient for conversion of electric power into SCE (standard coal equivalent) is calculated on the basis of the data on average coal consumption in generating electric power in the same year. The same applies to the tables following.

9-2 能源消费总量及构成
Total Consumption of Energy and Its Composition

年 份 Year	能源消费总量(万吨标准煤) Total Energy Consumption (10 000 tons of SCE)	占能源消费总量的比重(%) As Percentage of Total Energy Consumption (%)			
		煤 炭 Coal	石 油 Crude Oil	天然气 Natural Gas	水电、核电、风电 Hydro-power, Nuclear Power, Wind Power
1978	57144	70.7	22.7	3.2	3.4
1980	60275	72.2	20.7	3.1	4.0
1985	76682	75.8	17.1	2.2	4.9
1990	98703	76.2	16.6	2.1	5.1
1991	103783	76.1	17.1	2.0	4.8
1992	109170	75.7	17.5	1.9	4.9
1993	115993	74.7	18.2	1.9	5.2
1994	122737	75.0	17.4	1.9	5.7
1995	131176	74.6	17.5	1.8	6.1
1996	135192	73.5	18.7	1.8	6.0
1997	135909	71.4	20.4	1.8	6.4
1998	136184	70.9	20.8	1.8	6.5
1999	140569	70.6	21.5	2.0	5.9
2000	145531	69.2	22.2	2.2	6.4
2001	150406	68.3	21.8	2.4	7.5
2002	159431	68.0	22.3	2.4	7.3
2003	183792	69.8	21.2	2.5	6.5
2004	213456	69.5	21.3	2.5	6.7
2005	235997	70.8	19.8	2.6	6.8
2006	258676	71.1	19.3	2.9	6.7
2007	280508	71.1	18.8	3.3	6.8
2008	291448	70.3	18.3	3.7	7.7
2009	306647	70.4	17.9	3.9	7.8
2010	324939	68.0	19.0	4.4	8.6
2011	348002	68.4	18.6	5.0	8.0
2012	361732	66.6	18.8	5.2	9.4
2013	375000	66.0	18.4	5.8	9.8

9-3 综合能源平衡表
Overall Energy Balance Sheet

单位：万吨标准煤 (10 000 tons of SCE)

项目	Item	1990	1995	2000	2005	2010	2011	2012
可供消费的能源总量	**Total Energy Available for Consumption**	**96138**	**129535**	**142605**	**232225**	**339687**	**362842**	**378690**
一次能源生产量	Primary Energy Output	103922	129034	135048	216219	296916	317986	331848
回收能	Recovery of Energy		2312	1760	2939	5143		
进口量	Imports	1310	5456	14334	26952	55737	62262	66598
出口量(-)	Exports (-)	5875	6776	9633	11448	8846	8447	7375
年初年末库存差额	Stock Changes in the Year	-3219	-491	1097	-2436	-9262	-8959	-12381
能源消费总量	**Total Energy Consumption**	**98703**	**131176**	**145531**	**235997**	**324939**	**348002**	**361732**
在总量中:	Consumption by Sector							
农、林、牧、渔、水利业	Agriculture, Forestry, Animal Husbandry, Fishery and Water Conservancy	4852	5505	3914	6071	6477	6759	6784
工业	Industry	67578	96191	103774	168724	232019	246441	252463
建筑业	Construction	1213	1335	2179	3403	5309	5872	6167
交通运输、仓储和邮政业	Transport, Storage and Post	4541	5863	11242	18391	26068	28536	31525
批发、零售业和住宿、餐饮业	Wholesale and Retail Trades, Hotels and Catering Services	1247	2018	3048	4848	6827	7795	8546
其他行业	Other Sectors	3473	4519	5762	9255	13681	15189	16581
生活消费	Household Consumption	15799	15745	15614	25305	34558	37410	39666
在总量中:	Consumption by Usage							
终端消费	End-use Consumption	94289	124252	139008	225690	305098	333127	344594
#工业	Industry	63239	89473	97597	158767	212631	231963	235763
加工转换损失量	Losses During the Process of Energy Conversion	2264	3634	2461	3823	10985	5691	7408
#炼焦	Coking	905		525	702	1480	1679	2578
炼油	Petroleum Refining	326		781	1305	2054	2064	2222
损失量	Energy Losses	2150	3289	4062	6483	8857	9183	9730
平衡差额	**Balance**	**-2565**	**-1641**	**-2926**	**-3772**	**14748**	**14840**	**16958**

注：1.电力、热力按等价热值折算,因此加工转换损失量中不包括发电、供热损失量。村办工业包括在工业中(下表同)。
2.进口量包括我国飞机、轮船在国外加油量;出口量包括外国飞机、轮船在我国加油量。

a) Electric power and heat are converted on the basis of equal caloric value. Therefore, losses during the process of energy conversion do not include losses in power generation and heating. Energy consumption of industry include that of village industry. The same applies to the tables following.

b) The refueling by Chinese ships and airplanes abroad is included in imports. The refueling by foreign ships and airplanes in China is included in exports.

9-4 石油平衡表

Petroleum Balance Sheet

单位：万吨 (10 000 tons)

项　目	Item	1990	1995	2000	2005	2010	2011	2012
可供量	**Total Energy Available for Consumption**	**11435.0**	**16072.7**	**22631.8**	**32539.1**	**44178.4**	**45659.2**	**47864.7**
生产量	Output	13830.6	15005.0	16300.0	18135.3	20301.4	20287.6	20747.8
进口量	Imports	755.6	3673.2	9748.5	17163.2	29437.2	31593.6	33088.8
出口量(−)	Exports (-)	3110.4	2454.5	2172.1	2888.1	4079.0	4117.0	3884.3
年初年末库存差额	Stock Changes in the Year	-40.8	-151.0	-1244.6	128.8	-1481.2	-2105.0	-2087.6
消费量	**Total Energy Consumption**	**11485.6**	**16064.9**	**22495.9**	**32537.7**	**43245.2**	**45378.5**	**47650.5**
在消费量中：	Consumption by Sector							
农、林、牧、渔、水利业	Agriculture, Forestry, Animal Husbandry, Fishery and Water Conservancy	1033.6	1203.2	788.5	1451.7	1382.5	1466.3	1537.9
工　业	Industry	7321.6	9349.3	11248.5	14245.1	18148.8	18005.0	17673.0
建筑业	Construction	327.3	242.8	840.6	1502.2	2345.1	2521.8	2699.1
交通运输、仓储和邮政业	Transport, Storage and Post	1683.2	2863.6	6399.0	10709.5	14870.3	16021.0	17838.6
批发、零售业和住宿、餐饮业	Wholesale and Retail Trades, Hotels and Catering Services	77.6	333.9	247.0	375.6	481.0	500.0	542.4
其他行业	Other Sectors	757.8	1390.3	1635.9	1969.2	2556.7	2880.5	3067.8
生活消费	Non-production Consumption	284.5	682.0	1336.5	2284.4	3460.8	3983.9	4291.6
在消费量中：	Consumption by Usage							
终端消费	End-use Consumption	9304.7	13676.3	19950.1	29191.6	40303.7	42727.3	44953.9
#工　业	Industry	5180.4	7095.5	8860.0	11027.5	15367.8	15463.9	15100.2
中间消费（用于加工转换）	Intermediate Consumption (Consumed in Conversion)	1630.4	2230.0	2352.9	3190.7	2747.1	2469.5	2514.6
发　电	Power Generation	1234.4	1358.5	1178.2	1602.0	459.1	319.8	292.4
供　热	Heating	356.3	399.9	427.0	407.6	593.1	525.7	493.5
制　气	Gas Production	39.7	51.6	25.9	14.4			
炼油损失量	Losses in Petroleum Refining	295.8	420.1	721.9	1166.7	1604.8	1624.1	1728.7
损失量	Other Losses	254.7	158.6	192.9	155.4	194.4	181.7	182.0
平衡差额	**Balance**	**-50.6**	**7.8**	**135.8**	**1.4**	**933.3**	**280.7**	**214.2**

注：1.生产量为原油产量。

2.进口量包括我国飞机、轮船在国外加油量；出口量包括外国飞机、轮船在我国加油量。

a) Data on output refer to the output of crude oil.

b) The refueling by Chinese ships and airplanes abroad is included in imports. The refueling by foreign ships and airplanes in China is included in exports.

9-5 煤炭平衡表
Coal Balance Sheet

单位：万吨 (10 000 tons)

项 目	Item	1990	1995	2000	2005	2010	2011	2012
可供量	**Total Energy Available for Consumption**	**102221.1**	**133461.7**	**136794.5**	**226941.0**	**329772.0**	**360561.5**	**380033.2**
生产量	Output	107988.3	136073.1	138418.5	234951.8	323500.0	351600.0	364500.0
进口量	Imports	200.3	163.5	217.9	2617.1	16309.5	18209.8	28841.1
出口量(-)	Exports (-)	1729.0	2861.7	5506.5	7172.4	1910.4	1465.8	927.5
年初年末库存差额	Stock Changes in the Year	-4238.5	86.8	3664.7	-3455.4	-8127.2	-7782.5	-12380.4
消费量	**Total Energy Consumption**	**105523.0**	**137676.5**	**141091.7**	**231851.1**	**312236.5**	**342950.2**	**352647.1**
在消费量中:	Consumption by Sector							
农、林、牧、渔、水利业	Agriculture,Forestry,Animal Husbandry, Fishery and Water Conservancy	2095.2	1856.7	933.4	1513.8	1711.1	1756.6	1766.1
工 业	Industry	81090.9	117570.7	127806.7	215493.3	296031.6	326230.0	335714.7
建筑业	Construction	437.6	439.8	536.8	603.6	718.9	781.8	753.4
交通运输、仓储和邮政业	Transport, Storage and Post	2160.9	1315.1	882.2	811.2	639.2	645.9	614.3
批发、零售业和住宿、餐饮业	Wholesale and Retail Trades, Hotels and Catering Services	1058.3	977.4	1314.6	1674.4	1969.9	2211.7	2362.0
其他行业	Other Sectors	1980.4	1986.7	1161.0	1715.9	2006.6	2112.2	2283.2
生活消费	Household Consumption	16699.7	13530.1	8457.0	10039.0	9159.2	9212.0	9153.4
在消费量中:	Consumption by Usage							
终端消费	End-use Consumption	60205.9	66156.1	55913.1	75382.7	84350.9	86416.3	87055.7
#工 业	Industry	35773.8	46050.3	42628.0	59024.9	68146.1	69696.0	70123.2
中间消费(用于加工转换)	Intermediate Consumption (Consumed in Conversion)	41257.8	69487.6	85178.6	156468.4	227885.6	256534.0	265591.4
#发 电	Power Generation	27204.3	44440.2	55811.2	103263.5	154542.5	175578.5	178531.0
供 热	Heating	2995.5	5887.3	8794.1	13542.0	15253.1	16834.2	20251.2
炼 焦	Coking	10697.6	18396.4	16496.4	33167.1	47150.4	52959.9	54068.4
炼油及煤制油	Petroleum Refineries and Coal-to-liquids					213.4	345.7	378.0
制 气	Gas Production	360.4	763.7	960.0	1277.0	1040.1	870.5	798.6
洗选损耗	Losses in Coal Washing and Dressing	4059.3	2032.8	3191.2	4982.1	9484.6	9723.4	11254.0
平衡差额	**Balance**	**-3302.0**	**-4214.8**	**-4297.2**	**-4910.0**	**17535.5**	**17611.3**	**27386.1**

注：生产量为原煤产量。
a) Data on output refer to the output of raw coal.

9-6 电力平衡表
Electricity Balance Sheet

单位：亿千瓦小时 (100 million kwh)

项 目	Item	1990	1995	2000	2005	2010	2011	2012
可供量	**Total Energy Available for Consumption**	**6230.4**	**10023.4**	**13472.7**	**24940.8**	**41936.5**	**47002.7**	**49767.7**
生产量	Output	6212.0	10077.3	13556.0	25002.6	42071.6	47130.2	49875.5
水 电	Hydropower	1267.2	1905.8	2224.1	3970.2	7221.7	6989.5	8721.1
火 电	Thermal Power	4944.8	8043.2	11141.9	20473.4	33319.3	38337.0	38928.1
核 电	Nuclear Power		128.3	167.4	530.9	738.8	863.5	973.9
风 电	Wind Power					446.2	703.3	959.8
进口量	Imports	19.3	6.4	15.5	50.1	55.5	65.6	68.7
出口量(-)	Exports (-)	0.9	60.3	98.8	111.9	190.6	193.1	176.5
消费量	**Total Energy Consumption**	**6230.4**	**10023.4**	**13472.4**	**24940.3**	**41934.5**	**47000.9**	**49762.6**
在消费量中:	Consumption by Sector							
农、林、牧、渔、水利业	Agriculture,Forestry,Animal Husbandry, Fishery and Water Conservancy	426.8	582.4	533.0	776.3	976.5	1012.9	1012.6
工 业	Industry	4873.3	7659.8	10004.6	18521.7	30871.8	34691.6	36232.2
建筑业	Construction	65.0	159.6	159.8	233.9	483.2	571.8	608.4
交通运输、仓储和邮政业	Transport, Storage and Post	105.9	182.3	281.2	430.3	734.5	848.4	915.4
批发、零售业和住宿、餐饮业	Wholesale and Retail Trades, Hotels and Catering Services	76.2	199.5	418.7	752.3	1292.0	1503.1	1691.5
其他行业	Other Sectors	202.4	234.2	623.2	1340.9	2451.8	2753.1	3083.6
生活消费	Household Consumption	480.8	1005.6	1452.0	2884.8	5124.6	5620.1	6219.0
在消费量中:	Consumption by Usage							
终端消费	End-use Consumption	5795.8	9278.9	12535.7	23233.8	39366.3	44300.2	46866.5
#工 业	Industry	4438.7	6915.3	9067.9	16815.2	28303.5	31990.9	33336.1
输配电损失量	Losses in Transmission	434.6	744.5	936.7	1706.5	2568.2	2700.7	2896.2

9-7 能源生产弹性系数
Elasticity Ratio of Energy Production

年 份 Year	能源生产比上年增长 (%) Growth Rate of Energy Production over Preceding Year (%)	电力生产比上年增长 (%) Growth Rate of Electricity Production over Preceding Year (%)	国内生产总值比上年增长 (%) Growth Rate of Gross Domestic Product (GDP) over Preceding Year (%)	能源生产弹性系数 Elasticity Ratio of Energy Production	电力生产弹性系数 Elasticity Ratio of Electricity Production
1985	9.9	8.9	13.5	0.73	0.66
1990	2.2	6.2	3.8	0.58	1.63
1991	0.9	9.1	9.2	0.10	0.99
1992	2.3	11.3	14.2	0.16	0.80
1993	3.6	15.3	14.0	0.26	1.09
1994	6.9	10.7	13.1	0.53	0.82
1995	8.7	8.6	10.9	0.80	0.79
1996	3.1	7.2	10.0	0.31	0.72
1997	0.3	5.1	9.3	0.03	0.55
1998	-2.7	2.7	7.8		0.35
1999	1.6	6.3	7.6	0.21	0.83
2000	2.4	9.4	8.4	0.28	1.12
2001	6.5	9.2	8.3	0.79	1.11
2002	4.7	11.7	9.1	0.52	1.29
2003	14.1	15.5	10.0	1.41	1.55
2004	14.4	15.3	10.1	1.43	1.51
2005	10.0	13.5	11.3	0.88	1.19
2006	7.4	14.6	12.7	0.58	1.15
2007	6.5	14.5	14.2	0.46	1.02
2008	5.4	5.6	9.6	0.56	0.58
2009	5.4	7.1	9.2	0.59	0.77
2010	8.1	13.3	10.4	0.78	1.28
2011	7.1	12.0	9.3	0.76	1.29
2012	4.4	5.8	7.7	0.57	0.75
2013	2.4	7.5	7.7	0.31	0.97

注：国内生产总值增长速度按不变价格计算(下表同)。

a) The growth rates of GDP are calculated at constant prices. The same applies to the tables following.

9-8 能源消费弹性系数
Elasticity Ratio of Energy Consumption

年 份 Year	能源消费比上年增长 (%) Growth Rate of Energy Consumption over Preceding Year (%)	电力消费比上年增长 (%) Growth Rate of Electricity Consumption over Preceding Year (%)	国内生产总值比上年增长 (%) Growth Rate of Gross Domestic Product (GDP) over Preceding Year (%)	能源消费弹性系数 Elasticity Ratio of Energy Consumption	电力消费弹性系数 Elasticity Ratio of Electricity Consumption
1985	8.1	9.0	13.5	0.60	0.67
1990	1.8	6.2	3.8	0.47	1.63
1991	5.1	9.2	9.2	0.55	1.00
1992	5.2	11.5	14.2	0.37	0.81
1993	6.3	11.0	14.0	0.45	0.79
1994	5.8	9.9	13.1	0.44	0.76
1995	6.9	8.2	10.9	0.63	0.75
1996	3.1	7.4	10.0	0.31	0.74
1997	0.5	4.8	9.3	0.06	0.52
1998	0.2	2.8	7.8	0.03	0.36
1999	3.2	6.1	7.6	0.42	0.80
2000	3.5	9.5	8.4	0.42	1.13
2001	3.3	9.3	8.3	0.40	1.12
2002	6.0	11.8	9.1	0.66	1.30
2003	15.3	15.6	10.0	1.53	1.56
2004	16.1	15.4	10.1	1.60	1.52
2005	10.6	13.5	11.3	0.93	1.19
2006	9.6	14.6	12.7	0.76	1.15
2007	8.4	14.4	14.2	0.59	1.01
2008	3.9	5.6	9.6	0.41	0.58
2009	5.2	7.2	9.2	0.57	0.78
2010	6.0	13.2	10.4	0.58	1.27
2011	7.1	12.1	9.3	0.76	1.30
2012	3.9	5.9	7.7	0.51	0.77
2013	3.7	7.5	7.7	0.48	0.97

9-9 按行业分能源消费量（2012年）

行业	Sector	能源消费总量（万吨标准煤）Total Energy Consumption (10 000 tons of SCE)
消 费 总 量	**Total Consumption**	**361732.01**
农、林、牧、渔、水利业	**Agriculture, Forestry, Animal Husbandry, Fishery and Water Conservancy**	**6784.43**
工业	**Industry**	**252462.78**
采掘业	**Mining and Quarrying**	**21176.92**
煤炭开采和洗选业	Mining and Washing of Coal	12339.12
石油和天然气开采业	Extraction of Petroleum and Natural Gas	3807.89
黑色金属矿采选业	Mining and Processing of Ferrous Metal Ores	1842.98
有色金属矿采选业	Mining and Processing of Non-Ferrous Metal Ores	1180.82
非金属矿采选业	Mining and Processing of Nonmetal Ores	1217.00
开采辅助活动	Support Activities for Mining	483.92
其他采矿业	Mining of Other Ores	305.20
制造业	**Manufacturing**	**205667.69**
农副食品加工业	Processing of Food from Agricultural Products	2750.55
食品制造业	Manufacture of Foods	1621.32
酒、饮料和精制茶制造业	Manufacture of Liquor, Beverages and Refined Tea	1180.09
烟草制品业	Manufacture of Tobacco	247.42
纺织业	Manufacture of Textile	6357.01
纺织服装、服饰业	Manufacture of Textile, Wearing Apparel and Accessories	861.09
皮革、毛皮、羽毛及其制品和制鞋业	Manufacture of Leather, Fur, Feather and Related Products and Footwear	574.23
木材加工和木、竹、藤、棕、草制品业	Processing of Timber,Manufacture of Wood,Bamboo,Rattan,Palm, and Straw Products	1152.64
家具制造业	Manufacture of Furniture	199.41
造纸和纸制品业	Manufacture of Paper and Paper Products	3846.14
印刷和记录媒介复制业	Printing and Reproduction of Recording Media	400.03
文教、工美、体育和娱乐用品制造业	Manufacture of Articles for Culture, Education, Arts and Crafts, Sport and Entertainment Activities	280.46
石油加工、炼焦和核燃料加工业	Processing of Petroleum, Coking and Processing of Nuclear Fuel	18115.44
化学原料和化学制品制造业	Manufacture of Raw Chemical Materials and Chemical Products	36995.54
医药制造业	Manufacture of Medicines	1608.63
化学纤维制造业	Manufacture of Chemical Fibers	1558.00
橡胶和塑料制品业	Manufacture of Rubber and Plastics Products	3897.14
非金属矿物制品业	Manufacture of Non-metallic Mineral Products	29400.92
黑色金属冶炼和压延加工业	Smelting and Pressing of Ferrous Metals	59668.10
有色金属冶炼和压延加工业	Smelting and Pressing of Non-ferrous Metals	14829.01
金属制品业	Manufacture of Metal Products	3854.34
通用设备制造业	Manufacture of General Purpose Machinery	3465.89
专用设备制造业	Manufacture of Special Purpose Machinery	1781.84
汽车制造业	Manufacture of Automobiles	2760.67
铁路、船舶、航空航天和其他运输设备制造业	Manufacture of Railway, Ship, Aerospace and Other Transport Equipments	1149.54
电气机械和器材制造业	Manufacture of Electrical Machinery and Apparatus	2329.07
计算机、通信和其他电子设备制造业	Manufacture of Computers, Communication and Other Electronic Equipment	2666.75
仪器仪表制造业	Manufacture of Measuring Instruments and Machinery	311.26
其他制造业	Other Manufacture	1616.47
废弃资源综合利用业	Utilization of Waste Resources	107.36
金属制品、机械和设备修理业	Repair Service of Metal Products, Machinery and Equipment	81.35
电力、煤气及水生产和供应业	**Electric Power, Gas and Water Production and Supply**	**25618.17**
电力、热力生产和供应业	Production and Supply of Electric Power and Heat Power	23809.24
燃气生产和供应业	Production and Supply of Gas	693.64
水的生产和供应业	Production and Supply of Water	1115.29
建筑业	**Construction**	**6167.37**
交通运输、仓储和邮政业	**Transport, Storage and Post**	**31524.71**
批发、零售业和住宿、餐饮业	**Wholesale, Retail Trade and Hotel ,Restaurants**	**8545.86**
其他行业	**Others**	**16580.77**
生活消费	**Residential Consumption**	**39666.09**

Consumption of Energy by Sector (2012)

煤炭消费量 (万吨) Coal Consumption (10 000 tons)	焦炭消费量 (万吨) Coke Consumption (10 000 tons)	原油消费量 (万吨) Crude Oil Consumption (10 000 tons)	汽油消费量 (万吨) Gasoline Consumption (10 000 tons)	煤油消费量 (万吨) Kerosene Consumption (10 000 tons)	柴油消费量 (万吨) Diesel Oil Consumption (10 000 tons)	燃料油消费量 (万吨) Fuel Oil Consumption (10 000 tons)	天然气消费量 (亿立方米) Natural Gas Consumption (100 million cu.m)	电力消费量 (亿千瓦小时) Electricity Consumption (100 million kwh)
352647.07	**39373.04**	**46678.92**	**8140.90**	**1956.60**	**16966.05**	**3683.29**	**1463.00**	**49762.64**
1766.12	**57.48**		**192.86**	**1.19**	**1335.50**	**1.98**	**0.64**	**1012.57**
335714.65	**39262.62**	**46559.52**	**581.06**	**32.04**	**1747.70**	**2241.69**	**946.75**	**36232.21**
27760.18	**250.86**	**1074.08**	**58.02**	**2.64**	**631.77**	**16.44**	**139.50**	**2391.90**
26163.30	65.41		16.33	2.16	215.21	0.92	7.48	879.14
477.89		1050.41	14.24		63.41	13.27	122.94	396.81
200.86	125.54	0.01	6.32	0.03	112.98	0.04	0.03	438.42
112.06	13.81		8.04	0.41	35.36	0.05		327.82
619.99	46.10		5.32	0.04	65.78	0.16	0.54	224.23
184.17		23.66	7.69		139.01	2.00	8.51	28.56
1.91			0.08		0.02			96.92
132542.86	**39003.74**	**45482.98**	**489.14**	**29.37**	**1037.70**	**2202.55**	**572.72**	**26822.46**
1753.25	11.52	0.07	31.08	0.12	50.83	4.67	1.62	526.15
1296.99	1.90		10.48	0.03	22.62	5.59	6.10	220.97
736.99	0.97	0.01	8.58	0.01	13.90	3.18	3.43	155.76
62.98			0.86		3.36	0.97	1.74	51.22
2065.59	3.08		16.89	0.12	20.20	8.80	2.15	1448.70
228.41	2.69	0.05	17.03	0.41	20.85	2.81	0.87	198.42
79.50	0.80	0.10	7.94	0.21	8.69	3.35	0.17	151.03
421.05	0.37	0.17	7.47	0.08	14.32	0.17	0.35	264.08
34.09	3.79		5.28	0.05	7.68	0.32	0.68	45.83
4523.89	0.51	0.10	9.05	0.09	20.71	7.18	4.14	579.00
32.08	0.33	0.01	6.18	0.08	6.18	0.70	0.98	107.12
26.70	4.67	0.01	7.71	0.23	9.38	1.46	1.65	64.11
36450.25	73.65	42413.38	40.82	0.21	20.87	1308.09	98.89	594.92
17777.12	2604.78	3060.77	42.72	3.56	97.63	501.52	250.34	3936.15
813.45	1.62	0.02	11.38	0.27	13.63	3.35	5.01	257.25
699.72	0.70		1.10		2.41	6.46	2.20	329.53
812.77	4.12	0.04	24.71	0.14	29.28	10.95	3.82	1024.57
24814.00	756.74	7.78	33.16	4.69	260.67	231.15	68.72	2951.26
30296.16	33704.06	0.01	13.89	0.22	89.92	7.88	33.12	5220.52
6411.06	564.04	0.23	7.71	2.35	55.94	63.77	26.05	3819.08
360.08	104.25	0.01	22.88	1.33	38.83	7.34	7.32	1037.58
268.85	858.92	0.03	39.23	2.71	44.09	1.51	7.26	699.90
430.70	45.41	0.04	24.88	0.35	34.53	1.06	6.55	388.42
577.98	185.01	0.07	37.63	0.96	45.01	1.58	14.01	586.63
236.45	12.33	0.01	9.24	8.34	37.66	9.26	10.73	232.15
491.00	17.90	0.07	27.96	0.46	32.41	4.05	5.97	613.64
245.44	2.40		13.92	0.31	19.71	3.19	6.88	765.87
30.73	4.17		4.97	0.20	5.09	0.36	0.54	81.14
539.82	0.50		1.84	0.02	3.77	0.29	0.67	437.98
14.42	20.04		0.64	0.01	3.58	1.28	0.20	20.27
11.35	12.47		1.91	1.81	3.95	0.26	0.57	13.23
175411.61	**8.02**	**2.46**	**33.90**	**0.03**	**78.23**	**22.70**	**234.52**	**7017.84**
174273.38	0.49	2.46	27.76	0.03	74.17	22.51	225.02	6566.61
1074.57	7.49		2.64		2.33	0.19	9.32	108.90
63.66	0.04		3.50		1.73		0.18	342.33
753.41	**6.31**		**286.87**	**7.89**	**518.01**	**27.05**	**1.26**	**608.40**
614.26	**0.09**	**119.40**	**3753.03**	**1787.09**	**10727.03**	**1383.94**	**154.51**	**915.37**
2362.00	**6.66**		**200.06**	**28.64**	**229.00**	**8.69**	**38.69**	**1691.49**
2283.19	**1.94**		**1460.51**	**74.17**	**1444.72**	**19.94**	**32.88**	**3083.64**
9153.44	**37.93**		**1666.52**	**25.58**	**964.09**		**288.27**	**6218.96**

9-10 能源加工转换效率
Efficiency of Energy Conversion

单位：% (%)

年 份 Year	总效率 Total Efficiency	发电及电站供热 Electricity Generation and Heating by Power Stations	炼 焦 Coking	炼 油 Petroleum Refining
1983	69.93	36.94	91.18	99.16
1984	69.16	36.95	90.08	99.17
1985	68.29	36.85	90.79	99.10
1986	68.32	36.69	90.63	99.04
1987	67.48	36.75	90.46	98.81
1988	66.54	36.34	90.77	98.76
1989	66.51	36.74	90.30	98.57
1990	66.48	37.34	91.28	90.19
1991	65.90	37.60	89.90	98.10
1992	66.00	37.80	92.70	96.80
1993	67.32	39.90	98.05	98.49
1994	65.20	39.35	89.62	97.48
1995	71.05	37.31	91.99	97.67
1996	70.19	36.63	94.07	97.46
1997	69.76	35.89	94.01	97.37
1998	69.28	37.09	94.97	96.41
1999	69.25	37.04	96.13	97.51
2000	69.04	37.36	96.21	97.32
2001	69.34	37.63	96.48	97.92
2002	69.04	38.73	96.63	96.71
2003	69.40	38.83	96.13	96.80
2004	70.91	39.46	97.55	96.43
2005	71.55	39.87	97.57	96.86
2006	71.24	39.87	97.77	96.86
2007	70.77	40.24	97.56	97.17
2008	71.55	41.04	97.75	97.17
2009	72.01	41.73	97.38	96.63
2010	72.83	42.43	96.44	96.86
2011	72.32	42.44	96.41	97.01
2012	72.43	43.01	94.60	97.02

9-11 平均每天能源消费量
Average Daily Energy Consumption by Type of Energy

能源品种	Type of Energy	1990	1995	2000	2005	2009	2010	2011	2012
合计 （万吨标准煤）	**Total (10 000 tons of SCE)**	**270.4**	**359.4**	**397.6**	**646.6**	**840.1**	**890.2**	**953.4**	**991.0**
煤炭 （万吨）	Coal (10 000 tons)	289.1	377.2	385.5	635.2	810.5	855.4	939.6	966.2
焦炭 （万吨）	Coke (10 000 tons)	18.9	29.4	29.6	68.8	87.3	92.3	104.6	107.9
原油 （万吨）	Crude Oil (10 000 tons)	32.2	40.8	58.0	82.4	104.5	117.5	120.5	127.9
燃料油 （万吨）	Fuel Oil (10 000 tons)	9.2	10.2	10.6	11.6	7.8	10.3	10.0	10.1
汽油 （万吨）	Gasoline (10 000 tons)	5.2	8.0	9.6	13.3	16.9	18.9	20.3	22.3
煤油 （万吨）	Kerosene (10 000 tons)	1.0	1.4	2.4	3.0	3.9	4.8	5.0	5.4
柴油 （万吨）	Diesel Oil (10 000 tons)	7.4	11.8	18.6	30.1	37.7	40.1	42.8	46.5
天然气 （亿立方米）	Natural Gas (100 million cu.m)	0.4	0.5	0.7	1.3	2.5	2.9	3.6	4.0
电力 （亿千瓦小时）	Electricity (100 million kwh)	17.1	27.5	36.8	68.3	101.5	114.9	128.8	136.3

9-12 生活能源消费量
Average Annual Energy Consumption for Households

能源品种	Type of Energy	1990	1995	2000	2005	2009	2010	2011	2012
合计 （万吨标准煤）	**Total (10 000 tons of SCE)**	**15799**	**15745**	**15614**	**25305**	**33843**	**34558**	**37410**	**39666**
煤炭 （万吨）	Coal (10 000 tons)	16700	13530	8457	10039	9122	9159	9212	9153
煤油 （万吨）	Kerosene (10 000 tons)	105	64	72	26	19	19	24	26
液化石油气 （万吨）	Liquefied Petroleum Gas (10 000 tons)	159	534	858	1329	1496	1457	1607	1635
天然气 （亿立方米）	Natural Gas (100 million cu.m)	19	19	32	79	178	227	264	288
煤气 （亿立方米）	Coal Gas (100 million cu.m)	29	57	126	145	166	167	146	137
热力 （万百万千焦）	Heat (10 billion kilo-joule)	8972	12637	23234	52044	67000	67410	70044	77608
电力 （亿千瓦小时）	Electricity (100 million kwh)	481	1006	1452	2885	4872	5125	5620	6219

9-13 人均生活能源消费量
Annual per Capita Energy Consumption of Households

年 份 Year	平均每人生活消费能源 （千克标准煤） Annual per Capita Consumption for Households (kg of SCE)	煤 炭 （千克） Coal (kg)	电 力 （千瓦小时） Electricity (kwh)	煤 油 （千克） Kerosene (kg)	液化石油气 （千克） Liquefied Petroleum Gas (kg)	天然气 （立方米） Natural Gas (cu.m)	煤 气 （立方米） Coal Gas (cu.m)
1983	106.6	127.7	13.4	1.2	0.6	0.1	1.5
1984	113.5	134.9	15.3	1.4	0.6	0.4	1.6
1985	126.7	148.7	21.2	1.2	0.9	0.4	1.3
1986	127.3	148.3	23.2	1.3	1.1	0.6	1.3
1987	132.1	152.1	26.4	1.2	1.1	0.7	1.6
1988	141.0	159.1	31.2	1.1	1.2	1.4	1.6
1989	139.3	152.4	35.3	1.1	1.4	1.5	2.4
1990	139.2	147.1	42.4	0.9	1.4	1.6	2.5
1991	139.0	143.0	47.2	0.8	1.8	1.6	3.2
1992	134.2	126.9	54.9	0.7	2.1	1.8	4.4
1993	133.5	123.2	62.5	0.6	2.5	1.5	4.6
1994	129.3	109.5	72.7	0.6	3.2	1.7	6.3
1995	130.7	112.3	83.5	0.5	4.4	1.6	4.7
1996	120.5	83.0	87.7	0.5	5.9	1.7	6.4
1997	119.3	77.2	98.6	0.5	6.2	1.7	8.9
1998	119.0	73.1	104.2	0.6	6.9	1.9	9.7
1999	121.8	69.9	108.6	0.6	6.8	2.1	9.3
2000	123.7	67.0	115.0	0.6	6.8	2.6	10.0
2001	127.2	66.1	126.5	0.6	6.7	3.3	9.4
2002	134.0	65.7	138.3	0.3	7.6	3.6	9.8
2003	153.4	69.9	159.7	0.3	8.6	4.0	10.2
2004	175.7	75.4	184.0	0.2	10.4	5.2	10.7
2005	194.1	77.0	221.3	0.2	10.2	6.1	11.1
2006	211.8	76.6	255.6	0.2	11.1	7.8	12.7
2007	233.8	74.1	308.3	0.1	12.4	10.9	14.1
2008	240.8	69.1	331.9	0.1	11.0	12.8	13.9
2009	254.2	68.5	365.9	0.1	11.2	13.3	12.5
2010	258.3	68.5	383.1	0.1	10.9	17.0	14.5
2011	278.3	68.5	418.1	0.2	12.0	19.7	10.9
2012	293.8	67.8	460.4	0.1	12.1	21.3	10.2

注：计算消费量所使用的人口数为平均人口数。
a) Data in the table are calculated with the data on the annual average population.

9-14 分地区电力消费量
Electricity Consumption by Region

单位：亿千瓦小时 (100 million kwh)

地 区	Region	1995	2000	2005	2010	2012	2013
北 京	Beijing	261.74	384.43	570.54	809.90	874.28	913.11
天 津	Tianjin	178.99	234.05	384.84	645.74	722.48	774.49
河 北	Hebei	602.68	809.34	1501.92	2691.52	3077.99	3251.19
山 西	Shanxi	399.16	501.99	946.33	1460.00	1765.79	1832.35
内蒙古	Inner Mongolia	186.83	254.21	667.72	1536.83	2016.76	2181.90
辽 宁	Liaoning	622.81	748.89	1110.56	1715.26	1899.88	2008.46
吉 林	Jilin	267.60	291.37	378.23	576.98	637.00	653.85
黑龙江	Heilongjiang	409.38	442.28	555.85	747.84	827.91	845.20
上 海	Shanghai	403.27	559.45	921.97	1295.87	1353.45	1410.60
江 苏	Jiangsu	684.80	971.34	2193.45	3864.37	4580.90	4956.62
浙 江	Zhejiang	439.59	738.05	1642.31	2820.93	3210.55	3453.05
安 徽	Anhui	288.97	338.93	582.16	1077.91	1361.10	1528.07
福 建	Fujian	261.28	401.51	756.59	1315.09	1579.50	1700.73
江 西	Jiangxi	181.21	208.15	391.98	700.51	867.67	947.11
山 东	Shandong	741.07	1000.71	1911.61	3298.46	3794.55	4083.12
河 南	Henan	571.48	718.52	1352.74	2353.96	2747.75	2899.18
湖 北	Hubei	414.99	503.02	788.91	1330.44	1507.85	1629.75
湖 南	Hunan	374.76	406.12	674.43	1171.91	1346.51	1423.09
广 东	Guangdong	787.66	1334.58	2673.56	4060.13	4619.41	4830.13
广 西	Guangxi	220.77	314.44	510.15	993.24	1153.85	1237.74
海 南	Hainan	32.00	38.37	81.61	159.02	210.85	232.02
重 庆	Chongqing		307.61	347.68	626.44	723.76	813.26
四 川	Sichuan	582.85	521.23	942.59	1549.03	1830.70	1948.95
贵 州	Guizhou	203.70	287.78	486.97	835.38	1046.72	1126.27
云 南	Yunnan	223.71	273.58	557.25	1004.07	1315.86	1459.81
西 藏	Tibet				20.41	27.76	30.65
陕 西	Shaanxi	239.68	292.76	516.43	859.22	1066.75	1152.22
甘 肃	Gansu	241.06	295.33	489.48	804.43	994.56	1073.25
青 海	Qinghai	69.02	109.10	206.56	465.18	602.22	676.29
宁 夏	Ningxia	92.38	136.17	302.88	546.77	741.79	811.18
新 疆	Xinjiang	119.67	182.98	310.14	661.96	1151.50	1539.75

注：2000年及以后为电力企业联合会数据。
a) Data since 2000 are provided by the Association of Power Generation Enterprises.

9-15 发电装机容量
Installed Capacity of Power Generation

单位：万千瓦 (10 000 kw)

年份 Year	发电装机容量 Installed Capacity of Power Generation	火电 Thermal Power	水电 Hydropower	核电 Nuclear Power	风电 Wind Power	太阳能发电 Solar Power	其他 Others
2000	31932	23754	7935	210	34		
2001	33849	25301	8301	210	38		
2002	35657	26555	8607	447	47		
2003	39141	28977	9490	619	55		
2004	44239	32948	10524	696	82		
2005	51718	39138	11739	696	106		
2006	62370	48382	13029	696	207		
2007	71822	55607	14823	908	420		
2008	79273	60286	17260	908	839		
2009	87410	65108	19629	908	1760	3	3
2010	96641	70967	21606	1082	2958	26	3
2011	106253	76834	23298	1257	4623	212	19
2012	114676	81968	24947	1257	6142	341	20
2013	125768	87009	28044	1466	7652	1589	8

注：本表数据根据中国电力企业联合会统计数据整理。
a) This table is compiled with the data from China Electricity Council.

9-16 平均每万元国内生产总值能源消费量
Energy Intensity by GDP

年份 Year	万元国内生产总值能源消费量 (吨标准煤/万元) Total Energy Consumption (tce/10 000 yuan)	万元国内生产总值煤炭消费量 (吨/万元) Coal (ton/10 000 yuan)	万元国内生产总值焦炭消费量 (吨/万元) Coke (ton/10 000 yuan)	万元国内生产总值石油消费量 (吨/万元) Petroleum (ton/10 000 yuan)	万元国内生产总值原油消费量 (吨/万元) Crude Oil (ton/10 000 yuan)	万元国内生产总值燃料油消费量 (吨/万元) Fuel Oil (ton/10 000 yuan)	万元国内生产总值电力消费量 (万千瓦小时/万元) Electricity (10 000 kW·h/10 000 yuan)
	国内生产总值按1980年可比价格计算 GDP is calculated at 1980 constant prices						
1980	13.20	13.36	0.94	1.92	2.02	0.67	0.66
1981	12.37	12.60	0.82	1.94	1.82	0.59	0.64
1982	11.84	12.23	0.76	1.57	1.66	0.54	0.63
1983	11.36	11.82	0.71	1.44	1.56	0.49	0.61
1984	10.59	11.20	0.66	1.29	1.38	0.43	0.56
1985	10.10	10.74	0.62	1.21	1.25	0.37	0.54
1986	9.78	10.40	0.63	1.18	1.24	0.36	0.55
1987	9.39	10.06	0.62	1.12	1.16	0.34	0.54
1988	9.06	9.68	0.59	1.08	1.09	0.32	0.53
1989	9.07	9.68	0.60	1.08	1.09	0.32	0.55
1990	8.90	9.51	0.62	1.04	1.06	0.30	0.56
	国内生产总值按1990年可比价格计算 GDP is calculated at 1990 constant prices						
1990	5.32	5.69	0.37	0.62	0.63	0.18	0.34
1991	5.12	5.45	0.35	0.61	0.61	0.17	0.34
1992	4.72	4.93	0.34	0.58	0.57	0.15	0.33
1993	4.40	4.59	0.33	0.56	0.52	0.14	0.32
1994	4.12	4.31	0.31	0.50	0.47	0.12	0.31
1995	3.97	4.16	0.32	0.49	0.45	0.11	0.30
1996	3.69	3.83	0.32	0.48	0.43	0.10	0.29
1997	3.40	3.44	0.27	0.48	0.43	0.09	0.28
1998	3.16	3.13	0.27	0.46	0.40	0.09	0.27
1999	3.03	3.00	0.23	0.45	0.41	0.08	0.26
2000	2.89	2.80	0.22	0.45	0.42	0.08	0.27
	国内生产总值按2000年可比价格计算 GDP is calculated at 2000 constant prices						
2000	1.47	1.42	0.11	0.23	0.21	0.04	0.14
2001	1.40	1.35	0.11	0.21	0.20	0.04	0.14
2002	1.36	1.30	0.11	0.21	0.19	0.03	0.14
2003	1.43	1.40	0.12	0.21	0.19	0.03	0.15
2004	1.50	1.46	0.13	0.22	0.20	0.03	0.15
2005	1.49	1.47	0.16	0.21	0.19	0.03	0.16
	国内生产总值按2005年可比价格计算 GDP is calculated at 2005 constant prices						
2005	1.28	1.25	0.14	0.18	0.16	0.02	0.13
2006	1.24	1.22	0.13	0.17	0.15	0.02	0.14
2007	1.18	1.15	0.12	0.15	0.14	0.02	0.14
2008	1.12	1.08	0.11	0.14	0.14	0.01	0.13
2009	1.08	1.04	0.11	0.13	0.13	0.01	0.13
2010	1.03	0.99	0.11	0.14	0.14	0.01	0.13
	国内生产总值按2010年可比价格计算 GDP is calculated at 2010 constant prices						
2010	0.81	0.78	0.08	0.11	0.11	0.01	0.10
2011	0.79	0.78	0.09	0.10	0.10	0.01	0.11
2012	0.76	0.75	0.08	0.10	0.10	0.01	0.11

主要统计指标解释

能源生产总量 指一定时期内，全国一次能源生产量的总和。该指标是观察全国能源生产水平、规模、构成和发展速度的总量指标。一次能源生产量包括原煤、原油、天然气、水电、核能及其他动力能(如风能、地热能等)发电量，不包括低热值燃料生产量、生物质能、太阳能等的利用和由一次能源加工转换而成的二次能源产量。

能源消费总量 是指一定地域内，国民经济各行业和居民家庭在一定时间消费的各种能源的总和。包括：原煤、原油、天然气、水能、核能、风能、太阳能、地热能、生物质能等一次能源；一次能源通过加工转换产生的洗煤、焦炭、煤气、电力、热力、成品油等二次能源和同时产生的其他产品；其他化石能源、可再生能源和新能源。其中水能、风能、太阳能、地热能、生物质能等可再生能源，是指人们通过一定技术手段获得的，并作为商品能源使用的部分。在核算过程中，一次能源、二次能源消费不能重复计算。能源消费总量分为终端能源消费量、能源加工转换损失量和能源损失量三部分。

(1)终端能源消费量：指一定时期内，全国生产和生活消费的各种能源在扣除了用于加工转换二次能源消费量和损失量以后的数量。

(2)能源加工转换损失量：指一定时期内，全国投入加工转换的各种能源数量之和与产出各种能源产品之和的差额。该指标是观察能源在加工转换过程中损失量变化的指标。

(3)能源损失量：指一定时期内，能源在输送、分配、储存过程中发生的损失和由客观原因造成的各种损失量，不包括各种气体能源放空、放散量。

能源生产弹性系数 是研究能源生产增长速度与国民经济增长速度之间关系的指标。计算公式：

$$能源生产弹性系数=\frac{能源生产总量年平均增长速度}{国民经济年平均增长速度}$$

国民经济年平均增长速度，可根据不同的目的或需要，用国民生产总值、国内生产总值等指标来计算，本年鉴是采用国内生产总值指标计算的。

电力生产弹性系数 是研究电力生产增长速度与国民经济增长速度之间关系的指标。一般来说，电力的发展应当快于国民经济的发展，也就是说电力应超前发展。计算公式为：

$$电力生产弹性系数=\frac{电力生产量年平均增长速度}{国民经济年平均增长速度}$$

能源消费弹性系数 反映能源消费增长速度与国民经济增长速度之间比例关系的指标。计算公式为：

$$能源消费弹性系数=\frac{能源消费量年平均增长速度}{国民经济年平均增长速度}$$

电力消费弹性系数 反映电力消费增长速度与国民经济增长速度之间比例关系的指标。计算公式为：

$$电力消费弹性系数=\frac{电力消费量年平均增长速度}{国民经济年平均增长速度}$$

能源加工转换效率 指一定时期内，能源经过加工、转换后，产出的各种能源产品的数量与同期内投入加工转换的各种能源数量的比率。该指标是观察能源加工转换装置和生产工艺先进与落后、管理水平高低等的重要指标。计算公式为：

$$能源加工转换效率=\frac{能源加工转换产出量}{能源加工转换投入量}\times100\%$$

单位国内生产总值能耗 指一定时期内，一个国家或地区每生产一个单位的国内生产总值所消耗的能源。计算公式为：

$$单位国内生产总值能耗=\frac{能源消费总量}{国内生产总值}$$

单位国内生产总值电耗 指一定时期内，一个国家或地区每生产一个单位的国内生产总值所消耗的电力。计算公式为：

$$单位国内生产总值电耗=\frac{全社会用电量}{国内生产总值}$$

Explanatory Notes on Main Statistical Indicators

Total Energy Production refers to the total production of primary energy by all energy producing enterprises in the country in a given period of time. It is a comprehensive indicator to show the level, scale, composition and pace of development of energy production of the country. The production of primary energy includes that of coal, crude oil, natural gas, hydro-power and electricity generated by nuclear energy and other means such as wind power and geothermal power. However, it does not include the production of fuels of low calorific value, bio-energy, solar energy and secondary energy converted from primary energy.

Total Energy Consumption refers to the total consumption of energy of various kinds by the production sectors of the economy and the households in a given period of time. It includes the primary kinds of energy such as coal, crude oil, natural gas, hydro-power, nuclear power, wind power, solar power, geothermal power and bio-energy; the secondary kinds of energy and their products which are transformed from the primary energy such as washed coal, coke, coal gas, electricity, heating, and petroleum products; and other kinds of fossil energy, renewable energy and new energy. The renewable energy, including hydro-power, wind power, solar power, geothermal power and bio-energy, refers to the part attained with some given technical means and used for commercial purposes. Total energy consumption can be divided into three parts: end-use energy consumption; loss during the process of energy conversion; and energy loss.

(1) End-use Energy Consumption: It refers to the total energy consumption by the production sectors and the households in the country (region) in a given period of time. It does not include the consumption during the conversion of primary energy into secondary energy and the loss in the process of energy conversion.

(2) Loss During the Process of Energy Conversion: It refers to the total input of various kinds of energy for conversion, minus the total output of various kinds of energy in the country in a given period of time. It is an indicator to show the loss that occurs during the process of energy conversion.

(3) Energy Loss: It refers to the total of the loss of energy during the course of energy transport, distribution and storage and the loss caused by any objective reason in a given period of time. The loss of various kinds of gas due to gas discharges and stocktaking is not included.

Elasticity Ratio of Energy Production is an indicator to show the relationship between the growth rate of energy production and the growth rate of the national economy. The formula is:

$$\text{Elasticity Ratio of Energy Production} = \frac{\text{Average Annual Growth Rate of Energy Production}}{\text{Average Annual Growth Rate of National Economy}}$$

The average annual growth rate of the national economy can be measured by indicators such as the Gross National Product and the Gross Domestic Product, depending on the purposes or needs. The Gross Domestic Product has been used in the calculation of the ratio in this Yearbook.

Elasticity Ratio of Electricity Production is an indicator to show the relationship between the growth rate of electricity production and the growth rate of the national economy. Generally speaking, the growth rate of electricity production should be higher than that of the national economy.

Its formula is:

$$\text{Elasticity Ratio of Electricity Production} = \frac{\text{Average Annual Growth Rate of Electricity Production}}{\text{Average Annual Growth Rate of National Economy}}$$

Elasticity Ratio of Energy Consumption is an indicator to show the relationship between the growth rate of energy consumption and the growth rate of the national economy. The formula is:

$$\text{Elasticity Ratio of Energy Consumption} = \frac{\text{Average Annual Growth Rate of Energy Consumption}}{\text{Average Annual Growth Rate of National Economy}}$$

Elasticity Ratio of Electricity Consumption is an indicator to show the relationship between the growth rate of electricity consumption and the growth rate of the national economy. The formula is:

$$\text{Elasticity Ratio of Electricity Consumption} = \frac{\text{Average Annual Growth Rate of Electricity Consumption}}{\text{Average Annual Growth Rate of National Economy}}$$

Efficiency of Energy Processing and Conversion refers to the ratio of the total output of energy products of various kinds after processing and conversion to the total input of energy of various kinds for processing and conversion in the same reference period. It is an important indicator to show the current conditions of energy processing and conversion equipment, production technique and management. The formula is:

$$\text{Efficiency of Energy Processing \& Conversion} = \frac{\text{Output of Energy After Processing \& Conversion}}{\text{Input of Energy for Processing \& Conversion}} \times 100\%$$

Energy Consumption per Unit of GDP refers to the energy consumption per unit of Gross Domestic Product in a country or the Gross Regional Product in a region in the same reference period. The formula is:

$$\text{Energy Consumption per Unit of GDP} = \frac{\text{Total Energy Consumption}}{\text{Gross Domestic Product}}$$

Electricity Consumption per Unit of GDP refers to the electricity consumption per unit of Gross Domestic Product in a country or the Gross Regional Product in a region in the same reference period. The formula is:

$$\text{Electricity Consumption per Unit of GDP} = \frac{\text{Total Electricity Consumption}}{\text{Gross Domestic Product}}$$

10

固定资产投资

Investment in Fixed Assets

简 要 说 明

一、本篇资料的主要内容

本篇资料通过对一定时期全社会建造和购置固定资产活动的数量方面的描述，反映报告期内固定资产投资的规模和速度、固定资产投资的结构和比例关系、固定资产投资的资金来源及固定资产投资的效果等。

二、本篇资料的统计范围

固定资产投资统计的范围包括：城乡建设项目投资，房地产开发投资，国防、人防建设项目投资及农户投资。

三、本篇的资料来源

跨省（区）项目资料来自国务院各部门；农户固定资产投资资料来自国家统计局住户调查办公室的住户调查；除此以外的固定资产投资统计资料均来自国家统计局固定资产投资统计司的统计调查。

四、本篇的统计调查方法

除农户固定资产投资统计采用抽样调查方法外，其他均为全面统计报表。

五、统计口径的变化

自 1997 年起，除房地产开发投资、非农户投资、农户投资及城镇和工矿区私人建房投资外，固定资产投资的统计起点由 5 万元提高到 50 万元。为便于比较，对 1996 年的相应数据作了全面调整，括号内的数为原口径数。

自 2006 年起，非农户固定资产投资统计改为按项目统计，调查方法由抽样调查改为全面统计报表，起点提高到 50 万元。

自 2006 年起，城镇和工矿区私人建房投资改为按项目统计，起点为 50 万元。

自 2011 年起，除房地产开发投资、农户投资外，固定资产投资项目统计起点，由计划总投资 50 万元及以上提高到 500 万元及以上。为了便于比较，对 2010 年的相应数据作了调整，括号内的数为原口径数。

Brief Introduction

I. Main Contents

Statistics in this chapter describe activities on the construction and purchase of fixed assets of the whole country during a given period of time, and reflect the size, growth, structure, ratio, financing and results of the investment in fixed assets during the reference period.

II. Scope of Statistics

Statistics on the investment in fixed assets cover investments in capital construction projects in urban and rural areas, investments in real estate development, as well as investments in national defence projects and civil defence projects, and rural household investment.

III. Sources of Data

Data on trans-provincial projects are provided by various departments under the State Council. Data on investments in fixed assets by individuals in rural areas are provided by the Department of Rural Social and Economic Survey of the NBS through its rural social and economic survey. Other data on investments in fixed assets are from surveys conducted by the Department of Investment and Construction Statistics of the NBS.

IV. Methodology of Data Collection

All data on investments in fixed assets are collected by the system of reporting form with complete enumeration, except data on individual investments in fixed assets in rural areas, which are collected through sample surveys.

V. Changes in Statistical Scope

Since 1997, the cut-off point of projects covered by statistics of investment in fixed assets are raised from an investment of 50,000 yuan to 500,000 yuan, except investment in real estate development, farm household investment, non-farm household investment and private investment in housing construction in urban areas and industrial and mining areas. For the convenience of comparison, relevant data of 1996 are adjusted accordingly, and figures compiled on the basis of the old standard are enclosed in brackets.

Since 2006, statistics on investments in fixed assets of rural non-farm households are changed to project-based. Survey method is changed from sample survey to the system of reporting form with complete enumeration. The cut-off point has been raised to 500,000 yuan.

Since 2006, statistics on private investment in housing construction in urban areas and industrial and mining areas have become project-based. The cut-off point has been raised to 500,000 yuan.

Since 2011, the cut-off size of fixed assets investment projected rose from a total planned investment above 500 thousand yuan to 5 million yuan. Relevant data in 2010 are adjusted for the purpose of comparison, data in parenthesis are those of original statistical scope.

10-1 全社会固定资产投资主要指标
Total Investment in Fixed Assets in the Whole Country

指标	Item	2012	2013	2013年比上年增长(%) Growth Rate in 2013 over 2012 (%)
投资总额 (亿元)	**Total Investment (100 million yuan)**	**374694.7**	**446294.1**	**19.1**
按构成分	Grouped by Structure			
建筑安装工程	Construction and Installation	243617.5	298424.2	22.5
设备工具器具购置	Purchase of Equipment and Instruments	77724.1	91074.4	17.2
其他费用	Others	53353.1	56795.5	6.5
按三次产业分	Grouped by Three Strata of Industry			
第一产业	Primary Industry	10996.4	11186.6	21.6
第二产业	Secondary Industry	158262.5	184814.3	17.2
第三产业	Tertiary Industry	205435.8	250293.1	20.4
本年实际到位资金小计(亿元)	**Actual Funds for Investment(100 million yuan)**	**409675.6**	**491612.5**	**20.0**
国家预算资金	State Budget	18958.7	22305.3	17.7
国内贷款	Domestic Loans	51593.5	59442.0	15.2
利用外资	Foreign Investment	4468.8	4319.4	-3.3
自筹资金	Self-raising Funds	277792.4	334280.0	20.3
其他资金	Others	56862.4	71265.8	25.3
房屋建筑面积 (万平方米)	**Floor Space of Buildings (10 000 sq.m)**			
施工面积	Floor Space under Construction	1167238.4	1336287.6	14.5
#住宅	Residential Buildings	614990.6	673163.3	9.5
竣工面积	Floor Space Completed	335503.6	349895.8	4.3
#住宅	Residential Buildings	195102.9	193328.5	-0.9

注：1.投资实际到位资金为财务拨款数，各项相加不等于投资总额。
2.增长速度未扣除价格因素（以下各表同）。
3.自2013年起，三产划分按《国家统计局关于印发<三次产业划分规定>的通知》(国统字[2012]108号)执行，增速按可比口径计算。

a) Sources of funds for investment refer to financial appropriation, and the subentry figures do not add up to the total.
b) The growth rates are calculated without removing the factor of price. The same applies to the tables following.
c) The new version of the classification of the primary, secondary and tirtiary industries was applied in 2013. However, the growth in the table is calculated on a comparable basis.

10-2 全社会固定资产投资和全社会住宅投资
Total Investment in Fixed Assets in the Whole Country and Total Investment in Residential Buildings in the Whole Country

单位：亿元 (100 million yuan)

年份 Year 地区 Region	全社会投资 Total Investment in Fixed Assets	城镇 Urban Area	#房地产开发 Real Estate Development	全社会住宅投资 Total Investment in Residential Buildings	城镇 Urban Area	#房地产开发 Real Estate Development
1995	20019.3	15643.7	3149.0	4736.7	3278.2	1753.1
1996	(22974.0)	(17627.7)	(3216.4)	5198.5	3326.2	1699.2
	22913.5	17567.2	3216.4			
1997	24941.1	19194.2	3178.4	5370.7	3319.7	1539.4
1998	28406.2	22491.4	3614.2	6393.8	4310.8	2081.6
1999	29854.7	23732.0	4103.2	7058.8	5050.9	2638.5
2000	32917.7	26221.8	4984.1	7594.1	5435.3	3312.0
2001	37213.5	30001.2	6344.1	8339.1	6261.5	4216.7
2002	43499.9	35488.8	7790.9	9407.1	7248.9	5227.8
2003	55566.6	45811.7	10153.8	10792.3	8624.8	6776.7
2004	70477.4	59028.2	13158.3	13464.1	11010.1	8837.0
2005	88773.6	75095.1	15909.2	15427.2	12825.8	10860.9
2006	109998.2	93368.7	19422.9	19333.1	16305.5	13638.4
2007	137323.9	117464.5	25288.8	25005.0	21238.3	18005.4
2008	172828.4	148738.3	31203.2	30881.2	26516.0	22440.9
2009	224598.8	193920.4	36241.8	36428.2	30512.7	25613.7
2010	(278121.9)	(241430.9)	(48259.4)	(45936.1)	(39473.7)	(34026.2)
	251683.8	243797.8	48259.4	45027.0	39763.1	34026.2
2011	311485.1	302396.1	61796.9	57824.4	51773.4	44319.5
2012	374694.7	364854.1	71803.8	64412.8	57844.3	49374.2
2013	446294.1	435747.4	86013.4	74870.7	67483.4	58950.8
北 京 Beijing	6847.1	6797.5	3483.4	2026.8	1985.7	1724.6
天 津 Tianjin	9130.2	9103.0	1480.8	1262.5	1249.4	986.3
河 北 Hebei	23194.2	22629.8	3445.4	3231.3	2805.9	2539.3
山 西 Shanxi	11031.9	10745.3	1308.6	1689.0	1498.3	958.8
内蒙古 Inner Mongolia	14217.4	14072.4	1479.0	1289.8	1215.7	1003.6
辽 宁 Liaoning	25107.7	24791.4	6450.8	4875.2	4693.5	4666.0
吉 林 Jilin	9979.3	9725.8	1252.4	1053.5	993.7	911.4
黑龙江 Heilongjiang	11453.1	11121.3	1604.8	1419.8	1329.0	1124.7
上 海 Shanghai	5647.8	5644.1	2819.6	1626.9	1623.8	1615.5
江 苏 Jiangsu	36373.3	35982.5	7241.5	5990.3	5646.3	5171.5
浙 江 Zhejiang	20782.1	20194.1	6216.2	5039.9	4538.1	4089.2
安 徽 Anhui	18621.9	18091.2	3946.2	3284.4	2931.8	2549.9
福 建 Fujian	15327.4	15045.8	3703.0	2814.2	2590.8	2402.1
江 西 Jiangxi	12850.3	12434.9	1174.6	1471.1	1108.7	795.4
山 东 Shandong	36789.1	35875.9	5444.5	5242.3	4759.2	3976.6
河 南 Henan	26087.5	25188.1	3843.8	3975.7	3274.6	2827.1
湖 北 Hubei	19307.3	18796.9	3286.0	2833.1	2474.9	2251.6
湖 南 Hunan	17841.4	17225.2	2628.3	2486.3	1989.1	1845.8
广 东 Guangdong	22308.4	21795.5	6489.6	5210.6	4823.5	4530.6
广 西 Guangxi	11907.7	11383.9	1614.6	1617.2	1250.5	1166.6
海 南 Hainan	2697.9	2625.6	1196.8	1082.9	1016.8	995.1
重 庆 Chongqing	10435.2	10291.0	3012.8	2374.4	2260.3	2044.2
四 川 Sichuan	20326.1	19755.3	3853.0	3551.6	3122.9	2537.9
贵 州 Guizhou	7373.6	7102.8	1942.5	1549.2	1344.2	1224.2
云 南 Yunnan	9968.3	9621.8	2488.3	2244.4	2021.1	1642.4
西 藏 Tibet	876.0	876.0	9.7	28.1	28.1	5.9
陕 西 Shaanxi	14884.1	14533.5	2240.2	2627.7	2353.9	1769.0
甘 肃 Gansu	6527.9	6407.2	724.6	858.1	788.2	539.9
青 海 Qinghai	2361.1	2285.3	247.6	295.7	237.3	159.7
宁 夏 Ningxia	2651.1	2577.8	559.0	461.4	416.5	340.3
新 疆 Xinjiang	7732.3	7371.2	825.7	1354.5	1108.9	555.6
不分地区 Not Classified by Region	5655.4	5655.4		2.6	2.6	

注：1.1995—1996年，除房地产投资、农村集体投资、个人投资以外，投资统计的起点为5万元；自1997年起，除房地产投资、农村集体投资、个人投资以外，投资统计的起点由5万元提高到50万元；自2011年起，除房地产投资、农村个人投资外，固定资产投资的统计起点由50万元提高至500万元；城镇固定资产投资数据发布口径改为固定资产投资(不含农户)，固定资产投资(不含农户)等于原口径的城镇固定资产投资加上农村企事业组织的项目投资(以下有关各表同)。

2.为便于比较，对1996年、2010年的相应数据作了调整，这两年数据中括号内为原口径数，未加括号的为调整后的新口径数。新口径数据中，1996年为50万元起点以上数；2010年为500万元起点以上数，同时其中的城镇固定资产投资数据发布口径改为固定资产投资(不含农户)(以下有关各表同)。

a) From 1995 to 1996, the cut-off point of projects of investment was 50 000 yuan, except statistics on real estate, rural collective and individual investment; Since 1997, the cut-off point had changed from 50 000 yuan to 500 000 yuan, except real estate, rural collective and personal investment; Since 2011, the cut-off point has changed from 500 000 yuan to 5 million yuan, published coverage of investment in fixed assets in urban area changed into investment in fixed assets (excluding rural households) which included investment in urban area and investment in rural enterprises(units). The same applies to the tables following.

b) For the convenience of comparison, relevant data of 1996 and 2010 were adjusted, data in parenthesis were original scope, data without parenthesis were of new scope. Of new scope, critical point in 1996 was 500 000 yuan; in 2010 was 5 million yuan, and the coverage of urban fixed assets investment was fixed assets investment(excluding rural households). The same applies to the relevant tables following.

10-3 分地区按登记注册类型分全社会固定资产投资(2013年)
Total Investment in Fixed Assets in the Whole Country by Status of Registration and Region (2013)

单位：亿元 (100 million yuan)

地 区	Region	总 计 Total	内 资 Domestic	国 有 State-owned	集 体 Collective-owned	股份合作 Cooperative	联 营 Joint
全国总计	**National Total**	**446294.1**	**424136.1**	**109849.9**	**13312.4**	**1868.0**	**1358.5**
北 京	Beijing	6847.1	6084.1	1775.0	117.4	6.2	2.3
天 津	Tianjin	9130.2	8611.2	2434.0	634.6	44.6	31.9
河 北	Hebei	23194.2	22587.2	3439.8	1081.7	179.7	76.6
山 西	Shanxi	11031.9	10899.0	4023.3	545.7	69.6	46.1
内蒙古	Inner Mongolia	14217.4	14114.0	4755.3	126.7	43.4	9.5
辽 宁	Liaoning	25107.7	23007.4	4539.7	268.7	50.3	33.7
吉 林	Jilin	9979.3	9799.9	2352.2	53.8	3.7	18.6
黑龙江	Heilongjiang	11453.1	11338.9	3296.1	105.4	39.4	48.3
上 海	Shanghai	5647.8	4734.6	1452.8	67.7	2.8	39.0
江 苏	Jiangsu	36373.3	32453.4	6034.9	1512.9	85.1	123.3
浙 江	Zhejiang	20782.1	18897.9	4628.8	695.4	48.8	20.9
安 徽	Anhui	18621.9	18033.7	4046.2	232.3	52.6	76.0
福 建	Fujian	15327.4	14044.2	3991.2	433.9	14.6	55.2
江 西	Jiangxi	12850.3	12456.8	2368.2	115.3	70.7	66.2
山 东	Shandong	36789.1	35529.2	4212.1	2897.5	145.1	71.2
河 南	Henan	26087.5	25629.4	3351.3	1116.3	221.9	92.5
湖 北	Hubei	19307.3	18689.7	4205.6	575.4	115.2	65.1
湖 南	Hunan	17841.4	17477.6	4835.8	363.7	179.1	44.6
广 东	Guangdong	22308.4	19425.1	4164.9	991.4	125.9	43.3
广 西	Guangxi	11907.7	11556.5	2777.1	182.8	52.7	89.9
海 南	Hainan	2697.9	2401.2	578.8	0.7	18.9	2.9
重 庆	Chongqing	10435.2	9656.7	3279.1	103.9	65.0	69.3
四 川	Sichuan	20326.1	19557.9	6552.2	177.5	64.4	87.6
贵 州	Guizhou	7373.6	7261.4	3026.6	3.5	26.2	6.1
云 南	Yunnan	9968.3	9801.5	3750.7	208.3	13.0	23.1
西 藏	Tibet	876.0	874.0	632.3	6.7	3.3	2.9
陕 西	Shaanxi	14884.1	14421.5	5843.3	452.2	58.8	66.0
甘 肃	Gansu	6527.9	6510.2	2970.6	197.5	38.4	30.0
青 海	Qinghai	2361.1	2328.5	1095.0	12.1	7.9	0.7
宁 夏	Ningxia	2651.1	2627.9	710.8	12.6	9.8	0.7
新 疆	Xinjiang	7732.3	7670.0	3070.7	18.8	10.8	15.0
不分地区	Not Classified by Region	5655.4	5655.4	5655.4			

10-3 续表 continued

单位：亿元 (100 million yuan)

地区 Region	有限责任公司 Limited Liability	股份有限公司 Share-holding	私营 Private	个体 Self-employed Individual	其他 Others	港、澳、台商投资 Funds from Hong Kong, Macao and Taiwan	外商投资 Foreign Funded
全国总计 National Total	**121606.5**	**23257.3**	**121217.1**	**12420.1**	**19246.3**	**11027.7**	**11130.3**
北京 Beijing	3520.6	336.7	249.2	49.7	27.0	451.4	311.5
天津 Tianjin	2631.5	584.2	1911.2	79.3	259.9	189.0	330.0
河北 Hebei	6368.8	1222.0	8439.6	600.2	1178.8	216.2	390.8
山西 Shanxi	2621.3	673.1	2154.1	347.7	418.2	72.5	60.4
内蒙古 Inner Mongolia	5676.0	769.4	2239.5	185.7	308.6	52.4	51.0
辽宁 Liaoning	6223.6	1105.3	9827.7	390.9	567.4	1169.8	930.5
吉林 Jilin	3666.3	544.2	2338.4	382.4	440.3	72.7	106.6
黑龙江 Heilongjiang	3629.0	420.6	2811.0	400.0	589.1	49.6	64.5
上海 Shanghai	1982.8	127.1	1055.0	3.7	3.7	301.9	611.3
江苏 Jiangsu	6941.7	1587.1	14780.3	439.5	948.6	1605.5	2314.4
浙江 Zhejiang	6403.2	673.7	5520.9	639.2	267.1	1126.6	757.6
安徽 Anhui	5285.1	1043.5	6048.3	589.5	660.2	287.9	300.3
福建 Fujian	4299.6	470.8	4031.7	313.6	433.7	821.3	462.0
江西 Jiangxi	3361.0	580.5	4836.1	557.3	501.4	240.6	152.9
山东 Shandong	9770.3	2386.4	11911.5	969.6	3165.5	617.3	642.5
河南 Henan	7047.3	2229.3	7791.7	980.6	2798.6	212.6	245.4
湖北 Hubei	4876.7	1440.8	5805.4	536.3	1069.1	241.1	376.5
湖南 Hunan	4167.9	896.2	5221.0	737.9	1031.3	184.7	179.1
广东 Guangdong	6968.6	1275.2	4467.4	757.3	631.1	1590.7	1292.5
广西 Guangxi	2566.5	729.5	3576.2	705.2	876.4	183.4	167.8
海南 Hainan	1166.1	196.5	260.1	77.5	99.7	207.6	89.1
重庆 Chongqing	2536.8	305.3	2780.0	187.2	330.0	453.1	325.5
四川 Sichuan	6063.3	1064.0	3772.6	642.0	1134.2	337.8	430.5
贵州 Guizhou	2384.4	265.6	1159.4	272.4	117.3	84.7	27.5
云南 Yunnan	2789.9	493.2	1975.8	439.1	108.4	77.1	89.7
西藏 Tibet	19.1	54.0	56.2	31.3	68.1	1.3	0.7
陕西 Shaanxi	3898.7	634.2	2315.0	451.9	701.4	113.9	348.7
甘肃 Gansu	1348.3	328.1	1108.9	125.7	362.7	7.3	10.4
青海 Qinghai	668.9	111.3	310.9	81.0	40.6	28.3	4.3
宁夏 Ningxia	559.2	147.0	1101.2	75.3	11.3	12.5	10.7
新疆 Xinjiang	2164.0	562.3	1360.7	371.0	96.7	16.9	45.4
不分地区 Not Classified by Region							

10-4 全社会固定资产投资实际到位资金和按构成分固定资产投资 Actual Funds for Investment and Structure of Investment in Fixed Assets in the Whole Country

年份 Year	实际到位资金 Actual Funds for Investment				投资按构成分 Structure of Investment		
	国家预算资金 State Budget	国内贷款 Domestic Loans	利用外资 Foreign Investment	自筹和其他资金 Self-raising Fund and Others	建筑安装工程 Construction and Installation	设备工器具购置 Purchase of Equipment and Instruments	其他费用 Others
总量（亿元） Total (100 million yuan)							
1981	269.8	122.0	36.4	532.9	689.8	223.6	47.5
1982	279.3	176.1	60.5	714.5	871.1	291.4	67.9
1983	339.7	175.5	66.6	848.3	993.3	358.3	78.4
1984	421.0	258.5	70.7	1082.7	1217.6	509.2	106.1
1985	407.8	510.3	91.5	1533.6	1655.5	718.1	169.7
1986	455.6	658.5	137.3	1869.2	2059.7	852.0	209.0
1987	496.6	872.0	182.0	2241.1	2475.7	1038.8	277.3
1988	432.0	977.8	275.3	2968.7	3099.7	1305.4	348.8
1989	366.1	763.0	291.1	2990.3	2994.6	1115.8	300.0
1990	393.0	885.5	284.6	2954.4	3008.7	1165.5	342.7
1991	380.4	1314.7	318.9	3580.4	3647.7	1460.2	486.6
1992	347.5	2214.0	468.7	5050.0	5163.4	2125.1	791.6
1993	483.7	3072.0	954.3	8562.4	8201.2	3315.9	1555.2
1994	529.6	3997.6	1769.0	11531.0	10786.5	4328.3	1928.1
1995	621.1	4198.7	2295.9	13409.2	13173.3	4262.5	2583.5
1996	(629.7)	(4576.5)	(2747.4)	(15465.4)	(15153.4)	(4940.8)	(2879.8)
	625.9	4573.7	2746.6	15412.4	15109.3	4926.0	2878.3
1997	696.7	4782.6	2683.9	17096.5	15614.0	6044.8	3282.3
1998	1197.4	5542.9	2617.0	19359.6	17874.5	6528.5	4003.1
1999	1852.1	5725.9	2006.8	20169.7	18795.9	7053.0	4005.7
2000	2109.5	6727.3	1696.3	22577.4	20536.3	7785.6	4595.9
2001	2546.4	7239.8	1730.7	26470.0	22954.9	8833.8	5424.8
2002	3161.0	8859.1	2085.0	30941.9	26578.9	9884.5	7036.6
2003	2687.8	12044.4	2599.4	41284.8	33447.2	12681.9	9437.5
2004	3254.9	13788.0	3285.7	54236.3	42803.6	16527.0	11146.8
2005	4154.3	16319.0	3978.8	70138.7	53382.6	21422.9	13968.1
2006	4672.0	19590.5	4334.3	90360.2	66775.8	25563.9	17658.4
2007	5857.1	23044.2	5132.7	116769.7	83518.3	31574.8	22230.9
2008	7954.8	26443.7	5311.9	143204.9	104958.9	40594.1	27275.5
2009	12685.7	39302.8	4623.7	193617.4	138758.3	50844.2	34996.2
2010	(14677.8)	(47258.0)	(4986.8)	(244041.7)	(171351.8)	(61681.5)	(45088.5)
	13012.7	44020.8	4703.6	224042.0	155580.5	53842.8	42260.5
2011	14843.3	46344.5	5062.0	279734.4	200195.7	65152.3	46137.1
2012	18958.7	51593.5	4468.8	334654.7	243617.5	77724.1	53353.1
2013	22305.3	59442.0	4319.4	405545.8	298424.2	91074.4	56795.5
构成(%) Percentage							
1981	28.1	12.7	3.8	55.4	71.8	23.3	4.9
1982	22.7	14.3	4.9	58.1	70.8	23.7	5.5
1983	23.8	12.3	4.7	59.2	69.5	25.1	5.4
1984	23.0	14.1	3.9	59.0	66.4	27.8	5.8
1985	16.0	20.1	3.6	60.3	65.1	28.2	6.7
1986	14.6	21.1	4.4	59.9	66.0	27.3	6.7
1987	13.1	23.0	4.8	59.1	65.3	27.4	7.3
1988	9.3	21.0	5.9	63.8	65.2	27.5	7.3
1989	8.3	17.3	6.6	67.8	67.9	25.3	6.8
1990	8.7	19.6	6.3	65.4	66.6	25.8	7.6
1991	6.8	23.5	5.7	64.0	65.2	26.1	8.7
1992	4.3	27.4	5.8	62.5	63.9	26.3	9.8
1993	3.7	23.5	7.3	65.5	62.7	25.4	11.9
1994	3.0	22.4	9.9	64.7	63.3	25.4	11.3
1995	3.0	20.5	11.2	65.3	65.8	21.3	12.9
1996	2.7	19.6	11.8	66.0	66.0	21.5	12.5
1997	2.8	18.9	10.6	67.7	62.6	24.2	13.2
1998	4.2	19.3	9.1	67.4	62.9	23.0	14.1
1999	6.2	19.2	6.7	67.8	63.0	23.6	13.4
2000	6.4	20.3	5.1	68.2	62.4	23.7	13.9
2001	6.7	19.1	4.6	69.6	61.7	23.7	14.6
2002	7.0	19.7	4.6	68.7	61.1	22.7	16.2
2003	4.6	20.5	4.4	70.5	60.2	22.8	17.0
2004	4.4	18.5	4.4	72.7	60.7	23.5	15.8
2005	4.4	17.3	4.2	74.1	60.1	24.1	15.7
2006	3.9	16.5	3.6	76.0	60.7	23.2	16.1
2007	3.9	15.3	3.4	77.4	60.8	23.0	16.2
2008	4.3	14.5	2.9	78.3	60.7	23.5	15.8
2009	5.1	15.7	1.8	77.4	61.8	22.6	15.6
2010	4.7	15.2	1.6	78.5	61.6	22.2	16.2
2011	4.3	13.4	1.5	80.9	64.3	20.9	14.8
2012	4.6	12.6	1.1	81.7	65.0	20.7	14.2
2013	4.5	12.1	0.9	82.5	66.9	20.4	12.7

10-5 全社会固定资产投资实际到位资金
Actual Funds for Investment in Fixed Assets in the Whole Country

单位：亿元 (100 million yuan)

年份 地区	Year Region	实际到位资金小计 Subtotal of Actual Funds for Investment	国家预算资金 State Budget	国内贷款 Domestic Loans	利用外资 Foreign Investment	自筹资金 Self-raising Funds	其他资金 Others
	1995	20524.9	621.1	4198.7	2295.9	10647.9	2761.3
	1996	(23419.0)	(629.7)	(4576.5)	(2747.4)	(11197.4)	(4388.4)
		23358.6	625.9	4573.7	2746.6	11151.0	4261.4
	1997	25259.7	696.7	4782.6	2683.9	12556.1	4540.4
	1998	28716.9	1197.4	5542.9	2617.0	14015.6	5344.2
	1999	29754.6	1852.1	5725.9	2006.8	14638.1	5531.6
	2000	33110.3	2109.5	6727.3	1696.3	16317.3	6260.1
	2001	37987.0	2546.4	7239.8	1730.7	18914.0	7556.1
	2002	45046.9	3161.0	8859.1	2085.0	22816.7	8125.2
	2003	58616.3	2687.8	12044.4	2599.4	31449.8	9834.9
	2004	74564.9	3254.9	13788.0	3285.7	41272.6	12963.7
	2005	94590.8	4154.3	16319.0	3978.8	55105.8	15033.0
	2006	118957.0	4672.0	19590.5	4334.3	71076.5	19283.7
	2007	150803.6	5857.1	23044.2	5132.7	91373.2	25396.4
	2008	182915.3	7954.8	26443.7	5311.9	118510.4	24694.4
	2009	250229.7	12685.7	39302.8	4623.7	153514.8	40102.6
	2010	(310964.2)	(14677.8)	(47258.0)	(4986.8)	(197099.2)	(46942.4)
		285779.2	13012.7	44020.8	4703.6	178744.3	45297.7
	2011	345984.2	14843.3	46344.5	5062.0	229346.8	50387.5
	2012	409675.6	18958.7	51593.5	4468.8	277792.4	56862.4
	2013	491612.5	22305.3	59442.0	4319.4	334280.0	71265.8
北京	Beijing	10452.5	841.3	2512.4	23.5	3547.6	3527.7
天津	Tianjin	10446.0	119.0	2161.4	84.2	6642.4	1439.0
河北	Hebei	23431.8	559.0	1551.0	88.8	19349.2	1883.8
山西	Shanxi	9883.2	636.9	777.8	26.4	7590.5	851.7
内蒙古	Inner Mongolia	14146.3	534.4	1525.5	8.8	11384.9	692.6
辽宁	Liaoning	27321.3	1251.7	3726.5	372.9	19247.8	2722.3
吉林	Jilin	10374.0	298.4	587.2	27.9	8677.0	783.5
黑龙江	Heilongjiang	12286.8	417.7	480.9	10.4	10368.9	1008.9
上海	Shanghai	7828.2	368.3	1782.4	172.5	3284.4	2220.7
江苏	Jiangsu	43403.1	529.2	5092.8	1127.5	29797.7	6855.8
浙江	Zhejiang	23966.8	1187.8	3199.8	244.2	14290.6	5044.4
安徽	Anhui	20466.2	939.5	1510.4	107.4	14851.2	3057.7
福建	Fujian	17234.6	1282.7	1894.5	256.1	10374.6	3426.7
江西	Jiangxi	14431.9	513.0	941.9	86.0	11167.0	1724.1
山东	Shandong	40329.0	707.0	3960.7	378.9	31137.0	4145.4
河南	Henan	26530.6	578.3	3275.8	86.9	20361.6	2228.1
湖北	Hubei	20641.6	730.8	2700.3	63.3	14884.0	2263.1
湖南	Hunan	19582.3	924.5	1760.6	120.1	14173.6	2603.5
广东	Guangdong	26850.8	1073.5	3884.0	655.4	14829.2	6408.7
广西	Guangxi	12717.3	704.6	1598.7	15.2	8716.7	1682.0
海南	Hainan	4743.8	148.0	829.4	31.5	2084.4	1650.6
重庆	Chongqing	12667.9	701.5	2333.7	94.1	6588.4	2950.1
四川	Sichuan	22188.8	1674.7	2360.9	96.7	14416.9	3639.7
贵州	Guizhou	7834.9	401.1	1256.3	4.5	4742.9	1430.2
云南	Yunnan	9499.5	717.9	1389.3	24.2	5912.0	1456.1
西藏	Tibet	1016.8	575.4	16.1	1.9	360.2	63.3
陕西	Shaanxi	15414.2	817.9	1037.2	45.8	11755.2	1758.0
甘肃	Gansu	7393.0	928.5	901.7	30.3	4718.5	814.0
青海	Qinghai	2343.6	377.3	537.3	9.1	1231.1	188.7
宁夏	Ningxia	2639.7	240.5	555.7	2.9	1476.3	364.2
新疆	Xinjiang	8218.9	924.1	1033.1	3.7	5248.5	1009.5
不分地区	Not Classified by Region	5327.1	600.7	2266.7	18.3	1069.8	1371.7

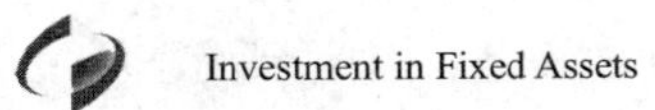

10-6 按主要行业分的全社会固定资产投资
Total Investment in Fixed Assets in the Whole Country by Sector

单位：亿元 (100 million yuan)

年份 地区	Year Region	合计 Total	农、林、牧、渔业 Agriculture, Forestry, Animal Husbandry and Fishery	采矿业 Mining	制造业 Manufacturing	电力、热力、燃气及水生产和供应业 Production and Supply of Electricity, Heat, Gas and Water	建筑业 Construction	批发和零售业 Wholesale and Retail Trades
	2003	55566.6	1652.3	1775.2	14689.5	3962.4	924.4	922.7
	2004	70477.4	1890.7	2395.9	19585.5	5795.1	964.0	1273.0
	2005	88773.6	2323.7	3587.4	26576.0	7554.4	1119.0	1716.4
	2006	109998.2	2749.9	4678.4	34089.5	8585.7	1125.5	2265.3
	2007	137323.9	3403.5	5878.8	44505.1	9467.6	1302.3	2880.3
	2008	172828.4	5064.5	7705.8	56702.4	10997.2	1555.9	3741.8
	2009	224598.8	6894.9	9210.8	70612.9	14434.6	1992.5	5132.8
	2010	278121.9	7923.1	11000.9	88619.2	15679.7	2802.2	6032.2
	2011	311485.1	8757.8	11747.0	102712.9	14659.7	3357.1	7439.4
	2012	374694.7	10996.4	13300.8	124550.0	16672.7	3739.0	9810.7
	2013	446294.1	13478.8	14650.8	147705.0	19634.7	3669.8	12720.5
北京	Beijing	6847.1	175.5	9.1	451.7	259.9	7.7	51.4
天津	Tianjin	9130.2	226.1	328.4	2548.7	327.0	139.6	299.5
河北	Hebei	23194.2	901.3	691.0	9566.5	785.8	17.4	848.7
山西	Shanxi	11031.9	766.2	1475.0	2538.8	687.0	11.7	248.9
内蒙古	Inner Mongolia	14217.4	799.7	1587.2	4516.0	1296.4	93.8	388.6
辽宁	Liaoning	25107.7	575.5	650.3	8632.1	823.5	253.0	1040.5
吉林	Jilin	9979.3	472.4	414.5	4410.2	447.9	117.7	424.1
黑龙江	Heilongjiang	11453.1	922.3	634.1	3518.4	451.3	383.6	620.1
上海	Shanghai	5647.8	18.4	0.2	1072.2	164.0	5.7	52.0
江苏	Jiangsu	36373.3	253.3	91.0	17320.5	960.3	44.5	836.3
浙江	Zhejiang	20782.1	269.4	45.1	6150.5	846.0	37.6	413.9
安徽	Anhui	18621.9	481.2	338.6	7272.9	523.3	119.3	470.7
福建	Fujian	15327.4	323.4	236.0	4648.2	747.2	83.4	295.1
江西	Jiangxi	12850.3	337.8	252.2	6561.3	326.0	77.3	502.3
山东	Shandong	36789.1	1064.4	592.5	15308.4	978.2	450.2	1624.2
河南	Henan	26087.5	962.0	602.9	11810.5	725.6	15.9	724.3
湖北	Hubei	19307.3	538.8	307.0	8050.5	495.3	103.8	434.7
湖南	Hunan	17841.4	604.5	585.8	6290.0	565.7	149.4	546.8
广东	Guangdong	22308.4	398.5	157.5	5622.8	1061.8	71.6	615.5
广西	Guangxi	11907.7	562.8	345.2	3890.0	549.6	41.6	381.6
海南	Hainan	2697.9	26.5	22.2	225.2	107.8	79.8	32.8
重庆	Chongqing	10435.2	410.7	203.3	2671.4	446.2	4.3	177.9
四川	Sichuan	20326.1	527.6	443.2	4940.7	1378.9	14.4	449.1
贵州	Guizhou	7373.6	88.3	328.6	1077.0	323.5	0.6	90.0
云南	Yunnan	9968.3	338.4	458.9	1454.9	953.5	7.5	253.7
西藏	Tibet	876.0	39.3	63.2	47.4	170.6		18.8
陕西	Shaanxi	14884.1	682.5	1268.7	2882.8	579.7	290.4	449.2
甘肃	Gansu	6527.9	253.0	453.6	1110.4	770.3	875.7	219.9
青海	Qinghai	2361.1	98.5	134.0	631.9	307.1	82.8	17.4
宁夏	Ningxia	2651.1	88.9	171.7	789.5	246.0	20.1	51.2
新疆	Xinjiang	7732.3	271.5	899.9	1693.5	1225.1	69.5	141.1
不分地区	Not Classified by Region	5655.4		860.0		104.4		

10-6 续表 1 continued

单位：亿元 (100 million yuan)

年 份 地 区	Year Region	交通运输、仓储和邮政业 Transport, Storage and Post	住宿和餐饮业 Hotels and Catering Services	信息传输、软件和信息技术服务业 Information Transmission, Software and Information Technology	金融业 Financial Intermediation	房地产业 Real Estate	租赁和商务服务业 Leasing and Business Services	科学研究和技术服务业 Scientific Research and Technical Services
	2003	6289.4	423.0	1660.7	90.2	13143.4	375.5	285.8
	2004	7646.2	560.8	1657.7	136.0	16678.9	420.8	333.1
	2005	9614.0	808.8	1581.8	109.5	19505.3	549.6	435.1
	2006	12138.1	1095.7	1875.9	121.4	24524.4	725.6	495.3
	2007	14154.0	1519.4	1848.1	157.6	32438.9	949.3	560.0
	2008	17024.4	1959.2	2162.6	260.6	40441.8	1355.9	782.0
	2009	24974.7	2625.4	2589.0	360.2	49358.5	2036.2	1200.8
	2010	30074.5	3366.8	2454.5	489.4	64877.3	2692.6	1379.3
	2011	28291.7	3956.6	2174.4	638.7	81686.1	3382.8	1679.8
	2012	31444.9	5153.5	2692.0	923.9	99159.3	4700.4	2475.8
	2013	36790.1	6041.1	3084.9	1242.0	118809.4	5893.2	3133.2
北 京	Beijing	656.8	78.2	191.4	48.2	3880.6	50.5	108.0
天 津	Tianjin	603.1	72.8	70.8	41.2	2207.9	590.1	74.8
河 北	Hebei	2123.6	273.0	115.6	44.7	4888.5	339.0	150.6
山 西	Shanxi	956.3	82.2	63.3	3.9	2480.7	58.3	39.3
内蒙古	Inner Mongolia	1272.3	123.9	110.9	28.3	2043.2	57.4	61.3
辽 宁	Liaoning	1582.4	498.3	122.5	159.5	6910.3	400.5	194.9
吉 林	Jilin	586.7	82.6	60.2	20.9	1507.2	69.8	80.4
黑龙江	Heilongjiang	544.8	138.1	136.0	26.2	2136.6	165.6	122.6
上 海	Shanghai	499.0	34.1	112.4	15.2	2835.1	161.1	41.5
江 苏	Jiangsu	1685.9	508.4	381.6	116.6	9165.9	691.9	369.2
浙 江	Zhejiang	1454.7	229.3	136.0	94.8	8003.9	340.1	86.7
安 徽	Anhui	830.2	273.3	114.9	90.1	5360.4	201.1	149.8
福 建	Fujian	1572.6	219.9	136.5	55.1	4656.7	180.9	37.0
江 西	Jiangxi	488.9	271.8	48.4	31.4	2086.7	160.2	51.3
山 东	Shandong	2055.8	384.2	107.5	61.7	8418.7	533.7	663.8
河 南	Henan	1201.5	286.0	74.7	21.3	6719.4	179.1	109.8
湖 北	Hubei	1634.9	215.1	96.4	75.9	4498.8	276.4	85.0
湖 南	Hunan	1251.2	223.1	84.6	51.9	3796.2	342.1	129.3
广 东	Guangdong	2444.4	440.7	301.8	75.2	8180.0	252.1	155.6
广 西	Guangxi	1121.2	233.0	109.7	39.1	2450.9	151.8	50.3
海 南	Hainan	278.7	175.7	28.1	5.5	1405.3	8.6	8.2
重 庆	Chongqing	1012.7	106.2	87.0	3.5	3708.7	91.9	17.5
四 川	Sichuan	2131.7	356.4	103.3	62.5	6479.1	135.6	38.2
贵 州	Guizhou	1020.0	73.9	8.0	2.1	2518.3	36.9	20.5
云 南	Yunnan	1135.2	182.2	76.3	6.3	3530.0	58.6	36.3
西 藏	Tibet	165.0	25.0	4.5	9.2	79.9	10.2	9.6
陕 西	Shaanxi	900.8	266.3	85.6	34.4	4655.0	174.9	162.1
甘 肃	Gansu	434.2	78.9	49.8	9.6	1176.6	58.0	39.1
青 海	Qinghai	290.4	20.1	3.5	3.2	385.5	71.1	3.5
宁 夏	Ningxia	154.2	19.9	12.4	1.7	789.2	12.5	5.9
新 疆	Xinjiang	551.6	68.6	50.9	2.9	1854.0	33.5	8.5
不分地区	Not Classified by Region	4149.6						22.3

10-6 续表 2 continued

单位：亿元 (100 million yuan)

年份 地区	Year Region	水利、环境和公共设施管理业 Management of Water Conservancy, Environment and Public Facilities	居民服务、修理和其他服务业 Services to Households, Repair and Other Services	教育 Education	卫生和社会工作 Health and Social Service	文化、体育和娱乐业 Culture, Sports and Entertainment	公共管理、社会保障和社会组织 Public Management, Social Security and Social Organizations	国际组织 International Organizations
	2003	4365.8	241.6	1671.1	405.8	531.5	2153.7	2.5
	2004	5071.7	313.7	2024.8	516.7	773.4	2437.4	2.0
	2005	6274.3	363.5	2209.2	661.8	857.0	2926.8	0.2
	2006	8152.7	389.5	2270.2	769.0	955.4	2990.5	0.1
	2007	10154.3	434.7	2375.6	885.0	1243.4	3166.1	
	2008	13534.3	522.0	2523.8	1155.6	1589.9	3748.5	0.3
	2009	19874.4	801.9	3521.2	1858.6	2383.4	4735.9	0.2
	2010	24827.6	1114.1	4033.6	2119.0	2959.4	5676.6	
	2011	24523.1	1443.3	3894.6	2330.3	3162.0	5647.8	
	2012	29621.6	1905.0	4613.0	2617.1	4271.3	6047.4	
	2013	37663.9	2099.3	5433.0	3139.3	5231.1	5874.1	
北京	Beijing	463.8	14.7	142.7	60.9	111.6	84.2	
天津	Tianjin	1146.2	109.2	98.0	62.9	103.4	80.7	
河北	Hebei	1496.4	56.8	206.1	149.6	342.9	196.8	
山西	Shanxi	1246.6	23.3	152.2	56.2	87.3	54.8	
内蒙古	Inner Mongolia	1216.9	36.3	93.9	70.2	127.6	293.5	
辽宁	Liaoning	2233.4	208.1	236.2	144.8	280.7	161.2	
吉林	Jilin	826.0	55.5	76.0	71.7	92.8	162.9	
黑龙江	Heilongjiang	949.9	76.6	186.0	130.9	114.6	195.3	
上海	Shanghai	421.5	4.9	71.9	39.9	86.8	12.0	
江苏	Jiangsu	2571.4	140.3	330.1	207.3	424.4	274.4	
浙江	Zhejiang	1759.2	30.6	253.3	148.2	270.1	212.5	
安徽	Anhui	1539.7	65.0	229.9	130.8	185.7	244.8	
福建	Fujian	1356.1	38.2	185.9	109.3	207.1	238.8	
江西	Jiangxi	1028.9	70.4	176.4	86.9	143.3	148.8	
山东	Shandong	1837.1	416.7	452.9	244.6	699.4	895.0	
河南	Henan	1688.8	167.7	290.4	167.0	262.2	78.4	
湖北	Hubei	1593.9	93.5	136.7	144.7	177.0	348.7	
湖南	Hunan	1984.7	81.3	262.9	151.3	189.6	551.1	
广东	Guangdong	1688.5	45.7	308.8	169.9	226.2	91.9	
广西	Guangxi	1237.9	72.1	251.0	116.6	127.7	175.7	
海南	Hainan	186.3	1.6	23.1	13.3	60.6	8.7	
重庆	Chongqing	1033.4	44.5	134.6	71.8	91.5	118.0	
四川	Sichuan	2361.6	37.2	301.9	167.3	194.4	203.2	
贵州	Guizhou	1526.0	7.0	123.6	20.0	74.6	34.6	
云南	Yunnan	847.1	41.2	208.8	83.9	147.8	147.6	
西藏	Tibet	81.8	4.2	30.6	6.9	21.4	88.2	
陕西	Shaanxi	1640.4	54.2	201.8	181.4	146.7	227.2	
甘肃	Gansu	481.0	72.1	92.6	52.4	121.0	179.8	
青海	Qinghai	112.0	2.8	49.6	10.9	36.2	100.6	
宁夏	Ningxia	179.1	13.2	28.9	16.9	16.3	33.7	
新疆	Xinjiang	523.3	14.5	96.3	50.9	60.2	116.6	
不分地区	Not Classified by Region	404.9					114.2	

10-7 全社会房屋施工、竣工面积和价值

Value and Floor Space of Buildings under Construction and Completed in the Whole Country

年份 地区	Year Region	房屋施工面积(万平方米) Floor Space of Buildings under Construction (10 000 sq.m)	#住宅 Residential Buildings	#商品住宅 Commer-cialized Buildings	房屋竣工面积(万平方米) Floor Space of Buildings Completed (10 000 sq.m)	#住宅 Residential Buildings	#商品住宅 Commer-cialized Buildings	房屋竣工价值(亿元) Value of Buildings Completed (100 million yuan)	#住宅 Residential Buildings	#商品住宅 Commer-cialized Buildings
	1995	215084.6	140451.9	32902.3	145600.1	107433.1	11951.3		3622.7	995.4
	1996	(236308.5)	(155849.3)	(31849.3)	(162849.3)	(122204.5)	(12232.6)		(4505.6)	(1194.3)
		235258.6	155508.9	31849.3	161965.7	121913.4	12232.6		4505.6	1194.3
	1997	230491.0	149658.1	30374.7	166057.1	121101.0	12464.7		4884.6	1269.9
	1998	245755.7	167600.8	36223.0	170904.8	127571.6	14125.7		5441.8	1484.1
	1999	263294.3	181236.4	42590.3	187357.1	139305.9	17640.7	9498.7	6019.9	1831.3
	2000	265293.5	180634.3	50498.3	181974.4	134528.8	20603.3	9969.6	6153.4	2173.6
	2001	276025.4	182767.1	61583.0	182437.1	130419.6	24625.4	10495.1	6396.5	2622.4
	2002	304428.2	193731.0	73208.7	196737.9	134002.1	28524.7	11686.3	6967.8	3191.0
	2003	343741.7	205286.7	91390.5	202643.7	130160.8	33774.6	13421.0	7631.2	4128.9
	2004	376495.1	217580.5	108196.5	207019.1	124881.1	34677.2	15239.6	8320.3	4620.7
	2005	431123.0	239769.6	129078.4	227588.7	132835.9	43682.9	18789.5	10042.3	6060.1
	2006	462677.0	265565.3	151742.7	212542.2	131408.2	45471.7	19891.6	10950.1	6717.2
	2007	548542.0	315629.8	186788.4	238425.3	146282.7	49831.3	23582.7	12990.7	7853.1
	2008	632261.0	364354.4	222891.8	260307.0	159404.6	54334.1	28074.0	15334.1	9295.3
	2009	754189.4	431463.2	251328.8	302116.5	184209.5	59628.7	35353.9	19378.9	11500.2
	2010	(885173.4)	(492763.6)	(314760.1)	(304306.1)	(183172.3)	(63443.1)	(40704.9)	(21929.5)	(13527.5)
		844056.9	480772.9	314760.1	278564.5	174603.9	63443.1	38965.2	21507.2	13527.5
	2011	1035518.9	574909.9	387706.0	329073.3	197452.2	74319.1	48393.1	26465.1	16947.7
	2012	1167238.4	614990.6	428964.1	335503.6	195102.9	79043.2	55196.0	29493.7	19147.4
	2013	1336287.6	673163.3	486347.3	349895.8	193328.5	78740.6	61754.9	31405.9	20039.4
北　京	Beijing	21242.3	9445.1	7406.9	3989.7	2154.8	1692.0	1215.6	512.0	436.7
天　津	Tianjin	21518.6	8830.5	7562.5	4904.4	2458.3	2117.7	1223.8	663.1	571.4
河　北	Hebei	78002.0	30799.8	23558.3	16644.9	8522.8	3517.8	3043.3	1466.9	897.4
山　西	Shanxi	29493.5	17921.9	10754.9	8308.1	5514.3	1848.0	1420.4	868.0	401.6
内蒙古	Inner Mongolia	27175.5	15258.6	12634.1	6322.4	3676.3	2001.2	1320.0	680.1	466.6
辽　宁	Liaoning	71452.5	35972.2	31416.5	18807.6	8902.9	5025.7	3600.1	1414.1	1214.6
吉　林	Jilin	19753.4	10675.4	9317.8	5673.9	2694.6	1769.9	1176.7	473.2	380.1
黑龙江	Heilongjiang	28689.4	12979.7	10241.4	10642.1	4269.1	2344.4	1989.7	764.8	506.3
上　海	Shanghai	17180.3	8188.6	8125.7	2698.6	1439.4	1417.4	1234.7	615.2	610.7
江　苏	Jiangsu	104192.9	45399.8	38756.8	36562.6	12206.5	7584.2	7405.0	2923.0	2290.2
浙　江	Zhejiang	89577.4	35547.7	23828.3	22789.6	8306.3	3187.6	4231.2	1805.7	1035.8
安　徽	Anhui	62430.7	30548.7	21531.2	14650.7	8881.3	3919.0	2521.5	1446.3	996.1
福　建	Fujian	52204.9	21931.2	17835.4	12332.6	4588.9	2338.1	2034.3	800.0	560.3
江　西	Jiangxi	36075.4	18708.2	9018.8	11948.8	7590.4	1427.5	1343.2	761.8	303.9
山　东	Shandong	107221.8	53246.2	38571.8	28385.7	17601.8	6063.4	4075.8	2206.4	1371.7
河　南	Henan	96791.5	45799.5	28113.6	24856.4	16175.4	4916.3	3027.4	1752.0	884.1
湖　北	Hubei	50275.4	23940.9	16640.3	16794.0	7753.8	2547.4	2712.9	1083.0	566.7
湖　南	Hunan	41881.4	29224.1	19594.3	11171.9	8966.5	3764.7	1927.0	1395.2	889.6
广　东	Guangdong	76528.6	40213.5	33690.7	18185.6	8623.4	4748.2	4297.1	2038.8	1536.5
广　西	Guangxi	35070.4	18963.2	12419.7	9159.1	6697.8	1385.4	1086.3	677.1	310.2
海　南	Hainan	7823.4	6111.9	5173.5	1174.4	1003.4	517.6	338.3	259.9	198.9
重　庆	Chongqing	36233.5	22864.3	19248.9	6429.3	4746.0	2867.5	1534.5	1082.3	867.8
四　川	Sichuan	67141.7	35957.0	23208.9	17117.9	10541.9	4028.9	3004.0	1758.7	970.1
贵　州	Guizhou	26932.3	16375.7	12316.4	6101.0	4574.1	1352.3	836.8	509.0	257.0
云　南	Yunnan	36250.6	22533.3	12969.4	10519.8	7901.3	1576.1	1251.8	804.1	362.4
西　藏	Tibet	678.6	367.8	39.2	246.3	195.4	10.6	28.6	12.8	3.3
陕　西	Shaanxi	35501.3	22491.1	14225.9	7825.0	5804.4	1272.8	1337.0	926.1	348.6
甘　肃	Gansu	15409.0	8561.9	5324.5	3602.4	2337.2	769.1	620.8	370.6	174.9
青　海	Qinghai	5562.9	3416.1	1748.3	1817.9	1403.4	474.4	316.2	220.4	125.8
宁　夏	Ningxia	10107.2	5097.9	4090.8	1791.5	1283.4	861.4	428.9	280.9	212.0
新　疆	Xinjiang	27192.7	15627.1	6982.7	8102.1	6405.0	1394.1	1104.1	834.6	288.0
不分地区	Not Classified by Region	696.5	164.5		339.8	108.4		67.4		

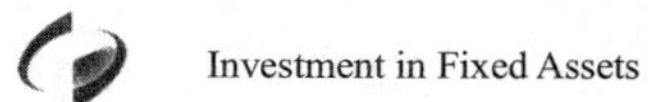

10-8 固定资产投资(不含农户)实际到位资金和按隶属关系分固定资产投资(不含农户)

Investment in Fixed Assets (Excluding Rural Households) by Sources of Actual Funds and by Jurisdiction of Management

单位：亿元 (100 million yuan)

年份 Year / 地区 Region	实际到位资金 Actual Funds for Investment					投资按隶属关系分 Investment by Jurisdiction of Management	
	国家预算资金 State Budget	国内贷款 Domestic Loans	利用外资 Foreign Investment	自筹资金 Self-raising Funds	其他资金 Others	中央项目 Central Investment	地方项目 Local Investment
1995	569.0	3511.9	2114.1	7940.8	2013.7	4274.5	11369.2
1996	(679.2)	(5247.0)	(3018.4)	(14600.3)	(5340.8)	(4887.7)	(12740.0)
	576.4	3903.2	2475.6	7748.2	3308.9	4887.7	12679.5
1997	631.7	4136.7	2424.5	8722.3	3597.7	5521.6	13672.7
1998	1108.7	4918.0	2377.9	9885.5	4512.1	6121.6	16369.7
1999	1613.8	5249.8	1832.2	10042.9	4893.1	5894.6	17837.3
2000	1795.0	6245.8	1526.2	11227.5	5620.0	6275.6	19946.2
2001	2261.7	6672.5	1570.5	13708.5	6561.4	6586.6	23414.6
2002	2750.8	8167.5	1825.8	16567.7	7723.9	6526.7	28962.0
2003	2360.1	11223.9	2211.7	23617.4	9448.2	6113.6	39698.1
2004	2855.6	12842.9	2706.6	32196.1	12514.5	7524.6	51503.6
2005	3637.9	15363.9	3386.4	44154.5	14369.7	9111.0	65984.1
2006	4438.7	18814.8	3811.0	56547.5	18147.0	10856.5	82512.2
2007	5464.1	22136.1	4549.0	74520.9	24073.3	13165.3	104299.2
2008	7377.0	25466.0	4695.8	97846.5	23194.4	17172.5	131565.8
2009	11493.6	37634.1	3983.5	127557.7	38117.7	20697.4	173223.0
2010	13104.7	45104.7	4339.6	165752.0	44823.6	22790.6	218640.2
2011	14843.3	46034.8	5062.0	220860.2	50094.8	21797.2	280598.8
2012	18958.7	51292.4	4468.8	268560.2	56555.0	23763.8	341090.4
2013	22305.3	59056.3	4319.4	324431.5	70953.3	24658.1	411089.4
北京 Beijing	841.3	2512.4	23.5	3498.1	3527.7	909.3	5888.3
天津 Tianjin	119.0	2161.4	84.2	6615.2	1439.0	662.2	8440.8
河北 Hebei	559.0	1548.5	88.8	18787.2	1883.8	1126.0	21503.7
山西 Shanxi	636.9	745.8	26.4	7338.4	849.1	480.5	10264.8
内蒙古 Inner Mongolia	534.4	1523.7	8.8	11241.9	692.4	859.3	13213.1
辽宁 Liaoning	1251.7	3725.4	372.9	18933.3	2721.6	806.1	23985.3
吉林 Jilin	298.4	583.5	27.9	8427.2	783.5	725.9	8999.8
黑龙江 Heilongjiang	417.7	385.9	10.4	10228.8	912.2	860.7	10260.5
上海 Shanghai	368.3	1782.4	172.5	3280.7	2220.7	548.9	5095.2
江苏 Jiangsu	529.2	5091.0	1127.5	29441.5	6823.0	607.8	35374.7
浙江 Zhejiang	1187.8	3189.1	244.2	13715.9	5041.7	359.0	19835.0
安徽 Anhui	939.5	1509.4	107.4	14344.0	3035.2	374.5	17716.7
福建 Fujian	1282.7	1892.0	256.1	10097.5	3424.7	586.3	14459.5
江西 Jiangxi	513.0	922.4	86.0	10771.9	1723.4	203.1	12231.9
山东 Shandong	707.0	3905.8	378.9	30293.6	4130.5	957.5	34918.4
河南 Henan	578.3	3270.3	86.9	19473.9	2221.8	266.3	24921.8
湖北 Hubei	730.8	2696.9	63.3	14377.4	2262.7	540.5	18256.4
湖南 Hunan	924.5	1744.6	120.1	13576.3	2600.6	228.9	16996.3
广东 Guangdong	1073.5	3883.5	655.4	14319.1	6406.5	1440.8	20354.7
广西 Guangxi	704.6	1584.6	15.2	8218.9	1670.1	288.1	11095.8
海南 Hainan	148.0	829.3	31.5	2014.8	1647.9	84.4	2541.2
重庆 Chongqing	701.5	2332.7	94.1	6446.1	2949.2	512.4	9778.5
四川 Sichuan	1674.7	2355.8	96.7	13872.3	3618.5	891.1	18864.1
贵州 Guizhou	401.1	1245.2	4.5	4495.1	1418.2	356.9	6745.9
云南 Yunnan	717.9	1381.1	24.2	5593.3	1436.5	958.3	8663.6
西藏 Tibet	575.4	16.1	1.9	360.2	63.3	288.5	587.5
陕西 Shaanxi	817.9	993.7	45.8	11451.0	1755.2	549.2	13984.3
甘肃 Gansu	928.5	897.3	30.3	4605.8	810.3	329.5	6077.7
青海 Qinghai	377.3	530.5	9.1	1172.7	178.2	216.8	2068.5
宁夏 Ningxia	240.5	554.8	2.9	1407.9	360.2	340.2	2237.6
新疆 Xinjiang	924.1	994.2	3.7	4961.8	974.0	1643.6	5727.6
不分地区 Not Classified by Region	600.7	2266.7	18.3	1069.8	1371.7	5655.4	

注：表中2010年及以前年份数据统计口径为城镇固定资产投资(以下有关各表同)。

a) Statistical coverage was investment in fixed assets in urban area before 2010. The same applies to the relevant tables following.

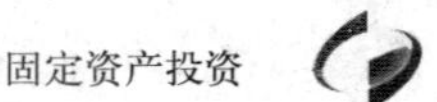

10-9 按构成和建设性质分固定资产投资(不含农户)

Investment in Fixed Assets (Excluding Rural Households) by Composition of Funds and Type of Construction

单位：亿元 (100 million yuan)

年份 Year 地区 Region	投资额 Total Investment	按构成分 By Composition of Funds			按建设性质分 By Type of Construction		
		建筑安装工程 Construction and Installation	设备工器具购置 Purchase of Equipment and Instruments	其他费用 Others	#新建 New Construction	#扩建 Expansion	#改建和技术改造 Reconstruction and Technical Transformation
1995	15643.7	9395.1	3758.2	2490.4	4661.7	4488.2	1878.1
1996	17567.2	10604.2	4375.2	2587.8	5534.3	5173.5	2011.9
1997	19194.2	11626.2	4633.4	2934.6	6453.3	5528.9	2199.6
1998	22491.4	13752.4	5127.2	3611.9	7804.7	6083.3	2791.8
1999	23732.0	15176.4	5190.7	3365.0	7807.5	5992.5	3199.3
2000	26221.8	16346.0	5846.7	4029.1	8484.5	6390.5	3827.0
2001	30001.2	18739.0	6509.5	4752.8	9611.3	7410.8	3974.8
2002	35488.8	21963.3	7268.0	6257.4	12366.1	7936.8	4611.5
2003	45811.7	28091.3	9300.7	8419.7	18092.4	10249.9	4932.0
2004	59028.2	36519.2	12455.6	10053.4	24630.1	12274.2	5929.6
2005	75095.1	46154.1	16439.2	12501.8	34126.6	13154.5	8721.1
2006	93368.7	57099.4	20397.6	15871.7	41514.2	16761.3	11075.5
2007	117464.5	71595.3	25694.8	20174.4	51963.1	19705.4	14136.0
2008	148738.3	90361.9	33572.3	24804.1	65727.3	24371.0	19138.3
2009	193920.4	119780.4	42333.8	31806.2	89993.2	30303.8	27171.9
2010	241430.9	148601.3	51692.6	41137.0	113860.0	33694.9	33375.8
2011	302396.1	193644.6	63580.0	45171.4	143604.9	42242.3	41696.4
2012	364854.1	236601.1	75938.3	52314.8	251045.6	47983.1	52413.6
2013	435747.4	290334.0	89296.4	56117.1	302909.1	54024.0	62332.8
北京 Beijing	6797.5	3417.9	702.8	2676.8	5277.7	553.0	398.5
天津 Tianjin	9103.0	6323.2	1281.2	1498.6	7178.8	774.7	685.0
河北 Hebei	22629.8	14774.0	5311.7	2544.1	13675.2	4274.3	3549.2
山西 Shanxi	10745.3	7616.6	1957.9	1170.8	6916.3	1904.5	1376.5
内蒙古 Inner Mongolia	14072.4	9534.3	3627.6	910.5	10663.7	1416.8	1722.0
辽宁 Liaoning	24791.4	17055.3	5398.0	2338.0	20577.1	2157.7	1323.2
吉林 Jilin	9725.8	5840.9	3097.6	787.2	4755.4	1449.8	3013.6
黑龙江 Heilongjiang	11121.3	7960.4	2538.5	622.4	6696.4	1626.0	1783.4
上海 Shanghai	5644.1	3436.9	787.5	1419.8	4559.1	310.6	428.6
江苏 Jiangsu	35982.5	20821.6	10903.1	4257.8	23220.4	7272.6	4221.0
浙江 Zhejiang	20194.1	11706.7	3350.5	5136.8	13256.3	3812.9	2187.4
安徽 Anhui	18091.2	12399.2	3823.5	1868.5	13123.5	2307.3	2289.9
福建 Fujian	15045.8	10260.9	2435.5	2349.4	9856.4	2884.5	1703.1
江西 Jiangxi	12434.9	8423.4	2699.7	1311.8	8463.6	1350.2	2149.4
山东 Shandong	35875.9	22889.1	9416.4	3570.4	17184.8	6040.3	11307.8
河南 Henan	25188.1	15213.7	7188.3	2786.0	21539.7	2140.7	1195.2
湖北 Hubei	18796.9	12927.3	3432.1	2437.5	13971.7	1772.7	2681.2
湖南 Hunan	17225.2	11880.3	2857.5	2487.4	9129.8	1407.1	6566.3
广东 Guangdong	21795.5	14540.7	3615.9	3639.0	16887.8	2039.4	1921.8
广西 Guangxi	11383.9	7324.7	2796.0	1263.2	6578.3	1303.3	3057.8
海南 Hainan	2625.6	1771.6	274.1	579.9	2393.3	78.8	45.1
重庆 Chongqing	10291.0	7389.5	1021.4	1880.1	8505.7	660.9	876.1
四川 Sichuan	19755.3	14854.2	2570.1	2331.0	13707.5	1487.8	4002.2
贵州 Guizhou	7102.8	5517.4	461.1	1124.2	6213.9	442.0	378.3
云南 Yunnan	9621.8	7180.1	873.4	1568.4	7493.6	965.9	867.6
西藏 Tibet	876.0	765.0	79.2	31.9	733.2	39.5	34.6
陕西 Shaanxi	14533.5	11392.2	1935.1	1206.2	11674.6	1111.6	1114.0
甘肃 Gansu	6407.2	4935.8	935.3	536.1	5510.5	482.5	291.5
青海 Qinghai	2285.3	1693.4	420.2	171.6	1642.5	184.3	226.0
宁夏 Ningxia	2577.8	1798.3	577.2	202.3	2135.9	203.3	213.8
新疆 Xinjiang	7371.2	5280.3	1610.1	480.9	5200.2	1296.8	530.0
不分地区 Not Classified by Region	5655.4	3409.3	1317.9	928.2	4186.1	272.2	192.9

10-10 各行业按建设性质和构成分固定资产投资(不含农户)(2013年)

单位：亿元

指　　标	Item	投资额 Investment
全国总计	**National Total**	**435747.4**
农、林、牧、渔业	**Agriculture, Forestry, Animal Husbandry and Fishery**	**11401.2**
农业	Farming	4027.9
林业	Forestry	1356.6
畜牧业	Animal Husbandry	3066.0
渔业	Fishery	658.6
农、林、牧、渔服务业	Service in Support of Agriculture	2292.2
采矿业	**Mining**	**14648.8**
煤炭开采和洗选业	Mining and Washing of Coal	5212.6
石油和天然气开采业	Extraction of Petroleum and Natural Gas	3820.6
黑色金属矿采选业	Mining and Processing of Ferrous Metal Ores	1648.4
有色金属矿采选业	Mining and Processing of Non-Ferrous Metal Ores	1593.5
非金属矿采选业	Mining and Processing of Non-metal Ores	1800.4
开采辅助活动	Support Activities for Mining	517.6
其他采矿业	Mining of Other Ores	55.7
制造业	**Manufacturing**	**147584.4**
农副食品加工业	Processing of Food from Agricultural Products	8580.1
食品制造业	Manufacture of Foods	3685.9
酒、饮料和精制茶制造业	Manufacture of Liquor, Beverages and Refined Tea	3386.6
烟草制品业	Manufacture of Tobacco	303.0
纺织业	Manufacture of Textile	4726.0
纺织服装、服饰业	Manufacture of Textile, Wearing Apparel and Accessories	3114.4
皮革、毛皮、羽毛及其制品和制鞋业	Manufacture of Leather, Fur, Feather and Related Products and Footwear	1715.4
木材加工和木、竹、藤、棕、草制品业	Processing of Timber, Manufacture of Wood, Bamboo, Rattan, Palm and Straw Products	2920.5
家具制造业	Manufacture of Furniture	1933.1
造纸及纸制品业	Manufacture of Paper and Paper Products	2635.8
印刷和记录媒介复制业	Printing and Reproduction of Recording Media	1283.2
文教、工美、体育和娱乐用品制造业	Manufacture of Articles for Culture, Education, Arts and Crafts, Sport and Entertainment Activities	1412.8
石油加工、炼焦及核燃料加工业	Processing of Petroleum, Coking and Processing of Nuclear Fuel	3039.1
化学原料及化学制品制造业	Manufacture of Raw Chemical Materials and Chemical Products	13210.4
医药制造业	Manufacture of Medicines	4529.3
化学纤维制造业	Manufacture of Chemical Fibres	1049.4
橡胶和塑料制品业	Manufacture of Rubber and Plastics Products	5246.8
非金属矿物制品业	Manufacture of Non-metallic Mineral Products	13756.6
黑色金属冶炼和压延加工业	Smelting and Pressing of Ferrous Metals	5098.7
有色金属冶炼和压延加工业	Smelting and Pressing of Non-ferrous Metals	5550.3
金属制品业	Manufacture of Metal Products	7136.8
通用设备制造业	Manufacture of General Purpose Machinery	10490.8
专用设备制造业	Manufacture of Special Purpose Machinery	10017.4
汽车制造业	Manufacture of Automobiles	9338.5
铁路、船舶、航空航天和其他运输设备制造业	Manufacture of Railway, Ship, Aerospace and Other Transport Equipments	2714.7
电气机械和器材制造业	Manufacture of Electrical Machinery and Apparatus	9210.6
计算机、通信和其他电子设备制造业	Manufacture of Computers, Communication and Other Electronic Equipment	7187.2
仪器仪表制造业	Manufacture of Measuring Instruments and Machinery	1411.3
其他制造业	Other Manufacture	1607.2
废弃资源综合利用业	Utilization of Waste Resources	963.9
金属制品、机械和设备修理业	Repair Service of Metal Products, Machinery and Equipment	328.3
电力、热力、燃气及水生产和供应业	**Production and Supply of Electricity, Heat, Gas and Water**	**19628.9**
电力、热力生产和供应业	Production and Supply of Electric Power and Heat Power	14726.4
燃气生产和供应业	Production and Supply of Gas	2210.2
水的生产和供应业	Production and Supply of Water	2692.3
建筑业	**Construction**	**3532.3**
房屋建筑业	Construction of Buildings	1187.1
土木工程建筑业	Civil Engineering	1747.5
建筑安装业	Building Installation	163.0
建筑装饰和其他建筑业	Building Decoration and Other Constructions	434.7

Investment in Fixed Assets (Excluding Rural Households) by Sector, Type of Construction and Composition of Funds (2013)

(100 million yuan)

#新建 New Construction	#扩建 Expansion	#改建和技术改造 Reconstruction and Technical Transformation	建筑安装工程投资 Construction and Installation	设备工器具购置 Purchase of Equipment and Instruments	其他费用 Other Expenses
302909.1	**54024.0**	**62332.8**	**290334.0**	**89296.4**	**56117.1**
8356.6	**1751.1**	**1084.8**	**8095.0**	**1760.5**	**1545.8**
3104.9	576.4	301.9	2926.2	537.8	563.9
990.5	242.5	108.1	842.5	113.2	400.9
2417.1	463.7	151.6	2153.4	606.6	306.0
395.8	101.9	120.5	449.8	137.8	71.1
1448.2	366.5	402.6	1723.1	365.1	203.9
7182.6	**2530.2**	**4686.2**	**9530.3**	**3829.1**	**1289.4**
2319.1	968.8	1837.2	3082.4	1596.7	533.5
2502.8	462.7	854.7	3157.6	392.7	270.3
601.2	407.8	613.8	996.1	531.9	120.4
687.8	298.8	570.8	977.6	453.0	163.0
816.2	347.1	599.7	982.9	651.2	166.3
235.4	31.2	188.9	301.8	185.5	30.3
20.1	13.9	21.1	32.0	18.2	5.6
75657.6	**28065.1**	**36661.0**	**76931.1**	**59706.3**	**10947.0**
4615.1	1630.0	2144.6	5000.8	2911.4	667.9
1926.2	714.0	911.9	2077.0	1328.4	280.5
1618.1	716.7	902.0	2024.7	1089.2	272.7
92.6	34.2	129.0	157.5	119.4	26.2
1962.4	1212.9	1207.3	2186.8	2240.9	298.3
1650.6	621.6	711.7	1738.2	1131.9	244.3
932.5	350.6	358.0	1024.1	562.0	129.3
1402.5	692.7	761.8	1649.4	1058.8	212.3
1095.2	371.3	414.6	1133.4	632.0	167.7
1142.0	613.0	736.8	1317.7	1135.5	182.6
478.2	301.1	375.8	660.5	538.7	83.9
695.9	322.1	323.6	845.4	464.3	103.1
1739.2	562.6	708.5	1439.9	1315.8	283.4
6705.5	2262.4	3687.7	6187.9	5974.2	1048.4
2330.8	852.0	1144.7	2554.0	1593.4	382.0
487.3	331.7	175.2	423.8	543.6	82.0
2565.2	1196.7	1165.6	2652.7	2225.1	369.0
7074.6	2408.2	3873.7	7278.3	5457.3	1020.9
1949.4	1038.9	1855.6	2361.6	2414.0	323.0
3216.7	801.7	1342.1	2740.2	2452.3	357.8
3506.4	1524.5	1731.3	3854.6	2763.3	518.9
5027.0	2147.2	2638.5	5354.9	4415.9	720.0
5271.6	1869.8	2309.2	5262.0	4032.6	722.8
4691.2	1650.8	2424.5	4512.0	4151.5	675.0
1483.4	433.4	599.6	1519.4	971.7	223.6
5176.0	1663.4	1919.9	4910.7	3666.5	633.4
4177.4	1044.4	1334.4	3486.3	3180.2	520.6
740.3	290.8	297.1	768.4	533.8	109.1
1130.5	234.6	174.1	1077.7	361.6	168.0
607.5	116.0	212.2	536.7	330.2	97.0
166.1	55.8	90.2	194.6	110.4	23.3
12828.5	**3279.0**	**3150.2**	**10789.3**	**6845.5**	**1994.2**
9500.9	2521.6	2420.8	7396.2	5720.8	1609.3
1698.6	268.8	214.8	1363.8	654.2	192.2
1628.9	488.5	514.5	2029.2	470.5	192.7
2424.0	**371.1**	**387.0**	**2718.6**	**573.7**	**240.1**
901.8	112.6	80.5	958.5	161.7	66.9
1221.1	173.9	209.0	1388.2	250.4	108.9
70.7	21.7	32.1	93.9	61.5	7.6
230.5	62.9	65.4	277.9	100.1	56.6

10-10 续表

单位：亿元

指　　标	Item	投资额 Investment
批发和零售业	**Wholesale and Retail Trades**	**12601.1**
批发业	Wholesale Trade	5966.7
零售业	Retail Trade	6634.4
交通运输、仓储和邮政业	**Transport, Storage and Post**	**36329.4**
铁路运输业	Railway Transport	6690.7
道路运输业	Road Transport	20502.9
水上运输业	Water Transport	2123.3
航空运输业	Air Transport	1314.1
管道运输业	Transport Via Pipelines	374.0
装卸搬运和运输代理业	Loading, Unloading and Forwarding Agency	993.4
仓储业	Storage	4235.7
邮政业	Post	95.2
住宿和餐饮业	**Hotels and Catering Services**	**6012.4**
住宿业	Hotels	4473.3
餐饮业	Catering Services	1539.1
信息传输、软件和信息技术服务业	**Information Transmission, Software and Information Technology**	**3084.9**
电信、广播电视和卫星传输服务	Telecommunication, Radio and Television and Satellite Transmission Service	1696.1
互联网和相关服务	Internet and Related Service	284.9
软件和信息技术服务业	Software and Information Technology	1103.9
金融业	**Financial Intermediation**	**1242.0**
货币金融服务	Monetary and Financial Service	792.4
资本市场服务	Capital Market Service	198.3
保险业	Insurance	101.0
其他金融业	Other Financial Activities	150.2
房地产业	**Real Estate**	**111379.6**
租赁和商务服务业	**Leasing and Business Services**	**5874.6**
租赁业	Leasing	299.6
商务服务业	Business Services	5575.1
科学研究和技术服务业	**Scientific Research and Technical Services**	**3133.2**
研究和试验发展	Research and Experimental Development	1054.3
专业技术服务业	Professional Technical Services	1064.8
科技推广和应用服务业	Science and Technology Popularization and Application Services	1014.2
水利、环境和公共设施管理业	**Management of Water Conservancy, Environment and Public Facilities**	**37662.7**
水利管理业	Management of Water Conservancy	5118.8
生态保护和环境治理业	Ecological Protection and Environmental Treatment	1425.7
公共设施管理业	Management of Public Facilities	31118.2
居民服务、修理和其他服务业	**Service to Households, Repair and Other Services**	**1994.4**
居民服务业	Service to Households	1121.1
机动车、电子产品和日用产品修理业	Repair of Motor Vehicle, Electronics and Household Products	421.9
其他服务业	Other Services	451.3
教育	**Education**	**5399.9**
卫生和社会工作	**Health and Social Service**	**3138.3**
卫生	Health	2591.5
社会工作	Social Service	546.8
文化、体育和娱乐业	**Culture, Sports and Entertainment**	**5225.5**
新闻和出版业	Journalism and Publishing Activities	103.8
广播、电视、电影和影视录音制作业	Radio, Television, Motion Picture and Videotape Programme Production Services	311.1
文化艺术业	Cultural and Art Activities	2381.7
体育	Sports Activities	1041.0
娱乐业	Entertainment	1388.0
公共管理、社会保障和社会组织	**Public Management, Social Security and Social Organization**	**5873.7**
中国共产党机关	Organs of Communist Party of China	56.1
国家机构	Government Agencies	4086.1
人民政协、民主党派	People's Political Consultative Conference and Democratic Parties	13.1
社会保障	Social Security	217.0
群众团体、社会团体和其他成员组织	Non-Governmental Organizations, Social Organizations and Membership Organizations	571.0
基层群众自治组织	Grass Roots Self-Governing Organizations	930.5
国际组织	**International Organizations**	

continued

(100 million yuan)

#新　建 New Construction	#扩　建 Expansion	#改建和技术改造 Reconstruction and Technical Transformation	建筑安装工程投资 Construction and Installation	设备工器具购置 Purchase of Equipment and Instruments	其他费用 Other Expenses
9054.6	**1569.1**	**1525.9**	**9207.9**	**1926.9**	**1466.3**
4084.6	793.0	802.8	4223.5	1082.5	660.8
4970.0	776.1	723.1	4984.4	844.4	805.6
25988.3	**3700.8**	**3906.2**	**25694.6**	**5124.6**	**5510.1**
4982.0	475.2	180.9	4173.6	1306.8	1210.2
14881.4	2137.9	2943.0	15790.3	1319.0	3393.7
1359.0	210.3	216.3	1328.7	608.4	186.2
356.0	128.6	105.6	410.9	842.1	61.1
310.0	26.9	35.2	239.2	79.6	55.2
768.1	133.0	58.4	666.8	213.7	113.0
3264.9	582.7	353.4	3019.1	730.9	485.7
66.9	6.1	13.4	66.0	24.1	5.1
4587.2	**754.8**	**574.9**	**4681.1**	**656.3**	**675.0**
3564.1	511.1	339.0	3524.4	432.9	516.1
1023.1	243.7	235.9	1156.7	223.4	159.0
1589.8	**668.4**	**528.8**	**1666.8**	**1209.5**	**208.6**
696.2	503.6	348.4	837.8	793.6	64.8
136.3	28.3	59.4	137.8	131.5	15.6
757.3	136.5	120.9	691.2	284.4	128.3
886.3	**106.7**	**141.8**	**879.5**	**212.5**	**150.0**
536.3	67.7	103.3	561.0	157.3	74.1
153.8	17.3	20.3	144.0	27.8	26.5
74.8	6.7	13.1	73.2	9.5	18.3
121.4	15.0	5.2	101.3	17.9	31.0
105740.0	**1834.6**	**1748.6**	**85763.3**	**1958.6**	**23657.8**
4481.1	**601.6**	**465.4**	**4354.7**	**676.4**	**843.5**
106.5	21.1	20.2	97.9	187.8	14.0
4374.6	580.5	445.2	4256.8	488.7	829.6
2008.7	**314.6**	**601.7**	**2033.7**	**743.0**	**356.6**
764.9	125.2	125.7	747.4	201.0	105.9
637.9	90.0	234.7	664.6	272.7	127.4
605.9	99.4	241.3	621.7	269.2	123.3
26992.9	**5291.1**	**4927.8**	**30753.2**	**1844.1**	**5065.5**
3285.7	832.6	924.0	4187.4	272.3	659.2
847.7	202.7	322.5	1030.8	185.5	209.3
22859.5	4255.8	3681.3	25534.9	1386.3	4197.0
1396.1	**282.2**	**221.9**	**1497.7**	**287.1**	**209.6**
831.5	148.2	120.6	893.1	100.3	127.7
234.6	60.8	62.5	267.5	124.6	29.8
330.1	73.3	38.8	337.2	62.2	52.0
3722.7	**939.4**	**415.6**	**4479.7**	**408.7**	**511.5**
1856.8	**559.0**	**264.9**	**2347.1**	**561.1**	**230.0**
1420.7	489.4	234.1	1895.5	520.2	175.7
436.1	69.6	30.8	451.6	40.9	54.3
4069.5	**609.8**	**411.4**	**3980.9**	**534.8**	**709.8**
66.9	17.1	5.2	80.8	12.0	10.9
224.0	22.6	32.4	180.0	75.0	56.1
1788.9	337.0	199.5	1859.3	194.8	327.5
868.7	96.0	68.6	852.3	78.2	110.5
1121.0	137.1	105.7	1008.4	174.8	204.8
4085.8	**795.5**	**628.6**	**4929.6**	**437.8**	**506.3**
32.5	6.9	11.7	47.0	6.0	3.1
2882.3	531.1	436.0	3437.8	324.7	323.6
3.8	1.8	6.7	11.0	1.3	0.8
150.3	33.9	30.3	171.4	8.4	37.2
378.5	121.8	34.9	460.6	50.9	59.4
638.4	100.0	108.9	801.9	46.4	82.2

10-11 各行业按隶属关系、登记注册类型和控股情况分固定资产投资(不含农户)(2013年)

单位：亿元

指标	Item	投资额 Investment	中央 Central Investment	地方 Local Investment
全国总计	**National Total**	**435747.4**	**24658.1**	**411089.4**
农、林、牧、渔业	**Agriculture, Forestry, Animal Husbandry and Fishery**	**11401.2**	**74.3**	**11326.9**
农业	Farming	4027.9	18.6	4009.3
林业	Forestry	1356.6	11.0	1345.6
畜牧业	Animal Husbandry	3066.0	11.0	3055.0
渔业	Fishery	658.6		658.6
农、林、牧、渔服务业	Service in Support of Agriculture	2292.2	33.7	2258.5
采矿业	**Mining**	**14648.8**	**3455.1**	**11193.7**
煤炭开采和洗选业	Mining and Washing of Coal	5212.6	368.4	4844.2
石油和天然气开采业	Extraction of Petroleum and Natural Gas	3820.6	2874.7	946.0
黑色金属矿采选业	Mining and Processing of Ferrous Metal Ores	1648.4	35.0	1613.4
有色金属矿采选业	Mining and Processing of Non-Ferrous Metal Ores	1593.5	58.4	1535.1
非金属矿采选业	Mining and Processing of Non-metal Ores	1800.4	11.7	1788.7
开采辅助活动	Support Activities for Mining	517.6	107.0	410.6
其他采矿业	Mining of Other Ores	55.7		55.7
制造业	**Manufacturing**	**147584.4**	**3426.2**	**144158.2**
农副食品加工业	Processing of Food from Agricultural Products	8580.1	15.0	8565.1
食品制造业	Manufacture of Foods	3685.9	7.5	3678.4
酒、饮料和精制茶制造业	Manufacture of Liquor, Beverages and Refined Tea	3386.6	4.2	3382.4
烟草制品业	Manufacture of Tobacco	303.0	103.0	200.0
纺织业	Manufacture of Textile	4726.0	4.1	4721.9
纺织服装、服饰业	Manufacture of Textile, Wearing Apparel and Accessories	3114.4	0.6	3113.9
皮革、毛皮、羽毛及其制品和制鞋业	Manufacture of Leather, Fur, Feather and Related Products and Footwear	1715.4	0.1	1715.3
木材加工和木、竹、藤、棕、草制品业	Processing of Timber, Manufacture of Wood, Bamboo, Rattan, Palm and Straw Products	2920.5	1.1	2919.4
家具制造业	Manufacture of Furniture	1933.1		1933.1
造纸及纸制品业	Manufacture of Paper and Paper Products	2635.8	2.3	2633.5
印刷和记录媒介复制业	Printing and Reproduction of Recording Media	1283.2	23.2	1260.0
文教、工美、体育和娱乐用品制造业	Manufacture of Articles for Culture, Education, Arts and Crafts, Sport and Entertainment Activities	1412.8	1.2	1411.6
石油加工、炼焦及核燃料加工业	Processing of Petroleum, Coking and Processing of Nuclear Fuel	3039.1	623.9	2415.2
化学原料及化学制品制造业	Manufacture of Raw Chemical Materials and Chemical Products	13210.4	705.1	12505.3
医药制造业	Manufacture of Medicines	4529.3	37.9	4491.4
化学纤维制造业	Manufacture of Chemical Fibres	1049.4	3.8	1045.6
橡胶和塑料制品业	Manufacture of Rubber and Plastics Products	5246.8	32.2	5214.6
非金属矿物制品业	Manufacture of Non-metallic Mineral Products	13756.6	84.7	13671.9
黑色金属冶炼和压延加工业	Smelting and Pressing of Ferrous Metals	5098.7	227.1	4871.5
有色金属冶炼和压延加工业	Smelting and Pressing of Non-ferrous Metals	5550.3	86.8	5463.4
金属制品业	Manufacture of Metal Products	7136.8	45.2	7091.7
通用设备制造业	Manufacture of General Purpose Machinery	10490.8	103.2	10387.6
专用设备制造业	Manufacture of Special Purpose Machinery	10017.4	164.5	9853.0
汽车制造业	Manufacture of Automobiles	9338.5	434.7	8903.9
铁路、船舶、航空航天和其他运输设备制造业	Manufacture of Railway, Ship, Aerospace and Other Transport Equipment and Other Transport Equipment	2714.7	329.8	2384.9
电气机械和器材制造业	Manufacture of Electrical Machinery and Apparatus	9210.6	79.6	9131.0
计算机、通信和其他电子设备制造业	Manufacture of Computers, Communication and and Other Electronic Equipment	7187.2	151.7	7035.4
仪器仪表制造业	Manufacture of Measuring Instruments and Machinery	1411.3	25.0	1386.3
其他制造业	Other Manufacture	1607.2	68.7	1538.5
废弃资源综合利用业	Utilization of Waste Resources	963.9	24.6	939.3
金属制品、机械和设备修理业	Repair Service of Metal Products, Machinery and Equipment	328.3	35.4	292.9
电力、热力、燃气及水生产和供应业	**Production and Supply of Electricity, Heat, Gas and Water**	**19628.9**	**4617.4**	**15011.5**
电力、热力生产和供应业	Production and Supply of Electric Power and Heat Power	14726.4	4364.3	10362.0
燃气生产和供应业	Production and Supply of Gas	2210.2	215.7	1994.6
水的生产和供应业	Production and Supply of Water	2692.3	37.5	2654.9
建筑业	**Construction**	**3532.3**	**155.2**	**3377.2**
房屋建筑业	Construction of Buildings	1187.1	23.4	1163.7
土木工程建筑业	Civil Engineering	1747.5	125.0	1622.6
建筑安装业	Building Installation	163.0	4.0	159.0
建筑装饰和其他建筑业	Building Decoration and Other Constructions	434.7	2.8	431.9

Investment in Fixed Assets(Excluding Rural Households) by Sector, Jurisdiction of Management, Registration Status and Holding Type (2013)

(100 million yuan)

内　资 Domestic Funds	港澳台商投资 Funds from Hong Kong, Macao and Taiwan	外商投资 Foreign Funded	国有控股 State-holding	集体控股 Collective-holding	私人控股 Private-holding
413589.4	**11027.7**	**11130.3**	**144133.6**	**22092.7**	**215150.2**
11280.2	**39.8**	**81.2**	**3242.8**	**979.0**	**6089.4**
3978.7	20.0	29.2	935.3	393.2	2254.3
1351.7	1.0	3.9	733.9	100.8	433.8
3012.1	12.0	41.9	330.5	152.5	2262.0
650.0	4.0	4.7	51.2	80.8	470.6
2287.7	3.0	1.5	1191.8	251.7	668.8
14431.7	**126.3**	**90.7**	**6816.6**	**654.8**	**6284.2**
5165.6	34.9	12.1	2251.6	381.3	2264.9
3742.8	52.2	25.5	3538.3	44.4	117.4
1634.4	4.0	10.1	256.5	46.5	1230.8
1552.6	6.7	34.2	432.2	82.0	952.6
1775.1	17.3	8.0	85.5	68.2	1483.2
507.6	9.8	0.2	248.8	31.7	190.7
53.6	1.4	0.7	3.8	0.7	44.6
136899.8	**3766.4**	**6918.2**	**14402.3**	**3928.3**	**109668.7**
8317.2	97.5	165.4	301.1	194.6	7220.7
3445.4	72.7	167.8	142.5	62.0	3020.1
3134.0	78.0	174.6	301.8	81.9	2486.1
295.7	0.2	7.1	231.7	7.7	40.7
4483.2	135.4	107.4	141.1	75.3	4124.9
2918.6	114.4	81.4	69.3	60.5	2670.9
1585.4	78.7	51.3	52.1	33.0	1452.1
2852.3	29.3	38.9	71.3	48.7	2494.6
1861.3	41.9	29.8	30.4	29.1	1707.5
2294.5	135.6	205.6	120.7	48.8	1946.3
1241.8	22.1	19.3	66.5	32.1	1072.9
1296.0	62.8	54.0	26.2	30.7	1148.6
2855.1	47.7	136.3	1045.6	159.2	1536.5
12237.9	301.1	671.4	2229.8	446.4	8663.1
4255.7	119.7	154.0	305.6	143.4	3483.4
919.8	78.5	51.2	76.8	12.4	793.6
4839.8	162.0	245.0	211.1	116.5	4273.2
13301.9	222.7	232.0	614.5	302.6	11461.7
4910.9	84.2	103.6	1066.2	288.4	3316.4
5306.9	112.8	130.5	911.5	104.2	3950.3
6754.1	186.4	196.3	338.2	152.0	5796.0
9914.8	168.1	408.0	547.1	226.7	8518.0
9507.7	159.2	350.6	821.7	356.6	7647.3
7658.5	165.5	1514.5	1521.0	230.7	5626.3
2561.6	27.0	126.1	677.1	72.9	1666.4
8630.8	258.4	321.4	535.2	232.7	7191.4
5486.1	687.1	1013.9	1033.6	154.0	3722.1
1247.3	80.4	83.6	125.3	45.2	976.4
1548.6	15.6	42.9	566.2	120.4	784.4
936.0	15.6	12.3	130.9	40.5	713.5
300.5	5.8	22.0	90.2	19.2	163.4
18989.0	**401.4**	**238.5**	**13356.9**	**775.0**	**4202.0**
14266.2	322.2	138.0	10432.0	465.7	2922.5
2079.8	51.1	79.3	1056.9	107.6	834.0
2643.0	28.1	21.2	1868.0	201.7	445.5
3510.6	**13.8**	**8.0**	**2057.1**	**256.4**	**868.0**
1184.9	0.8	1.4	602.9	104.3	365.4
1737.7	7.4	2.5	1300.6	108.1	203.2
157.1	5.0	0.9	38.4	7.4	99.3
430.8	0.6	3.2	115.2	36.7	200.1

10-11 续表

单位：亿元

指 标	Item	投资额 Investment	中央 Central Investment	地方 Local Investment
批发和零售业	**Wholesale and Retail Trades**	**12601.1**	**170.5**	**12430.6**
批发业	Wholesale Trade	5966.7	99.6	5867.1
零售业	Retail Trade	6634.4	70.9	6563.5
交通运输、仓储和邮政业	**Transport, Storage and Post**	**36329.4**	**7270.1**	**29059.3**
铁路运输业	Railway Transport	6690.7	5424.0	1266.7
道路运输业	Road Transport	20502.9	713.8	19789.1
水上运输业	Water Transport	2123.3	201.4	1921.9
航空运输业	Air Transport	1314.1	641.6	672.4
管道运输业	Transport Via Pipelines	374.0	133.5	240.5
装卸搬运和运输代理业	Loading, Unloading and Forwarding Agency	993.4	3.0	990.4
仓储业	Storage	4235.7	143.3	4092.4
邮政业	Post	95.2	9.5	85.7
住宿和餐饮业	**Hotels and Catering Services**	**6012.4**	**56.5**	**5955.9**
住宿业	Hotels	4473.3	51.3	4422.0
餐饮业	Catering Services	1539.1	5.2	1533.9
信息传输、软件和信息技术服务业	**Information Transmission, Software and Information Technology**	**3084.9**	**833.4**	**2251.4**
电信、广播电视和卫星传输服务	Telecommunication, Radio and Television and Satellite Transmission Service	1696.1	714.6	981.5
互联网和相关服务	Internet and Related Service	284.9	51.2	233.7
软件和信息技术服务业	Software and Information Technology	1103.9	67.6	1036.2
金融业	**Financial Intermediation**	**1242.0**	**141.5**	**1100.5**
货币金融服务	Monetary and Financial Service	792.4	101.7	690.7
资本市场服务	Capital Market Service	198.3	10.7	187.6
保险业	Insurance	101.0	26.6	74.4
其他金融业	Other Financial Activities	150.2	2.4	147.8
房地产业	**Real Estate**	**111379.6**	**2298.2**	**109081.4**
租赁和商务服务业	**Leasing and Business Services**	**5874.6**	**94.5**	**5780.1**
租赁业	Leasing	299.6		299.6
商务服务业	Business Services	5575.1	94.5	5480.5
科学研究和技术服务业	**Scientific Research and Technical Services**	**3133.2**	**303.0**	**2830.2**
研究和试验发展	Research and Experimental Development	1054.3	182.3	872.0
专业技术服务业	Professional Technical Services	1064.8	99.9	964.8
科技推广和应用服务业	Science and Technology Popularization and Application Services	1014.2	20.8	993.4
水利、环境和公共设施管理业	**Management of Water Conservancy, Environment and Public Facilities**	**37662.7**	**1054.8**	**36607.9**
水利管理业	Management of Water Conservancy	5118.8	538.0	4580.9
生态保护和环境治理业	Ecological Protection and Environmental Treatment	1425.7	19.5	1406.1
公共设施管理业	Management of Public Facilities	31118.2	497.3	30620.9
居民服务、修理和其他服务业	**Service to Households, Repair and Other Services**	**1994.4**	**10.5**	**1983.9**
居民服务业	Service to Households	1121.1	6.7	1114.4
机动车、电子产品和日用产品修理业	Repair of Motor Vehicle, Electronics and Household Products	421.9	3.4	418.5
其他服务业	Other Services	451.3	0.4	451.0
教育	**Education**	**5399.9**	**268.2**	**5131.6**
卫生和社会工作	**Health and Social Service**	**3138.3**	**95.5**	**3042.8**
卫生	Health	2591.5	90.9	2500.6
社会工作	Social Service	546.8	4.6	542.2
文化、体育和娱乐业	**Culture, Sports and Entertainment**	**5225.5**	**90.2**	**5135.3**
新闻和出版业	Journalism and Publishing Activities	103.8	9.3	94.5
广播、电视、电影和影视录音制作业	Radio, Television, Motion Picture and Videotape Programme Production Services	311.1	19.6	291.5
文化艺术业	Cultural and Art Activities	2381.7	25.1	2356.5
体育	Sports Activities	1041.0	26.8	1014.2
娱乐业	Entertainment	1388.0	9.4	1378.6
公共管理、社会保障和社会组织	**Public Management, Social Security and Social Organization**	**5873.7**	**242.9**	**5630.8**
中国共产党机关	Organs of Communist Party of China	56.1	9.8	46.3
国家机构	Government Agencies	4086.1	196.2	3889.8
人民政协、民主党派	People's Political Consultative Conference and Democratic Parties	13.1		13.1
社会保障	Social Security	217.0	4.3	212.7
群众团体、社会团体和其他成员组织	Non-Governmental Organizations, Social Organizations and Membership Organizations	571.0	30.6	540.5
基层群众自治组织	Grass Roots Self-Governing Organizations	930.5	2.0	928.5
国际组织	**International Organizations**			

continued

(100 million yuan)

内　资 Domestic Funds	港澳台商投资 Funds from Hong Kong, Macao and Taiwan	外商投资 Foreign Funded	国有控股 State-holding	集体控股 Collective-holding	私人控股 Private-holding
12210.7	**198.1**	**192.3**	**1444.0**	**878.3**	**8698.5**
5835.1	59.3	72.3	644.8	325.8	4321.9
6375.6	138.8	120.0	799.2	552.5	4376.6
35637.5	**448.6**	**243.3**	**27948.3**	**1002.9**	**5671.4**
6662.5	28.2		6479.6	53.2	138.0
20420.7	33.3	48.9	17814.1	592.8	1482.8
1993.8	79.3	50.2	1247.4	98.1	571.2
1150.8	163.2	0.1	1109.2	31.3	80.7
339.1	30.8	4.2	249.5	12.6	82.8
956.9	23.9	12.6	113.2	27.1	736.4
4019.6	89.5	126.7	897.2	185.1	2532.0
94.1	0.3	0.7	38.1	2.5	47.5
5702.1	**179.7**	**130.6**	**778.2**	**275.8**	**4125.0**
4197.0	173.4	103.0	629.2	185.7	2996.0
1505.1	6.3	27.7	149.1	90.1	1129.0
2716.9	**156.7**	**211.3**	**1724.3**	**68.9**	**742.5**
1472.3	63.4	160.4	1325.7	19.2	48.8
211.3	55.5	18.0	108.5	7.2	109.4
1033.2	37.7	32.9	290.2	42.5	584.3
1210.7	**21.4**	**9.9**	**621.0**	**118.2**	**311.1**
778.1	9.4	5.0	435.5	90.9	115.1
197.4	0.5	0.4	60.1	11.4	110.7
98.6		2.4	76.4	2.0	15.1
136.6	11.47	2.2	49.0	14.0	70.2
103357.4	**5358.8**	**2663.4**	**26051.2**	**7533.1**	**56239.7**
5676.1	**115.8**	**82.7**	**1733.9**	**588.7**	**2724.7**
289.1	5.0	5.5	39.7	5.9	123.0
5387.0	110.8	77.3	1694.3	582.8	2601.7
3047.1	**19.9**	**66.1**	**1213.8**	**237.7**	**1319.8**
1008.6	14.1	31.6	451.7	58.1	393.7
1050.2	3.2	11.3	481.6	108.8	377.6
988.3	2.6	23.3	280.4	70.8	548.5
37499.5	**96.1**	**67.1**	**29260.1**	**2558.8**	**3925.7**
5103.0	1.6	14.2	4485.1	329.2	162.3
1411.8	3.1	10.8	892.1	139.9	291.8
30984.8	91.4	42.0	23882.8	2089.8	3471.6
1979.0	**9.1**	**6.3**	**589.0**	**349.4**	**834.7**
1115.4	3.2	2.5	352.1	241.2	408.5
420.9	0.9	0.1	89.3	18.0	259.9
442.7	5.0	3.7	147.6	90.2	166.3
5369.4	**15.7**	**14.7**	**4000.4**	**375.6**	**696.6**
3125.4	**7.7**	**5.2**	**2258.1**	**232.3**	**473.6**
2580.3	6.3	4.9	1972.7	176.8	317.2
545.2	1.4	0.3	285.4	55.4	156.4
5087.8	**42.5**	**95.2**	**2372.7**	**393.3**	**1934.0**
103.8			68.3	2.0	15.1
308.9	0.9	1.3	165.5	14.0	107.7
2359.5	9.3	12.9	1225.6	213.1	712.7
1020.5	10.7	9.8	610.3	65.8	278.3
1295.2	21.6	71.1	302.9	98.4	820.3
5858.4	**9.6**	**5.7**	**4262.8**	**886.1**	**340.6**
56.1			46.6	5.6	0.2
4082.4	0.0	3.7	3588.0	210.4	140.7
13.1			4.2	0.1	7.8
217.0			125.1	40.9	38.3
567.2	2.7	1.1	332.7	55.0	71.5
922.7	6.8	1.0	166.2	574.0	82.0

10-12 固定资产投资(不含农户)各行业实际到位资金和新增固定资产（2013年）

单位：亿元

指　　标	Item	实际到位资金小计 Actual Funds for Investment	国家预算资金 State Budget	国内贷款 Domestic Loans
全国总计	**National Total**	**481065.9**	**22305.3**	**59056.3**
农、林、牧、渔业	**Agriculture, Forestry, Animal Husbandry and Fishery**	**11586.7**	**1143.5**	**577.5**
农业	Farming	4134.3	221.4	232.4
林业	Forestry	1314.1	328.8	40.9
畜牧业	Animal Husbandry	3145.7	57.4	183.3
渔业	Fishery	657.2	9.4	49.3
农、林、牧、渔服务业	Service in Support of Agriculture	2335.4	526.6	71.7
采矿业	**Mining**	**14774.0**	**169.9**	**1420.7**
煤炭开采和洗选业	Mining and Washing of Coal	5199.5	77.1	574.3
石油和天然气开采业	Extraction of Petroleum and Natural Gas	3734.4	61.0	495.5
黑色金属矿采选业	Mining and Processing of Ferrous Metal Ores	1757.7	8.8	85.1
有色金属矿采选业	Mining and Processing of Non-Ferrous Metal Ores	1622.4	16.0	110.7
非金属矿采选业	Mining and Processing of Non-metal Ores	1826.8	1.9	112.7
开采辅助活动	Support Activities for Mining	577.6	4.6	40.2
其他采矿业	Mining of Other Ores	55.6	0.5	2.0
制造业	**Manufacturing**	**152882.0**	**574.8**	**12941.4**
农副食品加工业	Processing of Food from Agricultural Products	8850.9	31.8	740.6
食品制造业	Manufacture of Foods	3785.6	12.1	301.8
酒、饮料和精制茶制造业	Manufacture of Liquor, Beverages and Refined Tea	3558.4	12.7	198.0
烟草制品业	Manufacture of Tobacco	308.6	10.1	17.6
纺织业	Manufacture of Textile	4838.8	8.3	370.4
纺织服装、服饰业	Manufacture of Textile, Wearing Apparel and Accessories	3230.3	23.7	207.9
皮革、毛皮、羽毛及其制品和制鞋业	Manufacture of Leather, Fur, Feather and Related Products and Footwear	1782.6	2.4	101.8
木材加工和木、竹、藤、棕、草制品业	Processing of Timber, Manufacture of Wood, Bamboo, Rattan, Palm and Straw Products	2996.8	10.7	185.8
家具制造业	Manufacture of Furniture	1988.2	0.8	150.4
造纸及纸制品业	Manufacture of Paper and Paper Products	2707.0	6.3	304.4
印刷和记录媒介复制业	Printing and Reproduction of Recording Media	1323.3	1.1	91.5
文教、工美、体育和娱乐用品制造业	Manufacture of Articles for Culture, Education, Arts and Crafts, Sport and Entertainment Activities	1475.2	3.8	85.1
石油加工、炼焦及核燃料加工业	Processing of Petroleum, Coking and Processing of Nuclear Fuel	3157.2	52.8	401.9
化学原料及化学制品制造业	Manufacture of Raw Chemical Materials and Chemical Products	13596.0	10.7	1563.7
医药制造业	Manufacture of Medicines	4730.0	11.2	404.6
化学纤维制造业	Manufacture of Chemical Fibres	1074.3	0.5	94.3
橡胶和塑料制品业	Manufacture of Rubber and Plastics Products	5364.1	2.6	395.2
非金属矿物制品业	Manufacture of Non-metallic Mineral Products	14289.6	34.6	1119.8
黑色金属冶炼和压延加工业	Smelting and Pressing of Ferrous Metals	5242.2	2.6	488.5
有色金属冶炼和压延加工业	Smelting and Pressing of Non-ferrous Metals	5678.5	24.4	688.9
金属制品业	Manufacture of Metal Products	7467.3	11.2	503.0
通用设备制造业	Manufacture of General Purpose Machinery	10912.3	26.4	877.1
专用设备制造业	Manufacture of Special Purpose Machinery	10389.7	45.4	838.0
汽车制造业	Manufacture of Automobiles	9809.3	18.1	847.8
铁路、船舶、航空航天和其他运输设备制造业	Manufacture of Railway, Ship, Aerospace and Other Transport Equipments	2806.1	35.7	206.8
电气机械和器材制造业	Manufacture of Electrical Machinery and Apparatus	9531.2	20.3	731.9
计算机、通信和其他电子设备制造业	Manufacture of Computers, Communication and Other Electronic Equipment	7474.2	33.8	600.5
仪器仪表制造业	Manufacture of Measuring Instruments and Machinery	1493.7	17.0	87.6
其他制造业	Other Manufacture	1674.4	97.8	231.6
废弃资源综合利用业	Utilization of Waste Resources	1017.8	3.0	88.5
金属制品、机械和设备修理业	Repair Service of Metal Products, Machinery and Equipment	328.4	2.7	16.3
电力、热力、燃气及水生产和供应业	**Production and Supply of Electricity, Heat, Gas and Water**	**19834.5**	**1398.5**	**4773.2**
电力、热力生产和供应业	Production and Supply of Electric Power and Heat Power	14983.1	844.3	4360.6
燃气生产和供应业	Production and Supply of Gas	2175.4	77.3	222.1
水的生产和供应业	Production and Supply of Water	2676.1	476.9	190.6
建筑业	**Construction**	**3760.9**	**625.9**	**222.2**
房屋建筑业	Construction of Buildings	1213.6	122.7	39.9
土木工程建筑业	Civil Engineering	1924.8	478.5	148.5
建筑安装业	Building Installation	169.0	5.9	11.3
建筑装饰和其他建筑业	Building Decoration and Other Constructions	453.5	18.7	22.5

Actual Funds for Investment and Newly Increased Fixed Assets (Excluding Rural Households) by Sector (2013)

(100 million yuan)

利用外资 Foreign Investment	自筹资金 Self-raising Funds	其他资金 Others	投资额 Investment	新增固定资产 Newly Increased Fixed Assets	固定资产交付使用率(%) Rate of Projects of Fixed Assets Completed and Put into Use (%)
4319.4	**324431.5**	**70953.3**	**435747.4**	**269780.3**	**61.9**
45.8	**9143.8**	**676.1**	**11401.2**	**9035.3**	**79.3**
11.6	3426.3	242.7	4027.9	3062.7	76.0
2.7	829.0	112.7	1356.6	1075.9	79.3
26.0	2770.7	108.3	3066.0	2431.1	79.3
1.7	572.4	24.3	658.6	526.1	79.9
3.9	1545.3	188.0	2292.2	1939.5	84.6
116.3	**12728.6**	**338.5**	**14648.8**	**10413.8**	**71.1**
4.2	4420.9	123.0	5212.6	3344.1	64.2
80.0	3038.6	59.4	3820.6	2817.1	73.7
5.9	1629.6	28.3	1648.4	1267.7	76.9
12.7	1441.8	41.2	1593.5	1170.9	73.5
3.0	1640.3	69.0	1800.4	1431.6	79.5
10.6	506.5	15.7	517.6	337.3	65.2
0.1	51.0	1.9	55.7	45.1	81.0
2664.8	**133767.7**	**2933.3**	**147584.4**	**103244.6**	**70.0**
73.6	7723.8	281.1	8580.1	6315.3	73.6
67.9	3327.0	76.9	3685.9	2714.6	73.7
66.1	3212.8	68.8	3386.6	2292.5	67.7
	276.4	4.4	303.0	185.1	61.1
60.1	4314.5	85.6	4726.0	3643.0	77.1
55.6	2864.8	78.2	3114.4	2413.4	77.5
64.7	1537.8	75.9	1715.4	1309.8	76.4
16.5	2701.7	82.1	2920.5	2321.3	79.5
21.5	1774.9	40.5	1933.1	1435.0	74.2
101.1	2248.0	47.2	2635.8	1682.2	63.8
6.8	1198.3	25.7	1283.2	977.5	76.2
37.5	1309.1	39.7	1412.8	1038.9	73.5
15.7	2616.3	70.6	3039.1	1687.9	55.5
270.1	11509.8	241.6	13210.4	8360.1	63.3
46.6	4180.5	87.1	4529.3	2989.4	66.0
14.5	951.7	13.2	1049.4	637.1	60.7
107.3	4747.1	111.9	5246.8	3977.2	75.8
85.9	12750.6	298.6	13756.6	10790.7	78.4
29.5	4631.5	90.1	5098.7	3706.7	72.7
33.0	4853.3	78.9	5550.3	3135.0	56.5
77.0	6716.0	160.2	7136.8	5543.7	77.7
190.7	9647.8	170.2	10490.8	7738.6	73.8
141.6	9212.3	152.3	10017.4	6806.3	67.9
346.8	8457.5	139.1	9338.5	6138.1	65.7
34.7	2462.4	66.6	2714.7	1896.6	69.9
146.7	8511.1	121.1	9210.6	6351.5	69.0
474.6	6259.6	105.8	7187.2	4411.0	61.4
53.9	1314.0	21.1	1411.3	945.2	67.0
12.0	1277.4	55.6	1607.2	921.3	57.3
10.6	881.6	34.1	963.9	667.9	69.3
2.1	298.3	9.0	328.3	211.9	64.5
68.7	**12718.5**	**875.7**	**19628.9**	**12601.2**	**64.2**
47.7	9118.1	612.4	14726.4	9313.9	63.3
10.8	1780.3	84.9	2210.2	1304.2	59.0
10.2	1820.1	178.3	2692.3	1983.2	73.7
26.5	**2698.8**	**187.5**	**3532.3**	**2592.7**	**73.4**
15.0	974.9	61.1	1187.1	814.1	68.6
10.8	1197.8	89.3	1747.5	1285.1	73.5
	146.6	5.1	163.0	131.2	80.5
0.8	379.5	32.0	434.7	362.3	83.4

10-12 续表

单位：亿元

指标	Item	实际到位资金小计 Actual Funds for Investment	国家预算资金 State Budget	国内贷款 Domestic Loans
批发和零售业	**Wholesale and Retail Trades**	**13146.1**	**111.4**	**861.0**
批发业	Wholesale Trade	6152.6	52.6	413.7
零售业	Retail Trade	6993.5	58.8	447.3
交通运输、仓储和邮政业	**Transport, Storage and Post**	**36875.2**	**4612.5**	**9507.0**
铁路运输业	Railway Transport	6303.5	691.1	2540.8
道路运输业	Road Transport	19853.2	3486.3	5180.1
水上运输业	Water Transport	2224.0	216.9	504.9
航空运输业	Air Transport	2596.8	76.5	611.6
管道运输业	Transport Via Pipelines	420.1	35.7	116.6
装卸搬运和运输代理业	Loading, Unloading and Forwarding Agency	1010.4	6.8	86.6
仓储业	Storage	4368.3	97.5	463.1
邮政业	Post	98.9	1.7	3.1
住宿和餐饮业	**Hotels and Catering Services**	**6420.0**	**74.6**	**492.9**
住宿业	Hotels	4833.4	55.7	390.6
餐饮业	Catering Services	1586.5	18.9	102.3
信息传输、软件和信息技术服务业	**Information Transmission, Software and Information Technology**	**3238.6**	**81.2**	**128.6**
电信、广播电视和卫星传输服务	Telecommunication, Radio and Television and Satellite Transmission Service	1732.8	47.4	47.5
互联网和相关服务	Internet and Related Service	295.0	4.8	9.1
软件和信息技术服务业	Software and Information Technology	1210.8	29.0	72.0
金融业	**Financial Intermediation**	**1310.2**	**17.8**	**29.1**
货币金融服务	Monetary and Financial Service	829.5	14.1	20.1
资本市场服务	Capital Market Service	223.4	2.96	6.0
保险业	Insurance	115.1	0.6	0.2
其他金融业	Other Financial Activities	142.2	0.1	2.8
房地产业	**Real Estate**	**148100.5**	**2353.8**	**21692.9**
租赁和商务服务业	**Leasing and Business Services**	**6153.6**	**184.8**	**588.1**
租赁业	Leasing	293.2	2.6	27.3
商务服务业	Business Services	5860.4	182.2	560.8
科学研究和技术服务业	**Scientific Research and Technical Services**	**3291.2**	**227.1**	**253.9**
研究和试验发展	Research and Experimental Development	1107.0	91.8	85.4
专业技术服务业	Professional Technical Services	1096.7	86.8	61.8
科技推广和应用服务业	Science and Technology Popularization and Application Services	1087.5	48.5	106.7
水利、环境和公共设施管理业	**Management of Water Conservancy, Environment and Public Facilities**	**37472.9**	**6650.8**	**4222.3**
水利管理业	Management of Water Conservancy	4918.9	1627.7	424.1
生态保护和环境治理业	Ecological Protection and Environmental Treatment	1407.3	245.8	112.1
公共设施管理业	Management of Public Facilities	31146.6	4777.3	3686.1
居民服务、修理和其他服务业	**Service to Households, Repair and Other Services**	**2044.1**	**173.4**	**101.6**
居民服务业	Service to Households	1139.7	74.7	50.7
机动车、电子产品和日用产品修理业	Repair of Motor Vehicle, Electronics and Household Products	429.2	42.4	17.3
其他服务业	Other Services	475.2	56.2	33.6
教育	**Education**	**5461.5**	**1428.5**	**360.8**
卫生和社会工作	**Health and Social Service**	**3208.8**	**554.2**	**237.6**
卫生	Health	2644.1	459.6	216.2
社会工作	Social Service	564.7	94.6	21.4
文化、体育和娱乐业	**Culture, Sports and Entertainment**	**5526.0**	**565.3**	**467.0**
新闻和出版业	Journalism and Publishing Activities	106.6	5.2	12.1
广播、电视、电影和影视录音制作业	Radio, Television, Motion Picture and Videotape Programme Production Services	347.3	16.9	47.7
文化艺术业	Cultural and Art Activities	2571.2	368.7	224.6
体育	Sports Activities	1008.4	136.6	81.8
娱乐业	Entertainment	1492.5	37.9	100.7
公共管理、社会保障和社会组织	**Public Management, Social Security and Social Organization**	**5979.1**	**1357.3**	**178.5**
中国共产党机关	Organs of Communist Party of China	58.1	29.5	1.0
国家机构	Government Agencies	4123.4	1144.4	117.9
人民政协、民主党派	People's Political Consultative Conference and Democratic Parties	14.1	2.4	0.3
社会保障	Social Security	218.8	38.7	10.6
群众团体、社会团体和其他成员组织	Mass Organizations, Social Organizations and Other Membership Organizations	603.8	86.6	20.5
基层群众自治组织	Grass Roots Self-Governing Organizations	960.9	55.7	28.1
国际组织	**International Organizations**			

continued

(100 million yuan)

利用外资 Foreign Investment	自筹资金 Self-raising Funds	其他资金 Others	投资额 Investment	新增固定资产 Newly Increased Fixed Assets	固定资产交付使用率(%) Rate of Projects of Fixed Assets Completed and Put into Use (%)
88.2	**11671.0**	**414.4**	**12601.1**	**8308.2**	**65.9**
23.9	5478.0	184.4	5966.7	3930.7	65.9
64.3	6193.0	230.1	6634.4	4377.4	66.0
340.9	**18498.0**	**3916.9**	**36329.4**	**20080.7**	**55.3**
24.1	1677.6	1370.0	6690.7	1814.7	27.1
66.8	9582.4	1537.6	20502.9	12573.3	61.3
9.2	1415.3	77.6	2123.3	1194.0	56.2
189.7	924.7	794.2	1314.1	1034.3	78.7
0.3	262.4	5.1	374.0	245.3	65.6
9.9	891.6	15.4	993.4	573.6	57.7
40.6	3651.2	115.9	4235.7	2567.9	60.6
0.2	92.7	1.1	95.2	77.5	81.4
78.9	**5613.5**	**160.1**	**6012.4**	**3925.8**	**65.3**
70.1	4207.8	109.2	4473.3	2728.9	61.0
8.8	1405.7	50.8	1539.1	1196.9	77.8
20.3	**2961.0**	**47.6**	**3084.9**	**2030.6**	**65.8**
5.7	1616.2	15.9	1696.1	1235.4	72.8
2.4	265.3	13.4	284.9	149.0	52.3
12.3	1079.4	18.2	1103.9	646.1	58.5
4.4	**1216.9**	**42.1**	**1242.0**	**688.8**	**55.5**
2.8	777.2	15.3	792.4	491.1	62.0
	211.1	3.4	198.3	93.5	47.2
	113.0	1.3	101.0	39.1	38.7
1.60	115.6	22.1	150.2	65.1	43.4
565.3	**66791.3**	**56697.2**	**111379.6**	**53134.0**	**47.7**
44.5	**5029.7**	**306.4**	**5874.6**	**3208.8**	**54.6**
3.2	187.9	72.2	299.6	180.7	60.3
41.3	4841.8	234.2	5575.1	3028.1	54.3
28.7	**2684.4**	**97.1**	**3133.2**	**2198.0**	**70.2**
16.0	889.2	24.6	1054.3	614.5	58.3
4.0	903.0	41.0	1064.8	819.5	77.0
8.7	892.2	31.5	1014.2	764.0	75.3
92.2	**23678.6**	**2829.0**	**37662.7**	**23344.2**	**62.0**
5.0	2219.4	642.7	5118.8	2947.6	57.6
2.7	963.3	83.5	1425.7	950.1	66.6
84.5	20495.8	2102.8	31118.2	19446.5	62.5
13.3	**1639.3**	**116.5**	**1994.4**	**1414.0**	**70.9**
11.4	913.7	89.2	1121.1	748.5	66.8
0.3	358.1	11.1	421.9	315.4	74.7
1.7	367.5	16.2	451.3	350.1	77.6
33.5	**3322.7**	**316.0**	**5399.9**	**3831.9**	**71.0**
5.3	**2261.1**	**150.6**	**3138.3**	**2157.4**	**68.7**
4.4	1840.9	123.0	2591.5	1724.7	66.6
0.9	420.2	27.6	546.8	432.7	79.1
71.6	**4149.0**	**273.1**	**5225.5**	**3347.2**	**64.1**
	87.6	1.7	103.8	47.4	45.7
0.7	267.2	14.7	311.1	198.9	63.9
11.5	1790.2	176.1	2381.7	1534.8	64.4
9.7	736.3	44.0	1041.0	755.9	72.6
49.6	1267.7	36.6	1388.0	810.1	58.4
10.2	**3857.7**	**575.3**	**5873.7**	**4223.2**	**71.9**
	21.3	6.3	56.1	38.3	68.3
8.7	2464.0	388.4	4086.1	2903.0	71.1
	11.3	0.1	13.1	8.9	67.6
	143.4	26.1	217.0	154.0	71.0
0.6	423.8	72.3	571.0	404.6	70.9
0.9	794.1	82.1	930.5	714.5	76.8

10-13 按行业分固定资产投资(不含农户)
Investment in Fixed Assets (Excluding Rural Households) by Sector

单位：亿元 (100 million yuan)

年份 Year 地区 Region		合计 Total	农、林、牧、渔业 Agriculture, Forestry, Animal Husbandry and Fishery	采矿业 Mining	制造业 Manufacturing	电力、热力、燃气及水生产和供应业 Production and Supply of Electricity, Heat, Gas and Water	建筑业 Construction	批发和零售业 Wholesale and Retail Trades
	2003	45811.7	535.0	1551.9	10744.0	3803.9	528.0	791.4
	2004	59028.2	645.1	2126.3	14657.2	5525.1	526.3	1117.2
	2005	75095.1	842.8	3234.3	20406.6	7286.6	664.3	1532.1
	2006	93368.7	1118.2	4152.5	26336.0	8260.7	795.7	1896.5
	2007	117464.5	1460.0	5256.1	35476.7	9088.9	992.5	2450.6
	2008	148738.3	2250.4	6846.8	46368.3	10489.1	1195.8	3193.0
	2009	193920.4	3356.4	8170.8	58706.1	13545.4	1569.1	4491.0
	2010	241430.9	3926.2	9694.7	74485.2	14591.3	2241.7	5233.4
	2011	302396.1	6819.2	11746.8	102566.3	14659.2	3239.9	7379.7
	2012	364854.1	8772.4	13298.8	124403.9	16671.9	3685.3	9762.9
	2013	435747.4	11401.2	14648.8	147584.4	19628.9	3532.3	12601.1
北京	Beijing	6797.5	173.4	9.1	450.3	259.9	7.4	50.7
天津	Tianjin	9103.0	222.5	328.4	2546.6	327.0	133.1	298.6
河北	Hebei	22629.8	794.7	691.0	9565.6	784.6	16.5	842.4
山西	Shanxi	10745.3	712.1	1475.0	2538.4	687.0	10.9	244.5
内蒙古	Inner Mongolia	14072.4	730.4	1587.2	4516.0	1296.3	93.6	388.5
辽宁	Liaoning	24791.4	496.5	650.3	8629.0	823.5	240.8	1014.5
吉林	Jilin	9725.8	285.7	414.5	4410.1	447.6	117.6	420.3
黑龙江	Heilongjiang	11121.3	764.2	634.1	3518.3	451.3	340.6	615.8
上海	Shanghai	5644.1	18.0	0.2	1072.2	164.0	5.7	51.9
江苏	Jiangsu	35982.5	195.7	91.0	17318.2	960.3	42.9	816.2
浙江	Zhejiang	20194.1	201.0	45.1	6133.9	845.9	36.6	405.2
安徽	Anhui	18091.2	376.1	338.6	7269.0	523.3	81.9	468.1
福建	Fujian	15045.8	294.4	235.9	4645.8	747.2	80.0	289.3
江西	Jiangxi	12434.9	297.2	252.2	6558.9	325.8	76.1	500.6
山东	Shandong	35875.9	830.9	592.5	15258.2	978.2	448.0	1620.8
河南	Henan	25188.1	873.2	602.9	11805.0	724.9	10.7	720.4
湖北	Hubei	18796.9	455.0	306.8	8045.3	495.3	91.0	433.9
湖南	Hunan	17225.2	529.3	585.8	6282.3	565.6	148.5	542.0
广东	Guangdong	21795.5	292.8	157.5	5622.5	1061.2	71.4	615.4
广西	Guangxi	11383.9	461.7	343.8	3887.2	549.6	41.0	379.7
海南	Hainan	2625.6	21.4	22.2	225.2	107.8	79.8	32.7
重庆	Chongqing	10291.0	390.4	203.3	2671.4	446.1	3.5	173.8
四川	Sichuan	19755.3	443.0	443.2	4929.4	1376.7	14.1	449.1
贵州	Guizhou	7102.8	48.0	328.6	1076.9	323.4		86.4
云南	Yunnan	9621.8	251.1	458.8	1453.6	953.4	6.1	246.1
西藏	Tibet	876.0	39.3	63.2	47.4	170.6		18.8
陕西	Shaanxi	14533.5	640.5	1268.7	2882.5	579.7	290.0	448.5
甘肃	Gansu	6407.2	232.6	453.6	1110.3	770.3	872.7	219.9
青海	Qinghai	2285.3	92.2	134.0	631.9	307.1	82.2	17.1
宁夏	Ningxia	2577.8	75.9	171.7	789.4	246.0	20.1	51.2
新疆	Xinjiang	7371.2	161.9	899.6	1693.5	1225.1	69.4	138.9
不分地区	Not Classified by Region	5655.4		860.0		104.4		

10-13 续表 1 continued

单位：亿元　　(100 million yuan)

年份 地区	Year Region	交通运输、仓储和邮政业 Transport, Storage and Post	住宿和餐饮业 Hotels and Catering Services	信息传输、软件和信息技术服务业 Information Transmission, Software and Information Technology	金融业 Financial Intermediation	房地产业 Real Estate	租赁和商务服务业 Leasing and Business Services	科学研究和技术服务业 Scientific Research and Technical Services
	2003	5669.0	321.3	1645.7	86.2	11105.3	309.8	281.7
	2004	7091.5	438.1	1638.0	97.6	14547.0	361.7	311.8
	2005	8860.4	675.9	1561.6	105.6	17098.2	486.2	424.5
	2006	11224.5	938.7	1772.0	118.7	21586.2	662.6	465.1
	2007	12997.1	1329.9	1819.4	151.9	28619.2	860.7	521.2
	2008	15700.5	1735.0	2131.3	252.8	35914.2	1255.1	717.6
	2009	23271.3	2328.6	2543.5	348.5	43127.6	1880.4	1084.0
	2010	27883.1	2980.2	2392.9	477.7	57633.1	2486.4	1269.2
	2011	27765.9	3918.8	2174.2	638.7	75663.7	3379.9	1679.8
	2012	30881.4	5107.6	2691.3	923.9	92639.4	4694.7	2475.8
	2013	36329.4	6012.4	3084.9	1242.0	111379.6	5874.6	3133.2
北京	Beijing	653.0	78.1	191.4	48.2	3839.5	50.5	108.0
天津	Tianjin	602.0	72.8	70.8	41.2	2194.9	590.1	74.8
河北	Hebei	2109.8	272.5	115.6	44.7	4463.1	335.7	150.6
山西	Shanxi	928.7	80.2	63.3	3.9	2290.0	56.3	39.3
内蒙古	Inner Mongolia	1272.0	123.9	110.9	28.3	1969.1	57.4	61.3
辽宁	Liaoning	1577.1	498.3	122.5	159.5	6728.2	400.5	194.9
吉林	Jilin	584.8	82.4	60.2	20.9	1447.4	69.8	80.4
黑龙江	Heilongjiang	542.5	137.6	136.0	26.2	2045.8	162.3	122.6
上海	Shanghai	499.0	34.1	112.4	15.2	2831.9	161.1	41.5
江苏	Jiangsu	1685.9	502.1	381.6	116.6	8864.6	691.8	369.2
浙江	Zhejiang	1450.3	228.2	136.0	94.8	7518.3	340.1	86.7
安徽	Anhui	804.0	273.1	114.9	90.1	5007.8	201.1	149.8
福建	Fujian	1559.7	218.9	136.5	55.1	4433.2	178.7	37.0
江西	Jiangxi	484.1	271.7	48.4	31.4	1724.3	160.1	51.3
山东	Shandong	1983.2	380.7	107.5	61.7	7885.1	531.6	663.8
河南	Henan	1168.6	285.8	74.7	21.3	5985.2	176.3	109.8
湖北	Hubei	1586.6	215.0	96.4	75.9	4140.6	276.4	85.0
湖南	Hunan	1230.1	221.5	84.6	51.9	3298.3	341.7	129.3
广东	Guangdong	2425.2	439.4	301.8	75.2	7801.2	251.9	155.6
广西	Guangxi	1097.8	232.6	109.7	39.1	2079.6	151.5	50.3
海南	Hainan	277.8	175.7	28.1	5.5	1339.2	8.6	8.2
重庆	Chongqing	1010.1	106.2	87.0	3.5	3594.1	91.1	17.5
四川	Sichuan	2096.6	351.9	103.3	62.5	6050.5	135.5	38.2
贵州	Guizhou	1003.7	70.6	8.0	2.1	2313.2	36.9	20.5
云南	Yunnan	1112.7	182.0	76.3	6.3	3305.5	58.4	36.3
西藏	Tibet	165.0	25.0	4.5	9.2	79.9	10.2	9.6
陕西	Shaanxi	868.9	265.6	85.6	34.4	4381.2	174.6	162.1
甘肃	Gansu	428.5	78.7	49.8	9.6	1090.5	58.0	39.1
青海	Qinghai	283.0	20.1	3.5	3.2	324.6	71.1	3.5
宁夏	Ningxia	139.0	19.9	12.4	1.7	744.2	12.5	5.9
新疆	Xinjiang	550.0	68.3	50.9	2.9	1608.4	33.0	8.5
不分地区	Not Classified by Region	4149.6						22.3

10-13 续表 2 continued

单位：亿元 (100 million yuan)

年份 Year / 地区 Region		水利、环境和公共设施管理业 Management of Water Conservancy, Environment and Public Facilities	居民服务、修理和其他服务业 Services to Households, Repair and Other Services	教育 Education	卫生和社会工作 Health and Social Service	文化、体育和娱乐业 Culture, Sports and Entertainment	公共管理、社会保障和社会组织 Public Management, Social Security and Social Organizations	国际组织 International Organizations
	2003	4220.2	65.6	1474.1	357.7	479.6	1841.2	0.3
	2004	4890.8	107.6	1803.0	446.9	531.2	2165.6	0.3
	2005	6097.9	135.5	1966.9	591.8	685.8	2438.1	
	2006	7506.7	183.6	2128.8	708.0	858.2	2655.8	0.1
	2007	9276.0	235.8	2220.9	809.4	1129.8	2768.4	
	2008	12279.1	312.7	2355.4	1065.9	1436.5	3239.0	
	2009	17878.9	518.6	3242.5	1698.0	2125.4	4034.2	
	2010	22333.7	757.1	3718.1	1959.5	2605.9	4761.6	
	2011	24520.7	1219.1	3890.4	2330.2	3155.6	5647.8	
	2012	29618.4	1685.8	4608.2	2617.0	4268.1	6047.4	
	2013	37662.7	1994.4	5399.9	3138.3	5225.5	5873.7	
北京	Beijing	463.8	14.6	142.7	60.9	111.6	84.2	
天津	Tianjin	1146.2	109.2	98.0	62.9	103.4	80.7	
河北	Hebei	1496.4	51.2	206.1	149.6	342.9	196.8	
山西	Shanxi	1246.6	20.5	152.2	55.2	86.4	54.8	
内蒙古	Inner Mongolia	1216.9	35.4	93.9	70.2	127.6	293.5	
辽宁	Liaoning	2233.4	199.9	236.2	144.8	280.4	161.2	
吉林	Jilin	826.0	54.6	76.0	71.7	92.8	162.9	
黑龙江	Heilongjiang	949.9	76.5	156.7	130.9	114.6	195.3	
上海	Shanghai	421.5	4.9	71.9	39.9	86.8	12.0	
江苏	Jiangsu	2571.4	138.6	330.1	207.3	424.4	274.4	
浙江	Zhejiang	1759.2	29.7	253.3	148.2	269.0	212.5	
安徽	Anhui	1539.7	62.8	229.9	130.8	185.7	244.4	
福建	Fujian	1355.5	38.1	185.9	109.2	206.6	238.8	
江西	Jiangxi	1028.9	68.6	176.4	86.9	143.3	148.8	
山东	Shandong	1837.1	410.1	449.6	244.6	697.0	895.0	
河南	Henan	1688.3	143.1	290.4	167.0	262.2	78.4	
湖北	Hubei	1593.9	92.6	136.7	144.7	177.0	348.7	
湖南	Hunan	1984.7	75.2	262.4	151.3	189.6	551.1	
广东	Guangdong	1688.5	39.0	308.8	169.9	226.2	91.9	
广西	Guangxi	1237.9	51.7	251.0	116.6	127.7	175.7	
海南	Hainan	186.3	1.5	23.1	13.3	60.6	8.7	
重庆	Chongqing	1033.4	43.5	134.6	71.8	91.5	118.0	
四川	Sichuan	2361.6	33.1	301.9	167.3	194.4	203.2	
贵州	Guizhou	1526.0	5.7	123.6	20.0	74.6	34.6	
云南	Yunnan	847.1	39.8	208.8	83.9	147.8	147.6	
西藏	Tibet	81.8	4.2	30.6	6.9	21.4	88.2	
陕西	Shaanxi	1640.4	53.9	201.8	181.4	146.5	227.2	
甘肃	Gansu	481.0	67.0	92.6	52.4	120.9	179.8	
青海	Qinghai	112.0	2.3	49.6	10.9	36.2	100.6	
宁夏	Ningxia	179.1	13.2	28.9	16.9	16.3	33.7	
新疆	Xinjiang	523.3	13.7	96.3	50.9	60.1	116.6	
不分地区	Not Classified by Region	404.9					114.2	

10-14 按项目规模分固定资产投资(不含农户)

Investment in Fixed Assets (Excluding Rural Households) by Size of Construction

单位：亿元 (100 million yuan)

年份 地区	Year Region	500万元-1亿元 5-100 Million Yuan	1-5亿元 100-500 Million Yuan	5-10亿元 500 Million- 1 Billion Yuan	10亿元以上 1 Billion Yuan and More
	1995	3696.7	2493.9	1029.0	3807.5
	1996	4198.7	2931.8	1192.5	4371.5
	1997	4409.1	3163.0	1282.1	5342.0
	1998	5186.6	3585.9	1414.0	6508.7
	1999	5821.7	3899.7	1494.3	6164.7
	2000	6627.2	4485.1	1706.4	6219.1
	2001	7597.6	5301.7	1854.9	6655.6
	2002	9335.5	6335.3	2234.8	7505.8
	2003	12274.2	8911.0	3286.6	9271.2
	2004	14939.7	11576.9	4079.6	13246.6
	2005	19892.7	14564.0	5206.1	17835.3
	2006	27426.5	17001.4	6190.8	21604.9
	2007	35938.3	20513.0	7918.3	25853.8
	2008	47807.9	23486.1	10056.0	34181.1
	2009	67205.8	29222.3	13992.9	45210.4
	2010	73973.1	38334.1	19120.4	58885.2
	2011	103680.5	52773.6	23147.6	60997.5
	2012	117218.8	74461.3	32804.3	68565.9
	2013	134287.8	93779.9	42668.0	78998.4
北京	Beijing	456.3	762.3	630.9	1464.7
天津	Tianjin	2484.7	2099.8	1029.8	2007.9
河北	Hebei	5781.3	4497.2	2716.2	6189.7
山西	Shanxi	2834.7	3020.4	911.2	2670.4
内蒙古	Inner Mongolia	5809.1	1978.7	741.5	4064.1
辽宁	Liaoning	4871.2	4976.6	3444.8	5048.1
吉林	Jilin	4091.9	2359.0	894.5	1128.0
黑龙江	Heilongjiang	4960.2	1903.9	1212.1	1440.2
上海	Shanghai	620.6	681.4	571.8	950.8
江苏	Jiangsu	11859.2	8859.7	2765.9	5256.2
浙江	Zhejiang	6062.2	3910.7	1403.4	2601.5
安徽	Anhui	6410.8	3629.5	1793.4	2311.3
福建	Fujian	5475.8	2175.4	1411.0	2280.6
江西	Jiangxi	5691.3	2966.9	1540.7	1061.6
山东	Shandong	12893.4	9973.2	3595.5	3969.3
河南	Henan	4162.4	9054.8	4293.4	3833.7
湖北	Hubei	4060.3	6171.5	2277.1	3002.0
湖南	Hunan	9795.0	2672.2	880.5	1249.2
广东	Guangdong	6354.1	4348.5	630.9	3972.4
广西	Guangxi	6857.6	1170.7	634.6	1106.4
海南	Hainan	104.4	318.5	336.3	669.5
重庆	Chongqing	3077.3	1495.6	1021.1	1684.1
四川	Sichuan	6793.1	4056.2	2520.7	2532.3
贵州	Guizhou	220.4	1331.8	1102.5	2505.6
云南	Yunnan	2885.8	1444.1	747.1	2056.5
西藏	Tibet	335.6	238.0	196.7	96.0
陕西	Shaanxi	4485.0	2630.7	1844.9	3332.8
甘肃	Gansu	2064.2	2318.7	415.1	884.6
青海	Qinghai	580.7	463.3	169.6	824.1
宁夏	Ningxia	523.5	612.9	200.9	681.5
新疆	Xinjiang	1685.8	1647.5	718.1	2494.1
不分地区	Not Classified by Region		10.2	15.8	5629.4

注：本表不含房地产投资。

a) Data in this table do not include real estate investment.

10-15 能源工业固定资产投资(不含农户)
Investment in Energy Industry (Excluding Rural Households)

单位：亿元 (100 million yuan)

年份 Year 地区 Region	合计 Total	煤炭开采和洗选业 Mining and Washing of Coal	石油和天然气开采业 Extraction of Petroleum and Natural Gas	石油和炼焦加工业 Processing of Petroleum, Coking	电力、热力、燃气生产和供应业 Production and Supply of Electricity, Heat and Gas
2003	5508.4	436.4	946.0	322.0	3803.9
2004	7504.8	690.4	1112.3	637.9	5064.2
2005	10205.6	1162.9	1463.6	801.3	6777.8
2006	11826.3	1459.0	1822.2	939.3	7605.8
2007	13698.6	1804.6	2225.5	1415.4	8253.2
2008	16345.5	2399.2	2675.1	1827.5	9443.7
2009	19477.9	3056.9	2791.5	1839.8	11789.7
2010	21627.1	3784.7	2928.0	2035.1	12879.4
2011	23045.6	4907.3	3022.0	2268.5	12847.9
2012	25499.8	5370.2	3076.5	2500.5	14552.6
2013	29008.9	5212.6	3820.6	3039.1	16936.6
北京 Beijing	230.0	2.4	1.1	11.4	215.1
天津 Tianjin	590.6		286.6	34.2	269.9
河北 Hebei	1202.1	143.5	39.7	309.0	710.0
山西 Shanxi	2097.8	1158.0	111.6	197.1	631.1
内蒙古 Inner Mongolia	2331.0	852.2	141.3	204.6	1132.9
辽宁 Liaoning	1094.2	50.1	131.5	216.1	696.6
吉林 Jilin	662.7	56.3	177.9	20.6	407.9
黑龙江 Heilongjiang	990.7	193.2	338.9	63.8	394.8
上海 Shanghai	142.5			3.3	139.2
江苏 Jiangsu	907.5	5.6	32.1	103.3	766.5
浙江 Zhejiang	756.0	0.2		47.4	708.4
安徽 Anhui	606.1	145.9	2.0	30.8	427.3
福建 Fujian	876.7	90.2		173.2	613.3
江西 Jiangxi	349.7	49.6		62.4	237.8
山东 Shandong	1558.9	59.9	289.1	362.0	847.9
河南 Henan	868.1	187.3	50.3	69.1	561.5
湖北 Hubei	511.3	51.2	3.2	85.0	371.8
湖南 Hunan	676.6	241.7	0.3	23.1	411.5
广东 Guangdong	1147.5		89.2	143.8	914.5
广西 Guangxi	559.8	14.6	1.9	85.2	458.1
海南 Hainan	127.5		3.3	33.7	90.5
重庆 Chongqing	575.0	99.3	33.0	70.4	372.3
四川 Sichuan	1429.3	186.7	13.5	42.6	1186.5
贵州 Guizhou	585.6	248.9		30.2	306.5
云南 Yunnan	1183.7	227.3		73.3	883.0
西藏 Tibet	166.7	0.7			166.0
陕西 Shaanxi	1786.5	582.4	502.8	211.1	490.2
甘肃 Gansu	1093.7	168.3	115.7	79.4	730.4
青海 Qinghai	397.2	34.3	62.3	3.2	297.3
宁夏 Ningxia	438.5	159.3	8.0	38.5	232.7
新疆 Xinjiang	2101.1	203.5	525.3	211.5	1160.8
不分地区 Not Classified by Region	964.4		860.0		104.4

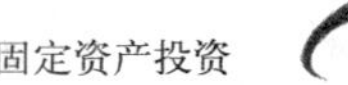

10-16 固定资产投资(不含农户)房屋施工、竣工面积和房屋竣工价值
Value and Floor Space of Buildings under Construction and Buildings Completed (Excluding Rural Households)

年份 Year 地区 Region		房屋施工面积(万平方米) Floor Space of Buildings under Construction (10 000 sq.m)	#住宅 Residential Buildings	房屋竣工面积(万平方米) Floor Space of Buildings Completed (10 000 sq.m)	#住宅 Residential Buildings	房屋竣工价值(亿元) Value of Buildings Completed (100 million yuan)	#住宅 Residential Buildings
	1995	120453.6	68557.9	58631.1	37489.1	4233.4	2171.8
	1996	123011.1	68834.7	61443.4	39450.5	4968.3	2634.2
	1997	120739.3	68568.0	62490.2	40550.2	5280.1	2833.6
	1998	136669.3	83872.8	70166.1	47616.9	6012.6	3358.8
	1999	144319.3	91835.4	79646.1	55868.9	6791.0	4012.2
	2000	151691.3	94441.6	80507.9	54859.9	7014.6	4122.1
	2001	166837.6	103643.6	85278.9	57476.5	7463.5	4463.7
	2002	189973.4	113848.5	93018.3	59793.6	8435.3	4920.0
	2003	221258.1	124386.5	93114.7	54971.5	10126.4	5883.7
	2004	259252.2	142936.6	101033.8	56897.3	11119.0	6144.1
	2005	304904.3	166143.4	118125.8	66141.9	13952.4	7682.8
	2006	345152.0	187898.4	120705.3	63046.9	15340.1	8196.2
	2007	414941.8	226159.7	134247.5	68820.8	18043.4	9622.2
	2008	489110.6	269918.4	147066.4	75969.1	21515.3	11371.6
	2009	577357.3	312039.7	164539.3	82101.5	27128.4	14081.3
	2010	706379.2	376588.5	175429.6	86879.8	31627.0	16270.8
	2011	917063.7	465729.7	226020.0	102513.2	42409.4	20829.2
	2012	1061721.8	516797.0	241315.7	107327.0	48800.7	23442.1
	2013	1227045.6	573119.9	257234.1	107375.5	54505.3	24670.0
北京	Beijing	20879.2	9102.1	3641.7	1826.2	1174.7	472.8
天津	Tianjin	21406.5	8726.0	4800.6	2362.6	1208.6	648.7
河北	Hebei	72773.5	26143.2	12142.9	4483.9	2628.7	1081.7
山西	Shanxi	26793.3	15390.6	5943.0	3250.6	1229.6	684.7
内蒙古	Inner Mongolia	26261.1	14434.8	5432.4	2893.7	1239.2	607.2
辽宁	Liaoning	66871.5	31953.6	14548.6	5155.7	3398.0	1234.2
吉林	Jilin	18948.5	9920.8	4877.6	1946.8	1115.0	414.3
黑龙江	Heilongjiang	27748.4	12123.7	9777.1	3472.1	1897.9	679.0
上海	Shanghai	17161.8	8171.4	2683.4	1425.2	1232.1	612.7
江苏	Jiangsu	100944.9	42305.8	33342.6	9251.5	7041.6	2579.0
浙江	Zhejiang	82814.7	29368.6	18780.0	4690.7	3727.3	1331.2
安徽	Anhui	57468.6	25931.2	10536.1	5039.8	2207.5	1149.7
福建	Fujian	49445.0	19289.6	10495.6	2811.8	1867.0	636.4
江西	Jiangxi	30268.6	13079.5	7139.5	2923.6	1024.9	453.1
山东	Shandong	96532.1	44157.7	18260.5	8239.9	3546.7	1723.9
河南	Henan	84386.1	34649.8	14701.1	6602.8	2268.5	1105.9
湖北	Hubei	44676.6	18829.0	12209.5	3534.4	2326.6	736.1
湖南	Hunan	35992.0	23733.1	6220.8	4280.1	1468.5	957.6
广东	Guangdong	72317.8	36165.3	14998.0	5551.0	3928.0	1682.1
广西	Guangxi	29401.8	13465.8	3999.0	1756.0	768.5	365.1
海南	Hainan	7179.4	5515.9	703.1	542.9	280.1	204.4
重庆	Chongqing	34828.5	21552.3	5217.8	3604.6	1435.1	990.3
四川	Sichuan	61507.5	30919.8	12202.8	6393.2	2594.1	1395.9
贵州	Guizhou	24165.3	13678.7	3649.0	2193.1	643.6	319.2
云南	Yunnan	29705.4	16711.9	5192.5	3061.0	1023.6	597.1
西藏	Tibet	678.6	367.8	246.3	195.4	28.6	12.8
陕西	Shaanxi	32030.5	19152.5	4684.4	2729.4	1075.7	675.8
甘肃	Gansu	14189.0	7436.9	2443.4	1260.2	543.6	300.5
青海	Qinghai	4760.7	2691.6	1084.9	738.0	258.4	164.8
宁夏	Ningxia	9789.2	4803.9	1473.5	989.4	383.1	235.9
新疆	Xinjiang	24423.1	13182.6	5467.0	4061.5	873.0	617.8
不分地区	Not Classified by Region	696.5	164.5	339.8	108.4	67.4	

10-17 固定资产(不含农户)按行业分新增固定资产
Newly Increased Fixed Assets (Excluding Rural Households) by Sector

单位：亿元 (100 million yuan)

年份 Year 地区 Region	合计 Total	农、林、牧、渔业 Agriculture, Forestry, Animal Husbandry and Fishery	采矿业 Mining	制造业 Manufacturing	电力、热力、燃气及水生产和供应业 Production and Supply of Electricity, Heat, Gas and Water	建筑业 Construction	批发和零售业 Wholesale and Retail Trades
2003	28663.9	375.0	1182.9	6646.9	2228.4	344.3	535.5
2004	34731.4	458.9	1398.0	9023.3	3110.0	364.6	717.4
2005	45206.6	608.8	2015.8	13276.5	3429.3	374.8	1019.4
2006	56290.9	807.0	2853.9	17268.0	4683.6	475.3	1266.7
2007	67367.5	1094.8	3438.5	21654.6	6151.5	584.2	1604.8
2008	84545.3	1694.1	3981.8	28335.2	6042.5	788.5	2238.9
2009	113943.9	2529.3	5781.3	40317.0	7001.9	963.3	3250.9
2010	136970.3	2865.0	5847.7	48751.7	8435.2	1363.9	3495.2
2011	184353.9	5381.6	8139.1	70849.0	8940.8	2204.8	4921.5
2012	222399.8	6731.5	9290.9	86517.3	10495.4	2600.7	6448.4
2013	269780.3	9035.3	10413.8	103244.6	12601.2	2592.7	8308.2
北京 Beijing	2932.7	106.3	3.9	482.6	160.0	9.1	25.6
天津 Tianjin	5568.3	208.5	279.7	1608.2	142.9	93.0	237.4
河北 Hebei	17537.3	694.6	619.2	8311.5	514.0	15.5	691.6
山西 Shanxi	6229.3	544.2	991.0	1398.8	422.1	5.3	153.8
内蒙古 Inner Mongolia	9164.1	632.9	840.1	2393.9	933.6	81.9	314.1
辽宁 Liaoning	14666.4	393.1	444.5	6085.6	566.4	152.4	593.0
吉林 Jilin	7433.1	245.8	332.2	3587.2	320.6	76.4	324.9
黑龙江 Heilongjiang	7841.5	685.9	540.4	2583.5	308.2	282.8	415.3
上海 Shanghai	2662.1	9.4		443.4	79.6	4.9	32.9
江苏 Jiangsu	26369.3	186.7	71.5	14074.0	753.5	41.8	540.9
浙江 Zhejiang	10783.5	161.2	30.8	4325.7	428.8	16.2	166.2
安徽 Anhui	11103.5	293.3	203.9	4713.4	282.8	61.4	324.0
福建 Fujian	8300.7	241.5	206.5	3400.1	571.3	52.8	180.4
江西 Jiangxi	7913.7	213.1	162.2	4363.1	232.8	35.1	374.8
山东 Shandong	22996.7	639.8	484.2	10225.0	642.3	333.8	1087.3
河南 Henan	15604.5	615.0	483.2	7821.7	595.1	13.8	445.1
湖北 Hubei	10182.3	318.6	211.7	5007.5	315.4	57.6	288.3
湖南 Hunan	11052.9	408.7	442.3	4488.7	421.6	73.7	307.3
广东 Guangdong	13971.2	224.0	46.2	4191.3	665.2	49.3	425.6
广西 Guangxi	7116.0	377.3	275.3	2920.0	353.9	31.2	279.3
海南 Hainan	941.9	7.7	7.6	108.1	65.0	29.4	7.3
重庆 Chongqing	6583.3	325.9	158.0	1744.9	332.8	2.8	112.4
四川 Sichuan	12834.5	331.1	373.7	3537.0	776.2	2.6	288.7
贵州 Guizhou	3312.4	5.9	241.2	614.6	164.6		25.2
云南 Yunnan	4643.6	202.3	291.9	816.6	409.6	2.2	136.3
西藏 Tibet	596.7	33.2	52.0	37.5	108.3		13.5
陕西 Shaanxi	8254.9	503.3	1055.6	1572.9	389.3	185.8	239.2
甘肃 Gansu	4069.5	170.6	248.6	703.4	537.1	737.8	144.5
青海 Qinghai	1172.6	73.1	23.8	242.8	172.3	49.4	16.6
宁夏 Ningxia	1489.5	52.4	74.7	335.5	166.1	23.2	35.2
新疆 Xinjiang	4528.0	129.7	613.4	1106.2	561.2	71.5	81.4
不分地区 Not Classified by Region	1924.4		604.7		208.5		

10-17 续表 1 continued

单位：亿元 (100 million yuan)

年份 Year 地区 Region	交通运输、仓储和邮政业 Transport, Storage and Post	住宿和餐饮业 Hotels and Catering Services	信息传输、软件和信息技术服务业 Information Transmission, Software and Information Technology	金融业 Financial Intermediation	房地产业 Real Estate	租赁和商务服务业 Leasing and Business Services	科学研究和技术服务业 Scientific Research and Technical Services
2003	3531.4	204.5	1053.0	71.4	7242.0	171.7	146.7
2004	4237.8	267.6	1153.3	111.4	7893.3	160.6	200.4
2005	5235.8	431.7	958.2	81.5	10419.3	268.5	196.2
2006	5751.0	580.4	1082.4	78.9	12968.5	279.0	258.5
2007	6527.9	813.8	1077.7	114.6	14483.2	383.3	327.8
2008	7802.7	1106.8	1197.8	178.6	18385.7	623.5	437.4
2009	9593.1	1624.1	1567.3	247.1	22553.3	948.4	690.8
2010	12387.4	1849.4	1514.7	226.3	27643.0	1323.5	749.9
2011	13074.9	2539.3	1337.2	450.8	37294.8	1757.6	1060.4
2012	15033.9	3178.6	1838.0	458.5	45705.3	2387.3	1566.3
2013	20080.7	3925.8	2030.6	688.8	53134.0	3208.8	2198.0
北京 Beijing	316.2	3.7	69.2	34.5	1263.4	10.7	62.0
天津 Tianjin	127.5	42.2	62.0	20.8	1548.8	290.7	63.2
河北 Hebei	1476.6	157.9	45.4	30.4	2628.0	264.1	124.0
山西 Shanxi	412.2	67.8	28.7	4.9	1183.2	26.6	22.1
内蒙古 Inner Mongolia	899.2	100.3	82.1	20.4	1178.9	48.9	45.5
辽宁 Liaoning	942.3	391.9	84.8	128.6	2400.5	276.2	140.0
吉林 Jilin	282.9	89.9	43.4	19.8	880.3	52.0	68.9
黑龙江 Heilongjiang	338.1	96.8	66.1	12.6	1094.1	103.4	89.7
上海 Shanghai	312.0	19.0	51.5	0.2	1382.4	41.2	17.1
江苏 Jiangsu	1096.8	377.6	263.9	40.0	5404.1	445.0	253.7
浙江 Zhejiang	972.9	123.9	45.2	24.5	2825.5	134.0	60.0
安徽 Anhui	463.1	181.0	86.3	70.4	2665.4	142.7	76.7
福建 Fujian	638.3	127.3	103.4	34.7	1392.7	59.1	21.6
江西 Jiangxi	194.2	178.5	36.9	17.5	927.4	100.0	37.0
山东 Shandong	1236.3	296.8	51.5	40.5	4017.3	314.1	549.4
河南 Henan	909.7	148.7	18.2	9.6	2763.1	59.6	42.0
湖北 Hubei	643.5	135.0	41.7	34.9	1636.1	115.5	62.4
湖南 Hunan	541.0	142.9	73.4	34.4	1873.0	224.1	99.2
广东 Guangdong	1786.1	278.4	323.6	27.0	3846.4	138.4	105.3
广西 Guangxi	495.5	160.7	98.4	22.0	841.4	93.5	42.1
海南 Hainan	59.5	64.6	30.0	4.7	482.0	0.6	0.3
重庆 Chongqing	825.8	63.6	48.0	1.0	1935.8	42.8	13.7
四川 Sichuan	1542.2	223.2	66.2	13.9	3237.1	67.5	34.0
贵州 Guizhou	683.6	22.8			607.3	9.9	21.4
云南 Yunnan	391.3	119.8	79.1	3.7	1156.1	30.4	14.2
西藏 Tibet	116.2	11.8	6.2	4.3	49.0	6.6	3.2
陕西 Shaanxi	677.5	193.4	31.1	17.2	1714.4	53.8	90.3
甘肃 Gansu	197.6	47.9	34.2	10.8	508.1	23.9	26.0
青海 Qinghai	51.1	12.0	4.0	3.0	254.6	16.9	2.7
宁夏 Ningxia	127.2	9.7	12.3	0.7	463.2	4.3	4.5
新疆 Xinjiang	299.2	36.6	43.7	1.7	974.3	12.4	5.6
不分地区 Not Classified by Region	1025.1						

10-17 续表 2 continued

单位：亿元 (100 million yuan)

年 份 地 区	Year Region	水利、环境和公共设施管理业 Management of Water Conservancy, Environment and Public Facilities	居民服务、修理和其他服务业 Services to Households, Repair and Other Services	教育 Education	卫生和社会工作 Health and Social Service	文化、体育和娱乐业 Culture, Sports and Entertainment	公共管理、社会保障和社会组织 Public Management, Social Security and Social Organizations	国际组织 International Organizations
	2003	2222.2	43.2	994.5	263.3	219.9	1186.7	0.3
	2004	2406.5	74.4	1209.5	308.5	243.3	1392.4	0.2
	2005	3068.2	75.4	1430.4	391.6	374.7	1550.5	
	2006	3707.0	121.1	1379.6	475.6	473.8	1780.6	0.1
	2007	4390.7	175.6	1573.9	566.8	541.0	1862.9	
	2008	6122.1	244.5	1613.0	683.7	815.2	2253.4	
	2009	9361.2	372.2	2098.2	1055.0	1134.1	2855.7	
	2010	11959.6	411.6	2364.2	1222.6	1448.1	3111.1	
	2011	15238.4	810.5	2864.3	1551.0	1868.3	4069.6	
	2012	17571.8	1087.9	3189.0	1761.3	2366.9	4170.8	
	2013	23344.2	1414.0	3831.9	2157.4	3347.2	4223.2	
北 京	Beijing	204.9	10.6	70.8	12.0	55.8	31.4	
天 津	Tianjin	555.7	97.9	73.0	30.4	48.9	37.3	
河 北	Hebei	1217.3	46.9	179.5	121.5	254.8	144.7	
山 西	Shanxi	707.5	19.2	95.4	47.7	60.7	38.1	
内蒙古	Inner Mongolia	1061.4	28.9	99.2	69.4	93.5	240.1	
辽 宁	Liaoning	1214.3	137.3	167.9	115.0	262.3	170.0	
吉 林	Jilin	640.4	36.1	64.2	55.5	164.4	148.2	
黑龙江	Heilongjiang	693.5	52.7	120.2	108.8	79.8	169.6	
上 海	Shanghai	171.3	4.9	35.2	28.7	16.0	12.4	
江 苏	Jiangsu	1797.1	122.4	270.0	151.5	245.0	234.0	
浙 江	Zhejiang	952.4	14.0	151.0	75.6	139.5	136.0	
安 徽	Anhui	975.2	47.7	148.5	79.5	110.2	177.9	
福 建	Fujian	805.2	25.0	99.1	52.2	134.4	155.2	
江 西	Jiangxi	641.0	43.8	129.7	57.5	76.0	92.9	
山 东	Shandong	1274.7	280.0	294.9	147.6	418.4	662.7	
河 南	Henan	1042.4	117.5	191.2	115.1	157.0	56.7	
湖 北	Hubei	779.8	34.9	88.6	96.9	114.8	199.1	
湖 南	Hunan	1131.1	55.0	157.1	91.3	90.1	397.9	
广 东	Guangdong	1214.4	28.5	283.0	139.6	130.8	68.0	
广 西	Guangxi	649.4	36.9	160.5	77.7	92.3	108.6	
海 南	Hainan	42.6	1.0	16.3	5.3	9.8	0.1	
重 庆	Chongqing	663.8	27.8	90.9	44.8	67.4	81.2	
四 川	Sichuan	1629.4	26.7	244.1	128.8	162.4	149.6	
贵 州	Guizhou	821.0	6.0	67.9	1.2	13.2	6.5	
云 南	Yunnan	579.0	13.0	150.0	58.8	78.6	110.6	
西 藏	Tibet	57.5	2.2	15.5	5.3	17.1	57.1	
陕 西	Shaanxi	969.2	46.2	139.3	132.6	92.3	151.6	
甘 肃	Gansu	308.9	28.7	81.7	57.6	75.2	126.7	
青 海	Qinghai	76.0	2.0	52.3	6.8	44.8	68.4	
宁 夏	Ningxia	113.2	11.4	29.8	4.4	7.0	14.5	
新 疆	Xinjiang	354.6	8.5	65.1	38.3	34.7	90.0	
不分地区	Not Classified by Region						86.0	

10-18 固定资产投资(不含农户)施工、投产项目个数
Number of Construction Projects (Excluding Rural Households) under Construction and Put into Use

年份 Year 地区 Region		施工项目(个) Number of Projects under Construction (unit)	新开工项目(个) Number of Projects Started This Year (unit)	全部建成投产项目(个) Number of Projects Completed and Put into Use (unit)	项目建成投产率(%) Rate of Construction Projects Completed and Put into Use (%)
	1995	169163	103305	102115	60.4
	1996	176487	111211	108256	61.3
	1997	156865	98003	95560	60.9
	1998	172011	116513	102572	59.6
	1999	175253	111690	109355	62.4
	2000	170430	113225	103749	60.9
	2001	173950	118725	106021	60.9
	2002	181363	128224	104087	57.4
	2003	203215	148042	109155	53.7
	2004	215440	152363	113145	52.5
	2005	261535	190755	148753	56.9
	2006	283920	203963	162383	57.2
	2007	326204	231531	187525	57.5
	2008	359213	257075	220418	61.4
	2009	451262	339795	288033	63.8
	2010	463608	329321	289585	62.5
	2011	471376	327348	298499	63.3
	2012	462633	323062	286605	62.0
	2013	520732	363492	331781	63.7
北 京	Beijing	3981	1604	1540	38.7
天 津	Tianjin	7432	5757	4695	63.2
河 北	Hebei	20395	13127	14432	70.8
山 西	Shanxi	12686	8458	8286	65.3
内蒙古	Inner Mongolia	11255	8778	8139	72.3
辽 宁	Liaoning	15880	11289	10445	65.8
吉 林	Jilin	10062	8170	8146	81.0
黑龙江	Heilongjiang	16080	13100	11395	70.9
上 海	Shanghai	4074	2041	1027	25.2
江 苏	Jiangsu	41312	32306	31589	76.5
浙 江	Zhejiang	40906	25215	21420	52.4
安 徽	Anhui	25031	17999	16766	67.0
福 建	Fujian	22987	16007	13554	59.0
江 西	Jiangxi	19317	14327	13258	68.6
山 东	Shandong	37006	28823	25648	69.3
河 南	Henan	24215	13698	14069	58.1
湖 北	Hubei	18651	13063	11184	60.0
湖 南	Hunan	28035	20839	18182	64.9
广 东	Guangdong	21367	13391	12191	57.1
广 西	Guangxi	34039	25751	23016	67.6
海 南	Hainan	959	400	243	25.3
重 庆	Chongqing	12213	8846	7994	65.5
四 川	Sichuan	28729	17235	16341	56.9
贵 州	Guizhou	1979	974	582	29.4
云 南	Yunnan	17310	12521	11313	65.4
西 藏	Tibet	2750	1800	1743	63.4
陕 西	Shaanxi	16331	10789	10118	62.0
甘 肃	Gansu	9357	6629	5342	57.1
青 海	Qinghai	4082	2404	2346	57.5
宁 夏	Ningxia	3856	2744	2398	62.2
新 疆	Xinjiang	8388	5398	4379	52.2
不分地区	Not Classified by Region	67	9		

注：本表不含房地产投资。

a) Data in this table do not include real estate investment.

10-19 固定资产投资(不含农户)新增固定资产及交付使用率
Newly Increased Fixed Assets and Rate of Projects of Fixed Assets (Excluding Rural Households) Completed and Put into Use

年 份 / 地 区	Year / Region	固定资产投资额 (亿元) Investment in Fixed Assets (100 million yuan)	新增固定资产 (亿元) Newly Increased Fixed Assets (100 million yuan)	固定资产交付使用率 (%) Rate of Projects of Fixed Assets Completed and Put into Use (%)
	1995	15643.7	10146.2	64.9
	1996	(17627.7)	(13138.7)	(74.5)
		17567.2	13080.6	74.5
	1997	19194.2	14959.9	77.9
	1998	22491.4	17081.3	75.9
	1999	23732.0	18682.7	78.7
	2000	26221.8	20715.2	79.0
	2001	30001.2	21666.3	72.2
	2002	35488.8	24791.9	69.9
	2003	45811.7	28663.9	62.6
	2004	59028.2	34731.4	58.8
	2005	75095.1	45206.6	60.2
	2006	93368.7	56290.9	60.3
	2007	117464.5	67367.5	57.4
	2008	148738.3	84545.3	56.8
	2009	193920.4	113943.9	58.8
	2010	241430.9	136970.3	56.7
	2011	302396.1	184353.9	61.0
	2012	364854.1	222399.8	61.0
	2013	435747.4	269780.3	61.9
北 京	Beijing	6797.5	2932.7	43.1
天 津	Tianjin	9103.0	5568.3	61.2
河 北	Hebei	22629.8	17537.3	77.5
山 西	Shanxi	10745.3	6229.3	58.0
内蒙古	Inner Mongolia	14072.4	9164.1	65.1
辽 宁	Liaoning	24791.4	14666.4	59.2
吉 林	Jilin	9725.8	7433.1	76.4
黑龙江	Heilongjiang	11121.3	7841.5	70.5
上 海	Shanghai	5644.1	2662.1	47.2
江 苏	Jiangsu	35982.5	26369.3	73.3
浙 江	Zhejiang	20194.1	10783.5	53.4
安 徽	Anhui	18091.2	11103.5	61.4
福 建	Fujian	15045.8	8300.7	55.2
江 西	Jiangxi	12434.9	7913.7	63.6
山 东	Shandong	35875.9	22996.7	64.1
河 南	Henan	25188.1	15604.5	62.0
湖 北	Hubei	18796.9	10182.3	54.2
湖 南	Hunan	17225.2	11052.9	64.2
广 东	Guangdong	21795.5	13971.2	64.1
广 西	Guangxi	11383.9	7116.0	62.5
海 南	Hainan	2625.6	941.9	35.9
重 庆	Chongqing	10291.0	6583.3	64.0
四 川	Sichuan	19755.3	12834.5	65.0
贵 州	Guizhou	7102.8	3312.4	46.6
云 南	Yunnan	9621.8	4643.6	48.3
西 藏	Tibet	876.0	596.7	68.1
陕 西	Shaanxi	14533.5	8254.9	56.8
甘 肃	Gansu	6407.2	4069.5	63.5
青 海	Qinghai	2285.3	1172.6	51.3
宁 夏	Ningxia	2577.8	1489.5	57.8
新 疆	Xinjiang	7371.2	4528.0	61.4
不分地区	Not Classified by Region	5655.4	1924.4	34.0

10-20 固定资产投资(不含农户)按行业分施工、投产项目个数（2013年）

Number of Construction Projects under Construction and Projects Completed and Projects Put into Use (Excluding Rural Households) by Sector (2013)

行业	Sector	施工项目(个) Number of Projects under Construction (unit)	#新开工 Started This Year	全部建成投产项目(个) Number of Projects Completed and Put into Use (unit)	项目建成投产率(%) Rate of Projects Completed & Put into Use (%)
全国总计	**National Total**	**520732**	**363492**	**331781**	**63.7**
农、林、牧、渔业	**Agriculture, Forestry, Animal Husbandry and Fishery**	**31950**	**24730**	**22836**	**71.5**
农业	Farming	10816	8306	7454	68.9
林业	Forestry	3449	2771	2559	74.2
畜牧业	Animal Husbandry	8756	6696	6264	71.5
渔业	Fishery	1661	1252	1206	72.6
农、林、牧、渔服务业	Service in Support of Agriculture	7268	5705	5353	73.7
采矿业	**Mining**	**15977**	**11334**	**10885**	**68.1**
煤炭开采和洗选业	Mining and Washing of Coal	5812	3689	3770	64.9
石油和天然气开采业	Extraction of Petroleum and Natural Gas	542	408	367	67.7
黑色金属矿采选业	Mining and Processing of Ferrous Metal Ores	2469	1856	1778	72.0
有色金属矿采选业	Mining and Processing of Non-Ferrous Metal Ores	2338	1673	1575	67.4
非金属矿采选业	Mining and Processing of Non-metal Ores	4179	3224	2985	71.4
开采辅助活动	Support Activities for Mining	486	380	314	64.6
其他采矿业	Mining of Other Ores	151	104	96	63.6
制造业	**Manufacturing**	**214681**	**153839**	**142785**	**66.5**
农副食品加工业	Processing of Food from Agricultural Products	15995	11693	10712	67.0
食品制造业	Manufacture of Foods	6322	4526	4189	66.3
酒、饮料和精制茶制造业	Manufacture of Liquor, Beverages and Refined Tea	5498	3921	3477	63.2
烟草制品业	Manufacture of Tobacco	283	162	160	56.5
纺织业	Manufacture of Textile	9241	7026	6730	72.8
纺织服装、服饰业	Manufacture of Textile, Wearing Apparel and Accessories	6879	5209	4891	71.1
皮革、毛皮、羽毛及其制品和制鞋业	Manufacture of Leather, Fur, Feather and Related Products and Footwear	3481	2521	2364	67.9
木材加工和木、竹、藤、棕、草制品业	Processing of Timber, Manufacture of Wood, Bamboo, Rattan, Palm and Straw Products	7408	5831	5256	71.0
家具制造业	Manufacture of Furniture	3604	2672	2465	68.4
造纸及纸制品业	Manufacture of Paper and Paper Products	3803	2797	2602	68.4
印刷和记录媒介复制业	Printing and Reproduction of Recording Media	2564	1977	1790	69.8
文教、工美、体育和娱乐用品制造业	Manufacture of Articles for Culture, Education, Arts and Crafts, Sport and Entertainment Activities	3309	2482	2157	65.2
石油加工、炼焦及核燃料加工业	Processing of Petroleum, Coking and Processing of Nuclear Fuel	1696	1043	907	53.5
化学原料及化学制品制造业	Manufacture of Raw Chemical Materials and Chemical Products	14094	9928	9324	66.2
医药制造业	Manufacture of Medicines	5755	3706	3335	58.0
化学纤维制造业	Manufacture of Chemical Fibres	944	679	612	64.83
橡胶和塑料制品业	Manufacture of Rubber and Plastics Products	8989	6512	6150	68.4
非金属矿物制品业	Manufacture of Non-metallic Mineral Products	24093	17781	16867	70.0
黑色金属冶炼和压延加工业	Smelting and Pressing of Ferrous Metals	5001	3483	3224	64.5
有色金属冶炼和压延加工业	Smelting and Pressing of Non-ferrous Metals	4288	2934	2702	63.0
金属制品业	Manufacture of Metal Products	12137	8988	8378	69.0
通用设备制造业	Manufacture of General Purpose Machinery	16465	12006	11298	68.6
专用设备制造业	Manufacture of Special Purpose Machinery	14148	10049	9266	65.5
汽车制造业	Manufacture of Automobiles	9665	6401	5987	62.0
铁路、船舶、航空航天和其他运输设备制造业	Manufacture of Railway, Ship, Aerospace and Other Transport Equipments	3040	1953	1914	63.0
电气机械和器材制造业	Manufacture of Electrical Machinery and Apparatus	12738	8630	7999	62.8
计算机、通信和其他电子设备制造业	Manufacture of Computers, Communication and Other Electronic Equipment	7252	4821	4279	59.0
仪器仪表制造业	Manufacture of Measuring Instruments and Machinery	2092	1405	1333	63.7
其他制造业	Other Manufacture	2140	1462	1292	60.4
废弃资源综合利用业	Utilization of Waste Resources	1297	927	820	63.2
金属制品、机械和设备修理业	Repair Service of Metal Products, Machinery and Equipment	460	314	305	66.3
电力、热力、燃气及水生产和供应业	**Production and Supply of Electricity, Heat, Gas and Water**	**22524**	**14538**	**13045**	**57.9**
电力、热力生产和供应业	Production and Supply of Electric Power and Heat Power	13115	8255	7399	56.42
燃气生产和供应业	Production and Supply of Gas	2738	1836	1629	59.5
水的生产和供应业	Production and Supply of Water	6671	4447	4017	60.22
建筑业	**Construction**	**6385**	**5015**	**4097**	**64.2**
房屋建筑业	Construction of Buildings	2217	1588	1341	60.49
土木工程建筑业	Civil Engineering	3107	2507	1955	62.92
建筑安装业	Building Installation	279	243	206	73.84
建筑装饰和其他建筑业	Building Decoration and Other Constructions	782	677	595	76.1

注：本表不含房地产投资。

a) Data in this table do not include real estate investment.

10-20 续表 continued

行业	Sector	施工项目(个) Number of Projects under Construc-tion (unit)	#新开工 Started This Year	全部建成投产项目(个) Number of Projects Completed and Put into Use (unit)	项目建成投产率(%) Rate of Projects Completed & Put into Use (%)
批发和零售业	**Wholesale and Retail Trades**	**20528**	**15557**	**14120**	**68.8**
批发业	Wholesale Trade	9380	7277	6519	69.5
零售业	Retail Trade	11148	8280	7601	68.2
交通运输、仓储和邮政业	**Transport, Storage and Post**	**32909**	**21998**	**19128**	**58.1**
铁路运输业	Railway Transport	702	326	224	31.9
道路运输业	Road Transport	24356	16719	14651	60.2
水上运输业	Water Transport	1250	652	539	43.1
航空运输业	Air Transport	240	122	99	41.3
管道运输业	Transport Via Pipelines	343	242	179	52.2
装卸搬运和运输代理业	Loading, Unloading and Forwarding Agency	1082	711	633	58.5
仓储业	Storage	4756	3099	2682	56.4
邮政业	Post	180	127	121	67.2
住宿和餐饮业	**Hotels and Catering Services**	**9520**	**6576**	**6094**	**64.0**
住宿业	Hotels	6104	3865	3506	57.4
餐饮业	Catering Services	3416	2711	2588	75.8
信息传输、软件和信息技术服务业	**Information Transmission, Software and Information Technology**	**4007**	**2913**	**2619**	**65.4**
电信、广播电视和卫星传输服务	Telecommunication, Radio and Television and Satellite Transmission Service	2286	1684	1610	70.4
互联网和相关服务	Internet and Related Service	384	301	265	69.0
软件和信息技术服务业	Software and Information Technology	1337	928	744	55.7
金融业	**Financial Intermediation**	**1605**	**1168**	**963**	**60.0**
货币金融服务	Monetary and Financial Service	1059	756	663	62.6
资本市场服务	Capital Market Service	302	241	169	56.0
保险业	Insurance	99	62	56	56.6
其他金融业	Other Financial Activities	145	109	75	51.7
房地产业	**Real Estate**	**35414**	**21307**	**19838**	**56.0**
租赁和商务服务业	**Leasing and Business Services**	**6771**	**4757**	**3906**	**57.7**
租赁业	Leasing	353	311	283	80.2
商务服务业	Business Services	6418	4446	3623	56.5
科学研究和技术服务业	**Scientific Research and Technical Services**	**4659**	**3323**	**2965**	**63.6**
研究和试验发展	Research and Experimental Development	1217	795	674	55.4
专业技术服务业	Professional Technical Services	1912	1360	1275	66.7
科技推广和应用服务业	Science and Technology Popularization and Application Services	1530	1168	1016	66.4
水利、环境和公共设施管理业	**Management of Water Conservancy, Environment and Public Facilities**	**65176**	**44400**	**38850**	**59.6**
水利管理业	Management of Water Conservancy	12067	8630	7803	64.7
生态保护和环境治理业	Ecological Protection and Environmental Treatment	2802	1902	1720	61.4
公共设施管理业	Management of Public Facilities	50307	33868	29327	58.3
居民服务、修理和其他服务业	**Service to Households, Repair and Other Services**	**3914**	**2981**	**2735**	**69.9**
居民服务业	Service to Households	2244	1688	1526	68.0
机动车、电子产品和日用产品修理业	Repair of Motor Vehicle, Electronics and Household Products	986	767	750	76.1
其他服务业	Other Services	684	526	459	67.1
教育	**Education**	**14848**	**9698**	**9050**	**61.0**
卫生和社会工作	**Health and Social Service**	**6906**	**4125**	**3986**	**57.7**
卫生	Health	5278	3040	2948	55.9
社会工作	Social Service	1628	1085	1038	63.8
文化、体育和娱乐业	**Culture, Sports and Entertainment**	**7957**	**5163**	**4574**	**57.5**
新闻和出版业	Journalism and Publishing Activities	130	72	57	43.9
广播、电视、电影和影视录音制作业	Radio, Television, Motion Picture and Videotape Programme Production Services	489	326	286	58.5
文化艺术业	Cultural and Art Activities	4122	2595	2297	55.7
体育	Sports Activities	1476	912	806	54.6
娱乐业	Entertainment	1740	1258	1128	64.8
公共管理、社会保障和社会组织	**Public Management, Social Security and Social Organization**	**15001**	**10070**	**9305**	**62.0**
中国共产党机关	Organs of Communist Party of China	120	89	69	57.5
国家机构	Government Agencies	10561	6781	6356	60.2
人民政协、民主党派	People's Political Consultative Conference and Democratic Parties	23	13	15	65.2
社会保障	Social Security	503	357	288	57.3
群众团体、社会团体和其他成员组织	Non-Governmental Organizations, Social Organizations and Other Organizations	1399	953	911	65.1
基层群众自治组织	Grass Roots Self-Governing Organizations	2395	1877	1666	69.6
国际组织	**International Organizations**				

10-21 新增主要产品生产能力
Newly Increased Production Capacity of Major Products

能力名称	Item	2009	2010	2011	2012	2013
原煤开采 (万吨/年)	Coal Mining (10 000 tons/year)	32006	38706	41281	39852	39915
焦炭 (万吨/年)	Coke (10 000 tons/year)	6327	7729	7078	6125	6692
天然原油开采 (万吨/年)	Petroleum Extraction (10 000 tons/year)	2559	3553	3490	2494	2731
天然气开采 (亿立方米/年)	Extraction of Petroleum and Natural Gas (100 million cu.m/year)	20	189	315	274	146
铁矿开采 (原矿) (万吨/年)	Iron Ore Mining (10 000 tons/year)	6824	13333	16256	20297	23684
生铁 (万吨/年)	Pig Iron (10 000 tons/year)	4099	1939	3471	3662	1443
粗钢 (万吨/年)	Steel-making (10 000 tons/year)	2912	1355	2481	1853	2487
铜采矿 (原矿) (万吨/年)	Copper Ore Mining (10 000 tons/year)	1930	2142	2022	3882	4369
铜选矿	Copper Ore Dressing					
处理原矿 (万吨/年)	Crude Ore Dressing (10 000 tons/year)	798	1110	1322	3208	2869
铜含量 (吨/年)	Copper Content (ton/year)	9206	48707	37470	47765	58709
铜冶炼 (吨/年)	Copper Smelting (ton/year)	1126581	1543482	1828610	1460564	1317224
#电解铜 (吨/年)	Electrolytic Copper (ton/year)	594406	669100	712000	686934	611067
铅锌采矿 (原矿) (万吨/年)	Plumbum/Zinc Ore Mining (10 000 tons/year)	1879	1775	3365	3659	3578
铅锌选矿	Plumbum and Zinc Ore Dressing					
处理原矿 (万吨/年)	Crude Ore Dressing (10 000 tons/year)	696	1908	1556	1538	1065
产出铅精矿含铅量(吨/年)	Plumbum Content (ton/year)	84819	171634	174629	185335	194885
产出锌精矿含锌量(吨/年)	Zinc Content (ton/year)	66624	133520	65305	215587	235067
铅冶炼 (吨/年)	Plumbum Smelting (ton/year)	892551	1007309	776874	865966	605881
#电解铅 (吨/年)	Electrolytic Plumbum (ton/year)	212500	259073	401530	341200	319900
锌冶炼 (吨/年)	Zinc Smelting (ton/year)	667332	1271247	842220	658180	635841
#电解锌 (吨/年)	Electrolytic Zinc (ton/year)	251400	690112	605000	460400	252877
氧化铝 (吨/年)	Aluminum Oxide (ton/year)	1950800	3466170	1653240	1641524	2135400
电解铝 (吨/年)	Electrolytic Aluminum (ton/year)	695714	1581992	2073348	2861219	2866584
发电装机容量 (万千瓦)	Installed Power Capacity (10 0000 kw)	9258	9198	9800	8971	10650
水力发电 (万千瓦)	Hydraulic Power (10 000 kw)	2487	1450	1477	2200	3581
火力发电 (万千瓦)	Fire Power (10 000 kw)	5043	5311	5608	3755	3943
核能发电 (万千瓦)	Nuclear Energy Source (10 000 kw)	116	515	175	310	232
风能发电 (万千瓦)	Wind Power (10 000 kw)			2027	1783	1712
太阳能发电 (万千瓦)	Solar Power (10 000 kw)					758
其他发电 (万千瓦)	Other Power (10 000 kw)	1612	1922	514	923	425
水泥 (万吨/年)	Cement (10 000 tons/year)	37960	43612	36946	36095	34030
平板玻璃 (万重量箱/年)	Plate Glass (10 000 Weight-box/year)	10180	17752	9009	8325	9833

10-21 续表 continued

能力名称	Item	2009	2010	2011	2012	2013
氮肥 (吨/年)	Nitrogen Fertilizers (ton/year)	6336714	5571774	4327923	5794220	5980099
磷肥 (吨/年)	Phosphate Fertilizer (ton/year)	3575323	2084227	1635817	2304059	1565680
钾肥 (吨/年)	Potash Fertilizer (ton/year)	1074772	1155773	1752160	2262290	1097975
塑料树脂及共聚物 (吨/年)	Plastic Colophony and Polymer (ton/year)	1937934	6449426	4216587	6839554	7239904
轮胎外胎 (万条/年)	Tire (Cover) (10 000 units/year)	3519	6697	9744	12562	9118
轮胎内胎 (万条/年)	Inner Tube (10 000 units/year)	7082	4739	2055	2668	1796
载货汽车制造 (辆/年)	Trucks (unit/year)	275650	134600	290578	244871	112830
客车制造 (辆/年)	Passenger Motor Vehicles (unit/year)	58740	211020	371708	393728	191322
轿车制造 (辆/年)	Cars (unit/year)	1760565	855453	1226339	1366160	1716975
其他汽车制造 (辆/年)	Other Motor Vehicles (unit/year)	121300	109837	209992	212052	191345
电视机 (万部/年)	Television Sets (10 000 units/year)	300	327	384	569	539
化学纤维 (吨/年)	Chemical Fibre (ton/year)	1923430	2120522	4835546	4053366	4607954
棉纺锭 (锭)	Cotton Spindles (unit)	10249173	9730125	11104767	11616127	9970292
毛纺锭 (锭)	Wool Spindles (unit)	161190	203285	357351	108914	183977
啤酒 (万吨/年)	Beer (10 000 tons/year)	240	290	376	379	267
白酒 (万吨/年)	Distilled Spirit (10 000 tons/year)	182	175	199	290	202
其他酒 (万吨/年)	Other Alcohols (10 000 tons/year)	67	56	26	47	113
卷烟 (箱/年)	Cigarettes (box/year)	1315007	1083600	1097000	1320000	1630800
机制纸浆 (万吨/年)	Machine-made Paper Pulp (10 000 tons/year)	267	234	214	190	148
家用电冰箱 (万台/年)	Household Refrigerator (10 000 unit/year)	361	612	965	1673	803
家用洗衣机 (万台/年)	Household Washing Machine (10 000 unit/year)	497	443	739	397	318
新建铁路里程 (公里)	Length of Newly-built and Operating Railway (km)	5598	5017	3657	4669	5830
新建公路 (公里)	Length of New Highways (km)	107675	72392	55041	68846	61589
改建公路 (公里)	Length of Reconstructed Highways (km)	151945	124983	76299	66732	64258
新(扩)建港口码头	Newly-built or Expanded Ports					
年吞吐量 (万吨/年)	Annual Handling Capacity (10 000 tons/year)	13941	21848	25417	43936	29342
泊位 (个)	Berths (unit)	187	196	202	269	298
城市自来水供水能力 (万吨/日)	Tap Water Supply Capacity (10 000 tons/day)	2269	1622	1569	1942	1131

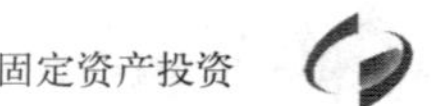

10-22 全社会主要产品建设规模（2013年）
Construction Size of Main Production Capacity in the Whole Country (2013)

能力名称	Item	建设规模 Total Construction Size	本年施工规模 Under Construction This Year	本年新开工 Started This Year	累计新增 Accumulated Newly Increased	本年新增 Newly Increased This Year
原煤开采（万吨/年）	Coal Mining (10 000 tons/year)	184376	140354	44238	65095	39915
焦炭（万吨/年）	Coke (10 000 tons/year)	21741	16980	7300	8127	6692
天然原油开采（万吨/年）	Petroleum Extraction (10 000 tons/year)	4875	3087	2791	4004	2731
天然气开采（亿立方米/年）	Extraction of Petroleum and Natural Gas (100 million cu.m/year)	617	280	142	370	146
铁矿开采（原矿）（万吨/年）	Iron Ore Mining (10 000 tons/year)	47399	36121	25736	28202	23684
生铁（万吨/年）	Pig Iron (10 000 tons/year)	4800	2798	1120	2938	1443
粗钢（万吨/年）	Steel-making (10 000 tons/year)	6411	4833	2507	3131	2487
铜采矿（原矿）（万吨/年）	Copper Ore Mining (10 000 tons/year)	7622	6344	5061	4700	4369
铜选矿	Copper Ore Dressing					
处理原矿（万吨/年）	Crude Ore Dressing (10 000 tons/year)	4767	4488	3104	3595	2869
铜含量（吨/年）	Copper Content (ton/year)	182059	157952	69734	79209	58709
铜冶炼（吨/年）	Copper Smelting (ton/year)	3387103	3176805	1697690	1373644	1317224
#电解铜（吨/年）	Electrolytic Copper (ton/year)	911647	862067	456067	637507	611067
铅锌采矿（原矿）（万吨/年）	Plumbum/Zinc Ore Mining (10 000 tons/year)	6776	6141	4600	4899	3578
铅锌选矿	Plumbum and Zinc Ore Dressing					
处理原矿（万吨/年）	Crude Ore Dressing (10 000 tons/year)	1589	1397	782	1106	1065
产出铅精矿含铅量(吨/年)	Plumbum Content (ton/year)	240159	239568	192365	194885	194885
产出锌精矿含锌量(吨/年)	Zinc Content (ton/year)	343135	332465	242255	242737	235067
铅冶炼（吨/年）	Plumbum Smelting (ton/year)	1167150	950881	570481	766381	605881
#电解铅（吨/年）	Electrolytic Plumbum (ton/year)	542900	522900	332900	399900	319900
锌冶炼（吨/年）	Zinc Smelting (ton/year)	1149806	945741	608341	684643	635841
#电解锌（吨/年）	Electrolytic Zinc (ton/year)	388440	345677	252377	252877	252877
氧化铝（吨/年）	Aluminum Oxide (ton/year)	9480400	8280400	3400400	2135400	2135400
电解铝（吨/年）	Electrolytic Aluminum (ton/year)	10412000	6362000	2302000	3222000	2866584
发电装机容量（万千瓦）	Installed Power Capacity (10 0000 kw)	46705	34839	13142	17212	10650
水力发电（万千瓦）	Hydraulic Power (10 000 kw)	18070	12182	3894	6606	3581
火力发电（万千瓦）	Fire Power (10 000 kw)	17517	13479	5073	6280	3943
核能发电（万千瓦）	Nuclear Energy Source (10 000 kw)	3830	3380	500	796	232
风能发电（万千瓦）	Wind Power (10 000 kw)	4561	3690	2137	2125	1712
太阳能发电（万千瓦）	Solar Power (10 000 kw)	1591	1188	982	904	758
其他发电（万千瓦）	Other Power (10 000 kw)	1136	920	555	502	425
水泥（万吨/年）	Cement (10 000 tons/year)	62865	50341	31297	41056	34030
平板玻璃（万重量箱/年）	Plate Glass (10 000 Weight-box/year)	22899	16181	7510	15320	9833

10-22 续表 continued

能力名称	Item	建设规模 Total Construction Size	本年施工规模 Under Construction This Year	本年新开工 Started This Year	累计新增 Accumulated Newly Increased	本年新增 Newly Increased This Year
氮肥 (吨/年)	Nitrogen Fertilizers (ton/year)	24957860	20928233	6625065	9401007	5980099
磷肥 (吨/年)	Phosphate Fertilizer (ton/year)	3765194	3402061	2888761	1845167	1565680
钾肥 (吨/年)	Potash Fertilizer (ton/year)	2954953	2154073	1216803	1218755	1097975
塑料树脂及共聚物 (吨/年)	Plastic Colophony and Polymer (ton/year)	23135714	20151603	8041559	9680167	7239904
轮胎外胎 (万条/年)	Tire (Cover) (10 000 units/year)	21801	16233	7984	13098	9118
轮胎内胎 (万条/年)	Inner Tube (10 000 units/year)	2946	2096	2036	1796	1796
载货汽车制造 (辆/年)	Trucks (unit/year)	223180	116880	51130	163480	112830
客车制造 (辆/年)	Passenger Motor Vehicles (unit/year)	381923	372923	132199	272202	191322
轿车制造 (辆/年)	Cars (unit/year)	5607350	4125275	1324775	2511150	1716975
其他汽车制造 (辆/年)	Other Motor Vehicles (unit/year)	323610	213135	169440	230330	191345
电视机 (万部/年)	Television Sets (10 000 units/year)	1013	1009	491	548	539
化学纤维 (吨/年)	Chemical Fibre (ton/year)	14675144	14045300	6301815	5792356	4607954
棉纺锭 (锭)	Cotton Spindles (unit)	20570035	15462305	9083024	12244096	9970292
毛纺锭 (锭)	Wool Spindles (unit)	264010	210177	140877	189910	183977
啤酒 (万吨/年)	Beer (10 000 tons/year)	568	426	164	382	267
白酒 (万吨/年)	Distilled Spirit (10 000 tons/year)	326	278	189	222	202
其他酒 (万吨/年)	Other Alcohols (10 000 tons/year)	224	193	106	146	113
卷烟 (箱/年)	Cigarettes (box/year)	4405600	4005600	880600	2030800	1630800
机制纸浆 (万吨/年)	Machine-made Paper Pulp (10 000 tons/year)	416	315	123	169	148
家用电冰箱 (万台/年)	Household Refrigerator (10 000 unit/year)	2216	1759	725	1326	803
家用洗衣机 (万台/年)	Household Washing Machine (10 000 unit/year)	852	728	268	382	318
新建铁路里程 (公里)	Length of Newly-built and Operating Railway (km)	17115	14088	2688	7767	5830
新建公路 (公里)	Length of New Highways (km)	117286	95761	66887	73703	61589
改建公路 (公里)	Length of Reconstructed Highways (km)	107373	91274	70201	71027	64258
新(扩)建港口码头	Newly-built or Expanded Ports					
年吞吐量 (万吨/年)	Annual Handling Capacity (10 000 tons/year)	106915	83306	30831	34707	29342
泊位 (个)	Berths (unit)	908	792	384	361	298
城市自来水供水能力 (万吨/日)	Tap Water Supply Capacity (10 000 tons/day)	2808	2100	1460	1629	1131

10-23 农村农户固定资产投资和建房
Farm Households Investment in Fixed Assets and Buildings Construction in Rural Area

年份 / 地区	Year / Region	投资总额（亿元）Total Investment (100 million yuan)	#竣工房屋投资 Investment in Buildings Completed	#住宅 Residential Buildings	房屋施工面积（万平方米）Floor Space of Buildings under Construction (10 000 sq.m)	房屋竣工面积（万平方米）Floor Space of Buildings Completed (10 000 sq.m)	#住宅 Residential Buildings	竣工房屋造价（元/平方米）Cost of Buildings Completed (yuan/sq.m)	#住宅 Residential Buildings
	1985	478.4	350.1	313.2		78973.0	69542.0	44.0	45.0
	1990	876.5	777.1	649.8	76819.0	71136.0	67812.0	109.0	96.0
	1991	1042.6	912.5	759.3	85405.0	79501.0	74193.0	115.0	102.0
	1992	1005.5	937.5	678.5	83392.0	65338.0	60442.0	143.0	112.0
	1993	1137.7	1015.4	760.3	57432.0	56012.0	46129.0	181.0	165.0
	1994	1519.2	1315.9	1002.7	72283.0	65390.0	57646.0	201.0	174.0
	1995	2007.9	1709.4	1349.9	78192.0	73522.0	66230.0	233.0	204.0
	1996	2544.0	2250.9	1766.4	96115.0	87277.0	79531.0	258.0	222.0
	1997	2691.2	2405.8	1890.7	89309.0	85888.0	77287.0	280.0	245.0
	1998	2681.5	2402.2	1907.2	89099.0	83864.0	77031.0	286.0	248.0
	1999	2779.6	1908.2	1799.1	89050.0	83244.0	76758.0	229.2	234.4
	2000	2904.3	1969.3	1846.8	88231.8	81270.2	75515.3	242.3	244.6
	2001	2976.6	1908.2	1775.0	81048.2	74517.5	68799.3	256.1	258.0
	2002	3123.2	1956.5	1858.1	80345.0	75125.7	69841.0	260.4	266.0
	2003	3201.0	2053.2	1926.9	81123.7	75683.6	69741.1	271.3	276.3
	2004	3362.7	2031.0	1933.4	71112.1	65801.5	62303.5	308.7	310.3
	2005	3940.6	2190.6	2083.1	73109.2	66604.2	62292.4	328.9	334.4
	2006	4436.2	2620.1	2490.2	76189.4	69237.9	64563.7	378.4	385.7
	2007	5123.3	3228.3	3022.0	86665.6	78321.2	72676.4	412.2	415.8
	2008	5951.8	3748.5	3547.1	91911.4	84407.0	78585.7	444.1	451.4
	2009	7434.5	5029.9	4743.3	116099.4	105683.0	95570.5	475.9	496.3
	2010	7886.0	5247.0	4931.7	106679.8	94114.8	87947.1	557.5	560.8
	2011	9089.1	5983.7	5636.0	118455.2	103053.2	94939.1	580.6	593.6
	2012	9840.6	6395.3	6051.6	105516.6	94187.8	87775.9	679.0	689.4
	2013	10546.7	7249.6	6735.9	109242.0	92661.7	85953.0	782.4	783.7
北京	Beijing	49.5	40.9	39.3	363.1	348.0	328.6	1176.5	1194.7
天津	Tianjin	27.2	15.2	14.4	112.1	103.8	95.7	1459.6	1503.6
河北	Hebei	564.5	414.6	385.3	5228.6	4502.1	4038.9	920.9	953.9
山西	Shanxi	286.5	190.8	183.2	2700.2	2365.1	2263.7	806.7	809.5
内蒙古	Inner Mongolia	145.0	80.8	72.8	914.4	890.0	782.6	907.7	930.3
辽宁	Liaoning	316.3	202.1	179.9	4581.0	4259.0	3747.2	474.5	480.2
吉林	Jilin	253.5	61.7	58.9	804.9	796.3	747.8	774.6	787.5
黑龙江	Heilongjiang	331.8	91.9	85.8	941.0	865.0	797.0	1062.4	1076.5
上海	Shanghai	3.7	2.6	2.5	18.5	15.2	14.2	1713.2	1761.4
江苏	Jiangsu	390.8	363.5	344.0	3248.0	3220.0	2955.0	1128.7	1164.1
浙江	Zhejiang	588.0	503.9	474.4	6762.7	4009.6	3615.6	1256.8	1312.2
安徽	Anhui	530.7	314.0	296.5	4962.1	4114.6	3841.5	763.2	771.8
福建	Fujian	281.6	167.4	163.6	2759.9	1837.0	1777.1	911.1	920.6
江西	Jiangxi	415.3	318.3	308.7	5806.8	4809.3	4666.8	661.9	661.5
山东	Shandong	913.2	529.1	482.5	10689.7	10125.2	9361.9	522.5	515.3
河南	Henan	899.4	758.9	646.1	12405.4	10155.3	9572.6	747.3	675.0
湖北	Hubei	510.5	386.3	346.9	5598.8	4584.5	4219.4	842.7	822.1
湖南	Hunan	616.2	458.5	437.6	5889.4	4951.1	4686.4	926.1	933.7
广东	Guangdong	512.9	369.1	356.7	4210.8	3187.6	3072.4	1157.8	1161.1
广西	Guangxi	523.7	317.8	312.0	5668.6	5160.1	4941.8	615.8	631.3
海南	Hainan	72.3	58.2	55.6	644.0	471.3	460.5	1235.3	1206.5
重庆	Chongqing	144.3	99.4	92.0	1405.0	1211.5	1141.4	820.7	806.3
四川	Sichuan	570.8	409.9	362.8	5634.2	4915.1	4148.7	834.0	874.6
贵州	Guizhou	270.8	193.3	189.8	2767.0	2452.0	2381.0	788.1	797.1
云南	Yunnan	346.5	228.2	206.9	6545.2	5327.3	4840.3	428.4	427.5
西藏	Tibet								
陕西	Shaanxi	350.6	261.3	250.2	3470.8	3140.6	3075.0	832.1	813.7
甘肃	Gansu	120.7	77.2	70.1	1220.0	1159.0	1077.0	666.2	650.4
青海	Qinghai	75.8	57.8	55.6	802.2	733.0	665.4	788.3	836.1
宁夏	Ningxia	73.4	45.9	45.0	318.0	318.0	294.0	1442.5	1530.1
新疆	Xinjiang	361.1	231.1	216.8	2769.6	2635.1	2343.5	877.0	925.3

主要统计指标解释

全社会固定资产投资 是以货币形式表现的在一定时期内全社会建造和购置固定资产的工作量以及与此有关的费用的总称。该指标是反映固定资产投资规模、结构和发展速度的综合性指标,又是观察工程进度和考核投资效果的重要依据。全社会固定资产投资按登记注册类型可分为国有、集体、联营、股份制、私营和个体、港澳台商、外商、其他等。

固定资产投资(不含农户) 指城镇和农村各种登记注册类型的企业、事业、行政单位及城镇个体户进行的计划总投资500万元及500万元以上的建设项目投资和房地产开发投资,包含原口径的城镇固定资产投资加上农村企事业组织项目投资,该口径自2011年起开始使用。

房地产开发投资 指各种登记注册类型的房地产开发法人单位统一开发的包括统代建、拆迁还建的住宅、厂房、仓库、饭店、宾馆、度假村、写字楼、办公楼等房屋建筑物,配套的服务设施,土地开发工程(如道路、给水、排水、供电、供热、通讯、平整场地等基础设施工程)和土地购置的投资;不包括单纯的土地开发和交易活动。

固定资产投资的实际到位资金 根据固定资产投资的资金来源不同,分为国家预算资金、国内贷款、利用外资、自筹资金和其他资金。

(1)国家预算资金 国家预算包括一般预算、政府性基金预算、国有资本经营预算和社保基金预算。各类预算中用于固定资产投资的资金全部作为国家预算资金填报,其中一般预算中用于固定资产投资的部分包括基建投资、车购税、灾后恢复重建基金和其他财政投资。各级政府债券也应归入国家预算资金。

(2)国内贷款 指报告期固定资产项目投资单位向银行及非银行金融机构借入用于固定资产投资的各种国内借款,包括银行利用自有资金及吸收存款发放的贷款、上级主管部门拨入的国内贷款、国家专项贷款(包括煤代油贷款、劳改煤矿专项贷款等),地方财政专项资金安排的贷款、国内储备贷款、周转贷款等。

(3)利用外资 指报告期收到的境外(包括外国及港澳台地区)资金(包括设备、材料、技术在内)。包括对外借款(外国政府贷款、国际金融组织贷款、出口信贷、外国银行商业贷款、对外发行债券和股票)、外商直接投资、外商其他投资(包括利用外商投资收益在国内进行固定资产再投资活动的资金)。不包括我国自有外汇资金(国家外汇、地方外汇、留成外汇、调剂外汇和国内银行自有资金发放的外汇贷款等)。各类外资按报告期末的外汇牌价(中间价)折成人民币计算。

(4)自筹资金 指固定资产投资单位在报告期收到的,由各企、事业单位筹集用于固定资产投资的资金,包括各类企事业单位的自有资金和从其他单位筹集的用于固定资产投资的资金,但不包括各类财政性资金、从各类金融机构借入资金和国外资金。

(5)其他资金 指在报告期收到的除以上各种资金之外的用于固定资产投资的资金,包括社会集资、个人资金、无偿捐赠的资金及其他单位拨入的资金等。

固定资产投资按国民经济行业分 指根据其从事的社会经济活动性质对各类单位进行的分类。应根据建设项目建成投产后的主要产品种类或主要用途及社会经济活动种类来划分,不能根据项目单位本身的行业类别来划分。如果项目投产后有几种产品,应根据主要产品来确定行业类别。一般情况下,一个建设项目只能属于一种国民经济行业。

固定资产投资按隶属关系分 是按建设单位或企业、事业、行政单位的主管上级机关确定的。

(1)中央 是指中共中央、人大常委会和国务院各部、委、局、总公司以及直属机构直接领导的建设项目和企业、事业、行政单位。这些单位的固定资产投资计划由国务院各部门直接编制和下达,统一组织或委托下级实施。包括有中央垂直管理的部门(如国家统计局各级调查队)和中央直属企业、事业单位(如工商银行、中国电信、中国石油)等。

(2)地方 是由省(自治区、直辖市)、地(区、市、州、盟)、县(区、市、旗)三级政府及业务主管部门直接领导和管理的建设项目、企业、事业、行政单位。地方项目还包括不隶属以上各级政府及主管部门的建设项目和企业、事业单位,如外商投资企业和无主管部门的企业等。

固定资产投资按建设性质分 按整个建设项目情况来确定。建设项目的性质一般分为新建、扩建、改建和技术改造、单纯建造生活设施、迁建、恢复、单纯购置。房地产开发单位、农户投资不划分建设性质。

(1)新建 指从无到有"平地起家"开始建设的项目。现有企业、事业、行政单位投资的项目一般不属于新建。但如有的单位原有基础很小,经过建设后新增的固定资产价值超过该企业、事业、行政单位原有固定资产价值(原值)三倍以上的,也应作为新建。

(2)扩建 指在厂内或其他地点,为扩大原有产品的生产能力(或效益)或增加新的产品生产能力,而增建的生产车间(或主要工程)、分厂、独立的生产线的企业、事业单位。行政、事业单位在原单位增建业务性用房(如学校增建教学用房、医院增建门诊部、病房等)也作为扩建。

现有企、事业单位为扩大原有主要产品生产能力或增加新的产品生产能力,增建一个或几个主要生产车间(或主要

工程)、分厂，同时进行一些更新改造工程的，也应作为扩建。

(3)改建和技术改造　指现有企业、事业单位对原有设施进行技术改造或更新(包括相应配套的辅助性生产、生活福利设施) 的建设项目。改建项目包括现有企业、事业单位为适应市场变化的需要，而改变企业的主要产品种类(如军工企业转民产品等) 的建设项目，原有产品生产作业线由于各工序(车间)之间能力不平衡，为填平补齐充分发挥原有生产能力而增建不增加本企业主要产品设计能力的车间的建设项目。技术改造是指企业、事业单位在现有基础上，用先进的技术代替落后的技术，用先进的工艺和装备代替落后的工艺和装备，以改变企业落后的技术经济面貌，实现以内涵为主的扩大再生产，达到提高产品质量、促进产品更新换代、节约能源、降低消耗、扩大生产规模、全面提高社会经济效益的目的。技术改造具体包括以下内容：机器设备和工具的更新改造；生产工艺改革、节约能源和原材料的改造；厂房建筑和公共设施的改造；保护环境进行的“三废”治理改造；劳动条件和生产环境的改造等。

固定资产投资按构成分

(1)建筑工程　指各种房屋、建筑物的建造工程，又称建筑工作量。这部分投资额必须兴工动料，通过施工活动才能实现，是固定资产投资额的重要组成部分。

(2)安装工程　指各种设备、装置的安装工程，又称安装工作量。

在安装工程中，不包括被安装设备本身价值。

(3)设备工具器具购置　指报告期内购置或自制的，达到固定资产标准的设备、工具、器具的价值。新建单位及扩建单位的新建车间，按照设计或计划要求购置或自制的全部设备、工具、器具，不论是否达到固定资产标准均计入“设备工具器具购置”中。

(4)其他费用　指在固定资产建造和购置过程中发生的，除建筑安装工程和设备、工器具购置投资完成额以外的应当分摊计入固定资产投资的费用，不指经营中财务上的其他费用。

施工项目个数　是指本年正式进行过建筑或安装施工活动的建设项目个数。包括本年新开工项目，以前年度开工跨入本年继续施工项目，本年全部建成投产项目、以前年度全部停缓建在本年恢复施工的项目，本年进行过施工又在本年内全部停缓建的项目。施工项目个数可以反映一定时期固定资产投资的实际规模，与同期全部建成投产项目个数相比，可以从建设速度的角度反映固定资产投资的效果。

本年投产项目个数　指报告期内按设计文件规定建成主体工程和相应配套的辅助设施，形成生产能力或工程效益，经过验收合格，并且已正式投入生产或交付使用的建设项目。

新增生产能力(或工程效益)　指通过固定资产投资活动而增加的设计能力(或工程效益)。主要指标包括建设规模、本年施工规模、自开始建设累计新增生产能力(或工程效益)、本年新增生产能力(或工程效益)等。

建设规模　指建设项目或工程设计文件中规定的全部设计能力(或工程效益)。包括已经建成投产和尚未建成投产的工程的生产能力(或工程效益)。

本年施工规模　指报告期内施工的单项工程(或更新改造项目) 的设计能力(或工程效益)，包括报告期以前已开工跨入本年继续施工的工程的设计能力和报告期新开工工程的设计能力。也包括报告期内建成投产或报告期施工后又停缓建的单项工程设计能力。不包括在报告期以前建成投产或已经停、缓建的工程，以及报告期内尚未正式开工的工程的设计能力。

自开始建设累计新增生产能力(或工程效益)　指自开始建设至本年底止建成投产的全部单项工程累计新增生产能力(或工程效益)。

本年新增生产能力(或工程效益)　指在本年度内按照新增生产能力(或工程效益)的计算条件和标准，实际建成投入生产或交付使用的生产能力(或工程效益)。

新增固定资产　是指已经完成建造和购置过程，并已交付生产或使用单位的固定资产的价值，包括已经建成投入生产或交付使用的工程投资和达到固定资产标准的设备、工具、器具的投资及有关应摊入的费用。该指标是表示固定资产投资成果的价值指标，也是反映建设进度，计算固定资产投资效果的重要指标。

项目建成投产率　指一定时期内全部建成投产项目个数与同期施工项目个数的比率。该指标从建设单位建设速度的角度反映投资效果。

固定资产交付使用率　指一定时期新增固定资产与同期完成投资额的比率。该指标是反映固定资产动用速度，衡量建设过程中宏观投资效果的综合指标。由于新增固定资产是较长时期内形成的结果，而投资额则是当年完成的，因此，该指标一般适宜于反映较长时期内固定资产的动用情况。

Explanatory Notes on Main Statistical Indicators

Total Investment in Fixed Assets in the Whole Country refers to the volume of activities in construction and purchases of fixed assets of the whole country and related fees, expressed in monetary terms during the reference period. It is a comprehensive indicator which shows the size, structure and growth of the investment in fixed assets, providing a basis for observing the progress of construction projects and evaluating results of investment. Total investment in fixed assets in the whole country includes, by type of ownership, the investment by State-owned units, collective-owned units, joint ownership units, share-holding units, private units, individuals as well as investments by entrepreneurs from Hong Kong, Macao and Taiwan, foreign investors and others.

Investment in Fixed Assets (Excluding Rural Households) refers to the investment in construction projects with a total planned investment of 5 million yuan and over by enterprises of various ownerships, institutions, administrative units and urban self-employed individuals, and the investment in real estate development in both urban and rural areas. Since 2011, it covers the urban investment in fixed assets under the previous statistical coverage plus project investments by rural enterprises and institutions.

Investment in Real Estate Development refers to investment by real estate development companies, commercialized buildings construction companies and other real estate development units of various types of ownership in the construction of buildings, such as residential buildings, factory buildings, warehouses, hotels, guesthouses, holiday villages, office buildings, the complementary service facilities and land development projects, such as roads, water supply, water drainage, power supply, heating supply, telecommunications, land leveling and other infrastructural projects. It does not include activities in pure land transactions.

Actual Funds in Place for Investment in Fixed Assets are categorized as funds from the State budget, domestic loans, foreign investment, self-raised funds, and others, depending on the sources of investment.

(1) Fund from the State budget: State budget consists of general budget, government fund budget, operation budget of state-owned assets and social security fund budget. Funds for investment in fixed assets from various budgets are reported as fund from the state budget, of which, the general budget utilized on fixed assets investment includes investment on infrastructure construction, vehicle purchase tax, post-disaster restoration and reconstruction funds and other financial investment. Government bonds at all levels should also be included.

(2) Domestic loans refer to loans of various forms borrowed by investing units from banks and non-bank financial institutions during the reference period for the purpose of investment in fixed assets, including loans issued by banks from their self-owned funds and deposit, loans appropriated by higher responsible authorities, special loans by government (including loan for substituting petroleum with coal, special loans for reform-through-labour coal mines), loans arranged by local government from special funds, domestic reserve loan, and revolving loan, etc.

(3) Foreign investment refers to overseas (including foreign countries, Hongkong, Macao and Taiwan) funds received during the reference period (covering equipment, materials and technology), including foreign borrowings (loans from foreign governments and international financial institutions, export credit, commercial loans from foreign banks, issue of bonds and stocks overseas), foreign direct investment and other foreign investments (including funds from foreign direct investment income that are reinvested in fixed assets domestically). Excluded from this category is capital in foreign exchanges owned by China (foreign exchanges owned by the central and local governments, foreign exchanges retained by enterprises, foreign exchanges by enterprises through the regulating mechanism, loans in foreign exchanges issued by the Bank of China with its own fund, etc.). In calculating the utilization of foreign capital, foreign currencies are converted into Chinese Renminbi applying the exchange rate (central parity rate) at the end of the reference period.

(4) Self-raised funds refer to funds for investment in fixed assets received during the reference period by investing units, including investment in fixed assets using own funds of various enterprises and institutions or funds raised from other units other than financial funds, funds borrowed from financial institutions and overseas funds.

(5) Others refer to funds for investment in fixed assets received from sources other than those listed above, including funds raised from individuals and through donations, and funds transferred from other units.

Investment in Fixed Assets by Sector refers to the classification of investment by the nature of social economic activities the investing units are engaged in. The classification of construction projects by sector is determined by the major products or the purpose of the projects when they are put into production or use, and by the nature of their social economic activities, instead of being determined by industrial classification of the project enterprises. The project will be classified according to major product if there are several kinds of products yielded. In general, one project can only be classified into one sector.

Investment in Fixed Assets by Jurisdiction of Management refers to the classification of investment by the competent authorities under which investment is made by construction units, enterprises, institutions or administrative units.

(1) Central investment refers to the investment in projects or by enterprises, institutions or administrative units which are under the direct leadership and management of the State Council and of the national commissions, ministries, agencies and State-owned large corporations. Various ministries and departments of the State Council prepare and implement plans through unified organization or lower-level commissions, which include departments direct under central government (i.e. survey offices at all level of the National Bureau of Statistics) and enterprises and institutions directly under central government (like the Industrial and Commercial Bank of China, China Telecom and China National Petroleum Corporation)..

(2) Local investment refers to the investment in projects or by enterprises, institutions or administrative units which are under the direct leadership and management of competent departments and governments at the level of province (autonomous regions and municipalities directly under the Central Government), prefecture （prefectures, cities and leagues） and county (districts, cities and banners). Also included are projects by foreign-invested enterprises and enterprises without competent managing authorities.

Investment in Fixed Assets by Type of Construction Construction projects in general can be classified, by the type of construction, into new construction, expansion, reconstruction and technical transformation, purely construction of living facilities, moving, restoration and purely purchasing. However, investment by type of construction is not applied to investment by real-estate development units and investment by rural households.

(1) New construction in general refers to construction projects, which start from scratch. The existing projects invested by enterprises, institutions and administrative agencies cannot be classified as new construction. In case the size of the existing unit is quite small, and the value of newly added fixed assets is more than three times of the original value, the expansion will be considered as new construction.

(2) Expansion refers to construction of new production workshop, branch factory or independent production line within a factory or in other locations, for the purpose of increasing the production capacity (or improving efficiency) or adding new production capacity by enterprises and institutions. Newly constructed accommodation for the operation of institutions and administrative organizations (such as newly constructed buildings for teaching in schools, buildings for clinics or wards in hospitals, etc.) are also classified as expansion.

Also included in expansion are investments by existing enterprises or institutions in building major production line(s) or branch factory (ies) along with some work on innovation, for the purpose of expanding the production capacity of original products or producing new products.

(3) Reconstruction and technical transformation refers to construction projects by existing enterprises or institutions in innovation or technical transformation of the old facilities (including auxiliary production equipment and welfare facilities). Also considered as reconstruction is the construction of new workshops by the existing enterprises or institutions to change the variety of products to meet the market demand (such as the production of civil products by defence industries), or to bring the designed production capacity into full play through a more balanced production process on production lines. Technical transformation refers to replacement of old technology or equipment by new technology or equipment, in order to expand the reproduction through improvement of technology contents in production, to improve product quality, to promote new products, to save energy, to reduce consumption, to expand the production scale and to improve overall social-economic efficiency. Contents of technical transformation include: updating of machinery, equipment and tools; reforming production process by using energy or materials saving technology; construction of factory workshops and transformation of public facilities; treatment transformation of “three wastes” (waste gas, waste water and industrial residue) aiming at environmental protection; improvement of working conditions and environment, etc.

Investment in Fixed Assets by Structure

(1) Construction refers to the construction of houses and buildings, also known as work volume of construction. This part of investment can only be achieved through construction activities, it is the major component of the total investment in fixed assets.

(2) Installation refers to the installation of various kinds of equipment and instruments, also known as work volume of installation.

The value of equipment installed itself is not included in the value of installation projects.

(3) Purchase of equipment and instruments refers to the total value of equipment, tools, and instruments purchased or self-produced which come up to the cut-off point for fixed assets during the reference period. Equipment, tools and instruments purchased or self-produced for new workshops by newly established or expanded units are categorized as “purchase of equipment and instruments” no matter whether they come up to the cut-off point for fixed assets.

(4) Other expenses refer to expenses arising during the construction or purchase of fixed assets other than those expenses on construction, installation and purchase of equipment and instruments. Other financial expenses arising in operation are not included.

Number of Projects under Construction refers to number of all projects with actual construction or installation activities in current year, including newly started projects, projects started previously and extended into the current year, projects completed and put into operation in current year, projects suspended previously and resumed in current year, and projects started this year but suspended or postponed in current year. The number of projects under construction can reflect the actual size of investment in fixed assets during a given period, and when compared with the number of projects completed and put into use during the same period, it demonstrates the results of investment in fixed assets from the angle of the speed of the construction.

Number of Projects Put into Use This Year refer to projects have completed the main construction and correspondent auxiliary facilities in accordance with the design documents, resulting in forming production capacity (efficiency) and have been checked and accepted after relevant tests, and have been formally delivered for use.

Newly Increased Production Capacity (or Project Efficiency) refers to the increase in design capacity (or project efficiency) through investment in fixed assets. The main indicators include: construction scale, scale of projects under construction in current year, the accumulated newly increased production capacity (project efficiency) since the start of the projects and the newly increased production capacity (project efficiency) of current year.

Construction Scale refers to the total designed production capacity (project efficiency) of the construction projects in accordance with the design document, including those have been put into operation and those that have not been completed.

Scale of Projects under Construction in Current Year refers to the designed production capacity (project efficiency) of a single project (or renovation project) under construction in the reference period, including the designed production capacity of projects that have been started previously and still under construction in the current year, the newly started projects, and projects that have been completed and put into operation in the reference period or those have been started but suspended or postponed in the reference period. Projects that have been completed and put into operation, suspended or postponed before the reference period, and projects that have not been officially started in the reference period are not included.

The Accumulated Newly Increased Production Capacity (project efficiency) since the Start of the Projects refers to the accumulated newly increased production capacity of all the single projects which have been put into use from the beginning of the projects till the end of current year.

The Newly Increased Production Capacity (project efficiency) of Current Year refers to the production capacity (project efficiency) that has been completed and put into operation in current year according to the calculation conditions and standards on newly increased production capacity (project efficiency).

Newly Increased Fixed Assets refer to the value of fixed assets that has completed the construction and purchase, and has been delivered to the production or owner units, including investment in projects that have been completed and put into operation in current year and the investment in equipment, tools and appliance that meet the standard of fixed assets and fees that should be apportioned. This is an indicator that demonstrates the results of investment in fixed assets in monetary terms, and an important indicator to reflect the speed of construction and to calculate the efficiency of investment.

Rate of Construction Projects Completed and Put into Use refers to the ratio of the number of construction projects completed and put into use in a certain period of time to the number of projects under construction in the same period. This reflects the investment efficiency from the perspective of the speed of projects construction.

Rate of Projects of Fixed Assets Completed and Put into Operation refers to the ratio of the newly increased fixed assets to the total investment made in the same period. This is a comprehensive indicator reflecting the speed of the employment of fixed assets and the investment efficiency at the macro-level. As the newly increase fixed assets is the result of a long period while the investment is completed in the current year, this indicator is expected to be used to reflect the employment of fixed assets over a long period of time.

11

对外经济贸易

Foreign Trade and Economic Cooperation

简 要 说 明

本篇资料综合反映中国的对外贸易、利用外资、对外直接投资、对外经济合作的历年概况，重点反映对外经济贸易的近期发展状况。

一、货物贸易部分

对外贸易统计的主要内容包括:进出口货物的品种、数(重)量、金额、国别(地区)、经营单位、境内目的地、境内货源地、贸易方式、关别等项目。

对外贸易统计的范围是按照联合国的国际贸易统计原则制定的，即凡能引起中华人民共和国关境内物质资源存量增加或减少的进出口货物,除制度另有规定者外,均列入该项统计。

对外贸易统计的资料来源于海关总署，调查方法是全面调查。

历年出口商品分类金额和历年进口商品分类金额按照联合国《国际贸易标准分类》(SITC)进行统计。进出口商品目录是在海关合作理事会（世界海关组织 WCO）制定的《商品名称和编码协调制度》(HS)的基础上，结合我国进出口实际情况制定的。

我国对各国(地区)进出口总额表中，出口货物按中华人民共和国关境外最终目的国(地区)，进口货物按中华人民共和国关境外原产国(地区)统计。各地区进出口商品总值分别按境内经营单位所在地和目的地、货源地列示。经营单位所在地是指中华人民共和国关境内进出口企业报关注册的登记地；境内货源地是指出口货物在中华人民共和国关境内的产地或原始发货地；境内目的地则指进口货物在中华人民共和国关境内的消费、使用地或最终运抵地。

二、服务贸易部分

服务贸易按国际收支口径统计，不包含政府服务。资料来源于商务部。

三、利用外资统计部分

利用外资统计的主要内容包括：外商直接投资和外商其他投资，外商投资企业登记注册情况。

统计范围是凡经工商行政管理机关核准登记，在中华人民共和国境内所有利用外资的单位和部门，经批准设立的中外合资经营企业、合作经营企业、外资企业、外商投资股份制企业、合作开发项目等具有法人资格的独立核算企业(包括港澳台地区投资企业)，在境内从事经营活动的外国及港澳台地区企业及外国公司在中国境内设立的分支机构。

利用外资统计的资料来源于商务部，其中，外商投资企业的登记注册情况资料来源于国家工商行政管理总局，调查方法是全面调查。

特殊说明:利用外资统计 1985 年及以前为政府统计部门的调查汇总数，1986 年及以后全部来源于对外贸易经济合作部（现为商务部）。2000 年以前利用外资统计中含对外借款数。

四、对外直接投资部分

对外直接投资统计的内容主要包括：境内投资主体的基本情况；境外企业的基本情况；境内投资主体与境外企业间的投资、收益和分配情况；通过境外企业实现的货物进出口情况；境外企业核准情况。

统计范围主要包括境内投资主体通过直接投资在境外设立的各类公司型企业和非公司型企业。

资料来源是商务部，调查方法是全面调查。

五、对外经济合作部分

对外经济合作统计的主要内容包括:对外承包工程、对外劳务合作、对外设计咨询的合同数、合同金额、完成营业额和按国别、地区分的对外经济合作完成营业额等。

统计范围是对外承包工程、对外劳务合作。

该制度统计单位是经各级商务主管部门批准的从事对外承包和劳务合作业务并具有法人地位的对外承包劳务企业。

资料来源是商务部，调查方法是全面调查。

六、其他

历年人民币对美元、日元、港币的年平均汇价，资料来源于国家外汇管理局。

Brief Introduction

Data in this chapter provide summary data of China's foreign trade, utilization of foreign capital, overseas direct investment, contracted projects and labour cooperation with foreign countries or territories over the years, focusing on the recent situation of foreign trade and economic cooperation.

I. Trade in Goods

Data on foreign trade include: varieties of imports and exports, amount (weight), value, countries (regions), imports and exports corporations, destination within territory, origin of goods within territory, mode of trade, types of tariffs and so on.

The scope of foreign trade statistics are designed according to United Nations' principles on international trade statistics, that is: all imports or exports that will lead to stock changes of material resources with the territory of People's Republic of China; excluding goods by escape clause.

Sources of data on foreign trade are from the General Administration of Customs of the People's Republic of China through a comprehensive reporting system.

Customs statistics in value terms for both imports and exports are compiled according to the classifications of *UN Standard International Trade Classification (SITC)*. The list of import and export commodities is compiled based on the *Harmonized Commodity Description and Coding System (HS)* stipulated by the Customs Cooperation Council （World Customs Organization） and China's reality of imports and exports.

In the table on China's total imports and exports with related countries and regions, the export commodities are calculated at the Customs of the countries (regions) of destination and the import commodities are calculated at the Customs of the countries (regions) of origin. The total values of the import and export commodities by region are calculated respectively at the provinces where the import or export corporations are situated and at the provinces of destination or provinces of origin within the border of the People's Republic of China. The province where the import or export corporations are situated refers to the province where the import or export corporations have applied to and have been registered at the Customs. The province of origin within the border of the Peoples Republic of China refers to the province where the export commodities are produced or originally delivered. The province of destination within the border of the People's Republic of China refers to the province where the import commodities are consumed, used or transported to the destination.

II. Trade in Services

Statistics on trade in services is compiled according to Balance of Payments (BOP) and does not include services of government. Data on trade in services are from the Ministry of Commerce.

III. Statistics on Utilization of Foreign Capitals

Utilization of foreign capitals includes: foreign direct investments and other foreign investments, and the basic condition of registration of foreign funded enterprises.

The statistics cover all the units and departments which have utilized foreign capitals, all the Sino-foreign joint ventures, Sino-foreign cooperative enterprises, ventures exclusively with foreign investment, foreign-funded stock companies, Sino-foreign cooperative development projects (including the enterprises funded by the entrepreneurs from Hong Kong, Macao and Taiwan) with independent accounting system and legal person status, and all foreign enterprises or enterprises funded by the entrepreneurs from Hong Kong Macao and Taiwan which engaged in business activities, and branches of foreign companies which have been approved to be set up within the boundaries of the People's Republic of China after verification and registration through administrative authorities for industry and commerce.

Data on utilization of foreign capitals are from Ministry of Commerce, of which, data on basic condition of registration of foreign funded enterprises are from State Administration for Industry and Commerce through comprehensive reporting system.

Special notice: data on utilization of foreign capitals before 1985 were survey results from governmental statistical agencies, since 1986 all data are from Ministry of Commerce (formerly MOFTEC). Data on utilization of foreign capitals before 2000 include foreign loans.

IV. Overseas Direct Investment

Overseas direct investment includes: basic situation of domestic investors and overseas enterprises, investment, earnings and their distribution between domestic and overseas invested enterprises, import and export of commodities through overseas enterprises, approval of overseas enterprises.

Statistics cover all types of overseas corporate and non-corporate enterprises by direct investment of domestic investors.

Data are from Ministry of Commerce through comprehensive survey.

V. Foreign Economic Cooperation

Data on foreign economic cooperation include: contracted projects, labour services cooperation, design and consultation services, contracted volume, complete business turnover, business turnover by countries (regions) and so on.

The statistics cover contracted projects, labour services cooperation with foreign countries (regions).

The statistical unit in the scheme is the corporate enterprise engaged in contracted projects and labour services cooperation with foreign countries and has been approved by the department of commerce at various levels.

Data on foreign economic cooperation are from Ministry of Commerce through a comprehensive reporting system.

Ⅵ. Others

The information about average exchange rates of RMB yuan to US dollar, Japanese yen and Hong Kong dollar over the years comes from the State Administration of Foreign Exchange.

11-1 对外经济贸易基本情况
Foreign Trade and Economic Cooperation

指　标	Item	2009	2010	2011	2012	2013
货物进出口总额（人民币亿元）	**Total Value of Imports and Exports (RMB 100 million yuan)**	**150648.1**	**201722.1**	**236402.0**	**244160.2**	**258168.9**
出口总额	Total Exports	82029.7	107022.8	123240.6	129359.3	137131.4
进口总额	Total Imports	68618.4	94699.3	113161.4	114801.0	121037.5
进出口差额	Balance	13411.3	12323.5	10079.2	14558.3	16094.0
货物进出口总额　（亿美元）	**Total Value of Imports and Exports (USD 100 million)**	**22075.4**	**29740.0**	**36418.6**	**38671.2**	**41589.9**
出口总额	Total Exports	12016.1	15777.5	18983.8	20487.1	22090.0
初级产品	Primary Goods	631.1	816.9	1005.5	1005.6	1072.7
工业制成品	Manufactured Goods	11384.8	14960.7	17978.4	19481.6	21017.4
进口总额	Total Imports	10059.2	13962.4	17434.8	18184.1	19499.9
初级产品	Primary Goods	2898.0	4338.5	6042.7	6349.3	6580.8
工业制成品	Manufactured Goods	7161.2	9623.9	11392.1	11834.7	12919.1
进出口差额	Balance	1956.9	1815.1	1549.0	2303.1	2590.1
外商直接投资合同项目　（个）	**Number of Projects for Contracted Foreign Direct Investment (unit)**	**23435**	**27406**	**27712**	**24925**	**22773**
实际使用外资额　（亿美元）	**Total Amount of Foreign Investment Actually Utilized (USD 100 million)**	**918.04**	**1088.21**	**1176.98**	**1132.94**	**1187.21**
外商直接投资	Foreign Direct Investments	900.33	1057.35	1160.11	1117.16	1175.86
外商其他投资	Other Foreign Investments	17.71	30.86	16.87	15.78	11.34
外资企业基本情况	**Registered Foreign-funded Enterprises**					
年底登记户数　（户）	Number of Registered Enterprises (household)	434248	445244	446487	440609	445962
投资总额　（亿美元）	Total Investment (USD 100 million)	25000	27059	29931	32610	35176
注册资本　（亿美元）	Registered Capital (USD 100 million)	14035	15738	17294	18814	20280
#外方	Capital from Foreign Investors	11369	12590	13810	14903	16077
对外经济合作　（亿美元）	**Economic Cooperation with Foreign Countries & Regions (USD 100 million)**					
合同金额	Contracted Value	1336.82	1430.92			
#对外承包工程	Contracted Projects	1262.10	1343.67	1423.32	1565.29	1716.29
对外劳务合作	Labor Services	74.73	87.25			
完成营业额	Value of Turnover Fulfilled	866.17	1010.50			
#对外承包工程	Contracted Projects	777.06	921.70	1034.24	1165.97	1371.43
对外劳务合作	Labor Services	89.11	88.80			

注：1.外资企业基本情况数据来自国家工商总局，其年底登记户数自2008年起口径调整为企业加分支机构。
2.自2009年起商务部将对外设计咨询纳入对外承包工程合并统计。
3.自2011年起商务部不再公布对外劳务合作项下合同数、合同金额以及完成营业额数据。

a) Data of foreign enterprises come from State Administration for Industry & Commerce of the People's Republic of China, and their number of registered enterprises includes enterprises and their sub-branch since 2008, and the figures before were adjusted too.
b) Since 2009, overseas design and consultation services are included in overseas contracted projects by Ministry of Commerce.
c) Since 2011, Ministry of Commerce do not publish the number of projects contracted, contracted value and turnover fulfilled data of Labor Services.

11-2 货物进出口总额
Total Value of Imports and Exports of Goods

年份 Year	人民币（亿元） 100 million Yuan				美元（亿美元） USD 100 million			
	进出口总额 Total Imports & Exports	出口总额 Total Exports	进口总额 Total Imports	差额 Balance	进出口总额 Total Imports & Exports	出口总额 Total Exports	进口总额 Total Imports	差额 Balance
1978	355.0	167.6	187.4	-19.8	206.4	97.5	108.9	-11.4
1980	570.0	271.2	298.8	-27.6	381.4	181.2	200.2	-19.0
1985	2066.7	808.9	1257.8	-448.9	696.0	273.5	422.5	-149.0
1990	5560.1	2985.8	2574.3	411.5	1154.4	620.9	533.5	87.4
1991	7225.8	3827.1	3398.7	428.4	1357.0	719.1	637.9	81.2
1992	9119.6	4676.3	4443.3	233.0	1655.3	849.4	805.9	43.5
1993	11271.0	5284.8	5986.2	-701.4	1957.0	917.4	1039.6	-122.2
1994	20381.9	10421.8	9960.1	461.7	2366.2	1210.1	1156.1	54.0
1995	23499.9	12451.8	11048.1	1403.7	2808.6	1487.8	1320.8	167.0
1996	24133.8	12576.4	11557.4	1019.0	2898.8	1510.5	1388.3	122.2
1997	26967.2	15160.7	11806.5	3354.2	3251.6	1827.9	1423.7	404.2
1998	26849.7	15223.6	11626.1	3597.5	3239.5	1837.1	1402.4	434.7
1999	29896.2	16159.8	13736.4	2423.4	3606.3	1949.3	1657.0	292.3
2000	39273.2	20634.4	18638.8	1995.6	4742.9	2492.0	2250.9	241.1
2001	42183.6	22024.4	20159.2	1865.2	5096.5	2661.0	2435.5	225.5
2002	51378.2	26947.9	24430.3	2517.6	6207.7	3256.0	2951.7	304.3
2003	70483.5	36287.9	34195.6	2092.3	8509.9	4382.3	4127.6	254.7
2004	95539.1	49103.3	46435.8	2667.5	11545.5	5933.3	5612.3	320.9
2005	116921.8	62648.1	54273.7	8374.4	14219.1	7619.5	6599.5	1020.0
2006	140974.0	77597.2	63376.9	14220.3	17604.4	9689.8	7914.6	1775.2
2007	166863.7	93563.6	73300.1	20263.5	21765.7	12204.6	9561.2	2643.4
2008	179921.5	100394.9	79526.5	20868.4	25632.6	14306.9	11325.7	2981.2
2009	150648.1	82029.7	68618.4	13411.3	22075.4	12016.1	10059.2	1956.9
2010	201722.1	107022.8	94699.3	12323.5	29740.0	15777.5	13962.4	1815.1
2011	236402.0	123240.6	113161.4	10079.2	36418.6	18983.8	17434.8	1549.0
2012	244160.2	129359.3	114801.0	14558.3	38671.2	20487.1	18184.1	2303.1
2013	258168.9	137131.4	121037.5	16094.0	41589.9	22090.0	19499.9	2590.1

注：1.本表1978年为外贸业务统计数，1980年起为海关进出口统计数。
2.货物进出口差额负数为逆差。

a) Data in 1978 were from the Ministry of Foreign Trade; and data since 1980 are from Customs statistics.

b) A negative balance indicates trade deficit. That is, imports surpassing exports.

11-3 出口货物分类金额
Exports Value by Category of Goods

单位：亿美元 (USD 100 million)

年 份 Year	总 额 Total	初级产品 Primary Goods	食品及主要供食用的活动物 Food and Live Animals Used Mainly for Food	饮料及烟类 Beverages and Tobacco	非食用原料 Non-edible Raw Materials	矿物燃料、润滑油及有关原料 Mineral Fuels, Lubricants and Related Materials	动、植物油脂及蜡 Animal and Vegetable Oils, Fats and Wax
1980	181.19	91.14	29.85	0.78	17.11	42.80	0.60
1985	273.50	138.28	38.03	1.05	26.53	71.32	1.35
1990	620.91	158.86	66.09	3.42	35.37	52.37	1.61
1991	719.10	161.45	72.26	5.29	34.86	47.54	1.50
1992	849.40	170.04	83.09	7.20	31.43	46.93	1.39
1993	917.44	166.66	83.99	9.01	30.52	41.09	2.05
1994	1210.06	197.08	100.15	10.02	41.27	40.69	4.95
1995	1487.80	214.85	99.54	13.70	43.75	53.32	4.54
1996	1510.48	219.25	102.31	13.42	40.45	59.31	3.76
1997	1827.92	239.53	110.75	10.49	41.95	69.87	6.47
1998	1837.09	204.89	105.13	9.75	35.19	51.75	3.07
1999	1949.31	199.41	104.58	7.71	39.21	46.59	1.32
2000	2492.03	254.60	122.82	7.45	44.62	78.55	1.16
2001	2660.98	263.38	127.77	8.73	41.72	84.05	1.11
2002	3255.96	285.40	146.21	9.84	44.02	84.35	0.98
2003	4382.28	348.12	175.31	10.19	50.32	111.14	1.15
2004	5933.26	405.49	188.64	12.14	58.43	144.80	1.48
2005	7619.53	490.37	224.80	11.83	74.84	176.22	2.68
2006	9689.78	529.19	257.23	11.93	78.60	177.70	3.73
2007	12204.56	615.09	307.43	13.97	91.16	199.51	3.03
2008	14306.93	779.57	327.62	15.29	113.19	317.73	5.74
2009	12016.12	631.12	326.28	16.41	81.53	203.74	3.16
2010	15777.54	816.86	411.48	19.06	116.03	266.73	3.55
2011	18983.81	1005.45	504.93	22.76	149.77	322.74	5.26
2012	20487.14	1005.58	520.75	25.90	143.41	310.07	5.44
2013	22090.04	1072.68	557.26	26.09	145.63	337.86	5.84

11-3 续表 continued

单位：亿美元 (USD 100 million)

年 份 Year	工 业 制成品 Manufactured Goods	化学品及有关产品 Chemicals and Related Products	轻纺产品、橡胶制品矿冶产品及其制品 Light Textile Industrial Products, Rubber Products, Minerals and Metallurgical Products	机 械 及 运输设备 Machinery and Transport Equipment	杂项制品 Miscellaneous Products	未分类的其他商品 Products Not Otherwise Classified
1980	90.05	11.20	39.99	8.43	28.36	2.07
1985	135.22	13.58	44.93	7.72	34.86	34.13
1990	462.05	37.30	125.76	55.88	126.86	116.25
1991	556.98	38.18	144.56	71.49	166.20	136.55
1992	679.36	43.48	161.35	132.19	342.34	
1993	750.78	46.23	163.92	152.82	387.81	
1994	1012.98	62.36	232.18	218.95	499.37	0.12
1995	1272.95	90.94	322.40	314.07	545.48	0.06
1996	1291.23	88.77	284.98	353.12	564.24	0.12
1997	1588.39	102.27	344.32	437.09	704.67	0.04
1998	1632.20	103.21	324.77	502.17	702.00	0.05
1999	1749.90	103.73	332.62	588.36	725.10	0.09
2000	2237.43	120.98	425.46	826.00	862.78	2.21
2001	2397.60	133.52	438.13	949.01	871.10	5.84
2002	2970.56	153.25	529.55	1269.76	1011.53	6.48
2003	4034.16	195.81	690.18	1877.73	1260.88	9.56
2004	5527.77	263.60	1006.46	2682.60	1563.98	11.12
2005	7129.16	357.72	1291.21	3522.34	1941.83	16.06
2006	9160.17	445.30	1748.16	4563.43	2380.14	23.15
2007	11562.67	603.24	2198.77	5770.45	2968.44	21.76
2008	13527.36	793.46	2623.91	6733.29	3359.59	17.10
2009	11384.83	620.17	1848.16	5902.74	2997.47	16.29
2010	14960.69	875.72	2491.08	7802.69	3776.52	14.68
2011	17978.36	1147.88	3195.60	9017.74	4593.70	23.43
2012	19481.56	1135.65	3331.41	9643.61	5356.72	14.17
2013	21017.36	1196.18	3606.06	10385.34	5812.49	17.29

11-4 进口货物分类金额
Imports Value by Category of Goods

单位：亿美元 (USD 100 million)

年份 Year	总额 Total	初级产品 Primary Goods	食品及主要供食用的活动物 Food and Live Animals Used Mainly for Food	饮料及烟类 Beverages and Tobacco	非食用原料 Non-edible Raw Materials	矿物燃料、润滑油及有关原料 Mineral Fuels, Lubricants and Related Materials	动、植物油脂及蜡 Animal and Vegetable Oils, Fats and Waxes
1980	200.17	69.59	29.27	0.36	35.54	2.03	2.39
1985	422.52	52.89	15.53	2.06	32.36	1.72	1.22
1990	533.45	98.53	33.35	1.57	41.07	12.72	9.82
1991	637.91	108.34	27.99	2.00	50.03	21.13	7.19
1992	805.85	132.55	31.46	2.39	57.75	35.70	5.25
1993	1039.59	142.10	22.06	2.45	54.38	58.19	5.02
1994	1156.14	164.86	31.37	0.68	74.37	40.35	18.09
1995	1320.84	244.17	61.32	3.94	101.59	51.27	26.05
1996	1388.33	254.41	56.72	4.97	106.98	68.77	16.97
1997	1423.70	286.20	43.04	3.20	120.06	103.06	16.84
1998	1402.37	229.49	37.88	1.79	107.15	67.76	14.91
1999	1656.99	268.46	36.19	2.08	127.40	89.12	13.67
2000	2250.94	467.39	47.58	3.64	200.03	206.37	9.77
2001	2435.53	457.43	49.76	4.12	221.27	174.66	7.63
2002	2951.70	492.71	52.38	3.87	227.36	192.85	16.25
2003	4127.60	727.63	59.60	4.90	341.24	291.89	30.00
2004	5612.29	1172.67	91.54	5.48	553.58	479.93	42.14
2005	6599.53	1477.14	93.88	7.83	702.26	639.47	33.70
2006	7914.61	1871.29	99.94	10.41	831.57	890.01	39.36
2007	9561.16	2430.85	115.00	14.01	1179.10	1049.30	73.44
2008	11325.67	3623.95	140.51	19.20	1666.95	1692.42	104.86
2009	10059.23	2898.04	148.27	19.54	1413.47	1240.38	76.39
2010	13962.44	4338.50	215.70	24.28	2121.11	1890.00	87.40
2011	17434.84	6042.69	287.74	36.85	2849.23	2757.76	111.12
2012	18184.05	6349.34	352.60	44.03	2696.60	3130.85	125.27
2013	19499.89	6580.81	417.01	45.09	2863.71	3151.60	103.39

11-4 续表 continued

单位：亿美元 (USD 100 million)

年份 Year	工业制成品 Manufactured Goods	化学品及有关产品 Chemicals and Related Products	轻纺产品、橡胶制品矿冶产品及其制品 Light Textile Industrial Products, Rubber Products, Minerals and Metallurgical Products	机械及运输设备 Machinery and Transport Equipment	杂项制品 Miscellaneous Products	未分类的其他商品 Products Not Otherwise Classified
1980	130.58	29.09	41.54	51.19	5.42	3.34
1985	369.63	44.69	118.98	162.39	19.02	24.55
1990	434.92	66.48	89.06	168.45	21.03	89.90
1991	529.57	92.77	104.93	196.01	24.39	111.47
1992	673.30	111.57	192.73	313.12	55.88	
1993	897.49	97.04	285.27	450.23	64.95	
1994	991.28	121.30	280.84	514.67	67.68	6.79
1995	1076.67	172.99	287.72	526.42	82.61	6.93
1996	1133.92	181.06	313.91	547.63	84.86	6.46
1997	1137.50	192.97	322.20	527.74	85.50	9.09
1998	1172.88	201.58	310.75	568.45	84.56	7.54
1999	1388.53	240.30	343.17	694.53	97.01	13.52
2000	1783.55	302.13	418.07	919.31	127.51	16.53
2001	1978.10	321.04	419.38	1070.15	150.76	16.76
2002	2458.99	390.36	484.89	1370.10	198.01	15.64
2003	3399.96	489.75	639.02	1928.26	330.11	12.82
2004	4439.62	654.73	739.86	2528.30	501.43	15.29
2005	5122.39	777.34	811.57	2904.78	608.62	20.08
2006	6043.32	870.47	869.24	3570.21	713.11	20.30
2007	7128.65	1075.54	1028.77	4124.59	875.10	24.65
2008	7701.67	1191.88	1071.65	4417.65	976.41	44.09
2009	7161.19	1120.90	1077.39	4077.97	851.86	33.07
2010	9623.94	1497.00	1312.78	5494.21	1135.60	184.35
2011	11392.15	1811.06	1503.04	6305.70	1277.22	495.13
2012	11834.71	1792.87	1459.53	6529.41	1365.19	687.72
2013	12919.09	1903.04	1478.72	7101.41	1388.55	1047.36

11-5 进出口货物分类金额

Value of Imports and Exports of Goods by HS Section and Division

单位：亿美元 (USD 100 million)

商品分类		HS Section and Division	2012 出口 Exports	2012 进口 Imports	2013 出口 Exports	2013 进口 Imports
总　额		**Total**	**20487.14**	**18184.05**	**22090.04**	**19499.89**
第一类	**活动物；动物产品**	**Live Animals; Animal Products**	**154.77**	**137.95**	**168.41**	**180.99**
01章	活动物	Live Animals	5.83	5.00	5.81	4.33
02章	肉及食用杂碎	Meat and Edible Meat Offal	9.81	41.08	9.89	59.30
03章	鱼、甲壳动物、软体动物及其他水生无脊椎动物	Fish and Crustaceans Molluscs and Other Aquatic Invertebrates	113.23	54.89	125.26	59.94
04章	乳品；蛋品；天然蜂蜜；其他食用动物产品	Dairy Produce; Birds' Eggs; Natural Honey; Edible Products of Animal Origin, not Elsewhere Specified or Included	5.34	32.51	5.45	52.45
05章	其他动物产品	Products of Animal Origin, not Elsewhere Specified or Included	20.57	4.47	22.00	4.98
第二类	**植物产品**	**Vegetable Products**	**176.29**	**509.82**	**198.53**	**559.72**
06章	活树及其他活植物；鳞茎、根及类似品；插花及装饰用簇叶	Live Tree and Other Plants; Bulbs, Roots and the Like; Cut Flowers and Ornamental Foliage	2.56	1.37	2.75	1.73
07章	食用蔬菜、根及块茎	Edible Vegetables and Certain Roots and Tubers	69.06	24.07	78.71	25.49
08章	食用水果及坚果；甜瓜或柑桔属水果的果皮	Edible Fruit and Nuts; Peel of Citrus Fruit or Melons	37.72	38.08	41.72	41.01
09章	咖啡、茶、马黛茶及调味香料	Coffee, Tea, Mate and Spices	19.43	3.06	22.45	2.56
10章	谷物	Cereals	4.43	47.51	5.14	50.54
11章	制粉工业产品；麦芽；淀粉；菊粉；面筋	Products of The Milling Industry; Malt; Starches; Inulin; Wheat Gluten	6.02	5.80	6.11	8.02
12章	含油子仁及果实；杂项子仁及果实；工业用或药用植物；稻草、秸秆及饲料	Oil Seeds and Oleaginous Fruits; Miscellaneous Grains, Seeds and Fruit; Industrial or Medicinal Plants; Straw and Fodder	26.27	385.96	29.25	426.27
13章	虫胶；树胶、树脂及其他植物液、汁	Lac; Gums, Resins And Other Vegetable Saps and Extracts	9.90	2.03	11.51	2.24
14章	编结用植物材料；其他植物产品	Vegetable Plaiting Materials; Vegetable Products Not Elsewhere Specified or Included	0.91	1.94	0.89	1.85
第三类	**动、植物油、脂及其分解产品；精制的食用油脂；动、植物蜡**	**Animal or Vegetable Fats and Oils and their Cleavage Products; Prepared Edible Fats; Animal or Vegetable Waxes**	**5.67**	**130.41**	**6.07**	**108.23**
15章	动、植物油、脂及其分解产品；精制的食用油脂；动、植物蜡	Animal or Vegetable Fats and Oils and Their Cleavage Products; Prepared Edible Fats; Animal or Vegetable Waxes	5.67	130.41	6.07	108.23
第四类	**食品；饮料、酒及醋；烟草、烟草及烟草代用品的制品**	**Prepared Foodstuffs; Beverages, Spirits And Vinegar; Tobacco and Manufactured Tobacco Substitutes**	**274.17**	**143.49**	**280.65**	**158.98**
16章	肉、鱼、甲壳动物、软体动物及其他水生无脊椎动物的制品	Preparations of Meat, of Fish or of Crustaceans, Molluscs or other Aquatic Invertebrates	89.51	1.83	89.82	1.97
17章	糖及糖食	Sugars and Sugar Confectionery	12.65	25.43	14.52	23.64
18章	可可及可可制品	Cocoa and Cocoa Preparations	3.33	6.24	3.86	7.14
19章	谷物、粮食粉、淀粉或乳的制品；糕饼点心	Preparations of Cereals, Flour, Starch or Milk; Pastry-Cooks' Products	15.00	19.46	15.32	25.84

11-5 续表 1 continued

单位：亿美元 (USD 100 million)

商品分类	HS Section and Division	2012		2013	
		出口 Exports	进口 Imports	出口 Exports	进口 Imports
20章 蔬菜、水果、坚果或植物其他部分的制品	Preparations of Vegetables, Fruit, Nuts or Other Parts of Plants	75.62	6.24	78.52	6.62
21章 杂项食品	Miscellaneous Edible Preparations	22.23	9.66	24.65	12.05
22章 饮料、酒及醋	Beverages, Spirits and Vinegar	13.87	31.02	13.41	30.58
23章 食品工业的残渣及废料；配制的动物饲料	Residues and Waste from The Food Industries; Prepared Animal Fodder	29.34	30.46	27.34	36.54
24章 烟草及烟草代用品的制品	Tobacco and Manufactured Tobacco Substitutes	12.62	13.16	13.22	14.60
第五类 矿产品	**Mineral Products**	**348.27**	**4533.50**	**376.34**	**4699.91**
25章 盐；硫磺；泥土及石料；石膏料、石灰及水泥	Salt; Sulphur; Earths and Stone; Plastering Materials, Lime and Cement	33.92	63.47	34.56	59.87
26章 矿砂、矿渣及矿灰	Ores, Slag and Ash	4.24	1338.71	3.79	1487.72
27章 矿物燃料、矿物油及其蒸馏产品；沥青物质；矿物蜡	Mineral Fuels, Mineral Oils and Products of Their Distillation; Bituminous Substances; Mineral Waxes	310.11	3131.32	337.99	3152.32
第六类 化学工业及其相关工业的产品	**Products of The Chemical or Industries Allied**	**944.42**	**1180.61**	**976.89**	**1254.60**
28章 无机化学品；贵金属、稀土金属、放射性元素及其同位素的有机及无机化合物	Inorganic Chemicals; Organic or Inorganic Compounds of Precious Metals, of Rare-Earth Metals, of Radioactive Elements or of Isotopes	139.24	97.73	135.93	94.60
29章 有机化学品	Organic Chemicals	404.05	608.64	422.02	658.77
30章 药品	Pharmaceutical Products	58.91	129.94	62.08	150.96
31章 肥料	Fertilizers	72.42	40.24	62.53	33.75
32章 鞣料浸膏及染料浸膏；鞣酸及其衍生物；染料、颜料及其他着色料；油漆及清漆；油灰及其他类似胶粘剂；墨水、油墨	Tanning or Dyeing Extracts; Tannins and Their Derivatives; Dyes, Pigments and Other Colouring Matter; Paints and Varnishes; Putty and Other Mastics; Inks	54.70	41.66	58.03	43.12
33章 精油及香膏；芳香料制品及化妆盥洗品	Essential Oils and Retinoid; Perfumery, Cosmetic or Toilet Preparations	33.00	21.51	36.21	23.85
34章 肥皂、有机表面活性剂、洗涤剂、润滑剂、人造蜡、调制蜡、光洁剂、蜡烛及类似品、塑型用膏、"牙科用蜡"及牙科用熟石膏制剂	Soap,Organic Surface-Active Agents,Washing Preparations, Lubricating Preparations, Artificial Waxes, Prepared Waxes, Polishing or Scouring Preparations, Candles and Similar Articles, Modelling Pastes, "Dental Waxes" And Dental Preparations With a Basis of Plast	29.47	34.10	31.34	36.92
35章 蛋白类物质；改性淀粉；胶；酶	Albuminoidal Substances; Modified Starches; Glues; Enzymes	22.14	29.79	24.53	30.99
36章 炸药；烟火制品；火柴；引火合金；易燃材料制品	Explosives; Pyrotechnic Products; Matches; Pyrophoric Alloys; Certain Combustible Preparations	8.60	1.10	9.02	1.21
37章 照相及电影用品	Photographic or Cinematographic Goods	12.11	22.79	12.18	23.22
38章 杂项化学产品	Miscellaneous Chemical Products	109.78	153.10	123.04	157.20
第七类 塑料及其制品；橡胶及其制品	**Plastics and Articles Thereof Rubber and Articles Thereof**	**773.43**	**900.72**	**848.83**	**922.89**
39章 塑料及其制品	Plastics and Articles Thereof	551.93	694.20	617.53	723.90
40章 橡胶及其制品	Rubber and Articles Thereof	221.51	206.52	231.30	198.98
第八类 生皮、皮革、毛皮及其制品；鞍具及挽具；旅行用品、手提包及类似品；动物肠线(蚕胶丝除外)制品	**Raw Hides and Skins, Leather, Fur Skins and Articles Thereof; Saddlery and Harness; Travel Goods, Handbags and Similar Containers; Articles of Animal Gut (Other Than Silk-Worm Gut)**	**317.39**	**99.38**	**347.96**	**111.47**
41章 生皮(毛皮除外)及皮革	Raw Hides and Skins(Other Than Fur Skins) and Leather	4.45	71.26	4.66	80.26

11-5 续表 2 continued

单位：亿美元 (USD 100 million)

商品分类		HS Section and Division	2012		2013	
			出 口 Exports	进 口 Imports	出 口 Exports	进 口 Imports
42章	皮革制品；鞍具及挽具；旅行用品、手提包及类似容器；动物肠线(蚕胶丝除外)制品	Articles of Leather; Saddlery and Harness; Travel Goods, Handbags and Similar Containers; Articles of Animal Gut(Other Than Silk-Worm Gut)	282.43	18.76	306.73	19.17
43章	毛皮、人造毛皮及其制品	Fur Skins and Artificial Fur; Manufactures Thereof	30.50	9.36	36.57	12.04
第九类	**木及木制品；木炭；软木及软木制品；稻草、秸秆、针茅或其他编结材料制品；篮筐及柳条编结品**	**Wood and Articles of Wood; Wood Charcoal; Cork and Articles of Cork; Manufactures of Straw, of Esparto or of Other Plaiting Materials; Basket Ware and Wickerwork**	**141.21**	**149.98**	**144.57**	**188.18**
44章	木及木制品；木炭	Wood and Articles of Wood; Wood Charcoal	123.15	149.38	127.48	187.69
45章	软木及软木制品	Cork and Articles of Cork	0.16	0.45	0.17	0.37
46章	稻草、秸秆、针茅或其他编结材料制品；篮筐及柳条编结品	Manufactures of Straw, of Esparto or of Other Plaiting Materials; Basket Ware and Wickerwork	17.91	0.14	16.92	0.13
第十类	**木浆及其他纤维状纤维素浆；纸及纸板的废碎品；纸、纸板及其制品**	**Pulp of Wood or of Other Fibrous Cellulosic Material; Waste and Scrap of Paper or Paperboard; Paper and Paperboard and Articles Thereof**	**173.21**	**233.86**	**197.94**	**235.77**
47章	木浆及其他纤维状纤维素浆；纸及纸板的废碎品	Pulp of Wood or of Other Fibrous Cellulosic Material; Waste and Scrap of Paper or Paperboard	1.28	172.49	1.06	173.06
48章	纸及纸板；纸浆、纸或纸板制品	Paper and Paperboard; Articles of Paper Pulp, of Paper or Paperboard	137.22	46.00	159.88	43.73
49章	书籍、报纸、印刷图画及其他印制品；手稿、打字稿及设计图纸	Printed Books, Newspapers, Pictures and Other Products of The Printing Industry; Manuscripts, Typescripts and Plans	34.72	15.37	37.00	18.98
第十一类	**纺织原料及纺织制品**	**Textiles and Textile Articles**	**2460.45**	**408.68**	**2739.59**	**404.16**
50章	蚕丝	Silk	17.07	0.95	16.30	0.86
51章	羊毛、动物细毛或粗毛；马毛纱线及其机织物	Wool, Fine or Coarse Animal Hair; Horsehair Yarn and Woven Fabric	25.84	35.86	26.19	36.74
52章	棉花	Cotton	148.38	186.81	175.47	172.29
53章	其他植物纺织纤维；纸纱线及其机织物	Other Vegetable Textile Fibres; Paper Yarn and Woven Fabrics of Paper Yarn	10.68	6.03	12.85	6.92
54章	化学纤维长丝	Man-Made Filaments	142.97	37.79	160.14	37.13
55章	化学纤维短纤	Man-Made Short Fibres	106.24	33.83	112.11	33.92
56章	絮胎、毡呢及无纺织物；特种纱线；线、绳、索、缆及其制品	Wadding, Felt and Nonwoven; Special Yarns; Twine, Cordage, Ropes and Cables and Articles Thereof	35.40	11.54	41.25	11.95
57章	地毯及纺织材料的其他铺地制品	Carpets and Other Textile Floor Coverings	24.04	1.47	25.05	1.53
58章	特种机织物；簇绒织物；花边；装饰毯；装饰带；刺绣品	Special Woven Fabrics; Tufted Textile Fabrics; Lace; Tapestries; Trimmings; Embroidery	46.37	7.37	48.75	7.34
59章	浸渍、涂布、包覆或层压的纺织物；工业用纺织制品	Impregnated, Coated, Covered or Laminated Textile Fabrics; Textile Articles of a Kind Suitable for Industrial Use	68.49	19.34	73.76	19.78
60章	针织物及钩编织物	Knitted or Crocheted Fabrics	112.18	23.58	129.00	23.22
61章	针织或钩编的服装及衣着附件	Articles of Apparel and Clothing Accessories, Knitted or Crocheted	870.43	13.45	967.93	16.68
62章	非针织或非钩编的服装及衣着附件	Articles of Apparel and Clothing Accessories, not Knitted or Crocheted	612.20	26.71	682.52	31.49

11-5 续表 3 continued

单位：亿美元 (USD 100 million)

商品分类		HS Section and Division	2012		2013	
			出口 Exports	进口 Imports	出口 Exports	进口 Imports
63章	其他纺织制成品；成套物品；旧衣着及旧纺织品；碎织物	Other Made Up Textile Articles; Sets; Worn Clothing And Worn Textile Articles; Rags Articles; Rags	240.16	3.94	268.25	4.30
第十二类	**鞋、帽、伞、杖、鞭及其零件；已加工的羽毛及其制品；人造花；人发制品**	**Footwear, Headgear, Umbrellas, Sun Umbrellas, Walking-Sticks, Seat-Sticks, Whips, Riding-Crops and Parts Thereof; Prepared Feathers and Articles Made Therewith; Artificial Flowers; Articles of Human Hair**	**588.12**	**21.63**	**640.53**	**23.58**
64章	鞋靴、护腿和类似品及其零件	Footwear, Gaiters and The Like; Parts of Such Articles	468.11	17.85	507.61	19.55
65章	帽类及其零件	Headgear and Parts Thereof	38.97	0.47	44.39	0.45
66章	雨伞、阳伞、手杖、鞭子、马鞭及其零件	Umbrellas, Sun Umbrellas, Walking-Sticks, Seat-Sticks, Whips, Riding-Crops And Parts Thereof	28.25	0.21	30.02	0.19
67章	已加工羽毛、羽绒及其制品；人造花；人发制品	Prepared Feathers and Down and Articles Made of Feathers or of Down; Artificial Flowers; Articles of Human Hair	52.78	3.10	58.49	3.38
第十三类	**石料、石膏、水泥、石棉、云母及类似材料的制品；陶瓷产品；玻璃及其制品**	**Articles of Stone, Plaster, Cement, Asbestos, Mica or Similar Materials; Ceramic Products; Glass and Glassware**	**397.10**	**92.69**	**454.28**	**96.02**
68章	石料、石膏、水泥、石棉、云母及类似材料的制品	Articles of Stone, Plaster, Cement, Asbestos, Mica or Similar Materials; Ceramic Products; Glass and Glassware	80.72	13.45	100.62	14.53
69章	陶瓷产品	Ceramic Products	167.46	6.57	191.63	6.89
70章	玻璃及其制品	Glass and Glassware	148.92	72.67	162.03	74.61
第十四类	**天然或养殖珍珠、宝石或半宝石、贵金属、包贵金属及其制品；仿首饰；硬币**	**Natural or Cultured Pearls, Precious or Semi-Precious Stones, Precious Metals, Metals Clad With Precious Metal and Stones, Precious Metals, Metals Clad With Precious Metal and Articles Thereof; Imitation Jewellery; Coin**	**454.51**	**132.20**	**502.88**	**183.40**
71章	天然或养殖珍珠、宝石或半宝石、贵金属、包贵金属及其制品；仿首饰；硬币	Natural or Cultured Pearls, Precious or Semi-Precious Stones, Precious Metals, Metals Clad With Precious Metal and Articles Thereof; Imitation Jewellery; Coin	454.51	132.20	502.88	183.40
第十五类	**贱金属及其制品**	**Base Metals and Articles of Base Metal**	**1490.73**	**1111.87**	**1559.99**	**1036.67**
72章	钢铁	Iron and Steel	371.16	232.80	386.21	213.36
73章	钢铁制品	Articles of Iron or Steel	561.60	100.67	573.48	104.30
74章	铜及其制品	Copper and Articles Thereof	71.91	544.96	71.44	498.29
75章	镍及其制品	Nickel and Articles Thereof	8.81	47.86	9.97	45.25
76章	铝及其制品	Aluminium and Articles Thereof	186.40	95.98	200.39	87.03
78章	铅及其制品	Lead and Articles Thereof	0.61	1.15	1.64	0.84
79章	锌及其制品	Zinc and Articles Thereof	1.58	14.69	2.33	16.72
80章	锡及其制品	Tin and Articles Thereof	0.97	9.21	1.57	5.52
81章	其他贱金属、金属陶瓷及其制品	Other Base Metals; Cermets; Articles Thereof	31.93	14.83	31.85	15.41
82章	贱金属工具、器具、利口器、餐匙、餐叉及其零件	Tools, Implements, Cutlery, Spoons and Forks, of Base Metal; Parts Thereof of Base Metal	122.62	31.76	132.57	32.10
83章	贱金属杂项制品	Miscellaneous Articles of Base Metal	133.14	17.96	148.53	17.87

11-5 续表 4 continued

单位：亿美元 (USD 100 million)

商品分类		HS Section and Division	2012		2013	
			出口 Exports	进口 Imports	出口 Exports	进口 Imports
第十六类	**机器、机械器具、电气设备及其零件；录音机及放声机、电视图像、声音的录制和重放设备及其零件、附件**	**Machinery and Mechanical Appliances; Electrical Equipment; Parts Thereof; Sound Recorders and Reproducers, Television Image and Sound Recorders and Reproducers; and Parts and Accessories of Recorders and Reproducers; and Parts and Accessories of Such Artic**	**8632.09**	**5635.01**	**9444.38**	**6099.88**
84章	核反应堆、锅炉、机器、机械器具及其零件	Nuclear Reactors, Boilers, Machinery and Mechanical Appliances; Parts Thereof	3758.88	1819.80	3831.53	1705.71
85章	电机、电气设备及其零件；录音机及放声机、电视图像、声音的录制和重放设备及其零件、附件	Electrical Machinery and Equipment and Parts Thereof; Sound Recorders and Reproducers, Television Image and Sound Recorders and Reproducers, and Parts and Accessories of Such Articles	4873.21	3815.20	5612.86	4394.17
第十七类	**车辆、航空器、船舶及有关运输设备**	**Vehicles, Aircraft, Vessels And Associated Transport Equipment**	**1083.70**	**911.76**	**1001.65**	**1003.63**
86章	铁道及电车道机车、车辆及其零件；铁道及电车轨道固定装置及其零件、附件；各种机械(包括电动机械)交通信号设备	Railway or Tramway Locomotives, Rolling-Stock and Parts Thereof; Railway or Tramway Track Fixtures And Fittings and Parts Thereof; Mechanical(Including Electro-Mechanical) Traffic Signalling Equipment of All Kinds	128.86	11.80	109.95	9.99
87章	车辆及其零件、附件，但铁道及电车道车辆除外	Vehicles Other Than Railway or Tramway Rolling-Stock, and Parts and Accessories Thereof	551.14	705.98	585.50	741.48
88章	航空器、航天器及其零件	Aircraft, Spacecraft, and Parts Thereof	15.58	176.14	19.40	231.81
89章	船舶及浮动结构体	Ships, Boats and Floating Structures	388.11	17.84	286.81	20.35
第十八类	**光学、照相、电影、计量、检验、医疗或外科用仪器及设备、精密仪器及设备；钟表；乐器；上述物品的零件、附件**	**Optical, Photographic, Cinematographic, Measuring, Checking, Precision, Medical or Surgical Instruments and Apparatus; Clocks And Watches; Musical Instruments; Parts and Accessories Thereof**	**793.91**	**1106.06**	**817.59**	**1117.84**
90章	光学、照相、电影、计量、检验、医疗或外科用仪器及设备、精密仪器及设备；上述物品的零件、附件	Optical, Photographic, Cinematographic, Measuring, Checking, Precision Medical or Surgical Instruments and Apparatus; Parts and Accessories Thereof	726.26	1061.54	745.30	1075.88
91章	钟表及其零件	Clocks and Watches and Parts Thereof	50.63	41.49	55.68	39.03
92章	乐器及其零件、附件	Musical Instruments; Parts and Accessories of Such Articles	17.02	3.03	16.60	2.92
第十九类	**武器、弹药及其零件、附件**	**Arms and Ammunition; Parts and Accessories Thereof**	**1.39**	**0.09**	**1.59**	**0.05**
93章	武器、弹药及其零件、附件	Arms and Ammunition; Parts and Accessories Thereof	1.39	0.09	1.59	0.05
第二十类	**杂项制品**	**Miscellaneous Manufactured Articles**	**1256.80**	**55.77**	**1353.69**	**58.87**
94章	家具；寝具、褥垫、弹簧床垫、软坐垫及类似的填充制品；未列名灯具及照明装置；发光标志、发光名牌及类似品；活动房屋	Furniture; Bedding, Mattresses, Mattress Supports, Cushions and Similar Stuffed Furnishings; Lamps and Lighting Fittings, not Elsewhere Specified or Included; Illuminated Signs, Illuminated	778.86	28.72	864.15	30.64
95章	玩具、游戏品、运动用品及其零件、附件	Toys, Games and Sports Requisites; Parts and Accessories Thereof	356.19	14.18	358.47	13.51
96章	杂项制品	Miscellaneous Manufactured Articles	121.75	12.86	131.07	14.72
第二十一类	**艺术品、收藏品及古物**	**Works of Art, Collectors' Pieces and Antiques**	**5.34**	**0.88**	**10.41**	**7.71**
97章	艺术品、收藏品及古物	Works of Art, Collectors' Pieces and Antiques	5.34	0.88	10.41	7.71
第二十二类	**特殊交易品及未分类商品**	**Commodities and Transactions not Classified According to Kind**	**14.16**	**687.69**	**17.28**	**1047.35**
98章	特殊交易品及未分类商品	Commodities and Transactions not Classified According to Kind	14.16	687.69	17.28	1047.35

11-6 我国同各国(地区)海关货物进出口总额
Value of Imports and Exports by Country (Region) of Origin/Destination

单位：万美元 (USD 10 000)

国别（地区）	Country (Region)	2012			2013		
		进出口总额 Total	出口总额 Exports	进口总额 Imports	进出口总额 Total	出口总额 Exports	进口总额 Imports
总　计	**Total**	**386711942**	**204871442**	**181840500**	**415899347**	**220900400**	**194998947**
亚洲	**Asia**	**204510522**	**100681186**	**103829337**	**222400783**	**113406962**	**108993821**
阿富汗	Afghanistan	46924	46405	519	33785	32826	960
巴林	Bahrain	155081	120278	34803	154411	123893	30518
孟加拉国	Bangladesh	844984	796991	47992	1030745	970509	60237
不丹	Bhutan	1562	1560	1	1741	1741	1
文莱	Brunei	162554	125244	37310	179358	170378	8980
缅甸	Myanmar	697194	567371	129823	1019556	733869	285687
柬埔寨	Cambodia	292343	270811	21532	377314	340951	36364
塞浦路斯	Cyprus	123783	109332	14451	102453	97173	5280
朝鲜	Korea DPR	603616	353240	250376	655757	363008	292750
中国香港	Hong Kong, China	34131100	32343062	1788037	40070147	38449489	1620658
印度	India	6647333	4767751	1879582	6540266	4843241	1697025
印度尼西亚	Indonesia	6623408	3428338	3195070	6835475	3693049	3142426
伊朗	Iran	3646584	1159745	2486839	3942651	1403665	2538986
伊拉克	Iraq	1756759	491182	1265577	2487885	689409	1798476
以色列	Israel	991045	698813	292232	1082662	764530	318132
日本	Japan	32945578	15162183	17783395	31237785	15013245	16224540
约旦	Jordan	325574	295864	29710	360443	343456	16988
科威特	Kuwait	1255699	208918	1046781	1226215	267551	958664
老挝	Laos	172078	93414	78663	273266	172258	101008
黎巴嫩	Lebanon	171227	169194	2033	253641	249083	4558
中国澳门	Macao, China	298739	270821	27918	355791	317079	38712
马来西亚	Malaysia	9483205	3652528	5830677	10608338	4593059	6015279
马尔代夫	Maldives	7667	7649	19	9783	9741	42
蒙古	Mongolia	660121	265350	394770	595914	244959	350955
尼泊尔	Nepal	199768	196816	2952	225414	221089	4325
阿曼	Oman	1878702	181158	1697544	2294146	190084	2104061
巴基斯坦	Pakistan	1241365	927539	313825	1421644	1101960	319684
巴勒斯坦	Palestine	4101	4067	34	9086	9068	19
菲律宾	Philippines	3637546	1673133	1964413	3804994	1986813	1818181
卡塔尔	Qatar	848320	120510	727810	1017426	171091	846335
沙特阿拉伯	Saudi Arabia	7331422	1845235	5486187	7219053	1873981	5345071
新加坡	Singapore	6927265	4074187	2853078	7589638	4583187	3006452
韩国	Korea Rep.	25641529	8767768	16873762	27423771	9116495	18307276
斯里兰卡	Sri Lanka	316305	300109	16196	361911	343655	18256
叙利亚	Syria	120036	118944	1092	69486	69015	471
泰国	Thailand	6975086	3119620	3855466	7124055	3271790	3852265
土耳其	Turkey	1909557	1558456	351101	2223323	1774699	448623
阿联酋	United Arab Emirates	4042029	2956832	1085197	4623482	3341130	1282353
也门共和国	Republic of Yemen	555915	195510	360406	520012	213882	306130
越南	Vietnam	5043941	3420811	1623129	6547819	4858630	1689189
中华人民共和国	P. R. China	14294219		14294219	15754044		15754044
中国台湾	Taiwan, China	16898106	3677743	13220364	19703896	4063405	15640491
东帝汶	Timor Leste	6316	6247	69	4778	4739	40
哈萨克斯坦	Kazakhstan	2568157	1100073	1468084	2859596	1254512	1605084
吉尔吉斯斯坦	Kirghizia	516232	507337	8895	513770	507535	6235
塔吉克斯坦	Tadzhikistan	185670	174787	10883	195812	186936	8875
土库曼斯坦	Turkmenistan	1037250	169912	867338	1003090	113764	889326
乌兹别克斯坦	Uzbekistan	287519	178334	109185	455145	261336	193809
亚洲其他国家（地区）	Other Countries (Regions) in Asia	10	10		14	10	4
非洲	**Africa**	**19856125**	**8531061**	**11325064**	**21025408**	**9279937**	**11745472**
阿尔及利亚	Algeria	772856	541666	231191	818844	602390	216455
安哥拉	Angola	3760094	403903	3356191	3593673	396406	3197267
贝宁	Benin	267520	241366	26154	319848	299248	20601
博茨瓦那	Botswana	30280	18212	12068	34211	14825	19386
布隆迪	Burundi	5714	4646	1068	6027	5096	931
喀麦隆	Cameroon	195475	106432	89043	188085	151468	36617
加那利群岛	Canary Is.	252	252	0.1	323	317	5

11-6 续表 1 continued

单位：万美元 (USD 10 000)

国 别（地区）	Country (Region)	2012 进出口总额 Total	2012 出口总额 Exports	2012 进口总额 Imports	2013 进出口总额 Total	2013 出口总额 Exports	2013 进口总额 Imports
佛得角	Cape Verde	5749	5749	0.1	6199	6199	
中非	Central Africa	6630	1768	4862	5011	946	4065
塞卜泰(休达)	Ceuta	34	34		67	67	
乍得	Chad	39351	17278	22073	47539	37189	10350
科摩罗	Comoros	1495	1494	1	2987	2986	1
刚果(布)	Congo	507741	52110	455631	649148	77929	571219
吉布提	Djibouti	90240	90178	62	101916	101888	27
埃及	Egypt	954473	822399	132074	1021428	836268	185161
赤道几内亚	Eq. Guinea	218406	36123	182283	282744	35752	246992
埃塞俄比亚	Ethiopia	183885	152948	30937	218415	186847	31569
加蓬	Gabon	104456	42660	61797	133135	43271	89864
冈比亚	Gambia	34223	25751	8471	38650	30852	7798
加纳	Ghana	543427	479066	64361	514936	394603	120333
几内亚	Guinea	76485	75385	1100	99157	90748	8409
几内亚比绍	Guinea-Bissau	2253	1590	663	2872	1189	1683
科特迪瓦共和国	Cote d'lvoire	94646	80391	14256	121293	95580	25713
肯尼亚	Kenya	284115	278874	5242	327026	321748	5278
利比里亚	Liberia	367516	344655	22861	250017	233575	16442
利比亚	Libya	876036	238424	637612	487361	283468	203893
马达加斯加	Madagascar	65683	54241	11441	81687	64296	17391
马拉维	Malawi	29657	24907	4750	25221	21379	3842
马里	Mali	62192	29023	33169	42711	27464	15247
毛里塔尼亚	Mauritania	192037	45540	146497	232697	59845	172852
毛里求斯	Mauritius	63088	62017	1071	66157	64870	1287
摩洛哥	Morocco	369084	313119	55964	380307	327165	53143
莫桑比克	Mozambique	134266	94089	40178	165417	119929	45488
纳米比亚	Namibia	68014	43891	24123	73964	48194	25770
尼日尔	Niger	19566	15849	3716	19982	18394	1588
尼日利亚	Nigeria	1056995	929603	127392	1358922	1204261	154660
留尼汪	Reunion	13989	13974	15	13426	13403	23
卢旺达	Rwanda	16157	9011	7147	24256	13411	10845
圣多美和普林西比	Sao Tome & Principe	305	301	4	486	486	0
塞内加尔	Senegal	84533	79397	5136	103713	99740	3973
塞舌尔	Seychelles	3343	3317	26	3907	3867	40
塞拉利昂	Sierra Leone	75217	24919	50298	160523	15257	145266
索马里	Somalia	10421	10111	310	15010	13376	1634
南非	South Africa	5999428	1532302	4467127	6521920	1683078	4838843
西撒哈拉	Western Sahara	29	29		2	1	1
苏丹	Sudan	373289	217862	155427	449846	239843	210002
坦桑尼亚	Tanzania	246902	208972	37930	369325	314070	55255
多哥	Togo	346791	338310	8481	256117	244322	11794
突尼斯	Tunisia	156890	139192	17698	143989	126316	17673
乌干达	Uganda	53803	49514	4288	52414	45221	7193
布基纳法索	Burkina Faso	30516	7251	23266	29028	10339	18689
刚果(金)	Congo DR	435040	83749	351291	369441	94875	274566
赞比亚	Zambia	338917	69722	269196	377756	72969	304787
津巴布韦	Zimbabwe	101492	43049	58443	110167	41383	68784
莱索托	Lesotho	9983	9441	542	10324	8983	1341
梅利利亚	Melilla	788	788		754	754	
斯威士兰	Swaziland	12930	2892	10038	13983	2476	11507
厄立特里亚	Eritrea	5479	5353	126	18889	13796	5093
马约特岛	Mayotte	2351	2340	11	7772	7772	0
南苏丹共和国	Republic of South Sudan	53399	3452	49947	254343	7509	246834
非洲其他国家（地区）	Other Countries (Regions) in Africa	202	181	21	45	41	5
欧洲	**Europe**	**68308895**	**39639909**	**28668986**	**72991554**	**40574398**	**32417156**
比利时	Belgium	2634095	1637659	996436	2540825	1556018	984807
丹麦	Denmark	944516	653974	290541	908710	571140	337570
英国	United Kingdom	6310224	4629716	1680508	7002092	5094213	1907879
德国	Germany	16113139	6921033	9192106	16149819	6734250	9415569
法国	France	5101743	2689921	2411821	4982385	2671417	2310969
爱尔兰	Ireland	589550	209835	379716	667002	247717	419285
意大利	Italy	4172099	2565343	1606756	4332645	2575266	1757379

11-6 续表 2 continued

单位：万美元 (USD 10 000)

国 别（地区）	Country (Region)	2012			2013		
		进出口总额 Total	出口总额 Exports	进口总额 Imports	进出口总额 Total	出口总额 Exports	进口总额 Imports
卢森堡	Luxembourg	221878	195620	26258	206450	180783	25666
荷兰	Netherlands	6759942	5889680	870261	7013969	6031475	982493
希腊	Greece	402047	359317	42730	365224	321898	43327
葡萄牙	Portugal	401559	250069	151490	390633	250686	139946
西班牙	Spain	2457097	1823707	633389	2490032	1892850	597183
阿尔巴尼亚	Albania	48702	34391	14312	55944	32460	23484
安道尔	Andorra	2717	2685	32	226	224	2
奥地利	Austria	676391	204023	472369	706788	203753	503035
保加利亚	Bulgaria	189346	105457	83889	207373	111698	95674
芬兰	Finland	1127289	744055	383234	973717	583152	390564
直布罗陀	Gibraltar	11459	11459	0.3	4759	4158	601
匈牙利	Hungary	806107	573797	232310	840743	569228	271515
冰岛	Iceland	18435	9539	8896	22244	14664	7580
列支敦士登	Liechtenstein	8653	1524	7129	13297	1773	11524
马耳他	Malta	313013	224542	88471	323980	251457	72524
摩纳哥	Monaco	8926	8250	676	3765	2880	886
挪威	Norway	608738	301971	306767	620510	273712	346799
波兰	Poland	1438336	1238646	199690	1480667	1257488	223180
罗马尼亚	Romania	377675	279718	97957	403004	282254	120750
圣马力诺	San Marino	232	149	84	393	200	193
瑞典	Sweden	1333746	641528	692218	1378616	679906	698710
瑞士	Switzerland	2630893	349224	2281669	5958762	351131	5607631
爱沙尼亚	Estonia	136932	123354	13577	130940	110982	19958
拉脱维亚	Latvia	138154	131271	6883	147343	137427	9916
立陶宛	Lithuania	171992	163043	8950	181096	168618	12479
格鲁吉亚	Georgia	77374	74016	3358	91655	86209	5446
亚美尼亚	Armenia	14727	11320	3406	19299	11985	7314
阿塞拜疆	Azerbaijan	128373	106983	21390	110215	86857	23358
白俄罗斯	Byelorussia	158295	91982	66313	145267	87216	58051
摩尔多瓦	Moldavia	14256	12394	1862	13122	11263	1859
俄罗斯	Russia	8821099	4405596	4415504	8925900	4959117	3966783
乌克兰	Ukraine	1035475	732327	303148	1112209	784923	327287
斯洛文尼亚	Slovenia	182267	156664	25603	213561	183281	30280
克罗地亚	Croatia	137434	129983	7451	149421	138994	10427
捷克	Czech	873003	632304	240699	945272	683780	261492
斯洛伐克	Slovak	607826	242303	365523	654259	308444	345816
马其顿	Macedonia	22853	8875	13978	17145	6348	10797
波黑	Bosnia & Herzegovina	7001	4671	2330	11221	9133	2088
梵蒂冈城国	Vatican City State	10	3	7	0.3		0.3
法罗群岛	Faroe Islands	5081	128	4953	7602	145	7457
塞尔维亚	Serbia	51422	41288	10135	61204	43191	18013
黑山	Montenegro	16778	14576	2202	10253	8638	1614
拉丁美洲	**Latin America**	**26128785**	**13521521**	**12607265**	**26139025**	**13396130**	**12742895**
安提瓜和巴布达	Antigua and Barbuda	74705	74698	7	24582	24548	34
阿根廷	Argentina	1443019	786926	656093	1483620	875043	608577
阿鲁巴岛	Aruba	2949	1624	1324	2148	2133	16
巴哈马	Bahamas	70896	59208	11689	33679	33671	8
巴巴多斯	Barbados	10656	9611	1044	8290	7021	1269
伯利兹	Belize	6030	5251	779	13075	12237	839
玻利维亚	Bolivia	67599	35192	32408	80724	53147	27577
博内尔	Bonaire	5	5	0.1	4	4	
巴西	Brazil	8574896	3341956	5232940	9019459	3589547	5429912
开曼群岛	Cayman Is.	11370	11358	12	1145	1119	26
智利	Chile	3322612	1259945	2062667	3381315	1310547	2070769
哥伦比亚	Colombia	938650	622925	315725	1044631	682604	362027
多米尼克	Dominica	2645	2530	115	2308	2297	11
哥斯达黎加	Costa Rica	617200	90176	527024	568503	92698	475805
古巴	Cuba	174275	117358	56917	187942	137479	50463
库腊索岛	Curacao	2629	2615	15	2156	2010	146
多米尼加共和国	Dominica Rep.	143960	102993	40967	133553	104552	29001
厄瓜多尔	Ecuador	355232	261400	93832	374211	296685	77526
法属圭亚那	French Guyana	1551	1548	3	1459	1451	8
格林纳达	Granada	1987	1987	0.4	760	757	3
瓜德罗普岛	Guadeloupe	3432	3428	3	3052	3031	21
危地马拉	Guatemala	135217	128367	6851	164924	147531	17393

11-6 续表 3 continued

单位：万美元 (USD 10 000)

国　别（地区）	Country (Region)	2012			2013		
		进出口总额 Total	出口总额 Exports	进口总额 Imports	进出口总额 Total	出口总额 Exports	进口总额 Imports
圭亚那	Guyana	22560	19952	2608	18127	16014	2113
海地	Haiti	29368	28371	997	33850	32349	1501
洪都拉斯	Honduras	130770	105665	25105	103391	79904	23487
牙买加	Jamaica	81678	78610	3069	63087	62706	381
马提尼克岛	Martinique	2238	2193	44	2370	2361	9
墨西哥	Mexico	3667509	2751549	915961	3920478	2896630	1023848
蒙特塞拉特	Montserrat	5	1	4	17	15	2
尼加拉瓜	Nicaragua	58264	46679	11585	61474	52292	9182
巴拿马	Panama	1535904	1530604	5300	1103668	1099273	4394
巴拉圭	Paraguay	138364	133579	4784	141717	135650	6067
秘鲁	Peru	1379883	533248	846635	1459690	618884	840806
波多黎各	Puerto Rico	153860	65622	88238	170991	65746	105245
萨巴	Saba	90	90		123	123	
圣卢西亚	Saint Lucia	2891	2879	12	1991	1988	3
圣马丁岛	Saint Martin Is.	219	219		304	304	
圣文森特和格林纳丁斯	Saint Vincent & Grenadines	2906	2906	0.2	2523	2523	
萨尔瓦多	El Salvador	49789	49053	737	53094	52196	899
苏里南	Surinam	21247	18911	2335	20212	17403	2809
特立尼达和多巴哥	Trinidad and Tobago	45184	31218	13966	44089	32139	11950
特克斯和凯科斯群岛	Turks & Caicos Is.	30	30	0.1	39	38	1
乌拉圭	Uruguay	432449	241327	191122	479002	232360	246642
委内瑞拉	Venezuela	2384754	930420	1454334	1918460	606450	1312010
英属维尔京群岛	Virgin Is. (E)	15383	15382	1	1116	1107	9
圣其茨-尼维斯	St. Kitts-Nevis	284	271	13	1587	1559	28
荷属安地列斯群岛	Andreas Is. (N)	11564	11564	0.1	5953	5953	
拉美其他国家（地区）	Other Countries (Regions) in Latin America	78	78	0.3	132	54	78
北美洲	**North America**	**53627576**	**38011010**	**15616567**	**57546658**	**39781518**	**17765141**
加拿大	Canada	5133528	2812480	2321049	5445366	2921669	2523697
美国	United States	48467425	35177679	13289746	52074870	36840640	15234230
格陵兰	Greenland	5790	45	5745	7230	16	7214
百慕大群岛	Bermuda	20776	20776		19004	19004	
北美洲其他国家（地区）	Other Countries (Regions) in North America	58	30	28	189	188	1
大洋洲及太平洋群岛	**Oceanic and Pacific Islands**	**13653368**	**4486757**	**9166611**	**15330874**	**4461456**	**10869418**
澳大利亚	Australia	12234625	3772831	8461794	13650822	3755416	9895406
库克群岛	Cook Is.	505	403	102	2049	1948	101
斐济	Fiji	23618	21402	2216	30387	24450	5938
盖比群岛	Gambier Is.	4	4		13	13	
瑙鲁	Nauru	102	97	5	111	108	4
新喀里多尼亚	New Caledonia (Fr)	24603	9665	14938	21959	9034	12925
瓦努阿图	Vanuatu	13603	13361	242	38273	38048	224
新西兰	New Zealand	967483	386454	581029	1238490	413168	825321
诺福克岛	Norfolk Islands	33	32	0.2	52	52	
巴布亚新几内亚	Papua New Guinea	128236	64010	64227	135076	55307	79769
社会群岛	Society Is.	396	396		428	428	
所罗门群岛	Solomon Is.	41438	3668	37770	44132	3680	40452
汤加	Tonga	2016	2016		3851	3848	3
萨摩亚	Samoa	7177	7175	2	5448	5447	1
基里巴斯	Kiribati	3416	3398	17	1911	1866	46
图瓦卢	Tuvalu	14345	14345		753	753	
密克罗尼西亚联邦	Micronesia Commonwealth	1500	408	1093	1492	494	998
马绍尔群岛共和国	Marshall. Is.	184658	182320	2338	150021	142245	7775
帕劳共和国	Republic of Palau	167	164	3	320	319	1
法属波利尼西亚	Polynesia (F)	5186	4382	804	4930	4505	425
瓦利斯和浮图纳	Wallis and Futuna	20	20		73	71	1
大洋洲其他国家（地区）	Other Countries (Regions) in Oceania	236	204	33	255	255	28
国别（地区）不详	**Others**	**626672**		**626672**	**465045**		**465045**

11-7 出口主要货物数量和金额
Main Exported Goods in Volume and Value

金额单位：万美元 (USD 10 000)

品名	Item	2012 数量 Volume	2012 金额 Value	2013 数量 Volume	2013 金额 Value
活猪 (万头)	Live Hogs (10 000 heads)	164	46056	168	45919
活家禽 (万只)	Live Poultry (10 000 heads)	736	3094	717	2976
牛肉 (万吨)	Frozen, Fresh Beef (10 000 tons)	1	8060	1	4432
猪肉 (万吨)	Frozen, Fresh Pork (10 000 tons)	7	29504	7	32539
冻鸡 (万吨)	Frozen Chicken (10 000 tons)	9	22175	10	24212
水海产品 (万吨)	Aquatic and Seawater Products(10 000 tons)	368	1811810	384	1942923
鲜蛋 (百万个)	Fresh Eggs (million units)	1230	11203	1074	10688
谷物及谷物粉 (万吨)	Cereals and Cereals Flour (10 000 tons)	96	59373	95	66416
#稻谷和大米 (万吨)	Rice (10 000 tons)	28	27213	48	41674
玉米 (万吨)	Maize (10 000 tons)	26	10117	8	3319
蔬菜 (万吨)	Vegetables (10 000 tons)	741	755935	778	900551
#鲜或冷藏蔬菜 (万吨)	Fresh Vegetables (10 000 tons)	485	317737	519	340171
橘、橙 (吨)	Mandarins and Oranges (ton)	942596	83932	866531	99121
苹果 (吨)	Apples (ton)	975878	95991	994664	102987
松子仁 (吨)	Pine Nut Kernels (ton)	11576	17459	10683	21232
大豆 (万吨)	Soybean (10 000 tons)	32	27913	21	20194
花生及花生仁 (万吨)	Peanuts (10 000 tons)	15	27236	13	21907
食用植物油 (吨)	Edible Vegetable Oil (ton)	99519	18357	115491	19313
食糖 (吨)	Sugar (ton)	47144	4349	47771	4178
天然蜂蜜 (吨)	Natural Honey (ton)	110158	21505	124901	24655
茶叶 (吨)	Tea (ton)	313484	104226	325806	124631
辣椒干 (吨)	Dried Capsicum (ton)	51957	13748	47168	10993
猪肉罐头 (吨)	Canned Pork (ton)	48109	14967	48624	14944
蘑菇罐头 (吨)	Canned Mushroom (ton)	307841	52250	275028	52716
啤酒 (万升)	Beer (10 000 liters)	22574	14099	24944	16289
肠衣 (吨)	Casings (ton)	82809	109716	79462	96164
填充用羽毛；羽绒 (吨)	Feathers and Down for Stuffing (ton)	35810	75434	38673	100233
中药材及中式成药 (吨)	Medical Materials and Medicaments of Chinese Type (ton)	196660	84716	197475	119797
烤烟 (吨)	Flue-cured Tobacco (ton)	100800	46326	101547	45783
纸烟 (万条)	Cigarette (10 000 items)	12172	44992	12943	48892
锯材 (万立方米)	Wood Sawn (10 000 cu.m)	47	32949	45	32399
生丝 (吨)	Raw Silk (ton)	7674	36845	6690	37358
山羊绒 (吨)	Cashmere (ton)	2342	23354	2844	28591
棉花 (吨)	Cotton (Cotton Wool) (ton)	17558	3680	6733	1517
天然石墨 (万吨)	Natural Graphite (10 000 tons)	26	28646	25	27658
天然碳酸镁；氧化镁 (万吨)	Natural Magnesium Carbonate, Magnesia (10 000 tons)	213	61191	193	52943
萤石（氟石） (万吨)	Fluorite (10 000 tons)	43	15691	45	13764
天然硫酸钡(重晶石)(万吨)	Barite (10 000 tons)	295	36010	206	27952
滑石 (万吨)	Talcum (10 000 tons)	75	18987	66	16674
氧化铝 (吨)	Aluminum Oxide (ton)	43293	3941	186301	9508
煤及褐煤 (万吨)	Coal and Lignite (10 000 tons)	928	158788	751	106188
焦炭、半焦炭 (万吨)	Coke and Semi-coke (10 000 tons)	102	44506	467	113408

11-7 续表 1 continued

金额单位：万美元 (USD 10 000)

品名	Item	2012 数量 Volume	2012 金额 Value	2013 数量 Volume	2013 金额 Value
原油 (万吨)	Crude Oil (10 000 tons)	243	222603	162	145621
成品油 (万吨)	Petroleum Products Refined (10 000 tons)	2427	2130995	2851	2450496
石蜡 (万吨)	Paraffin Wax (10 000 tons)	46	62630	50	63038
仲钨酸铵 (吨)	Tungstates (ton)	2533	8772	2798	9082
氧化锌及过氧化锌 (吨)	Zinc Oxide and Zinc Peroxide (ton)	11567	2112	9617	1725
合成有机染料 (吨)	Synthetic Organic Dyestuffs (ton)	269723	125699	290087	149035
医药品 (吨)	Medical and Pharmaceutical Products (ton)	764623	1193474	817740	1232037
#中式成药 (吨)	Medicaments of Chinese Type (ton)	14483	26594	14235	26872
医用敷料 (吨)	Pharmaceutical Goods (ton)	173248	128960	181579	135302
洗衣粉 (吨)	Detergent (ton)	372012	29624	422925	32799
烟花、爆竹 (吨)	Fireworks and Firecrackers (ton)	336051	72368	325695	77127
松香及树脂酸 (吨)	Resin and Resin Acids (ton)	167814	26834	133143	27219
新的充气橡胶轮胎 (万条)	Rubber Tyres (10 000 units)	41349	1588346	44003	1615291
纸及纸板(未切成形) (万吨)	Paper and Paperboard in Rolls (10 000 tons)	471	568847	565	681287
棉纱线 (吨)	Cotton Yarn (ton)	447413	218233	523286	251516
丝织物	Silk		106543		96455
棉机织物	Cotton Cloth		1327439		1550809
亚麻及苎麻机织物 (万米)	Flax or Ramie Woven Fabric (10 000 m)	23841	71550	27758	94665
合成短纤与棉混纺机织物 (万米)	Synthetic Short Fibre and Cotton-fibre Mixture Woven Fabric (10 000 m)	218468	262398	214371	272343
地毯 (万平方米)	Carpets (10 000 sq.m)	48025	240374	47817	250547
塑料编织袋(周转袋除外) (万条)	Bags of PP or PE Strip(Except Turnover Bags) (10 000 units)	609141	98847	629190	107482
水泥及水泥熟料 (万吨)	Cement and Cement Clinkers (10 000 tons)	1200	68363	1454	79568
平板玻璃 (万平方米)	Plate Glass (10 000 sq.m)	17632	61311	19506	104350
玻璃制品 (万吨)	Glass Products (10 000 tons)	342	733445	358	796020
家用陶瓷器皿 (万吨)	Porcelain and Pottery Ware for Household Use (10 000 tons)	256	367572	251	470197
生铁及镜铁 (万吨)	Pig Iron and Spiegeleisen (10 000 tons)	30	14505	26	11044
钢坯及粗锻件 (万吨)	Billet and Crude Forgings (10 000 tons)		405		375
钢材 (万吨)	Rolled Steel (10 000 tons)	5573	5148654	6233	5321251
未锻造铜及铜合金 (吨)	Unwrought Copper and its Alloys (ton)	274180	228432	293347	226639
铜材 (吨)	Rolled Copper (ton)	492980	422333	488978	417646
未锻造铝及铝合金 (吨)	Unwrought Aluminum and its Alloys (ton)	631212	146768	572280	128001
铝材 (万吨)	Rolled Aluminum (10 000 tons)	283	979716	307	1040579
未锻造的锌及锌合金 (吨)	Unwrought Zinc and Zinc Alloys (ton)	7937	1956	5395	1228
未锻造的锡及锡合金 (吨)	Unwrought Tin and Tin Alloys (ton)	1738	4361	3002	7033
未锻造的锑、粉末及废碎料(吨)	Unwrought Antimony (ton)	9583	11832	2167	2123
未锻造的锰 (吨)	Unwrought Manganese (ton)	42746	12391	222750	48702
钢铁或铜制标准紧固件 (万吨)	Iron or Copper Nails, Bolts, etc. (10 000 tons)	247	461214	257	470943
手用或机用工具 (万吨)	Hand Tools and Tools for Machines(10 000 tons)	145	797690	150	868106
电扇 (万台)	Fans (10 000 sets)	53550	369570	56143	416559
纺织机械及零件	Textile Machinery		223892		251392
缝纫机 (万台)	Sewing Machines (10 000 sets)	1326	124133	1298	137591

11-7 续表 2 continued

金额单位：万美元 (USD 10 000)

品名	Item	2012 数量 Volume	2012 金额 Value	2013 数量 Volume	2013 金额 Value
金属加工机床 (万台)	Machine Tools (10 000 sets)	745	274155	759	285855
电子计算器 (万台)	Electric Calculator (10 000 sets)	34827	65195	32031	66055
自动数据处理设备及其部件 (万台)	Automatic Data Processing Machines and Components (10 000 sets)	183315	18532103	187040	18216919
自动数据处理设备的零件(万吨)	Parts for Auto Data Processing Equipment (10 000 tons)	80	2962266	74	2859893
轴承 (万套)	Bearings (10 000 units)	439385	319582	474381	338995
电动机及发电机 (万台)	Electric Motors and Generators (10 000 sets)	309632	922490	308576	986245
静止式变流器 (万个)	Static Converters (10 000 units)	404748	1555019	495132	1761365
原电池 (百万个)	Primary Cells and Batteries (million units)	26468	186924	27249	194390
蓄电池 (万个)	Electric Accumulators (10 000 units)	220640	749110	202032	759162
电话机 (万台)	Telephone Sets (10 000 sets)	112951	8298745	129522	9715262
收音设备(包括收录音组合机) (万台)	Radio Sets(including Sound Recording Apparatus (10 000 sets)	26091	478161	24090	446678
电视机(包括整套散件) (万台)	TV Sets (including a Complete Set of Spare Parts) (10 000 sets)	6157	1211043	5962	1105332
电容器 (吨)	Electrical Capacitors (ton)	87584	405213	93848	732685
通断保护电路装置及零件	Electrical Apparatus for Switching or Protecting Electrical Circuits		1991978		2161408
二极管及类似半导体器件 (百万个)	Diode and Semi Conductors (million units)	323917	2437040	351584	2505878
电线和电缆 (万吨)	Insulated Wire or Cable (10 000 tons)	186	1660040	195	1839688
集装箱 (万个)	Containers (10 000 units)	248	842204	270	788051
汽车(包括整套散件) (万辆)	Motor Vehicles(including a Complete Set of Spar	99	1267084	92	1197520
汽车零件	Parts of Motor Vehicles		2567591		2905562
自行车 (万辆)	Bicycles (10 000 units)	5715	317628	5695	316920
船舶 (艘)	Ships (unit)	2758091	3611112	3045146	2592708
照相机 (万架)	Cameras (10 000 sets)	10093	643604	6841	469486
医疗仪器及器械	Medical Instruments and Appliances		729253		818016
手表 (万只)	Wrist Watches (10 000 units)	66216	191298	63420	220008
日用钟 (万只)	Clocks (10 000 sets)	38993	109214	36653	108330
家具及其零件	Furniture		4881712		5182283
非针织或钩编织物制服装	Garments(Excluding Knitwear and Crochet)		5502054		6100211
针织或钩编服装	Garments, Knitted or Crocheted		7795402		8689284
皮鞋 (万双)	Leather Shoes (10 000 pairs)	83644	1092544	86582	1201068
橡胶或塑料底布鞋 (万双)	Cloth Shoes with Outer of Rubber or Artificial Plastic Materials (10 000 pairs)	199268	815204	222735	962956
塑料制品 (万吨)	Plastic Articles (10 000 tons)	851	3156517	896	3529316
玩具	Toys		1144977		1237888
足球、篮球、排球 (万个)	Footballs, Basketballs and Volleyballs (10 000 units)	20992	48001	23366	53961
伞 (万把)	Umbrellas (10 000 units)	46661	255930	46245	268900
竹编结品 (吨)	Bamboo Products (ton)	31936	20403	25741	17787
藤编结品 (吨)	Rattan Products (ton)	12444	10069	10183	9308
草编结品 (吨)	Straw Mats and Straw Products (ton)	21840	14287	18979	13600
柳编结品 (吨)	Wickerwork (ton)	64430	46226	54063	42942
机电产品	Mechanical and Electrical Products		117933764		126466246
高新技术产品	High and New-tech Products		60116385		66008130

11-8 进口主要货物数量和金额
Main Imported Goods in Volume and Value

金额单位：万美元 (USD 10 000)

品名		Item		2012		2013	
				数量 Volume	金额 Value	数量 Volume	金额 Value
谷物及谷物粉	(万吨)	Cereals and Cereals Flour	(10 000 tons)	1398	478673	1458	510060
#小麦	(万吨)	Wheat	(10 000 tons)	370	110863	554	188056
稻谷和大米	(万吨)	Paddy and Rice	(10 000 tons)	237	115335	227	108303
大豆	(万吨)	Soybean	(10 000 tons)	5838	3499017	6338	3800944
食用植物油	(万吨)	Edible Vegetable Oil	(10 000 tons)	845	969212	810	807489
食糖	(万吨)	Sugar	(10 000 tons)	375	224374	455	206867
天然橡胶（包括胶乳）	(万吨)	Natural Rubber (including Latex)	(10 000 tons)	218	681347	247	639258
合成橡胶（包括胶乳）	(万吨)	Synthetic Rubber (including Latex)	(10 000 tons)	144	509697	153	442836
原木	(万立方米)	Logs	(10 000 cu.m)	3789	725288	4516	932014
锯材	(万立方米)	Wood Sawn	(10 000 cu.m)	2063	551749	2402	682629
纸浆	(万吨)	Paper Pulp	(10 000 tons)	1646	1097283	1685	1137526
羊毛及毛条	(万吨)	Wool and Wool Tops	(10 000 tons)	32	271002	36	283983
棉花	(万吨)	Cotton	(10 000 tons)	513	1180425	415	844135
纺织用合成纤维	(万吨)	Synthetic Fibers Suitable for Spinning	(10 000 tons)	33	100866	38	115442
#聚酯纤维	(万吨)	Polyester Fibers	(10 000 tons)	11	21121	13	24157
聚丙烯腈纤维	(万吨)	Polyacryolnitr Fibers	(10 000 tons)	19	59248	21	66771
铁矿砂及其精矿	(万吨)	Iron Ore	(10 000 tons)	74360	9573960	81910	10617538
锰矿砂及其精矿	(万吨)	Manganese Ores	(10 000 tons)	1235	218599	1660	319236
铜矿砂及其精矿	(万吨)	Copper Ores	(10 000 tons)	783	1695073	1007	1950898
铬矿砂及其精矿	(万吨)	Chromium Ores	(10 000 tons)	929	203557	1209	238839
氧化铝	(万吨)	Aluminum Oxide	(10 000 tons)	502	181607	383	140451
煤及褐煤	(万吨)	Coal and Lignite	(10 000 tons)	28841	2871613	32702	2906637
原油	(万吨)	Crude Oil	(10 000 tons)	27103	22079989	28174	21966037
成品油	(万吨)	Petroleum Products Refined	(10 000 tons)	3982	3307184	3959	3202573
乙二醇	(万吨)	Ethylene Glycol	(10 000 tons)	793	813045	823	867960
对苯二甲酸	(万吨)	Telephthalic Acid	(10 000 tons)	537	586359	274	298834
己内酰胺	(万吨)	Carprolactam	(10 000 tons)	71	181365	45	107592
医药品	(吨)	Pharmaceutical Products	(ton)	100066	1388602	97584	1621623
肥料(自然吨)	(万吨)	Chemical Fertilizers, Manufactured (Actual Weight)	(10 000 tons)	843	404889	793	339274

11-8 续表 continued

金额单位：万美元 (USD 10 000)

品名	Item	2012 数量 Volume	2012 金额 Value	2013 数量 Volume	2013 金额 Value
#尿素 (吨)	Urea (ton)	170978	7135	30443	1090
氮、磷、钾复合肥 (万吨)	Compound Fertilizers of Nitrogen, Phosphor and Kalium (10 000 tons)	132	75393	135	75334
磷酸氢二胺 (万吨)	Diammonium Phosphape (10 000 tons)	16	10295	22	11335
氯化钾 (万吨)	Potassium Chloride (10 000 tons)	634	291853	603	237655
原形聚乙烯 (万吨)	Polyethylene in primary Forms (10 000 tons)	558	776455	646	958270
原形聚丙烯 (万吨)	Polypropylene in Primary Forms (10 000 tons)	392	580255	359	559587
原形聚苯乙烯 (万吨)	Polystyrene in Primary Forms (10 000 tons)	312	631729	307	640791
#ABS树脂 (万吨)	ABS Copolymers (10 000 tons)	167	362422	167	359708
原形聚氯乙烯 (万吨)	Polyvinyl Chloride in Primary Forms (10 000 tons)	121	136541	104	122613
聚酯切片 (万吨)	Slices or Chips of Polyethylene Terephthalate (10 000 tons)	18	32469	19	35155
农药 (吨)	Pesticides (ton)	68928	59230	76928	69292
纸及纸板（未切成形） (万吨)	Paper and Paperboard (Unchopped in Shape)(10 000 tons)	311	383539	284	366027
钢材 (万吨)	Rolled Steel (10 000 tons)	1366	1780522	1408	1705246
未锻造的铜及铜合金 (万吨)	Copper and Copper Alloys (10 000 tons)	398	3187050	384	2854691
铜材 (万吨)	Rolled Copper (10 000 tons)	67	674471	65	644610
未锻造的铝及铝合金 (万吨)	Aluminum and Aluminum Alloys (10 000 tons)	64	140036	48	101004
铝材 (万吨)	Rolled Aluminum (10 000 tons)	53	338947	48	302631
锅炉 (台)	Boilers (set)	365	6923	369	4291
制冷设备用压缩机 (万台)	Compressors for Refrigerating Equipment (10 000 sets)	1196	105089	1274	114978
金属加工机床 (台)	Machine Tools (set)	109957	1365356	75490	1006594
阀门 (万套)	Valves (10 000 sets)	47827	602973	61765	650059
自动数据处理设备及其部件 (万台)	Automatic Data Processing Machines and Components (10 000 sets)	73316	3693788	74743	3082429
电话机 (万台)	Telephone Sets (10 000 sets)	1167	173598	1002	180989
收音设备 (万台) (包括收录音组合机及整套散件)	Sound Recording Apparatus (10 000 sets) (including a Complete Set of Spare Parts)	164	21676	142	26663
电视机 (万台)	TV Sets (10 000 sets)	3	1414	5	3088
电视显像管 (万只)	Cathode-ray TV Picture Tube (10 000 sets)	118	2469	41	757
汽车(包括整套散件) (辆)	Motor Vehicles(including a Complete Set of Spare Parts) (unit)	1129731	4748806	1192179	4871679
#小轿车	Cars	446783	1956291	423399	1761831
货车	Trucks	17998	155949	9418	83981
自卸车	Dump Trucks	242	19297	234	14507
装有引擎的汽车底盘 (台)	Chassis with Engines (unit)	1099	8103	1254	13582
汽车零件	Parts of Motor Vehicles		2296789		2539196
飞机 (架)	Aircraft (unit)	517	1569269	741	2090404
船舶 (艘)	Ships (unit)	3540	60139	5335	86447
医疗仪器及器械	Medical Instruments and Appliances		708736		789285
机电产品	Mechanical and Electrical Products		78262735		83969959
高新技术产品	High and New-tech Products		50707782		55794224

11-9 分地区货物进出口总额(2013年)
Total Value of Imports and Exports of Goods by Region (2013)

单位：万美元 (USD 10 000)

地　区	Region	按经营单位所在地分 By Location of Importers/Exporters			按境内目的地和货源地分 By Place of Destination or Origin in China		
		进出口 Total	出　口 Exports	进　口 Imports	进出口 Total	出　口 Exports	进　口 Imports
全　国	**National Total**	**415899347**	**220900400**	**194998947**	**415899347**	**220900400**	**194998947**
北　京	Beijing	42899581	6309756	36589825	13156078	3322140	9833938
天　津	Tianjin	12850179	4900494	7949685	13460007	4892996	8567011
河　北	Hebei	5491157	3096061	2395096	9021936	4084405	4937531
山　西	Shanxi	1579098	799557	779541	1716093	974937	741156
内蒙古	Inner Mongolia	1199457	409256	790201	1438946	525553	913393
辽　宁	Liaoning	11447819	6452201	4995618	12136051	5340791	6795260
吉　林	Jilin	2583174	673891	1909283	2519066	569895	1949170
黑龙江	Heilongjiang	3887909	1623173	2264737	2739638	1223890	1515748
上　海	Shanghai	44126822	20418003	23708819	43427799	18878591	24549208
江　苏	Jiangsu	55080227	32880175	22200052	59329528	33380420	25949109
浙　江	Zhejiang	33578871	24874624	8704246	36550758	26241357	10309401
安　徽	Anhui	4551897	2825131	1726766	3892753	2246022	1646731
福　建	Fujian	16932090	10647442	6284648	15448303	9431370	6016932
江　西	Jiangxi	3674663	2816665	857998	3365242	2330062	1035181
山　东	Shandong	26653153	13419013	13234141	31494209	14154610	17339599
河　南	Henan	5995687	3598710	2396977	6277358	3857779	2419580
湖　北	Hubei	3638008	2283621	1354387	3563528	2098600	1464929
湖　南	Hunan	2517531	1482120	1035411	2431607	1440297	991310
广　东	Guangdong	109158144	63636385	45521759	128119159	73176341	54942818
广　西	Guangxi	3282750	1869326	1413424	3869607	939561	2930046
海　南	Hainan	1498543	370649	1127895	1475804	317293	1158511
重　庆	Chongqing	6869216	4679590	2189627	5878523	3821140	2057384
四　川	Sichuan	6457466	4194906	2262560	5509468	3276046	2233422
贵　州	Guizhou	829010	688598	140413	475700	320949	154751
云　南	Yunnan	2530356	1567138	963218	1582430	876855	705576
西　藏	Tibet	331941	326905	5036	210415	204923	5492
陕　西	Shaanxi	2012806	1022566	990240	2021975	1022410	999565
甘　肃	Gansu	1023611	467732	555879	684156	142943	541213
青　海	Qinghai	140274	84726	55548	85572	35071	50501
宁　夏	Ningxia	321769	255216	66553	260828	179874	80954
新　疆	Xinjiang	2756139	2226774	529366	3756811	1593282	2163529

11-10 分地区外商投资企业货物进出口总额
Value of Imports and Exports of Goods of Foreign-funded Enterprises by Region

单位：万美元 (USD 10 000)

地区	Region	2000			2010			2013		
		进出口 Total	出口 Exports	进口 Imports	进出口 Total	出口 Exports	进口 Imports	进出口 Total	出口 Exports	进口 Imports
全国	**National Total**	**23671390**	**11944121**	**11727269**	**160061524**	**86222882**	**73838642**	**191831458**	**104372410**	**87459048**
北京	Beijing	776847	287108	489739	6982928	2215220	4767708	7454000	2266758	5187242
天津	Tianjin	1369289	637925	731364	5880898	2643785	3237114	8014515	3282008	4732507
河北	Hebei	158147	101240	56907	1750914	921579	829336	1598426	846339	752087
山西	Shanxi	41876	15209	26667	220570	87993	132577	542065	360433	181631
内蒙古	Inner Mongolia	18157	13799	4358	161063	95974	65089	162700	77636	85064
辽宁	Liaoning	1229698	624464	605234	3899198	2063953	1835245	4499058	2192168	2306891
吉林	Jilin	112274	39197	73077	760502	127753	632749	1073022	130031	942991
黑龙江	Heilongjiang	47353	26679	20674	111252	69866	41386	141492	58265	83228
上海	Shanghai	3341054	1426102	1914952	24991842	12593270	12398571	28856053	13673977	15182076
江苏	Jiangsu	3018082	1445340	1572742	34720361	19231357	15489004	33933016	19419536	14513480
浙江	Zhejiang	938993	534851	404142	9239699	5813714	3425985	9976925	6206415	3770510
安徽	Anhui	94779	39993	54786	811938	325294	486645	1194711	526434	668277
福建	Fujian	1405740	759713	646027	5833659	3495247	2338411	7544701	4165028	3379673
江西	Jiangxi	31814	16298	15516	1193074	499473	693601	1276714	634406	642309
山东	Shandong	1392569	792766	599803	9632505	5656323	3976182	10102871	5823864	4279007
河南	Henan	57695	30889	26806	451982	255577	196405	3992550	2298177	1694373
湖北	Hubei	104686	42956	61730	1105434	569511	535923	1402395	732409	669986
湖南	Hunan	47717	18250	29467	310208	129164	181044	635614	329749	305865
广东	Guangdong	9203696	4951011	4252685	48449160	28184708	20264452	59207053	35729251	23477802
广西	Guangxi	55339	34112	21227	492309	203314	288994	946936	366629	580306
海南	Hainan	45993	30464	15529	623702	127682	496020	1094975	186262	908713
重庆	Chongqing	32389	9666	22723	475706	165096	310610	3764038	2581123	1182915
四川	Sichuan	61524	24517	37007	1278437	444301	834136	3135195	1907785	1227410
贵州	Guizhou	5690	4012	1678	17449	10528	6920	21963	10418	11545
云南	Yunnan	19658	8113	11545	64499	33003	31497	84373	37119	47254
西藏	Tibet	634	389	245	549	3	546	14	14	
陕西	Shaanxi	35433	11611	23822	506126	215667	290458	1099970	492346	607624
甘肃	Gansu	5657	3832	1825	14426	9750	4676	7275	4989	2286
青海	Qinghai	925	202	723	13467	984	12483	8789	1363	7426
宁夏	Ningxia	6125	4294	1831	32158	14930	17228	34908	19271	15638
新疆	Xinjiang	11557	9119	2438	35510	17864	17645	25145	12210	12935

11-11　服务进出口总额
Total Value of Imports and Exports of Services

单位：亿美元　　(100 million USD)

年份 Year	进出口 Imports and Exports	出口 Exports	进口 Imports	差额 Balance
1982	44	25	19	6
1983	43	25	18	7
1984	54	28	26	2
1985	52	29	23	6
1986	56	36	20	16
1987	65	42	23	19
1988	80	47	33	14
1989	81	45	36	9
1990	98	57	41	16
1991	108	69	39	30
1992	183	91	92	-1
1993	226	110	116	-6
1994	322	164	158	6
1995	430	184	246	-62
1996	430	206	224	-18
1997	522	245	277	-32
1998	504	239	265	-26
1999	572	262	310	-48
2000	660	301	359	-58
2001	719	329	390	-61
2002	855	394	461	-67
2003	1013	464	549	-85
2004	1337	621	716	-95
2005	1571	739	832	-93
2006	1917	914	1003	-89
2007	2509	1216	1293	-77
2008	3045	1465	1580	-115
2009	2867	1286	1581	-295
2010	3624	1702	1922	-219
2011	4191	1821	2370	-549
2012	4706	1905	2801	-897
2013	5396	2106	3291	-1185

11-12　服务进出口分类金额
Total Value of Imports and Exports of Services by Sector

单位：亿美元　　(100 million USD)

类　别	Classification	出口 Exports		进口 Imports	
		2012	2013	2012	2013
总计	**Total**	**1904.4**	**2105.9**	**2801.4**	**3290.5**
运输服务	Transportation	389.1	376.5	858.6	943.2
旅游	Travel	500.3	516.6	1019.8	1285.8
通信服务	Communication Services	17.9	16.7	16.5	16.4
建筑服务	Construction Services	122.5	106.6	36.2	38.9
保险服务	Insurance Services	33.3	40.0	206.0	220.9
金融服务	Financial Services	18.9	29.2	19.3	34.2
计算机和信息服务	Computer & Information Services	144.5	154.3	38.4	59.9
专有权利使用费和特许费	Royalties & License Fees	10.4	8.9	177.5	210.3
咨询	Consulting	334.5	405.4	200.2	235.8
广告、宣传	Advertising, Media	47.5	49.1	27.7	31.3
电影、音像	Film, Audiovisual	1.3	1.5	5.6	7.8
其他商业服务	Other Business Services	284.2	401.4	195.6	205.9

注：项目类别为国际收支口径，不含政府服务。

a) Classifcations are coverage of international balance of payment, which do not include government services.

11-13 利用外资概况
Utilization of Foreign Capital

项目单位：个； 金额单位：亿美元 (unit) (USD 100 million)

年份 Year	总计 Total 项目 Number of Projects	总计 Total 金额 Value	#外商直接投资 Direct Foreign Investments 项目 Number of Projects	#外商直接投资 Direct Foreign Investments 金额 Value	#外商其他投资额 Other Foreign Investments
合同利用外资 Total Amount of Contracted Foreign Investment					
1979-1984	3841	281.26	3724	97.50	13.98
1985	3145	102.69	3073	63.33	4.02
1986	1551	122.33	1498	33.30	4.96
1987	2289	121.36	2233	37.09	6.10
1988	6063	160.04	5945	52.97	8.94
1989	5909	114.79	5779	56.00	6.94
1990	7371	120.86	7273	65.96	3.91
1991	13086	195.83	12978	119.77	4.45
1992	48858	694.39	48764	581.24	6.12
1993	83595	1232.73	83437	1114.36	5.31
1994	47646	937.56	47549	826.80	4.08
1995	37184	1032.05	37011	912.82	6.35
1996	24673	816.10	24556	732.76	3.71
1997	21138	610.58	21001	510.03	41.82
1998	19850	632.01	19799	521.02	27.14
1999	17022	520.09	16918	412.23	24.26
2000	22347	711.30	22347	623.80	87.50
2001	26140	719.76	26140	691.95	27.81
2002	34171	847.51	34171	827.68	19.82
2003	41081	1169.01	41081	1150.69	18.32
2004	43664	1565.88	43664	1534.79	31.09
2005	44001	1925.93	44001	1890.65	35.28
2006	41473	1982.16	41473	1937.27	44.89
2007	37871		37871		
2008	27514		27514		
2009	23435		23435		
2010	27406		27406		
2011	27712		27712		
2012	24925		24925		
2013	22773		22773		
实际使用外资 Total Amount of Foreign Investment Actually Utilized					
1979-1984		181.87		41.04	10.42
1985		47.60		19.56	2.98
1986		76.28		22.44	3.70
1987		84.52		23.14	3.33
1988		102.26		31.94	5.45
1989		100.60		33.92	3.81
1990		102.89		34.87	2.68
1991		115.54		43.66	3.00
1992		192.03		110.08	2.84
1993		389.60		275.15	2.56
1994		432.13		337.67	1.79
1995		481.33		375.21	2.85
1996		548.05		417.26	4.10
1997		644.08		452.57	71.30
1998		585.57		454.63	20.94
1999		526.59		403.19	21.28
2000		593.56		407.15	86.41
2001		496.72		468.78	27.94
2002		550.11		527.43	22.68
2003		561.40		535.05	26.35
2004		640.72		606.30	34.42
2005		638.05		603.25	34.80
2006		670.76		630.21	40.55
2007		783.39		747.68	35.72
2008		952.53		923.95	28.58
2009		918.04		900.33	17.71
2010		1088.21		1057.35	30.86
2011		1176.98		1160.11	16.87
2012		1132.94		1117.16	15.78
2013		1187.21		1175.86	11.34

注：1.本表资料由商务部提供。
2.2000年及以前，外商投资合同金额和实际使用外资额均含对外借款；从2007年起商务部不再对外公布外资合同金额数据。

a) Data in this table come from the Ministry of Commerce.

b) In 2000 and before, data of contracted foreign capital and total amount of foreign capital actually utilized include foreign loans. Since 2007, Ministry of Commerce do not publish data of contracted value with foreign countries or regions.

11-14 按国别(地区)分实际外商投资额
Foreign Investment Actually Utilized by Countries or Regions

单位：万美元 (USD 10 000)

国别(地区)	Country (Region)	2012 外商直接投资 Foreign Direct Investment	2012 外商其他投资 Other Foreign Investment	2013 外商直接投资 Foreign Direct Investment	2013 外商其他投资 Other Foreign Investment
总计	**Total**	**11171614**	**157807**	**11758620**	**113439**
亚洲	**Asia**	**8669559**	**117523**	**9467234**	**95279**
阿富汗	Afghanistan	163		558	
巴林	Bahrain	79			
孟加拉国	Bangladesh	227		27	
文莱	Brunei	15109		13319	
缅甸	Myanmar	384		585	
柬埔寨	Cambodia	1660		2251	
塞浦路斯	Cyprus	863		2128	
朝鲜	Korea DPR	155		268	
中国香港	Hong Kong, China	6556119	109534	7339667	88298
印度	India	4406		2705	
印度尼西亚	Indonesia	6378		12623	
伊朗	Iran	410		325	
伊拉克	Iraq	93		101	
以色列	Israel	1250		1365	
日本	Japan	735156	7500	705817	6981
约旦	Jordan	120		125	
科威特	Kuwait			69	
老挝	LaoPDR	200			
黎巴嫩	Lebanon	371		199	
中国澳门	Macao, China	50556		46020	
马来西亚	Malaysia	31751		28053	
蒙古	Mongolia	25		207	
尼泊尔	Nepal	3		11	
巴基斯坦	Pakistan	183		1805	
巴勒斯坦	Palestine	10		3	
菲律宾	Philippines	13221		6726	
卡塔尔	Qatar	2706		1771	
沙特阿拉伯	Saudi Arabia	4987		5851	
新加坡	Singapore	630508		722872	
韩国	Republic of Korea	303800		305421	
斯里兰卡	Sri Lanka	20			
叙利亚	Syria	95		248	
泰国	Thailand	7772		48305	
土耳其	Turkey	1556		4004	
阿联酋	United Arab Emirates	12963		4381	
也门	Republic of Yemen	287		90	
越南	Viet Nam	316			
中国台湾	Taiwan, China	284707	489	208771	
哈萨克斯坦	Kazakhstan	555		363	
吉尔吉斯斯坦	Kirghizia	27			
塔吉克斯坦	Tajikistan	11			
土库曼斯坦	Turkmenistan			19	
乌兹别克斯坦	Uzbekistan	155		5	
亚洲其他国家(地区)	Other Countries (Regions) in Asia	202		176	
非洲	**Africa**	**138787**		**137901**	
阿尔及利亚	Algeria	571		5	
安哥拉	Angola	195		454	
博茨瓦纳	Botswana			29	
喀麦隆	Cameroon			3	
刚果	Congo	16		3	
埃及	Egypt	567		209	
冈比亚	Gambia	131		150	
加纳	Ghana	382		4	
肯尼亚	Kenya	209		11	
利比里亚	Liberia			16	
利比亚	Libyan	180			

11-14 续表 1 continued

单位：万美元 (USD 10 000)

国别(地区)	Country (Region)	2012 外商直接投资 Foreign Direct Investment	2012 外商其他投资 Other Foreign Investment	2013 外商直接投资 Foreign Direct Investment	2013 外商其他投资 Other Foreign Investment
马里	Mali	9			
毛里求斯	Mauritius	95873		91030	
摩洛哥	Morocco			27	
纳米比亚	Namibia			1600	
尼日利亚	Nigeria	1253		1488	
塞内加尔	Senegal	8			
塞舌尔	Seychelles	36507		34812	
塞拉利昂	Sierra Leone			2	
南非	South Africa	1605		1292	
苏丹	Sudan	7		24	
坦桑尼亚	Tanzania			1629	
突尼斯	TuNiSia	32		45	
乌干达	Uganda	511		3580	
赞比亚	Zambia	629		1488	
非洲其他国家(地区)	Other Countries (Regions) in Africa	102			
欧洲	**Europe**	**629050**	**3338**	**689319**	**9000**
比利时	Belgium	3821		3451	
丹麦	Denmark	13048		36960	
英国	United Kingdom	40960		39194	3000
德国	Germany	145095	1900	207844	
法国	France	65242	808	75189	
爱尔兰	Ireland	11192		4324	
意大利	Italy	24576		31685	
卢森堡	Luxembourg	22702		43256	
荷兰	Netherlands	114358		127477	
希腊	Greece	140		158	
葡萄牙	Portugal	48		948	
西班牙	Spain	34717		31197	
奥地利	Austria	21626	630	15341	6000
保加利亚	Bulgaria	747		165	
芬兰	Finland	10891		8961	
匈牙利	Hungary	615		311	
冰岛	Iceland	882		755	
列支敦士登	Liechtenstein	170		183	
马耳他	Malta	54		3	
摩纳哥	Monaco	8		24	
挪威	Norway	1751		2786	
波兰	Poland	357		155	
罗马尼亚	Romania	456		135	
圣马力诺	Sanmarino	389			
瑞典	Sweden	20250		20852	
瑞士	Switzerland	87280		31468	
爱沙尼亚	Estonia	9			
立陶宛	Lithuania			8	
格鲁吉亚	Georgia	420		400	
亚美尼亚	Armenia			1012	
阿塞拜疆	Azerbaijan	40		84	
白俄罗斯	Byelorussia			19	
摩尔多瓦	Moldavia	48		15	
俄罗斯	Russia	2992		2208	
乌克兰	Ukraine	280		552	
斯洛文尼亚	Slovenia	269		86	
克罗地亚	Croatia	289		21	
捷克	Czech	2071		1099	
斯洛伐克	Slovakia	429		845	

11-14 续表 2 continued

单位：万美元 (USD 10 000)

国别（地区）	Country (Region)	2012 外商直接投资 Foreign Direct Investment	2012 外商其他投资 Other Foreign Investment	2013 外商直接投资 Foreign Direct Investment	2013 外商其他投资 Other Foreign Investment
波黑	Bosnia & Herzegovina			70	
欧洲其他国家（地区）	Other Countries (Regions) in Europe	828		78	
拉丁美洲	**Latin America**	**1018357**		**820687**	
阿根廷	Argentina	830		52	
巴哈马	Bahamas	3731		8192	
巴巴多斯	Barbados	15988		16096	
伯利兹	Belize	1130		4204	
玻利维亚	Bolivia			22	
巴西	Brazil	5760		2304	
开曼群岛	Cayman Islands	197540		166825	
智利	Chile	2075		2094	
哥伦比亚	Colombia	3		38	
多米尼克	Dominica	103		100	
厄瓜多尔	Ecuador	1		2	
墨西哥	Mexico	1487		1580	
巴拿马	Panama	3281		2594	
巴拉圭	Paraguay	2013			
秘鲁	Peru	16			
圣文森特和格林纳丁斯	Saint Vincent & Grenadines	21		111	
特克斯和凯科斯岛	Turks and Caicos Islands	25		40	
乌拉圭	Uruguay	50		158	
委内瑞拉	Venezuela	128		66	
维尔京群岛	Virgin Islands	783086		615858	
圣其茨-尼维斯	St.Kitts-Nevis	652		95	
拉美洲其他国家（地区）	Other Countries (Regions) in Latin America	437		256	
北美洲	**North America**	**382585**	**2863**	**408372**	
加拿大	Canada	43497		53610	
美国	United States	259809	2863	281987	
百慕大	Bermuda	79160		72194	
北美洲其他国家（地区）	Other Countries (Regions) in North America	119		581	
大洋洲及太平洋岛屿	**Oceanic and Pacific Islands**	**226589**		**232652**	
澳大利亚	Australia	33797		32967	
库克群岛	Cook Islands	134		65	
瓦努阿图	Vanuatu	515		79	
新西兰	New Zealand	11890		6795	
汤加	Tonga	159			
萨摩亚	Samoan	174371		185807	
图瓦卢	Tuvalu	45			
马绍尔群岛	Marshall Islands	1676		4884	
其它太平洋岛屿	Other Pacific Islands	3751		1048	
大洋洲其他国家（地区）	Other Countries (Regions) in Oceanic	251		1007	
其他	**Others**	**106687**	**34083**	**2455**	**9160**

注：外商其他投资含当年对外发行股票额。

a) Other foreign investment includes the stock issued in foreign countries at the year.

11-15 按方式分外商投资额
Amount of Foreign Investment by Form

金额单位：亿美元　　(USD 100 million)

指　标	Item	2012 项目（个）Number of Projects (unit)	2012 实际使用金额 Actually Utilized Value	2013 项目（个）Number of Projects (unit)	2013 实际使用金额 Actually Utilized Value
总　计	**Total**	**24925**	**1132.94**	**22773**	**1187.21**
外商直接投资	Foreign Direct Investments	24925	1117.16	22773	1175.86
合资经营企业	Equity Joint Venture	4355	217.06	4476	237.72
合作经营企业	Contractual Joint Venture	166	23.08	142	19.44
外资企业	Wholly Foreign-owned Enterprise	20352	861.32	18125	895.89
外商投资股份制企业	FDI Shareholding Inc.	52	15.70	30	22.81
合作开发	Joint Exploration				
其他	Others				
外商其他投资	Other Foreign Investment		15.78		11.34
对外发行股票	Sale Share		7.27		3.26
国际租赁	International Lease				
补偿贸易	Compensation Trade		0.95		
加工装配	Processing and Assembly		7.56		8.08

11-16 按行业分外商直接投资（2013年）
Foreign Direct Investment by Sector (2013)

行　业	Sector	合同项目（个）Number of Projects (unit)	实际使用金额（万美元）Investment Actually Utilized (USD 10 000)
总　计	**Total**	**22773**	**11758620**
农、林、牧、渔业	Agriculture, Forestry, Animal Husbandry and Fishery	757	180003
采矿业	Mining	47	36495
制造业	Manufacturing	6504	4555498
电力、燃气及水的生产和供应业	Production and Supply of Electricity, Gas and Water	200	242910
建筑业	Construction	180	121983
交通运输、仓储和邮政业	Transport, Storage and Post	401	421738
信息传输、计算机服务和软件业	Information Transmission, Computer Services and Software	796	288056
批发和零售业	Wholesale and Retail Trades	7349	1151099
住宿和餐饮业	Hotels and Catering Services	436	77181
金融业	Financial Intermediation	509	233046
房地产业	Real Estate	530	2879807
租赁和商务服务业	Leasing and Business Services	3359	1036158
科学研究、技术服务和地质勘查业	Scientific Research, Technical Service and Geologic Prospecting	1241	275026
水利、环境和公共设施管理业	Management of Water Conservancy, Environment and Public Facilities	107	103586
居民服务和其他服务业	Services to Households and Other Services	166	65693
教育	Education	22	1822
卫生、社会保障和社会福利业	Health, Social Security and Social Welfare	18	6435
文化、体育和娱乐业	Culture, Sports and Entertainment	151	82079
公共管理和社会组织	Public Management and Social Organizations		5

注：本表中的行业分类仍执行2002年版的国民经济行业分类标准。
a) Classification for national standard of industry classification in this table are still implementing the version of 2002.

11-17 按行业分外商投资企业年底注册登记情况（2013年）
Registration Status of Foreign Funded Enterprises by Sector at Year-end (2013)

行业	Sector	企业数（户）Number of Enterprises (unit)	投资总额（亿美元）Total Investment (100 million USD)	注册资本（亿美元）Registered Capital (100 million USD)	#外方 Foreign Investor
总计	**Total**	**445962**	**35176**	**20280**	**16077**
农、林、牧、渔业	Agriculture, Forestry, Animal Husbandry and Fishery	6661	444	279	245
采矿业	Mining	870	172	106	72
制造业	Manufacturing	166195	17342	9239	7401
电力、热力、燃气及水生产和供应业	Production and Supply of Electricity, Heat, Gas and Water	4222	1695	694	402
建筑业	Construction	4839	761	502	272
批发和零售业	Wholesale and Retail Trades	91146	1962	1109	973
交通运输、仓储和邮政业	Transport, Storage and Post	11337	1319	763	412
住宿和餐饮业	Hotels and Catering Services	22000	375	211	171
信息传输、软件和信息技术服务业	Information Transmission, Software and Information Technology	43421	980	557	519
金融业	Financial Intermediation	8639	871	820	560
房地产业	Real Estate	17497	4991	3123	2678
租赁和商务服务业	Leasing and Business Services	40593	2097	1659	1421
科学研究和技术服务业	Scientific Research and Technical Services	18664	1474	834	658
水利、环境和公共设施管理业	Management of Water Conservancy, Environment and Public Facilities	1008	213	114	91
居民服务、修理和其他服务业	Service to Households, Repair and Other Services	4754	117	71	58
教育	Education	406	11	6	5
卫生和社会工作	Health and Social Service	217	38	19	15
文化、体育和娱乐业	Culture, Sports and Entertainment	2613	204	123	90
其他	Others	880	109	51	35

注：本表数据来自国家工商总局(下表同)。

a) Data in this table are from the State Administration for Industry & Commerce. The same applies to the table following.

11-18 分地区外商投资企业年底注册登记情况
Registration Status of Foreign Funded Enterprises by Region at Year-end

地 区	Region	企业数（户） Number of Enterprises (unit)		投资总额（亿美元） Total Investment (100 million USD)		注册资本（亿美元） Registered Capital (100 million USD)		#外 方 Foreign Investor	
		2012	2013	2012	2013	2012	2013	2012	2013
全 国	**National Total**	**440609**	**445962**	**32610**	**35176**	**18814**	**20280**	**14903**	**16077**
地区合计	**Region Total**	**440383**	**445735**	**31406**	**34019**	**17952**	**19479**	**14381**	**15633**
北 京	Beijing	26535	27061	1494	1771	907	1059	739	828
天 津	Tianjin	11491	11413	1189	1274	649	721	543	599
河 北	Hebei	7426	6832	490	545	257	272	189	198
山 西	Shanxi	3623	3535	320	342	187	199	83	89
内蒙古	Inner Mongolia	3114	2925	258	229	135	108	104	73
辽 宁	Liaoning	17960	17250	1856	1832	1171	1136	963	928
吉 林	Jilin	4298	4350	239	318	130	153	87	93
黑龙江	Heilongjiang	5039	4924	222	228	128	131	95	96
上 海	Shanghai	61461	64412	4138	4579	2511	2823	2034	2303
江 苏	Jiangsu	50461	50514	6250	6664	3301	3543	2803	3000
浙 江	Zhejiang	29595	30674	2178	2404	1275	1407	971	1088
安 徽	Anhui	4466	4466	400	416	207	227	154	167
福 建	Fujian	23381	23546	1457	1565	804	854	680	712
江 西	Jiangxi	7334	6667	539	588	349	384	301	333
山 东	Shandong	25885	25755	1581	1765	897	995	684	765
河 南	Henan	10168	9934	463	478	237	245	171	179
湖 北	Hubei	8023	7693	583	654	321	349	240	256
湖 南	Hunan	4882	5020	384	405	196	209	147	158
广 东	Guangdong	98564	100639	4786	5126	2833	3037	2302	2517
广 西	Guangxi	3773	3756	311	319	167	173	136	140
海 南	Hainan	3105	3105	271	270	143	153	96	114
重 庆	Chongqing	4461	5397	537	588	312	369	236	289
四 川	Sichuan	9107	9147	640	725	374	413	283	324
贵 州	Guizhou	1688	1386	77	119	42	63	33	49
云 南	Yunnan	3956	4262	226	241	134	141	101	107
西 藏	Tibet	208	240	11	13	7	8	3	3
陕 西	Shaanxi	5983	6443	311	366	177	210	133	156
甘 肃	Gansu	2262	2229	70	65	31	28	21	19
青 海	Qinghai	347	370	28	30	14	15	8	9
宁 夏	Ningxia	476	488	31	35	17	18	12	14
新 疆	Xinjiang	1311	1302	67	65	37	36	28	27
部门合计	**Department Total**	**226**	**227**	**1205**	**1157**	**862**	**802**	**523**	**444**

11-19 按主要国别(地区)分对外直接投资
Overseas Direct Investment by Countries or Regions

单位：万美元 (USD 10 000)

国家（地区）	Country or Region	对外直接投资净额 Net Overseas Direct Investment		截至2013年对外直接投资存量 Overseas Direct Investment Stock at the End of 2013
		2012	2013	
合计	**Total**	**8780353**	**10784371**	**66047840**
亚洲	**Asia**	**6478494**	**7560426**	**44740828**
中国香港	Hong Kong, China	5123844	6282378	37709314
印度尼西亚	Indonesia	136129	156338	465665
日本	Japan	21065	43405	189824
中国澳门	Macao, China	1660	39477	340914
新加坡	Singapore	151875	203267	1475070
韩国	Republic of Korea	94240	26875	196308
泰国	Thailand	47860	75519	247243
越南	Vietnam	34943	48050	216672
非洲	**Africa**	**251666**	**337064**	**2618577**
阿尔及利亚	Algeria	24588	19130	149721
苏丹	Sudan	-169	14091	150704
几内亚	Guinea	6444	10013	33858
马达加斯加	Madagascar	843	1551	28610
尼日利亚	Nigeria	33305	20913	214607
南非	South Africa	-81491	-8919	440040
欧洲	**Europe**	**703509**	**594853**	**5316156**
英国	United Kingdom	277473	141958	1179790
德国	Germany	79933	91081	397938
法国	France	15393	26044	444794
俄罗斯	Russia	78462	102225	758161
拉丁美洲	**Latin America**	**616974**	**1435895**	**8609593**
开曼群岛	Cayman Islands	82743	925340	4232406
墨西哥	Mexico	10042	4973	40987
英属维尔京群岛	Virgin Is. (E)	223928	322156	3390298
北美洲	**North America**	**488200**	**490101**	**2860974**
加拿大	Canada	79516	100865	619619
美国	United States	404785	387343	2189956
大洋洲	**Oceania**	**241510**	**366032**	**1901712**
澳大利亚	Australia	217298	345798	1744968
新西兰	New Zealand	9406	19040	54173

11-20 按行业分对外直接投资
Overseas Direct Investment by Sector

单位：万美元 (USD 10 000)

行　　业	Sector	对外直接投资净额 Net Overseas Direct Investment 2012	2013	截至2013年对外直接投资存量 Overseas Direct Investment Stock at the End of 2013
总　　计	**Total**	**8780353**	**10784371**	**66047840**
农、林、牧、渔业	Agriculture, Forestry, Animal Husbandry and Fishery	146138	181313	717912
采矿业	Mining	1354380	2480779	10617092
制造业	Manufacturing	866741	719715	4197684
电力、热力、燃气及水生产和供应业	Production and Supply of Electricity, Heat, Gas and Water	193534	68043	1119660
建筑业	Construction	324536	436430	1944574
批发和零售业	Wholesale and Retail Trades	1304854	1464682	8764768
交通运输、仓储和邮政业	Transport, Storage and Post	298814	330723	3222778
住宿和餐饮业	Hotels and Catering Services	13663	8216	94743
信息传输、软件和信息技术服务业	Information Transmission, Software and Information Technology	124014	140088	738440
金融业	Financial Intermediation	1007084	1510532	11707983
房地产业	Real Estate	201813	395251	1542126
租赁和商务服务业	Leasing and Business Services	2674080	2705617	19573354
科学研究和技术服务业	Scientific Research and Technical Services	147850	179221	866973
水利、环境和公共设施管理业	Management of Water Conservancy, Environment and Public Facilities	3357	14489	34242
居民服务、修理和其他服务业	Service to Households, Repair and Other Services	89040	112918	768855
教育	Education	10283	3566	20105
卫生和社会工作	Health and Social Service	538	1703	6484
文化、体育和娱乐业	Culture, Sports and Entertainment	19634	31085	110067
公共管理、社会保障和社会组织	Public Management, Social Security and Social Organization			

11-21 对外经济合作
Economic Cooperation with Foreign Countries or Regions

年份 Year	对外承包工程 Contracted Projects				对外劳务合作 Labour Services	
	合同数 (份) Number of Contracts (unit)	合同金额 (亿美元) Contracted Value (100 million USD)	完成营业额 (亿美元) Value of Turnover Fulfilled (100 million USD)	年末在外人数 (万人) Persons Abroad by the End of Year (10 000 persons)	派出劳务人数 (万人) Dispatched Labor (10 000 persons)	年末在外人数 (万人) Persons Abroad by the End of Year (10 000 persons)
1979	27	0.33				
1980	138	1.40	1.23 (1979–1981)			
1981	250	2.76				
1982	195	3.46	1.00			
1983	280	7.99	1.89			
1984	344	15.38	4.94	2.19		2.76
1985	465	11.16	6.63	3.06		2.49
1986	486	11.89	8.19	2.74		1.90
1987	616	16.48	11.14	3.13		3.19
1988	642	18.13	12.53	3.00		3.98
1989	776	17.81	14.84	2.40		4.31
1990	920	21.25	16.44	2.18		3.61
1991	1171	25.24	19.70	2.15		6.83
1992	1164	52.51	24.03	2.54		10.56
1993	1393	51.89	36.68	3.42		13.09
1994	1702	60.27	48.83	3.83		18.43
1995	1558	74.84	51.08	3.84		22.59
1996	1634	77.28	58.21	3.88		24.66
1997	2085	85.16	60.36	4.78		28.55
1998	2322	92.43	77.69	6.11		29.08
1999	2527	101.99	85.22	5.53		32.65
2000	2597	117.19	83.79	5.56		36.93
2001	5836	130.39	88.99	6.00		41.47
2002	4036	150.55	111.94	7.85		41.04
2003	3708	176.67	138.37	9.40		42.97
2004	6694	238.44	174.68	11.47	17.30	41.94
2005	9502	296.14	217.63	14.48	18.34	41.87
2006	12996	660.05	299.93	19.86	21.48	47.52
2007	6282	776.21	406.43	23.60	21.49	50.51
2008	5411	1045.62	566.12	27.16	22.49	46.71
2009	7280	1262.10	777.06	32.69	18.01	45.03
2010	9544	1343.67	921.70	37.65	18.68	47.01
2011	6381	1423.32	1034.24	32.40	20.91	48.84
2012	6710	1565.29	1165.97	34.46	27.84	50.56
2013	11578	1716.29	1371.43	37.01	25.57	48.26

11-22 按国别(地区)分对外经济合作(2013年)
Economic Cooperation with Foreign Countries or Regions (2013)

国别(地区)	Country (Region)	承包工程 Contracted Projects			劳务合作 Labour Services	
		完成营业额(万美元) Value of Turnover Fulfilled (10 000 USD)	派出人数(人) Dispatched Labor (person)	年末在外人数(人) Persons Abroad by the End of Year (person)	派出人数(人) Dispatched Labor (person)	年末在外人数(人) Persons Abroad by the End of Year (person)
合　计	**Total**	**13714273**	**270934**	**370144**	**255674**	**482611**
亚洲	**Asia**	**6439758**	**130888**	**166523**	**198171**	**396417**
阿富汗	Afghanistan	43242	93	47		
巴林	Bahrain	533	1	8		73
孟加拉国	Bangladesh	87710	1287	2197	95	49
文莱	Brunei	8766	235	209		
缅甸	Myanmar	126126	2373	8701	502	839
柬埔寨	Cambodia	143077	4060	5410	1750	1715
塞浦路斯	Cyprus	625			259	181
朝鲜	Korea DPR	12088	638	312	2	38
中国香港	Hong Kong, China	302814	367	646	37844	33174
印度	India	528189	1628	2828	49	209
印度尼西亚	Indonesia	471874	7985	9816	179	729
伊朗	Iran	218133	1016	1719		
伊拉克	Iraq	338070	9826	15223	297	339
以色列	Israel	4934	8	213	158	261
日本	Japan	62094	31	75	53357	153380
约旦	Jordan	4216		78	77	1153
科威特	Kuwait	104947	3254	3490	1404	2723
老挝	Laos	196887	11203	10912	313	1664
黎巴嫩	Lebanon	10206	5	5		6
中国澳门	Macao, China	41845	447	980	53816	88172
马来西亚	Malaysia	253013	5615	8017	2192	2468
马尔代夫	Maldives	1957	98	170	3	21
蒙古	Mongolia	107163	7951	4297	1712	2853
尼泊尔	Nepal	49932	1277	1162		9
阿曼	Oman	24229	368	833		2
巴基斯坦	Pakistan	370093	3541	5586	45	434
巴勒斯坦	Palestine	192				
菲律宾	Philippines	124668	519	829	118	70
卡塔尔	Qatar	166010	2594	2578	82	1487
沙特阿拉伯	Saudi Arabia	588411	19648	27756	1828	7569
新加坡	Singapore	280991	2917	7109	29880	66805
韩国	Korea	20152	24	17	3070	12762
斯里兰卡	Sri Lanka	209186	5223	5840	224	193
叙利亚	Syria	1418				
泰国	Thailand	131931	1561	1735	424	910
土耳其	Turkey	194266	3398	4528	5	21
阿联酋	United Arab Emirates	133959	5972	6954	478	6045
也门共和国	Yemen Rep.	10544	784	318		
越南	Vietnam	359283	5746	9542	1221	3498
中国台湾	Taiwan, China	2616	11	27	6695	6166
东帝汶	East Timor	11463	98	139		
哈萨克斯坦	Kazakhstan	291714	7109	5803	31	306
吉尔吉斯斯坦	Kirghizia	71188	3258	2440	17	24
塔吉克斯坦	Tadzhikistan	44456	2032	2306	36	39
土库曼斯坦	Turkmenistan	209852	334	554		
乌兹别克斯坦	Uzbekistan	70579	2505	2469	8	29
亚洲其他国家	Other Countries(Regions) in Asia	4115	3848	2645		1

11-22 续表 1 continued

国别(地区)	Country (Region)	承包工程 Contracted Projects 完成营业额(万美元) Value of Turnover Fulfilled (10 000 USD)	承包工程 派出人数(人) Dispatched Labor (person)	承包工程 年末在外人数(人) Persons Abroad by the End of Year (person)	劳务合作 Labour Services 派出人数(人) Dispatched Labor (person)	劳务合作 年末在外人数(人) Persons Abroad by the End of Year (person)
非洲	**Africa**	**4789064**	**111959**	**168586**	**23662**	**45948**
阿尔及利亚	Algeria	519762	23566	33842	7524	14837
安哥拉	Angola	745040	24662	37847	4522	12679
贝宁	Benin	23658	695	827	96	124
博茨瓦纳	Botswana	40502	869	2071	2	31
布隆迪	Burundi	28122	75	183	12	29
喀麦隆	Cameroon	114086	2393	2302	91	148
佛得角	Cape Verde	2462	35	382	11	221
中非	Central African	313	5	27		
乍得	Chad	114983	2168	2914	6	57
科摩罗	Comoros	5188	75	215		
刚果(布)	Congo	187634	5995	8637	2016	2053
吉布提	Djibouti	6497	77	174		2
埃及	Egypt	102806	851	993	5	
赤道几内亚	Eq.Guinea	262767	6084	10812	320	1384
埃塞俄比亚	Ethiopia	355663	3202	7325	219	684
加蓬	Gabon	43712	1985	2509	204	312
冈比亚	Gambia	313	32	32		
加纳	Ghana	177127	1923	2785	419	821
几内亚	Guinea	42618	1297	1991	46	146
几内亚(比绍)	Guinea Bissau	3168	156	286		1
科特迪瓦	Cote d'Ivoire	32876	870	673	58	77
肯尼亚	Kenya	144740	2312	2630	23	60
利比里亚	Liberia	25017	771	568	2544	1771
利比亚	Libya	56362	498	436	66	65
马达加斯加	Madagascar	9522	139	135	330	359
马拉维	Malawi	8999	152	346	10	11
马里	Mali	27783	823	599	61	213
毛里塔尼亚	Mauritania	22291	587	1110	70	402
毛里求斯	Mauritius	25242	863	1480	108	1344
摩洛哥	Morocco	36252	269	888	67	188
莫桑比克	Mozambique	78628	2962	3602	144	254
纳米比亚	Namibia	22153	405	653		
尼日尔	Niger	50777	813	1169	6	38
尼日利亚	Nigeria	427352	3778	6239	1386	1647
卢旺达	Rwanda	14396	546	758	46	164
圣多美和普林西比	Sao Tome & Principe	126	4	6		
塞内加尔	Senegal	20290	393	1436	1	115
塞舌尔	Seychelles	6985	218	262		84
塞拉利昂	Sierra Leone	17018	456	625	619	481
南非	S. Africa	39544	489	1447	527	1456
苏丹	Sudan	198435	5932	9439	674	694
坦桑尼亚	Tanzania	170976	3610	5179	265	576
多哥	Togo	18021	779	1080	95	107
突尼斯	Tunisia	13286	774	646		4
乌干达	Uganda	44209	593	1211	47	169
布基纳法索	Burkina Faso	39	119	97		1
刚果(金)	Congo DR	93993	2436	3313	358	391
赞比亚	Zambia	249050	2733	4582	359	858
津巴布韦	Zimbabwe	98507	462	598	23	30

11-22 续表 2 continued

国别(地区)	Country (Region)	承包工程 Contracted Projects			劳务合作 Labour Services	
		完成营业额（万美元）Value of Turnover Fulfilled (10 000 USD)	派出人数（人）Dispatched Labor (person)	年末在外人数（人）Persons Abroad by the End of Year (person)	派出人数（人）Dispatched Labor (person)	年末在外人数（人）Persons Abroad by the End of Year (person)
莱索托	Lesotho	35581	451	582	252	738
斯威士兰	Swaziland					4
厄立特里亚	Eritrea	11517	191	330	7	114
南苏丹	Republic of South Sudan	12677	386	313	23	4
欧洲	**Europe**	**822737**	**9603**	**10280**	**10495**	**15569**
比利时	Belgium	7385	19	31	1	1
丹麦	Denmark	2399			63	59
英国	United Kingdom	61519	4	25	1484	909
德国	Germany	46660	25	30	1588	3266
法国	France	145083	3	22	47	22
爱尔兰	Ireland	1173	57	41	6	1
意大利	Italy	10874	52	31	290	344
荷兰	Netherlands	41067		1	89	345
希腊	Greece	18018	71	27	132	81
葡萄牙	Portugal	4033				
西班牙	Spain	25225	4	1026		
阿尔巴尼亚	Albania	50	3	5		
奥地利	Austria	3304	4			
保加利亚	Bulgaria	20679	140	133		
芬兰	Finland	5				2
匈牙利	Hungary	3272				4
马耳他	Malta	704	33	32	190	233
挪威	Norway	722		1	527	348
波兰	Poland	3484	113	87		17
罗马尼亚	Romania	18722		49		
瑞典	Sweden	8924	2		9	18
瑞士	Switzerland	1629	8	23		2
拉脱维亚	Latvia	1205	5			
格鲁吉亚	Georgia	21226	727	572		
亚美尼亚	Armenia	157				
阿塞拜疆	Azerbaijan	20341	386	538		
白俄罗斯	Belorussia	164638	3037	1579	4	19
摩尔多瓦	Moldavia	528	2	6		
俄罗斯	Russia	137161	4705	5518	6035	9819
乌克兰	Ukraine	30865	37	29		37
斯洛文尼亚	Slovenia	37				10
克罗地亚	Croatia	4415				2
捷克	Czech Rep.	4730				
马其顿共和国	Macedonia	287				
波黑	Bosnia & Herzegovina	4242	166	163		
塞尔维亚	Serbia	7975		311		1
欧洲其他国家(地区)	Other Countries(Regions) in Europe				30	29
拉丁美洲	**Latin America**	**1330942**	**16070**	**19735**	**19775**	**17181**
安提瓜和巴布达	Antigua & Barbuda	4657	161	159	2	2
阿根廷	Argentina	38230	2208	1371	16	85

11-22 续表 3 continued

国别(地区)	Country (Region)	承包工程 Contracted Projects			劳务合作 Labour Services	
		完成营业额(万美元) Value of Turnover Fulfilled (10 000 USD)	派出人数(人) Dispatched Labor (person)	年末在外人数(人) Persons Abroad by the End of Year (person)	派出人数(人) Dispatched Labor (person)	年末在外人数(人) Persons Abroad by the End of Year (person)
巴哈马	Bahamas	46094	322	280	1683	2342
巴巴多斯	Barbados	261		14	5	10
伯利兹	Belize				943	778
玻利维亚	Bolivia	15279	31	61		
巴西	Brazil	188194	392	328	85	159
开曼群岛	Cayman Is.				85	47
智利	Chile	11125	71	53	286	432
哥伦比亚	Colombia	23559	55	227		
多米尼克	Dominica	576	55	64	16	22
哥斯达黎加	Costa Rica	2745	129	112		
古巴	Cuba	14425	20	217		
多米尼加共和国	Republic of Dominica	1537				
厄瓜多尔	Ecuador	202298	3496	4769	21	46
格林纳达	Grenade	58	10	15		
危地马拉	Guatemala	4774	100	150		
圭亚那	Guyana	4588	171	293		
海地	Haiti	24220		2		
洪都拉斯	Honduras	2842	178	63	28	1
牙买加	Jamaica	25920	132	278	161	230
墨西哥	Mexico	48552	28	205	2	18
尼加拉瓜	Nicaragua	8491	21	26		8
巴拿马	Panama	8744	37	14	14534	10447
巴拉圭	Paraguay	8				
秘鲁	Peru	36291	3730	3158	163	242
圣卢西亚	Saint Lucia			7	48	
圣文森特和格林纳丁斯	Saint Vincent & Grenadines	875	7	7	1141	762
苏里南	Suriname	2693	121	358	69	69
特立尼达和多巴哥	Trinidad & Tobago	10387	191	911		844
乌拉圭	Uruguay	6531	15	18		
委内瑞拉	Venezuela	596708	4384	6570	452	531
英属维尔京群岛	Virgin Islands, British				32	100
圣其茨--尼维斯	St. Kitts-Nevis	280	5	5	3	6
北美洲	**North America**	**125919**	**814**	**1072**	**983**	**1540**
加拿大	Canada	35885	44	39	413	639
美国	United States	89425	770	1030	568	899
北美洲其他国家(地区)	Other Countries(Regions) in North America	609		3	2	2
大洋洲及太平洋岛屿	**Oceanic and Pacific Is.**	**204927**	**1586**	**3933**	**2016**	**5348**
澳大利亚	Australia	125061	84	629		823
库克群岛	Cook Islands	16			3	1
斐济	Fiji	14133	89	275	154	1398
新喀里多尼亚	New Caledonia	4100	146	1171	64	285
瓦努阿图	Vanuatu	537	79	79	110	324
新西兰	New Zealand	9578	64	13	1	83
巴布亚新几内亚	Papua New Guinea	45055	931	1410	1	13
汤加	Tonga	4711	29	185		
萨摩亚	Samoa	229	3	2		1037
基里巴斯	Kiribati				633	517
图瓦卢	Tuvalu				124	94
密克罗尼西亚	Micronesia				91	150
马绍尔群岛	Marshall Islands				828	617
大洋洲其他国家(地区)	Other Countries (Regions) in Oceania	1507	161	169	7	6
其他	**Others**	**926**	**14**	**15**	**572**	**608**

主要统计指标解释

货物进出口总额 指实际进出我国国境的货物总金额。包括对外贸易实际进出口货物，来料加工装配进出口货物，国家间、联合国及国际组织无偿援助物资和赠送品，华侨、港澳台同胞和外籍华人捐赠品，租赁期满归承租人所有的租赁货物，进料加工进出口货物，边境地方贸易及边境地区小额贸易进出口货物(边民互市贸易除外)，中外合资企业、中外合作经营企业、外商独资经营企业进出口货物和公用物品，到、离岸价格在规定限额以上的进出口货样和广告品(无商业价值、无使用价值和免费提供出口的除外)，从保税仓库提取在中国境内销售的进口货物，以及其他进出口货物。该指标可以观察一个国家在对外贸易方面的总规模。我国规定出口货物按离岸价格统计，进口货物按到岸价格统计。

商品经营单位所在地进、出口额 指在所在地海关注册登记的有进出口经营权的企业实际进、出口额。

商品目的地进口额和商品货源地出口额 目的地进口额指进口货物的消费、使用或最终抵运地的实际进口额；货源地出口额指出口货物的产地或原始发货地的实际出口额。

服务进出口 指常住单位与非常住单位之间相互提供的服务。包括运输服务、旅游服务、通信服务、建筑服务、保险服务、金融服务、计算机和信息服务、咨询服务、广告宣传服务、电影音像服务、专有权利使用费和特许费、其他商务服务。不包括政府服务。

外商直接投资 是指外国投资者在我国境内通过设立外商投资企业、合伙企业、与中方投资者共同进行石油资源的合作勘探开发以及设立外国公司分支机构等方式进行投资。外国投资者可以用现金、实物、无形资产、股权等投资，还可以用从外商投资企业获得的利润进行再投资。

外商其他投资 指除对外借款和外商直接投资以外的各种利用外资的形式。包括企业在境内外股票市场公开发行的以外币计价的股票发行价总额，国际租赁进口设备的应付款，补偿贸易中外商提供的进口设备、技术、物料的价款，加工装配贸易中外商提供的进口设备、物料的价款。

对外直接投资 指我国企业、团体等(简称境内投资主体）在国外及港澳台地区以现金、实物、无形资产等方式投资，并以控制国(境)外企业的经营管理权为核心的经济活动。对外直接投资的内涵主要体现在一经济体通过投资于另一经济体而实现其持久利益的目标。

对外承包工程 根据《对外承包工程管理条例》，对外承包工程是指中国的企业或者其他单位承包境外建设工程项目的活动。

对外劳务合作 指组织劳务人员赴其他国家或地区为国外的企业或机构工作的经营性活动。

Explanatory Notes on Main Statistical Indicators

Total Import and Export of Goods refer to the real value of commodities imported and exported across the border of China. They include the actual imports and exports through foreign trade, imported and exported goods under the processing and assembling trades and materials, supplies and gifts as aid given gratis between governments and by the United Nations and other international organizations, and contributions donated by overseas Chinese, compatriots in Hong Kong and Macao and Chinese with foreign citizenship, leasing commodities owned by tenant at the expiration of leasing period, the imported and exported commodities processed with imported materials, commodities trading in border areas (excluding mutual exchange goods), the imported and exported commodities and articles for public use of the Sino-foreign joint ventures, cooperative enterprises and ventures with sole foreign investment. Also included is import or export of samples and advertising goods for which CIF or FOB value are beyond the permitted ceiling (excluding goods of no trading or use value and free commodities for export), imported goods sold in China from bonded warehouses and other imported or exported goods. The indicator of the total imports and exports at customs can be used to observe the total size of external trade in a country. In accordance with the stipulation of the Chinese government, imports are calculated at CIF, while exports are calculated at FOB.

Import or Export Value by Location of China's Foreign Trade Managing Units refers to actual value of imports and exports carried out by corporations which have been registered by the local Customs house and are vested with right to run import export business.

Import Value of Commodities by Place of Destination and Export Value of Commodities by Place of Origin in China The former indicator refers to the value of import commodities of the places of their consumption, utilization or the places of their final destination. The latter indicator refers to the value of export commodities of the places of their origin or the places of the commodities dispatched.

Import and Export of Services refers to services provided between resident and non-resident units, including services on transportation, tourism, communications, construction, insurance, banking, computer and information, consultancy, advertising and publicity, as well as film, audio and video services, royalty for patents, trade marks and other special rights, other commercial services, but excluding government services.

Foreign Direct Investment refers to foreign investment in China through the establishment of foreign invested enterprises, cooperative exploration and development of petroleum resources with domestic investors and the establishment of branch organizations of foreign enterprises. Foreign investment can be made in forms of cash, physical investment, intangible assets and equity, in addition with reinvestment of the foreign enterprises with the profits gained from the investment.

Other Foreign Investment refers to all forms of utilization of foreign capitals other than foreign borrowings and foreign direct investment. It includes the total value of stock shares in foreign currencies issued by enterprises at domestic or foreign stock exchanges, rent payable for the imported equipment through international leasing arrangement, cost of imported equipment, technology and materials provided by foreign counterparts in compensation trade and processing and assembly trade.

Overseas Direct Investment refers to investment made by domestic enterprises and organizations (referred to as domestic investors) in foreign countries and Hong Kong SAR, Macao SAR and Taiwan province in forms of cash, physical investment and intangible assets, and the economic activities centring on operation and management of those enterprises are under the control of domestic investors. The content of overseas direct investment mainly reflects one economic entity by investing in another economic entity to achieve its goal of lasting interest.

Overseas Contracted Projects refer to activities of contracting overseas construction projects by Chinese enterprises or any other units, which are stipulated in the *Regulations on Administration of Foreign Contracted Project*.

Overseas Labour Services refer to operational activities of organizing labour force to go abroad providing services to foreign enterprises or agencies.

12

农　业

Agriculture

简 要 说 明

一、本篇资料的主要内容及统计范围

本篇资料反映我国农业生产和农村经济的基本情况，内容主要包括农业机械拥有量、农林牧渔业产值、主要农产品产量、水利设施与除涝治碱、国营农场基本情况等方面的统计资料。

农业统计范围包括全社会除军马生产及农业科研机构进行的农业生产以外的所有农业生产活动。即农村各种经济组织和农户经营的农林牧渔业生产活动；各种专业性农、林、牧、渔场的农业生产活动；国家各级机关、团体、学校、部队进行的农业生产活动；集体所有制的乡、镇、村办农场的农业生产活动；以及工矿企业经营的农、林、牧、渔业生产活动。

1.农业：指对各种农作物的种植活动。包括谷物、豆类、薯类、棉花、油料、糖料、麻类、烟叶、蔬菜、园艺作物、水果、坚果、饮料和香料作物、中草药及其他作物的种植。

2.林业：包括林木的栽培(不包括茶园、桑园和果园的栽培、管理和收获等活动)，木材和竹材的采运，林产品的采集。

3.畜牧业：包括牲畜饲养和放牧，家禽饲养以及野生动物的捕猎和饲养。

4.渔业：包括水生动物和海藻类植物的养殖和捕捞。

5.农、林、牧、渔服务业：指对农、林、牧、渔业生产活动进行的各种支持性服务。但不包括各种科学技术和专业性技术服务活动。

农村社会经济统计范围包括除县城关镇以外所有乡镇的社会经济活动。

二、本篇的资料来源及统计调查方法

1.农业生产基本情况由国家统计局农村社会经济调查司根据《农林牧渔业统计调查制度》、《农业产值和价格综合统计报表制度》、《县域社会经济基本情况统计报表制度》的有关资料整理提供。

《农林牧渔业统计调查制度》包括三部分内容：

一是种植业的粮食、棉花等主要农作物；畜牧业的猪、牛、羊和家禽等内容，国家实行以省为总体的抽样调查，并对500个生猪调出大县实行以县为总体的抽样调查。

二是农业生产条件、热带农作物、园林作物、设施农业、其他畜禽等生产统计报表，这部分内容为全面统计报表制度，调查方法由各省（区、市）统计局自行确定。

三是林业和渔业统计报表，分别来自林业和渔业部门，调查方法由有关部门自行确定。

《县域社会经济基本情况统计报表制度》是国家统计局为了解县（市、区、旗）、乡镇、村社会经济基本情况以及农林牧渔业生产经营单位能源消费情况等内容而专门设置的统计报表制度。制度规定对村基本情况每三年进行一次全面调查，县（市、区、旗）、乡（镇）每年进行一次全面调查。

2.国有农场基本情况资料主要取材于农业部农垦局汇总的统计报表。其调查范围是全国31个省、自治区、直辖市。统计方法为逐级上报、全面汇总。

3.灌溉、水库和除涝、治水、治碱情况及各地区水利设施和除涝、治碱面积资料，主要来源于水利部汇总的统计报表。其统计范围包括各省、自治区、直辖市。资料收集以县为基本统计单位，采取逐级汇总上报的方式。有些特殊指标如灌区数、大型水库、跨县的中小型水库，由地区直接统计，上报省水利厅。

Brief Introduction

I. Main Contents and Statistical Scopes

The data in this chapter show the basic conditions of agricultural production and rural economy, including mainly cultivated land, quantity of agricultural machinery, output of agriculture, forestry, animal husbandry and fishery, output of major products, facilities of water conservancy and efforts to eliminate water-logging and combat alkalinity, productive fixed assets owned by rural households, basic conditions of State-owned farms.

Statistics on agriculture cover all agricultural production activities except horse raising for military purpose and agricultural production activities undertaken by agriculture research institutions. In other words, included in agriculture statistics are production activities in agriculture, forestry, animal husbandry and fishery undertaken by rural economic units of various types and by rural households; production activities of farms specializing in agriculture, forestry, animal husbandry and fishery; production activities in agriculture undertaken by government agencies, institutions, schools and military units; production activities in agriculture undertaken by collective farms run by townships and villages; and production activities in agriculture, forestry, animal husbandry and fishery undertaken by manufacturing and mining enterprises.

(1) Agriculture: refers to cultivation of farm crops, including cereals, beans, tuber crops, cotton, oil-bearing crops, sugar crops, hemp, tobacco leaves, vegetables, gardening plants, fruits, nuts, crops for beverages and spices, medicinal herbs and other farm crops.

(2) Forestry: includes the planting of trees (excluding the operations of planting, management and harvesting on tea plantations, mulberry fields and orchards), cutting and transport of timber and bamboo and collection of forest products.

(3) Animal husbandry: includes the raising and grazing of domestic animals and poultry, and the hunting and raising of wild animals.

(4) Fishery: includes cultivation and catching of aquatic animals and seaweed.

(5) Services in support of agriculture, forestry, animal husbandry and fishery: include supporting services to production activities in agriculture, forestry, animal husbandry and fishery but do not include activities of science and technology and professional services.

Rural social and economic statistics cover social and economic activities in all townships except county towns.

II. Data Sources and Survey Methods

(1) Data on agricultural production (Table 13-1 to Table 13-6 and Table 13-13 to Table 13-20) are provided by the Department of Rural Social and Economic Survey of the NBS using data from the *Statistical Survey System on Agriculture, Forestry, Animal Husbandry and Fishery*; the *Statistical Reporting System on Agricultural Output and Price and the Statistical Reporting System on the Basic Condition of Social and Economic Activities of Counties* .

Statistical Survey System on Agriculture, Forestry, Animal Husbandry and Fishery is composed of three parts:

Firstly, it is the sample survey conducted by the nation taking the province as the population on major farm crops such as grain and cotton, on animal husbandry such as hog, cattle, sheep and poultry, and a sample survey on 500 pig output counties taking the county as the population.

Secondly, it is the comprehensive reporting system, statistical reporting forms are used on agricultural production conditions, tropical farm crops, garden crops, agricultural facilities and other poultry. Survey methodologies are determined by individual provincial (autonomous region, municipal) statistical bureau.

Thirdly, the statistical reporting forms of forestry and fishery industries are from forestry department and fishery department respectively, the survey methodologies are determined by relevant departments.

The Statistical Reporting System on the Basic Condition of Social and Economic Activities of Counties is a special report forms system designed by the NBS to understand the basic conditions of social and economic activities at county, township and rural level and the energy consumption of the units engaged in agriculture, forestry, animal husbandry and fishery. Under this survey system, a complete enumeration is conducted every 3 years to collect information on the basic conditions of all villages, and a complete enumeration is conducted every year in counties (cities, districts and banners) and towns (townships).

(2) Data on the basic conditions of the State-owned farms come from the statistical reports tabulated by the Bureau of Reclamation, Ministry of Agriculture. The statistical scope covers 31 provinces, autonomous regions and municipalities directly under the Central Government. Data are collected from the grassroots units in accordance with the statistical reporting scheme whereby reporting is done level by level for aggregation.

(3) Data on irrigation and reservoirs, data on efforts to eliminate water-logging, to prevent floods by water control and to combat alkalinity as well as data on the facilities of water conservancy and the area of water-logging eliminated and the improved area of saline-alkaline land come mainly from statistical reports of the Ministry of Water Resources. The statistical scope includes provinces, autonomous regions and municipalities directly under the Central Government. Data are collected from individual counties in accordance with the statistical reporting system and are tabulated and reported level by level. Data on some special indicators, such as the number of irrigated areas, large reservoirs and the medium-sized and small reservoirs that cut across counties are collected directly by the prefectures and reported to the provincial departments of water resources.

12-1 农业生产条件与农作物播种面积
Agricultural Production Basic Conditions and Sown Area of Farm Crops

指 标	Item	2000	2010	2012	2013
农业机械总动力 (万千瓦)	Total Agricultural Machinery Power (10 000 kw)	52573.6	92780.5	102559.0	103906.8
大中型拖拉机 (台)	Number of Large and Medium-sized Agricultural Tractors (unit)	974547	3921723	4852400	5270200
小型拖拉机 (万台)	Number of Small Tractors (10 000 units)	1264.4	1785.8	1797.2	1752.3
大中型拖拉机配套农具 (万部)	Number of Large and Medium-sized Tractor Towing Farm Machinery (10 000 units)	140.0	612.9	763.5	826.6
小型拖拉机配套农具 (万部)	Small Tractor Towing Farm Machinery (10 000 units)	1788.8	2992.5	3080.6	3049.2
农用排灌柴油机 (万台)	Number of Diesel Engines (10 000 units)	688.1	946.3	982.3	1259.4
有效灌溉面积 (千公顷)	Irrigated Area (1 000 hectares)	53820	60348	62491	63473
化肥施用量 (万吨)	Consumption of Chemical Fertilizers (10 000 tons)	4146.4	5561.7	5838.8	5911.9
农村用电量 (亿千瓦时)	Electricity Consumed in Rural Areas (100 million kwh)	2421.3	6632.3	8104.9	8549.5
农作物总播种面积 (千公顷)	Total Sown Area (1 000 hectares)	156300	160675	163416	164627
粮食	Grain Crops	108463	109876	111205	111956
谷物	Cereal	85264	89851	92612	93769
#稻谷	Rice	29962	29873	30137	30312
小麦	Wheat	26653	24257	24268	24117
玉米	Corn	23056	32500	35030	36318
豆类	Beans	12660	11276	9709	9224
薯类	Tubers	10538	8750	8886	8963
油料	Oil-bearing Crops	15400	13890	13930	14023
棉花	Cotton	4041	4849	4688	4346
麻类	Fiber Crops	262	133	101	92
糖料	Sugar Crops	1514	1905	2030	1998
烟叶	Tobacco	1437	1345	1597	1623
蔬菜	Vegetables	15237	19000	20353	20899
茶园面积 (千公顷)	Area of Tea Plantations (1 000 hectares)	1089	1970	2280	2469
果园面积 (千公顷)	Area of Orchards (1 000 hectares)	8932	11544	12140	12371

12-2 主要农牧渔业生产情况
Output of Agriculture, Animal Husbandry and Fishery

指　标	Item	2007	2008	2009	2010	2012	2013
农产品产量 (万吨)	Output of Farm Products (10 000 tons)						
粮食	Grain	50160.3	52870.9	53082.1	54647.7	58958.0	60193.8
谷物	Cereal	45632.4	47847.4	48156.3	49637.1	53934.7	55269.2
#稻谷	Rice	18603.4	19189.6	19510.3	19576.1	20423.6	20361.2
小麦	Wheat	10929.8	11246.4	11511.5	11518.1	12102.3	12192.6
玉米	Corn	15230.0	16591.4	16397.4	17724.5	20561.4	21848.9
豆类	Beans	1720.1	2043.3	1930.3	1896.5	1730.5	1595.3
薯类	Tubers	2807.8	2980.2	2995.5	3114.1	3292.8	3329.3
油料	Oil-bearing Crops	2568.7	2952.8	3154.3	3230.1	3436.8	3517.0
#花生	Peanuts	1302.7	1428.6	1470.8	1564.4	1669.2	1697.2
油菜籽	Rapeseeds	1057.3	1210.2	1365.7	1308.2	1400.7	1445.8
芝麻	Sesame	55.7	58.6	62.2	58.7	63.9	62.3
棉花	Cotton	762.4	749.2	637.7	596.1	683.6	629.9
麻类	Fiber Crops	72.8	62.5	38.8	31.7	26.1	22.9
#黄红麻	Jute and Ambary Hemp	9.9	8.4	7.5	6.9	6.8	6.1
甘蔗	Sugarcane	11295.1	12415.2	11558.7	11078.9	12311.4	12820.1
甜菜	Beetroots	893.1	1004.4	717.9	929.6	1174.0	926.0
烟叶	Tobacco	239.5	283.8	306.6	300.4	340.7	337.4
#烤烟	Flue-Cured Tobacco	217.8	262.3	281.4	273.1	312.6	314.9
蚕茧	Silkworm Cocoons	94.7	90.9	83.2	87.3	90.6	89.2
#桑蚕茧	Mulberry Silkworm Cocoons	87.9	83.1	76.1	80.0	83.1	81.7
茶叶	Tea	116.5	125.8	135.9	147.5	179.0	192.4
水果	Fruits	18136.3	19220.2	20395.5	21401.4	24056.8	25093.0
农产品单位面积产量 (公斤/公顷)	Output of Farm Products per Hectare (kg/hectare)						
谷物	Cereal	5320	5548	5447	5524	5824	5894
棉花	Cotton	1286	1302	1289	1229	1458	1449
花生	Peanuts	3302	3365	3361	3455	3598	3663
油菜籽	Rapeseeds	1874	1835	1877	1775	1885	1920
芝麻	Sesames	1147	1243	1307	1312	1463	1490
黄红麻	Jute and Ambary Hemp	2969	3217	3139	3686	3899	3581
甘蔗	Sugarcane	71228	71210	68093	65700	68600	70576
甜菜	Beetroots	41360	40754	38536	42498	49793	50922
烤烟	Flue-Cured Tobacco	2044	2133	2225	2219	2112	2062
大牲畜年底头数(万头)	Number of Large Animals (year-end,10 000 heads)	12309.3	12250.7	12357.6	12238.5	11891.8	11853.2
#牛	Cattle and Buffaloes	10594.8	10576.0	10726.5	10626.4	10343.4	10385.1
马	Horses	702.8	682.1	678.5	677.1	633.5	602.7
驴	Donkeys	689.1	673.1	648.4	639.7	636.1	603.4
骡	Mules	298.5	295.5	279.3	269.7	249.2	230.4
骆驼	Camels	24.2	24.0	24.8	25.6	29.5	31.6
肉猪出栏头数 (万头)	Number of Slaughtered Fattened Hogs (10 000 heads)	56508.3	61016.6	64538.6	66686.4	69789.5	71557.3
猪年底头数 (万头)	Number of Hogs (year-end,10 000 heads)	43989.5	46291.3	46996.0	46460.0	47592.2	47411.3
羊年底只数 (万只)	Number of Sheep and Goats (year-end,10 000 heads)	28564.7	28084.9	28452.2	28087.9	28504.1	29036.3
山羊	Goats	14336.5	15229.2	15050.1	14203.9	14136.1	14034.5
绵羊	Sheep	14228.2	12855.7	13402.1	13884.0	14368.0	15001.7
肉类产量 (万吨)	Output of Meat (10 000 tons)	6865.7	7278.7	7649.7	7925.8	8387.2	8535.0
#猪牛羊肉	Pork Beef and Mutton	5283.8	5614.0	5915.7	6123.1	6405.9	6574.4
猪肉	Pork	4287.8	4620.5	4890.8	5071.2	5342.7	5493.0
牛肉	Beef	613.4	613.2	635.5	653.1	662.3	673.2
羊肉	Mutton	382.6	380.3	389.4	398.9	401.0	408.1
奶类 (万吨)	Milk (10 000 tons)	3633.4	3731.5	3677.7	3748.0	3875.4	3649.5
#牛奶	Cow Milk	3525.2	3555.8	3518.8	3575.6	3743.6	3531.4
绵羊毛 (吨)	Sheep Wool (ton)	363470	367687	364002	386768	400057	411122
山羊毛 (吨)	Goat Wool (ton)	38382	44406	49453	42714	43924	41875
羊绒 (吨)	Cashmere (ton)	18483	17184	16964	18518	18021	18114
禽蛋 (万吨)	Poultry Eggs (10 000 tons)	2529.0	2702.2	2742.5	2762.7	2861.2	2876.1
水产品总产量 (万吨)	Total Aquatic Products (10 000 tons)	4747.5	4895.6	5116.4	5373.0	5907.7	6172.0
海水产品	Seawater Aquatic Products	2550.9	2598.3	2681.6	2797.5	3033.3	3138.8
淡水产品	Freshwater Aquatic Products	2196.6	2297.3	2434.8	2575.5	2874.3	3033.2

注：2003年起水果产量包括瓜果类产量；2011年新疆生猪、猪肉数据有修订，全国数相应修订。

a) Output of fruits has included melons since 2003. Figure of pigs, pork in Xinjiang for the year 2011 has been revised, so the national figure has been revised accordingly.

12-3 农、林、牧、渔业总产值及指数
Gross Output Value of Agriculture, Forestry, Animal Husbandry and Fishery and Related Indices

年份 Year / 地区 Region	绝对数(亿元) Gross Output Value (100 million yuan)					指数(上年=100) Indices of Gross Output (preceding year=100)				
	农林牧渔业总产值 Total	#农业 Farming	#林业 Forestry	#牧业 Animal Husbandry	#渔业 Fishery	农林牧渔业总产值 Total	#农业 Farming	#林业 Forestry	#牧业 Animal Husbandry	#渔业 Fishery
1978	1397.0	1117.5	48.1	209.3	22.1					
1980	1922.6	1454.1	81.4	354.2	32.9	101.4	99.7	112.2	107.0	107.7
1985	3619.5	2506.4	188.7	798.3	126.1	103.4	99.8	104.5	117.2	118.9
1990	7662.1	4954.3	330.3	1967.0	410.6	107.6	108.0	103.1	107.0	110.0
1991	8157.0	5146.4	367.9	2159.2	483.5	103.7	100.9	108.0	108.8	107.6
1992	9084.7	5588.0	422.6	2460.5	613.5	106.4	104.2	107.7	108.8	115.3
1993	10995.5	6605.1	494.0	3014.4	882.0	107.8	105.2	108.0	110.8	118.4
1994	15750.5	9169.2	611.1	4672.0	1298.2	108.6	103.2	108.9	116.7	120.0
1995	20340.9	11884.6	709.9	6045.0	1701.3	110.9	107.9	105.0	114.8	119.4
1996	22353.7	13539.8	778.0	6015.5	2020.4	109.4	107.8	105.7	111.4	114.0
1997	23788.4	13852.5	817.8	6835.4	2282.7	106.7	104.5	103.3	110.1	111.5
1998	24541.9	14241.9	851.3	7025.8	2422.9	106.0	104.9	102.9	107.4	108.8
1999	24519.1	14106.2	886.3	6997.6	2529.0	104.7	104.3	103.2	104.6	107.2
2000	24915.8	13873.6	936.5	7393.1	2712.6	103.6	101.4	105.4	106.3	106.5
2001	26179.6	14462.8	938.8	7963.1	2815.0	104.2	103.6	99.3	106.3	103.9
2002	27390.8	14931.5	1033.5	8454.6	2971.1	104.9	103.9	107.1	106.0	106.1
2003	29691.8	14870.1	1239.9	9538.8	3137.6	104.0	100.5	106.9	107.3	105.3
2004	36239.0	18138.4	1327.1	12173.8	3605.6	107.5	108.5	102.0	107.2	106.0
2005	39450.9	19613.4	1425.5	13310.8	4016.1	105.7	104.1	103.2	107.8	106.5
2006	40810.8	21522.3	1610.8	12083.9	3970.5	105.4	105.4	105.6	105.0	106.0
2007	48893.0	24658.1	1861.6	16124.9	4457.5	103.9	104.0	106.9	102.3	104.8
2008	58002.2	28044.2	2152.9	20583.6	5203.4	105.7	104.8	108.1	106.8	106.0
2009	60361.0	30777.5	2193.0	19468.4	5626.4	104.6	103.8	107.1	105.8	105.8
2010	69319.8	36941.1	2595.5	20825.7	6422.4	104.4	104.1	106.5	104.1	105.5
2011	81303.9	41988.6	3120.7	25770.7	7568.0	104.5	105.6	107.6	101.7	104.5
2012	89453.0	46940.5	3447.1	27189.4	8706.0	104.9	104.4	106.7	105.2	105.1
2013	96995.3	51497.4	3902.4	28435.5	9634.6	104.0	104.4	107.3	102.0	105.2
北京 Beijing	421.8	170.4	75.9	154.8	12.8	102.1	97.5	131.1	96.7	99.4
天津 Tianjin	412.4	217.2	3.1	108.6	73.2	103.8	104.4	102.8	102.4	105.4
河北 Hebei	5832.9	3473.3	96.3	1818.2	178.7	103.3	104.0	106.5	101.2	106.0
山西 Shanxi	1447.0	932.1	90.1	338.8	9.5	104.5	103.9	103.7	105.9	110.4
内蒙古 Inner Mongolia	2699.5	1328.1	96.1	1208.5	29.0	104.7	109.7	102.2	99.5	107.0
辽宁 Liaoning	4349.7	1673.9	136.5	1675.4	689.3	104.1	105.6	106.2	100.7	107.7
吉林 Jilin	2670.6	1261.7	98.1	1198.5	36.7	103.5	106.0	106.3	100.8	103.0
黑龙江 Heilongjiang	4633.3	2856.3	180.6	1430.1	82.5	104.7	105.9	106.9	102.2	108.1
上海 Shanghai	323.5	172.3	9.6	70.0	59.9	97.1	96.0	104.1	96.8	98.0
江苏 Jiangsu	6158.0	3167.8	107.3	1222.2	1351.1	102.6	103.3	103.9	96.9	105.3
浙江 Zhejiang	2837.4	1336.8	141.5	546.2	758.0	100.4	100.8	101.2	96.6	102.3
安徽 Anhui	4009.2	2003.3	233.1	1171.4	439.1	103.4	103.2	106.9	102.0	104.6
福建 Fujian	3282.0	1376.3	293.8	513.8	986.3	104.5	104.1	105.5	104.0	104.8
江西 Jiangxi	2578.4	1072.8	252.7	796.4	370.2	104.5	105.2	106.4	103.4	103.0
山东 Shandong	8750.0	4509.9	120.3	2359.0	1397.4	103.8	104.4	109.0	102.1	103.3
河南 Henan	7198.1	4202.3	152.3	2486.3	93.5	104.4	104.1	107.0	104.1	106.5
湖北 Hubei	5160.6	2678.1	122.0	1395.4	748.4	105.6	104.6	110.7	104.5	108.7
湖南 Hunan	5043.6	2726.8	287.7	1467.4	309.9	102.7	102.8	106.0	100.7	106.3
广东 Guangdong	4946.8	2444.7	249.4	1106.9	975.3	102.2	102.9	105.6	98.2	104.0
广西 Guangxi	3755.2	1868.3	287.6	1101.2	366.7	104.4	104.7	108.2	102.3	105.4
海南 Hainan	1144.9	485.4	121.2	225.5	275.5	106.2	106.4	107.3	103.5	107.2
重庆 Chongqing	1513.7	909.2	48.0	482.8	53.8	104.6	104.3	108.0	103.5	117.0
四川 Sichuan	5620.3	2903.5	179.4	2267.6	177.5	103.5	103.6	108.7	102.6	106.0
贵州 Guizhou	1663.0	997.1	69.9	482.7	38.3	106.0	105.9	107.1	105.1	121.2
云南 Yunnan	3056.0	1639.4	293.3	962.6	70.4	107.0	106.6	112.1	105.7	113.7
西藏 Tibet	128.0	57.9	2.7	64.2	0.2	104.0	104.3	99.7	104.5	76.3
陕西 Shaanxi	2562.5	1714.8	67.6	643.7	17.8	104.8	103.8	116.5	105.3	116.8
甘肃 Gansu	1517.7	1104.5	22.5	253.4	2.0	104.9	104.8	112.2	102.7	105.2
青海 Qinghai	310.3	138.3	5.7	160.1	1.3	105.6	106.1	124.2	104.0	226.2
宁夏 Ningxia	430.0	269.0	9.8	120.0	13.2	104.7	104.3	100.7	103.8	117.5
新疆 Xinjiang	2538.9	1806.1	48.1	604.2	17.2	107.2	107.1	108.1	107.8	107.8

注：本表绝对数按当年价格计算，指数按可比价格计算。2003年起总产值包括农林牧渔服务业产值。

a) Data in value terms in this table are calculated at current prices, while the indices are calculated at constant prices. Since 2003, gross output value includes the services in support of agriculture, forestry, animal husbandry and fishery.

12-4 主要农业机械拥有量（年底数）
Major Agricultural Machinery at Year-end

年份 Year 地区 Region	农业机械总动力（万千瓦）Total Power of Agricultural Machinery (10 000 kw)	大中型拖拉机 Large and Medium-sized Tractors		小型拖拉机 Small Tractors		农用排灌柴油机 Diesel Engines
		数量（台）Number (unit)	配套农具（部）Towing Farm Machinery (unit)	数量（台）Number (unit)	配套农具（部）Towing Farm Machinery (unit)	数量（台）Number (unit)
1978	11749.9	557358	1192000	1373000	1454000	2657000
1980	14745.7	744865	1369000	1874000	2191000	2899000
1985	20912.5	852357	1128000	3824000	3202000	2865000
1990	28707.7	813521	974000	6981000	6488000	4111000
1991	29388.6	784466	991000	7304000	7327000	4330000
1992	30308.4	758904	1044000	7507000	8308000	4377000
1993	31816.6	721216	1001000	7883400	8657000	4554275
1994	33802.5	693154	979719	8236687	8662000	4711516
1995	36118.1	671846	991220	8646356	9579774	4912068
1996	38546.9	670848	1049900	9189200	10911500	5092934
1997	42015.6	689051	1157316	10484813	12530020	5461235
1998	45207.7	725215	1203687	11220551	14378324	5816118
1999	48996.1	784216	1320429	12002509	16210408	6449528
2000	52573.6	974547	1399886	12643696	17887868	6881174
2001	55172.1	829900	1469355	13050840	18821829	7285693
2002	57929.9	911670	1578861	13393884	20033634	7506066
2003	60386.5	980560	1698436	13777056	21171505	7495652
2004	64027.9	1118636	1887110	14549279	23096911	7775427
2005	68397.8	1395981	2262004	15268916	24649726	8099100
2006	72522.1	1718247	2615014	15678995	26265699	8363525
2007	76589.6	2062731	3082785	16191147	27329552	8614952
2008	82190.4	2995214	4353649	17224101	27945401	8983851
2009	87496.1	3515757	5420586	17509031	28805621	9249167
2010	92780.5	3921723	6128598	17857921	29925485	9462526
2011	97734.7	4406471	6989501	18112663	30620134	9683914
2012	102559.0	4852400	7635200	17972300	30806220	9823100
2013	103906.8	5270200	8266200	17522800	30492100	12594000
北 京 Beijing	207.7	6500	11600	2400	2800	37700
天 津 Tianjin	554.2	15600	24200	9200	26600	63100
河 北 Hebei	10762.7	234300	435300	1424200	1910500	1523900
山 西 Shanxi	3183.3	107200	221000	347400	483100	144200
内蒙古 Inner Mongolia	3430.6	623400	995300	428200	885600	180500
辽 宁 Liaoning	2632.0	208000	274000	322500	491700	809900
吉 林 Jilin	2730.0	440400	778600	670800	1881900	197600
黑龙江 Heilongjiang	4849.3	873300	1179500	645300	1185100	131200
上 海 Shanghai	113.2	6700	18000	3600	3500	13500
江 苏 Jiangsu	4405.6	131300	222800	925400	1499800	415900
浙 江 Zhejiang	2462.2	11700	17400	139300	151800	863300
安 徽 Anhui	6140.3	179900	377500	2249700	5246200	1174200
福 建 Fujian	1336.8	3100	3300	104500	129900	65100
江 西 Jiangxi	2014.1	10200	17400	289800	312800	221500
山 东 Shandong	12739.8	500700	1019400	1997000	3248100	1259800
河 南 Henan	11150.0	357800	849900	3513200	6752100	1100500
湖 北 Hubei	4081.1	149400	280000	1141200	2154200	698100
湖 南 Hunan	5434.0	106600	41600	227500	108000	1067800
广 东 Guangdong	2564.9	23900	34800	329200	357900	349700
广 西 Guangxi	3383.0	34200	50600	456800	538900	271600
海 南 Hainan	502.1	44500	15800	52700	49800	38000
重 庆 Chongqing	1198.9	3800	3000	7800	3200	759500
四 川 Sichuan	3953.1	121800	50400	119100	113300	307300
贵 州 Guizhou	2240.8	41900	14500	85800	28900	225000
云 南 Yunnan	3070.3	287000	48600	377000	339600	121600
西 藏 Tibet	517.3	66400	50300	138300	91000	900
陕 西 Shaanxi	2452.7	99300	176100	198700	296200	322600
甘 肃 Gansu	2418.5	130400	281700	575600	1116500	130700
青 海 Qinghai	410.6	11100	7800	243900	208400	2500
宁 夏 Ningxia	802.0	42600	77100	179800	244400	27000
新 疆 Xinjiang	2165.9	397200	688700	316900	630300	69800

注：2001年起以后大中型拖拉机中不包括变形拖拉机。

a) Number of large and medium-sized agricultural tractors does not include transfiguration tractors since 2001.

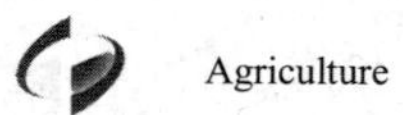

12-5 有效灌溉面积和农用化肥施用量
Irrigated Area and Consumption of Chemical Fertilizers

年份 Year / 地区 Region		有效灌溉面积(千公顷) Irrigated Area (1 000 hectares)	化肥施用量(万吨) Consumption of Chemical Fertilizer (10 000 tons)	氮肥 Nitrogenous Fertilizer	磷肥 Phosphate Fertilizer	钾肥 Potash Fertilizer	复合肥 Compound Fertilizer
1978		44965.0	884.0				
1980		44888.1	1269.4	934.2	273.3	34.6	27.2
1985		44035.9	1775.8	1204.9	310.9	80.4	179.6
1990		47403.1	2590.3	1638.4	462.4	147.9	341.6
1991		47822.1	2805.1	1726.1	499.6	173.9	405.5
1992		48590.1	2930.2	1756.1	515.7	196.0	462.4
1993		48727.9	3151.9	1835.1	575.1	212.3	529.4
1994		48759.1	3317.9	1882.0	600.7	234.8	600.6
1995		49281.2	3593.7	2021.9	632.4	268.5	670.8
1996		50381.4	3827.9	2145.3	658.4	289.6	734.7
1997		51238.5	3980.7	2171.7	689.1	322.0	798.1
1998		52295.6	4083.7	2233.3	682.5	345.7	822.0
1999		53158.4	4124.3	2180.9	697.8	365.6	880.0
2000		53820.3	4146.4	2161.5	690.5	376.5	917.9
2001		54249.4	4253.8	2164.1	705.7	399.6	983.7
2002		54354.9	4339.4	2157.3	712.2	422.4	1040.4
2003		54014.2	4411.6	2149.9	713.9	438.0	1109.8
2004		54478.4	4636.6	2221.9	736.0	467.3	1204.0
2005		55029.3	4766.2	2229.3	743.8	489.5	1303.2
2006		55750.5	4927.7	2262.5	769.5	509.7	1385.9
2007		56518.3	5107.8	2297.2	773.0	533.6	1503.0
2008		58471.7	5239.0	2302.9	780.1	545.2	1608.6
2009		59261.4	5404.4	2329.9	797.7	564.3	1698.7
2010		60347.7	5561.7	2353.7	805.6	586.4	1798.5
2011		61681.6	5704.2	2381.4	819.2	605.1	1895.1
2012		62490.5	5838.8	2399.9	828.6	617.7	1990.0
2013		63473.3	5911.9	2394.2	830.6	627.4	2057.5
北京	Beijing	153.0	12.8	5.9	0.7	0.7	5.4
天津	Tianjin	308.9	24.3	11.2	3.8	1.8	7.6
河北	Hebei	4349.0	331.0	150.7	46.6	27.9	106.0
山西	Shanxi	1382.8	121.0	38.4	18.7	9.9	54.1
内蒙古	Inner Mongolia	2957.8	202.4	88.7	35.0	16.6	62.1
辽宁	Liaoning	1407.8	151.8	70.1	12.2	13.5	56.0
吉林	Jilin	1510.1	216.8	71.5	7.1	14.6	123.6
黑龙江	Heilongjiang	5342.1	245.0	86.8	50.9	37.0	70.4
上海	Shanghai	184.1	10.8	5.3	0.8	0.5	4.2
江苏	Jiangsu	3785.3	326.8	165.7	44.7	19.9	96.6
浙江	Zhejiang	1409.4	92.4	50.5	11.4	7.3	23.2
安徽	Anhui	4305.5	338.4	113.5	35.6	31.4	157.9
福建	Fujian	1122.4	120.6	46.9	16.8	24.5	32.4
江西	Jiangxi	1995.6	141.6	42.7	22.1	20.9	55.8
山东	Shandong	4729.0	472.7	158.2	48.8	44.1	221.6
河南	Henan	4969.1	696.4	243.5	121.2	63.9	267.9
湖北	Hubei	2791.4	351.9	152.8	64.6	31.3	103.2
湖南	Hunan	3084.3	248.2	109.7	27.9	43.5	67.0
广东	Guangdong	1770.8	243.9	100.5	21.9	48.4	73.1
广西	Guangxi	1586.4	255.7	74.2	30.9	57.3	93.3
海南	Hainan	260.9	47.6	14.4	3.4	8.2	21.6
重庆	Chongqing	675.2	96.6	49.7	17.9	5.4	23.6
四川	Sichuan	2616.5	251.1	126.1	50.3	17.7	55.0
贵州	Guizhou	926.9	97.4	51.3	11.2	9.2	25.7
云南	Yunnan	1660.3	219.0	110.5	32.1	23.3	53.1
西藏	Tibet	239.3	5.7	2.0	1.2	0.6	1.9
陕西	Shaanxi	1209.9	241.7	98.7	18.4	23.3	101.3
甘肃	Gansu	1284.1	94.7	40.3	17.5	8.2	28.7
青海	Qinghai	186.9	9.8	3.9	1.5	0.3	4.2
宁夏	Ningxia	498.6	40.4	18.5	4.5	2.4	15.1
新疆	Xinjiang	4769.9	203.2	92.4	51.0	14.1	45.8
水利部属	Under The Ministry of Water Resources						

12-6 灌溉、水库和除涝治水情况
Irrigation, Reservoirs, Flood Prevention, Water and Soil Conservation

项 目	Item	2000	2005	2010	2012	2013
年底灌区数 (处)	Number of Irrigated Areas at Year-end (set)	5683	5860	5795	7756	7710
3.3万公顷以上	33 000 Hectares and Over	101	117	131	177	180
2.0-3.3万公顷	20 000-33 000 Hectares	141	170	218	280	290
灌区有效灌溉面积(万公顷)	Effective Irrigated Area (10 000 hectares)	2449.3	2641.9	2941.5	3019.1	3392.8
3.3万公顷以上	33 000 Hectares and Over	788.3	1023.0	1091.8	624.3	628.4
2.0-3.3万公顷	20 000-33 000 Hectares	344.0	408.0	474.0	501.7	504.5
水库 (座)	Number of Reservoirs (unit)	85120	85108	87873	97543	97721
大型水库	Large Reservoir	420	470	552	683	687
中型水库	Medium-sized Reservoir	2704	2934	3269	3758	3774
小型水库	Small Reservoir	81996	81704	84052	93102	93260
水库库容量 (亿立方米)	Capacity of Reservoirs (100 million cu.m)	5184	5624	7162	8255	8298
大型水库	Large Reservoir	3842	4197	5594	6493	6529
中型水库	Medium-sized Reservoir	746	826	930	1064	1070
小型水库	Small Reservoir	594	602	638	698	699
节水灌溉面积 (万公顷)	Water-saving Irrigated Area (10 000 hectares)	1638.9	2133.8	2731.4	3121.7	2710.9
除涝面积 (万公顷)	Areas with Flood Prevention Measures (10 000 hectares)	2098.9	2133.9	2169.2	2185.7	2194.3
水土流失治理面积(万公顷)	Area of Soil Erosion under Control (10 000 hectares)	8096	9465	10680	10295	10689
堤防长度 (万公里)	Total Length of Dikes (10 000 km)	27.0	27.7	29.4	27.7	27.5
堤防保护面积 (万公顷)	Area of Land Protected by Dikes (10 000 hectares)	3960.0	4412.0	4683.1	4259.7	4031.7

注：大型水库库容：1亿立方米以上；中型水库库容：1千万至1亿立方米；小型水库库容：10万至1千万立方米。

a) The capacity of the large-scale reservoir is over 100 million cubic meters, while that of the medium-scale one is from 10 to 100 million cubic meters, and that of the small-scale one is from 100 000 to 10 million cubic meters.

12-7 分地区水利设施和除涝面积（2013年）
Water Conservancy Facilities and Area with Flood Prevention Measures by Region (2013)

地 区	Region	水库数 (座) Number of Reservoirs (unit)	水库总库容量 (亿立方米) Capacity of Reservoirs (100 million cu.m)	除涝面积 (千公顷) Area with Flood Prevention Measures (1 000 hectares)	水土流失治理面积 (千公顷) Area of Soil Erosion under Control (1 000 hectares)
全 国	**National Total**	**97721**	**8298.2**	**21943.1**	**106891.9**
北 京	Beijing	86	52.2	149.8	630.8
天 津	Tianjin	28	26.8	369.3	88.5
河 北	Hebei	1078	206.1	1645.1	4679.0
山 西	Shanxi	642	69.2	89.1	5475.7
内蒙古	Inner Mongolia	586	102.7	277.0	11876.3
辽 宁	Liaoning	911	358.9	911.2	4520.4
吉 林	Jilin	1625	334.4	1026.5	1546.9
黑龙江	Heilongjiang	1133	262.6	3378.1	3609.7
上 海	Shanghai	4	5.5	58.4	
江 苏	Jiangsu	1077	35.4	2853.3	765.8
浙 江	Zhejiang	4331	443.7	507.3	3645.6
安 徽	Anhui	5821	324.3	2287.7	1654.5
福 建	Fujian	3662	199.5	145.3	3261.0
江 西	Jiangxi	10796	304.1	385.4	5128.8
山 东	Shandong	6418	217.6	2914.1	3477.5
河 南	Henan	2663	419.0	1884.6	3236.7
湖 北	Hubei	6544	1216.5	1260.8	5179.0
湖 南	Hunan	14089	496.6	416.9	2999.0
广 东	Guangdong	8410	444.9	524.6	1349.5
广 西	Guangxi	4544	674.2	230.9	1735.7
海 南	Hainan	1094	104.8	11.6	56.6
重 庆	Chongqing	2982	116.8		2576.1
四 川	Sichuan	8081	321.7	100.0	7792.1
贵 州	Guizhou	2316	432.7	53.5	5816.5
云 南	Yunnan	6060	373.8	261.3	7393.8
西 藏	Tibet	97	34.2	22.0	726.0
陕 西	Shaanxi	1110	88.5	132.6	6784.9
甘 肃	Gansu	377	105.4	12.5	7388.8
青 海	Qinghai	199	316.4		794.4
宁 夏	Ningxia	311	26.8	12.8	1709.4
新 疆	Xinjiang	646	183.0	21.3	992.9

12-8 农作物播种面积
Sown Areas of Farm Crops

单位：千公顷 (1 000 hectares)

年份 Year 地区 Region	农作物总播种面积 Total Sown Area	粮食作物播种面积 Sown Area of Grain Crops	谷物 Cereal	#稻谷 Rice	#小麦 Wheat	#玉米 Corn	豆类 Soybeans
1978	150104	120587		34421	29183	19961	
1980	146380	117234		33878	28844	20087	
1985	143626	108845		32070	29218	17694	
1990	148362	113466		33064	30753	21401	
1991	149586	112314	94073	32590	30948	21574	9163
1992	149007	110560	92520	32090	30496	21044	8983
1993	147741	110509	88912	30355	30235	20694	12377
1994	148241	109544	87537	30171	28981	21152	12736
1995	149879	110060	89310	30744	28860	22776	11232
1996	152381	112548	92207	31406	29611	24498	10543
1997	153969	112912	91964	31765	30057	23775	11164
1998	155706	113787	92117	31214	29774	25239	11671
1999	156373	113161	91617	31283	28855	25904	11190
2000	156300	108463	85264	29962	26653	23056	12660
2001	155708	106080	82596	28812	24664	24282	13268
2002	154636	103891	81466	28202	23908	24634	12543
2003	152415	99410	76810	26508	21997	24068	12899
2004	153553	101606	79350	28379	21626	25446	12799
2005	155488	104278	81874	28847	22793	26358	12901
2006	152149	104958	84931	28938	23613	28463	12149
2007	153464	105638	85777	28919	23721	29478	11780
2008	156266	106793	86248	29241	23617	29864	12118
2009	158614	108986	88401	29627	24291	31183	11949
2010	160675	109876	89851	29873	24257	32500	11276
2011	162283	110573	91016	30057	24270	33542	10651
2012	163416	111205	92612	30137	24268	35030	9709
2013	164627	111956	93769	30312	24117	36318	9224
北京 Beijing	242.5	158.9	152.6	0.2	36.2	114.5	4.9
天津 Tianjin	473.5	332.8	324.6	16.8	110.4	191.7	7.5
河北 Hebei	8749.2	6315.9	5883.8	86.8	2377.7	3108.8	166.4
山西 Shanxi	3782.4	3274.3	2763.5	1.0	677.5	1670.0	320.3
内蒙古 Inner Mongolia	7211.2	5617.3	4250.0	75.9	571.2	3170.6	755.4
辽宁 Liaoning	4208.8	3226.4	3013.3	649.2	5.6	2245.6	134.2
吉林 Jilin	5413.1	4789.9	4372.9	726.7		3499.1	337.4
黑龙江 Heilongjiang	12200.8	11564.4	8795.9	3175.6	133.0	5447.5	2500.8
上海 Shanghai	377.3	168.5	163.0	101.9	44.4	3.6	4.5
江苏 Jiangsu	7683.6	5360.8	4987.7	2265.7	2146.9	426.4	314.6
浙江 Zhejiang	2311.9	1253.7	1004.0	828.7	75.5	63.4	137.0
安徽 Anhui	8945.6	6625.3	5534.4	2214.1	2432.9	845.1	937.6
福建 Fujian	2292.2	1202.1	872.4	817.5	2.3	47.9	84.2
江西 Jiangxi	5552.6	3690.9	3387.6	3338.0	11.8	29.5	160.3
山东 Shandong	10976.4	7294.6	6881.7	123.1	3673.3	3060.7	164.5
河南 Henan	14323.5	10081.8	9276.1	641.3	5366.7	3203.3	503.8
湖北 Hubei	8106.2	4258.4	3794.9	2101.2	1094.8	573.5	160.3
湖南 Hunan	8650.0	4936.6	4483.9	4085.0	32.3	344.2	166.0
广东 Guangdong	4698.1	2507.6	2092.8	1908.8	0.9	176.7	80.3
广西 Guangxi	6137.2	3076.0	2656.1	2046.6	1.8	587.6	154.8
海南 Hainan	848.2	421.8	339.7	311.9		27.7	7.8
重庆 Chongqing	3515.9	2253.9	1292.1	688.7	107.6	466.7	236.0
四川 Sichuan	9682.2	6469.9	4758.3	1990.7	1216.0	1378.0	471.3
贵州 Guizhou	5390.1	3118.4	1864.2	684.5	251.8	778.4	316.3
云南 Yunnan	7148.2	4499.4	3273.2	1152.7	437.3	1505.1	566.4
西藏 Tibet	248.6	175.9	169.2	1.0	37.8	4.3	5.8
陕西 Shaanxi	4269.0	3105.1	2558.0	123.7	1094.8	1166.2	211.3
甘肃 Gansu	4155.9	2858.7	1976.4	5.3	811.7	976.1	183.7
青海 Qinghai	555.8	280.0	159.2		95.4	23.3	27.1
宁夏 Ningxia	1264.7	801.6	556.9	82.1	148.8	262.0	29.3
新疆 Xinjiang	5212.3	2234.8	2130.3	67.3	1121.0	920.8	73.9

12-8 续表 1 continued

单位：千公顷 (1 000 hectares)

年 份 Year 地 区 Region	薯 类 Tubers	油 料 Oil-bearing Crops	#花 生 Peanuts	#油菜籽 Rapeseeds	棉 花 Cotton	麻 类 Fiber Crops	#黄红麻 Jute and Ambary Hemp	糖 料 Sugar Crops
1978	11796	6222	1768	2600	4866	751	412	879
1980	10153	7928	2339	2844	4920	666	314	922
1985	8572	11800	3318	4494	5140	1231	992	1525
1990	9121	10900	2907	5503	5588	495	300	1679
1991	9078	11530	2880	6133	6538	453	270	1947
1992	9057	11489	2976	5976	6835	434	277	1906
1993	9220	11142	3379	5300	4985	420	274	1687
1994	9270	12081	3776	5783	5528	372	176	1755
1995	9519	13102	3809	6907	5422	376	147	1820
1996	9797	12555	3616	6734	4722	349	147	1846
1997	9785	12381	3722	6475	4491	327	162	1923
1998	10000	12919	4039	6527	4459	224	93	1984
1999	10355	13906	4268	6899	3726	205	65	1644
2000	10538	15400	4856	7494	4041	262	50	1514
2001	10217	14631	4991	7095	4810	323	52	1654
2002	9881	14766	4921	7143	4184	338	55	1872
2003	9702	14990	5057	7221	5111	337	41	1657
2004	9457	14431	4745	7271	5693	332	32	1568
2005	9503	14318	4662	7278	5062	335	31	1564
2006	7877	11738	3960	5984	5816	283	31	1567
2007	8082	11316	3945	5642	5926	263	33	1802
2008	8427	12825	4246	6594	5754	221	26	1990
2009	8636	13654	4377	7278	4949	160	24	1884
2010	8750	13890	4527	7370	4849	133	19	1905
2011	8906	13855	4581	7347	5038	118	19	1948
2012	8886	13930	4639	7432	4688	101	18	2030
2013	8963	14023	4633	7531	4346	92	17	1998
北 京 Beijing	1.4	3.4	3.0	0.0	0.1			
天 津 Tianjin	0.7	1.8	1.4		39.2			
河 北 Hebei	265.7	470.4	355.6	22.0	483.0	0.3	0.3	16.3
山 西 Shanxi	190.5	140.3	7.9	5.0	23.4	0.1		4.6
内蒙古 Inner Mongolia	611.9	812.2	20.3	290.4	1.1			45.8
辽 宁 Liaoning	78.9	354.7	341.5	0.6	0.5			3.3
吉 林 Jilin	79.6	276.6	148.3		3.1	0.0		2.3
黑龙江 Heilongjiang	267.7	97.7	24.9	0.1		1.3		38.6
上 海 Shanghai	1.0	6.8	0.8	6.0	2.0			0.1
江 苏 Jiangsu	58.5	518.3	94.2	413.9	155.2	0.7		1.6
浙 江 Zhejiang	112.8	183.4	18.4	159.6	19.6	0.1	0.1	10.3
安 徽 Anhui	153.3	802.0	187.3	568.1	285.1	8.0	4.4	5.0
福 建 Fujian	245.5	115.2	101.7	12.2	0.1	0.1	0.1	9.6
江 西 Jiangxi	142.9	743.1	163.7	548.0	84.7	5.3	0.1	14.5
山 东 Shandong	248.5	794.9	780.3	9.5	672.8	0.0		0.0
河 南 Henan	301.9	1589.9	1037.3	371.3	186.7	6.5	6.5	4.0
湖 北 Hubei	303.3	1516.9	200.4	1226.3	415.6	11.2	0.1	7.5
湖 南 Hunan	286.7	1382.5	112.8	1259.9	159.6	7.6	0.2	14.2
广 东 Guangdong	334.5	360.2	351.0	6.6		0.2	0.2	173.0
广 西 Guangxi	265.1	222.0	194.9	18.8	2.3	4.4	4.0	1125.1
海 南 Hainan	74.3	40.4	39.2			0.3	0.3	64.3
重 庆 Chongqing	725.8	283.5	56.7	215.6	0.1	5.8	0.1	2.9
四 川 Sichuan	1240.3	1265.5	259.9	998.0	13.8	31.0	0.7	14.1
贵 州 Guizhou	937.9	560.8	43.6	506.7	1.6	0.7	0.0	27.9
云 南 Yunnan	659.8	357.6	49.4	294.9	0.2	2.5	0.0	342.4
西 藏 Tibet	0.8	24.5	0.2	24.3				
陕 西 Shaanxi	335.8	298.8	32.7	204.4	36.7	0.5	0.0	0.1
甘 肃 Gansu	698.7	336.9	1.1	170.0	40.7	2.3		4.9
青 海 Qinghai	93.7	158.4		154.2				0.0
宁 夏 Ningxia	215.4	82.1	0.1	0.7	0.0			
新 疆 Xinjiang	30.6	221.7	4.7	43.7	1718.3	2.4		65.9

12-8 续表 2 continued

单位：千公顷 (1 000 hectares)

年份 Year 地区 Region			烟叶		蔬菜	茶园	果园
	#甘蔗 Sugarcane	#甜菜 Beetroots	Tobacco	#烤烟 Flue-cured Tobacco	Vegetables	Tea Plantations	Orchards
1978	549	331	784	613	3331	1048	1657
1980	480	443	512	397	3163	1041	1783
1985	965	560	1313	1077	4753	1077	2736
1990	1009	670	1593	1342	6338	1061	5179
1991	1164	783	1804	1562	6546	1060	5318
1992	1246	660	2093	1849	7031	1084	5818
1993	1088	599	2089	1835	8084	1171	6432
1994	1057	698	1490	1302	8921	1135	7264
1995	1125	695	1470	1309	9515	1115	8098
1996	1207	638	1853	1683	10491	1103	8553
1997	1311	612	2353	2161	11288	1076	8648
1998	1401	583	1361	1200	12293	1057	8535
1999	1303	341	1374	1216	13347	1130	8667
2000	1185	329	1437	1269	15237	1089	8932
2001	1248	406	1340	1181	16402	1141	9043
2002	1393	424	1328	1192	17353	1134	9098
2003	1409	248	1264	1139	17954	1207	9437
2004	1378	190	1266	1145	17560	1262	9768
2005	1354	210	1363	1245	17721	1352	10035
2006	1378	189	1189	1088	16639	1431	10123
2007	1586	216	1164	1066	17329	1613	10471
2008	1743	246	1326	1230	17876	1719	10734
2009	1697	186	1391	1265	18390	1849	11140
2010	1686	219	1345	1231	19000	1970	11544
2011	1721	227	1461	1351	19639	2113	11831
2012	1795	236	1597	1480	20353	2280	12140
2013	1816	182	1623	1527	20899	2469	12371
北京 Beijing			0.0		62.0		60.2
天津 Tianjin					89.9		34.2
河北 Hebei		16.3	3.2	2.7	1220.4		1063.5
山西 Shanxi		4.6	3.3	3.3	252.8	0.0	348.3
内蒙古 Inner Mongolia		45.8	3.3	3.1	265.7		72.7
辽宁 Liaoning		3.3	9.8	9.3	492.1		400.4
吉林 Jilin		2.3	22.5	12.0	214.6		52.7
黑龙江 Heilongjiang		38.6	35.6	32.4	265.7		34.2
上海 Shanghai	0.1				132.2		21.1
江苏 Jiangsu	1.6	0.0	0.0	0.0	1354.9	34.0	222.1
浙江 Zhejiang	10.3		1.0		619.1	184.0	321.4
安徽 Anhui	5.0		16.5	16.3	836.0	155.3	118.2
福建 Fujian	9.6		76.0	75.4	706.0	232.3	539.2
江西 Jiangxi	14.5		23.7	22.4	563.3	72.6	405.2
山东 Shandong		0.0	42.3	41.6	1832.9	22.7	633.9
河南 Henan	4.0		137.2	137.2	1745.8	97.7	475.7
湖北 Hubei	7.5	0.0	64.4	49.6	1145.0	291.8	403.6
湖南 Hunan	14.2		118.9	114.9	1283.7	115.5	563.9
广东 Guangdong	173.0		23.5	21.4	1306.9	44.2	1119.8
广西 Guangxi	1125.1		21.6	18.1	1104.6	62.9	1039.5
海南 Hainan	64.3		0.2	0.2	239.4	1.2	171.1
重庆 Chongqing	2.9		49.3	42.9	681.8	35.9	296.4
四川 Sichuan	14.0	0.1	120.0	103.1	1276.0	284.0	613.5
贵州 Guizhou	27.9	0.0	266.4	254.9	847.7	313.2	228.1
云南 Yunnan	342.4		542.5	525.5	900.8	400.6	406.5
西藏 Tibet					23.9	0.2	2.0
陕西 Shaanxi	0.1		36.8	36.6	490.0	109.7	1193.9
甘肃 Gansu		4.9	4.3	3.7	481.9	10.8	451.8
青海 Qinghai		0.0	0.1		50.5		6.8
宁夏 Ningxia			0.4	0.4	117.3		137.7
新疆 Xinjiang		65.9			296.7		934.0

12-9 主要农作物种植结构
Planting Structure of Major Farm Crops

单位：% (%)

项 目	Item	1995	2000	2005	2010	2012	2013
农作物总播种面积	**Total Sown Areas of Farm Crops**	**100.00**	**100.00**	**100.00**	**100.00**	**100.00**	**100.00**
粮食作物	**Grain Crops**	**73.43**	**69.39**	**67.07**	**68.38**	**68.05**	**68.01**
谷物	Cereal	59.59	54.55	52.66	55.92	56.67	56.96
稻谷	Rice	20.51	19.17	18.55	18.59	18.44	18.41
小麦	Wheat	19.26	17.05	14.66	15.10	14.85	14.65
玉米	Corn	15.20	14.75	16.95	20.23	21.44	22.06
谷子	Millet	1.02	0.80	0.55	0.50	0.45	0.43
高粱	Jowar	0.81	0.57	0.37	0.34	0.38	0.35
其它谷物	Other Cereal	2.80	2.21	1.58	1.16	1.11	1.05
豆类	Soybeans	7.49	8.10	8.30	7.02	5.94	5.60
#大豆	Soja	5.42	5.95	6.17	5.30	4.39	4.12
杂豆	Miscellaneous Beans	2.07	2.15	2.13	1.72	1.55	1.48
薯类	Tubers	6.35	6.74	6.11	5.45	5.44	5.44
#马铃薯	Potato	2.29	3.02	3.14	3.24	3.39	3.41
油料作物	**Oil-bearing Crops**	**8.74**	**9.85**	**9.21**	**8.64**	**8.52**	**8.52**
#花生	Peanuts	2.54	3.11	3.00	2.82	2.84	2.81
油菜籽	Rapeseeds	4.61	4.79	4.68	4.59	4.55	4.57
芝麻	Sesame	0.43	0.50	0.38	0.28	0.27	0.25
胡麻籽	Benne	0.41	0.32	0.26	0.20	0.19	0.19
向日葵	Helianthus	0.54	0.79	0.66	0.61	0.54	0.56
棉花	**Cotton**	**3.62**	**2.59**	**3.26**	**3.02**	**2.87**	**2.64**
麻类	**Fiber Crops**	**0.25**	**0.17**	**0.22**	**0.08**	**0.06**	**0.06**
#黄红麻	Jute and Ambary Hemp	0.10	0.03	0.02	0.01	0.01	0.01
苎 麻	Ramee	0.06	0.06	0.08	0.06	0.04	0.04
大 麻	Hemp		0.01	0.01			0.004
亚 麻	Flax	0.08	0.06	0.10	0.01		0.003
糖料	**Sugar Crops**	**1.21**	**0.97**	**1.01**	**1.19**	**1.24**	**1.21**
甘蔗	Sugarcane	0.75	0.76	0.87	1.05	1.10	1.10
甜菜	Beetroots	0.46	0.21	0.14	0.14	0.14	0.11
烟叶	**Tobacco**	**0.98**	**0.92**	**0.88**	**0.84**	**0.98**	**0.99**
#烤烟	Flue-cured Tobacco	0.87	0.81	0.80	0.77	0.91	0.93
药材	**Medicinal Materials**	**0.19**	**0.43**	**0.78**	**0.77**	**0.95**	**1.11**
蔬菜、瓜类	**Vegetables and Melon**	**7.08**	**11.06**	**12.82**	**13.31**	**13.93**	**14.19**
#蔬菜	Vegetables	6.35	9.75	11.40	11.83	12.45	12.70
其他农作物	**Other Farm Crops**	**4.49**	**4.70**	**4.78**	**3.76**	**3.39**	**3.29**
#青饲料	Succulence	1.22	1.37	2.17	1.17	1.26	1.28

12-10 主要农产品产量
Output of Major Farm Products

单位：万吨　　　　(10 000 tons)

年份 地区	Year Region	粮食 Grain	谷物 Cereal	#稻谷 Rice	#小麦 Wheat	#玉米 Corn	豆类 Beans	薯类 Tubers	棉花 Cotton
	1978	30476.5		13693.0	5384.0	5594.5		3174.0	216.7
	1980	32055.5		13990.5	5520.5	6260.0		2872.5	270.7
	1985	37910.8		16856.9	8580.5	6382.6		2603.6	414.7
	1990	44624.3		18933.1	9822.9	9681.9		2743.3	450.8
	1991	43529.3	39566.3	18381.3	9595.3	9877.3	1247.1	2715.9	567.5
	1992	44265.8	40169.6	18622.2	10158.7	9538.3	1252.0	2844.2	450.8
	1993	45648.8	40517.4	17751.4	10639.0	10270.4	1950.4	3181.1	373.9
	1994	44510.1	39389.1	17593.3	9929.7	9927.5	2095.6	3025.4	434.1
	1995	46661.8	41611.6	18522.6	10220.7	11198.6	1787.5	3262.6	476.8
	1996	50453.5	45127.1	19510.3	11056.9	12747.1	1790.3	3536.0	420.3
	1997	49417.1	44349.3	20073.5	12328.9	10430.9	1875.5	3192.3	460.3
	1998	51229.5	45624.7	19871.3	10972.6	13295.4	2000.6	3604.2	450.1
	1999	50838.6	45304.1	19848.7	11388.0	12808.6	1894.0	3640.6	382.9
	2000	46217.5	40522.4	18790.8	9963.6	10600.0	2010.0	3685.2	441.7
	2001	45263.7	39648.2	17758.0	9387.3	11408.8	2052.8	3563.1	532.4
	2002	45705.8	39798.7	17453.9	9029.0	12130.8	2241.2	3665.9	491.6
	2003	43069.5	37428.7	16065.6	8648.8	11583.0	2127.5	3513.3	486.0
	2004	46946.9	41157.2	17908.8	9195.2	13028.7	2232.1	3557.7	632.4
	2005	48402.2	42776.0	18058.8	9744.5	13936.5	2157.7	3468.5	571.4
	2006	49804.2	45099.2	18171.8	10846.6	15160.3	2003.7	2701.3	753.3
	2007	50160.3	45632.4	18603.4	10929.8	15230.0	1720.1	2807.8	762.4
	2008	52870.9	47847.4	19189.6	11246.4	16591.4	2043.3	2980.2	749.2
	2009	53082.1	48156.3	19510.3	11511.5	16397.4	1930.3	2995.5	637.7
	2010	54647.7	49637.1	19576.1	11518.1	17724.5	1896.5	3114.1	596.1
	2011	57120.8	51939.4	20100.1	11740.1	19278.1	1908.4	3273.1	659.8
	2012	58958.0	53934.7	20423.6	12102.4	20561.4	1730.5	3292.8	683.6
	2013	60193.8	55269.2	20361.2	12192.6	21848.9	1595.3	3329.3	629.9
北京	Beijing	96.1	94.4	0.1	18.7	75.2	0.9	0.8	0.0
天津	Tianjin	174.7	173.5	12.9	57.3	102.1	0.9	0.3	4.8
河北	Hebei	3365.0	3221.8	58.8	1387.2	1703.9	30.9	112.4	45.7
山西	Shanxi	1312.8	1246.0	0.7	230.7	955.5	30.8	36.0	3.1
内蒙古	Inner Mongolia	2773.0	2433.6	56.0	180.4	2069.7	138.3	201.1	0.2
辽宁	Liaoning	2195.6	2122.7	506.9	2.7	1563.2	31.3	41.6	0.1
吉林	Jilin	3551.0	3443.8	563.3		2775.7	58.8	48.4	0.6
黑龙江	Heilongjiang	6004.1	5495.9	2220.6	38.9	3216.4	400.2	108.0	
上海	Shanghai	114.2	112.3	86.8	17.6	2.5	1.1	0.7	0.4
江苏	Jiangsu	3423.0	3313.0	1922.3	1101.3	216.4	72.2	37.8	20.9
浙江	Zhejiang	734.0	647.9	580.2	27.8	26.8	33.8	52.3	2.8
安徽	Anhui	3279.6	3127.3	1362.3	1332.0	426.0	114.0	38.3	25.1
福建	Fujian	664.4	523.6	502.0	0.7	19.3	21.4	119.3	0.0
江西	Jiangxi	2116.1	2019.9	2004.0	2.5	12.0	30.7	65.5	13.1
山东	Shandong	4528.2	4297.1	103.6	2218.8	1967.1	40.4	190.6	62.1
河南	Henan	5713.7	5522.7	485.8	3226.4	1796.5	78.8	112.1	19.0
湖北	Hubei	2501.3	2373.9	1676.6	416.8	270.8	31.7	95.7	46.0
湖南	Hunan	2925.7	2763.5	2561.5	11.0	185.0	35.4	126.8	19.8
广东	Guangdong	1315.9	1129.2	1045.0	0.3	81.6	20.9	165.9	
广西	Guangxi	1521.8	1425.5	1156.2	0.3	266.0	23.3	73.0	0.2
海南	Hainan	190.9	162.0	149.8		12.1	2.3	26.7	
重庆	Chongqing	1148.1	804.7	503.1	33.7	258.1	46.0	297.4	0.0
四川	Sichuan	3387.1	2815.3	1549.5	421.3	762.4	92.1	479.7	1.3
贵州	Guizhou	1030.0	740.7	361.3	51.5	298.0	25.9	263.4	0.1
云南	Yunnan	1824.0	1485.0	667.9	80.5	734.2	131.4	207.6	0.0
西藏	Tibet	96.2	93.5	0.6	24.1	2.5	2.2	0.5	
陕西	Shaanxi	1215.8	1096.3	91.0	389.8	586.7	32.8	86.8	5.8
甘肃	Gansu	1138.9	856.4	3.8	235.9	571.5	37.9	244.6	7.1
青海	Qinghai	102.4	60.8		36.0	16.4	5.7	35.9	
宁夏	Ningxia	373.4	327.4	68.9	46.3	206.2	2.0	44.0	0.0
新疆	Xinjiang	1377.0	1339.7	59.8	602.1	669.0	21.1	16.2	351.8

12-10 续表 1 continued

单位：万吨 (10 000 tons)

年份 Year 地区 Region	油料 Oil-bearing Crops	#花生 Peanuts	#油菜籽 Rapeseeds	#芝麻 Sesame	麻类 Fiber Crops	#黄红麻 Jute and Ambary Hemp	甘蔗 Sugarcane	甜菜 Beetroots
1978	521.8	237.7	186.8	32.2	135.1	108.8	2111.6	270.2
1980	769.1	360.0	238.4	25.9	143.6	109.8	2280.7	630.5
1985	1578.4	666.4	560.7	69.1	444.8	411.9	5154.9	891.9
1990	1613.2	636.8	695.8	46.9	109.7	72.6	5762.0	1452.5
1991	1638.3	630.3	743.6	43.5	88.4	51.3	6789.8	1628.9
1992	1641.2	595.3	765.3	51.6	93.8	61.9	7301.1	1506.9
1993	1803.9	842.1	693.9	56.3	96.0	67.2	6419.4	1204.8
1994	1989.6	968.2	749.2	54.8	74.7	35.5	6092.7	1252.6
1995	2250.3	1023.5	977.7	58.3	89.7	37.1	6541.7	1398.4
1996	2210.6	1013.8	920.1	57.5	79.5	36.5	6818.7	1541.5
1997	2157.4	964.8	957.8	56.6	74.9	43.0	7889.7	1496.8
1998	2313.9	1188.6	830.1	65.6	49.5	24.8	8343.8	1446.6
1999	2601.2	1263.9	1013.2	74.3	47.2	16.4	7470.3	863.9
2000	2954.8	1443.7	1138.1	81.1	52.9	12.6	6828.0	807.3
2001	2864.9	1441.6	1133.1	80.4	68.1	10.6	7566.3	1088.9
2002	2897.2	1481.8	1055.2	89.5	96.4	15.9	9010.7	1282.0
2003	2811.0	1342.0	1142.0	59.3	85.3	10.0	9023.5	618.2
2004	3065.9	1434.2	1318.2	70.4	107.4	8.7	8984.9	585.7
2005	3077.1	1434.2	1305.2	62.5	110.5	8.3	8663.8	788.1
2006	2640.3	1288.7	1096.6	66.2	89.1	8.7	9709.2	750.8
2007	2568.7	1302.7	1057.3	55.7	72.8	9.9	11295.1	893.1
2008	2952.8	1428.6	1210.2	58.6	62.5	8.4	12415.2	1004.4
2009	3154.3	1470.8	1365.7	62.2	38.8	7.5	11558.7	717.9
2010	3230.1	1564.4	1308.2	58.7	31.7	6.9	11078.9	929.6
2011	3306.8	1604.6	1342.6	60.5	29.6	7.5	11443.5	1073.1
2012	3436.8	1669.2	1400.7	63.9	26.1	6.8	12311.4	1174.0
2013	3517.0	1697.2	1445.8	62.3	22.9	6.1	12820.1	926.0
北京 Beijing	1.0	0.9	0.0	0.0				
天津 Tianjin	0.6	0.5		0.0				
河北 Hebei	151.1	130.1	3.5	0.9	0.1	0.1		74.2
山西 Shanxi	19.5	1.8	0.7	0.3	0.0			22.5
内蒙古 Inner Mongolia	158.1	4.0	33.7	0.2				181.4
辽宁 Liaoning	113.6	111.3	0.1	0.1				17.1
吉林 Jilin	84.0	55.8		0.7	0.0			6.2
黑龙江 Heilongjiang	19.0	7.2	0.1	0.1	0.9			123.2
上海 Shanghai	1.5	0.2	1.3	0.0			0.7	
江苏 Jiangsu	150.4	35.3	113.3	1.8	0.2		9.5	0.0
浙江 Zhejiang	37.8	5.2	31.7	0.9	0.0	0.0	63.9	
安徽 Anhui	225.4	88.7	130.1	6.5	2.7	1.3	20.2	
福建 Fujian	28.8	26.9	1.8	0.2	0.0	0.0	58.6	
江西 Jiangxi	119.3	45.2	70.4	3.7	0.8	0.1	64.6	
山东 Shandong	349.6	345.7	2.4	0.1	0.0			0.0
河南 Henan	589.1	471.4	89.8	26.9	3.7	3.7	28.3	
湖北 Hubei	333.2	68.1	250.5	13.6	2.6	0.0	28.7	0.0
湖南 Hunan	224.4	28.3	194.6	1.5	1.7	0.1	73.7	
广东 Guangdong	101.0	99.8	0.8	0.4	0.0	0.0	1553.2	
广西 Guangxi	57.2	54.1	1.9	0.7	0.7	0.6	8104.3	
海南 Hainan	10.9	10.7		0.2	0.1	0.1	440.8	
重庆 Chongqing	53.1	11.7	40.1	0.7	0.9	0.0	10.9	
四川 Sichuan	290.4	65.4	224.0	0.5	5.6	0.2	56.9	0.2
贵州 Guizhou	91.5	8.3	81.8	0.0	0.1	0.0	159.3	0.0
云南 Yunnan	60.7	8.0	50.7	0.0	0.8	0.0	2146.3	
西藏 Tibet	6.4	0.0	6.3					
陕西 Shaanxi	59.5	9.6	39.7	2.4	0.1	0.0	0.2	0.0
甘肃 Gansu	69.7	0.4	33.2		0.3			24.7
青海 Qinghai	32.6		31.9					0.0
宁夏 Ningxia	16.8	0.0	0.2	0.0				
新疆 Xinjiang	60.6	2.6	11.3	0.1	1.5			476.5

12-10 续表 2 continued

单位：万吨 (10 000 tons)

年份 地区	Year Region	烟叶 Tobacco	#烤烟 Flue-cured Tobacco	蚕茧 Silkworm Cocoons	#桑蚕茧 Mulberry Silkworm Cocoons	茶叶 Tea	水果 Fruits	#苹果 Apples	#柑桔 Citrus	#梨 Pears	#葡萄 Grapes	#香蕉 Bananas
	1978	124.2	105.2	22.8	17.3	26.8	657.0	227.5	38.3	151.7	10.4	8.5
	1980	84.5	71.7	32.6	25.0	30.4	679.3	236.3	71.3	146.6	11.0	6.1
	1985	242.5	207.5	37.1	33.6	43.2	1163.9	361.4	180.8	213.7	36.1	63.1
	1990	262.7	225.9	53.4	48.0	54.0	1874.4	431.9	485.5	235.3	85.9	145.6
	1991	303.1	267.0	58.4	55.1	54.2	2176.1	454.0	633.3	249.8	91.6	198.1
	1992	349.9	311.9	69.2	66.0	56.0	2440.1	655.6	516.0	284.6	112.5	245.1
	1993	345.1	303.6	75.7	71.2	60.0	3011.2	907.0	656.1	321.7	135.5	270.1
	1994	223.8	194.0	81.3	77.7	58.8	3499.8	1112.9	680.5	404.3	152.2	289.8
	1995	231.4	207.2	80.0	76.0	58.9	4214.6	1400.8	822.5	494.2	174.2	312.5
	1996	323.4	294.6	50.8	47.1	59.3	4652.8	1704.7	845.7	580.7	188.3	253.6
	1997	425.1	390.8	46.9	42.3	61.3	5089.3	1721.9	1010.2	641.5	203.3	289.2
	1998	236.4	208.8	52.6	47.5	66.5	5452.9	1948.1	859.0	727.5	235.8	351.8
	1999	246.9	218.5	48.5	44.7	67.6	6237.6	2080.2	1078.7	774.2	270.8	419.4
	2000	255.2	223.8	54.8	50.1	68.3	6225.1	2043.1	878.3	841.2	328.2	494.1
	2001	235.0	204.5	65.5	60.2	70.2	6658.0	2001.5	1160.7	879.6	368.0	527.2
	2002	244.7	213.5	69.8	64.5	74.5	6952.0	1924.1	1199.0	930.9	447.9	555.7
	2003	225.7	201.5	66.7	61.1	76.8	14517.4	2110.2	1345.4	979.8	517.6	590.3
	2004	240.6	216.3	73.1	67.7	83.5	15340.9	2367.5	1495.8	1064.2	567.5	605.6
	2005	268.3	243.5	78.0	71.3	93.5	16120.1	2401.1	1591.9	1132.4	579.4	651.8
	2006	245.6	225.5	88.2	82.0	102.8	17102.0	2605.9	1789.8	1198.6	627.1	690.1
	2007	239.5	217.8	94.7	87.9	116.5	18136.3	2786.0	2058.3	1289.5	669.7	779.7
	2008	283.8	262.3	90.9	83.1	125.8	19220.2	2984.7	2331.3	1353.8	715.1	783.5
	2009	306.6	281.4	83.2	76.1	135.9	20395.5	3168.1	2521.1	1426.3	794.1	883.4
	2010	300.4	273.1	87.3	80.0	147.5	21401.4	3326.3	2645.2	1505.7	854.9	956.1
	2011	313.2	287.0	91.6	83.6	162.3	22768.2	3598.5	2944.0	1579.5	906.7	1040.0
	2012	340.7	312.6	90.6	83.1	179.0	24056.8	3849.1	3167.8	1707.3	1054.3	1155.8
	2013	337.4	314.9	89.2	81.7	192.4	25093.0	3968.3	3320.9	1730.1	1155.0	1207.5
北京	Beijing	0.0					103.8	8.7		14.8	3.7	
天津	Tianjin						54.2	4.8		3.7	9.3	
河北	Hebei	0.7	0.5	0.1	0.1		1863.3	320.1		445.6	137.0	
山西	Shanxi	1.0	1.0	0.6	0.6	0.0	711.8	396.2		58.8	20.7	
内蒙古	Inner Mongolia	1.3	1.2	0.8			294.8	15.2		6.1	11.2	
辽宁	Liaoning	2.8	2.7	5.2	0.0		944.7	275.2		165.3	81.6	
吉林	Jilin	6.1	3.0	0.3			234.7	17.1		13.2	14.8	
黑龙江	Heilongjiang	8.9	8.1	0.5			274.4	14.1		2.8	8.1	
上海	Shanghai						74.7	0.0	15.5	3.6	10.1	
江苏	Jiangsu	0.0	0.0	5.9	5.9	1.4	814.2	54.2	4.7	69.4	51.4	
浙江	Zhejiang	0.2		5.5	5.5	16.9	715.7		193.0	39.3	65.9	
安徽	Anhui	4.3	4.2	3.2	3.2	10.1	905.1	36.0	3.5	97.9	35.8	
福建	Fujian	16.3	16.1	0.0	0.0	34.7	744.3	0.0	323.5	21.5	14.4	91.5
江西	Jiangxi	5.1	4.8	0.7	0.7	4.3	637.8		407.2	14.2	4.8	
山东	Shandong	11.2	11.1	3.1	3.1	1.6	3028.8	930.5		127.2	112.5	
河南	Henan	34.7	34.7	2.5	1.8	5.6	2599.7	443.1	4.8	107.7	55.7	
湖北	Hubei	12.7	9.5	0.8	0.8	22.2	920.5	1.0	400.4	56.3	23.7	
湖南	Hunan	26.3	25.3	0.0	0.0	14.6	879.4		417.3	16.5	13.9	
广东	Guangdong	5.7	5.1	10.2	10.2	7.0	1485.4		454.8	8.1		420.3
广西	Guangxi	3.8	3.1	32.3	32.3	5.4	1433.4		423.0	27.7	36.7	247.7
海南	Hainan	0.0	0.0	0.0	0.0	0.1	439.5		6.2			202.8
重庆	Chongqing	9.7	8.2	1.8	1.8	3.4	319.3	0.5	193.2	36.0	7.2	0.2
四川	Sichuan	25.1	20.6	11.3	11.3	22.0	840.1	51.9	343.6	96.3	28.8	4.0
贵州	Guizhou	43.6	41.8	0.0	0.0	8.9	167.7	3.2	25.5	24.1	14.1	0.6
云南	Yunnan	107.6	103.9	2.8	2.8	30.2	634.5	33.6	56.6	47.2	65.9	240.5
西藏	Tibet					0.0	1.3	0.5	0.1	0.1	0.0	
陕西	Shaanxi	8.7	8.5	1.3	1.3	4.1	1764.4	942.8	47.7	97.3	60.7	
甘肃	Gansu	1.4	1.3	0.0	0.0	0.1	611.5	269.6	0.1	36.3	25.9	
青海	Qinghai	0.1					3.0	0.5		0.4	0.0	
宁夏	Ningxia	0.2	0.2				264.3	51.1		1.3	17.2	
新疆	Xinjiang						1326.9	98.1		91.3	223.9	

注：2003年起水果产量包括瓜果类产量。

a) Data of output of fruits include melons after 2003.

12-11 主要农产品单位面积产量
Output of Major Farm Products Per Hectare

单位：公斤/公顷 (kg/hectare)

年份 地区 Year Region	谷物 Cereals	棉花 Cotton	花生 Peanuts	油菜籽 Rapeseeds	芝麻 Sesame	黄红麻 Jute and Ambary Hemp	甘蔗 Sugarcane	甜菜 Beetroots	烤烟 Flue-cured Tobacco
1978		445	1344	718	506	2639	38496	8166	1717
1980		550	1539	838	333	3497	47562	14242	1806
1985		807	2008	1248	657	4154	53430	15913	1927
1990		807	2191	1264	702	2421	57118	21668	1683
1991	4206	868	2189	1212	640	1902	58345	20791	1709
1992	4342	660	2000	1281	692	2233	58605	22832	1687
1993	4557	750	2492	1309	747	2449	59012	20124	1654
1994	4500	785	2564	1295	794	2020	57669	17935	1491
1995	4659	879	2687	1415	908	2534	58133	20132	1584
1996	4894	890	2804	1366	969	2487	56470	24150	1750
1997	4822	1025	2592	1479	919	2649	60158	24475	1809
1998	4953	1009	2943	1272	1042	2677	59550	24806	1740
1999	4945	1028	2961	1469	1066	2540	57338	25334	1797
2000	4753	1093	2973	1519	1034	2516	57626	24518	1763
2001	4800	1107	2888	1597	1061	2046	60625	26807	1732
2002	4885	1175	3011	1477	1180	2868	64663	30232	1792
2003	4873	951	2654	1582	863	2462	64023	24925	1768
2004	5187	1111	3022	1813	1128	2719	65199	30829	1889
2005	5225	1129	3076	1793	1054	2670	63970	37523	1956
2006	5310	1295	3254	1833	1173	2781	70450	39767	2072
2007	5320	1286	3302	1874	1147	2969	71228	41360	2044
2008	5548	1302	3365	1835	1243	3217	71210	40754	2133
2009	5447	1289	3361	1877	1307	3139	68093	38536	2225
2010	5524	1229	3455	1775	1312	3686	65700	42498	2219
2011	5707	1310	3502	1827	1385	3896	66485	47361	2124
2012	5824	1458	3598	1885	1463	3899	68600	49793	2112
2013	5894	1449	3663	1920	1490	3581	70576	50922	2062
北京 Beijing	6191	1078	2998	790	920				
天津 Tianjin	5344	1237	3484		1450				
河北 Hebei	5476	946	3658	1613	1375	2374		45575	1807
山西 Shanxi	4509	1307	2314	1431	1081			48858	3030
内蒙古 Inner Mongolia	5726	1454	1969	1162	903			39588	3903
辽宁 Liaoning	7044	1881	3259	1911	1943			51402	2876
吉林 Jilin	7875	1848	3765		1151			27261	2510
黑龙江 Heilongjiang	6248		2875	6198	1451			31932	2511
上海 Shanghai	6888	1955	2669	2142	1427		48329		
江苏 Jiangsu	6642	1349	3745	2737	1781		60761	10000	1700
浙江 Zhejiang	6453	1423	2823	1984	1700	3293	61955		
安徽 Anhui	5651	881	4734	2289	1412	2948	40121		2582
福建 Fujian	6002	755	2644	1456	1246	3213	61153		2141
江西 Jiangxi	5963	1546	2761	1285	1162	4868	44643		2126
山东 Shandong	6244	923	4430	2545	1624			22333	2677
河南 Henan	5954	1016	4544	2418	1528	5582	71678		2526
湖北 Hubei	6256	1106	3400	2042	1612	1838	38288	2450	1906
湖南 Hunan	6163	1241	2510	1545	1546	2852	51816		2203
广东 Guangdong	5395		2845	1188	1483	2422	89789		2391
广西 Guangxi	5367	1066	2776	1013	1316	1468	72032		1720
海南 Hainan	4768		2735		1596	3606	68510		1200
重庆 Chongqing	6228	660	2058	1860	1029	1616	37091		1918
四川 Sichuan	5917	942	2516	2245	1315	2105	40638	21247	1995
贵州 Guizhou	3973	587	1894	1614	1042	600	57060	2000	1640
云南 Yunnan	4537	1942	1617	1719	896	2067	62690		1976
西藏 Tibet	5523		1924	2604					
陕西 Shaanxi	4286	1577	2946	1940	1658	100	31800		2332
甘肃 Gansu	4333	1732	3992	1950				50351	3397
青海 Qinghai	3822			2070				22500	
宁夏 Ningxia	5879	3400	1794	2516	750				4816
新疆 Xinjiang	6289	2047	5661	2582	1493			72301	

12-12 主要林产品产量
Output of Major Forest Products

年份 Year / 地区 Region		木材 (万立方米) Timber (10 000 cu.m)	橡胶 (吨) Rubber (ton)	松脂 (吨) Pine Resin (ton)	生漆 (吨) Lacquer (ton)	油桐籽 (吨) Tung-oil Seeds (ton)	油茶籽 (吨) Tea-oil Seeds (ton)
	1978	5162.3	101600	337600	2200	391150	478900
	1980	5359.3	112945	420750	2450	303350	490350
	1985	6323.4	187901	343946	2168	378770	619229
	1990	5571.0	264243	435244	2683	350770	523313
	1995	6766.9	424025	548133	2976	404929	623128
	1996	6710.3	402450	580819	3740	407744	696633
	1997	6394.8	451970	701183	4416	453535	856868
	1998	5966.2	462344	543156	4577	438680	722846
	1999	5236.8	489991	571477	5314	448323	792690
	2000	4724.0	480248	551057	5279	453461	823224
	2001	4552.0	477437	563689	4925	406716	824731
	2002	4436.1	527413	563388	6360	389024	854624
	2003	4758.9	565045	625757	8664	372645	779492
	2004	5197.3	574739	673310	9641	381428	874861
	2005	5560.3	513618	767134	14316	368688	875022
	2006	6611.8	537983	908784	20762	382989	919947
	2007	6976.6	588380	965618	12891	361285	939096
	2008	8108.3	547861	849205	15526	370966	989859
	2009	7068.3	618866	1046579	20498	367287	1169289
	2010	8089.6	690812	1115711	20093	433624	1092243
	2011	8145.9	750853	1156612	18867	437702	1480044
	2012	8174.9	802255	1215065	26027	427048	1727708
	2013	8438.5	864806	1307747	25154	418924	1776506
北京	Beijing	20.8					
天津	Tianjin	15.4					
河北	Hebei	84.7					
山西	Shanxi	11.9					
内蒙古	Inner Mongolia	186.2					
辽宁	Liaoning	178.3					
吉林	Jilin	347.4					
黑龙江	Heilongjiang	219.6					
上海	Shanghai	0.2					
江苏	Jiangsu	144.1					62
浙江	Zhejiang	154.4		1136	10	87	45681
安徽	Anhui	477.5		11141	410	2830	63932
福建	Fujian	572.3		100413	178	23240	97825
江西	Jiangxi	266.9		101314	235	8012	412339
山东	Shandong	559.1					
河南	Henan	243.1		3064	2209	83830	17461
湖北	Hubei	251.9		39867	6897	25290	87483
湖南	Hunan	474.9		41041	610	39591	725190
广东	Guangdong	809.1	17387	216098	6	7650	83547
广西	Guangxi	2288.0	999	586484	37	77715	168544
海南	Hainan	122.3	420816	14348			47
重庆	Chongqing	30.1		57	6095	13412	4520
四川	Sichuan	237.1		1987	583	15276	5361
贵州	Guizhou	180.9		7631	3103	75275	41430
云南	Yunnan	430.2	425604	182369	271	18277	15390
西藏	Tibet	6.4					
陕西	Shaanxi	10.2		797	4476	28390	7694
甘肃	Gansu	3.1			34	49	
青海	Qinghai	0.6					
宁夏	Ningxia	0.9					
新疆	Xinjiang	38.8					
大兴安岭	Daxinganling	71.9					

12-13 牲畜饲养情况
Number of Livestock

单位：万头、万只 (10 000 heads)

年份 Year 地区 Region	大牲畜年底头数 Large Animals (year-end)	牛 Cattle and Buffaloes	马 Horses	驴 Donkeys	骡 Mules	骆驼 Camels
1996	13360.2	11031.8	871.5	944.4	478.0	34.5
1997	14541.8	12182.2	891.2	952.8	480.6	35.0
1998	14803.2	12441.9	898.1	955.8	473.9	33.5
1999	15024.8	12698.3	891.4	934.8	467.3	33.0
2000	14638.1	12353.2	876.6	922.7	453.0	32.6
2001	13980.9	11809.2	826.0	881.5	436.2	27.9
2002	13672.3	11567.8	808.8	849.9	419.4	26.4
2003	13467.3	11434.4	790.0	820.7	395.7	26.5
2004	13191.4	11235.4	763.9	791.9	374.0	26.2
2005	12894.8	10990.8	740.0	777.2	360.4	26.6
2006	12287.1	10465.1	719.5	730.6	345.1	26.9
2007	12309.3	10594.8	702.8	689.1	298.5	24.2
2008	12250.7	10576.0	682.1	673.1	295.5	24.0
2009	12357.6	10726.5	678.5	648.4	279.3	24.8
2010	12238.5	10626.4	677.1	639.7	269.7	25.6
2011	11966.2	10360.5	670.9	647.8	259.8	27.3
2012	11891.8	10343.4	633.5	636.1	249.2	29.5
2013	11853.2	10385.1	602.7	603.4	230.4	31.6
北京 Beijing	21.1	20.4	0.2	0.4	0.1	
天津 Tianjin	28.8	28.3	0.1	0.3	0.1	
河北 Hebei	482.5	390.7	18.1	53.6	20.2	
山西 Shanxi	123.9	94.8	1.5	15.6	11.9	0.0
内蒙古 Inner Mongolia	819.6	612.4	76.6	90.9	26.4	13.2
辽宁 Liaoning	515.5	365.4	22.2	111.9	16.1	
吉林 Jilin	503.1	437.6	34.7	22.2	8.5	
黑龙江 Heilongjiang	531.7	495.4	24.6	8.4	3.3	
上海 Shanghai	5.9	5.9				
江苏 Jiangsu	34.5	30.4	0.3	2.8	1.0	
浙江 Zhejiang	17.5	17.5				
安徽 Anhui	155.7	155.1	0.1	0.4	0.1	
福建 Fujian	68.9	68.9	0.0			
江西 Jiangxi	301.1	301.1				
山东 Shandong	514.4	500.1	3.0	9.8	1.6	
河南 Henan	936.8	905.1	11.2	16.7	3.8	
湖北 Hubei	345.3	344.1	0.6	0.4	0.2	
湖南 Hunan	448.2	442.9	4.4	0.7	0.2	
广东 Guangdong	238.2	238.2	0.0			
广西 Guangxi	495.1	457.0	33.6	0.1	4.5	
海南 Hainan	84.3	84.3				
重庆 Chongqing	139.7	136.7	1.8	0.3	0.9	
四川 Sichuan	1050.7	949.7	83.0	7.9	10.1	
贵州 Guizhou	536.9	460.6	73.4	0.2	2.7	
云南 Yunnan	881.7	730.4	58.6	33.6	59.1	
西藏 Tibet	659.4	617.9	32.1	7.8	1.6	
陕西 Shaanxi	160.9	143.1	0.7	13.0	4.0	
甘肃 Gansu	597.2	432.1	14.9	103.9	44.1	2.2
青海 Qinghai	484.7	452.2	19.4	5.2	6.9	1.1
宁夏 Ningxia	105.3	95.8	0.2	6.8	2.4	0.0
新疆 Xinjiang	564.9	371.1	87.5	90.3	0.9	15.0

12-13 续表 continued

单位：万头、万只 (10 000 heads)

年 份 Year 地 区 Region	肉猪出栏头数 Slaughtered Fattened Hogs	猪年底头数 Hogs (year-end)	羊年底只数 Sheep and Goats (year-end)	山 羊 Goats	绵 羊 Sheep
1996	41225.2	36283.6	23728.3	12315.8	11412.5
1997	46483.7	40034.8	25575.7	13480.1	12095.6
1998	50215.1	42256.3	26903.5	14168.3	12735.2
1999	51977.2	43144.2	27925.8	14816.3	13109.5
2000	51862.3	41633.6	27948.2	14945.6	13002.6
2001	53281.1	41950.5	27625.0	14562.3	13062.8
2002	54143.9	41776.2	28240.9	14841.2	13399.7
2003	55701.8	41381.8	29307.4	14967.9	14339.5
2004	57278.5	42123.4	30426.0	15195.5	15230.5
2005	60367.4	43319.1	29792.7	14659.0	15133.7
2006	61207.3	41850.4	28369.8	13768.0	14601.8
2007	56508.3	43989.5	28564.7	14336.5	14228.2
2008	61016.6	46291.3	28084.9	15229.2	12855.7
2009	64538.6	46996.0	28452.2	15050.1	13402.1
2010	66686.4	46460.0	28087.9	14203.9	13884.0
2011	66326.1	46862.7	28235.8	14274.2	13961.5
2012	69789.5	47592.2	28504.1	14136.1	14368.0
2013	71557.3	47411.3	29036.3	14034.5	15001.7
北 京 Beijing	314.4	189.2	59.5	15.8	43.7
天 津 Tianjin	381.7	201.0	45.4	5.5	39.9
河 北 Hebei	3452.0	1932.9	1455.1	450.9	1004.2
山 西 Shanxi	786.2	502.2	878.0	387.4	490.5
内蒙古 Inner Mongolia	931.9	684.5	5239.2	1511.9	3727.3
辽 宁 Liaoning	2785.8	1624.5	735.4	401.0	334.4
吉 林 Jilin	1669.1	1001.2	396.2	55.1	341.1
黑龙江 Heilongjiang	1821.6	1356.7	817.8	247.1	570.7
上 海 Shanghai	241.8	184.8	26.1	24.9	1.2
江 苏 Jiangsu	3049.6	1787.3	403.1	393.6	9.5
浙 江 Zhejiang	1895.1	1287.5	110.0	41.7	68.3
安 徽 Anhui	2971.5	1612.6	605.3	604.2	1.1
福 建 Fujian	2092.0	1296.2	115.8	115.8	
江 西 Jiangxi	3150.3	1708.0	56.2	56.2	
山 东 Shandong	4797.7	2931.4	2158.1	1600.3	557.7
河 南 Henan	5996.9	4426.7	1830.3	1752.6	77.7
湖 北 Hubei	4356.4	2566.1	462.9	462.8	0.2
湖 南 Hunan	5902.3	4096.9	512.5	512.5	
广 东 Guangdong	3744.8	2282.6	39.3	39.3	
广 西 Guangxi	3456.7	2471.5	202.2	202.2	
海 南 Hainan	610.5	433.8	68.3	68.3	
重 庆 Chongqing	2104.5	1502.3	185.2	185.1	0.2
四 川 Sichuan	7314.1	5004.1	1689.2	1460.9	228.3
贵 州 Guizhou	1832.3	1604.1	299.6	284.6	15.0
云 南 Yunnan	3323.7	2708.7	929.1	845.5	83.5
西 藏 Tibet	18.3	37.0	1558.6	563.4	995.3
陕 西 Shaanxi	1186.6	897.9	638.8	526.4	112.4
甘 肃 Gansu	696.7	608.9	1825.4	398.5	1426.9
青 海 Qinghai	137.7	120.8	1460.2	191.8	1268.5
宁 夏 Ningxia	95.6	75.3	570.1	103.2	466.9
新 疆 Xinjiang	439.6	274.7	3663.2	525.8	3137.4

12-14 畜 产 品 产 量
Output of Livestock Products

年份 Year 地区 Region	肉类(万吨) Output of Meat (10 000 tons)	#猪牛羊肉 Output of Pork, Beef and Mutton	猪肉 Pork	牛肉 Beef	羊肉 Mutton	奶类(万吨) Milk (10 000 tons)	#牛奶 Cow Milk
1996	4584.0	3694.7	3158.0	355.7	181.0	735.8	629.4
1997	5268.8	4249.9	3596.3	440.9	212.8	681.1	601.1
1998	5723.8	4598.2	3883.7	479.9	234.6	745.4	662.9
1999	5949.0	4762.3	4005.6	505.4	251.3	806.9	717.6
2000	6013.9	4743.2	3966.0	513.1	264.1	919.1	827.4
2001	6105.8	4832.1	4051.7	508.6	271.8	1122.9	1025.5
2002	6234.3	4928.4	4123.1	521.9	283.5	1400.4	1299.8
2003	6443.3	5089.8	4238.6	542.5	308.7	1848.6	1746.3
2004	6608.7	5234.3	4341.0	560.4	332.9	2368.4	2260.6
2005	6938.9	5473.5	4555.3	568.1	350.1	2864.8	2753.4
2006	7089.0	5591.0	4650.5	576.7	363.8	3302.5	3193.4
2007	6865.7	5283.8	4287.8	613.4	382.6	3633.4	3525.2
2008	7278.7	5614.0	4620.5	613.2	380.3	3731.5	3555.8
2009	7649.7	5915.7	4890.8	635.5	389.4	3677.7	3518.8
2010	7925.8	6123.1	5071.2	653.1	398.9	3748.0	3575.6
2011	7965.1	6101.1	5060.4	647.5	393.1	3810.7	3657.8
2012	8387.2	6405.9	5342.7	662.3	401.0	3875.4	3743.6
2013	8535.0	6574.4	5493.0	673.2	408.1	3649.5	3531.4
北 京 Beijing	41.8	27.9	24.6	2.1	1.2	61.5	61.5
天 津 Tianjin	46.5	34.6	29.8	3.3	1.5	68.5	68.2
河 北 Hebei	448.8	346.6	265.3	52.3	29.1	465.7	458.0
山 西 Shanxi	83.2	72.6	61.2	5.2	6.2	87.2	86.2
内蒙古 Inner Mongolia	244.9	213.9	73.4	51.8	88.8	778.6	767.3
辽 宁 Liaoning	420.1	284.9	233.6	43.2	8.1	125.7	120.9
吉 林 Jilin	262.7	185.6	136.3	45.0	4.2	48.3	47.6
黑龙江 Heilongjiang	221.3	184.9	133.4	39.7	11.8	522.5	518.2
上 海 Shanghai	23.8	18.9	18.3		0.6	26.5	26.5
江 苏 Jiangsu	383.2	240.8	229.9	3.2	7.8	59.9	59.9
浙 江 Zhejiang	174.3	141.6	138.8	1.1	1.7	18.2	18.2
安 徽 Anhui	403.8	286.6	253.4	18.1	15.0	25.3	25.3
福 建 Fujian	211.2	162.5	157.7	2.6	2.1	15.3	14.9
江 西 Jiangxi	321.9	258.9	245.1	12.7	1.1	12.2	12.2
山 东 Shandong	774.8	494.5	392.9	67.9	33.7	281.2	271.4
河 南 Henan	699.1	559.4	454.1	80.6	24.8	328.8	316.4
湖 北 Hubei	430.1	359.0	330.6	20.2	8.2	15.8	15.4
湖 南 Hunan	519.2	459.5	430.6	18.2	10.7	8.9	8.9
广 东 Guangdong	435.2	285.6	277.8	7.0	0.9	14.1	13.8
广 西 Guangxi	420.0	278.9	261.3	14.3	3.2	9.6	9.6
海 南 Hainan	82.9	54.2	50.5	2.6	1.1	0.2	0.2
重 庆 Chongqing	207.8	165.6	155.0	7.6	3.0	6.8	6.8
四 川 Sichuan	690.4	566.5	510.8	31.1	24.5	71.1	70.6
贵 州 Guizhou	199.7	181.4	163.7	14.1	3.5	5.5	5.5
云 南 Yunnan	359.4	321.8	276.0	31.8	14.0	59.3	54.5
西 藏 Tibet	26.8	26.0	1.5	15.9	8.6	33.0	27.0
陕 西 Shaanxi	112.6	102.9	88.3	7.5	7.0	188.5	141.1
甘 肃 Gansu	91.0	84.5	50.8	17.2	16.6	39.1	38.5
青 海 Qinghai	31.8	30.7	9.9	10.3	10.5	28.7	27.6
宁 夏 Ningxia	27.4	24.8	7.1	8.7	9.0	104.2	104.2
新 疆 Xinjiang	139.4	118.9	31.3	37.8	49.7	139.2	135.0

12-14 续表 continued

年份 地区	Year Region	绵羊毛 (吨) Sheep Wool (ton)	#细羊毛 Fine Wool	#半细羊毛 Semi-Fine Wool	山羊毛 (吨) Goat Wool (ton)	羊绒 (吨) Cashmere (ton)	禽蛋 (万吨) Poultry Eggs (10 000 tons)	蜂蜜 (万吨) Honey (10 000 tons)
	1996	298102	121020	74099	35284	9585	1965.2	18.3
	1997	255059	116054	55683	25865	8626	1897.1	21.1
	1998	277545	115752	68775	31417	9799	2021.3	20.7
	1999	283152	114103	73700	31849	10180	2134.7	23.0
	2000	292502	117386	84921	33266	11057	2182.0	24.6
	2001	298254	114651	88075	34241	10968	2210.1	25.2
	2002	307588	112193	102419	35459	11765	2265.7	26.5
	2003	338058	120263	110249	36692	13528	2333.1	28.9
	2004	373902	130413	119514	37727	14515	2370.6	29.3
	2005	393172	127862	123068	36904	15435	2438.1	29.3
	2006	388777	131808	116098	40512	16395	2424.0	33.3
	2007	363470	123920	106760	38382	18483	2529.0	35.4
	2008	367687	123838	104838	44406	17184	2702.2	40.0
	2009	364002	127352	113018	49453	16964	2742.5	40.2
	2010	386768	123173	114944	42714	18518	2762.7	40.1
	2011	393072	132836	120119	44047	17989	2811.4	43.1
	2012	400057	125709	131983	43924	18021	2861.2	44.8
	2013	411122	133247	135330	41875	18114	2876.1	45.0
北京	Beijing	270.7	21.0	43.3	58.3	33.4	17.5	0.3
天津	Tianjin	574.9	126.0	448.9	2.9		18.9	0.0
河北	Hebei	33105.0	5192.0	19327.0	2995.0	830.0	346.1	1.2
山西	Shanxi	8184.7	2992.6	3411.2	1366.1	787.2	79.8	0.5
内蒙古	Inner Mongolia	110532.0	54193.0	19681.0	10154.0	7901.0	55.1	0.2
辽宁	Liaoning	14987.9	3846.0	10985.6	1558.2	995.9	276.8	0.1
吉林	Jilin	18972.0	13376.0	5519.0	369.0	157.0	97.7	1.5
黑龙江	Heilongjiang	32129.0	5281.0	23790.0	1595.0	494.0	102.7	1.8
上海	Shanghai	11.3			136.8		5.7	0.1
江苏	Jiangsu	345.0	85.0	260.0	10.0		197.9	0.4
浙江	Zhejiang	1971.6		1971.6	282.5		43.1	8.0
安徽	Anhui	158.9	96.9	62.0	83.7	10.3	124.5	2.0
福建	Fujian						25.0	1.1
江西	Jiangxi						46.1	1.4
山东	Shandong	9640.4	1884.9	5600.0	3931.1	806.0	396.2	0.6
河南	Henan	8263.0	944.0	4854.0	6213.0	887.0	410.2	9.9
湖北	Hubei	3.6		3.6	73.4	0.4	145.1	2.3
湖南	Hunan				5.0	1.0	95.6	1.2
广东	Guangdong				4.0		32.3	1.8
广西	Guangxi						22.7	1.2
海南	Hainan						3.8	0.1
重庆	Chongqing	4.0		4.0	2.0		41.1	1.6
四川	Sichuan	6106.0	1671.0	3243.0	695.2	33.8	145.2	4.5
贵州	Guizhou	462.5	104.7	288.3	58.0	1.0	15.4	0.2
云南	Yunnan	1741.5	161.0	1487.9	632.4	10.6	23.2	0.7
西藏	Tibet	8027.9	369.4	2885.2	825.3	923.0	0.5	0.0
陕西	Shaanxi	6854.0	2634.0	2581.0	3113.5	1714.0	55.4	0.5
甘肃	Gansu	29991.0	9602.0	6390.0	2003.0	400.0	14.5	0.1
青海	Qinghai	17928.0	444.0	6699.0	955.0	425.0	2.3	0.2
宁夏	Ningxia	9237.0	1648.0	2107.0	844.0	476.0	7.4	0.1
新疆	Xinjiang	91620.0	28574.0	13687.0	3909.0	1227.3	28.2	1.3

12-15 水 产 品 产 量
Output of Aquatic Products

单位：万吨 (10 000 tons)

年 份 地 区	Year Region	水产品总产量 Total Aquatic Products	海水产品 Seawater Aquatic Products	天然生产 Naturally Grown	人工养殖 Artificially Cultured	鱼 类 Fish	虾蟹类 Shrimps, Prawns and Crabs	贝 类 Shellfish	藻 类 Algae	其 他 Others
	1978	465.4	359.5	314.5	45.0	256.1	50.6	26.8	26.0	
	1980	449.7	325.7	281.3	44.4	234.1	42.1	23.4	26.2	
	1985	705.2	419.7	348.5	71.2	274.5	70.6	47.3	27.3	
	1990	1237.0	713.3	550.9	162.4	423.1	107.0	147.3	27.5	8.2
	1991	1350.8	800.1	609.6	190.5	466.2	119.4	158.6	40.0	15.9
	1992	1557.1	933.7	691.2	242.4	517.6	127.4	204.4	56.8	27.5
	1993	1823.0	1076.0	767.3	308.7	557.4	138.7	288.6	69.4	22.0
	1994	2143.2	1241.5	895.8	345.7	647.4	170.9	323.6	74.5	25.1
	1995	2517.2	1439.1	1026.8	412.3	758.1	184.8	392.3	74.9	29.0
	1996	3288.1	2012.9	1249.0	763.9	823.5	204.7	852.7	92.9	39.1
	1997	3118.6	1888.1	1196.4	691.7	836.4	195.8	715.0	85.0	55.9
	1998	3382.7	2044.5	1292.6	752.0	916.1	224.3	754.8	90.3	59.0
	1999	3570.1	2145.3	1293.4	851.9	918.1	240.5	832.5	103.7	50.5
	2000	3706.2	2203.9	1275.9	928.0	896.7	257.9	901.7	106.1	41.5
	2001	3795.9	2233.5	1244.1	989.4	881.3	262.8	936.4	108.5	44.6
	2002	3954.9	2298.5	1238.0	1060.5	887.9	269.8	972.2	115.8	52.8
	2003	4077.0	2332.8	1237.0	1095.9	893.2	259.0	963.8	122.7	94.1
	2004	4246.6	2404.5	1253.2	1151.3	883.7	271.4	965.6	130.8	153.0
	2005	4419.9	2465.9	1255.1	1210.8	913.9	281.3	1008.1	133.9	128.6
	2006	4583.6	2509.6	1245.4	1264.2	892.1	299.4	1046.7	137.6	133.8
	2007	4747.5	2550.9	1243.6	1307.3	891.3	298.9	1068.2	138.8	153.7
	2008	4895.6	2598.3	1258.0	1340.3	864.3	288.8	1072.5	142.3	122.1
	2009	5116.4	2681.6	1276.3	1405.2	880.8	303.6	1120.0	148.4	131.0
	2010	5373.0	2797.5	1315.2	1482.3	906.3	310.4	1170.4	156.6	142.1
	2011	5603.2	2908.0	1356.7	1551.3	1075.2	321.8	1212.8	162.9	135.3
	2012	5907.7	3033.3	1389.5	1643.8	1101.0	345.7	1264.8	179.0	142.8
	2013	6172.0	3138.8	1399.6	1739.2	1119.3	362.6	1327.6	188.5	140.9
北 京	Beijing	6.4	0.7	0.7		0.7				
天 津	Tianjin	39.9	7.9	6.6	1.2	6.6	1.1	0.2		0.1
河 北	Hebei	123.1	68.3	23.1	45.2	13.5	7.8	43.0		4.0
山 西	Shanxi	4.6								
内蒙古	Inner Mongolia	14.1								
辽 宁	Liaoning	505.0	411.1	128.4	282.8	92.2	23.3	237.3	32.0	26.3
吉 林	Jilin	18.6								
黑龙江	Heilongjiang	48.9								
上 海	Shanghai	28.9	12.5	12.5		11.3	1.2	0.0		0.0
江 苏	Jiangsu	509.4	151.2	57.3	93.9	40.8	25.9	76.1	3.1	5.3
浙 江	Zhejiang	550.8	443.2	356.0	87.2	250.6	98.0	71.6	4.8	18.2
安 徽	Anhui	215.5								
福 建	Fujian	658.5	571.7	216.8	354.9	191.6	45.7	241.1	77.7	15.6
江 西	Jiangxi	242.6								
山 东	Shandong	863.2	699.5	242.8	456.6	187.1	38.8	372.3	59.1	42.2
河 南	Henan	85.0								
湖 北	Hubei	410.4								
湖 南	Hunan	234.1								
广 东	Guangdong	816.1	442.4	155.4	287.0	159.3	66.3	197.0	8.3	11.5
广 西	Guangxi	319.3	171.0	65.3	105.6	41.6	36.0	83.2		10.2
海 南	Hainan	183.1	136.9	112.1	24.8	101.7	18.4	5.7	3.6	7.5
重 庆	Chongqing	38.5								
四 川	Sichuan	126.1								
贵 州	Guizhou	16.7								
云 南	Yunnan	48.6								
西 藏	Tibet	0.0								
陕 西	Shaanxi	12.5								
甘 肃	Gansu	1.4								
青 海	Qinghai	0.6								
宁 夏	Ningxia	14.5								
新 疆	Xinjiang	13.2								
中农发集团	CNADG	22.5	22.5	22.5		22.5				

注：2013年起中国水产总公司改名为中农发集团(China National Agricultural Development Group Co.LTD，简称CNADG)。
a) China National Fisheries Corp. was named as China National Agricultural Development Group Co., LTD. in 2013.

12-15 续表 continued

单位：万吨 (10 000 tons)

年份 地区	Year Region	淡水产品 Freshwater Aquatic Products	天然生产 Naturally Grown	人工养殖 Artificially Cultured	鱼 类 Fish	虾蟹类 Shrimps, Prawns and Crabs	贝 类 Shellfish	其 他 Others
	1978	105.9	29.6	76.2	99.7	3.8	2.4	
	1980	124.0	33.9	90.2	116.3	5.2	2.5	
	1985	285.4	47.6	237.8	276.5	5.5	3.4	
	1990	523.7	78.3	445.4	504.9	9.5	7.6	1.8
	1991	550.7	91.5	459.2	530.4	10.7	8.5	1.0
	1992	623.5	90.1	533.4	598.4	12.4	10.5	2.2
	1993	747.0	102.9	644.1	710.6	13.3	16.3	6.7
	1994	901.7	116.7	785.0	859.3	20.3	15.3	6.8
	1995	1078.1	137.3	940.8	1018.6	27.3	20.5	11.6
	1996	1275.2	176.3	1099.0	1177.8	36.3	48.4	12.7
	1997	1230.5	163.5	1067.0	1143.8	41.3	31.4	14.1
	1998	1338.1	197.5	1140.6	1230.6	52.2	39.6	15.8
	1999	1424.9	198.0	1226.9	1309.7	61.0	37.1	17.0
	2000	1502.3	193.4	1308.9	1358.4	76.3	40.0	27.7
	2001	1562.4	186.2	1376.2	1406.5	87.0	45.4	23.5
	2002	1656.4	194.7	1461.7	1476.8	105.7	49.0	24.9
	2003	1744.2	213.3	1530.9	1551.0	119.9	46.7	26.5
	2004	1842.1	209.6	1632.5	1634.4	132.4	46.1	29.1
	2005	1954.0	221.0	1733.0	1737.2	140.3	46.3	30.2
	2006	2074.0	220.4	1853.6	1822.5	167.8	50.9	32.8
	2007	2196.6	225.6	1971.0	1908.5	202.1	50.5	35.5
	2008	2297.3	224.8	2072.5	1998.5	210.1	50.1	38.7
	2009	2434.8	218.4	2216.5	2109.9	228.8	52.0	44.2
	2010	2575.5	228.9	2346.5	2225.6	248.1	53.8	47.9
	2011	2695.2	223.2	2471.9	2343.7	248.8	53.9	48.8
	2012	2874.3	229.8	2644.5	2497.7	268.7	54.0	54.0
	2013	3033.2	230.7	2802.4	2647.9	277.0	52.8	55.5
北 京	Beijing	5.7	0.4	5.3	5.6	0.0		0.0
天 津	Tianjin	32.0	1.2	30.7	26.5	5.3	0.1	0.2
河 北	Hebei	54.8	9.8	45.0	49.9	3.9	0.4	0.6
山 西	Shanxi	4.6	0.1	4.4	4.5	0.0		0.1
内蒙古	Inner Mongolia	14.1	3.1	11.0	13.9	0.1		0.2
辽 宁	Liaoning	93.9	5.4	88.5	83.3	9.2	0.1	1.4
吉 林	Jilin	18.6	2.1	16.5	18.4	0.2	0.0	0.0
黑龙江	Heilongjiang	48.9	5.2	43.7	48.4	0.4	0.0	0.0
上 海	Shanghai	16.4	0.4	16.0	10.7	5.6	0.0	0.1
江 苏	Jiangsu	358.2	32.9	325.3	264.6	78.2	11.6	3.8
浙 江	Zhejiang	107.6	9.6	98.1	70.4	14.7	3.9	18.6
安 徽	Anhui	215.5	32.5	183.0	171.3	31.0	8.9	4.4
福 建	Fujian	86.8	8.5	78.3	72.5	7.1	5.2	2.0
江 西	Jiangxi	242.6	26.1	216.6	213.6	15.4	7.5	6.1
山 东	Shandong	163.7	14.2	149.5	151.3	10.6	0.9	0.9
河 南	Henan	85.0	4.7	80.3	82.3	2.0	0.1	0.6
湖 北	Hubei	410.4	21.3	389.1	345.0	57.0	4.1	4.2
湖 南	Hunan	234.1	10.5	223.6	225.4	3.1	2.4	3.1
广 东	Guangdong	373.7	13.0	360.7	334.9	29.6	5.1	4.2
广 西	Guangxi	148.4	13.2	135.2	142.3	1.5	1.7	2.8
海 南	Hainan	46.2	2.2	44.1	44.8	0.3	0.2	1.0
重 庆	Chongqing	38.5	1.5	37.0	38.1	0.2	0.0	0.1
四 川	Sichuan	126.1	6.0	120.1	124.2	0.8	0.4	0.7
贵 州	Guizhou	16.7	1.4	15.3	16.4	0.2	0.1	0.0
云 南	Yunnan	48.6	3.8	44.8	48.0	0.3	0.1	0.2
西 藏	Tibet	0.0	0.0	0.0	0.0			0.0
陕 西	Shaanxi	12.5	0.5	12.0	12.2	0.0	0.0	0.3
甘 肃	Gansu	1.4		1.4	1.4	0.0		0.0
青 海	Qinghai	0.6		0.6	0.6	0.0		
宁 夏	Ningxia	14.5	0.0	14.5	14.3	0.2		
新 疆	Xinjiang	13.2	1.3	11.9	13.0	0.1	0.0	0.1

12-16 人均主要农产品产量
Per Capita Output of Major Farm Products

单位：公斤 (kg)

年份 Year / 地区 Region	粮食 Grain	棉花 Cotton	油料 Oil-bearing Crops	猪牛羊肉 Pork, Beef and Mutton	水产品 Total Aquatic Products	牛奶 Milk
1978	319	2.3	5.5	9.1	4.9	
1980	327	2.8	7.8	12.3	4.6	1.2
1985	361	3.9	15.0	16.8	6.7	2.4
1990	393	4.0	14.2	22.1	10.9	3.7
1995	387	4.0	18.7	27.4	20.9	4.8
2000	366	3.5	23.4	37.6	29.4	6.6
2001	356	4.2	22.5	38.0	29.9	8.1
2002	357	3.8	22.6	38.5	30.9	10.2
2003	334	3.8	21.8	39.5	31.6	13.6
2004	362	4.9	23.7	40.4	32.8	17.4
2005	371	4.4	23.6	42.0	33.9	21.1
2006	380	5.7	20.1	42.7	35.0	24.4
2007	381	5.8	19.5	40.1	36.0	26.7
2008	399	5.7	22.3	42.4	37.0	26.8
2009	399	4.8	23.7	44.4	38.4	26.4
2010	409	4.5	24.1	45.8	40.2	26.7
2011	425	4.9	24.6	45.4	41.7	27.2
2012	437	5.1	25.4	47.4	43.7	27.7
2013	443	4.6	25.9	48.6	45.5	26.1
北京 Beijing	46	0.0	0.5	13.3	3.0	29.4
天津 Tianjin	121	3.4	0.4	24.0	27.6	47.3
河北 Hebei	460	6.2	20.7	47.4	16.8	62.7
山西 Shanxi	363	0.8	5.4	20.0	1.3	23.8
内蒙古 Inner Mongolia	1112	0.1	63.4	85.8	5.7	307.7
辽宁 Liaoning	500	0.0	25.9	64.9	115.1	27.5
吉林 Jilin	1291	0.2	30.5	67.5	6.8	17.3
黑龙江 Heilongjiang	1566		5.0	48.2	12.7	135.1
上海 Shanghai	48	0.2	0.6	7.9	12.0	11.1
江苏 Jiangsu	432	2.6	19.0	30.4	64.2	7.6
浙江 Zhejiang	134	0.5	6.9	25.8	100.4	3.3
安徽 Anhui	546	4.2	37.5	47.7	35.9	4.2
福建 Fujian	177	0.0	7.7	43.2	175.1	4.0
江西 Jiangxi	469	2.9	26.4	57.4	53.8	2.7
山东 Shandong	466	6.4	36.0	50.9	88.9	28.0
河南 Henan	607	2.0	62.6	59.5	9.0	33.6
湖北 Hubei	432	7.9	57.6	62.0	70.9	2.7
湖南 Hunan	439	3.0	33.7	68.9	35.1	1.3
广东 Guangdong	124		9.5	26.9	76.9	1.3
广西 Guangxi	324	0.1	12.2	59.3	67.9	2.0
海南 Hainan	214		12.3	60.8	205.6	0.3
重庆 Chongqing	388	0.0	18.0	56.0	13.0	2.3
四川 Sichuan	419	0.2	35.9	70.0	15.6	8.7
贵州 Guizhou	295	0.0	26.2	51.9	4.8	1.6
云南 Yunnan	390	0.0	13.0	68.9	10.4	11.7
西藏 Tibet	310		20.6	83.9	0.1	87.0
陕西 Shaanxi	323	1.5	15.8	27.4	3.3	37.5
甘肃 Gansu	441	2.7	27.0	32.8	0.5	14.9
青海 Qinghai	178		56.6	53.4	1.0	47.9
宁夏 Ningxia	574	0.0	25.8	38.1	22.3	160.1
新疆 Xinjiang	612	156.4	27.0	52.9	5.9	60.0

12-17 国有农场基本情况
Basic Statistics on State Farms

本表为农垦系统数据。
Data in this table are those from land reclamation departments.

指　标	Item	2009	2010	2011	2012	2013
农场数 (个)	**Number of Farms (unit)**	**1818**	**1807**	**1785**	**1786**	**1779**
职工人数 (万人)	**Number of Staff and Workers (10 000 persons)**	**339.7**	**330.7**	**329.3**	**317.5**	**324.0**
耕地面积 (千公顷)	**Cultivated Area (1 000 hectares)**	**5598.3**	**5989.3**	**6116.3**	**6123.7**	**6210.5**
农业机械总动力 (亿瓦)	**Total Power of Agricultural Machinery (100 million watts)**	**197.1**	**212.6**	**228.4**	**245.7**	**262.1**
农业机械拥有量 (台、辆)	**Ownership of Agricultural Machinery (unit)**					
大中型农用拖拉机	Large and Medium-sized Agricultural Tractors	131900	146000	161700	174000	176800
小型及手扶拖拉机	Small and Walking Agricultural Tractors	323600	330000	347000	328000	333000
农用排灌动力机械	Machinery for Agricultural Drainage and Irrigation	247000	248000	262000	277000	288400
联合收割机	Combine Harvesters	32000	39000	40000	46000	48400
农用载重汽车	Trucks for Agricultural Use	73500	73500	73500	73500	73500
农用化肥施用量 (万吨)	**Consumption of Chemical Fertilizers (10 000 tons)**	**210.8**	**227.8**	**241.2**	**248.3**	**261.0**
农业总产值 (亿元)	**Gross Agricultural Output Value (100 million yuan)**	**1906.6**	**2342.3**	**2803.9**	**3100.4**	**3356.3**
农作物总播种面积(千公顷)	**Sown Area of Farm Crops (1 000 hectares)**	**6073.3**	**6310.4**	**6414.6**	**6510.5**	**6665.0**
粮食作物	Grain	4384.3	4557.6	4613.5	4725.9	4839.8
棉　花	Cotton	656.2	665.4	719.3	732.5	770.0
油　料	Oil-bearing Crops	371.1	375.4	377.5	379.2	356.5
糖　料	Sugar Crops	101.9	103.9	112.5	112.0	111.2
麻　类	Fiber Crops	7.9	3.4	3.0	2.6	2.4
年底实有茶园面积	Area of Tea Plantations (year-end)	31.3	31.3	30.4	28.9	30.2
年底实有桑园面积	Area of Mulberry Plantations (year-end)	1.9	1.5	1.6	1.9	2.0
年底实有果园面积	Area of Orchards (year-end)	322.6	371.9	380.0	391.5	402.1
年底实有橡胶园面积	Area of Rubber Plantations (year-end)	465.2	469.4	462.4	443.0	447.8
主要农产品产量 (万吨)	**Output of Major Farm Products (10 000 tons)**					
粮食作物	Grain	2773.2	2953.3	3198.7	3371.4	3419.9
棉　花	Cotton	141.2	143.9	163.8	172.3	176.2
油　料	Oil-bearing Crops	81.1	80.3	82.7	78.3	80.4
糖　料	Sugar Crops	758.2	766.9	818.5	850.6	846.2
麻　类	Fiber Crops	3.6	1.9	1.6	1.3	1.1
茶　叶	Tea	4.7	4.6	4.5	4.4	4.4
水　果	Fruits	307.8	323.4	337.2	409.4	484.2
干　胶	Rubber	31.7	32.8	32.1	33.2	33.1
畜牧业、渔业生产	**Production of Animal Husbandry and Fishery**					
大牲畜年底头数 (万头)	Number of Large Animals (year-end)(10 000 heads)	317.2	319.2	340.8	344.6	295.6
猪年底头数 (万头)	Number of Hogs (10 000 heads)	1053.4	1134.2	1216.6	1328.4	1313.5
羊年底只数 (万只)	Number of Sheep and Goats (10 000 heads)	1268.9	1298.7	1319.2	1320.4	1302.5
#绵　羊	Sheep	949.4	979.9	1010.6	1039.0	1070.8
畜产品产量 (万吨)	**Output of Livestock Products (10 000 tons)**					
猪牛羊肉	Pork, Beef and Mutton	172.6	190.4	207.3	220.3	212.5
#猪　肉	Pork	136.9	148.9	162.1	173.5	165.7
牛　奶	Milk	344.7	366.1	405.9	435.0	402.1
禽　蛋	Poultry Eggs	31.3	39.7	44.0	47.7	47.8
羊　毛	Sheep Wool	2.5	2.7	2.8	2.8	3.2
水产品总产量 (万吨)	**Total Output of Aquatic Products (10 000 tons)**	**107.7**	**115.2**	**126.7**	**137.8**	**151.0**

主要统计指标解释

农林牧渔业总产值 指以货币表现的农、林、牧、渔业全部产品和对农林牧渔业生产活动进行的各种支持性服务活动的价值总量，它反映一定时期内农林牧渔业生产总规模和总成果。1957 年以前的农林牧渔业总产值中包括了厩肥和农民自给性手工业(如农民自制衣服、鞋、袜，自己从事粮食初步加工等)。1958 年及以后，林业中增加了村及村以下竹木采伐产值；牧业中取消了厩肥产值；副业中取消了农民自给性手工业产值，增加了村及村以下办的工业产值；渔业中增加了海洋捕捞水产品产值。1980 年及以后，在副业中增加了农民家庭兼营工业商品部分的产值。从 1984 年起村及村以下工业产值划归工业。从 1993 年起取消副业，将野生动物的捕猎划入牧业，野生植物采集和农民家庭兼营商品性工业划归农业。从 2003 年起，执行新的国民经济行业分类标准，农林牧渔业总产值中包括了农林牧渔服务业产值。林业中增加了森林采运业产值。农业中取消了家庭兼营商品性工业产值，将野生林产品的采集划归林业。第一次农业普查以后，由于畜牧业产品年报数据与普查数据之间存在一定的差距，根据农业普查结果，对畜牧业年报数据和畜牧业产值进行了修正。2010 年执行《统计用产品分类目录》，对 2009 年的农业、林业产值做了相应调整。

农林牧渔业总产值的计算方法通常是按农、林、牧、渔业产品及其副产品的产量分别乘以各自单位产品价格求得；少数生产周期较长，当年没有产品或产品产量不易统计的，则采用间接方法匡算其产值；然后将四业产品产值及农林牧渔服务业产值相加即为农林牧渔业总产值。

粮食产量 指农业生产经营者日历年度内生产的全部粮食数量。按收获季节包括夏收粮食、早稻和秋收粮食，按作物品种包括谷物、薯类和豆类。其产量计算方法：谷物按脱粒后的原粮计算，豆类按去豆荚后的干豆计算；薯类(包括甘薯和马铃薯，不包括芋头和木薯)1963 年以前按每 4 公斤鲜薯折 1 公斤粮食计算，从 1964 年开始改为按 5 公斤鲜薯折 1 公斤粮食计算。城市郊区作为蔬菜的薯类(如马铃薯等)按鲜品计算，并且不作粮食统计。1989 年以前全国粮食产量数据主要靠全面报表取得，1989 年开始使用抽样调查数据。

棉花产量 指全社会的产量。包括春播棉和夏播棉。产量按皮棉计算。不包括木棉。

油料产量 指全部油料作物的生产量。包括花生、油菜籽、芝麻、向日葵籽、胡麻籽（亚麻籽）和其他油料。不包括大豆、木本油料和野生油料。花生以带壳干花生计算。

水产品产量 指渔业（捕捞和养殖）生产活动的最终有效成果，包括全部海水和淡水鱼类、甲壳类（虾、蟹）、贝类、头足类、藻类和其他类渔业产品的最终产量。水产品产量是通过各级水产和统计部门逐级上报取得数据。1995 年及以前，贝类中牡蛎按鲜肉计算；蚶、蛤、蛙按 5 斤鲜品折 1 斤计算。1996 年以后则统一按鲜品计算。

猪、牛、羊肉产量 指当年出栏并已屠宰、除去头蹄下水后带骨肉(即胴体重)的重量。包括全社会范围内的产量。1996 年以前为全面统计并逐级上报数据。1996 年第一次农业普查以后，根据普查结果，对畜牧业主要年报数据进行了修正。1999 年以后，国家统计局在部分地区开展了猪、牛、羊、禽等主要畜禽品种的抽样调查，并用抽样数据作为国家定案数据使用。未开展抽样调查的地区和品种，仍使用各级统计部门逐级上报数据。2007 年，根据第二次农业普查结果，对 2000—2006 年畜牧业主要年报数据进行了修正。2008 年，建立了主要畜禽监测调查制度，猪、牛、羊、禽等主要畜禽数据均以抽样调查数为法定数据。

期初(末)畜禽存栏头(只)数 指报告期初(末)农村各种合作经济组织和国营农场、农民个人、机关、团体、学校、工矿企业、部队等单位以及城镇居民饲养的大牲畜、猪、羊、家禽等畜禽的数量。数据上报方式及数据调整情况同猪、牛、羊肉产量。

农作物播种面积 指农业生产经营者应在日历年度内收获农作物在全部土地（耕地或非耕地）上的播种或移植面积。凡是本年内收获的农作物，无论是本年还是上年播种，都算为播种面积，但不包括本年播种，下年收获的农作物面积。

有效灌溉面积 指具有一定的水源，地块比较平整，灌溉工程或设备已经配套，在一般年景下能够进行正常灌溉的耕地面积。在一般情况下，有效灌溉面积应等于灌溉工程或设备已经配套，能够进行正常灌溉的水田和水浇地面积之和。它是反映我国农田水利建设的重要指标。

农用化肥施用量 指本年内实际用于农业生产的化肥数量，包括氮肥、磷肥、钾肥和复合肥。化肥施用量要求按折纯量计算数量。折纯量是指把氮肥、磷肥、钾肥分别按含氮、含五氧化二磷、含氧化钾的百分之百成份进行折算后的数量。复合肥按其所含主要成分折算。公式为：

折纯量=实物量×某种化肥有效成份含量的百分比

农业机械总动力 指全部农业机械动力的额定功率之和。农业机械是指用于种植业、畜牧业、渔业、农产品初加工、农用运输和农田基本建设等活动的机械及设备。农机总动力按使用能源不同分为以下四部分：

柴油发动机动力：指全部柴油发动机额定功率之和；

汽油发动机动力：指全部汽油发动机额定功率之和；

电动机动力：指全部电动机（含潜水电泵的电动机）额定功率之和；

其他机械动力：指采用柴油、汽油、电力之外的其他能源，如水力、风力、煤炭、太阳能等动力机械功率之和。

这个指标的统计数据主要来源于农机部门。

Explanatory Notes on Main Statistical Indicators

Gross Output Value of Agriculture, Forestry, Animal Husbandry and Fishery refers to the total value of products of agriculture, forestry, animal husbandry and fishery, and total value of services in support of agriculture, forestry, animal husbandry and fishery activities. It reflects the total scale and results of agricultural production during a given period. Prior to 1957, China's gross agricultural output value included barnyard manure and handicraft products for self-consumption (clothes, shoes, stockings, and initial grain processing undertaken by peasants). Since 1958, cutting and felling of bamboo and trees by villages and other cooperative organizations under villages have been included in forestry; value of barnyard manure has been excluded from animal husbandry; self consumed handicrafts have not been included from sideline occupations, while the output value of industries run by villages and cooperative organizations under village has been included in sideline occupations; and the output value of fish catches by motor fishing boats has been added to fishery. Since 1980, the value of handicraft products made for sale by individuals in households has been added to sideline occupations. Since 1984, industries run by villages and under villages have been included in the sector of industry. Since 1993, the subdivision of sideline occupations has been cancelled, and the hunting of wild animals has been classified into animal husbandry, and the gathering of wild plants and commodity industry run by rural household have been included in farming. A new industrial classification of economic activities was introduced in 2003. Under the new classification, value of services to agriculture, forestry, animal husbandry and fishery is included in the gross output value of agriculture, value of wood felling and transport is included in forestry, value of industrial output by rural households is not included in agriculture. The First Agriculture Census of China revealed some discrepancy between the production of animal products from the annual reports and that from the census. According to the result of the First Agriculture census, efforts were made to adjust the annual reports of animal husbandry output and the output value of animal husbandry to make the figures from the annual reports consistent with the census data. "The Classification of Products for Statistical Purposes" implemented in 2010 made relevant revision on the output value of agriculture and forestry in 2009.

Gross output value of agriculture is obtained by multiplying the output of each product or by-product by its price, resulting in the output value of each single item. For a small number of products, annual output of which is not available or difficult to get due to the long production (growing) process involved, the output value is estimated through an indirect approach. The sum of output values of all products of agriculture, forestry, animal husbandry and fishery and services in support to those industries is then equal to the gross output value of agriculture.

Grain Output refers to the total output of grains produced by agricultural producers within a calendar year. It includes summer grain, early rice and autumn grain if classified by harvest seasons; it covers cereal, tubers and beans if classified by type of crops. Output of cereal should be limited to husked grain only. Output of beans refers to dry beans without pods. The output of tubers (sweet potatoes and potatoes, not including taros and cassava) are converted into that of grain at the ratio 4:1, i.e. 4 kilograms of fresh tubers were equivalent to 1 kilogram of grain up to 1963. Since 1964 the ratio for conversion has been 5:1. Tubers supplied as vegetables (such as potatoes) in cities and suburbs are calculated as fresh vegetables and their output is not included in the output of grain. Data on grain production before 1989 were obtained through the Comprehensive Statistical Reporting System. Since 1989, data from sample surveys are used.

Cotton Output refers to cotton production in the whole country including cotton planted in spring and in autumn. Output is measured as the weight of ginned cotton. Ceiba is not included.

Output of Oil-bearing Crops refers to the total production of oil-bearing crops of various kinds, including peanuts (dry, in shell), rapeseeds, sesame, sunflower seeds, flax seeds, and other oil-bearing crops. Soybeans, oil-bearing woody plants, and wild oil-bearing crops are not included.

Output of Aquatic Products refers to final output actually yielded from fishing production (fishery and breeding), including all output of marine and freshwater fish, crustaceans (shrimps, crabs), shellfish, cephalopod, seaweed and other fishery products. Data on output of aquatic products are reported by aquatic product and statistical agencies level by level. Before 1995, among the shellfish, oyster was counted as fresh meat; 5 kilograms of ark shell, clams and frogs are equivalent to 1 kilogram of fresh aquatic products; they have all been counted as fresh aquatic products since 1996.

Output of Pork, Beef, and Mutton refers to the meat of slaughtered hogs, cattle, sheep and goats with head, feet, and offal taken away. Data refers to the production of the whole country. Before 1996, it was a comprehensive reporting from the lower level to the upper one. The First Agricultural Census of China in 1996 revealed some discrepancy between the production of animal products from the annual reports and that from the census. Efforts were made to adjust the output value of animal husbandry to make the figures from the annual reports consistent with the census data. Since 1999, the NBS conducted sample surveys for the major animal husbandry products, such as hogs, cattle, sheep and goats and fowls, and the data from sample surveys are used as national finalized data. Those products, which are not covered by the sample survey, are still reported by statistical agencies level by level. In 2007, the data on animal husbandry from 2000 to 2006 were revised according to the results of the Second Agriculture Census of China. In 2008, A Monitoring and Survey Program was set up on main livestock, the data on the main livestock such as hog, cattle, sheep and poultry became the official data based on the sampling survey.

Number of Livestock or Poultry in Stock at Beginning (or End) of Period refers to the total number of large animals, pigs, sheep, fowls, etc. raised by rural cooperative organizations, State farms, rural individuals, government agencies, schools, industrial and mining enterprises, army, and urban residents at the beginning (or end) of the reference period. Data reporting system and data adjustment are the same as that in the output of pork, beef and mutton.

Sown Area of Crops refers to area of all land (cultivated or non-cultivated area) sown or transplanted with crops that are harvested within the calendar year by agricultural producers. All crops harvested within the year are counted as sown area, regardless of being sown in this year or the previous year. Crops sown this year but will be harvested in the coming year are excluded.

Effective Irrigated Area refers to area of land that are effectively irrigated, i.e. relatively level land, where there are water sources or complete sets of irrigation facilities to lift and move adequate water for irrigation purpose under normal conditions. Under normal situations, irrigated area is the sum of watered fields and irrigated fields where irrigation systems or equipment have been installed for regular irrigation purpose. It is an important indicator to reflect the farmland water conservancy construction in China.

Consumption of Chemical Fertilizers in Agriculture refers to the quantity of chemical fertilizers applied in agriculture in the year, including nitrogenous fertilizer, phosphate fertilizer, potash fertilizer, and compound fertilizer. The consumption of chemical fertilizers is calculated in terms of volume of effective components by means of converting the gross weight of the respective fertilizers into weight containing effective component (e.g. nitrogen content in nitrogenous fertilizer, phosphorous pentoxide contents in phosphate fertilizer, and potassium oxide contents in potash fertilizer). Compound fertilizer is converted in regard to its major components. The formula is:

Volume of effective component= physical quantity × effective component of certain chemical fertilizer (%)

Total Power of Agricultural Machinery refers to the total rated capacity of all agricultural machinery. Agricultural machinery refers to the machineries and equipments which are used for activities of planting, animal husbandry, fishery, primary processing of agricultural products, agricultural transport and infrastructure construction of farmland. Total power of agricultural machinery is grouped into four parts according to the energy used:

Diesel engine power refers to the total rated capacity of all diesel engines.

Gasoline engine power refers to the total rated capacity of all gasoline engines.

Motor power refers to the total rated capacity of all motors (include submersible pump motors).

Other mechanical powers refer to the total mechanical capacity of the sources of energy besides diesel, gasoline and motor power, such as hydro power, wind power, coal and solar energy.

Data are mainly from agricultural machinery agencies.

13

工　业

Industry

简 要 说 明

一、本篇资料的主要内容

本篇资料反映我国工业经济方面的基本情况，包括31个省、自治区、直辖市的主要工业经济统计数据：

1.全国规模以上工业企业主要经济指标，以及按工业门类、企业登记注册类型、企业规模、工业行业大类和按地区分组的主要经济指标和经济效益指标；

2.国有及国有控股、私营、外商投资、港澳台商投资工业企业按工业行业大类和按地区分组的主要经济指标和经济效益指标；

3.大中型工业企业按工业行业大类和按地区分组的主要经济指标和经济效益指标；

4.主要工业产品产量和生产能力等。

二、本篇资料的统计范围

本篇资料的统计范围1998年至2006年为全部国有和年主营业务收入500万元及以上的非国有工业企业；2007至2010年为年主营业务收入500万元及以上的工业企业（即规模以上工业企业）；从2011年开始，为年主营业务收入2000万元及以上的工业企业(即规模以上工业企业）。

本篇资料中工业行业分类按2011年《国民经济行业分类》标准划分；企业大中小微型划分按2011年《统计上大中小微型企业划分办法》标准执行。

三、本篇的资料来源和统计调查方法

本篇2012年及以前年份工业企业统计数据主要是根据工业统计年度报表中有关资料整理汇总的，2013年数据主要是根据工业统计快报有关资料整理汇总。

Brief Introduction

I. Main Contents

Data in this chapter reflect the basic conditions of the industrial sector, presenting main industrial economic indicators of 31 provinces, autonomous regions and municipalities:

(1) Main economic indicators of industrial enterprises above designated size; as well as their main economic indicators and efficiency indicators classified by industrial sector, type of registration, by size of enterprise, by branch of industry and by province.

(2) Main economic indicators and efficiency indicators of State-owned industrial enterprises and enterprises where the State holds the majority of shares; private industrial enterprises, foreign-funded industrial enterprises and enterprises funded by entrepreneurs from Hong Kong, Macao and Taiwan classified by branch of industry and by province.

(3) Main economic indicators and efficiency indicators of large and medium-sized industrial enterprises classified by branch of industry and by province.

(4) Output and production capacity of key industrial products.

II. Scopes of Statistics

The scopes of industrial statistics were all State-owned industrial enterprises and non-State-owned industrial enterprises with revenue from principal business over 5 million yuan from 1998 to 2006. For 2007 to 2010, the scopes of industrial statistics were all industrial enterprises with revenue from principal business over 5 million yuan, (or the industrial enterprises above designated size). Since 2011, the scope is adjusted to all industrial enterprises with revenue from principal business above 20 million yuan (i.e. industrial enterprises above designated size).

Data by branch of industry in this chapter are based on the 2011's *National Industrial Classification of all Economic Activities*, and data by size of enterprise are based on the 2011's *Standards of Enterprises by Size*.

III. Sources of Data and Methods of Survey

The data for and before 2012 on enterprises statistics in this Chapter are compiled mainly on the basis of annual industrial statistics reporting forms. The data for 2013 are compiled mainly with rapid industrial statistics reports.

13-1 规模以上工业企业主要指标（2013年）
Main Indicators of Industrial Enterprises above Designated Size (2013)

单位：亿元 (100 million yuan)

项 目	Item	企业单位数（个）Number of Enterprises (unit)	资产总计 Total Assets	主营业务收入 Revenue from Principal Business	利润总额 Total Profits
总计	**Total**	**352546**	**850626**	**1029150**	**62831**
按工业门类分	**Grouped by Industries**				
采矿业	Mining	17481	86979	66795	8104
制造业	Manufacturing	326998	651226	901942	50706
电力、热力、燃气及水生产和供应业	Production and Supply of Electricity, Gas and Water	8067	112421	60413	4022
按企业规模分	**Grouped by Size of Enterprises**				
大型企业	Large Enterprises	9411	407968	409873	24676
中型企业	Medium-sized Enterprises	53817	201141	239304	15205
小型企业	Small Enterprises	289318	241517	379973	22950
按登记注册类型分	**By Status of Registration**				
内资企业	Domestic Funded	295144	665015	787762	48232
国有企业	State-owned Enterprises	6831	110002	82580	4031
集体企业	Collective-owned Enterprises	4817	6173	11514	825
股份合作企业	Cooperative Enterprises	2384	3292	4391	275
联营企业	Joint Ownership Enterprises	479	1113	1201	65
国有联营企业	State Joint Ownership Enterprises	103	646	553	23
集体联营企业	Collective Joint Ownership Enterprises	130	106	236	13
国有与集体联营企业	Joint State-collective Enterprises	101	212	172	12
其他联营企业	Other Joint Ownership Enterprises	145	148	240	17
有限责任公司	Limited Liability Corporations	69439	254430	248839	13741
国有独资公司	State Sole Funded Corporations	1478	54234	33875	1441
其他有限责任公司	Other Limited Liability Corporations	67961	200197	214964	12300
股份有限公司	Share-holding Corporations Limited	9077	106159	94144	7435
私营企业	Private Enterprises	194945	174771	329694	20876
私营独资企业	Private-funded Enterprises	35002	20402	54775	4200
私营合伙企业	Private Partnership Enterprises	5623	3029	7506	567
私营有限责任公司	Private Limited Liability Corporations	147023	136971	246562	14753
私营股份有限公司	Private Share-holding Corporations Ltd.	7297	14369	20852	1356
其他企业	Other Enterprises	7172	9074	15399	984
港、澳、台商投资企业	Enterprises with Funds from Hong Kong, Macao and Taiwan	26202	71815	88016	4926
合资经营企业(港或澳、台资)	Joint-venture Enterprises	8544	27253	30212	1766
合作经营企业(港或澳、台资)	Cooperative Enterprises	818	1594	2130	173
港、澳、台商独资经营企业	Enterprises with Sole Investment	16298	38407	51519	2718
港、澳、台商投资股份有限公司	Share-holding Corporations Ltd.	478	4369	3915	260
其他港、澳、台商投资企业	Other Enterprises with Funds from Hong Kong, Macao and Taiwan	64	192	241	9
外商投资企业	Foreign Funded Enterprises	31200	113796	153371	9673
中外合资经营企业	Joint-venture Enterprises	11585	52707	70767	5273
中外合作经营企业	Cooperation Enterprises	865	2934	3157	215
外资企业	Enterprises with Sole Funds	18109	51935	73740	3734
外商投资股份有限公司	Share-holding Corporations Ltd.	513	5923	5233	418
其他外商投资企业	Other Foreign Funded Enterprises	128	297	474	33

注：全国规模以上工业企业统计范围1998年至2006年为全部国有及年主营业务收入在500万元及以上非国有工业企业；2007年至2010年为年主营业务收入在500万元及以上的工业企业；2011年及以后年份为年主营业务收入在2000万元及以上的工业企业。2013年为统计快报数据。以下相关表均同。

a) Industrial enterprises above designated size are all state-owned enterprises and non-state owned enterprises with annual revenue from principal business over 5 million yuan from 1998 to 2006, and are industrial enterprise with annual revenue from principal business over 5 million yuan from 2007 to 2010, and are industrial enterprise with annual revenue from principal business over 20 million yuan since 2011. Data of 2013 are preliminary data. The same applies to the relavent tables following.

13-2 按行业分规模以上工业企业主要指标（2013年）

单位：亿元

行业	Sector	企业单位数（个）Number of Enterprises (unit)	资产总计 Total Assets
总计	**National Total**	**352546**	**850625.85**
煤炭开采和洗选业	Mining and Washing of Coal	7975	48527.00
石油和天然气开采业	Extraction of Petroleum and Natural Gas	138	18858.73
黑色金属矿采选业	Mining and Processing of Ferrous Metal Ores	3554	9371.31
有色金属矿采选业	Mining and Processing of Non-Ferrous Metal Ores	2108	4620.55
非金属矿采选业	Mining and Processing of Non-metal Ores	3524	2971.35
开采辅助活动	Support Activities for Mining	162	2615.77
其他采矿业	Mining of Other Ores	20	14.30
农副食品加工业	Processing of Food from Agricultural Products	23080	26676.39
食品制造业	Manufacture of Foods	7531	11275.51
酒、饮料和精制茶制造业	Manufacture of Liquor, Beverages and Refined Tea	5529	12779.01
烟草制品业	Manufacture of Tobacco	135	7976.27
纺织业	Manufacture of Textile	20776	21663.78
纺织服装、服饰业	Manufacture of Textile, Wearing Apparel and Accessories	15212	11020.61
皮革、毛皮、羽毛及其制品和制鞋业	Manufacture of Leather, Fur, Feather and Related Products and Footwear	8003	6094.77
木材加工和木、竹、藤、棕、草制品业	Processing of Timber, Manufacture of Wood, Bamboo, Rattan, Palm and Straw Products	8766	5110.50
家具制造业	Manufacture of Furniture	4716	4039.11
造纸和纸制品业	Manufacture of Paper and Paper Products	7213	12940.17
印刷和记录媒介复制业	Printing and Reproduction of Recording Media	4321	4306.46
文教、工美、体育和娱乐用品制造业	Manufacture of Articles for Culture, Education, Arts and Crafts, Sport and Entertainment Activities	7198	5916.07
石油加工、炼焦和核燃料加工业	Processing of Petroleum, Coking and Processing of Nuclear Fuel	2064	23276.40
化学原料和化学制品制造业	Manufacture of Raw Chemical Materials and Chemical Products	24211	59604.98
医药制造业	Manufacture of Medicines	6525	18479.89
化学纤维制造业	Manufacture of Chemical Fibres	1904	6248.77
橡胶和塑料制品业	Manufacture of Rubber and Plastics Products	16692	17789.40
非金属矿物制品业	Manufacture of Non-metallic Mineral Products	30468	40190.50
黑色金属冶炼和压延加工业	Smelting and Pressing of Ferrous Metals	11034	62638.33
有色金属冶炼和压延加工业	Smelting and Pressing of Non-ferrous Metals	7168	31863.76
金属制品业	Manufacture of Metal Products	18934	21390.04
通用设备制造业	Manufacture of General Purpose Machinery	22495	35102.96
专用设备制造业	Manufacture of Special Purpose Machinery	15374	29609.08
汽车制造业	Manufacture of Automobiles	11599	46788.28
铁路、船舶、航空航天和其他运输设备制造业	Manufacture of Railway, Ship, Aerospace and Other Transport Equipments	4859	20025.59
电气机械和器材制造业	Manufacture of Electrical Machinery and Apparatus	21368	46375.08
计算机、通信和其他电子设备制造业	Manufacture of Computers, Communication and Other Electronic Equipment	12669	50768.81
仪器仪表制造业	Manufacture of Measuring Instruments and Machinery	3866	6509.13
其他制造业	Other Manufacture	1598	1974.06
废弃资源综合利用业	Utilization of Waste Resources	1274	1561.07
金属制品、机械和设备修理业	Repair Service of Metal Products, Machinery and Equipment	416	1230.80
电力、热力生产和供应业	Production and Supply of Electric Power and Heat Power	5772	99854.98
燃气生产和供应业	Production and Supply of Gas	1027	5252.53
水的生产和供应业	Production and Supply of Water	1268	7313.75

Main Indicators of Industrial Enterprises above Designated Size by Industrial Sector (2013)

(100 million yuan)

流动资产合计 Total Current Assets	负债合计 Total Liabilities	所有者权益 Owners' Equity	主营业务收入 Revenue from Principal Business	主营业务成本 Cost of Principal Business
408223.90	**491708.34**	**358917.51**	**1029149.76**	**877522.44**
18759.03	31071.78	17455.22	32404.73	26136.79
2720.52	8581.88	10276.85	11691.11	5644.88
3913.97	5119.49	4251.82	9828.34	7925.49
1825.03	2293.95	2326.60	6158.86	5014.45
1249.04	1417.43	1553.92	4829.87	3874.65
1352.40	1364.01	1251.76	1860.24	1695.53
4.82	3.89	10.41	21.84	16.63
14760.38	14249.70	12426.69	59497.12	52922.57
5813.00	5441.51	5834.00	18164.99	14337.66
6810.50	5990.45	6788.56	15185.20	11110.88
5610.32	2012.18	5964.09	8292.67	2117.96
11752.72	12127.50	9536.28	36160.60	31982.75
6880.74	5565.54	5455.07	19250.91	16308.34
3853.82	2923.89	3170.88	12493.09	10702.58
2428.51	2235.55	2874.95	12021.90	10316.52
2305.76	2035.50	2003.61	6462.75	5431.91
5944.94	7341.36	5598.81	13471.58	11621.52
2316.56	2034.24	2272.22	5291.30	4385.21
3882.06	3132.84	2783.23	12037.80	10579.66
10831.83	15217.54	8058.86	40679.77	35547.51
27027.52	34212.90	25392.08	76329.77	65864.74
10050.99	8107.45	10372.44	20592.93	14639.17
3177.57	4010.74	2238.03	7281.76	6699.08
9708.33	9099.20	8690.20	27310.62	23445.08
18907.95	21708.12	18482.38	51284.28	43147.90
27237.13	42252.89	20385.44	76316.93	70689.07
16513.73	20240.20	11623.56	46536.30	43285.52
12492.78	11429.25	9960.79	32842.94	28516.20
21987.58	19143.56	15959.40	42789.01	35844.29
18778.20	16417.47	13191.61	32057.48	26804.78
27237.74	26719.41	20068.87	60540.00	50313.61
12264.40	12991.53	7034.06	16545.12	14306.69
30320.10	26757.26	19617.82	61018.14	52129.87
33771.73	29522.05	21246.76	77226.31	68784.82
4234.95	3088.21	3420.92	7681.88	6225.60
1141.23	1138.85	835.21	2307.84	1966.58
990.71	953.45	607.62	3340.04	3068.83
644.92	722.41	508.39	930.48	783.97
14782.31	65907.69	33947.29	54825.04	48705.05
1778.65	3017.12	2235.41	4136.80	3530.40
2159.43	4108.36	3205.39	1451.44	1097.68

13-2 续表

单位：亿元

行　　业	Sector	主营业务税金及附加 Tax and Extra Charges from Principal Business	利润总额 Total Profits
总　　计	**National Total**	**15617.67**	**62831.02**
煤炭开采和洗选业	Mining and Washing of Coal	453.20	2369.87
石油和天然气开采业	Extraction of Petroleum and Natural Gas	1152.05	3657.84
黑色金属矿采选业	Mining and Processing of Ferrous Metal Ores	149.84	1050.04
有色金属矿采选业	Mining and Processing of Non-Ferrous Metal Ores	60.14	627.97
非金属矿采选业	Mining and Processing of Non-metal Ores	88.99	389.88
开采辅助活动	Support Activities for Mining	35.87	6.56
其他采矿业	Mining of Other Ores	0.25	1.45
农副食品加工业	Processing of Food from Agricultural Products	272.34	3105.32
食品制造业	Manufacture of Foods	121.44	1550.04
酒、饮料和精制茶制造业	Manufacture of Liquor, Beverages and Refined Tea	510.12	1653.56
烟草制品业	Manufacture of Tobacco	4432.65	1222.07
纺织业	Manufacture of Textile	178.43	2022.71
纺织服装、服饰业	Manufacture of Textile, Wearing Apparel and Accessories	118.84	1141.09
皮革、毛皮、羽毛及其制品和制鞋业	Manufacture of Leather, Fur, Feather and Related Products and Footwear	71.27	818.67
木材加工和木、竹、藤、棕、草制品业	Processing of Timber, Manufacture of Wood, Bamboo, Rattan, Palm and Straw Products	83.31	810.74
家具制造业	Manufacture of Furniture	43.58	403.88
造纸和纸制品业	Manufacture of Paper and Paper Products	70.32	749.61
印刷和记录媒介复制业	Printing and Reproduction of Recording Media	36.54	420.08
文教、工美、体育和娱乐用品制造业	Manufacture of Articles for Culture, Education, Arts and Crafts, Sport and Entertainment Activities	62.52	631.20
石油加工、炼焦和核燃料加工业	Processing of Petroleum, Coking and Processing of Nuclear Fuel	3089.94	482.09
化学原料和化学制品制造业	Manufacture of Raw Chemical Materials and Chemical Products	567.18	4113.28
医药制造业	Manufacture of Medicines	150.87	2071.67
化学纤维制造业	Manufacture of Chemical Fibres	20.28	259.78
橡胶和塑料制品业	Manufacture of Rubber and Plastics Products	159.53	1716.27
非金属矿物制品业	Manufacture of Non-metallic Mineral Products	383.79	3756.83
黑色金属冶炼和压延加工业	Smelting and Pressing of Ferrous Metals	225.22	1695.04
有色金属冶炼和压延加工业	Smelting and Pressing of Non-ferrous Metals	145.18	1445.44
金属制品业	Manufacture of Metal Products	196.28	1878.31
通用设备制造业	Manufacture of General Purpose Machinery	259.73	2867.05
专用设备制造业	Manufacture of Special Purpose Machinery	189.67	2147.28
汽车制造业	Manufacture of Automobiles	1323.11	5107.74
铁路、船舶、航空航天和其他运输设备制造业	Manufacture of Railway, Ship, Aerospace and Other Transport Equipments	89.08	925.66
电气机械和器材制造业	Manufacture of Electrical Machinery and Apparatus	273.30	3451.73
计算机、通信和其他电子设备制造业	Manufacture of Computers, Communication and Other Electronic Equipment	221.54	3308.25
仪器仪表制造业	Manufacture of Measuring Instruments and Machinery	45.16	647.16
其他制造业	Other Manufacture	13.87	124.80
废弃资源综合利用业	Utilization of Waste Resources	17.78	132.08
金属制品、机械和设备修理业	Repair Service of Metal Products, Machinery and Equipment	5.99	46.26
电力、热力生产和供应业	Production and Supply of Electric Power and Heat Power	260.68	3522.73
燃气生产和供应业	Production and Supply of Gas	21.69	383.93
水的生产和供应业	Production and Supply of Water	16.09	115.08

continued

(100 million yuan)

本年应交增值税 Value-added Tax Payable	总资产贡献率(%) Ratio of Profits, Taxes and Interests to Average Assets (%)	资产负债率(%) Ratio of Debts to Assets (%)	流动资产周转次数(次/年) Turnover of Current Assets (times/year)	工业成本费用利润率(%) Ratio of Profits to Total Industrial Costs (%)
30130.82	**15.00**	**57.81**	**2.67**	**6.60**
2059.08	12.17	64.03	1.77	7.92
1050.61	33.37	45.51	4.20	55.36
488.71	20.78	54.63	2.75	12.25
191.11	21.42	49.65	3.53	11.58
193.64	26.02	47.70	4.28	9.07
67.52	5.29	52.15	1.49	0.36
0.90	22.21	27.20	5.85	7.33
1079.70	19.88	53.42	4.33	5.56
617.16	23.04	48.26	3.39	9.41
616.80	24.31	46.88	2.34	12.67
999.56	86.83	25.23	1.54	45.15
892.34	17.33	55.98	3.30	5.97
538.94	19.04	50.50	3.06	6.36
325.62	23.11	47.97	3.55	7.09
335.74	27.98	43.74	5.50	7.33
175.15	18.50	50.39	3.08	6.74
383.84	11.50	56.73	2.39	5.93
167.43	16.87	47.24	2.51	8.68
266.95	19.23	52.95	3.39	5.57
1159.02	22.85	65.38	3.83	1.30
1955.50	13.49	57.40	2.98	5.75
948.90	19.65	43.87	2.19	11.24
140.61	9.05	64.18	2.37	3.69
649.74	16.63	51.15	3.01	6.77
1809.80	17.65	54.01	3.01	8.01
1375.16	7.21	67.46	2.85	2.29
867.56	10.03	63.52	2.98	3.21
813.91	15.95	53.43	2.84	6.13
1191.11	14.28	54.54	2.08	7.25
899.76	12.95	55.45	1.84	7.22
1799.35	19.74	57.11	2.39	9.26
432.70	8.55	64.87	1.41	5.94
1513.15	13.25	57.70	2.15	6.02
1163.23	10.42	58.15	2.43	4.48
248.77	16.33	47.44	1.93	9.19
58.88	11.89	57.69	2.23	5.77
108.99	19.08	61.08	3.51	4.16
22.42	6.17	58.69	1.24	5.22
2363.13	8.55	66.00	3.78	6.84
96.26	11.50	57.44	2.48	9.98
62.08	3.98	56.17	0.72	8.00

13-3 分地区规模以上工业企业主要指标

Main Indicators of Industrial Enterprises above Designated Size by Region

单位：亿元 (100 million yuan)

年份 Year 地区 Region		企业单位数(个) Number of Enterprises (unit)	资产总计 Total Assets	流动资产合计 Total Current Assets	负债合计 Total Liabilities	所有者权益合计 Total Owners' Equities
	1998	165080	108821.87	46600.87	69363.79	39445.40
	1999	162033	116968.89	49630.23	72322.98	44618.80
	2000	162885	126211.24	54338.15	76743.84	49406.88
	2001	171256	135402.49	57804.97	79843.42	55424.40
	2002	181557	146217.78	63468.46	85857.42	60242.01
	2003	196222	168807.70	76163.74	99527.97	69129.56
	2004	276474	215358.00	97183.74	124847.41	90286.70
	2005	271835	244784.25	111031.41	141509.84	102882.02
	2006	301961	291214.51	132310.12	167322.23	123402.54
	2007	336768	353037.37	163259.62	202913.68	149876.15
	2008	426113	431305.55	195681.75	248899.38	182353.38
	2009	434364	493692.86	223038.68	285732.81	206688.83
	2010	452872	592881.89	279227.32	340396.39	251160.35
	2011	325609	675796.86	327778.65	392644.64	282003.81
	2012	343769	768421.20	368200.71	445371.75	320614.07
	2013	352546	850625.85	408223.90	491708.34	358917.51
北京	Beijing	3701	31398.28	12772.76	16363.61	15034.67
天津	Tianjin	5383	22059.41	12159.96	14095.77	7963.64
河北	Hebei	12649	36040.17	14970.43	21164.61	14875.56
山西	Shanxi	3946	28058.27	11371.37	20011.00	8047.27
内蒙古	Inner Mongolia	4377	23141.71	8241.90	13893.68	9248.03
辽宁	Liaoning	17561	37989.29	17215.31	22219.96	15769.33
吉林	Jilin	5353	15257.90	6676.97	8354.55	6903.35
黑龙江	Heilongjiang	4098	14059.17	5879.75	8033.28	6025.89
上海	Shanghai	9782	33538.26	19698.20	16885.77	16652.49
江苏	Jiangsu	46387	92081.69	50358.02	52286.71	39794.98
浙江	Zhejiang	36904	59633.11	34845.62	35787.46	23845.65
安徽	Anhui	15114	25168.07	11281.46	14957.10	10210.97
福建	Fujian	15806	24671.06	12960.93	13489.28	11181.78
江西	Jiangxi	7601	13640.12	6233.24	7402.14	6237.98
山东	Shandong	38654	78881.06	37951.36	44011.52	34869.54
河南	Henan	19773	42021.92	19504.21	20506.42	21515.50
湖北	Hubei	13441	30131.82	13595.46	16968.39	13163.43
湖南	Hunan	13323	19031.64	8326.78	10284.76	8746.88
广东	Guangdong	38094	77943.52	45844.47	44656.62	33286.90
广西	Guangxi	5396	13063.37	6152.22	8215.16	4848.21
海南	Hainan	391	2328.02	948.98	1243.36	1084.66
重庆	Chongqing	5237	13135.92	6127.30	8315.09	4820.83
四川	Sichuan	13163	34729.16	14688.47	21804.19	12924.97
贵州	Guizhou	3139	9703.64	3900.19	6155.22	3548.42
云南	Yunnan	3382	15344.41	5717.80	9918.34	5426.07
西藏	Tibet	70	548.63	138.56	186.68	361.95
陕西	Shaanxi	4489	22443.11	8775.97	12581.24	9861.87
甘肃	Gansu	1830	10159.43	3959.31	6537.52	3621.91
青海	Qinghai	465	4597.68	1414.56	3045.69	1551.99
宁夏	Ningxia	935	5588.03	2049.39	3717.57	1870.46
新疆	Xinjiang	2102	14238.01	4462.98	8615.65	5622.36

13-3 续表 1 continued

单位：亿元 (100 million yuan)

年份 Year 地区 Region	主营业务收入 Revenue from Principal Business	主营业务成本 Cost of Principal Business	主营业务税金及附加 Tax and Extra Charges from Principal Business	利润总额 Total Profits	本年应交增值税 Value Added Tax Payable
1998	64148.86	52797.54	1236.79	1458.11	2827.02
1999	69851.73	57339.52	1307.65	2288.24	3105.92
2000	84151.75	68653.95	1434.17	4393.48	3685.20
2001	93733.34	77259.89	1553.82	4733.43	4018.09
2002	109485.77	90243.76	1761.61	5784.48	4476.01
2003	143171.53	118638.47	2049.21	8337.24	5487.73
2004	198908.87	167246.40	2616.25	11929.30	6912.78
2005	248544.00	209862.52	2997.34	14802.54	8520.94
2006	313592.45	264696.60	3746.35	19504.44	10707.16
2007	399717.06	334598.64	4772.08	27155.18	13650.34
2008	500020.07	423295.75	6277.28	30562.37	17690.72
2009	542522.43	457510.01	8995.95	34542.22	17490.20
2010	697744.00	585256.80	11183.11	53049.66	22472.72
2011	841830.24	708091.99	12669.53	61396.33	26302.71
2012	929291.51	784541.19	14462.73	61910.06	29566.64
2013	1029149.76	877522.44	15617.67	62831.02	30130.82
北 京 Beijing	18624.82	15798.25	282.41	1254.78	521.77
天 津 Tianjin	27011.12	23208.38	317.95	1992.76	859.33
河 北 Hebei	45766.25	40019.94	423.24	2560.86	1112.99
山 西 Shanxi	18404.65	15687.34	162.61	547.91	735.30
内蒙古 Inner Mongolia	19550.83	15732.66	272.56	1682.55	792.40
辽 宁 Liaoning	52150.40	45093.21	856.54	2461.58	1250.00
吉 林 Jilin	21950.72	18396.65	496.10	1230.10	610.06
黑龙江 Heilongjiang	13569.81	10694.46	665.03	1150.21	603.47
上 海 Shanghai	34533.53	28569.00	910.66	2415.20	905.28
江 苏 Jiangsu	132270.41	115111.59	1127.44	7834.06	3985.16
浙 江 Zhejiang	61765.48	53100.85	671.26	3385.87	1627.38
安 徽 Anhui	33079.46	28607.39	420.87	1758.77	866.98
福 建 Fujian	32847.14	28241.09	376.94	1959.45	916.88
江 西 Jiangxi	26700.22	23246.90	272.33	1756.66	853.41
山 东 Shandong	132318.98	114856.58	1483.74	8507.73	3698.52
河 南 Henan	59454.79	51193.95	640.54	4410.82	1436.60
湖 北 Hubei	37864.54	32146.59	733.42	2080.66	946.77
湖 南 Hunan	31616.57	25830.03	849.25	1585.06	1123.73
广 东 Guangdong	103654.98	88559.82	1144.61	5854.93	2539.07
广 西 Guangxi	16726.00	14228.60	318.67	874.00	528.11
海 南 Hainan	1640.70	1312.75	80.92	110.80	62.78
重 庆 Chongqing	15417.07	13149.80	225.09	878.43	579.91
四 川 Sichuan	35251.84	29353.20	575.96	2168.37	1244.38
贵 州 Guizhou	6878.40	5383.61	286.55	477.33	313.83
云 南 Yunnan	9773.14	7587.10	786.69	549.08	440.13
西 藏 Tibet	93.37	80.15	1.54	7.17	8.23
陕 西 Shaanxi	17763.00	13753.67	522.72	1973.32	856.04
甘 肃 Gansu	8443.65	7320.96	266.38	286.71	192.28
青 海 Qinghai	2045.38	1632.58	47.40	141.34	90.91
宁 夏 Ningxia	3374.49	2879.49	68.41	139.11	99.65
新 疆 Xinjiang	8608.03	6745.84	329.83	795.40	329.47

13-3 续表 2 continued

年份 Year 地区 Region		总资产贡献率 (%) Ratio of Profits, Taxes and Interests to Average Assets (%)	资产负债率 (%) Ratio of Debts to Assets (%)	流动资产周转次数 (次/年) Turnover of Current Assets (times/year)	工业成本费用利润率 (%) Ratio of Profits to Total Industrial Costs (%)
	1998				
	1999	7.45	61.83	1.47	3.42
	2000	9.00	60.81	1.62	5.56
	2001	8.91	58.97	1.66	5.35
	2002	9.45	58.72	1.80	5.62
	2003	10.50	58.96	2.00	6.28
	2004	11.01	57.97	2.19	6.43
	2005	11.82	57.81	2.35	6.42
	2006	12.74	57.46	2.50	6.74
	2007	14.09	57.48	2.63	7.43
	2008	13.96	57.71	2.67	6.61
	2009	13.44	57.88	2.43	6.91
	2010	15.68	57.41	2.50	8.31
	2011	16.09	58.10	2.62	7.71
	2012	15.11	57.96	2.57	7.11
	2013	15.00	57.81	2.67	6.60
北　京	Beijing	7.66	52.12	1.54	7.09
天　津	Tianjin	16.09	63.90	2.36	8.02
河　北	Hebei	13.56	58.73	3.20	6.02
山　西	Shanxi	7.33	71.32	1.65	3.09
内蒙古	Inner Mongolia	13.92	60.04	2.41	9.73
辽　宁	Liaoning	14.14	58.49	3.22	5.06
吉　林	Jilin	17.47	54.76	3.51	6.06
黑龙江	Heilongjiang	19.08	57.14	2.38	9.78
上　海	Shanghai	13.71	50.35	1.82	7.59
江　苏	Jiangsu	16.22	56.78	2.75	6.34
浙　江	Zhejiang	11.83	60.01	1.85	5.82
安　徽	Anhui	14.46	59.43	3.15	5.69
福　建	Fujian	15.97	54.68	2.76	6.41
江　西	Jiangxi	24.38	54.27	4.60	7.19
山　东	Shandong	20.21	55.79	3.74	6.97
河　南	Henan	18.49	48.80	3.38	8.13
湖　北	Hubei	15.00	56.31	3.03	5.91
湖　南	Hunan	21.64	54.04	4.11	5.62
广　东	Guangdong	13.85	57.29	2.42	6.03
广　西	Guangxi	15.70	62.89	2.96	5.65
海　南	Hainan	12.89	53.41	1.87	7.60
重　庆	Chongqing	15.57	63.30	2.71	6.10
四　川	Sichuan	14.10	62.78	2.52	6.71
贵　州	Guizhou	13.96	63.43	1.93	7.77
云　南	Yunnan	14.59	64.64	1.79	6.43
西　藏	Tibet	3.66	34.03	0.67	7.48
陕　西	Shaanxi	16.97	56.06	2.04	12.86
甘　肃	Gansu	9.54	64.35	2.22	3.63
青　海	Qinghai	8.23	66.24	1.53	7.58
宁　夏	Ningxia	8.06	66.53	1.77	4.37
新　疆	Xinjiang	12.82	60.51	2.13	10.64

13-4 分地区国有及国有控股工业企业主要指标

Main Indicators of State-owned and State-holding Industrial Enterprises by Region

单位：亿元 (100 million yuan)

年 份 Year 地 区 Region	企业单位数（个）Number of Enterprises (unit)	资产总计 Total Assets	流动资产合计 Total Current Assets	负债合计 Total Liabilities	所有者权益合计 Total Owners' Equities
1998	64737	74916.27	29559.03	35648.27	26759.22
1999	61301	80471.69	31042.81	49877.69	30566.88
2000	53489	84014.94	32628.81	51239.61	32714.81
2001	46767	87901.54	33239.63	52025.60	35741.27
2002	41125	89094.60	33468.77	52837.08	36139.17
2003	34280	94519.79	36125.14	55990.53	38381.02
2004	35597	109708.25	39376.20	62005.79	47479.25
2005	27477	117629.61	42155.31	66653.58	50625.00
2006	24961	135153.35	46713.09	76012.52	58656.37
2007	20680	158187.87	54997.45	89372.34	68568.59
2008	21313	188811.37	65493.98	111374.72	77388.89
2009	20510	215742.01	74113.99	130098.87	85186.57
2010	20253	247759.86	90810.23	149432.08	98085.57
2011	17052	281673.87	106550.42	172289.91	109233.21
2012	17851	312094.37	115385.64	191349.97	120336.83
2013	18197	342689.19	125090.40	212150.87	130538.32
北 京 Beijing	790	23335.27	7339.43	12021.21	11314.06
天 津 Tianjin	584	10543.07	4630.85	6996.89	3546.18
河 北 Hebei	731	15332.54	5067.61	9877.26	5455.28
山 西 Shanxi	752	17551.61	6021.62	12473.74	5077.87
内蒙古 Inner Mongolia	621	12236.87	3502.78	7529.24	4707.63
辽 宁 Liaoning	643	17397.61	7226.92	11946.16	5451.45
吉 林 Jilin	361	8252.81	3790.18	5134.00	3118.81
黑龙江 Heilongjiang	460	9094.23	3346.67	5246.91	3847.32
上 海 Shanghai	777	15167.29	7052.18	6755.09	8412.2
江 苏 Jiangsu	904	16549.96	6668.36	10396.73	6153.23
浙 江 Zhejiang	656	8884.88	2960.30	4996.31	3888.57
安 徽 Anhui	643	12124.23	4087.72	7913.40	4210.83
福 建 Fujian	457	5829.46	1684.60	3566.19	2263.27
江 西 Jiangxi	475	5162.41	2520.84	3330.13	1832.28
山 东 Shandong	1178	24099.53	9266.88	15191.53	8908
河 南 Henan	796	12995.62	5334.45	8778.39	4217.23
湖 北 Hubei	689	15016.81	5571.69	9025.07	5991.74
湖 南 Hunan	739	8177.19	3686.39	5252.82	2924.37
广 东 Guangdong	1028	18247.13	7243.01	10610.23	7636.9
广 西 Guangxi	539	5888.26	2193.22	3856.17	2032.09
海 南 Hainan	83	690.62	115.40	302.77	387.85
重 庆 Chongqing	482	6252.59	2429.17	4127.90	2124.69
四 川 Sichuan	906	17406.20	5767.96	12158.59	5247.61
贵 州 Guizhou	493	6430.12	2169.90	4206.93	2223.19
云 南 Yunnan	552	10123.36	2988.44	6551.25	3572.11
西 藏 Tibet	26	404.26	82.13	119.25	285.01
陕 西 Shaanxi	691	16715.75	6031.38	9550.97	7164.78
甘 肃 Gansu	381	7889.41	2835.44	5194.57	2694.84
青 海 Qinghai	98	3056.71	704.66	2104.55	952.16
宁 夏 Ningxia	106	2809.71	618.99	1863.81	945.9
新 疆 Xinjiang	556	9023.69	2151.21	5072.82	3950.87

13-4 续表 1 continued

单位：亿元 (100 million yuan)

年份 Year 地区 Region		主营业务收入 Revenue from Principal Business	主营业务成本 Cost of Principal Business	主营业务税金及附加 Tax and Extra Charges from Principal Business	利润总额 Total Profits	本年应交增值税 Value Added Tax Payable
	1998	33566.11	27092.45	993.53	525.14	1852.36
	1999	35950.70	28919.13	1062.21	997.86	2019.03
	2000	42203.12	33473.62	1150.28	2408.33	2320.36
	2001	44443.52	35522.47	1250.18	2388.56	2408.97
	2002	47844.21	38048.00	1401.82	2632.94	2580.51
	2003	58027.15	45987.63	1589.87	3836.20	3025.57
	2004	71430.99	57187.96	1921.90	5453.10	3514.68
	2005	85574.18	69302.41	2121.74	6519.75	4098.37
	2006	101404.62	81957.80	2612.74	8485.46	4930.24
	2007	122617.13	98515.08	3242.18	10795.19	5951.44
	2008	147507.90	122504.18	3882.05	9063.59	6769.35
	2009	151700.55	124590.48	6199.11	9287.03	6508.74
	2010	194339.68	158727.43	8016.31	14737.65	8362.00
	2011	228900.13	187783.79	9053.12	16457.57	9406.51
	2012	245075.97	202600.35	10170.35	15175.99	10201.77
	2013	258242.59	214457.00	10772.20	15194.05	9971.68
北　京	Beijing	10680.26	9396.16	247.15	709.05	278.98
天　津	Tianjin	9222.49	7864.19	226.03	728.65	290.39
河　北	Hebei	11407.73	10028.71	242.85	290.37	352.64
山　西	Shanxi	10411.40	8675.44	116.37	345.83	485.87
内蒙古	Inner Mongolia	6287.62	5072.47	154.18	500.14	322.06
辽　宁	Liaoning	12830.00	10958.46	552.12	203.65	399.04
吉　林	Jilin	8554.49	7003.36	389.47	549.61	337.40
黑龙江	Heilongjiang	6669.08	4748.92	615.63	731.50	402.76
上　海	Shanghai	13822.35	11176.54	866.32	1313.91	494.85
江　苏	Jiangsu	14561.14	12428.71	538.73	802.51	558.61
浙　江	Zhejiang	8855.70	7467.67	427.96	561.42	352.91
安　徽	Anhui	10077.65	8721.24	271.07	368.24	312.01
福　建	Fujian	4102.59	3466.37	209.19	194.33	170.13
江　西	Jiangxi	5989.66	5308.83	147.65	229.01	169.43
山　东	Shandong	22472.59	19227.99	775.35	1214.00	788.82
河　南	Henan	11617.45	10056.91	375.08	357.98	389.32
湖　北	Hubei	11965.99	9926.85	513.59	695.34	386.99
湖　南	Hunan	7146.38	5632.93	577.45	358.47	335.99
广　东	Guangdong	16966.09	14207.03	672.17	1080.68	673.51
广　西	Guangxi	5134.81	4422.66	243.43	165.64	211.02
海　南	Hainan	405.99	311.71	16.15	46.97	21.17
重　庆	Chongqing	4450.45	3696.36	147.25	196.40	192.90
四　川	Sichuan	9859.51	7950.69	337.98	543.63	404.04
贵　州	Guizhou	3472.00	2600.69	229.85	278.02	185.59
云　南	Yunnan	5349.34	3821.26	757.41	322.87	304.88
西　藏	Tibet	53.17	58.02	0.91	-2.26	4.10
陕　西	Shaanxi	10554.87	7844.64	454.07	1371.10	580.44
甘　肃	Gansu	6777.66	5880.39	253.04	213.54	161.48
青　海	Qinghai	1076.36	786.43	37.59	100.66	65.55
宁　夏	Ningxia	1671.48	1359.78	62.04	96.48	77.33
新　疆	Xinjiang	5796.31	4355.60	314.13	626.31	261.46

13-4 续表 2 continued

单位：亿元

年 份 Year 地 区 Region	总资产贡献率 (%) Ratio of Profits, Taxes and Interests to Average Assets (%)	资产负债率 (%) Ratio of Debts to Assets (%)	流动资产周转次数 (次/年) Turnover of Current Assets (times/year)	工业成本费用利润率 (%) Ratio of Profits to Total Industrial Costs (%)
1998				
1999	6.77	61.98	1.20	2.89
2000	8.43	60.99	1.34	6.15
2001	8.17	59.19	1.36	5.75
2002	8.71	59.30	1.47	5.93
2003	10.09	59.24	1.69	7.25
2004	11.00	56.52	1.90	8.43
2005	11.87	56.66	2.10	8.44
2006	12.92	56.24	2.28	9.35
2007	13.79	56.50	2.39	9.90
2008	11.77	58.99	2.34	6.71
2009	11.29	60.30	2.05	6.73
2010	13.63	60.31	2.14	8.43
2011	13.69	61.17	2.23	7.66
2012	12.77	61.31	2.21	6.52
2013	11.93	61.91	2.06	6.46
北 京 Beijing	6.17	51.52	1.46	6.95
天 津 Tianjin	12.95	66.36	1.99	8.76
河 北 Hebei	7.46	64.42	2.25	2.67
山 西 Shanxi	7.31	71.07	1.73	3.46
内蒙古 Inner Mongolia	9.55	61.53	1.80	8.83
辽 宁 Liaoning	8.14	68.67	1.78	1.68
吉 林 Jilin	16.55	62.21	2.26	7.04
黑龙江 Heilongjiang	20.39	57.69	1.99	13.72
上 海 Shanghai	18.18	44.54	1.96	10.87
江 苏 Jiangsu	12.73	62.82	2.18	6.01
浙 江 Zhejiang	16.51	56.23	2.99	7.07
安 徽 Anhui	9.43	65.27	2.47	3.89
福 建 Fujian	11.59	61.18	2.44	5.21
江 西 Jiangxi	11.95	64.51	2.38	4.09
山 东 Shandong	13.06	63.04	2.43	5.82
河 南 Henan	10.66	67.55	2.18	3.26
湖 北 Hubei	11.99	60.10	2.15	6.35
湖 南 Hunan	17.34	64.24	1.94	5.77
广 东 Guangdong	14.56	58.15	2.34	6.98
广 西 Guangxi	12.02	65.49	2.34	3.44
海 南 Hainan	13.65	43.84	3.52	13.74
重 庆 Chongqing	10.05	66.02	1.83	4.69
四 川 Sichuan	8.94	69.85	1.71	6.07
贵 州 Guizhou	12.97	65.43	1.60	9.29
云 南 Yunnan	15.59	64.71	1.79	7.42
西 藏 Tibet	1.07	29.50	0.65	-3.47
陕 西 Shaanxi	15.55	57.14	1.75	15.51
甘 肃 Gansu	9.74	65.84	2.39	3.39
青 海 Qinghai	8.50	68.85	1.53	10.98
宁 夏 Ningxia	10.95	66.33	2.70	6.37
新 疆 Xinjiang	14.74	56.22	2.69	13.03

13-5 按行业分国有及国有控股工业企业主要指标（2013年）

单位：亿元

行业	Sector	企业单位数（个）Number of Enterprises (unit)	资产总计 Total Assets
总计	**National Total**	**18197**	**342689.19**
煤炭开采和洗选业	Mining and Washing of Coal	1000	34588.36
石油和天然气开采业	Extraction of Petroleum and Natural Gas	72	17796.35
黑色金属矿采选业	Mining and Processing of Ferrous Metal Ores	163	4504.63
有色金属矿采选业	Mining and Processing of Non-Ferrous Metal Ores	272	2008.85
非金属矿采选业	Mining and Processing of Non-metal Ores	189	959.76
开采辅助活动	Support Activities for Mining	37	2280.34
其他采矿业	Mining of Other Ores		
农副食品加工业	Processing of Food from Agricultural Products	638	2166.59
食品制造业	Manufacture of Foods	296	1101.37
酒、饮料和精制茶制造业	Manufacture of Liquor, Beverages and Refined Tea	282	3632.80
烟草制品业	Manufacture of Tobacco	108	7899.11
纺织业	Manufacture of Textile	241	1040.80
纺织服装、服饰业	Manufacture of Textile, Wearing Apparel and Accessories	162	229.08
皮革、毛皮、羽毛及其制品和制鞋业	Manufacture of Leather, Fur, Feather and Related Products and Footwear	37	65.32
木材加工和木、竹、藤、棕、草制品业	Processing of Timber, Manufacture of Wood, Bamboo, Rattan, Palm and Straw Products	115	211.20
家具制造业	Manufacture of Furniture	22	92.21
造纸和纸制品业	Manufacture of Paper and Paper Products	119	1794.74
印刷和记录媒介复制业	Printing and Reproduction of Recording Media	307	766.09
文教、工美、体育和娱乐用品制造业	Manufacture of Articles for Culture, Education, Arts and Crafts, Sport and Entertainment Activities	70	204.60
石油加工、炼焦和核燃料加工业	Processing of Petroleum, Coking and Processing of Nuclear Fuel	218	13022.40
化学原料和化学制品制造业	Manufacture of Raw Chemical Materials and Chemical Products	1192	17322.93
医药制造业	Manufacture of Medicines	429	3341.77
化学纤维制造业	Manufacture of Chemical Fibres	46	644.63
橡胶和塑料制品业	Manufacture of Rubber and Plastics Products	285	1485.76
非金属矿物制品业	Manufacture of Non-metallic Mineral Products	1388	7541.03
黑色金属冶炼和压延加工业	Smelting and Pressing of Ferrous Metals	408	32206.27
有色金属冶炼和压延加工业	Smelting and Pressing of Non-ferrous Metals	502	13366.08
金属制品业	Manufacture of Metal Products	467	2893.67
通用设备制造业	Manufacture of General Purpose Machinery	748	8054.98
专用设备制造业	Manufacture of Special Purpose Machinery	701	8869.97
汽车制造业	Manufacture of Automobiles	677	23235.32
铁路、船舶、航空航天和其他运输设备制造业	Manufacture of Railway, Ship, Aerospace and Other Transport Equipments	499	11374.37
电气机械和器材制造业	Manufacture of Electrical Machinery and Apparatus	574	6721.88
计算机、通信和其他电子设备制造业	Manufacture of Computers, Communication and Other Electronic Equipment	626	9199.70
仪器仪表制造业	Manufacture of Measuring Instruments and Machinery	250	1225.16
其他制造业	Other Manufacture	67	871.70
废弃资源综合利用业	Utilization of Waste Resources	45	117.15
金属制品、机械和设备修理业	Repair Service of Metal Products, Machinery and Equipment	75	711.26
电力、热力生产和供应业	Production and Supply of Electric Power and Heat Power	3790	90207.14
燃气生产和供应业	Production and Supply of Gas	304	2976.08
水的生产和供应业	Production and Supply of Water	775	5955.77

Main Indicators of State-owned and State-holding Industrial Enterprises by Industrial Sector (2013)

(100 million yuan)

流动资产合计 Total Current Assets	负债合计 Total Liabilities	所有者权益 Owners' Equity	主营业务收入 Revenue from Principal Business	主营业务成本 Cost of Principal Business
125090.40	**212150.87**	**130538.32**	**258242.59**	**214457.00**
11633.95	22275.32	12313.04	19053.90	15491.29
2563.50	7935.99	9860.36	10255.46	4633.11
1530.24	2545.02	1959.61	1664.04	1350.45
641.47	1090.31	918.54	1813.79	1479.56
397.78	511.78	447.98	498.53	366.21
1205.12	1216.23	1064.11	1555.74	1469.20
1463.05	1549.87	616.72	3360.12	3133.69
555.88	613.18	488.19	1056.78	835.42
2192.48	1408.59	2224.21	2840.15	1756.17
5558.01	1975.57	5923.54	8228.93	2077.23
540.63	655.06	385.74	880.35	812.59
158.77	132.00	97.08	195.77	158.09
46.64	26.66	38.66	108.72	94.56
101.26	148.90	62.30	193.69	170.42
53.20	52.57	39.64	96.40	74.30
725.58	1129.13	665.61	966.54	857.81
404.27	268.02	498.07	511.95	384.15
149.34	121.14	83.46	539.34	500.31
5125.79	8047.84	4974.56	27924.92	23983.89
5550.52	11107.63	6215.30	13314.89	11869.76
1776.55	1553.62	1788.15	2397.85	1674.44
267.98	403.71	240.92	469.33	402.59
806.82	921.00	564.76	1306.42	1125.19
3056.40	4688.81	2852.22	4628.99	3784.85
11886.99	22495.86	9710.41	25089.79	23584.83
6238.15	8980.44	4385.64	15520.52	14886.88
1662.19	1743.52	1150.15	2236.46	1961.22
5460.95	5106.39	2948.59	4895.25	4005.39
6049.62	5630.72	3239.25	5436.36	4627.04
13197.86	13525.12	9710.20	26993.69	21770.07
7167.09	7729.01	3645.36	6568.60	5653.50
4924.34	4694.07	2027.81	5163.25	4270.52
5422.76	5331.91	3867.79	6575.44	5415.90
831.23	656.34	568.82	863.77	698.87
495.44	603.53	268.17	434.57	371.04
64.93	81.47	35.68	218.66	205.34
406.43	459.79	251.47	303.14	257.85
12102.91	59658.91	30548.23	51050.80	45725.40
937.11	1752.86	1223.22	2024.93	1751.61
1736.77	3321.82	2633.95	1003.75	785.67

13-5 续表

单位：亿元

行　业	Sector	主营业务税金及附加 Tax and Extra Charges from Principal Business	利润总额 Total Profits
总　计	**National Total**	**10772.20**	**15194.05**
煤炭开采和洗选业	Mining and Washing of Coal	265.89	1197.71
石油和天然气开采业	Extraction of Petroleum and Natural Gas	1089.25	3337.99
黑色金属矿采选业	Mining and Processing of Ferrous Metal Ores	23.21	102.68
有色金属矿采选业	Mining and Processing of Non-Ferrous Metal Ores	18.28	181.32
非金属矿采选业	Mining and Processing of Non-metal Ores	15.86	42.87
开采辅助活动	Support Activities for Mining	29.25	-25.69
其他采矿业	Mining of Other Ores		
农副食品加工业	Processing of Food from Agricultural Products	14.01	71.26
食品制造业	Manufacture of Foods	6.35	60.00
酒、饮料和精制茶制造业	Manufacture of Liquor, Beverages and Refined Tea	168.61	539.91
烟草制品业	Manufacture of Tobacco	4432.12	1206.10
纺织业	Manufacture of Textile	2.93	10.60
纺织服装、服饰业	Manufacture of Textile, Wearing Apparel and Accessories	1.16	9.99
皮革、毛皮、羽毛及其制品和制鞋业	Manufacture of Leather, Fur, Feather and Related Products and Footwear	0.55	5.69
木材加工和木、竹、藤、棕、草制品业	Processing of Timber, Manufacture of Wood, Bamboo, Rattan, Palm and Straw Products	1.51	5.83
家具制造业	Manufacture of Furniture	0.33	18.73
造纸和纸制品业	Manufacture of Paper and Paper Products	3.89	11.21
印刷和记录媒介复制业	Printing and Reproduction of Recording Media	3.68	62.91
文教、工美、体育和娱乐用品制造业	Manufacture of Articles for Culture, Education, Arts and Crafts, Sport and Entertainment Activities	1.51	24.53
石油加工、炼焦和核燃料加工业	Processing of Petroleum, Coking and Processing of Nuclear Fuel	2904.20	68.18
化学原料和化学制品制造业	Manufacture of Raw Chemical Materials and Chemical Products	191.77	133.83
医药制造业	Manufacture of Medicines	15.99	240.46
化学纤维制造业	Manufacture of Chemical Fibres	2.47	31.95
橡胶和塑料制品业	Manufacture of Rubber and Plastics Products	7.14	49.68
非金属矿物制品业	Manufacture of Non-metallic Mineral Products	30.63	338.79
黑色金属冶炼和压延加工业	Smelting and Pressing of Ferrous Metals	64.08	-4.82
有色金属冶炼和压延加工业	Smelting and Pressing of Non-ferrous Metals	37.14	83.89
金属制品业	Manufacture of Metal Products	9.83	79.71
通用设备制造业	Manufacture of General Purpose Machinery	23.60	283.71
专用设备制造业	Manufacture of Special Purpose Machinery	28.37	178.21
汽车制造业	Manufacture of Automobiles	1026.63	2629.47
铁路、船舶、航空航天和其他运输设备制造业	Manufacture of Railway, Ship, Aerospace and Other Transport Equipments	29.18	269.69
电气机械和器材制造业	Manufacture of Electrical Machinery and Apparatus	22.64	173.77
计算机、通信和其他电子设备制造业	Manufacture of Computers, Communication and Other Electronic Equipment	36.31	380.02
仪器仪表制造业	Manufacture of Measuring Instruments and Machinery	4.85	66.01
其他制造业	Other Manufacture	1.16	14.64
废弃资源综合利用业	Utilization of Waste Resources	0.56	5.97
金属制品、机械和设备修理业	Repair Service of Metal Products, Machinery and Equipment	1.19	5.98
电力、热力生产和供应业	Production and Supply of Electric Power and Heat Power	235.71	3076.41
燃气生产和供应业	Production and Supply of Gas	9.03	172.36
水的生产和供应业	Production and Supply of Water	11.34	52.25

continued

(100 million yuan)

本年应交增值税 Value-added Tax Payable	总资产贡献率(%) Ratio of Profits, Taxes and Interests to Average Assets (%)	资产负债率(%) Ratio of Debts to Assets (%)	流动资产周转次数(次/年) Turnover of Current Assets (times/year)	工业成本费用利润率(%) Ratio of Profits to Total Industrial Costs (%)
9971.68	**11.93**	**61.91**	**2.06**	**6.46**
1247.67	9.44	64.40	1.64	6.63
936.84	31.03	44.59	4.00	60.11
91.65	5.89	56.50	1.09	6.62
59.18	14.09	54.28	2.83	11.14
31.51	10.50	53.32	1.25	9.55
59.60	3.44	53.34	1.29	-1.66
44.44	7.62	71.53	2.30	2.16
38.91	10.48	55.67	1.90	5.95
184.88	25.23	38.77	1.30	24.66
995.39	84.13	25.01	1.48	45.39
16.86	4.50	62.94	1.63	1.20
7.63	8.60	57.62	1.23	5.29
2.63	14.38	40.81	2.33	5.54
5.50	8.30	70.50	1.91	2.93
3.46	24.77	57.01	1.81	21.56
30.97	5.09	62.91	1.33	1.15
24.62	12.16	34.99	1.27	13.75
8.49	18.09	59.21	3.61	4.73
923.16	31.45	61.80	5.45	0.27
281.50	5.31	64.12	2.40	1.02
121.27	12.10	46.49	1.35	11.01
11.71	9.00	62.63	1.75	7.14
29.23	7.10	61.99	1.62	3.96
208.49	9.42	62.18	1.51	7.79
414.01	3.18	69.85	2.11	-0.02
182.41	4.04	67.19	2.49	0.54
45.40	5.57	60.25	1.35	3.66
158.94	6.55	63.39	0.90	6.17
144.82	5.03	63.48	0.90	3.39
936.99	20.33	58.21	2.05	10.83
135.47	4.64	67.95	0.92	4.29
147.21	6.23	69.83	1.05	3.47
109.56	6.60	57.96	1.21	6.04
28.90	8.64	53.57	1.04	8.09
5.20	3.10	69.24	0.88	3.47
7.50	14.06	69.54	3.37	2.80
5.34	2.58	64.64	0.75	1.98
2192.55	8.12	66.14	4.22	6.39
42.96	8.51	58.90	2.16	9.00
48.68	2.89	55.77	0.58	4.98

13-6 按行业分私营工业企业主要指标（2013年）

单位：亿元

行　　业	Sector	企业单位数（个）Number of Enterprises (unit)	资产总计 Total Assets
总　　计	**National Total**	**194945**	**174771.08**
煤炭开采和洗选业	Mining and Washing of Coal	4540	5252.20
石油和天然气开采业	Extraction of Petroleum and Natural Gas	13	34.10
黑色金属矿采选业	Mining and Processing of Ferrous Metal Ores	2535	3027.21
有色金属矿采选业	Mining and Processing of Non-Ferrous Metal Ores	1056	1097.33
非金属矿采选业	Mining and Processing of Non-metal Ores	2265	1097.20
开采辅助活动	Support Activities for Mining	40	34.18
其他采矿业	Mining of Other Ores	11	7.89
农副食品加工业	Processing of Food from Agricultural Products	14255	9990.76
食品制造业	Manufacture of Foods	3985	3208.95
酒、饮料和精制茶制造业	Manufacture of Liquor, Beverages and Refined Tea	2839	2330.52
烟草制品业	Manufacture of Tobacco	4	21.70
纺织业	Manufacture of Textile	13844	9785.92
纺织服装、服饰业	Manufacture of Textile, Wearing Apparel and Accessories	8067	4247.79
皮革、毛皮、羽毛及其制品和制鞋业	Manufacture of Leather, Fur, Feather and Related Products and Footwear	4359	2207.33
木材加工和木、竹、藤、棕、草制品业	Processing of Timber, Manufacture of Wood, Bamboo, Rattan, Palm and Straw Products	6384	2843.66
家具制造业	Manufacture of Furniture	2730	1840.14
造纸和纸制品业	Manufacture of Paper and Paper Products	4229	2916.94
印刷和记录媒介复制业	Printing and Reproduction of Recording Media	2321	1465.69
文教、工美、体育和娱乐用品制造业	Manufacture of Articles for Culture, Education, Arts and Crafts, Sport and Entertainment Activities	3772	2398.25
石油加工、炼焦和核燃料加工业	Processing of Petroleum, Coking and Processing of Nuclear Fuel	1081	4933.37
化学原料和化学制品制造业	Manufacture of Raw Chemical Materials and Chemical Products	12884	13198.13
医药制造业	Manufacture of Medicines	2705	3475.25
化学纤维制造业	Manufacture of Chemical Fibres	1320	2058.98
橡胶和塑料制品业	Manufacture of Rubber and Plastics Products	9270	6413.77
非金属矿物制品业	Manufacture of Non-metallic Mineral Products	17953	14556.36
黑色金属冶炼和压延加工业	Smelting and Pressing of Ferrous Metals	7199	12142.95
有色金属冶炼和压延加工业	Smelting and Pressing of Non-ferrous Metals	4121	6397.55
金属制品业	Manufacture of Metal Products	11404	8925.39
通用设备制造业	Manufacture of General Purpose Machinery	13150	9822.41
专用设备制造业	Manufacture of Special Purpose Machinery	8359	7011.72
汽车制造业	Manufacture of Automobiles	5599	6213.90
铁路、船舶、航空航天和其他运输设备制造业	Manufacture of Railway, Ship, Aerospace and Other Transport Equipments	2572	3091.65
电气机械和器材制造业	Manufacture of Electrical Machinery and Apparatus	11279	12625.96
计算机、通信和其他电子设备制造业	Manufacture of Computers, Communication and Other Electronic Equipment	4360	4982.96
仪器仪表制造业	Manufacture of Measuring Instruments and Machinery	1777	1847.01
其他制造业	Other Manufacture	844	405.55
废弃资源综合利用业	Utilization of Waste Resources	704	685.41
金属制品、机械和设备修理业	Repair Service of Metal Products, Machinery and Equipment	164	150.03
电力、热力生产和供应业	Production and Supply of Electric Power and Heat Power	620	1618.69
燃气生产和供应业	Production and Supply of Gas	211	266.06
水的生产和供应业	Production and Supply of Water	120	140.24

Main Indicators of Private Enterprises by Industrial Sector (2013)

(100 million yuan)

流动资产合计 Total Current Assets	负债合计 Total Liabilities	所有者权益 Owners' Equity	主营业务收入 Revenue from Principal Business	主营业务成本 Cost of Principal Business
93732.93	**93373.30**	**81397.78**	**329694.32**	**284537.63**
2667.07	3226.57	2025.63	6224.62	5027.07
11.76	18.98	15.12	38.71	32.17
1441.68	1569.78	1457.43	5766.38	4636.97
551.99	537.33	560.00	2141.67	1803.40
453.45	422.85	674.35	2806.96	2288.88
19.37	15.73	18.45	34.42	26.33
2.27	1.75	6.14	16.65	12.43
4961.20	4332.08	5658.68	27814.30	24410.05
1504.77	1437.47	1771.48	6432.47	5391.25
1066.49	1024.86	1305.66	4450.37	3593.69
11.11	18.31	3.39	14.00	11.66
5314.43	5474.65	4311.27	18721.37	16477.94
2492.61	2150.66	2097.13	8982.06	7691.34
1265.63	1092.72	1114.61	5583.74	4767.35
1306.84	1156.45	1687.21	8215.46	7053.32
950.18	875.14	965.00	3354.18	2809.10
1491.77	1591.95	1324.99	5391.97	4659.70
741.91	784.02	681.67	2427.09	2057.05
1531.69	1364.44	1033.81	5392.25	4717.85
2758.80	3495.09	1438.28	5706.60	5193.00
6765.65	6930.85	6267.28	26361.70	22764.65
1803.76	1543.94	1931.31	5704.18	4605.19
1139.01	1398.98	660.00	2887.77	2657.24
3477.68	3181.75	3232.02	12935.52	11166.63
6996.07	7292.67	7263.69	26251.87	22228.61
6025.19	7437.24	4705.71	24003.30	21838.76
3783.89	3971.29	2426.26	13979.54	12629.62
5126.76	4769.23	4156.16	17052.21	14763.54
5454.51	4933.80	4888.61	18144.26	15353.54
3993.53	3496.88	3514.84	12430.80	10448.56
3404.36	3634.37	2579.53	10235.46	8951.63
1794.34	1890.11	1201.54	4911.65	4252.07
7842.98	6767.61	5858.35	21302.61	18375.04
3135.37	2714.42	2268.54	7135.62	6031.53
1119.08	916.21	930.80	2986.58	2482.66
225.07	203.46	202.09	977.99	835.22
398.69	370.65	314.76	1546.55	1385.20
71.98	64.95	85.08	256.83	220.30
465.46	1023.39	595.30	597.64	483.29
105.19	160.33	105.73	362.84	314.87
59.35	80.3	59.94	114.12	88.91

13-6 续表

单位：亿元

行　业	Sector	主营业务税金及附加 Tax and Extra Charges from Principal Business	利润总额 Total Profits
总　计	**National Total**	**2211.64**	**20876.17**
煤炭开采和洗选业	Mining and Washing of Coal	89.26	460.82
石油和天然气开采业	Extraction of Petroleum and Natural Gas	0.47	2.30
黑色金属矿采选业	Mining and Processing of Ferrous Metal Ores	93.97	684.25
有色金属矿采选业	Mining and Processing of Non-Ferrous Metal Ores	19.96	178.21
非金属矿采选业	Mining and Processing of Non-metal Ores	40.80	228.04
开采辅助活动	Support Activities for Mining	0.80	4.31
其他采矿业	Mining of Other Ores	0.17	1.00
农副食品加工业	Processing of Food from Agricultural Products	157.72	1662.96
食品制造业	Manufacture of Foods	45.05	462.55
酒、饮料和精制茶制造业	Manufacture of Liquor, Beverages and Refined Tea	99.62	365.38
烟草制品业	Manufacture of Tobacco	0.09	0.64
纺织业	Manufacture of Textile	105.37	1093.97
纺织服装、服饰业	Manufacture of Textile, Wearing Apparel and Accessories	58.35	554.42
皮革、毛皮、羽毛及其制品和制鞋业	Manufacture of Leather, Fur, Feather and Related Products and Footwear	33.91	403.20
木材加工和木、竹、藤、棕、草制品业	Processing of Timber, Manufacture of Wood, Bamboo, Rattan, Palm and Straw Products	57.53	587.69
家具制造业	Manufacture of Furniture	24.70	224.37
造纸和纸制品业	Manufacture of Paper and Paper Products	36.39	328.85
印刷和记录媒介复制业	Printing and Reproduction of Recording Media	17.21	163.55
文教、工美、体育和娱乐用品制造业	Manufacture of Articles for Culture, Education, Arts and Crafts, Sport and Entertainment Activities	31.70	307.67
石油加工、炼焦和核燃料加工业	Processing of Petroleum, Coking and Processing of Nuclear Fuel	38.07	194.91
化学原料和化学制品制造业	Manufacture of Raw Chemical Materials and Chemical Products	170.39	1714.83
医药制造业	Manufacture of Medicines	42.79	465.92
化学纤维制造业	Manufacture of Chemical Fibres	8.79	105.66
橡胶和塑料制品业	Manufacture of Rubber and Plastics Products	77.81	855.52
非金属矿物制品业	Manufacture of Non-metallic Mineral Products	209.64	1934.75
黑色金属冶炼和压延加工业	Smelting and Pressing of Ferrous Metals	91.64	964.13
有色金属冶炼和压延加工业	Smelting and Pressing of Non-ferrous Metals	57.50	633.97
金属制品业	Manufacture of Metal Products	109.13	1056.40
通用设备制造业	Manufacture of General Purpose Machinery	132.12	1226.08
专用设备制造业	Manufacture of Special Purpose Machinery	83.49	901.22
汽车制造业	Manufacture of Automobiles	55.34	585.84
铁路、船舶、航空航天和其他运输设备制造业	Manufacture of Railway, Ship, Aerospace and Other Transport Equipments	29.19	304.79
电气机械和器材制造业	Manufacture of Electrical Machinery and Apparatus	107.81	1297.85
计算机、通信和其他电子设备制造业	Manufacture of Computers, Communication and Other Electronic Equipment	39.52	447.29
仪器仪表制造业	Manufacture of Measuring Instruments and Machinery	19.42	228.82
其他制造业	Other Manufacture	7.89	61.22
废弃资源综合利用业	Utilization of Waste Resources	8.44	86.84
金属制品、机械和设备修理业	Repair Service of Metal Products, Machinery and Equipment	2.02	16.48
电力、热力生产和供应业	Production and Supply of Electric Power and Heat Power	3.85	49.32
燃气生产和供应业	Production and Supply of Gas	2.43	20.93
水的生产和供应业	Production and Supply of Water	1.25	9.22

continued

(100 million yuan)

本年应交增值税 Value-added Tax Payable	总资产贡献率 (%) Ratio of Profits, Taxes and Interests to Average Assets (%)	资产负债率 (%) Ratio of Debts to Assets (%)	流动资产周转次数 (次/年) Turnover of Current Assets (times/year)	工业成本费用利润率 (%) Ratio of Profits to Total Industrial Costs (%)
9019.64	**19.86**	**53.43**	**3.52**	**6.87**
325.05	17.87	61.43	2.33	8.28
1.27	12.82	55.66	3.29	6.44
287.88	36.64	51.86	4.00	13.87
68.97	25.65	48.97	3.88	9.30
101.87	35.13	38.54	6.19	9.16
0.59	18.23	46.02	1.78	14.78
0.75	25.48	22.18	7.33	6.62
563.37	25.50	43.36	5.61	6.46
176.53	22.72	44.80	4.27	7.87
127.37	26.84	43.98	4.17	9.27
0.32	7.24	84.38	1.26	4.63
484.50	19.19	55.94	3.52	6.29
245.24	21.57	50.63	3.60	6.66
146.02	28.51	49.50	4.41	7.89
234.56	32.50	40.67	6.29	7.84
92.69	20.00	47.56	3.53	7.28
152.03	19.41	54.58	3.61	6.58
63.59	18.03	53.49	3.27	7.33
135.66	21.43	56.89	3.52	6.12
95.06	8.11	70.85	2.07	3.56
720.15	21.33	52.51	3.90	7.06
215.30	22.15	44.43	3.16	9.08
66.38	11.07	67.95	2.54	3.80
313.85	20.92	49.61	3.72	7.18
877.41	22.11	50.10	3.75	8.11
506.80	14.33	61.25	3.98	4.24
337.15	17.66	62.08	3.69	4.85
446.71	19.54	53.43	3.33	6.70
522.83	20.55	50.23	3.33	7.37
365.42	20.55	49.87	3.11	7.94
250.44	16.01	58.49	3.01	6.12
137.70	16.51	61.14	2.74	6.67
556.26	16.96	53.60	2.72	6.56
186.28	14.49	54.47	2.28	6.75
102.76	20.25	49.61	2.67	8.37
29.71	26.11	50.17	4.35	6.79
43.35	21.10	54.08	3.88	6.06
8.03	18.55	43.29	3.57	6.96
20.36	6.23	63.22	1.28	8.93
5.94	12.80	60.26	3.45	6.17
3.49	11.42	57.26	1.92	8.97

13-7 分地区私营工业企业主要指标
Main Indicators of Private Industrial Enterprises by Region

单位：亿元 (100 million yuan)

年份 Year / 地区 Region	企业单位数(个) Number of Enterprises (unit)	资产总计 Total Assets	流动资产合计 Total Current Assets	负债合计 Total Liabilities	所有者权益合计 Total Owners' Equities
1998	10667	1486.98	776.53	909.42	577.55
1999	14601	2289.21	1217.04	1367.12	922.10
2000	22128	3873.83	1910.75	2208.83	1664.99
2001	36218	5901.98	3130.00	3527.40	2374.59
2002	49176	8759.62	4686.53	5192.26	3567.35
2003	67607	14525.29	7838.48	8781.24	5743.95
2004	119357	23724.80	13080.46	14529.31	9195.48
2005	123820	30325.12	16426.01	18038.87	12286.22
2006	149736	40514.83	22035.64	23946.79	16567.96
2007	177080	53304.95	29412.56	31120.19	22184.60
2008	245850	75879.59	40572.42	42825.30	33051.48
2009	256031	91175.60	47550.43	50495.45	40383.67
2010	273259	116867.83	61798.67	64068.41	52295.51
2011	180612	127749.86	69059.45	69744.77	57479.12
2012	189289	152548.13	81049.07	82699.28	68946.35
2013	194945	174771.08	93732.93	93373.30	81397.78
北京 Beijing	1044	1081.84	757.46	605.20	476.64
天津 Tianjin	2275	2215.31	1366.46	1354.19	861.12
河北 Hebei	8121	10013.06	4390.89	4976.88	5036.18
山西 Shanxi	2275	5670.39	3016.27	4168.76	1501.63
内蒙古 Inner Mongolia	1761	2951.36	1328.57	1777.18	1174.18
辽宁 Liaoning	11807	9619.49	3985.32	4222.29	5397.20
吉林 Jilin	2735	2246.96	872.76	932.69	1314.27
黑龙江 Heilongjiang	1890	1527.78	789.32	810.49	717.29
上海 Shanghai	3714	3369.06	2350.47	1957.37	1411.69
江苏 Jiangsu	28676	25669.88	15165.99	15076.32	10593.56
浙江 Zhejiang	24268	22625.93	14494.86	14751.08	7874.85
安徽 Anhui	9339	5590.27	3067.78	2868.13	2722.14
福建 Fujian	7971	5478.30	3257.75	2889.76	2588.54
江西 Jiangxi	3941	3399.99	1460.72	1466.03	1933.96
山东 Shandong	23909	18166.04	8909.17	8494.50	9671.54
河南 Henan	11043	11976.99	5296.45	3373.23	8603.76
湖北 Hubei	6872	4921.84	2542.79	2204.09	2717.75
湖南 Hunan	8980	5239.75	2028.05	2158.33	3081.42
广东 Guangdong	14317	10995.21	7040.70	6537.13	4458.08
广西 Guangxi	2890	2641.05	1542.31	1594.64	1046.41
海南 Hainan	46	75.91	39.99	46.86	29.05
重庆 Chongqing	3386	3122.26	1695.37	1767.22	1355.04
四川 Sichuan	7138	6328.53	3232.32	3289.40	3039.13
贵州 Guizhou	1415	1391.83	754.08	844.49	547.34
云南 Yunnan	1544	2080.67	1170.36	1285.05	795.62
西藏 Tibet	16	26.80	15.66	6.59	20.21
陕西 Shaanxi	1366	1379.28	641.82	712.58	666.70
甘肃 Gansu	579	592.97	305.19	373.30	219.67
青海 Qinghai	223	666.92	313.25	386.15	280.77
宁夏 Ningxia	593	1608.60	893.75	1052.38	556.22
新疆 Xinjiang	811	2096.82	1007.02	1391.01	705.81

13-7 续表 1 continued

单位：亿元 (100 million yuan)

年份 Year 地区 Region	主营业务收入 Revenue from Principal Business	主营业务成本 Cost of Principal Business	主营业务税金及附加 Tax and Extra Charges from Principal Business	利润总额 Total Profits	本年应交增值税 Value Added Tax Payable
1998	1846.25	1563.23	21.13	67.25	53.04
1999	2921.58	2485.20	30.46	121.52	85.49
2000	4791.50	4121.97	44.91	189.68	143.60
2001	7982.43	6947.43	68.46	312.56	242.55
2002	11971.63	10433.80	95.67	490.23	368.39
2003	19733.77	17194.65	146.14	859.64	589.24
2004	33487.25	29452.27	257.14	1429.74	964.44
2005	45801.43	39914.50	352.22	2120.65	1336.63
2006	64817.70	56316.16	476.64	3191.05	1868.62
2007	90277.81	77335.75	656.62	5053.74	2698.44
2008	131525.40	112220.27	1123.38	8302.06	4378.36
2009	156603.57	134374.58	1311.38	9677.69	4546.76
2010	207838.22	177049.48	1628.84	15102.50	6063.91
2011	247277.89	210191.52	1553.57	18155.52	7023.82
2012	285621.48	243192.10	1873.01	20191.90	8239.81
2013	329694.32	284537.63	2211.64	20876.17	9019.64
北京 Beijing	875.45	700.70	3.73	47.51	26.70
天津 Tianjin	4356.52	3880.87	17.47	288.95	106.31
河北 Hebei	19891.49	17286.00	101.42	1492.21	466.34
山西 Shanxi	4984.54	4472.44	22.95	104.34	144.02
内蒙古 Inner Mongolia	4828.14	3928.38	32.51	398.46	126.17
辽宁 Liaoning	24528.96	21398.94	176.91	1451.65	516.71
吉林 Jilin	5744.52	4943.80	47.16	269.66	120.12
黑龙江 Heilongjiang	3069.09	2690.84	20.95	186.55	88.09
上海 Shanghai	3473.93	2915.48	9.25	166.13	86.06
江苏 Jiangsu	49190.07	42976.30	268.13	3016.08	1696.87
浙江 Zhejiang	25740.01	22443.96	120.78	1200.76	611.18
安徽 Anhui	11529.11	10001.71	67.32	702.52	253.46
福建 Fujian	10643.19	9204.90	77.64	637.39	274.11
江西 Jiangxi	10207.10	8817.30	66.00	787.99	363.20
山东 Shandong	50088.61	43337.62	368.95	3586.55	1446.58
河南 Henan	22465.18	19075.13	144.35	2188.57	555.58
湖北 Hubei	11288.40	9738.80	105.56	618.56	242.81
湖南 Hunan	15112.55	12400.79	175.13	747.61	493.58
广东 Guangdong	19631.93	17164.83	94.64	964.00	374.65
广西 Guangxi	5533.97	4743.85	31.76	307.62	141.82
海南 Hainan	69.56	63.72	0.28	0.21	1.62
重庆 Chongqing	5662.89	4783.85	47.92	394.23	232.85
四川 Sichuan	11932.32	10098.99	127.08	765.45	388.58
贵州 Guizhou	1499.18	1214.92	31.36	93.43	65.53
云南 Yunnan	2037.24	1763.81	13.46	98.53	59.94
西藏 Tibet	12.69	6.45	0.23	4.82	1.18
陕西 Shaanxi	2030.19	1618.50	22.57	211.45	84.44
甘肃 Gansu	572.69	506.57	2.30	17.07	6.13
青海 Qinghai	499.86	442.55	4.93	25.70	10.53
宁夏 Ningxia	1024.90	917.33	3.33	28.13	10.11
新疆 Xinjiang	1170.04	998.30	5.55	74.04	24.34

13-7 续表 2 continued

单位：亿元

年 份 Year 地 区 Region	总资产贡献率 (%) Ratio of Profits, Taxes and Interests to Average Assets (%)	资产负债率 (%) Ratio of Debts to Assets (%)	流动资产周转次数（次/年） Turnover of Current Assets (times/year)	成本费用利润率 (%) Ratio of Profits to Total Industrial Costs (%)
1998				
1999				
2000				
2001				
2002				
2003				
2004				
2005	13.85	59.48	2.96	4.93
2006	14.95	59.11	3.11	5.27
2007	17.18	58.38	3.29	6.08
2008	19.67	56.44	3.45	6.87
2009	18.33	55.38	3.29	6.71
2010	20.82	54.82	3.36	7.92
2011	22.45	54.59	3.60	7.99
2012	21.45	54.21	3.55	7.69
2013	19.86	53.43	3.52	6.87
北 京 Beijing	7.77	55.94	1.16	5.67
天 津 Tianjin	19.36	61.13	3.19	7.13
河 北 Hebei	22.00	49.70	4.53	8.23
山 西 Shanxi	6.38	73.52	1.65	2.15
内蒙古 Inner Mongolia	20.11	60.22	3.63	9.50
辽 宁 Liaoning	23.24	43.89	6.15	6.41
吉 林 Jilin	21.05	41.51	6.58	5.02
黑龙江 Heilongjiang	20.40	53.05	3.89	6.55
上 海 Shanghai	8.62	58.10	1.48	5.00
江 苏 Jiangsu	21.19	58.73	3.24	6.57
浙 江 Zhejiang	10.79	65.20	1.78	4.90
安 徽 Anhui	19.71	51.31	3.76	6.56
福 建 Fujian	19.61	52.75	3.27	6.42
江 西 Jiangxi	37.05	43.12	6.99	8.54
山 东 Shandong	31.17	46.76	5.62	7.88
河 南 Henan	25.12	28.16	4.24	10.94
湖 北 Hubei	21.32	44.78	4.44	5.89
湖 南 Hunan	28.59	41.19	7.45	5.56
广 东 Guangdong	13.91	59.45	2.79	5.21
广 西 Guangxi	19.67	60.38	3.59	6.01
海 南 Hainan	4.20	61.73	1.74	0.30
重 庆 Chongqing	23.18	56.60	3.34	7.58
四 川 Sichuan	22.00	51.98	3.69	6.97
贵 州 Guizhou	14.76	60.67	1.99	6.84
云 南 Yunnan	9.76	61.76	1.74	5.09
西 藏 Tibet	23.32	24.59	0.81	61.01
陕 西 Shaanxi	24.43	51.66	3.16	11.87
甘 肃 Gansu	5.60	62.95	1.88	3.10
青 海 Qinghai	7.48	57.90	1.60	5.23
宁 夏 Ningxia	4.01	65.42	1.15	2.81
新 疆 Xinjiang	6.12	66.34	1.16	6.66

13-8 分地区外商投资和港澳台商投资工业企业主要指标
Main Indicators of Industrial Enterprises with Hong Kong, Macao, Taiwan and Foreign Funds by Region

单位：亿元 (100 million yuan)

年份 地区	Year Region	企业单位数（个） Number of Enterprises (unit)	资产总计 Total Assets	流动资产合计 Total Current Assets	负债合计 Total Liabilities	所有者权益合计 Total Owners' Equities
	1998	26442	21326.95	9971.87	12481.58	8844.84
	1999	26837	23018.92	11127.85	13287.86	9730.41
	2000	28445	25714.06	12849.54	14658.92	11054.36
	2001	31423	28354.46	14029.75	15558.91	12794.29
	2002	34466	31513.76	16237.04	17136.03	14359.94
	2003	38581	39260.26	21489.84	21763.06	17473.30
	2004	57165	55601.79	30615.15	31278.34	24298.79
	2005	56387	64308.47	35303.97	36459.37	27770.72
	2006	60872	77108.65	42674.93	43398.56	33663.65
	2007	67456	96367.04	53781.51	55168.22	41198.76
	2008	77847	112145.01	60340.18	62831.00	49307.20
	2009	75376	124477.56	69082.13	69928.77	54251.47
	2010	74045	148552.32	84328.64	82038.76	66258.92
	2011	57216	161987.74	95334.64	92130.82	69702.34
	2012	56908	172320.28	100289.94	97414.09	74485.85
	2013	57402	185611.05	108671.49	104059.26	81551.79
北京	Beijing	930	6078.45	3883.76	3334.29	2744.16
天津	Tianjin	1680	7301.00	4838.03	4419.08	2881.92
河北	Hebei	920	5103.92	2561.44	3015.66	2088.26
山西	Shanxi	139	1722.70	716.79	1150.90	571.80
内蒙古	Inner Mongolia	185	1946.34	710.79	1096.23	850.11
辽宁	Liaoning	1987	7530.76	4162.79	4349.07	3181.69
吉林	Jilin	332	1884.75	1070.26	1216.18	668.57
黑龙江	Heilongjiang	235	1403.74	657.45	859.04	544.70
上海	Shanghai	4369	16616.70	10867.93	9303.33	7313.37
江苏	Jiangsu	11254	34639.94	19696.64	18291.56	16348.38
浙江	Zhejiang	6697	15401.03	9688.61	8567.42	6833.61
安徽	Anhui	809	2492.10	1364.26	1447.05	1045.05
福建	Fujian	4369	10561.95	6243.22	5643.37	4918.58
江西	Jiangxi	834	2227.51	915.77	1187.10	1040.41
山东	Shandong	4484	11560.81	6358.23	6063.48	5497.33
河南	Henan	510	4079.46	2436.75	2643.80	1435.66
湖北	Hubei	839	4670.47	2292.29	2715.60	1954.87
湖南	Hunan	614	1502.39	652.79	713.53	788.86
广东	Guangdong	14090	36391.87	23286.58	20356.84	16035.03
广西	Guangxi	486	2576.29	1387.38	1607.36	968.93
海南	Hainan	74	763.65	322.35	422.81	340.84
重庆	Chongqing	324	3112.11	1551.90	2235.18	876.93
四川	Sichuan	576	3188.14	1747.22	1808.09	1380.05
贵州	Guizhou	69	336.95	156.62	225.58	111.37
云南	Yunnan	179	672.28	302.58	390.38	281.90
西藏	Tibet	3	11.43	7.15	3.06	8.37
陕西	Shaanxi	215	988.29	452.65	494.59	493.70
甘肃	Gansu	48	241.87	79.94	118.22	123.65
青海	Qinghai	27	176.43	65.66	129.18	47.25
宁夏	Ningxia	38	156.76	83.71	99.85	56.91
新疆	Xinjiang	86	270.98	109.94	151.42	119.56

13-8 续表 1 continued

单位：亿元 (100 million yuan)

年份 Year 地区 Region		主营业务收入 Revenue from Principal Business	主营业务成本 Cost of Principal Business	主营业务税金及附加 Tax and Extra Charges from Principal Business	利润总额 Total Profits	本年应交增值税 Value Added Tax Payable
	1998	15604.60	13023.55	98.64	418.61	521.06
	1999	17966.55	14824.32	111.51	753.93	590.79
	2000	22545.74	18583.27	129.76	1282.48	738.88
	2001	26022.08	21677.74	134.78	1442.95	876.37
	2002	31189.27	25907.35	151.87	1877.22	960.87
	2003	43607.63	36604.09	223.65	2777.44	1189.01
	2004	65105.85	55649.54	296.90	3875.97	1508.66
	2005	78564.46	67862.98	326.90	4140.81	1811.52
	2006	98936.12	84903.31	477.55	5384.06	2361.95
	2007	125497.96	106981.42	653.89	7527.38	3016.72
	2008	146613.62	125931.62	884.89	8242.63	3916.89
	2009	150263.06	127247.80	1162.81	10107.05	4034.05
	2010	188729.41	159273.10	1488.98	15019.55	5121.08
	2011	216304.29	183931.68	1665.28	15494.22	5674.87
	2012	221948.78	189558.50	1934.80	13965.94	6201.34
	2013	241387.75	206638.54	2148.93	14599.20	5981.09
北京	Beijing	7282.87	5841.07	129.03	540.00	229.07
天津	Tianjin	10717.50	9227.76	79.14	664.36	387.28
河北	Hebei	5650.62	5061.05	18.49	221.78	108.50
山西	Shanxi	1169.97	992.31	6.31	66.97	42.07
内蒙古	Inner Mongolia	1414.20	1121.00	15.82	128.69	50.70
辽宁	Liaoning	8501.66	7106.21	141.78	474.24	208.54
吉林	Jilin	2618.93	2204.74	36.60	129.97	59.11
黑龙江	Heilongjiang	1266.74	1005.46	11.43	66.75	41.04
上海	Shanghai	21465.18	17878.75	268.44	1461.44	470.02
江苏	Jiangsu	47326.72	41461.38	230.12	2792.48	1106.80
浙江	Zhejiang	15461.18	13051.55	106.64	974.29	414.81
安徽	Anhui	3927.27	3393.15	22.48	216.75	100.04
福建	Fujian	13507.00	11594.23	120.61	783.82	344.38
江西	Jiangxi	3873.39	3350.34	18.60	273.30	104.58
山东	Shandong	18733.77	16269.49	120.26	1205.77	478.02
河南	Henan	5391.83	4756.74	18.60	299.09	77.83
湖北	Hubei	5524.55	4455.06	105.78	384.90	165.02
湖南	Hunan	2387.24	2020.34	19.65	128.77	68.16
广东	Guangdong	50496.21	43516.67	417.41	2785.41	1052.78
广西	Guangxi	3144.48	2684.43	36.56	214.83	81.53
海南	Hainan	630.96	500.15	57.57	31.83	23.16
重庆	Chongqing	4333.70	3834.69	54.67	184.83	106.07
四川	Sichuan	4323.46	3526.24	88.94	394.18	180.38
贵州	Guizhou	189.22	136.43	2.40	21.38	8.28
云南	Yunnan	461.81	365.32	5.52	33.05	17.60
西藏	Tibet	7.38	4.93	0.06	1.64	0.54
陕西	Shaanxi	1098.23	893.51	10.70	88.16	39.77
甘肃	Gansu	107.77	82.48	1.77	8.64	3.37
青海	Qinghai	92.68	76.26	0.64	4.42	4.28
宁夏	Ningxia	100.25	80.89	1.33	3.61	2.94
新疆	Xinjiang	180.97	145.93	1.59	13.87	4.44

13-8 续表 2 continued

单位：亿元 (100 million yuan)

年份 Year / 地区 Region	总资产贡献率(%) Ratio of Profits, Taxes and Interests to Average Assets (%)	资产负债率(%) Ratio of Debts to Assets (%)	流动资产周转次数(次/年) Turnover of Current Assets (times/year)	成本费用利润率(%) Ratio of Profits to Total Industrial Costs (%)
1998				
1999	8.01	57.73	1.69	4.39
2000	9.76	57.01	1.89	6.03
2001	9.83	54.87	1.89	5.85
2002	10.46	54.38	2.06	6.40
2003	11.46	55.48	2.20	6.83
2004	10.93	56.25	2.30	6.32
2005	10.55	56.69	2.35	5.58
2006	11.52	56.28	2.46	5.83
2007	12.59	57.25	2.51	6.45
2008	12.68	56.03	2.49	5.99
2009	13.08	56.18	2.18	7.25
2010	15.25	55.23	2.24	8.64
2011	14.98	56.88	2.31	7.59
2012	13.68	56.53	2.25	6.62
2013	13.13	56.06	2.22	6.48
北 京 Beijing	15.42	54.85	1.88	8.06
天 津 Tianjin	15.95	60.53	2.22	6.62
河 北 Hebei	8.17	59.09	2.21	4.08
山 西 Shanxi	8.62	66.81	1.63	6.09
内蒙古 Inner Mongolia	11.29	56.32	1.99	10.09
辽 宁 Liaoning	11.86	57.75	2.04	6.02
吉 林 Jilin	13.07	64.53	2.45	5.40
黑龙江 Heilongjiang	9.68	61.20	1.93	5.59
上 海 Shanghai	13.80	55.99	1.98	7.32
江 苏 Jiangsu	12.86	52.80	2.40	6.28
浙 江 Zhejiang	11.15	55.63	1.60	6.71
安 徽 Anhui	14.44	58.07	2.88	5.85
福 建 Fujian	12.90	53.43	2.16	6.21
江 西 Jiangxi	18.90	53.29	4.23	7.72
山 东 Shandong	16.71	52.45	2.95	6.95
河 南 Henan	10.83	64.81	2.21	5.92
湖 北 Hubei	14.87	58.14	2.41	7.72
湖 南 Hunan	15.24	47.49	3.66	5.84
广 东 Guangdong	12.24	55.94	2.17	5.86
广 西 Guangxi	13.80	62.39	2.27	7.33
海 南 Hainan	15.82	55.37	1.96	5.84
重 庆 Chongqing	11.89	71.82	2.79	4.49
四 川 Sichuan	21.80	56.71	2.47	10.55
贵 州 Guizhou	10.67	66.95	1.21	12.72
云 南 Yunnan	9.86	58.07	1.53	7.72
西 藏 Tibet	19.60	26.77	1.03	28.87
陕 西 Shaanxi	14.89	50.05	2.43	8.80
甘 肃 Gansu	7.29	48.88	1.35	8.91
青 海 Qinghai	5.72	73.22	1.41	4.97
宁 夏 Ningxia	5.98	63.70	1.20	3.75
新 疆 Xinjiang	8.58	55.88	1.65	8.22

13-9 按行业分外商投资和港澳台商投资工业企业主要指标（2013年）

单位：亿元

行　业	Sector	企业单位数（个）Number of Enterprises (unit)	资产总计 Total Assets
总　计	**National Total**	**57402**	**185611.05**
煤炭开采和洗选业	Mining and Washing of Coal	41	1961.94
石油和天然气开采业	Extraction of Petroleum and Natural Gas	11	757.31
黑色金属矿采选业	Mining and Processing of Ferrous Metal Ores	40	233.54
有色金属矿采选业	Mining and Processing of Non-Ferrous Metal Ores	60	226.24
非金属矿采选业	Mining and Processing of Non-metal Ores	74	99.92
开采辅助活动	Support Activities for Mining	11	133.48
其他采矿业	Mining of Other Ores		
农副食品加工业	Processing of Food from Agricultural Products	2000	6135.55
食品制造业	Manufacture of Foods	1224	4028.96
酒、饮料和精制茶制造业	Manufacture of Liquor, Beverages and Refined Tea	784	3335.79
烟草制品业	Manufacture of Tobacco		
纺织业	Manufacture of Textile	3152	4782.65
纺织服装、服饰业	Manufacture of Textile, Wearing Apparel and Accessories	4631	4158.69
皮革、毛皮、羽毛及其制品和制鞋业	Manufacture of Leather, Fur, Feather and Related Products and Footwear	2330	2676.08
木材加工和木、竹、藤、棕、草制品业	Processing of Timber, Manufacture of Wood, Bamboo, Rattan, Palm and Straw Products	577	669.35
家具制造业	Manufacture of Furniture	1007	1325.13
造纸和纸制品业	Manufacture of Paper and Paper Products	1105	5360.82
印刷和记录媒介复制业	Printing and Reproduction of Recording Media	641	1149.89
文教、工美、体育和娱乐用品制造业	Manufacture of Articles for Culture, Education, Arts and Crafts, Sport and Entertainment Activities	2218	2182.59
石油加工、炼焦和核燃料加工业	Processing of Petroleum, Coking and Processing of Nuclear Fuel	180	2775.54
化学原料和化学制品制造业	Manufacture of Raw Chemical Materials and Chemical Products	3588	14715.74
医药制造业	Manufacture of Medicines	951	4445.64
化学纤维制造业	Manufacture of Chemical Fibres	291	1948.44
橡胶和塑料制品业	Manufacture of Rubber and Plastics Products	3479	6184.15
非金属矿物制品业	Manufacture of Non-metallic Mineral Products	2384	6220.84
黑色金属冶炼和压延加工业	Smelting and Pressing of Ferrous Metals	803	6341.72
有色金属冶炼和压延加工业	Smelting and Pressing of Non-ferrous Metals	743	4608.97
金属制品业	Manufacture of Metal Products	3015	4862.04
通用设备制造业	Manufacture of General Purpose Machinery	3657	9840.00
专用设备制造业	Manufacture of Special Purpose Machinery	2649	6973.28
汽车制造业	Manufacture of Automobiles	2643	18798.55
铁路、船舶、航空航天和其他运输设备制造业	Manufacture of Railway, Ship, Aerospace and Other Transport Equipments	744	3714.57
电气机械和器材制造业	Manufacture of Electrical Machinery and Apparatus	4220	12152.03
计算机、通信和其他电子设备制造业	Manufacture of Computers, Communication and Other Electronic Equipment	5656	29929.08
仪器仪表制造业	Manufacture of Measuring Instruments and Machinery	954	1922.03
其他制造业	Other Manufacture	411	396.95
废弃资源综合利用业	Utilization of Waste Resources	169	343.54
金属制品、机械和设备修理业	Repair Service of Metal Products, Machinery and Equipment	68	367.99
电力、热力生产和供应业	Production and Supply of Electric Power and Heat Power	478	6632.97
燃气生产和供应业	Production and Supply of Gas	278	2133.52
水的生产和供应业	Production and Supply of Water	134	1083.65

Main Indicators of Industrial Enterprises with Hong Kong, Macao, Taiwan and Foreign Funds by Industrial Sector (2013)

(100 million yuan)

流动资产合计 Total Current Assets	负债合计 Total Liabilities	所有者权益 Owners' Equity	主营业务收入 Revenue from Principal Business	主营业务成本 Cost of Principal Business
108671.49	**104059.26**	**81551.79**	**241387.75**	**206638.54**
1125.13	1421.88	540.06	1837.55	1494.60
82.49	580.75	176.56	690.74	403.63
127.88	96.89	136.65	274.59	241.13
71.84	110.82	115.42	138.21	95.68
43.25	56.78	43.14	117.15	88.35
35.48	36.98	96.50	130.65	96.24
3984.55	3868.40	2267.15	11083.61	10062.37
2340.76	1989.03	2039.93	5472.39	3897.55
1526.52	1685.08	1650.71	3932.54	2848.38
2767.33	2450.00	2332.65	6076.34	5328.78
2832.26	2057.72	2100.97	6226.33	5211.04
1808.52	1287.14	1388.94	4572.44	3927.26
408.27	327.73	341.62	1030.10	879.86
882.20	749.48	575.65	1702.77	1448.08
2411.40	2950.91	2409.91	3566.07	3008.02
710.71	517.36	632.53	1121.06	905.03
1498.21	1061.51	1121.08	4119.89	3625.58
1368.88	1986.87	788.67	4562.63	3950.80
7396.19	8024.95	6690.79	17478.04	14783.60
2636.02	2037.93	2407.71	4551.73	2903.92
965.85	1172.18	776.26	2034.37	1839.67
3465.18	3139.62	3044.53	7011.56	5987.31
2939.98	3213.15	3007.69	5499.32	4572.48
3073.93	4159.93	2181.79	8207.29	7719.53
2680.62	2957.60	1651.37	5151.07	4757.73
3029.95	2393.83	2468.21	6318.75	5490.04
6767.19	5215.93	4624.07	10772.86	8891.37
4741.03	3843.61	3129.67	6351.91	5194.76
11627.35	10852.22	7946.33	28057.89	22287.74
2192.21	2153.49	1561.08	3056.40	2644.36
8192.52	6983.08	5168.95	16163.09	13965.55
20339.36	17874.58	12054.50	55539.47	51173.09
1330.69	850.13	1071.90	2333.73	1877.33
244.94	180.74	216.21	518.60	438.59
262.59	246.27	97.27	529.22	511.01
143.88	225.23	142.76	260.89	228.71
1622.92	3582.31	3050.66	3069.58	2372.31
719.84	1138.15	995.37	1590.24	1336.03
272.69	578.33	505.32	234.44	149.91

13-9 续表

单位：亿元

行　　业	Sector	主营业务税金及附加 Tax and Extra Charges from Principal Business	利润总额 Total Profits
总　　计	**National Total**	**2148.93**	**14599.20**
煤炭开采和洗选业	Mining and Washing of Coal	15.23	223.60
石油和天然气开采业	Extraction of Petroleum and Natural Gas	50.76	217.32
黑色金属矿采选业	Mining and Processing of Ferrous Metal Ores	2.56	18.64
有色金属矿采选业	Mining and Processing of Non-Ferrous Metal Ores	2.07	25.72
非金属矿采选业	Mining and Processing of Non-metal Ores	1.76	7.81
开采辅助活动	Support Activities for Mining	1.90	14.60
其他采矿业	Mining of Other Ores		
农副食品加工业	Processing of Food from Agricultural Products	29.26	491.00
食品制造业	Manufacture of Foods	32.69	523.59
酒、饮料和精制茶制造业	Manufacture of Liquor, Beverages and Refined Tea	97.98	338.29
烟草制品业	Manufacture of Tobacco		
纺织业	Manufacture of Textile	25.57	334.21
纺织服装、服饰业	Manufacture of Textile, Wearing Apparel and Accessories	34.48	325.05
皮革、毛皮、羽毛及其制品和制鞋业	Manufacture of Leather, Fur, Feather and Related Products and Footwear	25.14	266.29
木材加工和木、竹、藤、棕、草制品业	Processing of Timber, Manufacture of Wood, Bamboo, Rattan, Palm and Straw Products	6.31	56.81
家具制造业	Manufacture of Furniture	7.99	90.72
造纸和纸制品业	Manufacture of Paper and Paper Products	13.66	218.56
印刷和记录媒介复制业	Printing and Reproduction of Recording Media	5.97	107.80
文教、工美、体育和娱乐用品制造业	Manufacture of Articles for Culture, Education, Arts and Crafts, Sport and Entertainment Activities	19.22	177.04
石油加工、炼焦和核燃料加工业	Processing of Petroleum, Coking and Processing of Nuclear Fuel	348.63	101.31
化学原料和化学制品制造业	Manufacture of Raw Chemical Materials and Chemical Products	68.99	1043.46
医药制造业	Manufacture of Medicines	32.54	501.61
化学纤维制造业	Manufacture of Chemical Fibres	4.98	97.88
橡胶和塑料制品业	Manufacture of Rubber and Plastics Products	35.98	385.24
非金属矿物制品业	Manufacture of Non-metallic Mineral Products	31.84	404.99
黑色金属冶炼和压延加工业	Smelting and Pressing of Ferrous Metals	15.55	147.67
有色金属冶炼和压延加工业	Smelting and Pressing of Non-ferrous Metals	12.28	146.86
金属制品业	Manufacture of Metal Products	29.96	338.93
通用设备制造业	Manufacture of General Purpose Machinery	49.24	789.91
专用设备制造业	Manufacture of Special Purpose Machinery	29.43	442.49
汽车制造业	Manufacture of Automobiles	892.69	2794.83
铁路、船舶、航空航天和其他运输设备制造业	Manufacture of Railway, Ship, Aerospace and Other Transport Equipments	20.38	234.82
电气机械和器材制造业	Manufacture of Electrical Machinery and Apparatus	52.83	836.17
计算机、通信和其他电子设备制造业	Manufacture of Computers, Communication and Other Electronic Equipment	101.69	1892.68
仪器仪表制造业	Manufacture of Measuring Instruments and Machinery	10.96	198.09
其他制造业	Other Manufacture	2.59	26.27
废弃资源综合利用业	Utilization of Waste Resources	0.87	0.80
金属制品、机械和设备修理业	Repair Service of Metal Products, Machinery and Equipment	0.57	6.37
电力、热力生产和供应业	Production and Supply of Electric Power and Heat Power	21.36	534.02
燃气生产和供应业	Production and Supply of Gas	8.76	192.78
水的生产和供应业	Production and Supply of Water	4.27	44.1

continued

(100 million yuan)

本年应交增值税 Value-added Tax Payable	总资产贡献率(%) Ratio of Profits, Taxes and Interests to Average Assets (%)	资产负债率(%) Ratio of Debts to Assets (%)	流动资产周转次数(次/年) Turnover of Current Assets (times/year)	工业成本费用利润率(%) Ratio of Profits to Total Industrial Costs (%)
5981.09	**13.13**	**56.06**	**2.22**	**6.48**
154.13	20.86	72.47	1.63	13.98
36.49	40.27	76.69	8.37	51.09
8.44	13.44	41.49	2.15	7.37
9.08	17.26	48.98	1.92	23.35
5.71	16.95	56.83	2.71	7.24
2.52	14.73	27.70	3.68	12.76
202.71	12.97	63.05	2.78	4.65
261.29	20.81	49.37	2.34	10.59
157.65	18.41	50.52	2.58	9.59
145.46	11.89	51.23	2.20	5.86
181.94	13.94	49.48	2.20	5.56
121.43	16.30	48.10	2.53	6.22
26.91	14.75	48.96	2.52	5.89
39.55	11.29	56.56	1.93	5.62
110.11	7.59	55.05	1.48	6.51
40.32	14.07	44.99	1.58	10.61
82.92	13.73	48.64	2.75	4.51
138.03	22.86	71.58	3.33	2.45
508.91	12.15	54.53	2.36	6.38
257.71	18.60	45.84	1.73	12.39
31.81	8.81	60.16	2.11	5.04
160.99	10.35	50.77	2.02	5.83
210.89	11.42	51.65	1.87	7.97
108.74	5.75	65.60	2.67	1.83
106.43	7.51	64.17	1.92	2.93
149.96	11.50	49.24	2.09	5.68
270.99	11.90	53.01	1.59	7.95
157.64	9.87	55.12	1.34	7.48
958.24	25.09	57.73	2.41	11.39
104.66	10.36	57.97	1.39	8.27
329.80	10.97	57.46	1.97	5.46
595.54	9.08	59.72	2.73	3.53
58.95	14.50	44.23	1.75	9.26
14.13	11.69	45.53	2.12	5.39
12.89	5.90	71.69	2.02	0.15
3.00	3.88	61.21	1.81	2.46
162.40	12.89	54.01	1.89	20.68
43.86	12.28	53.35	2.21	13.24
8.66	6.89	53.37	0.86	21.63

13-10 按行业分大中型工业企业主要指标（2013年）

单位：亿元

行业	Sector	企业单位数（个）Number of Enterprises (unit)	资产总计 Total Assets
总计	**National Total**	**63228**	**609109.31**
煤炭开采和洗选业	Mining and Washing of Coal	2280	42523.00
石油和天然气开采业	Extraction of Petroleum and Natural Gas	50	17350.40
黑色金属矿采选业	Mining and Processing of Ferrous Metal Ores	443	6703.11
有色金属矿采选业	Mining and Processing of Non-Ferrous Metal Ores	445	2850.84
非金属矿采选业	Mining and Processing of Non-metal Ores	294	1208.63
开采辅助活动	Support Activities for Mining	49	1805.33
其他采矿业	Mining of Other Ores	5	5.63
农副食品加工业	Processing of Food from Agricultural Products	2765	14399.61
食品制造业	Manufacture of Foods	1494	7240.98
酒、饮料和精制茶制造业	Manufacture of Liquor, Beverages and Refined Tea	1010	9180.39
烟草制品业	Manufacture of Tobacco	91	7568.94
纺织业	Manufacture of Textile	3780	13191.33
纺织服装、服饰业	Manufacture of Textile, Wearing Apparel and Accessories	4001	7183.83
皮革、毛皮、羽毛及其制品和制鞋业	Manufacture of Leather, Fur, Feather and Related Products and Footwear	2369	4082.58
木材加工和木、竹、藤、棕、草制品业	Processing of Timber, Manufacture of Wood, Bamboo, Rattan, Palm and Straw Products	819	1763.99
家具制造业	Manufacture of Furniture	914	2265.56
造纸和纸制品业	Manufacture of Paper and Paper Products	1035	9005.92
印刷和记录媒介复制业	Printing and Reproduction of Recording Media	600	2083.30
文教、工美、体育和娱乐用品制造业	Manufacture of Articles for Culture, Education, Arts and Crafts, Sport and Entertainment Activities	1629	3331.68
石油加工、炼焦和核燃料加工业	Processing of Petroleum, Coking and Processing of Nuclear Fuel	597	20170.90
化学原料和化学制品制造业	Manufacture of Raw Chemical Materials and Chemical Products	3218	38886.85
医药制造业	Manufacture of Medicines	1465	13084.53
化学纤维制造业	Manufacture of Chemical Fibres	301	4817.28
橡胶和塑料制品业	Manufacture of Rubber and Plastics Products	2241	9454.16
非金属矿物制品业	Manufacture of Non-metallic Mineral Products	4110	20670.74
黑色金属冶炼和压延加工业	Smelting and Pressing of Ferrous Metals	1776	54298.46
有色金属冶炼和压延加工业	Smelting and Pressing of Non-ferrous Metals	1211	24822.58
金属制品业	Manufacture of Metal Products	2419	10982.32
通用设备制造业	Manufacture of General Purpose Machinery	3101	22366.04
专用设备制造业	Manufacture of Special Purpose Machinery	2266	19677.32
汽车制造业	Manufacture of Automobiles	2593	38911.50
铁路、船舶、航空航天和其他运输设备制造业	Manufacture of Railway, Ship, Aerospace and Other Transport Equipments	1121	16103.48
电气机械和器材制造业	Manufacture of Electrical Machinery and Apparatus	4202	32274.79
计算机、通信和其他电子设备制造业	Manufacture of Computers, Communication and Other Electronic Equipment	4676	43661.57
仪器仪表制造业	Manufacture of Measuring Instruments and Machinery	833	4039.59
其他制造业	Other Manufacture	330	1316.31
废弃资源综合利用业	Utilization of Waste Resources	101	427.29
金属制品、机械和设备修理业	Repair Service of Metal Products, Machinery and Equipment	130	895.38
电力、热力生产和供应业	Production and Supply of Electric Power and Heat Power	1954	70441.27
燃气生产和供应业	Production and Supply of Gas	181	3081.59
水的生产和供应业	Production and Supply of Water	329	4980.31

注：从2011年开始，工业企业年报规模划分按《统计上大中小微型企业划分办法》国统字(2011)7号执行。大中型工业企业为从业人员300人及以上并且主营业务收入在2000万元及以上的工业企业。

Main Indicators of Large and Medium-sized Industrial Enterprises by Industrial Sector (2013)

(100 million yuan)

流动资产合计 Total Current Assets	负债合计 Total Liabilities	所有者权益 Owners' Equity	主营业务收入 Revenue from Principal Business	主营业务成本 Cost of Principal Business
287688.89	**359668.16**	**249441.15**	**649176.49**	**549967.11**
15879.03	27293.61	15229.39	24259.22	19348.57
2527.61	7995.70	9354.70	11134.63	5193.25
2691.08	3659.27	3043.84	4188.58	3218.71
1027.29	1467.09	1383.75	2935.72	2351.91
492.98	635.40	573.23	1129.13	879.74
866.41	935.31	870.02	1125.11	1021.52
2.79	0.92	4.71	7.08	5.50
8377.65	8484.07	5915.54	25698.30	23002.56
3821.61	3547.50	3693.48	10867.79	8218.50
5149.34	4326.13	4854.26	9576.70	6576.29
5345.75	1921.85	5647.09	7948.61	2012.58
7050.33	7398.77	5792.56	19782.75	17550.53
4597.93	3632.69	3551.14	10832.02	9014.88
2655.23	1912.24	2170.34	7570.72	6394.39
890.79	867.01	896.98	3126.20	2657.74
1326.95	1171.02	1094.54	3088.69	2578.33
3839.51	5194.21	3811.71	6997.76	6018.18
1118.88	909.38	1173.92	1937.16	1559.64
2253.25	1727.67	1604.01	6332.03	5589.67
9248.26	13417.31	6753.59	35476.07	30852.57
16572.12	23436.13	15450.72	40957.38	35366.45
7183.63	5648.12	7436.41	12843.68	8499.63
2347.11	3089.21	1728.07	5338.65	4931.30
5034.89	4901.67	4552.49	12331.02	10488.96
9104.67	11513.49	9157.25	19710.44	16339.56
22736.74	37149.59	17148.87	59543.49	55500.86
12292.73	15824.09	8998.49	30437.44	28469.31
6451.60	6005.85	4976.47	13867.13	11968.66
14443.82	12789.65	9576.39	21783.45	18080.18
12869.74	11447.45	8229.87	16905.77	14068.13
22612.38	22493.16	16418.34	48348.64	39856.75
9905.19	10699.75	5403.73	12080.86	10463.96
21240.73	19153.06	13121.73	39049.68	33082.66
29106.67	25615.65	18045.92	67947.50	60778.01
2633.36	1877.76	2161.83	4347.85	3501.54
783.88	774.50	541.81	1277.74	1085.20
255.65	234.20	193.09	1078.09	977.46
472.14	546.21	349.17	551.14	464.64
10135.58	45444.63	24996.64	44052.49	39798.64
976.91	1813.95	1267.64	1903.33	1592.16
1366.67	2712.89	2267.42	806.44	608.02

a) Since 2011, sizes in industrial enterprises annual reporting forms are based on the 2011's Standards of Enterprises by Size. Large and medium-sized enterprises refer to enterprises with engaged persons over 300 and revenue from principal business above 20 million yuan.

13-10 续表

单位：亿元

行　　业	Sector	主营业务税金及附加 Tax and Extra Charges from Principal Business	利润总额 Total Profits
总　　计	**National Total**	**12835.25**	**39881.16**
煤炭开采和洗选业	Mining and Washing of Coal	348.88	1823.76
石油和天然气开采业	Extraction of Petroleum and Natural Gas	1126.51	3659.66
黑色金属矿采选业	Mining and Processing of Ferrous Metal Ores	74.50	522.09
有色金属矿采选业	Mining and Processing of Non-Ferrous Metal Ores	27.82	323.05
非金属矿采选业	Mining and Processing of Non-metal Ores	24.69	100.69
开采辅助活动	Support Activities for Mining	22.65	-11.65
其他采矿业	Mining of Other Ores	0.12	0.65
农副食品加工业	Processing of Food from Agricultural Products	98.97	1271.22
食品制造业	Manufacture of Foods	71.64	1038.24
酒、饮料和精制茶制造业	Manufacture of Liquor, Beverages and Refined Tea	385.90	1191.27
烟草制品业	Manufacture of Tobacco	4276.52	1168.17
纺织业	Manufacture of Textile	86.73	1101.03
纺织服装、服饰业	Manufacture of Textile, Wearing Apparel and Accessories	62.05	699.62
皮革、毛皮、羽毛及其制品和制鞋业	Manufacture of Leather, Fur, Feather and Related Products and Footwear	41.26	528.37
木材加工和木、竹、藤、棕、草制品业	Processing of Timber, Manufacture of Wood, Bamboo, Rattan, Palm and Straw Products	20.92	212.29
家具制造业	Manufacture of Furniture	16.25	193.48
造纸和纸制品业	Manufacture of Paper and Paper Products	29.33	378.52
印刷和记录媒介复制业	Printing and Reproduction of Recording Media	11.17	188.96
文教、工美、体育和娱乐用品制造业	Manufacture of Articles for Culture, Education, Arts and Crafts, Sport and Entertainment Activities	26.28	308.89
石油加工、炼焦和核燃料加工业	Processing of Petroleum, Coking and Processing of Nuclear Fuel	3014.28	285.10
化学原料和化学制品制造业	Manufacture of Raw Chemical Materials and Chemical Products	351.71	1955.65
医药制造业	Manufacture of Medicines	93.20	1432.84
化学纤维制造业	Manufacture of Chemical Fibres	13.34	180.88
橡胶和塑料制品业	Manufacture of Rubber and Plastics Products	63.58	852.50
非金属矿物制品业	Manufacture of Non-metallic Mineral Products	137.44	1595.83
黑色金属冶炼和压延加工业	Smelting and Pressing of Ferrous Metals	155.25	1038.06
有色金属冶炼和压延加工业	Smelting and Pressing of Non-ferrous Metals	83.15	882.67
金属制品业	Manufacture of Metal Products	74.83	829.55
通用设备制造业	Manufacture of General Purpose Machinery	110.73	1515.04
专用设备制造业	Manufacture of Special Purpose Machinery	90.85	1117.00
汽车制造业	Manufacture of Automobiles	1230.96	4296.77
铁路、船舶、航空航天和其他运输设备制造业	Manufacture of Railway, Ship, Aerospace and Other Transport Equipments	60.61	666.39
电气机械和器材制造业	Manufacture of Electrical Machinery and Apparatus	162.40	2278.85
计算机、通信和其他电子设备制造业	Manufacture of Computers, Communication and Other Electronic Equipment	176.16	2889.34
仪器仪表制造业	Manufacture of Measuring Instruments and Machinery	23.91	398.55
其他制造业	Other Manufacture	6.96	68.25
废弃资源综合利用业	Utilization of Waste Resources	6.03	68.74
金属制品、机械和设备修理业	Repair Service of Metal Products, Machinery and Equipment	2.87	19.35
电力、热力生产和供应业	Production and Supply of Electric Power and Heat Power	203.54	2547.99
燃气生产和供应业	Production and Supply of Gas	11.06	202.42
水的生产和供应业	Production and Supply of Water	10.19	61.07

continued

(100 million yuan)

本年应交增值税 Value-added Tax Payable	总资产贡献率(%) Ratio of Profits, Taxes and Interests to Average Assets (%)	资产负债率(%) Ratio of Debts to Assets (%)	流动资产周转次数（次/年） Turnover of Current Assets (times/year)	工业成本费用利润率(%) Ratio of Profits to Total Industrial Costs (%)
20043.59	**13.27**	**59.05**	**2.26**	**6.65**
1704.99	10.69	64.19	1.53	8.09
1038.63	34.47	46.08	4.41	60.20
267.50	14.02	54.59	1.56	14.56
105.65	17.26	51.46	2.86	12.49
56.18	16.26	52.57	2.29	9.97
39.09	3.62	51.81	1.30	-1.06
0.28	18.83	16.34	2.54	10.19
482.11	14.50	58.92	3.07	5.23
422.68	22.07	48.99	2.84	10.60
453.41	22.96	47.12	1.86	14.78
959.05	84.76	25.39	1.49	45.53
491.24	14.99	56.09	2.81	5.91
319.98	16.16	50.57	2.36	6.95
201.99	20.22	46.84	2.85	7.57
99.34	20.66	49.15	3.51	7.34
84.16	14.16	51.69	2.33	6.70
207.34	8.53	57.68	1.82	5.71
70.20	13.67	43.65	1.73	10.73
120.52	15.01	51.86	2.81	5.14
1043.09	23.12	66.52	3.84	0.89
1038.94	10.26	60.27	2.47	5.04
675.77	17.79	43.17	1.79	12.54
106.74	8.24	64.13	2.27	3.49
288.64	14.10	51.85	2.45	7.46
777.15	13.69	55.70	2.16	8.84
1050.90	5.86	68.42	2.62	1.78
544.82	7.74	63.75	2.48	2.97
353.92	12.64	54.69	2.15	6.40
599.06	10.85	57.18	1.51	7.51
476.08	9.62	58.18	1.31	7.08
1487.47	18.73	57.81	2.14	9.79
322.15	7.38	66.44	1.22	5.84
989.82	11.78	59.34	1.84	6.20
965.28	9.78	58.67	2.33	4.44
139.51	14.74	46.48	1.65	10.05
32.49	9.05	58.84	1.63	5.66
49.29	30.00	54.81	4.22	6.87
11.27	4.55	61.00	1.17	3.61
1872.48	8.47	64.51	4.35	6.12
56.21	9.72	58.86	1.95	11.37
38.16	3.31	54.47	0.59	7.34

13-11 分地区大中型工业企业主要指标
Main Indicators of Large and Medium-sized Industrial Enterprises by Region

单位：亿元 (100 million yuan)

年份 Year / 地区 Region	企业单位数(个) Number of Enterprises (unit)	资产总计 Total Assets	流动资产合计 Total Current Assets	负债合计 Total Liabilities	所有者权益合计 Total Owners' Equities
1998	23408	76095.76	30719.90	47836.52	28246.56
1999	22235	82143.59	32711.77	49431.10	32684.52
2000	21724	87309.83	35282.86	52083.87	35165.58
2001	22987	97372.22	39102.67	56338.65	40898.91
2002	23323	103516.44	41911.77	59873.02	43524.43
2003	23631	125131.72	54268.38	72684.52	52297.22
2004	27692	154178.47	65765.12	87698.21	66263.47
2005	29774	178816.88	77623.67	102529.69	75928.60
2006	32930	212410.43	92049.07	121016.54	90904.40
2007	36506	257015.56	113694.45	147160.52	109607.36
2008	40392	305328.84	132898.77	177416.34	127861.45
2009	41290	351080.51	152364.09	206323.41	143890.20
2010	46648	427451.55	195899.00	249848.16	176816.60
2011	61347	505940.96	240505.34	299089.26	206050.11
2012	63314	564360.36	264650.92	333780.31	229421.94
2013	63228	609109.31	287688.89	359668.16	249441.15
北京 Beijing	776	26923.59	9803.75	13891.33	13032.26
天津 Tianjin	993	16867.42	9018.93	11015.64	5851.78
河北 Hebei	2183	27533.54	11210.29	16920.03	10613.51
山西 Shanxi	1184	23436.20	9441.81	16627.61	6808.59
内蒙古 Inner Mongolia	842	16514.00	5881.85	9955.08	6558.92
辽宁 Liaoning	2208	25170.81	12262.83	16004.59	9166.22
吉林 Jilin	666	10853.60	4926.46	6343.80	4509.80
黑龙江 Heilongjiang	635	10896.17	4412.75	6345.94	4550.23
上海 Shanghai	1822	25290.49	14259.25	12522.00	12768.49
江苏 Jiangsu	7128	62710.21	33079.90	35769.30	26940.91
浙江 Zhejiang	5240	34047.33	19258.28	19623.50	14423.83
安徽 Anhui	1656	17728.78	7309.97	10990.82	6737.96
福建 Fujian	3393	15809.97	8526.36	8595.33	7214.64
江西 Jiangxi	1759	9431.02	4428.18	5408.95	4022.07
山东 Shandong	5349	57560.24	28465.18	34132.59	23427.65
河南 Henan	4070	29624.43	13857.54	16438.69	13185.74
湖北 Hubei	2012	21707.31	9269.25	12699.13	9008.18
湖南 Hunan	2082	13043.22	6098.41	7749.74	5293.48
广东 Guangdong	10450	59622.60	34538.55	34059.77	25562.83
广西 Guangxi	1351	9401.86	4389.52	5988.13	3413.73
海南 Hainan	121	1659.58	650.86	882.20	777.38
重庆 Chongqing	1171	9930.55	4633.81	6432.10	3498.45
四川 Sichuan	2767	22178.29	10495.04	14211.15	7967.14
贵州 Guizhou	578	6849.28	2643.70	4384.98	2464.30
云南 Yunnan	830	10287.15	4048.45	6369.62	3917.53
西藏 Tibet	12	370.17	69.68	106.41	263.76
陕西 Shaanxi	921	17344.97	6047.46	9679.88	7665.09
甘肃 Gansu	339	7814.17	3056.41	4999.00	2815.17
青海 Qinghai	122	3638.58	1054.47	2456.10	1182.48
宁夏 Ningxia	172	4477.57	1554.18	2990.98	1486.59
新疆 Xinjiang	396	10386.21	2995.77	6073.77	4312.44

13-11 续表 1 continued

单位：亿元 (100 million yuan)

年 份 地 区	Year Region	主营业务收入 Revenue from Principal Business	主营业务成本 Cost of Principal Business	主营业务税金及附加 Taxes and Extra Charges from Principal Business	利润总额 Total Profits	本年应交增值税 Value-added Tax Payable
	1998	37130.61	29949.73	1003.18	881.94	1956.72
	1999	41405.57	33254.65	1075.24	1588.58	2175.16
	2000	50120.30	39768.89	1173.45	3183.28	2566.15
	2001	58480.45	47033.65	1294.65	3440.56	2843.54
	2002	66977.14	53839.14	1471.01	4008.97	3109.76
	2003	99710.07	81445.72	1770.28	6522.98	4065.11
	2004	134039.04	111168.19	2191.08	9183.91	4990.26
	2005	169237.88	141880.22	2469.03	11011.76	6033.51
	2006	210877.13	176592.29	3061.03	14363.23	7567.65
	2007	264015.82	219425.49	3849.41	19626.65	9452.78
	2008	318812.46	268933.22	4800.55	19929.23	11527.41
	2009	335751.14	280972.63	7303.89	22265.68	11412.86
	2010	439013.72	365216.54	9300.84	34977.19	15053.53
	2011	554055.83	463087.02	10748.54	41743.78	18485.30
	2012	603021.39	506603.97	12107.14	40570.17	20514.67
	2013	649176.49	549967.11	12835.25	39881.16	20043.59
北 京	Beijing	14929.96	12680.41	267.14	1049.74	426.19
天 津	Tianjin	20490.55	17344.69	289.63	1727.35	711.42
河 北	Hebei	29170.53	25677.96	333.59	1296.94	750.23
山 西	Shanxi	14811.61	12556.35	137.45	427.39	616.56
内蒙古	Inner Mongolia	11719.49	9311.01	208.78	1072.17	576.56
辽 宁	Liaoning	24439.56	20788.60	661.31	915.83	678.77
吉 林	Jilin	12670.81	10404.89	416.65	791.04	422.45
黑龙江	Heilongjiang	8522.93	6253.43	633.21	859.48	468.96
上 海	Shanghai	26559.41	21874.91	888.41	1998.03	713.52
江 苏	Jiangsu	81901.51	71270.24	810.16	4749.71	2377.17
浙 江	Zhejiang	36036.16	30972.29	385.19	2108.07	952.00
安 徽	Anhui	18991.69	16299.71	340.06	958.40	578.95
福 建	Fujian	20087.85	17244.83	289.30	1234.28	578.21
江 西	Jiangxi	15486.82	13424.24	207.23	966.40	483.55
山 东	Shandong	75783.99	66071.52	1054.30	4512.69	2009.10
河 南	Henan	38015.73	33014.54	500.61	2389.01	931.27
湖 北	Hubei	22360.28	18741.73	600.88	1302.50	619.00
湖 南	Hunan	15472.32	12578.55	653.89	787.50	617.22
广 东	Guangdong	74984.31	63315.81	994.24	4538.37	1967.61
广 西	Guangxi	10909.19	9220.93	281.02	536.35	375.05
海 南	Hainan	1287.29	1028.90	77.00	85.78	48.84
重 庆	Chongqing	11037.46	9485.96	186.21	557.67	407.54
四 川	Sichuan	22213.98	18274.82	441.90	1500.52	842.85
贵 州	Guizhou	4186.30	3135.27	243.66	368.62	230.27
云 南	Yunnan	6833.71	5086.75	766.83	404.35	352.13
西 藏	Tibet	48.05	52.37	0.92	-2.48	3.59
陕 西	Shaanxi	12392.34	9253.93	479.12	1613.35	691.72
甘 肃	Gansu	7081.72	6148.82	259.15	228.29	169.01
青 海	Qinghai	1491.30	1140.91	43.58	125.94	78.98
宁 夏	Ningxia	2687.37	2280.44	65.48	110.79	87.70
新 疆	Xinjiang	6572.25	5032.33	318.33	667.05	277.16

13-11 续表 2 continued

年份 地区	Year Region	总资产贡献率(%) Ratio of Profits, Taxes and Interests to Average Assets (%)	资产负债率(%) Ratio of Debts to Assets (%)	流动资产周转次数(次/年) Turnover of Current Assets (times/year)	成本费用利润率(%) Ratio of Profits to Total Industrial Costs (%)
	1998				
	1999	7.72	60.18	1.32	4.04
	2000	9.40	59.65	1.48	6.88
	2001	9.10	57.90	1.53	6.31
	2002	9.57	57.84	1.66	6.45
	2003	10.99	58.09	1.97	7.10
	2004	11.67	56.88	2.17	7.44
	2005	11.98	57.34	2.28	7.05
	2006	12.85	56.97	2.42	7.42
	2007	13.97	57.26	2.5	8.16
	2008	13.19	58.11	2.49	6.76
	2009	12.73	58.77	2.3	7.21
	2010	14.91	58.45	2.24	8.73
	2011	15.22	59.12	2.36	8.05
	2012	14.25	59.14	2.34	7.13
	2013	13.27	59.05	2.26	6.65
北京	Beijing	7.29	51.60	1.52	7.42
天津	Tianjin	17.01	65.31	2.27	9.30
河北	Hebei	10.17	61.45	2.60	4.73
山西	Shanxi	6.93	70.95	1.57	2.98
内蒙古	Inner Mongolia	12.71	60.28	1.99	10.34
辽宁	Liaoning	10.32	63.58	1.99	4.00
吉林	Jilin	15.98	58.45	2.57	6.82
黑龙江	Heilongjiang	19.10	58.24	1.93	12.20
上海	Shanghai	14.81	49.51	1.86	8.25
江苏	Jiangsu	13.98	57.04	2.48	6.20
浙江	Zhejiang	11.79	57.64	1.87	6.22
安徽	Anhui	12.03	61.99	2.60	5.40
福建	Fujian	14.61	54.37	2.36	6.61
江西	Jiangxi	18.89	57.35	3.50	6.80
山东	Shandong	14.75	59.30	2.66	6.39
河南	Henan	14.47	55.49	2.74	6.80
湖北	Hubei	13.00	58.50	2.41	6.30
湖南	Hunan	17.41	59.42	2.54	5.68
广东	Guangdong	13.39	57.13	2.17	6.49
广西	Guangxi	14.07	63.69	2.49	5.33
海南	Hainan	13.97	53.16	1.98	7.57
重庆	Chongqing	12.83	64.77	2.38	5.37
四川	Sichuan	14.05	64.08	2.12	7.44
贵州	Guizhou	14.29	64.02	1.58	10.20
云南	Yunnan	16.56	61.92	1.69	7.03
西藏	Tibet	1.02	28.75	0.69	-4.23
陕西	Shaanxi	17.21	55.81	2.05	15.53
甘肃	Gansu	10.01	63.97	2.32	3.46
青海	Qinghai	8.58	67.50	1.41	9.50
宁夏	Ningxia	7.94	66.80	1.73	4.40
新疆	Xinjiang	13.52	58.48	2.19	12.03

13-12 工业产品产量
Output of Industrial Products

产品名称		Item		2012	2013
原煤	(亿吨)	Coal	(100 million tons)	36.50	36.80
原油	(万吨)	Crude Petroleum Oil	(10 000 tons)	**20571.14**	20946.87
天然气	(亿立方米)	Natural Gas	(100 million cu.m)	**1070.35**	1170.46
原盐	(万吨)	Salt	(10 000 tons)	6911.78	6460.30
精制食用植物油	(万吨)	Refined Edible Vegetable Oil	(10 000 tons)	5172.97	6218.60
成品糖	(万吨)	Refined Sugar	(10 000 tons)	1409.47	1589.73
罐头	(万吨)	Canned Food	(10 000 tons)	1043.01	1045.20
啤酒	(万千升)	Beer	(10 000 kiloliter)	4778.58	5061.50
卷烟	(亿支)	Cigarettes	(100 million pieces)	25160.90	25604.00
纱	(万吨)	Yarn	(10 000 tons)	2984.00	3200.00
布	(亿米)	Cloth	(100 million m)	848.94	882.66
机制纸及纸板	(万吨)	Machine-made Paper and Paperboard	(10 000 tons)	10956.54	11368.18
汽油	(万吨)	Gasoline	(10 000 tons)	8976.07	9833.30
柴油	(万吨)	Diesel Oil	(10 000 tons)	17063.81	17272.80
焦炭	(万吨)	Coke	(10 000 tons)	44778.87	47932.01
硫酸(折100%)	(万吨)	Sulfuric Acid	(10 000 tons)	7876.63	8122.60
烧碱(折100%)	(万吨)	Caustic Soda	(10 000 tons)	2696.82	2858.95
纯碱(碳酸钠)	(万吨)	Soda Ash	(10 000 tons)	2395.93	2434.95
乙烯	(万吨)	Ethylene	(10 000 tons)	1486.80	1622.60
合成氨	(万吨)	Synthetic Ammonia	(10 000 tons)	5528.40	5745.30
农用氮、磷、钾化肥	(万吨)	Chemical Fertilizers	(10 000 tons)	6832.10	7036.96
#氮肥	(万吨)	Nitrogen Fertilizers	(10 000 tons)	4865.58	4873.94
磷肥	(万吨)	Phosphate Fertilizers	(10 000 tons)	1564.41	1685.91
化学农药原药	(万吨)	Chemical Pesticides	(10 000 tons)	290.88	319.00
初级形态的塑料	(万吨)	Primary Plastic	(10 000 tons)	5330.92	5836.70
合成橡胶	(万吨)	Synthetic Rubber	(10 000 tons)	397.39	408.80
合成洗涤剂	(万吨)	Synthetic Detergents	(10 000 tons)	933.80	1029.60
化学药品原药	(万吨)	Chemical Medicines	(10 000 tons)	292.19	271.00
中成药	(万吨)	Traditional Chinese Medicine	(10 000 tons)	313.04	310.60
化学纤维	(万吨)	Chemical Fiber	(10 000 tons)	3837.37	4121.94
橡胶轮胎外胎	(万条)	Tires	(10 000 tires)	89370.49	96503.60
水泥	(万吨)	Cement	(10 000 tons)	220984.08	241613.60
平板玻璃	(万重量箱)	Plain Glass	(10 000 weight cases)	75050.50	77898.40
生铁	(万吨)	Pig Iron	(10 000 tons)	66354.40	70897.00
粗钢	(万吨)	Crude Steel	(10 000 tons)	72388.22	77904.10
钢材	(万吨)	Rolled Steel	(10 000 tons)	95577.83	106762.20
#重轨	(万吨)	Heavy Rail	(10 000 tons)	321.50	428.30
大型型钢	(万吨)	Rolled-steel, Large	(10 000 tons)	1134.07	1274.90
中小型型钢	(万吨)	Rolled-steel, Medium and Small	(10 000 tons)	4718.32	5745.50
棒材	(万吨)	Steel Bar	(10 000 tons)	7451.16	7820.00
钢筋	(万吨)	Corrugated Steel Bar	(10 000 tons)	17810.18	20619.20
线材(盘条)	(万吨)	Wire Rod	(10 000 tons)	13659.94	15089.30
特厚板	(万吨)	Heavy Steel Plate	(10 000 tons)	537.08	663.70
厚钢板	(万吨)	Thick Steel Plate	(10 000 tons)	2341.56	2398.80
中厚宽钢带	(万吨)	Medium Wide Steel Belt	(10 000 tons)	10870.03	11988.20

注：1.原煤包括无烟煤、烟煤、褐煤,不包括石煤。
2.原油包括天然原油和人造原油。
3.纱包括棉纱、棉混纺纱、纯化纤纱，不包括棉线、代用纤维纱和手工纺纱。
4.布包括棉布、棉混纺布、纯化纤布，不包括代用纤维布、手工织布。
5.农用化肥按有效成分100%计算。
6.橡胶轮胎外胎包括摩托车充气橡胶轮胎外胎。

a) Coal includes anthracite, bituminous coal and lignite, but excludes stone coal.
b) Crude oil includes natural and synthetic crude oil.
c) Yarn includes pure and blended cotton yarn, pure chemical-fiber yarn, but excludes cotton thread, substitute fiber yarn and hand-made yarn.
d) Cloth includes pure and blended cotton cloth, pure chemical-fiber cloth and canvas, but excludes substitute fiber cloth, hand-woven cloth and cord fabric.
e) The output of chemical fertilizers is calculated on the basis of 100 % effective content.
f) Tires include pneumatic tires of motorcyle.

13-12 续表 continued

产品名称		Item		2012	2013
热轧薄宽钢带	(万吨)	Hot-roll Thin Wide Steel Belt	(10 000 tons)	5036.01	5551.60
冷轧薄宽钢带	(万吨)	Non-hot-roll Thin Wide Steel Belt	(10 000 tons)	3644.31	3950.20
镀层板(带)	(万吨)	Plated Plate(Belt)	(10 000 tons)	3776.14	4337.80
无缝钢管	(万吨)	Seamless Steel Pipe	(10 000 tons)	2836.70	2962.80
十种有色金属	(万吨)	Ten Kinds of Nonferrous Metals	(10 000 tons)	3696.97	4054.92
#精炼铜	(万吨)	Refined Copper	(10 000 tons)	575.73	649.01
原铝(电解铝)	(万吨)	Electrolyzed Aluminum	(10 000 tons)	2020.84	2205.85
氧化铝	(万吨)	Aluminum Oxide	(10 000 tons)	3769.89	4437.20
发动机	(万千瓦)	Engines	(10 000 kw)	136111.48	177054.80
金属切削机床	(万台)	Metal-cutting Machine Tools	(10 000 units)	88.23	72.30
采矿专用设备	(万吨)	Equipment for Mining	(10 000 tons)	688.30	671.10
炼油、化工生产专用设备	(万吨)	Equipment for Oil Refining, Chemical Production	(10 000 tons)	205.46	205.50
大中型拖拉机	(万台)	Large and Medium Tractors	(10 000 sets)	52.73	58.73
铁路客车	(辆)	Railway Passenger Coaches	(unit)	7562	4716
铁路货车	(万辆)	Railway Freight Wagons	(10 000 units)	5.92	5.67
汽车	(万辆)	Motor Vehicles	(10 000 sets)	1927.62	2211.72
#轿车	(万辆)	Cars	(10 000 sets)	1077.00	1210.42
客车	(万辆)	Buses	(10 000 sets)	271.75	180.97
载货汽车	(万辆)	Trucks	(10 000 sets)	302.04	328.50
摩托车整车	(万辆)	Motorcycle	(10 000 sets)	2603.02	2581.20
两轮脚踏自行车	(万辆)	Bicycles with Two wheels and Feet Driven	(10 000 sets)	7612.85	6012.90
发电机组(发电设备)	(万千瓦)	Power Generation Equipment	(10 000 kw)	13005.52	12572.80
家用电冰箱	(万台)	Home Refrigerators	(10 000 sets)	8427.00	9261.02
房间空气调节器	(万台)	Air Conditioners	(10 000 sets)	12398.72	13057.20
家用电风扇	(万台)	Electric Fans	(10 000 sets)	16593.59	13908.30
家用吸排油烟机	(万台)	Household Smoke Absorbers	(10 000 sets)	2235.37	2559.40
家用洗衣机	(万台)	Home Washing Machines	(10 000 sets)	6791.12	7201.90
家用吸尘器	(万台)	Vacuum Cleaners	(10 000 sets)	8145.09	8477.90
程控交换机	(万线)	Program-controlled Switchboards	(10 000 lines)	2829.08	3115.74
电话单机	(万部)	Telephone Sets	(10 000 units)	12773.84	12540.40
传真机	(万部)	Fax Machines	(10 000 units)	263.57	161.00
移动通信手持机	(万台)	Mobile Telephones	(10 000 sets)	118154.57	145560.99
微型计算机设备	(万台)	Micro Computer Equipment	(10 000 units)	31806.71	33660.98
#笔记本计算机	(万台)	Notebook PCs	(10 000 units)	25289.37	27278.85
显示器	(万台)	Display	(10 000 units)	12713.27	13257.00
集成电路	(亿块)	Integrated Circuits	(100 million units)	779.61	866.54
彩色电视机	(万台)	Color Television Sets	(10 000 sets)	12823.52	12776.05
组合音响	(万台)	Hi-Fi Stereo Component Players	(10 000 sets)	13145.56	11907.20
照相机	(万台)	Cameras	(10 000 sets)	8801.71	5435.70
#数码照相机	(万台)	Digital Cameras	(10 000 sets)	7007.07	4683.40
复印和胶版印制设备	(万台)	Xerox and Hectograph Printing Equipment	(10 000 sets)	609.69	635.40
发电量	(亿千瓦小时)	Electricity	(100 million kwh)	50210.41	53975.86
#火电	(亿千瓦小时)	Thermal Power	(100 million kwh)	39592.13	42358.71
水电	(亿千瓦小时)	Hydropower	(100 million kwh)	8634.30	9116.44

注：1.金属切削机床不包括台钻、砂轮机、抛光机。

2.拖拉机是指14.7千瓦及以上的轮式和履带式拖拉机。用本厂自产的拖拉机装配的推土机，只计推土机产量，不计拖拉机产量。

3.发电机组(发电设备)指500千瓦以上的水轮发电机组、汽轮发电机和燃气轮发电机等。

a) Metal-cutting machine tools do not include bench drills, grinders and polishing machines.

b) Tractors refer to both wheel and crawler tractors with a haulage capacity of 14.7 kw and over. The tractors which are refitted into bulldozers by the same tractor factories are deducted.

c) Power generating equipment refers to units with a generating capacity of 500 kw and over, including hydroturbine generating units, steam turbine generating units and gas turbine generating units.

13-13 分地区工业产品产量
Output of Industrial Products by Region

年 份 Year 地 区 Region		原 油 (万吨) Crude Oil (10 000 tons)	天然气 (亿立方米) Natural Gas (100 million cu.m)	原 盐 (万吨) Salt (10 000 tons)	成品糖 (万吨) Refined Sugar (10 000 tons)	啤 酒 (万千升) Beer (10 000 kiloliter)	卷 烟 (亿支) Cigarettes (100 million pieces)	布 (亿米) Cloth (100 million m)
	1978	10405.00	137.30	1953.00	227.00	40.00	1182.00	110.30
	1980	10595.00	142.70	1728.00	257.00	69.00	1520.00	134.70
	1985	12490.00	129.30	1479.00	451.00	310.00	2370.00	146.70
	1990	13831.00	152.98	2023.00	582.00	692.00	3298.00	188.80
	1991	14099.00	160.73	2410.00	640.00	838.00	3226.00	181.70
	1992	14210.00	157.88	2838.00	829.00	1021.00	3285.00	190.70
	1993	14524.00	167.65	2943.00	771.00	1192.00	3376.00	203.00
	1994	14608.00	175.59	2996.00	592.00	1415.00	3432.00	211.30
	1995	15004.95	179.47	2977.72	558.64	1568.82	3485.02	260.18
	1996	15733.39	201.14	2903.57	640.20	1681.91	3401.92	209.10
	1997	16074.14	227.03	3082.66	702.58	1888.94	3377.42	248.79
	1998	16100.00	232.79	2242.52	826.00	1987.67	3374.00	241.00
	1999	16000.00	251.98	2812.36	861.00	2098.77	3340.00	250.00
	2000	16300.00	272.00	3128.00	700.00	2231.32	3397.00	277.00
	2001	16395.87	303.29	3410.51	653.10	2288.93	3402.10	290.00
	2002	16700.00	326.61	3602.43	926.00	2402.70	3467.08	322.39
	2003	16959.98	350.15	3437.70	1083.94	2540.48	3580.86	353.52
	2004	17587.33	414.60	4043.44	1033.70	2948.59	18736.35	482.10
	2005	18135.29	493.20	4661.06	912.37	3126.05	19389.08	484.39
	2006	18476.57	585.53	5663.13	949.07	3543.58	20218.13	598.55
	2007	18631.82	692.40	6166.97	1271.38	3954.07	21438.84	675.26
	2008	19043.06	802.99	6664.43	1432.61	4156.91	22199.20	723.05
	2009	18948.96	852.69	6662.79	1338.35	4162.18	22901.50	753.42
	2010	20241.40	948.48	7037.76	1117.59	4490.16	23752.60	800.00
	2011	20287.55	1026.89	6742.16	1187.43	4834.50	24474.00	814.14
	2012	20571.14	1070.35	6911.78	1409.47	4778.58	25160.90	848.94
	2013	20946.87	1170.46	6460.30	1589.73	5061.50	25604.00	882.66
北 京	Beijing		5.79			168.30	201.10	
天 津	Tianjin	3044.53	18.73	154.80		26.20	234.00	2.10
河 北	Hebei	591.01	15.58	302.40	9.50	156.60	847.50	72.45
山 西	Shanxi		31.59		2.70	43.70	158.50	0.80
内蒙古	Inner Mongolia		0.19	243.00	42.30	109.90	332.50	
辽 宁	Liaoning	1001.01	7.60	125.00	4.05	272.00	278.90	4.13
吉 林	Jilin	620.29	23.70			148.60	485.00	0.40
黑龙江	Heilongjiang	4000.98	34.99		17.16	218.90	439.50	0.10
上 海	Shanghai	7.24	2.30			49.20	934.20	1.58
江 苏	Jiangsu	201.46	0.51	698.90	0.83	220.00	1021.30	132.23
浙 江	Zhejiang				0.21	289.40	923.50	244.99
安 徽	Anhui			156.10		163.60	1313.40	10.91
福 建	Fujian			19.00	3.60	200.00	948.60	65.72
江 西	Jiangxi			257.30	3.22	124.40	639.00	8.08
山 东	Shandong	2765.55	5.11	1841.70	3.55	685.80	1420.10	143.35
河 南	Henan	476.51	4.93	412.20	0.09	427.90	1713.00	38.91
湖 北	Hubei	80.08	3.09	465.00		254.70	1398.00	82.96
湖 南	Hunan			256.90	7.22	78.70	1862.10	3.84
广 东	Guangdong	1291.78	75.26	5.60	142.82	480.80	1391.90	36.30
广 西	Guangxi	43.68		4.80	1010.91	185.10	768.50	0.55
海 南	Hainan	26.46	1.69	4.10	43.70	7.70	115.00	
重 庆	Chongqing		1.70	236.30	1.51	82.70	571.00	7.04
四 川	Sichuan	22.36	214.31	502.90	3.28	238.30	998.70	17.84
贵 州	Guizhou		0.46		3.85	55.00	1271.40	0.10
云 南	Yunnan			129.90	238.70	96.00	3787.80	
西 藏	Tibet					17.30		
陕 西	Shaanxi	3688.00	371.60	111.90		102.20	899.50	7.38
甘 肃	Gansu	72.81	0.17	16.40	3.80	68.20	470.00	
青 海	Qinghai	214.50	68.06	261.30		11.60		
宁 夏	Ningxia	6.07				25.90		0.10
新 疆	Xinjiang	2792.47	282.91	254.80	46.73	52.80	180.00	0.79

注：1.成品糖1997年及以前名称为糖，产量包括土糖，1998-2004年名称为机制糖。
2.啤酒2003年及以前计量单位为万吨。
3.卷烟2003年及以前计量单位为万箱。

a) Machined-made sugar was called sugar in 1997 and before, in which the homemade sugar was included.1998-2004 was called machine-made sugar.
b) Unit of beer in 2003 and before was 10 000 tons.
c) Unit of cigarettes in 2003 and before was 10 000 boxes.

13-13 续表 1 continued

年份 Year 地区 Region		机制纸及纸板(万吨) Machine-made Paper and Paperboards (10 000 tons)	焦炭(万吨) Coke (10 000 tons)	硫酸(万吨) Sulfuric Acid (10 000 tons)	烧碱(万吨) Caustic Soda (10 000 tons)	纯碱(万吨) Soda Ash (10 000 tons)	乙烯(万吨) Ethylene (10 000 tons)	农用氮、磷、钾化肥(万吨) Chemical Fertilizer (10 000 tons)
	1978	439.00	4690.00	661.00	164.00	132.90	38.00	869.30
	1980	535.00	4343.00	764.30	192.30	161.30	49.00	1232.10
	1985	911.00	4802.00	676.40	235.30	201.10	65.20	1322.20
	1990	1372.00	7328.00	1196.90	335.40	379.50	157.20	1879.70
	1991	1479.00	7352.00	1332.90	354.10	393.60	176.10	1979.50
	1992	1725.00	7984.00	1408.70	379.50	455.00	200.30	2047.90
	1993	1914.00	9320.00	1336.50	395.40	534.90	202.70	1956.30
	1994	2138.00	11477.00	1536.50	429.60	581.40	212.90	2272.80
	1995	2812.30	13510.00	1811.00	531.82	597.71	240.10	2548.14
	1996	2638.20	13643.00	1883.57	573.78	669.29	304.00	2809.04
	1997	2733.20	13731.00	2036.87	574.40	725.76	358.60	2820.96
	1998	2125.63	12806.00	2171.00	539.37	744.00	377.30	3010.00
	1999	2159.30	12073.70	2356.00	580.14	766.00	435.00	3251.00
	2000	2486.94	12184.00	2427.00	667.88	834.00	470.00	3186.00
	2001	3777.07	13130.70	2696.32	787.96	914.37	480.60	3383.01
	2002	4666.99	14279.80	3050.40	877.97	1033.15	543.02	3791.00
	2003	4849.33	17775.70	3371.22	945.27	1133.56	611.77	3881.31
	2004	5413.27	20619.00	3928.89	1041.12	1334.70	629.85	4804.82
	2005	6205.42	25411.70	4544.66	1239.98	1421.08	755.54	5177.86
	2006	6863.02	29768.30	5033.17	1511.78	1560.03	940.51	5345.05
	2007	7792.43	33553.40	5412.56	1759.29	1765.00	1027.80	5824.98
	2008	8404.30	32031.48	5097.95	1926.01	1854.60	987.58	6028.05
	2009	8965.13	35510.14	5960.91	1832.37	1944.77	1072.62	6385.01
	2010	9832.63	38864.03	7090.47	2228.39	2034.82	1421.34	6337.86
	2011	11010.89	43270.78	7482.70	2473.52	2294.03	1527.50	6419.39
	2012	10956.54	44778.87	7876.63	2696.82	2395.93	1486.80	6832.10
	2013	11368.18	47932.01	8122.60	2858.95	2434.95	1622.60	7036.96
北京	Beijing	4.70		0.10			72.30	
天津	Tianjin	231.10	260.19	28.40	112.40	53.10	130.80	13.50
河北	Hebei	485.90	6395.82	161.22	101.62	257.10		218.43
山西	Shanxi	33.36	9076.82	18.50	49.50	9.80		446.10
内蒙古	Inner Mongolia	11.90	3114.93	277.74	196.80	59.85		113.58
辽宁	Liaoning	48.80	2147.08	75.51	56.40	46.80	128.50	77.14
吉林	Jilin	33.97	488.61	46.90	18.50		73.40	48.83
黑龙江	Heilongjiang	75.10	815.20	6.20	12.70		76.00	61.45
上海	Shanghai	85.30	539.48	19.50	71.20		212.00	2.10
江苏	Jiangsu	1207.83	2252.51	371.36	413.62	325.50	145.90	250.81
浙江	Zhejiang	1623.12	296.18	110.62	145.66	26.77	114.00	33.06
安徽	Anhui	221.82	904.44	590.92	47.00	54.70		277.27
福建	Fujian	611.34	166.72	155.77	22.80	0.64	71.40	44.12
江西	Jiangxi	181.32	826.04	323.54	52.60			107.29
山东	Shandong	2013.50	4317.17	657.97	581.33	394.59	78.30	760.03
河南	Henan	826.10	2706.71	380.04	181.42	337.93	30.10	488.64
湖北	Hubei	210.29	943.42	680.12	99.23	132.21	56.50	1156.86
湖南	Hunan	406.82	651.53	310.77	75.01	60.73		135.51
广东	Guangdong	1870.31	177.98	282.94	32.73	60.70	238.30	45.74
广西	Guangxi	371.74	539.60	281.71	43.40	5.70		105.71
海南	Hainan	145.50						65.90
重庆	Chongqing	252.06	349.31	209.40	33.60	118.70		215.41
四川	Sichuan	212.30	1453.06	604.12	111.60	180.79		473.70
贵州	Guizhou	16.40	874.91	634.20	7.00			533.59
云南	Yunnan	41.40	1736.68	1336.65	25.10	15.40		341.88
西藏	Tibet	3.20						
陕西	Shaanxi	80.40	3443.88	129.60	67.80	38.14		100.67
甘肃	Gansu	5.90	458.24	276.00	22.90	20.80	63.20	62.42
青海	Qinghai		252.45	55.50	18.10	228.20		425.16
宁夏	Ningxia	21.60	732.31	44.10	45.50			70.30
新疆	Xinjiang	35.10	2010.83	53.19	213.44	6.80	131.90	361.77

13-13 续表 2 continued

年份 Year / 地区 Region		化学农药原药（万吨） Chemical Pesticide (10 000 tons)	初级形态的塑料（万吨） Primary Plastic (10 000 tons)	化学纤维（万吨） Chemical Fiber (10 000 tons)	水泥（万吨） Cement (10 000 tons)	平板玻璃（万重量箱） Plate Glass (10 000 weight cases)	生铁（万吨） Pig Iron (10 000 tons)	粗钢（万吨） Crude Steel (10 000 tons)	钢材（万吨） Rolled Steel (10 000 tons)
	1978	53.30	67.90	28.46	6524.00	1784.00	3479.00	3178.00	2208.00
	1980	53.70	89.80	45.03	7986.00	2466.00	3802.00	3712.00	2716.00
	1985	21.10	123.40	94.78	14595.00	4942.00	4384.00	4679.00	3693.00
	1990	22.80	227.00	165.42	20971.00	8067.00	6238.00	6635.00	5153.00
	1991	25.50	283.00	191.03	25261.00	8712.00	6765.00	7100.00	5638.00
	1992	28.10	330.80	213.04	30822.00	9359.00	7589.00	8094.00	6697.00
	1993	25.70	359.90	237.37	36788.00	11086.00	8739.00	8956.00	7716.00
	1994	29.00	401.40	280.33	42118.00	11925.00	9741.00	9261.00	8428.00
	1995	41.65	516.87	341.17	47560.59	15731.71	10529.27	9535.99	8979.80
	1996	44.75	576.86	375.45	49118.90	16069.37	10722.50	10124.06	9338.02
	1997	52.67	685.76	471.62	51173.80	16630.70	11511.41	10894.17	9978.93
	1998	55.90	692.58	510.00	53600.00	17194.03	11863.67	11559.00	10737.80
	1999	62.50	871.10	600.00	57300.00	17419.79	12539.24	12426.00	12109.78
	2000	60.70	1087.51	694.00	59700.00	18352.20	13101.48	12850.00	13146.00
	2001	78.72	1288.71	841.38	66103.99	20964.12	15554.25	15163.44	16067.61
	2002	92.90	1455.67	991.20	72500.00	23445.56	17084.60	18236.61	19251.59
	2003	76.72	1652.08	1181.15	86208.11	27702.60	21366.68	22233.60	24108.01
	2004	82.08	2366.50	1699.80	96681.99	37026.17	26830.99	28291.09	31975.72
	2005	114.73	2308.86	1664.79	106884.79	40210.24	34375.19	35323.98	37771.14
	2006	138.46	2602.60	2073.18	123676.48	46574.70	41245.19	41914.85	46893.36
	2007	176.48	3184.54	2413.78	136117.25	53918.07	47651.63	48928.80	56560.87
	2008	209.99	3680.23	2453.29	142355.73	59890.39	47824.42	50305.75	60460.29
	2009	208.92	3629.97	2747.28	164397.78	58574.07	55283.46	57218.23	69405.40
	2010	223.52	4432.59	3090.00	188191.17	66330.80	59733.34	63722.99	80276.58
	2011	230.00	4992.31	3390.07	209925.86	79107.55	64050.88	68528.31	88619.57
	2012	290.88	5330.92	3837.37	220984.08	75050.50	66354.40	72388.22	95577.83
	2013	319.00	5836.70	4121.94	241613.60	77898.40	70897.00	77904.10	106762.20
北 京	Beijing		102.10	0.10	901.54			2.30	219.00
天 津	Tianjin	1.10	342.90	12.20	951.90	2137.10	2214.20	2289.50	6640.90
河 北	Hebei	2.70	79.60	52.20	12747.38	11836.40	17027.60	18849.60	22861.60
山 西	Shanxi	0.10	48.50	0.20	5100.10	2065.30	4303.20	4519.60	4486.20
内蒙古	Inner Mongolia	7.50	335.40	3.00	6437.17	521.60	1367.20	1978.60	1797.70
辽 宁	Liaoning	1.40	208.00	17.40	6029.97	3015.70	5698.00	5972.90	6863.00
吉 林	Jilin	1.10	92.80	27.40	3390.95	364.40	1116.20	1245.40	1510.10
黑龙江	Heilongjiang	1.10	140.10	7.10	4070.89	416.00	716.30	740.20	631.00
上 海	Shanghai	1.00	335.50	47.80	750.58	0.30	1637.60	1800.60	2322.80
江 苏	Jiangsu	75.70	832.20	1296.33	18027.05	5930.60	6690.60	8469.10	12398.00
浙 江	Zhejiang	29.10	584.10	1839.30	12479.56	3591.20	1059.80	1387.00	3823.40
安 徽	Anhui	19.80	75.00	32.70	12191.88	3346.80	2017.30	2351.50	3138.60
福 建	Fujian		164.90	376.70	7905.83	5243.20	588.30	1624.60	2782.80
江 西	Jiangxi	4.20	14.00	42.00	9228.14	663.00	2012.20	2156.60	2463.80
山 东	Shandong	90.60	462.20	71.65	16238.66	8279.70	6580.30	6119.80	8109.10
河 南	Henan	21.60	209.60	53.80	16782.03	1128.00	2551.90	2736.00	4255.20
湖 北	Hubei	27.20	99.10	21.70	11049.36	8132.80	2416.20	2887.80	3344.90
湖 南	Hunan	11.60	65.20	4.60	11314.14	1832.70	1739.80	1746.50	1977.90
广 东	Guangdong	2.30	585.50	56.00	13429.40	8586.60	1149.90	1442.90	3384.50
广 西	Guangxi		23.70		10908.43	638.10	1567.60	1666.60	2790.70
海 南	Hainan		17.70	0.40	1988.40				27.00
重 庆	Chongqing	0.40	4.30	4.60	6150.34	1250.20	556.20	608.90	1269.60
四 川	Sichuan	15.00	117.10	91.50	13947.15	4007.50	2011.40	1711.50	2785.20
贵 州	Guizhou		6.60		8189.17	363.60	529.90	485.20	562.60
云 南	Yunnan		26.30	5.00	9121.78	997.00	1936.50	1883.90	2053.90
西 藏	Tibet				295.80				
陕 西	Shaanxi	1.70	115.90	2.36	8603.80	1837.90	882.50	916.90	1565.20
甘 肃	Gansu	0.20	116.10		4426.58	600.10	897.50	953.90	1021.60
青 海	Qinghai		28.50		1837.71	676.90	135.10	147.60	130.80
宁 夏	Ningxia	3.60	96.50		1927.60		123.00	32.20	149.80
新 疆	Xinjiang		507.30	55.90	5190.32	435.70	1370.70	1176.90	1395.30

注：初级形态的塑料2004年及以前名称为塑料树脂及共聚物，简称塑料。

a) Before 2004, the primary plastic was called plastic colophony copolymer, or plastic in abbreviation.

13-13 续表 3 continued

年份 Year 地区 Region	金属切削机床(万台) Metal-cutting Machine Tools (10 000 units)	大中型拖拉机(万台) Large and Medium-sized Tractors (10 000 units)	汽车(万辆) Motor Vehicles (10 000 units)	#轿车 Cars	发电机组(万千瓦) Power Generation Equipment (10 000 kw)	家用电冰箱(万台) Household Refrigerators (10 000 units)	房间空气调节器(万台) Air Conditioners (10 000 units)
1978	18.32	11.35	14.91		483.80	2.80	0.02
1980	13.36	9.77	22.23	0.54	419.30	4.90	1.32
1985	16.72	4.50	43.72	0.90	563.60	144.81	12.35
1990	13.45	3.94	51.40	3.50	1225.40	463.06	24.07
1991	16.39	5.27	71.42	6.87	1164.20	469.94	63.03
1992	22.87	5.70	106.67	16.17	1297.00	485.76	158.03
1993	26.20	3.77	129.85	22.29	1472.80	596.66	346.41
1994	20.65	4.67	136.69	26.87	1674.10	768.12	393.42
1995	20.34	6.33	145.27	33.70	1667.90	918.54	682.56
1996	17.74	8.37	147.52	38.29	2353.50	979.65	786.21
1997	18.65	8.24	158.25	48.60	2405.10	1044.43	974.01
1998	11.91	6.78	163.00	50.71	1608.00	1060.00	1156.87
1999	14.22	6.54	183.20	57.10	1369.00	1210.00	1337.64
2000	17.66	4.10	207.00	60.70	1249.00	1279.00	1826.67
2001	25.58	3.82	234.17	70.36	1340.14	1351.26	2333.64
2002	30.86	4.54	325.10	109.20	2120.84	1598.87	3135.11
2003	30.58	4.88	444.39	207.08	3700.62	2242.56	4820.86
2004	48.72	11.38	509.11	227.63	9233.01	3007.59	6390.33
2005	51.14	16.33	570.49	277.01	9200.00	2987.06	6764.57
2006	57.30	19.93	727.89	386.94	11694.27	3530.89	6849.42
2007	64.69	20.31	888.89	479.78	12990.98	4397.13	8014.28
2008	71.73	28.44	930.59	503.81	13942.42	4799.95	8147.37
2009	58.55	37.13	1379.53	748.48	11729.25	5930.45	8078.25
2010	69.73	33.68	1826.53	957.59	12880.21	7295.72	10887.47
2011	88.68	40.19	1841.64	1012.67	14410.52	8699.20	13912.50
2012	88.23	52.73	1927.62	1077.00	13005.52	8427.00	12398.72
2013	72.30	58.73	2211.72	1210.42	12572.80	9261.02	13057.20
北京 Beijing	1.10		199.95	90.49	508.10	83.70	
天津 Tianjin	0.10	1.45	55.70	50.00	42.95	49.30	218.20
河北 Hebei	0.10	0.03	97.40	20.10			633.00
山西 Shanxi					22.60		
内蒙古 Inner Mongolia			1.66	0.30	58.37		
辽宁 Liaoning	10.40		108.00	57.90		84.80	106.60
吉林 Jilin	0.20	0.14	164.72	110.09	16.40		
黑龙江 Heilongjiang	0.40	1.32	10.45	7.90	1906.52		
上海 Shanghai	1.90	0.43	226.90	201.00	2538.80	153.90	410.00
江苏 Jiangsu	9.70	9.92	107.20	63.20	422.40	1063.10	270.90
浙江 Zhejiang	12.70	4.03	30.61	27.40	500.76	939.60	565.00
安徽 Anhui	7.20		100.65	45.10		2973.90	2712.39
福建 Fujian	0.60		20.60	11.40	103.70		
江西 Jiangxi	0.50	0.06	36.80	8.30	35.00	101.50	319.87
山东 Shandong	14.40	16.80	104.38	60.50	939.70	524.40	637.20
河南 Henan	0.90	13.60	40.63	4.70	98.30	517.80	1.31
湖北 Hubei	0.20	0.05	158.67	66.60	145.70	226.10	1189.40
湖南 Hunan	0.30	1.25	32.06	25.12	135.90	21.00	
广东 Guangdong	2.30		199.93	155.08	384.50	1946.02	4868.63
广西 Guangxi	0.40		186.90	9.90	41.30		
海南 Hainan			10.80	5.40			
重庆 Chongqing	0.40	9.38	183.97	102.94	288.00	320.00	985.00
四川 Sichuan	0.50		80.49	53.00	3884.60	89.70	139.70
贵州 Guizhou	0.20					155.30	
云南 Yunnan	5.60	0.11	7.99		77.20		
西藏 Tibet							
陕西 Shaanxi	1.60		42.16	31.70		10.90	
甘肃 Gansu	0.30		2.10	2.10	8.80		
青海 Qinghai							
宁夏 Ningxia	0.30				24.40		
新疆 Xinjiang		0.16	1.00	0.20	388.80		

13-13 续表 4 continued

年份 Year / 地区 Region	家用洗衣机(万台) Household Washing Machines (10 000 units)	移动通信手持机(万台) Mobile Telephones (10 000 units)	微型计算机设备(万台) Micro-Computer Equipment (10 000 units)	集成电路(亿块) Integrated Circuit (100 million units)	彩色电视机(万台) Color Television Sets (10 000 units)	发电量(亿千瓦小时) Electricity (100 million kwh)	#水电 Hydropower
1978	0.04			0.30	0.38	2566.00	446.00
1980	24.53			0.17	3.21	3006.00	582.00
1985	887.20			0.64	435.28	4107.00	924.00
1990	662.68		8.21	1.08	1033.04	6212.00	1267.00
1991	687.17		16.25	1.70	1205.06	6775.00	1247.00
1992	707.93		12.62	1.61	1333.08	7539.00	1307.00
1993	895.85		14.66	2.01	1435.76	8395.00	1518.00
1994	1094.24		24.57	4.85	1689.15	9281.00	1674.00
1995	948.41		83.57	55.17	2057.74	10070.30	1905.77
1996	1074.72		138.83	38.90	2537.60	10813.10	1879.66
1997	1254.48		206.55	25.55	2711.33	11355.53	1959.83
1998	1207.31		291.40	26.26	3497.00	11670.00	1988.90
1999	1342.17		405.00	41.50	4262.00	12393.00	1965.80
2000	1442.98	5247.90	672.00	58.80	3936.00	13556.00	2224.14
2001	1341.61	8031.70	877.65	63.63	4093.70	14808.02	2774.32
2002	1595.76	12146.35	1463.51	96.31	5155.00	16540.00	2879.74
2003	1964.46	18231.37	3216.70	148.31	6541.40	19105.75	2836.81
2004	2533.41	23751.58	5974.90	235.51	7431.83	22033.09	3535.44
2005	3035.52	30354.21	8084.89	269.97	8283.22	25002.60	3970.17
2006	3560.50	48013.79	9336.44	335.75	8375.40	28657.26	4357.86
2007	4005.10	54857.86	12073.38	411.62	8478.01	32815.53	4852.64
2008	4447.00	55945.10	15853.65	438.77	9187.14	34957.61	6369.60
2009	4973.63	68193.37	18215.07	414.40	9898.79	37146.51	6156.44
2010	6247.73	99827.36	24584.46	652.50	11830.03	42071.60	7221.72
2011	6715.94	113257.71	32036.93	719.52	12231.34	47130.19	6989.45
2012	6791.12	118154.57	31806.71	779.61	12823.52	50210.41	8634.30
2013	7201.90	145560.99	33660.98	866.54	12776.05	53975.86	9116.44
北京 Beijing		18716.70	1141.10	37.40	100.00	335.82	4.72
天津 Tianjin	26.00	10336.30	1072.20	9.60	277.10	624.27	0.20
河北 Hebei				0.30		2499.37	10.94
山西 Shanxi		2387.60				2627.92	38.90
内蒙古 Inner Mongolia					180.94	3520.70	19.76
辽宁 Liaoning		2715.00	0.20	0.10	440.60	1544.33	61.12
吉林 Jilin						769.51	118.50
黑龙江 Heilongjiang			3.50	2.80		833.99	30.49
上海 Shanghai	184.20	4384.90	8101.30	161.40	99.40	959.51	
江苏 Jiangsu	1354.40	3019.60	7520.70	285.60	884.42	4289.41	11.07
浙江 Zhejiang	1881.40	987.80	164.30	49.89	628.60	2939.30	172.48
安徽 Anhui	1697.80	1.10	671.80		320.47	1965.76	33.16
福建 Fujian		3841.80	1284.80	0.50	891.30	1767.66	403.11
江西 Jiangxi	46.40	5513.40	7.70		46.80	874.57	129.44
山东 Shandong	651.40	5096.70	22.40	4.90	1469.69	3510.94	3.46
河南 Henan	83.20	9720.70			46.40	2861.77	114.66
湖北 Hubei	137.60	714.80	97.90		19.40	2158.22	1188.91
湖南 Hunan	37.20	87.50	34.70	0.05	11.00	1347.00	507.10
广东 Guangdong	665.20	73672.29	2028.68	181.80	6364.61	3964.80	382.93
广西 Guangxi					77.21	1259.47	487.59
海南 Hainan						230.74	23.89
重庆 Chongqing	241.90	3545.70	5593.50		0.90	627.39	175.17
四川 Sichuan	191.10	814.40	5916.20	40.40	795.21	2597.33	1978.61
贵州 Guizhou		4.70		0.20	122.00	1676.28	475.99
云南 Yunnan						2148.42	1627.55
西藏 Tibet						29.11	19.74
陕西 Shaanxi						1508.69	109.82
甘肃 Gansu	4.10			91.60		1194.98	335.32
青海 Qinghai						600.34	434.60
宁夏 Ningxia						1096.46	18.98
新疆 Xinjiang						1611.69	198.33

13-14 人均主要工业产品产量
Per Capita Output of Main Industrial Products

年 份 Year	原 煤 (吨) Coal (ton)	原 油 (公斤) Crude Oil (kg)	纱 (公斤) Yarn (kg)	布 (米) Cloth (m)	机制纸及纸板 (公斤) Machine-made Paper and Paperboard (kg)	水 泥 (公斤) Cement (kg)	粗 钢 (公斤) Crude Steel (kg)	发电量 (千瓦小时) Electricity (kwh)
1978	0.65	108.82	2.49	11.54	4.59	68.23	33.24	268.36
1980	0.63	107.98	2.98	13.73	5.45	81.39	37.83	306.35
1985	0.83	118.83	3.36	13.96	8.67	138.86	44.52	390.76
1990	0.95	121.84	4.08	16.63	12.09	184.74	58.45	547.22
1991	0.94	122.52	4.00	15.79	12.85	219.51	61.70	588.73
1992	0.96	121.98	4.31	16.37	14.81	264.57	69.48	647.14
1993	0.98	123.25	4.26	17.23	16.24	312.18	76.00	712.38
1994	1.04	122.57	4.11	17.73	17.94	353.39	77.70	778.72
1995	1.13	124.54	4.50	21.59	23.34	394.74	79.15	835.81
1996	1.15	129.22	4.21	17.17	21.67	403.42	83.15	888.10
1997	1.13	130.68	4.55	20.23	22.22	416.02	88.57	923.16
1998	1.07	129.64	4.36	19.41	17.12	431.58	93.07	939.66
1999	1.09	127.72	4.53	19.96	17.24	457.40	99.19	989.28
2000	1.10	129.09	5.20	21.94	19.70	472.82	101.77	1073.62
2001	1.16	128.91	5.98	22.80	29.70	519.75	119.22	1164.29
2002	1.21	130.43	6.64	25.18	36.45	566.23	142.43	1291.78
2003	1.42	131.64	7.63	27.44	37.64	669.11	172.57	1482.91
2004	1.64	135.70	9.96	37.20	41.77	745.96	218.28	1699.99
2005	1.80	139.10	11.13	37.15	47.60	819.84	270.95	1917.79
2006	1.93	140.93	13.29	45.66	52.35	943.36	319.71	2185.88
2007	2.04	141.38	14.86	51.24	59.13	1032.85	371.27	2490.01
2008	2.12	143.76	15.52	54.58	63.45	1074.66	379.76	2639.00
2009	2.23	142.34	17.02	56.59	67.34	1234.90	429.81	2790.33
2010	2.42	151.31	19.23	59.80	73.50	1406.82	476.36	3145.06
2011	2.62	150.93	20.22	60.57	81.92	1561.80	509.83	3506.37
2012	2.70	152.30	22.09	62.85	81.12	1636.08	535.93	3717.38
2013	2.71	154.32	23.57	65.03	83.75	1780.00	573.93	3976.47

13-15 全国规模以上工业主要产品生产能力
Main Industrial Products above Designated Size

产品名称		Item		2011	2012
天然原油	(万吨)	Crude Oil	(10 000 tons)	21545.69	21703.29
卷烟	(亿支)	Cigarettes	(100 million pieces)	36007.39	36859.53
原油加工能力	(万吨)	Crude Oil Processiong Capacity	(10 000 tons)	55001.43	59837.54
焦炭	(万吨)	Coke	(10 000 tons)	60748.64	64173.70
烧碱	(万吨)	Caustic Soda	(10 000 tons)	3074.43	3266.16
碳化钙(电石,折 300升／千克)	(万吨)	Calsium Carbide (converted to 300 litres/kg)	(10 000 tons)	2532.05	2764.00
初级形态塑料	(万吨)	Primary Plastic	(10 000 tons)	5584.90	6544.84
农用氮、磷、钾化学肥料总计(折纯)	(万吨)	Chemical Fertilizers	(10 000 tons)	9188.05	10139.58
化学纤维	(万吨)	Chemical Fibre	(10 000 tons)	3996.95	4596.38
水泥	(万吨)	Cement	(10 000 tons)	293236.35	311995.57
平板玻璃	(万重量箱)	Plate Glass	(10 000 weight cases)	86185.14	85850.08
粗钢	(万吨)	Crude Steel	(10 000 tons)	91666.50	101378.66
钢材	(万吨)	Rolled Steel	(10 000 tons)	118310.40	131679.23
原铝(电解铝)	(万吨)	Electrolyzed Aluminum	(10 000 tons)	2202.77	2448.81
金属切削机床	(万台)	Metal-cutting Machine Tools	(10 000 sets)	93.44	108.45
汽车	(万辆)	Motor Vehicles	(10 000 sets)	2379.37	2589.60
#基本型乘用车(轿车)	(万辆)	Cars	(10 000 sets)	1152.21	1265.99
家用电冰箱	(万台)	Household Refrigerators	(10 000 sets)	11358.24	11559.43
房间空气调节器	(万台)	Air Conditioners	(10 000 sets)	18279.61	20766.16
移动通信手持机(手机)	(万台)	Mobile Telephones	(10 000 sets)	136278.92	154570.85
微型计算机设备	(万台)	Micro Computer Equipment	(10 000 sets)	38962.16	39605.93
彩色电视机	(万台)	Color TV Set	(10 000 sets)	19060.29	19149.53
发电设备容量总计	(万千瓦)	Installed Capacity of Power Generation	(10 000 kw)	103680.11	108860.29
#火电设备容量	(万千瓦)	Thermal Power	(10 000 kw)	75494.62	80297.94
水电设备容量	(万千瓦)	Hydropower	(10 000 kw)	22599.88	21033.86
核电设备容量	(万千瓦)	Nuclear Power	(10 000 kw)	1257.21	1263.81
风电设备容量	(万千瓦)	Wind Power	(10 000 kw)	3483.66	4808.58

主要统计指标解释

工业 指从事自然资源的开采，对采掘品和农产品进行加工和再加工的物质生产部门。具体包括：(1)对自然资源的开采，如采矿、晒盐等(但不包括禽兽捕猎和水产捕捞)；(2)对农副产品的加工、再加工，如粮油加工、食品加工、缫丝、纺织、制革等；(3)对采掘品的加工、再加工，如炼铁、炼钢、化工生产、石油加工、机器制造、木材加工等，以及电力、自来水、煤气的生产和供应等；(4)对工业品的修理、翻新，如机器设备的修理、交通运输工具(如汽车)的修理等。

工业统计调查单位为独立核算法人工业企业。

独立核算法人工业企业指从事工业生产经营活动的单位。独立核算法人工业企业应同时具备以下条件：①依法成立，有自己的名称、组织机构和场所，能够承担民事责任；②独立拥有和使用资产，承担负债，有权与其他单位签订合同；③独立核算盈亏，并能够编制资产负债表。

国有及国有控股企业 指国有企业加上国有控股企业。国有企业(即原全民所有制工业或国营工业)指企业全部资产归国家所有，并按《中华人民共和国企业法人登记管理条例》规定登记注册的非公司制的经济组织。包括国有企业、国有独资公司和国有联营企业。1957 年以前的公私合营和私营工业，后均改造为国营工业，1992 年改为国有工业，这部分工业的资料不单独分列时，均包括在国有企业内。国有控股企业是对混合所有制经济的企业进行的“国有控股”分类。它是指这些企业的全部资产中国有资产(股份)相对其他所有者中的任何一个所有者占资(股)最多的企业。该分组反映了国有经济控股情况。

本篇涉及的其他企业登记注册类型的解释详见综合篇。

资产总计 指企业过去的交易或者事项形成的、由企业拥有或者控制的、预期会给企业带来经济利益的资源。资产一般按流动性分为流动资产和非流动资产。其中流动资产可分为货币资金、交易性金融资产、应收票据、应收账款、预付款项、其他应收款、存货等；非流动资产可分为长期股权投资、固定资产、无形资产及其他非流动资产等。根据会计“资产负债表”中“资产总计”项目的期末余额数填报。

流动资产合计 资产满足以下条件之一应归为流动资产：(1) 预计在一个正常营业周期中变现、出售或耗用，主要包括存货、应收账款等；(2) 主要为交易目的而持有；(3) 预计在资产负债表日起一年内（含一年）变现；(4) 自资产负债日起一年内，交换其他资产或清偿负债的能力不受限制的现金或现金等价物。包括货币资金、应收票据、应收账款、存货等项目。根据会计“资产负债表”中“流动资产合计”项目的期末余额数填报。

负债合计 指企业过去的交易或者事项形成的，预期会导致经济利益流出企业的现时义务。负债一般按偿还期长短分为流动负债和非流动负债。根据会计“资产负债表”中“负债合计”项目的期末余额数填报。

所有者权益合计 指企业资产扣除负债后由所有者享有的剩余权益。公司的所有者权益又称股东权益。包括实收资本、资本公积、盈余公积、未分配利润等。根据会计“资产负债表”中“所有者权益合计”项目的期末余额数填报。

主营业务收入 指企业确认的销售商品、提供劳务等主营业务的收入。根据会计“主营业务收入”科目的期末贷方余额填报。

主营业务成本 指企业经营主要业务所发生的成本总额。根据会计“主营业务成本”科目的期末借方余额填报。

主营业务税金及附加 指企业经营主要业务应负担的营业税、消费税、城市维护建设税、教育费附加等。根据会计“主营业务税金及附加”科目的期末借方余额填报。

利润总额 指企业在一定会计期间的经营成果，是生产经营过程中各种收入扣除各种耗费后的盈余，反映企业在报告期内实现的盈亏总额。根据会计“利润表”中“利润总额”项目的本期金额数填报。

应交增值税 指企业按税法规定，从事货物销售或提供加工、修理修配劳务等增加货物价值的活动本期应交纳的税金。计算公式为：

应交增值税=销项税额-（进项税额-进项税额转出）

-出口抵减内销产品应纳税额-减免税款+出口退税

进项税额指企业在报告期内购入货物或接受应税劳务而支付的、准予从销项税额中抵扣的增值税额。

销项税额指企业在报告期内销售货物或提供应税劳务应收取的增值税额。

总资产贡献率 反映企业全部资产的获利能力，是企业经营业绩和管理水平的集中体现，是评价和考核企业盈利能力的核心指标。计算公式为：

$$\text{总资产贡献率(\%)} = \frac{\text{利润总额}+\text{税金总额}+\text{利息支出}}{\text{平均资产总额}} \times 100\%$$

公式中：税金总额为主营业务税金及附加与应交增值税之和；平均资产总额为期初期末资产之和的算术平均值。

资产负债率 该指标既反映企业经营风险的大小，也反映企业利用债权人提供的资金从事经营活动的能力。计算公式为：

$$\text{资产负债率(\%)} = \frac{\text{负债总额}}{\text{资产总额}} \times 100\%$$

资产与负债均为报告期期末数。

流动资产周转次数 指一定时期内流动资产完成的周

转次数，反映投入工业企业流动资金的周转速度。计算公式为：

$$流动资产周转次数=\frac{主营业务收入}{全部流动资产平均余额}$$

公式中：全部流动资产平均余额为期初和期末的流动资产之和的算术平均值。

成本费用利润率 反映企业投入的生产成本及费用的经济效益，同时也反映企业降低成本所取得的经济效益。计算公式为：

$$成本费用利润率(\%)=\frac{利润总额}{成本费用总额}\times100\%$$

公式中：成本费用总额为主营业务成本、销售费用、管理费用、财务费用之和。

Explanatory Notes on Main Statistical Indicators

Industry refers to the material production sector which is engaged in the extraction of natural resources and processing and reprocessing of minerals and agricultural products, including (1) extraction of natural resources, such as mining, salt production (but not including hunting and fishing); (2) processing and reprocessing of farm and sideline produces, such as rice husking, flour milling, wine making, oil pressing, silk reeling, spinning and weaving, and leather making; (3) manufacture of industrial products, such as steel making, iron smelting, chemicals manufacturing, petroleum processing, machine building, timber processing; water and gas production and electricity generation and supply; (4)repairing of industrial products such as the repairing of machinery and means of transport (including cars).

In industrial statistics surveys, the units of enquiry are corporate industrial enterprises with independent accounting systems.

Corporate industrial enterprises with independent accounting systems refer to enterprises engaging in industrial production activities, which meet the following requirements: (1) They are established legally, having their own names, organizations, location and able to take civil liability; (2) They possess and use their assets independently, assume liabilities and are entitled to sign contracts with other units; (3) They are financially independent and compile their own balance sheets.

State-owned and State-holding Enterprises refer to state-owned enterprises plus State-holding enterprises. State-owned enterprises (originally known as State-run enterprises with ownership by the whole society) are non-corporate economic entities registered in accordance with the *Regulation of the People's Republic of China on the Management of Registration of Legal Enterprises*, where all assets are owned by the State. Included in this category are State-owned enterprises, State-funded corporations and State-owned joint-operation enterprises. Joint State-private industries and private industries, which existed before 1957, were transformed into state-run industries since 1957, and into State-owned industries after 1992. Statistics on those enterprises are included in the State-owned industries instead of being grouped them separately. State-holding enterprises are a sub-classification of enterprises with mixed ownership, referring to enterprises where the percentage of State assets (or shares by the State) is larger than any other single share holder of the same enterprise. This sub-classification illustrates the control of the State over a particular industry.

For explanation of enterprises of other types of registration covered in this chapter, please refer to General Survey.

Total Assets refer to all resources that are owned or controlled by enterprises through previous trades or transactions with expectation of making economic profits. Classified by the degree of liquidity, total assets include current assets, and non-current assets. Current assets can be classified into monetary assets, trading financial assets, notes receivable, accounts receivable, advanced payments, other prepaid money and inventories. Non-current assets can be divided into long-term equity investment, fixed assets, intangible assets and other non-current assets. Data on this indicator can be obtained by the year-end figures of total assets in the *Assets and Liability Table* of accounting records of enterprises.

Total Current Assets refer to the assets that meet one of the following requirements: (1) expected to be cashed, sold or used in a normal operation cycle, mainly including inventory and accounts receivable; (2) be owned for trading purpose mainly; (3) expected to be cashed in one year (including one year) from the day of the *Assets and Liability Table*; (4) unlimited cash or cash equivalents that can be exchanged with other assets or being capable of settling debts during one year since the day of *Assets and Liability Table*. Included are monetary assets, notes receivable, accounts receivable and inventories. Data on this indicator can be obtained by the year-end figures of total current assets in the *Assets and Liability Table* of the accounting records of enterprises.

Total Liabilities refer to payable liabilities of enterprises that accumulated from previous trades or transactions with expectation of economic profits leaking out. In terms of payment, it can be divided into liquid liabilities and long-term liabilities. Data on this item is obtained from the year-end figures on total liabilities from the Assets and Liability Table of the accounting record of the enterprises.

Total Equity refers to the residual ownership of enterprise investors by deducting total liabilities from the total assets, including the paid-in capital, accumulation of capital, operating surplus and non-distributed profits. Data are obtained from the year-end figures on "total equity" from the Assets and Liability Table of the accounting record of enterprise.

Revenue from Principal Business refers to the income confirmed of an enterprise from the principal business of selling products and providing labor services. Data on this indicator can be obtained from the year-end credit balance of "revenue from principal business" in the accounting record of enterprise.

Cost of Principal Business refers to the total cost occurred from the principal business of the enterprise. Data can be obtained from the year-end debit balance of "cost of principal business" in the accounting record of enterprise.

Tax and Extra Charges from Principal Business refer to the sales tax, consumption tax, urban maintenance and construction tax and education expenses shouldered by the enterprise from its principal business. Data are obtained from the year-end debit balance of "tax and extra charges from principal business" in the accounting record of enterprise.

Total Profits refers to the operation results in a certain accounting period, and it is the balance of various incomes minus various spendings in the course of operation, reflecting the total profits and losses of enterprises in reference period. Data are obtained from the amount of "total profits" in the "profit table" of the accounting record of enterprise.

Value-added Tax Payable refers to the payable tax of enterprises which engaged in selling of goods or providing services that bring added value to the goods, such as processing, repairing, fitting and other activities should be paid according to Tax Law. The formula is as follows:

Value-added Tax Payable = tax on sales-(tax on purchase-transferred tax on purchase)-exports deduct tax payable on domestic sales-tax relief+the export tax rebate.

Tax on Purchase refers to the value-added tax payable by enterprises that purchase goods or receiving taxable services during the reference period and this part of the tax is allowed to be deducted from the tax on sales.

Tax on Sales refers to the value-added tax chargeable by enterprises that sell goods or provide taxable services during the reference period.

Ratio of Profits, Taxes and Interests to Average Assets reflects the profit-making capability of all assets of the enterprise and is a key indicator manifesting the performance and management and evaluating the profit-making potential of the enterprise. It is calculated as follows:

$$\text{Ratio of Profits, Taxes and Interests to Average Assets (\%)} = \frac{\text{total profits} + \text{total taxes} + \text{interest payment}}{\text{average assets}} \times 100\%$$

In the above formula, total taxes is the sum of tax and extra charges on the principal business and value-added tax payable; and average assets is the arithmetic mean of the sum of beginning assets and ending assets.

Ratio of Debts to Assets reflects both the operation risk and the capability of the enterprise in making use of the capital from the creditors. It is calculated as follows:

$$\text{Ratio of Debts to Assets (\%)} = \frac{\text{total debts}}{\text{total assets}} \times 100\%$$

Both assets and debts are figures at the end of the reference period.

Turnover of Current Assets refers to the number of times of turnover of current assets in a given period of time, which reflects the speed of the turnover of current assets of industrial enterprises, and is calculated as follows:

$$\text{Turnover of Current Assets} = \frac{\text{sales revenue of products}}{\text{average balance of total current assets}}$$

In the above formula, average balance of total current assets refers to the arithmetic mean of the sum of current assets at the beginning and at the end of the reference period.

Ratio of Profits to Total Industrial Costs refers to the ratio of profits realized in a given period to the total costs in the same period, which reflects the economic efficiency of input cost and is calculated as follows:

$$\text{Ratio of Profits to Total Industrial Cost (\%)} = \frac{\text{total profits}}{\text{total costs}} \times 100\%$$

Total costs in the above formula are the sum of cost of principal business, marketing cost, management cost and financial cost.

14

建筑业

Construction

简 要 说 明

一、本篇资料的主要内容

本篇资料反映我国建筑业概况和发展情况。包括建筑业企业基本情况和生产经营情况。主要指标有企业个数、从业人员数、建筑业总产值、建筑业增加值、房屋建筑面积、利润税金、劳动生产率等。此外，还包括勘察设计机构和人员情况的主要指标。

二、本篇资料的统计范围

根据建筑业发展的实际情况，建筑业统计范围从2002 年年报起由原具有建筑业资质等级四级及四级以上的独立核算的建筑业企业调整为具有建筑业资质的独立核算建筑业企业。

三、本篇的资料来源及统计调查方法

本篇建筑业企业统计数据是根据国家统计局制定的《建筑业统计报表制度》整理汇总的。建筑业统计报表是国家统计局根据企业实际情况采取全面调查的方法布置、收集，由资质内建筑业企业通过联网直报上报的全面报表。

勘察设计机构和人员表依据住房和城乡建设部制定的《勘察设计报表制度》中有关年报资料编制，由住房和城乡建设部提供。

Brief Introduction

I. Main Contents

Data in this chapter show the general situation and the development of the construction industry in China. They cover the situation of production and management of the construction enterprises, including the number of enterprises; number of employed persons; gross output value and value added of the construction industry; floor space of buildings under construction; profits and taxes; and labour productivity etc. They also cover main indicators on the situation of prospecting and designing institutions and personnel.

II. Scope of Statistics

In view of the development of the construction industry, starting from 2002 the scope of construction statistics has been adjusted to include all the construction enterprises of various types of ownership with qualification certificates and independent accounting systems, replacing the previous criteria that required construction enterprises of various types of ownership to have qualification certificates at or above Class 4 with independent accounting systems.

III. Sources of Data and Methods of Survey

Data on construction enterprises are collected in accordance with the Reporting Form System of Construction Statistics stipulated by the National Bureau of Statistics. The construction statistical reports are deployed and collected through comprehensive survey by National Bureau of Statistics in accordance with the real conditions of the enterprises, they are directly reported by qualified construction enterprises through internet. Data on prospecting and designing institutions and their personnel are provided by the Ministry of Housing and Urban-Rural Development, based on the requirements on the annual reporting specified in the Statistical Reporting Form System of Prospecting and Designing stipulated by the Ministry of Housing and Urban-Rural Development.

14-1 建筑业企业概况
Main Indicators on Construction Enterprises

年份 Year	总计 Total	国有企业 State-owned	集体企业 Collective-owned	港澳台商投资企业 Funded from Hong Kong, Macao and Taiwan	外商投资企业 Foreign Funded	其他 Others
企业单位数（个） Number of Enterprises						
1980	6604	1996	4608			
1985	11150	3385	7765			
1990	13327	4275	9052			
1995	24133	7531	15348	329	312	613
2000	47518	9030	24756	635	319	12778
2001	45893	8254	19096	622	274	17637
2002	47820	7536	13177	632	279	26196
2003	48688	6638	10425	535	287	30803
2004	59018	6513	8959	511	386	42649
2005	58750	6007	8090	516	388	43749
2006	60166	5555	7051	479	370	46711
2007	62074	5319	6614	482	365	49294
2008	71095	5315	5843	474	363	59100
2009	70817	5009	5352	444	351	59661
2010	71863	4810	5026	416	331	61280
2011	72280	4642	4847	393	303	62095
2012	75280	4602	4640	385	295	65358
2013	79528	4607	4572	389	280	69680
从业人员（万人） Number of Persons Employed (10 000 persons)						
1980	648.0	481.8	166.2			
1985	911.5	576.7	334.8			
1990	1010.7	621.0	389.7			
1995	1497.9	824.3	631.9	5.0	5.4	31.3
2000	1994.3	635.6	887.5	8.2	4.4	458.6
2001	2110.7	590.7	739.9	7.7	4.3	768.1
2002	2245.2	543.8	579.2	7.4	4.5	1110.4
2003	2414.3	524.3	505.6	7.0	6.0	1371.3
2004	2500.3	467.4	386.4	6.8	8.1	1631.6
2005	2699.9	480.0	361.6	8.6	10.8	1838.9
2006	2878.2	467.6	332.0	8.9	8.1	2061.6
2007	3133.7	470.1	317.0	9.8	11.4	2325.4
2008	3315.0	472.1	266.8	10.5	9.2	2556.4
2009	3672.6	513.9	246.8	10.9	10.2	2885.7
2010	4160.4	575.9	246.5	12.2	9.8	3315.1
2011	3852.5	444.9	220.4	11.3	9.9	3166.0
2012	4267.2	457.8	216.2	13.0	10.3	3570.0
2013	4499.3	477.5	223.0	15.4	11.2	3772.3
建筑业总产值（亿元） Gross Output Value (100 million yuan)						
1980	286.93	220.90	66.03			
1985	675.10	474.51	200.59			
1990	1345.01	935.19	409.82			
1995	5793.75	3670.25	1899.47	33.60	33.19	157.24
2000	12497.60	5053.79	4035.84	99.18	67.49	3241.30
2001	15361.56	5362.81	3775.89	102.55	73.06	6047.25
2002	18527.18	5582.86	3338.50	113.87	91.38	9400.57
2003	23083.87	6060.23	3270.73	123.71	129.39	13499.81
2004	29021.45	7325.61	2756.12	137.03	202.46	18600.23
2005	34552.10	8432.03	2815.20	172.54	249.03	22883.30
2006	41557.16	9218.56	2904.48	240.52	274.87	28918.73
2007	51043.71	10630.90	3153.65	281.95	396.32	36580.89
2008	62036.81	12231.66	3216.43	321.07	387.14	45880.52
2009	76807.74	15190.05	3281.75	334.59	415.17	57586.19
2010	96031.13	18148.59	3655.27	443.96	439.68	73343.64
2011	116463.32	20436.81	4306.49	612.68	658.17	90449.18
2012	137217.86	22930.19	4919.00	649.74	476.99	108241.94
2013	159312.95	26161.24	5543.33	660.67	603.31	126344.40

注：1.本表1980年至1992年数据为全民和集体所有制建筑业企业数据；1993年至1995年数据为各种经济成分的建制镇以上建筑业企业数据；1996年至2001年数据为资质等级(旧资质)四级及四级以上建筑业企业数据；2002年及以后数据为所有具有资质等级的施工总承包、专业承包建筑业企业（不含劳务分包建筑业企业)数据。

2.从业人员数1993年至1997年为年平均人数，其余年份为年末人数。

a) Data from 1980 to 1992 are the figures of State-owned and collective-owned construction enterprises. Data from 1993 to 1995 are the figures of construction enterprises of all economic types above town level. Data from 1996 to 2001 included construction enterprises at fourth or higher quality grades(old classification of grades). Data since 2002 included all general construction contractors and professional contractors (not including construction enterprises of worker subcontractors) which possess qualification grades.

b) For 1993-1997, the number of employed persons refers to the annual average, and refers to persons at year-end in other years.

14-2 按登记注册类型分建筑业企业主要经济指标（2013年）
Main Economic Indicators on Construction Enterprises by Registration Status (2013)

指 标	Item	合 计 Total	内资企业 Domestic Funded	#国 有 State-owned	#集 体 Collective-owned
企业单位数 (个)	Number of Construction Enterprises (unit)	79528	78859	4607	4572
从业人员 (万人)	Number of Employed Persons (10 000 persons)	4499.31	4472.74	477.48	222.97
建筑业总产值 (亿元)	Gross Output Value of Construction (100 million yuan)	159312.95	158048.97	26161.24	5543.33
建筑业增加值 (亿元)	Value Added of Construction (100 million yuan)	30768.47			
房屋施工面积(万平方米)	Floor Space of Buildings under Construction(10 000 sq.m)	1129967.69	1124001.38	140626.94	42467.28
房屋竣工面积(万平方米)	Floor Space of Buildings Completed (10 000 sq.m)	389244.93	387577.89	29903.87	20202.37
劳动生产率	Overall Labor Productivity				
按总产值计算（元/人）	In Terms of Gross Output Value (yuan/person)	324842	324480	439212	246679
按增加值计算（元/人）	In Terms of Value-added (yuan/person)	62737			
房屋建筑面积竣工率 (%)	Rate of Floor Space of Buildings Completed (%)	34.4	34.5	21.3	47.6

14-2 续表 continued

指 标	Item	港澳台商投资企业 Funded from Hong Kong, Macao and Taiwan	#港澳台商独资企业 Solely Owned	外商投资企业 Foreign Funded	#外商独资企业 Solely Owned
企业单位数 (个)	Number of Construction Enterprises (unit)	389	88	280	82
从业人员 (万人)	Number of Employed Persons (10 000 persons)	15.39	1.51	11.19	3.37
建筑业总产值 (亿元)	Gross Output Value of Construction (100 million yuan)	660.67	76.39	603.31	242.17
建筑业增加值 (亿元)	Value Added of Construction (100 million yuan)				
房屋施工面积(万平方米)	Floor Space of Buildings under Construction(10 000 sq.m)	4292.44	241.00	1673.88	595.87
房屋竣工面积(万平方米)	Floor Space of Buildings Completed (10 000 sq.m)	901.99	29.68	765.05	226.53
劳动生产率	Overall Labor Productivity				
按总产值计算（元/人）	In Terms of Gross Output Value (yuan/person)	433498	430272	455640	685754
按增加值计算（元/人）	In Terms of Value-added (yuan/person)				
房屋建筑面积竣工率 (%)	Rate of Floor Space of Buildings Completed (%)	21.0	12.3	45.7	38.0

14-3 分地区总承包建筑业企业主要经济指标（2013年）
Main Economic Indicators on Construction Enterprises of General Contractors by Region (2013)

地 区	Region	企业单位数 (个) Number of Enterprises (unit)	从业人员 (人) Number of Employed Persons (person)	建筑业总产值 (万元) Gross Output Value of Construction (10 000 yuan)	按总产值计算的劳动生产率 (元/人) Overall Labor Productivity by Gross Output Value (yuan/person)
全 国	**National Total**	**46113**	**40357603**	**1424338342**	**324865**
北 京	Beijing	882	331899	62619271	913712
天 津	Tianjin	451	240016	30805387	524316
河 北	Hebei	1645	1086083	48612738	434919
山 西	Shanxi	1028	560374	26769047	307406
内蒙古	Inner Mongolia	709	364097	14595400	272587
辽 宁	Liaoning	2427	1585316	71534215	369017
吉 林	Jilin	1032	380753	19621155	360548
黑龙江	Heilongjiang	1286	446454	20397854	242567
上 海	Shanghai	1318	667262	42448925	410712
江 苏	Jiangsu	4985	6920917	194663353	287247
浙 江	Zhejiang	3636	6234218	184991717	304496
安 徽	Anhui	1690	1540414	45173254	307426
福 建	Fujian	1612	2010367	49516643	240377
江 西	Jiangxi	1281	1170104	31769443	322033
山 东	Shandong	3807	2613286	75206012	277746
河 南	Henan	2412	2154419	63732244	306483
湖 北	Hubei	1925	1612921	77375348	497694
湖 南	Hunan	1460	1259843	49407064	269541
广 东	Guangdong	2497	1567685	59494556	381707
广 西	Guangxi	794	722759	21801165	315309
海 南	Hainan	112	54988	2693207	450565
重 庆	Chongqing	1515	1488133	43931367	296298
四 川	Sichuan	2259	2222803	65634647	268861
贵 州	Guizhou	447	394756	13092431	368559
云 南	Yunnan	1484	724915	26142102	277918
西 藏	Tibet	148	32773	799404	308602
陕 西	Shaanxi	1184	892170	37261423	368979
甘 肃	Gansu	808	532182	16017236	295667
青 海	Qinghai	260	106262	3729201	299436
宁 夏	Ningxia	335	111687	5218124	236101
新 疆	Xinjiang	684	327747	19284410	277819

14-4 分地区专业承包建筑业企业主要经济指标（2013年）
Main Economic Indicators on Construction Enterprises of Professional Contractors by Region (2013)

地 区	Region	企业单位数 (个) Number of Enterprises (unit)	从业人员 (人) Number of Employed Persons (person)	建筑业总产值 (万元) Gross Output Value of Construction (10 000 yuan)	按总产值计算的劳动生产率 (元/人) Overall Labor Productivity by Gross Output Value (yuan/person)
全 国	**National Total**	**33415**	**4635512**	**168791164**	**327803**
北 京	Beijing	2232	158557	11451588	590663
天 津	Tianjin	1149	91534	5899941	582285
河 北	Hebei	750	101142	3426485	376657
山 西	Shanxi	1161	110499	3069040	230963
内蒙古	Inner Mongolia	157	23663	809370	279305
辽 宁	Liaoning	3578	380604	15899452	380118
吉 林	Jilin	822	74094	2380347	305604
黑龙江	Heilongjiang	679	79014	4107861	240337
上 海	Shanghai	1542	148094	8579448	468489
江 苏	Jiangsu	4320	713836	22458221	247345
浙 江	Zhejiang	2248	476069	15672453	343801
安 徽	Anhui	985	171660	4530120	240934
福 建	Fujian	1034	179820	5077493	271160
江 西	Jiangxi	345	64694	2825901	350330
山 东	Shandong	1949	257573	8121004	320139
河 南	Henan	2285	293405	7091442	279671
湖 北	Hubei	1272	172666	6058605	375998
湖 南	Hunan	524	100540	3152705	242099
广 东	Guangdong	1898	442914	17797820	370123
广 西	Guangxi	298	26678	912713	418407
海 南	Hainan	34	3013	159941	554771
重 庆	Chongqing	879	112772	3387461	332796
四 川	Sichuan	1130	205885	6760287	274253
贵 州	Guizhou	158	17480	557542	378482
云 南	Yunnan	752	70154	2746127	302664
西 藏	Tibet	16	1185	21737	238340
陕 西	Shaanxi	213	59647	2676650	449411
甘 肃	Gansu	417	33787	1065419	365407
青 海	Qinghai	121	12669	234725	209782
宁 夏	Ningxia	179	15720	428471	259507
新 疆	Xinjiang	288	36144	1430800	255856

14-5 分地区建筑业增加值
Value-added of Construction by Region

单位：万元 (10 000 yuan)

地 区	Region	2008	2009	2010	2011	2012	2013
全 国	**National Total**	**124889453**	**156198171**	**189835420**	**220709789**	**265833118**	**307684749**
北 京	Beijing	3737458	4681944	5787051	7684808	8455591	5312511
天 津	Tianjin	2124318	2578760	3022160	3810030	4434651	5703810
河 北	Hebei	4228769	4448083	5248930	6557397	7330468	8940871
山 西	Shanxi	2117930	2603555	3391079	3572106	3928679	5586658
内蒙古	Inner Mongolia	1967289	2836211	3260788	3760028	3487830	8209293
辽 宁	Liaoning	5937975	7686803	9897495	11213212	13798131	17747148
吉 林	Jilin	2138655	2369263	2632453	3216260	3837962	5028129
黑龙江	Heilongjiang	2475749	3779597	5070564	3260269	3631982	4585194
上 海	Shanghai	4497900	5490998	5831049	6772969	7155228	7128708
江 苏	Jiangsu	17218560	23226742	26980524	34214250	43365335	38831823
浙 江	Zhejiang	15211075	18296301	23041235	28144275	36475974	23867835
安 徽	Anhui	4201294	5401505	6839623	8101048	9008371	14402733
福 建	Fujian	4999209	6843049	8742502	10413396	13812188	15221813
江 西	Jiangxi	2301203	2624373	2928344	3489463	5121627	6887038
山 东	Shandong	9040732	10398656	12318902	13029984	15263559	20430565
河 南	Henan	6497922	8316141	10039228	10338387	11170082	12740724
湖 北	Hubei	4850441	6007806	7679793	9753665	12344343	11919022
湖 南	Hunan	4411407	4929387	5850949	6524823	7694186	8231521
广 东	Guangdong	6975411	8217055	9534681	11096309	14496424	20926480
广 西	Guangxi	1624181	1915039	2274656	2601685	3028638	5113377
海 南	Hainan	232416	214458	216058	293769	419433	1863348
重 庆	Chongqing	3108658	5047547	6345491	6903107	7437832	9284897
四 川	Sichuan	5508921	6315258	8162436	9436351	11030457	13882257
贵 州	Guizhou	728452	933283	1212945	1543010	1863504	5446475
云 南	Yunnan	1640438	1964924	2436986	2723818	3715905	6289994
西 藏	Tibet	146752	238767	276857	249086	199643	657728
陕 西	Shaanxi	3880798	4905743	6065105	6084540	5589472	7108819
甘 肃	Gansu	1077617	1281414	1565648	1800243	2649077	4337909
青 海	Qinghai	332610	445584	538075	587061	713605	2145050
宁 夏	Ningxia	438380	650092	715620	942241	986566	2201723
新 疆	Xinjiang	1236931	1549833	1928195	2592201	3386374	7651294

14-6 分地区建筑业劳动生产率(2013年)
Labor Productivity of Construction by Region(2013)

单位：元/人 (yuan/person)

地区	Region	按建筑业增加值计算的劳动生产率 Overall Labor Productivity in Terms of Value-added	按建筑业总产值计算的劳动生产率 Overall Labor Productivity in Terms of Total Output Value	#国有 State-owned	#集体 Collective-owned
全国	**National Average**	**62737**	**324842**	**439212**	**246679**
北京	Beijing	60424	842475	974005	493841
天津	Tianjin	82796	532842	556653	536869
河北	Hebei	73971	430534	929819	255574
山西	Shanxi	55661	297286	332540	207345
内蒙古	Inner Mongolia	145169	272421	656167	268058
辽宁	Liaoning	75430	371612	592054	242101
吉林	Jilin	80981	354323	445898	206186
黑龙江	Heilongjiang	45317	242193	269454	263784
上海	Shanghai	58298	417313	452777	267849
江苏	Jiangsu	50531	282532	464677	264744
浙江	Zhejiang	36545	307251	437407	267520
安徽	Anhui	86763	299427	457834	198272
福建	Fujian	67734	242927	335292	229355
江西	Jiangxi	63364	318287	344057	290015
山东	Shandong	68825	280704	444510	191274
河南	Henan	54545	303213	525224	222176
湖北	Hubei	69466	486265	808708	243865
湖南	Hunan	41882	267424	314085	227127
广东	Guangdong	102375	378116	414973	220337
广西	Guangxi	71666	318323	408912	237642
海南	Hainan	297185	455360	518488	327980
重庆	Chongqing	58598	298643	374038	226010
四川	Sichuan	51636	269274	304382	217463
贵州	Guizhou	147162	368854	453340	186914
云南	Yunnan	60920	279802	467437	270276
西藏	Tibet	235745	294010	300627	169673
陕西	Shaanxi	66475	373459	438904	248024
甘肃	Gansu	75984	299229	474897	192677
青海	Qinghai	157147	290417	457705	197176
宁夏	Ningxia	92587	237415	181422	198219
新疆	Xinjiang	101355	274400	265592	427878

14-7 分地区按登记注册类型分建筑业企业单位数（2013年）
Number of Construction Enterprises by Registration Status and Region (2013)

单位：个 (unit)

地区	Region	合计 Total	内资企业 Domestic Funded	#国有 State-owned	#集体 Collective-owned	港澳台商投资企业 Funded from Hong Kong, Macao and Taiwan	#港澳台商独资企业 Solely Owned	外商投资企业 Foreign Funded	#外商独资企业 Solely Owned
全国	**National Total**	**79528**	**78859**	**4607**	**4572**	**389**	**88**	**280**	**82**
北京	Beijing	3114	3035	133	169	42	11	37	10
天津	Tianjin	1600	1578	118	70	13	1	9	
河北	Hebei	2395	2388	146	100	5		2	
山西	Shanxi	2189	2177	166	107	7		5	1
内蒙古	Inner Mongolia	866	866	18	12				
辽宁	Liaoning	6005	5944	279	308	23	1	38	6
吉林	Jilin	1854	1849	84	54	5			
黑龙江	Heilongjiang	1965	1958	176	146	2		5	1
上海	Shanghai	2860	2742	123	89	70	24	48	19
江苏	Jiangsu	9305	9199	253	291	51	13	55	25
浙江	Zhejiang	5884	5852	116	111	22	3	10	1
安徽	Anhui	2675	2664	138	122	6	3	5	2
福建	Fujian	2646	2613	87	72	27	6	6	1
江西	Jiangxi	1626	1617	141	214	8	1	1	
山东	Shandong	5756	5728	380	558	11	2	17	2
河南	Henan	4697	4683	189	208	4	1	10	2
湖北	Hubei	3197	3177	276	132	16	4	4	
湖南	Hunan	1984	1975	239	239	6	2	3	1
广东	Guangdong	4395	4334	372	378	52	10	9	7
广西	Guangxi	1092	1088	129	200	3	1	1	
海南	Hainan	146	145	23	21	1			
重庆	Chongqing	2394	2388	126	108	3	1	3	1
四川	Sichuan	3389	3381	209	251	4	3	4	2
贵州	Guizhou	605	605	103	91				
云南	Yunnan	2236	2232	105	183	3	1	1	
西藏	Tibet	164	164	21	19				
陕西	Shaanxi	1397	1394	152	146	1		2	1
甘肃	Gansu	1225	1222	104	109	2		1	
青海	Qinghai	381	380	52	34			1	
宁夏	Ningxia	514	511	61	12	1		2	
新疆	Xinjiang	972	970	88	18	1		1	

14-8 分地区按登记注册类型分建筑业企业从业人员（2013年）
Number of Staff and Workers in Construction Enterprises by Registration Status and Region (2013)

单位：人 (person)

地 区	Region	合 计 Total	内资企业 Domestic Funded	#国 有 State-owned	#集 体 Collective-owned	港澳台商投资企业 Funded from Hong Kong, Macao and Taiwan	#港澳台商独资企业 Solely Owned	外商投资企业 Foreign Funded	#外商独资企业 Solely Owned
全 国	**National Total**	**44993115**	**44727390**	**4774823**	**2229741**	**153871**	**15067**	**111854**	**33688**
北 京	Beijing	490456	476319	57434	24238	8040	2522	6097	2146
天 津	Tianjin	331550	330252	60873	29737	767	88	531	
河 北	Hebei	1187225	1185677	101331	38376	715		833	
山 西	Shanxi	670873	665542	142173	26872	3087		2244	619
内蒙古	Inner Mongolia	387760	387760	20218	6626				
辽 宁	Liaoning	1965920	1954634	166405	152749	3010	42	8276	995
吉 林	Jilin	454847	449557	43478	13870	5290			
黑龙江	Heilongjiang	525468	525138	108102	46832	19		311	101
上 海	Shanghai	815356	791696	63438	16464	10476	2942	13184	7707
江 苏	Jiangsu	7634753	7612241	186556	165556	13577	2161	8935	4840
浙 江	Zhejiang	6710287	6678032	68110	86066	17353	130	14902	10
安 徽	Anhui	1712074	1709444	262549	55950	1394	840	1236	106
福 建	Fujian	2190187	2182986	132383	44521	6383	786	818	165
江 西	Jiangxi	1234798	1185286	166142	131311	49503	24	9	
山 东	Shandong	2870859	2861650	280506	271801	7826	668	1383	125
河 南	Henan	2447824	2446528	173435	122623	323	2	973	47
湖 北	Hubei	1785587	1782768	281127	57708	2300	124	519	
湖 南	Hunan	1360383	1349724	221084	121760	3894	946	6765	3347
广 东	Guangdong	2010599	1981276	475999	189105	15077	960	14246	13308
广 西	Guangxi	749437	720376	295203	76626	416	298	28645	
海 南	Hainan	58001	57948	18746	12424	53			
重 庆	Chongqing	1600905	1599307	146009	62587	1495	1318	103	31
四 川	Sichuan	2428688	2427859	440759	181917	694	629	135	92
贵 州	Guizhou	412236	412236	255177	29994				
云 南	Yunnan	795069	793914	76021	74955	994	587	161	
西 藏	Tibet	33958	33958	9050	3672				
陕 西	Shaanxi	951817	951655	272113	102518	18		144	49
甘 肃	Gansu	565969	565855	97900	69655	114			
青 海	Qinghai	118931	118913	42745	8422			18	
宁 夏	Ningxia	127407	124976	33555	2041	1050		1381	
新 疆	Xinjiang	363891	363883	76202	2765	3		5	

14-9 分地区建筑业总产值（2013年）
Total Output Value of Construction by Region (2013)

单位：万元 (10 000 yuan)

地 区	Region	建筑业总产值 Total Output Value	建筑工程产值 Output Value of Construction	安装工程产值 Output Value of Installation	其 他 Others
全 国	**National Total**	**1593129506**	**1411468308**	**133551994**	**48109204**
北 京	Beijing	74070859	70504971	2752773	813115
天 津	Tianjin	36705327	30786244	4585408	1333676
河 北	Hebei	52039223	44004362	4900665	3134197
山 西	Shanxi	29838086	25537825	3167520	1132741
内蒙古	Inner Mongolia	15404770	13198509	1359452	846810
辽 宁	Liaoning	87433667	73030498	10698323	3704846
吉 林	Jilin	22001502	19039610	2155451	806441
黑龙江	Heilongjiang	24505715	19453996	4379213	672505
上 海	Shanghai	51028372	43419179	6562364	1046830
江 苏	Jiangsu	217121574	202297237	13065973	1758364
浙 江	Zhejiang	200664169	182091801	13863513	4708856
安 徽	Anhui	49703374	42231766	4080083	3391525
福 建	Fujian	54594136	50268975	3821761	503400
江 西	Jiangxi	34595343	29859581	2467596	2268167
山 东	Shandong	83327015	70837068	10176408	2313539
河 南	Henan	70823686	62281127	6392637	2149922
湖 北	Hubei	83433953	74013056	6803620	2617278
湖 南	Hunan	52559769	45461050	3387080	3711639
广 东	Guangdong	77292375	67214806	7917629	2159940
广 西	Guangxi	22713879	19454845	2025724	1233310
海 南	Hainan	2853148	2432359	174740	246049
重 庆	Chongqing	47318829	43092601	2681500	1544729
四 川	Sichuan	72394934	64174546	5811629	2408759
贵 州	Guizhou	13649973	11960661	998110	691201
云 南	Yunnan	28888229	26070028	2080726	737474
西 藏	Tibet	821141	710153	27896	83092
陕 西	Shaanxi	39938073	35800238	3397674	740162
甘 肃	Gansu	17082655	14961627	1504942	616086
青 海	Qinghai	3963926	3325049	384605	254272
宁 夏	Ningxia	5646596	5338434	264316	43845
新 疆	Xinjiang	20715210	18616109	1662665	436436

14-10 分地区按登记注册类型分建筑业总产值（2013年）
Total Output Value of Construction by Registration Status and Region (2013)

单位：万元 (10 000 yuan)

地区	Region	合计 Total	内资企业 Domestic Funded	#国有 State-owned	#集体 Collective-owned	港澳台商投资企业 Funded from Hong Kong, Macao and Taiwan	#港澳台商独资企业 Solely Owned	外商投资企业 Foreign Funded	#外商独资企业 Solely Owned
全国	**National Total**	**1593129506**	**1580489689**	**261612360**	**55433284**	**6606731**	**763904**	**6033085**	**2421671**
北京	Beijing	74070859	72371013	13215981	1735260	1200465	236265	499380	135461
天津	Tianjin	36705327	36587697	9445344	3368959	52738	3637	64893	
河北	Hebei	52039223	51970483	10053668	1370924	31225		37514	
山西	Shanxi	29838086	29748786	7871253	528294	39962		49338	6020
内蒙古	Inner Mongolia	15404770	15404770	1298620	133547				
辽宁	Liaoning	87433667	86707761	11064605	4252290	216132	826	509774	41790
吉林	Jilin	22001502	21824244	1682553	268867	177257			
黑龙江	Heilongjiang	24505715	24338743	6363146	2162158	2459		164513	3883
上海	Shanghai	51028372	48839767	7615623	526216	1013892	273405	1174714	429132
江苏	Jiangsu	217121574	216040901	10016899	4287876	487537	58475	593135	361948
浙江	Zhejiang	200664169	199363226	3669799	2403372	675939	3695	625004	813
安徽	Anhui	49703374	49627411	11172973	1009461	21101	9145	54861	4839
福建	Fujian	54594136	53918500	6445283	854737	633823	16351	41812	29879
江西	Jiangxi	34595343	33961941	6373664	3107479	632684	69	718	
山东	Shandong	83327015	82919428	12879141	4955503	350682	18894	56905	1457
河南	Henan	70823686	70796352	8349808	2441470	8931	138	18403	1796
湖北	Hubei	83433953	83351235	20061462	1719007	68919	3486	13799	
湖南	Hunan	52559769	52170261	12978762	2536802	199640	47044	189868	68374
广东	Guangdong	77292375	75291913	21369215	3730400	667410	35328	1333053	1326819
广西	Guangxi	22713879	22155224	10781737	1701658	5091	2139	553564	
海南	Hainan	2853148	2851628	1375031	399873	1520			
重庆	Chongqing	47318829	47284806	7898827	1229447	29480	16206	4542	42
四川	Sichuan	72394934	72379703	16601860	3778720	11304	10983	3927	2016
贵州	Guizhou	13649973	13649973	10505064	502780				
云南	Yunnan	28888229	28850054	6479607	1900607	34730	27819	3445	
西藏	Tibet	821141	821141	220570	46439				
陕西	Shaanxi	39938073	39930117	13760125	2585748	150		7806	7402
甘肃	Gansu	17082655	17079831	4269368	1396466	2415		409	
青海	Qinghai	3963926	3963775	2286284	115368			151	
宁夏	Ningxia	5646596	5573944	1508400	142321	41168		31484	
新疆	Xinjiang	20715210	20715061	3997689	241238	78		71	

14-11 分地区按行业分建筑业总产值（2013年）
Total Output Value of Construction by Branch and Region (2013)

单位：万元 (10 000 yuan)

地 区	Region	建筑业总产值 Total Output Value of Construction	房屋建筑业 Construction of Buildings	土木工程建筑业 Civil Engineering	建筑安装业 Construction Installation	建筑装饰和其他建筑业 Building Decoration and Other Constructions
全 国	**National Total**	**1593129506**	**1022859234**	**397399621**	**90448145**	**82422506**
北 京	Beijing	74070859	39349683	21827625	6126841	6766710
天 津	Tianjin	36705327	14906960	16753759	3030162	2014447
河 北	Hebei	52039223	35717378	12311660	2741956	1268229
山 西	Shanxi	29838086	12428504	14981419	1364439	1063725
内蒙古	Inner Mongolia	15404770	9250985	5412755	506898	234133
辽 宁	Liaoning	87433667	50651580	21651043	8657157	6473888
吉 林	Jilin	22001502	13457823	5535148	2229611	778921
黑龙江	Heilongjiang	24505715	12606405	6415552	3298685	2185074
上 海	Shanghai	51028372	28872981	12579009	4299403	5276979
江 苏	Jiangsu	217121574	159808310	30640365	13620557	13052343
浙 江	Zhejiang	200664169	150565408	36933621	5508244	7656896
安 徽	Anhui	49703374	30364863	14498934	3265003	1574574
福 建	Fujian	54594136	39491588	10455142	2154470	2492936
江 西	Jiangxi	34595343	23607472	8732920	955385	1299568
山 东	Shandong	83327015	55265287	20719460	3464870	3877398
河 南	Henan	70823686	37535148	25131539	4231502	3925497
湖 北	Hubei	83433953	47126190	28994001	4618719	2695044
湖 南	Hunan	52559769	38346688	11179577	1712075	1321429
广 东	Guangdong	77292375	40800014	18803134	6326151	11363077
广 西	Guangxi	22713879	17182624	4513294	668412	349548
海 南	Hainan	2853148	2349711	221241	158372	123824
重 庆	Chongqing	47318829	34374381	9444240	1658558	1841649
四 川	Sichuan	72394934	46670884	20941545	3365387	1417118
贵 州	Guizhou	13649973	8303777	3447329	1473107	425760
云 南	Yunnan	28888229	19586649	7060856	1250418	990307
西 藏	Tibet	821141	491356	281331	6285	42169
陕 西	Shaanxi	39938073	21794433	14941893	2026708	1175038
甘 肃	Gansu	17082655	12197969	3668175	779788	436723
青 海	Qinghai	3963926	1080465	2701201	156965	25295
宁 夏	Ningxia	5646596	4021493	1439944	100206	84953
新 疆	Xinjiang	20715210	14652230	5181912	691812	189255

14-12 分地区按资质等级分总承包建筑业企业总产值（2013年）
Total Output Value of Construction Enterprises of General Contractors by Qualification Criteria and by Region (2013)

单位：万元 (10 000 yuan)

地 区	Region	合 计 Total	特 级 Special Grade	一 级 First Grade	二 级 Second Grade	三级及以下 Third Grade and Below
全 国	**National Total**	**1424338342**	**257771653**	**646077056**	**320010603**	**200479030**
北 京	Beijing	62619271	25834683	31753809	3099793	1930987
天 津	Tianjin	30805387	6770447	17578272	4549698	1906970
河 北	Hebei	48612738	9079184	21978521	12330843	5224191
山 西	Shanxi	26769047	4394521	15388596	4125502	2860427
内蒙古	Inner Mongolia	14595400	446125	6131454	4778790	3239031
辽 宁	Liaoning	71534215	6119905	21543079	20668265	23202967
吉 林	Jilin	19621155	893298	5328805	5987615	7411437
黑龙江	Heilongjiang	20397854	2074272	8580060	5293570	4449953
上 海	Shanghai	42448925	15799705	17204397	7074869	2369954
江 苏	Jiangsu	194663353	47485657	75761615	41721182	29694899
浙 江	Zhejiang	184991717	46936284	93207977	29974492	14872965
安 徽	Anhui	45173254	3751379	22686830	11971027	6764017
福 建	Fujian	49516643	1970144	27117917	13227611	7200971
江 西	Jiangxi	31769443	559330	16806104	9626830	4777178
山 东	Shandong	75206012	8732162	36596327	17932636	11944887
河 南	Henan	63732244	15726607	23509355	14253750	10242531
湖 北	Hubei	77375348	21294810	33752458	15773127	6554954
湖 南	Hunan	49407064	10688070	20374600	10356271	7988123
广 东	Guangdong	59494556	8281928	34214838	8877762	8120027
广 西	Guangxi	21801165	2394774	12267859	4100157	3038376
海 南	Hainan	2693207	49112	1497487	788446	358163
重 庆	Chongqing	43931367	1095213	21501243	13933648	7401263
四 川	Sichuan	65634647	8989868	23994233	22309646	10340900
贵 州	Guizhou	13092431	560190	9414950	1830731	1286560
云 南	Yunnan	26142102	2427872	8585431	9471596	5657203
西 藏	Tibet	799404		39288	667774	92342
陕 西	Shaanxi	37261423	2341785	23086163	9290551	2542924
甘 肃	Gansu	16017236	1562709	6554111	4482010	3418406
青 海	Qinghai	3729201	1256093	617918	1440707	414483
宁 夏	Ningxia	5218124		1518562	2217376	1482186
新 疆	Xinjiang	19284410	255527	7484797	7854331	3689755

14-13 分地区按资质等级分专业承包建筑业企业总产值（2013年）
Total Output Value of Construction Enterprises of Professional Contractors by Qualification Criteria and by Region (2013)

单位：万元　　(10 000 yuan)

地区	Region	合计 Total	一级 First Grade	二级 Second Grade	三级及以下 Third Grade and Below
全国	**National Total**	**168791164**	**81783531**	**40325952**	**46681681**
北京	Beijing	11451588	7458384	1915200	2078005
天津	Tianjin	5899941	2833379	1129210	1937352
河北	Hebei	3426485	1364089	1070279	992116
山西	Shanxi	3069040	810983	1260489	997568
内蒙古	Inner Mongolia	809370	155635	343783	309953
辽宁	Liaoning	15899452	4430308	3740423	7728722
吉林	Jilin	2380347	543763	585482	1251101
黑龙江	Heilongjiang	4107861	713441	1297958	2096463
上海	Shanghai	8579448	5273560	1538830	1767058
江苏	Jiangsu	22458221	11206283	5088500	6163438
浙江	Zhejiang	15672453	9979294	2512348	3180811
安徽	Anhui	4530120	2001573	1336252	1192294
福建	Fujian	5077493	2458551	1316688	1302255
江西	Jiangxi	2825901	1583644	805291	436966
山东	Shandong	8121004	3016587	2346228	2758189
河南	Henan	7091442	2668005	2295199	2128238
湖北	Hubei	6058605	2853381	2048195	1157029
湖南	Hunan	3152705	997393	942520	1212792
广东	Guangdong	17797820	13003428	2112275	2682117
广西	Guangxi	912713	323778	280020	308916
海南	Hainan	159941	109363	20733	29844
重庆	Chongqing	3387461	1346381	1102374	938707
四川	Sichuan	6760287	3281881	1949187	1529219
贵州	Guizhou	557542	269435	133023	155084
云南	Yunnan	2746127	1016016	822416	907695
西藏	Tibet	21737	155	16665	4916
陕西	Shaanxi	2676650	1340442	1039087	297121
甘肃	Gansu	1065419	290710	416118	358591
青海	Qinghai	234725	38702	84493	111530
宁夏	Ningxia	428471	107548	163950	156974
新疆	Xinjiang	1430800	307440	612741	510618

14-14 分地区建筑业企业签订合同和承包工程完成情况（2013年）
Contracts Signed and Completion of Contracted Projects by Construction Enterprises by Region (2013)

单位：万元 (10 000 yuan)

地区	Region	合同总额 Total Value of Contracts	上年结转合同额 Value from Contracts Signed in Last Year	本年新签合同额 Value from New Contracts Signed in This Year	直接从建设单位承揽工程完成的产值 Completed Output Value of Projects Contracted Directly from Investors	自行完成施工产值 Own-completed Output Value	分包出去工程的产值 Output Value of Out-sourced Projects	从建设单位以外承揽工程完成的产值 Completed Output Value of Projects Contracted from Non-investors
全国	**National Total**	**2896740626**	**1148252123**	**1748488503**	**1577008129**	**1536784471**	**40223658**	**56345035**
北京	Beijing	181250764	86348888	94901876	74001824	65317170	8684654	8753689
天津	Tianjin	70491196	30096477	40394719	36839149	34971183	1867966	1734145
河北	Hebei	83718859	32613270	51105589	50970823	50756381	214442	1282842
山西	Shanxi	57229513	26409161	30820352	29758011	29680452	77559	157634
内蒙古	Inner Mongolia	25192682	11655706	13536976	15287224	15259031	28192	145739
辽宁	Liaoning	127347557	42668156	84679401	86890799	86459349	431450	974319
吉林	Jilin	34340666	13156263	21184403	22017230	21800554	216676	200948
黑龙江	Heilongjiang	33640728	11318056	22322673	24524701	24407334	117367	98381
上海	Shanghai	128227867	58971079	69256788	53737144	46217571	7519573	4810801
江苏	Jiangsu	330234340	119804468	210429873	205236489	204502883	733606	12618691
浙江	Zhejiang	351543051	139127346	212415705	197564853	195246626	2318228	5417543
安徽	Anhui	82665488	30054328	52611160	49079749	48670969	408780	1032405
福建	Fujian	100488659	37232996	63255663	53687838	53346043	341795	1248093
江西	Jiangxi	63148632	20455328	42693303	34188655	33425861	762794	1169483
山东	Shandong	132070716	45542095	86528621	83033178	82117077	916102	1209939
河南	Henan	124353224	47466753	76886471	70044224	69670542	373682	1153144
湖北	Hubei	155980776	57538540	98442236	82268665	81563962	704703	1869992
湖南	Hunan	113764297	48734160	65030137	51360970	51215842	145128	1343927
广东	Guangdong	178861036	78763016	100098020	81033429	74170699	6862730	3121677
广西	Guangxi	46905490	19675495	27229995	22306413	22241965	64448	471914
海南	Hainan	5649302	2572335	3076967	2872435	2831197	41238	21951
重庆	Chongqing	87748121	37158710	50589411	48138865	45978597	2160269	1340232
四川	Sichuan	139256971	57945517	81311454	70826247	69753754	1072493	2641181
贵州	Guizhou	32374073	13935686	18438387	13587248	13540553	46695	109420
云南	Yunnan	48918049	19757352	29160697	28611302	28505886	105416	382343
西藏	Tibet	1235629	387895	847734	824267	796437	27829	24703
陕西	Shaanxi	80446300	31880712	48565587	41143231	38222052	2921179	1716021
甘肃	Gansu	28406361	9595809	18810552	16938341	16496704	441637	585951
青海	Qinghai	7615094	3096540	4518555	3731093	3660394	70699	303532
宁夏	Ningxia	9569021	3173434	6395587	5644723	5489077	155646	157519
新疆	Xinjiang	34066168	11116554	22949613	20859010	20468328	390682	246882

14-15 建筑业企业房屋建筑面积
Floor Space of Buildings Constructed by Construction Enterprises

单位：万平方米 (10 000 sq.m)

年份 Year 地区 Region	房屋建筑面积 Floor Space of Buildings		#国有 State-owned		#集体 Collective-owned	
	施工面积 Floor Space under Construction	竣工面积 Floor Space Completed	施工面积 Floor Space under Construction	竣工面积 Floor Space Completed	施工面积 Floor Space under Construction	竣工面积 Floor Space Completed
1985	35491.8	17072.7	19295.8	8563.1	16196.0	8509.6
1990	37923.0	19552.5	20303.2	9361.7	17619.7	10190.9
1995	89862.8	35666.3	44562.9	15182.4	41829.5	19262.0
1996	129087.0	60047.9	48372.8	17491.3	74668.4	39827.3
1997	128680.3	62244.0	48830.1	18507.5	70795.3	39859.3
1998	137593.6	65682.6	45866.9	17577.4	71597.6	39338.0
1999	147262.5	73924.9	47055.7	19868.6	70590.4	39949.1
2000	160141.1	80714.9	46237.5	20145.0	68112.3	38515.5
2001	188328.7	97699.0	46627.5	20338.2	61239.2	36115.1
2002	215608.7	110217.1	44567.3	19628.2	52564.4	30071.3
2003	259377.1	122827.6	46803.7	18774.1	50488.9	26727.6
2004	310985.7	147364.0	52397.9	20552.5	42858.3	23393.3
2005	352744.7	159406.2	56308.8	20505.7	42257.4	21750.4
2006	410154.4	179673.0	62253.8	20014.4	40872.5	21019.3
2007	482005.5	203992.7	68768.4	20539.5	42119.6	21300.9
2008	530518.6	223592.0	65633.7	19853.2	39247.8	19224.8
2009	588593.9	245401.6	72681.0	21765.4	36380.9	18783.2
2010	708023.5	277450.2	84452.8	22076.1	39232.1	18375.0
2011	851828.1	316429.3	106396.7	25876.7	38203.0	19253.1
2012	986427.5	358736.2	117123.6	26763.3	39209.0	19810.7
2013	1129967.7	389244.9	140626.9	29903.9	42467.3	20202.4
北京 Beijing	48791.3	8212.7	8240.5	1580.5	1033.6	238.5
天津 Tianjin	12791.0	3394.7	4747.8	562.4	1135.3	495.9
河北 Hebei	35847.6	12336.0	3900.8	910.8	1019.4	452.7
山西 Shanxi	12868.6	3498.3	3937.6	1076.7	297.7	134.7
内蒙古 Inner Mongolia	8906.0	3624.7	493.9	91.1	141.8	60.4
辽宁 Liaoning	44279.7	18738.4	4055.6	1071.2	1972.8	1228.0
吉林 Jilin	12202.6	6325.4	560.6	303.9	121.4	82.4
黑龙江 Heilongjiang	8085.5	4115.7	1589.4	433.5	709.2	446.5
上海 Shanghai	29148.7	6274.3	1339.2	377.6	227.6	85.3
江苏 Jiangsu	192982.1	67932.4	2714.1	696.2	2622.3	1243.8
浙江 Zhejiang	185443.1	60569.3	536.1	125.8	2762.0	857.5
安徽 Anhui	37117.2	14257.4	7293.0	1312.8	599.8	375.3
福建 Fujian	48509.5	13187.1	5860.9	786.0	1121.8	284.9
江西 Jiangxi	24897.2	11883.8	2886.2	1047.5	2823.6	1559.2
山东 Shandong	64055.4	22634.7	4466.7	927.7	4727.1	2326.2
河南 Henan	43422.9	17244.3	2316.7	432.6	2066.5	1175.3
湖北 Hubei	47915.0	22076.4	9188.8	1561.5	1278.4	1027.2
湖南 Hunan	43141.9	15528.5	8058.5	1940.9	2765.3	1414.3
广东 Guangdong	53506.1	13323.6	18465.9	3170.0	5155.2	1569.8
广西 Guangxi	18198.0	5814.8	8658.4	1632.2	1658.3	847.2
海南 Hainan	2192.0	907.7	1097.1	463.1	282.0	159.0
重庆 Chongqing	29745.9	12184.4	2269.0	496.0	724.7	330.8
四川 Sichuan	49382.8	18294.3	11760.6	3086.1	2482.4	1369.2
贵州 Guizhou	12174.3	2450.5	9728.6	1415.2	505.8	276.9
云南 Yunnan	15649.9	6446.2	3358.4	734.9	1125.3	663.0
西藏 Tibet	211.9	119.9	15.5	10.1	17.8	11.9
陕西 Shaanxi	19250.0	6133.2	6073.4	1545.1	1913.3	827.3
甘肃 Gansu	10238.2	3751.2	3181.7	602.4	918.7	518.8
青海 Qinghai	1136.6	417.4	291.4	26.5	58.5	39.2
宁夏 Ningxia	4665.9	1927.8	1579.5	729.2	151.3	65.1
新疆 Xinjiang	13210.8	5640.3	1961.0	754.2	48.0	36.0

14-16 勘察设计机构基本情况（2013年）
Conditions of Prospecting and Designing Institutions (2013)

地 区	Region	单位数（个）Number of Institutions (unit)	年底职工人数（人）Number of Staff & Workers at Year-end (person)	#高级职称 Senior Title	#中级职称 Middle Title	#初级职称 Junior Title	营业收入（万元）Business Revenue (10 000 yuan)
全 国	**National Total**	**19231**	**2444232**	**305167**	**486530**	**421410**	**214098129**
北 京	Beijing	1474	451151	48679	75306	73977	56945604
天 津	Tianjin	315	66788	11048	11927	10380	7128999
河 北	Hebei	612	50016	9929	13914	10092	3083258
山 西	Shanxi	576	40950	6303	10642	9138	1962587
内蒙古	Inner Mongolia	281	17627	5246	5344	3852	702821
辽 宁	Liaoning	849	66164	13208	17988	10393	5355457
吉 林	Jilin	444	26627	8025	8029	5219	1011539
黑龙江	Heilongjiang	296	21572	5856	5628	3063	1289762
上 海	Shanghai	733	126809	12637	23257	26085	16651097
江 苏	Jiangsu	1606	154000	15416	33392	37186	17390492
浙 江	Zhejiang	1115	260232	15012	29871	27828	17718374
安 徽	Anhui	835	53138	7931	12861	10046	4773084
福 建	Fujian	822	60564	6738	16251	17139	6419783
江 西	Jiangxi	404	32444	5234	8965	7020	2072778
山 东	Shandong	1479	100292	16292	26653	20527	7152220
河 南	Henan	719	54812	10936	17476	11061	4214555
湖 北	Hubei	763	88388	16995	22729	14052	12383517
湖 南	Hunan	439	41317	8880	13106	8115	2724336
广 东	Guangdong	1843	381458	20282	42025	48198	25291313
广 西	Guangxi	372	25509	5463	8587	5609	813677
海 南	Hainan	112	7210	1300	1843	1814	364218
重 庆	Chongqing	438	34796	6073	10227	7652	3055478
四 川	Sichuan	437	65863	11675	17891	13256	5141400
贵 州	Guizhou	231	57949	4071	6870	6822	1583893
云 南	Yunnan	584	32958	6296	11179	8294	1759181
西 藏	Tibet	1	43	3	3	1	419
陕 西	Shaanxi	671	71707	13423	17712	13070	4367361
甘 肃	Gansu	259	19171	4317	6597	4183	916189
青 海	Qinghai	126	6244	1189	1569	1571	169338
宁 夏	Ningxia	91	5383	1057	1351	1488	278380
新 疆	Xinjiang	304	23050	5653	7337	4279	1377019

14-17 工程招标代理机构基本情况（2013年）
Conditions of Project Bidding Agencies (2013)

地 区	Region	企业单位数（个） Number of Enterprises (unit)	期末企业人员（人） Personnel of Enterprises at Year-end (person)	#招标代理人员 Project Bidding Personnel	专业技术人员（人） Technical Personnel (person)	年末注册执业人数（人） Registered Professionals (year-end) (person)	营业收入（万元） Business Revenue (10 000 yuan)
全 国	**National Total**	**5731**	**485771**	**102418**	**387215**	**93874**	**24366218**
北 京	Beijing	273	53581	7340	44457	8126	11185530
天 津	Tianjin	88	11299	1466	7320	1507	394526
河 北	Hebei	246	14966	4118	12263	3193	251825
山 西	Shanxi	188	8606	3696	6451	1983	150739
内蒙古	Inner Mongolia	135	3482	1930	2876	1051	50456
辽 宁	Liaoning	240	7250	4126	6507	2262	132842
吉 林	Jilin	153	6650	2247	5356	1364	87857
黑龙江	Heilongjiang	120	4371	2260	3796	1067	68230
上 海	Shanghai	121	25372	2254	17839	4650	1312154
江 苏	Jiangsu	482	34341	6888	28877	8305	777115
浙 江	Zhejiang	383	33576	6535	27291	7246	957449
安 徽	Anhui	255	18807	3680	14269	3547	475936
福 建	Fujian	137	14249	2476	12534	3056	227097
江 西	Jiangxi	173	10973	2112	9404	2116	197116
山 东	Shandong	455	32096	8676	24506	6965	539056
河 南	Henan	245	20999	4892	17706	3883	409865
湖 北	Hubei	202	8651	3034	7052	2235	166326
湖 南	Hunan	149	11191	2751	9712	2262	142231
广 东	Guangdong	427	60368	7921	49217	10555	2913966
广 西	Guangxi	111	8757	2039	7248	1880	121755
海 南	Hainan	27	1627	426	1352	337	29548
重 庆	Chongqing	123	12851	2668	10427	2163	249643
四 川	Sichuan	247	33257	6406	24166	5144	2287593
贵 州	Guizhou	98	6598	1724	5256	1383	78409
云 南	Yunnan	168	6695	3090	5110	1102	119063
西 藏	Tibet	12	458	164	352	67	6033
陕 西	Shaanxi	184	16254	2720	11788	2753	576360
甘 肃	Gansu	101	8042	1334	6327	1636	148997
青 海	Qinghai	26	742	456	610	112	25070
宁 夏	Ningxia	41	2210	715	1358	393	53008
新 疆	Xinjiang	121	7452	2274	5788	1531	230421

14-18 建设工程监理企业基本情况(2013年)
Conditions of Construction Project Supervision Enterprises (2013)

地 区	Region	企 业 单位数 (个) Number of Enterprises (unit)	年 末 从业人数 (人) Persons Engaged (year-end) (person)	年末注册 执业人数 (人) Registered Professionals (year-end) (person)	营业收入 (万元) Business Revenue (10 000 yuan)
全 国	**National Total**	**6820**	**890620**	**184982**	**20460378**
北 京	Beijing	309	76293	13493	3125880
天 津	Tianjin	90	16754	2971	266621
河 北	Hebei	314	29877	7296	317564
山 西	Shanxi	215	26943	5428	423586
内蒙古	Inner Mongolia	156	12889	2997	99993
辽 宁	Liaoning	303	28296	7384	790191
吉 林	Jilin	181	16789	3370	180614
黑龙江	Heilongjiang	232	25757	3959	236562
上 海	Shanghai	178	44932	9173	1566733
江 苏	Jiangsu	658	75692	18704	1279862
浙 江	Zhejiang	366	51572	12208	837942
安 徽	Anhui	231	27434	5557	919891
福 建	Fujian	154	21830	4979	332375
江 西	Jiangxi	147	13209	2979	160418
山 东	Shandong	497	53985	12451	616970
河 南	Henan	320	44857	8811	1590485
湖 北	Hubei	247	27606	5827	429214
湖 南	Hunan	211	32363	6553	725795
广 东	Guangdong	477	68608	15401	2988634
广 西	Guangxi	157	14215	3739	181441
海 南	Hainan	42	3326	831	46141
重 庆	Chongqing	90	20388	3427	347201
四 川	Sichuan	313	55536	10032	1286989
贵 州	Guizhou	77	12222	1721	434843
云 南	Yunnan	140	18480	2588	255109
西 藏	Tibet				
陕 西	Shaanxi	363	32399	5436	389737
甘 肃	Gansu	141	15284	3538	281238
青 海	Qinghai	57	3444	594	42145
宁 夏	Ningxia	50	5919	929	66747
新 疆	Xinjiang	104	13721	2606	239457

主要统计指标解释

建筑业统计单位 指从事房屋、构筑物建造和设备安装活动的法人企业。建筑业法人企业应具有建筑业资质并能够独立核算，同时还应具备以下条件：①依法成立，有自己的名称、组织机构和场所，能够承担民事责任；②独立拥有和使用资产，承担负债，有权与其他单位签订合同；③独立核算盈亏，能够编制资产负债表。

建筑业总产值 是以货币形式表现的建筑业企业在一定时期内生产的建筑业产品和提供服务的总和。建筑业总产值包括：

⑴建筑工程产值：指列入建筑工程预算内的各种工程价值。

⑵安装工程产值：指设备安装工程价值，不包括被安装设备本身的价值。

⑶其他产值：建筑业总产值中除建筑工程、安装工程以外的产值。包括房屋构筑物修理产值、非标准设备制造产值、总包企业向分包企业收取的管理费以及不能明确划分的施工活动所完成的产值。

a.房屋构筑物修理产值：指房屋和构筑物修理所完成的产值，但不包括被修理房屋、构筑物本身价值和生产设备的修理价值。

b.非标准设备制造产值：指加工制造没有定型的非标准生产设备的加工费和原材料价值(如化工厂、炼油厂用的各种罐、槽，矿井生产统一使用的各种漏斗、三角槽、阀门等)以及附属加工厂为本企业承建工程制作的非标准设备的价值。

建筑业增加值 指建筑业企业在报告期内以货币形式表现的建筑业生产经营活动的最终成果。

从 2004 年第一次全国经济普查开始，建筑业现价增加值按生产法和分配法(收入法)两种方法计算，以收入法的计算结果为准，即从收入的角度出发，根据生产要素在生产过程中应得的收入份额计算。具体计算方法：经济普查年度建筑业增加值按照《经济普查年度 GDP 核算方案》计算，非经济普查年度建筑业增加值按照《非经济普查年度 GDP 核算方案》计算。

房屋施工面积 指报告期内施工的全部房屋建筑面积，包括本期新开工的房屋建筑面积、上期跨入本期继续施工的房屋建筑面积、上期停缓建在本期恢复施工的房屋建筑面积、本期竣工的房屋建筑面积及本期施工后又停缓建的房屋建筑面积。

房屋竣工面积 指报告期内房屋建筑按照设计要求已全部完工，达到住人和使用条件，经验收鉴定合格或达到竣工验收标准，可正式移交使用的各栋房屋建筑面积的总和。

Explanatory Notes on Main Statistical Indicators

Statistical Unit in the Construction Industry refers to a corporate enterprise engaged in the construction of buildings and structures and in the installation of equipment. A corporate construction enterprise should have qualification certificates with independent accounting system, and should meet the following 3 requirements: a) being set up in line with relevant legal basis, having its full name, organization and location, and capable of taking civil liabilities; b) independently possessing and using its assets and assuming its liabilities, and entitled to sign contracts with other institutions; and c) making independent accounts of its profits and losses, and capable of compiling its own balance sheet.

Gross Output Value of Construction refers to total of construction products and services, expressed in money terms, produced or rendered by construction and installation enterprises during a given period of time. It includes:

(1) Output value of construction projects: the value of projects covered by the project budgets;

(2) Output value of installation projects: the value of the installation of equipment, (excluding the value of the equipment to be installed);

(3) Other output values: the output value of construction industry apart from that of construction projects and installation projects. It includes: output value of repair of buildings and structures; output value of non-standard equipment manufacturing; overhead expenses received by contracted enterprises from the sub-contracted enterprises and the completed output value of construction activities for which there is no clear definition.

a. Output value of repair of buildings and structures: the value created through the repairs of buildings or structures. It does not include the value of buildings or structures being repaired and the value of the repair of production equipment;

b. Output value of manufactured non-standard equipment: the value of non-standard production equipment, including raw materials and manufacturing cost, made for the construction project (i.e., chemical plant; kettles or tanks used by refineries; various fillers, triangle tanks, valves used by mines). It also includes the output value of equipment manufactured by subsidiary workshops.

Value-added of Construction refers to the final result of the activities of production and operation of enterprises of the construction industry in monetary terms during the reference period.

Starting from the 2004 economic census, value-added of construction is calculated by both production approach and income approach, with the figures from the income approach as the final figures. Under the income approach, calculation starts from the perspective of income and is based on the share of income derived from the production process by the relevant factors of production. Specifically, value-added of construction for the Census years is calculated in accordance with the *Programme of Compilation of GDP and National Accounts for the Year of Economic Census*, and value-added of construction for other years is calculated in accordance with the *Programme of Compilation of GDP and National Accounts for the Non Economic Census Years*.

Floor Space of Buildings refers to floor space of buildings under construction in the reference period, including the space of buildings for which construction has newly started; buildings for which construction has started earlier and is continuing during the reference period; and buildings for which construction has been suspended earlier but has restarted during the reference period; buildings completed during the reference period; and buildings under construction but construction has subsequently been during the reference period.

Floor Space of Buildings Completed refers to the total floor space of each building that has been completed in the reference period in accordance with the requirements of the design, up to the standard for being resided in and put into use, or has been checked and accepted by departments concerned as qualified ones or up to the standard of buildings completed and can be handed over for putting into use.

15

房地产

Real Estate

简要说明

一、本篇资料的主要内容及统计范围

本篇资料通过对一定时期内房地产开发企业开发经营活动的数量方面的描述，反映报告期内房地产开发企业土地开发和购置情况、投资总规模及完成情况、实际到位资金情况、房屋建筑面积和造价情况、房屋新开工面积情况、商品房销售情况以及资产负债和经营情况。

本篇资料的统计范围包括全部房地产开发经营业法人单位。

二、本篇的资料来源及统计调查方法

本篇统计资料是根据《房地产开发统计报表制度》进行搜集和加工整理而得，全部数据采用全面调查的统计方法。

Brief Introduction

I. Main Contents and Scope

Statistics in this chapter describe activities made by real estate development companies during a given period of time, and reflect the development and purchase of land, size of investment and its progressing, funds acturally available, floor space and cost of housing constructed, floor space of new housing starts, sales of commercial housing, assets and liabilities, and operation status of real estate developers during the reference period.

Data in this chapter covers all legal entities engaged in real estate development.

II. Sources of Data

Data in this chapter are collected and compiled with the Statistical Reports Program on Real Estate Development, which has a full coverage of all companies.

15-1 房地产开发企业主要指标
Main Indicators of Enterprises for Real Estate Development

指 标	Item	2010	2011	2012	2013
企业个数 (个)	**Number of Enterprises (unit)**	**85218**	**88419**	**89859**	**91444**
内资	Domestic Funded	79489	83011	84695	86379
#国有	State-owned Enterprises	3685	3427	3354	1739
集体	Collective-owned Enterprises	1220	1023	904	570
港、澳、台投资	Enterprises with Funds from Hong Kong, Macao and Taiwan	3677	3565	3451	3391
外商投资	Foreign Funded	2052	1843	1713	1674
本年土地购置面积 (万平方米)	**Land Space Purchased This Year (10 000 sq.m)**	**39953.10**	**44327.44**	**35666.80**	**38814.38**
本年完成投资 (亿元)	**Investment Completed This Year (100 million yuan)**	**48259.40**	**61796.89**	**71803.79**	**86013.38**
#住宅	Residential Buildings	34026.23	44319.50	49374.21	58950.76
本年实际到位资金小计 (亿元)	**Total Actual Funds in Place This Year (100 million yuan)**	**72944.04**	**85688.73**	**96536.81**	**122122.47**
#国内贷款	Domestic Loans	12563.70	13056.80	14778.39	19672.66
利用外资	Foreign Investment	790.68	785.15	402.09	534.17
自筹资金	Self-raising Fund	26637.21	35004.57	39081.96	47424.95
房屋建筑面积 (万平方米)	**Floor Space of Buildings (10 000 sq.m)**				
施工面积	Floor Space under Construction	405356.40	506775.48	573417.52	665571.89
竣工面积	Floor Space Completed	78743.88	92619.94	99424.96	101434.99
本年新开工面积	Floor Space Started This Year	163646.87	191236.87	177333.62	201207.84
#住宅	Residential Buildings	129359.31	147163.11	130695.42	145844.80
商品房销售面积 (万平方米)	**Floor Space of Commercialized Buildings Sold (10 000 sq.m)**	**104764.65**	**109366.75**	**111303.65**	**130550.59**
#住宅	Residential Buildings	93376.60	96528.41	98467.51	115722.69
商品房平均销售价格(元/平方米)	**Average Selling Price of Commercialized Buildings(yuan/sq.m)**	**5032**	**5357**	**5791**	**6237**
#住宅	Residential Buildings	4725	4993	5430	5850

注：1.商品房平均销售价格由报告期内新建商品房销售额除以销售面积计算而成。不同时期的商品房平均销售价格可能会受商品房区域、房屋类型等各种因素的影响。(15-11、15-14表同)

2.2013年数据为快报数据。(以下各表同)

a) Average selling price of commercialized buildings is calculated by total sale of newly-built commercialized building divided by floor space sold during report period. It is affected by location and type of buildings etc. in different period. The same applies to the table 15-11, 15-14.

b) Data of 2013 are preliminary data. The same applies to the tables following.

15-2 房地产开发企业个数
Number of Enterprises for Real Estate Development

单位：个 (unit)

年份 Year 地区 Region	企业个数 Number of Enterprises	内资企业 Domestic Funded Enterprises	#国有 State-owned Enterprises	#集体 Collective-owned Enterprises	港、澳、台投资企业 Enterprises with Funds from Hong Kong, Macao and Taiwan	外商投资企业 Foreign Funded Enterprises
1998	24378	19960	7958	4538	3214	1204
1999	25762	21422	7370	4127	3167	1173
2000	27303	23277	6641	3492	2899	1127
2001	29552	25509	5862	2991	2959	1084
2002	32618	28657	5015	2488	2884	1077
2003	37123	33107	4558	2205	2840	1176
2004	59242	53495	4775	2390	3639	2108
2005	56290	50957	4145	1796	3443	1890
2006	58710	53268	3797	1586	3519	1923
2007	62518	56965	3617	1430	3524	2029
2008	87562	81282	3941	1520	3916	2364
2009	80407	74674	3835	1361	3633	2100
2010	85218	79489	3685	1220	3677	2052
2011	88419	83011	3427	1023	3565	1843
2012	89859	84695	3354	904	3451	1713
2013	91444	86379	1739	570	3391	1674
北京 Beijing	2957	2694	70	19	159	104
天津 Tianjin	1209	1103	85	12	54	52
河北 Hebei	3283	3225	23		33	25
山西 Shanxi	2269	2254	73	10	9	6
内蒙古 Inner Mongolia	2192	2184	16	1	4	4
辽宁 Liaoning	4082	3671	33	6	268	143
吉林 Jilin	1700	1670	6	1	21	9
黑龙江 Heilongjiang	2118	2081	49	1	24	13
上海 Shanghai	3045	2579	86	23	296	170
江苏 Jiangsu	6784	6164	101	43	392	228
浙江 Zhejiang	6114	5801	56	25	193	120
安徽 Anhui	3418	3321	70	6	59	38
福建 Fujian	3187	2725	88	23	351	111
江西 Jiangxi	2080	1980	50	8	73	27
山东 Shandong	6113	5885	130	79	151	77
河南 Henan	5438	5318	91	19	78	42
湖北 Hubei	4267	4139	101	21	89	39
湖南 Hunan	3739	3621	87	8	84	34
广东 Guangdong	6581	5706	134	191	669	206
广西 Guangxi	2685	2557	75	19	76	52
海南 Hainan	1030	951	26	1	56	23
重庆 Chongqing	2594	2470	37	5	82	42
四川 Sichuan	3962	3829	56	14	70	63
贵州 Guizhou	2300	2261	30	4	30	9
云南 Yunnan	2736	2697	51	4	32	7
西藏 Tibet	29	29				
陕西 Shaanxi	1690	1656	62	7	17	17
甘肃 Gansu	1399	1378	36	16	14	7
青海 Qinghai	308	305	3		2	1
宁夏 Ningxia	501	497	1	3	1	3
新疆 Xinjiang	1634	1628	13	1	4	2

注：1.2004年数据中除企业个数、平均从业人数、房屋销售价格、住宅竣工套数以及财务指标为经济普查数据外，其他数据均为快报数据（以下各表同）。
2.2004年以前的商品房销售面积和销售额为实际销售统计口径；2005年以后的销售面积和销售额包括期房和现房(以下表均同)。

a) All figures for 2004 are from annual statistical reporting forms, except figures on number of enterprises, average number of employed persons, selling prices of houses and other financial indicators which are from the First Economic Census. The same applies to the tables following.

b) Figures on floor space of houses sold and selling price of houses for 2004 and the earlier years refer to houses actually sold out, while figures since 2005 refer to both completed and future houses sold. The same applies to the tables following.

15-3 房地产开发企业土地开发及购置

Land Development and Purchase of Enterprises for Real Estate Development

年份 地区	Year Region	待开发土地面积(万平方米) Land Space Pending Development (10 000 sq.m)	本年土地购置面积(万平方米) Land Space Purchased This Year (10 000 sq.m)	本年土地成交价款(亿元) Transaction Value of Land This Year (100 million yuan)	土地购置费用(亿元) Total Value of Land Purchased (100 million yuan)
	1998	13530.70	10109.32		375.40
	1999	13505.17	11958.90		500.03
	2000	14754.77	16905.24		733.99
	2001	14582.13	23408.99		1038.77
	2002	19178.65	31356.78		1445.81
	2003	21782.58	35696.48		2055.17
	2004	39635.30	39784.66	2888.57	2574.47
	2005	27522.00	38253.73	3269.32	2904.37
	2006	37523.65	36573.57	3318.04	3814.49
	2007	41483.97	40245.85	4573.18	4873.25
	2008	48161.07	39353.43	4831.68	5995.62
	2009	32816.54	31909.45	5150.14	6023.71
	2010	31457.95	39953.10	8206.71	9999.92
	2011	40220.76	44327.44	8894.03	11527.25
	2012	40195.99	35666.80	7409.64	12100.15
	2013	42280.47	38814.38	9918.29	13501.73
北京	Beijing	690.80	906.17	784.04	1159.47
天津	Tianjin	750.54	210.64	82.16	107.25
河北	Hebei	765.45	1127.34	251.95	297.68
山西	Shanxi	988.99	875.90	144.41	107.99
内蒙古	Inner Mongolia	629.66	837.63	129.22	177.27
辽宁	Liaoning	2006.15	2502.27	566.83	569.55
吉林	Jilin	410.25	1143.95	205.72	173.57
黑龙江	Heilongjiang	316.79	655.67	88.23	125.33
上海	Shanghai	708.25	421.74	279.12	588.84
江苏	Jiangsu	5872.50	4207.74	1084.21	1262.70
浙江	Zhejiang	1460.75	1760.73	1006.73	2121.73
安徽	Anhui	3051.39	2760.18	641.63	651.48
福建	Fujian	862.17	1591.13	532.16	856.91
江西	Jiangxi	634.46	841.82	227.37	147.61
山东	Shandong	2923.94	2615.07	552.85	757.97
河南	Henan	1309.60	1501.56	262.44	391.70
湖北	Hubei	1618.21	1894.68	391.80	441.01
湖南	Hunan	1897.07	1327.64	245.87	280.07
广东	Guangdong	4866.04	2250.96	681.50	981.77
广西	Guangxi	797.25	431.96	113.78	189.01
海南	Hainan	1014.28	306.85	38.71	125.19
重庆	Chongqing	2991.60	1896.65	448.79	519.65
四川	Sichuan	1248.29	1142.76	337.25	609.05
贵州	Guizhou	1385.96	1209.52	160.58	177.10
云南	Yunnan	1043.27	1974.01	356.16	374.73
西藏	Tibet	33.43			
陕西	Shaanxi	519.42	503.45	110.09	116.97
甘肃	Gansu	278.17	421.71	67.22	63.07
青海	Qinghai	112.97	80.13	10.23	20.85
宁夏	Ningxia	463.23	438.26	31.41	46.70
新疆	Xinjiang	629.61	976.24	85.83	59.53

15-4 房地产开发企业投资总规模及完成情况(2013年)
General Scale of Construction and Actually Completed Investment of Enterprises for Real Estate Development (2013)

单位：亿元 (100 million yuan)

地区	Region	计划总投资 Total Investment Planed	自开始建设至本年底累计完成投资 Accumulative Investment Actually Completed Since Starting of Construction up to the End of This Year	本年完成投资 Investment Completed This Year	建筑安装工程 Construction and Installation	设备工器具购置 Purchase of Equipment and Instruments	其他费用 Others
全国	**National Total**	**430922.15**	**275881.28**	**86013.38**	**63919.25**	**1250.03**	**20844.10**
北京	Beijing	20668.85	14529.76	3483.40	1509.99	53.04	1920.37
天津	Tianjin	12165.05	7047.92	1480.82	1066.86	13.32	400.64
河北	Hebei	15121.71	10074.32	3445.42	2867.96	75.28	502.17
山西	Shanxi	5789.29	3669.46	1308.63	1112.28	14.36	181.99
内蒙古	Inner Mongolia	7442.13	4443.26	1479.01	1206.73	19.90	252.37
辽宁	Liaoning	25890.13	17852.63	6450.75	5307.57	131.13	1012.05
吉林	Jilin	5934.00	3916.69	1252.43	998.24	12.15	242.04
黑龙江	Heilongjiang	5781.02	3990.99	1604.83	1341.85	21.44	241.54
上海	Shanghai	18088.73	12403.51	2819.59	1890.60	13.97	915.02
江苏	Jiangsu	39790.80	25331.58	7241.45	5248.90	171.70	1820.85
浙江	Zhejiang	27683.59	19161.98	6216.25	3389.70	64.71	2761.84
安徽	Anhui	19840.91	12510.73	3946.23	3016.11	44.01	886.11
福建	Fujian	17341.99	12033.48	3702.97	2609.62	28.79	1064.57
江西	Jiangxi	6307.85	3977.33	1174.58	931.48	15.43	227.66
山东	Shandong	28400.75	17280.83	5444.53	4349.91	60.17	1034.45
河南	Henan	19326.41	10066.25	3843.76	3132.97	57.26	653.52
湖北	Hubei	14461.31	9069.92	3286.02	2426.17	75.79	784.07
湖南	Hunan	14209.82	8495.93	2628.32	2091.54	44.34	492.44
广东	Guangdong	38206.81	24855.00	6489.59	4809.49	65.47	1614.63
广西	Guangxi	9300.50	6373.39	1614.63	1281.99	19.58	313.06
海南	Hainan	6752.14	3563.34	1196.76	895.94	14.68	286.14
重庆	Chongqing	16539.20	10619.04	3012.78	2106.41	41.54	864.83
四川	Sichuan	15643.31	11580.46	3853.00	2924.38	79.43	849.19
贵州	Guizhou	9076.34	5298.96	1942.54	1501.43	23.56	417.55
云南	Yunnan	10063.39	5925.64	2488.33	1940.30	27.82	520.21
西藏	Tibet	46.60	28.31	9.68	9.27	0.03	0.37
陕西	Shaanxi	10675.82	6045.79	2240.17	1934.80	27.85	277.52
甘肃	Gansu	2981.44	1730.47	724.65	617.00	10.29	97.36
青海	Qinghai	1130.81	643.46	247.61	212.24	4.53	30.84
宁夏	Ningxia	2631.39	1493.60	558.97	479.25	4.56	75.15
新疆	Xinjiang	3630.09	1867.21	825.69	708.25	13.89	103.55

15-5 按用途分房地产开发企业完成投资
Investment Actually Completed by Enterprises for Real Estate Development by Use

单位：亿元 (100 million yuan)

年份 地区	Year Region	本年完成投资 Investment Completed This Year	住宅 Residential Buildings	#别墅、高档公寓 Villas, High-grade Apartments	办公楼 Office Buildings	商业营业用房 Houses for Business Use	其他 Others
	1998	3614.23	2081.56	181.85	433.80	475.83	623.04
	1999	4103.20	2638.48	178.62	338.60	484.33	641.79
	2000	4984.05	3311.98	270.01	297.85	579.99	794.23
	2001	6344.11	4216.68	369.92	307.95	755.30	1064.19
	2002	7790.92	5227.76	516.96	381.00	933.61	1248.55
	2003	10153.80	6776.69	632.99	508.34	1302.35	1566.43
	2004	13158.25	8836.95	1073.65	652.20	1723.72	1945.38
	2005	15909.25	10860.93	1049.41	763.07	2039.53	2245.72
	2006	19422.92	13638.41	1445.00	928.06	2353.88	2502.57
	2007	25288.84	18005.42	1807.12	1035.04	2785.65	3462.73
	2008	31203.19	22440.87	2032.31	1167.17	3354.48	4240.67
	2009	36241.81	25613.69	2073.34	1377.21	4180.66	5070.25
	2010	48259.40	34026.23	2829.81	1807.38	5648.40	6777.39
	2011	61796.89	44319.50	3424.16	2558.79	7424.05	7494.55
	2012	71803.79	49374.21	3448.37	3366.61	9312.00	9750.96
	2013	86013.38	58950.76	3637.90	4652.45	11944.83	10465.34
北 京	Beijing	3483.40	1724.56	135.64	611.75	317.51	829.59
天 津	Tianjin	1480.82	986.28	63.98	99.91	165.29	229.34
河 北	Hebei	3445.42	2539.29	55.14	140.39	456.98	308.75
山 西	Shanxi	1308.63	958.85	13.73	48.43	182.56	118.80
内蒙古	Inner Mongolia	1479.01	1003.57	28.62	62.82	283.67	128.94
辽 宁	Liaoning	6450.75	4666.03	243.46	155.77	1096.92	532.03
吉 林	Jilin	1252.43	911.45	38.04	41.83	193.56	105.59
黑龙江	Heilongjiang	1604.83	1124.72	30.82	31.12	276.31	172.69
上 海	Shanghai	2819.59	1615.51	348.60	377.18	370.03	456.87
江 苏	Jiangsu	7241.45	5171.50	461.19	324.18	1119.95	625.83
浙 江	Zhejiang	6216.25	4089.22	362.51	377.43	717.54	1032.07
安 徽	Anhui	3946.23	2549.88	64.54	166.20	800.86	429.29
福 建	Fujian	3702.97	2402.08	137.86	270.28	491.43	539.18
江 西	Jiangxi	1174.58	795.38	36.49	100.74	153.91	124.55
山 东	Shandong	5444.53	3976.63	159.96	287.81	701.72	478.37
河 南	Henan	3843.76	2827.09	27.04	175.40	442.10	399.17
湖 北	Hubei	3286.02	2251.56	63.80	147.44	496.70	390.33
湖 南	Hunan	2628.32	1845.81	78.52	89.64	351.15	341.72
广 东	Guangdong	6489.59	4530.63	510.87	337.27	705.47	916.23
广 西	Guangxi	1614.63	1166.61	41.60	51.67	174.88	221.47
海 南	Hainan	1196.76	995.09	218.65	12.18	74.39	115.10
重 庆	Chongqing	3012.78	2044.24	139.88	144.56	377.41	446.57
四 川	Sichuan	3853.00	2537.89	124.39	189.11	578.68	547.31
贵 州	Guizhou	1942.54	1224.23	32.53	132.03	344.90	241.39
云 南	Yunnan	2488.33	1642.40	106.86	117.50	410.97	317.46
西 藏	Tibet	9.68	5.87	2.08	0.11	2.78	0.92
陕 西	Shaanxi	2240.17	1768.95	38.73	79.85	224.08	167.28
甘 肃	Gansu	724.65	539.85	9.01	19.34	98.64	66.82
青 海	Qinghai	247.61	159.72	0.85	16.75	44.49	26.65
宁 夏	Ningxia	558.97	340.27	15.02	18.79	127.12	72.79
新 疆	Xinjiang	825.69	555.62	47.51	24.99	162.85	82.23

15-6 房地产开发企业实际到位资金
Actual Funds in Place of Enterprises for Real Estate Development

单位：亿元 (100 million yuan)

年份 地区	Year Region	本年实际到位资金小计 Total Actual Funds in Place This Year	国内贷款 Domestic Loans	利用外资 Foreign Investment	#外商直接投资 Foreign Direct Investment	自筹资金 Self-raising Funds	其他资金来源 Others
	1998	4414.94	1053.17	361.76	258.87	1166.98	1811.85
	1999	4795.90	1111.57	256.60	180.48	1344.62	2063.20
	2000	5997.63	1385.08	168.70	134.80	1614.21	2819.29
	2001	7696.39	1692.20	135.70	106.12	2183.96	3670.56
	2002	9749.95	2220.34	157.23	124.13	2738.45	4619.90
	2003	13196.92	3138.27	170.00	116.27	3770.69	6106.05
	2004	17168.77	3158.41	228.20	142.56	5207.56	8562.59
	2005	21397.84	3918.08	257.81	171.41	7000.39	10221.56
	2006	27135.55	5356.98	400.15	303.05	8597.09	12781.33
	2007	37477.96	7015.64	641.04	485.39	11772.53	18048.75
	2008	39619.36	7605.69	728.22	634.99	15312.10	15973.35
	2009	57799.04	11364.51	479.39	403.32	17949.12	28006.01
	2010	72944.04	12563.70	790.68	673.45	26637.21	32952.45
	2011	85688.73	13056.80	785.15	689.54	35004.57	36842.22
	2012	96536.81	14778.39	402.09	358.52	39081.96	42274.38
	2013	122122.47	19672.66	534.17	467.12	47424.95	54490.70
北　京	Beijing	7300.18	1836.95	11.60	11.60	2138.23	3313.40
天　津	Tianjin	2761.47	765.22	16.22	10.45	892.08	1087.95
河　北	Hebei	4123.54	336.40	9.98	9.98	2394.67	1382.50
山　西	Shanxi	1377.16	65.79			758.31	553.06
内蒙古	Inner Mongolia	1638.04	113.27			1118.00	406.76
辽　宁	Liaoning	7448.99	847.64	61.92	47.88	4090.17	2449.26
吉　林	Jilin	1516.78	126.57	5.15	2.00	804.59	580.47
黑龙江	Heilongjiang	1833.64	130.19			1102.62	600.83
上　海	Shanghai	5092.67	1292.36	38.14	37.32	1569.91	2192.26
江　苏	Jiangsu	12682.03	2373.97	109.41	101.78	3932.97	6265.69
浙　江	Zhejiang	8858.25	1590.65	47.03	46.25	2765.07	4455.49
安　徽	Anhui	5077.16	466.87	1.00	1.00	2143.66	2465.62
福　建	Fujian	5767.04	747.66	21.58	21.43	2016.51	2981.29
江　西	Jiangxi	1906.64	236.63	0.82	0.82	582.49	1086.70
山　东	Shandong	7371.32	995.41	33.51	31.69	3149.08	3193.32
河　南	Henan	4402.70	387.13	5.40	0.27	2472.67	1537.51
湖　北	Hubei	4224.48	796.57			1735.33	1692.58
湖　南	Hunan	3592.27	533.15	39.15	38.25	1215.39	1804.57
广　东	Guangdong	10472.94	2143.59	36.29	31.87	2798.34	5494.72
广　西	Guangxi	2155.24	324.35	0.62	0.62	815.69	1014.58
海　南	Hainan	1876.56	327.30	0.10	0.00	738.42	810.73
重　庆	Chongqing	4614.06	1112.29	44.18	44.13	1263.70	2193.89
四　川	Sichuan	5324.53	725.45	32.33	22.33	2150.87	2415.89
贵　州	Guizhou	2145.72	226.82			877.20	1041.70
云　南	Yunnan	2924.36	418.80	12.29		1541.76	951.51
西　藏	Tibet	12.56				5.10	7.45
陕　西	Shaanxi	2592.39	326.10	7.44	7.44	1143.18	1115.67
甘　肃	Gansu	963.35	168.75			431.08	363.52
青　海	Qinghai	259.09	44.43			117.97	96.68
宁　夏	Ningxia	694.15	105.74			247.69	340.72
新　疆	Xinjiang	1113.15	106.60			412.18	594.36

15-7 房地产开发企业房屋建筑面积和造价
Floor Space and Cost of Buildings Developed by Enterprises for Real Estate Development

年 份 地 区	Year Region	房屋施工面积(万平方米) Floor Space of Buildings under Construction (10 000 sq.m)	房屋竣工面积(万平方米) Floor Space of Buildings Completed (10 000 sq.m)	房屋建筑面积竣工率(%) Rate of Floor Space of Buildings Completed (%)	房屋竣工价值(亿元) Value of Buildings Completed (100 million yuan)	房屋竣工造价(元/平方米) Cost of Buildings Completed (yuan/sq.m)
	1998	50770.14	17566.60	34.6	2139.19	1218
	1999	56857.63	21410.83	37.7	2467.58	1152
	2000	65896.92	25104.86	38.1	2859.35	1139
	2001	79411.68	29867.36	37.6	3369.45	1128
	2002	94104.01	34975.75	37.2	4141.69	1184
	2003	117525.99	41464.06	35.3	5279.95	1273
	2004	140451.39	42464.87	30.2	5952.48	1402
	2005	166053.26	53417.04	32.2	7752.24	1451
	2006	194786.42	55830.92	28.7	8729.35	1564
	2007	236318.24	60606.68	25.6	10039.89	1657
	2008	283266.20	66544.80	23.5	11947.57	1795
	2009	320368.20	72677.40	22.7	14689.37	2021
	2010	405356.40	78743.90	19.4	17542.73	2228
	2011	506775.48	92619.94	18.3	21975.91	2373
	2012	573417.52	99424.96	17.3	24836.62	2498
	2013	665571.89	101434.99	15.2	26805.38	2643
北 京	Beijing	13886.87	2666.35	19.2	781.26	2930
天 津	Tianjin	10892.17	2805.37	25.8	749.05	2670
河 北	Hebei	29949.12	4437.02	14.8	1199.11	2703
山 西	Shanxi	14040.05	2284.82	16.3	498.46	2182
内蒙古	Inner Mongolia	18624.32	2638.24	14.2	629.53	2386
辽 宁	Liaoning	41625.60	6151.97	14.8	1490.81	2423
吉 林	Jilin	12181.28	2253.65	18.5	501.41	2225
黑龙江	Heilongjiang	13567.37	2932.70	21.6	642.39	2190
上 海	Shanghai	13516.58	2254.44	16.7	1052.76	4670
江 苏	Jiangsu	52574.17	9711.60	18.5	2975.51	3064
浙 江	Zhejiang	37647.24	4692.34	12.5	1529.25	3259
安 徽	Anhui	30235.20	5180.35	17.1	1341.82	2590
福 建	Fujian	26287.28	3369.76	12.8	815.57	2420
江 西	Jiangxi	11995.67	1790.26	14.9	386.26	2158
山 东	Shandong	50549.17	7508.52	14.9	1731.39	2306
河 南	Henan	35979.33	5965.87	16.6	1117.83	1874
湖 北	Hubei	21865.81	3040.84	13.9	703.22	2313
湖 南	Hunan	25400.09	4593.76	18.1	1157.16	2519
广 东	Guangdong	46480.47	6273.30	13.5	2114.38	3370
广 西	Guangxi	16040.17	1712.68	10.7	390.89	2282
海 南	Hainan	6173.00	609.40	9.9	237.91	3904
重 庆	Chongqing	26251.89	3804.36	14.5	1152.25	3029
四 川	Sichuan	32164.98	5108.86	15.9	1297.62	2540
贵 州	Guizhou	17356.96	1764.78	10.2	356.49	2020
云 南	Yunnan	18260.72	2019.20	11.1	473.67	2346
西 藏	Tibet	57.70	18.09	31.4	6.16	3402
陕 西	Shaanxi	17240.86	1511.67	8.8	430.73	2849
甘 肃	Gansu	6848.40	915.56	13.4	208.20	2274
青 海	Qinghai	2376.64	592.62	24.9	160.76	2713
宁 夏	Ningxia	6043.23	1104.45	18.3	310.50	2811
新 疆	Xinjiang	9459.55	1722.16	18.2	363.02	2108

15-8 按用途分房地产开发企业房屋新开工面积
Floor Space of Buildings Started This Year by Enterprises for Real Estate Development by Use

单位：万平方米 (10 000 sq.m)

年份 地区	Year Region	本年房屋新开工面积 Floor Space Started This Year	住宅 Residential Buildings	#别墅、高档公寓 Villas, High-grade Apartments	办公楼 Office Buildings	商业营业用房 Houses for Business Use	其他 Others
	1998	20387.90	16637.50	638.60	871.50	1938.65	940.25
	1999	22579.41	18797.94	594.06	690.29	2198.56	892.62
	2000	29582.64	24401.15	1169.09	898.81	3034.77	1247.91
	2001	37394.18	30532.72	1456.69	1072.98	4105.40	1683.08
	2002	42800.52	34719.35	2278.17	1254.24	4926.48	1900.45
	2003	54707.53	43853.88	2349.29	1466.89	6706.80	2679.96
	2004	60413.86	47949.01	2975.69	1704.19	7790.81	2969.85
	2005	68064.44	55185.07	2834.97	1671.10	7675.47	3532.79
	2006	79252.83	64403.80	4058.32	2134.94	8473.23	4240.86
	2007	95401.53	78795.51	4914.41	2141.44	9093.89	5370.70
	2008	102553.37	83642.12	4336.97	2471.95	10040.69	6398.62
	2009	116422.05	93298.41	3649.80	2860.76	12415.03	7847.84
	2010	163646.87	129359.31	5080.05	3668.07	17472.58	13146.91
	2011	191236.87	147163.11	5653.01	5399.20	20730.78	17943.77
	2012	177333.62	130695.42	4228.31	5986.46	22006.85	18644.89
	2013	201207.84	145844.80	4454.59	6887.24	25902.00	22573.80
北京	Beijing	3577.52	1736.54	80.62	671.40	351.01	818.58
天津	Tianjin	2672.93	1744.85	85.11	173.84	370.11	384.14
河北	Hebei	6932.65	5445.77	70.20	172.02	704.82	610.04
山西	Shanxi	3673.34	2723.39	20.50	76.47	472.80	400.69
内蒙古	Inner Mongolia	5042.81	3633.33	61.14	99.50	879.30	430.68
辽宁	Liaoning	13444.45	10141.66	244.91	196.80	1965.50	1140.50
吉林	Jilin	3746.24	2858.01	54.89	96.21	505.73	286.30
黑龙江	Heilongjiang	4030.44	2920.48	21.05	34.72	733.93	341.31
上海	Shanghai	2705.95	1643.09	252.28	264.06	274.96	523.84
江苏	Jiangsu	16358.18	12211.81	552.24	547.94	2047.90	1550.54
浙江	Zhejiang	9315.10	5787.98	347.37	576.71	1123.97	1826.44
安徽	Anhui	10077.71	7143.99	141.37	246.09	1624.77	1062.87
福建	Fujian	7193.01	4795.83	187.85	381.57	888.85	1126.75
江西	Jiangxi	4138.96	3050.83	86.94	167.13	529.57	391.43
山东	Shandong	15390.76	11497.27	207.74	567.24	1976.83	1349.42
河南	Henan	12465.09	10055.31	85.43	329.90	1185.51	894.36
湖北	Hubei	8226.71	6250.23	111.85	201.33	1022.16	753.00
湖南	Hunan	8869.13	6854.15	154.79	149.71	920.42	944.85
广东	Guangdong	14265.48	10114.75	622.14	563.20	1481.58	2105.94
广西	Guangxi	3715.67	2901.93	53.29	72.74	331.09	409.91
海南	Hainan	1735.42	1471.69	171.57	14.59	134.74	114.40
重庆	Chongqing	7641.63	5387.60	152.52	241.15	1001.32	1011.57
四川	Sichuan	10163.57	7008.71	118.40	264.42	1402.18	1488.25
贵州	Guizhou	5628.24	3974.16	72.22	171.33	806.39	676.36
云南	Yunnan	6481.80	4529.09	280.45	171.33	1003.08	778.29
西藏	Tibet	27.76	22.37	6.78		1.59	3.80
陕西	Shaanxi	4483.35	3488.16	31.27	179.21	474.83	341.15
甘肃	Gansu	2451.19	1917.05	18.01	30.13	300.68	203.33
青海	Qinghai	859.76	599.85	7.79	43.75	123.41	92.75
宁夏	Ningxia	2163.12	1435.77	46.42	59.86	424.44	243.05
新疆	Xinjiang	3729.87	2499.16	107.46	122.90	838.51	269.30

15-9 按用途分商品房销售面积
Floor Space of Commercialized Buildings Sold by Use

单位：万平方米 (10 000 sq.m)

年份 地区	Year Region	商品房销售面积 Floor Space of Commercialized Buildings Sold	住宅 Residential Buildings	#别墅、高档公寓 Villas, High-grade Apartments	办公楼 Office Buildings	商业营业用房 Houses for Business Use	其他 Others
	1998	12185.30	10827.10	345.30	400.60	810.80	146.80
	1999	14556.53	12997.87	435.74	403.43	1003.17	152.06
	2000	18637.13	16570.28	640.72	436.98	1399.31	230.56
	2001	22411.90	19938.75	878.19	502.57	1696.15	274.44
	2002	26808.29	23702.31	1241.26	538.92	2218.58	348.47
	2003	33717.63	29778.85	1449.87	630.49	2833.10	475.19
	2004	38231.64	33819.89	2323.05	692.84	3100.29	618.62
	2005	55486.22	49587.83	2818.44	1096.23	4081.38	720.78
	2006	61857.07	55422.95	3672.44	1231.04	4337.79	865.29
	2007	77354.72	70135.88	4581.31	1465.23	4644.61	1109.01
	2008	65969.83	59280.35	2865.25	1157.05	4206.06	1326.37
	2009	94755.00	86184.89	4626.05	1544.43	5328.03	1697.65
	2010	104764.65	93376.60	4219.10	1889.97	6994.84	2503.24
	2011	109366.75	96528.41	3729.93	2004.97	7868.65	2964.71
	2012	111303.65	98467.51	3476.00	2253.65	7759.28	2823.21
	2013	130550.59	115722.69	3632.03	2883.35	8469.22	3475.33
北京	Beijing	1903.11	1363.67	87.76	317.93	102.52	118.98
天津	Tianjin	1847.11	1720.34	51.77	23.49	51.60	51.68
河北	Hebei	5675.95	5020.13	70.09	78.00	404.93	172.89
山西	Shanxi	1642.82	1484.37	21.11	15.30	116.00	27.15
内蒙古	Inner Mongolia	2737.70	2263.65	28.32	53.31	272.07	148.67
辽宁	Liaoning	9292.33	8014.80	198.20	53.61	859.00	364.93
吉林	Jilin	2214.96	1985.95	56.42	21.25	157.31	50.46
黑龙江	Heilongjiang	3339.95	2944.23	15.84	24.84	256.21	114.67
上海	Shanghai	2382.20	2015.81	314.20	161.22	116.47	88.71
江苏	Jiangsu	11454.77	10191.52	431.15	286.81	817.48	158.97
浙江	Zhejiang	4886.99	4097.63	225.93	218.29	344.41	226.66
安徽	Anhui	6265.35	5573.53	78.19	94.98	506.29	90.54
福建	Fujian	4676.16	3957.46	98.75	211.42	242.53	264.75
江西	Jiangxi	3167.06	2846.04	73.04	56.46	214.03	50.53
山东	Shandong	10329.80	9300.29	158.38	189.29	600.12	240.11
河南	Henan	7310.21	6561.41	41.23	205.44	444.99	98.37
湖北	Hubei	5298.54	4765.68	125.87	92.76	358.38	81.72
湖南	Hunan	5952.38	5411.48	93.09	78.72	343.63	118.54
广东	Guangdong	9836.39	8830.95	732.46	256.86	433.61	314.96
广西	Guangxi	2995.58	2765.15	31.27	32.06	135.09	63.28
海南	Hainan	1191.23	1154.86	123.48	2.08	25.08	9.21
重庆	Chongqing	4817.56	4359.19	116.32	68.67	244.04	145.67
四川	Sichuan	7312.78	6505.32	109.61	114.22	468.64	224.60
贵州	Guizhou	2972.32	2646.98	28.00	100.02	198.99	26.32
云南	Yunnan	3309.30	2855.52	189.62	51.33	285.65	116.79
西藏	Tibet	25.40	22.78	3.47	0.77	1.85	
陕西	Shaanxi	3045.70	2831.22	29.09	44.83	119.22	50.43
甘肃	Gansu	1220.02	1134.81	4.50	5.90	63.72	15.59
青海	Qinghai	381.56	369.70	0.20	0.69	10.27	0.90
宁夏	Ningxia	1048.31	928.26	17.54	5.74	102.66	11.66
新疆	Xinjiang	2017.03	1799.95	77.11	17.04	172.44	27.60

15-10 按用途分商品房销售额
Total Sale of Commercialized Buildings Sold by Use

单位：亿元 (100 million yuan)

年份 地区	Year Region	商品房销售额 Total Sale of Commercialized Buildings Sold	住宅 Residential Buildings	#别墅、高档公寓 Villas, High-grade Apartments	办公楼 Office Buildings	商业营业用房 Houses for Business Use	其他 Others
	1998	2513.30	2006.87	158.70	222.41	257.06	26.97
	1999	2987.87	2413.73	196.23	212.39	334.32	27.42
	2000	3935.44	3228.60	274.75	207.63	456.23	42.98
	2001	4862.75	4021.15	381.84	230.56	555.24	55.80
	2002	6032.34	4957.85	515.57	233.66	773.97	66.87
	2003	7955.66	6543.45	600.90	264.53	1041.20	106.48
	2004	10375.71	8619.37	882.34	383.32	1229.54	143.48
	2005	17576.13	14563.76	1644.27	758.87	2049.57	203.94
	2006	20825.96	17287.81	2418.28	991.33	2275.87	270.95
	2007	29889.12	25565.81	3422.81	1269.91	2681.72	371.68
	2008	25068.18	21196.00	2235.07	969.36	2475.85	426.97
	2009	44355.17	38432.90	4469.76	1638.41	3660.67	623.20
	2010	52721.24	44120.65	4613.11	2155.71	5418.82	1026.07
	2011	58588.86	48198.32	4100.66	2471.58	6679.08	1239.88
	2012	64455.79	53467.18	3983.56	2773.43	6999.57	1215.60
	2013	81428.28	67694.94	4573.19	3747.35	8280.48	1705.52
北京	Beijing	3530.82	2434.71	289.28	744.78	270.71	80.62
天津	Tianjin	1615.47	1443.34	73.89	26.88	85.40	59.85
河北	Hebei	2779.69	2329.12	58.15	60.72	311.39	78.46
山西	Shanxi	728.26	625.14	21.36	14.64	80.91	7.57
内蒙古	Inner Mongolia	1177.36	874.45	17.64	40.42	196.30	66.19
辽宁	Liaoning	4759.21	3941.86	157.29	36.34	636.55	144.46
吉林	Jilin	993.04	839.73	53.63	13.78	111.18	28.35
黑龙江	Heilongjiang	1582.34	1305.90	10.42	17.61	196.89	61.94
上海	Shanghai	3911.57	3264.03	908.58	380.85	224.71	41.98
江苏	Jiangsu	7913.70	6777.70	525.85	218.46	851.47	66.06
浙江	Zhejiang	5396.03	4513.88	333.18	303.78	481.18	97.19
安徽	Anhui	3182.87	2662.04	64.19	69.11	420.27	31.44
福建	Fujian	4232.08	3410.57	139.09	290.14	373.78	157.59
江西	Jiangxi	1647.90	1396.06	48.01	51.28	174.90	25.65
山东	Shandong	5215.12	4461.07	156.10	176.13	482.11	95.81
河南	Henan	3074.14	2516.26	32.38	187.16	334.53	36.19
湖北	Hubei	2790.32	2310.04	106.67	77.77	354.73	47.78
湖南	Hunan	2525.64	2114.97	75.56	86.74	281.48	42.45
广东	Guangdong	8941.05	7476.10	829.66	534.06	679.81	251.07
广西	Guangxi	1375.79	1166.72	27.98	43.23	139.47	26.37
海南	Hainan	1032.65	997.00	201.24	4.88	25.21	5.57
重庆	Chongqing	2682.76	2283.57	115.63	78.08	263.08	58.04
四川	Sichuan	4020.27	3308.58	107.56	111.75	514.30	85.65
贵州	Guizhou	1276.69	988.77	25.03	73.15	204.10	10.68
云南	Yunnan	1487.24	1192.55	108.86	46.62	207.45	40.61
西藏	Tibet	10.60	8.85	1.62	0.40	1.36	
陕西	Shaanxi	1608.11	1413.20	26.55	33.22	125.10	36.59
甘肃	Gansu	474.07	418.08	3.57	5.03	46.49	4.47
青海	Qinghai	158.84	146.29	0.17	0.41	11.83	0.31
宁夏	Ningxia	443.70	363.60	11.80	4.57	70.62	4.91
新疆	Xinjiang	860.95	710.74	42.24	15.35	123.17	11.69

15-11 按用途分商品房平均销售价格
Average Selling Price of Commercialized Buildings by Use

单位：元/平方米 (yuan/sq.m)

年份 地区	Year Region	商品房平均销售价格 Average Selling Price of Commercialized Buildings	住宅 Residential Buildings	#别墅、高档公寓 Villas, High-grade Apartments	办公楼 Office Buildings	商业营业用房 Houses for Business Use	其他 Others
	1998	2063	1854	4596	5552	3170	1837
	1999	2053	1857	4503	5265	3333	1804
	2000	2112	1948	4288	4751	3260	1864
	2001	2170	2017	4348	4588	3274	2033
	2002	2250	2092	4154	4336	3489	1919
	2003	2359	2197	4145	4196	3675	2241
	2004	2778	2608	5576	5744	3884	2235
	2005	3168	2937	5834	6923	5022	2829
	2006	3367	3119	6585	8053	5247	3131
	2007	3864	3645	7471	8667	5774	3351
	2008	3800	3576	7801	8378	5886	3219
	2009	4681	4459	9662	10608	6871	3671
	2010	5032	4725	10934	11406	7747	4099
	2011	5357	4993	10994	12327	8488	4182
	2012	5791	5430	11460	12306	9021	4306
	2013	6237	5850	12591	12997	9777	4907
北京	Beijing	18553	17854	32962	23426	26405	6776
天津	Tianjin	8746	8390	14271	11441	16550	11583
河北	Hebei	4897	4640	8296	7785	7690	4538
山西	Shanxi	4433	4211	10119	9570	6974	2789
内蒙古	Inner Mongolia	4301	3863	6229	7582	7215	4452
辽宁	Liaoning	5122	4918	7936	6779	7410	3959
吉林	Jilin	4483	4228	9505	6484	7068	5618
黑龙江	Heilongjiang	4738	4435	6578	7090	7685	5401
上海	Shanghai	16420	16192	28917	23623	19294	4732
江苏	Jiangsu	6909	6650	12196	7617	10416	4156
浙江	Zhejiang	11042	11016	14747	13917	13971	4288
安徽	Anhui	5080	4776	8208	7276	8301	3473
福建	Fujian	9050	8618	14085	13723	15412	5952
江西	Jiangxi	5203	4905	6573	9083	8172	5077
山东	Shandong	5049	4797	9856	9305	8034	3990
河南	Henan	4205	3835	7854	9110	7518	3679
湖北	Hubei	5266	4847	8475	8384	9898	5847
湖南	Hunan	4243	3908	8116	11019	8191	3581
广东	Guangdong	9090	8466	11327	20792	15678	7972
广西	Guangxi	4593	4219	8950	13483	10324	4168
海南	Hainan	8669	8633	16297	23490	10050	6045
重庆	Chongqing	5569	5239	9941	11370	10780	3984
四川	Sichuan	5498	5086	9813	9783	10974	3813
贵州	Guizhou	4295	3735	8940	7314	10257	4056
云南	Yunnan	4494	4176	5741	9083	7262	3477
西藏	Tibet	4174	3883	4669	5155	7334	
陕西	Shaanxi	5280	4991	9128	7411	10493	7256
甘肃	Gansu	3886	3684	7946	8530	7296	2865
青海	Qinghai	4163	3957	8689	5862	11523	3436
宁夏	Ningxia	4232	3917	6727	7962	6879	4211
新疆	Xinjiang	4268	3949	5478	9006	7143	4236

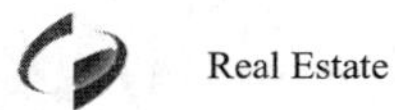

15-12 分地区按项目规模分房地产开发完成投资（2013年）
Investment Actually Completed by Enterprises for Real Estate Development by Size of Projects and Region (2013)

单位：亿元 (100 million yuan)

地区	Region	500万元以下 Less Than 5 Million Yuan	500-1000万元 5-10 Million Yuan	1000-3000万元 10-30 Million Yuan	3000-5000万元 30-50 Million Yuan	5000万-1亿元 50-100 Million Yuan	1-5亿元 100-500 Million Yuan	5-10亿元 500-1000 Million Yuan	10亿元以上 1 Billion Yuan and More
全国	**National Total**	**5.07**	**32.59**	**378.16**	**698.04**	**2761.33**	**22144.39**	**18419.65**	**41574.14**
北京	Beijing		0.09	1.29	3.80	16.51	144.33	366.99	2950.39
天津	Tianjin	0.01	0.14	0.65	1.71	9.15	204.69	287.20	977.27
河北	Hebei	0.17	0.33	11.25	20.64	104.02	1019.78	727.39	1561.84
山西	Shanxi		1.45	16.84	22.22	97.64	470.49	269.81	430.17
内蒙古	Inner Mongolia	0.09	2.29	18.84	31.01	95.50	462.73	321.18	547.38
辽宁	Liaoning	0.22	1.28	11.58	23.48	119.43	1650.92	1607.25	3036.60
吉林	Jilin	0.25	1.27	10.12	17.39	59.87	384.58	310.19	468.75
黑龙江	Heilongjiang	0.01	1.49	14.27	48.01	70.00	410.99	300.01	760.06
上海	Shanghai		0.01	1.02	2.43	11.38	238.92	457.81	2108.02
江苏	Jiangsu	0.07	0.50	11.02	24.99	122.42	1803.51	1775.35	3503.59
浙江	Zhejiang	0.00	0.42	8.69	17.44	104.11	1396.48	1398.03	3291.08
安徽	Anhui	0.19	1.80	15.04	24.25	89.69	959.56	981.11	1874.59
福建	Fujian	0.15	0.58	9.81	18.05	70.21	755.68	755.23	2093.26
江西	Jiangxi	0.18	0.72	8.56	18.59	64.25	488.72	332.68	260.88
山东	Shandong	0.45	1.76	22.26	45.31	242.89	1635.07	1337.99	2158.81
河南	Henan	0.26	1.26	17.87	32.79	189.84	1384.56	912.69	1304.49
湖北	Hubei	0.30	1.25	24.23	38.85	138.01	863.46	534.69	1685.24
湖南	Hunan	0.40	2.11	26.51	45.96	162.72	955.29	506.62	928.72
广东	Guangdong	0.50	2.15	21.85	33.66	127.93	1354.03	1245.59	3703.88
广西	Guangxi	0.21	1.15	11.15	23.66	81.13	565.39	384.81	547.12
海南	Hainan		0.05	1.23	3.98	25.79	255.17	227.96	682.58
重庆	Chongqing	0.19	0.77	10.73	17.01	82.31	629.78	541.74	1730.25
四川	Sichuan	0.01	1.47	17.26	37.26	209.44	1274.90	1283.92	1028.73
贵州	Guizhou	0.20	1.00	9.24	21.38	70.91	574.07	298.98	966.77
云南	Yunnan	0.13	1.29	16.96	32.53	126.90	732.36	367.87	1210.28
西藏	Tibet	0.04		0.06		1.01	8.42		0.14
陕西	Shaanxi	0.04	0.61	9.03	17.67	51.52	469.59	440.66	1251.06
甘肃	Gansu	0.47	1.77	16.30	23.88	77.57	329.14	135.75	139.76
青海	Qinghai	0.05	0.21	1.77	1.18	12.01	90.10	54.12	88.17
宁夏	Ningxia		0.08	3.83	9.87	25.25	265.65	138.83	115.47
新疆	Xinjiang	0.48	3.30	28.92	39.06	101.91	366.05	117.18	168.78

15-13 房地产开发企业成套住宅竣工与销售情况
Number of Flats of Residential Buildings Completed and Sold by Enterprises for Real Estate Development

单位：套 (sets)

年份 地区	Year Region	住宅竣工套数合计 Total Number of Flats of Residential Buildings Completed	#别墅、高档公寓 Villas, High-grade Apartments	住宅销售套数合计 Total Number of Flats of Residential Buildings Sold	#别墅、高档公寓 Villas, High-grade Apartments
	2000	2139702	59880		
	2001	2414392	72207		
	2002	2629616	97751		
	2003	3021134	108525		
	2004	4042219	144949		
	2005	3682523	135276	4235372	152339
	2006	4005305	139632	5049094	219982
	2007	4401203	159423	6251263	257776
	2008	4939189	144618	5565827	157455
	2009	5548897	143621	8040470	240129
	2010	6019767	163207	8817526	223596
	2011	7219163	155923	9139672	191881
	2012	7642379	161899	9446424	184001
	2013	7493133	126444	11046279	202081
北京	Beijing	177942	4639	137029	4655
天津	Tianjin	288327	4747	177133	3153
河北	Hebei	331497	1972	493344	4076
山西	Shanxi	181251	456	129403	962
内蒙古	Inner Mongolia	186064	1594	218868	1662
辽宁	Liaoning	564037	1891	883890	8188
吉林	Jilin	202505	2114	227433	3930
黑龙江	Heilongjiang	276441	1152	317051	650
上海	Shanghai	145858	12565	206073	19949
江苏	Jiangsu	643446	18769	912298	19021
浙江	Zhejiang	258521	7214	344462	8237
安徽	Anhui	380896	3500	554834	5105
福建	Fujian	212573	3162	363100	5329
江西	Jiangxi	121444	1598	253688	4958
山东	Shandong	540876	4785	849625	10861
河南	Henan	432585	1013	583824	2310
湖北	Hubei	229829	1459	440663	6705
湖南	Hunan	322402	4540	466669	4186
广东	Guangdong	404602	17446	790912	44334
广西	Guangxi	128522	1380	255647	1319
海南	Hainan	60903	6845	130246	9979
重庆	Chongqing	300754	6555	472130	8006
四川	Sichuan	391683	3506	672844	5910
贵州	Guizhou	117945	343	249808	1747
云南	Yunnan	131733	5848	242845	7895
西藏	Tibet	748	306	2062	177
陕西	Shaanxi	117950	1494	273152	2244
甘肃	Gansu	88749	6	110000	147
青海	Qinghai	40394		33186	5
宁夏	Ningxia	78533	889	85677	1261
新疆	Xinjiang	134123	4656	168383	5120

注：住宅销售套数包括期房。
a) Number of flats of residential buildings sold includes the future housing.

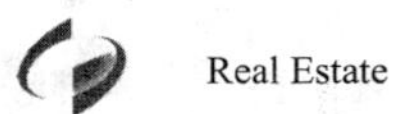

15-14 35个大中城市主要指标完成情况（2013年）
Main Indicators of Real Estate Projects in 35 Large and Medium-sized Cities (2013)

城市	City	本年完成投资（亿元） Investment Completed This Year (100 million yuan)	#住宅 Residential Buildings	#办公楼 Office Buildings	#商业营业用房 Houses for Business Use	房屋施工面积（万平方米） Floor Space of Buildings under Construction (10 000 sq.m)	房屋竣工面积（万平方米） Floor Space of Buildings Completed (10 000 sq.m)	#住宅 Residential Buildings
总计	**Total**	**41818.42**	**27022.82**	**3444.66**	**5386.18**	**260938.19**	**36411.36**	**26573.15**
北京	Beijing	3483.40	1724.56	611.75	317.51	13886.87	2666.35	1692.04
天津	Tianjin	1480.82	986.28	99.91	165.29	10892.17	2805.37	2117.66
石家庄	Shijiazhuang	928.15	615.70	83.74	152.26	5200.29	865.93	631.35
太原	Taiyuan	416.23	300.29	27.29	48.73	4184.22	248.39	211.17
呼和浩特	Hohhot	581.68	392.13	29.68	113.51	5805.39	400.05	308.77
沈阳	Shenyang	2184.01	1574.58	61.97	396.66	11568.29	1459.80	1230.34
大连	Dalian	1710.36	1257.97	47.09	251.79	6396.17	1046.57	850.66
长春	Changchun	611.78	435.52	31.27	84.92	5628.42	1008.12	768.85
哈尔滨	Harbin	857.94	583.86	23.88	154.01	5947.06	1056.95	845.72
上海	Shanghai	2819.59	1615.51	377.18	370.03	13516.58	2254.44	1417.41
南京	Nanjing	1037.71	729.13	59.77	120.78	6156.48	1039.39	754.04
杭州	Hangzhou	1853.28	1169.56	168.79	174.83	9327.52	1172.24	845.12
宁波	Ningbo	1123.14	642.33	95.81	153.08	6833.96	867.48	462.51
合肥	Hefei	1105.81	674.35	93.13	187.86	7015.32	1435.33	1072.32
福州	Fuzhou	1264.79	865.41	108.22	120.36	6871.04	832.55	605.83
厦门	Xiamen	531.80	304.19	69.98	57.59	3785.86	343.79	214.11
南昌	Nanchang	406.14	241.24	90.61	44.11	3992.51	373.75	305.47
济南	Jinan	721.77	514.12	56.02	74.24	4815.08	805.02	613.53
青岛	Qingdao	1048.52	668.12	101.75	134.54	7072.55	957.34	674.86
郑州	Zhengzhou	1445.33	910.46	135.91	188.68	9721.23	1137.47	760.56
武汉	Wuhan	1905.60	1250.78	123.68	274.26	8545.13	679.31	529.70
长沙	Changsha	1157.63	769.46	63.97	156.59	8696.54	1401.84	1067.56
广州	Guangzhou	1572.43	950.68	166.84	205.88	8159.31	1141.30	709.60
深圳	Shenzhen	876.90	590.48	64.48	84.46	4003.49	353.55	196.33
南宁	Nanning	416.37	302.38	17.12	39.36	3812.35	325.58	234.47
海口	Haikou	256.40	205.73	5.43	16.00	1805.89	195.01	147.61
重庆	Chongqing	3012.78	2044.24	144.56	377.41	26251.89	3804.36	2867.45
成都	Chengdu	2111.25	1290.45	158.86	299.49	15239.30	1879.65	1353.09
贵阳	Guiyang	978.02	627.94	102.29	138.02	6467.52	711.69	536.47
昆明	Kunming	1291.71	868.95	95.78	161.01	7705.66	602.68	499.36
西安	Xi'an	1572.65	1226.28	69.86	151.71	10297.63	795.35	663.20
兰州	Lanzhou	257.44	171.02	13.17	36.81	2622.13	158.49	128.31
西宁	Xining	195.58	124.46	15.67	33.58	1840.40	524.40	421.14
银川	Yinchuan	330.81	195.68	15.45	70.65	3522.66	643.23	491.52
乌鲁木齐	Urumqi	270.59	198.98	13.75	30.16	3351.29	418.60	345.01

15-14 续表 continued

城 市 City		商品房销售面积(万平方米) Floor Space of Commercialized Buildings Sold (10 000 sq.m)	#住宅 Residential Buildings	商品房平均销售价格(元/平方米) Selling Price of Commercialized Buildings (yuan/sq.m)	#住宅 Residential Buildings	本年土地购置面积(万平方米) Land Space Purchased This Year (10 000 sq.m)
总　计	**Total**	**45597.15**	**39815.57**	**8841**	**8284**	**12591.98**
北　京	Beijing	1903.11	1363.67	18553	17854	906.17
天　津	Tianjin	1847.11	1720.34	8746	8390	210.64
石家庄	Shijiazhuang	951.21	782.73	5503	4943	83.07
太　原	Taiyuan	423.31	401.15	7158	6668	180.63
呼和浩特	Hohhot	420.45	339.96	5233	4631	76.69
沈　阳	Shenyang	2262.33	2017.37	6348	6074	860.04
大　连	Dalian	1222.13	1104.02	8263	7859	336.26
长　春	Changchun	847.06	762.50	6026	5729	456.29
哈尔滨	Harbin	1370.48	1227.00	6194	5884	265.18
上　海	Shanghai	2382.20	2015.81	16420	16192	421.74
南　京	Nanjing	1222.01	1143.15	11495	11078	121.11
杭　州	Hangzhou	1139.13	968.78	15022	14679	227.65
宁　波	Ningbo	730.09	581.95	11100	11405	239.92
合　肥	Hefei	1628.09	1451.69	6283	6084	658.62
福　州	Fuzhou	1256.49	1105.48	11236	10155	390.44
厦　门	Xiamen	786.71	581.52	13625	14551	125.10
南　昌	Nanchang	841.49	751.87	7101	6639	257.13
济　南	Jinan	822.63	705.31	7152	7013	217.71
青　岛	Qingdao	1160.16	1050.61	8435	7987	433.01
郑　州	Zhengzhou	1621.89	1313.48	7162	6587	461.97
武　汉	Wuhan	1995.36	1750.43	7717	7238	502.82
长　沙	Changsha	1861.56	1659.53	6292	5759	458.99
广　州	Guangzhou	1699.98	1398.47	15330	13954	182.18
深　圳	Shenzhen	588.58	527.16	24402	23427	134.87
南　宁	Nanning	702.60	633.14	6959	6155	80.11
海　口	Haikou	338.19	319.04	7423	7342	14.23
重　庆	Chongqing	4817.56	4359.19	5569	5239	1896.65
成　都	Chengdu	2950.13	2555.81	7197	6708	271.93
贵　阳	Guiyang	1282.01	1145.71	5025	4488	424.59
昆　明	Kunming	1211.20	1041.35	5795	5615	782.36
西　安	Xi'an	1632.85	1496.34	6716	6435	335.16
兰　州	Lanzhou	253.46	237.35	5868	5520	169.53
西　宁	Xining	277.80	272.04	4628	4380	30.94
银　川	Yinchuan	612.11	543.09	4856	4524	173.37
乌鲁木齐	Urumqi	535.67	488.54	6111	5858	204.90

主要统计指标解释

待开发土地面积 指房地产开发企业经有关部门批准，通过各种方式获得土地使用权，但尚未开工建设的土地面积。

本年土地购置面积 指房地产开发企业本年通过各种方式获得土地使用权的土地面积。

本年土地成交价款 指房地产开发企业本年进行土地使用权交易活动的最终金额。在土地一级市场，是指土地最后的划拨款、“招拍挂”价格和出让价；在土地二级市场是指土地转让、出租、抵押等最后确定的合同价格。土地成交价款与土地购置面积同口径。

土地购置费 指房地产开发企业通过各种方式取得土地使用权而支付的费用。土地购置费按本年实际发生额计入投资。土地购置费为分期付款的，分期计入房地产开发投资。

计划总投资 指房地产开发企业在建的建设工程按照总体设计（或按设计概算或预算）规定的内容全部建成计划需要的总投资。

自开始建设累计完成投资 指房地产开发企业在建的房屋建设工程或正在开发的土地开发工程从开始建设到本年末止累计完成的全部投资。

房地产开发投资 指房地产开发企业本年完成的全部用于房屋建设工程、土地开发工程的投资额以及公益性建筑和土地购置费等的投资。

本年实际到位资金小计 指房地产开发企业本年实际到位，可用于房地产开发的各种货币资金及来源渠道。具体细分为国内贷款、利用外资、自筹资金和其他资金。

房屋施工面积 指房地产开发企业本年施工的全部房屋建筑面积。包括本年新开工的房屋建筑面积、上年跨入本年继续施工的房屋建筑面积、上年停缓建在本年恢复施工的房屋建筑面积、本年竣工的房屋建筑面积以及本年施工后又停缓建的房屋建筑面积。多层建筑应填各层建筑面积之和。

房屋新开工面积 指房地产开发企业本年新开工建设的房屋建筑面积，以单位工程为核算对象。不包括在上年开工跨入本年继续施工的房屋建筑面积和上年停缓建而在本年恢复施工的房屋建筑面积。房屋的开工应以房屋正式开始破土刨槽（地基处理或打永久桩）的日期为准。房屋新开工面积指整栋房屋的全部建筑面积，不能分割计算。

房屋竣工面积 指房地产开发企业本年按照设计要求已全部完工，达到住人和使用条件，经验收鉴定合格或达到竣工验收标准，可正式移交使用的各栋房屋建筑面积的总和。

商品房销售面积 指房地产开发企业本年出售商品房屋的合同总面积(即双方签署的正式买卖合同中所确定的建筑面积)。

商品房销售额 指房地产开发企业本年出售商品房屋的合同总价款(即双方签署的正式买卖合同中所确定的合同总价)。该指标与商品房销售面积同口径。

Explanatory Notes on Main Statistical Indicators

Land Space Pending Development refers to the area of land with its use rights already approved by authorities and obtained by real estate development companies but the land development not yet starts.

Land Space Purchased in the Year refers to the area of land with its use rights already obtained in the year by real estate development companies.

Transaction Value of Land in the Year refers to the final amount of transactions made by real estate development companies to obtain the land use rights in the year. At the primary land market, it refers to the amount of final assignment, or the amount reached and transferred as a result of bidding, auction or listing procedures. In the secondary land market, it refers to the final amount on contracts with land transfer, lease and mortgage. The transaction value of land and the land space purchased have the same scope.

Value of Land Purchased refers to the payment made by real estate development companies for land use rights. The actual payment incurred in the year is included in the investment. The payment by installment when occurring is included in the investment.

Total Investment Planned refers to the total amount required for the completion of the activities according to the planned design or budget for the project under construction by real estate development companies.

Accumulative Investment Actually Completed Since Starting of Construction refers to all the investment accompalished by real estate development companies in the construction of building or the development of land from the beginning to the end of the year.

Investment in Real Estate Development refers to the investment made by real estate development companies in the construction of housing, development of land, nonprofit buildings and value of land purchased.

Total Actual Funds in Place This Year refers to the total amount available for real estate development regardless of kinds of currencies or sources of the funds which are further classified as domestic loans, foreign investment, self-raising funds and others.

Floor Space of Buildings under Construction refers to the total space area of the buildings under construction in the year by real estate development companies. It includes buildings started in the year, continued from the previous year, suspended in earlier years but restarted in the year, completed in the year, and started in the year but suspended in the year as well. The floor space of a multi-storied building should be the sum of floor space of all the stories.

Floor Space of Buildings Started This Year refers to the total floor space area of the buildings started in the year by real estate development companies. It excludes the buildings started in previous years and continued in the year, and the buildings suspended in previous years but restarted in the year. The start of a construction is defined by the date of ground breaking or pile driving. The floor space of the building includes that of the entire building.

Floor Space of Buildings Completed refers to the total floor space area of the buildings completed in the year by real estate development companies, which meet the requirements as designed, reach the criteria set for people to live in or use, have passed the acceptance checks, and are ready for delivery or use.

Area of Commercialized Housing Sold refers to total contracted area of commercialized housing (i.e. area of floor space as designated in the formal contracts signed by both sides) sold by real estate development companies during the reference time. It constitutes floor space of completed housing and floor space of future housing.

Value of Commercialized Housing Sold refers to the total contracted value (i.e. value of sales/purchase for selling/purchase of commercialized housing as designated in the contract signed by both sides) received from the sales of the buildings by real estate development companies during the reference time. This indicator has the same coverage as the area of commercialized housing sold, which constitutes floor space of completed housing and floor space of housing yet to be completed.

16

批发和零售业

Wholesale and Retail Trades

简 要 说 明

一、本篇资料的主要内容

本篇资料主要反映批发和零售业的发展与经营状况，同时反映国内商品流通、商品消费、市场运行态势以及流通现代化进程。主要内容包括：限额以上批发和零售业的基本情况、商品流转情况、财务状况；零售连锁经营情况；亿元商品交易市场成交情况；社会消费品零售总额等。

二、本篇资料的统计范围

限额以上批发和零售业的法人企业、个体户，零售连锁集团，成交额在亿元以上的商品交易市场，以及参与商品零售、餐饮经营活动的各行业法人企业、产业活动单位和个体户。限额以上批发和零售业统计单位是指：批发业，年主营业务收入2000万元及以上；零售业，年主营业务收入500万元及以上。

三、本篇的资料来源

本篇资料是根据《批发和零售业统计报表制度》进行搜集和加工整理而得。

四、本篇的统计调查方法

本篇资料中限额以上批发和零售业法人企业、个体户、其他行业附营的批发和零售业产业活动单位资料，以及零售连锁集团、亿元商品交易市场采用全面调查的方法；限额以下企业及个体户等资料采用抽样调查方法推算。

Brief Introduction

I. Main Contents

Data in this chapter reflect the development and operation of enterprises above designated size of wholesale and retail trades of commodity circulation, consumption, market operation, modernization of logistics on China's domestic trade. Main contents include the basic conditions of the wholesale and retail trades above designated size; circulation of commodities; financial status; total retail sales of consumer goods; turnover of large commodity transaction markets with transaction over 100 million yuan; development of chain stores of retail trades.

II. Scope of Statistics

Included in this chapter are the registered enterprises and self-employed individuals of wholesale and retail trades; chain enterprises; large commodity markets with transaction value over 100 million yuan; and corporation enterprises, economic active establishments and self-employed individuals involved in retail trades; catering services. The criteria for wholesale and retail sale trades above designated size are as follows: wholesale trade with annual principal business sales over 20 million yuan; retail trade, with annual principal business sales over 5 million yuan.

III. Sources of Data

Data in this chapter are collected and processed in accordance with *The Statistical Reporting Form System on Wholesale and Retail Trades* by the Department of Trade and External Economic Relations of the National Bureau of Statistics.

IV. Methods of Survey

Data on basic conditions for all corporate enterprises of wholesale and retail trades above designated size, self-employed individuals, the establishments of other industries involved in the wholesale and retail trades, chain enterprises of wholesale and retail trades, large commodity markets with transaction value over 100 million yuan are collected through comprehensive reporting system. Data on enterprises and self-employed individuals below the designated size are collected by sample surveys.

16-1 批发和零售业情况
Basic Conditions of Wholesale and Retail Trades

指标	Item	2009	2010	2011	2012	2013
批发和零售业	**Wholesale and Retail Trades**					
法人企业 (个)	Number of Corporation Enterprises (unit)	95468	111770	125223	138865	171973
年末从业人数 (万人)	Engaged Persons at Year-end (10 000 persons)	749.0	852.2	901.1	985.6	1139.6
商品购进额 (亿元)	Total Purchases Value (100 million yuan)	179202.9	248040.9	328160.3	378314.8	451265.1
#进口额 (亿元)	Imports (100 million yuan)	13308.0	19604.7	27230.6	31524.7	37358.7
商品销售额 (亿元)	Total Sales Value (100 million yuan)	201166.2	276635.7	360525.9	410532.7	496603.8
#出口额 (亿元)	Exports (100 million yuan)	11174.1	14424.8	17795.0	20004.8	22452.6
期末商品库存额 (亿元)	Total Stock at Year-end (100 million yuan)	16024.0	19816.8	24979.3	29000.6	32422.0
批发业	**Wholesale Trade**					
法人企业 (个)	Number of Corporation Enterprises (unit)	52853	59464	66752	72944	91607
年末从业人数 (万人)	Engaged Persons at Year-end (10 000 persons)	312.3	350.9	373.5	410.4	484.2
商品购进额 (亿元)	Total Purchases Value (100 million yuan)	143008.7	199150.1	266077.2	304286.9	365250.5
#进口额 (亿元)	Imports (100 million yuan)	12699.1	18463.0	25383.8	29288.7	34812.9
商品销售额 (亿元)	Total Sales Value (100 million yuan)	157834.6	219121.1	288701.0	327091.3	398116.5
#出口额 (亿元)	Exports (100 million yuan)	11152.0	14380.3	17740.9	19939.8	22402.8
期末商品库存额 (亿元)	Total Stock at Year-end (100 million yuan)	11848.3	14712.2	18329.0	21265.2	23260.7
零售业	**Retail Trade**					
法人企业 (个)	Number of Corporation Enterprises (unit)	42615	52306	58471	65921	80366
年末从业人数 (万人)	Engaged Persons at Year-end (10 000 persons)	436.7	501.3	527.6	575.2	655.3
商品购进额 (亿元)	Total Purchases Value (100 million yuan)	36194.2	48890.8	62083.1	74028.0	86014.6
#进口额 (亿元)	Imports (100 million yuan)	608.8	1141.6	1846.8	2236.0	2545.9
商品销售额 (亿元)	Total Sales Value (100 million yuan)	43331.6	57514.6	71824.9	83441.3	98487.3
#出口额 (亿元)	Exports (100 million yuan)	22.1	44.5	54.1	65.0	49.8
期末商品库存额 (亿元)	Total Stock at Year-end (100 million yuan)	4175.7	5104.6	6650.3	7735.4	9161.3
年末零售营业面积 (万平方米)	Business Area of Retail at Year-end (10 000 sq.m)	22727.9	26189.8	21227.8	25134.9	28827.5

注：1.本表的统计范围为限额以上法人企业。
2.本表的统计限额划分指标为"年主营业务收入"。

a) Scope of wholesale and retail trades covers enterprises above designated size.

b) For the designation of size, the indicator was based on income from principal business.

16-2 按登记注册类型和行业分限额以上批发业企业主要指标(2013年)

单位：亿元

指标	Item	法人企业(个) Number of Corporation Enterprises (unit)	年末从业人数(人) Engaged Persons at Year-end (person)	商品购进额 Total Purchases Value	#进口 Imports
批发业合计	**Wholesale Trade**	**91607**	**4842384**	**365250.5**	**34812.9**
按登记注册类型分	**by Status of Registration**				
内资企业	**Domestic Funded Enterprises**	**87201**	**4130970**	**325668.6**	**22286.0**
国有企业	State-owned Enterprises	2755	442131	36601.0	2193.1
集体企业	Collective-owned Enterprises	765	49701	1287.6	64.3
股份合作企业	Cooperative Enterprises	225	8172	447.1	26.7
联营企业	Joint Ownership Enterprises	45	3716	225.4	8.1
国有联营企业	State Joint Ownership Enterprises	16	878	156.8	2.3
集体联营企业	Collective Joint Ownership Enterprises	12	1201	17.9	4.2
国有与集体联营企业	Joint State-collective Enterprises	8	1306	42.9	0.1
其他联营企业	Other Joint Ownership Enterprises	9	331	7.8	1.5
有限责任公司	Limited Liability Corporations	25394	1451682	156197.7	12528.1
国有独资公司	State Sole Funded Corporations	1204	152941	30973.5	1694.8
其他有限责任公司	Other Limited Liability Corporations	24190	1298741	125224.2	10833.3
股份有限公司	Share-holding Corporations Ltd.	2016	500564	39575.3	2360.9
私营企业	Private Enterprises	54453	1599044	90154.0	5082.8
私营独资企业	Private-funded Enterprises	922	22337	642.4	5.4
私营合伙企业	Private Partnership Enterprises	168	5054	131.7	0.2
私营有限责任公司	Private Limited Liability Corporations	51895	1499289	86632.4	4848.0
私营股份有限公司	Private Share-holding Corporations Ltd.	1468	72364	2747.5	229.2
其他企业	Other Enterprises	1548	75960	1180.5	22.0
港、澳、台商投资企业	**Enterprises with Funds from Hong Kong, Macao and Taiwan**	**1766**	**314454**	**11183.7**	**2999.4**
合资经营企业	Joint-venture Enterprises	257	29119	1592.8	175.2
合作经营企业	Cooperative Enterprises	20	7588	113.7	0.4
独资经营企业	Enterprises with Sole Fund	1449	263886	9223.4	2821.6
投资股份有限公司	Share-holding Corporations Ltd. with Investment	39	13216	245.8	2.2
其他港澳台商投资企业	Other Enterprises with Funds from Hong Kong, Macao and Taiwan	1	645	8.0	
外商投资企业	**Foreign Funded Enterprises**	**2640**	**396960**	**28398.1**	**9527.5**
中外合资经营企业	Joint-venture Enterprises	377	44289	7017.9	602.9
中外合作经营企业	Cooperation Enterprises	21	2193	757.1	4.4
外资企业	Enterprises with Sole Fund	2189	333234	19917.6	8904.7
外商投资股份有限公司	Share-holding Corporations Ltd. with Foreign Investment	39	13935	388.4	14.7
其他外商投资企业	Other Foreign Funded Enterprises	14	3309	317.0	0.8

Main Indicators of Enterprises above Designated Size of Wholesale Trade by Status of Registration and Sector (2013)

(100 million yuan)

商品销售额 Total Sales Value	#出口 Exports	期末商品库存额 Stock (year-end)	资产总计 Total Assets	#流动资产合计 Total Current Assets	#固定资产合计 Total Fixed Assets	负债合计 Total Liabilities	所有者权益合计 Total Owners' Equities	主营业务收入 Revenue from Principal Business	主营业务成本 Cost of Principal Business	主营业务税金及附加 Taxes and Other Charges on Principal Business	主营业务利润 Profits from Principal Business
398116.5	**22402.8**	**23260.7**	**156693.6**	**124032.7**	**7880.6**	**115824.5**	**40980.1**	**357661.8**	**333731.7**	**1489.8**	**22440.2**
349643.5	**19058.2**	**19633.6**	**136939.0**	**107827.3**	**7336.8**	**102560.0**	**34489.9**	**314087.9**	**295635.7**	**1300.3**	**17151.9**
42023.1	1368.6	2867.0	13989.9	10942.5	1243.1	8076.0	5916.0	37273.1	33102.3	639.8	3531.1
1483.6	101.8	116.6	692.6	517.2	59.1	568.4	124.3	1386.6	1268.3	6.0	112.3
478.8	3.9	21.4	189.7	156.6	12.4	170.1	19.6	418.2	398.7	0.9	18.7
230.5	3.6	17.5	61.4	47.0	4.5	50.0	11.4	207.2	195.7	0.3	11.2
158.3	2.8	4.5	21.5	17.7	1.6	17.0	4.5	137.7	134.4	0.1	3.2
17.6	0.4	1.4	6.4	3.5	1.3	5.4	1.0	17.3	16.6	0.1	0.6
45.8	0.4	10.5	26.5	20.7	0.6	21.2	5.3	43.6	38.7	0.1	4.8
8.8		1.1	7.0	5.0	1.0	6.5	0.5	8.6	6.0		2.6
164603.2	8571.3	8798.4	64710.3	51879.9	2548.3	50903.0	13812.1	146917.1	140269.3	338.2	6309.6
32125.8	770.0	1434.3	10427.9	6885.2	519.8	7358.4	3074.4	28059.9	26986.8	56.9	1016.2
132477.3	7801.3	7364.1	54282.4	44994.7	2028.5	43544.6	10737.8	118857.3	113282.5	281.3	5293.4
42184.4	2165.6	2206.5	16331.6	10140.0	1275.0	10670.2	5765.4	38430.9	36747.5	51.0	1632.3
97300.8	6825.4	5538.4	40561.4	33875.1	2112.6	31874.2	8687.2	88177.7	82537.6	253.9	5386.2
687.0	11.2	40.7	194.4	130.2	42.8	119.3	75.1	635.6	536.7	7.8	91.1
134.1	4.6	12.3	32.0	27.9	2.9	23.5	8.5	123.0	108.6	0.8	13.6
93373.7	6626.2	5311.4	38775.6	32459.3	1980.9	30517.4	8258.2	84577.2	79311.5	229.8	5035.8
3106.1	183.5	173.9	1559.4	1257.7	86.1	1214.0	345.4	2842.0	2580.9	15.5	245.7
1339.2	18.0	67.9	402.0	269.0	81.9	248.1	153.9	1277.1	1116.4	10.3	150.5
12978.8	**1156.6**	**1165.1**	**6326.1**	**5156.6**	**215.8**	**4300.8**	**2025.4**	**11880.0**	**10342.9**	**27.5**	**1509.7**
1727.8	53.8	115.5	885.7	685.6	36.3	633.1	252.6	1562.2	1466.5	2.0	93.7
125.5	1.6	1.4	39.7	34.7	2.2	22.6	17.1	105.7	93.0	0.2	12.6
10847.9	1100.2	1026.3	5262.5	4324.9	169.7	3540.0	1722.5	9958.6	8571.2	24.5	1362.9
270.0	1.1	20.4	129.8	103.5	7.5	97.1	32.7	245.9	205.7	0.7	39.4
7.6		1.5	8.4	7.8		8.0	0.4	7.6	6.5		1.1
35494.3	**2187.9**	**2462.0**	**13428.5**	**11048.9**	**328.0**	**8963.7**	**4464.8**	**31693.8**	**27753.1**	**162.0**	**3778.6**
9764.6	199.0	419.0	2428.0	2096.9	61.1	1900.2	527.9	8558.8	7844.3	10.2	704.3
770.7	0.4	8.6	96.7	79.6	1.8	66.3	30.4	662.8	641.2	0.3	21.4
24257.4	1984.2	1974.0	10737.2	8750.2	249.0	6910.6	3826.6	21803.5	18667.2	150.6	2985.7
369.7	4.3	40.4	91.1	52.0	13.1	51.7	39.5	328.0	280.6	0.6	46.7
331.9		20.1	75.4	70.2	3.0	34.8	40.5	340.7	319.8	0.3	20.5

16-2 续表

单位：亿元

指标	Item	法人企业（个）Number of Corporation Enterprises (unit)	年末从业人数（人）Engaged Persons at Year-end (person)	商品购进额 Total Purchases Value	#进口 Imports
按国民经济行业分	**by Sector**				
农、林、牧产品批发	Wholesale of Agricultural, Forestry and Livestock Products	4455	218352	7791.3	986.2
食品、饮料及烟草制品批发	Wholesale of Food, Beverages and Tobaccos	8946	935112	28559.5	1072.7
#米、面制品及食用油批发	Wholesale of Rice, Flour and Edible Oil	1457	89941	4687.4	447.4
烟草制品批发	Wholesale of Tobaccos	601	280340	12134.6	56.1
纺织、服装及家庭用品批发	Wholesale of Textiles, Wearing Apparel and Household Articles	11225	844084	27523.4	3111.2
#服装批发	Wholesale of Garments	2630	255602	6400.7	432.9
家用电器批发	Wholesale of Household Electrical Appliances	1534	170161	9303.1	1436.7
文化、体育用品及器材批发	Wholesale of Culture, Sports Appliances and Equipments	2383	165254	5873.5	330.6
医药及医疗器材批发	Wholesale of Medicines and Medical Appliances	5175	454928	13688.8	1026.7
矿产品、建材及化工产品批发	Wholesale of Mineral Products, Building Materials and Chemical Products	40665	1370425	226606.2	16832.8
#煤炭及制品批发	Wholesale of Coal and Related Products	5936	212832	31020.7	974.7
石油及制品批发	Wholesale of Petroleum and Related Products	4029	458022	66028.2	5191.0
金属及金属矿批发	Wholesale of Metal Materials	14615	266521	82929.9	6422.0
建材批发	Wholesale of Building Materials	4654	134620	11034.9	810.5
化肥批发	Wholesale of Chemical Fertilizer	1755	80782	4955.6	180.9
机械设备、五金产品及电子产品批发	Wholesale of Machinery, Hardware and Electronic Products	14184	685221	42639.4	9077.4
#汽车批发	Wholesale of Motor Vehicles	1487	96763	13475.6	4320.2
计算机、软件及辅助设备批发	Wholesale of Computer, Software and Assistant Appliances	1494	65218	4052.3	624.4
贸易经纪与代理	Trade Broker and Agency	1098	43663	4599.3	723.8
其他批发业	Other Wholesale not Classified Elsewhere	3476	125345	7969.1	1651.5

continued

(100 million yuan)

商品销售额 Total Sales Value	#出口 Exports	期末商品库存额 Stock (year-end)	资产总计 Total Assets	#流动资产合计 Total Current Assets	#固定资产合计 Total Fixed Assets	负债合计 Total Liabilities	所有者权益合计 Total Owners' Equities	主营业务收入 Revenue from Principal Business	主营业务成本 Cost of Principal Business	主营业务税金及附加 Taxes and Other Charges on Principal Business	主营业务利润 Profits from Principal Business
8113.9	123.4	1459.8	5816.1	4083.9	525.2	4190.5	1625.7	7613.7	7038.8	28.3	546.6
34634.6	686.0	3212.2	15616.1	12077.3	1433.7	8259.1	7356.9	30856.6	25157.7	779.3	4919.6
4756.5	213.3	895.3	3138.8	2556.5	200.3	2689.8	449.0	4442.6	4175.5	8.5	258.6
15865.0	26.0	1282.1	5691.4	4644.3	593.1	1124.2	4567.2	13935.8	10710.4	679.3	2546.1
31861.0	7784.6	2398.5	14512.4	12120.7	716.5	10790.5	3721.9	28631.6	25153.0	79.4	3399.2
7922.4	2781.7	613.6	3845.3	3061.9	246.8	2599.9	1245.3	7306.0	6201.2	29.2	1075.6
9902.9	845.6	773.6	4250.4	3687.3	213.6	3337.6	912.8	8441.1	7695.2	14.1	731.8
6490.7	511.3	798.7	3586.4	2757.7	160.1	2478.5	1108.0	5863.1	5396.5	14.6	452.0
15366.9	243.9	1388.7	7251.3	6203.9	318.6	5568.7	1682.5	13498.7	12106.2	34.1	1358.4
238585.3	5765.2	9451.2	79071.4	61129.9	3805.0	61209.2	17973.1	215010.7	207316.4	309.9	7384.4
32927.1	131.1	1037.9	13485.4	9829.3	522.6	10040.9	3444.5	29831.6	28467.0	65.8	1298.8
70492.9	727.8	2415.3	16127.6	10809.4	1955.1	11580.5	4658.0	64099.5	61665.6	66.0	2367.9
86602.6	2249.8	3553.9	31507.3	26275.5	663.0	25951.2	5556.1	76716.1	74794.2	78.4	1843.5
11689.1	527.4	506.3	5557.1	4330.4	241.5	4220.7	1336.4	10572.9	10036.3	27.1	509.5
5168.0	175.7	549.3	2788.3	2138.6	129.6	2208.0	580.3	5078.0	4856.3	17.6	204.1
49472.0	4687.8	3713.3	22692.1	18831.7	677.9	16732.4	5959.8	43692.8	39849.4	206.5	3636.9
17540.2	430.2	1173.8	6266.6	5272.5	125.2	4817.5	1449.1	15389.5	13908.1	144.1	1337.4
4294.5	237.5	341.4	1523.7	1368.4	26.9	1144.9	378.9	3884.1	3671.7	4.0	208.4
4964.4	1194.7	266.7	4174.3	3724.3	56.7	3531.4	642.9	4487.3	4250.7	6.5	230.2
8627.7	1405.8	571.6	3973.5	3103.2	186.8	3064.2	909.3	8007.2	7463.1	31.2	512.9

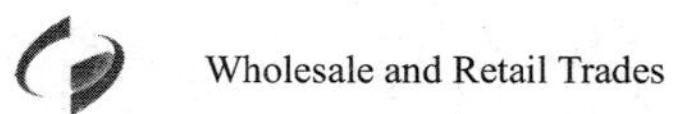

16-3 分地区限额以上批发业企业主要指标(2013年)

Main Indicators of Enterprises above Designated Size of Wholesale Trade by Region (2013)

单位：亿元 (100 million yuan)

地区	Region	法人企业(个) Number of Corporation Enterprises (unit)	年末从业人数(人) Engaged Persons at Year-end (person)	商品购进额 Total Purchases Value	#进口 Imports	商品销售额 Total Sales Value	#出口 Exports	期末商品库存额 Stock (year-end)
全国	**National Total**	**91607**	**4842384**	**365250.5**	**34812.9**	**398116.5**	**22402.8**	**23260.7**
北京	Beijing	4976	375008	46784.2	8251.6	49277.0	2222.2	4078.3
天津	Tianjin	4072	108368	24925.5	1315.2	26271.5	532.4	1047.4
河北	Hebei	1572	126869	7663.5	73.7	8457.0	85.9	331.6
山西	Shanxi	1103	105547	9431.5	347.9	9871.0	54.2	354.9
内蒙古	Inner Mongolia	709	38233	2651.2	136.7	2909.7	60.9	245.1
辽宁	Liaoning	3498	130013	11554.0	440.5	12769.7	413.3	597.3
吉林	Jilin	427	31412	1972.1	98.8	2054.5	13.9	201.0
黑龙江	Heilongjiang	842	48641	3725.5	917.0	4196.3	175.9	337.1
上海	Shanghai	5717	450461	45455.1	8270.3	52343.4	3040.9	3100.8
江苏	Jiangsu	13050	455901	33393.5	1944.8	36180.9	2505.4	1705.4
浙江	Zhejiang	10386	351997	29396.2	2108.2	32023.8	4294.5	1521.2
安徽	Anhui	1776	112638	5275.3	219.8	5944.1	200.2	339.9
福建	Fujian	4387	160298	11900.0	1239.1	12630.1	1486.1	849.2
江西	Jiangxi	483	55168	1565.5	7.8	2175.9	71.3	128.7
山东	Shandong	8431	413110	19379.9	1255.5	22074.2	994.4	982.4
河南	Henan	2507	169307	5760.5	197.4	6654.5	83.9	480.0
湖北	Hubei	3030	203586	9878.1	121.7	10459.5	138.0	614.3
湖南	Hunan	2117	126722	4293.6	76.2	4123.0	70.4	310.0
广东	Guangdong	12635	704604	49346.8	4694.1	52617.7	5007.4	3074.3
广西	Guangxi	1054	66103	3491.9	42.3	3740.5	47.0	256.7
海南	Hainan	229	18002	2160.5	158.6	2300.8	160.5	58.6
重庆	Chongqing	2097	119843	6454.7	159.0	6903.1	126.0	381.0
四川	Sichuan	2201	144586	6012.7	83.9	6676.3	118.1	492.7
贵州	Guizhou	640	51442	1879.0	126.4	2391.9	162.3	223.2
云南	Yunnan	1177	81128	4959.6	316.7	5703.8	190.6	555.7
西藏	Tibet	18	3152	53.9		86.7		8.1
陕西	Shaanxi	700	77561	5040.0	234.5	5375.4	74.2	176.1
甘肃	Gansu	510	29953	2328.7	2.1	3040.5	10.2	193.2
青海	Qinghai	127	11484	1116.2		1169.5	9.5	62.0
宁夏	Ningxia	192	10768	703.6	6.8	759.2	4.5	37.3
新疆	Xinjiang	944	60479	6698.0	1966.1	6935.2	48.7	517.2

16-3 续表 continued

单位：亿元 (100 million yuan)

地 区	Region	资产总计 Total Assets	#流动资产合计 Total Current Assets	#固定资产合计 Total Fixed Assets	负债合计 Total Liabilities	所有者权益合计 Total Owners' Equities	主营业务收入 Revenue from Principal Business	主营业务成本 Cost of Principal Business	主营业务税金及附加 Taxes and Other Charges on Principal Business	主营业务利润 Profits from Principal Business
全 国	**National Total**	**156693.6**	**124032.7**	**7880.6**	**115824.5**	**40980.1**	**357661.8**	**333731.7**	**1489.8**	**22440.2**
北 京	Beijing	27933.0	20399.9	597.3	19931.5	8001.6	41516.3	39259.3	62.6	2194.5
天 津	Tianjin	8387.5	6957.4	225.1	6677.1	1710.4	22469.6	21500.4	156.1	813.1
河 北	Hebei	3437.9	2660.7	292.2	2458.7	979.2	8238.0	7864.2	34.6	339.2
山 西	Shanxi	3569.6	2835.3	183.8	2892.1	677.5	8903.3	8598.2	26.3	278.7
内蒙古	Inner Mongolia	1396.8	1004.4	113.5	988.8	408.0	2674.6	2455.9	24.2	194.5
辽 宁	Liaoning	4917.8	4047.6	312.6	3848.1	1056.1	12607.9	12031.1	46.4	530.4
吉 林	Jilin	853.5	726.5	74.6	588.9	264.6	1941.0	1813.1	14.6	113.3
黑龙江	Heilongjiang	1581.7	1332.6	103.5	1313.2	268.5	3938.2	3658.9	29.4	249.9
上 海	Shanghai	16360.3	13608.7	488.4	11804.0	4556.3	47840.1	44164.1	60.5	3615.4
江 苏	Jiangsu	12466.0	10116.6	740.9	9246.6	3297.6	32049.2	29507.9	99.7	2441.6
浙 江	Zhejiang	13610.8	11071.8	538.7	10597.2	3013.6	28747.4	27422.5	77.2	1247.7
安 徽	Anhui	2301.3	1852.0	140.2	1586.6	714.8	5040.2	4584.2	39.0	417.0
福 建	Fujian	6673.7	5068.5	274.4	4546.3	2127.4	11286.5	10632.4	45.0	609.0
江 西	Jiangxi	730.1	537.0	88.4	434.6	295.4	1958.1	1753.7	23.0	181.4
山 东	Shandong	7710.5	5962.6	802.3	5682.2	2028.3	20864.0	18924.6	169.8	1769.6
河 南	Henan	2202.4	1695.9	251.8	1499.8	707.5	6035.7	5467.9	67.3	500.5
湖 北	Hubei	3273.6	2522.6	382.2	2357.6	916.0	9009.1	8253.3	74.4	681.3
湖 南	Hunan	1653.7	1229.0	182.7	1053.9	599.9	3718.2	3264.4	61.2	392.5
广 东	Guangdong	20476.2	16997.1	1084.7	16120.0	4361.6	47716.9	44550.9	119.1	3046.8
广 西	Guangxi	1690.1	1277.4	86.2	1227.3	462.8	3332.5	3130.3	21.1	181.1
海 南	Hainan	657.8	453.4	19.2	333.7	324.1	2107.7	1982.3	5.8	119.7
重 庆	Chongqing	2401.2	2020.8	151.6	1776.4	624.8	6379.0	5844.5	52.0	482.5
四 川	Sichuan	2758.5	2398.1	143.4	2039.8	718.7	5947.0	5437.0	49.2	460.8
贵 州	Guizhou	1454.4	896.3	63.1	909.8	544.6	2157.8	1697.2	32.0	428.6
云 南	Yunnan	3205.9	2558.2	167.2	2239.0	966.9	5205.7	4682.9	31.5	491.2
西 藏	Tibet	41.7	32.3	5.3	20.9	20.7	80.5	51.1	2.8	26.6
陕 西	Shaanxi	1556.0	1150.9	98.2	1148.1	414.7	4913.2	4593.7	33.7	285.8
甘 肃	Gansu	681.6	572.3	58.8	376.0	305.6	2732.5	2647.1	12.3	73.1
青 海	Qinghai	379.6	274.1	26.1	242.9	136.7	1113.0	1053.7	3.7	55.6
宁 夏	Ningxia	269.2	175.3	31.9	191.3	77.9	704.6	671.7	3.7	29.2
新 疆	Xinjiang	2061.2	1597.4	151.9	1692.0	398.5	6434.0	6233.2	11.4	189.4

16-4 按登记注册类型和行业分限额以上零售业企业主要指标(2013年)

单位：亿元

指标	Item	法人企业(个) Number of Corporation Enterprises (unit)	年末从业人数(人) Engaged Persons at Year-end (person)	商品购进额 Total Purchases Value	#进口 Imports
零售业合计	**Retail Trade**	**80366**	**6553444**	**86014.6**	**2545.9**
按登记注册类型分	**by Status of Registration**				
内资企业	**Domestic Funded Enterprises**	**78329**	**5724548**	**76670.2**	**1988.0**
国有企业	State-owned Enterprises	1979	155817	2346.5	22.4
集体企业	Collective-owned Enterprises	2048	113339	1355.5	1.1
股份合作企业	Cooperative Enterprises	357	19946	171.8	1.4
联营企业	Joint Ownership Enterprises	165	7623	107.7	0.8
国有联营企业	State Joint Ownership Enterprises	36	2590	26.0	
集体联营企业	Collective Joint Ownership Enterprises	56	2226	25.1	0.3
国有与集体联营企业	Joint State-collective Enterprises	42	1431	34.5	0.5
其他联营企业	Other Joint Ownership Enterprises	31	1376	22.1	
有限责任公司	Limited Liability Corporations	25531	2460216	32226.3	1018.3
国有独资公司	State Sole Funded Corporations	635	64949	1301.5	36.5
其他有限责任公司	Other Limited Liability Corporations	24896	2395267	30924.8	981.8
股份有限公司	Share-holding Corporations Ltd.	2381	671552	11945.8	41.7
私营企业	Private Enterprises	44705	2237823	27960.7	900.5
私营独资企业	Private-funded Enterprises	5093	120699	1196.8	10.4
私营合伙企业	Private Partnership Enterprises	485	15793	151.3	1.7
私营有限责任公司	Private Limited Liability Corporations	37442	1968480	25134.2	842.9
私营股份有限公司	Private Share-holding Corporations Ltd.	1685	132851	1478.4	45.5
其他企业	Other Enterprises	1163	58232	555.7	1.8
港、澳、台商投资企业	**Enterprises with Funds from Hong Kong, Macao and Taiwan**	**1053**	**387113**	**4118.3**	**342.7**
合资经营企业	Joint-venture Enterprises	248	87541	1075.8	62.5
合作经营企业	Cooperative Enterprises	30	4819	69.6	
独资经营企业	Enterprises with Sole Fund	732	272016	2800.3	268.3
投资股份有限公司	Share-holding Corporations Ltd. with Investment	35	10673	73.2	11.9
其他港澳台商投资企业	Other Enterprises with Funds from Hong Kong, Macao and Taiwan	8	12064	99.4	
外商投资企业	**Foreign Funded Enterprises**	**984**	**441783**	**5226.1**	**215.2**
中外合资经营企业	Joint-venture Enterprises	291	184156	2457.3	43.6
中外合作经营企业	Cooperation Enterprises	36	15590	242.6	1.8
外资企业	Enterprises with Sole Fund	611	232136	2353.2	169.5
外商投资股份有限公司	Share-holding Corporations Ltd. with Foreign Investment	37	8797	139.4	0.1
其他外商投资企业	Other Foreign Funded Enterprises	9	1104	33.7	0.2

Main Indicators of Enterprises above Designated Size of Retail Trade by Status of Registration and Sector (2013)

(100 million yuan)

商品销售额 Total Sales Value	#出口 Exports	期末商品库存额 Stock (year-end)	资产总计 Total Assets	#流动资产合计 Total Current Assets	#固定资产合计 Total Fixed Assets	负债合计 Total Liabilities	所有者权益合计 Total Owners' Equities	主营业务收入 Revenue from Principal Business	主营业务成本 Cost of Principal Business	主营业务税金及附加 Taxes and Other Charges on Principal Business	主营业务利润 Profits from Principal Business
98487.3	**49.8**	**9161.3**	**44438.4**	**29523.8**	**6802.2**	**32028.9**	**12442.0**	**86224.8**	**75826.8**	**534.9**	**9863.1**
86983.1	**46.3**	**7983.1**	**37784.7**	**25276.4**	**5883.1**	**27075.9**	**10741.3**	**76524.5**	**67790.4**	**483.6**	**8250.5**
2546.1	0.8	152.7	932.0	522.9	216.6	580.7	351.3	2266.1	2001.7	13.8	250.6
1467.2	0.1	73.0	331.2	192.7	91.6	210.0	121.2	1337.8	1153.2	16.3	168.3
182.5		20.0	54.6	33.4	13.6	35.5	19.1	163.8	142.5	1.5	19.9
118.0		5.6	23.1	16.6	4.0	13.0	10.1	109.6	96.8	0.8	12.0
29.1		0.8	4.7	3.3	1.0	2.9	1.8	26.8	24.3	0.1	2.3
26.5		2.4	8.2	5.5	1.4	5.0	3.1	24.5	20.6	0.3	3.5
37.8		1.1	5.5	4.2	0.8	2.3	3.2	34.8	31.6	0.2	2.9
24.6		1.3	4.6	3.6	0.7	2.7	1.9	23.6	20.2	0.1	3.2
35656.0	14.9	3498.1	15988.0	11133.3	2327.4	12002.2	3986.4	31787.0	28230.4	179.9	3376.7
1508.8	1.0	91.0	597.0	280.3	149.4	321.1	275.9	1346.3	1203.3	7.2	135.9
34147.2	14.0	3407.1	15390.9	10853.0	2178.0	11681.0	3710.5	30440.7	27027.2	172.7	3240.8
16024.9	6.8	809.9	7201.7	3817.2	1340.9	4561.1	2672.1	13340.5	12024.1	56.4	1259.9
30373.8	23.5	3370.3	13039.0	9428.5	1837.7	9548.6	3490.7	26943.4	23654.5	209.3	3079.6
1299.8		85.6	348.3	189.5	116.0	161.8	186.5	1222.8	997.6	21.5	203.6
165.7		10.4	48.0	29.2	11.4	28.9	19.1	154.1	129.0	3.5	21.7
27297.3	23.3	2867.5	11879.3	8673.3	1612.6	8838.4	3041.3	24110.3	21269.5	168.9	2672.0
1611.0	0.2	406.9	763.4	536.6	97.6	519.5	243.9	1456.1	1258.5	15.4	182.3
614.6	0.2	53.5	215.2	131.7	51.4	124.8	90.4	576.1	487.2	5.6	83.4
5096.0	**0.6**	**629.1**	**3554.3**	**2109.9**	**432.5**	**2593.8**	**960.5**	**4480.4**	**3662.0**	**25.8**	**792.7**
1381.8	0.1	138.8	865.2	618.0	98.3	580.2	285.0	1184.7	980.1	6.9	197.7
78.2		3.2	63.3	40.2	12.5	43.4	19.9	74.0	63.7	0.4	9.9
3423.2	0.5	459.6	2362.8	1315.6	281.6	1826.2	536.6	3032.1	2483.5	15.8	532.8
102.4		15.5	165.6	80.5	30.6	101.7	63.9	92.7	60.3	2.2	30.3
110.5		11.9	97.3	55.5	9.6	42.3	55.0	96.9	74.3	0.5	22.0
6408.1	**2.8**	**549.1**	**3099.4**	**2137.6**	**486.6**	**2359.2**	**740.2**	**5219.9**	**4374.5**	**25.5**	**819.9**
3009.0	1.4	177.2	1041.0	711.6	178.5	782.4	258.5	2251.0	1942.4	9.8	298.8
275.7		25.9	117.3	97.1	11.5	89.3	28.0	241.2	208.1	1.1	32.0
2917.1	1.4	328.3	1829.2	1271.4	264.3	1402.9	426.3	2569.7	2087.5	13.7	468.5
165.5		15.5	93.6	43.2	29.5	68.5	25.0	122.2	104.8	0.7	16.7
40.9		2.2	18.4	14.2	2.8	16.1	2.4	35.8	31.6	0.1	4.0

16-4 续表

单位：亿元

指　　标	Item	法人企业（个）Number of Corporation Enterprises (unit)	年末从业人数（人）Engaged Persons at Year-end (person)	商　品购进额 Total Purchases Value	#进口 Imports
按国民经济行业分	**by Sector**				
综合零售	Integrated Retail	12180	2660357	20366.5	95.9
#百货零售	Retail of General Merchandise	5838	1178606	10671.1	74.1
超级市场零售	Retail of Supermarkets	4881	1340797	8680.5	17.8
食品、饮料及烟草制品专门零售	Special Retail of Food, Beverages and Tobaccos	6657	312066	2354.6	26.1
纺织、服装及日用品专门零售	Special Retail of Textiles, Garments and Daily Consumer Articles	5046	517542	3074.9	158.3
#服装零售	Retail of Garments	2592	337336	1984.4	116.4
文化、体育用品及器材专门零售	Special Retail of Culture, Sports Appliances and Equipments	3914	251432	2689.2	82.8
#体育用品及器材零售	Retail of Sports Appliances and Equipments	147	16729	174.3	
图书、报刊零售	Retail of Books, Newspapers and Magazines	1439	123052	878.2	29.2
医药及医疗器材专门零售	Special Retail of Medicines and Medical Appliances	4391	430423	4238.5	26.4
#药品零售	Retail of Medicines	3573	408138	3954.9	1.6
汽车、摩托车、燃料及零配件专门零售	Special Retail of Motor Vehicles, Motorcycles, Fuel and Parts	28717	1534216	40588.2	2098.1
#汽车零售	Retail of Motor Vehicles	20345	1149350	28968.5	2085.7
机动车燃料零售	Retail of Fuel of Motor Vehicles	5831	328674	10794.4	5.2
家用电器及电子产品专门零售	Special Retail of Household Electric Appliances and Electronic Products	10609	483502	7174.0	17.7
#日用家电设备零售	Retail of Household Electric Appliances	4146	212845	3049.8	6.2
计算机、软件及辅助设备零售	Retail of Computer, Software and Assistant Appliances	2824	83643	1862.5	2.1
通信设备零售	Retail of Communication Equipments	946	71355	781.6	2.7
五金、家具及室内装饰材料专门零售	Special Retail of Hardware, Furniture and Interior Decoration Materials	5301	198470	2435.2	9.2
货摊、无店铺及其他零售业	Stalls, Non-shop and Other Retails	3551	165436	3093.6	31.4
#互联网零售	Retails on the Internet	253	49833	1480.4	2.3

continued

(100 million yuan)

商品销售额 Total Sales Value	#出口 Exports	期末商品库存额 Stock (year-end)	资产总计 Total Assets	#流动资产合计 Total Current Assets	#固定资产合计 Total Fixed Assets	负债合计 Total Liabilities	所有者权益合计 Total Owners' Equities	主营业务收入 Revenue from Principal Business	主营业务成本 Cost of Principal Business	主营业务税金及附加 Taxes and Other Charges on Principal Business	主营业务利润 Profits from Principal Business
24421.3	3.8	2056.3	13915.6	8148.7	2717.9	10329.1	3587.1	20603.5	17445.1	192.9	2965.6
13784.6	0.9	900.5	8790.3	4779.7	1769.0	6249.5	2541.3	11209.7	9435.1	126.9	1647.6
9502.7	2.5	1076.1	4777.3	3155.4	870.2	3827.9	949.4	8358.0	7149.1	52.0	1156.8
2694.4	6.7	259.2	1372.3	860.5	267.6	731.6	640.8	2528.6	2039.8	33.2	455.5
4061.2	7.1	696.6	2346.5	1649.6	338.1	1618.4	728.5	3624.8	2654.1	40.5	930.3
2620.3	2.3	409.8	1568.7	1072.8	237.2	1112.1	457.0	2329.0	1680.2	26.7	622.1
3035.0	4.2	557.8	1925.3	1324.0	310.9	1159.4	766.0	2712.0	2215.3	26.2	470.5
202.5	0.2	31.9	101.4	82.1	8.4	68.1	33.3	179.4	152.6	0.8	26.0
931.5	0.8	185.2	896.1	562.9	169.9	483.6	412.4	865.0	670.9	4.5	189.6
4726.4	1.0	495.6	2458.2	1973.1	157.2	1897.5	560.7	4188.7	3636.5	19.0	533.3
4380.6	0.9	467.4	2263.3	1800.4	143.1	1752.3	511.0	3878.1	3388.7	16.4	472.9
45467.9	20.0	3771.1	16058.4	11113.0	2133.4	11773.0	4316.9	40036.0	36998.0	117.8	2920.2
30398.0	16.8	3364.0	12135.2	9365.7	1270.1	9554.6	2580.6	27220.5	25207.1	82.6	1930.9
14159.1	0.2	324.6	3596.8	1497.0	819.4	1997.2	1631.1	11960.8	11047.0	26.7	887.1
7759.2	0.6	913.7	3438.6	2638.1	315.1	2394.6	1044.0	6877.4	6077.2	39.9	760.3
3298.0	0.1	574.8	1929.9	1433.3	170.6	1372.6	557.3	2928.3	2551.7	18.1	358.5
2000.0	0.5	107.3	544.0	449.5	34.6	339.4	204.6	1758.8	1614.9	7.0	136.8
858.1		84.4	290.9	240.4	19.7	217.2	73.7	738.0	663.3	3.6	71.2
2826.9	2.9	198.9	1424.0	774.5	304.0	924.9	499.1	2511.9	2000.4	46.5	465.0
3494.8	3.6	212.1	1499.4	1042.3	258.0	1200.4	298.9	3141.9	2760.5	18.8	362.6
1607.6	1.4	108.2	430.8	391.0	13.4	508.5	-77.6	1381.0	1286.3	1.8	92.9

16-5 分地区限额以上零售业企业主要指标(2013年)
Main Indicators of Enterprises above Designated Size of Retail Trade by Region (2013)

单位：亿元 (100 million yuan)

地区	Region	法人企业(个) Number of Corporation Enterprises (unit)	年末从业人数(人) Engaged Persons at Year-end (person)	商品购进额 Total Purchases Value	#进口 Imports	商品销售额 Total Sales Value	#出口 Exports	期末商品库存额 Stock (year-end)
全国	**National Total**	**80366**	**6553444**	**86014.6**	**2545.9**	**98487.3**	**49.8**	**9161.3**
北京	Beijing	2490	349580	7001.5	164.6	7693.8	3.8	768.3
天津	Tianjin	1092	107905	2002.6	70.6	2270.2	1.4	156.7
河北	Hebei	2068	226718	2578.2	36.8	2797.6	0.1	345.0
山西	Shanxi	1987	164057	1801.9	25.2	2201.7		218.8
内蒙古	Inner Mongolia	1062	103109	1293.9	21.8	1547.1	0.9	169.9
辽宁	Liaoning	3290	240759	3006.8	89.6	3678.2	1.8	289.5
吉林	Jilin	925	89833	1103.6	10.5	1528.0		119.8
黑龙江	Heilongjiang	1195	101589	1193.2	14.1	1501.9		137.8
上海	Shanghai	1693	328380	4329.0	298.6	5128.0	1.9	577.1
江苏	Jiangsu	8681	590079	8343.9	237.1	9420.0	1.0	756.9
浙江	Zhejiang	4216	339558	5768.6	278.3	6364.3	5.8	667.4
安徽	Anhui	3444	233188	2686.3	19.9	2957.7	1.2	293.0
福建	Fujian	3383	217203	2695.2	79.7	3399.2	2.3	275.0
江西	Jiangxi	1150	102383	1058.1	9.6	1223.8		123.7
山东	Shandong	8703	608396	8080.7	82.0	9119.2	4.1	919.1
河南	Henan	4823	346041	3226.5	87.2	3569.2	1.2	312.5
湖北	Hubei	5061	367114	4535.1	93.8	4987.3	0.5	427.2
湖南	Hunan	3420	241317	2731.3	94.0	3517.8	1.5	253.4
广东	Guangdong	6790	615992	8148.5	406.0	9464.9	13.8	946.5
广西	Guangxi	1321	103924	1012.9	29.1	1127.0		122.8
海南	Hainan	240	27275	392.5	29.6	426.1		53.2
重庆	Chongqing	2358	187399	2280.1	70.8	2618.3	0.6	178.4
四川	Sichuan	3838	304591	4023.9	120.6	4362.1	4.0	334.1
贵州	Guizhou	1178	67485	970.9	37.7	1144.0	0.1	89.1
云南	Yunnan	1813	134564	1716.7	58.9	1897.7	2.9	208.7
西藏	Tibet	64	4530	85.3	0.3	93.6		11.0
陕西	Shaanxi	2261	192671	2098.7	40.5	2333.9		191.5
甘肃	Gansu	810	61912	701.4	8.9	827.6	0.3	64.5
青海	Qinghai	141	13987	126.9	2.4	160.2		12.3
宁夏	Ningxia	256	28272	297.0	10.5	312.8	0.2	45.0
新疆	Xinjiang	613	53633	723.4	17.0	814.3	0.1	93.1

16-5 续表 continued

单位：亿元 (100 million yuan)

地区	Region	资产总计 Total Assets	#流动资产合计 Total Current Assets	#固定资产合计 Total Fixed Assets	负债合计 Total Liabilities	所有者权益合计 Total Owners' Equities	主营业务收入 Revenue from Principal Business	主营业务成本 Cost of Principal Business	主营业务税金及附加 Taxes and Other Charges on Principal Business	主营业务利润 Profits from Principal Business
全国	**National Total**	**44438.4**	**29523.8**	**6802.2**	**32028.9**	**12442.0**	**86224.8**	**75826.8**	**534.9**	**9863.1**
北京	Beijing	3826.4	2925.4	304.3	2988.5	837.8	6585.6	5890.3	24.2	671.0
天津	Tianjin	1080.1	609.3	198.2	752.4	327.8	1882.5	1710.0	5.4	167.1
河北	Hebei	1051.7	705.6	200.1	834.0	217.7	1963.7	1782.9	10.3	170.5
山西	Shanxi	1039.6	703.8	181.5	793.4	246.2	1964.8	1804.3	6.8	153.7
内蒙古	Inner Mongolia	815.0	553.7	121.7	628.6	186.4	1439.1	1275.5	7.3	156.3
辽宁	Liaoning	1849.6	1110.3	354.8	1333.0	514.8	3241.7	2877.3	25.1	339.3
吉林	Jilin	631.4	359.5	174.6	474.4	157.0	1243.5	1085.6	7.9	150.0
黑龙江	Heilongjiang	583.0	385.4	117.7	433.7	149.3	1282.5	1124.6	10.4	147.4
上海	Shanghai	3009.1	1861.2	349.8	2358.2	650.9	4658.4	3914.0	22.9	721.5
江苏	Jiangsu	4228.3	2651.0	690.4	3052.4	1209.9	8193.2	7187.7	43.7	961.8
浙江	Zhejiang	2990.6	2102.3	408.8	2294.2	696.4	5491.0	4980.5	19.6	490.8
安徽	Anhui	1445.9	1009.4	215.5	985.4	460.5	2598.1	2309.7	11.6	276.8
福建	Fujian	1281.6	908.4	158.4	810.0	471.6	2597.4	2293.3	13.2	290.8
江西	Jiangxi	568.4	365.1	96.2	367.9	200.5	1108.6	979.1	9.0	120.5
山东	Shandong	3618.5	2343.9	742.8	2598.4	1020.1	8242.1	7117.2	83.0	1042.0
河南	Henan	1405.7	990.3	235.2	1033.8	372.0	3185.7	2790.3	30.5	364.9
湖北	Hubei	2066.6	1277.9	441.2	1432.0	635.2	4253.2	3617.7	48.7	586.8
湖南	Hunan	1331.7	781.4	261.1	850.6	481.1	3242.4	2853.5	28.8	360.1
广东	Guangdong	4457.9	3203.9	437.2	3078.0	1380.2	8512.2	7472.1	35.0	1005.1
广西	Guangxi	534.1	402.2	65.3	385.6	148.5	1017.9	907.7	3.9	106.3
海南	Hainan	206.6	144.2	40.7	134.0	72.6	372.4	323.9	2.0	46.5
重庆	Chongqing	947.5	627.2	154.6	631.0	316.4	2373.9	2031.8	25.1	317.0
四川	Sichuan	1725.2	1076.7	268.4	1147.8	577.4	3934.0	3499.8	22.3	411.9
贵州	Guizhou	498.1	306.0	60.8	380.6	117.5	1020.4	888.8	3.7	127.8
云南	Yunnan	1061.9	702.6	142.7	705.0	356.9	1715.7	1513.2	6.0	196.4
西藏	Tibet	27.0	15.6	8.5	15.6	11.3	88.3	76.6	0.4	11.4
陕西	Shaanxi	1105.0	711.5	188.5	750.0	354.9	2115.5	1821.4	20.2	273.9
甘肃	Gansu	309.0	187.4	59.2	207.3	100.9	755.9	677.4	3.4	75.0
青海	Qinghai	80.8	50.3	21.4	58.8	22.0	150.4	134.4	0.5	15.5
宁夏	Ningxia	148.8	105.1	23.6	115.4	33.4	253.3	227.9	0.8	24.6
新疆	Xinjiang	513.6	347.1	79.1	398.8	114.8	741.4	658.2	3.1	80.1

16-6 按登记注册类型分连锁零售企业基本情况(2013年)
Basic Conditions of Chain Retail Enterprises by Status of Registration (2013)

指标	Item	总店数(个) Number of Head Stores (unit)	门店总数(个) Number of Stores (unit)	年末从业人数(万人) Engaged Persons at Year-end (10 000 persons)	年末零售营业面积(万平方米) Operating Area of Retail Enterprises at Year-end (10 000 sq.m)	商品销售额(亿元) Total Sales of Commodities (100 million yuan)	商品购进总额(亿元) Total Purchases Value (100 million yuan)	统一配送商品购进额(亿元) Centralized Purchase and Delivery (100 million yuan)
合计	**Total**	**2649**	**204090**	**255.9**	**15640.3**	**38006.9**	**32258.7**	**25341.8**
内资企业	**Domestic Funded Enterprises**	**2394**	**184844**	**205.5**	**13028.6**	**32368.0**	**27829.8**	**22127.3**
国有企业	State-owned Enterprises	190	16330	14.8	1146.5	5110.3	5092.5	4581.6
集体企业	Collective-owned Enterprises	32	2609	1.5	59.6	105.7	72.2	27.5
股份合作企业	Cooperative Enterprises	7	341	0.4	5.3	115.0	107.5	106.3
联营企业	Joint Ownership Enterprises	5	250	0.2	9.7	12.5	10.5	10.5
国有联营企业	State Joint Ownership Enterprises	2	204	0.2	8.7	8.7	7.4	7.4
集体联营企业	Collective Joint Ownership Enterprises							
国有与集体联营企业	Joint State-collective Enterprises	1	5	0.0	0.1	0.1	0.1	0.1
其他联营企业	Other Joint Ownership Enterprises	2	41	0.0	0.9	3.7	3.0	3.0
有限责任公司	Limited Liability Corporations	1001	65664	67.0	3048.5	5881.1	5197.2	3940.6
国有独资公司	State Sole Funded Corporations	13	1155	0.7	14.9	90.8	75.7	44.0
其他有限责任公司	Other Limited Liability Corporations	988	64509	66.3	3033.6	5790.3	5121.5	3896.6
股份有限公司	Share-holding Corporations Ltd.	287	50040	82.2	7433.6	18985.4	15385.1	11728.8
私营企业	Private Enterprises	845	47289	37.8	1281.3	2102.4	1911.1	1697.8
私营独资企业	Private-funded Enterprises	39	1794	0.8	22.0	26.3	24.2	16.3
私营合伙企业	Private Partnership Enterprises	7	302	0.4	28.6	22.6	22.7	22.6
私营有限责任公司	Private Limited Liability Corporations	758	39123	31.0	1042.6	1679.7	1519.8	1334.1
私营股份有限公司	Private Share-holding Corporations Ltd.	41	6070	5.6	188.2	373.9	344.5	324.7
其他企业	Other Enterprises	27	2321	1.6	44.0	55.6	53.7	34.3
港、澳、台商投资企业	**Enterprises with Funds from Hong Kong, Macao and Taiwan**	**111**	**7773**	**21.6**	**1154.8**	**2520.0**	**1785.3**	**1429.9**
合资经营企业	Joint-venture Enterprises	33	2922	4.0	182.0	423.6	330.7	304.9
合作经营企业	Cooperative Enterprises	4	201	4.9	242.8	802.2	406.5	406.2
独资经营企业	Enterprises with Sole Fund	69	3955	9.5	382.8	1033.4	763.6	522.2
投资股份有限公司	Share-holding Corporations Ltd.	4	453	0.4	7.6	21.7	16.3	12.4
其他港澳台商投资企业	Other Enterprises with Funds from Hong Kong, Macao and Taiwan	1	242	2.8	339.5	239.1	268.3	184.2
外商投资企业	**Foreign Funded Enterprises**	**144**	**11473**	**28.8**	**1456.9**	**3118.8**	**2643.6**	**1784.6**
中外合资经营企业	Joint-venture Enterprises	66	4470	18.2	989.5	2113.2	1769.6	1179.2
中外合作经营企业	Cooperative Enterprises	10	1490	2.5	77.6	255.9	224.4	114.1
外资企业	Enterprises with Sole Fund	66	5500	8.1	387.0	747.5	647.4	489.2
外商投资股份有限公司	Share-holding Corporations Ltd.	1	9	0.0	2.8	2.1	2.1	2.1
其他外商投资企业	Other Foreign Funded Enterprises	1	4	0.0	0.1	0.2	0.2	

16-7 按行业和业态分连锁零售企业基本情况(2013年)
Basic Statistics of Chain Retail Enterprises by Sector and Business Categories (2013)

指标	Item	总店数 (个) Number of Head Stores (unit)	门店总数 (个) Number of Stores (unit)	年末从业人数 (万人) Engaged Persons at Year-end (10 000 persons)	年末零售营业面积 (万平方米) Operating Area of Retail Enterprises at Year-end (10 000 sq.m)	商品销售额 (亿元) Total Sales of Commodities (100 million yuan)	商品购进总额 (亿元) Total Purchases Value (100 million yuan)	统一配送商品购进额 (亿元) Centralized Purchase and Delivery (100 million yuan)
总计	**Total**	**2649**	**204090**	**255.9**	**15640.3**	**38006.9**	**32258.7**	**25341.8**
按行业分	**By Sector**							
#综合零售	Integrated Retail	829	65022	141.5	7178.6	12569.1	10507.6	7128.7
食品、饮料及烟草制品专门零售	Retail of Food, Beverages and Tobaccos	150	11865	5.7	71.1	294.4	244.9	230.1
纺织、服装及日用品专门零售	Special Retail of Textiles, Garments and Daily Consumer Articles	157	11858	7.1	223.7	376.7	670.6	586.9
文化、体育用品及器材专门零售	Retail of Culture, Sports Appliances and Equipments	83	1651	3.9	98.9	453.4	439.6	436.8
医药及医疗器材专门零售	Retail of Medicines and Medical Appliances	653	39319	22.8	490.6	782.5	675.7	613.0
汽车、摩托车、燃料及零配件专门零售	Retail of Motor Vehicles, Motorcycles, Fuel and Parts	186	12792	13.5	1961.0	6568.2	5194.6	3790.7
家用电器及电子产品专门零售	Special Retail of Household Electric Appliances and Electronic Products	214	6982	26.3	1496.9	3352.6	2702.6	2062.9
五金、家具及室内装饰材料专门零售	Special Retail of Hardware, Furniture and Interior Decoration Material	18	163	0.6	46.8	67.9	43.1	36.4
货摊、无店铺及其他零售业	Stalls, Non-Shop and Other Retails	9	184	0.1	2.9	15.3	14.7	14.7
按业态分	**By Business Categories**							
便利店	Convenience Store	92	14680	7.4	131.4	311.3	254.5	189.1
折扣店	Discount Store	3	408	0.3	17.7	32.9	30.6	4.8
超市	Supermarket	411	33835	46.7	1853.3	2889.2	2593.7	2191.9
大型超市	Hypermarket	181	9380	55.6	3106.5	4734.2	3848.4	2867.9
仓储会员店	Warehouse Club	5	107	1.6	64.8	234.6	240.9	32.9
百货店	Department Store	100	4514	27.7	1860.9	3704.0	3028.5	1548.2
专业店	Specialty Store	1453	104054	93.5	6848.2	22492.8	18722.0	15412.5
#加油站	Gas Station	277	31073	28.6	4079.6	14791.7	12177.8	10029.2
专卖店	Franchised Store	318	26113	16.1	477.8	1582.7	1801.5	1651.9
家居建材商店	Building Material Store	15	62	0.4	45.0	51.6	38.4	31.6
厂家直销中心	Factory Outlets Center	5	232	0.1	3.1	11.1	7.9	7.8
其他	Other Store	66	10705	6.6	1231.7	1962.4	1692.3	1403.0

16-8 分地区连锁零售企业基本情况
Basic Conditions of Chain Retail Enterprises by Region

年份 Year / 地区 Region		总店数 (个) Number of Head Stores (unit)	门店总数 (个) Number of Stores (unit)	年末从业人数 (万人) Engaged Persons at Year-end (10 000 persons)	年末零售营业面积 (万平方米) Operating Area of Retail Enterprises at Year-end (10 000 sq.m)	商品销售额 (亿元) Total Sales of Commodities (100 million yuan)	商品购进总额 (亿元) Total Purchases Value (100 million yuan)	统一配送商品购进额 (亿元) Centralized Purchase and Delivery (100 million yuan)
	2005	1416	105684	160.10	8687.5	12587.8	10734.6	8409.4
	2006	1696	128924	187.10	8979.0	14952.2	13447.4	10565.7
	2007	1729	145366	186.19	10044.0	17754.3	15917.0	12542.4
	2008	2457	168502	197.08	10197.8	20466.5	17193.1	13782.1
	2009	2327	175677	210.88	11809.2	22240.0	19343.7	14723.1
	2010	2361	176792	225.16	12756.8	27385.4	24044.6	17412.5
	2011	2411	195779	249.06	13670.7	34510.7	29653.0	22919.6
	2012	2524	192870	256.35	14765.9	35462.1	30825.5	23975.8
	2013	2649	204090	255.94	15640.3	38006.9	32258.7	25341.8
北京	Beijing	147	7388	15.82	715.0	2515.8	2143.8	1114.5
天津	Tianjin	42	2672	3.99	275.7	783.9	739.3	533.7
河北	Hebei	83	4362	5.27	612.1	1107.1	949.4	634.8
山西	Shanxi	51	3047	4.31	244.5	579.2	404.8	281.0
内蒙古	Inner Mongolia	17	255	0.55	23.0	38.7	31.9	27.7
辽宁	Liaoning	100	5925	6.58	457.2	895.3	800.0	470.1
吉林	Jilin	28	849	1.05	36.9	169.7	149.1	141.3
黑龙江	Heilongjiang	36	1725	2.24	72.4	233.3	245.7	229.5
上海	Shanghai	88	17643	25.59	915.6	3593.0	2833.4	2141.6
江苏	Jiangsu	173	18459	38.68	1953.7	4741.6	3934.5	3528.1
浙江	Zhejiang	231	28817	16.66	1117.0	2389.5	2244.6	2055.7
安徽	Anhui	70	9667	10.00	541.7	1476.2	1572.1	1199.2
福建	Fujian	143	4756	8.16	681.8	1246.2	924.7	626.5
江西	Jiangxi	81	3725	5.42	294.8	1124.8	620.8	581.7
山东	Shandong	150	11728	17.92	1343.8	2812.0	2489.3	1823.5
河南	Henan	150	5514	7.24	668.7	867.0	784.7	484.8
湖北	Hubei	115	5923	14.85	666.6	1710.9	1493.1	1101.6
湖南	Hunan	101	6478	7.59	556.5	1042.0	882.8	658.7
广东	Guangdong	308	24546	27.28	2429.7	5244.1	4803.1	4317.4
广西	Guangxi	61	3701	3.98	358.0	852.9	380.0	345.5
海南	Hainan	6	613	0.58	32.5	178.1	163.5	163.5
重庆	Chongqing	89	12453	9.87	407.3	1067.7	848.4	556.7
四川	Sichuan	110	9759	7.92	281.9	558.0	550.4	474.5
贵州	Guizhou	29	1139	1.10	29.6	48.3	43.3	25.1
云南	Yunnan	42	4418	3.86	198.1	518.7	318.3	307.0
西藏	Tibet	1	3	0.07	2.2	1.9	2.0	2.0
陕西	Shaanxi	53	1934	3.55	219.3	1026.8	857.3	613.1
甘肃	Gansu	17	700	0.74	76.4	227.8	182.0	144.1
青海	Qinghai	11	135	0.68	24.7	26.4	20.1	6.7
宁夏	Ningxia	22	1736	1.30	62.6	139.3	136.2	135.2
新疆	Xinjiang	94	4020	3.13	341.2	790.9	710.1	617.2

注：门店总数全国总计中包括开设在港澳台地区和国外的门店。

a) Total number of stores includes that from Hong Kong, Macao and Taiwan province and foreign countries.

16-9 亿元以上商品交易市场基本情况(2013年)
Basic Statistics on Commodity Exchange Markets of Transaction Value over 100 Million Yuan (2013)

市场	Market	市场数量(个) Number of Markets (unit)	摊位数(个) Number of Booths (unit)	营业面积(万平方米) Operating Area (10 000 sq.m)	成交额(亿元) Turnover (100 million yuan)	批发市场 Whole-sale	零售市场 Retail
总计	**Total**	**5089**	**3488170**	**28868.3**	**98365.1**	**84628.3**	**13736.8**
综合市场	**Integrated Markets**	**1381**	**1218441**	**6915.7**	**20277.9**	**16204.0**	**4073.9**
生产资料综合市场	Production Comprehensive Market	46	58074	726.6	1593.6	1593.6	
工业消费品综合市场	Industrial Consumable Comprehensive Markets	315	483884	2586.2	7110.2	5679.3	1430.9
农产品综合市场	Farm Produce Comprehensive Markets	689	422586	2140.9	8077.1	6205.2	1872.0
其他综合市场	Other Comprehensive Markets	331	253897	1462.1	3496.9	2725.9	771.0
专业市场	**Special Markets**	**3708**	**2269729**	**21952.6**	**78087.3**	**68424.3**	**9663.0**
生产资料市场	Production Markets	699	281283	6795.4	32259.4	32223.1	36.3
农业生产用具市场	Agricultural Production Equipment Markets	20	6173	139.0	184.9	184.9	
农用生产资料市场	Agricultural Production Markets	33	6554	110.6	178.3	178.3	
煤炭市场	Coal and Charcoal Markets	14	2322	686.0	566.5	566.5	
木材市场	Wood Markets	56	19551	551.3	727.0	727.0	
建材市场	Building Material Markets	192	86695	2067.1	1684.6	1648.3	36.3
化工材料及制品市场	Chemical Materials and Products Markets	37	18863	216.1	2725.5	2725.5	
金属材料市场	Metal Materials Markets	264	98431	2522.3	23560.4	23560.4	
机械设备市场	Mechanical Equipments Markets	47	25644	266.2	666.8	666.8	
其他生产资料市场	Others	36	17050	236.8	1965.5	1965.5	
农产品市场	Farm Produce Markets	1019	576657	4316.3	14584.1	13760.8	823.3
粮油市场	Grain and Oil Markets	103	33762	361.7	1565.1	1507.0	58.1
肉禽蛋市场	Meat, Poultry and Eggs Markets	134	44177	303.1	1224.2	1028.2	196.0
水产品市场	Aquatic Products Markets	150	100190	469.7	2808.8	2648.9	159.9
蔬菜市场	Vegetables Markets	312	223435	1596.2	3838.2	3703.6	134.6
干鲜果品市场	Dried and Fresh Melons and Fruits Markets	137	69192	581.9	2337.9	2316.5	21.4
棉麻土畜、烟叶市场	Cotton, Local & Livestock Products, and Tobacco Markets	22	14505	396.9	707.5	707.5	
其他农产品市场	Others	161	91396	606.8	2102.3	1849.0	253.4
食品、饮料及烟酒市场	Food, Beverages, Tobacco and Liquor Markets	142	78505	461.8	1674.9	1447.4	227.5
食品饮料市场	Food and Beverages Markets	52	35877	171.4	752.8	595.7	157.1
茶叶市场	Tea Markets	28	12384	101.8	244.3	221.5	22.9
烟酒市场	Tobacco and Liquor Markets	15	4938	34.7	73.7	57.2	16.5
其他食品饮料及烟酒市场	Others	47	25306	153.9	604.2	573.1	31.1
纺织、服装、鞋帽市场	Textiles, Clothing, Shoes and Hats Markets	576	713873	3242.0	13034.6	11712.4	1322.2
布料及纺织品市场	Cloth and Textiles Markets	73	109793	957.1	5528.8	5513.2	15.6
服装市场	Clothing Markets	359	415212	1663.8	5077.3	4160.5	916.8
鞋帽市场	Shoes and Hats Markets	39	26670	150.8	388.9	379.7	9.1
其他纺织服装鞋帽市场	Others	105	162198	470.4	2039.6	1659.0	380.7
日用品及文化用品市场	Daily Use Articles and Cultural Goods Markets	91	68318	277.3	1055.8	970.7	85.1

16-9 续表 continued

市场	Market	市场数量(个) Number of Markets (unit)	摊位数(个) Number of Booths (unit)	营业面积(万平方米) Operating Area (10 000 sq.m)	成交额(亿元) Turnover (100 million yuan)	批发市场 Whole-sale	零售市场 Retail
小商品市场	Merchandise Markets	36	39811	102.7	339.0	319.5	19.5
箱包市场	Luggage Markets	4	5567	51.5	222.8	222.8	
玩具市场	Toys Markets	3	1124	11.9	23.7	23.7	
文具市场	Stationary Markets	3	1093	8.1	20.6	20.6	
图书、报刊杂志市场	Books, Newspapers and Magazines Markets	11	1652	10.3	38.1	25.4	12.7
音像制品及电子出版物市场	Video Products and E-journal Markets	2	495	1.9	8.0		8.0
体育用品市场	Sports Markets	1	80	0.7	1.5		1.5
其他日用品及文化用品市场	Others	31	18496	90.1	402.1	358.6	43.5
黄金、珠宝、玉器等首饰市场	Gold, Jewelry, Jade Markets	27	16427	92.4	467.6	419.1	48.5
电器、通讯器材、电子设备市场	Electrical Appliances, Communication Appliances and Electronical Appliances Markets	161	67267	357.3	1110.5	404.5	706.0
家电市场	Household Appliances Markets	41	13369	157.3	321.5	232.1	89.4
通讯器材市场	Communication Appliances Markets	31	15772	42.0	121.2	42.4	78.8
照相、摄像器材市场	Cameras and Video Equipments Markets	2	485	2.1	7.1	3.9	3.2
计算机及辅助设备市场	Computer and Auxiliary Equipments Markets	79	33219	142.3	606.3	83.8	522.5
其他电器、通讯器材、电子设备市场	Others	8	4422	13.6	54.4	42.3	12.1
医药、医疗用品及器材市场	Medicine, Medical Materials and Medical Instruments Markets	25	46854	227.9	1368.8	1348.0	20.7
中药材市场	Chinese Medicine Markets	25	46854	227.9	1368.8	1348.0	20.7
其他医药、医疗用品及器材市场	Others						
家具、五金及装饰材料市场	Furniture, Hardware and Decoration Materials Markets	577	275246	3994.5	4871.3	2923.1	1948.2
家具市场	Furniture Markets	159	65917	1357.7	1324.0	670.7	653.2
装饰材料市场	Decoration Materials Markets	252	110641	1583.1	1761.7	920.7	841.0
灯具市场	Lamps Markets	17	7143	108.1	192.9	174.2	18.7
厨具、盥洗设备市场	Kitchen Utensils, Washing Equipments Markets	4	1399	12.2	19.8	16.9	2.8
五金材料市场	Hardware Materials Markets	78	49967	462.5	938.3	850.9	87.4
其他装修市场	Others	67	40179	470.8	634.7	289.7	345.0
汽车、摩托车及零配件市场	Cars, Motorcycles and Spare Parts Markets	283	82883	1502.2	6322.4	2135.0	4187.4
汽车市场	Cars Markets	190	38404	1149.5	5095.5	1022.3	4073.2
摩托车市场	Motorcycles Markets	10	3786	26.1	76.3	64.8	11.5
机动车零配件市场	Vehicle Spare Parts Markets	83	40693	326.6	1150.6	1047.9	102.7
花、鸟、鱼、虫市场	Flower, Bird, Fish and Insects Markets	29	20206	340.1	413.2	384.7	28.5
花卉市场	Flower Markets	25	19240	334.1	396.2	380.0	16.2
鸟市场	Bird Markets						
观赏鱼市场	Fish Markets						
其他花鸟鱼虫市场	Others	4	966	6.0	17.0	4.7	12.3
旧货市场	Second Hand Markets	20	7823	38.5	79.1	36.8	42.3
古玩、古董、字画市场	Antiques,Calligraphy and Painting Markets	3	848	3.2	3.0		3.0
邮票、硬币市场	Stamps and Coins Markets						
其他旧货市场	Others	17	6975	35.3	76.0	36.8	39.3
其他专业市场	Others	59	34387	306.8	845.5	658.6	187.0

16-10 亿元以上商品交易市场摊位分类情况（2013年）

Classification of Commodity Exchange Markets of Transaction Value over 100 Million Yuan (2013)

类别	Classification	摊位数（个）Number of Booths (unit)	成交额（亿元）Turnover (100 million yuan)	批发市场 Wholesale	零售市场 Retail
总计	**Total**	**3488170**	**98365.1**	**84628.3**	**13736.8**
食品、饮料、烟酒类	Food, Beverages, Tobacco and Liquor	1110849	24917.3	21677.9	3239.4
食品类	Food	1014343	23009.0	20040.5	2968.5
#粮油类	Grain and Oil	86757	2908.6	2624.5	284.1
肉禽蛋类	Meat, Poultry and Eggs	139096	3191.0	2307.2	883.8
水产品类	Aquatic Products	159869	4708.4	3997.7	710.7
蔬菜类	Vegetables	421243	6337.5	5694.1	643.3
干鲜果品类	Dried and Fresh Melons and Fruits	169002	5022.1	4736.1	286.0
饮料类	Beverages	50231	959.0	832.3	126.7
烟酒类	Tobacco and Liquor	46275	949.3	805.2	144.2
服装鞋帽、针、纺织品类	Clothing, Shoes, Hats and Textiles	984199	15319.4	13376.8	1942.6
服装类	Clothing	604156	6870.6	5495.8	1374.8
鞋帽类	Footwear and Hats	146618	1519.2	1218.2	301.0
针、纺织品类	Knitwear and Textiles	233425	6929.6	6662.8	266.8
化妆品类	Cosmetics	31853	322.3	256.8	65.6
金银珠宝类	Gold, Silver and Jewellery	20461	561.8	472.7	89.1
日用品类	Articles for Daily Use	184642	2878.8	2456.2	422.5
#洗涤用品类	Washing Articles	43036	504.4	434.6	69.8
儿童玩具类	Children Toys	33017	415.3	350.0	65.3
五金、电料类	Hardware & Electrical Materials	113639	2215.8	1943.0	272.8
体育、娱乐用品类	Sports & Recreational Articles	12946	174.4	146.3	28.1
书报杂志类	Newspapers and Magazines	5210	75.1	57.4	17.7
电子出版物及音像制品类	E-journal and Video Products	9193	206.0	171.2	34.8
家用电器和音像器材类	Household Appliances and Video Equipments	38724	757.0	553.7	203.4
中西药品类	Traditional Chinese and Western Medicine	27934	1219.3	1185.0	34.3
#西药类	Western Medicine	1226	31.7	24.4	7.3
中草药及中成药类	Traditional Chinese	26230	1170.7	1147.6	23.1
文化办公用品类	Cultural and Official Goods	67202	1162.5	584.7	577.8
家具类	Furniture	95553	1908.8	1030.2	878.7
通讯器材类	Communication Appliances	26133	313.8	157.1	156.7
煤炭及制品类	Coal and Related Products	2739	643.0	640.4	2.5
木材及制品类	Wood and Wooden Products	33038	1001.9	969.8	32.2
石油及制品类	Petroleum and Related Products	3874	1649.9	1647.0	2.9
化工材料及制品类	Raw Chemical Materials and Related Products	39880	3266.3	3244.0	22.3
#化肥类	Fertilizer	3747	107.9	93.5	14.5
金属材料类	Metal Materials	102371	23480.2	23452.1	28.1
建筑及装潢材料类	Building and Decoration Materials	247377	4735.7	3701.4	1034.2
机电产品及设备类	Mechanical & Electrical Products	51568	1383.7	1341.2	42.5
#农机类	Agricultural Machinery	5793	190.5	181.6	9.0
汽车类	Automobile	80286	6438.4	2270.4	4168.0
种子饲料类	Seed and Feedstuff	8428	143.8	138.0	5.9
棉麻类	Cotton and Hemp	5333	522.2	512.1	10.2
其他类	Others	184738	3067.6	2642.9	424.7

16-11 分地区亿元以上商品交易市场基本情况
Basic Statistics on Commodity Exchange Markets of Transaction Value over 100 Million Yuan by Region

年份 Year 地区 Region	市场数量(个) Number of Markets (unit)	摊位数(个) Number of Booths (unit)	营业面积(万平方米) Operating Area (10 000 sq.m)	成交额(亿元) Turnover (100 million yuan)	批发市场 Wholesale	零售市场 Retail
2000	3087	2115115	8261.6	16358.9	11648.0	4710.9
2005	3323	2248803	13140.8	30020.9	24544.2	5476.7
2006	3876	2527987	18072.3	37137.5	29679.9	7457.5
2007	4121	2681630	19814.6	44085.1	35871.5	8213.6
2008	4567	2839070	21225.2	52458.0	43120.0	9337.9
2009	4687	2994781	23230.3	57963.8	48308.2	9655.5
2010	4940	3193365	24832.3	72703.5	60954.9	11748.6
2011	5075	3334787	26234.5	82017.3	69390.8	12626.5
2012	5194	3494122	27899.4	93023.8	80141.8	12882.0
2013	5089	3488170	28868.3	98365.1	84628.3	13736.8
北京 Beijing	140	113914	725.0	3352.7	2188.6	1164.1
天津 Tianjin	75	43403	521.3	2748.8	2649.9	98.9
河北 Hebei	253	303689	2872.4	4874.5	4551.4	323.1
山西 Shanxi	40	34182	265.3	589.6	564.8	24.8
内蒙古 Inner Mongolia	70	35143	720.7	693.3	568.5	124.8
辽宁 Liaoning	217	178167	928.4	4443.0	3641.4	801.6
吉林 Jilin	62	50464	302.3	660.0	414.4	245.6
黑龙江 Heilongjiang	93	63343	357.0	1106.1	775.6	330.5
上海 Shanghai	164	73196	728.8	9472.0	8988.1	483.9
江苏 Jiangsu	547	351917	3294.7	16595.8	14532.8	2063.0
浙江 Zhejiang	767	463648	2980.5	14840.3	12441.9	2398.4
安徽 Anhui	138	111894	1093.3	2903.3	2633.2	270.1
福建 Fujian	162	57459	376.4	1713.6	1362.5	351.1
江西 Jiangxi	95	68855	366.1	1683.5	1460.8	222.7
山东 Shandong	558	390642	3890.3	9039.0	8040.2	998.8
河南 Henan	170	126507	1166.6	2726.3	2390.8	335.4
湖北 Hubei	169	83467	593.6	1860.1	1427.9	432.3
湖南 Hunan	327	185758	1058.7	3169.2	2367.1	802.1
广东 Guangdong	364	214964	1962.1	5418.2	4697.4	720.8
广西 Guangxi	91	70123	448.8	1200.6	1032.6	168.0
海南 Hainan	7	4000	9.8	19.7	2.8	16.9
重庆 Chongqing	144	91490	743.0	3307.2	2777.2	530.0
四川 Sichuan	118	129962	934.4	2150.5	1917.5	233.0
贵州 Guizhou	47	25621	196.9	469.1	412.8	56.3
云南 Yunnan	50	61991	379.3	749.9	581.8	168.1
西藏 Tibet						
陕西 Shaanxi	47	28913	171.4	386.3	254.7	131.7
甘肃 Gansu	44	32556	189.4	491.9	461.4	30.5
青海 Qinghai	8	5062	28.4	24.5	13.3	11.1
宁夏 Ningxia	33	22472	385.0	283.7	236.7	46.9
新疆 Xinjiang	89	65368	1178.4	1392.5	1240.3	152.2

16-12 社会消费品零售总额
Total Retail Sales of Consumer Goods

地区	Region	2012 社会消费品零售总额(亿元) Total Retail Sales of Consumer Goods (100 million yuan)	2012 增长(%) Growth Rate (%)	2013 社会消费品零售总额(亿元) Total Retail Sales of Consumer Goods (100 million yuan)	2013 增长(%) Growth Rate (%)
全 国	**National Total**	**210307.0**	**14.3**	**237809.9**	**13.1**
北 京	Beijing	7702.8	11.6	8375.1	8.7
天 津	Tianjin	3921.4	15.5	4470.4	14.0
河 北	Hebei	9254.0	15.2	10516.7	13.6
山 西	Shanxi	4506.8	15.5	5139.3	14.0
内蒙古	Inner Mongolia	4572.5	14.6	5114.2	11.8
辽 宁	Liaoning	9304.2	15.5	10581.4	13.7
吉 林	Jilin	4772.9	15.9	5426.4	13.7
黑龙江	Heilongjiang	5491.0	15.6	6251.2	13.8
上 海	Shanghai	7412.3	8.8	8052.0	8.6
江 苏	Jiangsu	18331.3	14.7	20796.5	13.4
浙 江	Zhejiang	13588.3	13.0	15225.5	12.0
安 徽	Anhui	5736.6	15.8	6542.4	14.0
福 建	Fujian	7256.5	15.6	8275.3	14.0
江 西	Jiangxi	4027.2	15.6	4576.1	13.6
山 东	Shandong	19651.9	14.6	22294.8	13.4
河 南	Henan	10915.6	15.5	12426.6	13.8
湖 北	Hubei	9562.5	15.6	10885.9	13.8
湖 南	Hunan	7921.9	15.1	9018.6	13.8
广 东	Guangdong	22677.1	11.7	25453.9	12.2
广 西	Guangxi	4516.6	15.6	5133.1	13.6
海 南	Hainan	870.8	14.7	992.9	14.0
重 庆	Chongqing	4033.7	15.7	4599.8	14.0
四 川	Sichuan	9268.6	15.8	10561.4	13.9
贵 州	Guizhou	2075.9	15.8	2366.2	14.0
云 南	Yunnan	3511.6	15.6	4004.6	14.0
西 藏	Tibet	254.6	16.3	293.2	15.1
陕 西	Shaanxi	4383.8	15.7	4999.5	14.0
甘 肃	Gansu	1906.5	15.7	2173.8	14.0
青 海	Qinghai	476.0	16.0	544.1	14.3
宁 夏	Ningxia	542.9	14.9	610.5	12.5
新 疆	Xinjiang	1858.6	15.0	2108.2	13.4

主要统计指标解释

批发业 指向其他批发或零售单位（含个体经营者）及其他企事业单位、机关团体等批量销售生活用品、生产资料的活动，以及从事进出口贸易和贸易经纪与代理的活动，包括拥有货物所有权，并以本单位(公司)的名义进行交易活动，也包括不拥有货物的所有权，收取佣金的商品代理、商品代售活动；还包括各类商品批发市场中固定摊位的批发活动，以及以销售为目的的收购活动。

零售业 指百货商店、超级市场、专门零售商店、品牌专卖店、售货摊等主要面向最终消费者（如居民等）的销售活动，以互联网、邮政、电话、售货机等方式的销售活动，还包括在同一地点，后面加工生产，前面销售的店铺（如面包房）；谷物、种子、饲料、牲畜、矿产品、生产用原料、化工原料、农用化工产品、机械设备（乘用车、计算机及通信设备除外）等生产资料的销售不作为零售活动；多数零售商对其销售的货物拥有所有权，但有些则是充当委托人的代理人，进行委托销售或以收取佣金的方式进行销售。

批发和零售业商品购进、销售、库存额 指各种登记注册类型的批发和零售业企业(单位)以本企业(单位)为总体的，从国内、国外市场购进的商品总量，销售和出口的商品总量，库存的商品总量等情况。该指标可以反映商品流转过程中商品的购进、销售、库存之间的比例关系和存在的问题。

商品购进额 指从本企业以外的单位和个人购进（包括从国外直接进口）作为转卖或加工后转卖的商品金额（含增值税）。商品购进包括：（1）从工农业生产者、批发和零售业企业、住宿和餐饮业企业、出版社或报社的出版发行部门和其他服务业企业购进的商品；（2）从机关团体、事业单位购进的商品；（3）从海关、市场管理部门购进的缉私和没收的商品；（4）从居民收购的废旧商品等。不包括：（1）企业为本单位自身经营用，不是作为转卖而购进的商品，如材料物资、包装物、低值易耗品、办公用品等；（2）未通过买卖行为而收入的商品，如接受其他部门移交的商品、借入的商品、收入代其他单位保管的商品、其他单位赠送的样品、加工回收的成品等；（3）经本单位介绍，由买卖双方直接结算，本单位只收取手续费的业务；（4）销售退回和买方拒付货款的商品；（5）商品溢余。

商品销售额 指对本单位以外的单位和个人出售的商品金额（包括售给本单位消费用的商品，含增值税）。商品销售包括（1）售给城乡居民和社会集团消费用的商品；（2）售给农业、工业、建筑业、服务业等国民经济各行业用于生产、经营用的商品，包括售予批发和零售业作为转卖或加工后转卖的商品；（3）对国（境）外直接出口的商品。不包括：（1）未通过买卖行为付出的商品，如随机构变动移交给其他企业单位的商品、借出的商品、归还受其他单位委托代保管的商品、付出的加工原料和赠送给其他单位的样品等；（2）经本单位介绍，由买卖双方直接结算，本单位只收取手续费的业务；（3）购货退回的商品；（4）商品损耗和损失；（5）出售本单位自用的废旧物资。

商品库存额 对于批发和零售业法人单位和个体经营户，是指报告期末取得所有权的全部商品金额（含增值税）；对于批发和零售业产业活动单位，是指报告期末实际在库且归属法人具有所有权的全部商品金额（含增值税）。库存商品包括：(1)存放在本单位(如门市部、批发站、采购站、经营处)的仓库、货场、货柜和货架中的商品；(2)挑选、整理、包装中的商品；(3)已记入购进而尚未运到本单位的商品，即发货单或银行承兑凭证已到而货未到的商品；(4)寄放他处的商品，如因购货方拒绝付款而暂时存在购货方的商品；(5)委托其他单位代销(未作销售或调出)尚未售出的商品；(6)代其他单位购进尚未交付的商品。不包括：所有权不属于本单位的商品；委托外单位加工的商品；外贸企业代理其他单位从国外进口，尚未付给订货单位的商品；代国家储备部门保管的商品。

连锁总店（总部） 指负责连锁企业资源（商号、商誉、经营模式、服务标准、管理模式等等）的开发、配置、控制或使用等功能的企业核心管理机构。连锁经营是指经营同类商品或服务，使用统一商号的若干店铺，在同一总店（总部）的管理下，采取统一采购或特许经营等方式，实现规模效益的组织形式，包括直营连锁、特许连锁和自愿连锁三种形式。其中，直营连锁是指连锁店铺由连锁公司全资或控股开设，在总部的直接控制下，开展统一经营的连锁经营形式；特许连锁是指拥有注册商标、企业标志、专利、专有技术等经营资源的企业（特许人），以合同形式将其拥有的经营资源许可其他经营者（被特许人）使用，被特许人按合同约定在统一的经营模式下开展经营，并向特许人支付特许经营费用的连锁经营形式；自愿连锁是指若干个店铺或企业自愿组合起来，在不改变各自资产所有权关系的情况下，以同一个品牌形象面对消费者，以共同进货为纽带开展的连锁经营形式。

亿元以上商品交易市场 指年成交额在亿元及以上的商品交易市场。商品交易市场是指经有关部门和组织批准设立，有固定场所、设施，有经营管理部门和监管人员，若干市场经营者入内，常年或实际开业三个月以上，集中、公开、独立地进行生活消费品、生产资料等现货商品交易以及提供相关服务的交易场所，包括各类消费品市场、生产资料市场等。

社会消费品零售总额 指企业（单位、个体户）通过交易直接售给个人、社会集团非生产、非经营用的实物商品金额，以及提供餐饮服务所取得的收入金额。个人包括城乡居民和入境人员，社会集团包括机关、社会团体、部队、学校、企事业单位、居委会或村委会等。

Explanatory Notes on Main Statistical Indicators

Wholesale Trade refers to the activities of selling wholesale commodities for daily use and capital goods to enterprises of wholesale and retail trades (including self-employed individuals) and other enterprises, institutions and government organs and organizations, and the activities of engaging in import and export and acting as a trade agent. The wholesaler may have the ownership of the commodities for wholesale and trade in the name of its own (a company), and the wholesaler can act as commission agent or commodity broker without the ownership of commodities. Also included are the wholesale activities at the fixed stalls in wholesale market and the acquisition for sales purpose.

Retail Trade refers to the activities of department store, supermarket, franchised store, brand store, retail stall and on-the-spot-making-selling store selling commodities to the final consumers (residents) by any means including internet, post, telephone, sales machine. It also includes shops with sales and production localted in the same places (such as bakeries). Retail trade excludes the activities of sales of capital goods such as grain, seed, feed, livestock, mineral products, raw material for production, industrial chemicals, chemical products for agricultural use, machine and equipment (excluding vehicles, computers and communication equipment). Most retailers have the ownership of commodities to sell, but some are acting as agents or brokers to make transactions for a commission.

Purchase, Sales and Stock of Commodities by Wholesale and Retail Trades refer to the total volume of commodities purchased, total volume of sales and exports, and the stock of commodities by wholesale and retail enterprises (establishments) of different status of registration from domestic and overseas markets. This indicator reflects the relationship among purchase, sales and stock of commodities in the circulation of goods and reveals the existing problems.

Total Purchases of Commodities refer to the total value of purchases of commodities by enterprises (establishments) from other establishments or individuals (including direct import from abroad) for the purpose of re-selling, either with or without further processing of the commodities purchased. The commodities include: (1) commodities purchased from agricultural and industrial producer, wholesaler, retailer, publishing house and other service business; (2) commodities purchased from institutions and government departments; (3) confiscated goods purchased from the customs authorities or market management agencies; (4) second-hand goods and wastes purchased from residents; The commodities exclude (1) commodities purchased by enterprises (establishments) for use in their own business operation, commodities obtained without buying or selling procedures such as materials, consumable goods of low value, office appliance, etc. (2) received goods without trading, such as goods handed over from others, borrowed goods, preserved goods for others, donated goods from others, processed and retrieved goods, etc. (3) goods of direct settlement between buyer and seller with handling fees introduced by others, (4) goods returned or refused to pay by the buyer, (5) excessive goods.

Total Sales of Commodities refer to value of commodities sold by the establishments to other establishments and individuals (including goods sold for self consumption, including the value-added tax). The commodities include: (1) commodities sold to urban and rural residents and social groups for their consumption; (2) commodities sold to establishments in all industries for their production and operation, including agriculture, industry, construction, and catering services including commodities sold to wholesale and retail establishments for re-selling, with or without further processing; and (3) commodities for direct export to abroad. Excluded are (1) extended commodities without trading, such as goods handed over to other enterprises and institutions because of the change of organizations, lent goods, returned goods preserved for others, extended processing materials and samples donated to others, (2) goods of direct settlement between buyer and seller with handling fees introduced by others, (3) goods returned after purchase, (4) damaged and spoiled goods, (5) waste and used goods of self use,

Total Stock of Commodities For the legal entities and self-employed individuals engaged in wholesale and retail trade, it refers to total value (including VAT) of commodities possessed at the end of the reference period; and for wholesale and retail establishments, it refers to the value (including VAT) of all commodities actually in stock and owned by their legal persons at the end of reference period. The commodities in stock includes: (1) commodities located in storage, garages, counters, and shelves of operating places of wholesale and retail trades (such as sale stores, wholesale centres, procurement stations and operating offices); (2) commodities in the process of being selected, sorted, and packed; (3) commodities not arrived but recorded as purchase in the account, i.e. commodities not arrived but payment receipts for the commodities from the sellers or the banks arrived; (4) commodities deposited in other places rather than places mentioned above, for instance: commodities in the hold of purchasers temporarily due to the refusal of payment; (5) commodities entrusted to other units to sell but not sold yet; (6) commodities purchased for other units but not delivered yet. Commodities not included as stock are those not owned by the enterprises (units), commodities on commission for processing, imported commodities of agency of foreign trade enterprise but not yet delivered to ordering units and finally those put in stock on behalf of the state reserves units.

Chain Head Stores (headquarter) refer to the core leading stores responsible for development, allocation, administration and utilization of resources (name of stores, brand of stores, operation model, service standard, management way, etc.) of chain stores. Chain stores refers to the stores engaged in providing homogeneous commodities or services, with the central leadership of head store (headquarters) and guided by common policies, conduct centralized purchase and distributed selling of commodities, in order to gain better efficiency through standardized operation. The chain stores include regular chain stores, franchise chain stores and voluntary chain stores.

Regular Chain store refers to chain stores that are invested or controlled by the headquarters. They operate under direct and unified management from the headquarters.

Franchise chain store refers to the chain stores (franchisees) which are franchised with operation resources such as trade marks, names, patent and operation know-how by the franchisors in form of contract and pay the operation fees to the franchisors.

Voluntary chain store refers to the stores operate jointly on the voluntary bases while maintaining their status of independent legal entities with full ownership of their assets. They sell goods of same brand from same channel of resource to the consumers.

Large Commodity Markets with Transaction Value over 100 Million Yuan refers to the commodity markets with an annual transaction at and above 100 million. The commodity market refers to the markets approved and managed by related departments, where there are fixed sites, facilities, managers and administration offices, where there are a certain number of traders to operate for three month and above or all the year, where the commodities including the articles for daily consumption and capital goods and services are traded in a centralized, independent and open way. Such market includes markets of daily goods and market of capital goods, etc.

Total Retail Sales of Consumer Goods refer to the amount obtained by enterprises (units, self-employed individuals) through direct sales of non-production and non-business physical commodity to individuals, social institutions, and revenue from providing catering services. Individuals include rural and urban households, population from abroad, social institutions include government agencies, social organizations, military units, schools, institutions, neighbourhood (village) committees.

17

住宿、餐饮业和旅游

Hotels, Catering Services and Tourism

简 要 说 明

一、本篇资料的主要内容

本篇资料主要反映住宿和餐饮业的基本情况、经营情况和旅游产业的发展状况。主要内容包括：限额以上住宿和餐饮业基本情况、经营情况、财务状况；连锁餐饮业经营情况；旅行社、星级饭店基本情况；入境、出境旅游人数、国内居民旅游人数，以及国际、国内旅游收入等。

二、本篇资料的统计范围

限额以上住宿和餐饮业的企业、个体户；餐饮连锁集团；旅行社、星级饭店和旅游者。限额以上住宿和餐饮业统计单位为：年主营业务收入 200 万元及以上。

三、本篇的资料来源

本篇资料中住宿和餐饮业统计数据是根据《住宿和餐饮业统计报表制度》进行搜集和加工整理；旅游产业有关资料主要根据公安部和国家旅游局的资料编制而成。

四、本篇的统计调查方法

本篇资料中限额以上住宿和餐饮业的企业、个体户，以及餐饮连锁集团资料采用全面调查的方法取得；限额以下企业和个体户资料采用抽样调查方法推算。旅游数据中国际、国内旅游收入和国内旅游人数等指标采取抽样调查方法，其余数据均为全面调查统计取得。

Brief Introduction

I. Main Contents

Data in this chapter reflect the development of hotel and catering services and tourism in China. They mainly include: the basic conditions, operating and financial status of hotel and catering services above the designated size; the operating status of chain catering services; the basic conditions of travel agencies and star-rated hotels; number of international tourists and Chinese residents going abroad, number of domestic tourists and income from international and domestic tourism.

II. Scope of Statistics

Data in this chapter cover the enterprises of hotel and catering services above the designated size, self-employed households of hotel and catering services; chain catering services, travel agencies, star-rated hotels and tourists; The statistical unit of the enterprises of hotel and catering services above the designated size is the annual income of main business at and over 2 million yuan.

III. Sources of Data

Data in this chapter are collected and compiled according to the Statistical Reporting Form System on Program on Hotels and Catering Services. The data on tourism are from the Ministry of Public Security and State Tourism Administration.

IV. Methods of Survey

Data on the enterprises of hotel and catering services above the designated size and chain catering services are from the comprehensive reporting form system. Data on the enterprises of hotel and catering services below the designated size and self-employed households are calculated according to the results of sample survey. The data on tourism are from the comprehensive reporting form system except those on the earnings from international and domestic tourism and number of domestic tourists from sample surveys.

17-1 住宿和餐饮业情况
Basic Conditions of Hotels and Catering Services

指　标		Item		2009	2010	2011	2012	2013
住宿和餐饮业		**Hotels and Catering Services**						
法人企业	(个)	Number of Corporation Enterprises	(unit)	35192	37308	39002	40499	45180
年末从业人数	(万人)	Engaged Persons at Year-end	(10 000 persons)	400.7	431.1	443.5	454.5	456.2
营业额	(亿元)	Business Revenue	(100 million yuan)	4947.1	5993.0	7070.9	7954.3	8061.3
#餐费收入	(亿元)	From Meals	(100 million yuan)	3373.1	4037.1	4755.8	5442.8	5430.5
年末餐饮营业面积	(万平方米)	Business Area of Catering Services at Year-end	(10 000 sq.m)	6093.9	6249.4	9630.8	10000.8	9473.8
住宿业		**Hotels**						
法人企业	(个)	Number of Corporation Enterprises	(unit)	14498	15713	16506	17109	18437
年末从业人数	(万人)	Engaged Persons at Year-end	(10 000 persons)	200.0	210.8	215.7	210.8	209.4
营业额	(亿元)	Business Revenue	(100 million yuan)	2260.7	2797.8	3261.9	3534.4	3528.0
#客房收入	(亿元)	From Hotel Rooms	(100 million yuan)	1041.2	1309.8	1535.3	1617.9	1705.4
餐费收入	(亿元)	From Meals	(100 million yuan)	931.8	1143.9	1322.0	1476.0	1374.5
客房数	(万间)	Number of Rooms	(10 000 rooms)	201.7	224.9	254.3	336.0	265.5
床位数	(万位)	Number of Beds	(10 000 beds)	351.5	393.2	426.4	548.7	439.5
年末餐饮营业面积	(万平方米)	Business Area of Catering Services at Year-end	(10 000 sq.m)	2308.1	2269.6	4279.7	4641.6	3880.3
餐饮业		**Catering Services**						
法人企业	(个)	Number of Corporation Enterprises	(unit)	20694	21595	22496	23390	26743
年末从业人数	(万人)	Engaged Persons at Year-end	(10 000 persons)	200.6	220.3	227.8	243.7	246.8
营业额	(亿元)	Business Revenue	(100 million yuan)	2686.4	3195.1	3809.0	4419.8	4533.3
#餐费收入	(亿元)	From Meals	(100 million yuan)	2441.3	2893.2	3433.8	3966.7	4056.1
年末餐饮营业面积	(万平方米)	Business Area of Catering Services at Year-end	(10 000 sq.m)	3785.8	3979.7	5351.1	5359.1	5593.5

注：1.本表的统计范围为限额以上法人企业。
　　2.本表的统计限额划分指标为“年主营业务收入”。

a) Scope of hotels and catering services covers enterprises above designated size.

b) For the designation of size, the indicator was based on income from principal business.

17-2 按登记注册类型和行业分限额以上住宿业企业主要指标(2013年)

单位：亿元

指　　标	Item	法人企业(个) Number of Corporation Enterprises (unit)	年末从业人数(人) Engaged Persons at Year-end (person)	营业额 Business Revenue	#客房收入 From Hotel Rooms	#餐费收入 From Meals
住宿业合计	**Hotels**	**18437**	**2094185**	**3528.0**	**1705.4**	**1374.5**
按登记注册类型分	**by Status of Registration**					
内资企业	**Domestic Funded Enterprises**	**17463**	**1854243**	**2981.1**	**1435.6**	**1179.7**
国有企业	State-owned Enterprises	2289	296824	495.0	227.5	190.2
集体企业	Collective-owned Enterprises	489	39310	61.7	26.4	25.5
股份合作企业	Cooperative Enterprises	99	7633	11.8	5.2	4.1
联营企业	Joint Ownership Enterprises	35	3911	6.9	3.0	2.9
国有联营企业	State Joint Ownership Enterprises	14	2090	3.1	1.5	1.2
集体联营企业	Collective Joint Ownership Enterprises	12	883	1.8	0.6	1.1
国有与集体联营企业	Joint State-collective Enterprises	6	718	1.3	0.6	0.4
其他联营企业	Other Joint Ownership Enterprises	3	220	0.6	0.3	0.3
有限责任公司	Limited Liability Corporations	5906	781652	1253.3	607.9	486.7
国有独资公司	State Sole Funded Corporations	321	58988	101.5	45.8	38.1
其他有限责任公司	Other Limited Liability Corporations	5585	722664	1151.8	562.1	448.5
股份有限公司	Share-holding Corporations Ltd.	602	76515	127.6	56.0	52.1
私营企业	Private Enterprises	7760	627082	989.5	492.8	403.2
私营独资企业	Private-funded Enterprises	1178	65633	109.5	52.5	47.5
私营合伙企业	Private Partnership Enterprises	304	17498	26.1	12.1	11.5
私营有限责任公司	Private Limited Liability Corporations	5869	507793	794.0	400.4	317.6
私营股份有限公司	Private Share-holding Corporations Ltd.	409	36158	59.9	27.8	26.7
其他企业	Other Enterprises	283	21316	35.3	16.8	15.0
港、澳、台商投资企业	**Enterprises with Funds from Hong Kong, Macao and Taiwan**	**549**	**143306**	**321.2**	**155.1**	**114.9**
合资经营企业	Joint-venture Enterprises	242	70050	157.7	73.3	58.0
合作经营企业	Cooperative Enterprises	61	16816	38.2	17.5	14.2
独资经营企业	Enterprises with Sole Fund	215	50236	113.9	58.3	38.5
投资股份有限公司	Share-holding Corporations Ltd. with Investment	27	5403	10.0	5.2	3.8
其他港澳台商投资企业	Other Enterprises with Funds from Hong Kong, Macao and Taiwan	4	801	1.4	0.8	0.4
外商投资企业	**Enterprises with Foreign Investment**	**425**	**96636**	**225.7**	**114.7**	**79.8**
中外合资经营企业	Joint-venture Enterprises	181	44537	107.8	51.2	39.1
中外合作经营企业	Cooperation Enterprises	54	14458	30.9	13.6	13.4
外资企业	Enterprises with Sole Fund	174	34841	82.3	47.9	25.4
外商投资股份有限公司	Share-holding Corporations Ltd. with Foreign Investment	12	1995	3.7	1.8	1.2
其他外商投资企业	Other Foreign Funded Enterprises	4	805	1.1	0.3	0.7
按国民经济行业分	**by Sector**					
旅游饭店	Tourist Hotel	12082	1700087	2838.2	1285.2	1170.2
一般旅馆	Fonda	5770	347145	611.8	379.6	178.0
其他住宿业	Others	585	46953	78.0	40.6	26.2

Main Indicators of Enterprises above Designated Size of Hotels by Status of Registration and Sector (2013)

(100 million yuan)

资产总计 Total Assets	#流动资产合计 Total Current Assets	#固定资产合计 Total Fixed Assets	负债合计 Total Liabilities	所有者权益合计 Total Owners' Equities	主营业务收入 Revenue from Principal Business	主营业务成本 Cost of Principal Business	主营业务税金及附加 Taxes and Other Charges on Principal Business	主营业务利润 Profits from Principal Business
10368.8	**3515.6**	**4346.8**	**7356.7**	**3012.8**	**3458.0**	**1343.7**	**187.2**	**1927.2**
8407.1	**2892.2**	**3518.5**	**5961.0**	**2446.8**	**2912.3**	**1180.2**	**157.2**	**1574.9**
1254.8	322.7	668.2	674.8	580.0	459.0	184.1	24.7	250.2
129.3	43.8	63.4	89.4	39.9	61.0	27.4	3.3	30.2
25.9	11.4	10.4	20.5	6.0	11.5	4.6	0.6	6.2
14.2	4.4	7.7	7.9	6.3	6.8	2.6	0.3	3.9
7.7	2.2	4.6	3.7	4.0	3.1	1.1	0.2	1.9
2.7	1.0	1.3	0.9	1.9	1.8	0.9	0.1	0.8
3.5	1.1	1.8	2.8	0.7	1.3	0.4	0.1	0.9
0.2	0.1	0.1	0.5	-0.3	0.6	0.3		0.3
4113.6	1360.9	1715.9	3001.3	1112.3	1241.7	458.8	68.2	714.8
346.6	84.1	172.1	199.9	146.7	100.4	38.4	5.4	56.5
3767.1	1276.8	1543.7	2801.4	965.7	1141.4	420.3	62.8	658.3
411.0	153.9	160.0	279.1	131.8	124.5	53.8	6.4	64.3
2413.7	977.8	872.8	1859.5	554.1	973.4	431.7	51.9	489.7
162.9	52.4	81.3	85.9	77.0	107.0	59.2	5.5	42.2
31.6	10.3	16.6	16.0	15.6	26.0	14.3	1.3	10.4
2057.2	848.3	717.4	1638.5	418.7	782.7	329.5	42.2	411.0
162.0	66.8	57.6	119.2	42.8	57.7	28.8	2.8	26.1
44.6	17.3	20.2	28.4	16.3	34.5	17.1	1.8	15.6
1247.4	**378.3**	**498.9**	**897.2**	**350.2**	**322.2**	**93.4**	**17.7**	**211.1**
580.5	182.7	219.4	441.0	139.4	158.8	45.6	9.1	104.2
123.8	47.7	55.9	108.7	15.1	37.4	9.7	2.0	25.7
498.5	136.6	198.0	317.0	181.6	114.8	33.9	6.0	74.8
37.4	10.4	21.2	25.2	12.2	10.0	3.9	0.5	5.6
7.3	1.0	4.4	5.3	1.9	1.3	0.3	0.1	0.9
714.3	**245.0**	**329.4**	**498.5**	**215.8**	**223.5**	**70.1**	**12.2**	**141.2**
327.2	127.7	141.3	228.7	98.4	106.4	25.1	6.0	75.3
85.0	32.5	37.3	83.3	1.6	30.8	14.1	1.7	15.0
266.8	83.0	120.9	149.6	117.2	81.7	29.8	4.3	47.6
32.7	1.2	28.2	35.4	-2.6	3.6	0.9	0.2	2.6
2.6	0.6	1.7	1.5	1.2	1.1	0.4	0.1	0.7
8938.7	2960.7	3848.3	6393.2	2546.2	2806.3	1048.2	153.0	1605.1
1223.9	476.4	418.4	811.8	412.2	575.3	262.1	30.0	283.1
206.1	78.4	80.1	151.7	54.5	76.5	33.4	4.1	39.0

17-3 分地区限额以上住宿业企业主要指标(2013年)
Main Indicators of Enterprises above Designated Size of Hotels by Region (2013)

单位：亿元 (100 million yuan)

地区	Region	法人企业(个) Number of Corporation Enterprises (unit)	年末从业人数(人) Engaged Persons at Year-end (person)	营业额 Business Revenue	#客房收入 From Hotel Rooms	#餐费收入 From Meals	资产总计 Total Assets	#流动资产合计 Total Current Assets	#固定资产合计 Total Fixed Assets
全国	**National Total**	**18437**	**2094185**	**3528.0**	**1705.4**	**1374.5**	**10368.8**	**3515.6**	**4346.8**
北京	Beijing	1113	150808	352.8	180.5	97.7	1228.5	415.0	497.0
天津	Tianjin	237	25202	39.7	20.5	13.2	147.3	44.2	68.3
河北	Hebei	495	64475	74.9	29.8	36.6	285.0	101.0	131.5
山西	Shanxi	408	46477	46.2	20.5	20.7	133.6	44.8	62.9
内蒙古	Inner Mongolia	314	32062	40.7	18.4	19.6	129.2	37.5	64.4
辽宁	Liaoning	593	56719	106.9	47.7	49.1	293.0	102.5	131.5
吉林	Jilin	183	20261	34.9	15.2	16.4	84.8	24.6	49.9
黑龙江	Heilongjiang	236	22072	34.1	18.8	11.9	99.2	30.9	56.2
上海	Shanghai	669	81402	251.4	145.7	69.0	756.3	253.5	265.1
江苏	Jiangsu	1042	118483	211.6	87.0	98.7	658.1	208.2	263.2
浙江	Zhejiang	1288	145708	275.9	119.5	128.1	857.4	287.7	367.5
安徽	Anhui	542	51127	68.2	30.4	31.0	240.3	78.8	93.6
福建	Fujian	741	87469	147.3	61.7	65.1	355.2	129.2	145.5
江西	Jiangxi	378	41114	49.4	25.7	19.1	162.6	48.5	71.5
山东	Shandong	1108	117079	217.7	91.7	105.0	484.9	153.7	243.4
河南	Henan	1067	96485	141.9	67.5	59.2	326.7	134.4	133.0
湖北	Hubei	847	70619	123.6	61.8	49.5	302.2	95.3	152.1
湖南	Hunan	747	92775	149.2	67.4	66.2	350.1	107.2	170.4
广东	Guangdong	2005	296719	480.5	238.3	172.1	1358.0	502.9	471.8
广西	Guangxi	499	51005	60.6	31.3	21.9	192.7	58.6	77.7
海南	Hainan	264	56643	94.0	58.9	27.4	265.2	95.0	103.9
重庆	Chongqing	347	40877	69.7	32.4	28.7	200.4	76.6	72.6
四川	Sichuan	948	88799	138.8	70.7	52.1	427.7	163.1	185.0
贵州	Guizhou	395	32580	42.0	25.2	13.1	110.9	41.2	50.8
云南	Yunnan	566	62517	84.1	46.3	23.3	325.0	109.4	123.9
西藏	Tibet	60	5080	6.0	3.7	1.4	27.8	5.0	19.2
陕西	Shaanxi	684	74866	101.6	45.2	45.9	283.9	82.4	149.3
甘肃	Gansu	266	24747	33.6	18.2	12.8	95.7	24.0	44.4
青海	Qinghai	71	7172	8.2	5.0	2.4	32.1	11.6	13.6
宁夏	Ningxia	80	8299	8.9	4.2	3.8	40.8	13.5	22.4
新疆	Xinjiang	244	24544	33.8	16.2	13.2	114.2	35.5	45.3

17-3 续表 continued

单位：亿元 (100 million yuan)

地 区	Region	负债合计 Total Liabilities	所有者权益合计 Total Owners' Equities	主营业务收入 Revenue from Principal Business	主营业务成本 Cost of Principal Business	主营业务税金及附加 Taxes and Other Charges on Principal Business	主营业务利润 Profits from Principal Business
全 国	**National Total**	**7356.7**	**3012.8**	**3458.0**	**1343.7**	**187.2**	**1927.2**
北 京	Beijing	905.3	323.2	354.4	93.4	19.5	241.5
天 津	Tianjin	120.3	27.0	39.3	14.4	2.1	22.8
河 北	Hebei	221.0	64.0	73.0	33.0	4.1	35.9
山 西	Shanxi	93.5	40.1	45.7	21.1	2.6	22.0
内蒙古	Inner Mongolia	76.7	52.5	40.4	19.4	2.1	19.0
辽 宁	Liaoning	229.2	63.7	105.9	49.8	5.4	50.6
吉 林	Jilin	53.6	31.3	33.9	16.8	1.8	15.3
黑龙江	Heilongjiang	62.7	36.5	33.8	13.3	1.9	18.7
上 海	Shanghai	435.7	320.6	226.1	67.3	13.1	145.7
江 苏	Jiangsu	470.8	187.2	206.2	81.3	10.7	114.2
浙 江	Zhejiang	659.7	197.7	274.8	90.0	15.4	169.3
安 徽	Anhui	172.0	68.3	66.7	30.7	3.5	32.5
福 建	Fujian	222.2	133.0	145.1	58.6	8.2	78.3
江 西	Jiangxi	102.4	60.2	48.8	20.7	2.7	25.4
山 东	Shandong	331.0	153.8	213.8	98.9	10.8	104.1
河 南	Henan	228.8	97.9	138.9	65.9	7.5	65.5
湖 北	Hubei	205.6	97.3	122.1	61.6	6.3	54.2
湖 南	Hunan	237.7	112.4	147.7	67.5	7.2	73.0
广 东	Guangdong	1034.4	323.6	471.5	166.0	26.3	279.2
广 西	Guangxi	142.0	50.7	59.7	21.8	3.5	34.4
海 南	Hainan	190.4	74.8	93.2	25.7	5.2	62.4
重 庆	Chongqing	158.8	41.6	67.8	29.7	3.6	34.5
四 川	Sichuan	323.7	104.0	136.7	55.0	7.0	74.7
贵 州	Guizhou	76.8	34.1	41.7	18.9	2.4	20.5
云 南	Yunnan	196.8	128.2	81.1	37.6	4.4	39.1
西 藏	Tibet	9.3	18.4	6.0	1.8	0.4	3.8
陕 西	Shaanxi	214.7	69.2	99.6	43.5	5.1	51.0
甘 肃	Gansu	52.0	43.7	33.0	16.7	1.8	14.6
青 海	Qinghai	14.0	18.0	8.2	3.2	0.4	4.5
宁 夏	Ningxia	32.9	7.9	9.0	3.8	0.5	4.7
新 疆	Xinjiang	82.4	31.7	33.9	16.4	1.9	15.6

17-4 按登记注册类型和行业分限额以上餐饮业企业主要指标(2013年)

单位：亿元

指标	Item	法人企业(个) Number of Corporation Enterprises (unit)	年末从业人数(人) Engaged Persons at Year-end (person)	营业额 Business Revenue	#餐费收入 From Meals
餐饮业合计	**Catering Services**	**26743**	**2467693**	**4533.3**	**4056.1**
按登记注册类型分	**by Status of Registration**				
内资企业	**Domestic Funded Enterprises**	**25507**	**1903042**	**3346.8**	**2902.7**
国有企业	State-owned Enterprises	499	47052	72.4	50.3
集体企业	Collective-owned Enterprises	273	13819	26.9	20.9
股份合作企业	Cooperative Enterprises	150	9440	17.4	14.8
联营企业	Joint Ownership Enterprises	10	667	5.4	3.6
国有联营企业	State Joint Ownership Enterprises	1			
集体联营企业	Collective Joint Ownership Enterprises	9	667	5.4	3.6
国有与集体联营企业	Joint State-collective Enterprises				
其他联营企业	Other Joint Ownership Enterprises				
有限责任公司	Limited Liability Corporations	6304	578950	940.4	784.3
国有独资公司	State Sole Funded Corporations	111	16914	32.2	22.9
其他有限责任公司	Other Limited Liability Corporations	6193	562036	908.3	761.3
股份有限公司	Share-holding Corporations Ltd.	510	67518	137.9	116.6
私营企业	Private Enterprises	17128	1152529	2090.7	1863.5
私营独资企业	Private-funded Enterprises	4223	177549	384.1	346.6
私营合伙企业	Private Partnership Enterprises	510	26439	45.1	40.0
私营有限责任公司	Private Limited Liability Corporations	11759	895895	1570.8	1398.7
私营股份有限公司	Private Share-holding Corporations Ltd.	636	52646	90.8	78.2
其他企业	Other Enterprises	633	33067	55.5	48.7
港、澳、台商投资企业	**Enterprises with Funds from Hong Kong, Macao and Taiwan**	**659**	**173226**	**355.9**	**341.0**
合资经营企业	Joint-venture Enterprises	149	44069	70.1	65.7
合作经营企业	Cooperative Enterprises	34	8660	21.3	19.9
独资经营企业	Enterprises with Sole Fund	463	119507	262.2	253.2
投资股份有限公司	Share-holding Corporations Ltd. with Investment	10	812	2.0	1.9
其他港澳台商投资企业	Other Enterprises with Funds from Hong Kong, Macao and Taiwan	3	178	0.3	0.2
外商投资企业	**Enterprises with Foreign Investment**	**577**	**391425**	**830.6**	**812.4**
中外合资经营企业	Joint-venture Enterprises	148	82752	185.4	179.8
中外合作经营企业	Cooperation Enterprises	25	5967	13.0	11.0
外资企业	Enterprises with Sole Fund	377	299646	625.9	616.2
外商投资股份有限公司	Share-holding Corporations Ltd. with Foreign Investment	20	2451	4.5	4.2
其他外商投资企业	Other Foreign Funded Enterprises	7	609	1.9	1.2
按国民经济行业分	**by Sector**				
正餐服务	Restaurant	25105	1904408	3401.5	2956.4
快餐服务	Fast Food	909	445029	898.8	882.7
饮料及冷饮服务	Beverages and Cold Drinks	209	36752	86.4	80.3
其他餐饮业	Others	520	81504	146.6	136.7

Main Indicators of Enterprises above Designated Size of Catering Services by Status of Registration and Sector (2013)

(100 million yuan)

资产总计 Total Assets	#流动资产合计 Total Current Assets	#固定资产合计 Total Fixed Assets	负债合计 Total Liabilities	所有者权益合计 Total Owners' Equities	主营业务收入 Revenue from Principal Business	主营业务成本 Cost of Principal Business	主营业务税金及附加 Taxes and Other Charges on Principal Business	主营业务利润 Profits from Principal Business
4557.8	**1967.3**	**1448.7**	**3166.1**	**1391.7**	**4484.3**	**2311.7**	**232.6**	**1940.0**
3832.3	**1694.5**	**1253.9**	**2678.1**	**1154.2**	**3300.6**	**1781.4**	**169.5**	**1349.6**
123.1	36.4	60.6	76.4	46.8	69.0	37.5	3.3	28.2
27.8	18.2	5.6	22.1	5.7	26.3	15.2	1.2	9.8
41.3	25.3	5.5	33.6	7.7	17.0	9.0	1.0	7.1
1.7	0.6	1.0	0.5	1.2	5.4	3.5		1.8
1.7	0.6	1.0	0.5	1.2	5.4	3.5		1.8
1338.1	583.4	433.7	1004.8	333.3	932.7	474.9	48.9	408.9
52.1	23.3	21.0	39.0	13.1	31.8	15.7	1.6	14.5
1286.0	560.0	412.8	965.8	320.2	900.8	459.2	47.3	394.3
250.8	113.4	58.9	162.9	87.9	131.2	66.2	6.1	58.8
2010.3	903.4	669.9	1356.6	653.7	2064.3	1141.7	105.9	816.8
226.8	75.7	108.5	92.9	133.9	378.0	227.5	18.2	132.3
23.6	9.6	11.1	10.0	13.6	44.7	26.7	2.1	15.9
1647.8	768.3	520.2	1176.9	470.9	1551.8	838.0	81.0	632.8
112.1	49.9	30.2	76.9	35.3	89.8	49.4	4.6	35.8
39.1	13.8	18.7	21.1	18.0	54.8	33.4	3.1	18.3
311.4	**150.8**	**81.7**	**208.2**	**103.1**	**360.0**	**144.1**	**19.0**	**197.0**
72.1	36.0	17.7	47.3	24.7	69.8	33.9	3.6	32.3
17.7	8.9	5.4	16.4	1.3	21.3	8.3	1.0	12.0
213.4	99.1	57.5	139.9	73.5	266.6	100.9	14.2	151.6
8.1	6.6	1.0	4.5	3.5	2.0	0.8	0.1	1.0
0.2	0.1		0.1		0.3	0.2		0.1
414.1	**122.0**	**113.1**	**279.8**	**134.3**	**823.7**	**386.1**	**44.1**	**393.4**
106.3	27.5	37.0	70.0	36.3	184.1	86.1	9.7	88.3
6.3	3.1	1.4	4.9	1.3	12.6	7.3	0.7	4.7
294.5	89.3	73.9	201.2	93.3	620.7	289.9	33.3	297.4
6.3	1.6	0.8	3.3	3.0	4.3	1.8	0.2	2.3
0.7	0.5	0.1	0.4	0.3	1.9	1.0	0.1	0.7
3934.9	1713.4	1304.2	2747.8	1187.1	3359.0	1783.2	175.2	1400.6
449.5	161.7	112.5	303.2	146.2	887.6	420.6	45.9	421.1
53.5	26.5	10.5	29.6	23.9	86.1	27.7	4.4	54.0
119.9	65.7	21.4	85.5	34.4	151.6	80.2	7.1	64.3

17-5 分地区限额以上餐饮业企业主要指标(2013年)
Main Indicators of Enterprises above Designated Size of Catering Services by Region (2013)

单位：亿元 (100 million yuan)

地区	Region	法人企业(个) Number of Corporation Enterprises (unit)	年末从业人数(人) Engaged Persons at Year-end (person)	营业额 Business Revenue	#餐费收入 From Meals	资产总计 Total Assets	#流动资产合计 Total Current Assets	#固定资产合计 Total Fixed Assets
全国	**National Total**	**26743**	**2467693**	**4533.3**	**4056.1**	**4557.8**	**1967.3**	**1448.7**
北京	Beijing	1822	233518	520.7	499.1	422.9	234.4	62.0
天津	Tianjin	423	57577	103.6	96.2	95.5	44.8	27.4
河北	Hebei	467	40007	45.2	37.3	67.7	28.1	21.2
山西	Shanxi	568	67599	75.0	57.0	148.5	52.7	60.5
内蒙古	Inner Mongolia	427	36128	65.5	55.3	125.2	47.2	46.0
辽宁	Liaoning	715	46528	142.7	132.8	139.4	52.7	47.4
吉林	Jilin	162	11016	20.2	15.2	39.9	11.0	19.6
黑龙江	Heilongjiang	210	15924	24.6	19.8	22.6	8.4	9.4
上海	Shanghai	1638	216755	469.5	451.6	323.5	183.5	64.4
江苏	Jiangsu	2402	228531	399.5	352.0	418.6	177.6	143.0
浙江	Zhejiang	1506	136523	261.0	231.9	299.6	122.8	109.2
安徽	Anhui	1032	72848	100.1	80.4	173.3	71.1	55.5
福建	Fujian	797	76123	158.9	148.9	98.1	46.4	28.7
江西	Jiangxi	241	25778	31.8	26.0	43.6	16.5	14.9
山东	Shandong	2430	156808	335.9	272.3	409.3	133.9	171.9
河南	Henan	1374	76477	150.4	128.6	126.6	52.4	51.1
湖北	Hubei	1861	126525	225.8	195.5	234.4	85.4	92.6
湖南	Hunan	587	58591	109.3	94.0	93.0	27.5	40.9
广东	Guangdong	2883	337224	604.1	558.8	425.3	191.4	124.9
广西	Guangxi	303	30456	32.0	28.8	31.5	13.7	10.4
海南	Hainan	84	8553	10.4	9.0	27.6	13.5	9.1
重庆	Chongqing	1015	80297	163.0	146.2	108.8	46.4	43.1
四川	Sichuan	1611	140348	231.3	206.0	337.1	156.7	81.0
贵州	Guizhou	304	19645	21.1	18.0	31.5	13.4	9.7
云南	Yunnan	360	31189	49.6	44.8	77.7	44.8	20.8
西藏	Tibet	13	734	0.9	0.9	1.2	0.9	0.2
陕西	Shaanxi	958	91202	125.6	102.3	141.7	55.2	46.1
甘肃	Gansu	346	24301	30.7	27.3	38.8	13.5	16.2
青海	Qinghai	37	3537	3.7	3.1	7.4	2.5	3.2
宁夏	Ningxia	90	8081	8.6	7.1	23.7	11.5	7.3
新疆	Xinjiang	77	8870	12.2	10.1	24.0	7.6	11.1

17-5 续表 continued

单位：亿元 (100 million yuan)

地区	Region	负债合计 Total Liabilities	所有者权益合计 Total Owners' Equities	主营业务收入 Revenue from Principal Business	主营业务成本 Cost of Principal Business	主营业务税金及附加 Taxes and Other Charges on Principal Business	主营业务利润 Profits from Principal Business
全国	**National Total**	**3166.1**	**1391.7**	**4484.3**	**2311.7**	**232.6**	**1940.0**
北京	Beijing	353.1	69.8	520.6	222.7	27.9	270.0
天津	Tianjin	67.4	28.1	103.3	51.4	5.5	46.4
河北	Hebei	49.5	18.2	44.3	23.9	2.3	18.0
山西	Shanxi	114.5	34.0	74.8	41.6	3.9	29.3
内蒙古	Inner Mongolia	85.2	40.0	65.0	37.4	2.9	24.7
辽宁	Liaoning	100.3	39.1	141.1	75.5	7.7	57.9
吉林	Jilin	20.3	19.6	20.4	11.8	0.9	7.6
黑龙江	Heilongjiang	12.2	10.4	24.2	13.8	1.5	8.8
上海	Shanghai	255.0	68.5	466.1	210.9	24.8	230.3
江苏	Jiangsu	297.4	121.2	397.0	205.9	19.6	171.5
浙江	Zhejiang	235.7	63.9	257.6	134.1	13.6	109.9
安徽	Anhui	115.8	57.5	98.8	53.0	4.7	41.0
福建	Fujian	61.5	36.6	157.7	93.4	8.0	56.4
江西	Jiangxi	25.4	18.2	31.8	18.6	1.4	11.8
山东	Shandong	265.6	143.7	325.3	183.5	16.0	125.9
河南	Henan	69.9	56.7	146.9	83.2	7.4	56.3
湖北	Hubei	149.6	84.8	221.1	123.2	12.0	86.0
湖南	Hunan	55.5	37.5	107.5	63.3	5.3	38.9
广东	Guangdong	303.7	121.6	597.2	295.1	32.0	270.1
广西	Guangxi	20.1	11.3	31.9	16.8	1.9	13.2
海南	Hainan	18.2	9.3	15.2	5.6	0.8	8.9
重庆	Chongqing	57.7	51.0	159.5	93.9	7.9	57.6
四川	Sichuan	221.5	115.6	230.5	117.9	11.7	100.9
贵州	Guizhou	21.5	10.0	20.8	11.9	1.1	7.7
云南	Yunnan	47.3	30.3	49.0	28.0	2.2	18.8
西藏	Tibet	0.8	0.4	1.0	0.6	0.1	0.4
陕西	Shaanxi	85.3	56.4	121.7	64.8	6.5	50.4
甘肃	Gansu	17.9	20.8	29.5	17.2	1.5	10.7
青海	Qinghai	3.8	3.6	3.7	2.0	0.2	1.5
宁夏	Ningxia	18.5	5.3	8.5	4.6	0.5	3.5
新疆	Xinjiang	15.9	8.1	12.1	5.9	0.6	5.5

17-6 按登记注册类型分连锁餐饮企业基本情况(2013年)
Basic Conditions of Chain Catering Enterprises by Status of Registration (2013)

指　标	Item	总店数 (个) Number of Head Stores (unit)	门店总数 (个) Number of Stores (unit)	年末从业人数 (万人) Engaged Persons at Year-end (10 000 persons)	年末餐饮营业面积 (万平方米) Operating Area of Catering Enterprises at Year-end (10 000 sq.m)
合　计	**Total**	**454**	**20554**	**80.31**	**937.1**
内资企业	**Domestic Funded Enterprises**	**301**	**7443**	**28.51**	**487.8**
国有企业	State-owned Enterprises	8	84	0.28	2.8
集体企业	Collective-owned Enterprises	2	12	0.07	1.3
股份合作企业	Cooperative Enterprises	3	9	0.03	0.6
联营企业	Joint Ownership Enterprises				
国有联营企业	State Joint Ownership Enterprises				
集体联营企业	Collective Joint Ownership Enterprises				
国有与集体联营企业	Joint State-collective Enterprises				
其他联营企业	Other Joint Ownership Enterprises				
有限责任公司	Limited Liability Corporations	89	2656	8.97	177.1
国有独资公司	State Sole Funded Corporations	1	54	0.22	2.4
其他有限责任公司	Other Limited Liability Corporations	88	2602	8.76	174.7
股份有限公司	Share-holding Corporations Ltd.	12	855	4.85	87.1
私营企业	Private Enterprises	184	3815	14.27	218.5
私营独资企业	Private-funded Enterprises	19	119	0.54	8.2
私营合伙企业	Private Partnership Enterprises				
私营有限责任公司	Private Limited Liability Corporations	158	3490	12.82	176.9
私营股份有限公司	Private Share-holding Corporations Ltd.	7	206	0.92	33.4
其他企业	Other Enterprises	3	12	0.04	0.4
港、澳、台商投资企业	**Enterprises with Funds from Hong Kong, Macao and Taiwan**	**58**	**2803**	**7.97**	**76.5**
合资经营企业	Joint-venture Enterprises	10	597	2.84	22.4
合作经营企业	Cooperative Enterprises	2	6	0.06	1.7
独资经营企业	Enterprises with Sole Fund	45	2198	5.06	52.1
投资股份有限公司	Share-holding Corporations Ltd.	1	2	0.00	0.3
其他港澳台商投资企业	Other Enterprises with Funds from Hong Kong, Macao and Taiwan				
外商投资企业	**Foreign Funded Enterprises**	**95**	**10308**	**43.83**	**372.8**
中外合资经营企业	Joint-venture Enterprises	14	2011	8.22	73.3
中外合作经营企业	Cooperative Enterprises	1	37	0.09	1.6
外资企业	Enterprises with Sole Fund	79	8228	35.48	297.4
外商投资股份有限公司	Share-holding Corporations Ltd.	1	32	0.04	0.5
其他外商投资企业	Other Foreign Funded Enterprises				

17-6 续表 continued

指 标	Item	餐位数 (万个) Number of Dining-seats (10 000 units)	营业额 (亿元) Business Revenue (100 million yuan)	商品购进总额 (亿元) Total Purchases Value(100 million yuan)	统一配送商品购进额 (亿元) Centralized Purchase and Delivery (100 million yuan)
合 计	**Total**	**319.5**	**1319.62**	**571.24**	**400.72**
内资企业	**Domestic Funded Enterprises**	**148.5**	**405.12**	**179.37**	**97.98**
国有企业	State-owned Enterprises	0.8	5.88	2.40	1.05
集体企业	Collective-owned Enterprises	0.3	1.31	0.77	0.77
股份合作企业	Cooperative Enterprises	0.2	0.46	0.13	0.12
联营企业	Joint Ownership Enterprises				
国有联营企业	State Joint Ownership Enterprises				
集体联营企业	Collective Joint Ownership Enterprises				
国有与集体联营企业	Joint State-collective Enterprises				
其他联营企业	Other Joint Ownership Enterprises				
有限责任公司	Limited Liability Corporations	55.7	145.65	53.01	35.14
国有独资公司	State Sole Funded Corporations	1.0	4.27	1.43	
其他有限责任公司	Other Limited Liability Corporations	54.7	141.38	51.58	35.14
股份有限公司	Share-holding Corporations Ltd.	19.3	73.60	38.63	14.52
私营企业	Private Enterprises	72.0	177.79	84.34	46.33
私营独资企业	Private-funded Enterprises	3.4	12.50	7.60	3.17
私营合伙企业	Private Partnership Enterprises				
私营有限责任公司	Private Limited Liability Corporations	63.2	151.04	69.12	39.51
私营股份有限公司	Private Share-holding Corporations Ltd.	5.3	14.25	7.62	3.65
其他企业	Other Enterprises	0.2	0.43	0.10	0.04
港、澳、台商投资企业	**Enterprises with Funds from Hong Kong, Macao and Taiwan**	**31.6**	**166.52**	**59.41**	**52.47**
合资经营企业	Joint-venture Enterprises	7.1	39.81	14.30	12.23
合作经营企业	Cooperative Enterprises	0.2	2.68	0.95	0.95
独资经营企业	Enterprises with Sole Fund	24.2	123.68	43.82	39.29
投资股份有限公司	Share-holding Corporations Ltd.	0.1	0.35	0.35	
其他港澳台商投资企业	Other Enterprises with Funds from Hong Kong, Macao and Taiwan				
外商投资企业	**Foreign Funded Enterprises**	**139.3**	**747.98**	**332.46**	**250.28**
中外合资经营企业	Joint-venture Enterprises	28.1	161.26	52.57	52.43
中外合作经营企业	Cooperative Enterprises	0.6	3.00	3.00	
外资企业	Enterprises with Sole Fund	110.4	582.91	276.42	197.56
外商投资股份有限公司	Share-holding Corporations Ltd.	0.3	0.81	0.46	0.29
其他外商投资企业	Other Foreign Funded Enterprises				

17-7 按行业分连锁餐饮企业基本情况(2013年)
Basic Conditions of Chain Catering Enterprises by Sector (2013)

指 标	Item	总店数 (个) Number of Head Stores (unit)	门店总数 (个) Number of Stores (unit)	年末从业人数 (万人) Engaged Persons at Year-end (10 000 persons)	年末餐饮营业面积 (万平方米) Operating Area of Catering Enterprises at Year-end (10 000 sq.m)	餐位数 (万个) Number of Dining-seats (10 000 units)	营业额 (亿元) Business Revenue (100 million yuan)	商品购进总额 (亿元) Total Purchases Value (100 million yuan)	统一配送商品购进额 (亿元) Centralized Purchase and Delivery (100 million yuan)
总 计	**Total**	**454**	**20554**	**80.31**	**937.07**	**319.5**	**1319.62**	**571.24**	**400.72**
正餐服务	Restaurant	257	6704	32.59	540.09	176.6	446.49	212.33	100.92
快餐服务	Fast Food	165	11886	45.06	369.96	132.2	801.51	336.07	278.78
饮料及冷饮服务	Beverages and Cold Drinks	17	1468	1.82	19.57	6.3	57.36	17.03	15.72
其他餐饮业	Others	15	496	0.84	7.45	4.4	14.27	5.81	5.29

17-8 分地区连锁餐饮企业基本情况
Basic Conditions of Chain Catering Enterprises by Region

年份 Year 地区 Region	总店数 (个) Number of Head Stores (unit)	门店总数 (个) Number of Stores (unit)	年末从业人数 (万人) Engaged Persons at Year-end (10 000 persons)	年末餐饮营业面积 (万平方米) Operating Area of Catering Enterprises at Year-end (10 000 sq.m)	餐位数 (万个) Number of Dining-seats (10 000 units)	营业额 (亿元) Business Revenue (100 million yuan)	商品购进总额 (亿元) Total Purchases Value (100 million yuan)	统一配送商品购进额 (亿元) Centralized Purchase and Delivery (100 million yuan)
2005	300	9748	50.10	478.10	245.80	454.36	171.50	109.10
2006	349	11360	55.70	588.20	274.80	563.75	201.20	127.50
2007	358	12743	62.55	629.25	280.05	640.00	274.91	168.80
2008	453	12561	66.07	651.86	253.07	806.91	271.59	192.52
2009	426	13739	65.18	691.55	248.94	879.32	362.00	239.84
2010	415	15333	70.61	742.65	263.80	955.42	455.83	298.76
2011	428	16285	83.29	821.37	277.07	1120.39	518.93	343.07
2012	456	18153	80.55	869.23	286.46	1283.26	561.36	388.48
2013	454	20554	80.31	937.07	319.47	1319.62	571.24	400.72
北京 Beijing	87	3596	13.76	181.58	55.34	257.45	88.97	72.76
天津 Tianjin	11	491	2.41	19.54	5.88	41.51	34.90	4.05
河北 Hebei	1	6	0.10	1.38	0.45	1.23	0.97	
山西 Shanxi	6	113	0.90	6.94	2.13	9.11	4.79	3.77
内蒙古 Inner Mongolia	7	320	0.63	16.46	3.94	16.26	7.82	0.89
辽宁 Liaoning	11	643	1.04	26.96	7.99	56.70	43.32	35.11
吉林 Jilin	1	23	0.10	1.31	0.43	0.97	0.43	0.43
黑龙江 Heilongjiang	7	75	0.26	4.05	1.60	3.78	1.61	1.53
上海 Shanghai	17	2037	6.32	59.68	18.48	139.34	41.82	36.57
江苏 Jiangsu	21	1428	6.53	47.59	15.70	89.58	35.21	33.52
浙江 Zhejiang	29	1588	5.18	94.72	24.68	89.76	35.23	29.59
安徽 Anhui	9	439	1.15	39.04	6.04	12.70	6.00	4.45
福建 Fujian	16	1043	3.35	28.43	11.25	56.65	20.83	16.62
江西 Jiangxi	8	87	0.83	7.62	2.39	8.06	4.22	3.57
山东 Shandong	10	432	2.18	17.43	5.29	30.86	17.42	15.45
河南 Henan	21	207	0.66	11.41	3.04	11.57	6.22	4.54
湖北 Hubei	29	544	3.35	46.02	15.35	49.93	21.36	19.77
湖南 Hunan	10	377	2.52	24.36	10.03	24.54	11.23	1.11
广东 Guangdong	84	3216	12.23	96.00	36.28	207.86	68.71	62.26
广西 Guangxi	2	80	0.67	3.09	1.02	6.68	2.05	2.05
海南 Hainan	1	4	0.02	0.15	0.05	0.58	0.02	0.02
重庆 Chongqing	23	2408	10.61	147.05	66.12	117.29	79.17	16.95
四川 Sichuan	15	741	2.19	24.46	11.48	44.79	19.86	17.18
贵州 Guizhou	2	20	0.12	2.60	0.35	1.73	0.96	0.96
云南 Yunnan	8	277	1.69	17.21	10.15	19.47	8.27	8.20
西藏 Tibet	1	3	0.00	0.05	0.01	0.05	0.03	0.03
陕西 Shaanxi	5	174	1.11	6.91	2.26	12.72	6.41	6.17
甘肃 Gansu	3	33	0.09	0.95	0.37	3.15	1.43	1.33
青海 Qinghai								
宁夏 Ningxia	1	1	0.01	0.08	0.02	0.06	0.06	0.06
新疆 Xinjiang	8	148	0.30	4.02	1.34	5.25	1.92	1.80

注：门店总数全国总计中包括开设在港澳台地区和国外的门店。

a) Total number of stores includes that from Hong Kong, Macao and Taiwan province and foreign countries.

17-9 旅游发展情况
Development of Tourism

指　　标	Item	2009	2010	2011	2012	2013
旅行社数　（个）	**Number of Travel Agencies (unit)**	**20399**	**22784**	**23690**	**24944**	
星级饭店数　（个）	**Number of Star-rated Hotels (unit)**	**14237**	**13991**	**13513**	**12807**	
入境游客　（万人次）	**Number of Overseas Visitor Arrivals(10 000 person-times)**	**12647.59**	**13376.22**	**13542.35**	**13240.53**	**12907.78**
外国人	Foreigners	2193.75	2612.69	2711.20	2719.16	2629.03
港澳同胞	Chinese Compatriots From Hong Kong and Macao	10005.44	10249.48	10304.85	9987.35	9762.50
台湾同胞	Chinese Compatriots From Taiwan Province	448.40	514.06	526.30	534.02	516.25
#入境过夜游客	Overnight Tourists	5087.52	5566.45	5758.07	5772.49	5568.59
国内居民出境人数（万人次）	**Number of Chinese Outbound Visitors (10 000 person-times)**	**4765.62**	**5738.65**	**7025.00**	**8318.17**	**9818.52**
#因私出境人数	For Private Purpose	4220.97	5150.79	6411.79	7705.51	9197.08
国内游客　（亿人次）	**Number of Domestic Visitors (100 million person-times)**	**19.02**	**21.03**	**26.41**	**29.57**	**32.62**
旅游收入	**Tourism Earnings**					
国际旅游(外汇)收入（亿美元）	Foreign Exchange Earnings from International Tourism (100 million USD)	396.75	458.14	484.64	500.28	516.64
国内旅游收入　（亿元）	Earnings from Domestic Tourism (100 million yuan)	10183.69	12579.77	19305.39	22706.22	26276.12

17-10 国 内 旅 游 情 况
Domestic Tourism

年　份 Year	国内游客（百万人次） Domestic Tourists (million person-times)	城镇居民 Urban Residents	农村居民 Rural Residents	旅游总花费（亿元） Tourism Expenditure(100 million yuan)	城镇居民 Urban Residents	农村居民 Rural Residents	人均花费（元） Per Capita Expenditure (yuan)	城镇居民 Urban Residents	农村居民 Rural Residents
1994	524	205	319	1023.5	848.2	175.3	195.3	414.7	54.9
1995	629	246	383	1375.7	1140.1	235.6	218.7	464.0	61.5
1996	640	256	383	1638.4	1368.4	270.0	256.2	534.1	70.5
1997	644	259	385	2112.7	1551.8	560.9	328.1	599.8	145.7
1998	695	250	445	2391.2	1515.1	876.1	345.0	607.0	197.0
1999	719	284	435	2831.9	1748.2	1083.7	394.0	614.8	249.5
2000	744	329	415	3175.5	2235.3	940.3	426.6	678.6	226.6
2001	784	375	409	3522.4	2651.7	870.7	449.5	708.3	212.7
2002	878	385	493	3878.4	2848.1	1030.3	441.8	739.7	209.1
2003	870	351	519	3442.3	2404.1	1038.2	395.7	684.9	200.0
2004	1102	459	643	4710.7	3359.0	1351.7	427.5	731.8	210.2
2005	1212	496	716	5285.9	3656.1	1629.7	436.1	737.1	227.6
2006	1394	576	818	6229.7	4414.7	1815.0	446.9	766.4	221.9
2007	1610	612	998	7770.6	5550.4	2220.2	482.6	906.9	222.5
2008	1712	703	1009	8749.3	5971.7	2777.6	511.0	849.4	275.3
2009	1902	903	999	10183.7	7233.8	2949.9	535.4	801.1	295.3
2010	2103	1065	1038	12579.8	9403.8	3176.0	598.2	883.0	306.0
2011	2641	1687	954	19305.4	14808.6	4496.8	731.0	877.8	471.4
2012	2957	1933	1024	22706.2	17678.0	5028.2	767.9	914.5	491.0
2013	3262	2186	1076	26276.1	20692.6	5583.5	805.5	946.6	518.9

17-11 国际旅游(外汇)收入及构成
Foreign Exchange Earnings from International Tourism and Composition

指 标	Item	2012 数额 (亿美元) Value (100 million USD)	2012 比重 (%) Percentage (%)	2013 数额 (亿美元) Value (100 million USD)	2013 比重 (%) Percentage (%)
总计	**Total**	**500.28**	**100.0**	**516.64**	**100.0**
长途交通	Long Distance Transportation	172.78	34.5	174.57	33.8
民航	Civil Aviation	131.64	26.3	134.10	26.0
铁路	Railway	16.46	3.3	16.00	3.1
汽车	Highway	15.54	3.1	13.65	2.6
轮船	Waterway	9.14	1.8	10.82	2.1
游览	Sightseeing	25.55	5.1	30.92	6.0
住宿	Accommodation	52.11	10.4	59.76	11.6
餐饮	Food and Beverage	37.47	7.5	41.28	8.0
商品销售	Shopping	111.54	22.3	111.82	21.6
娱乐	Entertainment	36.13	7.2	35.91	7.0
邮电通讯	Postal and Communication Services	7.91	1.6	7.92	1.5
市内交通	Local Transportation	16.10	3.2	14.44	2.8
其他服务	Other Service	40.68	8.1	40.01	7.7

17-12 入境外国游客分组构成
Number of Overseas Visitor Arrivals by Sex, Age and Purpose

指 标	Item	2012 人数 (万人次) Persons (10 000 person-times)	2012 比重 (%) Percentage (%)	2013 人数 (万人次) Persons (10 000 person-times)	2013 比重 (%) Percentage (%)
总 计	**Total**	**2719.16**	**100.0**	**2629.03**	**100.0**
按性别分	By Sex				
男	Male	1737.76	63.9	1702.07	64.7
女	Female	981.40	36.1	926.96	35.3
按年龄分	By Age				
14岁及以下	14 and under	111.79	4.1	107.89	4.1
15至24岁	15-24	215.87	7.9	206.65	7.9
25至44岁	25-44	1229.72	45.2	1209.16	46.0
45至64岁	45-64	988.70	36.4	950.54	36.2
65岁以上	65 and over	173.07	6.4	154.78	5.9
按事由分类	By Purpose				
会议/商务	Meeting /Business	628.02	23.1	619.40	23.6
观光休闲	Sightseeing and Leisure	1162.90	42.8	1012.30	38.5
探亲访友	Visiting Relatives and Friends	10.77	0.4	19.91	0.8
服务员工	Worker and Crew	286.47	10.5	319.53	12.2
其他	Others	630.99	23.2	657.89	25.0

17-13 按国别分外国入境游客
Number of Oversea Visitor Arrivals by Country/Region

单位：万人次　　(10 000 person-times)

地　区	Region	1995	2000	2005	2010	2012	2013
总计	**Total**	**588.67**	**1016.04**	**2025.51**	**2612.69**	**2719.15**	**2629.03**
亚洲	**Asia**	**338.26**	**610.15**	**1249.99**	**1617.86**	**1662.22**	**1606.01**
#朝鲜	Korea, D.P.Rep.	6.64	7.64	12.58	11.64	18.06	20.66
印度	India	4.50	12.09	35.65	54.93	61.02	67.67
印度尼西亚	Indonesia	13.28	22.06	37.76	57.34	62.20	60.53
日本	Japan	130.52	220.15	339.00	373.12	351.82	287.75
马来西亚	Malaysia	25.18	44.10	89.96	124.52	123.55	120.65
蒙古	Mongolia	26.19	39.91	64.20	79.44	101.05	105.00
菲律宾	Philippines	21.97	36.39	65.40	82.83	96.20	99.67
新加坡	Singapore	26.15	39.94	75.59	100.37	102.77	96.66
韩国	Republic of Korea	52.95	134.47	354.53	407.64	406.99	396.90
泰国	Thailand	17.33	24.11	58.63	63.55	64.76	65.17
非洲	**Africa**	**4.08**	**6.56**	**23.80**	**46.36**	**52.49**	**55.27**
欧洲	**Europe**	**159.06**	**248.90**	**479.14**	**569.79**	**594.82**	**568.81**
#英国	United Kingdom	18.49	28.39	49.96	57.50	61.84	62.50
德国	Germany	16.65	23.91	45.49	60.86	65.96	64.93
法国	France	11.85	18.50	37.20	51.27	52.48	53.35
意大利	Italy	6.37	7.78	19.70	22.92	25.20	25.12
荷兰	Netherlands	3.49	7.60	14.58	18.91	19.55	18.86
葡萄牙	Portugal	2.56	2.28	4.38	4.77	4.86	4.94
瑞典	Sweden	3.52	5.36	11.03	15.45	17.16	15.90
瑞士	Switzerland	3.43	3.07	5.14	7.43	8.28	8.06
俄罗斯	Russia	48.93	108.02	222.39	237.03	242.61	218.63
拉丁美洲	**Latin America**	**5.37**	**8.29**	**16.05**	**30.05**	**35.31**	**35.43**
北美洲	**North America**	**64.36**	**113.28**	**198.53**	**269.49**	**282.64**	**276.95**
#加拿大	Canada	12.88	23.66	42.98	68.53	70.83	68.42
美国	United States	51.49	89.62	155.55	200.96	211.81	208.53
大洋洲及太平洋岛屿	**Oceanic and Pacific Islands**	**15.85**	**28.18**	**57.36**	**78.93**	**91.49**	**86.34**
#澳大利亚	Australia	12.94	23.41	48.30	66.13	77.43	72.31
新西兰	New Zealand	2.29	3.76	7.84	11.61	12.83	12.86
其他	**Others**	**1.69**	**0.68**	**0.65**	**0.21**	**0.19**	**0.22**

17-14 分地区国际旅游(外汇)收入
Foreign Exchange Earnings from International Tourism by Region

单位：百万美元 (USD million)

地　区	Region	1995	2000	2005	2010	2012	2013
北　京	Beijing	2181.60	2768.00	3618.91	5044.61	5149.00	4794.68
天　津	Tianjin	132.75	231.76	509.01	1419.51	2226.41	2591.28
河　北	Hebei	42.01	141.90	209.17	350.71	544.94	585.78
山　西	Shanxi	20.62	49.91	116.22	464.60	720.24	822.68
内蒙古	Inner Mongolia	90.52	126.45	352.07	601.90	771.96	962.29
辽　宁	Liaoning	189.01	382.65	737.77	2259.33	3263.69	3477.14
吉　林	Jilin	41.48	58.04	119.52	304.92	494.77	552.37
黑龙江	Heilongjiang	60.62	189.05	340.43	762.50	835.48	604.36
上　海	Shanghai	939.42	1612.67	3555.88	6340.92	5493.23	5244.70
江　苏	Jiangsu	259.88	723.84	2259.74	4783.43	6299.72	2379.89
浙　江	Zhejiang	235.91	513.97	1716.26	3930.20	5151.74	5392.93
安　徽	Anhui	31.39	86.21	185.58	708.98	1562.67	1660.42
福　建	Fujian	484.12	893.82	1305.29	2978.24	4225.67	4573.38
江　西	Jiangxi	24.99	62.34	103.95	346.03	484.73	525.08
山　东	Shandong	153.84	315.13	780.23	2155.04	2923.65	2731.20
河　南	Henan	60.20	123.90	216.04	498.77	611.41	659.98
湖　北	Hubei	73.17	145.72	276.36	751.16	1202.97	1218.92
湖　南	Hunan	64.93	220.78	390.24	906.22	928.36	822.69
广　东	Guangdong	2392.68	4112.21	6388.05	12382.61	15610.67	16278.07
广　西	Guangxi	121.09	306.61	358.93	806.15	1278.87	1547.30
海　南	Hainan	80.98	108.83	128.46	322.36	348.02	337.48
重　庆	Chongqing		138.40	264.36	703.20	1168.32	1268.31
四　川	Sichuan	125.32	121.87	315.95	354.09	798.15	764.76
贵　州	Guizhou	28.98	60.92	101.41	129.58	168.94	201.43
云　南	Yunnan	165.03	339.02	528.01	1323.65	1947.08	2418.18
西　藏	Tibet	11.30	52.26	44.43	103.59	105.70	127.86
陕　西	Shaanxi	139.43	280.25	446.25	1015.96	1597.47	1676.19
甘　肃	Gansu	20.79	54.63	58.76	14.81	22.35	20.39
青　海	Qinghai	2.38	7.20	11.02	20.45	24.32	19.42
宁　夏	Ningxia	1.13	2.72	2.30	5.99	5.45	12.08
新　疆	Xinjiang	74.36	94.94	100.09	185.42	550.57	585.02

17-15 分地区接待入境过夜游客
Number of Oversea Visitor Arrivals by Region

单位：万人次 (10 000 person-times)

地区	Region	2000		2005		2010		2012		2013	
		总计 Total	#外国人 Foreigners	总计 Total	#外国人 Foreigners	总计 Total	#外国人 Foreigners	总计 Total	#外国人 Foreigners	总计 Total	#外国人 Foreigners
北京	Beijing	282.09	237.96	362.92	311.62	490.07	421.63	500.86	434.40	450.13	387.62
天津	Tianjin	35.62	32.14	74.01	67.46	166.07	153.05	73.75	63.71	75.86	66.04
河北	Hebei	41.43	35.90	62.65	57.39	97.74	85.31	129.32	106.71	84.27	69.99
山西	Shanxi	16.53	11.66	42.15	25.40	130.29	82.09	189.18	120.42	53.84	38.88
内蒙古	Inner Mongolia	39.19	38.74	100.16	99.56	142.80	140.02	159.17	151.46	161.61	155.31
辽宁	Liaoning	61.22	50.05	130.20	111.11	361.80	307.01	473.13	388.59	256.04	173.61
吉林	Jilin	22.27	19.19	37.32	30.68	82.01	72.16	118.27	100.90	124.30	107.58
黑龙江	Heilongjiang	55.17	50.47	82.15	76.42	172.42	164.83	207.62	194.73	152.86	145.02
上海	Shanghai	181.40	143.90	444.54	379.93	733.72	593.12	651.23	539.64	614.09	511.07
江苏	Jiangsu	160.95	98.15	378.30	262.15	653.55	473.50	791.54	575.21	288.03	193.44
浙江	Zhejiang	112.59	64.75	348.05	232.92	684.71	447.41	865.93	570.51	337.57	252.07
安徽	Anhui	31.84	16.79	63.29	41.06	198.42	117.40	331.47	190.41	271.95	167.11
福建	Fujian	161.33	49.75	197.39	72.36	368.14	115.27	493.67	167.01	294.02	114.51
江西	Jiangxi	16.31	5.54	37.25	13.63	113.97	39.92	156.18	50.39	123.89	40.25
山东	Shandong	72.31	48.01	155.11	124.78	366.79	277.87	469.91	342.23	285.98	206.08
河南	Henan	32.50	18.21	60.05	34.73	146.84	96.09	190.77	118.74	127.38	73.02
湖北	Hubei	45.08	35.74	82.57	62.68	181.74	138.55	264.72	192.96	267.96	204.73
湖南	Hunan	45.40	15.79	71.98	60.88	189.87	103.30	224.55	90.64	230.66	87.71
广东	Guangdong	1198.94	212.85	1896.99	476.53	3140.93	733.28	3489.43	773.05	3397.90	760.51
广西	Guangxi	122.91	50.80	147.71	88.66	250.24	141.39	350.27	192.70	281.74	150.89
海南	Hainan	48.68	9.37	43.19	26.94	66.33	47.40	81.58	51.97	75.64	50.05
重庆	Chongqing	26.61	19.29	52.39	41.81	137.02	103.96	224.28	152.63	115.17	76.98
四川	Sichuan	46.20	19.97	106.28	68.27	104.93	74.97	227.34	151.29	209.56	147.32
贵州	Guizhou	18.39	7.12	27.62	9.26	50.01	18.61	70.50	30.42	62.40	27.15
云南	Yunnan	100.11	66.59	150.28	99.65	329.15	231.23	457.84	329.77	287.88	212.51
西藏	Tibet	15.00	13.58	12.13	11.10	22.83	21.41	19.49	17.46	22.32	18.72
陕西	Shaanxi	71.28	58.48	92.84	74.57	212.17	155.24	335.24	233.66	253.47	178.92
甘肃	Gansu	21.31	14.34	28.85	17.20	7.02	4.99	10.20	6.69	9.78	6.25
青海	Qinghai	3.26	1.46	3.52	1.46	4.67	3.39	4.73	3.84	4.65	4.13
宁夏	Ningxia	0.78	0.58	0.82	0.66	1.80	1.29	1.90	1.43	2.54	1.50
新疆	Xinjiang	25.61	20.84	33.11	29.01	50.94	45.44	62.49	49.02	68.88	60.10

主要统计指标解释

住宿业 指为旅行者提供短期留宿场所的活动，有些单位只提供住宿，也有些单位提供住宿、饮食、商务、娱乐一体的服务，不包括主要按月或按年长期出租房屋住所的活动。

餐饮业 指通过即时制作加工、商业销售和服务性劳动等，向消费者提供食品和消费场所及设施的服务。

营业额 指住宿和餐饮业单位在经营活动中因提供服务或销售商品等取得的收入。包括：客房收入、餐费收入、商品销售额（含增值税）和其他收入。其中，客房收入指住宿和餐饮业单位在经营活动中因提供住宿服务取得的收入。餐费收入指本单位为顾客提供就餐服务取得的收入，包括：经烹饪、调制加工后出售的各种食品，如主食、炒菜、凉拌菜等的收入。

入境游客 指报告期内来中国（大陆）观光、度假、探亲访友、就医疗养、购物、参加会议或从事经济、文化、体育、宗教活动的外国人、港澳台同胞等游客（即入境旅游人数）。统计时，入境游客按每入境一次统计 1 人次。入境旅游人数包括入境过夜游客和入境一日游游客。

出境人数（出境游客） 指中国（大陆）居民因公或因私出境前往其他国家、中国香港特别行政区、澳门特别行政区和台湾省观光、度假、探亲访友、就医疗养、购物、参加会议或从事经济、文化、体育、宗教活动的人数（即出境游客）。统计时，出境游客按每出境一次统计 1 人次。

国内游客 指报告期内在中国（大陆）观光游览、度假、探亲访友、就医疗养、购物、参加会议或从事经济、文化、体育、宗教活动的中国（大陆）居民人数，其出游的目的不是通过所从事的活动谋取报酬。统计时，国内游客按每出游一次统计 1 人次。

国际旅游（外汇）收入 指入境游客在中国（大陆）境内旅行、游览过程中用于交通、参观游览、住宿、餐饮、购物、娱乐等全部花费。

国内旅游收入（旅游总花费） 指国内游客在国内旅行、游览过程中用于交通、参观游览、住宿、餐饮、购物、娱乐等全部花费。

星级饭店 指设备、设施、服务符合《旅游饭店星级的划分与评定》（GB/T14308-2003），通过相关旅游管理部门评定，并取得星级饭店称号的饭店（含预备星级饭店）。

Explanatory Notes on Main Statistical Indicators

Hotel Services refer to the accommodation services provided to visitors. Some units may provide only accommodation while others provide a combination of accommodation, meals, business services and/or recreational facilities. It excludes activities related to the provision of long-term primary residences in facilities such as apartments typically leased on a monthly or annual basis.

Catering Services refer to the activities of providing foods, serving locations and facilities to customers through instant processing, commercial sales and service-type labor.

Business Revenue refers to revenue of hotels and catering services received from providing services or selling commodities through business activities, including income from hotels, from catering services, from selling of commodities (including VAT) and from other services. Income from hotels refers to income of hotels and catering services by providing lodging services through business activities. Income from catering services refers to income from providing catering services, including selling of cooked or prepared foods, such as staple food, cooked dishes, or cold dishes.

Overseas Visitor Arrivals refer to the number of tourists of foreigners, Chinese compatriots from Hong Kong, Macao and Taiwan who come to China (mainland) within the reference period for sight-seeing, vacation, visiting relatives, medical treatment, shopping, attending conference, or to engage in economic, cultural, sports and religious activities (namely the number of overseas visitor arrivals). In compiling statistics, each arrival is counted as one person-time. The number of overseas visitor arrivals includes inbound overnight tourists and one-day tourists.

Number of Chinese Residents Going Abroad (Chinese Outbound Visitors) refers to the number of Chinese (mainland) residents going to other countries, Hong Kong Special Administrative region, Macao Special Administrative region and Taiwan for on official or private purposes, for sight-seeing, vacation, visiting relatives, medical treatment, shopping, attending conference, or to engage in economic, cultural, sports and religious activities (namely the Chinese outbound visitors). In compiling statistics, each time of leaving is counted as one person-time.

Number of Domestic Tourists refers to the number of Chinese (mainland) residents who travel within China (mainland) for sight-seeing, vacation, visiting relatives, medical treatment, shopping, attending conference, or to engage in economic, cultural, sports and religious activities. In compiling statistics, each time of travelling is counted as one person-time.

Foreign Exchange Earnings from International Tourism refer to the total expenditure of foreigners, overseas Chinese, Chinese compatriots from Hong Kong, Macao and Taiwan during their stay in the mainland of China on transportation, sighting, accommodation, food, shopping and entertainment.

Income from Domestic Tourism refer to expenditure of domestic tourists on transportation, sighting, accommodation, food, shopping and entertainment while they travel.

Star-rated Hotels refer to hotels rated with stars as assessed by the relevant tourism authorities according to GB/T14308-2003 standard with reference to their infrastructure, facilities and service levels.

18

运输和邮电

Transport, Postal and Telecommunication Services

简 要 说 明

一、本篇资料的主要内容

本篇资料反映我国交通运输业和邮政、通信、软件业发展的基本状况。

交通运输业资料主要包括：五种运输方式的线路里程、运输设备拥有量、技术质量情况，各种运输方式完成的货物运输量和旅客运输量，规模以上港口码头长度、泊位数量及货物吞吐量等资料。

邮政、通信、软件业资料主要包括：全国营业网点及邮政邮路情况，电信主要通信能力，主要的邮电业务完成情况，邮电通信发展水平，软件和信息技术服务业主要经济指标等资料。

二、本篇资料的统计范围

1.铁路资料：包括国家铁路（含控股合资）、地方铁路和非控股合资铁路运营情况，不含军用铁路及由厂矿企事业单位自建的铁路专用线和不办理公共营业的专用铁路。国家铁路（含控股合资）和非控股合资铁路运营资料来源于各铁路局及所属运输企业(公司)。地方铁路运营概况资料来源于各省地方铁路管理部门。

2.公路、水运、港口资料：(1)公路和水路线路里程为年末通车和通航里程数，不含未正式投入使用的公路和航道里程；(2)民用汽车拥有量及机动车和汽车驾驶员人数，根据公安部交通管理局所属各省车管部门登记注册的车辆资料和驾驶员资料整理，不含军用车辆；(3)公路营运汽车拥有量，根据各省道路运输主管部门登记注册的从事公路运输的营业性运输车辆资料整理，属于民用汽车的一部分；(4)营业性运输船舶拥有量，根据各省交通运输主管部门登记注册的从事水上客、货运输的营业性船舶资料整理，不含非运输船舶及农业、渔业生产船舶；(5)公路、水路客货运输量资料，由交通运输部负责收集整理；(6)公路、水路运输量统计包括全面调查和非全面调查两种方式，统计范围是在各省交通运输主管部门登记注册的从事公路、水路客、货运输的营业性的车辆和船舶所完成的运输量；(7)规模以上港口的统计范围为年通过能力在1000万吨以上的沿海港口和200万吨以上的内河港口，以及从事外贸、集装箱装卸的港口，具体范围由交通运输部划定。

3.管道运输资料：包括输原油、输成品油、输天然气及输其他气体的运输量。管道运输统计数据主要来源于中国石油天然气集团公司、中国石油化工集团公司和中国海洋石油总公司所属的管道运输企业，由三家集团公司分别负责收集审核本部门统计数据。

4.民航运输资料：统计对象为在我国境内注册从事民用航空运输飞行和通用飞行的航空运输企业和定期航班通航机场，不包括在我国境内运输飞行的外国航空公司。统计范围为各航空公司从事国内运输、港澳台运输、国际运输的定期航班航线条数及里程、运输量及飞机构成和运营情况、通用航空飞行完成情况等。

5.邮政、通信、软件业资料：包括邮政企业和年业务收入200万元以上的快递企业，以及从事电信运营的中国电信、中国移动、中国联通三家基础电信企业（不含专用网业务资料），主营业务收入100万元以上的软件和信息技术服务业企业。邮电业务量按业务种类分为邮政业务量和电信业务量；按业务范围分为国内业务量和国际及港澳业务量(对台业务量统计在港澳中)。

三、本篇的资料来源

本篇资料由国家统计局服务业统计司负责整理、编辑。有关交通运输资料分别来源于交通运输部、中国民用航空局、中国铁路总公司、中国石油天然气集团公司、中国石油化工集团公司、中国海洋石油总公司和公安部交通管理局所属各省车管部门。邮电通信业资料来源于工业和信息化部、国家邮政局。

Brief Introduction

I. Main Contents

Data in this chapter present the development of transportation, post, telecommunications and software industry in China.

Data on transport cover mainly the length of the routes of five means of transportation, the possession of transport equipment, the condition of technological quality, freight traffic and passenger traffic accomplished by various means of transportation, the length of ports above designated size and the situation of berths, and cargo handled at sea ports.

Data on post, telecommunications and software industry cover mainly the situation of post and telecommunication offices and postal routes; main telecommunication capacity; business volume of postal and telecommunication services achieved; the level of development of postal and telecommunication services, and the main economic indicators of software and IT services industry.

II. Scope of Statistics

1. Data on railway transportation: including the operation and management of the national, local and joint-venture railways but not including railways for military purpose, lines built by industrial and mining enterprises and special railways not for commercial use. Data on the operation and management of the national railways and joint-venture railways come from the railway bureaus and transport enterprises subordinate to them. Data on the operation and management of local railways come from the provincial administrative departments managing the local railways.

2. Data on highways, waterways and ports: (1) The length of highways and waterways refer to the length open to traffic or navigation at the end of the year, but not including the highways and waterways under construction or not officially having been put into use. (2) Data on the possession of civil motor vehicles and the number of drivers are provided by the divisions of vehicle management under the provincial departments of public security, subordinate to the Traffic Management Bureau, Ministry of Public Security, but not including vehicles for military use. (3) Data on possession of highway vehicles are provided by the divisions of vehicle management under provincial departments of public security, which are subordinate to the Traffic Management Bureau, Ministry of Public Security, including vehicles for business use and non-business use. These vehicles are part of the totality of civil motor vehicles. (4) Data on possession of ships are provided by the divisions of navigation or ports management under provincial departments of communications, which are subordinate to the Ministry of Transport. However, fishing boats, boats for constructions in water and boats for military use are not included. (5) Data on passenger traffic and freight traffic by highways and waterways are collected and prepared by the Ministry of Transport. (6) Data on highway and waterway transportation are collected through both comprehensive reporting system and non-comprehensive reporting system. The statistical scope encompasses all the enterprises, institutional units and individuals (including joint-households) registered in the People's Republic of China and engaged in highway or waterway freight or passenger transport business. (7) Data on production capacity and handling capacity include the seaports handling cargo more than 10 million tons, inland river ports with turnover over 2 million tons and ports with operation in foreign trade and containing shipping. The specific scopes are decided by the Administration of Transportation.

3. Data on pipeline transport: The data on pipeline transport cover the volume transported of petroleum (crude oil) pipelines, petroleum products pipelines, natural gas pipelines and other gas pipelines. Data sources of the pipeline transport statistics are mainly the enterprises engaged in the pipeline transport subordinate to the China National Petroleum and Natural Gas Corporation Group and China Petrochemical Corporation Group. The two corporations collect and examine the statistical data submitted to them from the units subordinate to them respectively.

4. Data on civil aviation transport: The targets of

statistical collection are enterprises registered for engagement in civil aviation transport flights and flights for general purposes and general aviation airports with scheduled flights. Excluded are foreign companies which operate flights within Chinese territory. The scope of statistics encompasses number of lines, mileage flown, transport volume, composition of the fleets operational situation of the airlines, performance of general purpose flights in respect of domestic transport, transport between China mainland and Hong Kong, Macao and Taiwan, and international transport.

5. Data on post, telecommunications and software industry: Data in this category include postal enterprises and express delivery companies with annual revenue above 2 million yuan, the three major enterprises of telecommunication: China Telecom, China Mobile and China Unicom (not including services provided through dedicated networks), and enterprises of software and IT services with turnover from primary activities above one million yuan. By types of business, the business volume of post and telecommunications is divided into postal services and telecommunication services; by coverage it is divided into domestic service, international service, and service between the Mainland and Hong Kong, Macao (business volume of the service to Taiwan is covered in that for Hong Kong and Macao).

III. Sources of Data

Data in this chapter are processed and compiled by the Department of Service Statistics, NBS. Data on transportation are from China Railway Corporation, Ministry of Transport, Civil Aviation Administration of China, China Petroleum and Natural Gas Corporation Group, China Petrochemical Corporation Group, China National Offshore Oil Corporation, the divisions of vehicle management under the provincial departments of public security, which are subordinate to the Traffic Management Bureau, Ministry of Public Security. Data on postal and telecommunication services come from the Ministry of Industry and Information, and the State Post Bureau of China.

18-1 分地区交通运输、仓储和邮政业就业人员数(2013年底)

Number of Employed Persons in Transport, Storage and Post at Year-end by Region (2013)

单位：人 (person)

地区	Region	铁路运输业 Railway Transport	道路运输业 Road Transport	水上运输业 Water Transport	航空运输业 Air Transport	管道运输业 Pipeline Transport	装卸搬运和运输代理业 Loading, Unloading and Forwarding Agency	仓储业 Storage	邮政业 Post
全国	**National Total**	**1796382**	**3806122**	**483428**	**494397**	**37704**	**442510**	**325015**	**1076595**
北京	Beijing	99577	273618	324	66653	5947	51056	12887	82206
天津	Tianjin	21298	51413	21192	8236	235	13272	19330	8479
河北	Hebei	51533	138157	25568	3306	567	11742	11711	33311
山西	Shanxi	114927	82492	74	5196	423	2411	8420	22449
内蒙古	Inner Mongolia	108259	73428	31	4076		1644	6304	23101
辽宁	Liaoning	119040	142378	39223	19150	3839	17867	11683	23404
吉林	Jilin	68771	60989	831	5379	1117	1384	12215	20901
黑龙江	Heilongjiang	139143	76624	3103	6733	767	4177	20038	30200
上海	Shanghai	45222	202798	50539	60843	1454	67921	30409	32400
江苏	Jiangsu	23336	239597	78329	13368	10381	36773	17861	64419
浙江	Zhejiang	28105	159724	26480	10887	106	20930	12400	55066
安徽	Anhui	42541	112095	14613	4116		5327	9084	32275
福建	Fujian	40309	105271	14927	15234	12	29352	5536	32842
江西	Jiangxi	61574	106077	7894	4844	808	3030	6637	21578
山东	Shandong	82442	234278	70405	14113	3547	25688	22729	53203
河南	Henan	120139	234278	5768	7795	74	10929	23248	33954
湖北	Hubei	83833	145880	15757	9137	788	11010	11325	54184
湖南	Hunan	76901	103424	4761	7463	169	8273	5077	39273
广东	Guangdong	27452	380485	60106	109755	319	54503	33415	167041
广西	Guangxi	66108	82659	10430	5229	72	14361	6309	27251
海南	Hainan	5034	19638	5076	14198	30	4615	1053	4760
重庆	Chongqing	28535	165898	14884	10384		7192	4400	29627
四川	Sichuan	60521	195737	10915	35328	618	9365	7339	74003
贵州	Guizhou	31797	54795	1142	6018		3892	3548	12257
云南	Yunnan	37662	72439	716	18525	372	17704	3108	17442
西藏	Tibet	67	4660		372			239	1901
陕西	Shaanxi	65992	117312	210	12228	2661	3410	9511	39057
甘肃	Gansu	51684	50523	46	1642	51	1057	4487	17139
青海	Qinghai	22259	18818	4	1277		247	1129	3833
宁夏	Ningxia	16964	15857	80	1710		450	649	4711
新疆	Xinjiang	55357	84780		11202	3347	2928	2934	14328

注：2013年部分行业就业人员增加较多，系将原属于乡镇企业的规模以上法人单位纳入劳动工资统计范围所致。

a) The new inclusion of the town and township enterprises above the designated size in the labour and wages statistics leads to large increases of employment in some industries in 2013.

18-2 交通运输业基本情况
Basic Conditions of Transport

指　　标	Item	2010	2011	2012	2013
运输线路长度　（万公里）	**Length of Transport Routes　(10 000 km)**				
铁路营业里程	Railways in Operation	9.12	9.32	9.76	10.31
公路里程	Highways	400.82	410.64	423.75	435.62
#高速公路	Expressway	7.41	8.49	9.62	10.44
内河航道里程	Navigable Inland Waterways	12.42	12.46	12.50	12.59
定期航班航线里程	Regular Civil Aviation Routes	276.51	349.06	328.01	410.60
管道输油(气)里程	Petroleum and Gas Pipelines	7.85	8.33	9.16	9.85
客运量总计　（万人）	**Total Passenger Traffic　(10 000 persons)**	**3269508**	**3526319**	**3804035**	**2122992**
铁路	Railways	167609	186226	189337	210597
公路	Highways	3052738	3286220	3557010	1853463
水运	Waterways	22392	24556	25752	23535
民航	Civil Aviation	26769	29317	31936	35397
旅客周转量总计　（亿人公里）	**Total Passenger-Kilometers(100 million passenger-km)**	**27894.3**	**30984.0**	**33383.1**	**27571.7**
铁路	Railways	8762.2	9612.3	9812.3	10595.6
公路	Highways	15020.8	16760.2	18467.5	11250.9
水运	Waterways	72.3	74.5	77.5	68.3
民航	Civil Aviation	4039.0	4537.0	5025.7	5656.8
货运量总计　（万吨）	**Total Freight Traffic　(10 000 tons)**	**3241807**	**3696961**	**4100436**	**4098900**
铁路	Railways	364271	393263	390438	396697
公路	Highways	2448052	2820100	3188475	3076648
水运	Waterways	378949	425968	458705	559785
民航	Civil Aviation	563.0	557.5	545.0	561.3
管道	Petroleum and Gas Pipelines	49972	57073	62274	65209
货物周转量　（亿吨公里）	**Total Freight Ton-kilometers　(100 million ton-km)**	**141837**	**159324**	**173804**	**168014**
铁路	Railways	27644	29466	29187	29174
公路	Highways	43390	51375	59535	55738
水运	Waterways	68428	75424	81708	79436
民航	Civil Aviation	178.9	173.9	163.9	170.3
管道	Petroleum and Gas Pipelines	2197	2885	3211	3496
民用汽车拥有量　（万辆）	**Possession of Civil Motor Vehicles　(10 000 units)**	**7801.83**	**9356.32**	**10933.09**	**12670.14**
#私人汽车	Private Vehicles	5938.71	7326.79	8838.60	10501.68
其他机动车拥有量　（万辆）	**Possession of Other Motor Vehicles　(10 000 units)**	**11305.55**	**11549.16**	**11322.30**	**10546.65**
民用运输船舶拥有量　（艘）	**Possession of Civil Transport Vessels　(unit)**	**178407**	**179242**	**178591**	**172554**
机动船	Motor Vessels	155624	157950	158309	155340
驳船	Barges	22783	21292	20282	17214
沿海规模以上港口货物吞吐量　（万吨）	**Volume of Freight Handled in Coastal Ports above Designated Size　(10 000 tons)**	**548358**	**616292**	**665245**	**728098**

注：1.2004年起内河航道里程为内河航道通航里程数(以下各表同)。
2.2005年起公路里程包括村道(以下各表同)。
3.2008年公路、水路运输量统计口径有调整(以下各表同)。
4.从2009年起，沿海规模以上港口统计范围为年吞吐量1000万吨以上的沿海港口，内河规模以上港口统计范围为年吞吐量200万吨以上的内河港口(以下各表同)。
5.2011年起民航航线里程改为定期航班航线里程(以下各表同)。
6.2013年，管道运输统计口径在原中国石油天然气集团公司、中国石油化工集团公司基础上增加中国海洋石油总公司，2012年管道数据按同口径调整(以下各表同)。
7.2013年公路水路客货运输数据，源自2013年交通运输业经济统计专项调查，统计范围口径有所调整(以下各表同)。按可比口径计算，2013年公路客运量、旅客周转量、货运量、货物周转量比上年分别增长4.2%、1.0%、10.9%和11.2%;水运客运量、旅客周转量、货运量、货物周转量比上年分别增长3.0%、2.9%、10.4%和4.8%。

a) Since 2004, inland waterways refers to navigable inland waterways. The same applies to the tables followings.
b) Length of highways include the village road since 2005.
c) In 2008, data on total passenger traffic and freight traffic of highway and waterways have changed. The same applies to the following tables.
d) Since 2009, statistical coverage above designated size refers to coastal seaport with capacity over 10 million tons yearly and inland port over 2 million tons yearly. The same applies to the tables following.
e) Since 2011, Civil aviation routes change to regular civil aviation routes. The same applies to the tables following.
f) In 2013, the pipelines transport statistics had an additional inclusion of CNOOC to the 2012 inclusion of CNPC and SINOPEC. The 2012 data on pipelines transport are adjusted for data comparability. The same applies in the following tables.
g) The 2013 figures on passenger traffic and freight traffic are calculated with the data from the 2013 survey of transport economics, and have different coverages. The same applies to the following tables. When adjusted to comparable coverages, the 2013 highway passenger traffic, passenger-kilometers, freight traffic and freight ton-kilometers increased over the previous year by 4.2%, 1.0%, 10.9% and 11.2% respectively; and the 2013 waterway passenger raffic, passenger-kilometers, freight traffic and freight ton-kilometers by 3.0%, 2.9%, 10.4% and 4.8% respectively.

18-3 运输线路长度
Length of Transportation Routes

单位：万公里 (10 000 km)

年 份 Year	铁路营业里程 Length of Railways in Operation	#国家铁路电气化里程 National Electrified Railways	公路里程 Length of Highways	#高速公路 Expressway	内河航道里程 Length of Navigable Inland Waterways	定期航班航线里程 Length of Regular Civil Aviation Routes	#国际航线 International Routes	管道输油(气)里程 Length of Petroleum and Gas Pipelines
1978	5.17	0.10	89.02		13.60	14.89	5.53	0.83
1980	5.33	0.17	88.83		10.85	19.53	8.12	0.87
1981	5.39	0.17	89.75		10.87	21.82	8.28	0.97
1982	5.33	0.18	90.70		10.86	23.27	9.99	1.04
1983	5.46	0.23	91.51		10.89	22.91	9.99	1.08
1984	5.48	0.30	92.67		10.93	26.02	10.74	1.10
1985	5.52	0.41	94.24		10.91	27.72	10.60	1.17
1986	5.58	0.44	96.28		10.94	32.31	10.76	1.30
1987	5.60	0.46	98.22		10.98	38.91	14.89	1.38
1988	5.62	0.57	99.96	0.01	10.94	37.38	12.83	1.43
1989	5.70	0.64	101.43	0.03	10.90	47.19	16.64	1.51
1990	5.79	0.69	102.83	0.05	10.92	50.68	16.64	1.59
1991	5.78	0.78	104.11	0.06	10.97	55.91	17.74	1.62
1992	5.81	0.84	105.67	0.07	10.97	83.66	30.30	1.59
1993	5.86	0.89	108.35	0.11	11.02	96.08	27.87	1.64
1994	5.90	0.90	111.78	0.16	11.02	104.56	35.19	1.68
1995	6.24	0.97	115.70	0.21	11.06	112.90	34.82	1.72
1996	6.49	1.01	118.58	0.34	11.08	116.65	38.63	1.93
1997	6.60	1.20	122.64	0.48	10.98	142.50	50.44	2.04
1998	6.64	1.30	127.85	0.87	11.03	150.58	50.44	2.31
1999	6.74	1.40	135.17	1.16	11.65	152.22	52.33	2.49
2000	6.87	1.49	167.98	1.63	11.93	150.29	50.84	2.47
2001	7.01	1.69	169.80	1.94	12.15	155.36	51.69	2.76
2002	7.19	1.74	176.52	2.51	12.16	163.77	57.45	2.98
2003	7.30	1.81	180.98	2.97	12.40	174.95	71.53	3.26
2004	7.44	1.86	187.07	3.43	12.33	204.94	89.42	3.82
2005	7.54	1.94	334.52	4.10	12.33	199.85	85.59	4.40
2006	7.71	2.34	345.70	4.53	12.34	211.35	96.62	4.81
2007	7.80	2.40	358.37	5.39	12.35	234.30	104.74	5.45
2008	7.97	2.50	373.02	6.03	12.28	246.18	112.02	5.83
2009	8.55	3.02	386.08	6.51	12.37	234.51	91.99	6.91
2010	9.12	3.27	400.82	7.41	12.42	276.51	107.02	7.85
2011	9.32	3.43	410.64	8.49	12.46	349.06	149.44	8.33
2012	9.76	3.55	423.75	9.62	12.50	328.01	128.47	9.16
2013	10.31	3.60	435.62	10.44	12.59	410.60	150.32	9.85

18-4 分地区运输线路长度（2013年底）
Length of Transport Routes at Year-end by Region (2013)

单位：公里 (km)

地区	Region	铁路营业里程 Length of Railways in Operation	内河航道里程 Length of Navigable Inland Waterways	公路里程 Total Length of Highways	等级公路 Expressway and Class I to IV Highways	#高速 Express way	#一级 First Class	#二级 Second Class	等外公路 Highways Below Class IV
全国	**National Total**	**103144.6**	**125853**	**4356218**	**3755567**	**104438**	**79491**	**340466**	**600652**
北京	Beijing	1276.7		21673	21485	923	1162	3273	188
天津	Tianjin	963.4	88	15718	15718	1103	1302	3241	
河北	Hebei	6255.5		174492	167711	5619	4816	18455	6781
山西	Shanxi	3786.4	467	139434	136039	5011	2232	15106	3394
内蒙古	Inner Mongolia	10203.3	2403	167515	155030	4080	5578	14392	12485
辽宁	Liaoning	5104.4	413	110973	95982	4023	3388	17626	14991
吉林	Jilin	4397.2	1456	94191	86632	2299	1938	8979	7559
黑龙江	Heilongjiang	6021.8	5098	160206	131776	4084	1593	9853	28429
上海	Shanghai	465.0	2268	12633	12633	815	421	3260	
江苏	Jiangsu	2599.7	24333	156094	148263	4443	11283	22677	7830
浙江	Zhejiang	2044.5	9743	115426	111997	3787	5310	9610	3429
安徽	Anhui	3513.1	5642	173763	168084	3521	2280	10411	5680
福建	Fujian	2747.8	3245	99535	80909	3935	687	9042	18626
江西	Jiangxi	3084.3	5638	152067	122675	4303	1643	9790	29393
山东	Shandong	4288.1	1117	252786	251425	4994	9487	25115	1361
河南	Henan	4890.4	1267	249831	196790	5859	1603	25322	53040
湖北	Hubei	3929.5	8271	226912	212893	4333	2789	17576	14019
湖南	Hunan	4026.6	11496	235392	206622	5080	1073	10702	28771
广东	Guangdong	3471.7	12097	202915	186357	5703	10621	19125	16558
广西	Guangxi	4013.4	5478	111384	96343	3305	1008	10393	15041
海南	Hainan	693.7	343	24852	24154	757	287	1529	698
重庆	Chongqing	1680.1	4331	122846	90358	2312	618	7669	32488
四川	Sichuan	3539.4	10720	301816	246571	5046	3045	13733	55245
贵州	Guizhou	2093.1	3649	172564	95419	3284	256	4128	77145
云南	Yunnan	2618.8	3551	222940	178371	3200	1003	10307	44568
西藏	Tibet	531.5		70591	48678		38	1033	21913
陕西	Shaanxi	4421.1	1066	165249	148991	4363	1011	8441	16257
甘肃	Gansu	2595.9	914	133597	106812	2953	206	7309	26785
青海	Qinghai	1857.6	629	70117	57069	1228	371	6067	13048
宁夏	Ningxia	1289.5	130	28554	28338	1344	985	2967	216
新疆	Xinjiang	4741.3		170155	125442	2728	1457	13336	44713

18-5 运输线路质量
Quality of Transport Routes

指标	Item	1990	2000	2010	2012	2013
国家铁路营业里程 （公里）	**Length of National Railways in Operation (km)**	**53378**	**58656**	**66239**	**66298**	**66585**
#复线里程 (公里)	Double-Tracking Length (km)	13024	21408	29684	30661	31854
复线里程比重 (%)	Proportion (%)	24.4	36.5	44.8	46.2	47.8
#自动闭塞里程 (公里)	Automatic Blocking Length (km)	10370	18318	37500	37300	38840
公路里程 （公里）	**Length of Highways (km)**	**1028348**	**1679848**	**4008229**	**4237508**	**4356218**
#等级公路里程 (公里)	Expressway and Class I to IV Highways (km)	741104	1315931	3304709	3609600	3755567
等级公路里程比重 (%)	Proportion (%)	72.1	78.3	82.4	85.2	86.2
内河航道里程 （公里）	**Length of Navigable Inland Waterways (km)**	**109192**	**119325**	**124242**	**124995**	**125853**
#等级航道里程 (公里)	Standard Waterways (km)	59575	61367	62290	63719	64900
等级航道里程比重 (%)	Proportion (%)	54.6	51.4	50.1	51.0	51.6

18-6 客运量
Passenger Traffic

单位：万人 (10 000 persons)

年份 Year	客运量总计 Total	铁路 Railways	国家 National Railways	地方 Local Railways	合资 Joint-venture Railways	公路 Highways	水运 Waterways	民航 Civil Aviation
1978	253993	81491	80729	762		149229	23042	231
1980	341785	92204	91246	958		222799	26439	343
1985	620206	112110	110913	1197		476486	30863	747
1990	772682	95712	94888	824		648085	27225	1660
1991	806048	95080	94208	872		682681	26109	2178
1992	860855	99693	98788	905		731774	26502	2886
1993	996634	105458	104580	878		860719	27074	3383
1994	1092882	108738	108009	729		953940	26165	4039
1995	1172596	102745	102081	664		1040810	23924	5117
1996	1245357	94797	93551	612	634	1122110	22895	5555
1997	1326094	93308	91919	659	730	1204583	22573	5630
1998	1378717	95085	92991	629	1465	1257332	20545	5755
1999	1394413	100164	97725	528	1911	1269004	19151	6094
2000	1478573	105073	101847	519	2707	1347392	19386	6722
2001	1534122	105155	101680	558	2917	1402798	18645	7524
2002	1608150	105606	101741	516	3349	1475257	18693	8594
2003	1587497	97260	93634	412	3214	1464335	17142	8759
2004	1767453	111764	107346	378	4040	1624526	19040	12123
2005	1847018	115583	110651	319	4613	1697381	20227	13827
2006	2024158	125656	119728	423	5505	1860487	22047	15968
2007	2227761	135670	128712	451	6507	2050680	22835	18576
2008	2867892	146193	144452	474	1267	2682114	20334	19251
2009	2976898	152451	150798	419	1234	2779081	22314	23052
2010	3269508	167609	164761	477	2371	3052738	22392	26769
2011	3526319	186226	179199	528	6498	3286220	24556	29317
2012	3804035	189337	187863	583	891	3557010	25752	31936
2013	2122992	210597	207541	690	2366	1853463	23535	35397

注：1.从1979年起，公路运输包括社会车辆完成数量，从1984年起，还包括私营运输完成的数量(下表同)，从2008年起公路运输量统计范围原则上为营运车辆。水路运输量统计范围为在交通运输主管部门审批、备案、从事营业性旅客和货物运输生产的船舶。

2.从2008年起，国家铁路和合资铁路客货运输量及周转量统计口径有调整，其中国家铁路包括了国家控股合资部分，合资铁路仅指非控股合资(以下各表同)。2010、2011年，合资铁路客运量统计口径和其他年份不一致。

a) Since 1979, freight traffic by highways has included the quantities transported by trucks of non-highway departments. Since 1984, it has also included the quantities transported by private trucks. The same applies to the tables following. Since 2008, freight traffic by highways referred to the vehicles under operation. Statistical coverage of freight traffic by waterways is vessels engaged in passengers and goods transport for business purpose, and approved, registered by the department of transportation.

b) Since 2008, statistical coverage of passenger traffic and freight traffic and passenger-kilometers and freight tons-kilometers of national railways and joint-venture railways has been adjusted, which national railways include those of state-holding joint-venture railways, and joint-venture railways only refer to non-state-holding joint-venture railways. The same applies to the tables followings. The data coverage of joint-venture railway passenger traffic in 2010 and 2011 is different from that of other years.

18-7 旅 客 周 转 量
Passenger-Kilometers

单位：亿人公里 (100 million passenger-km)

年份 Year	旅客周转量总计 Total	铁路 Railways	国家 National Railways	地方 Local Railways	合资 Joint-venture Railways	公路 Highways	水运 Waterways	民航 Civil Aviation
1978	1743.1	1093.2	1090.8	2.4		521.3	100.6	27.9
1980	2281.3	1383.2	1380.4	2.8		729.5	129.1	39.6
1985	4435.4	2416.1	2412.5	3.6		1724.9	178.7	115.7
1990	5628.4	2612.6	2610.1	2.5		2620.3	164.9	230.5
1991	6178.3	2828.1	2824.8	3.2		2871.7	177.2	301.3
1992	6949.4	3152.2	3148.3	4.0		3192.6	198.4	406.1
1993	7858.0	3483.3	3479.4	3.9		3700.7	196.4	477.6
1994	8591.4	3636.0	3632.8	3.2		4220.3	183.5	551.6
1995	9001.9	3545.7	3542.6	3.1		4603.1	171.8	681.3
1996	9164.8	3347.6	3322.0	3.4	22.2	4908.8	160.6	747.8
1997	10055.5	3584.9	3543.5	4.7	36.6	5541.4	155.7	773.5
1998	10636.7	3773.4	3691.0	5.0	77.4	5942.8	120.3	800.2
1999	11299.7	4135.9	4046.3	4.4	85.3	6199.2	107.3	857.3
2000	12261.1	4532.6	4414.7	4.6	113.3	6657.4	100.5	970.5
2001	13155.1	4766.8	4636.6	5.2	125.1	7207.1	89.9	1091.4
2002	14125.6	4969.4	4803.1	5.3	161.1	7805.8	81.8	1268.7
2003	13810.5	4788.6	4622.8	4.0	161.8	7695.6	63.1	1263.2
2004	16309.1	5712.2	5512.0	4.0	196.2	8748.4	66.3	1782.3
2005	17466.7	6062.0	5833.2	3.5	225.2	9292.1	67.8	2044.9
2006	19197.2	6622.1	6353.3	4.7	264.2	10130.8	73.6	2370.7
2007	21592.6	7216.3	6896.2	5.3	314.8	11506.8	77.8	2791.7
2008	23196.7	7778.6	7739.1	5.9	33.6	12476.1	59.2	2882.8
2009	24834.9	7878.9	7840.1	5.6	33.2	13511.4	69.4	3375.2
2010	27894.3	8762.2	8725.7	6.3	30.2	15020.8	72.3	4039.0
2011	30984.0	9612.3	9582.7	6.6	23.0	16760.2	74.5	4537.0
2012	33383.1	9812.3	9784.0	6.9	21.5	18467.5	77.5	5025.7
2013	27571.7	10595.6	10550.3	7.3	38.0	11250.9	68.3	5656.8

18-8 货 运 量
Freight Traffic

单位：万吨 (10 000 tons)

年份 Year	货运量总计 Total	铁路 Railways				公路 Highways	水运 Waterways		民航 Civil Aviation	管道 Petroleum and Gas Pipelines
			国家 National Railways	地方 Local Railways	合资 Joint-venture Railways			#远洋 Ocean		
1978	319431	110119	107492	2627		151602	47357	3659	6.4	10347
1980	310841	111279	108584	2695		142195	46833	4292	8.9	10525
1985	745763	130709	127516	3193		538062	63322	6627	19.5	13650
1990	970602	150681	146209	4472		724040	80094	9408	37.0	15750
1991	985793	152893	147898	4995		733907	83370	10567	45.2	15578
1992	1045899	157627	152317	5310		780941	92490	11191	57.5	14783
1993	1115902	162794	156791	6003		840256	97938	12508	69.4	14845
1994	1180396	163216	157278	5938		894914	107091	13421	82.9	15092
1995	1234938	165982	159473	6509		940387	113194	15251	101.1	15274
1996	1298421	171024	161787	7125	2112	983860	127430	14213	115.0	15992
1997	1278218	172149	162010	7854	2285	976536	113406	20287	124.7	16002
1998	1267427	164309	153435	8035	2839	976004	109555	18892	140.1	17419
1999	1293008	167554	157239	7296	3019	990444	114608	22621	170.4	20232
2000	1358682	178581	166056	8369	4156	1038813	122391	22949	196.7	18700
2001	1401786	193189	179201	9542	4446	1056312	132675	27573	171.0	19439
2002	1483447	204956	187578	11241	6137	1116324	141832	29896	202.1	20133
2003	1564492	224248	199814	13064	11370	1159957	158070	34002	219.0	21998
2004	1706412	249017	217816	14924	16277	1244990	187394	39469	276.7	24734
2005	1862066	269296	231839	17802	19655	1341778	219648	48549	306.7	31037
2006	2037060	288224	245476	19593	23154	1466347	248703	54413	349.4	33436
2007	2275822	314237	262400	24390	27447	1639432	281199	58903	401.8	40552
2008	2585937	330354	275243	27128	27983	1916759	294510	42352	407.6	43906
2009	2825222	333348	277572	23873	31903	2127834	318996	51733	445.5	44598
2010	3241807	364271	309541	19089	35641	2448052	378949	58054	563.0	49972
2011	3696961	393263	329535	22179	41549	2820100	425968	63542	557.5	57073
2012	4100436	390438	323559	22907	43971	3188475	458705	65815	545.0	62274
2013	4098900	396697	322207	24999	49491	3076648	559785	71156	561.3	65209

注：1993年起铁路货物运输增加行包运量(下表同)。

a) The indicator of railways freight has increased the freight of package since 1993. The same applies to the tables following.

18-9 货 物 周 转 量
Freight Ton-Kilometers

单位：亿吨公里 (100 million ton-km)

年份 Year	货物周转量总计 Total	铁路 Railways				公路 Highways	水运 Waterways		民航 Civil Aviation	管道 Petroleum and Gas Pipelines
			国家 National Railways	地方 Local Railways	合资 Joint-venture Railways			#远洋 Ocean		
1978	9928	5345.2	5333.5	11.7		350.3	3801.8	2487	0.97	430
1980	11629	5717.5	5707.3	10.2		342.9	5076.5	3532	1.41	491
1985	18365	8125.7	8111.6	14.1		1903.0	7729.3	5329	4.15	603
1990	26208	10622.4	10601.2	21.2		3358.1	11591.9	8141	8.18	627
1991	27987	10972.0	10948.1	23.9		3428.0	12955.4	8990	10.10	621
1992	29218	11575.6	11548.5	27.0		3755.4	13256.2	9034	13.42	617
1993	30647	12090.9	12059.7	31.2		4070.5	13860.8	9134	16.61	608
1994	33435	12632.0	12600.6	31.4		4486.3	15686.6	10268	18.58	612
1995	35909	13049.5	13015.2	34.2		4694.9	17552.2	11938	22.30	590
1996	36590	13106.2	12935.0	48.6	122.5	5011.2	17862.5	11254	24.93	585
1997	38385	13269.9	13063.0	50.7	156.2	5271.5	19235.0	14875	29.10	579
1998	38089	12560.1	12304.5	50.7	204.8	5483.4	19405.8	14920	33.45	606
1999	40568	12910.3	12649.8	37.6	222.9	5724.3	21262.8	17014	42.34	628
2000	44321	13770.5	13444.0	43.6	282.9	6129.4	23734.2	17073	50.27	636
2001	47710	14694.1	14368.8	55.4	270.0	6330.4	25988.9	20873	43.72	653
2002	50686	15658.4	15219.1	62.8	376.5	6782.5	27510.6	21733	51.55	683
2003	53859	17246.7	16475.6	69.0	702.1	7099.5	28715.8	22305	57.90	739
2004	69445	19288.8	18285.5	89.1	914.2	7840.9	41428.7	32255	71.80	815
2005	80258	20726.0	19533.4	99.2	1093.5	8693.2	49672.3	38552	78.90	1088
2006	88840	21954.4	20557.2	105.7	1291.6	9754.2	55485.7	42577	94.28	1551
2007	101419	23797.0	22112.5	132.7	1551.8	11354.7	64284.8	48686	116.39	1866
2008	110300	25106.3	23648.9	150.9	1306.5	32868.2	50262.7	32851	119.60	1944
2009	122133	25239.2	23649.9	126.6	1462.7	37188.8	57556.7	39524	126.23	2022
2010	141837	27644.1	25937.3	116.1	1590.7	43389.7	68427.5	45999	178.90	2197
2011	159324	29465.8	27631.7	138.7	1695.4	51374.7	75423.8	49355	173.91	2885
2012	173804	29187.1	27220.5	136.2	1830.4	59534.9	81707.6	53412	163.89	3211
2013	168014	29173.9	26845.0	154.9	2173.9	55738.1	79435.7	48705	170.29	3496

18-10 旅客运输平均运距
Average Transport Distance of Passengers

单位：公里 (km)

年份 Year	总计 Total	铁路 Railways	公路 Highways	水运 Waterways	民航 Civil Aviation
1978	69	134	35	44	1208
1980	67	150	33	49	1153
1985	72	216	36	58	1563
1990	73	273	40	61	1388
1991	77	297	42	68	1383
1992	81	316	44	75	1407
1993	79	330	43	73	1412
1994	79	334	44	70	1366
1995	77	345	44	72	1331
1996	74	353	44	70	1346
1997	76	384	46	69	1374
1998	77	397	47	59	1391
1999	81	413	49	56	1407
2000	83	431	49	52	1444
2001	86	453	51	48	1450
2002	88	471	53	44	1476
2003	87	492	53	37	1442
2004	92	511	54	35	1470
2005	95	524	55	34	1479
2006	95	527	54	33	1485
2007	97	532	56	34	1503
2008	81	532	47	29	1497
2009	83	517	49	31	1464
2010	85	523	49	32	1509
2011	88	516	51	30	1548
2012	88	518	52	30	1574
2013	130	503	61	29	1598

18-11 货物运输平均运距
Average Transport Distance of Freight

单位：公里 (km)

年份 Year	总计 Total	铁路 Railways	公路 Highways	水运 Waterways	民航 Civil Aviation	管道 Petroleum and Gas Pipelines
1978	395	485	32	873	1516	416
1980	220	514	20	1184	1580	467
1985	246	622	35	1221	2129	442
1990	270	705	46	1447	2211	398
1991	284	718	47	1554	2234	399
1992	279	734	48	1433	2335	417
1993	275	743	48	1415	2394	410
1994	283	774	50	1465	2241	406
1995	291	786	50	1551	2206	386
1996	282	766	51	1402	2168	366
1997	300	771	54	1696	2334	362
1998	301	764	56	1771	2388	348
1999	314	771	58	1855	2485	310
2000	326	771	59	1939	2555	340
2001	340	761	60	1959	2556	336
2002	342	764	61	1940	2551	339
2003	344	769	61	1817	2643	336
2004	407	775	63	2211	2595	329
2005	431	770	65	2261	2572	350
2006	436	762	67	2231	2698	464
2007	446	757	69	2286	2896	460
2008	427	760	171	1707	2934	443
2009	432	757	175	1804	2833	453
2010	438	759	177	1806	3177	440
2011	431	749	182	1771	3120	506
2012	424	748	187	1781	3007	516
2013	410	735	181	1419	3034	536

 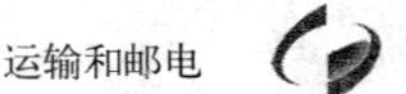

18-12 分地区客运量(2013年)
Passenger Traffic by Region (2013)

单位：万人 (10 000 persons)

地 区	Region	合计 Total	铁路 Railways	国家铁路 National Railways	地方铁路 Local Railways	合资 Joint-venture Railways	公路 Highways	水运 Waterways
全 国	**National Total**	**2122992**	**210597**	**207541**	**690**	**2366**	**1853463**	**23535**
北 京	Beijing	64161	11680	11588	92		52481	
天 津	Tianjin	17995	3352	3352			14556	87
河 北	Hebei	61718	8762	8762			52956	
山 西	Shanxi	34899	6294	6286		9	28487	118
内蒙古	Inner Mongolia	20819	4635	4605		30	16184	
辽 宁	Liaoning	91735	13033	13012	21		78168	534
吉 林	Jilin	34148	6629	6629			27403	116
黑龙江	Heilongjiang	45566	10107	9944	163		35102	357
上 海	Shanghai	11691	7972	7972			3476	243
江 苏	Jiangsu	151444	13435	13435			135555	2454
浙 江	Zhejiang	135348	11052	10485		567	121185	3111
安 徽	Anhui	126710	7210	7210			119433	67
福 建	Fujian	55107	6501	6501			46895	1711
江 西	Jiangxi	65067	6945	6945			57915	207
山 东	Shandong	75074	9246	8944	302		64019	1809
河 南	Henan	136237	10532	10532			125450	255
湖 北	Hubei	91522	10410	10410			80670	442
湖 南	Hunan	159726	9231	9231			149015	1480
广 东	Guangdong	153120	17658	15923		1736	133305	2157
广 西	Guangxi	49275	3275	3275			45606	394
海 南	Hainan	13328	1389	1389			10583	1356
重 庆	Chongqing	65183	3251	3251			61243	689
四 川	Sichuan	134775	8240	8240			124145	2390
贵 州	Guizhou	83436	4322	4322			77359	1755
云 南	Yunnan	47626	3189	3077	112		43392	1045
西 藏	Tibet	1455	129	129			1326	
陕 西	Shaanxi	70133	6123	6099		24	63650	360
甘 肃	Gansu	36163	2522	2522			33556	85
青 海	Qinghai	4790	592	592			4140	58
宁 夏	Ningxia	8418	594	594			7568	256
新 疆	Xinjiang	40926	2286	2286			38640	
不分地区	Not Classified by Region	35397						

注：不分地区合计数为民航完成数。

a) The total passenger traffic not classified by region refers to that completed by civil aviation.

18-13 分地区旅客周转量（2013年）
Passenger-kilometers by Region (2013)

单位：亿人公里 (100 million passenger-km)

地区	Region	合计 Total	铁路 Railways	国家铁路 National Railways	地方铁路 Local Railways	合资 Joint-venture Railways	公路 Highways	水运 Waterways
全国	**National Total**	**27571.65**	**10595.62**	**10550.32**	**7.28**	**38.02**	**11250.94**	**68.33**
北京	Beijing	254.04	117.96	117.85	0.11		136.08	
天津	Tianjin	267.09	178.43	178.43			88.56	0.10
河北	Hebei	1163.72	867.18	867.18			296.53	
山西	Shanxi	386.55	189.82	189.07		0.75	196.62	0.11
内蒙古	Inner Mongolia	360.51	187.07	186.77		0.30	173.44	
辽宁	Liaoning	941.67	572.72	572.66	0.06		362.43	6.52
吉林	Jilin	413.71	244.76	244.76			168.70	0.25
黑龙江	Heilongjiang	473.31	256.84	253.98	2.86		216.07	0.40
上海	Shanghai	195.00	75.26	75.26			119.12	0.62
江苏	Jiangsu	1365.25	514.01	514.01			847.28	3.97
浙江	Zhejiang	1025.10	437.02	417.25		19.77	582.99	5.09
安徽	Anhui	1286.26	552.08	552.08			733.99	0.19
福建	Fujian	542.69	209.21	209.21			330.64	2.85
江西	Jiangxi	930.69	622.63	622.63			307.69	0.36
山东	Shandong	1083.75	552.41	548.80	3.60		520.34	11.01
河南	Henan	1574.69	861.93	861.93			712.39	0.37
湖北	Hubei	1052.37	634.06	634.06			415.07	3.24
湖南	Hunan	1565.06	840.28	840.28			721.93	2.85
广东	Guangdong	1780.93	570.07	553.08		17.00	1202.48	8.37
广西	Guangxi	611.33	193.67	193.67			415.73	1.92
海南	Hainan	112.40	25.25	25.25			84.98	2.17
重庆	Chongqing	465.43	124.90	124.90			333.27	7.26
四川	Sichuan	912.12	310.09	310.09			599.15	2.88
贵州	Guizhou	593.62	211.21	211.21			377.87	4.54
云南	Yunnan	431.85	106.52	105.87	0.65		323.10	2.23
西藏	Tibet	42.41	11.40	11.40			31.01	
陕西	Shaanxi	745.22	421.38	421.18		0.20	323.14	0.70
甘肃	Gansu	595.41	383.24	383.24			212.01	0.16
青海	Qinghai	95.30	54.89	54.89			40.33	0.07
宁夏	Ningxia	102.95	44.51	44.51			58.34	0.10
新疆	Xinjiang	544.46	224.83	224.83			319.62	
不分地区	Not Classified by Region	5656.76						

注：不分地区合计数为民航完成数。

a) The total passenger-kilometers not classified by region refers to that completed by civil aviation.

18-14 分地区货运量(2013年)
Freight Traffic by Region (2013)

单位：万吨 (10 000 tons)

地区	Region	合计 Total	铁路 Railways	国家铁路 National Railways	地方铁路 Local Railways	合资 Joint-venture Railways	公路 Highways	水运 Waterways
全国	**National Total**	**4098900**	**396697**	**322207**	**24999**	**49491**	**3076648**	**559785**
北京	Beijing	25748	1097	1094	3		24651	
天津	Tianjin	45233	8349	8349			28206	8678
河北	Hebei	198009	22469	19354	2845	271	172492	3048
山西	Shanxi	156045	73181	68463	1432	3287	82834	30
内蒙古	Inner Mongolia	164346	67288	43358	4448	19481	97058	
辽宁	Liaoning	206868	20566	17821	2745		172923	13379
吉林	Jilin	44811	6516	6214	303		38063	232
黑龙江	Heilongjiang	61094	14561	13667	708	185	45288	1245
上海	Shanghai	84305	702	702			43877	39726
江苏	Jiangsu	181775	7157	6806	351		103709	70909
浙江	Zhejiang	188679	4831	4023	87	721	107186	76662
安徽	Anhui	396391	11566	11566			284534	100291
福建	Fujian	96674	3636	3636			69876	23162
江西	Jiangxi	135172	5217	5074	143		121279	8676
山东	Shandong	264100	22876	19359	3517		227746	13478
河南	Henan	184823	12929	11615	970	344	162040	9854
湖北	Hubei	131000	5646	5217	429		100945	24409
湖南	Hunan	184535	5169	4946	223		156269	23097
广东	Guangdong	349011	9711	8270	1007	434	261273	78027
广西	Guangxi	151143	6916	6916			124677	19550
海南	Hainan	17325	960	960			10290	6075
重庆	Chongqing	87241	2475	2337	138		71842	12924
四川	Sichuan	167759	8970	7707	1263		151689	7100
贵州	Guizhou	72703	6461	6461			65100	1142
云南	Yunnan	104329	5146	4572	574		98675	508
西藏	Tibet	1850	72	72			1778	
陕西	Shaanxi	141579	35767	11004		24763	105566	246
甘肃	Gansu	51463	6381	6381			45072	10
青海	Qinghai	13372	3784	3784			9588	
宁夏	Ningxia	40914	8412	4599	3813		32502	
新疆	Xinjiang	66908	7288	7288			59620	
不分地区	Not Classified by Region	83696	598	593		5		17328

注：不分地区合计数中包括铁路行包运量、民航、管道、中远集团海外公司和中海集团香港有限公司完成数。

a) The freight ton-kilometers not classified by region refers to railway baggage freight, civil aviation, pipelines and that completed by companies abroad under the China Ocean Shipping (Group) Company and Hong Kong Company Ltd. of China Shipping Group.

18-15 分地区货物周转量（2013年）
Freight Ton-kilometers by Region (2013)

单位：亿吨公里 (100 million ton-km)

地 区	Region	合计 Total	铁路 Railways	国家铁路 National Railways	地方铁路 Local Railways	合资 Joint-venture Railways	公路 Highways	水运 Waterways
全 国	**National Total**	**168013.80**	**29173.89**	**26845.01**	**154.94**	**2173.94**	**55738.08**	**79435.65**
北 京	Beijing	1051.14	894.95	894.94			156.19	
天 津	Tianjin	3097.39	515.86	494.82		21.04	313.70	2267.84
河 北	Hebei	11674.06	4233.63	3371.82	14.56	847.26	6577.89	862.54
山 西	Shanxi	3592.38	2313.73	1542.71	2.03	769.00	1278.57	0.08
内蒙古	Inner Mongolia	4461.96	2589.25	2275.16	35.91	278.18	1872.71	
辽 宁	Liaoning	11970.28	1341.11	1336.30	4.81		2792.02	7837.16
吉 林	Jilin	1681.35	580.01	578.24	1.76		1100.00	1.34
黑龙江	Heilongjiang	1930.04	949.22	941.18	7.44	0.60	972.92	7.89
上 海	Shanghai	14332.71	14.82	14.82			352.42	13965.47
江 苏	Jiangsu	9924.59	381.16	380.74	0.42		1790.40	7753.02
浙 江	Zhejiang	8951.22	272.08	247.14	0.12	24.83	1322.13	7357.00
安 徽	Anhui	12335.34	877.65	877.65			6544.02	4913.67
福 建	Fujian	3939.61	163.46	163.46			821.44	2954.71
江 西	Jiangxi	3640.13	612.75	612.24	0.51		2829.02	198.36
山 东	Shandong	8194.15	1487.38	1450.07	37.32		5494.78	1211.99
河 南	Henan	7259.81	2153.34	2140.46	9.74	3.15	4488.01	618.46
湖 北	Hubei	4751.83	914.28	912.74	1.55		2046.28	1791.27
湖 南	Hunan	3832.33	950.34	950.03	0.31		2329.54	552.45
广 东	Guangdong	9228.55	309.66	301.53	4.83	3.30	3003.36	5915.53
广 西	Guangxi	3856.37	809.43	809.43			1857.18	1189.76
海 南	Hainan	621.04	13.13	13.13			75.42	532.50
重 庆	Chongqing	2298.90	182.57	182.11	0.46		695.89	1420.44
四 川	Sichuan	2248.60	816.69	811.10	5.59		1273.13	158.77
贵 州	Guizhou	1294.61	658.35	658.35			610.64	25.62
云 南	Yunnan	1361.92	428.29	424.62	3.67		921.98	11.65
西 藏	Tibet	103.42	21.96	21.96			81.46	
陕 西	Shaanxi	3200.56	1514.70	1288.22		226.47	1685.02	0.84
甘 肃	Gansu	2361.97	1550.75	1550.75			811.21	0.01
青 海	Qinghai	451.95	249.18	249.18			202.76	
宁 夏	Ningxia	873.05	363.62	339.71	23.91		509.43	
新 疆	Xinjiang	1796.79	868.24	868.24			928.54	
不分地区	Not Classified by Region	21695.75	142.28	142.16	0.01	0.12		17887.29

注：不分地区合计数中包括铁路行包运量、民航、管道、中远集团海外公司和中海集团香港有限公司完成数。

a) The freight ton-kilometers not classified by region refers to railway baggage freight, civil aviation, pipelines and that completed by companies abroad under the China Ocean Shipping (Group) Company and Hong Kong Company Ltd. of China Shipping Group.

18-16 国家营业铁路基本情况

Basic Statistics on National Railways in Operation

项目	Item	1985	1990	2000	2005	2010	2012	2013
营业里程 （公里）	**Length of Railways in Operation (km)**	**52119**	**53378**	**58656**	**62200**	**66239**	**66298**	**66585**
正式营业	In Formal Operation	49433	50310	51262	57589	64537	66203	66490
临时营业	In Temporary Operation	2686	3068	7394	4611	1702	95	95
正式营业里程比重 (%)	Proportion of the Length in Formal Operation	94.8	94.3	87.4	92.6	97.4	99.9	100
复线里程 （公里）	**Double-Tracking Length (km)**	**9989**	**13024**	**21408**	**24497**	**29684**	**30661**	**31854**
占营业里程比重 (%)	As Percentage of the Length of Railways in Operation	19.2	24.4	36.5	39.4	44.8	46.2	47.8
电气化铁路里程 （公里）	**Length of Electrified Railways (km)**	**4151**	**6941**	**14864**	**19408**	**32717**	**35486**	**35977**
占营业里程比重 (%)	As Percentage of Railways in Operation	8.0	13.0	25.3	31.2	49.4	53.5	54.0
内燃牵引里程 （公里）	**Length of Diesel Engine Routes (km)**	**10822**	**16097**	**39497**	**42792**	**33522**	**30811**	**30608**
占营业里程比重 (%)	As Percentage of Railways in Operation	20.8	30.2	67.3	68.8	50.6	46.5	46.0
调度集中里程 （公里）	**Length under Centralized Traffic Control (km)**	**1307**	**1169**	**1200**	**1828**	**17977**	**18780**	**20444**
自动闭塞里程 （公里）	**Automatic Blocking Length (km)**	**6921**	**10370**	**18318**	**24149**	**37500**	**37300**	**38840**
半自动闭塞里程 （公里）	**Semi-automatic Blocking Length (km)**	**42625**	**38832**	**41695**	**39390**	**37468**	**33680**	**32893**
无缝线路里程 （公里）	**Length of Continuous Welded Rail (km)**	**10439**	**14644**	**29975**	**47965**	**62954**	**78466**	**81055**
继电集中车站 （个）	**Relay Interlocking Station (unit)**					**3065**	**2642**	**2492**
占营业车站比重 (%)	As Percentage of Stations in Operation					51.4	50.9	47.4
计算机联锁车站 （个）	**Computer Interlocking Station (unit)**					**2792**	**2863**	**3058**
占营业车站比重 (%)	As Percentage of Stations in Operation					46.9	55.1	58.2

18-17 铁路机车拥有量

Number of Railway Locomotives

单位：台 (unit)

项目	Item	1985	1990	2000	2005	2010	2012	2013
国家铁路	**Number of Locomotives Owned by National Railways**	**11770**	**13592**	**14472**	**16547**	**18349**	**19625**	**19686**
蒸汽机车	Steam Locomotives	7672	6279	601	94	51		
#前进型	Qianjin Model	4429	4188	261	24	18		
建设型	Jianshe Model	1216	1644	340	70	33		
内燃机车	Diesel Locomotives	3511	5680	10355	11331	10041	9578	8983
#东风4型	Dongfeng Model IV	955	2351	5623	6443	5035	4348	3844
电力机车	Electric Locomotives	587	1633	3516	5122	8257	10047	10703
#韶山1型	Shaoshan Model I	506	816	800	664	512	138	59
地方铁路	**Number of Locomotives Owned by Local Railways**	**386**	**389**	**327**	**348**	**279**	**297**	**284**
蒸汽机车	Steam Locomotives	246	262	159	59	12	6	6
内燃机车	Diesel Locomotives	140	127	168	289	260	272	259
电力机车	Electric Locomotives					7	19	19
合资铁路	**Number of Locomotives Owned by Joint-venture Railways**			**454**	**578**	**803**	**875**	**865**
蒸汽机车	Steam Locomotives			151	40	9	9	9
内燃机车	Diesel Locomotives			303	494	689	752	719
电力机车	Electric Locomotives				44	105	114	137

18-18 国家铁路客、货车拥有量
Number of National Railway Passenger Coaches and Freight Cars Owned

项　　目	Item	1985	1990	1995	2000	2005	2010	2012	2013
客　车　　（辆）	**Passenger Coaches　(coach)**	**20872**	**27261**	**32404**	**35989**	**40328**	**50391**	**55764**	**56841**
软卧车	Soft Berth Coaches	679	1061	1537	2055	3109	4071	4311	4524
硬卧车	Hard Berth Coaches	2633	4351	7607	10139	12942	16486	17859	18018
软座车	Soft Seat Coaches	260	330	574	764	759	3874	6655	10623
硬座车	Hard Seat Coaches	13700	17503	18076	17571	16900	17954	17946	17447
软硬座车	Soft and Hard Seat Coaches	114	63	35	25	2			
餐　车	Dining Cars	1221	1520	1695	1847	2108	2517	2737	2687
行李车	Luggage Cars	1498	1686	1949	2144	2480	2365	2105	1826
公务车	Business Cars	87	77	87	69	78	61	73	69
其　他	Others	680	670	844	1375	1950	3063	4078	1647
货　车　　（辆）	**Freight Cars　(coach)**	**300886**	**364966**	**432731**	**439943**	**541824**	**622284**	**664333**	**715492**
按车型分	Grouped by Type of Car								
棚　车	Covered Cars	52677	66668	80437	92569	99206	101481	108444	122084
敞　车	Open Cars	185684	232999	268179	252977	343480	418778	458328	475536
平　车	Flat Cars	18753	18726	27461	24685	30290	39654	39453	39308
毒品车	Hazardous Materials Cars		1229	1580	1578	2056	2056	2056	2056
罐　车	Tank Cars	31837	33646	37119	37778	38331	30522	31170	36161
冷藏车	Refrigerator Cars	3991	5150	7030	7909	7419	6153	6140	6107
其　他	Others	7944	6548	10925	22447	21042	23640	18742	34240
按载重量分	Grouped by Capacity of Car								
40吨以下及不明	Under 40 Tons and Unidentified	20234	6071	3547	4159	4892	5671	5623	6718
40吨	40 Tons	4577	5119	6929	3606	3590	3132	3132	3127
41-49吨	41-49 Tons					7589	7167	7166	7166
50吨	50 Tons	104456	92442	48287	15799	3512	3710	3689	3689
51-59吨	51-59 Tons	16544	15500	27951		52565	44640	40797	42745
60吨	60 Tons	153198	238680	342086	307521	265154	198749	184444	169310
61-69吨	61-69 Tons	1571	6825	3546	103431	195911	196554	191321	191111
70吨及以上	70 Tons and Over	306	329	385	5427	8611	162661	228161	291626
货车总标记载重量（万吨）	**Total Loading Capacity of Freight Cars　(10 000 tons)**	**1612.5**	**2055.3**	**2502.9**	**2619.9**	**3294.5**	**3934.3**	**4251.9**	**4617.9**
平均每辆车标记载重量（吨）	**Average Marked Loading Capacity Car　(ton)**	**53.9**	**56.6**	**57.9**	**59.6**	**60.8**	**63.2**	**64.0**	**64.5**

18-19 按货类分国家铁路货物运输量
National Railway Freight Traffic by Category of Cargo

项 目	Item	2012 货运量(万吨) Freight Traffic (10 000 tons)	2012 货物周转量(百万吨公里) Freight Ton-kilometers (million ton-kilometers)	2012 平均运距(公里) Average Transport Distance (km)	2013 货运量(万吨) Freight Traffic (10 000 tons)	2013 货物周转量(百万吨公里) Freight Ton-kilometers (million ton-kilometers)	2013 平均运距(公里) Average Transport Distance (km)
总 计	**Total**	**322346**	**2692553**	**835**	**321614**	**2670285**	**830**
煤	Coal	168515	1087436	645	167946	1086168	647
焦 炭	Coke	9338	99947	1070	9997	103321	1034
石 油	Petroleum	12652	108213	855	12732	108287	851
钢铁及有色金属	Steel and Iron, and Non-Ferrous Metal	21932	246565	1124	21570	238943	1108
金属矿石	Metal Ores	40112	262075	653	40187	255083	635
非金属矿石	Nonmetal Ores	8751	60607	693	7264	49973	688
矿建材料	Mineral Building Materials	11759	41640	354	13548	42308	312
水 泥	Cement	3426	14611	427	3569	13375	375
木 材	Timber	2437	27558	1131	2483	27872	1122
化肥和农药	Chemical Fertilizers and Pesticides	8925	145464	1630	8340	141454	1696
粮 食	Grain	9981	181395	1817	10447	187182	1792
棉 花	Cotton	389	14381	3701	437	16781	3844
盐	Salt	1532	9758	637	1500	9631	642
其 他	Others	22597	392905	1739	21596	389907	1805

注：本表货运量和货物周转量不包括行包运量。
a) Freight traffic and freight ton-kilometers in the table do not include the baggage freight.

18-20 高速铁路基本情况
Basic Statistics of High Speed Railway

年 份 Year	营业里程(公里) Length in Operation (km)	占铁路营业里程比重(%) Percentage of Length of Railways in Operation (%)	客运量(万人) Passenger Traffic (10 000 persons)	占铁路客运量比重(%) Percentage of Railway Passenger Traffic (%)	旅客周转量(万人公里) Passenger-Kilometers (10 000 passenger-km)	占铁路客运周转量比重(%) Percentage of Railway Passenger-Kilometers (%)
2008	672	0.8	734	0.5	15.6	0.2
2009	2699	3.2	4651	3.1	162.2	2.1
2010	5133	5.6	13323	8.0	463.2	5.3
2011	6601	7.1	28552	15.8	1058.4	11.0
2012	9356	9.6	38815	20.5	1446.1	14.7
2013	11028	10.7				

18-21 铁路主要干线客货运输量（2013年）
Passenger and Freight Traffic of Principal Trunk Railways (2013)

线路名称	Name	客运量（万人）Passenger Traffic (10 000 persons)	旅客周转量（百万人公里）Passenger-kilometers (million passenger-km)	线路名称	Name	货运量（万吨）Freight Traffic (10 000 tons)	货物周转量（百万吨公里）Freight Ton-kilometers (million ton-km)
京沪线	Beijing-Shanghai	8218	58232	京哈线	Beijing-Harbin	1178	50990
新石线	Xinxiang-Rizhao			京广线	Beijing-Guangzhou	6922	140080
沪昆线	Shanghai-Kunming	10464	90884	京沪线	Beijing-Shanghai	5471	86408
鹰厦线	Yingtan-Xiamen	1464	4546	京九线	Beijing-Kowloon	4131	102458
京九线	Beijing-Kowloon	7520	67849	京包线	Beijing-Baotou	14766	73523
京广线	Beijing-Guangzhou	15489	119309	滨洲线	Harbin-Manzhouli	7259	58692
石太客专线	Shijiazhuang-Taiyuan	1070	5840	滨绥线	Harbin-Suifenhe	1253	14802
石德线	Shijiazhuang-Dezhou	637	4501	大秦线	Datong-Qinhuangdao	2713	256488
焦柳线	Jiaozuo-Liuzhou	1793	15359	石太线	Shijiazhuang-Taiyuan	5772	23129
京包线	Beijing-Baotou	2486	10837	石德线	Shijiazhuang-Dezhou	510	18124
包兰线	Baotou-Lanzhou	1059	5597	北同蒲线	Taiyuan-Datong	17824	35601
北同蒲线	Taiyuan-Datong	1425	2855	南同蒲线	Fenglingdu-Taiyuan	5679	25628
南同蒲线	Fenglingdu-Taiyuan	2125	5944	包兰线	Baotou-Lanzhou	8445	42776
陇海线	Lianyungang-Lanzhou	10046	66455	新石线	Xinxiang-Rizhao	6537	63622
宝中线	Baoji-Zhongwei			太焦线	Taiyuan-Jiaozuo	6996	9725
兰新线	Lanzhou-Urumqi	2469	36923	焦柳线	Jiaozuo-Liuzhou	3156	83450
兰青、青藏线	Lanzhou-Qinghai, Qinghai-Tibet	850	7547	胶济线	Qingdao-Jinan	1219	29786
				陇海线	Lianyungang-Lanzhou	6530	159742
宝成、成渝线	Baoji-Chengdu, Chengdu-Chongqing	3249	13038	沪昆线	Shanghai-Kunming	6738	126950
				宝成线	Baoji-Chengdu	756	20728
襄渝线	Xiangfan-Chongqing	1511	17197	南昆线	Nanning-Kunming	1617	28633
南昆线	Nanning-Kunming			成昆线	Chengdu-Kunming	3482	36634
成昆线	Chengdu-Kunming	1528	7197	兰新线	Lanzhou-Urumqi	5260	157500
京哈线	Beijing-Harbin	7260	49923	青藏线	Qinghai-Tibet	2481	21243

18-22 国家铁路主要车站旅客发送量
Number of Passengers Dispatched from Principal Railway Stations

单位：万人 (10 000 persons)

车站名称	Railway Station	2005	2006	2007	2008	2009	2010	2011	2012	2013
哈尔滨	Harbin	1569	1827	2255	2413	2615	2805	3006	2925	2680
沈阳	Shenyang	1182	1272	1280	1473	1509	1433	1500	1619	1808
鞍山	Anshan	312	291	333	419	477	485	462	441	393
长春	Changchun	1222	1316	1490						2247
本溪	Benxi	724	775	957	1050	1232	1179	850	920	901
锦州	Jinzhou	411	407	395	465	482	465	476	466	
吉林	Jilin	449	460	495	531	375	229	114	796	864
北京	Beijing	2478	2709	2998	3066	2785	2774	2749	2811	3324
北京南	Southern Beijing	337	113			966	1408	1909	2563	3070
北京西	Western Beijing	2622	3150	3632	3865	4090	4403	4682	4454	4623
天津	Tianjin	1099	1076	905	1342	1770	2101	2251	2188	2409
石家庄	Shijiazhuang	1178	1312	1405	1589	1681	1578	1593	1584	1871
太原	Taiyuan	936	1045	1197	1368	1686	1991	2350	2350	2335
郑州	Zhengzhou	1924	2094	2207	2547	2679	2993	3240	3290	3275
武昌	Wuchang	1062	1052	998	1346	1705	1888	2000	2062	2205
洛阳	Luoyang	440	504	539	594	619	620	615	596	627
西安	Xi'an	1669	2029	2360	2633	2543	2812	2790	2751	2800
济南	Jinan	802	854	1042	1166	1225	1335	1287	1369	1532
徐州	Xuzhou	714	795	884	247	1125	1187	1158	1033	1111
南京	Nanjing	969	1322	1659	2063	2208	2470	2247	1911	2016
蚌埠	Bengbu	444	487	506	546	568	592	553	494	482
镇江	Zhenjiang	379	390	370	407	416	448	479	507	563
常州	Changzhou	694	722	731	816	835	873	934	966	1049
无锡	Wuxi	1026	1065	1025	1118	1119	1186	1231	1238	1338
苏州	Suzhou	1142	1191	1103	1277	1336	1418	1455	1573	1812
上海	Shanghai	3866	3786	3439	3612	3368	3252	2455	2254	2433
杭州	Hangzhou	1462	1453	1578	1798	1751	2235	2230	2298	2091
南昌	Nanchang	1218	1277	1441	1671	1764	1861	2105	2074	2265
广州	Guangzhou	2508	2594	2866	3170	2969	2993	3109	2791	2926
深圳	Shenzhen	1250	1319	1433	1724	1778	1942	2105	1893	1917
柳州	Liuzhou	290	365	396	433	489	522	565	541	
成都	Chengdu	1416	1659	1896	1972	2190	2687	2888	2667	2531
重庆	Chongqing	801	913	667	533	1061	1222	1578	1788	1894
贵阳	Guiyang	694	810	917	989	962	1041	1287	1271	1459
兰州	Lanzhou	560	608	650	749	839	939	1006	959	1013
乌鲁木齐	Urumqi	450	514	565	587	621	666	865	881	970

注：2009年起重庆站为重庆北站数据，2010年起吉林站为吉林西站数据。

a) Since 2009, the figure of Chongqing Station refers to that of Chongqing North Station. Since 2010, the figure of Jilin Station refers to that of Jilin West Station.

18-23 国家铁路主要车站货物发送量
Volume of Freight Dispatched from Principal Railway Stations

单位：万吨 (10 000 tons)

车站名称	Name of Railway Station	2005	2006	2007	2008	2009	2010	2011	2012	2013
竣德	Junde	733	705	633	605	945	496	475	434	389
鹤岗	Hegang	1019	836	785	731	736	661	691	516	347
双鸭山	Shuangyashan	1181	1197	1280	1213	1343	1010	962	906	712
七台河	Qitaihe	1474	1350	1427	1586	1791	1621	1653	1383	1147
恒山	Hengshan	660	577	549	534	530	474	477	465	407
大官屯	Daguantun	755	629	579	588	656	571	513	470	582
本溪	Benxi	589	736	893	1188	1003	1076	1078	1030	1084
灵山	Lingshan	1136	1449	1591	1709	1703	1571	1270	1097	1188
霍林河	Huolinhe	1453	1780	2429	3133	6834	4652	2590	2753	2453
阜新	Fuxin	578	674	647	741	997	819	782	639	684
新港	Xingang	1270	1262	1063	1119	1244	1168	1258	1272	1211
古冶	Guye	798	818	838	826	1075	856	939	899	862
阳泉	Yangquan	1667	1684	1606	1717	2801	1760	1859	1837	1804
白羊墅	Baiyangshu	978	1141	1413	1490	2461	1664	1663	1566	1573
云岗西	Western Yungang	1173	1053	1102	1083	1087	536	1042	1048	1099
新高山	Xingaoshan	1589	1636	1815	1801	1686	1307	1692	1352	1700
大同东	Eastern Datong	2127	2899	3341	3891	9896	5545	5997	6254	6502
口泉	Kouquan	2638	2295	2366	2092	3094	1605	1568	1503	1367
北周庄	Beizhouzhuang	654	1186	1877	1491	747	830	1534	1435	1264
大新	Daxin	5648	6788	7325	7473	14864	7326	7369	9016	8791
古交	Gujiao	1242	1274	1370	1396	1178	960	901	833	844
玉门沟	Yumengou	1311	1232	1260	1263	1513	1088	885	959	942
介休	Jiexiu	837	885	1009	919	841	745	773	831	902
白云鄂博	Baiyun'ebo	1111	1164	1171	1123	1110	1290	1327	1266	1120
万水泉	Wanshuiquan	1523	1777	1803	2265	3605	3236	3304	2989	3390
嘉峰	Jiafeng	1359	1252	1346	1419	2003	1571	1674	1614	1588
晋城北	Northern Jincheng	1235	1263	1247	1241	1467	1181	1195	1213	1205
长治北	Northern Changzhi	1249	1337	1292	1371	2034	1442	1383	1393	1515
平顶山东	Eastern Pingdingshan	2595	2649	2820	2973	4275	3041	2326	2025	1962
武昌东	Eastern Wuchang	631	671	732	816	830	852	771	679	673
黄岛	Huangdao	1671	2048	1975	2097	2710	3635	4139	4550	4756
日照	Rizhao	1350	1829	2328	2589	3794	3757	4372	4631	4591
中云	Zhongyun	972	1104	1213	1006	2058	2278	2648	181	201
潘集西	Western Panji	1549	1421	1202	1549	3626	2158	2283	2153	2071
湛江	Zhanjiang	906	1110	1176	1221	1405	1550	1454	1643	1798

 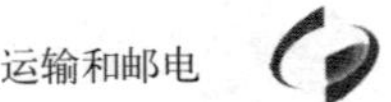

18-24 国家铁路运输主要技术经济指标
Principal Economic and Technical Indicators of National Railway Transport

指标	Item	2009	2010	2011	2012	2013
货运机车日产量 (万吨公里)	Average Daily Ton-kilometers of Freight Locomotives (10 000 ton-km)	128.6	135.0	138.5	138.3	139.7
内燃机车	Diesel Locomotives	110.9	130.0	109.5	109.9	106.0
电力机车	Electric Locomotives	145.2	184.4	155.1	152.5	154.3
货运机车平均牵引总重 (吨)	Average Total Tonnage of Freight Locomotives (ton)	3391	3467	3508	3530	3548
内燃机车	Diesel Locomotives	3002	3584	2964	2988	2973
电力机车	Electric Locomotives	3736	4522	3790	3776	3768
货运机车日车公里 (公里)	Daily Distance per Freight Locomotive (km)	487	489	494	491	493
客运机车日车公里 (公里)	Daily Distance per Passenger Locomotive (km)	860	882	888	880	883
内燃机车每万吨公里耗油 (公斤)	Oil Consumption of Diesel Locomotives (kg/10 000 ton-km)	25.2	26.4	26.5	26.8	27.3
电力机车每万吨公里耗电 (千瓦小时)	Electricity Consumption of Electric Locomotives (kwh/10 000 ton-km)	107.9	102.4	100.6	102.1	101.9
货物列车出发正点率 (%)	Punctuality Rate of Freight Trains at Departure (%)	96.5	95.8	95.7	95.2	95.3
货物列车运行正点率 (%)	Punctuality Rate of Freight Trains in Running (%)	96.4	95.2	95.3	95.0	95.7
旅客列车出发正点率 (%)	Punctuality Rate of Passenger Trains at Departure (%)	99.8	99.7	99.9	99.8	99.8
旅客列车运行正点率 (%)	Punctuality Rate of Passenger Trains in Running (%)	99.0	99.0	99.2	99.1	99.0
旅客列车技术速度(公里/小时)	Technical Speed of Passenger Trains (km/hr)	80.3	80.6	81.0	80.0	82.1
旅客列车旅行速度(公里/小时)	Traveling Speed of Passenger Trains (km/hr)	70.2	70.8	71.5	70.8	72.6
客运密度 (万人公里/公里)	Density of Passenger Transport (10 000 passenger-km/km)	1197.1	1194.0	1234.5	1200.0	1314.0
货物列车技术速度(公里/小时)	Technical Speed of Freight Trains (km/hr)	47.6	47.9	48.4	48.3	48.6
货物列车旅行速度(公里/小时)	Running Speed of Freight Trains (km/hr)	32.8	33.4	34.0	33.8	34.3
货运密度 (万吨公里/公里)	Density of Freight Transport (10 000 ton-km/km)	3611	3747	3929	3798	3787
货车周转时间 (天)	Turning Around Time of Freight Cars (day)	4.68	4.48	4.45	4.68	4.70
一次货物作业时间 (小时)	Handling Time of Freight (hour)	16.9	16.2	16.1	16.4	17.2
货车中转停留时间 (小时)	Transfer Waiting Time per Car (hour)	4.7	4.5	4.5	4.7	4.8
货车静载重(准轨) (吨)	Static Load of Freight Cars (Standard Gauge) (ton)	62.6	63.1	63.6	64.0	64.4
货车静载重利用率 (%)	Utilization Rate of Loading Capacity of Freight Cars (%)	99.7	99.8	100.0	100.0	99.7

18-25 民用汽车拥有量
Possession of Civil Vehicles

年份 Year 地区 Region	民用汽车总计（万辆）Total (10 000 units)	载客汽车（万辆）Passenger Vehicles (10 000 units)	大型 Large	中型 Medium	小型 Small	微型 Minicar	载货汽车（万辆）Trucks (10 000 units)
1978	135.84	25.90					100.17
1980	178.29	35.08					129.90
1985	321.12	79.45					223.20
1990	551.36	162.19					368.48
1991	606.11	185.24					398.62
1992	691.74	226.16					441.45
1993	817.58	285.98					501.00
1994	941.95	349.74					560.33
1995	1040.00	417.90					585.43
1996	1100.08	488.02					575.03
1997	1219.09	580.56					601.23
1998	1319.30	654.83					627.89
1999	1452.94	740.23					676.95
2000	1608.91	853.73					716.32
2001	1802.04	993.96					765.24
2002	2053.17	1202.37	75.48	104.80	789.74	232.34	812.22
2003	2382.93	1478.81	75.76	115.96	1017.21	269.88	853.51
2004	2693.71	1735.91	78.06	124.54	1248.89	284.42	893.00
2005	3159.66	2132.46	82.13	131.65	1618.35	300.32	955.55
2006	3697.35	2619.57	87.34	137.00	2083.40	311.83	986.30
2007	4358.36	3195.99	93.82	140.52	2646.47	315.18	1054.06
2008	5099.61	3838.92	100.39	143.19	3271.14	324.19	1126.07
2009	6280.61	4845.09	107.95	145.80	4246.90	344.44	1368.60
2010	7801.83	6124.13	116.44	146.07	5498.36	363.25	1597.55
2011	9356.32	7478.37	126.54	147.41	6827.54	376.88	1787.99
2012	10933.09	8943.01	128.13	131.78	8302.63	380.47	1894.75
2013	12670.14	10561.78	131.38	117.06	9951.46	361.87	2010.62
北京 Beijing	517.11	486.14	5.23	10.61	457.08	13.22	25.71
天津 Tianjin	261.58	235.56	2.44	1.69	220.46	10.96	24.34
河北 Hebei	816.29	660.24	4.50	3.18	609.26	43.31	150.01
山西 Shanxi	378.27	317.56	2.82	1.82	293.85	19.07	58.29
内蒙古 Inner Mongolia	306.87	254.46	2.44	1.04	241.21	9.78	49.96
辽宁 Liaoning	457.05	379.92	6.19	5.60	359.60	8.53	73.51
吉林 Jilin	248.35	206.55	3.45	1.87	193.11	8.13	40.23
黑龙江 Heilongjiang	289.81	228.94	4.60	2.69	213.18	8.48	58.14
上海 Shanghai	234.91	207.99	4.40	4.99	195.22	3.39	20.14
江苏 Jiangsu	944.35	840.53	9.26	9.69	801.72	19.86	96.79
浙江 Zhejiang	901.99	785.00	6.40	6.84	753.83	17.93	112.36
安徽 Anhui	358.74	275.84	4.24	3.05	263.26	5.30	79.94
福建 Fujian	332.97	268.59	2.84	3.48	256.23	6.05	62.36
江西 Jiangxi	246.84	190.11	2.50	1.97	180.90	4.75	54.56
山东 Shandong	1199.71	1016.85	9.71	7.07	947.60	52.47	176.22
河南 Henan	700.69	574.84	6.48	4.48	537.00	26.87	120.78
湖北 Hubei	354.40	282.29	4.90	4.09	269.42	3.88	68.62
湖南 Hunan	366.74	303.54	4.07	4.43	289.23	5.80	61.17
广东 Guangdong	1177.37	992.39	15.62	16.88	947.69	12.21	178.89
广西 Guangxi	276.29	217.94	3.53	2.45	201.96	10.01	55.74
海南 Hainan	64.80	52.10	1.20	0.78	49.55	0.58	12.14
重庆 Chongqing	192.77	156.54	2.89	1.43	150.15	2.08	34.44
四川 Sichuan	573.03	481.50	6.85	3.18	440.63	30.85	87.99
贵州 Guizhou	201.00	158.03	1.97	2.13	148.64	5.29	41.50
云南 Yunnan	374.01	293.55	2.40	2.82	275.03	13.30	78.46
西藏 Tibet	26.72	16.75	0.36	0.56	15.39	0.44	9.80
陕西 Shaanxi	336.08	284.52	3.28	2.44	266.78	12.02	47.88
甘肃 Gansu	156.38	114.92	2.05	1.36	109.37	2.14	39.89
青海 Qinghai	58.84	45.28	0.72	0.60	43.10	0.86	12.79
宁夏 Ningxia	79.23	55.78	0.99	0.69	53.16	0.95	22.35
新疆 Xinjiang	236.96	177.52	3.09	3.19	167.88	3.36	55.61

18-25 续表 continued

年 份 Year 地 区 Region	载货汽车（万辆） Trucks (10 000 units) 重 型 Heavy	中 型 Medium	轻 型 Light	微 型 Mini	其他汽车（万辆） Others (10 000 units)	机动车驾驶员（万人） Number of Motor Drivers (10 000 persons)	#汽车驾驶员 Automobile Drivers
1978							192.45
1980							245.23
1985							462.14
1990						1635.85	790.96
1991						1791.57	859.44
1992						2017.83	969.55
1993						2359.42	1112.97
1994						2812.12	1269.23
1995						3501.52	1673.39
1996						4275.26	2100.74
1997						5206.79	2619.25
1998						5944.58	2974.06
1999						6727.49	3361.12
2000						7655.56	3746.51
2001						8455.04	4462.68
2002	148.28	218.69	360.58	84.66	38.58	9362.03	4827.08
2003	136.79	243.70	390.79	82.22	50.61	10611.04	5368.07
2004	153.90	233.94	425.74	79.43	64.80	11769.04	7101.64
2005	168.07	236.66	484.51	66.31	71.66	13069.52	8017.76
2006	174.01	235.39	532.13	44.76	91.49	14213.87	9317.24
2007	186.74	243.46	587.22	36.63	108.31	15363.88	10567.15
2008	200.84	249.73	644.96	30.54	134.62	17336.56	12276.80
2009	315.08	262.21	765.33	25.97	66.92	19167.58	13740.73
2010	394.80	269.75	911.88	21.12	80.14	20068.47	15129.89
2011	460.58	267.80	1042.07	17.54	89.96	22817.62	17416.76
2012	472.51	229.20	1179.65	13.40	95.33	25250.83	20028.52
2013	501.97	196.40	1300.02	12.23	97.75	26955.93	21742.70
北 京 Beijing	5.58	3.17	16.96		5.26	822.00	805.70
天 津 Tianjin	4.70	1.46	18.11	0.07	1.68	337.80	335.01
河 北 Hebei	53.28	8.25	87.83	0.66	6.04	1433.45	1344.02
山 西 Shanxi	21.36	2.97	33.27	0.69	2.42	617.86	593.07
内蒙古 Inner Mongolia	15.71	1.49	32.46	0.30	2.44	529.94	465.64
辽 宁 Liaoning	20.12	4.92	48.26	0.21	3.61	895.53	783.63
吉 林 Jilin	11.53	3.38	25.03	0.29	1.56	529.88	447.88
黑龙江 Heilongjiang	18.21	6.02	33.68	0.23	2.73	591.59	546.09
上 海 Shanghai	7.06	6.75	6.32	0.01	6.79	593.44	531.41
江 苏 Jiangsu	34.35	17.12	45.14	0.17	7.03	2023.29	1636.33
浙 江 Zhejiang	14.74	8.08	88.02	1.53	4.63	1422.23	1242.44
安 徽 Anhui	27.05	5.02	47.57	0.30	2.97	914.08	731.02
福 建 Fujian	9.17	3.74	48.79	0.67	2.02	876.77	586.15
江 西 Jiangxi	16.05	5.86	32.51	0.14	2.17	938.26	590.77
山 东 Shandong	48.49	11.20	116.02	0.50	6.65	2020.29	1845.19
河 南 Henan	39.87	8.94	71.47	0.50	5.08	1614.28	1357.16
湖 北 Hubei	13.31	8.49	46.38	0.43	3.49	1005.12	753.41
湖 南 Hunan	10.94	7.85	42.21	0.17	2.02	995.79	700.84
广 东 Guangdong	23.20	17.74	134.57	3.38	6.09	2461.75	1917.08
广 西 Guangxi	13.45	8.23	33.33	0.73	2.61	1066.94	609.92
海 南 Hainan	1.18	1.25	9.68	0.03	0.56	173.95	116.48
重 庆 Chongqing	8.56	4.69	21.18	0.01	1.79	521.39	338.58
四 川 Sichuan	18.66	15.42	53.68	0.22	3.54	1480.11	1051.61
贵 州 Guizhou	5.65	5.25	30.50	0.11	1.46	454.85	347.40
云 南 Yunnan	10.70	11.02	56.63	0.11	2.01	919.61	568.87
西 藏 Tibet	2.16	1.97	5.54	0.13	0.18	24.47	20.46
陕 西 Shaanxi	13.77	4.71	29.20	0.19	3.68	731.12	647.57
甘 肃 Gansu	8.78	4.15	26.91	0.06	1.57	312.05	279.15
青 海 Qinghai	2.50	0.93	9.32	0.04	0.77	90.96	88.27
宁 夏 Ningxia	6.10	1.52	14.66	0.08	1.09	142.05	114.72
新 疆 Xinjiang	15.77	4.79	34.79	0.26	3.84	415.06	346.84

注：1.小轿车包括在载客汽车中（下表同）。

2.从2002年起，载客汽车和载货汽车的其中分项、其他汽车统计口径有调整与以前年份不可比（下表同）。

a) Cars are included in passenger vehicles. The same applies to the tables following.

b) Since 2002, there has been adjustment to the statistical coverages of some detailed items of passenger vehicles and trucks and other vehicles, the data are hence not comparable with those in previous years. The same applies to the tables following.

18-26 私人汽车拥有量
Possession of Private Vehicles

单位：万辆 (10 000 units)

年份 Year 地区 Region	汽车总计 Total	载客汽车 Passenger Vehicles	大型 Large	中型 Medium	小型 Small	微型 Minicar
1985	28.49	1.93				
1990	81.62	24.07				
1991	96.04	30.36				
1992	118.20	41.78				
1993	155.77	59.85				
1994	205.42	78.62				
1995	249.96	114.15				
1996	289.67	143.04				
1997	358.36	191.27				
1998	423.65	230.65				
1999	533.88	304.09				
2000	625.33	365.09				
2001	770.78	469.85				
2002	968.98	623.76	9.89	35.87	408.49	169.51
2003	1219.23	845.87	7.36	42.51	586.90	209.10
2004	1481.66	1069.69	7.20	46.95	786.63	228.91
2005	1848.07	1383.93	7.61	50.88	1079.78	245.66
2006	2333.32	1823.57	11.19	56.20	1491.18	265.00
2007	2876.22	2316.91	7.91	55.73	1984.29	268.98
2008	3501.39	2880.50	8.57	57.97	2533.28	280.68
2009	4574.91	3808.33	8.72	59.96	3436.26	303.39
2010	5938.71	4989.50	9.34	61.00	4593.46	325.70
2011	7326.79	6237.46	9.99	62.34	5823.62	341.52
2012	8838.60	7637.87	8.26	55.43	7226.48	347.71
2013	10501.68	9198.23	6.95	46.95	8810.51	333.83
北京 Beijing	424.95	415.89	0.22	6.36	396.78	12.53
天津 Tianjin	224.36	206.95	0.11	0.62	195.86	10.36
河北 Hebei	719.46	612.01	0.44	1.28	568.19	42.11
山西 Shanxi	318.88	279.46	0.10	0.45	261.37	17.54
内蒙古 Inner Mongolia	263.86	227.82	0.16	0.35	218.22	9.09
辽宁 Liaoning	355.94	318.96	0.52	2.23	308.54	7.67
吉林 Jilin	206.13	177.75	0.48	0.69	169.03	7.55
黑龙江 Heilongjiang	231.06	191.67	0.76	1.12	182.72	7.06
上海 Shanghai	163.23	162.88	0.13	1.75	157.92	3.09
江苏 Jiangsu	780.43	729.46	0.14	4.22	706.78	18.32
浙江 Zhejiang	763.87	690.46	0.18	2.57	670.82	16.89
安徽 Anhui	274.57	236.01	0.10	1.04	230.05	4.82
福建 Fujian	277.49	233.78	0.08	1.05	226.91	5.74
江西 Jiangxi	190.71	160.57	0.04	0.50	156.15	3.88
山东 Shandong	1039.55	919.36	1.03	3.04	865.87	49.42
河南 Henan	580.64	503.92	0.27	1.32	478.51	23.83
湖北 Hubei	282.94	236.70	0.10	1.47	231.54	3.59
湖南 Hunan	318.49	266.94	0.13	1.33	260.05	5.43
广东 Guangdong	995.93	881.56	1.14	10.53	858.06	11.84
广西 Guangxi	223.01	187.31	0.10	0.88	177.91	8.43
海南 Hainan	51.40	41.67	0.10	0.29	40.76	0.52
重庆 Chongqing	148.37	131.29	0.01	0.17	129.18	1.93
四川 Sichuan	485.52	423.74	0.17	0.78	394.47	28.32
贵州 Guizhou	166.28	134.31	0.03	0.18	129.38	4.72
云南 Yunnan	318.54	253.88	0.03	0.38	241.50	11.97
西藏 Tibet	19.54	11.63	0.03	0.24	11.00	0.35
陕西 Shaanxi	280.79	245.33	0.13	0.42	233.92	10.86
甘肃 Gansu	114.54	87.89	0.04	0.27	86.13	1.45
青海 Qinghai	44.67	35.57	0.01	0.13	34.75	0.68
宁夏 Ningxia	65.33	47.73	0.05	0.24	46.59	0.84
新疆 Xinjiang	171.20	145.75	0.13	1.05	141.55	3.02

18-26 续表 continued

单位：万辆 (10 000 units)

年 份 Year 地 区 Region	载货汽车 Trucks	重 型 Heavy	中 型 Medium	轻 型 Light	微 型 Mini	其他汽车 Others
1985	26.48					
1990	57.48					
1991	65.61					
1992	76.15					
1993	94.00					
1994	123.29					
1995	131.83					
1996	142.78					
1997	163.19					
1998	192.03					
1999	228.68					
2000	259.09					
2001	298.95					
2002	341.29	48.27	84.40	158.67	49.95	3.94
2003	367.35	44.47	95.20	176.58	51.09	6.00
2004	402.82	53.40	94.69	203.85	50.87	9.15
2005	452.11	62.50	100.34	243.29	45.98	12.04
2006	494.91	64.23	108.64	288.94	33.09	14.84
2007	539.45	68.89	110.44	332.69	27.43	19.86
2008	596.39	73.28	115.68	384.12	23.31	24.50
2009	753.40	108.73	129.59	494.97	20.12	13.17
2010	931.52	141.44	140.52	632.77	16.78	17.69
2011	1067.43	164.28	144.52	744.39	14.24	21.90
2012	1175.63	168.13	128.51	867.64	11.35	25.09
2013	1275.49	174.39	111.85	978.73	10.52	27.95
北 京 Beijing	8.00	1.26	0.58	6.16		1.06
天 津 Tianjin	16.96	1.73	0.75	14.41	0.07	0.45
河 北 Hebei	105.10	26.19	6.10	72.24	0.58	2.35
山 西 Shanxi	38.59	9.60	2.06	26.34	0.59	0.82
内蒙古 Inner Mongolia	35.08	7.10	1.10	26.62	0.25	0.96
辽 宁 Liaoning	36.16	4.55	2.33	29.13	0.15	0.82
吉 林 Jilin	27.88	5.93	2.48	19.27	0.20	0.49
黑龙江 Heilongjiang	38.76	7.97	4.16	26.45	0.19	0.63
上 海 Shanghai	0.21	0.04	0.05	0.12	0.00	0.14
江 苏 Jiangsu	48.84	14.10	7.43	27.17	0.14	2.14
浙 江 Zhejiang	72.59	3.51	3.64	64.15	1.29	0.82
安 徽 Anhui	37.69	3.15	1.88	32.42	0.24	0.87
福 建 Fujian	43.15	2.26	2.05	38.22	0.61	0.56
江 西 Jiangxi	29.63	2.30	2.61	24.60	0.12	0.51
山 东 Shandong	117.64	15.37	7.25	94.57	0.45	2.55
河 南 Henan	74.62	10.29	5.80	58.13	0.41	2.10
湖 北 Hubei	45.29	5.12	5.56	34.26	0.35	0.95
湖 南 Hunan	50.61	6.70	6.51	37.25	0.15	0.94
广 东 Guangdong	112.55	7.70	9.94	91.85	3.06	1.82
广 西 Guangxi	34.93	5.43	4.80	24.06	0.65	0.77
海 南 Hainan	9.57	0.68	1.12	7.75	0.03	0.17
重 庆 Chongqing	16.70	0.48	1.20	15.01	0.01	0.38
四 川 Sichuan	60.58	6.54	9.32	44.52	0.20	1.20
贵 州 Guizhou	31.53	2.55	3.43	25.46	0.10	0.45
云 南 Yunnan	63.92	6.14	8.56	49.12	0.09	0.74
西 藏 Tibet	7.85	1.65	1.77	4.33	0.10	0.06
陕 西 Shaanxi	34.35	6.36	3.70	24.13	0.17	1.12
甘 肃 Gansu	26.19	3.70	2.60	19.85	0.04	0.46
青 海 Qinghai	8.86	1.01	0.67	7.15	0.03	0.24
宁 夏 Ningxia	17.17	3.51	1.19	12.40	0.07	0.44
新 疆 Xinjiang	24.51	1.48	1.23	21.61	0.20	0.94

18-27 新注册民用汽车数量
Statistics on New Registrations of Civil Vehicles

单位：辆 (unit)

年份 Year / 地区 Region	民用汽车总计 Total	载客汽车 Passenger Vehicles	大型 Large	中型 Medium	小型 Small	微型 Minicar
2002	3371951	2294649	97200	145062	1491479	560908
2003	4337485	3160859	100284	157523	2421951	481101
2004	4511823	3332297	96462	138357	2841668	255810
2005	5286287	4157504	99489	105314	3712056	240645
2006	5730432	4678667	95428	82758	4382206	118275
2007	6079209	5000042	91087	72059	4772468	64428
2008	7631839	6226814	112811	64024	5928095	121884
2009	12459452	10248554	114984	69548	9794452	269570
2010	15288186	12546891	148234	76519	12086273	235865
2011	16242474	13694540	163258	76472	13244774	210036
2012	17725011	15248801	163517	71013	14875884	138387
2013	20309394	17522965	168946	81160	17173792	99067
北京 Beijing	589346	552069	3681	10377	535611	2400
天津 Tianjin	421659	386280	2976	1088	379104	3112
河北 Hebei	1385247	1156968	6111	2836	1133185	14836
山西 Shanxi	590604	518234	3511	1546	506180	6997
内蒙古 Inner Mongolia	433257	380093	3164	777	373408	2744
辽宁 Liaoning	634207	548340	8661	2364	533848	3467
吉林 Jilin	352333	303426	4146	1480	296362	1438
黑龙江 Heilongjiang	373898	315841	5354	1820	307728	939
上海 Shanghai	349923	303841	4677	2629	295822	713
江苏 Jiangsu	1568341	1448610	10638	3920	1428330	5722
浙江 Zhejiang	1409464	1272408	8079	3110	1254725	6494
安徽 Anhui	693353	564308	6361	2602	553434	1911
福建 Fujian	556857	468041	3422	2890	459816	1913
江西 Jiangxi	454788	369592	3317	1997	363169	1109
山东 Shandong	1837804	1597146	13192	3611	1565156	15187
河南 Henan	1264528	1075941	8880	4227	1056384	6450
湖北 Hubei	643371	548079	7973	4008	534770	1328
湖南 Hunan	686026	593615	6780	7396	577015	2424
广东 Guangdong	1611605	1412843	17791	3461	1386887	4704
广西 Guangxi	445913	371784	3126	1078	366510	1070
海南 Hainan	101416	85505	1347	479	83387	292
重庆 Chongqing	429496	364299	4187	1925	357619	568
四川 Sichuan	961575	847426	10448	3031	830601	3346
贵州 Guizhou	409790	330023	3737	2816	322478	992
云南 Yunnan	609577	508172	3297	2529	499662	2684
西藏 Tibet	36355	19164	295	237	18422	210
陕西 Shaanxi	595002	519002	5411	2364	507287	3940
甘肃 Gansu	284353	216884	2699	1158	212428	599
青海 Qinghai	100985	79310	1325	461	77097	427
宁夏 Ningxia	130966	97536	877	386	95816	457
新疆 Xinjiang	347355	268185	3483	2557	261551	594

18-27 续表 continued

单位：辆 (unit)

年份 Year / 地区 Region	载货汽车 Trucks	重型 Heavy	中型 Medium	轻型 Light	微型 Mini	其他汽车 Others
2002	993761	186498	220969	501985	84309	83541
2003	1075692	168363	259173	576073	72083	100934
2004	1029497	228523	194438	564061	42475	150029
2005	1024034	162859	175576	639557	46042	104749
2006	925294	139120	147689	616910	21575	126471
2007	917603	155155	157867	591014	13567	161564
2008	1168226	236749	185338	733343	12796	236799
2009	2148355	500593	242679	1391249	13834	62543
2010	2637605	769644	238595	1614803	14563	103690
2011	2442601	726854	173140	1535590	7017	105333
2012	2386173	560063	139793	1681908	4409	90037
2013	2689898	739027	133402	1814385	3084	96531
北京 Beijing	34144	7884	1533	24727		3133
天津 Tianjin	34326	8596	1419	24303	8	1053
河北 Hebei	223647	86440	4316	132886	5	4632
山西 Shanxi	70090	26754	1008	42318	10	2280
内蒙古 Inner Mongolia	51275	10690	1015	39569	1	1889
辽宁 Liaoning	83032	22832	4286	55906	8	2835
吉林 Jilin	47472	14372	1608	31492		1435
黑龙江 Heilongjiang	56135	12595	3451	40089		1922
上海 Shanghai	36186	17291	8080	10815		9896
江苏 Jiangsu	112613	45590	11329	55691	3	7118
浙江 Zhejiang	133565	23565	4563	105340	97	3491
安徽 Anhui	125842	48804	3280	73698	60	3203
福建 Fujian	86661	17164	2778	66718	1	2155
江西 Jiangxi	82222	21717	6107	54397	1	2974
山东 Shandong	235275	64569	6768	163928	10	5383
河南 Henan	184507	65382	4675	114428	22	4080
湖北 Hubei	90702	23116	7404	60182		4590
湖南 Hunan	90067	18496	6229	65342		2344
广东 Guangdong	194968	38708	12019	141476	2765	3794
广西 Guangxi	72090	18656	6359	47075		2039
海南 Hainan	15374	1595	1516	12253	10	537
重庆 Chongqing	60885	18581	3159	39143	2	4312
四川 Sichuan	110887	30972	7379	72530	6	3262
贵州 Guizhou	76170	13302	4600	58267	1	3597
云南 Yunnan	99025	15565	5569	77891		2380
西藏 Tibet	17005	2526	2246	12184	49	186
陕西 Shaanxi	71884	23723	2131	46024	6	4116
甘肃 Gansu	65075	13071	3055	48937	12	2394
青海 Qinghai	20702	3849	1020	15830	3	973
宁夏 Ningxia	32421	6216	870	25333	2	1009
新疆 Xinjiang	75651	16406	3630	55613	2	3519

18-28 公路营运汽车拥有量
Possession of Vehicles for Highway Business Transportation

年份 Year / 地区 Region	汽车总计 (万辆) Total (10 000 units)	载客汽车 Passenger Vehicles 辆数 (万辆) Number (10 000 units)	载客汽车 Passenger Vehicles 客位 (万客位) Number of Seats (10 000 seats)	载货汽车 Trucks 辆数 (万辆) Number (10 000 units)	载货汽车 Trucks #普通载货汽车 Ordinary Trucks	载货汽车 Trucks 吨位 (万吨) Capacity (10 000 tons)	载货汽车 Trucks #普通载货汽车 Ordinary Trucks
1990	31.30	10.76	468.92	20.22	19.82	131.61	127.06
1991	31.67	11.53	497.35	19.83	19.36	132.02	126.54
1992	30.87	12.70	528.87	18.17	17.59	125.91	118.42
1993	28.96	12.85	509.56	16.15	15.53	116.20	108.37
1994	27.97	13.05	493.94	14.87	14.22	109.80	101.21
1995	27.49	13.73	480.61	13.75	13.12	103.13	94.56
1996	28.81	15.41	499.58	13.40	12.74	102.08	91.83
1997	29.89	17.01	519.10	12.88	12.22	95.31	85.09
1998	31.88	19.40	536.43	12.48	11.81	90.02	79.51
1999	501.77	92.14	1409.86	409.62	401.28	1481.02	1406.00
2000	702.82	216.81	2524.45	486.02	475.24	1667.70	1573.73
2001	764.39	255.12	2701.68	509.27	496.65	1733.58	1621.40
2002	826.34	289.55	2972.32	536.78	520.27	1808.45	1674.79
2003	924.64	352.19	3430.64	572.45	553.23	1941.52	1788.86
2004	1067.18	439.09	3872.21	628.09	604.93	2338.61	2119.64
2005	733.22	128.40	1859.28	604.82	580.28	2537.75	2282.15
2006	802.58	161.92	2312.41	640.66	598.43	2822.69	2343.13
2007	849.22	164.73	2428.81	684.49	648.01	3135.69	2643.74
2008	930.61	169.64	2560.36	760.97	720.18	3686.20	3139.76
2009	1087.35	180.79	2799.71	906.56	859.27	4655.23	4002.80
2010	1133.32	83.13	2017.09	1050.19	996.43	5999.82	5223.23
2011	1263.75	84.34	2086.66	1179.41	1116.36	7261.20	6273.51
2012	1339.89	86.71	2166.55	1253.19	1184.58	8062.14	6963.29
2013	1504.73	85.26	2170.26	1419.48	1080.75	9613.91	5008.34
北京 Beijing	24.11	5.48	69.14	18.63	15.87	86.93	55.85
天津 Tianjin	16.91	0.93	35.90	15.98	11.49	86.43	27.20
河北 Hebei	134.45	2.97	72.85	131.48	77.01	1150.54	371.47
山西 Shanxi	50.29	1.40	39.62	48.89	30.30	465.75	183.42
内蒙古 Inner Mongolia	41.26	1.29	43.04	39.97	26.92	319.97	158.97
辽宁 Liaoning	79.35	2.52	78.56	76.83	59.64	465.35	263.53
吉林 Jilin	32.94	1.43	43.00	31.51	25.38	208.28	132.12
黑龙江 Heilongjiang	47.59	1.81	51.54	45.78	37.95	337.22	223.73
上海 Shanghai	23.99	2.13	52.80	21.86	12.45	194.41	67.46
江苏 Jiangsu	77.18	4.40	162.22	72.78	50.69	579.30	278.16
浙江 Zhejiang	51.42	3.17	102.63	48.25	38.05	273.49	129.30
安徽 Anhui	69.56	3.44	89.70	66.12	49.07	472.74	249.70
福建 Fujian	27.49	1.88	51.75	25.62	19.42	164.74	72.09
江西 Jiangxi	40.38	1.80	48.40	38.59	27.27	325.53	162.40
山东 Shandong	113.76	3.22	100.29	110.54	70.45	950.09	371.37
河南 Henan	114.66	5.00	144.56	109.65	82.38	732.52	372.90
湖北 Hubei	47.00	4.22	91.83	42.78	33.98	233.37	140.46
湖南 Hunan	46.59	4.83	111.44	41.77	37.15	221.03	157.85
广东 Guangdong	98.50	4.31	162.75	94.19	77.34	506.33	265.97
广西 Guangxi	45.27	3.39	89.20	41.89	35.57	241.91	166.09
海南 Hainan	5.98	0.59	16.37	5.39	4.97	23.55	17.36
重庆 Chongqing	27.54	1.92	50.25	25.62	23.29	139.12	115.36
四川 Sichuan	60.79	5.33	118.00	55.46	51.44	267.76	216.56
贵州 Guizhou	25.76	2.98	61.78	22.78	22.29	90.93	86.53
云南 Yunnan	60.03	4.88	78.16	55.14	53.21	219.12	195.26
西藏 Tibet	4.07	0.51	10.52	3.55	3.29	24.64	21.58
陕西 Shaanxi	37.98	2.66	59.71	35.32	28.43	227.55	143.41
甘肃 Gansu	28.30	2.05	45.00	26.25	23.52	134.25	99.14
青海 Qinghai	8.74	0.37	8.02	8.37	7.56	43.60	32.36
宁夏 Ningxia	14.17	0.60	16.47	13.57	10.48	106.71	68.44
新疆 Xinjiang	48.67	3.74	64.79	44.93	33.89	320.75	162.30

注：1.小轿车包括在载客汽车中。

2.1999年为全国营运汽车，以前仅为公路部门营运汽车；2000-2004年为全国运输汽车(含营运和非营运汽车)；2005年起为全国营运汽车（不含非营运汽车）。

3.从2010年起，公路营运载客汽车不包括在公路运输管理部门管理并注册登记为公共汽车和出租汽车。

4.从2013年起，公路营运载货汽车包括货车、牵引车和挂车，统计口径发生调整，数据与上年同期不可比。

a) Passenger vehicles include cars.

b) Number of vehicles only included those owned by the Department of Highway Transportation before 1999; and referred to all working vehicles for business transportation in 1999;and all vehicles for business, whether working and non-working from 2000 to 2004; and all working vehicles for (i.e. non-working vehicles are not included) since 2005.

c) Since 2010, passenger vehicles do not include those managed by the department of highway transportation and registered as buses and taxis.

d) Since 2013, highway business trucks include truck, towing vehicle and trailer, the coverage has changed, so it's not comparable with previous year.

18-29 民用运输船舶拥有量
Possession of Civil Transport Vessels

年份 Year 地区 Region	机动船 Motor Vessels				驳船 Barges		
	艘数（艘）Number (unit)	净载重量（吨位）Dead Weight Tonnage (ton)	载客量（客位）Passenger Capacity (seat)	拖船功率（千瓦）Drawing Power (kw)	艘数（艘）Number (unit)	净载重量（吨位）Dead Weight Tonnage (ton)	载客量（客位）Passenger Capacity (seat)
1980	29588	12207808	455454	914704	71604	4743905	89584
1985	260296	20898230	877963	1666163	132682	8670224	99643
1990	325888	29090082	1138937	1750351	82482	9066738	62926
1991	303314	29412777	1079318	1648531	75664	8894730	51119
1992	302313	31225749	1177035	1844101	71255	9437763	46337
1993	307285	34682035	1124114	1734606	65196	8891435	43801
1994	293473	39599014	1065140	1678066	59913	8898065	25215
1995	299717	40940087	979985	1707115	57998	9449652	17722
1996	269879	39774235	988046	1616594	56128	9315335	15148
1997	215814	38749289	1022970	1468612	49983	9064891	13879
1998	212093	38896576	983630	1584601	48115	9019417	14914
1999	194590	38911462	929138	1494500	47453	8981998	10306
2000	185018	42640605	1014013	1439743	44658	8640504	18258
2001	169329	45526726	1048915	1370221	41457	8968670	27902
2002	165936	48372587	945387	1433547	37041	8683075	33405
2003	163813	60745234	971514	1269607	40457	9871079	30631
2004	166854	75114059	961562	1197191	43846	11058522	34666
2005	165900	90756392	977846	1480381	41394	11030057	33496
2006	157805	98241489	1025861	1538957	36555	12015595	33355
2007	157544	106441173	1004546	1520924	34227	12373412	22316
2008	152247	111047702	994495	1564439	31943	13121439	14050
2009	149367	133384848	979384	1120381	27565	12702991	2166
2010	155624	168985654	1001395	1410719	22783	11422911	2260
2011	157950	202602789	1004622	1600896	21292	10040453	3768
2012	158309	218793742	1021260	1531873	20282	9692502	3798
2013	155340	234317614	1031711	1235661	17214	9692720	1287
北京 Beijing							
天津 Tianjin	403	8297475	3137	77648	19	254381	
河北 Hebei	1532	3473938	16820		3	3983	
山西 Shanxi	249	4073	3314				
内蒙古 Inner Mongolia							
辽宁 Liaoning	524	8064843	29919	15763	10	31108	
吉林 Jilin	866	24451	20053	5042	31	16150	
黑龙江 Heilongjiang	1251	82385	22186	41453	351	211038	
上海 Shanghai	1693	30407440	71913	99736	71	149377	
江苏 Jiangsu	39378	39354712	53534	375434	8396	3777253	
浙江 Zhejiang	17732	23684637	77531	112709	476	90685	
安徽 Anhui	27193	31035562	15193	39771	1528	716437	
福建 Fujian	2169	7906718	30586	10216	5	6975	
江西 Jiangxi	3926	2287031	10758	764	16	7581	
山东 Shandong	7524	11042793	63273	266443	4500	3849157	
河南 Henan	5088	5846995	11329	2745	108	40834	
湖北 Hubei	4562	7340798	41611	57898	232	271509	
湖南 Hunan	8015	2977560	73236	7813	52	51848	365
广东 Guangdong	8474	24013693	78700	92111	20	33208	
广西 Guangxi	8658	7426921	103685	882	4	3250	
海南 Hainan	521	1797693	30408		2	1614	
重庆 Chongqing	3620	5082148	83372	12145	80	118824	
四川 Sichuan	6582	1034812	86805	15098	1032	51589	
贵州 Guizhou	1992	125068	43563	141	26	4353	
云南 Yunnan	951	120540	20303	500	1	100	
西藏 Tibet							
陕西 Shaanxi	1094	28068	19863	335	251	1466	922
甘肃 Gansu	434	1494	7675				
青海 Qinghai	65		1943				
宁夏 Ningxia	691		11001	1014			
新疆 Xinjiang							
不分地区 Not Classified by Region	153	12855766					

注：不分地区数据为中远集团海外公司及中海集团香港有限公司数。

a) Number of civil transport vessels not classified by region is the number of vehicles of companies abroad under the China Ocean Shipping (Group) Company.

18-30 沿海规模以上港口分货类吞吐量
Volume of Freight Handled in Coastal Ports above Designated Size by Type of Freight

单位：万吨 (10 000 tons)

货物种类	Type of Freight	2012			2013		
		合计 Total	出港 Out-port	进港 In-port	合计 Total	出港 Out-port	进港 In-port
总计	**Total**	**665245**	**284076**	**381170**	**728098**	**311987**	**416111**
煤炭及制品	Coal and Its Products	138102	74300	63803	150401	81341	69059
石油、天然气及制品	Petroleum, Natural Gas and Their Products	63157	19652	43506	64298	19393	44905
金属矿石	Metal Ores	111045	21176	89869	124328	23526	100802
钢铁	Steel and Iron	23596	14428	9168	25848	16071	9777
矿建材料	Mineral Building Materials	47348	16375	30973	52935	19948	32987
水泥	Cement	4571	1182	3389	5513	1571	3941
木材	Timber	4728	651	4077	5111	642	4469
非金属矿石	Nonmetal Ores	8988	3307	5681	11697	4177	7519
化肥和农药	Chemical Fertilizers and Pesticides	2236	1486	750	2336	1561	776
盐	Salt	734	57	676	905	58	847
粮食	Grain	14309	4710	9598	15835	5387	10448
其他	Others	246431	126752	119680	268891	138312	130581

18-31 沿海主要规模以上港口货物吞吐量
Volume of Freight Handled in Main Coastal Ports above Designated Size

单位：万吨 (10 000 tons)

港口	Seaport	1985	1990	1995	2000	2005	2010	2012	2013
总计	**Total**	**31154**	**48321**	**80166**	**125603**	**292777**	**548358**	**665245**	**728098**
#大连	Dalian	4381	4952	6417	9084	17085	31399	37426	40746
营口	Yingkou	98	237	1156	2268	7537	22579	30107	32013
秦皇岛	Qinhuangdao	4419	6945	8382	9743	16900	26297	27099	27260
天津	Tianjin	1856	2063	5787	9566	24069	41325	47697	50063
烟台	Yantai	689	668	1361	1774	4506	15033	20298	22157
威海	Weihai		100	379	669	1015	2407	3511	4007
青岛	Qingdao	2611	3034	5103	8636	18678	35012	40690	45003
日照	Rizhao		925	1452	2674	8421	22597	28098	30937
上海	Shanghai	11291	13959	16567	20440	44317	56320	63740	68273
连云港	Lianyungang	929	1137	1716	2708	6016	12739	17367	18898
宁波-舟山	Ningbo-Zhoushan	1040	2554	6853	11547	26881	63300	74401	80978
台州	Taizhou				950	2067	4706	5358	5628
温州	Wenzhou		307	601	859	3097	6408	6997	7379
福州	Fuzhou		561	1032	2426	7443	7125	11410	12759
厦门	Xiamen		529	1314	1965	4771	12728	17227	19088
汕头	Shantou	201	279	716	1284	1736	3509	4563	5038
深圳	Shenzhen				5697	15351	22098	22807	23398
广州	Guangzhou	1772	4163	7299	11128	25036	41095	43517	45517
湛江	Zhanjiang	1231	1557	1885	2038	4647	13638	17092	18006
北海	Beihai		82	201	265	437	1251	1757	2078
防城	Fangcheng						7650	10058	10561
海口	Haikou	170	288	468	808	2118	5700	7217	8293
八所	Basuo	388	431	275	378	486	893	1095	1293

注：1.从2006年起，宁波－舟山港包括原宁波港和舟山港，以往年度数据为原宁波港数据。
2.从2007年起，烟台港包括原烟台港和龙口港，以往年度数据为原烟台港数据。
3.从2011年起，厦门港统计范围包括原厦门港和漳州港。

a) Since 2006, data of Ningbo-Zhoushan seaport include those of Ningbo seaport and Zhoushan seaport.
b) Since 2007, data of Yantai seaport include Yantai seaport and Longkou seaport, and were data of Yantai seaport before 2007.
c) Since 2011, data of Xianmen seaport include Xiamen seaport and Zhangzhou seaport.

18-32 沿海主要规模以上港口码头泊位数（2013年底）
Number of Berths in Main Coastal Ports above Designated Size at Year-end (2013)

名称	Name	总计 Total			生产用 For Productive Use			非生产用 For Nonproductive Use	
		码头长度（米） Length of Quay Line (m)	泊位个数（个） Number of Berths (unit)	#万吨级 10 000 Ton Class	码头长度（米） Length of Quay Line (m)	泊位个数（个） Number of Berths (unit)	#万吨级 10 000 Ton Class	码头长度（米） Length of Quay Line (m)	泊位个数（个） Number of Berths (unit)
总计	**Total**	**744469**	**5761**	**1524**	**669379**	**4841**	**1524**	**75090**	**920**
#大连	Dalian	42026	237	96	38149	212	96	3877	25
营口	Yingkou	17097	83	50	16363	76	50	734	7
秦皇岛	Qinhuangdao	16068	86	42	14750	66	42	1318	20
天津	Tianjin	35756	160	102	34408	149	102	1348	11
烟台	Yantai	19041	98	59	17911	88	59	1130	10
威海	Weihai	3949	20	12	3949	20	12		
青岛	Qingdao	21962	88	66	20944	82	66	1018	6
日照	Rizhao	13013	51	44	12707	50	44	306	1
上海	Shanghai	123988	1191	170	74487	608	156	49501	583
连云港	Lianyungang	12012	53	44	11715	51	44	297	2
宁波-舟山	Ningbo-Zhoushan	81269	683	146	78371	613	146	2898	70
台州	Taizhou	11361	175	7	11325	174	7	36	1
温州	Wenzhou	14933	210	16	14883	209	16	50	1
福州	Fuzhou	23025	186	48	22824	181	48	201	5
厦门	Xiamen	26620	165	65	25596	146	65	1024	19
汕头	Shantou	9898	92	19	9627	87	19	271	5
深圳	Shenzhen	30790	159	66	29384	147	66	1406	12
广州	Guangzhou	49273	545	68	45477	498	66	3796	47
湛江	Zhanjiang	17243	177	30	15542	146	30	1701	31
北海	Beihai	6040	56	11	5980	55	11	60	1
防城	Fangcheng	14223	121	32	14163	116	32	60	5
海口	Haikou	4563	32	11	4372	31	10	191	1
八所	Basuo	2324	13	9	2154	12	9	170	1

18-33 内河主要规模以上港口码头泊位数（2013年底）
Number of Berths in Main Ports of Inland Rivers above Designated Size at Year-end (2013)

名称	Name	总计 Total			生产用 For Productive Use			非生产用 For Nonproductive Use	
		码头长度（米） Length of Quay Line (m)	泊位个数（个） Number of Berths (unit)	#万吨级 10 000 Ton Class	码头长度（米） Length of Quay Line (m)	泊位个数（个） Number of Berths (unit)	#万吨级 10 000 Ton Class	码头长度（米） Length of Quay Line (m)	泊位个数（个） Number of Berths (unit)
总计	**Total**	**919926**	**14618**	**394**	**877067**	**13904**	**394**	**42859**	**714**
#重庆	Chongqing	94286	1236		73204	869		21082	367
宜昌	Yichang	7412	47		5708	35		1704	12
武汉	Wuhan	24015	274		21013	240		3002	34
黄石	Huangshi	8297	139		7867	133		430	6
九江	Jiujiang	13616	146		11591	118		2025	28
安庆	Anqing	11231	163		9522	135		1709	28
池州	Chizhou	8752	106		8752	106			
铜陵	Tongling	6716	104	1	6651	103	1	65	1
芜湖	Wuhu	13527	164	6	13527	164	6		
马鞍山	Maanshan	9557	150		9507	149		50	1
南京	Nanjing	34092	311	59	32500	288	59	1592	23
镇江	Zhenjiang	20623	192	42	20503	190	42	120	2
泰州	Taizhou	16686	123	56	16686	123	56		
扬州	Yangzhou	7308	47	21	7308	47	21		
江阴	Jiangyin	12022	70	29	11872	68	29	150	2
常州	Changzhou	4388	31	8	4388	31	8		
南通	Nantong	17815	103	50	17260	97	50	555	6
上海(内河)	Shanghai(Inland Rivers)	88840	1856		88133	1842		707	14

注：从2009年起，重庆港统计范围发生变化，包括原重庆、涪陵、万州、重庆航管处四个港区，与历史数据不可比。

a) Since 2009, statistical coverage of Chongqing port has changed, which included 4 port areas of original Chongqing, Fuling, Wanzhou and Chongqing transport management. So it's not comparable with previous years.

18-34 民用航空航线及飞机架数
Number of Civil Aviation Routes and Civil Aircrafts

指 标	Item	1990	2000	2005	2010	2012	2013
定期航班航线条数 （条）	**Number of Regular Civil Aviation Routes(line)**	**437**	**1165**	**1257**	**1880**	**2457**	**2876**
国际航线	International Routes	44	133	233	302	381	427
国内航线	Domestic Routes	385	1032	1024	1578	2076	2449
#港、澳地区航线	Regional Routes	8	42	43	85	99	107
定期航班航线里程（公里）	**Length of Regular Civil Aviation Routes (km)**	**506762**	**1502887**	**1998501**	**2765147**	**3280114**	**4106000**
国际航线	International Routes	166350	508405	855932	1070167	1284712	1503150
国内航线	Domestic Routes	329493	994482	1142569	1694980	1995402	2602850
#港、澳地区航线	Regional Routes	10919	55759	61056	121437	133333	168363
定期航班通航机场 （个）	**Number of Regular Civil Airports Opened(unit)**	**94**	**139**	**135**	**175**	**180**	**190**
民用飞机期末架数 （架）	**Number of Civil Aircraft (unit)**	**503**	**982**	**1386**	**2405**	**3589**	**4004**
运输飞机	Aero Transport	204	527	863	1597	1941	2145
大中型飞机	Air bus		462	785	1453	1769	1985
#波音747	Boeing 747	11	19	22	40	40	29
波音737	Boeing 737	21	186	358	650	756	854
波音757	Boeing 757	9	48	64	48	46	45
波音767	Boeing 767	6	16	27	18	13	11
MD90	MD-90		22	22	11		
A320	Airbus A320		60	115	281	432	503
小型飞机	Puddle-jumper		65	78	144	172	160
通用航空飞机	General Aircraft	217	301	383	606	1320	1519
教学校验飞机	Teaching Verifying Aircraft	82	154	140	202	328	340

注：1.1992年以前，民航机场和飞机架数为民航总局直属企业数，1992年起为民航全行业数字。

2.1997年以前，地区航线含民航至香港、澳门航线,与国内航线、国际航线并列。1997年起，民航至香港航线统计在国内航线中，航线里程及运输量统计口径也做同样调整。1999年起，地区航线为国内航线的其中项，仍含民航至香港、澳门航线及运量(下表同)。

3.2011年起民用航空航线条数改为定期航班航线条数，民用通航机场改为定期航班通航机场。

a) Before 1992, the number of civil airports and aircrafts refers to those owned by enterprises directly under CAAC. Since 1992, it refers to those owned by all enterprises of civil aviation. The same applies to the tables following.

b) Before 1997, regional routes include the routes to and from Hong Kong, Macao, and are taken as parallel items to the items of domestic routes and international routes. Since 1997, regional routes to and from Hong Kong are taken as domestic routes, and adjustment are also made on the length of aviation routes and traffic volume accordingly. Since 1999, regional routes are taken as a part of domestic routes, and include the aviation routes to and from Hong Kong, Macao. The same applies to the tables following.

c) Since 2011, civil aviation routes change to regular civil aviation routes, civil airports opened change to regular civil airports opened.

 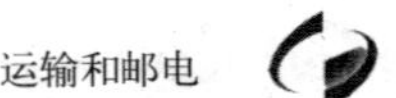

18-35 民用航空运输量及通用航空飞行时间
Civil Aviation Traffic and Flying Time of General Aviation

指　　标	Item	1990	2000	2005	2010	2012	2013
客运量　(万人)	**Passenger Traffic　(10 000 persons)**	**1660**	**6722**	**13827**	**26769**	**31936**	**35397**
国际航线	International Routes	114	690	1225	1931	2336	2655
国内航线	Domestic Routes	1346	6031	12602	24838	29600	32742
#港、澳地区航线	Regional Routes	200	403	509	672	834	904
旅客周转量(万人公里)	**Passenger-tons　(10 000 person-km)**	**2304797**	**9705437**	**20449288**	**40389960**	**50257366**	**56567596**
国际航线	International Routes	516910	2328154	4524063	7589325	9919798	11457554
国内航线	Domestic Routes	1576554	7377283	15925225	32800635	40337568	45110042
#港、澳地区航线	Regional Routes	211333	502405	709205	981817	1238849	1317488
货(邮)运量　(吨)	**Freight Traffic　(ton)**	**369722**	**1967123**	**3067168**	**5630371**	**5450342**	**5612526**
国际航线	International Routes	81102	492356	771551	1926315	1565170	1545310
国内航线	Domestic Routes	239467	1474767	2295618	3704056	3885173	4067216
#港、澳地区航线	Regional Routes	49153	135442	169247	216603	207678	198561
货邮周转量(万吨公里)	**Freight Ton-kilometers(10 000 ton-km)**	**81825**	**502683**	**788954**	**1788982**	**1638894**	**1702918**
国际航线	International Routes	43830	291550	452450	1253028	1064527	1091742
国内航线	Domestic Routes	31647	211133	336504	535954	574366	611176
#港、澳地区航线	Regional Routes	6348	19495	26263	28700	27120	26156
总周转量（万吨公里)	**Total Air Traffic Ton-kilometers (10 000 ton-km)**	**249950**	**1225007**	**2612724**	**5384490**	**6103217**	**6717231**
国际航线	International Routes	82595	465190	855235	1929689	1944881	2106757
国内航线	Domestic Routes	145156	759818	1757488	3454801	4158336	4610474
#港、澳地区航线	Regional Routes	22199	56878	89509	115895	136648	142276
通用航空飞行时间(小时)	**Flying Time of General Aviation　(hr)**	**42524**	**48707**	**84859**	**391135**	**517037**	**590890**
农林业航空作业	Flight for Agriculture and Forestry	22674	22922	25428	29619	31873	34118
#航空护林	Forest Protection Service	3573	3927	6508	7748	7453	6574
播种造林	Afforestation	4605	4060	1929	1419	1315	1178
工业航空作业	Flight for Industry	19850	25785	36514	65430	77075	96354

18-36 邮电业务基本情况
Basic Conditions of Postal and Telecommunication Services

指　标	Item	2010	2011	2012	2013
邮电业务总量 (亿元)	**Business Volume of Postal and Telecommunication Services (100 million yuan)**	**31978.5**	**13333.5**	**15019.3**	**18432.2**
邮政业务总量 (亿元)	Business Volume of Postal Services (100 million yuan)	1985.3	1607.7	2036.8	2725.1
电信业务总量 (亿元)	Business Volume of Telecommunication Services (100 million yuan)	29993.2	11725.8	12982.4	15707.2
邮政业务量	**Business Volume of Postal Services**				
函件 (亿件)	Number of Letters (100 million pcs)	74.0	73.8	70.7	63.4
包裹 (万件)	Package (10 000 pcs)	6642.5	6883.0	6875.5	6924.9
快递 (万件)	Pieces of Express Mail Services (10 000 pcs)	233892.0	367311.1	568548.0	918674.9
报刊期发数 (万份)	Issue of Newspapers and Magazines (10 000 copies)	17158.3	15007.7	15401.6	15140.9
汇兑 (万笔)	Postal Remittance Transactions (10 000 times)	28043.2	26474.3	22913.4	18520.6
纪特邮票 (万枚)	Commemorative and Special Stamps (10 000 pcs)	114622.5	102857.5	118276.0	118335.3
营业网点 (处)	Number of Offices (unit)	75739	78667	95572	125115
平均每一营业网点服务面积 (平方公里)	Average Area Served by Every Postal Office (sq.km)	126.8	122.0	100.4	76.7
邮路总长度 (万公里)	Length of Postal Routes (10 000 km)	463.6	514.0	585.5	589.7
农村投递路线长度 (万公里)	Rural Delivery Routes (10 000 km)	369.1	363.3	373.2	374.5
城市投递路线长度 (万公里)	Urban Delivery Routes (10 000 km)	146.1	117.1	132.8	128.2
电信业务量	**Business Volume of Telecommunication Services**				
固定本地电话通话时长 (亿分钟)	Length of Local Calls of Fixed Telephone (100 million minutes)		4227.4	3577.7	3023.1
固定长途电话通话时长 (亿分钟)	Length of Long-distance Calls of Fixed Telephone (100 million minutes)	1068.9	856.9	700.7	590.6
移动电话通话时长 (亿分钟)	Length of Calls of Mobile Telephone (100 million minutes)	43261.2	50472.6	55444.9	58229.7
移动短信业务量 (亿条)	Short Message Services (100 million messages)	8277.5	8790.0	8973.1	8921.0
互联网上网人数 (万人)	Number of Internet Users (10 000 persons)	45730	51310	56400	61758
移动电话用户 (万户)	Number of Mobile Telephone Subscribers at Year-end (10 000 subscribers)	85900.3	98625.3	111215.5	122911.3
#3G移动电话用户 (万户)	3G Mobile Phone Subscribers (10 000 subscribers)	4705.1	12842.4	23280.3	40161.1
移动电话漫游国家和地区(个)	Countries(regions) with Mobile Phone Roaming (unit)	239	258	258	258
固定电话用户 (万户)	Number of Fixed Telephone Subscribers at Year-end (10 000 subscribers)	29434.2	28509.8	27815.3	26698.5
城市电话用户 (万户)	Urban Fixed Telephone Subscribers(10 000 subscribers)	19658.1	19121.7	18893.4	18456.8
#住宅电话用户	Household Fixed Telephone Subscribers	11973.4	11411.6	11013.2	10474.3
农村电话用户 (万户)	Rural Fixed Telephone Subscribers(10 000 subscribers)	9776.1	9388.1	8921.9	8241.7
#住宅电话用户	Household Fixed Telephone Subscribers	8325.0	7861.2	7315.8	6643.4
公用电话用户 (万户)	Public Telephone (10 000 subscribers)	2595.9	2468.3	2347.1	2233.4
固定长途电话交换机容量 (万路端)	Capacity of Long Distance Telephone Exchanges (10 000 lines)	1641.5	1602.3	1579.7	1280.5
局用交换机容量 (万门)	Capacity of Office Telephone Exchanges (10 000 lines)	46537.3	43428.4	43749.3	41089.3
移动电话交换机容量 (万户)	Capacity of Mobile Telephone Exchanges (10 000 subscribers)	150284.9	171636.0	184023.8	196557.3
长途光缆线路长度 (万公里)	Length of Long-distance Optical Cable Lines(10 000 km)	81.8	84.2	86.8	89.0
互联网宽带接入端口 (万个)	Broad Band Subscribers Port of Internet (10 000 ports)	18781.1	23239.4	32108.4	35945.3
IPv4地址数 (万个)	Number of IPv4 Addresses (10 000 units)	27763.7	33044.0	33053.0	24668.5
互联网国际出口带宽 (Mbps)	International Internet Bandwidth (Mbps)	1098957	1389529	1899792	3406824

注：1.邮电业务总量2000年及以前按1990年不变价格计算，2001-2010年按2000年不变价格计算，2001年按可比价格比上年增长27.6%；2011年起按2010年不变价格计算，按可比价格比上年增长16.3%（下表同）。

2.邮政业务总量、快递的统计口径2006年以前为中国邮政集团，2007年起为规模以上(年业务收入200万元以上)邮政业法人企业数据（下表同）。

3.营业网点1998年及以前为邮电局所，1999-2006年为邮政局所；统计口径从2002年起为邮政局所和邮政代办点，2007年起为规模以上邮政业法人企业办理业务的场所(下表同)。

a) The business volume of postal and telecommunication services before 2000 was calculated at 1990 constant prices and that from 2001 to 2010 was calculated at 2000 constant prices. The rate of increase at constant prices was 27.6% in 2001. Since 2011, it was calculated at 2010 constant prices, the rate of increase at constant prices in 2010 was 16.3%. The same applies to the table following.

b) Statistical coverages of business volume of postal and telecommunication services and pieces of express mail services are China Post Group before 2006, and postal enterprises above designated size (with annual business revenue above 2 million yuan). The same applies to the table following.

c) The indicator of number of postal offices referred to postal and communication offices before 1998,and referred to postal offices from 1999 to 2006; It included postal offices and postal sub-stations since 2002, and was the business sites of postal enterprises above designated size since 2007. The same applies to the table following.

18-37 邮电业务量
Business Volume of Postal and Telecommunication Services

年份 Year 地区 Region	邮电业务总量（亿元）Business Volume of Postal and Telecommunication Services (100 million yuan)	邮政业务总量 Business Volume of Postal Services	电信业务总量 Business Volume of Telecommunication Services	函件（亿件）Number of Letters (100 million pcs)	包裹（万件）Package (10 000 pcs)	报刊期发数（万份）Issue of Newspapers and Magazines (10 000 copies)
1978	34.09	14.92	19.17	28.35	7400.5	11250.0
1980	39.03	17.02	22.01	33.13	7153.2	16431.0
1985	62.21	25.70	36.51	46.78	7612.7	30172.0
1990	155.54	45.95	109.59	54.87	9690.1	20078.0
1991	204.38	52.75	151.63	52.11	9590.9	23277.0
1992	290.94	64.36	226.57	57.18	10948.0	25104.0
1993	462.71	80.26	382.45	68.70	13964.5	25511.0
1994	688.19	95.89	592.30	76.50	15908.2	24096.0
1995	988.85	113.34	875.51	79.55	15641.0	21689.0
1996	1342.04	133.29	1208.75	78.68	14920.0	21157.0
1997	1773.29	144.34	1628.95	68.55	9715.3	21875.0
1998	2431.21	166.28	2264.94	65.51	9726.5	22989.0
1999	3330.82	198.44	3132.37	60.52	9741.9	25035.0
2000	4792.70	232.80	4559.90	77.71	9600.3	20089.7
2001	4556.26	457.42	4098.84	86.93	9931.2	21811.0
2002	5695.80	494.69	5201.12	106.01	10537.9	17620.0
2003	7019.79	541.04	6478.75	103.84	11029.4	16594.4
2004	9712.29	564.30	9147.99	82.81	9948.7	14789.3
2005	12028.54	625.52	11403.02	73.51	9531.8	14601.3
2006	15325.87	730.49	14595.38	71.31	9317.5	14372.7
2007	19805.06	1213.73	18591.33	69.50	9103.3	13030.6
2008	23649.52	1401.80	22247.72	73.63	7936.7	15658.3
2009	27193.46	1639.88	25553.58	75.32	7229.6	13909.5
2010	31978.48	1985.30	29993.18	74.01	6642.5	17158.3
2011	13333.49	1607.71	11725.78	73.78	6883.0	15007.7
2012	15019.28	2036.84	12982.44	70.74	6875.5	15401.6
2013	18432.24	2725.08	15707.15	63.41	6924.9	15140.9
北京 Beijing	757.04	163.03	594.00	7.16	581.8	609.4
天津 Tianjin	213.08	29.30	183.78	0.86	128.9	190.2
河北 Hebei	728.72	77.06	651.66	3.21	348.5	731.6
山西 Shanxi	392.27	34.11	358.16	0.46	128.2	389.5
内蒙古 Inner Mongolia	311.23	17.52	293.71	0.19	110.0	248.3
辽宁 Liaoning	582.21	50.15	532.06	0.69	244.0	365.9
吉林 Jilin	295.46	25.84	269.63	0.44	135.4	201.8
黑龙江 Heilongjiang	377.34	39.18	338.16	0.87	241.1	323.8
上海 Shanghai	791.82	258.66	533.16	11.38	479.1	858.2
江苏 Jiangsu	1402.80	269.59	1133.21	7.62	407.5	1243.9
浙江 Zhejiang	1283.52	327.94	955.58	6.57	512.4	1174.3
安徽 Anhui	533.98	57.54	476.44	1.33	152.3	651.4
福建 Fujian	738.45	114.10	624.34	2.15	177.3	479.3
江西 Jiangxi	379.23	40.94	338.29	0.75	118.9	366.9
山东 Shandong	1063.83	117.44	946.39	4.24	383.7	926.0
河南 Henan	837.83	92.46	745.37	1.76	295.6	951.5
湖北 Hubei	610.16	74.15	536.01	1.05	170.6	842.2
湖南 Hunan	595.29	60.27	535.02	0.58	209.3	526.5
广东 Guangdong	2768.09	592.00	2176.09	7.01	671.3	862.9
广西 Guangxi	435.26	29.57	405.70	0.54	117.6	379.4
海南 Hainan	126.42	8.87	117.56	0.10	42.4	107.6
重庆 Chongqing	357.59	39.12	318.47	0.53	115.1	424.1
四川 Sichuan	842.83	83.30	759.54	1.33	268.5	652.3
贵州 Guizhou	331.77	22.64	309.13	0.52	64.5	272.8
云南 Yunnan	452.75	23.38	429.38	0.72	165.5	320.7
西藏 Tibet	41.74	2.09	39.65	0.04	43.5	50.3
陕西 Shaanxi	477.84	37.02	440.81	0.66	189.7	345.9
甘肃 Gansu	238.71	11.38	227.33	0.32	95.4	188.1
青海 Qinghai	67.46	2.94	64.53	0.04	42.0	44.3
宁夏 Ningxia	80.43	4.71	75.71	0.09	30.7	59.4
新疆 Xinjiang	317.07	18.78	298.29	0.20	254.2	352.4

18-37 续表 1 continued

年 份 Year 地 区 Region	汇 兑 (万笔) Postal Remittance Transactions (10 000 times)	纪特邮票 (万枚) Commemorative and Special Stanps (10 000 pieces)	固 定 本地电话 通话时长 (亿分钟) Length of Local Calls of Fixed Telephone (100 million minutes)	固 定 长途电话 通话时长 (亿分钟) Length of Long-distance Calls of Fixed Telephone (100 million minutes)	移动短信 业 务 量 (亿条) Short Message Services (100 million messages)
1978	11852.4				
1980	13557.0				
1985	16355.1				
1990	16555.8	71233.0			
1991	17078.7	123523.0			
1992	19225.2	167303.0			
1993	21894.8	210885.0			
1994	23862.1	236849.0			
1995	23985.1	239250.0			
1996	23923.4	303436.0			
1997	23416.5	451729.0			
1998	23069.2	502850.0			
1999	22886.8	522475.0			
2000	22475.0	453500.0			
2001	21399.7	344114.0			
2002	21080.0	244158.7			583.3
2003	20442.0	183421.0			1386.3
2004	17895.4	149178.0			2170.5
2005	16052.0	121214.0			3046.3
2006	18928.0	104580.9		1742.6	4295.4
2007	22875.2	113656.7		1756.7	5945.8
2008	26404.2	131873.0		1655.8	6996.9
2009	27177.4	110088.5		1314.6	7726.5
2010	28043.2	114622.5		1068.9	8277.5
2011	26474.3	102857.5	4227.4	856.9	8790.0
2012	22913.4	118276.0	3577.7	700.7	8973.1
2013	18520.6	118335.3	3023.1	590.6	8921.0
北 京 Beijing	707.8	14330.4	155.2	42.2	459.0
天 津 Tianjin	196.1	2719.7	39.4	5.9	91.7
河 北 Hebei	439.0	3618.8	126.1	18.5	311.8
山 西 Shanxi	535.5	1082.4	30.0	7.2	291.1
内蒙古 Inner Mongolia	569.5	2009.6	19.3	5.1	156.0
辽 宁 Liaoning	824.1	4524.4	144.3	19.7	222.8
吉 林 Jilin	388.9	2015.4	30.3	6.9	147.9
黑龙江 Heilongjiang	336.1	4237.1	77.1	9.1	137.3
上 海 Shanghai	662.9	5571.5	212.0	49.0	325.7
江 苏 Jiangsu	1269.5	7158.9	216.8	36.1	581.5
浙 江 Zhejiang	1324.9	6352.5	179.9	30.1	884.1
安 徽 Anhui	207.3	2431.5	89.1	18.6	263.8
福 建 Fujian	643.6	4088.4	113.8	18.1	587.4
江 西 Jiangxi	261.2	5275.6	50.6	11.6	153.8
山 东 Shandong	804.2	8906.1	201.9	25.5	440.1
河 南 Henan	1115.4	4905.7	142.4	17.8	292.3
湖 北 Hubei	432.7	5241.7	86.7	20.1	214.0
湖 南 Hunan	495.2	4317.9	115.2	14.1	300.6
广 东 Guangdong	3182.7	8963.4	406.1	130.8	1098.6
广 西 Guangxi	411.6	826.2	79.4	11.7	204.0
海 南 Hainan	133.3	393.8	20.3	6.9	58.3
重 庆 Chongqing	221.5	2173.5	68.5	6.0	132.5
四 川 Sichuan	777.6	3334.4	141.7	22.3	376.7
贵 州 Guizhou	529.8	2137.8	26.8	7.7	140.1
云 南 Yunnan	462.0	2851.0	52.6	10.0	384.1
西 藏 Tibet	125.5	327.1	3.7	1.1	19.3
陕 西 Shaanxi	324.2	3101.6	79.1	12.3	269.6
甘 肃 Gansu	285.7	1785.8	21.3	6.5	205.4
青 海 Qinghai	129.8	559.8	10.0	2.9	30.7
宁 夏 Ningxia	112.5	725.6	8.2	2.2	45.7
新 疆 Xinjiang	610.8	2210.9	75.1	14.5	95.2
不分地区 Not Classified by Region		156.8			

注：固定长途电话通话时长为固定传统长途电话通话时长及固定IP电话通话时长之和。
Length of long-distance calls of fixed telephone includes traditional calls and IP calls.

18-37 续表 2 continued

年份 地区	Year Region	移动电话通话时长(亿分钟) Length of Calls of Mobile Telephone (100 million minutes)	#去话通话时长 Length of Outgoing Calls	非漫游 Non-Roaming	国内漫游 Domestic Roaming	国际及港澳台漫游 Hong Kong, Macao, Taiwan and International Roaming	移动电话用户(万户) Number of Mobile Telephone Subscribers at Year-end (10 000 subscribers)	#3G移动电话用户 3G Mobile Phone Subscribers
	1978							
	1980							
	1985							
	1990						1.8	
	1991						4.8	
	1992						17.7	
	1993						63.8	
	1994						156.8	
	1995	113.4					362.9	
	1996	252.4					685.3	
	1997	420.2					1323.3	
	1998	635.7					2386.3	
	1999	1188.1					4329.6	
	2000	1845.3					8453.3	
	2001	2904.5					14522.2	
	2002	4184.0					20600.5	
	2003	6308.9					26995.3	
	2004	9454.7					33482.4	
	2005	12507.4					39340.6	
	2006	16870.7					46105.8	
	2007	23061.3					54730.6	
	2008	29355.6					64124.5	
	2009	35351.0					74721.4	1232.2
	2010	43261.2	21129.0	19762.1	1362.8	4.14	85900.3	4705.1
	2011	50472.6	25056.0	23083.2	1967.4	5.47	98625.3	12842.4
	2012	55444.9	27603.5	24999.7	2597.1	6.68	111215.5	23280.3
	2013	58229.7	28987.7	25911.0	3068.7	8.07	122911.3	40161.1
北 京	Beijing	1548.2	819.6	718.9	99.9	0.82	3373.8	1461.0
天 津	Tianjin	668.2	342.7	315.6	26.9	0.18	1323.2	483.5
河 北	Hebei	2669.8	1326.3	1214.3	111.8	0.10	6006.2	2003.5
山 西	Shanxi	1524.6	763.8	687.6	76.1	0.05	3105.5	952.0
内蒙古	Inner Mongolia	1334.1	669.0	598.7	70.3	0.06	2690.6	736.4
辽 宁	Liaoning	2145.2	1081.8	1001.9	79.7	0.23	4583.6	1419.2
吉 林	Jilin	1255.1	616.4	564.4	51.9	0.05	2372.1	606.0
黑龙江	Heilongjiang	1561.9	755.7	703.3	52.3	0.08	3020.4	837.4
上 海	Shanghai	1292.9	669.0	595.4	72.7	0.89	3200.7	1147.4
江 苏	Jiangsu	3578.5	1802.6	1599.6	202.5	0.44	7942.0	2867.6
浙 江	Zhejiang	3275.2	1684.9	1498.4	185.8	0.66	7071.8	2359.9
安 徽	Anhui	1663.9	786.4	692.6	93.7	0.03	3958.9	1394.1
福 建	Fujian	2141.6	1079.3	972.7	106.4	0.27	4303.3	1326.1
江 西	Jiangxi	1340.1	646.1	585.8	60.1	0.08	2806.9	938.2
山 东	Shandong	3905.1	1949.5	1778.1	171.4	0.11	8333.4	2592.4
河 南	Henan	3113.6	1449.6	1264.1	185.3	0.15	7200.2	2314.4
湖 北	Hubei	1788.9	862.0	763.0	98.9	0.11	4416.8	1509.3
湖 南	Hunan	2188.1	1048.8	944.9	103.7	0.14	4570.0	1580.5
广 东	Guangdong	7025.0	3556.1	2984.6	568.6	2.95	14706.1	4469.1
广 西	Guangxi	1535.6	746.8	676.2	70.5	0.10	3285.6	1067.4
海 南	Hainan	489.4	251.4	240.0	11.4	0.06	858.3	314.7
重 庆	Chongqing	1300.5	642.9	594.7	48.1	0.08	2380.8	854.1
四 川	Sichuan	3063.4	1488.2	1338.0	150.1	0.11	6283.3	1936.0
贵 州	Guizhou	1429.6	709.7	644.8	64.8	0.05	2662.6	761.2
云 南	Yunnan	1753.6	885.7	820.8	64.8	0.08	3395.8	1084.6
西 藏	Tibet	140.5	74.1	60.9	13.2	0.00	265.6	96.4
陕 西	Shaanxi	1684.3	860.0	774.9	85.0	0.10	3512.5	1325.9
甘 肃	Gansu	962.1	472.7	426.6	46.1	0.02	1976.2	608.9
青 海	Qinghai	257.4	131.2	113.2	18.0	0.01	542.4	184.2
宁 夏	Ningxia	303.3	153.4	134.2	19.1	0.01	627.2	218.0
新 疆	Xinjiang	1289.8	662.2	602.8	59.4	0.05	2133.9	709.7
不分地区	Not Classified by Region						1.6	2.0

18-37 续表 3 continued

年 份 Year 地 区 Region	固定电话用户（万户）Number of Fixed Telephone Subscribers at Year-end (10 000 subscribers)	城市电话用户 Urban Fixed Telephone Subscribers	#住宅电话用户 Household Fixed Telephone Subscribers	农村电话用户 Rural Fixed Telephone Subscribers	#住宅电话用户 Household Fixed Telephone Subscribers	#公用电话用户（万户）Public Telephone (10 000 subscribers)
1978	192.5	119.2		73.4		1.2
1980	214.1	134.2		79.9		1.4
1985	312.0	219.0	4.1	93.1	2.0	2.7
1990	685.0	538.4	152.7	146.6	30.7	4.6
1991	845.1	670.8	239.0	174.2	49.5	5.4
1992	1146.9	920.6	415.4	226.3	79.0	8.4
1993	1733.2	1407.4	800.4	325.8	139.5	15.8
1994	2729.5	2246.8	1489.4	482.7	274.9	38.7
1995	4070.6	3263.6	2358.4	807.0	551.4	85.0
1996	5494.7	4277.8	3224.6	1216.9	907.3	138.0
1997	7031.0	5244.4	4057.2	1786.6	1406.6	193.9
1998	8742.1	6259.8	4911.1	2482.3	2070.7	259.5
1999	10871.6	7463.3	5894.4	3408.4	2949.2	297.4
2000	14482.9	9311.6	7219.4	5171.3	4597.8	352.0
2001	18036.8	11193.7	8535.3	6843.1	6197.7	346.2
2002	21422.2	13579.1	10196.7	7843.1	7183.8	985.5
2003	26274.7	17109.7	12533.9	9165.0	8389.7	1561.4
2004	31175.6	21025.1	15246.5	10150.5	9240.5	2215.0
2005	35044.5	23975.3	17201.2	11069.2	10023.9	2681.2
2006	36778.6	25132.9	17697.6	11645.6	10561.5	2960.7
2007	36563.7	24859.8	16988.2	11704.0	10533.1	2991.9
2008	34035.9	23155.9	15588.3	10880.0	9612.2	2771.5
2009	31373.2	21190.0	12969.5	10183.2	8813.3	2708.8
2010	29434.2	19658.1	11973.4	9776.1	8325.0	2595.9
2011	28509.8	19121.7	11411.6	9388.1	7861.2	2468.3
2012	27815.3	18893.4	11013.2	8921.9	7315.8	2347.1
2013	26698.5	18456.8	10474.3	8241.7	6643.4	2233.4
北 京 Beijing	867.6	695.2	390.5	172.4	135.3	93.0
天 津 Tianjin	352.8	348.6	215.2	4.2	0.9	28.5
河 北 Hebei	1152.4	840.1	549.4	312.3	277.0	69.8
山 西 Shanxi	584.4	433.6	279.6	150.9	109.9	59.3
内蒙古 Inner Mongolia	377.2	317.7	191.8	59.5	47.8	24.8
辽 宁 Liaoning	1222.4	800.1	590.4	422.3	406.4	90.9
吉 林 Jilin	579.0	439.3	288.0	139.7	113.3	41.8
黑龙江 Heilongjiang	747.8	602.0	452.4	145.8	142.7	48.3
上 海 Shanghai	869.2	858.6	512.3	10.7		38.4
江 苏 Jiangsu	2289.8	1275.9	655.5	1014.0	815.5	144.6
浙 江 Zhejiang	1781.3	1051.9	463.2	729.5	509.4	206.7
安 徽 Anhui	976.7	603.8	359.3	372.9	316.3	64.6
福 建 Fujian	983.5	609.7	315.6	373.8	287.4	62.5
江 西 Jiangxi	622.4	395.9	207.2	226.6	191.6	51.9
山 东 Shandong	1707.6	995.4	546.6	712.2	600.2	152.4
河 南 Henan	1224.4	753.7	367.6	470.6	383.0	118.1
湖 北 Hubei	984.0	662.9	358.2	321.1	268.8	89.5
湖 南 Hunan	914.4	624.8	358.3	289.6	236.4	80.1
广 东 Guangdong	3099.9	2265.7	1129.8	834.2	595.8	356.3
广 西 Guangxi	546.3	354.7	165.9	191.6	161.3	42.6
海 南 Hainan	173.6	122.7	66.6	50.9	37.5	13.6
重 庆 Chongqing	580.3	430.3	294.8	150.0	129.6	30.5
四 川 Sichuan	1313.7	926.4	569.5	387.3	327.8	78.4
贵 州 Guizhou	363.0	269.6	164.0	93.4	77.9	31.9
云 南 Yunnan	485.4	346.9	187.0	138.5	98.9	51.2
西 藏 Tibet	40.4	39.3	23.2	1.1	0.5	2.5
陕 西 Shaanxi	769.3	555.0	299.4	214.3	174.0	59.6
甘 肃 Gansu	364.3	269.8	139.7	94.6	74.0	46.9
青 海 Qinghai	101.8	86.6	46.1	15.2	12.4	4.7
宁 夏 Ningxia	104.7	87.0	53.6	17.7	13.6	6.5
新 疆 Xinjiang	518.7	393.6	233.3	125.1	98.3	43.5

注：2002年起公用电话用户包括安装在街道等公共场所的智能网专线接入终端用户。

a) Number of subscribers of public telephone since 2002 included the smart net special end-users which were installed at the public spatial, such as street.

18-38 快递业务量
Business Volume of Express Services

年 份 地 区	Year Region	快 递 (万件) Pieces of Express Mail Services (10 000 pcs)	#国内同城快递 Local Express Service	#国内异地快递 National Express Service	#国际及港澳台快递 Hong Kong, Macao, Taiwan and International Express Service	快递业务收入 (万元) Revenue from Express Service (10 000 yuan)
	1990	343.3				
	1991	566.7				
	1992	959.2				
	1993	2156.2				
	1994	4019.5				
	1995	5562.7				
	1996	7096.6				
	1997	6878.9				
	1998	7667.7				
	1999	9091.3				
	2000	11031.4				
	2001	12652.7				
	2002	14036.2				
	2003	17237.8				
	2004	19771.9				
	2005	22880.3				
	2006	26988.0				
	2007	120189.6	33312.5	77157.0	9720.1	3425851.6
	2008	151329.3	40223.4	100465.6	10640.4	4084274.6
	2009	185785.8	43728.3	130803.6	11253.9	4790030.7
	2010	233892.0	53605.8	167324.7	12961.4	5746029.8
	2011	367311.1	81818.3	272742.1	12750.7	7579878.2
	2012	568548.0	131410.2	418895.0	18242.8	10553324.2
	2013	918674.9	228736.3	663736.7	26201.9	14416815.3
北 京	Beijing	81818.2	21369.9	59429.2	1019.1	937978.8
天 津	Tianjin	8719.0	2407.2	6132.6	179.2	177653.7
河 北	Hebei	20755.7	2553.6	18072.5	129.6	288768.9
山 西	Shanxi	8869.0	576.0	8278.8	14.2	68725.6
内蒙古	Inner Mongolia	2839.0	253.9	2575.6	9.5	64417.0
辽 宁	Liaoning	11411.1	2215.8	8953.3	242.1	227256.9
吉 林	Jilin	4526.7	638.2	3831.4	57.1	87529.9
黑龙江	Heilongjiang	5393.9	791.4	4578.0	24.5	100134.0
上 海	Shanghai	95012.4	33462.9	56474.5	5075.1	2575921.3
江 苏	Jiangsu	98415.5	25196.0	71193.0	2026.5	1429899.2
浙 江	Zhejiang	141952.8	32354.9	107204.2	2393.7	1797804.2
安 徽	Anhui	13755.5	2055.8	11602.5	97.2	195051.8
福 建	Fujian	44535.8	6816.7	36916.2	802.8	615612.7
江 西	Jiangxi	9751.5	1288.0	8431.7	31.7	129791.0
山 东	Shandong	31375.8	5822.5	24826.8	726.5	545011.8
河 南	Henan	19443.9	3941.0	15227.0	275.8	265020.9
湖 北	Hubei	21991.0	5324.5	16556.3	110.2	285487.2
湖 南	Hunan	15446.7	2367.6	12901.5	177.6	195896.5
广 东	Guangdong	210670.3	63786.5	134575.0	12308.8	3367805.4
广 西	Guangxi	6745.1	912.6	5782.8	49.7	112047.4
海 南	Hainan	2226.9	329.1	1891.8	5.9	28075.7
重 庆	Chongqing	10614.8	3364.4	7164.6	85.9	136957.5
四 川	Sichuan	24400.9	5582.5	18556.1	262.3	304253.8
贵 州	Guizhou	2931.2	398.4	2519.2	13.6	60342.1
云 南	Yunnan	6870.3	1549.7	5298.6	22.0	105318.7
西 藏	Tibet	378.8	13.3	365.0	0.5	14847.2
陕 西	Shaanxi	9552.2	2469.2	7034.8	48.1	133661.0
甘 肃	Gansu	1788.5	355.2	1428.5	4.8	40780.6
青 海	Qinghai	417.5	71.5	345.2	0.8	11903.5
宁 夏	Ningxia	972.9	120.6	850.5	1.9	24309.7
新 疆	Xinjiang	5092.1	347.5	4739.6	5.0	88551.1

注：快递业务量2006年及以前为邮政特快专递，2007年起为规模以上(年业务收入200万元以上)快递服务企业业务量。

a) Business volume of express services referred to express mail service in 2006 and before, and referred to business volume of express enterprises above designated size (with business revenue over 2 million yuan) since 2007.

18-39 邮政业网点及邮递线路（年底数）
Postal Offices and Postal Delivery Routes at Year-end

年份 Year 地区 Region	营业网点（处）Number of Offices (unit)	#快递营业网点 Outlets for Express Services	信筒信箱（个）Number of Post Boxes (unit)	农村投递路线（公里）Rural Delivery Routes (km)	城市投递路线（公里）Urban Delivery Routes (km)
1978	49623		156398	4266291	
1980	49471		159009	4138879	
1985	53107		174678	3565758	
1990	53629		181877	3364861	
1991	54006		181939	3371424	
1992	54891		183289	3374556	
1993	57005		187966	3377769	
1994	60447		193902	3364730	
1995	61898		203011	3345848	
1996	72496		217235	3358051	
1997	79273		231337	3402946	
1998	102225		234716	3361484	
1999	66649		232674	3348054	
2000	58437		239356	3364498	
2001	57136		225846	3492761	
2002	76358		217541	3511190	
2003	63555		275962	3531832	
2004	66393		222946	3530508	
2005	65917		202259	3565226	941286
2006	62799		197491	3566982	985785
2007	70655	46981	195336	3637553	1024046
2008	69146	48157	224023	3656936	1111749
2009	65672	35783	206597	3676051	1324378
2010	75739	64394	171043	3690561	1461321
2011	78667	75262	148206	3632579	1171464
2012	95572	89052	150271	3731657	1327674
2013	125115	117651	147351	3744733	1282319
北京 Beijing	3838	3826	6498	18639	43076
天津 Tianjin	1423	1405	3736	19009	15899
河北 Hebei	3349	3260	4314	182970	56743
山西 Shanxi	3228	2727	2373	122559	36458
内蒙古 Inner Mongolia	2682	2104	2361	109302	41590
辽宁 Liaoning	3722	3641	5315	114386	53791
吉林 Jilin	2290	2278	4123	97658	30973
黑龙江 Heilongjiang	2645	2645	3411	124453	44781
上海 Shanghai	4569	4568	3210	22405	61253
江苏 Jiangsu	8913	8913	7530	261629	91543
浙江 Zhejiang	7035	6816	26870	179220	79242
安徽 Anhui	4031	2925	4641	144838	42612
福建 Fujian	4275	4125	9901	91687	32268
江西 Jiangxi	3845	3827	3197	99768	28815
山东 Shandong	6567	6153	6155	272355	89901
河南 Henan	5626	5626	4525	198258	60285
湖北 Hubei	5194	5178	4091	206146	52144
湖南 Hunan	6354	4364	4702	216821	57001
广东 Guangdong	14020	13461	9538	222384	117367
广西 Guangxi	2764	2764	4364	114296	27047
海南 Hainan	878	864	663	25182	12908
重庆 Chongqing	3170	3044	3016	53431	24440
四川 Sichuan	9238	8465	8576	180741	39691
贵州 Guizhou	3076	3070	2395	60222	20609
云南 Yunnan	3321	3095	1817	168999	23615
西藏 Tibet	303	303	338	105926	5175
陕西 Shaanxi	2702	2529	2951	124071	28782
甘肃 Gansu	2039	2028	4253	134717	27866
青海 Qinghai	748	725	325	5291	4723
宁夏 Ningxia	633	541	497	10404	6263
新疆 Xinjiang	2637	2381	1665	56967	25458

18-39 续表 continued

年 份 Year 地 区 Region	邮路总长度(公里) Length of Postal Routes (km)	#航空邮路 Air Mail Routes	#铁路邮路 Railway Routes	#汽车邮路 Highway Routes
1978	4863282		150249	572204
1980	4737124		150819	582058
1985	1416303		181916	658102
1990	1618200		191313	676747
1991	1603344		185872	685759
1992	1646931		189359	712367
1993	1760506		189704	727380
1994	1781787		187871	757931
1995	1886082		183036	819412
1996	2118940		183884	917151
1997	2363108		186382	873688
1998	2853942	1466002	189652	930622
1999	2979007	1569715	190056	989122
2000	3073331	1597044	184925	1070304
2001	3102558	1636435	180399	1074092
2002	3080989	1601388	177685	1112806
2003	3270209	1756337	191351	1137480
2004	3336446	1762990	195998	1194578
2005	3406226	1813959	200180	1229802
2006	3369392	1777368	204733	1230633
2007	3532980	1855335	211534	1302915
2008	3693464	1908316	236860	1385102
2009	4027751	2178332	248876	1450782
2010	4635569	2529232	269700	1753027
2011	5140272	2718292	309027	2017483
2012	5855107	3160292	320144	2289077
2013	5897229	3334949	395809	2070847
北 京 Beijing	228443	243129	77291	99055
天 津 Tianjin	448060	32033	6311	17346
河 北 Hebei	57874	6020	1622	65497
山 西 Shanxi	73422	46260	8179	37944
内蒙古 Inner Mongolia	98198	116300	2718	64496
辽 宁 Liaoning	184995	188669	8318	54029
吉 林 Jilin	251159	99789	10006	30488
黑龙江 Heilongjiang	140651	96768	12944	43736
上 海 Shanghai	153496	97216	17812	56215
江 苏 Jiangsu	197750	97723	1162	129358
浙 江 Zhejiang	228317	220301	26933	176616
安 徽 Anhui	428691	39237	2927	62125
福 建 Fujian	104462	116466	2834	62624
江 西 Jiangxi	182600	23419	3905	53793
山 东 Shandong	81476	125919	15110	101359
河 南 Henan	242453	49043	7621	90521
湖 北 Hubei	147995	68984	10605	74164
湖 南 Hunan	153786	82885	1593	87375
广 东 Guangdong	172456	362210	29758	202189
广 西 Guangxi	594990	201157	27569	62045
海 南 Hainan	291560	80385		10020
重 庆 Chongqing	90861	98635	10129	46328
四 川 Sichuan	154470	139168	22938	92811
贵 州 Guizhou	270825	51399	5880	71890
云 南 Yunnan	129375	158680	31422	84449
西 藏 Tibet	275486	35528	2188	14586
陕 西 Shaanxi	52302	100030	14130	51541
甘 肃 Gansu	168030	118125	6010	58847
青 海 Qinghai	183447	47030	3504	12961
宁 夏 Ningxia	63879	35680	2315	7170
新 疆 Xinjiang	45723	156761	22075	49272

注：邮路总长度1980年及以前为邮路及农村投递路线总长度之和。

a) Length of postal routes before 1981 included the length of postal routes and rural delivery routes.

18-40 电信主要通信能力（年底数）
Main Communication Capacity of Telecommunications at Year-end

年份 地区	Year Region	固定长途电话交换机容量(路端) Capacity of Long-distance Telephone Exchanges (circuit)	局用交换机容量(万门) Capacity of Office Telephone Exchanges (10 000 lines)	移动电话交换机容量(万户) Capacity of Mobile Telephone Exchanges (10 000 subscribers)	移动电话基站(万户) Base Stations of Mobile Telephones (10 000)	光缆线路长度(公里) Length of Optical Cable Lines (km)	#长途光缆线路长度 Length of Long Distance Optical Cable Lines
	1978	1863	405.9				
	1980	1969	443.2				
	1985	11522	613.4				
	1990	161370	1231.8	5.1			3334
	1991	286325	1492.2	10.5			6490
	1992	521885	1915.1	45.3			14388
	1993	1206091	3040.8	156.1			38666
	1994	2416296	4926.2	371.6			73290
	1995	3518781	7203.6	796.7			106882
	1996	4162009	9291.2	1536.2			130159
	1997	4368305	11269.2	2585.7		556921	150754
	1998	4491595	13823.7	4706.7		766582	194100
	1999	5032026	15346.1	8136.0		952228	239735
	2000	5635498	17825.6	13985.6		1212358	286642
	2001	7035769	25566.3	21926.3		1818939	399082
	2002	7730133	28656.8	27400.3	7.4	2252564	487684
	2003	10610724	35082.5	33698.4	8.9	2734807	594303
	2004	12629982	42346.9	39684.3	23.8	3519225	695271
	2005	13716307	47196.1	48241.7	28.1	4072788	723040
	2006	14423427	50279.9	61032.0	35.7	4279559	722439
	2007	17092213	51034.6	85496.1	45.9	5777289	792154
	2008	16907188	50863.2	114531.4	59.7	6778496	797979
	2009	16849027	49265.6	144084.7	111.9	8294565	831011
	2010	16414644	46537.3	150284.9	139.8	9962467	818133
	2011	16023432	43428.4	171636.0	175.2	12119303	842341
	2012	15797426	43749.3	184023.8	206.6	14793300	868175
	2013	12805074	41089.3	196557.3	241.0	17453709	890018
北京	Beijing	565740	1683.3	4820.0	6.2	219961	4122
天津	Tianjin	137246	694.6	2355.0	2.5	130252	3481
河北	Hebei	317770	1567.1	11258.8	9.1	808205	35331
山西	Shanxi	302370	967.8	5255.8	7.4	599865	36085
内蒙古	Inner Mongolia	211164	833.0	6136.3	4.9	352845	57760
辽宁	Liaoning	486698	2041.5	6258.7	8.4	522757	24508
吉林	Jilin	224357	877.6	3814.0	4.3	265265	23431
黑龙江	Heilongjiang	411477	1344.5	5388.7	5.5	434223	45194
上海	Shanghai	741942	1360.4	3923.0	4.7	317956	3664
江苏	Jiangsu	375551	3358.0	10356.5	16.0	1735687	29981
浙江	Zhejiang	851520	2612.8	10807.2	17.4	1156446	25801
安徽	Anhui	207736	828.0	7561.9	7.4	710745	28367
福建	Fujian	550731	1548.0	7726.0	9.8	654370	21692
江西	Jiangxi	342237	837.5	4088.4	7.6	478613	18224
山东	Shandong	457175	2762.8	11424.4	14.3	811453	32373
河南	Henan	1446394	1843.4	8968.1	12.6	838961	31413
湖北	Hubei	490675	1483.0	7235.2	8.6	660229	28125
湖南	Hunan	463700	1297.0	7090.9	9.1	792941	38411
广东	Guangdong	1083374	4086.5	21148.1	21.9	1200748	49890
广西	Guangxi	581925	1829.0	4462.0	7.3	505633	37891
海南	Hainan	91576	227.0	1532.4	2.1	105218	3301
重庆	Chongqing	219016	1025.5	3810.0	5.4	437663	6397
四川	Sichuan	511080	1407.4	14820.6	12.4	1073564	56157
贵州	Guizhou	255375	919.0	4954.0	6.4	498759	35097
云南	Yunnan	224364	804.0	5922.6	8.8	538392	42468
西藏	Tibet	16620	133.7	393.0	0.9	81115	30360
陕西	Shaanxi	441852	1015.3	4961.9	7.7	516241	28394
甘肃	Gansu	274141	524.5	2633.8	4.7	389591	31192
青海	Qinghai	129603	145.6	1130.0	1.3	109343	33583
宁夏	Ningxia	61401	197.1	1158.0	1.2	74047	9708
新疆	Xinjiang	284632	832.3	5162.0	5.0	432625	37620
不分地区	Not Classified by Region	45632	2.1				

注：电话交换机容量不包括用户交换机容量。

a) The capacity of exchanges in this table do not includes the capacity of exchanges owned by users.

18-41 电信通信服务水平（年底数）
Telecommunication Services Available at Year-end

年份 Year 地区 Region		电话普及率（包括移动电话）（部/百人） Popularization Rate of Telephone (Include Mobile Telephone) (sets/100 persons)	固定电话普及率（部/百人） Popularization Rate of Fixed Line Telephone (sets/100 persons)	城市固定电话普及率（部/百人） Popularization Rate of Fixed Line Telephone in Urban Areas (sets/100 persons)	移动电话普及率（部/百人） Popularization Rate of Mobile Telephone (sets/100 persons)	每千人拥有公用电话数（部） Public Telephone owned Per 1 000 Person (set)	开通互联网宽带业务的行政村比重(%) Percentage of Administrative Village with Access to the Internet by Broadband(%)	互联网普及率(%) Popularization Rate of Internet (%)
	1978	0.38	0.38					
	1980	0.43	0.43					
	1985	0.60	0.60					
	1990	1.11	1.11					
	1991	1.29	1.29					
	1992	1.61	1.59		0.02			
	1993	2.20	2.15		0.05			
	1994	3.20	3.07		0.13			
	1995	4.66	4.36		0.30			
	1996	6.33	5.74		0.59			
	1997	8.11	7.04		1.07			
	1998	9.95	8.02		1.93			
	1999	13.12	9.65		3.47			
	2000	19.10	12.38		6.72	2.20		
	2001	26.55	15.08		11.47	2.71		
	2002	33.67	17.53	26.10	16.14	7.67		4.6
	2003	42.16	21.14	31.30	21.02	12.20		6.2
	2004	50.03	24.12	35.90	25.91	17.14		7.3
	2005	57.22	26.96	40.30	30.26	20.63		8.5
	2006	63.40	28.10	41.70	35.30	22.64		10.5
	2007	69.45	27.81	40.60	41.64	22.76		16.0
	2008	74.29	25.76	37.40	48.53	20.98		22.6
	2009	79.89	23.62	33.90	56.27	20.40		28.9
	2010	86.41	22.05	31.20	64.36	19.45	80.11	34.3
	2011	94.81	21.26	30.30	73.55	18.41	84.00	38.3
	2012	103.10	20.60	27.40	82.50	17.40	87.90	42.1
	2013	109.95	19.62	25.24	90.33	16.41	91.00	45.8
北京	Beijing	200.56	41.03	38.09	159.53	43.99	100.00	75.2
天津	Tianjin	113.84	23.96	28.87	89.88	19.33	100.00	61.3
河北	Hebei	97.63	15.72	23.81	81.91	9.52	97.60	46.5
山西	Shanxi	101.65	16.10	22.72	85.55	16.33	100.00	48.6
内蒙古	Inner Mongolia	122.83	15.10	21.67	107.73	9.95	58.70	43.9
辽宁	Liaoning	132.26	27.85	27.43	104.41	20.70	100.00	55.9
吉林	Jilin	107.26	21.04	29.46	86.22	15.20	100.00	42.3
黑龙江	Heilongjiang	98.26	19.50	27.35	78.76	12.59	95.00	39.5
上海	Shanghai	168.52	35.99	39.68	132.52	15.88	100.00	70.7
江苏	Jiangsu	128.87	28.84	25.07	100.03	18.22	100.00	51.7
浙江	Zhejiang	161.02	32.40	29.89	128.62	37.59	100.00	60.8
安徽	Anhui	81.85	16.20	20.92	65.65	10.72	100.00	35.9
福建	Fujian	140.08	26.06	26.58	114.02	16.56	100.00	64.1
江西	Jiangxi	75.83	13.76	17.91	62.07	11.47	97.50	32.6
山东	Shandong	103.16	17.54	19.03	85.62	15.66	100.00	44.7
河南	Henan	89.50	13.01	18.28	76.49	12.55	100.00	34.9
湖北	Hubei	93.13	16.97	20.97	76.16	15.43	92.10	43.1
湖南	Hunan	81.97	13.67	19.47	68.30	11.97	93.00	36.3
广东	Guangdong	167.29	29.12	31.41	138.16	33.48	100.00	66.0
广西	Guangxi	72.55	10.34	14.98	62.20	8.07	95.00	37.9
海南	Hainan	115.26	19.39	25.99	95.87	15.21	100.00	46.4
重庆	Chongqing	99.70	19.54	24.83	80.16	10.27	100.00	43.9
四川	Sichuan	93.71	16.21	25.45	77.50	9.67	75.00	35.1
贵州	Guizhou	86.39	10.36	20.35	76.03	9.10	77.90	32.9
云南	Yunnan	82.81	10.36	18.29	72.46	10.93	78.00	32.8
西藏	Tibet	98.08	12.95	53.17	85.13	7.98	30.00	37.4
陕西	Shaanxi	113.76	20.44	28.74	93.32	15.83	81.00	45.0
甘肃	Gansu	90.64	14.11	26.03	76.53	18.17	48.23	34.7
青海	Qinghai	111.49	17.61	30.90	93.88	8.11	84.80	47.8
宁夏	Ningxia	111.88	16.00	25.57	95.87	9.87	72.50	43.7
新疆	Xinjiang	117.15	22.91	39.09	94.24	19.22	85.10	49.0

18-42 邮政通信服务水平（年底数）
Postal Services Available at Year-end

年份 Year 地区 Region	平均每一营业网点服务人口（万人） Average People Served by Every Postal Office (10 000 persons)	平均每人每年发函件数（件） Annual Average Number of Letters Mailed per Capita (piece)	平均每百人每年订报刊数（份） Annual Average Number of Newspaper and Magazine Subscribed per 100 Persons (piece)	已通邮的行政村比重（%） Percentage of Administrative Village with Posts (%)
1978	1.94	2.95	11.7	
1980	1.98	3.36	16.7	96.5
1985	1.97	4.48	28.8	96.3
1990	2.13	4.82	17.6	96.4
1991	2.14	4.52	20.1	96.4
1992	2.11	4.92	22.2	95.9
1993	2.08	5.82	21.8	96.0
1994	1.98	6.40	20.1	96.2
1995	1.95	6.61	18.0	
1996	1.65	6.62	17.6	
1997	1.56	5.56	17.7	
1998	1.22	5.27	18.4	
1999	1.87	4.90	20.1	
2000	1.77	6.40	16.4	
2001	2.20	6.90	17.2	94.5
2002	1.70	8.30	13.9	97.8
2003	2.03	8.08	12.9	98.0
2004	1.95	6.41	11.4	97.7
2005	1.97	5.66	11.2	99.0
2006	2.09	5.50	11.2	99.4
2007	1.90	5.30	9.9	98.4
2008	1.90	5.60	11.9	98.5
2009	2.03	5.66	10.4	98.8
2010	1.77	5.52	12.8	99.0
2011	1.71	5.50	11.1	98.0
2012	1.42	5.22	11.4	99.1
2013	1.09	4.66	11.0	99.2
北京 Beijing	0.55	33.84	28.8	100.0
天津 Tianjin	1.03	5.86	13.5	100.0
河北 Hebei	2.19	4.38	9.2	100.0
山西 Shanxi	1.12	1.26	10.8	100.0
内蒙古 Inner Mongolia	0.93	0.75	10.0	91.7
辽宁 Liaoning	1.18	1.57	8.6	97.2
吉林 Jilin	1.20	1.59	7.5	100.0
黑龙江 Heilongjiang	1.45	2.26	8.4	100.0
上海 Shanghai	0.53	47.12	38.4	100.0
江苏 Jiangsu	0.89	9.60	15.7	100.0
浙江 Zhejiang	0.78	11.96	21.4	100.0
安徽 Anhui	1.50	2.21	9.4	100.0
福建 Fujian	0.88	5.71	12.4	99.5
江西 Jiangxi	1.18	1.66	8.1	100.0
山东 Shandong	1.48	4.36	9.6	100.0
河南 Henan	1.67	1.87	9.6	99.9
湖北 Hubei	1.12	1.82	14.5	99.1
湖南 Hunan	1.05	0.86	7.3	99.6
广东 Guangdong	0.76	6.59	8.2	100.0
广西 Guangxi	1.71	1.14	8.1	100.0
海南 Hainan	1.02	1.07	12.1	100.0
重庆 Chongqing	0.94	1.80	12.7	98.8
四川 Sichuan	0.88	1.64	8.1	98.8
贵州 Guizhou	1.14	1.48	7.8	91.9
云南 Yunnan	1.41	1.54	6.9	100.0
西藏 Tibet	1.03	1.18	16.3	95.6
陕西 Shaanxi	1.39	1.75	9.2	100.0
甘肃 Gansu	1.27	1.24	6.7	100.0
青海 Qinghai	0.77	0.71	7.4	73.6
宁夏 Ningxia	1.03	1.40	9.2	100.0
新疆 Xinjiang	0.86	0.90	15.7	99.9

18-43 互联网主要指标发展情况(年底数)

Main Indicators on Internet Development at Year-end

年 份 Year / 地 区 Region		互联网上网人数(万人) Number of Internet Users (10 000 persons)	域名数(万个) Number of Domain Names (10 000 units)	网站数(万个) Number of Websites (10 000 sites)	网页数(万个) Number of Webpages (10 000 pages)	IPv4地址数(万个) IPv4 Addresses (10 000)	IPv6地址数(块/32) IPv6 Addresses (unit/32)
	1995						
	1996						
	1997	62					
	1998	210					
	1999	890					
	2000	2250		26.5			
	2001	3370		27.7		2182.0	
	2002	5910		37.2		2900.0	
	2003	7950		59.6		4146.0	
	2004	9400		66.9		5994.6	
	2005	11100	259.2	69.4		7439.1	
	2006	13700	410.9	84.3	447257.8	9801.6	
	2007	21000	1193.1	150.4	847108.5	13527.5	
	2008	29800	1682.6	287.8	1608637.0	18127.3	
	2009	38400	1681.8	323.2	3360173.2	23244.6	
	2010	45730	865.6	190.8	6000806.0	27763.7	
	2011	51310	774.8	229.6	8658229.8	33044.0	
	2012	56400	1341.2	268.1	12274681.7	33053.0	
	2013	61758	1843.6	320.2	15004076.3	24668.5	14342
北 京	Beijing	1556	185.7	43.9	3773152.1	551.0	4
天 津	Tianjin	866	11.5	3.7	725108.4	284.8	4
河 北	Hebei	3389	25.3	9.0	543080.0	841.4	7
山 西	Shanxi	1755	8.2	3.5	412507.8	467.5	4
内蒙古	Inner Mongolia	1093	4.6	1.2	22709.6	241.4	4
辽 宁	Liaoning	2453	22.3	8.6	228211.0	875.4	4
吉 林	Jilin	1163	7.6	2.1	105090.9	365.7	4
黑龙江	Heilongjiang	1514	85.7	2.7	6482.1	422.2	4
上 海	Shanghai	1683	78.3	31.7	921222.8	981.5	14
江 苏	Jiangsu	4095	64.9	16.6	1259479.9	1198.2	14
浙 江	Zhejiang	3330	69.1	22.0	2126604.5	1484.5	14
安 徽	Anhui	2150	21.2	3.8	129682.7	509.4	7
福 建	Fujian	2402	66.1	22.1	90848.3	1603.6	14
江 西	Jiangxi	1468	9.6	2.2	265168.2	1083.1	7
山 东	Shandong	4329	432.4	14.6	535262.8	493.9	7
河 南	Henan	3283	36.8	11.1	445741.1	359.4	7
湖 北	Hubei	2491	21.0	6.4	167299.5	632.9	7
湖 南	Hunan	2410	18.0	5.0	53045.0	780.5	7
广 东	Guangdong	6992	355.4	53.6	2543906.2	2507.4	14
广 西	Guangxi	1774	9.2	2.5	112995.9	345.0	7
海 南	Hainan	411	13.6	1.2	144738.3	98.8	4
重 庆	Chongqing	1293	14.0	3.1	24158.6	526.8	7
四 川	Sichuan	2835	34.0	11.0	39295.8	795.6	14
贵 州	Guizhou	1146	4.3	1.0	417.1	169.3	7
云 南	Yunnan	1528	8.4	1.4	275527.5	313.0	7
西 藏	Tibet	115	0.5	0.1	140.4	37.8	4
陕 西	Shaanxi	1689	13.2	3.7	41175.1	347.3	7
甘 肃	Gansu	894	2.9	0.7	3933.4	158.6	7
青 海	Qinghai	274	1.1	0.2	9.6	55.4	4
宁 夏	Ningxia	283	1.6	0.4	948.5	72.2	4
新 疆	Xinjiang	1094	4.1	0.8	6133.0	193.0	7
不分地区	Not Classified by Region		213.0	30.3		5872.0	14122

18-43 续表 continued

年份 Year 地区 Region		互联网宽带接入端口(万个) Broad Band Subscribers Port of Internet (10 000 ports)	互联网拨号用户(万户) Dial-up Subscribers of Internet (10 000 subscribers)	互联网宽带接入用户(万户) Broadband Subscribers of Internet (10 000 subscribers)	#城市宽带接入用户 Urban Broadband Subscribers	#农村宽带接入用户 Rural Broadband Subscribers
	1995		0.7			
	1996		3.6			
	1997		16.0			
	1998		67.7			
	1999		299.4			
	2000		900.5			
	2001		3652.7			
	2002		5246.5	325.3		
	2003	1802.3	5653.1	1115.1		
	2004	3578.1	5122.3	2487.5		
	2005	4874.7	3559.5	3735.0		
	2006	6486.4	2644.6	5085.3		
	2007	8539.3	1941.0	6641.4		
	2008	10890.4	1227.8	8287.9		
	2009	13835.7	754.4	10397.8		
	2010	18781.1	590.1	12629.1	9963.5	2475.7
	2011	23239.4	550.7	15000.1	11691.4	3308.8
	2012	32108.4	569.8	17518.3	13442.4	4075.9
	2013	35945.3	485.1	18890.9	14153.6	4737.3
北京	Beijing	1186.8	45.9	480.4	383.6	96.8
天津	Tianjin	353.9	12.4	188.4	187.9	0.5
河北	Hebei	2049.3	0.1	1031.6	601.1	430.4
山西	Shanxi	881.7	3.5	521.3	470.2	51.1
内蒙古	Inner Mongolia	677.2		284.4	223.5	60.9
辽宁	Liaoning	1631.4	22.2	726.9	619.4	107.5
吉林	Jilin	695.0	6.0	379.6	303.6	76.0
黑龙江	Heilongjiang	865.2	10.1	459.6	402.1	57.5
上海	Shanghai	1374.6	1.1	511.1	511.1	
江苏	Jiangsu	3063.2	11.1	1431.3	856.2	575.2
浙江	Zhejiang	2447.4	35.8	1242.7	702.3	540.4
安徽	Anhui	1124.6	20.1	546.8	404.8	142.0
福建	Fujian	1439.4	16.6	835.6	595.4	240.2
江西	Jiangxi	868.6	2.8	410.1	306.2	103.9
山东	Shandong	2537.0	40.1	1465.1	1016.3	448.8
河南	Henan	1747.0	103.3	1000.5	698.8	301.7
湖北	Hubei	1153.2	13.3	813.3	669.3	144.1
湖南	Hunan	1219.6	0.1	702.4	562.1	140.2
广东	Guangdong	3325.2	72.6	2081.7	1563.1	518.6
广西	Guangxi	978.8	8.9	559.6	457.1	102.6
海南	Hainan	198.6		110.9	84.9	26.0
重庆	Chongqing	778.8		438.8	372.1	66.6
四川	Sichuan	1775.7	13.9	835.2	646.5	188.7
贵州	Guizhou	494.2	5.4	292.4	247.8	44.5
云南	Yunnan	736.9	6.4	404.7	327.8	76.9
西藏	Tibet	44.1		19.1	19.1	0.0
陕西	Shaanxi	940.9	13.9	506.2	409.8	96.4
甘肃	Gansu	460.3	10.7	192.2	158.1	34.0
青海	Qinghai	117.8	0.6	54.9	51.1	3.7
宁夏	Ningxia	150.3	1.6	71.1	63.4	7.7
新疆	Xinjiang	628.6	6.4	293.0	238.6	54.4

18-44 软件和信息技术服务业主要经济指标
Main Indicators on Software and Information Technology Services

年份 地区	Year Region	软件业务收入(万元) Software Income (10 000 yuan)	#软件产品收入 Software Products Income	#信息系统集成服务收入 Information System Integration Service Income	#信息技术咨询服务收入 Information Technology Consulting Serivce Income	#数据处理和存储服务收入 Data Processing and Storage Service Income	#嵌入式系统软件收入 Embedded System and Software Income	#集成电路设计收入 Integrated Circuit Design Income
	2010	135885509.6	49305319.5	31166873.2	11998876.1	17634255.3	21283328.4	4496857.1
	2011	188489906.0	61921545.6	40835066.3	18015462.3	30660054.0	30737710.2	6320067.6
	2012	247937523.5	78572418.6	55832575.8	24353980.7	41560128.7	39916145.7	7702274.0
	2013	305874743.1	98768380.6	65490565.1	30140910.2	54817343.5	46801021.5	9856522.2
北京	Beijing	42106310.5	15544967.1	10521853.2	2986873.7	12164397.6	74747.5	813471.5
天津	Tianjin	7113918.4	2050110.8	892798.0	831702.3	990599.5	1126643.2	1222064.7
河北	Hebei	1342256.2	358602.3	906357.6	53417.6	9722.3	12360.4	1796.0
山西	Shanxi	277591.7	147671.0	92655.6	10319.1	3355.7	23403.3	187.0
内蒙古	Inner Mongolia	278410.7	135935.5	102911.7	31728.1	6039.6	1777.9	18.0
辽宁	Liaoning	27795022.5	9700131.9	6662474.7	3977156.8	3999568.8	3199471.4	256219.0
吉林	Jilin	3195737.2	825656.0	905192.9	552852.0	412587.4	499138.2	310.8
黑龙江	Heilongjiang	1182164.4	504758.1	284048.2	205311.8	132315.4	55010.9	720.0
上海	Shanghai	25389882.1	8693380.4	4757608.8	2565003.7	5545072.3	1632298.8	2196518.1
江苏	Jiangsu	51772720.4	16017598.5	8534653.3	3311671.2	6071391.8	15682096.6	2155309.0
浙江	Zhejiang	18988428.1	5527447.0	3462372.2	916640.8	6582901.5	2099866.7	399200.0
安徽	Anhui	995708.8	507062.3	313286.1	57337.9	50342.8	67353.0	326.7
福建	Fujian	10140097.4	3303400.8	2896236.5	1297106.3	886139.3	1301203.4	456011.2
江西	Jiangxi	650214.7	182318.2	282611.4	84825.0	40225.5	16878.8	43355.9
山东	Shandong	22640508.0	7933664.4	4398113.6	3334580.1	2031915.4	4679161.3	263073.2
河南	Henan	1932503.3	716345.7	806409.6	216397.0	63913.4	108907.0	20530.6
湖北	Hubei	7094477.7	3069069.7	1412348.8	544252.7	1352229.4	654307.1	62270.0
湖南	Hunan	2556575.6	1115257.3	699903.3	26312.4	60862.6	653404.5	835.5
广东	Guangdong	49063789.7	13455542.3	8134032.8	4150936.6	8691771.4	13624010.1	1007496.6
广西	Guangxi	754923.9	342650.5	284394.6	53249.3	61003.1	11746.7	1879.8
海南	Hainan	157957.7	45322.4	97966.8	7038.0	7277.2	353.3	
重庆	Chongqing	5469408.2	750026.7	1813422.9	981108.2	1384059.5	527894.3	12896.6
四川	Sichuan	16003085.7	5345358.9	3879166.0	2151603.1	3906156.2	76095.1	644706.5
贵州	Guizhou	707286.0	286687.0	380754.0	20720.0	6905.0	11772.0	448.0
云南	Yunnan	552840.7	80557.5	410913.0	16501.3	42225.6	2643.4	
西藏	Tibet							
陕西	Shaanxi	6883101.7	1966776.6	2050169.0	1695387.1	229289.0	645135.4	296344.5
甘肃	Gansu	245034.4	81582.3	122138.0	13371.6	23358.6	4550.9	33.0
青海	Qinghai	8952.2	674.0	5133.8	735.7	991.2	1417.5	
宁夏	Ningxia	79315.2	33392.7	32781.0	4097.5	3016.8	6027.1	
新疆	Xinjiang	496519.9	46433.1	347857.7	42673.3	57709.8	1346.0	500.1

注：本表统计口径为主营业务收入100万元以上的软件和信息技术服务业企业。

a) Data in the table cover software and IT service enterprises with revenue from principal business of over 1 million yuan.

18-45 按行业分企业信息化及电子商务情况(2013年)
Informatization and E-Commerce of Enterprises by Industrial Sector(2013)

行业	Industry	企业数(个) Number of Enterprises (unit)	期末使用计算机数(台) Computers Used at the End of Period (unit)	每百人使用计算机数(台) Computers Used Per 100 Persons (unit)	企业拥有网站数(个) Websites of Enterprises (unit)	每百家企业拥有网站数(个) Websites Per 100 Enterprises (unit)
总　计	**Total**	**853705**	**36530303**	**20**	**486884**	**57**
采矿业	Mining	16606	1123957	14	5861	35
制造业	Manufacturing	335108	14438134	17	226412	68
电力、热力、燃气及水生产和供应业	Production and Supply of Electricity, Heat, Gas and Water	8427	1776050	51	4755	56
建筑业	Construction	88655	3334861	7	35318	40
批发和零售业	Wholesale and Retail Trades	169402	4310019	38	77447	46
交通运输、仓储和邮政业	Transport, Storage and Post	30804	1601025	24	13577	44
住宿和餐饮业	Hotels and Catering Services	43809	832888	19	21269	49
信息传输、软件和信息技术服务业	Information Transmission, Software and Information Technology	11087	3606397	115	26841	242
房地产业	Real Estate	90825	1711321	37	36504	40
租赁和商务服务业	Leasing and Business Services	25659	1410417	34	16951	66
科学研究和技术服务业	Scientific Research and Technical Services	15649	1445810	69	10126	65
水利、环境和公共设施管理业	Management of Water Conservancy, Environment and Public Facilities	3595	100114	19	2094	58
居民服务、修理和其他服务业	Service to Households, Repair and Other Services	4132	87812	13	1938	47
教育	Education	2739	245636	76	1849	68
卫生和社会工作	Health and Social Service	2946	200423	42	2393	81
文化、体育和娱乐业	Culture, Sports and Entertainment	4262	305439	60	3549	83

注：有电子商务交易活动的企业是指通过互联网开展电子商务销售或电子商务采购的企业(下表同)。

a) Enterprises with E-Commerce Transactions refers to those enterprises which performed sales or purchases through Internet. The same applies to the tables following.

18-45 续表 continued

行业	Industry	有电子商务交易活动 With E-Commerce Transactions		电子商务销售额(亿元) Sales of E-Commerce (100 million yuan)	销售给单位金额 (B2B)	销售给个人金额 (B2C)	电子商务采购额(亿元) Purchases of E-Commerce (100 million yuan)
		企业数(个) Enterprises (unit)	比重(%) Proportion (%)				
总　计	**Total**	**44289**	**5.2**	**56683.6**	**50643.8**	**6039.8**	**34662.9**
采矿业	Mining	185	1.1	151.9	151.3	0.6	928.5
制造业	Manufacturing	24217	7.2	31358.2	30246.8	1111.4	20521.7
电力、热力、燃气及水生产和供应业	Production and Supply of Electricity, Heat, Gas and Water	189	2.2	2986.5	2983.8	2.6	2640.3
建筑业	Construction	2390	2.7	66.6	63.9	2.7	735.1
批发和零售业	Wholesale and Retail Trades	6792	4.0	17365.3	14061.4	3303.8	8968.6
交通运输、仓储和邮政业	Transport, Storage and Post	1000	3.2	1963.5	1501.4	462.1	96.0
住宿和餐饮业	Hotels and Catering Services	3912	8.9	85.7	51.4	34.3	8.6
信息传输、软件和信息技术服务业	Information Transmission, Software and Information Technology	1555	14.0	1883.8	1031.4	852.4	459.5
房地产业	Real Estate	1153	1.3	22.9	12.6	10.3	6.0
租赁和商务服务业	Leasing and Business Services	1243	4.8	665.5	443.9	221.6	171.7
科学研究和技术服务业	Scientific Research and Technical Services	561	3.6	63.1	47.8	15.3	108.4
水利、环境和公共设施管理业	Management of Water Conservancy, Environment and Public Facilities	251	7.0	9.5	3.0	6.4	0.3
居民服务、修理和其他服务业	Service to Households, Repair and Other Services	131	3.2	1.8	1.3	0.5	5.9
教育	Education	71	2.6	9.4	1.9	7.5	0.2
卫生和社会工作	Health and Social Service	97	3.3	1.2	0.7	0.4	4.1
文化、体育和娱乐业	Culture, Sports and Entertainment	542	12.7	48.8	41.0	7.8	8.1

18-46 分地区企业信息化及电子商务情况(2013年)
Informatization and E-Commerce of Enterprises by Region (2013)

地区	Region	企业数(个) Number of Enterprises (unit)	期末使用计算机数(台) Computers Used at the End of Period (unit)	每百人使用计算机数(台) Computers Used Per 100 Persons (unit)	企业拥有网站数(个) Websites of Enterprises (unit)	每百家企业拥有网站数(个) Websites Per 100 Enterprises (unit)	有电子商务交易活动 With E-Commerce Transactions: 企业数(个) Enterprises (unit)	比重(%) Proportion (%)	电子商务销售额(亿元) Sales of E-Commerce (100 million yuan)	销售给单位金额 (B2B)	销售给个人金额 (B2C)	电子商务采购额(亿元) Purchases of E-Commerce (100 million yuan)
全 国	**National Total**	**853705**	**36530303**	**20**	**486884**	**57**	**44289**	**5.2**	**56683.6**	**50643.8**	**6039.8**	**34662.9**
北 京	Beijing	34519	3162341	57	20525	59	2576	7.5	7467.6	6424.9	1042.7	4877.7
天 津	Tianjin	17163	795258	27	9147	53	924	5.4	1053.7	967.9	85.7	930.8
河 北	Hebei	25366	932566	16	12779	50	682	2.7	1166.0	1078.4	87.6	809.3
山 西	Shanxi	13224	551072	16	5710	43	233	1.8	315.3	286.5	28.8	295.9
内蒙古	Inner Mongolia	10439	396768	17	4852	46	205	2.0	212.7	178.1	34.7	86.2
辽 宁	Liaoning	38190	1172900	16	16012	42	766	2.0	1327.6	1163.1	164.5	848.5
吉 林	Jilin	11326	421497	17	5089	45	195	1.7	159.6	122.8	36.8	100.4
黑龙江	Heilongjiang	11528	447855	19	4374	38	173	1.5	364.4	319.0	45.5	612.6
上 海	Shanghai	34336	2693628	41	24234	71	1959	5.7	4422.6	3658.3	764.3	2339.8
江 苏	Jiangsu	104560	3911073	17	76060	73	5848	5.6	7173.1	6760.2	412.9	3458.8
浙 江	Zhejiang	75466	2958685	18	48764	65	8713	11.5	4305.2	3945.7	359.5	1620.0
安 徽	Anhui	31709	985907	16	20300	64	1506	4.7	1355.1	1196.3	158.8	1051.0
福 建	Fujian	33637	1261514	15	19025	57	1937	5.8	1710.5	1576.0	134.5	709.8
江 西	Jiangxi	15259	509018	12	8805	58	494	3.2	739.5	662.6	76.9	437.9
山 东	Shandong	80685	2253930	15	39760	49	3685	4.6	4111.4	3871.2	240.2	3527.7
河 南	Henan	42405	1173632	12	20927	49	1193	2.8	1831.8	1805.5	26.3	861.6
湖 北	Hubei	36376	1230455	18	19512	54	1228	3.4	1843.1	1662.1	181.1	946.0
湖 南	Hunan	28679	904501	16	14770	52	1151	4.0	1364.9	1287.4	77.5	692.7
广 东	Guangdong	88121	5611448	26	55718	63	6787	7.7	10279.1	9004.8	1274.3	7690.8
广 西	Guangxi	13054	503282	17	5982	46	489	3.7	544.5	512.9	31.7	250.4
海 南	Hainan	2735	146446	34	1904	70	131	4.8	177.2	93.0	84.3	70.1
重 庆	Chongqing	18389	760575	17	8713	47	640	3.5	999.8	937.8	62.0	213.7
四 川	Sichuan	31129	1386034	18	17143	55	1171	3.8	925.9	578.9	347.0	721.0
贵 州	Guizhou	9683	335967	20	4146	43	295	3.0	667.5	509.9	157.6	322.4
云 南	Yunnan	13314	531742	21	6373	48	407	3.1	1182.3	1146.8	35.4	503.4
西 藏	Tibet	487	17159	22	207	43	18	3.7	33.8	32.1	1.7	19.9
陕 西	Shaanxi	13102	639118	20	7277	56	354	2.7	552.1	502.9	49.2	293.7
甘 肃	Gansu	6840	246424	16	3297	48	203	3.0	225.1	210.3	14.8	127.5
青 海	Qinghai	1755	93675	23	886	50	41	2.3	35.3	35.1	0.1	23.8
宁 夏	Ningxia	2935	128788	20	1628	55	109	3.7	86.3	66.5	19.8	32.1
新 疆	Xinjiang	7294	367045	20	2965	41	176	2.4	50.6	46.9	3.8	187.6

主要统计指标解释

铁路营业里程　又称营业长度，指投入客货运输营业或临时营业的线路长度。

电气化里程　指具备了电力机车牵引条件，并已交付运营的线路里程。

铁路自动、半自动闭塞里程　为保证列车安全运行，在一个区间、同一时间内，一般只允许一列列车运行，这种保证列车在这个区间安全间隔运行的技术方法称为“闭塞”。自动闭塞是根据列车运行及有关闭塞分区状态，自动变换通过信号机显示而司机凭信号显示行车的闭塞方法，采用此方式的闭塞公里为自动闭塞里程。半自动闭塞是由人工办理闭塞手续，列车凭信号显示发车后，出站信号机自动关机闭塞，靠车站值班员确认列车整列到达，办理区间闭塞复原的一种闭塞方式，采用此方式的闭塞公里为半自动闭塞里程。

公路里程　指报告期末公路的实际长度。统计范围：包括城间、城乡间、乡（村）间能行驶汽车的公共道路，公路通过城镇街道的里程，公路桥梁长度、隧道长度、渡口宽度。不包括城市街道里程，断头路里程，农（林）业生产用道路里程，工（矿）企业等内部道路里程。统计原则：按已竣工验收或交付使用的实际里程计算；两条或多条公路共同经由同一路段的重复里程，只计算一次。

内河航道里程　指在一定时期内，能通航运输船舶及排筏的天然河流、湖泊水库、运河及通航渠道的长度。包括全年季节性通航累计三个月以上的航道，不包括仅供零散流放竹、木排的河道。两省以河为界的航道里程，双方均按一半计算，以免重复。

定期航班航线里程　指定期航班营运里程的总长度，以万公里为计算单位。航线里程的统计分为按重复距离计算和按不重复距离计算两种形式。“按重复距离计算”是指不同航线的相同航段距离可以重复累加；“按不重复距离计算”则不同航线相同航段只统计一次。

管道输油（气）里程　指油、气、成品油等各类介质实际输送距离，是反映运输管线长度的指标，也是计算周转量的依据。对于有复线和备用线的地段，原则上按单线计算管输里程。双线同时输送又不能分开计量的情况下，管输里程为双线长度之和除以2。

货（客）运量　指在一定时期内，各种运输工具实际运送的货物重量(旅客数量)。该指标是反映运输业为国民经济和人民生活服务的数量指标，也是制定和检查运输生产计划、研究运输发展规模和速度的重要指标。货运按吨计算，客运按人计算。货物不论运输距离长短、货物类别，均按实际重量统计。旅客不论行程远近或票价多少，均按一人一次客运量统计；半价票、小孩票也按一人统计。

货（客）运密度　指在一定时期内某种运输方式在营运线路的某一区段平均每公里线路通过的货物(旅客)运输周转量。计算公式为：

$$货(客)运密度=\frac{货物(旅客)周转量}{营业线路长度}$$

该指标可以反映交通运输线路上的货物(旅客)运输量运输繁忙程度，是平衡运输线路运输能力和通过能力，规划线路建设及改造、配备技术设备，研究运输网布局的重要依据。

货物（旅客）周转量　指在一定时期内，由各种运输工具运送的货物(旅客)数量与其相应运输距离的乘积之总和。该指标可以反映运输业生产的总成果，也是编制和检查运输生产计划，计算运输效率、劳动生产率以及核算运输单位成本的主要基础资料。计算货物周转量通常按发出站与到达站之间的最短距离，也就是计费距离计算。计算公式为：

货物（旅客）周转量=Σ（货物（旅客）运输量×运输距离）

铁路货车平均静载重　指货物在装车时的静止装载重量。计算公式为：

货车平均静载重(吨)=货物发送吨数／装车数

铁路货运机车日产量　指在一定时期内，平均每台货运机车在一昼夜内所完成的总重吨公里数，包括载运货物的重量和车辆本身的自重。该指标从时间和牵引能力两方面反映了机车运用效率。计算公式为：

$$货运机车平均日产量=\frac{货运总重吨公里数}{货运机车台日数}$$

港口货物吞吐量　指经由水路进、出港区范围，并经过装卸的货物数量。按货物流向分为进港吞吐量和出港吞吐量，按货物的贸易性质分为内贸和外贸吞吐量。货物类别根据现行的交通行业《运输货物分类和代码》标准分类。

民用运输船舶拥有量　指报告期末在水路运输管理部门注册登记的从事水上客、货运输活动的我国企业或私人拥有的营业性运输船舶（含我国企业或私人拥有的悬挂外国旗的船舶）数量。不包括非运输船舶及农业、渔业生产船舶。

民用汽车拥有量　指报告期末，在公安交通管理部门按照《机动车注册登记工作规范》，已注册登记领有民用车辆牌照的全部汽车数量。汽车拥有量统计的主要分类：根据汽车结构分为载客汽车、载货汽车及其他汽车；根据汽车所有者不同分为个人(私人)汽车、单位汽车；根据汽车的使用性质分为营运汽车、非营运汽车；根据汽车大小规格不同，载客汽车分为大型、中型、小型和微型，载货汽车分为重型、中型、轻型和微型。

邮电业务总量　指以货币形式表现的邮电企业为社会提供各类邮电通信服务的总数量。该指标是用于观察邮电业

务发展变化总趋势的综合性总量指标，分别按邮政业务总量和电信业务总量统计。邮电业务总量是以各类业务的实物量分别乘以相应的不变单价，求出各类业务的货币量加总求得。不变单价是一定时期内计算业务总量的同度量因素，是根据基年各类邮电业务量与相对应的邮电业务收入测算的平均单价。

移动电话用户 指在电信运营企业营业网点办理开户登记手续，通过移动电话交换机进入移动电话网，占用移动电话号码的各类电话用户。包括各类签约用户、智能网预付费用户、无线上网卡用户。

互联网上网人数 指过去半年内使用过互联网的 6 周岁及以上中国居民人数。

固定电话用户 指在电信企业营业网点办理开户登记手续并已接入固定电话网上的全部电话用户。包括普通电话用户、无线市话用户、公用电话用户、窄带综合业务数字网（N—ISDN）用户、智能网专用接入终端用户等。

城市电话用户 指按行政区划属于中央直辖市、省辖市、地级市、县级市的市区、市郊区及县城区范围内的电话用户数。包括分布在农村地区但以县团级以上建制的独立工矿区、林区、驻军的电话用户。

农村电话用户 指按行政区划属于城市范围以外的乡（镇）、村电话用户。

住宅电话用户 指私人付费或安装在居民住宅并按照私人或住宅电话用户登记注册和收费的各类电话用户。

长途电话交换机容量 指电信企业用于接入长途电话网的电话交换机的设备额定容量。

局用交换机容量 指安装在电信企业内用于接续本地固定电话的电话交换机容量，包括接入网设备容量（安装在电信运营企业用于连接语音用户的远端节点的设备容量）。

移动电话交换机容量 指移动电话交换机根据一定话务模型和交换机处理能力计算出来的最大同时服务用户的数量。按报告期末已割接入网正式投入使用的设备实际容量统计。

互联网宽带接入端口 指用于接入互联网用户的各类实际安装运行的接入端口的数量，包括 xDSL 用户接入端口、LAN 接入端口、其他类型接入端口等，不包括窄带拨号接入端口。

Explanatory Notes on Main Statistical Indicators

Length of Railways in Operation refers to the total length of the trunk line for passenger and freight transportation in full operation or temporary operation.

Length of Electrified Trunk Line refers to the length of the trunk line capable for the running of electrified locomotives and having been put into operation.

Length of Automatic-blocking and Semi-automatic-blocking Railways Blocking is a spacing technique by which a section of the railway only allows one train to pass at a time with the aim of ensuring traffic safety. Automatic-blocking is the blocking method that signal display transforms automatically based on the state of train operation and related block partition, while the driver operates according to the signal display. The section which is blocked using the above method is called as length of automatic-blocking railways. Semi-blocking is realized manually. After the train departs based on signal display, the departure signal machine will perform automatic shutdown blocking, while the station attendant will conduct restoration of section blocking with arrival confirmation of the entire train. The section which is blocked using the above method is called as length of semi-automatic-blocking railways.

Length of Highways refers to the actual length of highways at the end of reference period. It covers public roads running vehicles among cities, city and rural areas, township (villages), highways passing through streets at small cities and towns, length of bridges and tunnels, width of ferry piers. It does not include the length of streets in cities, dead end highways, the length of streets built for agricultural (forest) production and inside factories (mines). It can only be calculated with the actual mileage having been completed, checked and accepted or put into operation. If two or more highways go the same section of the way, the length of the section is only calculated for once.

Length of Navigable Inland Waterways refers to the length of natural rivers, lakes, reservoirs and canals that are open to navigation for ships and rafts during a given period. It includes the channels with annual seasonal navigation for more than three months other than the waterways only for scattered bamboo and wooden rafts. If two provinces share one river as the border, the length of waterways will be half divided for each province to avoid duplication.

Length of Routes with Scheduled Flights refers to the total length of all routes for scheduled flights, which is calculated using million kilometres as the unit. There are usually two ways to calculate the route length: duplicated calculation and non-duplicated calculation. Duplicated calculation means that the same segment of different routes can be added duplicately, while the non-duplicated calculation allows the same segment of different routes be counted once only.

Length of Oil (Gas) Pipelines refers to the actual transport distance of oil, gas and oil products, an indicator reflecting the length of transportation routes and a reference to calculate the freight-kilometers. For those sections with double pipelines and alternate pipeline, the length will be calculated according to the length of single pipeline in principle. If the double pipelines perform the transportation at the same time and unable to be counted separately, the length of pipelines will be the length of double pipelines divided by 2.

Freight (Passenger) Traffic refers to the weight of freight (number of passenger) transported with various means within a specific period of time. This indicator reflects the service of the transport industry towards the national economy and people's living conditions, as well as an important indicator used in formulating and monitoring transport production plans and research into the scale and pace of transport development. Freight transport is calculated in tons and passenger traffic is calculated in terms of number of persons. Freight transport is calculated in terms of the actual weight of the goods and takes no account of the type of freight and distance of travel. Passenger traffic is calculated by the principle that one person can be counted only once in one trip and takes no account of the travelling distance and ticket price. The passengers who travel with a half price ticket or a child's ticket is also calculated as one person.

Freight (Passenger) Traffic Density refers to the freight (passenger) traffic volume carried by a particular means of transportation during a given period through one kilometre of a specific section of transportation route. The formula is as follows:

$$\begin{array}{c}\text{Freight (Passenger)}\\ \text{traffic density}\end{array} = \frac{\begin{array}{c}\text{freight ton - kilometres}\\ \text{(passenger - kilometres)}\end{array}}{\begin{array}{c}\text{length of route}\\ \text{in operation}\end{array}}$$

Freight (passenger) traffic density reflects how busy freight (passenger) traffic is on transportation routes. It provides an important basis for balancing transport capability and throughput capability, planning construction and upgrading of transport routes, installing technical facilities and studying the distribution of transport networks.

Freight Ton-kilometres (Passenger-kilometres) refers to the sum of the product of the volume of transported cargo (passengers) multiplied by the transport distance. It is an important indicator to reflect the achievement of the transportation industry. This is an important indicator to show the total results of the transport industry; to prepare and examine the transport plan; and to serve as the main basic data for calculating the efficiency, labour productivity and unit cost of transport. Normally, the shortest distance between the departure station and the destination station (i.e., the payable distance) is the basis in calculating the freight ton-kilometres. The formula is as follows:

$$\text{Freight ton-kilometres (passenger-kilometres)} = \sum \text{freight (passenger) traffic} \times \text{distance of transportation}$$

Average Static Load of Freight Cars refers to the average cargo weight when loaded onto each freight car under the static condition. For its calculation, the following formula is applied:

$$\text{Average static load of freight cars (tons)} = \frac{\text{Tonnage of goods dispatched}}{\text{Number of freight cars loaded}}$$

Average Daily Haul of Freight Locomotives refers to the average total ton-kilometres accomplished by each freight transport locomotive over one day and night during a given period of time. It includes both the weight of the goods carried and the dead weight of the train itself. It is a comprehensive indicator reflecting the locomotive efficiency in terms of both time and the pulling force.

$$\text{Average daily haul of freight transport locomotive (ton-kilometre)} = \frac{\text{Total ton-kilometres of freight}}{\text{Daily number of freight transport locomotive}}$$

Volume of Freight Handled in Coastal Ports above Designated Size refers to the volume of cargo passing in and out of the harbour area of the major coastal ports and having been loaded and unloaded. The volume of freight handled may be classified by direction of cargo flow as in-port freight and out-port freight, or by nature of cargo as freight for domestic trade and freight for foreign trade. It can also be classified by type of freight based on the existing standard classification for transportation industry "*Classification and Coding for Freight*".

Possession of Civil Transport Vessels refers to the total number at the end of reference period of operating transport vessels owned by Chinese enterprises or privately that are registered in the water transportation management institutions and permitted to perform cargo transport activities (including vessels with foreign flags but owned by Chinese enterprises or citizens). Non-transport vessels and vessels used for agriculture and fishery are not included.

Possession of Civil Motor Vehicles refer to the total numbers of vehicles that are registered and received vehicles license tags according to the *Work Standard for Motor Vehicles Registration* formulated by the Transport Management Office under the department of public security at the end of the reference period. They are divided into categories. According to the structure of motor vehicles, they are divided into passenger vehicles, trucks and others; according to ownership into private vehicles and vehicles for the unit's use; according to kind of usage into working vehicles and non-working vehicles; and according to size of vehicles into large passenger vehicles, medium-sized passenger vehicles, small passenger vehicles and mini passenger vehicles, heavy trucks, light-heavy trucks, light trucks and mini-trucks.

Business Volume of Post and Telecommunications refers to the total amount of postal and telecommunication services, expressed in value terms, provided by the post and telecommunications departments for society. This indicator reflects the overall results of development of postal and telecommunication services. It can be classificated as postal services and telecommunication services. Business volume of post and telecommunications is the sum of each service in kind multiplying with its correspondent unit price (constant price).

Mobile Telephone Subscribers refer to persons who have gone through registration procedures in the operation points of enterprises engaged in telecommunications and are hence connected with the mobile telephone communication network through the mobile telephone switchboards and occupy mobile phone numbers. Included are various types of subscriber, prepaid users for intelligent network and wireless network card users.

Internet Users refer to the number of Chinese citizens aged 6 and over who use the Internet in the past six months.

Local Telephone Subscribers refer to all subscribers who have gone through registration procedures in the operation points of enterprises engaged in telecommunications and are hence connected to the local telecommunications service provider through fixed line network. Included are general subscribers, wireless local telephone subscribers, public telephones subscribers, N-ISDN subscribers and intelligent network terminal subscribers.

Urban Telephone Subscribers refer to the number of telephone subscribers, located at the municipalities directly under the Central Government, cities under the jurisdiction of province, cities at prefecture level, downtown and suburb of city at county level town and county towns according to the administrative division, including subscribers in rural mineral area, forest area, military area that are at or above county level.

Rural Telephone Subscribers refer to telephone subscribers, located at the towns and villages outside the coverage of urban areas according to the administrative division.

Household Telephone Subscribers refer to all kinds of subscribers with telephone sets paid privately or installed in the dwelling units of residents, and registered as private subscribers or residence subscribers for payment.

Capacity of Long Distance Telephone Exchanges refers to the rated capacity of telephone exchanges to connect long distance telephone network by enterprises engaged in telecommunications.

Capacity of Office Telephone Exchanges refers to the capacity (measured in gate) of telephone exchanges installed in the offices of telecommunication service providers for communication between fixed telephones. It includes the capacity of access network equipment (capacity of equipment installed in the offices of telecommunication service providers for connecting distant nodes of voice users).

Capacity of Mobile Telephone Exchanges refers to the capacity of the maximum services provided to subscribers at any one time as computed based on a certain model of calls distribution and transacting capacity of the mobile telephone exchanges. It is calculated based on the actual capacity of equipments connected to network through cutover and put into operation officially at the end of the reference period.

Broadband Connection Terminals refer to the connection terminals to internet users actually installed and put into operation, including connection terminals for XDSL, connection terminals for LAN, and other types of connection terminals. N-ISDN connection terminals are not included.

19

金融业

Financial Intermediation

简 要 说 明

一、本篇资料的主要内容

本篇反映我国金融、证券和保险业发展情况。有以下四个部分：一是金融机构金融活动情况，二是存贷款利率调整情况，三是直接融资情况，四是保险业务情况。

二、本篇各部分资料来源

1.反映金融机构活动情况的资料包括：金融机构人民币信贷收支表(资金来源)、金融机构人民币信贷收支表(资金运用)、货币供应量（年底余额）、货币供应量同比增长率、黄金和外汇储备、货币当局资产负债表（年底余额)、其他存款性公司资产负债表（年底余额)、外资银行资产负债表（年底余额)、社会融资规模及构成。金融机构信贷收支表的统计范围包括中国人民银行、国家政策性银行、国有商业银行、其他商业银行、城市合作银行、城市信用合作社、农村信用合作社、外资银行、财务公司、信托投资公司、金融租赁公司、邮政储蓄机构。中国人民银行总行根据金融机构的基层单位全面填报、并按各自系统汇总的资料，进行归并和汇总，最后得到金融机构的信贷收支表。黄金和外汇储备表中的资料取自于中国人民银行的资产负债表，由该行有关部门提供。

2.反映存贷款利率调整情况的金融机构法定存款利率和金融机构法定贷款利率表，数据来自中国人民银行总行规定的、并对外发布的存贷款利率。

3.反映直接融资情况的证券市场基本情况、上市公司数量、股票发行量和筹资额、股票交易情况，资料取自中国证券监督管理委员会编制的《中国证券期货统计年鉴》。

4.反映保险业务情况的保险系统机构、人员数、保险公司业务经济技术指标、保险公司资产情况、保险公司资金运用情况、各地区原保险保费收入和赔付支出情况，数据取自中国保险监督管理委员会编制的保险统计资料。

Brief Introduction

I. Main Contents

Data in this chapter show the development of China's financial, securities and insurance industries, in the following four aspects: (1) the financial activities of the financial institutions; (2) the situations regarding the adjustment of deposit and loan interests; (3) the situation regarding direct financing; (4) the situation regarding the insurance business.

II. Sources of Data

(1) Data on the activities of financial institutions are Balance Sheet of Credit Funds of Financial Institutions (Funds Sources), Balance Sheet of Credit Funds of Financial Institutions (Funds Uses), Money Supply at Year-end, Rate of Increase of Money Supply Over the Previous Corresponding Period, Gold and Foreign Exchange Reserves, Balance Sheet of Monetary Authority (Balance at Year-end) , Balance Sheet of Other Depository Corporations (Balance at Year-end), Balance Sheet of Foreign-funded Banks at Year-end, Statistics on Social Financing and Its Composition. Statistical scope of balance sheet of credit funds of financial institutions and data on cash income and expenditure cover the People's Bank of China, the State policy banks, the State-owned commercial banks, other commercial banks, urban cooperative banks, urban credit cooperatives, rural credit cooperatives, foreign-funded banks, finance companies, financial trust and investment companies, financial leasing companies, postal savings bureau. The grassroots units of the above financial institutions fill out the questionnaires and report to the higher authority. The higher authorities tabulate the data level by level. Finally, the Head Office of the People's Bank of China tabulate the data to obtain the national total. The data on gold and foreign exchange reserves are extracted from the balance sheet of the People's Bank of China and are provided by the relevant departments in the Bank.

(2) Official Interest Rates of Deposits of Financial Institutions and Official Interest Rates of Loans of Financial Institutions show the changes of the interest rates of deposits and loans. Data are from the interest rates of deposits and loans stipulated and published by the Head Office of the People's Bank of China.

(3) General Statistics on Securities Markets, Number of Listed Companies, Issued Shares and Raised Capital and Statistics of Stock Trading show the situation regarding direct financing. Data are from the *Statistical Yearbook on China's Securities and Futures* compiled by China Securities Regulatory Commission.

(4) Number of Institutions and Employed Persons in the Insurance System at Year-end and Economic and Technical Indicators of Insurance Companies, Situations of Assets of Insurance Company, Fund Uses of Insurance Company, Premium of Primary Insurance and Payment by Region show the business situation of the insurance industry, with data coming from the insurance statistics compiled by the China Insurance Regulatory Commission.

19-1 货币供应量（年底余额）
Money Supply at Year-end

单位：亿元 (100 million yuan)

年 份 Year	货币和准货币 (M2) Money and Quasi-Money (M2)	货 币 (M1) Money (M1)	流通中现金 (M0) Currency in Circulation (M0)	单位活期存款 Corporate Demand Deposits	准货币 Quasi-Money	单位定期存款 Corporate Time Deposits	个人存款 Personal Savings Deposits	其他存款 Other Deposits
1990	15293.4	6950.7	2644.4	4306.3	8342.7			
1991	19349.9	8633.3	3177.8	5455.5	10716.6			
1992	25402.2	11731.5	4336.0	7395.2	13670.7			
1993	34879.8	16280.4	5864.7	10415.7	18599.4	1247.9	15203.5	2148.0
1994	46923.5	20540.7	7288.6	13252.1	26382.8	1943.1	21518.8	2920.9
1995	60750.5	23987.1	7885.3	16101.8	36763.4	3324.2	29662.2	3777.0
1996	76094.9	28514.8	8802.0	19712.8	47580.1	5041.9	38520.8	4017.4
1997	90995.3	34826.3	10177.6	24648.7	56169.1	6738.5	46279.8	3150.7
1998	104498.5	38953.7	11204.2	27749.5	65544.9	8301.9	53407.5	3835.5
1999	119897.9	45837.3	13455.5	32381.8	74060.6	9476.8	59621.8	4962.0
2000	134610.3	53147.2	14652.7	38494.5	81463.1	11261.1	64332.4	5869.7
2001	158301.9	59871.6	15688.8	44182.8	98430.3	14180.1	73762.4	10487.8
2002	185007.0	70881.8	17278.0	53603.8	114125.2	16433.8	86910.7	10780.7
2003	221222.8	84118.6	19745.9	64372.6	137104.3	20940.4	103617.7	12546.2
2004	254107.0	95969.7	21468.3	74501.4	158137.2	25382.2	119555.4	13199.7
2005	298755.7	107278.8	24031.7	83247.1	191476.9	33100.0	141051.0	17325.9
2006	345603.6	126035.1	27072.6	98962.5	219568.5	38732.1	161587.3	19249.1
2007	403442.2	152560.1	30375.2	122184.9	250882.1	46932.5	172534.2	31415.4
2008	475166.6	166217.1	34219.0	131998.2	308949.5	60103.1	217885.4	30961.1
2009	606225.0	220001.5	38246.0	181755.5	386223.5	82284.9	260771.7	43166.9
2010	725851.8	266621.5	44628.2	221993.4	459230.3	105858.7	303302.5	50069.1
2011	851590.9	289847.7	50748.5	239099.2	561743.2	166616.0	352797.5	42329.7
2012	974148.8	308664.2	54659.8	254004.5	665484.6	195940.1	411362.6	58181.9
2013	1106525.0	337291.1	58574.4	278716.6	769233.9	232696.6	467031.1	69506.2

注：1.2001年6月起，将证券公司客户保证金计入货币供应量(M2)，含在其他存款项内。
2.货币供应量已包含住房公积金中心存款和非存款类金融机构在存款类金融机构的存款。

a) Since June in 2001, the margin account of security companies maintained with financial institutions, part of Other Deposits, are included in money supply (M2).

b) Money supply includes deposits of Housing Provident Fund Management Center and deposits of non-depository corporations in depository corporations.

19-2 货币供应量同比增长率
Rate of Increase of Money Supply over the Previous Corresponding Period

单位：% (%)

年 份 Year	货币和准货币 (M2) Money and Quasi-Money (M2)	货 币 (M1) Money (M1)	流通中现金 (M0) Currency in Circulation (M0)	单位活期存款 Corporate Demand Deposits	准货币 Quasi-Money	单位定期存款 Corporate Time Deposits	个人存款 Personal Savings Deposits	其他存款 Other Deposits
1991	26.5	24.2	20.2	26.7	28.5			
1992	31.3	35.9	36.4	35.6	27.6			
1993								
1994	34.5	26.2	24.3	27.2	41.9	55.7	41.5	36.0
1995	29.5	16.8	8.2	21.5	39.4	71.1	37.9	29.3
1996	25.3	18.9	11.6	22.4	29.4	51.7	29.9	6.4
1997	17.3	16.5	15.6	16.9	17.8	24.5	19.3	-8.9
1998	14.8	11.9	10.1	12.6	16.7	23.2	15.4	21.7
1999	14.7	17.7	20.1	16.7	13.0	14.2	11.6	29.3
2000	12.3	16.0	8.9	18.9	10.0	18.8	7.9	18.3
2001	14.4	12.7	7.1	14.8	15.5	25.9	14.7	9.1
2002	16.8	16.8	10.1	19.2	16.8	21.8	17.8	2.8
2003	19.6	18.7	14.3	20.3	20.1	27.4	19.2	16.4
2004	14.7	13.6	8.7	15.1	15.3	21.2	15.4	5.2
2005	17.6	11.8	11.9	11.7	21.1	30.4	18.0	31.3
2006	17.0	17.5	12.7	18.9	16.7	17.2	14.6	36.3
2007	16.7	21.1	12.2	23.5	14.3	21.2	6.8	63.2
2008	17.8	9.1	12.7	8.2	23.2	28.1	26.3	-1.5
2009	27.7	32.4	11.8	37.7	25.2	37.7	19.7	39.4
2010	19.7	21.2	16.7	22.1	18.9	28.7	16.3	16.0
2011	13.6	7.9	13.8	6.7	16.8	18.1	16.2	17.7
2012	13.8	6.5	7.7	6.2	17.6	17.6	16.6	25.1
2013	13.6	9.3	7.1	9.7	15.6	18.8	13.5	19.5

注：1.同期比增长率按可比口径计算。1993年口径调整，故1993年未计算增长率。
2.2001年6月起，将证券公司客户保证金计入货币供应量(M2)，含在其他存款内。
3.1997年初，中国人民银行对金融统计制度进行了调整，因此自1997年起的数据与历史数据不完全可比。

a) Rate of increase over the previous corresponding period is calculated on the basis of comparable coverage. As the statistical coverage before 1992 was not comparable with that in 1993, the increase rate in 1993 was not calculated.

b) Since June in 2001, the margin account of security companies maintained with financial institutions, part of Other Deposits, are included in money supply (M2).

c) The People's Bank of China has made some adjustment about the monetary statistics system since the beginning of 1997, the statistics since 1997 are not fully comparable with historical statistics.

19-3 社会融资规模及构成
Statistics on Social Financing and Its Composition

单位：亿元 (100 million yuan)

年份 Year	社会融资规模 Social Financing	#人民币贷款 RMB Loans	#外币贷款(折合人民币) Foreign Currency Loans (RMB)	#委托贷款 Credit Loans	#信托贷款 Entrusted Loans	#未贴现银行承兑汇票 Undiscounted Bankers' Acceptances	#企业债券 Corporate Bonds	#非金融企业境内股票融资 Domestic Equity Financing of Non-financial Enterprises
2002	20112	18475	731	175		-695	367	628
2003	34113	27652	2285	601		2010	499	559
2004	28629	22673	1381	3118		-290	467	673
2005	30008	23544	1415	1961		24	2010	339
2006	42696	31523	1459	2695	825	1500	2310	1536
2007	59663	36323	3864	3371	1702	6701	2284	4333
2008	69802	49041	1947	4262	3144	1064	5523	3324
2009	139104	95942	9265	6780	4364	4606	12367	3350
2010	140191	79451	4855	8748	3865	23346	11063	5786
2011	128286	74715	5712	12962	2034	10271	13658	4377
2012	157631	82038	9163	12838	12845	10499	22551	2508
2013	173168	88916	5848	25466	18404	7755	18113	2219

注：社会融资规模是指一定时期内实体经济从金融体系获得的资金总额，是增量概念。
a) Social Financing refers to the total funds raised by real economy from the financial system in a certain period of time. It's an increment.

19-4 金融机构法定存款利率
Official Interest Rates of Deposits of Financial Institutions

单位：年利率% (% p.a.)

项目	Item	2010.10.20 Oct.20,2010	2010.12.26 Dec.26,2010	2011.02.09 Feb.09,2011	2011.04.06 Apr.06,2011	2011.07.07 July.07,2011	2012.06.08 Jun.08,2012	2012.07.06 July.06,2012
活期	Demand	0.36	0.36	0.40	0.50	0.50	0.40	0.35
定期	Time							
三个月	3-Month	1.91	2.25	2.60	2.85	3.10	2.85	2.60
半年	6-Month	2.20	2.50	2.80	3.05	3.30	3.05	2.80
一年	1-Year	2.50	2.75	3.00	3.25	3.50	3.25	3.00
二年	2-Year	3.25	3.55	3.90	4.15	4.40	4.10	3.75
三年	3-Year	3.85	4.15	4.50	4.75	5.00	4.65	4.25
五年	5-Year	4.20	4.55	5.00	5.25	5.50	5.10	4.75

注：金融机构以人民银行规定的人民币存款基准利率为上限，下限为0。
a) The upper limit of deposit rates offered by financial institutions is the benchmark rate of RMB deposits stipulated by the PBC, while the lower limit is zero.

19-5 金融机构法定贷款利率
Official Interest Rates of Loans of Financial Institutions

单位：年利率% (%, p.a.)

项目	Item	2010.10.20 Oct.20, 2010	2010.12.26 Dec.26, 2010	2011.02.09 Feb.09, 2011	2011.04.06 Apr.06, 2011	2011.07.07 July.07, 2011	2012.06.08 June.06, 2012	2012.07.06 July.06, 2012
短期贷款	Short-term							
六个月	6-Month	5.10	5.35	5.60	5.85	6.10	5.85	5.60
一年	1-Year	5.56	5.81	6.06	6.31	6.56	6.31	6.00
中长期贷款	Medium and Long-term							
一年以上至三年	3-Year or Less	5.60	5.85	6.10	6.40	6.65	6.40	6.15
三年以上至五年	5-Year or Less	5.96	6.22	6.45	6.65	6.90	6.65	6.40
五年以上	Longer than 5-Year	6.14	6.40	6.60	6.80	7.05	6.80	6.55

19-6 黄金和外汇储备
Gold and Foreign Exchange Reserves

年份 Year	黄金储备（万盎司）Gold Reserves (10 000 oz.)	外汇储备（亿美元）Foreign Exchange Reserves (USD 100 million)	年份 Year	黄金储备（万盎司）Gold Reserves (10 000 oz.)	外汇储备（亿美元）Foreign Exchange Reserves (USD 100 million)
1978	1280	1.67	1996	1267	1050.29
1979	1280	8.40	1997	1267	1398.90
1980	1280	-12.96	1998	1267	1449.59
1981	1267	27.08	1999	1267	1546.75
1982	1267	69.86	2000	1267	1655.74
1983	1267	89.01	2001	1608	2121.65
1984	1267	82.20	2002	1929	2864.07
1985	1267	26.44	2003	1929	4032.51
1986	1267	20.72	2004	1929	6099.32
1987	1267	29.23	2005	1929	8188.72
1988	1267	33.72	2006	1929	10663.40
1989	1267	55.50	2007	1929	15282.49
1990	1267	110.93	2008	1929	19460.30
1991	1267	217.12	2009	3389	23991.52
1992	1267	194.43	2010	3389	28473.38
1993	1267	211.99	2011	3389	31811.48
1994	1267	516.20	2012	3389	33115.89
1995	1267	735.97	2013	3389	38213.15

19-7 人民币汇率（年平均价）
Reference Exchange Rate of Renminbi (Period Average)

单位：人民币元 (RMB yuan)

年份 Year	100美元 100 US Dollars	100日元 100 Japanese Yen	100港元 100 Hong Kong Dollars	100欧元 100 Euros
1985	293.66	1.2457	37.57	
1986	345.28	2.0694	44.22	
1987	372.21	2.5799	47.74	
1988	372.21	2.9082	47.70	
1989	376.51	2.7360	48.28	
1990	478.32	3.3233	61.39	
1991	532.33	3.9602	68.45	
1992	551.46	4.3608	71.24	
1993	576.20	5.2020	74.41	
1994	861.87	8.4370	111.53	
1995	835.10	8.9225	107.96	
1996	831.42	7.6352	107.51	
1997	828.98	6.8600	107.09	
1998	827.91	6.3488	106.88	
1999	827.83	7.2932	106.66	
2000	827.84	7.6864	106.18	
2001	827.70	6.8075	106.08	
2002	827.70	6.6237	106.07	800.58
2003	827.70	7.1466	106.24	936.13
2004	827.68	7.6552	106.23	1029.00
2005	819.17	7.4484	105.30	1019.53
2006	797.18	6.8570	102.62	1001.90
2007	760.40	6.4632	97.46	1041.75
2008	694.51	6.7427	89.19	1022.27
2009	683.10	7.2986	88.12	952.70
2010	676.95	7.7279	87.13	897.25
2011	645.88	8.1050	82.97	900.11
2012	631.25	7.9037	81.38	810.67
2013	619.32	6.3323	79.85	822.19

19-8 货币当局资产负债表（年底余额）
Balance Sheet of Monetary Authority (Balance at Year-end)

单位：亿元 (100 million yuan)

项目	Item	2012	2013
总资产	**Total Assets**	**294537.2**	**317278.6**
国外资产	Foreign Assets	241416.9	272233.5
外汇	Foreign Exchange	236669.9	264270.0
货币黄金	Monetary Gold	669.8	669.8
其他国外资产	Other Foreign Assets	4077.1	7293.7
对政府债权	Claims on Government	15313.7	15312.7
对其他存款性公司债权	Claims on Other Depository Corporations	16701.1	13147.9
对其他金融性公司债权	Claims on Other Financial Corporations	10038.6	8907.4
对非金融性公司债权	Claims on Non-financial Sectors	25.0	25.0
其他资产	Other Assets	11041.9	7652.0
总负债	**Total Liabilities**	**294537.2**	**317278.6**
储备货币	Reserve Money	252345.2	271023.1
货币发行	Currency Issue	60646.0	64980.9
其他存款性公司存款	Deposits of Other Depository Corporations	191699.2	206042.2
不计入储备货币的金融性公司存款	Deposits of Financial Corporations not Included in Reserve Money	1348.8	1330.3
债券发行	Bond Issue	13880.0	7762.0
国外负债	Foreign Liabilities	1464.2	2088.3
政府存款	Deposits of Government	20753.3	28610.6
自有资金	Own Capital	219.8	219.8
其他负债	Other Liabilities	4525.9	6244.6

注：1.自2011年1月起，人民银行采用国际货币基金组织关于储备货币的定义，不再将其他金融性公司在货币当局的存款计入储备货币。
2.自2011年1月起，境外金融机构在人民银行存款数据计入国外负债项目，不再计入其他存款性公司存款。

a) Since January 2011, the People's Bank of China adopts IMF's definition of reserve money, which means deposits of other financial corporations in the monetary authority are not included in reserve money.

b) Since January 2011, deposits of overseas financial institutions in the People's Bank are counted as foreign liabilities instead of deposits of other depository corporations.

19-9 其他存款性公司资产负债表（年底余额）
Balance Sheet of Other Depository Corporations (Balance at Year-end)

单位：亿元 (100 million yuan)

项目	Item	2012	2013
总资产	**Total Assets**	**1336862.8**	**1524751.5**
国外资产	Foreign Assets	28798.5	28814.1
储备资产	Reserve Assets	197132.5	211775.6
准备金存款	Deposits with Center Bank	191146.3	205369.1
库存现金	Cash in Vault	5986.2	6406.5
对政府债权	Claims on Government	56123.3	62341.5
对中央银行债权	Central Bank Bonds	12709.0	10301.4
对其他存款性公司债权	Claims on Other Depository Corporations	237024.6	260442.0
对其他金融性公司债权	Claims on Other Financial Corporations	50519.9	72592.3
对非金融性公司债权	Claims on Non-financial Sectors	534132.7	599575.2
对其他居民部门债权	Claims on Other Resident Sectors	160193.8	196863.6
其他资产	Other Assets	60228.6	82046.0
总负债	**Total Liabilities**	**1336862.8**	**1524751.5**
对非金融机构及住户负债	Liabilities to Non-financial & Households Instit	891427.9	1012778.8
纳入广义货币的存款	Deposits Included in Broad Money	861307.2	978444.3
单位活期存款	Corporate Demand Deposits	254004.5	278716.6
单位定期存款	Corporate Time Deposits	195940.1	232696.6
个人存款	Personal Deposits	411362.6	467031.1
不纳入广义货币的存款	Deposits Excluded from Broad Money	24454.1	25940.3
可转让存款	Transferable Deposits	8036.1	7454.0
其他存款	Other Deposits	16418.0	18486.3
其他负债	Other Liabilities	5666.6	8394.2
对中央银行负债	Liabilities to Central Bank	13903.1	11663.2
对其他存款性公司负债	Liabilities to Other Depository Corporations	108636.2	110397.9
对其他金融性公司负债	Liabilities to Other Financial Corporations	62999.2	74804.7
#计入广义货币的存款	Deposits Included in Broad Money	58181.9	69506.2
国外负债	Foreign Liabilities	9900.3	17973.0
债券发行	Bond Issue	92318.3	103672.1
实收资本	Paid-in Capital	30725.3	32545.8
其他负债	Other Liabilities	126952.6	160916.0

19-10 外资银行资产负债表（年底余额）
Balance Sheet of Foreign-funded Banks at Year-end

单位：亿元 (100 million yuan)

项目	Item	2012	2013
总资产	**Total Assets**	**24582.4**	**25805.0**
国外资产	Foreign Assets	1612.5	1128.0
储备资产	Reserve Assets	3228.5	3083.0
准备金	Deposits with Central Bank	3218.4	3073.0
库存现金	Cash in Vault	10.1	10.0
对政府债权	Claims on Government	1294.9	1535.0
对中央银行债权	Claims on Central Bank		127.0
对其他存款性公司债权	Claims on Other Depository Corporations	5361.3	6313.0
对其他金融性公司债权	Claims on Other Financial Corporations	752.2	1400.0
对非金融性公司债权	Claims on Non-financial Sectors	10510.2	10581.0
对其他居民部门债权	Claims on Other Resident Sectors	603.2	790.0
其他资产	Other Assets	1219.6	849.0
总负债	**Total Liabilities**	**24582.4**	**25805.0**
对非金融机构及住户负债	Liabilities to Non-financial & Households Institutions	13072.2	15108.0
纳入广义货币的存款	Deposits Included in Broad Money	10670.7	12120.0
单位活期存款	Corporate Demand Deposits	2912.6	2887.0
单位定期存款	Corporate Time Deposits	5823.0	7193.0
个人存款	Personal Deposits	1935.2	2040.0
不纳入广义货币的存款	Deposits Excluded from Broad Money	2401.5	2426.0
可转让存款	Transferable Deposits	1209.5	1158.0
其他存款	Other Deposits	1192.0	1268.0
其他负债	Other Liabilities		561.0
对中央银行负债	Liabilities to Central Bank	8.6	1.0
对其他存款性公司负债	Liabilities to Other Depository Corporations	2571.0	1227.0
对其他金融性公司负债	Liabilities to Other Financial Corporations	817.4	736.0
#计入广义货币的存款	Deposits Included in Broad Money		552.0
国外负债	Foreign Liabilities	4082.5	5268.0
债券发行	Bond Issue	7.2	81.0
实收资本	Paid-in Capital	1941.3	1586.0
其他负债	Other Liabilities	2082.1	1799.0

19-11 金融机构人民币信贷收支表(年底余额)(资金来源)
Balance Sheet of Credit Funds of Financial Institutions at Year-end (Funds Sources)

单位：亿元 (100 million yuan)

项 目	Item	2012	2013
资金来源合计	**Sources of Funds**	**1024067**	**1174666**
各项存款	Total Deposits	917555	1043847
单位存款	Corporate Deposits	458821	520826
个人存款	Personal Deposits	411003	466502
财政性存款	Fiscal Deposits	24426	30133
临时性存款	Temporary Deposits	1633	1661
委托存款	Designated Deposits	227	354
其他存款	Other Deposits	21445	24370
金融债券	Financial Bonds	8488	6681
流通中货币	Currency in Circulation	54660	58574
对国际金融机构负债	Liabilities to International Financial Institutions	828	854
其他	Others	42538	64709

注：1.2011年起，《金融机构人民币信贷收支》分类项目调整，部分数据与2010年以前不可比(以下相关表同)。
2.2011年企业存款改为“单位存款”，居民储蓄存款改为“个人存款”，与上年统计口径一致(以下相关表同)。

a) Since 2011, classification in Sources & Uses of Credit Funds of Financial Institutions has been adjusted. Some data are not comparable with that before 2010. The same applies to the tables following.

b) In 2011, coporate deposits changes to corporate deposits; savings deposits changes to personal deposits. The statistical scopes keep the same as the previous year. The same applies to the tables following.

19-12 金融机构人民币信贷收支表(年底余额)(资金运用)
Balance Sheet of Credit Funds of Financial Institutions at Year-end (Funds Uses)

单位：亿元 (100 million yuan)

项 目	Item	2012	2013
资金运用合计	**Uses of Funds**	**1024067**	**1174666**
各项贷款	Total Loans	629910	718961
境内贷款	Domestic Loans	628101	717088
短期贷款	Short-term Loans	248273	290238
中长期贷款	Medium & Long-term Loans	352907	398862
融资租赁	Financial Lease	5931	7661
票据融资	Bill Financing	20433	19594
各项垫款	Advances	556	733
境外贷款	Overseas Loans	1809	1874
有价证券	Portfolio Investments	111681	125399
股权及其他投资	Shares and Other Investments	21633	41752
黄金占款	Position for Bullion Purchase	670	670
外汇占款	Position for Foreign Exchanges Purchase	258533	286304
在国际金融机构资产	Assets with International Financial Institutions	1641	1580

19-13 分地区居民人民币储蓄存款（年底余额）
Savings Deposit of Households by Region at Year-end

单位：亿元 (100 million yuan)

地 区	Region	2008	2009	2010	2011	2012	2013
全 国	**National Total**	**217885.4**	**260771.7**	**303302.5**	**343635.9**	**399551.0**	**447601.6**
总 行	Head Office	952.6	1962.1	2458.1	1336.8	1303.8	998.5
北 京	Beijing	11952.8	14672.1	17003.1	19126.1	21644.9	23086.4
天 津	Tianjin	3978.0	4885.9	5558.2	6123.1	7055.4	7612.3
河 北	Hebei	11434.7	13551.1	15678.4	17824.3	20665.1	23357.2
山 西	Shanxi	7048.6	8099.4	9223.0	10455.5	11997.0	13339.4
内蒙古	Inner Mongolia	3211.7	3914.0	4618.1	5423.1	6597.2	7455.2
辽 宁	Liaoning	10154.7	12030.9	13690.3	15365.7	17785.9	19659.5
吉 林	Jilin	3923.1	4614.4	5147.3	5835.3	6875.1	7745.3
黑龙江	Heilongjiang	5545.1	6430.1	7254.7	8147.4	9269.2	10058.6
上 海	Shanghai	11464.2	13707.3	15650.2	17288.5	19506.7	20486.3
江 苏	Jiangsu	16718.7	20080.6	23334.5	25914.7	30057.2	33823.9
浙 江	Zhejiang	14504.7	17833.4	20612.2	23470.3	26406.8	28923.0
安 徽	Anhui	5647.5	6619.5	7788.5	9233.6	11178.6	12924.9
福 建	Fujian	5853.5	7078.8	8101.0	9068.6	10507.4	11847.3
江 西	Jiangxi	4166.2	5092.7	6113.2	7123.6	8471.9	9725.2
山 东	Shandong	14382.2	17082.8	19648.2	22173.3	26343.3	29796.1
河 南	Henan	9515.8	11207.4	12884.0	14648.4	17469.0	20232.1
湖 北	Hubei	6745.4	8163.5	9798.0	11291.6	13419.7	15507.0
湖 南	Hunan	6549.5	7809.8	9022.6	10584.8	12578.3	14539.7
广 东	Guangdong	27500.7	31411.4	36318.7	40405.1	45533.8	49891.3
广 西	Guangxi	3852.0	4686.2	5702.4	6654.0	7900.8	9118.9
海 南	Hainan	1058.5	1282.9	1667.1	1875.1	2172.7	2465.4
重 庆	Chongqing	3989.0	4908.7	5839.7	6990.2	8361.6	9622.3
四 川	Sichuan	9646.7	11575.2	13650.8	16147.3	19438.3	22597.3
贵 州	Guizhou	2237.1	2676.1	3245.0	3934.5	4806.1	5919.1
云 南	Yunnan	3783.8	4668.6	5720.0	6656.0	7744.7	8969.8
西 藏	Tibet	184.9	226.4	267.1	318.8	403.9	496.0
陕 西	Shaanxi	5494.5	6743.8	7957.8	9172.1	10770.0	12249.4
甘 肃	Gansu	2461.9	3026.9	3598.2	4231.4	5050.1	5878.5
青 海	Qinghai	580.5	711.3	868.2	1043.5	1275.3	1504.2
宁 夏	Ningxia	794.1	967.7	1170.3	1351.3	1679.4	1887.2
新 疆	Xinjiang	2553.0	3050.8	3713.5	4421.9	5281.8	5884.5

19-14 证券市场基本情况
General Statistics on Securities Markets

项　目		Item		2012	2013
境内上市公司数（A、B股）	(家)	Number of Listed Companies (A and B Shares) in Mainland	(unit)	2494	2489
境内上市外资股公司数(B股)	(家)	Number of Listed Companies of Foreign Fund (B Shares) in Mainland	(unit)	107	106
境外上市公司数（H股）	(家)	Number of Listed Companies (H Shares) Overseas	(unit)	179	182
股票总发行股本	(亿股)	Volume Issued	(100 million shares)	38395	40569
#流通股本	(亿股)	Negotiable Shares	(100 million shares)	31340	36744
股票市价总值	(亿元)	Total Market Capitalization	(100 million yuan)	230358	239077
#股票流通市值	(亿元)	Negotiable Market Capitalization	(100 million yuan)	181658	199580
股票成交量	(亿股)	Stock Trading Volume	(100 million shares)	32881.06	48372.68
股票成交金额	(亿元)	Turnover of Stock Trading	(100 million yuan)	314667	468729
上证综合指数	(收盘)	Shanghai Comprehensive Index		2269.13	2115.98
深证综合指数	(收盘)	Shenzhen Comprehensive Index		881.17	1057.67
股票有效账户数	(万户)	Number of Valid Stock Accounts	(10 000 accounts)	14046	13247
平均市盈率		Average P/E Ratio			
上海		Shanghai		12.30	10.99
深圳		Shenzhen		22.01	27.76
平均换手率	(%)	Average Turnover Rate	(%)		
上海		Shanghai		101.59	123.59
深圳		Shenzhen		297.85	389.11
国债发行额	(亿元)	Issued Volume of Government and Public Bonds	(100 million yuan)	16154.20	15544.01
公司信用类债券发行额	(亿元)	Issued Volume of Corporate Credit Bonds	(100 million yuan)	37365.50	36791.68
债券成交额	(亿元)	Bonds Trading Turnover	(100 million yuan)	2201120.87	2675851.02
国债现货成交金额	(亿元)	Turnover of Spots Trading of Government and Public Bonds	(100 million yuan)	914.18	803.75
债券回购成交金额	(亿元)	Turnover of Repurchase Trading of Bonds	(100 million yuan)	393550.95	661023.01
证券投资基金只数	(只)	Number of Securities Investment Funds	(unit)	1173	1552
证券投资基金规模	(亿份)	Capital of Securities Investment Funds	(100 million units)	31708.41	31180.69
证券投资基金成交金额	(亿元)	Turnover of Securities Investment Funds	(100 million yuan)	8667.36	12562.04
期货总成交量	(万手)	Trading Volume of Future	(10 000 pieces)	145052.57	206182.31
期货总成交额	(亿元)	Trading Turnover of Future	(100 million yuan)	1711269.36	2674762.01

注：1.股票总发行股本中含(A+H)股公司发行的H股。
2.换手率=全年成交金额/[（本年末流通市值+上年末流通市值)/2]*100%
3.公司信用类债券包含非金融企业债券融资工具、企业债券以及公司债、可转债、可分离债、中小企业私募债。
4.公司信用类债券发行额和债券成交额包括银行间和交易所市场。

a) Volume issued includes that of H shares issued by companies who have issued A shares and H shares.
b) Average Turnover Rate = [Total Stock Turnover/(Negotiable Market Capitalization at year-end + Negotiable Market Capitalization at the previous year-end)/2]*100%
c) Corporate credit bonds include financing tools of non-financing corporate bonds, corporate bonds, convertible bonds, warrant bonds, privately raised corporate bonds of medium and small-sized enterprises. It's a new indicator in 2012, so it is not comparable with the corporate bonds in 2011.
d) Issued volume of corporate credit bonds and bonds trading turnover include those of inter-bank market and trading market.

19-15 上市公司数量
Number of Listed Companies

单位：个 (unit)

年 份 Year	全国合计 National	上交所 Shanghai Stock Exchange	深交所 Shenzhen Stock Exchange	发A股公司 A Shares	发B股公司 B Shares	同时发A股、B股公司 A&B Shares
1990	10	8	2			
1991	14	8	6			
1992	53	29	24			
1993	183	106	77	177	41	35
1994	291	171	120	287	58	54
1995	323	188	135	311	70	58
1996	530	293	237	514	85	69
1997	745	383	362	720	101	76
1998	851	438	413	825	106	80
1999	949	484	465	922	108	81
2000	1088	572	516	1060	114	86
2001	1160	646	514	1140	112	92
2002	1224	715	509	1213	111	100
2003	1287	780	507	1277	111	101
2004	1377	837	540	1363	110	96
2005	1381	834	547	1358	109	86
2006	1434	842	592	1411	109	86
2007	1550	860	690	1527	109	86
2008	1625	864	761	1602	109	86
2009	1718	870	848	1696	108	86
2010	2063	894	1169	2041	108	86
2011	2342	931	1411	2320	108	86
2012	2494	954	1540	2472	107	85
2013	2489	953	1536	2468	106	85

19-16 股票发行量和筹资额
Issued Share and Raised Capital

年 份 Year	股票发行量 (亿股) Issued Share (100 million shares)	A 股 A Shares	H股，N股 H, N Shares	B 股 B Shares	股票筹资额 (亿元) Raised Capital (100 million yuan)	A 股 A Shares	#配 股 Rights Issued	H股，N股 H, N Shares	B 股 B Shares
1991	5.00	5.00			5.00	5.00			
1992	20.75	10.00		10.75	94.09	50.00			44.09
1993	95.79	42.59	40.41	12.79	375.47	276.41	81.58	60.93	38.13
1994	91.26	10.97	69.89	10.40	326.78	99.78	50.16	188.73	38.27
1995	31.60	5.32	15.38	10.90	150.32	85.51	62.83	31.46	33.35
1996	86.11	38.29	31.77	16.05	425.08	294.34	69.89	83.56	47.18
1997	267.63	105.65	136.88	25.10	1293.82	825.92	170.86	360.00	107.90
1998	109.06	86.30	12.86	9.90	841.52	778.02	334.97	37.95	25.55
1999	122.93	98.11	23.05	1.77	944.56	893.60	320.97	47.17	3.79
2000	512.04	145.68	359.26	7.10	2103.24	1527.03	519.46	562.21	13.99
2001	141.48	93.00	48.48		1252.34	1182.13	430.63	70.21	
2002	291.74	134.20	157.54		961.75	779.75	56.61	181.99	
2003	281.43	83.64	196.79	1.00	1357.75	819.56	74.79	534.65	3.54
2004	227.92	54.88	171.51	1.53	1510.94	835.71	104.54	648.08	27.16
2005	567.05	13.80	553.25		1882.51	338.13	2.62	1544.38	
2006	1287.77	351.11	936.66		5594.29	2463.70	4.32	3130.59	
2007	637.24	413.27	223.97		8680.17	7722.99	227.68	957.18	
2008	180.34	114.96	65.38		3852.21	3457.75	151.57	317.26	
2009	400.05	244.47	155.58		6124.69	5004.90	105.97	1073.18	
2010	920.99	553.95	367.04		11971.93	9606.31	1438.25	2365.62	
2011	272.36	163.99	108.37		5814.19	5073.07	421.96	741.12	
2012	299.81	78.86	220.95		4134.38	3127.54	121.00	1006.84	
2013	259.92		259.92		3868.88	2802.76		1066.12	

注：表中股票发行量仅指IPO数量。
a) In this table, issued share only refer to IPO.

19－17 股票交易情况
Trading Summary for Stocks

项　　目	Item	2007	2008	2009	2010	2011	2012	2013
上市公司数　（家）	**No. of listed Companies (unit)**	**1550**	**1625**	**1718**	**2063**	**2342**	**2494**	**2489**
上市股票数　（只）	**No. of listed Stocks (unit)**	**1636**	**1711**	**1804**	**2149**	**2428**	**2579**	**2574**
A股	A Shares	1527	1602	1696	2041	2320	2472	2468
B股	B Shares	109	109	108	108	108	107	106
股票总发行股本（亿股）	**Total Issued Capital (100 million shares)**	**17000.45**	**18900.12**	**20606.26**	**26984.49**	**29745.11**	**31833.62**	**33822.04**
A股	A Shares	16746.62	18629.77	20332.77	26701.51	29448.59	31551.24	33538.25
B股	B Shares	253.84	270.35	273.49	282.98	296.52	282.38	283.79
#流通股本	Negotiable Shares	4933.64	6964.97	14200.19	19442.15	22499.86	24778.22	29997.12
A股	A Shares	4682.77	6696.76	13928.17	19160.47	22204.54	24497.05	29714.53
B股	B Shares	250.87	268.21	271.48	281.68	295.32	281.17	282.59
股票市价总值(亿元)	**Total Market Capitalization (100 million yuan)**	**327141**	**121366**	**243939**	**265423**	**214758**	**230358**	**239077**
A股	A Shares	324588	120567	242127	263221	213310	228775	237403
B股	B Shares	2553	800	1812	2202	1448	1582	1674
#股票流通市值	Negotiable Market Capitalization	93064	45214	151259	193110	164921	181658	199580
A股	A Shares	90527	44419	149456	190917	163479	180083	197916
B股	B Shares	2538	795	1803	2193	1442	1575	1664
股票成交金额(亿元)	**Total Turnover (100 million yuan)**	**460556**	**267113**	**535987**	**545634**	**421645**	**314667**	**468729**
A股	A Shares	454771	265890	533889	563466	420339	313715	466630
B股	B Shares	5785	1222	2097	2168	1305	868	1439
总成交股数　（亿股）	**Trading Volume (100 million share)**	**36403.75**	**24131.39**	**51106.99**	**42151.98**	**33956.57**	**32881.06**	**47905.20**
A股	A Shares	35683.93	23912.78	50648.91	41806.42	33748.72	32681.93	47653.03
B股	B Shares	719.82	218.62	458.09	345.56	207.85	178.61	252.17
上证综合指数	**Shanghai Composite Index**							
最高	High	6124.04	5522.78	3478.01	3306.75	3067.46	2478.38	2444.80
最低	Low	2541.53	1664.93	1844.09	2319.74	2134.02	1949.46	1849.65
收盘	Close	5261.56	1820.81	3277.14	2808.08	2199.42	2269.13	2115.98
深证综合指数	**Shenzhen Composite Index**							
最高	High	1567.74	1584.40	1240.64	1412.64	1316.19	1020.29	1106.27
最低	Low	547.89	452.33	557.69	890.24	828.83	724.97	815.89
收盘	Close	1447.02	553.30	1201.34	1290.86	866.65	881.17	1057.67

注：1.本表股票总发行股本不含(A+H)股公司发行的H股。

2.2012股票总成交金额中包含约定购回式证券成交金额，故总成交金额大于A股B股成交金额之和。

a) Total issued capital in this table do not include H shares of the companies issuing A & H shares.

b) Figure of total turnover of 2012 include that of Appointed Repurchase Securities, so it is bigger than total turnover of A shares and B shares.

19-18 保险系统机构、人员数（年底数）

Number of Institutions and Employed Persons in Insurance System at Year-end

项目	Item	2012			2013		
		机构数（个）Number of Institutions (unit)	职工人数（人）Employed Persons (person)	#女职工 Female	机构数（个）Number of Institutions (unit)	职工人数（人）Employed Persons (person)	#女职工 Female
总计	**Total**	**164**	**861706**	**447449**	**174**	**831303**	**437531**
保险集团公司	**Insurance (Group) Corporations**	**10**	**2931**	**1224**	**10**	**3968**	**1916**
中资保险公司	**Domestic Funded Insurance Corporations**	**101**	**825184**	**427890**	**109**	**788540**	**413319**
#总公司	Head Offices	101	33398	15889	109	37210	17472
省级分公司	Provincial Branches	1644	225843	116909	1476	204266	107337
中心支分公司	Branches and Sub-branches in Center Cities	7377	305479	162251	7863	296500	160374
支公司	Sub-branches	18353	159864	79506	20334	169416	86173
营业部	Business Departments	2410	18733	9176	2382	18622	9155
营销服务部	Marketing Departments	42973	66132	35272	42077	62461	32808
中外合资公司	**Joint-venture Insurance Corporations**	**52**	**33591**	**18335**	**55**	**38795**	**22296**
总公司	Head Offices	52	10764	5114	55	11936	6354
省级分公司	Provincial Branches	212	13190	7357	224	15313	8987

注：1.职工人数不包括营销、代理人员。
2.2012年，机构数总计中包括慈溪市龙山镇伏龙农村保险互助社，未在保险集团、中资保险公司、中外合资保险公司中列示。
3.2013年，中资保险公司代表处期末职工人数65人。

a) Number of employed persons excludes people engaged in marketing and agency service.

b) In 2012, number of institutions includes Fulong rural insurance mutual aid community of Longshan County, Cixi City, which was not shown in insurance group corporations, domestic funded insurance corporations and joint-venture corporations.

c) In 2013, number of employed persons of representative office of domestic funded insurance corporations is 65.

19-19 保险公司业务经济技术指标

Economic and Technical Indicators of Insurance Companies Funded with Chinese and Foreign Capital

单位：亿元 (100 million yuan)

项目	Item	2012		2013	
		保费 Premium	赔款及给付 Claim and Payment	保费 Premium	赔款及给付 Claim and Payment
合计	**Total**	**15487.9**	**4716.3**	**17222.2**	**6212.9**
财产保险公司	**Property Insurance Companies**	**5529.9**	**2896.9**	**6481.2**	**3556.2**
企业财产保险	Enterprise Property Insurance	360.4	165.0	378.8	213.7
家庭财产保险	Family Property Insurance	28.5	10.6	37.9	17.2
机动车辆保险	Motor Vehicle Insurance	4005.2	2247.6	4720.8	2719.8
工程保险	Engineering Insurance	62.3	26.3	78.6	29.7
责任保险	Liability Insurance	183.8	75.1	216.6	89.2
信用保险	Export Credit Insurance	160.6	67.6	155.2	69.6
保证保险	Guarantee Insurance	93.5	9.3	120.4	16.5
船舶保险	Ship Insurance	55.7	30.5	53.5	28.7
货物运输保险	Freight Transport Insurance	101.7	40.5	102.9	42.8
特殊风险保险	Special Risks Insurance	36.9	11.5	39.0	15.9
农业保险	Agriculture Insurance	240.6	131.3	306.6	194.9
健康险	Health Insurance	72.4	44.9	118.0	73.0
意外伤害保险	Accident Injury Insurance	126.5	35.7	150.9	44.1
其他险	Other Insurance	2.0	1.0	2.0	1.1
人寿保险公司	**Life Insurance Companies**	**9958.1**	**1819.4**	**10741.1**	**2656.7**
寿险	Life Insurance	8908.1	1505.0	9425.1	2253.1
健康险	Health Insurance	790.4	61.1	1005.5	65.4
人身意外伤害险	Personal Accident Insurance	259.6	253.3	310.4	338.2

注：本表人寿保险公司中包括中华控股寿险业务。

a) Life insurance companies include life insurance of China United Insurance Holding Company.

19-20　保险公司资产情况
Situations of Assets of Insurance Companies

单位：亿元　　(100 million yuan)

年　份 Year	总资产 Total Assets	#财产险公司 Property Insurance Companies	#寿险公司 Life Insurance Companies	#再保险公司 Reinsurance Companies	#中资公司 Domestic Funded Insurance Companies	#外资公司 Foreign-funded Insurance Companies
2002	6320.00	948.00	5161.00	211.00		
2003	9088.00	1176.00	7657.00	255.00		
2004	11953.68	1411.38	8352.90	262.37	11540.63	413.05
2005	15286.44	1718.81	13458.27	292.70	14630.97	665.64
2006	19704.19	2340.45	17446.26	311.31	18862.60	862.66
2007	28912.78	3880.51	23249.16	877.26	27656.26	1256.51
2008	33418.83	4687.03	27138.45	994.45	31893.93	1524.91
2009	40634.75	4892.62	33655.05	1162.01	38582.37	2052.39
2010	50481.61	5833.52	42642.66	1151.79	47860.49	2621.12
2011	59828.94	7919.95	49798.19	1579.11	56822.12	3006.83
2012	73545.73	9477.47	60991.22	1845.25	70080.33	3465.40
2013	82886.95	10941.45	68250.07	2103.93	78551.67	4335.28

19-21　保险公司资金运用情况
Fund Uses of Insurance Companies

单位：亿元　　(100 million yuan)

年　份 Year	资金运用余　额 Balance of Fund Uses	#银行存款 Deposits	#国　债 Government and Public Bonds	#金融债券 Financial Bonds	#企业债券 Corporate Bonds	#证券投资基金 Securities Investment Funds
2004	10778.62	5071.10	2618.44	1026.25	639.73	666.32
2005	14092.69	5165.55	3590.65	1804.71	1204.55	1107.00
2006	17785.40	5989.11	3647.01	2754.25	2121.56	912.08
2007	26647.81	6503.44	3956.56	4897.84	2799.76	2519.41
2008	30552.83	8087.49	4208.26	8754.06	4598.46	1646.46
2009	37417.12	10519.68	4053.82	8746.10	6074.56	2758.78
2010	46046.62	13909.97	4815.78	10038.75	7935.69	2620.73
2011	55192.98	17692.69	4741.90	12418.80	8755.86	2909.92
2012	68542.58	23446.00	4795.02	14832.57	10899.98	3625.58
2013	76873.41	22640.98	4776.73	14811.84	13727.75	3575.52

19-22　分地区原保险保费收入和赔付支出情况（2013年）
Premium of Primary Insurance and Payment by Region (2013)

单位：亿元　　(100 million yuan)

地　区	Region	原保险保费收入 Premium of Primary Insurance			赔付支出 Payment		
		小计 Sub-total	财产险业务 Property Insurance	人身险业务 Life Insurance	小计 Sub-total	财产险业务 Property Insurance	人身险业务 Life Insurance
全　国	**National Total**	**17222.24**	**6212.26**	**11009.98**	**6212.90**	**3439.14**	**2773.77**
北　京	Beijing	994.44	288.03	706.41	318.17	165.28	152.89
天　津	Tianjin	276.80	102.28	174.52	102.00	58.98	43.03
山　西	Shanxi	412.38	144.55	267.84	169.32	83.16	86.16
河　北	Hebei	837.59	309.77	527.81	315.66	160.21	155.46
内蒙古	Inner Mongolia	274.69	129.73	144.96	100.56	67.60	32.95
辽　宁	Liaoning	622.65	229.10	393.55	239.92	126.54	113.38
#大　连	Dalian	176.00	63.60	112.40	60.11	32.12	27.99
吉　林	Jilin	266.44	91.09	175.35	100.60	50.41	50.19
黑龙江	Heilongjiang	384.32	113.62	270.70	154.40	79.33	75.08
上　海	Shanghai	821.43	285.25	536.18	301.95	162.33	139.61
江　苏	Jiangsu	1446.08	518.61	927.47	527.02	303.23	223.80
浙　江	Zhejiang	1109.92	511.98	597.93	451.01	349.25	101.76
#宁　波	Ningbo	185.50	96.84	88.66	103.91	89.54	14.37
安　徽	Anhui	483.01	203.85	279.17	222.99	115.26	107.73
福　建	Fujian	574.84	205.29	369.56	187.32	104.92	82.40
#厦　门	Xiamen	111.78	48.13	63.66	36.32	24.10	12.22
江　西	Jiangxi	317.95	116.20	201.76	126.99	66.64	60.35
山　东	Shandong	1280.43	445.60	834.83	441.66	236.10	205.56
#青　岛	Qingdao	178.99	75.13	103.86	62.71	39.67	23.04
河　南	Henan	916.52	238.83	677.69	279.75	122.08	157.67
湖　北	Hubei	587.40	169.35	418.05	187.57	86.30	101.28
湖　南	Hunan	508.57	176.02	332.55	192.77	94.48	98.29
广　东	Guangdong	1902.91	660.15	1242.77	619.10	352.65	266.44
#深　圳	Shenzhen	468.76	172.80	295.97	125.19	86.30	38.89
广　西	Guangxi	275.47	112.15	163.32	90.94	54.72	36.21
海　南	Hainan	72.61	31.70	40.91	22.01	14.52	7.49
重　庆	Chongqing	359.23	112.52	246.71	124.60	62.98	61.62
四　川	Sichuan	914.68	315.12	599.55	314.62	167.12	147.50
贵　州	Guizhou	181.62	89.03	92.58	72.44	44.69	27.75
云　南	Yunnan	320.77	151.76	169.02	122.06	78.78	43.28
西　藏	Tibet	11.43	7.96	3.47	5.60	4.02	1.57
陕　西	Shaanxi	417.45	137.07	280.38	147.71	78.36	69.35
甘　肃	Gansu	180.15	68.34	111.81	67.14	32.66	34.48
青　海	Qinghai	39.02	19.51	19.50	15.28	9.05	6.23
宁　夏	Ningxia	72.70	31.40	41.31	24.04	15.79	8.25
新　疆	Xinjiang	273.49	113.23	160.26	106.59	62.35	44.24
集团、总公司本级	Head Offices	85.24	83.18	2.06	61.12	29.35	31.78

注：1.本表数据为各公司上报中国保险统计信息系统年报数据。
2.集团、总公司本级直接开展的业务不计入任何地区。

a) Data in this table are of annual data that reported to China Insurance Statistical Information System by insurance companies.
b) Data of business run by head offices do not count to any region.

主要统计指标解释

信贷资金 指金融机构以信用方式积聚和分配的货币资金。金融机构信贷资金的来源有各项存款、金融债券、对国际金融机构负债、流通中现金、其他项目等；信贷资金的运用有各项贷款、有价证券及投资、金银占款、外汇占款、财政借款及在国际金融机构中的资产等。

存款 指企业、机关、团体或居民根据资金必须收回的原则，把货币资金存入银行或其他信贷机构保管并取得一定利息的一种信用活动形式。根据存款对象或性质的不同可划分为单位存款、个人存款、财政性存款、临时性存款、委托存款、其他存款等科目。它是银行信贷资金的主要来源。

贷款 指银行或其他信贷机构根据资金必须归还的原则，按一定利率，为企业、个人等提供资金的一种信用活动形式。我国银行贷款分为短期贷款、中长期贷款、融资租赁、票据融资、各项垫款、境外贷款等。

保险公司 在中国境内的、经过保险监督管理部门批准设立，并依法登记注册的各类商业保险公司。

保险金额 指保险人承担赔偿或者给付保险金责任的最高限额。

保费 指投保人为取得保险人在约定范围内所承担赔偿责任而支付给保险人的费用。

赔款 指保险人根据保险合同的规定，向被保险人支付的赔偿保险责任损失的金额。

给付 包括死伤医疗给付和满期给付。死伤医疗给付是指保险人根据人寿保险及长期健康保险合同的规定，因被保险人在保险期内发生保险责任范围内的保险事故支付给被保险人(或受益人)的金额。满期给付是指被保险人生存期满，保险人按人寿保险合同规定支付给被保险人的满期保险金额。

社会融资规模 指一定时期内实体经济从金融体系获得的资金总额，是增量概念。主要包括：人民币贷款、外币贷款（折合人民币）、委托贷款、信托贷款、未贴现的银行承兑汇票、企业债券、非金融企业境内股票融资、投资性房地产、保险公司赔偿等。

Explanatory Notes on Main Statistical Indicators

Credit Funds refer to the monetary funds accumulated and distributed in the means of credit by the financial institutions. The sources of credit funds include various deposits, financial bonds, liabilities to international financial institutions, currency in circulation, other items. The uses of credit funds include loans, securities and investment, position for bullion and silver purchase, position for foreign exchange purchase, advances to treasury, and assets with international financial institutions.

Deposit is a form of credit by which enterprises, institutions, organizations or households can put money into banks and other credit institutions for safekeeping and interest earning under the principle of free withdrawal. According to different depositors, deposits are divided into unit deposits, personal deposits, fiscal deposits, temporary deposits, entrusted deposits and other deposits. Deposits are major sources of the credit funds of banks.

Loan is a form of credit by which banks and other credit institutions provide funds at certain interest rate to enterprises and individuals in the light of the principle of unconditional repayment. Loans from Chinese banks include short-term loan, medium-term and long-term loans, financial lease, bill financing, various money advanced, foreign loans.

Insurance Companies refer to commercial insurance companies of various forms registered by law and established in China with the approval of insurance regulatory agencies.

Amount Insured refers to the maximum that the insurant will get for the claim of the case insured.

Premium is the fee paid by the insurant to the insurer to obtain the obligation of compensation from the insurance within the agreed terms.

Settled Claim is the compensation paid by the insurer to the insurant in accordance with the insurance contract.

Payment includes payment for death, injury or medical treatment and payment at maturity. Payment for death, injury or medical treatment refers to the money paid to the insurant (or the beneficiary) in accordance with the life or health insurance contract when the insurant encounters accidents within the insured period covered in the contract. Payment at maturity refers to the payment to the insurant in accordance with the life insurance contract at the end of the insured period.

Social Financing refers to the total funds raised by real economy from the financial system in a certain period of time. It's an increment. It includes: RMB Loans, Foreign Currency Loans(RMB), credit loans, entrusted loans, undiscounted banker's acceptances, corporate bonds, domestic equity financing of non-financial enterprises, investment real estate, premium of insurance, etc.

20

科学技术

Science and Technology

简 要 说 明

本篇资料主要反映我国科学技术活动的基本情况。

一、本篇资料的主要内容

包括全社会以及规模以上工业法人单位、政府属研究机构、高等学校的研究与试验发展（R&D）活动情况；国内外专利申请和授权情况；高技术企业生产及研发活动情况；科技论文收录情况；高技术产品进出口贸易情况；技术市场交易情况；高新区企业主要经济指标；科协系统科技活动情况；测绘、地震、气象和质量监督检验检疫等综合技术服务部门业务机构及业务活动情况等。

二、本篇资料的统计范围

科技活动统计资料范围为全社会有研究与试验发展（R&D）活动的企事业单位，具体包括规模以上工业法人单位、地级及以上独立核算的政府属科学研究与技术开发机构及科技信息与文献机构、全日制普通高等学校及附属医院以及研究与试验发展（R&D）活动相对密集行业（包括农、林、牧、渔业，建筑业，交通运输、仓储和邮政业，信息传输、软件和信息技术服务业，金融业，租赁和商务服务业，科学研究和技术服务业，水利、环境和公共设施管理业，卫生和社会工作，文化、体育和娱乐业等）中从事研究与试验发展（R&D）活动的企事业单位。

三、本篇的资料来源

全国综合资料、规模以上工业法人单位、重点服务业（包括交通运输、仓储和邮政业，信息传输、软件和信息技术服务业，租赁和商务服务业，水利、环境和公共设施管理业，文化、体育和娱乐业）企业情况由国家统计局第三次全国经济普查提供；农、林、牧、渔业，建筑业，金融业，卫生和社会工作等行业的企事业单位由国家统计局根据最近年份的调查数据进行推算；政府属研究机构资料由科技部和国家国防科技工业局调查提供；科学研究和技术服务业企事业的研究与试验发展（R&D）活动情况资料，以及科技论文资料、技术市场资料、高新区企业资料由科技部调查提供；高等学校资料由教育部调查提供；高技术产品进出口贸易资料由海关总署调查提供；科协系统科技活动资料由中国科协调查提供；专利、测绘、地震、气象、产品质量监督和检验检疫等资料，分别由国家知识产权局、国家测绘地理信息局、中国地震局、中国气象局、国家质量监督检验检疫总局等部门调查提供。

四、本篇资料的统计调查方法

研究与试验发展(R&D)活动情况采用全面调查取得；科协、专利、测绘、地震、气象、产品质量监督和检验检疫资料采用抽样等多种调查方法取得。

五、科技活动统计资料口径变动说明

2000 年以前科技活动统计资料只包括大中型工业企业、政府属研究机构、普通高等学校，2000 年及以后年份扩大到了全社会范围。

Brief Introduction

Statistics in this chapter reflect the basic information on scientific and technological activities in China.

I. Main Contents

Data on research and development (R&D) activities on whole society, industrial enterprises above designated size, scientific and technological institutions under the government and institutions of higher education; data on domestic and foreign patents application accepted and granted; data on production, research and development activities of high-tech enterprises; data on scientific and technological papers; data on import and export trade of high-technological products; data on technological markets; main economic indicators of enterprises in high-tech development zones; data on the scientific and technological activities in the system of associations for science and technology; data on comprehensive technical service departments' operation institutions and activities of the surveying and mapping, earthquake, meteorology and product quality supervision, inspection and quarantine.

Ⅱ.Scope of Statistics

Data on research and development (R&D) activities of enterprises and institutions of whole society, mainly including industrial enterprises above designated size, scientific research and technological development institutions and scientific and technological information and literature institutions of prefecture level and above cities under the government with independent accounting, full-time universities and colleges, affiliated hospitals and relatively R&D-intensive industries and institutions (such as agriculture, forestry, animal husbandry, fishery, construction, transport, storage and post, information transmission, software and information technology service, financial, leasing and business services, scientific research and technical services, management of water conservancy, environment and public facilities, health and social service, culture, sports and entertainment).

Ⅲ.Sources of Data

National Bureau of Statistics is responsible for providing data on national comprehensive data, industrial enterprises above designated size and the main service industry(including transport, storage and post, information transmission, software and information technology service, leasing and business services, management of water conservancy, environment and public facilities, culture, sports and entertainment) based on the third national economic census; National Bureau of Statistics is also responsible for providing agriculture, forestry, animal husbandry, fishery, construction, financial, environment and public facilities based on recently survey; Ministry of Science and Technology and State Administration of Science, Technology and Industry for National Defense provide information on scientific and technological institutions under the government; Ministry of Science and Technology provide information on R&D of scientific research and technical service enterprises and institutions, scientific and technological papers, technological markets information and enterprises in high-tech development zones; Ministry of Education provide information on scientific and technological activities in institutions of higher education; General Administration of Customs provide information on import and export trade of high-technological products; China Association for Science and Technology provides data on the scientific and technological activities of associations for science and technology; State Intellectual Property Office, National Administration of Surveying, Mapping and Geoinformation, China Earthquake Administration, China Meteorological Administration and General Administration of Quality Supervision, Inspection and Quarantine respectively provide data on patents, surveying and mapping, earthquake, meteorology, product quality supervision and inspection and quarantine.

Ⅳ.Statistical Methodology

Data on R&D activities are collected through complete surveys. Data on scientific and technological associations, surveying and mapping, meteorology, earthquake, product quality supervision, inspection and quarantine and patent are collected through sample surveys and other surveys.

Ⅴ.Changes of the Statistical Coverage of Data on Scientific and Technological Activities

Data only included large and medium-sized industrial enterprises scientific research institutions under the government, and universities and colleges before 2000 and data have covered all society since 2000.

20-1 科技活动基本情况
Basic Statistics on Scientific and Technological Activities

指 标	Item	2009	2010	2011	2012	2013
研究与试验发展(R&D)投入情况	**Statistics on R&D Input**					
R&D人员全时当量(万人年)	Full-time Equivalent of R&D Personnel (10 000 man-years)	229.1	255.4	288.3	324.7	353.3
#基础研究	Basic Research	16.5	17.4	19.3	21.2	22.3
应用研究	Applied Research	31.5	33.6	35.3	38.4	39.6
试验发展	Experimental Development	181.1	204.5	233.7	265.1	291.4
R&D经费支出 (亿元)	Expenditure on R&D (100 million yuan)	5802.1	7062.6	8687.0	10298.4	11846.6
#基础研究	Basic Research	270.3	324.5	411.8	498.8	555.0
应用研究	Applied Research	730.8	893.8	1028.4	1162.0	1269.1
试验发展	Experimental Development	4801.0	5844.3	7246.8	8637.6	10022.5
#政府资金	Government Funds	1358.3	1696.3	1883.0	2221.4	2500.6
企业资金	Self-raised Funds by Enterprises	4162.7	5063.1	6420.6	7625.0	8837.7
R&D经费支出与国内生产总值之比 (%)	Ratio of Expenditure on R&D to GDP (%)	1.70	1.76	1.84	1.98	2.08
科技产出及成果情况	**Statistics on S&T Outputs and Results**					
发表科技论文 (万篇)	Scientific Papers Issued (10 000 pieces)	136	142	150	152	154
出版科技著作 (种)	Publication on Science and Technology (kind)	49080	45563	45472	46751	45730
科技成果登记数 (项)	Number of Major Achievements in Science and Technology(item)	38688	42108	44208	51723	52477
国家技术发明奖 (项)	Number of National Invention Prizes Awarded (item)	55	46	55	77	71
国家科学技术进步奖 (项)	Number of National Scientific and Technological Progress Prizes Awarded (item)	282	273	283	212	188
专利申请受理数 (件)	Number of Patent Applications Accepted (piece)	976686	1222286	1633347	2050649	2377061
#发明专利	Inventions	314573	391177	526412	652777	825136
专利申请授权数 (件)	Number of Patent Applications Granted (piece)	581992	814825	960513	1255138	1313000
#发明专利	Inventions	128489	135110	172113	217105	207688
高技术产品进出口及技术市场情况	**Statistics on Export and Import of High-tech Products and Technical Market**					
高技术产品进出口额(亿美元)	Total Value of Export and Import of High-tech Products (USD 100 million)	6868	9050	10120	11080	12185
高技术产品出口额	Export	3769	4924	5488	6012	6603
高技术产品进口额	Import	3099	4127	4632	5069	5582
技术市场成交额 (亿元)	Transaction Value in Technical Market (100 million yuan)	3039	3907	4764	6437	7469

20-2 科学研究与开发机构基本情况
Basic Statistics on Scientific Research and Development Institutions

指 标	Item	2009	2010	2011	2012	2013
机构基本情况	**Basic Statistics on Institutions**					
机构数 (个)	Number of R&D Institutions (unit)	3707	3696	3673	3674	3651
#中央属	Subordinated to Central Level	691	686	686	710	711
地方属	Subordinated to Local Level	3016	3010	2987	2964	2940
研究与试验发展(R&D)投入情况	**Statistics on R&D Input**					
R&D人员 (万人)	R&D Personnel (10 000 persons)	32.3	34.2	36.2	38.8	40.9
R&D人员全时当量 (万人年)	Full-time Equivalent of R&D Personnel (10 000 man-years)	27.7	29.3	31.6	34.4	36.4
#基础研究	Basic Research	4.1	4.2	5.0	5.7	6.1
应用研究	Applied Research	10.3	10.9	11.3	12.1	13.0
试验发展	Experimental Development	13.4	14.2	15.2	16.5	17.3
R&D经费支出 (亿元)	Expenditure on R&D (100 million yuan)	996.0	1186.4	1306.7	1548.9	1781.4
#基础研究	Basic Research	110.6	129.9	160.2	197.9	221.6
应用研究	Applied Research	350.9	387.6	417.2	469.3	525.8
试验发展	Experimental Development	534.4	668.9	729.3	881.7	1034.0
#政府资金	Government Appropriation Funds	849.5	1036.5	1106.1	1292.7	1481.2
企业资金	Self-raised Funds by Enterprises	29.8	34.2	39.9	47.4	60.9
R&D项目(课题)情况	**Statistics on R&D Topics**					
R&D项目(课题)数 (项)	R&D Projects (item)	61135	67050	70967	79343	85069
R&D项目(课题)人员全时当量 (万人年)	Participants (10 000 man-years)	23.7	25.4	27.3	31.1	32.7
R&D项目(课题)经费支出 (亿元)	Expenditure (100 million yuan)	579.8	681.5	807.1	1078.3	1221.7
科技产出及成果情况	**Statistics on S&T Outputs and Results**					
发表科技论文 (篇)	Scientific Papers Issued (piece)	138119	140818	148039	158647	164440
#国外发表	Published in Foreign Periodicals	25882	26862	31598	35173	41072
出版科技著作 (种)	Publication on Science and Technology (kind)	4788	3922	4292	4458	4619
专利申请受理数 (件)	Number of Patent Applications Accepted(piece)	15773	19192	24059	30418	37040
#发明专利	Inventions	12361	14979	18227	23406	28628
专利申请授权数 (件)	Number of Patent Applications Granted (piece)	6391	8698	12126	16551	20095
#发明专利	Inventions	4077	5249	7862	10935	12542

20-3　高等学校科技活动情况

Basic Statistics on Higher Education for Science and Technology Activities

指　标	Item	2009	2010	2011	2012	2013
高等学校基本情况	**Basic Statistics on Higher Education**					
学校数　(个)	Number of Institutions　(unit)	2305	2358	2409	2442	2491
#理工农医	Natural Sciences & Technology	1003	970	975	1039	1070
#人文社科	Social Sciences & Humanities	954	963	997	1090	1150
R&D机构　(个)	R&D Institutions　(unit)	6082	7833	8630	9225	9842
研究与试验发展(R&D)投入情况	**Statistics on R&D Input**					
R&D人员　(万人)	R&D Personnel　(10 000 persons)	50.9	59.4	63.2	67.8	71.5
R&D人员全时当量　(万人年)	Full-time Equivalent of R&D Personnel (10 000 man-years)	27.5	29.0	29.9	31.4	32.5
#基础研究	Basic Research	11.3	12.0	12.9	14.0	14.7
应用研究	Applied Research	14.1	14.8	15.0	15.4	15.9
试验发展	Experimental Development	2.1	2.1	2.0	1.9	1.9
R&D经费支出　(亿元)	Expenditure on R&D　(100 million yuan)	468.2	597.3	688.8	780.6	856.7
#基础研究	Basic Research	145.5	179.9	226.7	275.7	307.6
应用研究	Applied Research	250.0	337.0	372.4	402.7	441.3
试验发展	Experimental Development	72.6	80.3	89.8	102.2	107.8
#政府资金	Government Appropriation Funds	262.2	358.8	405.1	474.1	516.9
企业资金	Self-raised Funds by Enterprises	171.7	198.5	242.9	260.5	289.3
R&D项目(课题)情况	**Statistics on R&D Topics**					
R&D项目(课题)数　(项)	R&D Projects　(item)	476708	547717	604107	657027	711010
R&D项目(课题)人员全时当量(万人年)	Participants　(10 000 man-years)	27.4	28.9	29.9	31.3	32.4
R&D项目(课题)经费支出　(亿元)	Expenditure　(100 million yuan)	363.5	467.0	535.3	607.3	662.7
科技产出及成果情况	**Statistics on S&T Outputs and Results**					
发表科技论文　(篇)	Scientific Papers Issued　(piece)	1016345	1062512	1109965	1117742	1127210
#国外发表	Published in Foreign Periodicals	156750	182247	218301	226097	249637
出版科技著作　(种)	Publication on Science and Technology　(kind)	40919	38101	37472	38760	37866
专利申请受理数　(件)	Number of Patent Applications Accepted(piece)	56641	72744	95592	113430	133865
#发明专利	Inventions	36241	44132	54362	66755	81251
专利申请授权数　(件)	Number of Patent Applications Granted　(piece)	25570	37490	53055	74550	84930
#发明专利	Inventions	14408	18055	25064	34441	35873

20-4 规模以上工业企业的科技活动基本情况
Basic Statistics on Science and Technology Activities of Industrial Enterprises above Designated Size

指标	Item	2004	2009	2012	2013
企业基本情况	**Statistics on Industrial Enterprises**				
有R&D活动企业数 (个)	Number of Enterprises Having R&D Activities (unit)	17075	36387	47204	54832
有R&D活动企业所占比重 (%)	Percentage of Enterprises Having R&D Activities to Total Number of Enterprises (%)	6.2	8.5	13.7	14.8
R&D活动情况	**Statistics on R&D Activities**				
R&D人员全时当量 (万人年)	Full-time Equivalent of R&D Personnel (10 000 man-years)	54.2	144.7	224.6	249.4
R&D经费支出 (亿元)	Expenditure on R&D (100 million yuan)	1104.5	3775.7	7200.6	8318.4
R&D经费支出与主营业务收入之比(%)	Percentage of Expenditure on R&D to Sales Revenue (%)	0.56	0.69	0.77	0.80
R&D项目数 (项)	R&D Projects (item)	53641	194400	287524	322567
R&D项目经费支出 (亿元)	Expenditure on R&D Projects (100 million yuan)	921.2	3185.9	6230.6	7294.5
企业办R&D机构情况	**Statistics on R&D Institutions**				
机构数 (个)	Number of R&D Institutions (unit)	17555	29879	45937	51625
机构人员数 (万人)	R&D Personnel (10 000 persons)	64.4	155.0	226.8	238.8
机构经费支出 (亿元)	Expenditure on R&D (100 million yuan)	841.6	2983.6	5233.4	5941.5
新产品开发及生产情况	**Statistics on New Products Development and Production**				
新产品开发项目数 (个)	Number of New Products (unit)	76176	237754	323448	358287
新产品开发经费支出 (亿元)	Expenditure on New Products Development (100 million yuan)	965.7	4482.0	7998.5	9246.7
新产品销售收入 (亿元)	Sales Revenue of New Products (100 million yuan)	22808.6	65838.2	110529.8	128460.7
#新产品出口	Export	5312.2	11572.5	21894.2	22853.5
专利情况	**Statistics on Patents**				
专利申请数 (件)	Number of Patent Applications (piece)	64569	265808	489945	560918
#发明专利	Inventions	20456	92450	176167	205146
有效发明专利数 (件)	Number of Inventions in Force (piece)	30315	118245	277196	335401
技术获取和技术改造情况	**Statistics on Technology Acquisition and Technology Reconstruction**				
引进国外技术经费支出 (亿元)	Expenditure for Acquisition of Foreign Technology(100 million yuan)	397.4	422.2	393.9	393.9
引进技术消化吸收经费支出(亿元)	Expenditure for Assimilation of Technology(100 million yuan)	61.2	182.0	156.8	150.6
购买国内技术经费支出 (亿元)	Expenditure for Purchase of Domestic Technology(100 million yuan)	82.5	203.4	201.7	214.4
技术改造经费支出 (亿元)	Expenditure for Technical Renovation (100 million yuan)	2953.5	4344.7	4161.8	4072.1

注：从2011年起，规模以上工业企业的统计范围从年主营业务收入为500万元及以上的法人工业企业调整为年主营业务收入为2000万元及以上的法人工业企业。以下各表同。

a) From 2011, the statistics range of the industrial enterprises above designated size change from the industrial enterprises with the sales revenue above 5 million RMB to the industrial enterprises with the sales revenue above 20 million RMB. The same applies to the following table.

20-5 按登记注册类型分规模以上工业企业研究与试验发展(R&D)活动及专利情况(2013年)

Statistics on R&D Activities and Patents of Industrial Enterprises above Designated Size by Registration Status (2013)

登记注册类型	Status of Registration	R&D人员全时当量(人年) Full-time Equivalent of R&D Personnel (man-year)	R&D经费(万元) Expenditure on R&D (10 000 yuan)	R&D项目数(项) R&D Projects (unit)	专利申请数(件) Number of Patent Applications (piece)	#发明专利 Inventions	有效发明专利数(件) Number of Inventions In Force (piece)
合　计	**Total**	**2493958**	**83184005**	**322567**	**560918**	**205146**	**335401**
#大中型工业企业	Large and Medium-sized Industrial Enterprises	1976736	67440646	205146	359791	139723	244175
内资企业	**Domestic Funded Enterprises**	**1865328**	**63032811**	**250823**	**437396**	**158978**	**260828**
国有企业	State-owned Enterprises	85572	3084397	10634	23124	9319	10508
集体企业	Collective-owned Enterprises	7402	586977	1986	2471	1134	1157
股份合作企业	Cooperative Enterprises	2899	87854	625	738	215	327
联营企业	Joint Ownership Enterprises	1590	70305	114	358	209	119
国有联营企业	State Joint Ownership Enterprises	1516	68261	102	335	201	113
有限责任公司	Limited Liability Corporations	807435	28309099	102726	147026	59995	108529
国有独资公司	State Sole Funded Corporations	157465	5883235	18582	24965	9761	13502
股份有限公司	Share-holding Corporations Ltd.	432027	13855023	44525	88111	36973	64653
私营企业	Private Enterprises	523551	16901374	89657	174650	50653	74757
其他企业	Other Enterprises	4853	137783	556	918	480	778
港、澳、台商投资企业	**Enterprises with Funds from Hong Kong, Macao and Taiwan**	**274173**	**7722329**	**28859**	**57155**	**18124**	**31086**
合资经营企业	Joint-venture Enterprises	113624	3321508	13611	25310	7023	13559
合作经营企业	Cooperative Enterprises	3290	92979	568	955	277	435
独资经营企业	Enterprises with Sole Fund	139676	3821303	13075	27492	9618	15025
投资股份有限公司	Share-holding Corporations Ltd.	17329	482588	1541	3363	1199	2000
外商投资企业	**Foreign Funded Enterprises**	**354457**	**12428864**	**42885**	**66367**	**28044**	**43487**
中外合资经营企业	Joint-venture Enterprises	175110	6776642	20622	33604	13112	16552
中外合作经营企业	Cooperation Enterprises	4451	228881	795	956	458	337
外资企业	Enterprises with Sole Fund	156742	4663841	19770	29203	13076	23992
外商投资股份有限公司	Share-holding Corporations Ltd.	17588	740443	1588	2552	1374	2574

20-6 按行业分规模以上工业企业研究与试验发展(R&D)活动及专利情况(2013年)

Statistics on R&D Activities and Patents of Industrial Enterprises above Designated Size by Industrial Sector (2013)

行业	Sector	R&D人员全时当量(人年) Full-time Equivalent of R&D Personnel (man-year)	R&D经费(万元) Expenditure on R&D (10 000 yuan)	R&D项目数(项) R&D Projects (unit)	专利申请数(件) Number of Patent Applications (piece)	#发明专利 Inventions	有效发明专利数(件) Number of Inventions In Force (piece)
全国总计	**Total**	**2493958**	**83184005**	**322567**	**560918**	**205146**	**335401**
煤炭开采和洗选业	Mining and Washing of Coal	53713	1565542	4483	2857	708	835
石油和天然气开采业	Extraction of Petroleum and Natural Gas	25487	806879	3284	2628	888	1198
黑色金属矿采选业	Mining and Processing of Ferrous Metal Ores	2725	77399	300	588	255	540
有色金属矿采选业	Mining and Processing of Non-ferrous Metal Ores	3955	217517	464	254	85	140
非金属矿采选业	Mining and Processing of Non-metal Ores	3131	71520	372	387	179	221
农副食品加工业	Processing of Food from Agricultural Products	38162	1729827	5987	7344	3090	3221
食品制造业	Manufacture of Foods	27389	985302	4530	5421	2147	3105
酒、饮料和精制茶制造业	Manufacture of Liquor, Beverages and Refined Tea	21113	827430	2738	3863	937	1538
烟草制品业	Manufacture of Tobacco	4246	221056	1285	2634	965	1168
纺织业	Manufacture of Textile	53289	1584878	7441	11457	2220	2587
纺织服装、服饰业	Manufacture of Textile, Wearing Apparel and Accessories	34322	692870	3666	6347	946	1977
皮革、毛皮、羽毛及其制品和制鞋业	Manufacture of Leather, Fur, Feather and Related Products and Footwear	13532	338923	1472	3538	604	712
木材加工和木、竹、藤、棕、草制品业	Processing of Timber, Manufacture of Wood, Bamboo, Rattan, Palm and Straw Products	8208	271582	1162	2603	687	1011
家具制造业	Manufacture of Furniture	9383	224650	1413	4826	593	880
造纸及纸制品业	Manufacture of Paper and Paper Products	20557	877917	2087	3278	1122	1282
印刷和记录媒介复制业	Printing and Reproduction of Recording Media	11363	303888	1745	2867	882	1404
文教、工美、体育和娱乐用品制造业	Manufacture of Articles for Culture, Education, Arts and Crafts, Sport and Entertainment Activities	20909	495880	3163	10885	1331	3355
石油加工、炼焦及核燃料加工业	Processing of Petroleum, Coking and Processing of Nuclear Fuel	13993	893194	1913	1600	814	1710
化学原料及化学制品制造业	Manufacture of Raw Chemical Materials and Chemical Products	170087	6603728	24585	27165	14883	22005
医药制造业	Manufacture of Medicines	123200	3476553	25419	17124	10475	19558
化学纤维制造业	Manufacture of Chemical Fibre	16563	667897	1652	3177	1090	1288
橡胶和塑料制品业	Manufacture of Rubber and Plastics Products	64068	1994578	9806	15427	4168	6086
非金属矿物制品业	Manufacture of Non-metallic Mineral Products	73646	2150329	9690	15369	4932	8941
黑色金属冶炼和压延加工业	Smelting and Pressing of Ferrous Metals	107190	6330374	9767	13874	5767	7018
有色金属冶炼和压延加工业	Smelting and Pressing of Non-ferrous Metals	57560	3011081	6966	9022	3464	6753
金属制品业	Manufacture of Metal Products	79315	2300165	11229	18318	5152	9656
通用设备制造业	Manufacture of General Purpose Machinery	191916	5478932	28306	49305	14292	23994
专用设备制造业	Manufacture of Special Purpose Machinery	178461	5123164	26763	53037	17528	28145
汽车制造业	Manufacture of Automobiles	195682	6802237	20311	38237	9041	14106
铁路、船舶、航空航天和其他运输设备制造业	Manufacture of Railway, Ship, Aerospace and Other Transport Equipments	105869	3720932	10557	19140	5897	9461
电气机械和器材制造业	Manufacture of Electrical Machinery and Apparatus	255835	8153895	37415	78154	25283	38601
计算机、通信和其他电子设备制造业	Manufacture of Computers, Communication and Other Electronic Equipment	390977	12525008	36382	88960	50516	97994
仪器仪表制造业	Instruments and Meters	69174	1492889	10210	19507	5950	9236
其他制造业	Other Manufacturing	7082	145262	1073	1751	630	933
金属制品、机械和设备修理业	Repair Service of Metal Products, Machinery and Equipment	5115	77867	348	697	192	264
电力、热力生产和供应业	Production and Supply of Electric Power and Heat Power	26873	584488	3079	17537	6742	3602
燃气生产和供应业	Production and Supply of Gas	811	35789	105	84	22	49
水的生产和供应业	Production and Supply of Water	1653	39293	256	294	102	138

20-7 分地区规模以上工业企业研究与试验发展(R&D)活动及专利情况(2013年)

Statistics on R&D Activities and Patents of Industrial Enterprises above Designated Size by Region (2013)

地 区	Region	R&D人员全时当量(人年) Full-time Equivalent of R&D Personnel (man-year)	R&D经费(万元) Expenditure on R&D (10 000 yuan)	R&D项目数(项) R&D Projects (unit)	专利申请数(件) Number of Patent Applications (piece)	#发明专利 Inventions	有效发明专利数(件) Number of Inventions In Force (piece)
全 国	**National Total**	**2493958**	**83184005**	**322567**	**560918**	**205146**	**335401**
北 京	Beijing	58036	2130618	10037	19210	9240	16402
天 津	Tianjin	68175	3000377	12904	16302	6446	10191
河 北	Hebei	65049	2327418	7618	9171	3054	4049
山 西	Shanxi	34024	1237698	2885	5083	1807	3008
内蒙古	Inner Mongolia	26990	1004406	2133	2062	981	1444
辽 宁	Liaoning	59090	3331303	7813	11628	5226	6923
吉 林	Jilin	23709	698136	6421	2520	971	2985
黑龙江	Heilongjiang	37296	950335	4307	4282	1683	2342
上 海	Shanghai	92136	4047800	13441	25738	11377	20140
江 苏	Jiangsu	393942	12395745	48530	93518	33090	52718
浙 江	Zhejiang	263507	6843562	42158	77067	15036	22578
安 徽	Anhui	86000	2477246	14394	32909	10866	13582
福 建	Fujian	100200	2791966	10426	18896	5475	7119
江 西	Jiangxi	29519	1106443	4288	4893	1669	2333
山 东	Shandong	227403	10528097	31906	40030	15254	18340
河 南	Henan	125091	2953410	11257	14400	4182	6470
湖 北	Hubei	85826	3117987	9522	16321	6119	8745
湖 南	Hunan	73558	2703987	8425	17424	6880	10512
广 东	Guangdong	426330	12374791	40759	96646	47213	97052
广 西	Guangxi	20700	817063	2890	4468	2234	1889
海 南	Hainan	2882	93567	769	748	389	683
重 庆	Chongqing	36605	1388199	5794	12221	2509	4792
四 川	Sichuan	58148	1688902	10298	15713	5666	9043
贵 州	Guizhou	16049	342541	1717	3446	1516	1985
云 南	Yunnan	11811	454278	1729	2793	1167	2280
西 藏	Tibet	81	4617	20	9	8	32
陕 西	Shaanxi	45809	1401480	6099	7258	3161	5449
甘 肃	Gansu	12472	400743	1731	2440	638	1028
青 海	Qinghai	2039	89540	145	334	132	205
宁 夏	Ningxia	4817	167494	1073	1132	607	387
新 疆	Xinjiang	6668	314257	1078	2256	550	695

20-8 按登记注册类型分规模以上工业企业新产品开发及生产情况(2013年)

New Products Development and Production of Industrial Enterprises above Designated Size by Registration Status (2013)

登记注册类型	Status of Registration	新产品开发项目数(项) New Products (unit)	新产品开发经费支出(万元) Expenditure on New Products Development (10 000 yuan)	新产品销售收入(万元) Sales Revenue of New Products (10 000 yuan)	#出口 Exports
合　计	**Total**	**358287**	**92467436**	**1284606903**	**228534683**
#大中型工业企业	Large and Medium-sized Industrial Enterprises	222508	74406399	1125619063	212932265
内资企业	**Domestic Funded Enterprises**	**274397**	**68562481**	**837421640**	**95969592**
国有企业	State-owned Enterprises	10696	2854120	30625353	1202290
集体企业	Collective-owned Enterprises	2170	583732	8416162	1453842
股份合作企业	Cooperative Enterprises	593	86268	974706	66032
联营企业	Joint Ownership Enterprises	108	67878	882324	23903
国有联营企业	State Joint Ownership Enterprises	91	65430	827755	23276
有限责任公司	Limited Liability Corporations	108132	29403878	358674343	39504118
国有独资公司	State Sole Funded Corporations	16729	5836972	62989978	6556578
股份有限公司	Share-holding Corporations Ltd.	49300	15703824	208367328	27346984
私营企业	Private Enterprises	103038	19762562	228237348	26321314
其他企业	Other Enterprises	360	100219	1244076	51107
港、澳、台商投资企业	**Enterprises with Funds from Hong Kong, Macao and Taiwan**	**34247**	**9010132**	**140216756**	**47650020**
合资经营企业	Joint-venture Enterprises	15460	3644877	57357357	10552600
合作经营企业	Cooperative Enterprises	810	138929	973700	120386
独资经营企业	Enterprises with Sole Fund	16011	4634668	73835409	35106884
投资股份有限公司	Share-holding Corporations Ltd.	1896	578807	7764856	1779743
外商投资企业	**Foreign Funded Enterprises**	**49643**	**14894823**	**306968508**	**84915072**
中外合资经营企业	Joint-venture Enterprises	23357	7969857	192316152	27821199
中外合作经营企业	Cooperation Enterprises	887	242581	3281700	1330479
外资企业	Enterprises with Sole Fund	23202	5887815	101077562	53164229
外商投资股份有限公司	Share-holding Corporations Ltd.	2091	777060	10080713	2592579

20-9 按行业分规模以上工业企业新产品开发及生产情况(2013年)
New Products Development and Production of Industrial Enterprises above Designated Size by Industrial Sector (2013)

行业	Sector	新产品开发项目数(项) New Products (unit)	新产品开发经费支出(万元) Expenditure on New Products Development (10 000 yuan)	新产品销售收入(万元) Sales Revenue of New Products (10 000 yuan)	#出口 Exports
全国总计	**Total**	**358287**	**92467436**	**1284606903**	**228534683**
煤炭开采和洗选业	Mining and Washing of Coal	2004	807903	11393446	507530
石油和天然气开采业	Extraction of Petroleum and Natural Gas	740	243637	61155	580
黑色金属矿采选业	Mining and Processing of Ferrous Metal Ores	193	49432	385563	
有色金属矿采选业	Mining and Processing of Non-Ferrous Metal Ores	130	65144	3113696	2103
非金属矿采选业	Mining and Processing of Non-metal Ores	242	51074	475533	6173
农副食品加工业	Processing of Food from Agricultural Products	6816	2140687	21216453	1338446
食品制造业	Manufacture of Foods	4982	1049122	10968404	1280354
酒、饮料和精制茶制造业	Manufacture of Liquor, Beverages and Refined Tea	2969	941907	11337692	433773
烟草制品业	Manufacture of Tobacco	948	195984	15913130	61447
纺织业	Manufacture of Textile	8614	1905566	40512571	5578100
纺织服装、服饰业	Manufacture of Textile, Wearing Apparel and Accessories	4308	860353	14766136	3360009
皮革、毛皮、羽毛及其制品和制鞋业	Manufacture of Leather, Fur, Feather and Related Products and Footwear	1886	414210	7389407	1818049
木材加工和木、竹、藤、棕、草制品业	Processing of Timber, Manufacture of Wood, Bamboo, Rattan, Palm and Straw Products	1335	300401	3355674	523592
家具制造业	Manufacture of Furniture	2059	283318	3910685	1524343
造纸及纸制品业	Manufacture of Paper and Paper Products	2112	795368	13822520	866566
印刷和记录媒介复制业	Printing and Reproduction of Recording Media	1913	328121	4360006	318940
文教、工美、体育和娱乐用品制造业	Manufacture of Articles for Culture, Education, Arts and Crafts, Sport and Entertainment Activities	4022	665984	8721707	2263593
石油加工、炼焦及核燃料加工业	Processing of Petroleum, Coking and Processing of Nuclear Fuel	1707	1131379	26469416	57766
化学原料及化学制品制造业	Manufacture of Raw Chemical Materials and Chemical Products	23590	6292466	91376298	8136824
医药制造业	Manufacture of Medicines	26523	3645006	36061674	3168255
化学纤维制造业	Manufacture of Chemical Fibres	1980	939358	15093388	1191033
橡胶和塑料制品业	Manufacture of Rubber and Plastics Products	12281	2415348	29316616	5675936
非金属矿物制品业	Manufacture of Non-metallic Mineral Products	9936	2193521	24108128	2778273
黑色金属冶炼和压延加工业	Smelting and Pressing of Ferrous Metals	8971	6060242	79719166	7545887
有色金属冶炼和压延加工业	Smelting and Pressing of Non-ferrous Metals	6131	2629012	51915643	3578179
金属制品业	Manufacture of Metal Products	12353	2473429	27219666	4471631
通用设备制造业	Manufacture of General Purpose Machinery	34325	6555971	72693613	8871992
专用设备制造业	Manufacture of Special Purpose Machinery	31313	5887267	58947065	8280087
汽车制造业	Manufacture of Automobiles	25374	7979138	150840960	6453027
铁路、船舶、航空航天和其他运输设备制造业	Manufacture of Railway, Ship, Aerospace and Other Transport Equipments	11895	4399013	47561595	9880953
电气机械和器材制造业	Manufacture of Electrical Machinery and Apparatus	43991	10453249	138605058	22512999
计算机、通信和其他电子设备制造业	Manufacture of Computers, Communication and Other Electronic Equipment	45390	15558039	241635186	113450701
仪器仪表制造业	Manufacture of Measuring Instruments and Machinery	12330	1778592	14898717	2009427
其他制造业	Other Manufacture	1104	181309	1778923	425644
金属制品、机械和设备修理业	Repair Service of Metal Products, Machinery and Equipment	524	108165	939178	121181
电力、热力生产和供应业	Production and Supply of Electric Power and Heat Power	2168	397665	2221948	33378
燃气生产和供应业	Production and Supply of Gas	75	24204	158475	
水的生产和供应业	Production and Supply of Water	148	32115	132749	

20-10 分地区规模以上工业企业新产品开发及生产情况(2013年)
New Products Development and Production of Industrial Enterprises above Designated Size by Region (2013)

地 区	Region	新产品开发项目数(项) New Products (unit)	新产品开发经费支出(万元) Expenditure on New Products Development (10 000 yuan)	新产品销售收入(万元) Sales Revenue of New Products (10 000 yuan)	#出口 Exports
全 国	**National Total**	**358287**	**92467436**	**1284606903**	**228534683**
北 京	Beijing	13310	2931908	36727656	5396851
天 津	Tianjin	11977	2459585	55696886	11917154
河 北	Hebei	7194	2025041	29160256	2931865
山 西	Shanxi	2938	991958	10272735	1266926
内蒙古	Inner Mongolia	1581	619217	6285040	330766
辽 宁	Liaoning	8568	3360539	40931774	3727414
吉 林	Jilin	6516	740849	7031878	388829
黑龙江	Heilongjiang	3438	782854	5825023	394351
上 海	Shanghai	17295	5282586	76883835	7747274
江 苏	Jiangsu	58353	16693195	197142112	43198702
浙 江	Zhejiang	47778	8216556	148820993	29813756
安 徽	Anhui	17320	3244687	43790809	2774115
福 建	Fujian	10534	2656091	34400997	9442428
江 西	Jiangxi	4381	977849	16829309	1575374
山 东	Shandong	31100	10206343	142841782	17337126
河 南	Henan	11150	2660106	47914474	19677786
湖 北	Hubei	10722	3317175	46544784	2021102
湖 南	Hunan	9089	2959845	57246324	2241272
广 东	Guangdong	47387	14065712	180137410	60393855
广 西	Guangxi	3332	849395	15866038	507265
海 南	Hainan	704	114916	1601202	192696
重 庆	Chongqing	6820	1438649	26961130	1344651
四 川	Sichuan	12681	2135771	24758761	2035726
贵 州	Guizhou	1908	403004	3683200	365375
云 南	Yunnan	1903	496845	4433810	208578
西 藏	Tibet	8	1177	23454	141
陕 西	Shaanxi	6491	1799803	10154791	306558
甘 肃	Gansu	1629	403460	6185275	437917
青 海	Qinghai	111	87949	125430	
宁 夏	Ningxia	966	149924	2796416	362083
新 疆	Xinjiang	1103	394450	3533318	196748

20-11 高技术产业基本情况
Basic Statistics on High-tech Industry

行业	Item	1995	2000	2005	2010	2012	2013
生产经营情况	**Statistics on Production and Operation**						
企业数 (个)	Number of Enterprises (unit)	18834	9758	17527	28189	24636	26894
主营业务收入 (亿元)	Revenue from Principal Business (100 million yuan)	3917.1	10033.7	33921.8	74482.8	102284.0	116048.9
利润 (亿元)	Profits (100 million yuan)	178.0	673.5	1423.2	4879.7	6186.3	7233.7
利税 (亿元)	Pre-Tax Profits (100 million yuan)	326.2	1033.4	2089.6	6753.1	9494.3	11117.0
出口交货值 (亿元)	Export (100 million yuan)	1125.2	3388.4	17636.0	37001.6	46701.1	49285.1
科技活动及相关情况	**Statistics on Science and Technology Activities and Relative Statistics**						
R&D机构数 (个)	R&D Institutions (unit)	2138	1379	1619	3184	4566	4583
R&D人员全时当量(万人年)	Full-time Equivalent of R&D Personnel(10 000 man-years)	5.8	9.2	17.3	39.9	52.6	55.9
R&D经费 (亿元)	Expenditure on R&D (100 million yuan)	17.8	111.0	362.5	967.8	1491.5	1734.4
新产品开发经费支出(亿元)	Expenditure on New Produts Development (100 million yuan)	32.3	117.8	415.7	1006.9	1827.5	2069.5
专利申请数 (件)	Patent Applications (piece)	612	2245	16823	59683	97200	102532
有效发明专利数 (件)	Number of Inventions In Force (piece)	410	1443	6658	50166	97878	115884
固定资产投资情况	**Statistics on Investment in Fixed Assets**						
施工项目数 (个)	Number of Projects under Construction (unit)		2734	7095	10723	15681	17691
#新开工项目数	Number of Projects Started This Year		1640	4460	7117	10223	11637
全部建成或投产项目数(个)	Number of Projects Completed and Put into Use(unit)		1282	3158	6011	8968	10528
投资额 (亿元)	Investment (100 million yuan)		563.0	2144.0	6944.7	12932.7	15557.7
新增固定资产 (亿元)	Newly Increased Fixed Assets (100 million yuan)		421.0	1464.0	4450.4	8377.1	9874.3

注：本表生产经营情况的数据口径为规模以上工业企业，科技活动及相关情况的数据口径为大中型工业企业；2011年起固定资产投资统计起点由50万元提高至500万元。

a) Statistics on production and operation cover industrial enterprises above designated size and statistics on science and technology activities and S&T-related cover Large and Medium-sized Enterprises; From the year 2011, statistics on investment in fixed assets cover the projects with investment over 5 million yuan and was over 500 thousand yuan in previous years.

20-12 高技术产业生产经营情况（2013年）

行业	Industry	企业数（个） Number of Enterprises (unit)	主营业务收入（万元） Revenue from Principal Business (10 000 yuan)	利润（万元） Profits (10 000 yuan)
合计	**Total**	**26894**	**1160489010**	**72337479**
医药制造业	**Manufacture of Medicines**	**6839**	**204842237**	**21327063**
#化学药品制造	Manufacture of Chemical Medicine	2366	94338444	9360139
中成药生产	Manufacture of Finished Traditional Chinese Herbal Medicine	1555	50225866	5626220
生物药品制造	Manufacture of Biological Medicine	889	24037418	2961366
航空、航天器及设备制造业	**Manufacture of Aircrafts and Spacecrafts**	**318**	**28531501**	**1392728**
#飞机制造	Manufacture of Airplanes	126	20716681	864992
航天器制造	Manufacture of Spacecrafts	29	1835122	139562
电子及通信设备制造业	**Manufacture of Electronic Equipment and Communication Equipment**	**13465**	**606338853**	**33267795**
#通信设备制造	Manufacture of Communication Equipment	1449	170189377	8971595
#通信系统设备制造	Manufacture of Communication System Equipment	756	65044604	5354867
通信终端设备制造	Manufacture of Communication Terminal Equipment	693	105144773	3616728
广播电视设备制造	Manufacture of Broadcasting and TV Equipment	624	15540038	1066935
雷达及配套设备制造	Manufacture of Radar and Its Fittings	58	4441636	283159
视听设备制造	Manufacture of Audio and Video Equipment	1039	75607068	3795279
电子器件制造	Manufacture of Electronic Appliances	2593	135606401	7974307
#电子真空器件制造	Manufacture of Electronic Vacuum Appliances	103	2050472	155508
半导体分立器件制造	Manufacture of Semiconductor Discreting Appliances	328	7939059	336811
集成电路制造	Manufacture of Integrate Circuit	438	26837622	1646648
电子元件制造	Manufacture of Electronic Components	5367	136138851	7040714
其他电子设备制造	Manufacture of Other Electronic Equipment	1095	30438271	1668913
计算机及办公设备制造业	**Manufacture of Computers and Office Equipments**	**1565**	**232141666**	**8104261**
#计算机整机制造	Manufacture of Entired Computer	167	138934831	4123790
计算机零部件制造	Manufacture of Parts and Fixture for Computer	510	46617198	1652563
计算机外围设备制造	Manufacture of Computer Peripheral Equipment	441	25055794	1001815
办公设备制造	Manufacture of Office Equipment	240	11925268	641844
医疗仪器设备及仪器仪表制造业	**Manufacture of Medical Equipments and Meters**	**4707**	**88634754**	**8245632**
医疗仪器设备及器械制造	Manufacture of Medical Equipment and Appliances	1084	18535963	2011074
仪器仪表制造	Manufacture of Measuring Instrument	3623	70098791	6234558

注：本表的数据口径为规模以上工业企业。

Statistics on Production and Management in High-tech Industry(2013)

利税 (万元) Pre-tax Profits (10 000 yuan)	出口交货值 (万元) Export (10 000 yuan)	R&D 机构数 (个) R&D Institutions (unit)	R&D人员全时当量 (人年) Full-time Equivalent of R&D Personnel (man-year)	R&D 经费支出 (万元) Expenditure on R&D (10 000 yuan)	R&D 项目数 (个) R&D Projects (unit)	R&D 项目经费 (万元) Expenditure on R&D Projects (10 000 yuan)
111170055	**492850906**	**8972**	**670222**	**20343380**	**80860**	**18049839**
33162466	**11841675**	**2529**	**123200**	**3476553**	**25425**	**3106987**
15027751	7244460	1127	65241	1854316	15805	1665073
8935149	482216	592	28340	717620	4467	651700
4269184	1941410	396	15855	537284	2905	462212
1838967	**3700573**	**148**	**47875**	**1747135**	**3698**	**1161981**
1137246	2164673	86	38290	1425122	2191	950523
150713	7741	13	3701	220058	1101	127078
52778635	**287383675**	**4079**	**356885**	**11703282**	**36205**	**10746471**
17168819	81029275	481	127711	5042582	5874	4885506
9571823	25476884	297	105608	4194310	3870	4089537
7596996	55552390	184	22103	848272	2004	795969
1536071	5749506	202	12721	285109	1466	263456
387332	912762	40	5980	172095	927	153143
5893562	32952193	271	33348	1255146	5562	1126833
10725410	84117743	884	62396	2185723	8433	1825805
243786	520640	29	1074	22693	177	18602
486467	4075899	124	4998	104346	978	88440
2357624	17062784	169	19917	753810	1509	599046
10693483	63089743	1449	77165	1681004	9369	1540776
2624806	12526567	322	15937	511014	1886	444974
11483689	**176407068**	**419**	**59940**	**1484825**	**3276**	**1356659**
5908511	105247509	57	19877	677800	745	609662
2323692	39905988	109	19090	287111	613	263526
1436560	18754110	114	9153	264307	971	249622
910807	7627512	77	4643	102442	411	94080
11906299	**13517915**	**1797**	**82322**	**1931585**	**12256**	**1677741**
2647494	4452190	379	16065	486942	2529	402125
9258805	9065726	1418	66257	1444643	9727	1275615

a) Data in this table cover industrial enterprises above designated size.

20-12 续表

行 业	Industry	新产品开发项目数（项）New Products (unit)	新产品开发经费支出（万元）Expenditure on New Produts Development (10 000 yuan)
合计	**Total**	**97230**	**24279546**
医药制造业	**Manufacture of Medicines**	**29247**	**3645006**
#化学药品制造	Manufacture of Chemical Medicine	18579	1888503
中成药生产	Manufacture of Finished Traditional Chinese Herbal Medicine	4629	747376
生物药品制造	Manufacture of Biological Medicine	3348	596301
航空、航天器及设备制造业	**Manufacture of Aircrafts and Spacecrafts**	**3825**	**1856287**
#飞机制造	Manufacture of Airplanes	2202	1416974
航天器制造	Manufacture of Spacecrafts	1105	317472
电子及通信设备制造业	**Manufacture of Electronic Equipment and** Communication Equipment	**44751**	**14414560**
#通信设备制造	Manufacture of Communication Equipment	8212	6034498
#通信系统设备制造	Manufacture of Communication System Equipment	5806	4966033
通信终端设备制造	Manufacture of Communication Terminal Equipment	2406	1068466
广播电视设备制造	Manufacture of Broadcasting and TV Equipment	1935	404330
雷达及配套设备制造	Manufacture of Radar and Its Fittings	1112	201544
视听设备制造	Manufacture of Audio and Video Equipment	6668	1508341
电子器件制造	Manufacture of Electronic Appliances	10049	2807635
#电子真空器件制造	Manufacture of Electronic Vacuum Appliances	245	29507
半导体分立器件制造	Manufacture of Semiconductor Discreting Appliances	1055	132491
集成电路制造	Manufacture of Integrate Circuit	1988	1008634
电子元件制造	Manufacture of Electronic Components	11002	1987548
其他电子设备制造	Manufacture of Other Electronic Equipment	2627	706562
计算机及办公设备制造业	**Manufacture of Computers and Office Equipments**	**4338**	**2041757**
#计算机整机制造	Manufacture of Entired Computer	914	955832
计算机零部件制造	Manufacture of Parts and Fixture for Computer	816	420288
计算机外围设备制造	Manufacture of Computer Peripheral Equipment	1309	324029
办公设备制造	Manufacture of Office Equipment	553	134190
医疗仪器设备及仪器仪表制造业	**Manufacture of Medical Equipments and Meters**	**15069**	**2321937**
医疗仪器设备及器械制造	Manufacture of Medical Equipment and Appliances	3338	610727
仪器仪表制造	Manufacture of Measuring Instrument	11731	1711210

continued

新产品销售收入(万元) Sales Revenue of New Products (10 000 yuan)	#出口 Export	专利申请数(件) Patent Applications (piece)	#发明专利 Inventions	有效发明专利数(件) Number of Inventions in Force (piece)
312296100	**122333390**	**143005**	**74059**	**138785**
36061674	**3168255**	**17124**	**10475**	**19558**
20282116	2376198	6951	4366	8162
8296029	85244	4762	3331	7309
3266623	472717	2421	1447	2401
7566092	**438492**	**4336**	**2131**	**3133**
6683992	428265	3101	1635	2219
435840		592	265	485
193907207	**78984744**	**83168**	**45001**	**88636**
90731953	40650874	26815	21111	54318
30178607	13757529	18897	15911	51435
60553347	26893346	7918	5200	2883
3709958	1357137	3826	1336	2234
1204193	64754	719	358	1030
33199982	11570292	7205	2762	4958
28557741	12985822	20376	10557	11516
628798	353577	323	92	285
998409	302204	871	328	742
6093248	3323460	5226	3834	3741
22923691	9375768	13846	4873	7334
5385038	672674	4104	1640	2766
57374228	**37281236**	**13408**	**8404**	**14349**
26037166	12794494	7115	5655	10113
22195318	20411069	1767	700	1094
5964034	3084719	1910	754	1411
1451598	507858	1339	525	511
17386899	**2460663**	**24969**	**8048**	**13109**
3014633	645838	6579	2310	4147
14372266	1814825	18390	5738	8962

20-13 国内外三种专利申请受理数和授权数
Three Kinds of Patent Applications Accepted and Granted

单位：件 (piece)

指　标	Item	受理数 Accepted		授权数 Granted	
		2012	2013	2012	2013
合　计	**Total**	**2050649**	**2377061**	**1255138**	**1313000**
发　明	**Inventions**	**652777**	**825136**	**217105**	**207688**
国　内	Domestic	535313	704936	143847	143535
职　务	Official	428427	571073	125954	126860
大专院校	Universities and Colleges	75688	98509	33821	33309
科研单位	Research Institutions	29518	36582	11248	12284
企　业	Enterprises	316414	426544	78651	79439
机关团体	Government Agencies and Organizations	6807	9438	2234	1828
非职务	Non-official	106886	133863	17893	16675
国　外	Foreign	117464	120200	73258	64153
职　务	Official	114700	117654	71871	62991
非职务	Non-official	2764	2546	1387	1162
实用新型	**Utility Models**	**740290**	**892362**	**571175**	**692845**
国　内	Domestic	734437	885226	566750	686208
职　务	Official	512203	633446	410763	512203
大专院校	Universities and Colleges	39999	55997	33389	43085
科研单位	Research Institutions	12786	14360	7754	11319
企　业	Enterprises	450002	551056	359990	451662
机关团体	Government Agencies and Organizations	9416	12033	9630	6137
非职务	Non-official	222234	251780	155987	174005
国　外	Foreign	5853	7136	4425	6637
职　务	Official	5482	6666	4085	6233
非职务	Non-official	371	470	340	404
外观设计	**Designs**	**657582**	**659563**	**466858**	**412467**
国　内	Domestic	642401	644398	452629	398670
职　务	Official	352686	350551	262217	233534
大专院校	Universities and Colleges	16961	13150	10073	8644
科研单位	Research Institutions	2815	2090	850	1275
企　业	Enterprises	330804	332458	246879	221575
机关团体	Government Agencies and Organizations	2106	2853	4415	2040
非职务	Non-official	289715	293847	190412	165136
国　外	Foreign	15181	15165	14229	13797
职　务	Official	14456	14289	13608	13116
非职务	Non-official	725	876	621	681

20-14 分地区国内三种专利申请受理数和授权数（2013年）
Three Kinds of Domestic Patent Applications Accepted and Granted by Region (2013)

单位：件 (piece)

地区	Region	受理数 Accepted	发明 Inventions	实用新型 Utility Models	外观设计 Designs	授权数 Granted	发明 Inventions	实用新型 Utility Models	外观设计 Designs
全国	**National Total**	**2234560**	**704936**	**885226**	**644398**	**1228413**	**143535**	**686208**	**398670**
北京	Beijing	123336	67554	47586	8196	62671	20695	36301	5675
天津	Tianjin	60915	21946	34134	4835	24856	3141	18759	2956
河北	Hebei	27619	7329	15781	4509	18186	2008	13038	3140
山西	Shanxi	18859	6025	7527	5307	8565	1332	5708	1525
内蒙古	Inner Mongolia	6388	1935	3213	1240	3836	549	2494	793
辽宁	Liaoning	45996	25292	18077	2627	21656	3830	15582	2244
吉林	Jilin	10751	4549	5141	1061	6219	1496	3914	809
黑龙江	Heilongjiang	32264	10338	16118	5808	19819	2238	12435	5146
上海	Shanghai	86450	39157	35584	11709	48680	10644	29859	8177
江苏	Jiangsu	504500	141259	128898	234343	239645	16790	98246	124609
浙江	Zhejiang	294014	42744	127122	124148	202350	11139	106238	84973
安徽	Anhui	93353	34857	45148	13348	48849	4241	36003	8605
福建	Fujian	53701	9884	25769	18048	37511	2941	22152	12418
江西	Jiangxi	16938	3931	7818	5189	9970	923	5913	3134
山东	Shandong	155170	67642	73862	13666	76976	8913	58938	9125
河南	Henan	55920	15580	29420	10920	29482	3173	21153	5156
湖北	Hubei	50816	18189	26163	6464	28760	4052	19655	5053
湖南	Hunan	41336	11938	18327	11071	24392	3613	15205	5574
广东	Guangdong	264265	68990	93592	101683	170430	20084	77503	72843
广西	Guangxi	23251	14382	6755	2114	7884	1295	5044	1545
海南	Hainan	2359	921	994	444	1331	449	691	191
重庆	Chongqing	49036	12562	24865	11609	24828	2360	16623	5845
四川	Sichuan	82453	23510	33488	25455	46171	4566	24730	16875
贵州	Guizhou	17405	3988	6456	6961	7915	776	3916	3223
云南	Yunnan	11512	3961	5705	1846	6804	1312	4322	1170
西藏	Tibet	203	92	57	54	121	44	47	30
陕西	Shaanxi	57287	26487	26157	4643	20836	4133	13936	2767
甘肃	Gansu	10976	3735	5453	1788	4737	785	3205	747
青海	Qinghai	1099	520	364	215	502	91	285	126
宁夏	Ningxia	3230	1792	1187	251	1211	184	899	128
新疆	Xinjiang	8224	2081	4620	1523	4998	540	3244	1214
香港	Hong Kong	3322	957	775	1590	2297	374	753	1170
澳门	Macao	147	62	54	31	93	18	40	35
台湾	Taiwan	21465	10747	9016	1702	15832	4806	9377	1649

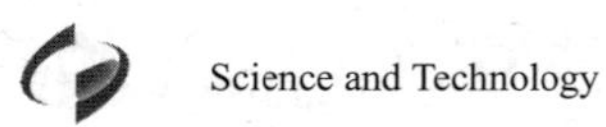

20-15 按国别(地区)分国外专利申请受理数及授权数（2013年）
Three Kinds of Foreign Patent Applications Accepted and Granted by Country (Region) (2013)

单位：件 (piece)

国别(地区)	Country (Territory)	受理数 Accepted	发明 Inventions	实用新型 Utility Models	外观设计 Designs	授权数 Granted	发明 Inventions	实用新型 Utility Models	外观设计 Designs
总 计	**Total**	**142501**	**120200**	**7136**	**15165**	**84587**	**64153**	**6637**	**13797**
日 本	Japan	48537	41193	3048	4296	29830	22609	3056	4165
马来西亚	Malaysia	113	57	14	42	63	30	8	25
新加坡	Singapore	680	512	46	122	334	168	58	108
泰 国	Thailand	34	15	7	12	20	4	3	13
韩 国	Republic of Korea	12916	10866	253	1797	6031	4271	267	1493
塞浦路斯	Cyprus	28	17	4	7	12	7	1	4
印 度	India	302	279	8	15	118	99	3	16
摩纳哥	Monaco	8	7		1	4	3		1
南 非	South Africa	90	67	4	19	75	47	2	26
德 国	Germany	15925	13712	727	1486	8623	6589	580	1454
荷 兰	Holland	2888	2546	66	276	2187	1862	61	264
英 国	United Kingdom	2455	1849	145	461	1520	1047	122	351
瑞 士	Switzerland	3926	3212	183	531	2293	1745	128	420
丹 麦	Denmark	1061	840	47	174	629	431	20	178
匈牙利	Hungary	33	30	1	2	33	29	1	3
奥地利	Austria	951	811	55	85	412	302	44	66
比利时	Belgium	698	642	19	37	494	410	10	74
法 国	France	5126	4143	246	737	3475	2602	242	631
挪 威	Norway	268	237	4	27	173	153	1	19
俄罗斯联邦	Russia	233	152	36	45	97	41	26	30
卢森堡	Luxembourg	227	139	7	81	144	97	1	46
列支敦士登	Liechtenstein	105	79	2	24	58	35		23
西班牙	Spain	533	378	18	137	279	170	14	95
捷 克	Czech	74	33	4	37	80	17	15	48
波 兰	Poland	81	77	1	3	28	17	4	7
爱尔兰	Ireland	213	193	5	15	120	110	4	6
芬 兰	Finland	1222	1039	83	100	790	606	90	94
意大利	Italy	1992	1318	70	604	1463	830	57	576
瑞 典	Sweden	2119	1795	57	267	1465	1158	66	241
以色列	Israel	669	530	30	109	352	243	47	62
巴 西	Brazil	165	115	15	35	99	54	11	34
美 国	United States	34421	29992	1658	2771	20666	16674	1406	2586
加拿大	Canada	1237	1037	36	164	721	570	51	100
新西兰	New Zealand	157	116	6	35	92	46	7	39
澳大利亚	Australia	876	641	48	187	584	366	46	172
其 他	Other	2138	1531	183	424	1223	711	185	327

20-16 按国际标准分类的发明和实用新型专利申请受理数与授权数

Inventions and Utility Models of Patent Applications Accepted and Granted by International Classifications

单位：件 (piece)

分类	Item	2012 分类申请数 Application Accepted by Technology Theme	2012 分类授权数 Application Granted by Technology Theme	2013 分类申请数 Application Accepted by Technology Theme	2013 分类授权数 Application Granted by Technology Theme
合 计	**Total**	**1469014**	**788280**	**1679337**	**900533**
A 部(人类生活需要)	**Section A: Personal Use Items**	**268150**	**133827**	**309870**	**151812**
农、林、牧、渔	Agriculture, Forestry, Animal Husbandry and Fishery	38268	17079	46390	23135
烘烤、食用面团	Baking and Edible Doughs	2154	863	3376	1014
屠宰、加工	Butchering and Meat Processing	847	434	869	514
食品、食物及处理	Foods or Foodstuffs and their Treatment	26144	8962	31502	10378
烟类及用品	Tobacco, Cigars and Cigarettes	2987	1664	3479	1905
服 装	Clothing	10155	4542	11567	4718
帽类制品	Headwear	1253	674	1657	710
鞋 类	Footwear	6265	3333	5796	3251
男用服饰用品、珠宝	Haberdashery and Jewelry	1899	1098	2297	1093
手携及旅行用品	Hand or Traveling Articles	12421	6862	13679	6956
刷类用品	Brushware	2481	1195	2327	1173
家具、家庭日用品或设备	Furniture, Domestic Articles and Appliances	62093	33682	68475	36366
医学、兽医学、卫生学	Medical or Veterinary Science and Hygiene	85737	44655	100729	50712
救生、消防	Life-saving and Fire-fighting	3134	1989	3993	2353
体育、游戏、娱乐活动	Sports, Games, and Recreation	11363	6792	12892	7534
本部其他类目中不包括的技术主题	Subject Matter Not Otherwise Provided for in This Section	949	3	842	
B 部(作业、运输)	**Section B: Industrial and Transportation**	**336615**	**190835**	**381891**	**230044**
物理或化学的方法或装置	Physical or Chemical Processes or Apparatus	35359	20246	40586	24031
破碎、研磨、粉碎	Crushing, Pulverizing, or Disintegrating	5012	3183	6165	3686
分选、分离	Separation of Solid Materials, Electrostatic Separation	2336	1399	2558	1731
离心装置、离心机	Centrifugal Apparatus or Equipment	1098	719	1241	783
喷射、雾化	Spraying or Atomizing General	6488	4083	7861	5076
机械振动的产生和传递	Generation or Transmission of Mechanical Vibrations	300	125	227	163
固体分离、分选	Separating Solids from Solid Wastes	3242	1936	4575	2797
清 洁	Janitorial	4998	3017	6692	4030
固体废料的处理	Disposal of Solid Waste	1381	657	1627	810
金属加工、冲裁	Mechanical Metal-working and Stamping	19842	11649	20889	13299
铸造、粉末冶金	Casting and Powder Metallurgy	7763	4577	9523	5280
机床、其他金属加工	Machine Tools	37365	21828	41570	25987
磨削、抛光	Grinding and Polishing	7749	4778	9081	5514
简单工具	Hand Tools, Portable Power Tools, and Workshop Equipment	12152	7049	15782	9051
手工、切割工具、切断	Hand Cutting Tools, Cutting, and Severing	5617	3241	7011	4210
木材加工、保存、钉钉机	Wood Preservation and Nailing or Stapling Machines	3185	1514	3432	1910
加工水泥、粘土和石料	Cement, Clay or Stone	5518	3302	5711	3926
塑料制品的加工	Plastics	15492	8697	18223	10824
压力机	Presses	2302	1453	2752	1715
纸品制作、纸的加工	Paper Making and Processing Paper	1644	945	1732	1126
叠层产品	Layered Products	8230	3564	8544	4481
印刷、打字机、印刷机	Printing, Lining Machines, and Typewriters	7427	4059	7058	4329
装订、图册、文件夹	Bookbinding, Albums, and Files	2700	1537	2717	1597

注：1.分类指专利分类部门对每一件发明专利申请或实用新型专利申请的技术主题进行分类，给出完整的代表发明或实用新型的发明情报的分类号。

2.此表不包括外观设计分类。

a) Classification refers to the classifying number of every patent assigned according to the technique theme of inventions and utility models of patents by the classification department of patent.

b) Designs patents are excluded in this table.

20-16 续表 1 continued

单位：件 (piece)

分类	Item	2012 分类申请数 Application Accepted by Technology Theme	2012 分类授权数 Application Granted by Technology Theme	2013 分类申请数 Application Accepted by Technology Theme	2013 分类授权数 Application Granted by Technology Theme
绘图具、办公附属用品	Writing or Drafting Devices	9078	4800	9731	4481
装饰艺术	Decorative Arts	2784	1438	2980	1696
一般车辆	Vehicles in General	32392	17482	36280	21135
铁　路	Railways	3720	2212	3862	2227
无轨陆用车牌	Land Vehicles other than Rail	15517	8723	17411	10415
船舶、船只、有关设备	Ships and Related Equipment	4037	2177	4345	2398
飞行器、航空、宇宙航行	Aircraft and Aviation	2830	986	3337	1317
输送、包装、存贮、搬运	Conveying and Packing Inflammatory Materials	51431	28954	58780	37006
卷扬、提升、牵引	Hoisting, Lifting, and Hauling	14444	8662	16236	10940
液体的贮运	Opening or Closing Bottles, Jars or Similar Containers	2459	1526	2662	1757
鞍具、室内装璜	Saddlery ; Upholstery	107	58	136	75
微观结构技术	Micro-structural Technology	535	143	501	120
超微观技术	Nano-Technology	81	116	73	121
C 部(化学、冶金)	**Section C: Chemistry and Metallurgy**	**142587**	**61378**	**154289**	**70019**
无机化学	Inorganic Chemistry	9112	3801	8544	3816
水、废污水、泥浆的处理	Treatment of Water, Waste Water, Sewage or Sludge	13873	6918	16004	8943
玻璃、石棉和渣棉	Glass; Mineral of Slag Wool	4721	2269	4198	2420
水泥、陶瓷等、隔音材料	Cement, Concrete, Artificial Stone; Ceramics, Refractories	7991	2550	7586	3243
肥料及制造	Fertilizers and Related Products	4474	1054	4761	1703
炸药、火柴	Explosives and Matches	427	235	419	236
有机化学	Organic Chemistry	19971	8505	20958	9697
有机高分子化合物	Organic Macromolecular Compounds	19743	8517	20369	7935
染料、涂料、抛光剂等	Dyes, Paints, Polishes, Resins, and Adhesives	11926	3649	15790	5129
石油、煤气及炼焦工业	Petroleum, Gas or Coke Industries, Inert Gases	7121	3033	7229	4425
动植物油、脂类	Animal or Vegetable Oils, Fats	2789	910	3661	1118
生化、酒、醋、酶、	Biochemistry, Beer, Spirits, Wine, Vinegar,	17014	7905	18434	9292
糖或淀粉工业	Sugar Industry	158	69	166	87
大小原皮、毛皮、皮革	Skins, Hides, Pelts, Leather	455	244	497	320
黑色冶金	Metallurgy of Iron	5123	2959	5475	3351
冶金学、合金或有色合金	Metallurgy, Ferrous or Nonferrous Alloys	6337	2650	7682	2753
金属加工涂料、防腐防锈	Coating Metallic Materials	5673	2845	6511	2814
电解电泳方法及设备	Electrolytic or Electrophoretic Processes	3623	2019	4097	1791
晶体生长	Crystal Growth	1992	1237	1843	926
组合技术	Combinatorial Technology	64	9	65	20
D 部(纺织、造纸)	**Section D: Textiles and Papers Making**	**26752**	**14687**	**30820**	**15664**
线、纤维、纺纱	Natural or Artificial Threads or Fibers, Spinning	5113	2675	5445	2951
纺纱、整经或络经	Yarns, Mechanical Finishing of Yarns or Rope	1085	455	1369	584
织　造	Weaving	3008	1427	3727	1713
编带、花边、针织、整理	Braiding, Lace-Making, Knitting	3151	1852	2972	1781
缝纫、绣花、簇绒	Sewing, Embroidery, Tufting	2263	1680	2442	1856
织物等的处理、洗涤	Treatment of Textiles, Laundering	8630	4601	11241	4907
绳、除电缆外的缆绳	Ropes and Cables, other than Electric	453	311	638	286
造纸、纤维素的生产	Paper making, Production of Cellulose	3049	1686	2986	1586
E 部(固定建筑物)	**Section E: Fixed Construction**	**88635**	**51493**	**98501**	**60953**
道路、铁路和桥梁的建筑	Construction of Roads, Railways, or Bridges	9816	5434	10369	6374
水利工程、基础、运土	Hydraulic Engineering, Foundations, Soil-shifting	10174	5697	11561	6366
给水、排水	Water Supply, Sewage	6414	3673	7381	4295

20-16 续表 2 continued

单位：件 (piece)

分 类	Item	2012 分类申请数 Application Accepted by Technology Theme	2012 分类授权数 Application Granted by Technology Theme	2013 分类申请数 Application Accepted by Technology Theme	2013 分类授权数 Application Granted by Technology Theme
建筑物	Building	27736	15902	32025	19378
锁、钥匙、门窗、保险箱	Locks, Keys, Windows or Door Fittings; Safes	8507	5226	8928	6053
一般门、窗、百叶窗、梯子	Doors, Windows, Shutters, or Roller Blinds in General; Ladders	8799	5396	9934	5878
钻井、采矿	Well Drilling, Mining	17189	10165	18303	12609
F 部(机械工程)	**Section F: Mechanical Engineering**	**184576**	**105279**	**199911**	**120575**
一般机器、发动机、蒸汽机	Machines or Engines in General; Engine Plants in General; Steam Engines	6626	3701	7281	4118
内燃机等	Combustion Engines	9798	5225	9930	5807
液力机械和其他发动机	Machines or Engines for Liquids	5920	2800	5282	2810
液体变容机械、泵	Positive-displacement Machines for Liquids; Pumps for Liquid or Elastic Fluids	15828	9192	16657	10466
液压调节器、液压技术	Fluid-pressure Acuators; Hydraulic or Pneumatics in General	3910	2310	4511	2664
工程元件或部件	Engineering Elements or Units; General Measures for Producing and Maintaining Effective Functioning of Machines or Installations; Thermal Insulation in General	56665	32785	62900	39791
气体或液体的贮藏或分配	Storage or Distribution of Gases or Liquids	2065	1369	2489	1584
照 明	Lighting	26979	15462	29272	18231
蒸汽的生产	Steam Generation	1647	968	1769	1090
燃烧设备、燃烧技术	Combustion Apparatus; Combustion Processes	6235	3789	6555	3689
采暖、炉灶、通风	Stoves, Ranges, Ventilation	24589	13576	26958	15937
制冷气体的液化和固化	Refrigeration or Cooling, Heat Pump Systems	7623	4361	8555	4518
干 燥	Drying	3757	2215	4412	2348
炉、窑、灶、罐	Furnaces, Kilns, Ovens	5164	2981	4891	3016
一般热交换	Heat Exchange in General	5336	3209	5606	3012
武 器	Weapons	1187	623	1400	628
弹药、爆破	Ammunition, Blasting Caps	1247	713	1443	866
G 部(物理)	**Section G: Physics**	**204154**	**106123**	**260213**	**119657**
测量、测试	Measurements, Testing	82830	44294	98417	52615
光学技术	Optics	14274	8774	15176	8987
照相术、电影术、电刻术	Photography, Cinematography, Electrography	5732	4083	5374	3475
测时技术	Horology	1735	997	2715	1334
控制、调节技术	Controlling, Regulating	13800	6865	18416	9462
计算、推算、计数技术	Computing, Calculating, Counting	49678	19807	75109	19520
核算装置	Measurement Devices	5700	2822	7893	3981
信号装置	Signaling	9039	4518	12455	6163
教育、密码、显示、广告等	Education, Cryptography, Advertising, Seals	13812	8450	16357	9668
乐器、声学	Musical Instruments, Acoustics	2409	1791	3177	1716
信息的存储	Information Storage	4008	2990	3682	2030
仪器的零部件	Instrument Details	204	159	218	161
核物理、核工程	Nuclear physics, Nuclear Engineering	933	573	1224	545
其他的技术主题	Subject Matter not Otherwise Provided for in This Section				
H 部(电学)	**Section H: Electricity**	**217545**	**124658**	**243842**	**131809**
基本电器元件	Basic Electric Elements	85265	49263	88855	50970
电力的发电、变电或配电	Generation, Conversion, or Distribution of Electric Power	45120	26405	54991	30937
基本电子电路	Basic Electronic Circuitry	5767	3394	6631	3503
电信技术	Telecommunications Techniques	63407	35057	73664	34816
其他类不包括的电技术	Electric Techniques Not Otherwise Provided for	17986	10539	19701	11583

20-17 国外主要检索工具收录我国科技论文按学科分布(2012年)

Chinese Scientific Papers Taken by Major Foreign Referencing Systems by Discipline (2012)

学　　科	Discipline	篇数 pieces			位次 Precedence		
		SCI	EI	CPCI-S	SCI	EI	CPCI-S
合计	**Total**	**158615**	**116429**	**56351**			
数学	Mathematics	7190	7311	119	7	7	25
力学	Mechanics	1650	6387	1907	18	8	7
信息、系统科学	Information, Systems Science	1228	1380	69	20	20	26
物理学	Physics	18822	11269	2214	2	2	6
化学	Chemistry	33384	8183	1326	1	6	8
天文学	Astronomy	1092	163	176	22	30	22
地学	Earth Science	4987	3157	290	10	13	18
生物学	Biology	16731	4981	677	3	10	12
预防医学与卫生学	Protective Medicine	1094		1	21	33	37
基础医学	Basic Medicine	7478	128	623	6	31	13
药学	Pharmacy	3739		35	12	33	29
临床医学	Clinic Medicine	14757		908	4	33	10
中医学	Traditional Chinese Medicine	813		6	25	33	34
军事医学与特种医学	Special Medicine	106		11	35	33	31
农学	Agriculture	2280	461	313	14	24	17
林学	Forestry	279			33	33	38
畜牧、兽医科学	Livestock, Veterinary Medicine	989		10	23	33	32
水产学	Aquatic	499			29	33	38
测绘科学技术	Surveying & Mapping	13	684		40	23	38
材料科学	Material Science	13242	12411	15125	5	1	1
工程与技术基础学科	Engineering & Basic Technology Science	541	3223	383	28	12	14
矿山工程技术	Mining	85	299	3	36	26	36
能源科学技术	Energy	2275	3094	4469	15	14	4
冶金、金属学	Metallurgy, Metallography	1698	2445	266	16	15	19
机械、仪表	Machinery, Instrument	1656	4670	328	17	11	16
动力与电气	Power & Electrical Engineering	809	5849	369	26	9	15
核科学技术	Nuclear Technology	333	225	122	31	27	24
电子、通讯与自动控制	Electronics, Communication & Automation	5447	11038	8977	8	3	3
计算技术	Computer	5051	8472	10783	9	5	2
化工	Chemical Engineering	2366	1875	50	13	17	28
轻工、纺织	Light Industry & Textile Industry	20	46	10	39	32	32
食品	Food	1556	208	15	19	29	30
土木建筑	Civil Construction	793	10809	3991	27	4	5
水利	Water Conservancy	841	841	147	24	22	23
交通运输	Transportation	65	2034	5	37	16	35
航空航天	Aviation and Aerospace	299	920	213	32	21	21
环境	Environment	3842	1523	1207	11	19	9
安全科学技术	Security	361	221	257	30	28	20
管理	Management Science	157	1666	59	34	18	27
其他	Others	47	456	887	38	25	11

注：SCI指科学引文索引(美国)，EI指工程索引(美国)，CPCI-S（原ISTP)指科学会议录引文索引。

a) SCI refers to *Science Citation Index*, EI refers to *Engineering Index*, and CPCI-S refers to *Conference Proceedings Citation Index-Science*.

20-18 高技术产品、工业制成品和初级产品的进出口贸易额
Imports and Exports of High-tech Products, Manufactured Goods and Primary Goods

项　目	Item	1995	2000	2005	2010	2012	2013
绝对数　(亿美元)	**Value　(USD 100 million)**						
商品进出口贸易总额	Total Value of Exports and Imports	2809	4743	14219	29728	38668	41603
工业制成品	Manufactured Goods	2350	4021	12252	24585	31316	33954
#高技术产品	High-tech Products	319	896	4160	9050	11080	12185
初级产品	Primary Goods	459	722	1968	5143	7352	7649
商品出口贸易总额	Total Value of Exports	1488	2492	7620	15779	20490	22100
工业制成品	Manufactured Goods	1273	2237	7129	14962	19484	21027
#高技术产品	High-tech Products	101	370	2182	4924	6012	6603
初级产品	Primary Goods	215	255	490	817	1006	1073
商品进口贸易总额	Total Value of Imports	1321	2251	6600	13948	18178	19503
工业制成品	Manufactured Goods	1077	1784	5122	9623	11832	12927
#高技术产品	High-tech Products	218	525	1977	4127	5069	5582
初级产品	Primary Goods	244	467	1477	4326	6346	6576
商品出进口贸易差额	Balance of Exports and Imports	167	241	1020	1831	2312	2597
工业制成品	Manufactured Goods	196	454	2007	5339	7652	8100
高技术产品	High-tech Products	-117	-155	205	797	943	1021
初级产品	Primary Goods	-29	-213	-987	-3508	-5340	-5503
构成　(%)	**Percentage　(%)**						
商品进出口贸易总额=100	Total Value of Exports and Imports=100						
工业制成品	Manufactured Goods	83.6	84.8	86.2	82.7	81.0	81.6
#高技术产品	High-tech Products	11.4	18.9	29.3	30.4	28.7	29.3
初级产品	Primary Goods	16.3	15.2	13.8	17.3	19.0	18.4
商品出口贸易总额=100	Total Value of Export=100						
工业制成品	Manufactured Goods	85.6	89.8	93.6	94.8	95.1	95.1
#高技术产品	High-tech Products	6.8	14.9	28.6	31.2	29.3	29.9
初级产品	Primary Goods	14.4	10.2	6.4	5.2	4.9	4.9
商品进口贸易总额=100	Total Value of Import=100						
工业制成品	Manufactured Goods	81.5	79.2	77.6	69.0	65.1	66.3
#高技术产品	High-tech Products	16.5	23.3	30.0	29.6	27.9	28.6
初级产品	Primary Goods	18.5	20.8	22.4	31.0	34.9	33.7

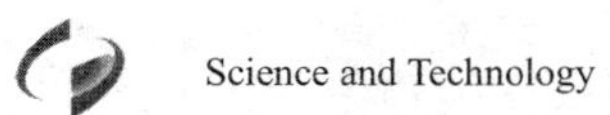

20-19 开发区高新技术企业主要经济指标（2013年）
Main Economic Indicators of High-tech Enterprises in Development Areas (2013)

开发区	Development Area	企业数（个）Number of Enterprises (unit)	从业人员（人）Number of Persons Engaged (person)	总收入（万元）Total Income (10 000 yuan)	出口总额（万美元）Exports (10 000 US dollars)
合　计	**Total**	**71180**	**14601730**	**1996488831**	**41333452**
北京中关村科技园区	Beijing Zhongguancun Science Park	15455	1898756	304974331	3361667
天津新技术产业园区	Tianjin New Technology Industrial Park	3175	342824	56744498	1058244
石家庄高新技术产业开发区	Shijiazhuang High-tech Industrial Development Zone	608	102204	15034148	112512
保定高新技术产业开发区	Baoding High-tech Industrial Development Zone	169	90687	9443206	155437
唐山高新技术产业开发区	Tangshan High-tech Industrial Development Zone	122	17407	1170498	10439
燕郊高新技术产业开发区	Yanjiao High-tech Industrial Development Zone	181	29461	4856823	10152
承德高新技术产业开发区	Chengde High-tech Industrial Development Zone	27	7746	594858	753
太原高新技术产业开发区	Taiyuan High-tech Industrial Development Zone	1097	117835	16048078	28595
包头稀土高新技术产业开发区	Baotou Rare Earth High-tech Industrial Development Zone	517	118069	12996914	197978
呼和浩特金山高新技术产业开发区	Hohhot Jinshan High-tech Industrial Development Zone	29	64593	5329852	
沈阳高新技术产业开发区	Shenyang High-tech Industrial Development Zone	783	147864	18216985	212965
大连高新技术产业开发区	Dalian High-tech Industrial Development Zone	2035	205300	22841497	652304
鞍山高新技术产业开发区	Anshan High-tech Industrial Development Zone	547	87796	20691759	123084
营口高新技术产业开发区	Yingkou High-tech Industrial Development Zone	288	44455	4975897	143382
辽阳高新技术产业开发区	Liaoyang High-tech Industrial Development Zone	32	35177	8388825	164590
本溪高新技术产业开发区	Benxi High-tech Industrial Development Zone	114	25347	1907451	10556
辽宁阜新高新技术产业开发区	Liaoning Fuxin High-tech Industrial Development Zone	179	22495	1848648	2843
长春高新技术产业开发区	Changchun High-tech Industrial Development Zone	729	161469	48785900	55361
吉林高新技术产业开发区	Jilin High-tech Industrial Development Zone	529	113435	10999109	29028
延吉高新技术产业开发区	Yanji High-tech Industrial Development Zone	187	14228	2510252	16464
长春净月高新技术产业开发区	Changchun Jingyue High-tech Industrial Development Zone	911	120819	9124308	122283
通化医药高新技术产业开发区	Tonghua Medicine High-tech Industrial Development Zone	52	10216	5408122	1750
哈尔滨高新技术产业开发区	Haerbin High-tech Industrial Development Zone	310	163435	19893850	128628
大庆高新技术产业开发区	Daqing High-tech Industrial Development Zone	480	108024	20729332	23929
齐齐哈尔高新技术产业开发区	Qiqihaer High-tech Industrial Development Zone	43	26387	2302236	49796
上海市张江高科技园区	Shanghai Zhangjiang Hi-Tech Park	2806	722450	113689130	3127534
上海紫竹高新技术产业开发区	Shanghai Zizhu High-tech Industrial Development Zone	85	19241	3406754	77933
南京高新技术产业开发区	Nanjing High-tech Industrial Development Zone	365	203336	43108773	803246
常州高新技术产业开发区	Changzhou High-tech Industrial Development Zone	976	168827	21466546	594233
无锡高新技术产业开发区	Wuxi High-tech Industrial Development Zone	1234	342885	29410637	1863965
苏州高新技术产业开发区	Suzhou High-tech Industrial Development Zone	1100	234070	28258069	2389239
泰州医药高新技术产业开发区	Taizhou Medical High-tech Industrial Development Zone	290	36492	7185915	105167
昆山高新技术产业开发区	Kunshan High-tech Industrial Development Zone	892	287957	20032855	603699
江阴高新技术产业开发区	Jiangyin High-tech Industrial Development Zone	183	101200	17787357	489781
武进高新技术产业开发区	Wujin High-tech Industrial Development Zone	333	88593	6583421	161142
徐州高新技术产业开发区	Xuzhou High-tech Industrial Development Zone	115	43498	5404710	17143
南通高新技术产业开发区	Nantong High-tech Industrial Development Zone	368	85326	11285634	367116
杭州高新技术产业开发区	Hangzhou High-tech Industrial Development Zone	1832	254257	27987224	512558
宁波高新技术产业开发区	Ningbo High-tech Industrial Development Zone	381	120403	19379539	688449
绍兴高新技术产业开发区	Shaoxing High-tech Industrial Development Zone	208	38154	2103885	75497
温州高新技术产业开发区	Wenzhou High-tech Industrial Development Zone	336	70069	3820946	88342
衢州高新技术产业开发区	Quzhou High-tech Industrial Development Zone	174	50698	5173522	56719
合肥高新技术产业开发区	Hefei High-tech Industrial Development Zone	530	156427	29764719	657745
蚌埠高新技术产业开发区	Bengbu High-tech Industrial Development Zone	268	54375	6227993	69508
芜湖高新技术产业开发区	Wuhu High-tech Industrial Development Zone	190	43397	6463589	65044
马鞍山慈湖高新技术产业开发区	Maanshan Cihu High-tech Industrial Development Zone	125	29586	6240180	47346
福州高新技术产业开发区	Fuzhou High-tech Industrial Development Zone	184	62202	6735435	385678

20-19 续表 continued

开发区	Development Area	企业数（个）Number of Enterprises (unit)	从业人员（人）Number of Persons Engaged (person)	总收入（万元）Total Income (10 000 yuan)	出口总额（万美元）Exports (10 000 US dollars)
厦门火炬高技术产业开发区	Xiamen Torch High-tech Industrial Development Zone	410	156963	19852846	2048322
泉州高新技术产业开发区	Quanzhou High-tech Industrial Development Zone	190	67432	4406327	71233
莆田高新技术产业开发区	Putian High-tech Industrial Development Zone	113	51683	3541683	12077
漳州高新技术产业开发区	Zhangzhou High-tech Industrial Development Zone	161	48932	3214275	111483
南昌高新技术产业开发区	Nanchang High-tech Industrial Development Zone	370	108688	14361908	197947
景德镇高新技术产业开发区	Jingdezhen High-tech Industrial Development Zone	145	56727	7507379	87976
新余高新技术产业开发区	Xinyu High-tech Industrial Development Zone	153	41386	5637132	67981
鹰潭高新技术产业开发区	Yingtan High-tech Industrial Development Zone	93	22459	3930328	4118
济南高新技术产业开发区	Jinan High-tech Industrial Development Zone	559	236254	28310623	482537
青岛高新技术产业开发区	Qingdao High-tech Industrial Development Zone	200	132558	19706494	337645
淄博高新技术产业开发区	Zibo High-tech Industrial Development Zone	450	119197	22675280	270693
潍坊高新技术产业开发区	Weifang High-tech Industrial Development Zone	473	144318	19647363	299433
威海火炬高技术产业开发区	Weihai Torch High-tech Industrial Development Zone	221	102533	12331374	451707
济宁高新技术产业开发区	Jining High-tech Industrial Development Zone	442	167464	24179009	180471
烟台高新技术产业开发区	Yantai High-tech Industrial Development Zone	253	55874	3554461	77207
临沂高新技术产业开发区	Linyi High-tech Industrial Development Zone	355	66045	8890090	96788
泰安高新技术产业开发区	Taian High-tech Industrial Development Zone	318	71475	5003341	38234
郑州高新技术产业开发区	Zhengzhou High-tech Industrial Development Zone	755	175040	30858291	112476
洛阳高新技术产业开发区	Luoyang High-tech Industrial Development Zone	708	110120	15539376	101650
南阳高新技术产业开发区	Nanyang High-tech Industrial Development Zone	164	43714	2560263	33867
安阳高新技术产业开发区	Anyang High-tech Industrial Development Zone	219	46567	4200912	20044
新乡高新技术产业开发区	Xinxiang High-tech Industrial Development Zone	149	45029	5702001	32652
武汉东湖新技术开发区	Wuhan Donghu New Technology Development Zone	2883	419022	65172074	1047288
襄樊高新技术产业开发区	Xiangfan High-tech Industrial Development Zone	622	138333	20688463	79836
宜昌高新技术产业开发区	Yichang High-tech Industrial Development Zone	301	110354	16978732	96337
孝感高新技术产业开发区	Xiaogan High-tech Industrial Development Zone	345	76737	8346953	18211
荆门高新技术产业开发区	Jingmen High-tech Industrial Development Zone	267	70346	7981654	34544
长沙高新技术产业开发区	Changsha High-tech Industrial Development Zone	846	214835	33859676	246990
株洲高新技术产业开发区	Zhuzhou High-tech Industrial Development Zone	215	107439	13447951	111767
湘潭高新技术产业开发区	Xiangtan High-tech Industrial Development Zone	271	81049	11599979	86128
益阳高新技术产业开发区	Yiyang High-tech Industrial Development Zone	222	24447	5169921	27946
衡阳高新技术产业开发区	Hengyang High-tech Industrial Development Zone	80	36474	5231367	114076
广州高新技术产业开发区	Guangzhou High-tech Industrial Development Zone	2313	454226	46801779	2381963
深圳高新技术产业开发区	Shenzhen High-tech Industrial Development Zone	1485	419616	46560424	1685553
珠海高新技术产业开发区	Zhuhai High-tech Industrial Development Zone	469	186348	18051260	1207861
惠州高新技术产业开发区	Huizhou High-tech Industrial Development Zone	313	171921	27076615	2186586
中山火炬高技术产业开发区	Zhongshan Torch High-tech Industrial Development Zone	400	85455	16487582	898705
佛山高新技术产业开发区	Foshan High-tech Industrial Development Zone	612	288209	30274233	1166307
肇庆高新技术产业开发区	Zhaoqing High-tech Industrial Development Zone	149	44341	7182815	74310
江门高新技术产业开发区	Jiangmen High-tech Industrial Development Zone	242	52154	2949527	100543
东莞松山湖高新技术产业开发区	Dongguan Songshanhu High-tech Industrial Development Zone	305	69314	7534485	291327
南宁高新技术产业开发区	Nanning High-tech Industrial Development Zone	662	136822	12042522	140906
桂林高新技术产业开发区	Guilin High-tech Industrial Development Zone	314	87948	6960700	48512
柳州高新技术产业开发区	Liuzhou High-tech Industrial Development Zone	194	83939	13953361	82691
海口高新技术产业开发区	Haikou High-tech Industrial Development Zone	146	32438	3094643	48425
重庆高新技术产业开发区	Chongqing High-tech Industrial Development Zone	855	191803	17622185	347590
成都高新技术产业开发区	Chengdu High-tech Industrial Development Zone	1626	272326	48147024	1648577
绵阳高新技术产业开发区	Mianyang High-tech Industrial Development Zone	110	112769	9091760	156441
自贡高新技术产业开发区	Zigong High-tech Industrial Development Zone	102	31777	3737438	79664
乐山高新技术产业开发区	Leshan High-tech Industrial Development Zone	85	30807	2239985	86919
贵阳高新技术产业开发区	Guiyang High-tech Industrial Development Zone	501	216801	19084603	303828
昆明高新技术产业开发区	Kunming High-tech Industrial Development Zone	286	67069	13991108	56809
玉溪高新技术产业开发区	Yuxi High-tech Industrial Development Zone	41	18522	9498238	360
西安高新技术产业开发区	Xi'an High-tech Industrial Development Zone	3368	323328	66222416	788021
宝鸡高新技术产业开发区	Baoji High-tech Industrial Development Zone	454	132399	14634210	69291
杨凌农业高新技术产业示范区	Yangling Agricultural High-tech Industries Demonstration Zone	144	16002	1388075	2156
渭南高新技术产业开发区	Weinan High-tech Industrial Development Zone	60	23205	3126612	32010
咸阳高新技术产业开发区	Xianyang High-tech Industrial Development Zone	64	13867	4205360	10540
榆林高新技术产业开发区	Yulin High-tech Industrial Development Zone	14	12671	2757088	73578
兰州高新技术产业开发区	Lanzhou High-tech Industrial Development Zone	600	156211	14007477	24990
白银高新技术产业开发区	Baiyin High-tech Industrial Development Zone	157	92335	6817972	50170
青海高新技术产业开发区	Qinghai High-tech Industrial Development Zone	57	11630	778220	161
银川高新技术产业开发区	Yinchuan High-tech Industrial Development Zone	59	9196	1336025	29617
宁夏石嘴山高新技术产业开发区	Ningxia Shizuishan High-tech Industrial Development Zone	94	21137	1858131	19460
乌鲁木齐高新技术产业开发区	Wulumuqi High-tech Industrial Development Zone	267	69689	11070056	314081
昌吉高新技术产业开发区	Changji High-tech Industrial Development Zone	87	10886	2184892	4441
新疆生产建设兵团石河子高新技术产业开发区	The Xinjiang Production and Construction Corps, Shihezi High-tech Industrial Development Zone	18	15603	2298271	1573

20-20 分地区技术市场成交额
Transaction Value in Technical Markets by Region

单位：万元 (10 000 yuan)

地 区	Region	2006	2007	2008	2009	2010	2011	2012	2013
全 国	**National Total**	**18181813**	**22265261**	**26652288**	**30390024**	**39065753**	**47635589**	**64370683**	**74691254**
北 京	Beijing	6973256	8825603	10272173	12362450	15795367	18902752	24585034	28517239
天 津	Tianjin	588624	723356	866122	1054611	1193390	1693819	2323275	2761575
河 北	Hebei	156099	164329	165906	172112	192931	262471	378178	315581
山 西	Shanxi	59213	82677	128425	162068	184911	224825	306088	527681
内蒙古	Inner Mongolia	107127	109835	94423	147651	271464	226719	1060962	387390
辽 宁	Liaoning	806494	929290	997290	1197095	1306811	1596633	2306648	1733775
吉 林	Jilin	153666	174845	196066	197598	188090	262614	251180	347167
黑龙江	Heilongjiang	156934	350209	412565	488550	529123	620682	1004473	1017747
上 海	Shanghai	3095095	3548877	3861695	4354108	4314374	4807491	5187473	5316804
江 苏	Jiangsu	688297	784173	940246	1082184	2493406	3334316	4009141	5275020
浙 江	Zhejiang	399618	453474	589189	564581	603478	718968	813079	814958
安 徽	Anhui	184921	264515	324865	356174	461470	650337	861592	1308253
福 建	Fujian	113187	145579	179690	232594	356569	345712	500920	446885
江 西	Jiangxi	93135	99533	77641	97893	230479	341861	397796	430552
山 东	Shandong	232005	450275	660126	719391	1006769	1263778	1400153	1793981
河 南	Henan	237288	261907	254425	263046	272002	387602	399435	402406
湖 北	Hubei	444427	522146	628971	770329	907218	1256876	1963922	3976158
湖 南	Hunan	455281	460816	477024	440432	400940	353901	422420	772098
广 东	Guangdong	1070257	1328448	2016319	1709850	2358949	2750647	3649384	5293936
广 西	Guangxi	9423	9970	26996	17662	41362	56377	25238	73449
海 南	Hainan	8535	7327	35602	5556	32651	34584	5666	38693
重 庆	Chongqing	553479	395658	621884	383158	794410	681453	540188	902760
四 川	Sichuan	259323	303878	435313	545977	547393	678330	1112438	1485752
贵 州	Guizhou	5361	6560	20356	17806	77191	136483	96743	183972
云 南	Yunnan	82747	97496	50547	102469	108827	117144	454779	420003
西 藏	Tibet								
陕 西	Shaanxi	179485	301710	438300	698074	1024140	2153664	3348153	5332787
甘 肃	Gansu	214534	262107	297560	356287	430845	526386	730619	999936
青 海	Qinghai	24665	53017	77033	84967	114051	168443	192989	268863
宁 夏	Ningxia	5349	6641	8898	8982	9972	39447	29135	14289
新 疆	Xinjiang	76084	71724	73963	12078	45188	43783	53853	29953
港澳台	Hong Kong, Macao and Taiwan	15557	24308	49309	124063	126750	249756	353197	67307
国 外	Abroad	732342	1044979	1373366	1660227	2645234	2747738	5606534	3434284

20-21 分地区测绘资料提供情况（2013年）
Statistics on Output of Surveying and Mapping Materials by Region(2013)

地区	Region	地形图合计（张）Topographic Map (unit)	1:10000 (scale)	1:50000 (scale)	测绘基准成果（点）Surveying and Mapping Datum Product (point)	航摄成果（GB）Aerial Photograph (GB)	专题地图（张）Thematic Map (unit)	地图集（册）Atlas (volume)
全　国	**National Total**	**302532**	**69353**	**38500**	**257559**	**462180**	**26218**	**4021**
北　京	Beijing	13604	1233		10709			
天　津	Tianjin	36			72			
河　北	Hebei	2832	1991	642	421	3686		
山　西	Shanxi	4678	3830	756	654		1776	
内蒙古	Inner Mongolia	8039	2948	4237	12743	12731	920	
辽　宁	Liaoning	2937	2036	865	2539		779	
吉　林	Jilin	4275	2901	1216	5059	3092	11000	400
黑龙江	Heilongjiang	2378	949	1151	1847			
上　海	Shanghai	149644			7196			
江　苏	Jiangsu	1889	1605	280	8531	1115		156
浙　江	Zhejiang	992	920	72	2096	6297		
安　徽	Anhui	4839	4029	790	6732	26978		
福　建	Fujian	3319	2144	1011	863	4757	15	
江　西	Jiangxi	2955	2440	446	4860			
山　东	Shandong	1779	1340	313	669	667		
河　南	Henan	1039	886	125	2503	3659	4923	1212
湖　北	Hubei	851	450	344	563	349	1	
湖　南	Hunan	4269	3862	339	30056			
广　东	Guangdong	2078	2056	22	14318	3344		
广　西	Guangxi	4558	3924	571	4397	55		
海　南	Hainan	209	143	45	8539	7205	744	15
重　庆	Chongqing	2138	1662	225	647	675	95	493
四　川	Sichuan	3438	805	1608	1331	4836		
贵　州	Guizhou	7178	5611	1483	8802	606		
云　南	Yunnan	5750	4744	822	33405	27387		
西　藏	Tibet	1801	8	1299	748			1208
陕　西	Shaanxi	8225	6966	852	3827	3869	77	
甘　肃	Gansu	9565	5794	3393	16383	315430	535	
青　海	Qinghai	4454	674	2928	4147	152	94	102
宁　夏	Ningxia	1565	1338	132	805	14		
新　疆	Xinjiang	17189	2037	5404	12643	7409	3836	435
国家基础地理信息中心	National Geomatics Center of China	8161		7129	49135	27866		

注：全国数据包括计划单列市数据。

a) The national data include data of separate planning cities.

20-22 分地区地震监测情况（2013年）
Situation of Earthquake Monitoring (2013)

单位：个 (unit)

地 区	Region	地震台数 总 数 Number of Seismic Stations	国家级台 Number of National Stations	省级台 Number of Provincial Stations	市、县级台 Number of Municipality/ County-level Stations	企业台 Number of Enterprise Stations	强震观测点 Number of Strong Motion Observation Spots	宏观观测点 Number of Macro-observation Spots
全 国	**National Total**	**1617**	**187**	**211**	**1033**	**186**	**2209**	**37518**
北 京	Beijing	99	10	2	86	1	243	242
天 津	Tianjin	10	5	5			110	1769
河 北	Hebei	86	8	21	45	12	65	2755
山 西	Shanxi	99	6	4	64	25	40	6044
内蒙古	Inner Mongolia	58	6	17	35		32	540
辽 宁	Liaoning	51	7	11	28	5	70	936
吉 林	Jilin	32	5	6	21		10	386
黑龙江	Heilongjiang	61	9	2	49	1	106	4515
上 海	Shanghai	9	2		7		63	10
江 苏	Jiangsu	95	9	6	78	2	85	1211
浙 江	Zhejiang	38	5	1	32		16	24
安 徽	Anhui	28	3	9	15	1	13	645
福 建	Fujian	50	4	10	28	8	40	339
江 西	Jiangxi	6	2	4			6	475
山 东	Shandong	74	6	20	41	7	146	3436
河 南	Henan	45	3	7	31	4	20	879
湖 北	Hubei	40	5	8	27		2	157
湖 南	Hunan	34	4	3	25	2	2	236
广 东	Guangdong	50	6	7	32	5	112	148
广 西	Guangxi	45	1	7	34	3	21	895
海 南	Hainan	20	2	4	14		14	2715
重 庆	Chongqing	25	1		24			17
四 川	Sichuan	139	12	13	78	36	219	2505
贵 州	Guizhou							
云 南	Yunnan	174	16	15	110	33	315	1659
西 藏	Tibet	11	10	1			2	
陕 西	Shaanxi	58	6	9	34	9	30	3831
甘 肃	Gansu	73	9	10	44	10	166	267
青 海	Qinghai	37	5	2	10	20	40	87
宁 夏	Ningxia	18	4	3	11		51	266
新 疆	Xinjiang	52	16	4	30	2	170	529

20-23 分地区气象业务站点及观测项目情况（2013年）

Status of Operational Meteorological Stations and Their Observation Items (2013)

单位：个 (unit)

地区和单位	Region and Units	地面观测业务 Surface Observation Stations	高空探测业务 Upper-air Observation Stations	自动气象站 Automatic Weather Stations	天气雷达观测业务 Weather Radar Observation Stations	农业气象观测站 Agro-Meteorological Observation Stations	环境气象观测站 Environmental Meteorological Observation Stations	闪电定位监测业务 Lightning Position Monitoring Stations	卫星云图接收业务 Satellite Cloud Images Receiving Stations
全　国	**National Total**	**2424**	**120**	**53184**	**212**	**721**	**429**	**334**	**364**
北　京	Beijing	20	1	299	1	7	6	1	3
天　津	Tianjin	14		255	1	5	4	1	2
河　北	Hebei	142	3	2773	4	30	22	11	6
山　西	Shanxi	109	1	1651	8	31	16	7	13
内蒙古	Inner Mongolia	119	12	1136	11	35	20	20	6
辽　宁	Liaoning	62	2	1462	5	28	33	9	16
吉　林	Jilin	54	3	1118	6	25	13	7	6
黑龙江	Heilongjiang	83	4	857	9	39	17	19	8
上　海	Shanghai	14	1	217	2	1	3		6
江　苏	Jiangsu	70	3	1231	10	22	24	9	5
浙　江	Zhejiang	71	3	2107	8	14	14	11	30
安　徽	Anhui	81	2	1976	10	25	7	7	5
福　建	Fujian	70	3	1768	5	27	4	9	18
江　西	Jiangxi	91	2	2379	6	19	13	12	9
山　东	Shandong	123	3	1571	11	20	22	7	15
河　南	Henan	119	3	2464	12	38	19	10	28
湖　北	Hubei	82	3	2295	9	32	33	13	16
湖　南	Hunan	97	3	3454	10	26	7	10	7
广　东	Guangdong	86	4	1865	10	28	8	11	9
广　西	Guangxi	92	6	2386	9	29	12	11	12
海　南	Hainan	21	3	452	3	7	4	6	5
重　庆	Chongqing	35	1	1916	4	13	35	5	4
四　川	Sichuan	156	7	4779	9	47	11	24	14
贵　州	Guizhou	85	2	2906	7	19	10	12	13
云　南	Yunnan	125	5	3193	8	26	7	22	26
西　藏	Tibet	39	5	75	6	5	5	18	9
陕　西	Shaanxi	99	4	1973	7	22	19	9	20
甘　肃	Gansu	81	9	1766	6	27	12	5	17
青　海	Qinghai	52	7	405	2	19	8	10	16
宁　夏	Ningxia	25	1	724	3	10	7	5	5
新　疆	Xinjiang	105	14	1731	10	44	14	33	15
其　他	Others	2				1			

20-24 产品质量国家监督抽查情况(2013年)
Results of Sampling Check under State Supervision on the Quality of Products (2013)

项　目	Item	抽查产品(种) Production Supervised (kinds)	抽查企业(家) Number of Enterprises Supervised (unit)	抽查产品(批) Production Supervised (batch-time)	不合格产品(批) Production Unqualified (batch-time)
合　计	**Total**	**139**	**16021**	**17020**	**1895**
食　品	Food	4	796	796	29
日用消费品	Consumer Goods	60	5296	5625	723
建筑与装饰装修材料	Building & Decoration Material	24	3599	3600	370
农业生产资料	Agricultural Means of Production	16	3504	3738	328
工业生产资料	Industrial Means of Production	35	2826	3261	445

20-25 分地区产品质量情况（2013年）
Quality of Products by Region (2013)

单位: %　　(%)

地　区	Region	产品质量等级品率 Rates of Grade Products: 优等品率 Rate of Products with Excellent Quality	一等品率 Rate of Products with First Grade Quality	合格品率 Rate of Products with Qualified Quality	质量损失率 Rate of Loss Due to Bad Quality
全　国	**National Total**	**75.03**	**19.21**	**5.76**	**0.09**
北　京	Beijing	81.52	10.79	7.69	2.31
天　津	Tianjin	67.08	26.17	6.75	0.09
河　北	Hebei	63.35	31.58	5.07	0.12
山　西	Shanxi	67.13	23.60	9.27	0.14
内蒙古	Inner Mongolia	62.26	24.06	13.68	0.11
辽　宁	Liaoning				
吉　林	Jilin				
黑龙江	Heilongjiang	9.82	64.98	25.20	0.72
上　海	Shanghai	49.98	37.49	12.53	0.30
江　苏	Jiangsu	48.78	37.36	13.86	0.05
浙　江	Zhejiang	47.12	44.59	8.30	0.08
安　徽	Anhui	37.95	50.35	11.71	0.18
福　建	Fujian	46.09	30.55	23.36	0.24
江　西	Jiangxi	91.37	5.13	3.50	0.04
山　东	Shandong	95.81	4.04	0.15	0.02
河　南	Henan	69.59	12.94	17.47	0.07
湖　北	Hubei	42.63	39.62	17.75	0.22
湖　南	Hunan	68.44	18.27	13.30	0.06
广　东	Guangdong	63.90	29.90	6.20	0.17
广　西	Guangxi	13.59	69.03	17.38	0.30
海　南	Hainan				
重　庆	Chongqing				
四　川	Sichuan	28.98	46.90	24.12	0.15
贵　州	Guizhou	92.16	1.69	6.15	0.01
云　南	Yunnan				
西　藏	Tibet				
陕　西	Shaanxi	7.17	85.61	7.22	0.05
甘　肃	Gansu	15.94	69.83	14.23	0.17
青　海	Qinghai	19.70	21.54	58.76	0.11
宁　夏	Ningxia	13.86	23.90	62.24	0.08
新　疆	Xinjiang	55.46	41.96	2.58	0.03

注：本资料由75个重点工业城市抽样数据汇总而成。
a) Sampling data in this table are collected from 75 main industrial cities.

20-26 产品质量省级监督抽查情况(2013年)
Results of Sampling Check under Provincial Supervision on the Quality of Products (2013)

地 区	Region	抽查产品(种) Production Supervised (kinds)	抽查企业(家) Number of Enterprises Supervised (unit)	抽查产品(批) Production Supervised (batch-time)	不合格产品(批) Production Unqualified (batch-time)
全 国	**National Total**	**2618**	**120457**	**151987**	**12155**
北 京	Beijing	134	2528	2742	275
天 津	Tianjin	79	2121	2243	51
河 北	Hebei	66	2773	3024	346
山 西	Shanxi	58	2149	2840	88
内蒙古	Inner Mongolia	82	2127	2736	305
辽 宁	Liaoning	69	2576	2933	258
吉 林	Jilin	35	664	725	35
黑龙江	Heilongjiang				
上 海	Shanghai	211	4760	6054	507
江 苏	Jiangsu	314	19523	19523	664
浙 江	Zhejiang	414	19644	19644	1170
安 徽	Anhui	74	10079	12376	890
福 建	Fujian	189	5134	7006	477
江 西	Jiangxi	47	1364	1472	200
山 东	Shandong	80	2359	2819	465
河 南	Henan	49	1048	1662	72
湖 北	Hubei	41	3120	5679	316
湖 南	Hunan	85	6363	9236	993
广 东	Guangdong	75	4114	5439	1019
广 西	Guangxi	32	1203	1449	141
海 南	Hainan	16	393	507	74
重 庆	Chongqing	45	5913	12094	880
四 川	Sichuan	133	9104	12964	864
贵 州	Guizhou	43	1847	2318	287
云 南	Yunnan	53	3067	5714	800
西 藏	Tibet				
陕 西	Shaanxi	77	1877	2709	264
甘 肃	Gansu	56	1731	2436	264
青 海	Qinghai	42	1042	1278	56
宁 夏	Ningxia				
新 疆	Xinjiang	19	1834	2365	394

20-27 中国科协系统科技活动情况(2013年)

指 标		Item		总计 Total
机构和人员		**Associations or Academic Societies and Personnel**		
机构数	(个)	Number of Associations or Academic Societies	(unit)	3158
从业人员	(人)	Number of Persons Engaged	(person)	39084
学会数	(个)	Number of Academic Societies	(unit)	4096
学会个人会员	(万人)	Number of Individual Members of Academic Societies	(10000 persons)	
学会从业人员	(人)	Number of Persons Engaged of Academic Societies	(person)	24430
企业科协	(个)	Number of Enterprises Association for Science and Technology	(unit)	21281
个人会员	(万人)	Number of Individual Members	(10000 persons)	347
高等院校科协	(个)	Number of Institutions of Higher Learning for Science and Technology	(unit)	584
个人会员	(万人)	Number of Individual Members	(10000 persons)	45
农技协	(个)	Number of Rural Professional and Technical Associations	(unit)	114775
个人会员	(万人)	Number of Individual Members	(10000 persons)	1502
学术交流活动		**Academic Exchange**		
学术交流活动	(次)	Number of Academic Exchanges	(time)	26693
参加人数	(万人次)	Number of Participants	(10000 person-time)	411
#企业科技工作者		Number of Enterprise Technology Workers		85
科学技术普及活动		**S&T Popularization Activities**		
举办科普宣讲活动	(次)	Number of S&T Popularization Propaganda activity	(time)	315486
宣讲活动受众人数	(万人次)	Number of Participants	(10000 person-time)	20252
参加活动科技人员	(万人次)	Number of Scientific and Technical Personnel Participating in Activities	(10000 person-time)	333
科技开放与交流		**Openness and Communication Technology**		
参加国外科技活动人数	(人次)	Number of Participating Foreign Scientific and Technological Activities	(person-time)	14077
接待国外专家学者	(人次)	Number of Reception Foreign Experts and Scholars	(person-time)	23748
科技服务		**S&T Service**		
提供决策咨询报告	(篇)	Number of Provided Policy Decision Consultation Report	(piece)	12735
科技评价	(项)	Number of Technology Evaluation	(item)	5336
开展“讲、比”活动企业数	(个)	Number of Carrying out "ideal and contribution" Competition Enterprises	(unit)	28030
参与“讲、比”活动的科技人员	(万人次)	Number of "ideal and contribution" Competition S&T Staffs	(10000 person-time)	176
为科技工作者服务		**Services for the Scientific and Technological Workers**		
反映科技工作者建议	(条)	Number of S&T Workers Proposals	(item)	32536
走访看望(慰问)科技工作者	(人次)	Number of Visiting (Condolence)S&T Workers	(person-time)	65323
表彰奖励科技工作者	(人次)	Number of Recognition and Award S&T Workers	(person-time)	125721
#女性科技工作者		Number of Recognition and Award Female S&T Workers		37306
科技期刊与科技传播		**Scientific Journals and Science and Technology Communication**		
主办科技期刊	(种)	Number of Scientific & Technological Journals	(kind)	2679
总印数	(万册)	Printed Copies	(10000 copies)	13706
编著科技图书	(种)	Number of Scientific & Technological Books	(kind)	3189
总印数	(万册)	Printed Copies	(10000 copies)	1890
主办科技网站	(个)	Number of Science and Technology Sites	(unit)	2377
浏览人数	(万人次)	Number of Visitors	(10000 person-time)	119621
科普基础设施建设		**S&T Popularization Infrastructure Construction**		
科技馆	(个)	Number of Science and Technology Museum	(unit)	425
全年参观人数	(万人次)	Number of Participants	(10000 person-time)	3200
#少儿参观人数		Number of Participants for Children		1774
科普画廊建筑面积(宣传栏、橱窗)	(平方米)	Building Area of Popular Science Galleries(Boards, Showcase)	(meters)	2361988
科普画廊展示面积	(平方米)	Display Area of Popular Science Galleries	(meters)	4428969

Basic Statistics on Scientific and Technological Activities of China Associations for Science and Technology (2013)

科协小计 Total Number of Associations	学会小计 Total Number of Academic Societies	全国学会 National Learned Societies	省级学会 Provincial Learned Societies
3158			
39084			
	4096	200	3896
		437	630
	24430	3380	21050
21281			
347			
584			
45			
114775			
1502			
6164	20529	4410	16119
92	319	110	209
27	58	19	39
234379	81107	6481	74626
15059	5193	1638	3555
245	88	20	68
1292	12785	6581	6204
4259	19489	9385	10104
7929	4806	549	4257
1600	3736	917	2819
28030			
176			
24061	8475	354	8121
46063	19260	2947	16313
64848	60873	21430	39443
20120	17186	5448	11738
497	2182	1051	1131
4680	9026	5623	3403
1868	1321	289	1032
1311	579	126	453
1351	1026	323	703
35063	84558	65875	18683
425			
3200			
1774			
2361988			
4428969			

20-28 分地区出入境货物检验检疫情况(2013年)
General Statistics on Entry-Exit Inspection and Quarantine of Freight by Region(2013)

地区	Region	总计 Total			
		批次(批) Number of Batch (batch-time)	#不合格 Disqualification	货值(万美元) Value (10 000 USD)	#不合格 Disqualification
全国	**National Total**	**15950333**	**207626**	**147365786**	**11834834**
北京	Beijing	232121	3443	1946191	11347
天津	Tianjin	539352	12598	7666570	960405
河北	Hebei	154912	2396	4571896	865772
山西	Shanxi	19562	298	468754	11489
内蒙古	Inner Mongolia	253675	45	912727	131
辽宁	Liaoning	420837	3774	7855074	525276
吉林	Jilin	85585	398	510941	556
黑龙江	Heilongjiang	208213	4146	1670920	3442
上海	Shanghai	2171404	46516	18307732	838648
江苏	Jiangsu	1575253	15747	13604002	1602270
浙江	Zhejiang	2107024	8385	18233787	1344386
#宁波市	Ningbo City	672314	2502	9791964	418658
安徽	Anhui	137563	700	937351	8456
福建	Fujian	899865	11341	6938876	707698
#厦门市	Xiamen City	392690	8407	2764036	257778
江西	Jiangxi	122718	608	748630	7103
山东	Shandong	1275673	18313	17811419	2604462
河南	Henan	98604	682	2534257	19726
湖北	Hubei	90844	746	843720	11235
湖南	Hunan	97251	229	564079	3035
广东	Guangdong	4843804	48121	32528911	1473719
#深圳市	Shenzhen City	1261183	14304	8331182	247257
珠海市	Zhuhai City	329085	1096	2740431	64516
广西	Guangxi	149861	1572	2605480	667104
海南	Hainan	17679	401	1021475	20140
重庆	Chongqing	65648	663	710204	11461
四川	Sichuan	68470	330	512909	3365
贵州	Guizhou	5471	49	85271	513
云南	Yunnan	93231	9623	590085	63356
西藏	Tibet	3242	13	19434	10
陕西	Shaanxi	31368	180	294923	3483
甘肃	Gansu	11580	42	125981	260
青海	Qinghai	1858	131	35317	2198
宁夏	Ningxia	6841	45	72993	1217
新疆	Xinjiang	160824	16091	2635875	62573

注：国家出入境货物检验检疫数据是由全国直属的35个检验检疫局直报国家质检总局汇总得到。

a) National data of entry-exit inspection and quarantine of freight are collected through direct reporting of the 35 inspection and quarantine bureaus directly under the General Administration of Quality Supervision, Inspection and Quarantine.

主要统计指标解释

研究与试验发展(R&D)　指在科学技术领域，为增加知识总量，以及运用这些知识去创造新的应用进行的系统的创造性的活动，包括基础研究、应用研究、试验发展三类活动。国际上通常采用 R&D 活动的规模和强度指标反映一国的科技实力和核心竞争力。

基础研究　指为了获得关于现象和可观察事实的基本原理的新知识(揭示客观事物的本质、运动规律，获得新发现、新学说)而进行的实验性或理论性研究，它不以任何专门或特定的应用或使用为目的。其成果以科学论文和科学著作为主要形式。用来反映知识的原始创新能力。

应用研究　指为获得新知识而进行的创造性研究，主要针对某一特定的目的或目标。应用研究是为了确定基础研究成果可能的用途，或是为达到预定的目标探索应采取的新方法(原理性)或新途径。其成果形式以科学论文、专著、原理性模型或发明专利为主。用来反映对基础研究成果应用途径的探索。

试验发展　指利用从基础研究、应用研究和实际经验所获得的现有知识，为产生新的产品、材料和装置，建立新的工艺、系统和服务，以及对已产生和建立的上述各项作实质性的改进而进行的系统性工作。其成果形式主要是专利、专有技术、具有新产品基本特征的产品原型或具有新装置基本特征的原始样机等。在社会科学领域，试验发展是指把通过基础研究、应用研究获得的知识转变成可以实施的计划(包括为进行检验和评估实施示范项目)的过程。人文科学领域没有对应的试验发展活动。主要反映将科研成果转化为技术和产品的能力，是科技推动经济社会发展的物化成果。

R&D 人员　指参与研究与试验发展项目研究、管理和辅助工作的人员，包括项目(课题)组人员，企业科技行政管理人员和直接为项目(课题)活动提供服务的辅助人员。反映投入从事拥有自主知识产权的研究开发活动的人力规模。

R&D 人员全时当量　指全时人员数加非全时人员按工作量折算为全时人员数的总和。例如：有两个全时人员和三个非全时人员(工作时间分别为 20%、30%和 70%)，则全时当量为 2+0.2+0.3+0.7=3.2 人年。为国际上比较科技人力投入而制定的可比指标。

R&D 经费支出合计　指调查单位用于内部开展 R&D 活动（基础研究、应用研究和试验发展）的实际支出。包括用于 R&D 项目（课题）活动的直接支出，以及间接用于 R&D 活动的管理费、服务费、与 R&D 有关的基本建设支出以及外协加工费等。不包括生产性活动支出、归还贷款支出以及与外单位合作或委托外单位进行 R&D 活动而转拨给对方的经费支出。

R&D 经费支出中政府资金　指 R&D 经费内部支出中来自各级政府部门的各类资金，包括财政科学技术拨款、科学基金、教育等部门事业费以及政府部门预算外资金的实际支出。

R&D 经费支出中企业资金　指 R&D 经费内部支出中来自本企业的自有资金和接受其他企业委托而获得的经费，以及科研院所、高校等事业单位从企业获得的资金的实际支出。

R&D 项目（课题）数　指在当年立项并开展研究工作、以前年份立项仍继续进行研究的研发项目（课题）数，包括当年完成和年内研究工作已告失败的研发项目（课题），但不包括委托外单位进行的研发项目（课题）数。

R&D 项目（课题）人员全时当量　指实际参加研发项目（课题）活动人员折合的全时当量。

R&D 项目（课题）经费支出　指调查单位内部在报告年度进行研发项目（课题）研究和试制等的实际支出。包括劳务费、其他日常支出、固定资产购建费、外协加工费等，不包括委托或与外单位合作进行项目（课题）研究而拨付给对方使用的经费。

新产品销售收入　指报告期企业销售新产品实现的销售收入。新产品是指采用新技术原理、新设计构思研制、生产的全新产品，或在结构、材质、工艺等某一方面比原有产品有明显改进，从而显著提高了产品性能或扩大了使用功能的产品。既包括经政府有关部门认定并在有效期内的新产品，也包括企业自行研制开发，未经政府有关部门认定，从投产之日起一年之内的新产品。

专利　是专利权的简称，是对发明人的发明创造经审查合格后，由专利局依据专利法授予发明人和设计人对该项发明创造享有的专有权。包括发明、实用新型和外观设计。反映拥有自主知识产权的科技和设计成果情况。

发明（专利）　指对产品、方法或者其改进所提出的新的技术方案。是国际通行的反映拥有自主知识产权技术的核心指标。

实用新型（专利）　指对产品的形状、构造或者其结合所提出的适于实用的新的技术方案。反映具有一定技术含量的技术成果情况。

外观设计（专利）　指对产品的形状、图案、色彩或者其结合所作出的富有美感并适于工业上应用的新设计。反映拥有自主知识产权的外观设计成果情况。

Explanatory Notes on Main Statistical Indicators

Regular Institutions of Higher Education refer to educational establishments recruiting graduates from senior secondary schools as the main target through National Matriculation TEST. They include full-time universities,independently established colleges, colleges, and institutions of higher professional education, institutions of higher vocational education and others.

Universities and independently established colleges primarily provide undergraduate and above courses; colleges mainly impart undergraduate courses, institutions of higher professional education and institutions of higher vocational education primarily provide professional trainings; and others refer to educational establishments, which are responsible for enrolling higher education students under the State Plan but not enumerated in the total number of schools, including: branch schools of universities and colleges and junior colleges.

Institutions of Higher Education for Adults refer to educational establishments, enrolling personnel with senior secondary school or equivalent education through National Matriculation TEST for Adult, and providing higher education courses in forms of correspondence, spare time, or full time for adults. Institutions of higher learning for adults include schools of higher education for staff and workers, schools of higher education for peasants, colleges for management cadres, pedagogical colleges, independent correspondence colleges, radio and television universities and other educational establishments. Other educational establishments refer undertakings to enrol adult students but not enumerated in the number of schools under the State Plan.

Net Enrolment Ratio of Primary Schools refers to the proportion of school age children enrolled at schools to the total number of school age children both in and outside schools (including retarded children, but excluding blind, deaf and mute children). The formula is:

$$\begin{array}{c}\text{Net Enrolment Ratio}\\ \text{of Primary}\\ \text{Schools}\end{array} = \frac{\begin{array}{c}\text{Total Primary School - age}\\ \text{Children at Schools}\end{array}}{\begin{array}{c}\text{Total Primary School - age}\\ \text{Children Whether or}\\ \text{Not Attending School}\end{array}} \times 100\%$$

Government Appropriation for Education refers to the public budgetary fund for education, taxes and fees collected by governments at all levels that are used for education purpose, enterprise appropriation for enterprise-run schools, income from school-run enterprises and social services that are used for education purpose and other national appropriations for education.

Public Budgetary Fund for Education refers to education funding from the central and local financial departments and supervision departments that is planned to be allocated to various schools, education administration institutions and education institutions within the reference year, which is within the State budgetary expenditure, including: appropriated funds for education, science and research, capital construction and others.

Research and Development (R&D) refers to systematic and creative activities in the field of science and technology aiming at increasing the knowledge and using the knowledge for new application. R&D includes 3 categories of activities: basic research, applied research and experimentation for development. The scale and intensity of R&D are widely used internationally to reflect the strength of S&T and the core competitiveness of a country in the world.

Basic Research refers to empirical or theoretical research aiming at obtaining new knowledge on the fundamental principles regarding phenomena or observable facts to reveal the intrinsic nature and underlying laws and to acquire new discoveries or new theories. Basic research takes no specific or designated application as the aim of the research. Results of basic research are mainly released or disseminated in the form of scientific papers or monographs. This indicator reflects the innovation capacity for original knowledge.

Applied Research refers to creative research aiming at obtaining new knowledge on a specific objective or target. Purpose of the applied research is to identify the possible uses of results from basic research, or to explore new (fundamental) methods or new approaches. Results of applied research are expressed in the form of scientific papers, monographs, fundamental models or invention patents. This indicator reflects the exploration of ways to apply the results of basic research.

Experiments and Development refer to systematic activities aiming at using the knowledge from basic and applied researches or from practical experience to develop new products, materials and equipment, to establish new production process, systems and services, or to make substantial improvement on the existing products, process or services. Results of experiment and development activities are embodied in patents, exclusive technology, and monotype of new products or equipment. In social sciences, experiment and development activities refer to the process of converting the knowledge from basic or applied researches into feasible programmes (including conduct of demonstration projects for assessment and evaluation). There are no experiment and development activities in the science of humanities. This indicator reflects the capability of transferring the results of S&T into technique and products, and measures the realization of S&T in spearheading the economic and social development.

R & D Personnel refer to persons engaged in research, management and supporting activities of R & D, including persons in the project teams, persons engaged in the management of S&T activities of enterprises and supporting staff providing direct service to the research projects. This indicator reflects the size of personnel engaged in R&D activities with independent intellectual property.

Full-time Equivalent of R&D Personnel refers to the sum of the full-time persons and the full-time equivalent of part-time persons converted by workload. For instance, if there are 2 full-time persons and 3 part-time workers (20%, 30% and 70% of working hours respectively on R&D activities), the full-time equivalent are 2+0.2+0.3+0.7=3.2 person-years. This is an internationally comparable indicator of S&T manpower input.

Total Expenditure of Funds on R&D refers to the real expenditure of surveyed units on their own R&D activities (basic research, application study, test and development) including direct expenditure on R&D activities, indirect expenditure of management and services on R&D activities, expenditure on capital construction and material processing by others. Excluding the expenditure on production activities, return of loan, and fees transferred to cooperated and entrusted agencies on R&D activities.

Expenditure of Government Funds on R&D refers to the expenditure of funds on R&D activities from government agencies at different levels, including appropriate funds on science and technology from financial departments, scientific funds, operating expenses from education departments and the real expenditure of extra budgetary funds from government agencies.

Expenditure of Funds of Enterprises on R&D refers to the expenditure of funds on R&D activities from self-raised funds of enterprises and funds from other enterprises through entrustment, and the expenditure of funds of institutions, such as institution of scientific research and universities, from enterprises.

Number of R&D Projects (subjects) refers to the number of R&D projects (subjects) set up and implemented at the reference year, and the number of R&D projects (subjects) set up in former years and under implementation, including the projects (subjects) finished and failed at the reference year, excluding the projects (subjects) implemented by others through entrustment.

Full-time Equivalent of R&D Personnel refers to the full-time equivalent of persons actually engaged in R&D projects (subjects).

Expenditure of Funds on R&D Projects (subjects) refers to the real expenditure of internal funds of the surveyed units on research and test of R&D projects (subjects) at the reference year, including service fee, other daily expenditure, cost for capital goods, cost of external process; excluding expenditure of funds transferred to other cooperated and entrusted units of the projects.

Sales Income of New Products refers to the sales income of new products of the enterprises at the reference period. New products refer to products developed and produced with new technologies and designs or improved in structure, material, process and other aspects so that their performance are improved or their functions expanded. New products include those affirmed by government authorities in their validity period and also those developed by enterprises without the affirmation of government authorities within one year after they are put into production.

Patent is an abbreviation for the patent right and refers to the exclusive right of ownership by the inventors or designers for the creation or inventions, given from the patent offices after due process of assessment and approval in accordance with the Patent Law. Patents are granted for inventions, utility models and designs. This indicator reflects the achievements of S&T and design with independent intellectual property.

Patented Inventions refer to new technical proposals to the products or methods or their modifications. This is universal core indicator reflecting the technologies with independent intellectual property.

Patented Utility Models refer to the practical and new technical proposals on the shape and structure of the product or the combination of both. This indicator reflects the condition of technological results with certain technical content.

Designs refer to the aesthetics and industrially applicable new designs for the shape, pattern and colour of the product, or their combinations. This indicator reflects the appearance design achievements with independent intellectual property.

21

教　育

Education

简 要 说 明

本篇主要反映我国教育事业发展基本情况。

一、本篇资料的主要内容

包括：公办教育和民办教育、学历教育和非学历教育。具体有高等教育(研究生教育、普通高等教育和成人高等教育)、中等教育(高中阶段教育和初中阶段教育)、初等教育(小学)、学前教育、特殊教育(盲聋哑和弱智学校等)以及教育经费等资料。主要指标包括学校数、在校学生数、招生数、毕业生数、教职工数和专任教师数、教育经费总投入及国家财政性教育经费等。

二、本篇的资料来源

教育事业统计资料、教育经费统计资料由教育部提供；技工学校资料由人力资源和社会保障部提供。

详细资料分别见《中国教育统计年鉴》（教育部发展规划司编）和《中国教育经费统计年鉴》（教育部财务司编）。

Brief Introduction

Data in this chapter show the development of China's education and the basic conditions on China's scientific and technological development.

I. Main Content of Data on Education

Data on education cover the situations on education funded by government and non-government agencies, and the education with and without academic credentials including higher education (education of postgraduates, general higher education and adult education), secondary education (senior and junior high schools), elementary education (primary schools), preschool education, special education (schools for the blind, deaf-mutes and mentally retarded) and their expenditure. The main indicators include the number of schools, the number of students enrolled, the number of new students enrolled, the number of graduates, the number of staff and workers, the number of full-time teachers, sources and outlay of education funding, and education expenditure from the State budget.

II. Sources of Data on Education

The Ministry of Education provides statistical data on education undertakings and education funding. Data on technical training schools are provided by Ministry of Human Resources and Social Security.

Detailed information can be found in "*Statistical Yearbook on China's Education*" compiled by Department of Planning and Development, Ministry of Education; and the "*Statistical Yearbook on National Education Funding*" compiled by the Department of Finance, Ministry of Education.

21-1 各级各类学校、教职工和专任教师情况（2013年）
Number of Schools, Educational Personnel and Full-time Teachers by Type and Level (2013)

项 目	Item	学校数(所) Schools (unit)	教职工数(人) Educational Personnel (person)	专任教师(人) Full-time Teachers (person)
高等教育	**Higher Education**			
研究生培养机构	Institutions Providing Postgraduate Programs	(830)		
普通高校	Regular Higher Education Institutions	(548)		
科研机构	Research Institutions	(282)		
普通高等学校	Regular Higher Education Institutions	2491	2296262	1496865
本科院校	HEIs Offering Degree Programs	1170	1657517	1055036
#独立学院	Independent Institutions	292	186262	138815
高职(专科)院校	Higher Vocational Colleges	1321	630044	436561
其他普通高教机构	Other Institutions	(33)	8701	5268
成人高等学校	Adult HEIs	297	56417	33647
民办的其他高等教育机构	Other Non-government HEIs	(802)	28394	13350
中等教育	**Secondary Education**	**80797**	**7569100**	**5988381**
高中阶段教育	Senior Secondary Education	26225	3633057	2501569
高中	Senior Secondary Schools	13963	2479655	1633626
普通高中	Regular Senior Secondary Schools	13352	2473594	1629008
完全中学	Combined Secondary Schools	5861	1061968	521094
高级中学	Regular High Schools	6591	1243624	1065888
十二年一贯制学校	12-Year Schools	900	168002	42026
成人高中	Adult High Schools	611	6061	4618
中等职业教育	Secondary Vocational Education	12262	1153402	867943
普通中专	Regular Specialized Secondary Schools	3577	419315	303585
成人中专	Adult Specialized Secondary Schools	1536	72715	52021
职业高中	Vocational Senior Secondary Schools	4267	375370	301440
技工学校	Skilled Workers Schools	2882	269443	199189
其他中职机构	Other Institutions	(451)	16559	11708
初中阶段教育	Junior Secondary Education	54572	3936043	3486812
初中	Junior Secondary Schools	52804	3928762	3480979
初级中学	Regular Junior Secondary Schools	38747	2894926	2587399
九年一贯制学校	9-Year Schools	14017	1032777	449797
十二年一贯制学校	12-Year Schools			42848
完全中学	Combined Secondary Schools			399952
职业初中	Vocational Junior Secondary Schools	40	1059	983
成人初中	Adult Junior Secondary Schools	1768	7281	5833
初等教育	**Primary Education**	**235369**	**5538480**	**5607283**
普通小学	Regular Primary Schools	213529	5494877	5584644
小学	Primary Schools	213529	5494877	5096634
九年一贯制学校	9-Year Schools			449126
十二年一贯制学校	12-Year Schools			38884
成人小学	Adult Primary Schools	21840	43603	22639
#扫盲班	Literacy Courses	15104	32658	15399
工读学校	**Correctional Work-Study Schools**	**78**	**2687**	**1851**
特殊教育	**Special Education Schools**	**1933**	**55096**	**45653**
学前教育	**Pre-school Education Institutions**	**198553**	**2826753**	**1663487**

注：1.完全中学的学校数和教职工数计入高中阶段教育，九年一贯制学校的校数和教职工数计入初中阶段教育，十二年一贯制学校的校数和教职工数计入高中阶段教育。专任教师是按照教育层次划分归类。
2.“()”内数据为不计校数。

a) The numbers of complete secondary schools and their educational personnel are calculated into the number of senior secondary education,the numbers of Combined Primary and Lower Secondary Schools and their educational personnel are calculated into the junior secondary education, the numbers of the Combined Primary and Secondary Schools and their educational personnel are calculated into senior secondary education. The fulltime teachers are classified by educational level.

b) The data within “( )”are not calculated as the number of schools.

21-2 各级各类学历教育学生情况（2013年）
Number of Students of Formal Education by Type and Level (2013)

单位：人 (person)

项　目	Item	毕业生数 Graduates	招生数 Entrants	在校生数 Enrolment	女学生占学生总数的比重(%) Percentage of Female Students
高等教育	**Higher Education**				
研究生	Postgraduates	513626	611381	1793953	48.97
博　士	Doctor's Degree	53139	70462	298283	36.90
硕　士	Master's Degree	460487	540919	1495670	51.38
普通本专科	Undergraduate in Regular HEIs	6387210	6998330	24680726	51.74
本　科	Normal Courses	3199716	3814331	14944353	51.78
专　科	Short-cycle Courses	3187494	3183999	9736373	51.67
成人本专科	Undergraduate in Adult HEIs	1997729	2564934	6264145	55.28
本　科	Normal Courses	811159	1038158	2654596	56.34
专　科	Short-cycle Courses	1186570	1526776	3609549	54.50
其他各类高等学历教育	Students Enrolled in Other Formal Programs				
在职人员攻读硕士学位	Master´s Degree Programs for On-the-job Personnel		167576	558730	32.11
网络本专科生	Web-based Undergraduates	1560762	2200729	6146406	49.07
本　科	Normal Courses	536702	804378	2175100	52.39
专　科	Short-cycle Courses	1024060	1396351	3971306	47.25
中等教育	**Secondary Education**	**30887540**	**29935409**	**88582754**	**47.37**
高中阶段教育	Senior Secondary Education	14838197	14974542	43699228	47.83
高中	Senior Secondary Schools	8093801	8226961	24469522	49.75
普通高中	Regular Senior Secondary Schools	7989789	8226961	24358817	49.75
完全中学	Combined Secondary Schools	2551466	2689932	7914286	49.50
高级中学	Regular High Schools	5242878	5308309	15814322	50.08
十二年一贯制学校	12-Year Schools	195445	228720	630209	44.63
成人高中	Adult High Schools	104012		110705	50.16
中等职业教育	Secondary Vocational Education	6744396	6747581	19229706	45.37
普通中专	Regular Specialized Secondary Schools	2652082	2714716	7721842	53.58
成人中专	Adult Specialized Secondary Schools	878323	862591	2299806	45.05
职业高中	Vocational High Schools	2045182	1835317	5342194	46.30
技工学校	Skilled Workers Schools	1168809	1334957	3865864	27.89
初中阶段教育	Junior Secondary Education	16049343	14960867	44883526	46.92
初中	Junior Secondary Schools	15615452	14960867	44401248	46.93
初级中学	Regular Junior Secondary Schools	11559429	10863869	32340393	47.35
九年一贯制学校	9-Year Schools	1760777	1804465	5256281	45.21
十二年一贯制学校	12-Year Schools	206450	231841	666538	41.04
完全中学	Combined Secondary Schools	2081587	2057158	6127520	46.84
职业初中	Vocational Junior Secondary Schools	7209	3534	10516	47.29
成人初中	Adult Junior Secondary Schools	433891		482278	45.99
初等教育	**Primary Education**	**16988501**	**16953556**	**94848050**	**46.37**
普通小学	Regular Primary Schools	15810583	16953556	93605487	46.27
小学	Primary Schools	14315683	15451429	84998824	46.44
九年一贯制学校	9-Year Schools	1372707	1381950	7920436	44.87
十二年一贯制学校	12-Year Schools	122193	120177	686227	41.07
成人小学	Adult Primary Schools	1177918		1242563	53.66
#扫盲班	Literacy Courses	505877		619228	53.71
工读学校	**Correctional Work-Study Schools**	**3596**	**3891**	**9307**	**13.59**
特殊教育	**Special Education Schools**	**50739**	**65977**	**368103**	**36.00**
学前教育	**Pre-school Education Institutions**	**14917314**	**19700271**	**38946903**	**46.17**

注：1.完全中学、九年一贯制学校和十二年一贯制学校的学生数按教育层次分别计入对应教育阶段的学生数中。
　　2.特殊教育学生数中包括义务教育阶段随班就读的学生、其他学校附设特教班。

a) Number of the students in Combined Secondary Schools, 9-Year Schools,12-Year Schools are classified by educational level.

b) Number of the Students Followed in the Regular Primary and Middle School in the Special Education.

21-3 各级各类非学历教育学生情况(2013年)
Number of Students of Non-formal Education by Type and Level (2013)

单位：人 (person)

项 目	Item	结业生数 Completers	注册生数 Enrolment
总 计	**Total**	**62741102**	**55932104**
高等教育	Higher Education	9337748	6785562
研究生课程进修班	Postgraduate Courses	48329	69321
自考助学班	Classes run by Non-government HEIs for Students Preparing for Self-directed State-administered Examinations	194882	405329
普通预科生	College-preparatory Classes		42514
进修及培训	In-service Training	9094537	6268398
#资格证书培训	For Certificates of Vocational Qualifications	2351305	1979966
岗位证书培训	For Certificates of Job-related Qualifications	2504684	1713103
中等职业教育	Secondary Vocational Education	53403354	49146542
#资格证书培训	For Certificates of Vocational Qualifications	8693004	8028370
岗位证书培训	For Certificates of Job-related Qualifications	12781963	11670337
中等职业学校	Secondary Vocational Schools	6247386	3986943
#资格证书培训	For Certificates of Vocational Qualifications	2467512	1757692
岗位证书培训	For Certificates of Job-related Qualifications	2048427	1182845
职业技术培训机构	Other Vocational-technical Training Institutions	47155968	45159599
#资格证书培训	For Certificates of Vocational Qualifications	6225492	6270678
岗位证书培训	For Certificates of Job-related Qualifications	10733536	10487492

21-4 各级各类民办教育情况(2013年)
Number of Non-government Schools by Types and Levels(2013)

单位：人 (person)

项 目	Item	学校数(所) Schools (unit)	教职工数 Educational Personnel	专任教师 Full-time Teachers	毕业生数 Graduates	招生数 Entrants	在校生数 Enrolment	其 他 Others
民办高等教育	**Non-government Higher Education**							
民办高校	Non-government HEIs	718	398400	281415	1332720	1601879	5575218	258426
硕 士	Master's Degree					181	335	
本 科	Normal Courses				719535	921391	3616363	
专 科	Short-cycle Courses				613185	680307	1958520	
#独立学院	Independent Institutions	292	186262	138815	593397	688917	2758465	28956
本 科	Normal Courses				543697	641025	2608259	
专 科	Short-cycle Courses				49700	47892	150206	
民办的其他高等教育机构	Other Non-government HEIs	(802)	28394	13350				879922
民办中等教育	**Non-government Secondary Education**							
高中阶段教育	Senior Secondary Education	4857	446456	318307	1538303	1529785	4395853	
民办普通高中	Regular Senior Secondary Schools	2375	328642	240426	747589	798192	2316445	
民办中等职业教育	Secondary Vocational Education	2482	117814	77881	790714	731593	2079408	302303
初中阶段教育	Junior Secondary Education	4535	337166	258662	1384917	1621113	4623482	
民办普通初中	Regular Junior Secondary Schoolss	4535	337166	258662	1384917	1621113	4623482	
民办职业初中	Private Vocational Junior Secondary Education							
民办普通小学	**Non-govemment Regular Primary Schools**	**5407**	**204861**	**151800**	**1008291**	**1112846**	**6286015**	
民办幼儿园	**Non-government Pre-school Education**	**133451**	**1848754**	**1020215**	**6347047**	**9079575**	**19902536**	
另：民办培训机构	**Other Vocational-technical Training Institutions**	**(20104)**	**229537**	**129634**				**9435604**

注：1.“其他”包括：自考助学班学生、预科生、进修及培训学生数。
2. 民办普通高中的教职工和专任教师数中包含民办普通初中的教职工和专任教师数。
3. 民办中等职业教育数据中未含技工学校数据；
4.“()”括号内数据不计校数。

a) Number of the other Students Followed in the Classes runby Non-government HEIs for Students Preparing for State-administered Examinatims for Self-directed Leamers, College-preparatory Classes, In-service Traning;

b) Data on Educational Personnel in Non-government Regular Junior High Schools are included in the data of Non-government General Upper Secondary Education Schools;

c) Data on non-government secondary vocational education does not include those of skilled workers schools;

d) The numbers within “( )” are not included.

21-5 各级各类学校情况
Number of School by Type and Level

单位：所 (unit)

年 份 Year	普通高等学校 Regular HEIs	#高职(专科)院校 Specialized Courses	普通高中 Regular Senior Secondary Schools	中等职业教育 Secondary Vocational Education	初中 Junior Secondary Schools	#职业初中 Vocational Junior Secondary Schools	普通小学 Regular Primary Schools	特殊教育 Special Education Schools	学前教育 Pre-school Education Institutions
1978	598		49215		113130		949323	292	163952
1980	675		31300		87077		917316	292	170419
1985	1016		17318		77529	1626	832309	375	172262
1990	1075		15678		73462	1509	766072	746	172322
1995	1054		13991		68564	1535	668685	1379	180438
2000	1041	442	14564		63898	1194	553622	1539	175836
2001	1225	628	14907		66590	1065	491273	1531	111706
2002	1396	767	15406		65645	984	456903	1540	111752
2003	1552	908	15779		64730	1019	425846	1551	116390
2004	1731	1047	15998		63757	697	394183	1560	117899
2005	1792	1091	16092	14466	62486	601	366213	1593	124402
2006	1867	1147	16153	14693	60885	335	341639	1605	130495
2007	1908	1168	15681	14832	59384	275	320061	1618	129086
2008	2263	1184	15206	14847	57914	213	300854	1640	133722
2009	2305	1215	14607	14401	56320	153	280184	1672	138209
2010	2358	1246	14058	13872	54890	67	257410	1706	150420
2011	2409	1280	13688	13093	54117	54	241249	1767	166750
2012	2442	1297	13509	12663	53216	49	228585	1853	181251
2013	2491	1321	13352	12262	52804	40	213529	1933	198553

21-6 各级各类学校专任教师情况
Number of Full-time Teachers of Schools by Type and Level

单位：万人 (10 000 persons)

年 份 Year	普通高等学校 Regular HEIs	#高职(专科)院校 Specialized Courses	普通高中 Regular Senior Secondary Schools	中等职业教育 Secondary Vocational Education	初中 Junior Secondary Schools	#职业初中 Vocational Junior Secondary Schools	普通小学 Regular Primary Schools	特殊教育 Special Education Schools	学前教育 Pre-school Education Institutions
1978	20.6		74.1		244.1		522.6	0.4	27.7
1980	24.7		57.1		244.9		549.9	0.5	41.1
1985	34.4		49.2		216.0		537.7	0.7	55.0
1990	39.5		56.2		249.9	2.9	558.2	1.4	75.0
1995	40.1		55.1		282.1	3.7	566.4	2.5	87.5
2000	46.3	8.7	75.7		328.7	3.8	586.0	3.2	85.6
2001	53.2	12.4	84.0		338.6	3.7	579.8	2.9	54.6
2002	61.8	15.6	94.6		346.8	3.7	577.9	3.0	57.1
2003	72.5	19.7	107.1		349.8	3.1	570.3	3.0	61.3
2004	85.8	23.8	119.1		350.1	2.4	562.9	3.1	65.6
2005	96.6	26.8	129.9	75.0	349.2	2.0	559.2	3.2	72.2
2006	107.6	31.6	138.7	79.9	347.5	1.2	558.8	3.3	77.6
2007	116.8	35.5	144.3	85.9	347.3	0.9	561.3	3.5	82.7
2008	123.7	37.7	147.6	89.5	347.6	0.7	562.2	3.6	89.9
2009	129.5	39.5	149.3	86.9	351.8	0.5	563.3	3.8	98.6
2010	134.3	40.4	151.8	87.1	352.5	0.2	561.7	4.0	114.4
2011	139.3	41.3	155.7	88.2	352.5	0.2	560.5	4.1	131.6
2012	144.0	41.3	159.5	88.1	350.4	0.2	558.5	4.4	147.9
2013	149.7	43.7	162.9	86.8	348.1	0.1	558.5	4.6	166.3

21-7 各级各类学校招生情况
Number of Entrants of Formal Education by Type and Level

单位: 万人 (10 000 persons)

年 份 Year	普通本专科 Undergraduate in Regular HEIs	#高职(专科)院校 Specialized Courses	普通高中 Regular Senior Secondary Schools	中等职业教育 Secondary Vocational Education	初中 Junior Secondary Schools	#职业初中 Vocational Junior Secondary Schools	普通小学 Regular Primary Schools	特殊教育 Special Education Schools	学前教育 Pre-school Education Institutions
1978	40.2		692.9		2006.0		3315.4	0.6	
1980	28.1		383.4		1557.6	6.7	2942.3	0.6	
1985	61.9		257.5		1367.0	17.6	2298.2	0.9	
1990	60.9		249.8		1389.3	19.4	2064.0	1.6	
1995	92.6		273.6		1781.1	28.8	2531.8	5.6	
2000	220.6	48.7	472.7		2295.6	32.3	1946.5	5.3	1531.1
2001	268.3	66.6	558.0		2287.9	30.0	1944.2	5.6	1398.2
2002	320.5	89.1	676.7		2281.8	29.5	1952.8	5.3	1373.6
2003	382.2		752.1		2220.1	24.8	1829.4	4.9	1316.8
2004	447.3	209.9	821.5		2094.6	16.4	1747.0	5.1	1350.3
2005	504.5	268.1	877.7	655.7	1987.6	11.1	1671.7	4.9	1356.2
2006	546.1	293.0	871.2	747.8	1929.5	5.9	1729.4	5.0	1391.3
2007	565.9	283.8	840.2	810.0	1868.5	4.7	1736.1	6.3	1433.6
2008	607.7	310.6	837.0	812.1	1859.6	3.4	1695.7	6.2	1482.7
2009	639.5	313.4	830.3	868.5	1788.5	2.1	1637.8	6.4	1546.9
2010	661.8	310.5	836.2	870.4	1716.6	1.1	1691.7	6.5	1700.4
2011	681.5	324.9	850.8	813.9	1634.7	0.7	1736.8	6.4	1827.3
2012	688.8	314.8	844.6	754.1	1570.8	0.5	1714.7	6.6	1911.9
2013	699.8	318.4	822.7	674.8	1496.1	0.4	1695.4	6.6	1970.0

21-8 各级各类学校在校学生情况
Number of Enrolments of Formal Education by Type and Level

单位: 万人 (10 000 persons)

年 份 Year	普通本专科 Undergraduate in Regular HEIs	#高职(专科)院校 Specialized Courses	普通高中 Regular Senior Secondary Schools	中等职业教育 Secondary Vocational Education	初中 Junior Secondary Schools	#职业初中 Vocational Junior Secondary Schools	普通小学 Regular Primary Schools	特殊教育 Special Education Schools	学前教育 Pre-school Education Institutions
1978	85.6		1553.1		4995.2		14624.0	3.1	787.7
1980	114.4		969.8		4551.2	13.5	14627.0	3.3	1150.8
1985	170.3		741.1		4010.1	45.2	13370.2	4.2	1479.7
1990	206.3		717.3		3916.6	47.9	12241.4	7.2	1972.2
1995	290.6		713.2		4727.5	69.7	13195.2	29.6	2711.2
2000	556.1	100.9	1201.3		6256.3	88.6	13013.3	37.8	2244.2
2001	719.1	146.8	1405.0		6514.4	83.3	12543.5	38.6	2021.8
2002	903.4	193.4	1683.8		6687.4	83.4	12156.7	37.5	2036.0
2003	1108.6		1964.8		6690.8	72.4	11689.7	36.5	2003.9
2004	1333.5	595.7	2220.4		6527.5	52.5	11246.2	37.2	2089.4
2005	1561.8	713.0	2409.1	1600.0	6214.9	43.1	10864.1	36.4	2179.0
2006	1738.8	795.5	2514.5	1809.9	5958.0	20.6	10711.5	36.3	2263.9
2007	1884.9	860.6	2522.4	1987.0	5736.2	15.3	10564.0	41.9	2348.8
2008	2021.0	916.8	2476.3	2087.1	5585.0	10.8	10331.5	41.7	2475.0
2009	2144.7	964.8	2434.3	2195.2	5440.9	7.3	10071.5	42.8	2657.8
2010	2231.8	966.2	2427.3	2238.5	5279.3	3.4	9940.7	42.6	2976.7
2011	2308.5	958.9	2454.8	2205.3	5066.8	2.6	9926.4	39.9	3424.4
2012	2391.3	964.2	2467.2	2113.7	4763.1	1.9	9695.9	37.9	3685.8
2013	2468.1	973.6	2435.9	1923.0	4440.1	1.1	9360.5	36.8	3894.7

21-9 各级各类学校毕业生情况
Number of Graduates of Formal Education by Type and Level

单位: 万人 (10 000 persons)

年份 Year	普通本专科 Undergraduate in Regular HEIs	#高职(专科)院校 Specialized Courses	普通高中 Regular Senior Secondary Schools	中等职业教育 Secondary Vocational Education	初中 Junior Secondary Schools	#职业初中 Vocational Junior Secondary Schools	普通小学 Regular Primary Schools	特殊教育 Special Education Schools	学前教育 Pre-school Education Institutions
1978	16.5		682.7				2287.9	0.3	
1980	14.7		616.2				2053.3	0.4	
1985	31.6		196.6				1999.9	0.4	
1990	61.4		233.0		1123.0	13.9	1863.1	0.5	
1995	80.5		201.6		1244.4	17.0	1961.5	1.9	
2000	95.0	17.9	301.5		1633.5	26.4	2419.2	4.3	
2001	103.6	19.3	340.5		1731.5	24.5	2396.9	4.6	1160.2
2002	133.7	27.7	383.8		1903.7	23.8	2351.9	4.4	1152.7
2003	187.7		458.1		2018.5	22.9	2267.9	4.5	1072.0
2004	239.1	119.5	546.9		2087.3	16.9	2135.2	4.7	1059.7
2005	306.8	160.2	661.6	418.2	2123.4	16.9	2019.5	4.3	1025.4
2006	377.5	204.8	727.1	479.1	2071.6	9.2	1928.5	4.5	1045.1
2007	447.8	248.2	788.3	530.9	1963.7	6.9	1870.2	5.0	1049.1
2008	511.9	286.3	836.1	580.7	1868.0	5.1	1865.0	5.2	1040.5
2009	531.1	285.6	823.7	625.2	1797.7	3.0	1805.2	5.7	1040.6
2010	575.4	316.4	794.4	665.3	1750.4	1.8	1739.6	5.9	1057.6
2011	608.2	328.5	787.7	660.3	1736.7	1.2	1662.8	4.4	1184.7
2012	624.7	320.9	791.5	674.9	1660.8	0.9	1641.6	4.9	1433.6
2013	638.7	318.7	799.0	674.4	1561.5	0.7	1581.1	5.1	1491.7

21-10 研究生和留学人员情况
Statistics on Postgraduates and Students Studying Abroad

单位: 人 (person)

年份 Year	研究生数 Number of Postgraduates			出国留学人员 Number of Students Studying Abroad	学成回国留学人员 Number of Returned Students
	毕业生数 Graduates	招生数 Entrants	在校学生数 Enrolment		
1978	9	10708	10934	860	248
1980	476	3616	21604	2124	162
1985	17004	46871	87331	4888	1424
1990	35440	29649	93018	2950	1593
1995	31877	51053	145443	20381	5750
2000	58767	128484	301239	38989	9121
2001	67809	165197	393256	83973	12243
2002	80841	202611	500980	125179	17945
2003	111091	268925	651260	117307	20152
2004	150777	326286	819896	114682	24726
2005	189728	364831	978610	118515	34987
2006	255902	397925	1104653	134000	42000
2007	311839	418612	1195047	144000	44000
2008	344825	446422	1283046	179800	69300
2009	371273	510953	1404942	229300	108300
2010	383600	538177	1538416	284700	134800
2011	429994	560168	1645845	339700	186200
2012	486455	589673	1719818	399600	272900
2013	513626	611381	1793953	413900	353500

21-11 分学科研究生情况（2013年）

Number of Postgraduate Students by Academic Field (2013)

单位：人 (person)

项 目	Item	毕业生数 Graduates	博 士 Doctor's Degree	硕 士 Master's Degree	招生数 Entrants	博 士 Doctor's Degree	硕 士 Master's Degree	在 校 学生数 Enrolment	博 士 Doctor's Degree	硕 士 Master's Degree
分学科研究生数（总计）	**Total**	**513626**	**53139**	**460487**	**611381**	**70462**	**540919**	**1793953**	**298283**	**1495670**
#女	Female	257314	19980	237334	305184	26896	278288	878484	110076	768408
学术型学位	Academic Degree	381854	51248	330606	384803	68743	316060	1247567	291123	956444
专业学位	Professional Degree	131772	1891	129881	226578	1719	224859	546386	7160	539226
哲 学	Philosophy	4523	708	3815	4402	894	3508	14669	3790	10879
经济学	Economics	23226	2328	20898	28007	2919	25088	77548	12612	64936
法 学	Law	40375	2828	37547	41723	3604	38119	121414	15416	105998
教育学	Education	24890	938	23952	32594	1353	31241	85246	5455	79791
文 学	Literature	31581	1952	29629	31623	2415	29208	93482	10258	83224
历史学	History	5273	822	4451	5642	957	4685	17805	4100	13705
理 学	Science	49992	10396	39596	60202	14158	46044	183997	52683	131314
工 学	Engineering	176436	18331	158105	217338	26588	190750	648218	122475	525743
农 学	Agriculture	17464	2435	15029	23388	3092	20296	63778	12570	51208
医 学	Medicine	58550	8228	50322	66525	9090	57435	196621	32422	164199
军事学	Military Science	226	16	210	246	34	212	888	178	710
管理学	Administrators	65791	3698	62093	81313	4701	76612	238834	23982	214852
艺术学	Art	15299	459	14840	18378	657	17721	51453	2342	49111
分学科研究生数（普通高校）	**Regular HEIs**	**502426**	**49405**	**453021**	**596368**	**65785**	**530583**	**1749864**	**281959**	**1467905**
#女	Female	253132	18739	234393	299371	25280	274091	861561	104522	757039
学术型学位	Academic Degree	371817	47514	324303	372211	64073	308138	1209306	274808	934498
专业学位	Professional Degree	130609	1891	128718	224157	1712	222445	540558	7151	533407
哲 学	Philosophy	4401	677	3724	4277	854	3423	14266	3650	10616
经济学	Economics	22790	2124	20666	27280	2668	24612	75437	11740	63697
法 学	Law	39571	2685	36886	40823	3447	37376	118904	14912	103992
教育学	Education	24890	938	23952	32594	1353	31241	85246	5455	79791
文 学	Literature	31484	1918	29566	31535	2381	29154	93157	10118	83039
历史学	History	5193	797	4396	5514	927	4587	17491	4033	13458
理 学	Science	47020	8855	38165	55965	12233	43732	171310	45999	125311
工 学	Engineering	171966	17162	154804	211562	25044	186518	630803	116804	513999
农 学	Agriculture	16625	2195	14430	22380	2809	19571	60758	11606	49152
医 学	Medicine	57798	8006	49792	65573	8829	56744	193878	31615	162263
军事学	Military Science	222	16	206	242	34	208	876	178	698
管理学	Administrators	65337	3626	61711	80422	4606	75816	236827	23694	213133
艺术学	Art	15129	406	14723	18201	600	17601	50911	2155	48756
分学科研究生数（科研机构）	**Research Institutions**	**11200**	**3734**	**7466**	**15013**	**4677**	**10336**	**44089**	**16324**	**27765**
#女	Female	4182	1241	2941	5813	1616	4197	16923	5554	11369
学术型学位	Academic Degree	10037	3734	6303	12592	4670	7922	38261	16315	21946
专业学位	Professional Degree	1163		1163	2421	7	2414	5828	9	5819
哲 学	Philosophy	122	31	91	125	40	85	403	140	263
经济学	Economics	436	204	232	727	251	476	2111	872	1239
法 学	Law	804	143	661	900	157	743	2510	504	2006
教育学	Education									
文 学	Literature	97	34	63	88	34	54	325	140	185
历史学	History	80	25	55	128	30	98	314	67	247
理 学	Science	2972	1541	1431	4237	1925	2312	12687	6684	6003
工 学	Engineering	4470	1169	3301	5776	1544	4232	17415	5671	11744
农 学	Agriculture	839	240	599	1008	283	725	3020	964	2056
医 学	Medicine	752	222	530	952	261	691	2743	807	1936
军事学	Military Science	4		4	4		4	12		12
管理学	Administrators	454	72	382	891	95	796	2007	288	1719
艺术学	Art	170	53	117	177	57	120	542	187	355

21-12 高等教育学校(机构)情况(2013年)
Number of Higher Education Institutions (2013)

单位：所 (unit)

项　目	Item	总计 Total	中央部委 HEIs under Central Ministries & Agencies	教育部 HEIs under MOE	其他部委 HEIs under Other Central Agencies	地方部门 HEIs under Local Auth.	教育部门 Departments of Education	其他部门 Run by Non-ed. Dept.	地方企业 Local Enterprises	民办 Non-government
研究生培养机构	**Institutions Providing Postgraduate Programs**	**(830)**	**348**	**73**	**275**	**477**	**412**	**64**	**1**	**5**
普通高校	Regular HEIs	(548)	107	73	34	436	411	25		5
科研机构	Research Institutions	(282)	241		241	41	1	39	1	
普通高等学校	**Regular HEIs**	**2491**	**113**	**73**	**40**	**1661**	**1015**	**598**	**48**	**717**
本科院校	HEIs Offering Degree Programs	1170	110	73	37	668	601	67		392
#独立学院	Independent Institutions	292								292
高职(专科)院校	Higher Vocational Colleges	1321	3		3	993	414	531	48	325
成人高等学校	**Adult HEIs**	**297**	**13**	**1**	**12**	**283**	**96**	**146**	**41**	**1**
民办的其他高等教育机构	**Other Non-government HEIs**	**(802)**								**802**

注：“()”内数据均不计校数。

a) Data in "( )" don't count to number of schools.

21-13 高等教育学校(机构)学生数（2013年）
Number of Students in Higher Education Institutions (2013)

单位：人 (person)

项　目	Item	毕业生数 Graduates	授予学位数 Degrees Awarded	招生数 Entrants	在校生数 Enrolment
研究生	Postgraduates	513626	509520	611381	1793953
博　士	Doctor's Degree	53139	51714	70462	298283
硕　士	Master's Degree	460487	457806	540919	1495670
普通本专科	Undergraduate in Regular HEIs	6387210	3130415	6998330	24680726
本　科	Normal Courses	3199716	3130415	3814331	14944353
专　科	Short-cycle Courses	3187494		3183999	9736373
成人本专科	Undergraduate in Adult HEIs	1997729	126057	2564934	6264145
本　科	Normal Courses	811159	126057	1038158	2654596
专　科	Short-cycle Courses	1186570		1526776	3609549
在职人员攻读硕士学位	Master´s Degree Programs for On-the-job Personnel		103468	167576	558730
网络本专科生	Web-based Undergraduates	1560762	40267	2200729	6146406
本　科	Normal Courses	536702	40267	804378	2175100
专　科	Short-cycle Courses	1024060		1396351	3971306
自考助学班	Classes run by Non-government HEIs for Students Preparing for Self-directed State-administered Examinations	194882			405329
普通预科生	College-preparatory Classes				42514
研究生课程进修班	Postgraduate Courses	48329			69321
进修及培训	In-service Training	9094537			6268398
留学生	Foreign Students	91251	19025	106448	174806

注：留学生指来中国学习的留学生数。

a) Foreign students refer to foreign students studying in China.

21-14 普通本科分学科学生情况（2013年）
Number of Regular Students for Normal Courses in HEIs by Discipline (2013)

单位：人 (person)

项 目	Item	毕业生数 Graduates	招生数 Entrants	在校学生数 Enrolment
总 计	**Total**	**3199716**	**3814331**	**14944353**
#女	Female	1623403	2090027	7738044
#师范	Teacher Training	342076	351062	1436507
哲 学	Philosophy	2034	2930	9205
经济学	Economics	193530	223473	882890
法 学	Law	122676	138050	535423
教育学	Education	104691	139887	517344
文 学	Literature	355662	366416	1479974
#外语	Foreign Languages	200312	199856	813777
历史学	History	15773	18370	70836
理 学	Science	248790	277254	1076027
工 学	Engineering	1058768	1274915	4953334
农 学	Agriculture	58752	68658	259837
医 学	Medicine	192344	238919	1064363
管理学	Administrators	575152	697484	2750404
艺术学	Art	271544	367975	1344716

21-15 普通专科分学科学生情况（2013年）
Statistics on Students in Undergraduate and Junior Colleges by Field of Study (2013)

单位：人 (person)

项 目	Item	毕业生数 Graduates	招生数 Entrants	在校学生数 Enrolment
总 计	**Total**	**3187494**	**3183999**	**9736373**
#女	Female	1650653	1753198	5031155
#师 范	Teacher Training	176354	151276	521576
农林牧渔大类	Agriculture, Forestry,Husbandry and Fishing	56295	55578	169938
交通运输大类	Transportation and Communication	137055	160095	466262
生化与药品大类	Biochemistry and Medicine	78844	68115	217477
资源开发与测绘大类	Resources Development and Survey	48329	45210	145409
材料与能源大类	Material and Energy	45039	39379	125455
土建大类	Civil Engineering	313035	398400	1138612
水利大类	Water Resources	12388	14678	42744
制造大类	Manufacturing	422106	403256	1242864
电子信息大类	Electronic Information	325817	290916	892212
环保、气象与安全大类	Environment Protection,Meteorology and Safety	15114	14778	44913
轻纺食品大类	Light,Textile and Food	57604	51005	159004
财经大类	Finance	668469	676475	2078204
医药卫生大类	Medicine and Health	308106	324759	995420
旅游大类	Tourism	104287	107128	320920
公共事业大类	Public Service	32218	32966	96907
文化教育大类	Culture and Education	358222	297318	992417
艺术设计传媒大类	Artistic Design and Mass Media	154159	156091	457030
公安大类	Public Security	9514	11259	34675
法律大类	Law	40893	36593	115910

21-16 成人本科分学科学生情况（2013年）
Number of Adult Students for Normal Courses in HEIs by Discipline (2013)

单位：人 (person)

项　目	Item	毕业生数 Graduates	招生数 Entrants	在校学生数 Enrolment
总　计	**Total**	**811159**	**1038158**	**2654596**
#女	Female	456202	591686	1495593
#师　范	Teacher Training	107107	108195	272166
哲　学	Philosophy	54	66	100
经济学	Economics	27596	29128	86284
法　学	Law	48444	48182	125062
教育学	Education	43508	60957	147477
文　学	Literature	100780	83162	236314
#外语	Foreign Language	30754	24519	73552
历史学	History	1851	1613	4465
理　学	Science	23938	21199	55288
工　学	Engineering	186133	253886	659393
农　学	Agriculture	13162	16774	40527
医　学	Medicine	153016	225261	544416
管理学	Administrators	197677	280424	700896
艺术学	Art	15000	17506	54374

21-17 成人专科分学科学生情况（2013年）
Number of Adult Students for Short-cycle Courses in HEIs by Discipline (2013)

单位：人 (person)

项　目	Item	毕业生数 Graduates	招生数 Entrants	在校学生数 Enrolment
总　计	**Total**	**1186570**	**1526776**	**3609549**
#女	Female	624032	842233	1967165
#师范	Teacher Training	65798	136518	286098
农林牧渔大类	Agriculture, Forestry,Husbandry and Fishing	24920	26878	60889
交通运输大类	Transportation and Communication	39018	48229	121102
生化与药品大类	Biochemistry and Medicine	15572	12257	34645
资源开发与测绘大类	Resources Development and Survey	31401	43451	110888
材料与能源大类	Material and Energy	13954	11163	33688
土建大类	Civil Engineering	79967	120555	274092
水利大类	Water Resources	6100	6061	14134
制造大类	Manufacturing	151477	175476	420650
电子信息大类	Electronic Information	93990	94988	229481
环保、气象与安全大类	Environment Protection,Meteorology and Safety	2434	2281	5670
轻纺食品大类	Light,Textile and Food	6920	7067	18008
财经大类	Finance	330069	388347	904179
医药卫生大类	Medicine and Health	166766	233817	594172
旅游大类	Tourism	21521	26447	58665
公共事业大类	Public Service	36162	55051	117725
文化教育大类	Culture and Education	120689	219231	478814
艺术设计传媒大类	Artistic Design and Mass Media	29488	37372	88520
公安大类	Public Security	1646	1492	5662
法律大类	Law	14476	16613	38565

21-18 网络本科分学科学生情况（2013年）
Number of Web-based Students for Normal Courses in HEIs by Discipline (2013)

单位：人 (person)

项 目	Item	毕业生数 Graduates	招生数 Entrants	在校学生数 Enrolment
总 计	**Total**	**536702**	**804378**	**2175100**
#女	Female	297952	425359	1139523
#师范	Teacher Training	21112	23171	53200
哲 学	Philosophy			
经济学	Economics	29375	35464	109499
法 学	Law	58168	72513	225293
教育学	Education	20553	31570	72766
文 学	Literature	47233	44643	152240
#外语	Foreign Language	9744	7977	37766
历史学	History	538	544	1079
理 学	Science	7124	6838	17208
工 学	Engineering	92626	180650	418498
农 学	Agriculture	3493	6936	13698
医 学	Medicine	44579	67680	160369
管理学	Administrators	231162	354393	993794
艺术学	Art	1851	3147	10656

21-19 网络专科分学科学生情况（2013年）
Number of Web-based Students for Short-cycle Courses in HEIs by Discipline(2013)

单位：人 (person)

项 目	Item	毕业生数 Graduates	招生数 Entrants	在校学生数 Enrolment
总 计	**Total**	**1024060**	**1396351**	**3971306**
#女	Female	501241	656091	1876466
#师范	Teacher Training	16450	20392	40480
农林牧渔大类	Agriculture, Forestry,Husbandry and Fishing	57671	61434	213440
交通运输大类	Transportation and Communication	22114	37035	84336
生化与药品大类	Biochemistry and Medicine	3381	4638	11543
资源开发与测绘大类	Resources Development and Survey	10773	20426	39718
材料与能源大类	Material and Energy	5254	5718	10287
土建大类	Civil Engineering	83221	150051	355818
水利大类	Water Resources	4910	6646	20089
制造大类	Manufacturing	45993	77157	190592
电子信息大类	Electronic Information	43146	53304	172766
环保、气象与安全大类	Environment Protection,Meteorology and Safety	1908	3331	8222
轻纺食品大类	Light,Textile and Food	877	1305	3646
财经大类	Finance	315424	403331	1215227
医药卫生大类	Medicine and Health	49849	62550	163984
旅游大类	Tourism	4049	6566	21322
公共事业大类	Public Service	193084	281682	785008
文化教育大类	Culture and Education	101149	134603	388541
艺术设计传媒大类	Artistic Design and Mass Media	5203	6759	31034
公安大类	Public Security	848	935	2036
法律大类	Law	75206	78880	253697

21-20 普通高中情况（2013年）
Number of Regular Senior Secondary Schools and Students (2013)

项　目	Item	学校数（所）Schools (unit)	完全中学 Combined Secondary Schools	高级中学 Regular High Schools	十二年一贯制学校 12-Year Schools	毕业生数（人）Graduates (person)	招生数（人）Entrants (person)	在校学生数（人）Enrolment (person)
总计	**Total**	**13352**	**5861**	**6591**	**900**	**7989789**	**8226961**	**24358817**
教育部门	Run by Ed. Dept.	10788	4834	5736	218	7179766	7367953	21860183
其他部门	Run by Non-ed. Dept.	176	65	70	41	59269	57748	172592
地方企业	Run by Local Enterprises	13	6	3	4	3165	3068	9597
民办	Non-government	2375	956	782	637	747589	798192	2316445
城区	Cities	6348	2774	3026	548	3661366	3735274	11144953
教育部门	Run by Ed. Dept.	4851	2178	2526	147	3246042	3294548	9865215
其他部门	Run by Non-ed. Dept.	85	32	32	21	27954	27806	83390
地方企业	Run by Local Enterprises	7	4	3		1650	1465	4695
民办	Non-government	1405	560	465	380	385720	411455	1191653
镇区	Counties and Towns	6296	2722	3294	280	4068002	4210455	12398955
教育部门	Run by Ed. Dept.	5404	2369	2982	53	3719066	3846043	11334432
其他部门	Run by Non-ed. Dept.	85	30	38	17	29920	28367	84567
地方企业	Run by Local Enterprises	6	2		4	1515	1603	4902
民办	Non-government	801	321	274	206	317501	334442	975054
乡村	Rural	708	365	271	72	260421	281232	814909
教育部门	Run by Ed. Dept.	533	287	228	18	214658	227362	660536
其他部门	Run by Non-ed. Dept.	6	3		3	1395	1575	4635
地方企业	Run by Local Enterprises							
民办	Non-government	169	75	43	51	44368	52295	149738

21-21 中等职业学校(机构)情况（2013年）
Number of Secondary Vocational Schools (2013)

单位：个 (unit)

项　目	Item	总　计 Total	中央部委 Under Central Ministries& Agencies	地　方 Under Local Authorities	教育部门 Run by Ed. Dept.	非教育部门 Run by Other Dept.	地方企业 Run by Local Enterprises	民　办 Non-government
中等职业学校	**Secondary Vocational Schools**	**9380**	**23**	**6875**	**5378**	**1412**	**85**	**2482**
普通中等专业学校	Regular Specialized Secondary School	3577	18	2667	1655	981	31	892
成人中等专业学校	Adult Specialized Secondary School	1536	3	1384	1116	242	26	149
职业高中学校	Vocational High School	4267	2	2824	2607	189	28	1441
其他中职机构	Other Institutions	(451)	2	385	277	102	6	64
附设中职班(不计校数)	Secondary Vocational Classes Attached	(1160)	3	939	588	334	17	218

注：中等职业学校未含技工学校数据（相关表同）。

a) Number of secondary vocational schools do not include the number of skilled-worker schools. The same applies to the relevant tables.

21-22 中等职业学校分学科学生情况（2013年）
Number of Students by Field of Education in Secondary Vocational Schools (2013)

单位：人 (person)

项 目	Item	毕业生数 Graduates	#获得职业资格证书 Recipients of Vocational Qualifications	招生数 Entrants	在校学生数 Enrolment
总 计	**Total**	**5575587**	**4336937**	**5412624**	**15363842**
农林牧渔类	Agriculture,Forestry, Husbandry &Fisheries	757877	544841	467279	1722323
资源环境类	Resources and Environment	46648	35561	33843	90803
能源与新能源类	Energy and New Energy	29177	23213	20704	68184
土木水利类	Civil and Hydraulic Engineering	181180	140428	240140	624010
加工制造类	Manufacturing	903618	773784	791948	2306826
石油化工类	Petroleum and Chemical	40030	31421	35046	107439
轻纺食品类	Light Industry, Textile, and Food	67322	56777	58300	152038
交通运输类	Transport	327376	273548	457839	1135676
信息技术类	Information Technologies	1030628	840227	926561	2590293
医药卫生类	Medicine and Health	500063	309022	519612	1470917
休闲保健类	Leisure and Health	25532	20132	30861	81875
财经商贸类	Finance and Trade	634290	480596	596711	1673386
旅游服务类	Tourism Services	227547	187459	261323	689918
文化艺术类	Culture and Arts	247456	189396	260997	748355
体育与健身	Sports and Fitness	37920	23140	44709	121871
教育类	Education	365377	295739	511258	1396498
司法服务类	Justice Services	23814	15887	22697	62428
公共管理与服务类	Public Management and Services	69921	49224	69000	180621
其他	Others	59811	46542	63796	140381

21-23 职业技术培训机构情况（2013年）
Statistics on Vocational-Technical Training Institutions (2013)

单位：人 (person)

项 目	Item	学校数（所） Schools (unit)	教职工数 Educational Personnel	#专任教师 Full-time Teachers	结业学生数 Graduates	注册学生数 Enrolment
总计	**Total**	**112293**	**482211**	**274311**	**47155968**	**45159599**
职工技术培训学校(机构)	Vocational-Technical Training Schools	2982	62083	45591	2945587	3055051
教育部门办	Run by Education Departments and Collectives	1172	39387	31017	1424911	1449522
其他部门办	Run by Other Departments	1145	12464	7942	1246713	1301886
民办	Run by Private Institutions	665	10232	6632	273963	303643
农村成人文化技术培训学校(机构)	Technical Training Schools for Adult Farmers	89014	167308	90112	34160351	30430375
教育部门办	Run by Education Departments and Collectives	85245	156599	84250	31890903	28693051
#县办	Run by Counties	2349	20098	14885	3094009	3006223
乡办	Run by Townships	14306	58825	34405	15769477	14119215
村办	Run by Villages	68590	77676	34960	13027417	11567613
其他部门办	Run by Other Departments	2721	6083	3142	2001394	1453188
民办	Run by Private Institutions	1048	4626	2720	268054	284136
其他培训机构(含社会培训机构)	Others	20297	252820	138608	10050030	11674173
教育部门和集体办	Run by Education Departments and Collectives	776	12943	8731	1116926	1185610
其他部门办	Run by Other Departments	1130	25198	9595	1527813	1640738
民办	Run by Private Institutions	18391	214679	120282	7405291	8847825

21-24 技工学校情况
Statistics on Skilled Workers Schools

年份 Year	学校数（所） Schools (unit)	教职工数（万人） Educational Personnel (10 000 persons)	毕业生数（万人） Graduates (10 000 persons)	招生数（万人） Enrolment (10 000 persons)	在校学生数（万人） Enrolment (10 000 persons)
1985	3548	21.5	22.6	35.5	74.2
1986	3765	24.4	23.3	39.4	89.2
1987	3952	26.2	26.5	42.3	103.1
1988	3996	28.0	31.1	46.1	116.1
1989	4102	29.6	36.8	47.0	125.8
1990	4184	30.8	41.3	50.6	133.2
1991	4269	32.5	45.4	54.4	142.2
1992	4392	33.6	45.7	60.2	155.6
1993	4477	33.5	49.7	66.4	171.7
1994	4430	34.0	55.7	71.4	187.1
1995	4521	33.7	68.2	74.1	188.6
1996	4467	33.5	68.1	72.7	191.8
1997	4395	31.0	69.9	73.4	193.1
1998	4362	31.0	68.2	59.4	181.3
1999	4098	26.9	66.2	51.5	156.0
2000	3792	24.0	64.6	50.4	140.1
2001	3470	22.0	47.7	55.1	134.7
2002	3075	20.3	45.4	73.3	153.0
2003	2970	20.2	45.3	91.6	193.1
2004	2884	20.5	53.5	109.7	234.5
2005	2855	20.4	69.0	118.4	275.3
2006	2880	21.5	86.4	134.8	320.8
2007	2995	24.0	99.7	158.5	367.1
2008	3075	24.7	109.0	161.4	397.5
2009	3077	26.0	115.5	156.7	415.3
2010	3008	26.6	121.6	159.0	422.1
2011	2924	26.6	119.2	163.9	430.4
2012	2901	26.8	120.5	157.1	423.8
2013	2882	26.9	116.9	133.5	386.6

21-25 初中情况（2013年）
Statistics on Junior Secondary Schools (2013)

项目	Item	学校数（所） Schools (unit)	初级中学 Junior Secondary Schools	九年一贯制 9-Year Schools	职业初中 Vocational Junior Secondary Schools	毕业生数（人） Graduates (person)	招生数（人） Entrants (person)	在校学生数（人） Enrolment (person)
总计	**Total**	**52804**	**38747**	**14017**	**40**	**15615452**	**14960867**	**44401248**
教育部门	Run by Ed. Dept.	47693	37181	10473	39	14119204	13244816	39491299
其他部门	Run by Non-ed. Dept.	552	187	364	1	105900	88755	269398
地方企业	Run by Local Enterprises	24	5	19		5431	6183	17069
民办	Non-government	4535	1374	3161		1384917	1621113	4623482
城区	Cities	11124	7533	3587	4	4590441	4814726	14300203
教育部门	Run by Ed. Dept.	8843	6860	1980	3	3870973	3939113	11804325
其他部门	Run by Non-ed. Dept.	144	71	72	1	33584	31554	96035
地方企业	Run by Local Enterprises	11	2	9		2526	3007	8163
民办	Non-government	2126	600	1526		683358	841052	2391680
镇区	Counties and Towns	23195	18437	4737	21	7885935	7400752	21955710
教育部门	Run by Ed. Dept.	21150	17784	3345	21	7233829	6695695	19926269
其他部门	Run by Non-ed. Dept.	342	96	246		63490	49946	151969
地方企业	Run by Local Enterprises	10	2	8		2714	3116	8690
民办	Non-government	1693	555	1138		585902	651995	1868782
乡村	Rural	18485	12777	5693	15	3139076	2745389	8145335
教育部门	Run by Ed. Dept.	17700	12537	5148	15	3014402	2610008	7760705
其他部门	Run by Non-ed. Dept.	66	20	46		8826	7255	21394
地方企业	Run by Local Enterprises	3	1	2		191	60	216
民办	Non-government	716	219	497		115657	128066	363020

21-26 分年级初中学生情况（2013年）
Number of Students in Junior Schools by Grade (2013)

单位：人 (person)

项 目	Item	毕业生数 Graduates	招生数 Entrants	在校生数 Enrolment 合计 Total	#女 Female	#一年级 Grade 1	#二年级 Grade 2	#三年级 Grade 3	#四年级 Grade 4
总计	**Total**	**15615452**	**14960867**	**44401248**	**20836306**	**14972216**	**14771466**	**14237562**	**420004**
#女	Female	7427221	6958625	20836306		6962278	6921858	6750100	202070
少数民族	Minority Students	1542653	1662122	4710203	2224493	1663207	1560155	1479896	6945
四年制	4-Year	482988	449353	1752404	836837	449563	450433	432404	420004
九年一贯制学校	9-Year Schools	1760777	1804465	5256281	2376171	1806619	1745540	1630203	73919
十二年一贯制学校	12-Year Schools	206450	231841	666538	273558	232140	221455	208809	4134
完全中学	Complete Secondary Schools	2081587	2057158	6127520	2869994	2058925	2043732	1989501	35362
附设普通初中班	Junior Sec. Classes Attached	95566	84197	252633	113683	84201	85835	80883	1714
附设职业初中班	Vocational Junior Sec. Classes Attached	2789	157	417	152	157	99	151	10
独立设置少数民族学校	Independent Junior Schools for Minorities	452563	479937	1361743	657455	480566	450053	429496	1628
进城务工人员随迁子女	Children of Migrant Workers	751856	1238665	3463140	1455939	1251769	1161123	996920	53328
#外省迁入	From Other Provinces	252791	493892	1296986	541032	499592	433898	339993	23503
本省外县迁入	From Other Counties of the Same Province	499065	744773	2166154	914907	752177	727225	656927	29825
农村留守儿童	Children Left Behind	1851794	2317864	6862774	3145814	2326912	2306247	2216512	13103

21-27 普通小学情况（2013年）
Statistics on Primary Schools (2013)

项 目	Item	学校数（所）Schools (unit)	毕业生数（人）Graduates (person)	招生数（人）Entrants (person)	在校学生数（人）Enrolment (person)
总计	**Total**	**213529**	**15810583**	**16953556**	**93605487**
教育部门	Run by Ed. Dept.	207614	14711594	15760639	86861496
其他部门	Run by Non-ed. Dept.	468	86551	75677	433095
地方企业	Run by Local Enterprises	40	4147	4394	24881
民办	Non-government	5407	1008291	1112846	6286015
城区	Cities	26049	4439115	5184555	27729719
教育部门	Run by Ed. Dept.	23930	3908306	4517956	24249130
其他部门	Run by Non-ed. Dept.	158	26053	24521	136108
地方企业	Run by Local Enterprises	14	1684	1989	10692
民办	Non-government	1947	503072	640089	3333789
镇区	Counties and Towns	47152	5768325	5850940	33705362
教育部门	Run by Ed. Dept.	45125	5351738	5496043	31404520
其他部门	Run by Non-ed. Dept.	193	50341	41151	242794
地方企业	Run by Local Enterprises	13	2019	1994	11900
民办	Non-government	1821	364227	311752	2046148
乡村	Rural	140328	5603143	5918061	32170406
教育部门	Run by Ed. Dept.	138559	5451550	5746640	31207846
其他部门	Run by Non-ed. Dept.	117	10157	10005	54193
地方企业	Run by Local Enterprises	13	444	411	2289
民办	Non-government	1639	140992	161005	906078

21-28　普通小学学生情况（2013年）
Number of Students in Primary Schools (2013)

单位：人　　(person)

项　目	Item	毕业生数 Graduates	招生数 Entrants	#受过学前教育 Those Received the pre-school Education	在校生数 Enrolment	#女 Female
总计	**Total**	**15810583**	**16953556**	**16417268**	**93605487**	**43312688**
#女	Female	7330087	7876592	7628092	43312688	
少数民族	Minorities	1671908	1857971	1599065	10409488	4834232
五年制	5-Year	475675	505017	502063	2371040	1112465
九年一贯制学校	9-Year Schools	1372707	1381950	1345457	7920436	3553566
十二年一贯制学校	12-Year Schools	122193	120177	117707	686227	281835
附设小学班	Primary School Classes	173283	27094	25898	347899	153361
复式班	Morning & Afternoon Shift Classes	3393	53320	44071	165163	79024
小学教学点	External Teaching Sites	373556	1066657	993782	3803710	1802716
独立设置少数民族学校	Independent Primary Schools for Minorities	502626	523063	412767	2957837	1413004
进城务工人员随迁子女	Children of Migrant Workers	1087292	1771957	1751593	9308533	3963615
#外省迁入	From Other Provinces	495128	844605	835793	4334820	1828928
本省外县迁入	From Other Counties of the Same Province	592164	927352	915800	4973713	2134687
农村留守儿童	Children Left Behind	1669302	2558053	2460515	14404725	6469154

21-29　小学学龄儿童净入学率和各级普通学校毕业生升学率
Net Enrolment Ratio of School-age Children in Primary Schools and Promotion Rate of Graduates of Regular School by Levels

单位：%　　(%)

年　份 Year	小学学龄儿童净入学率 Net Enrollment Ratio of School-age Children in Primary Schools	小学升学率 Promotion Rate from Primary Schools to Junior Secondary Schools	初中升学率 Promotion Rate from Junior Secondary Schools to Senior Secondary Schools	高中升学率 Promotion Rate from Senior Secondary Schools to Higher Education
1990	97.8	74.6	40.6	27.3
1991	97.9	77.7	42.6	28.7
1992	97.2	79.7	43.4	34.9
1993	97.7	81.8	44.1	43.3
1994	98.4	86.6	47.8	46.7
1995	98.5	90.8	48.3	49.9
1996	98.8	92.6	48.8	51.0
1997	98.9	93.7	57.5	48.6
1998	98.9	94.3	50.7	46.1
1999	99.1	94.4	50.0	63.8
2000	99.1	94.9	51.2	73.2
2001	99.1	95.5	52.9	78.8
2002	98.6	97.0	58.3	83.5
2003	98.7	97.9	59.6	83.4
2004	98.9	98.1	63.8	82.5
2005	99.2	98.4	69.7	76.3
2006	99.3	100.0	75.7	75.1
2007	99.5	99.9	80.5	70.3
2008	99.5	99.7	82.1	72.7
2009	99.4	99.1	85.6	77.6
2010	99.7	98.7	87.5	83.3
2011	99.8	98.3	88.9	86.5
2012	99.9	98.3	88.4	87.0
2013	99.7	98.3	91.2	87.6

注：1.1991年以前的入学率是按7-11周岁统一计算的；从1991年起入学率是按各地不同入学年龄和学制分别计算的。
2.高中升学率为普通高校招生数与普通高中毕业生数之比。

a) Enrolment ratio of school-age children before 1991 was calculated on the basis of primary school pupils aged 7-11 enrolled. From 1991 onwards its calculation has taken account of the age of entry and the length of schooling prevailing.

b) Promotion rate of senior secondary school graduates is the ratio of total number of new entrants

21-30 分地区普通本专科学生情况（2013年）
Number of Regular Students Enrolled in Normal and Short-cycle Courses in Regular Higher Education by Region (2013)

单位：人 (person)

地 区	Region	招生数 Entrants	本 科 Normal Courses	专 科 Short-cycle Courses	在校学生数 Enrolment	本 科 Normal Courses	专 科 Short-cycle Courses
全 国	**National Total**	**6998330**	**3814331**	**3183999**	**24680726**	**14944353**	**9736373**
北 京	Beijing	159813	125282	34531	598904	491776	107128
天 津	Tianjin	138556	81851	56705	489919	323170	166749
河 北	Hebei	325886	160751	165135	1174374	645385	528989
山 西	Shanxi	206939	110032	96907	676817	390654	286163
内蒙古	Inner Mongolia	112409	58417	53992	399201	230040	169161
辽 宁	Liaoning	271346	175111	96235	968034	675819	292215
吉 林	Jilin	166248	115705	50543	599526	454357	145169
黑龙江	Heilongjiang	197331	125341	71990	717856	509894	207962
上 海	Shanghai	137160	90189	46971	504771	362742	142029
江 苏	Jiangsu	439506	244501	195005	1684455	1000820	683635
浙 江	Zhejiang	268946	147532	121414	959629	587410	372219
安 徽	Anhui	296557	149012	147545	1052123	583089	469034
福 建	Fujian	213564	121637	91927	730510	457241	273269
江 西	Jiangxi	247389	122658	124731	861849	481211	380638
山 东	Shandong	491557	237463	254094	1698545	935480	763065
河 南	Henan	466695	235931	230764	1618320	910156	708164
湖 北	Hubei	398854	215220	183634	1421434	857489	563945
湖 南	Hunan	313650	163936	149714	1100770	651789	448981
广 东	Guangdong	516866	251684	265182	1709881	949585	760296
广 西	Guangxi	198528	88389	110139	656127	330734	325393
海 南	Hainan	49296	25655	23641	172143	102993	69150
重 庆	Chongqing	184909	105163	79746	659400	420129	239271
四 川	Sichuan	357802	182840	174962	1270818	735441	535377
贵 州	Guizhou	119734	66804	52930	419040	257209	161831
云 南	Yunnan	162911	99176	63735	548577	358914	189663
西 藏	Tibet	9286	5702	3584	33562	21388	12174
陕 西	Shaanxi	297854	171768	126086	1077627	687369	390258
甘 肃	Gansu	122285	71619	50666	442963	280071	162892
青 海	Qinghai	14805	8848	5957	50675	33308	17367
宁 夏	Ningxia	30664	18188	12476	104451	67369	37082
新 疆	Xinjiang	80984	37926	43058	278425	151321	127104

21-30 续表 continued

单位：人 (person)

地区	Region	毕业生数 Graduates	本科 Normal Courses	专科 Short-cycle Courses	授予学位数 Degrees Conferred	预计毕业生数 Estimated Graduates for Next Year	本科 Normal Courses	专科 Short-cycle Courses
全国	**National Total**	**6387210**	**3199716**	**3187494**	**3130415**	**6737474**	**3497450**	**3240024**
北京	Beijing	150929	114149	36780	112233	155595	120070	35525
天津	Tianjin	120996	67160	53836	64913	128204	76521	51683
河北	Hebei	334278	146201	188077	144468	349014	155624	193390
山西	Shanxi	173259	76375	96884	74220	174811	85217	89594
内蒙古	Inner Mongolia	108272	50275	57997	49308	114662	54932	59730
辽宁	Liaoning	241049	146687	94362	145225	254431	157724	96707
吉林	Jilin	146379	103426	42953	99708	150948	103733	47215
黑龙江	Heilongjiang	184085	116544	67541	115093	188077	121406	66671
上海	Shanghai	133794	84636	49158	82405	140353	91174	49179
江苏	Jiangsu	473843	236363	237480	227949	492672	252051	240621
浙江	Zhejiang	244860	128186	116674	125495	262539	139796	122743
安徽	Anhui	280106	121965	158141	119565	303343	135437	167906
福建	Fujian	187230	94450	92780	93714	196815	106147	90668
江西	Jiangxi	240601	101020	139581	98642	244520	113694	130826
山东	Shandong	475858	211661	264197	209249	472405	218940	253465
河南	Henan	450194	184178	266016	180755	447026	209613	237413
湖北	Hubei	361572	180278	181294	176401	396887	200997	195890
湖南	Hunan	294355	142030	152325	139466	302592	155381	147211
广东	Guangdong	412315	200491	211824	198225	454682	217874	236808
广西	Guangxi	169543	65083	104460	63664	178225	71938	106287
海南	Hainan	43804	19986	23818	19024	46071	24391	21680
重庆	Chongqing	148684	82490	66194	79396	170415	95437	74978
四川	Sichuan	318407	164906	153501	162809	349184	181117	168067
贵州	Guizhou	88060	43091	44969	40420	100910	53041	47869
云南	Yunnan	127932	64950	62982	62725	143960	75603	68357
西藏	Tibet	9139	4818	4321	4713	9087	4903	4184
陕西	Shaanxi	253823	136062	117761	133635	281368	153663	127705
甘肃	Gansu	109192	60848	48344	58859	120036	65275	54761
青海	Qinghai	12447	6813	5634	6576	13220	7403	5817
宁夏	Ningxia	22221	12574	9647	12106	25537	14180	11357
新疆	Xinjiang	69983	32020	37963	29454	69885	34168	35717

21-31 分地区普通高等学校(机构)情况（2013年）

Situations on Educational Personnel in Regular Schools (Institutions) of Higher Education by Region (2013)

单位：人 (person)

地 区	Region	学校数(所) Schools (unit)	教职工数 Educational Personnel	校本部 教职工 In Main Campus	专任教师 Full-time Teachers	正高级 Senior	副高级 Sub-senior	中级 Middle	初级 Junior	无职称 No Rank	行政人员 Administrative Personnel	教辅人员 Supporting Staff	工勤人员 Workers
全 国	**National Total**	**2491**	**2296262**	**2179314**	**1496865**	**181501**	**432356**	**596954**	**203713**	**82341**	**312606**	**205280**	**164563**
北 京	Beijing	89	139305	121783	66871	16611	23257	22362	2786	1855	22617	17721	14574
天 津	Tianjin	55	47123	45855	30900	4469	9854	12143	3374	1060	7294	4373	3288
河 北	Hebei	118	101072	97669	66825	9100	19514	26186	8723	3302	13889	8698	8257
山 西	Shanxi	78	61009	58074	40764	2990	10430	15138	8633	3573	7722	5146	4442
内蒙古	Inner Mongolia	49	37296	36287	24554	2459	7512	9237	3920	1426	5476	3694	2563
辽 宁	Liaoning	115	97536	94705	62706	8653	19315	25296	6623	2819	15209	8115	8675
吉 林	Jilin	58	63002	59457	38003	5720	11930	14439	5413	501	8231	6321	6902
黑龙江	Heilongjiang	80	77234	73890	46215	7111	14510	18914	4266	1414	11136	7913	8626
上 海	Shanghai	68	73361	67209	40297	7089	12941	16118	2772	1377	12397	8822	5693
江 苏	Jiangsu	156	166223	155976	108272	12719	34178	46712	11241	3422	22568	15056	10080
浙 江	Zhejiang	102	85381	81020	56000	7579	17233	24547	3559	3082	13712	7878	3430
安 徽	Anhui	117	76178	73573	54903	4430	14650	20916	11771	3136	8105	5947	4618
福 建	Fujian	87	64744	61847	42905	4766	11816	16553	7373	2397	9719	5909	3314
江 西	Jiangxi	92	74396	70920	52434	5275	14146	21228	9131	2654	8739	5693	4054
山 东	Shandong	139	142240	136930	98685	10130	27418	42432	14992	3713	17617	11989	8639
河 南	Henan	127	125170	120038	90949	7752	24120	36213	18085	4779	12213	8306	8570
湖 北	Hubei	123	128185	121086	81784	10217	24959	31147	11242	4219	18500	11842	8960
湖 南	Hunan	122	96915	92065	63869	7064	18334	26642	7776	4053	13286	8908	6002
广 东	Guangdong	138	133719	128161	91099	10843	23603	37501	10383	8769	19079	12021	5962
广 西	Guangxi	70	55283	50274	36425	3799	9745	14094	4829	3958	6564	4096	3189
海 南	Hainan	17	13513	13288	8458	921	2028	3196	1626	687	2210	1237	1383
重 庆	Chongqing	63	53790	51868	37130	4078	10225	15105	5039	2683	7470	3828	3440
四 川	Sichuan	103	113553	107835	76795	8002	19794	30564	13788	4647	13600	8756	8684
贵 州	Guizhou	52	35102	34663	25351	2499	8008	8867	3549	2428	5054	2609	1649
云 南	Yunnan	67	47592	46438	34421	3602	9148	12917	5827	2927	5263	3394	3360
西 藏	Tibet	6	3623	3561	2472	183	781	1018	378	112	479	309	301
陕 西	Shaanxi	92	102017	97194	64171	7770	17442	26471	9387	3101	14037	10007	8979
甘 肃	Gansu	42	35582	33403	24384	2650	7076	9568	3623	1467	3966	2680	2373
青 海	Qinghai	9	6851	5934	3785	787	1323	1039	434	202	806	740	603
宁 夏	Ningxia	16	10486	10051	7111	1024	1936	2240	979	932	1474	835	631
新 疆	Xinjiang	41	28781	28260	18327	1209	5130	8151	2191	1646	4174	2437	3322

21-32 分地区普通高中情况（2013年）
Statistics on Regular Senior Secondary Schools by Region (2013)

单位：人 (person)

地区	Region	学校数（所）Schools (unit)	教职工数 Educational Personnel	#专任教师 Full-time Teachers	毕业生数 Graduates	招生数 Entrants	在校学生数 Enrolment
全国	**National Total**	**13352**	**2473594**	**1629008**	**7989789**	**8226961**	**24358817**
北京	Beijing	291	52180	20840	58072	59983	187586
天津	Tianjin	193	29145	15589	61167	55116	175144
河北	Hebei	563	121771	82273	404522	375572	1092815
山西	Shanxi	504	93861	59910	286103	288826	848464
内蒙古	Inner Mongolia	277	51467	33080	161587	164232	494243
辽宁	Liaoning	416	62883	48320	231626	222938	681460
吉林	Jilin	243	40988	27518	157117	151131	453171
黑龙江	Heilongjiang	379	58958	41997	206088	193979	589379
上海	Shanghai	243	29725	16600	52675	53092	156817
江苏	Jiangsu	578	130896	97293	425924	341417	1109899
浙江	Zhejiang	569	88587	64983	296105	265198	839755
安徽	Anhui	698	116811	73844	416723	380526	1255132
福建	Fujian	544	96957	51602	231800	209370	656488
江西	Jiangxi	436	81328	49762	240907	310514	876722
山东	Shandong	547	151362	119011	509383	588897	1705043
河南	Henan	776	143263	108063	631289	661063	1892306
湖北	Hubei	563	91884	69726	391211	316471	988159
湖南	Hunan	577	101873	67420	316720	373754	1041044
广东	Guangdong	1015	236437	144756	723659	730784	2204473
广西	Guangxi	453	69443	46752	241922	297665	818878
海南	Hainan	102	23137	11444	53651	60171	179047
重庆	Chongqing	261	65812	37698	214128	221024	661384
四川	Sichuan	735	153098	89964	485487	511492	1516027
贵州	Guizhou	448	67569	46964	210409	330212	857077
云南	Yunnan	440	74988	47285	209987	267407	737426
西藏	Tibet	29	4558	3871	14734	19648	53092
陕西	Shaanxi	511	85059	56952	317569	299383	899424
甘肃	Gansu	428	60400	42469	216530	218143	666556
青海	Qinghai	105	12855	7996	33081	39592	109026
宁夏	Ningxia	62	12811	10006	49770	55779	165240
新疆	Xinjiang	366	63488	35020	139843	163582	447540

21-33 分地区中等职业学校情况（2013年）
Statistics on Secondary Vocational Schools by Region (2013)

单位：人 (person)

地 区	Region	学校数(所) Schools (unit)	毕业生数 Graduates	#获得职业资格证书 With Professional Qualification Certificates	招生数 Entrants	在校学生数 Enrolment	预计毕业生数 Estimated Graduates for Next Year
全 国	**National**	**9380**	**5575587**	**4336937**	**5412624**	**15363842**	**5392971**
北 京	Beijing	97	75618	60640	55427	164892	78492
天 津	Tianjin	83	39270	31939	33786	97443	34365
河 北	Hebei	636	337100	233535	220896	752285	304227
山 西	Shanxi	445	159749	129099	142943	436393	155480
内蒙古	Inner Mongolia	264	95508	71732	83852	245414	83589
辽 宁	Liaoning	311	127767	83504	117987	349912	120537
吉 林	Jilin	302	83932	50643	61055	192672	76607
黑龙江	Heilongjiang	373	91783	72294	83261	274020	102468
上 海	Shanghai	111	48508	40627	44377	153298	55018
江 苏	Jiangsu	269	306146	261097	259053	793716	276705
浙 江	Zhejiang	337	207272	197082	191505	578523	203961
安 徽	Anhui	463	324927	285670	369049	967746	348601
福 建	Fujian	230	150811	139327	155040	525051	194383
江 西	Jiangxi	429	159155	126287	167380	484628	159974
山 东	Shandong	525	378626	292790	363547	1031585	360144
河 南	Henan	716	511694	391210	422209	1193105	425708
湖 北	Hubei	308	199722	166889	130826	410795	148633
湖 南	Hunan	496	237097	205913	228627	650569	204274
广 东	Guangdong	502	488286	285803	474927	1408894	484031
广 西	Guangxi	309	267471	167349	303601	822241	257768
海 南	Hainan	87	40386	18879	51756	140225	44262
重 庆	Chongqing	141	102518	84080	122154	362827	118159
四 川	Sichuan	503	414213	383817	489969	1195085	475213
贵 州	Guizhou	218	100281	87800	247135	475512	118953
云 南	Yunnan	390	210191	145918	179685	494103	155852
西 藏	Tibet	6	6412	5063	6471	17491	6448
陕 西	Shaanxi	316	177319	147287	163984	454858	167457
甘 肃	Gansu	260	105043	82698	98604	289531	96700
青 海	Qinghai	38	22386	15788	29277	77784	21535
宁 夏	Ningxia	35	31536	21289	30348	93950	38080
新 疆	Xinjiang	180	74860	50888	83893	229294	75347

21-34 分地区中等职业学校(机构)教职工情况(2013年)
Statistics on Educational Personnel in Secondary Vocational Schools (Institutions) by Region (2013)

单位：人 (person)

地 区	Region	教职工数 Educational Personnel	校本部教职工 In Main Campus	专任教师 Full-time Teachers	行政人员 Adminis-trative Personnel	教辅人员 Supporting Staff	工勤人员 Workers	校办企业职工 Employees in School-run Factories & Farms	其他附设机构人员 Personnel in Other Subsidiary Units	聘请校外教师 Part-time Teachers
全 国	**National Total**	**883959**	**874171**	**668754**	**82651**	**57700**	**65066**	**5378**	**4410**	**96619**
北 京	Beijing	11926	11722	7180	2308	1036	1198	16	188	1431
天 津	Tianjin	9798	9694	6939	1578	553	624	51	53	1012
河 北	Hebei	57812	57576	44211	5472	4075	3818	153	83	3384
山 西	Shanxi	33496	33200	25401	3169	2164	2466	146	150	4563
内蒙古	Inner Mongolia	20109	19929	14755	1995	1739	1440	94	86	1288
辽 宁	Liaoning	29499	29310	20750	3898	1993	2669	136	53	3405
吉 林	Jilin	25215	25127	18094	3082	2482	1469	22	66	1012
黑龙江	Heilongjiang	23790	23687	17173	2699	1717	2098	64	39	1602
上 海	Shanghai	13706	13586	8358	2048	1528	1652	56	64	1156
江 苏	Jiangsu	54527	54216	44164	2998	3269	3785	190	121	6238
浙 江	Zhejiang	38920	38665	32778	1880	2131	1876	138	117	4786
安 徽	Anhui	41317	40844	33973	2737	1795	2339	113	360	5246
福 建	Fujian	21614	21505	17187	1778	1303	1237	6	103	3684
江 西	Jiangxi	22454	21656	16315	2635	1155	1551	659	139	2931
山 东	Shandong	66810	65929	50243	6025	5483	4178	719	162	3276
河 南	Henan	69437	67772	52559	5837	4446	4930	1055	610	8154
湖 北	Hubei	30619	30206	22384	3262	2210	2350	293	120	3613
湖 南	Hunan	33342	33201	24827	3576	2396	2402	62	79	2970
广 东	Guangdong	58927	58322	45443	5302	3454	4123	69	536	5026
广 西	Guangxi	28219	27427	20459	2626	1796	2546	172	620	4012
海 南	Hainan	7162	6882	4709	836	530	807	184	96	518
重 庆	Chongqing	18594	18430	14850	1492	939	1149	152	12	2986
四 川	Sichuan	52690	52166	40292	4525	2649	4700	292	232	4576
贵 州	Guizhou	18188	17810	14326	1720	669	1095	256	122	5133
云 南	Yunnan	27023	26959	21147	1706	1521	2585	22	42	4994
西 藏	Tibet	763	763	652	43	19	49			37
陕 西	Shaanxi	26374	26181	18368	3608	2121	2084	149	44	2901
甘 肃	Gansu	20825	20735	16008	1794	1304	1629	56	34	1322
青 海	Qinghai	3234	3167	2567	237	102	261	46	21	1131
宁 夏	Ningxia	3474	3462	2611	299	238	314	6	6	741
新 疆	Xinjiang	14095	14042	10031	1486	883	1642	1	52	3491

21-35 分地区初中情况（2013年）
Statistics on Regular Junior Secondary Schools by Region (2013)

单位：人 (person)

地 区	Region	学校数（所）Schools (unit)	专任教师 Full-time Teachers	毕业生数 Graduates	招生数 Entrants	在校学生数 Enrolment
全 国	**National Total**	**52804**	**3480979**	**15615452**	**14960867**	**44401248**
北 京	Beijing	347	31868	92373	106726	310568
天 津	Tianjin	325	25967	79660	85815	260710
河 北	Hebei	2381	164869	667759	783551	2088470
山 西	Shanxi	1991	117434	541457	412993	1291442
内蒙古	Inner Mongolia	749	61934	249435	227562	688464
辽 宁	Liaoning	1572	99362	386556	358177	1057488
吉 林	Jilin	1200	66821	240310	218370	644993
黑龙江	Heilongjiang	1587	97218	373316	279083	932839
上 海	Shanghai	519	36049	94135	120266	436696
江 苏	Jiangsu	2073	176986	675206	618597	1857469
浙 江	Zhejiang	1727	117879	485774	512401	1482649
安 徽	Anhui	2902	158168	723950	652595	1997091
福 建	Fujian	1238	96962	371373	386067	1108226
江 西	Jiangxi	2101	121483	626094	610764	1754361
山 东	Shandong	2917	263329	1050979	996384	3179800
河 南	Henan	4550	279942	1403358	1377091	3850493
湖 北	Hubei	2014	135580	533709	487841	1483710
湖 南	Hunan	3301	169041	666508	766477	2142847
广 东	Guangdong	3351	276777	1516552	1299856	4047906
广 西	Guangxi	1836	116957	640168	688598	1950761
海 南	Hainan	387	25267	120500	116957	346790
重 庆	Chongqing	939	76182	377479	330158	1017592
四 川	Sichuan	3895	202665	1026649	878586	2717198
贵 州	Guizhou	2216	115345	658485	716233	2103033
云 南	Yunnan	1685	121875	625128	682003	1874418
西 藏	Tibet	95	9060	43729	42446	126117
陕 西	Shaanxi	1741	110505	455934	383740	1201851
甘 肃	Gansu	1561	84348	419502	334288	1035940
青 海	Qinghai	260	15602	65029	76729	208095
宁 夏	Ningxia	242	19395	92913	96920	284758
新 疆	Xinjiang	1102	86109	311432	313593	918473

21-36 分地区普通小学情况（2013年）
Statistics on Regular Primary Schools by Region (2013)

单位：人 (person)

地 区	Region	学校数（所）Schools (unit)	教职工数 Educational Personnel	#专任教师 Full-time Teachers	毕业生数 Graduates	招生数 Entrants	在校学生数 Enrolment
全 国	**National Total**	**213529**	**5494877**	**5584644**	**15810583**	**16953556**	**93605487**
北 京	Beijing	1093	57832	54981	111839	165807	789276
天 津	Tianjin	838	41939	38275	86133	107372	552116
河 北	Hebei	12538	327187	318856	840140	996124	5462135
山 西	Shanxi	8946	180491	180548	477274	394203	2296383
内蒙古	Inner Mongolia	2308	124735	110576	232846	230674	1310595
辽 宁	Liaoning	4631	137661	142656	365054	350633	2044058
吉 林	Jilin	5103	121183	115116	235930	217645	1361868
黑龙江	Heilongjiang	3261	136461	136481	330069	274454	1540035
上 海	Shanghai	759	49732	49772	134504	181037	792476
江 苏	Jiangsu	4020	254395	258173	639404	851334	4353694
浙 江	Zhejiang	3400	176164	183479	540378	607545	3495846
安 徽	Anhui	11507	228704	238131	654897	753090	4091967
福 建	Fujian	5228	157126	154490	398464	495734	2598375
江 西	Jiangxi	10650	195737	207153	655898	789067	4081086
山 东	Shandong	11151	383692	387312	1033007	1156903	6259820
河 南	Henan	26086	499445	494515	1644760	1810567	9399771
湖 北	Hubei	5746	198262	196556	489395	607979	3282579
湖 南	Hunan	9270	226630	246273	770482	847605	4678102
广 东	Guangdong	11824	417189	437532	1370411	1500473	8079381
广 西	Guangxi	13499	229534	215570	700641	752867	4262624
海 南	Hainan	1739	47759	50466	124664	124284	740193
重 庆	Chongqing	4728	116804	115204	326451	375725	1989128
四 川	Sichuan	7257	261493	305619	886816	950346	5259536
贵 州	Guizhou	10632	194500	192953	723478	510554	3555333
云 南	Yunnan	12845	233400	230220	713770	613507	3920782
西 藏	Tibet	841	18998	18834	46118	51567	294799
陕 西	Shaanxi	7356	163908	162841	400469	388081	2273275
甘 肃	Gansu	9640	134468	140414	370601	320908	1867268
青 海	Qinghai	1250	23044	26974	83487	78634	474638
宁 夏	Ningxia	1850	33244	34113	101909	100194	603947
新 疆	Xinjiang	3533	123160	140561	321294	348643	1894401

21-37 分地区特殊教育情况（2013年）
Statistics on Special Education by Region (2013)

单位：人 (person)

地 区	Region	学校数（所）Schools (unit)	教职工数 Educational Personnel	#专任教师 Full-time Teachers	毕业生数 Graduates	招生数 Entrants	在校学生数 Enrolment
全 国	**National Total**	**1933**	**55096**	**45653**	**50739**	**65977**	**368103**
北 京	Beijing	22	1253	935	1706	1156	8348
天 津	Tianjin	20	779	598	340	418	2980
河 北	Hebei	155	3582	2956	1279	2570	13109
山 西	Shanxi	56	1613	1385	1023	1069	7146
内蒙古	Inner Mongolia	42	1317	1121	353	701	4328
辽 宁	Liaoning	74	2657	2020	1079	852	7977
吉 林	Jilin	47	1717	1388	805	740	5610
黑龙江	Heilongjiang	74	2253	1850	1002	1205	9317
上 海	Shanghai	29	1588	1207	1549	1147	8105
江 苏	Jiangsu	107	3901	3170	3394	3491	23055
浙 江	Zhejiang	82	2331	2038	1777	2812	16327
安 徽	Anhui	65	1500	1297	1132	2072	10344
福 建	Fujian	73	1946	1729	3441	4203	25142
江 西	Jiangxi	85	1158	1042	2197	3337	17111
山 东	Shandong	144	5684	4692	2887	3340	20946
河 南	Henan	137	3799	3264	1735	3312	16697
湖 北	Hubei	80	1921	1647	1227	1788	10576
湖 南	Hunan	69	1733	1403	1286	2240	10097
广 东	Guangdong	99	3405	2714	2527	3862	21799
广 西	Guangxi	65	1600	1141	1193	2132	12913
海 南	Hainan	7	247	184	178	425	1708
重 庆	Chongqing	36	971	852	2101	3316	15622
四 川	Sichuan	119	2315	2055	9191	8230	43731
贵 州	Guizhou	60	1267	1093	1378	2684	12712
云 南	Yunnan	53	1361	1156	2825	3829	17421
西 藏	Tibet	5	161	136	37	213	835
陕 西	Shaanxi	50	1173	956	1109	1278	6494
甘 肃	Gansu	32	784	692	831	1409	8396
青 海	Qinghai	12	161	139	289	368	2120
宁 夏	Ningxia	8	259	246	188	305	1908
新 疆	Xinjiang	26	660	547	680	1473	5229

21-38 分地区各级学校生师比
Student-Teacher Ratio by Level of Regular Schools by Region

(教师人数=1) (Number of Teachers=1)

年 份 Year / 地 区 Region		普通小学 Primary School	初 中 Junior Secondary School	普通高中 Regular Senior Secondary School	中等职业学校 Secondary Vocational School	普通高校 Regular Institution of Higher Education
	1993	22.37	15.65	14.96	13.42	8.00
	1994	22.85	16.07	12.16	14.26	9.25
	1995	23.30	16.73	12.95	15.98	9.83
	1996	23.73	17.18	13.45	16.42	10.36
	1997	24.16	17.33	14.05	16.92	10.87
	1998	23.98	17.56	14.60	16.36	11.62
	1999	23.12	18.17	15.16	15.68	13.37
	2000	22.21	19.03	15.87	15.24	16.30
	2001	21.64	19.24	16.73	15.04	18.22
	2002	21.04	19.25	17.80	16.58	19.00
	2003	20.50	19.13	18.35	17.63	17.00
	2004	19.98	18.65	18.65	19.15	16.22
	2005	19.43	17.80	18.54	21.34	16.85
	2006	19.17	17.15	18.13	22.65	17.93
	2007	18.82	16.52	17.48	23.13	17.28
	2008	18.38	16.07	16.78	23.32	17.23
	2009	17.88	15.47	16.30	25.27	17.27
	2010	17.70	14.98	15.99	25.69	17.33
	2011	17.71	14.38	15.77	24.97	17.42
	2012	17.36	13.59	15.47	24.19	17.52
	2013	16.76	12.76	14.95	22.97	17.53
北 京	Beijing	14.36	9.75	9.00	22.97	15.58
天 津	Tianjin	14.42	10.04	11.24	14.04	17.29
河 北	Hebei	17.13	12.67	13.28	17.02	17.54
山 西	Shanxi	12.72	11.00	14.16	17.18	17.73
内蒙古	Inner Mongolia	11.85	11.12	14.94	16.63	17.87
辽 宁	Liaoning	14.33	10.64	14.10	16.86	17.28
吉 林	Jilin	11.83	9.65	16.47	10.65	17.33
黑龙江	Heilongjiang	11.28	9.60	14.03	15.96	16.19
上 海	Shanghai	15.92	12.11	9.45	18.34	17.14
江 苏	Jiangsu	16.86	10.50	11.41	17.97	15.48
浙 江	Zhejiang	19.05	12.58	12.92	17.65	17.02
安 徽	Anhui	17.18	12.63	17.00	28.49	18.78
福 建	Fujian	16.82	11.43	12.72	30.55	17.31
江 西	Jiangxi	19.70	14.44	17.62	29.70	17.74
山 东	Shandong	16.16	12.08	14.33	20.53	17.31
河 南	Henan	19.01	13.75	17.51	22.70	17.70
湖 北	Hubei	16.70	10.94	14.17	18.35	17.96
湖 南	Hunan	19.00	12.68	15.44	26.20	18.57
广 东	Guangdong	18.47	14.63	15.23	31.00	19.09
广 西	Guangxi	19.77	16.68	17.52	40.19	17.69
海 南	Hainan	14.67	13.73	15.65	29.78	19.10
重 庆	Chongqing	17.27	13.36	17.54	24.43	17.60
四 川	Sichuan	17.21	13.41	16.85	29.66	18.33
贵 州	Guizhou	18.43	18.23	18.25	33.19	18.15
云 南	Yunnan	17.03	15.38	15.60	23.37	18.19
西 藏	Tibet	15.65	13.92	13.72	26.83	15.69
陕 西	Shaanxi	13.96	10.88	15.79	24.76	18.07
甘 肃	Gansu	13.30	12.28	15.70	18.09	18.38
青 海	Qinghai	17.60	13.34	13.64	30.30	15.13
宁 夏	Ningxia	17.70	14.68	16.51	35.98	17.30
新 疆	Xinjiang	13.48	10.67	12.78	22.86	17.35

21-39　每十万人口各级学校平均在校生数
Number of Students Per 100 000 Population by Level

单位：人　　(person)

年　份 地　区	Year Region	学前教育 Pre-education	小　学 Primary Education	初中阶段 Junior Secondary	高中阶段 Senior Secondary	高等教育 Higher Education
	1991	1907	10502	3465	1355	304
	1992	2072	10413	3518	1365	313
	1993	2190	10656	3599	1448	376
	1994	2219	10819	3681	1293	433
	1995	2262	11010	3945	1610	457
	1996	2208	11273	4180	1780	470
	1997	2058	11435	4289	1905	482
	1998	1944	11287	4408	1978	504
	1999	1864	10855	4656	2032	594
	2000	1782	10335	4969	2005	723
	2001	1602	9937	5161	2021	931
	2002	1595	9525	5240	2283	1146
	2003	1560	9100	5209	2523	1298
	2004	1617	8725	5058	2824	1420
	2005	1676	8358	4781	3070	1613
	2006	1731	8192	4557	3321	1816
	2007	1787	8037	4364	3409	1924
	2008	1873	7819	4227	3463	2042
	2009	2001	7584	4097	3495	2128
	2010	2230	7448	3955	3504	2189
	2011	2554	7403	3779	3495	2253
	2012	2736	7196	3535	3411	2335
	2013	2876	6913	3279	3227	2418
北　京	Beijing	1685	3815	1501	1912	5469
天　津	Tianjin	1651	3907	1845	2077	4346
河　北	Hebei	2922	7495	2866	2745	2108
山　西	Shanxi	2635	6359	3576	3872	2474
内蒙古	Inner Mongolia	2070	5263	2765	3048	2137
辽　宁	Liaoning	1951	4657	2409	2539	2903
吉　林	Jilin	1607	4952	2345	2513	3033
黑龙江	Heilongjiang	1410	4017	2433	2658	2529
上　海	Shanghai	2105	3330	1835	1308	3421
江　苏	Jiangsu	2927	5497	2345	2738	2814
浙　江	Zhejiang	3412	6383	2707	2887	2363
安　徽	Anhui	2805	6834	3335	3794	2203
福　建	Fujian	3823	6933	2957	3341	2435
江　西	Jiangxi	3471	9061	3895	3336	2381
山　东	Shandong	2710	6463	3283	3213	2304
河　南	Henan	3689	9993	4094	3571	2114
湖　北	Hubei	2550	5680	2567	2607	3144
湖　南	Hunan	2880	7046	3228	2797	2106
广　东	Guangdong	3347	7626	3821	4239	2199
广　西	Guangxi	3881	9104	4167	3727	1939
海　南	Hainan	3368	8345	3910	3846	2253
重　庆	Chongqing	3033	6754	3455	3989	2894
四　川	Sichuan	2866	6513	3365	3497	2140
贵　州	Guizhou	3093	10205	6036	3943	1535
云　南	Yunnan	2555	8416	4023	2860	1662
西　藏	Tibet	2383	9571	4095	2292	1528
陕　西	Shaanxi	3387	6057	3202	4012	3612
甘　肃	Gansu	2133	7243	4018	4048	2193
青　海	Qinghai	2909	8283	3632	3638	1162
宁　夏	Ningxia	2613	9335	4401	4097	2195
新　疆	Xinjiang	3220	8484	4113	3266	1681

注：1.高等教育包括普通高等学校和成人高等学校。
2.高中阶段合计数据包括普通高中、成人高中、普通中专、职业高中、技工学校和成人中专。
3.初中阶段包括普通初中和职业初中。

a) Institutions of higher education include that of regular institutions of higher education and institutions of higher education for adults.

b) Total of senior schools include that of regular senior schools, adult senior schools, regular secondary technical schools, vocational secondary schools, technical worker school, adult technical secondary schools.

c) Junior secondary schools include regular junior schools and junior vocational schools.

21-40 教育经费情况
Basic Statistics on Educational Funds

单位：亿元 (100 million yuan)

年份 Year	全国教育经费总投入 Total Funds for Education	#国家财政性教育经费 Government Appropriation for Education	#公共财政教育支出 Public Expenditure on Education	公共财政教育支出占公共财政支出比例(%) Public Expenditure on Education as Percentage	国家财政性教育经费占国内生产总值比例(%) Government Appropriation for Education as GDP
1992	867.05	728.75	564.94	15.10	2.71
1993	1059.94	867.76	676.61	14.57	2.46
1994	1488.78	1174.74	931.13	16.07	2.44
1995	1877.95	1411.52	1092.94	16.02	2.32
1996	2262.34	1671.70	1288.08	16.23	2.35
1997	2531.73	1862.54	1441.27	15.61	2.36
1998	2949.06	2032.45	1654.02	15.32	2.41
1999	3349.04	2287.18	1911.37	14.49	2.55
2000	3849.08	2562.61	2191.77	13.80	2.58
2001	4637.66	3057.01	2705.66	14.31	2.79
2002	5480.03	3491.40	3254.94	14.76	2.90
2003	6208.27	3850.62	3619.10	14.68	2.84
2004	7242.60	4465.86	4244.42	14.90	2.79
2005	8418.84	5161.08	4946.04	14.58	2.79
2006	9815.31	6348.36	6135.35	15.18	2.93
2007	12148.07	8280.21	8094.34	16.26	3.12
2008	14500.74	10449.63	10212.97	16.32	3.33
2009	16502.71	12231.09	11974.98	15.69	3.59
2010	19561.85	14670.07	14163.90	15.76	3.65
2011	23869.29	18586.70	17821.74	16.31	3.93
2012	27695.97	22236.23	20314.17	16.13	4.28
2013					

注：1.国家财政性教育经费：主要包括公共财政预算教育经费，各级政府征收用于教育的税费，企业办学中的企业拨款，校办产业和社会服务收入用于教育的经费等.

2.2012年对部分教育经费统计指标进行了修订。“公共财政教育支出”2012年以前包括教育事业费、科研经费、基建经费、其他经费和教育费附加；2012年包括教育事业费、基建经费和教育费附加。

a) Government Appropriation for Education mainly includes the public expenditures on education, taxes and fees collected for education by governments at all all levels, enterprise appropriation for enterprise-run schools, income from school-run enterprises and social services used for education.

b) Revisions were made in 2012 to the defitions of some indicators of the expenditures on education. Prior to 2012, the Public Expenditure on Education included the appropriated funds for education, for science research, capital construction, other funds, and education surcharges while it included the appropriated funds for education, capital construction and education surcharges in 2012.

主要统计指标解释

普通高等学校 指通过国家普通高等教育招生考试，招收高中毕业生为主要培养对象，实施高等学历教育的全日制大学、独立设置的学院、独立学院和高等专科学校、高等职业学校及其他机构。

大学、独立设置的学院主要实施本科及本科层次以上的教育。独立学院主要实施本科层次的教育。高等专科学校、高等职业学校实施专科层次的教育。其他机构是指承担国家普通招生计划任务不计校数的机构，包括普通高等学校分校、大专班等。

成人高等学校 指通过国家成人高等教育招生考试，招收具有高中毕业或同等学力的人员为主要培养对象，利用函授、业余、脱产等多种形式，对其实施高等学历教育的学校。包括：职工高等学校、农民高等学校、管理干部学院、教育学院、独立函授学院、广播电视大学、其他机构。其他机构是指承担国家成人招生计划任务不计校数的机构。

小学学龄儿童净入学率 指调查范围内已入小学学习的学龄儿童占校内外学龄儿童总数的比重。计算公式为：

$$\text{小学学龄儿童净入学率} = \frac{\text{已入学的小学学龄儿童数}}{\text{校内外小学学龄儿童总数}} \times 100\%$$

国家财政性教育经费 包括公共财政预算教育经费，各级政府征收用于教育的税费，企业办学中的企业拨款，校办产业和社会服务收入用于教育的经费，其他属于国家财政性教育经费。

Explanatory Notes on Main Statistical Indicators

Regular Institutions of Higher Education refer to educational establishments recruiting graduates from senior secondary schools as the main target through National Matriculation TEST. They include full-time universities, independently established colleges, colleges, and institutions of higher professional education, institutions of higher vocational education and others.

Universities and independently established colleges primarily provide undergraduate and above courses; colleges mainly impart undergraduate courses, institutions of higher professional education and institutions of higher vocational education primarily provide professional trainings; and others refer to educational establishments, which are responsible for enrolling higher education students under the State Plan but not enumerated in the total number of schools, including: branch schools of universities and colleges and junior colleges.

Institutions of Higher Education for Adults refer to educational establishments, enrolling personnel with senior secondary school or equivalent education through National Matriculation TEST for Adult, and providing higher education courses in forms of correspondence, spare time, or full time for adults. Institutions of higher learning for adults include schools of higher education for staff and workers, schools of higher education for peasants, colleges for management cadres, pedagogical colleges, independent correspondence colleges, radio and television universities and other educational establishments. Other educational establishments refer undertakings to enrol adult students but not enumerated in the number of schools under the State Plan.

Net Enrolment Ratio of Primary Schools refers to the proportion of school age children enrolled at schools to the total number of school age children both in and outside schools (including retarded children, but excluding blind, deaf and mute children). The formula is:

$$\text{Net Enrolment Ratio of Primary Schools} = \frac{\text{Total Primary School - age Children at Schools}}{\text{Total Primary School - age Children Whether or Not Attending School}} \times 100\%$$

Government Appropriation for Education refers to the public budgetary fund for education, taxes and fees collected by governments at all levels that are used for education purpose, enterprise appropriation for enterprise-run schools, income from school-run enterprises and social services that are used for education purpose and other national appropriations for education.

22

卫生和社会服务

Public Health and Social Services

简 要 说 明

一、本篇资料的主要内容

本篇主要反映卫生、社会服务、残疾人事业的发展情况。

卫生统计资料主要包括医疗卫生机构、卫生人员、卫生设施、卫生经费、基层医疗卫生服务、妇幼保健、疾病控制、居民病伤死亡原因、医疗保障制度等情况。

社会服务统计资料主要包括社会服务企事业机构、社会组织、人员、床位情况，优抚和社会救济情况，社区服务机构情况，婚姻服务情况，殡葬服务情况，社会捐赠和福利彩票销售情况等。

残疾人统计资料主要包括残疾人康复、教育、就业、社会保障、扶贫和残联组织建设情况。

二、本篇的资料来源

卫生统计资料由国家卫生和计划生育委员会信息中心提供。社会服务统计资料由民政部依据统计报表制度整理提供。残疾人统计资料由中国残疾人联合会整理提供。

详细资料分别见《中国卫生统计年鉴》（中华人民共和国国家卫生和计划生育委员会编）、《中国民政统计年鉴》(中华人民共和国民政部编)、《中国残疾人事业统计年鉴》（中国残疾人联合会编）。

Brief Introduction

I. Main Contents

Data in this chapter mainly reflect the development of public health, civil affairs, and work for persons with disabilities.

Data on public health include mainly the number of medical and health institutions, health personnel, health facility, health expenses, medical and health services at grass-root level, maternal and child health, disease control, major diseases as the causes of death, and health security system.

Data on civil affairs include: institutions, social organizations, personnel and beds of social services，social welfare relief, community service facilities and marriage registration service, funeral and interment services, social donations and welfare lottery.

Data on disabled persons cover information on the rehabilitation, education, employment and poverty alleviation of disabled persons and institutions serving the needs of disabled persons.

II. Sources of Data

Data on public health are mainly from the Information Center under the Ministry of Health. Data on civil affairs are from the Ministry of Civil Affairs based on statistical reporting form scheme. Data on disabled persons are from the China Disabled Persons Federation.

For detailed information please refer to "*Annual Statistical Yearbook on National Health Care*" (Ministry of Health of the People's Republic of China), "*Statistical Yearbook on Civil Affairs of China*" (Department of Financial and Planning, Ministry of Civil Affairs) and "*China Statistical Yearbook on the Work for Persons with Disabilities*" (China Disabled Persons Federation).

22-1 医疗卫生机构
Health Care Institutions

单位：个 (unit)

年份 Year 地区 Region		合计 Total	#医院 Hospitals	#综合医院 General Hospitals	#中医医院 Hospitals Specialized in Traditional Chinese Medicine	#专科医院 Specialized Hospitals	#基层医疗卫生机构 Health Care Institutions at Grass-root Level	社区卫生服务中心(站) Community Health Service Centers	街道卫生院 Urban Health Centers	乡镇卫生院 Township Health Centers
	1978	169732	9293	7539	447	643				55018
	1980	180553	9902	7859	678	694				55413
	1985	978540	11955	9197	1485	938				47387
	1990	1012690	14377	10424	2115	1362				47749
	1995	994409	15663	11586	2361	1445				51797
	1996	1078131	15833	11696	2405	1473				51277
	1997	1048657	15944	11771	2413	1488			554	50981
	1998	1042885	16001	11779	2443	1495			542	50071
	1999	1017673	16678	11868	2441	1533			563	49694
	2000	1034229	16318	11872	2453	1543	1000169		548	49229
	2001	1029314	16197	11834	2478	1576	995670		553	48090
	2002	1005004	17844	12716	2492	2237	973098	8211	1022	44992
	2003	806243	17764	12599	2518	2271	774693	10101	925	44279
	2004	849140	18393	12900	2611	2492	817018	14153	845	41626
	2005	882206	18703	12982	2620	2682	849488	17128	787	40907
	2006	918097	19246	13120	2665	3022	884818	22656	816	39975
	2007	912263	19852	13372	2720	3282	878686	27069	803	39876
	2008	891480	19712	13119	2688	3437	858015	24260	780	39080
	2009	916571	20291	13364	2728	3716	882153	27308	1152	38475
	2010	936927	20918	13681	2778	3956	901709	32739	929	37836
	2011	954389	21979	14328	2831	4283	918003	32860	667	37295
	2012	950297	23170	15021	2889	4665	912620	33562	610	37097
	2013	974398	24709	15887	3015	5127	915368	33965	593	37015
北京	Beijing	9683	596	302	134	139	8857	1871		
天津	Tianjin	4689	333	220	37	70	4209	563	1	148
河北	Hebei	78485	1268	826	177	231	75178	1115		1960
山西	Shanxi	40281	1219	637	191	377	38529	814	464	1201
内蒙古	Inner Mongolia	23257	566	353	68	85	21984	1148	3	1329
辽宁	Liaoning	35612	905	555	106	235	33521	1136	14	1014
吉林	Jilin	19913	576	345	71	148	18968	361		775
黑龙江	Heilongjiang	21369	993	671	128	179	18883	774	4	996
上海	Shanghai	4929	328	185	18	97	4439	1009		
江苏	Jiangsu	30998	1490	991	97	331	28815	2747	2	1064
浙江	Zhejiang	30063	843	405	129	278	28655	6263	6	1141
安徽	Anhui	24645	938	633	92	197	21872	1942	1	1387
福建	Fujian	28175	541	339	77	116	26151	533		880
江西	Jiangxi	38902	548	359	98	84	37425	607	5	1591
山东	Shandong	75426	1783	1158	169	436	72108	2308		1643
河南	Henan	71464	1402	879	220	287	67281	1281	1	2068
湖北	Hubei	35631	711	444	98	153	34042	1231	36	1152
湖南	Hunan	62210	922	564	133	205	58519	655	2	2302
广东	Guangdong	47835	1222	740	142	326	44470	2489	21	1204
广西	Guangxi	33943	476	295	88	78	32117	261		1279
海南	Hainan	5011	191	148	17	21	4689	144		299
重庆	Chongqing	18926	531	382	46	94	18025	493	11	960
四川	Sichuan	80037	1716	1144	184	345	75161	907	1	4594
贵州	Guizhou	29177	991	765	82	122	26657	566	8	1430
云南	Yunnan	24264	997	670	112	180	21913	457		1379
西藏	Tibet	6725	106	85		2	6479	9		677
陕西	Shaanxi	37137	937	664	145	120	34118	583	10	1603
甘肃	Gansu	26697	419	273	73	54	25514	615	3	1382
青海	Qinghai	6020	145	89	13	13	5701	177		405
宁夏	Ningxia	4231	156	99	19	32	3898	112		228
新疆	Xinjiang	18663	860	667	51	92	17190	794		924

注：1.村卫生室数计入医疗卫生机构数中。
2.2008年社区卫生服务中心(站)减少的原因是江苏省约5000家农村社区卫生服务站划归村卫生室。
3.2002年起，医疗卫生机构数不再包括高中等医学院校本部、药检机构、国境卫生检疫所和非卫生部门举办的计划生育指导站。
4.2013年起，医疗卫生机构数包括原计生部门主管的计划生育技术服务机构。
5.1996年以前门诊部(所)不包括私人诊所。

a) Number of village clinics was included in health care institutions.
b) The reasons of decrease of community health centers(stations) in 2008 is that 5000 rural community health stations in Jiangsu is divided into village clinics.
c) Since 2012, health care institutions did not include headquaters of higher and secondary medical schools, drug test institutions, border health quarantine institutions and family planning service stations run by other than health department.
d) Since 2013, health care institutions included family planning technical services institutions managed by original family planning department.
e) Before 1996, clinics did not include private clinics.

22-1 续表 continued

单位：个 (unit)

年份 地区	Year Region	村卫生室 Village Clinics	门诊部(所) Outpatient Department	#专业公共卫生机构 Specialized Public Health Institutions	#疾病预防控制中心 Center for Disease Control and Prevention	#专科疾病防治院(所/站) Specialized Disease Prevention & Treatment Institution	#妇幼保健院(所/站) Women and Children Care Agencies	#卫生监督所(中心) Health Inspection Institution (center)
	1978		94395		2989	887	2571	
	1980		102474		3105	1138	2745	
	1985	777674	126604		3410	1566	2996	
	1990	803956	129332		3618	1781	3148	
	1995	804352	104406		3729	1895	3179	
	1996	755565	237153		3737	1887	3172	
	1997	733624	229474		3747	1893	3180	
	1998	728788	229349		3746	1889	3191	
	1999	716677	226588		3763	1877	3180	
	2000	709458	240934	11386	3741	1839	3163	
	2001	698966	248061	11471	3813	1783	3132	
	2002	698966	219907	10787	3580	1839	3067	571
	2003	514920	204468	10792	3584	1749	3033	838
	2004	551600	208794	10878	3588	1583	2998	1284
	2005	583209	207457	11177	3585	1502	3021	1702
	2006	609128	212243	11269	3548	1402	3003	2097
	2007	613855	197083	11528	3585	1365	3051	2553
	2008	613143	180752	11485	3534	1310	3011	2675
	2009	632770	182448	11665	3536	1291	3020	2809
	2010	648424	181781	11835	3513	1274	3025	2992
	2011	662894	184287	11926	3484	1294	3036	3022
	2012	653419	187932	12083	3490	1289	3044	3088
	2013	648619	195176	31155	3516	1271	3144	2967
北京	Beijing	2888	4098	118	32	27	19	18
天津	Tianjin	2247	1250	96	24	17	23	20
河北	Hebei	62311	9792	1689	194	9	265	191
山西	Shanxi	28241	7809	462	134	8	132	131
内蒙古	Inner Mongolia	14028	5476	629	119	53	116	110
辽宁	Liaoning	20006	11351	1035	128	87	110	86
吉林	Jilin	11527	6305	293	94	51	68	36
黑龙江	Heilongjiang	11778	5331	1433	174	113	148	131
上海	Shanghai	1342	2088	116	20	19	21	18
江苏	Jiangsu	15575	9427	466	124	45	109	113
浙江	Zhejiang	12504	8741	396	100	25	87	106
安徽	Anhui	15310	3232	1748	120	50	121	113
福建	Fujian	19408	5330	1406	96	25	88	86
江西	Jiangxi	31337	3885	823	147	111	112	109
山东	Shandong	53773	14384	1338	182	133	160	103
河南	Henan	56955	6976	2472	180	22	165	176
湖北	Hubei	24941	6682	779	113	75	101	102
湖南	Hunan	44929	10631	2612	147	87	139	131
广东	Guangdong	28767	11989	1965	136	140	128	124
广西	Guangxi	21852	8725	1288	109	40	104	110
海南	Hainan	2701	1545	122	28	23	24	24
重庆	Chongqing	11009	5552	350	42	16	40	39
四川	Sichuan	55165	14494	2969	207	35	202	204
贵州	Guizhou	21219	3434	1498	101	10	98	100
云南	Yunnan	13341	6736	1294	150	31	147	142
西藏	Tibet	5313	480	138	82		54	1
陕西	Shaanxi	26018	5904	1962	120	6	118	118
甘肃	Gansu	16752	6762	718	103	7	106	87
青海	Qinghai	4354	765	170	56	1	24	55
宁夏	Ningxia	2461	1097	165	25		23	24
新疆	Xinjiang	10567	4905	605	229	5	92	159

22-2 卫生人员
Employed Persons in Health Care Institutions

单位：人 (person)

年份 Year / 地区 Region	卫生人员 Medical Personnel	卫生技术人员 Medical Technical Personnel	#执业(助理)医师 Licensed (Assistant) Doctors	#执业医师 Licensed Doctor	#注册护士 Registered Nurse	#药师(士) Pharmacist	乡村医生和卫生员 Village Doctors and Assistants	其他技术人员 Other Technical Personnel	管理人员 Administrative Personnel	工勤技能人员 Logistics Technical Workers
1978	7883041	2463931	978152	609608	405223	266570	4777469	22950	298104	320587
1980	7355483	2798241	1153234	709473	465798	308438	3820776	27834	310805	397827
1985	5606105	3410910	1413281	724238	636974	365145	1293094	46052	358812	497237
1990	6137711	3897921	1763086	1302997	974541	405978	1231510	85504	396694	526082
1995	6704395	4256923	1917772	1454926	1125661	418520	1331017	120782	450013	545660
1996	6735097	4311845	1941235	1475232	1162609	424952	1316095	125480	444571	537106
1997	6833962	4397805	1984867	1505342	1198228	428295	1317786	133369	448047	536955
1998	6863315	4423721	1999521	1513975	1218836	423644	1327633	145060	435507	531394
1999	6894985	4458669	2044672	1561584	1244844	418574	1324937	150041	434997	526341
2000	6910383	4490803	2075843	1603266	1266838	414408	1319357	157533	426789	515901
2001	6874527	4507700	2099658	1637337	1286938	404087	1290595	157961	412757	505514
2002	6528674	4269779	1843995	1463573	1246545	357659	1290595	179962	332628	455710
2003	6216971	4380878	1942364	1534046	1265959	357378	867778	199331	318692	450292
2004	6332739	4485983	1999457	1582442	1308433	355451	883075	209422	315595	438664
2005	6447246	4564050	2042135	1622684	1349589	349533	916532	225697	312826	428141
2006	6681184	4728350	2099064	1678031	1426339	353565	957459	235466	323705	436204
2007	6964389	4913186	2122925	1715460	1558822	325212	931761	243460	356569	519413
2008	7251803	5174478	2201904	1791881	1678091	330525	938313	255149	356854	527009
2009	7781448	5535124	2329206	1905436	1854818	341910	1050991	275006	362665	557662
2010	8207502	5876158	2413259	1972840	2048071	353916	1091863	290161	370548	578772
2011	8616040	6202858	2466094	2020154	2244020	363993	1126443	305981	374885	605873
2012	9115705	6675549	2616064	2138836	2496599	377398	1094419	319117	372997	653623
2013	9790483	7210578	2794754	2285794	2783121	395578	1081063	359819	420971	718052
北京 Beijing	263146	203741	77114	72489	83879	12125	3530	13236	14716	27923
天津 Tianjin	106527	81083	32059	29659	29715	5059	4581	3867	9074	7922
河北 Hebei	492012	333032	150144	114550	111526	14415	83849	23492	18378	33261
山西 Shanxi	283860	203385	88182	74788	74849	9942	40856	10976	11086	17557
内蒙古 Inner Mongolia	195952	148202	62055	52500	52358	9546	19496	8038	8696	11520
辽宁 Liaoning	338443	254692	103344	92308	103409	13427	25634	13067	17262	27788
吉林 Jilin	200184	145934	61998	54450	52715	7924	19318	7593	12005	15334
黑龙江 Heilongjiang	279122	207601	80475	68154	73974	11455	25061	9889	16256	20315
上海 Shanghai	192333	157109	57944	54039	67939	8780	760	8921	9764	15779
江苏 Jiangsu	551113	428894	169641	143611	174158	24226	39774	17643	21459	43343
浙江 Zhejiang	427072	352466	138279	117370	132705	23036	8945	16846	13868	34947
安徽 Anhui	353799	253532	98613	75936	103404	12276	51621	13976	13276	21394
福建 Fujian	261784	197545	72642	61939	79929	13323	27922	8968	6861	20488
江西 Jiangxi	269819	190092	70251	58841	78209	13418	47485	7126	8086	17030
山东 Shandong	819348	596987	231754	194948	240078	31038	134372	30991	21060	35938
河南 Henan	716306	468536	180600	126036	176534	22882	121349	32848	32843	60730
湖北 Hubei	411184	309343	117191	96540	127871	17652	42859	16914	17830	24238
湖南 Hunan	442224	323082	127241	93980	125696	20126	48544	17043	22265	31290
广东 Guangdong	708036	553728	210306	170171	217629	35570	33280	23115	30148	67765
广西 Guangxi	334849	240892	83310	65219	94814	13154	37073	9770	15518	31596
海南 Hainan	63468	48108	16725	13301	20892	2539	3377	1957	3277	6749
重庆 Chongqing	197667	142133	55141	41712	55460	7209	23397	6118	9584	16435
四川 Sichuan	596001	426988	173890	139093	158457	21637	73907	17755	29630	47721
贵州 Guizhou	221575	155905	55959	44169	58666	6336	36302	8488	10090	10790
云南 Yunnan	265531	193217	74860	61338	73305	8136	35937	10095	8682	17600
西藏 Tibet	24653	11638	5176	3658	2397	540	10434	878	648	1055
陕西 Shaanxi	321908	239054	74397	60935	89551	13095	34692	4422	23029	20711
甘肃 Gansu	160695	118089	44887	36483	40954	5814	21966	4519	5277	10844
青海 Qinghai	44685	32431	13239	11332	11492	1675	6740	1801	1220	2493
宁夏 Ningxia	47609	37288	14317	12663	13978	2300	3664	1660	1904	3093
新疆 Xinjiang	189578	145851	53020	43582	56578	6923	14338	7807	7179	14403

注：1.卫生人员和卫生技术人员包括公务员中卫生监督员7000名。
2.2013年卫生人员数包括卫生计生部门主管的计划生育技术服务机构人员数。
3.执业(助理)医师数包括村卫生室执业(助理)医师数。
4.1985年以前乡村医生和卫生员系赤脚医生数。

a) Medical personnel and medical technical personnel include 7000 health supervisors in civil servants.
b) In 2013, medical personnel included personnel of family planning technical services institutions managed by family planning department.
c) Licensed (assistant) doctors include licensed (assistant) doctors in village clinics.
d) Before 1985, rural doctors and assistants referred to barefoot doctors.

22-3 每千人口卫生技术人员
Medical Technical Personnel in Health Care Institutions per 1000 Persons

单位：人 (person)

年份 Year / 地区 Region	卫生技术人员 Medical Technical Personnel			执业(助理)医师 Licensed (Assistant) Doctors			注册护士 Registered Nurses		
	合计 Total	城市 City	农村 Rural	合计 Total	城市 City	农村 Rural	合计 Total	城市 City	农村 Rural
1980	2.85	8.03	1.81	1.17	3.22	0.76	0.47	1.83	0.20
1985	3.28	7.92	2.09	1.36	3.35	0.85	0.61	1.85	0.30
1990	3.45	6.59	2.15	1.56	2.95	0.98	0.86	1.91	0.43
1995	3.59	5.36	2.32	1.62	2.39	1.07	0.95	1.59	0.49
1998	3.64	5.30	2.35	1.65	2.34	1.11	1.00	1.64	0.51
1999	3.64	5.24	2.38	1.67	2.33	1.14	1.02	1.64	0.52
2000	3.63	5.17	2.41	1.68	2.31	1.17	1.02	1.64	0.54
2001	3.62	5.15	2.38	1.69	2.32	1.17	1.03	1.65	0.54
2002	3.41	…	…	1.47	…	…	1.00	…	…
2003	3.48	4.88	2.26	1.54	2.13	1.04	1.00	1.59	0.50
2004	3.53	4.99	2.24	1.57	2.18	1.04	1.03	1.63	0.50
2005	3.50	5.82	2.69	1.56	2.46	1.26	1.03	2.10	0.65
2006	3.60	6.09	2.70	1.60	2.56	1.26	1.09	2.22	0.66
2007	3.72	6.44	2.69	1.61	2.61	1.23	1.18	2.42	0.70
2008	3.90	6.68	2.80	1.66	2.68	1.26	1.27	2.54	0.76
2009	4.15	7.15	2.94	1.75	2.83	1.31	1.39	2.82	0.81
2010	4.39	7.62	3.04	1.80	2.97	1.32	1.53	3.09	0.89
2011	4.61	6.68	2.66	1.83	2.62	1.10	1.67	2.62	0.79
2012	4.94	8.54	3.41	1.94	3.19	1.40	1.85	3.65	1.09
2013	5.27	9.18	3.64	2.04	3.39	1.48	2.04	4.00	1.22
北京 Beijing	15.46	15.88	8.14	5.85	5.98	3.67	6.36	6.57	2.76
天津 Tianjin	8.05	8.67	5.28	3.18	3.29	2.69	2.95	3.30	1.36
河北 Hebei	4.44	10.28	3.18	2.00	4.17	1.53	1.49	4.37	0.86
山西 Shanxi	5.77	10.87	3.78	2.50	4.38	1.77	2.12	4.69	1.12
内蒙古 Inner Mongolia	6.01	11.74	4.08	2.52	4.59	1.82	2.12	4.91	1.19
辽宁 Liaoning	6.01	7.62	4.14	2.44	2.95	1.85	2.44	3.39	1.34
吉林 Jilin	5.45	13.14	3.70	2.31	5.56	1.58	1.97	5.35	1.20
黑龙江 Heilongjiang	5.49	8.62	3.74	2.13	3.13	1.57	1.96	3.62	1.03
上海 Shanghai	10.97	11.13	7.66	4.05	4.03	4.28	4.74	4.87	2.29
江苏 Jiangsu	5.63	8.90	3.94	2.23	3.24	1.70	2.29	3.95	1.42
浙江 Zhejiang	7.30	10.30	5.69	2.86	3.83	2.34	2.75	4.24	1.95
安徽 Anhui	3.66	6.28	2.63	1.42	2.23	1.10	1.49	2.96	0.91
福建 Fujian	5.44	10.21	3.74	2.00	3.76	1.37	2.20	4.41	1.41
江西 Jiangxi	3.94	8.13	2.95	1.46	2.79	1.14	1.62	3.86	1.09
山东 Shandong	6.21	9.05	5.02	2.41	3.45	1.98	2.50	4.02	1.86
河南 Henan	4.24	9.34	3.09	1.64	3.21	1.28	1.60	4.34	0.98
湖北 Hubei	5.01	7.91	3.78	1.90	2.86	1.49	2.07	3.65	1.40
湖南 Hunan	4.52	9.42	3.37	1.78	3.35	1.41	1.76	4.49	1.12
广东 Guangdong	6.32	11.78	3.04	2.40	4.27	1.28	2.48	4.95	1.00
广西 Guangxi	4.44	7.56	3.35	1.54	2.62	1.16	1.75	3.32	1.19
海南 Hainan	5.29	9.82	3.84	1.84	3.35	1.35	2.30	4.64	1.55
重庆 Chongqing	4.23	4.84	3.55	1.64	1.78	1.49	1.65	2.10	1.14
四川 Sichuan	4.68	7.68	3.56	1.90	2.84	1.56	1.74	3.37	1.13
贵州 Guizhou	3.64	7.42	2.87	1.31	2.77	1.01	1.37	3.26	0.98
云南 Yunnan	4.20	9.96	3.27	1.63	3.97	1.25	1.59	4.14	1.18
西藏 Tibet	3.67	14.29	2.95	1.63	6.10	1.33	0.76	4.99	0.47
陕西 Shaanxi	6.04	9.01	4.54	1.88	2.96	1.34	2.26	3.92	1.42
甘肃 Gansu	4.33	6.76	3.29	1.65	2.64	1.22	1.50	2.80	0.95
青海 Qinghai	5.66	16.44	3.58	2.31	6.10	1.58	2.01	7.30	0.98
宁夏 Ningxia	5.58	9.07	3.11	2.14	3.32	1.31	2.09	3.75	0.92
新疆 Xinjiang	6.43	12.88	5.50	2.34	4.97	1.96	2.50	5.45	2.07

注：1.2002年以前，执业(助理)医师数系医生，执业医师数系医师，注册护士数系护师(士)。
2.城市包括直辖市区和地级市辖区，农村包括县及县级市。
3.分母为常住人口。

a) Before 2002, licensed (assistant) doctors referred to doctors, licensed doctors referred to doctors, registered nurses referred to nurses.
b) City includes district of municipalities and prefecture-level city, rural area include county and city at county level.
c) Total population used in this table are resident population.

22-4 村卫生室情况
Statistics on Village Clinics

年 份 Year 地 区 Region	村卫生室(个) Village Clinics (unit)						设卫生室的村数占行政村数% Villages with Clinics as % of Total
	合计 Total	村办 Run by Village	乡卫生院设点 Township Hospitals	联合办 Jointly Run	私人办 Run by Private	其他 Others	
1985	777674	305537	29769	88803	323904	29661	87.4
1990	803956	266137	29963	87149	381844	38863	86.2
1995	804352	297462	36388	90681	354981		88.9
2000	709458	300864	47101	89828	255179	16486	89.8
2005	583209	313633	32396	38561	180403	18216	85.8
2006	609128	333790	34803	36805	186524	17206	88.1
2007	613855	340082	33633	33649	186841	19650	88.7
2008	613143	342692	40248	31698	180157	18348	89.4
2009	632770	350515	45434	31035	183699	22087	90.4
2010	648424	365153	49678	32650	177080	23863	92.3
2011	662894	372661	56128	33639	175747	24719	93.4
2012	653419	370099	58317	32278	167025	25700	93.3
2013	648619	371579	59896	32690	158811	25643	93.0
北 京 Beijing	2888	2524	8	4	326	26	73.3
天 津 Tianjin	2247	889	540	181	235	402	60.1
河 北 Hebei	62311	29042	2426	1108	28391	1344	100.0
山 西 Shanxi	28241	21238	907	899	3429	1768	100.0
内蒙古 Inner Mongolia	14028	6421	1920	322	4970	395	100.0
辽 宁 Liaoning	20006	10469	342	940	8053	202	100.0
吉 林 Jilin	11527	4309	982	1328	4423	485	100.0
黑龙江 Heilongjiang	11778	9141	721	174	1272	470	100.0
上 海 Shanghai	1342	978	183	50		131	84.0
江 苏 Jiangsu	15575	8473	4344	2196	42	520	100.0
浙 江 Zhejiang	12504	8806	1261	218	1848	371	43.7
安 徽 Anhui	15310	7823	3507	1454	945	1581	100.0
福 建 Fujian	19408	12747	346	284	4658	1373	100.0
江 西 Jiangxi	31337	14385	230	1651	13438	1633	100.0
山 东 Shandong	53773	28693	15066	4904	3820	1290	71.9
河 南 Henan	56955	36938	615	3425	15133	844	100.0
湖 北 Hubei	24941	15526	4018	2464	2198	735	97.5
湖 南 Hunan	44929	33636	1680	1049	7673	891	100.0
广 东 Guangdong	28767	22641	1447	190	3936	553	100.0
广 西 Guangxi	21852	7929	1340	860	10344	1379	100.0
海 南 Hainan	2701	819	129	23	1608	122	100.0
重 庆 Chongqing	11009	6715	1222	413	1822	837	100.0
四 川 Sichuan	55165	26949	1838	2908	20144	3326	100.0
贵 州 Guizhou	21219	9461	2253	680	7159	1666	100.0
云 南 Yunnan	13341	10078	1239	798	555	671	100.0
西 藏 Tibet	5313	1746	2736	171		660	100.0
陕 西 Shaanxi	26018	19915	785	690	4519	109	97.3
甘 肃 Gansu	16752	8571	1344	1088	5307	442	100.0
青 海 Qinghai	4354	2102	471	723	885	173	100.0
宁 夏 Ningxia	2461	853	219	193	1098	98	100.0
新 疆 Xinjiang	10567	1762	5777	1302	580	1146	100.0

22-5 各类医疗卫生机构医疗服务及床位利用情况(2013年)
Number of Visits and Inpatients in Medical Institutions and Utilization of Beds (2013)

机构名称	Institutions	诊疗人次数(万人次) Visits (10 000 person-times)	入院人数(万人) Inpatients (10 000 persons)	医师日均担负诊疗人次(人次) Daily Visits Each Doctor (person-time)	实际开放总床日数(日) Days of Total Beds Actually Opened (day)	平均开放病床(张) Average Beds Opened (bed)
总计	**Total**	**731401**	**19215**	**8.4**	**2148404431**	**5886040**
医院	Hospitals	274178	14007	7.3	1598950217	4380686
综合医院	General Hospitals	201576	10848	7.3	1139573537	3122119
中医医院	Hospitals Specialized in Traditional Chinese Medicine	43726	1827	7.9	213152174	583979
中西医结合医院	Hospital of Integrated Traditional Chinese with Western Medicine	4466	156	8.3	20147550	55199
民族医院	Nationalities Hospitals	760	41	5.1	6329659	17342
专科医院	Specialized Hospitals	23575	1132	6.2	214656106	588099
护理院	Nursing Hospital	73	4	3.6	5091191	13948
基层医疗卫生机构	Basic Medical Institutions	432431	4300	10.2	462413044	1266885
社区卫生服务中心(站)	Community Health Service Centers	65710	322	15.4	62810315	172083
卫生院	Health Centers	101712	3958	9.3	399496179	1094510
街道卫生院	Urban Health Centers	1000	21	10.8	3158298	8653
乡镇卫生院	Township Health Centers	100713	3937	9.3	396337881	1085857
村卫生室	Village Clinics	201218				
门诊部	Outpatient Department	8379	20			
专业公共卫生机构	Specialized Public Health Institutions	24206	860	8.3	74591707	204361
专科疾病防治院(所、站)	Specialized Disease Prevention & Treatment Institution	2187	54	5.3	13053352	35763
妇幼保健院(所、站)	Women and Children Care Agencies	21508	806	8.9	61538355	168598
急救中心站(站)	First-Aid Centers	511				
其他医疗卫生机构	Other Institutions	586	47	6.5	12449463	34108
疗养院	Sanatoriums	223	47	2.6	12449463	34108
临床检验中心	Clinical Laboratory Center	362				

22-5 续表 continued

机构名称	Institutions	病床周转次数(次) Turnover of Beds (time)	病床工作日(日) Working Days of Beds (day)	病床使用率(%) Utilization Rate of Beds (%)	平均住院日(日) Average Stay Days in Hospital (day)
总计	**Total**	**32.5**	**300.8**	**82.4**	**8.9**
医院	Hospitals	31.8	324.8	89.0	9.8
综合医院	General Hospitals	34.6	327.6	89.8	9.2
中医医院	Hospitals Specialized in Traditional Chinese Medicine	31.1	323.3	88.6	10.1
中西医结合医院	Hospital of Integrated Traditional Chinese with Western Medicine	27.9	312.9	85.7	10.9
民族医院	Nationalities Hospitals	23.2	263.2	72.1	10.9
专科医院	Specialized Hospitals	19.1	315.3	86.4	14.9
护理院	Nursing Hospital	2.7	285.1	78.1	76.6
基层医疗卫生机构	Basic Medical Institutions	33.8	225.9	61.9	6.2
社区卫生服务中心(站)	Community Health Service Centers	18.8	205.1	56.2	9.4
卫生院	Health Centers	36.0	229.2	62.8	5.9
街道卫生院	Urban Health Centers	24.7	207.8	56.9	7.2
乡镇卫生院	Township Health Centers	36.1	229.3	62.8	5.9
村卫生室	Village Clinics				
门诊部	Outpatient Department				
专业公共卫生机构	Specialized Public Health Institutions	41.9	269.0	73.7	6.2
专科疾病防治院(所、站)	Specialized Disease Prevention & Treatment Institution	15.0	267.6	73.3	15.8
妇幼保健院(所、站)	Women and Children Care Agencies	47.6	269.3	73.8	5.5
急救中心	First-Aid Centers				
其他机构	Other Institutions	13.8	194.1	53.2	9.5
疗养院	Sanatoriums	13.8	194.1	53.2	9.5
临床检验中心	Clinical Laboratory Center				

22-6 医疗卫生机构床位
Number of Beds in Health Care Institutions

单位：万张 (10 000 beds)

年份 Year 地区 Region	合计 Total	#医院 Hospitals	#基层医疗卫生机构 Health Care Institutions at Grass-root Level	#社区卫生服务中心(站) Health Service Centers for Community (stations)	#乡镇卫生院 Township Health Centers	#专业公共卫生机构 Specialized Public Health Institutions	#妇幼保健院(所、站) Maternity and Child Care Centers (Institutions, Stations)	#专科疾病防治院(所、站) Specialized Prevention & Treatment Centers (Institutions, Stations)
1978	204.17	110.00			74.73		1.16	2.63
1980	218.44	119.58			77.54		1.64	2.73
1985	248.71	150.86			72.06		3.46	2.95
1990	292.54	186.89			72.29		4.66	3.10
1991	299.19	192.61			72.92		4.80	3.17
1992	304.94	197.66			73.28		5.00	3.22
1993	309.90	203.64			73.08		4.50	3.03
1994	313.40	207.04			73.24		4.80	2.98
1995	314.06	206.33			73.31		5.13	3.07
1996	309.96	209.65			73.47		5.60	2.83
1997	313.45	211.92			74.24		6.02	3.06
1998	314.30	213.41			73.77		6.30	2.90
1999	315.90	215.07			73.40		6.63	2.93
2000	317.70	216.67	76.65		73.48	11.86	7.12	2.84
2001	320.12	215.56	77.14		74.00	12.02	7.40	2.70
2002	313.61	222.18	71.05	1.20	67.13	12.37	7.98	3.18
2003	316.40	226.95	71.05	1.21	67.27	12.61	8.09	3.38
2004	326.84	236.35	71.44	1.81	66.89	12.73	8.70	3.12
2005	336.75	244.50	72.58	2.50	67.82	13.58	9.41	3.34
2006	351.18	256.04	76.19	4.12	69.62	13.50	9.93	2.80
2007	370.11	267.51	85.03	7.66	74.72	13.29	10.62	2.59
2008	403.87	288.29	97.10	9.80	84.69	14.66	11.73	2.64
2009	441.66	312.08	109.98	13.13	93.34	15.40	12.61	2.71
2010	478.68	338.74	119.22	16.88	99.43	16.45	13.44	2.93
2011	515.99	370.51	123.37	18.71	102.63	17.81	14.59	3.14
2012	572.48	416.15	132.43	20.32	109.93	19.82	16.16	3.57
2013	618.19	457.86	134.99	19.42	113.65	21.49	17.55	3.85
北京 Beijing	10.40	9.66	0.46	0.45		0.24	0.05	0.18
天津 Tianjin	5.77	4.91	0.72	0.31	0.40	0.11	0.06	0.05
河北 Hebei	30.35	22.04	7.03	0.88	6.08	1.18	0.08	1.09
山西 Shanxi	17.26	12.83	3.90	0.47	2.85	0.37	0.02	0.35
内蒙古 Inner Mongolia	12.01	9.16	2.42	0.61	1.79	0.36	0.03	0.33
辽宁 Liaoning	24.19	19.75	3.48	0.53	2.89	0.37	0.23	0.12
吉林 Jilin	13.32	10.63	2.10	0.31	1.78	0.31	0.10	0.21
黑龙江 Heilongjiang	18.92	15.13	2.89	0.75	2.09	0.74	0.37	0.37
上海 Shanghai	11.43	9.47	1.73	1.73		0.16	0.03	0.13
江苏 Jiangsu	36.83	28.62	7.41	1.88	5.50	0.54	0.12	0.42
浙江 Zhejiang	23.01	19.71	2.34	0.78	1.51	0.75	0.07	0.68
安徽 Anhui	23.60	17.15	5.78	0.75	4.98	0.57	0.22	0.36
福建 Fujian	15.61	11.48	3.22	0.29	2.93	0.66	0.14	0.52
江西 Jiangxi	17.43	11.48	4.74	0.38	4.33	1.03	0.24	0.79
山东 Shandong	48.97	34.21	12.27	1.74	10.42	2.02	0.44	1.54
河南 Henan	42.98	30.65	10.42	0.97	9.37	1.90	0.12	1.77
湖北 Hubei	28.82	20.02	7.47	1.14	6.18	1.32	0.25	1.07
湖南 Hunan	31.41	21.50	8.54	0.72	7.73	1.35	0.37	0.98
广东 Guangdong	37.84	29.42	5.99	0.73	5.11	2.24	0.50	1.74
广西 Guangxi	18.72	11.85	5.64	0.09	5.55	1.11	0.05	1.06
海南 Hainan	3.21	2.46	0.58	0.05	0.53	0.13	0.01	0.13
重庆 Chongqing	14.74	9.91	4.47	0.66	3.68	0.29	0.01	0.28
四川 Sichuan	42.66	28.92	12.60	1.08	11.44	1.10	0.12	0.97
贵州 Guizhou	16.67	12.04	4.15	0.45	3.66	0.47	0.05	0.42
云南 Yunnan	21.01	15.61	4.67	0.45	4.20	0.63	0.07	0.56
西藏 Tibet	1.10	0.73	0.32	0.01	0.32	0.05		0.05
陕西 Shaanxi	18.51	14.21	3.42	0.41	2.98	0.74	0.08	0.66
甘肃 Gansu	11.61	8.45	2.72	0.35	2.34	0.36		0.35
青海 Qinghai	2.95	2.36	0.57	0.13	0.43	0.03		0.03
宁夏 Ningxia	3.11	2.71	0.31	0.02	0.28	0.09		0.09
新疆 Xinjiang	13.73	10.79	2.64	0.30	2.30	0.27	0.01	0.25

22-7 分城乡医疗卫生机构床位数
Number of Beds in Health Institutions by Urban and Rural Areas

单位：张 (bed)

年份 Year 地区 Region		医疗卫生机构床位数 Beds of Medical Institutions			每千人口医疗卫生机构床位 Beds of Medical Institutions per 1000 Population		每千农业人口乡镇卫生院床位数 Beds of Township Health Centers per 1000 Rural Population
	合计 Total	城市 Urban	农村 Rural	合计 Total	城市 Urban	农村 Rural	
2007	3701076	1831308	1869768	2.83	4.90	2.00	0.85
2008	4038707	1963581	2075126	3.05	5.17	2.20	0.96
2009	4416612	2126302	2290310	3.32	5.54	2.41	1.05
2010	4786831	2302297	2484534	3.58	5.94	2.60	1.12
2011	5159889	2475222	2684667	3.84	6.24	2.80	1.16
2012	5724775	2733403	2991372	4.24	6.88	3.11	1.24
2013	6181891	2948465	3233426	4.55	7.36	3.35	1.30
北京 Beijing	104011	101544	2467	4.92	8.15	3.47	
天津 Tianjin	57743	50781	6962	3.92	6.16	3.82	1.06
河北 Hebei	303497	115897	187600	4.14	8.72	3.04	1.20
山西 Shanxi	172620	84152	88468	4.76	8.49	3.49	1.22
内蒙古 Inner Mongolia	120065	57701	62364	4.81	9.30	3.38	1.23
辽宁 Liaoning	241860	159056	82804	5.51	6.99	4.22	1.41
吉林 Jilin	133245	66723	66522	4.84	13.43	3.05	1.25
黑龙江 Heilongjiang	189183	114578	74605	4.93	8.43	3.08	1.08
上海 Shanghai	114314	111109	3205	4.73	8.15	4.70	
江苏 Jiangsu	368287	193072	175215	4.64	7.44	3.49	1.70
浙江 Zhejiang	230056	121919	108137	4.18	7.22	3.44	0.46
安徽 Anhui	235959	110629	125330	3.91	5.65	2.52	0.93
福建 Fujian	156149	68608	87541	4.14	7.21	3.26	1.22
江西 Jiangxi	174299	65245	109054	3.85	7.05	2.80	1.22
山东 Shandong	489737	200640	289097	5.03	7.07	4.27	1.90
河南 Henan	429810	172656	257154	4.57	8.44	2.86	1.10
湖北 Hubei	288169	133439	154730	4.97	7.23	3.58	1.53
湖南 Hunan	314090	118137	195953	4.69	8.69	3.39	1.39
广东 Guangdong	378367	253548	124819	3.55	7.71	2.28	1.26
广西 Guangxi	187216	71404	115812	3.97	5.06	2.89	1.27
海南 Hainan	32100	13671	18429	3.59	6.19	2.68	0.94
重庆 Chongqing	147436	81890	65546	4.96	4.58	4.17	1.83
四川 Sichuan	426635	168428	258207	5.26	6.82	3.88	1.76
贵州 Guizhou	166724	50592	116132	4.76	6.96	3.26	1.02
云南 Yunnan	210125	56675	153450	4.48	8.90	3.87	1.25
西藏 Tibet	11003	2081	8922	3.53	10.32	3.00	1.21
陕西 Shaanxi	185139	90961	94178	4.92	6.85	3.58	1.21
甘肃 Gansu	116064	50794	65270	4.49	6.24	3.41	1.18
青海 Qinghai	29529	12995	16534	5.11	14.02	3.45	1.30
宁夏 Ningxia	31134	21188	9946	4.76	7.66	2.54	0.70
新疆 Xinjiang	137325	28352	108973	6.06	9.92	5.50	1.77

注：人口数采用年末常住人口。
a) Figures of population come from usual population at year-end.

22-8 分地区医院床位利用情况(2013年)
Utilization of Beds in Hospitals by Region (2013)

地区	Region	病床工作日(日) Work Day of Beds (day)			病床使用率(%) Utilization Rate of Beds(%)			出院者平均住院日(日) Average Say Days in Hospital (day)		
		合计 Total	公立 State	民营 Private	合计 Total	公立 State	民营 Private	合计 Total	公立 State	民营 Private
总 计	**National Total**	**324.8**	**341.2**	**231.4**	**89.0**	**93.5**	**63.4**	**9.8**	**10.0**	**8.4**
北 京	Beijing	304.8	327.6	191.0	83.5	89.7	52.3	11.9	12.0	11.1
天 津	Tianjin	309.6	328.3	199.2	84.8	89.9	54.6	11.2	11.3	11.0
河 北	Hebei	322.1	335.0	229.4	88.3	91.8	62.9	9.2	9.4	8.0
山 西	Shanxi	295.0	306.2	220.3	80.8	83.9	60.3	11.1	11.3	9.0
内蒙古	Inner Mongolia	287.2	297.8	187.9	78.7	81.6	51.5	10.2	10.3	8.3
辽 宁	Liaoning	323.1	335.5	225.1	88.5	91.9	61.7	11.5	11.7	10.0
吉 林	Jilin	294.1	315.2	162.7	80.6	86.4	44.6	10.1	10.2	8.7
黑龙江	Heilongjiang	309.6	323.1	188.7	84.8	88.5	51.7	11.0	11.2	8.8
上 海	Shanghai	347.3	358.6	237.1	95.2	98.3	65.0	11.1	11.0	14.7
江 苏	Jiangsu	332.4	354.7	264.7	91.1	97.2	72.5	10.3	10.7	9.1
浙 江	Zhejiang	340.3	357.2	243.7	93.2	97.9	66.8	10.4	10.2	11.7
安 徽	Anhui	316.9	335.2	245.5	86.8	91.8	67.3	9.2	9.3	8.4
福 建	Fujian	322.9	339.6	209.5	88.5	93.1	57.4	8.7	9.0	6.6
江 西	Jiangxi	340.3	350.5	261.7	93.2	96.0	71.7	9.2	9.5	7.0
山 东	Shandong	310.8	332.1	198.2	85.2	91.0	54.3	9.6	9.7	8.5
河 南	Henan	330.9	339.3	264.1	90.7	92.9	72.3	10.0	10.1	9.3
湖 北	Hubei	352.3	364.0	240.1	96.5	99.7	65.8	10.0	10.2	7.5
湖 南	Hunan	344.1	357.4	234.4	94.3	97.9	64.2	9.5	9.7	7.2
广 东	Guangdong	318.7	333.0	222.7	87.3	91.2	61.0	8.9	9.0	7.9
广 西	Guangxi	356.0	363.2	240.8	97.5	99.5	66.0	9.2	9.3	8.1
海 南	Hainan	310.0	314.9	196.6	84.9	86.3	53.9	9.7	9.8	7.3
重 庆	Chongqing	327.0	345.8	244.0	89.6	94.7	66.8	9.9	10.4	7.5
四 川	Sichuan	348.2	373.8	259.8	95.4	102.4	71.2	10.3	10.7	8.4
贵 州	Guizhou	311.1	347.2	231.6	85.2	95.1	63.5	8.5	9.4	6.4
云 南	Yunnan	311.7	342.1	215.1	85.4	93.7	58.9	9.3	9.7	7.8
西 藏	Tibet	268.9	271.4	233.5	73.7	74.4	64.0	10.5	11.0	6.0
陕 西	Shaanxi	320.0	339.7	212.0	87.7	93.1	58.1	9.8	9.9	9.0
甘 肃	Gansu	308.7	312.5	259.9	84.6	85.6	71.2	9.7	9.8	8.6
青 海	Qinghai	314.6	322.3	232.9	86.2	88.3	63.8	10.4	10.7	7.5
宁 夏	Ningxia	327.6	345.0	213.6	89.7	94.5	58.5	10.2	10.4	8.2
新 疆	Xinjiang	322.7	341.0	197.5	88.4	93.4	54.1	9.1	9.3	7.1

22-9 分地区按床位数分组的社区卫生服务中心(站)(2013年)
Community Health Service Centers (Stations) by Grouping of Beds and Region(2013)

单位：个 (unit)

地区	Region	社区卫生服务中心 Community Health Service Centers							社区卫生服务站 Community Health Service Stations			
		总计 Total	无床 No Bed	1-9张 1-9 Beds	10-29张 10-29 Beds	30-49张 30-49 Beds	50-99张 50-99 Beds	100张及以上 100 Beds and Above	总计 Total	无床 No Bed	1-9张 1-9 Beds	10张及以上 10 Beds and Above
总　计	**Total**	**8488**	**3907**	**510**	**1810**	**1071**	**927**	**263**	**25477**	**22721**	**1928**	**828**
北　京	Beijing	316	157	38	71	26	16	8	1555	1555		
天　津	Tianjin	108	40		15	14	37	2	455	455		
河　北	Hebei	258	62	30	98	41	26	1	857	487	208	162
山　西	Shanxi	203	76	19	63	26	14	5	611	492	87	32
内蒙古	Inner Mongolia	276	96	43	105	20	10	2	872	498	292	82
辽　宁	Liaoning	351	231	8	49	24	25	14	785	778	2	5
吉　林	Jilin	198	99	18	38	21	21	1	163	113	46	4
黑龙江	Heilongjiang	432	213	40	94	40	41	4	342	182	113	47
上　海	Shanghai	301	98	6	15	42	79	61	708	708		
江　苏	Jiangsu	528	130	6	114	133	111	34	2219	2108	101	10
浙　江	Zhejiang	486	214	49	110	69	38	6	5777	5770	4	3
安　徽	Anhui	414	142	38	127	58	42	7	1528	1528		
福　建	Fujian	221	118	9	52	25	17		312	312		
江　西	Jiangxi	164	49	25	50	27	11	2	443	280	138	25
山　东	Shandong	509	205	24	107	79	69	25	1799	1422	257	120
河　南	Henan	383	131	12	106	80	48	6	898	778	91	29
湖　北	Hubei	334	123	3	58	51	80	19	897	820	57	20
湖　南	Hunan	276	73	19	103	42	34	5	379	333	35	11
广　东	Guangdong	1036	850	19	66	46	42	13	1453	1451	1	1
广　西	Guangxi	133	104	3	15	6	4	1	128	124	2	2
海　南	Hainan	22	13		3	1	4	1	122	110	11	1
重　庆	Chongqing	198	94	1	24	28	34	17	295	285	6	4
四　川	Sichuan	379	137	18	104	55	53	12	528	407	65	56
贵　州	Guizhou	145	49	14	41	24	15	2	421	261	94	66
云　南	Yunnan	151	54	11	37	25	20	4	306	208	63	35
西　藏	Tibet	7	2	2	3				2		2	
陕　西	Shaanxi	246	132	20	42	33	16	3	337	276	29	32
甘　肃	Gansu	204	94	28	53	20	7	2	411	287	87	37
青　海	Qinghai	16	4	2	6		3	1	161	48	88	25
宁　夏	Ningxia	12	10		1	1			100	76	19	5
新　疆	Xinjiang	181	107	5	40	14	10	5	613	569	30	14

22-10 分地区医疗卫生机构门诊服务情况(2013年)
Outpatient Services of Health Institutions by Region (2013)

地 区	Region	诊疗人次数(亿人次) Visits (100 million person-times)	#门急诊 Outpatients with Emergency Treatment	观察室留观病例数(万人) Cases in Observation Room (10 000 persons)	健康检查人数(万人) Number of Health Examinations (10 000 persons)	急诊病死率(%) Fatality Rate among Emergency Admissions (%)	观察室病死率(%) Fatality Rate in Observation Room (%)	居民平均就诊次数(次) Average Number of Visits of Doctors (time)
总 计	**National Total**	**73.14**	**69.61**	**6410.39**	**38832.57**	**0.07**	**0.06**	**5.38**
北 京	Beijing	2.05	2.02	299.53	560.03	0.08	0.07	9.68
天 津	Tianjin	1.05	1.01	182.87	360.82	0.09	0.05	7.15
河 北	Hebei	3.93	3.52	200.20	1500.67	0.18	0.09	5.36
山 西	Shanxi	1.25	1.14	65.57	2928.01	0.18	0.08	3.44
内蒙古	Inner Mongolia	0.99	0.91	46.82	529.41	0.10	0.18	3.96
辽 宁	Liaoning	1.78	1.64	298.68	898.33	0.13	0.10	4.06
吉 林	Jilin	1.02	0.90	55.76	413.37	0.10	0.21	3.71
黑龙江	Heilongjiang	1.21	1.09	49.07	592.60	0.11	0.35	3.15
上 海	Shanghai	2.34	2.30	31.59	676.94	0.14	1.39	9.69
江 苏	Jiangsu	4.94	4.79	216.83	2600.03	0.04	0.04	6.23
浙 江	Zhejiang	4.75	4.66	123.37	2203.07	0.04	0.15	8.64
安 徽	Anhui	2.55	2.42	189.20	1333.57	0.08	0.01	4.22
福 建	Fujian	2.04	1.96	94.71	939.62	0.03	0.02	5.40
江 西	Jiangxi	1.99	1.88	217.22	1134.05	0.03	0.01	4.39
山 东	Shandong	6.22	5.89	462.87	2809.78	0.18	0.09	6.39
河 南	Henan	5.19	4.84	207.03	2807.30	0.09	0.06	5.51
湖 北	Hubei	3.21	3.06	410.53	1731.37	0.07	0.04	5.53
湖 南	Hunan	2.44	2.29	465.21	1601.73	0.03	0.04	3.65
广 东	Guangdong	7.58	7.36	676.19	3704.85	0.03	0.05	7.12
广 西	Guangxi	2.50	2.42	197.88	1334.24	0.03	0.02	5.29
海 南	Hainan	0.42	0.42	20.05	163.27	0.04	0.01	4.74
重 庆	Chongqing	1.39	1.31	358.83	684.75	0.07	0.00	4.68
四 川	Sichuan	4.35	4.18	416.94	2738.85	0.07	0.03	5.37
贵 州	Guizhou	1.27	1.20	249.89	855.02	0.04	0.02	3.62
云 南	Yunnan	2.11	2.05	443.97	891.00	0.05	0.04	4.51
西 藏	Tibet	0.12	0.11	13.67	90.60	0.05	0.04	3.78
陕 西	Shaanxi	1.72	1.66	30.14	827.34	0.10	0.09	4.57
甘 肃	Gansu	1.24	1.15	174.11	887.38	0.14	0.02	4.80
青 海	Qinghai	0.22	0.21	65.44	177.67	0.23	0.02	3.81
宁 夏	Ningxia	0.33	0.32	72.68	266.38	0.14	0.01	5.10
新 疆	Xinjiang	0.94	0.90	73.52	590.51	0.13	0.11	4.14

22-11 分地区医疗卫生机构住院服务情况(2013年)
Hospitalization Services in Health Institutions by Region (2013)

地区	Region	入院人数(万人) Number of Inpatients (10 000 persons)	出院人数(万人) Patients Discharged (10 000 persons)	住院病人手术人次(万人次) Surgical Operation of Hospitalized (10 000 person-times)	病死率(%) Fatality Rate (%)	每床出院人数(人) Patients Discharged per Beds (person)	每百门急诊入院人数(人) Inpatients per 100 Outpatient and Emergency Visits (person)	居民年住院率(%) Annual Hospitalization Rate of Residents (%)
总 计	**National Total**	**19215.46**	**19119.93**	**3982.76**	**0.34**	**31.0**	**4.3**	**14.1**
北 京	Beijing	246.31	245.62	97.32	1.20	23.6	1.3	11.6
天 津	Tianjin	135.91	135.65	48.02	0.62	23.5	1.6	9.2
河 北	Hebei	922.53	919.38	169.17	0.24	30.3	5.7	12.6
山 西	Shanxi	367.01	366.22	80.91	0.22	21.3	5.3	10.1
内蒙古	Inner Mongolia	283.62	284.50	55.33	0.43	23.8	4.7	11.4
辽 宁	Liaoning	595.09	589.86	113.29	0.79	24.5	5.2	13.6
吉 林	Jilin	307.72	304.70	60.47	0.83	23.0	5.2	11.2
黑龙江	Heilongjiang	471.22	469.47	109.11	0.79	24.8	6.3	12.3
上 海	Shanghai	291.04	290.01	139.01	1.60	25.4	1.4	12.1
江 苏	Jiangsu	1053.69	1049.27	264.72	0.17	28.5	2.9	13.3
浙 江	Zhejiang	689.52	686.29	216.73	0.25	29.9	1.8	12.5
安 徽	Anhui	762.58	756.04	149.25	0.26	32.1	5.3	12.6
福 建	Fujian	527.67	525.34	103.23	0.11	33.7	4.0	14.0
江 西	Jiangxi	688.66	686.17	103.52	0.13	39.4	7.6	15.2
山 东	Shandong	1414.84	1406.16	262.21	0.31	28.8	4.9	14.5
河 南	Henan	1327.40	1317.63	246.32	0.19	30.7	5.2	14.1
湖 北	Hubei	952.36	950.78	181.63	0.32	33.0	5.2	16.4
湖 南	Hunan	1160.75	1152.24	173.30	0.13	36.7	8.6	17.3
广 东	Guangdong	1297.56	1296.69	436.42	0.49	34.3	2.4	12.2
广 西	Guangxi	818.75	816.19	114.21	0.32	43.6	5.6	17.4
海 南	Hainan	90.95	90.59	14.47	0.22	28.2	3.0	10.2
重 庆	Chongqing	507.15	503.78	86.82	0.35	34.2	6.3	17.1
四 川	Sichuan	1451.85	1443.45	252.42	0.41	33.9	5.7	17.9
贵 州	Guizhou	653.52	646.07	96.22	0.15	38.9	9.7	18.7
云 南	Yunnan	675.03	671.00	128.79	0.28	31.9	5.3	14.4
西 藏	Tibet	19.47	19.89	3.18	0.05	18.1	2.5	6.2
陕 西	Shaanxi	547.37	543.38	115.99	0.26	29.4	5.7	14.5
甘 肃	Gansu	318.82	320.56	52.48	0.18	27.6	5.1	12.3
青 海	Qinghai	82.33	80.81	13.16	0.24	27.4	5.8	14.2
宁 夏	Ningxia	90.71	90.19	20.49	0.24	29.0	4.0	13.9
新 疆	Xinjiang	464.05	462.00	74.57	0.29	33.7	6.7	20.5

22-12 社区卫生服务中心(站)医疗服务情况
Medical Services of Community Health Service Centers (Stations)

年份 地区	Year Region	社区卫生服务中心 Community Health Service Centers						社区卫生服务站 Community Health Service Stations	
		诊疗人次 (万人次) Number of Visits (10 000 person-times)	入院人数 (人) Number of Inpatients (person)	病床使用率 (%) Utilization Rate of Beds (%)	平均住院日 (日) Average Duration of Hospitali-zation(day)	医师日均担负诊疗人次(人次) Daily Visits Per Doctor (person-time)	医师日均担负住院床日(日) Daily Inpatients Each Doctor (day)	诊疗人次 (万人次) Visits of Community Health Service Stations (10 000 person-times)	医师日均担负诊疗人次(人次) Daily Visits Per Doctor (person-time)
	2004	4615.6	151965	61.2	21.0			5095.5	
	2005	5938.5	266215	60.7	17.2			6281.5	
	2006	8285.5	436288	57.9	15.5			9378.9	
	2007	12712.4	743186	59.6	13.1			9875.0	
	2008	17247.3	1032788	58.7	13.4	12.9	0.8	8425.1	12.5
	2009	26080.2	1642427	59.8	10.6	14.0	0.7	11617.3	13.7
	2010	34740.4	2180577	56.1	10.4	13.6	0.7	13711.1	13.6
	2011	40950.0	2473426	54.4	10.2	14.0	0.7	13703.8	13.7
	2012	45475.1	2686554	55.5	10.1	14.8	0.7	14393.6	14.0
	2013	50788.6	2920630	57.0	9.8	15.7	0.7	14921.2	14.3
北　京	Beijing	4236.2	33943	37.0	16.2	16.8	0.2	510.1	22.2
天　津	Tianjin	1676.7	12137	19.3	11.4	27.5	0.2	16.6	22.8
河　北	Hebei	599.5	64661	51.6	7.6	8.7	0.7	984.6	11.9
山　西	Shanxi	369.3	41018	54.7	12.9	5.7	0.6	408.3	7.5
内蒙古	Inner Mongolia	397.0	43317	48.2	7.9	6.4	0.5	466.7	9.1
辽　宁	Liaoning	897.0	88252	52.8	8.9	10.2	0.7	454.5	10.7
吉　林	Jilin	314.5	25846	30.3	9.2	5.1	0.3	57.7	11.5
黑龙江	Heilongjiang	574.8	49447	47.4	14.0	5.2	0.5	191.2	8.1
上　海	Shanghai	8086.4	92656	88.4	52.7	27.8	1.3		
江　苏	Jiangsu	5443.9	300312	48.7	9.5	18.0	0.7	1432.8	23.3
浙　江	Zhejiang	7676.0	63740	39.4	15.6	22.5	0.2	531.5	22.3
安　徽	Anhui	991.5	134430	44.6	7.1	10.7	0.8	1013.8	12.1
福　建	Fujian	1009.6	70627	45.5	6.2	13.5	0.4	335.9	13.8
江　西	Jiangxi	330.5	57026	56.2	7.1	7.9	0.8	328.5	10.7
山　东	Shandong	1672.8	226130	48.1	8.6	9.1	0.8	1408.5	12.6
河　南	Henan	1022.3	147920	48.4	8.5	9.1	0.9	1003.3	15.9
湖　北	Hubei	1319.9	276007	70.9	8.4	9.9	1.3	682.0	18.2
湖　南	Hunan	759.7	210669	69.3	7.0	7.6	1.1	218.3	7.5
广　东	Guangdong	8822.0	160468	51.5	7.9	24.1	0.3	2207.5	32.4
广　西	Guangxi	525.2	14955	56.2	8.3	12.9	0.2	166.4	12.9
海　南	Hainan	86.3	16777	91.8	7.0	12.5	1.4	193.6	15.8
重　庆	Chongqing	572.8	225281	77.3	7.4	8.7	1.8	134.3	14.6
四　川	Sichuan	1652.6	234078	67.3	8.4	13.2	1.1	405.7	12.0
贵　州	Guizhou	179.1	120261	70.6	4.5	8.0	1.8	268.9	9.8
云　南	Yunnan	341.3	67753	62.1	8.7	11.6	1.6	257.1	11.6
西　藏	Tibet	1.9		22.3		1.7		1.1	6.1
陕　西	Shaanxi	470.4	60870	47.4	9.1	8.8	0.7	284.0	11.6
甘　肃	Gansu	277.8	33732	59.6	6.7	7.3	0.6	318.5	10.3
青　海	Qinghai	60.9	4904	63.1	12.2	10.8	1.0	161.6	14.9
宁　夏	Ningxia	10.8	173	29.4	9.8	5.8	0.1	119.2	15.9
新　疆	Xinjiang	410.1	43240	50.8	8.8	10.3	0.8	359.1	11.1

22-13 乡镇卫生院医疗服务情况
Situations of Medical Services in Township Health Centers

年份 Year 地区 Region	诊疗人次 (亿人次) Number of Visits (100 million person-times)	入院人数 (万人) Number of Inpatients (10 000 persons)	病床使用率 (%) Utilization Rate of Beds (%)	平均住院日 (日) Average Duration of Hospitalization (day)
1981	14.38	2123	53.5	6.3
1985	11.00	1771	46.0	5.9
1990	10.65	1958	43.4	5.2
1995	9.38	1960	40.2	4.6
1996	9.44	1916	37.0	4.4
1997	9.16	1918	34.5	4.5
1998	8.74	1751	33.3	4.6
1999	8.38	1688	32.8	4.6
2000	8.24	1708	33.2	4.6
2001	8.24	1700	31.3	4.5
2002	7.10	1625	34.7	4.0
2003	6.91	1608	36.2	4.2
2004	6.81	1599	37.1	4.4
2005	6.79	1622	37.7	4.6
2006	7.01	1836	39.4	4.6
2007	7.59	2662	48.4	4.8
2008	8.27	3313	55.8	4.4
2009	8.77	3808	60.7	4.8
2010	8.74	3630	59.0	5.2
2011	8.66	3449	58.1	5.6
2012	9.68	3908	62.1	5.7
2013	10.07	3937	62.8	5.9
北京 Beijing				
天津 Tianjin	0.06	8.76	46.0	6.6
河北 Hebei	0.43	157.29	58.3	7.0
山西 Shanxi	0.16	45.33	44.4	7.5
内蒙古 Inner Mongolia	0.13	35.25	40.2	5.2
辽宁 Liaoning	0.16	62.13	48.2	6.7
吉林 Jilin	0.10	20.90	32.2	7.0
黑龙江 Heilongjiang	0.10	64.87	60.1	5.7
上海 Shanghai				
江苏 Jiangsu	0.79	147.91	61.2	7.3
浙江 Zhejiang	0.78	19.54	35.8	8.9
安徽 Anhui	0.43	172.28	62.4	5.8
福建 Fujian	0.23	110.01	59.5	5.5
江西 Jiangxi	0.27	231.25	76.2	4.7
山东 Shandong	0.81	280.71	55.3	6.8
河南 Henan	0.89	283.29	61.7	6.9
湖北 Hubei	0.56	220.90	75.7	7.0
湖南 Hunan	0.42	349.16	74.6	5.6
广东 Guangdong	0.70	181.78	54.6	5.1
广西 Guangxi	0.50	309.51	75.7	4.6
海南 Hainan	0.11	8.38	33.7	6.5
重庆 Chongqing	0.22	161.02	77.9	6.2
四川 Sichuan	0.91	466.70	71.3	5.9
贵州 Guizhou	0.23	204.18	70.5	4.2
云南 Yunnan	0.40	151.26	62.2	5.8
西藏 Tibet	0.04	2.72	28.9	4.8
陕西 Shaanxi	0.20	71.91	49.4	7.2
甘肃 Gansu	0.22	60.58	57.3	6.2
青海 Qinghai	0.03	16.56	59.7	4.3
宁夏 Ningxia	0.06	5.40	53.4	7.2
新疆 Xinjiang	0.15	87.56	70.2	5.7

22-14 甲乙类法定报告传染病发病人数及死亡人数排序(2013年)
Ranking List of Infectious Diseases Reported and Number of Deaths of Class A and B (2013)

单位：人 (person)

顺位 No.	发病 Diseases			死亡 Death		
	疾病名称	Diseases	发病人数 Persons	疾病名称	Diseases	死亡人数 Persons
1	病毒性肝炎	Viral Hepatitis	1251872	艾滋病	AIDS	11437
2	肺结核	Pulmonary Tuberculosis	904434	肺结核	Pulmonary Tuberculosis	2576
3	梅毒	Syphilis	406772	狂犬病	Hydrophobia	1128
4	细菌性和阿米巴性痢疾	Dysentery	188669	病毒性肝炎	Viral Hepatitis	739
5	淋病	Gonorrhea	99659	流行性出血热	Hemorrhage Fever	109
6	布鲁氏菌病	Brucellosis	43486	梅毒	Syphilis	69
7	艾滋病	AIDS	42286	流行性乙型脑炎	Encephalitis B	64
8	猩红热	Scarlet Fever	34207	新生儿破伤风	Newborn Tetanus	45
9	麻疹	Measles	27646	麻疹	Measles	24
10	伤寒和副伤寒	Typhoid and Paratyphoid Fever	14136	流脑	Epidemic Encephalitis	21
11	流行性出血热	Hemorrhage Fever	12810	疟疾	Malaria	20
12	血吸虫病	Schistosomiasis	5699	细菌性和阿米巴性痢疾	Dysentery	13
13	登革热	Dengue Fever	4663	钩端螺旋体病	Leptospirosis	5
14	疟疾	Malaria	3896	伤寒和副伤寒	Typhoid and Paratyphoid Fever	3
15	流行性乙型脑炎	Encephalitis B	2178	猩红热	Scarlet Fever	2
16	百日咳	Pertussis	1712	人感染高致病性禽流感	HpAI	2
17	狂犬病	Hydrophobia	1172	霍乱	Cholera	1
18	新生儿破伤风	Newborn Tetanus	492	淋病	Gonorrhea	1
19	钩端螺旋体病	Leptospirosis	353	炭疽	Anthrax	1
20	流脑	Epidemic Encephalitis	213	血吸虫病	Schistosomiasis	1
21	炭疽	Anthrax	193	人感染H7N9禽流感	HpAI H7N9	1
22	霍乱	Cholera	53	百日咳	Pertussis	
23	人感染H7N9禽流感	HpAI H7N9	19	布鲁氏菌病	Brucellosis	
24	人感染高致病性禽流感	HpAI	2	登革热	Dengue Fever	
25	鼠疫	The Plague		鼠疫	The Plague	
26	传染性非典型肺炎	SARS		传染性非典型肺炎	SARS	
27	脊髓灰质炎	Poliomyelitis		脊髓灰质炎	Poliomyelitis	
28	白喉	Diphtheria		白喉	Diphtheria	

注：1.空格系无报告发病或死亡病例。
2.自2013年11月1日起，人感染H7N9禽流感纳入法定乙类传染病进行管理，甲型H1N1流感从乙类调整至丙类，并归并至流行性感冒进行统计。

a) Blank means no infectious or deaths cases reported.

b) Since Nov.1st,2013, HpAI(H7N9) was accepted as legal B Class, H1N1 was adjusted from Class B to Class C, and merged as Influenza.

22-15 甲乙类法定报告传染病发病率、死亡率及病死率排序(2013年)
List of Incidence, Death and Mortality Rates of Class A and B Infectious Diseases Reported (2013)

顺位 No.	发病 Disease Incidence		死亡 Death		病死 Mortality Rate	
	疾病名称 Diseases	发病率(1/10万) Incidence (1/100 000)	疾病名称 Diseases	死亡率(1/10万) Death Rate (1/100 000)	疾病名称 Diseases	病死率(%) Mortality Rate(%)
1	病毒性肝炎 Viral Hepatitis	92.45	艾滋病 AIDS	0.84	人感染高致病性禽流感 Highly Pathogenic Avian Influenza	100.00
2	肺结核 Pulmonary Tuberculosis	66.80	肺结核 Pulmonary Tuberculosis	0.19	狂犬病 Hydrophobia	96.25
3	梅毒 Syphilis	30.04	狂犬病 Hydrophobia	0.08	流脑 Epidemic Encephalitis	9.86
4	细菌性和阿米巴性痢疾 Dysentery	13.93	病毒性肝炎 Viral Hepatitis	0.05	新生儿破伤风 Newborn Tetanus	9.15
5	淋病 Gonorrhea	7.36	流行性出血热 Hemorrhage Fever	0.01	艾滋病 AIDS	6.61
6	布鲁氏菌病 Brucellosis	3.21	梅毒 Syphilis	0.01	人感染H7N9禽流感 HpAI	5.26
7	艾滋病 AIDS	3.12	流行性乙型脑炎 Encephalitis B	0.00	流行性乙型脑炎 Encephalitis B	2.94
8	猩红热 Scarlet Fever	2.53	新生儿破伤风 Newborn Tetanus	0.00	霍乱 Cholera	1.89
9	麻疹 Measles	2.04	麻疹 Measles	0.00	钩端螺旋体病 Leptospirosis	1.42
10	伤寒和副伤寒 Typhoid and Paratyphoid Fever	1.04	流脑 Epidemic Encephalitis	0.00	流行性出血热 Hemorrhage Fever	0.85
11	流行性出血热 Hemorrhage Fever	0.95	疟疾 Malaria	0.00	炭疽 Anthrax	0.52
12	血吸虫病 Schistosomiasis	0.42	细菌性和阿米巴性痢疾 Dysentery	0.00	疟疾 Malaria	0.51
13	登革热 Dengue Fever	0.34	钩端螺旋体病 Leptospirosis	0.00	肺结核 Pulmonary Tuberculosis	0.28
14	疟疾 Malaria	0.29	伤寒和副伤寒 Typhoid and Paratyphoid Fever	0.00	麻疹 Measles	0.09
15	流行性乙型脑炎 Encephalitis B	0.16	猩红热 Scarlet Fever	0.00	病毒性肝炎 Viral Hepatitis	0.06
16	百日咳 Pertussis	0.13	人感染高致病性禽流感 Highly Pathogenic Avian Influenza	0.00	伤寒和副伤寒 Typhoid and Paratyphoid Fever	0.02
17	狂犬病 Hydrophobia	0.09	霍乱 Cholera	0.00	血吸虫病 Schistosomiasis	0.02
18	新生儿破伤风 Newborn Tetanus	0.03	淋病 Gonorrhea	0.00	梅毒 Syphilis	0.02
19	钩端螺旋体病 Leptospirosis	0.03	炭疽 Anthrax	0.00	细菌性和阿米巴性痢疾 Dysentery	0.01
20	流脑 Epidemic Encephalitis	0.02	血吸虫病 Schistosomiasis	0.00	猩红热 Scarlet Fever	0.01
21	炭疽 Anthrax	0.01	人感染H7N9禽流感 HpAI	0.00	淋病 Gonorrhea	0.00
22	霍乱 Cholera	0.00	鼠疫 The Plague		鼠疫 The Plague	
23	人感染H7N9禽流感 HpAI	0.00	传染性非典型肺炎 SARS		传染性非典型肺炎 SARS	
24	人感染高致病性禽流感 Highly Pathogenic Avian Influenza	0.00	脊髓灰质炎 Poliomyelitis		脊髓灰质炎 Poliomyelitis	
25	鼠疫 The Plague		百日咳 Pertussis		百日咳 Pertussis	
26	传染性非典型肺炎 SARS		白喉 Diphtheria		白喉 Diphtheria	
27	脊髓灰质炎 Poliomyelitis		登革热 Dengue Fever		登革热 Dengue Fever	
28	白喉 Diphtheria		布鲁氏菌病 Brucellosis		布鲁氏菌病 Brucellosis	

注：新生儿破伤风发病率和死亡率单位为‰。
a) Units of incidence and death of newborn tetanus are ‰.

22-16　城市居民主要疾病死亡率及死因构成(2013年)
Death Rate of Major Diseases in Urban Areas (2013)

疾病名称	Category of Diseases	死亡率(1/10万) Crude Mortality Rate(1/100000)			构成(%) Percentage(%)			位次 Rank		
		合计 Total	男 Male	女 Female	合计 Total	男 Male	女 Female	合计 Total	男 Male	女 Female
传染病(含呼吸道结核)	Infectious Disease(not including Respiratory Tuberculosis)	6.93	9.54	4.26	1.12	1.34	0.81	8	8	10
寄生虫病	Parasitic Disease	0.04	0.04	0.04	0.01	0.01	0.01	17	16	17
恶性肿瘤	Malignant Tumour	157.77	198.22	116.27	25.47	27.94	22.06	1	1	2
血液,造血器官及免疫疾病	Diseases of the Blood and Blood-forming Organs and Immunodeficiency	1.27	1.29	1.26	0.21	0.18	0.24	15	14	15
内分泌,营养和代谢疾病	Endocrine, Nutritional & Metabolic Diseases	17.12	15.93	18.35	2.76	2.24	3.48	6	7	6
精神障碍	Mental Disorders	2.86	2.85	2.88	0.46	0.40	0.55	11	11	11
神经系统疾病	Diseases of the Nervous System	6.85	7.16	6.54	1.11	1.01	1.24	9	9	8
心脏病	Heart Diseases	133.84	139.04	128.50	21.60	19.60	24.38	2	3	1
脑血管病	Cerebrovascular Disease	125.56	139.12	111.65	20.27	19.61	21.18	3	2	3
呼吸系统疾病	Diseases of the Respiratory System	76.61	88.45	64.47	12.37	12.47	12.23	4	4	4
消化系统疾病	Diseases of the Digestive System	15.78	19.55	11.91	2.55	2.76	2.26	7	6	7
肌肉骨骼和结缔组织疾病	Diseases of the Musculoskeletal System and Connective Tissue	1.71	1.20	2.22	0.28	0.17	0.42	14	15	12
泌尿生殖系统疾病	Diseases of the Genitourinary System	6.44	7.10	5.77	1.04	1.00	1.09	10	10	9
妊娠,分娩产褥期并发症	Pregnancy, Childbirth and the Puerperium	0.11		0.21	0.02		0.04	16		16
围生期疾病	Perinatal Diseases	2.02	2.47	1.55	0.33	0.35	0.29	12	12	14
先天畸形,变形和染色体异常	Congenital Malformations, Deformations and Chromosomal Abnormalities	1.98	2.17	1.78	0.32	0.31	0.34	13	13	13
损伤和中毒外部原因	External Causes of Injury and Poison	39.01	51.84	25.83	6.30	7.31	4.90	5	5	5
诊断不明	Undiagnosed Diseases	2.83	3.64	2.00	0.46	0.51	0.38			
其他疾病	Other Diseases	8.71	7.08	10.39	1.41	1.00	1.97			

22-17 农村居民主要疾病死亡率及死因构成(2013年)
Death Rate of Major Diseases in Rural Areas (2013)

疾病名称	Category of Diseases	死亡率(1/10万) Crude Mortality Rate(1/100000)			构成(%) Percentage(%)			位次 Rank		
		合计 Total	男 Male	女 Female	合计 Total	男 Male	女 Female	合计 Total	男 Male	女 Female
传染病(含呼吸道结核)	Infectious Disease(not including Respiratory Tuberculosis)	7.94	10.78	4.97	1.21	1.42	0.91	8	7	10
寄生虫病	Parasitic Disease	0.06	0.06	0.05	0.01	0.01	0.01	17	16	17
恶性肿瘤	Malignant Tumour	146.65	189.16	102.26	22.38	25.00	18.62	2	1	3
血液,造血器官及免疫疾病	Diseases of the Blood and Blood-forming Organs and Immunodeficiency	1.16	1.20	1.13	0.18	0.16	0.21	15	15	15
内分泌营养和代谢疾病	Endocrine, Nutritional & Metabolic Diseases	11.76	10.51	13.07	1.79	1.39	2.38	7	8	6
精神障碍	Mental Disorders	2.72	2.68	2.76	0.41	0.35	0.50	11	12	11
神经系统疾病	Diseases of the Nervous System	6.81	6.98	6.62	1.04	0.92	1.21	10	10	8
心脏病	Heart Diseases	143.52	149.37	137.42	21.90	19.74	25.02	3	3	1
脑血管病	Cerebrovascular Disease	150.17	166.94	132.66	22.92	22.06	24.15	1	2	2
呼吸系统疾病	Diseases of the Respiratory System	75.32	82.35	67.98	11.49	10.88	12.38	4	4	4
消化系统疾病	Diseases of the Digestive System	15.19	19.67	10.51	2.32	2.60	1.91	6	6	7
肌肉骨骼和结缔组织疾病	Diseases of the Musculoskeletal System and Connective Tissue	1.60	1.33	1.88	0.24	0.18	0.34	14	14	14
泌尿生殖系统疾病	Diseases of the Genitourinary System	6.96	8.18	5.68	1.06	1.08	1.03	9	9	9
妊娠分娩产褥期并发症	Pregnancy, Childbirth and the Puerperium	0.15		0.31	0.02		0.06	16	17	16
围生期疾病	Perinatal Diseases	2.50	2.91	2.07	0.38	0.38	0.38	12	11	12
先天畸形,变性和染色体异常	Congenital Malformations, Deformations and Chromosomal Abnormalities	2.13	2.36	1.88	0.32	0.31	0.34	13	13	13
损伤和中毒外部原因	External Causes of Injury and Poison	57.14	78.20	35.14	8.72	10.33	6.40	5	5	5
诊断不明	Undiagnosed Diseases	2.03	2.30	1.76	0.31	0.30	0.32			
其他疾病	Other Diseases	7.66	6.58	8.79	1.17	0.87	1.60			

22-18 监测地区5岁以下儿童和孕产妇死亡率
Mortality Rate of the Maternal and Children Aged under 5 in Surveillance Areas

年份 Year	新生儿死亡率(‰) Newborn Mortality Rate(‰)			婴儿死亡率(‰) Infant Mortality Rate(‰)			5岁以下儿童死亡率(‰) Mortality Rate of Children under 5(‰)			孕产妇死亡率(1/10万) Maternal Mortality Rate (1/100 000)		
	合计 Total	城市 Urban	农村 Rural	合计 Total	城市 Urban	农村 Rural	合计 Total	城市 Urban	农村 Rural	合计 Total	城市 Urban	农村 Rural
1991	33.1	12.5	37.9	50.2	17.3	58.0	61.0	20.9	71.1	80.0	46.3	100.0
1992	32.5	13.9	36.8	46.7	18.4	53.2	57.4	20.7	65.6	76.5	42.7	97.9
1993	31.2	12.9	35.4	43.6	15.9	50.0	53.1	18.3	61.6	67.3	38.5	85.1
1994	28.5	12.2	32.3	39.9	15.5	45.6	49.6	18.0	56.9	64.8	44.1	77.5
1995	27.3	10.6	31.1	36.4	14.2	41.6	44.5	16.4	51.1	61.9	39.2	76.0
1996	24.0	12.2	26.7	36.0	14.8	40.9	45.0	16.9	51.4	63.9	29.2	86.4
1997	24.2	10.3	27.5	33.1	13.1	37.7	42.3	15.5	48.5	63.6	38.3	80.4
1998	22.3	10.0	25.1	33.2	13.5	37.7	42.0	16.2	47.9	56.2	28.6	74.1
1999	22.2	9.5	25.1	33.3	11.9	38.2	41.4	14.3	47.7	58.7	26.2	79.7
2000	22.8	9.5	25.8	32.2	11.8	37.0	39.7	13.8	45.7	53.0	29.3	69.6
2001	21.4	10.6	23.9	30.0	13.6	33.8	35.9	16.3	40.4	50.2	33.1	61.9
2002	20.7	9.7	23.2	29.2	12.2	33.1	34.9	14.6	39.6	43.2	22.3	58.2
2003	18.0	8.9	20.1	25.5	11.3	28.7	29.9	14.8	33.4	51.3	27.6	65.4
2004	15.4	8.4	17.3	21.5	10.1	24.5	25.0	12.0	28.5	48.3	26.1	63.0
2005	13.2	7.5	14.7	19.0	9.1	21.6	22.5	10.7	25.7	47.7	25.0	53.8
2006	12.0	6.8	13.4	17.2	8.0	19.7	20.6	9.6	23.6	41.1	24.8	45.5
2007	10.7	5.5	12.8	15.3	7.7	18.6	18.1	9.0	21.8	36.6	25.2	41.3
2008	10.2	5.0	12.3	14.9	6.5	18.4	18.5	7.9	22.7	34.2	29.2	36.1
2009	9.0	4.5	10.8	13.8	6.2	17.0	17.2	7.6	21.1	31.9	26.6	34.0
2010	8.3	4.1	10.0	13.1	5.8	16.1	16.4	7.3	20.1	30.0	29.7	30.1
2011	7.8	4.0	9.4	12.1	5.8	14.7	15.6	7.1	19.1	26.1	25.2	26.5
2012	6.9	3.9	8.1	10.3	5.2	12.4	13.2	5.9	16.2	24.5	22.2	25.6
2013	6.3	3.7	7.3	9.5	5.2	11.3	12.0	6.0	14.5	23.2	22.4	23.6

22-19 新型农村合作医疗情况
Conditions of New Cooperative Medical System

指标	Indicator	2007	2008	2009	2010	2011	2012	2013
开展新农合县(区、市)数 (个)	Number of Counties Implementing of NCMS (unit)	2451	2729	2716	2678	2637	2566	2489
参加新农合人数(亿人)	Number of Enrollees (100 million persons)	7.26	8.15	8.33	8.36	8.32	8.05	8.02
参合率 (%)	Enrollment Rate (%)	86.2	91.5	94.2	96.0	97.5	98.3	98.7
人均筹资 (元)	Per Capita Premiums (yuan)	58.9	96.3	113.4	156.6	246.2	308.5	370.6
当年基金支出 (亿元)	Payout at Current Year (100 million yuan)	346.6	662.3	922.9	1187.8	1710.2	2408.0	2909.2
补偿受益人次(亿人次)	Number of Beneficiaries from Reimbursement(100 million person-times)	4.53	5.85	7.59	10.87	13.15	17.45	19.42

22-20 分地区新型农村合作医疗情况(2013年)
Conditions of New Cooperative Medical System by Region (2013)

地 区	Region	参加新农合人数(万人) Number of Enrollees (10 000 persons)	人均筹资(元) Per Capita Premiums (yuan)	本年度筹资总额(亿元) Premiums This Year (100 million yuan)	补偿受益人次(万人次) Number of Beneficiaries from Reimbursement (10 000 person-times)	基金使用率(%) Utilization Rate of Funds (%)
总 计	**Total**	**80209.0**	**370.6**	**2972.48**	**194218.8**	**97.8**
北 京	Beijing	254.4	893.9	22.74	562.9	100.5
天 津	Tianjin					
河 北	Hebei	5146.4	346.2	178.19	13350.1	98.0
山 西	Shanxi	2193.7	346.6	76.02	4105.6	96.3
内蒙古	Inner Mongolia	1261.5	374.3	47.22	958.7	96.9
辽 宁	Liaoning	1977.1	354.0	69.99	2453.3	97.0
吉 林	Jilin	1344.3	362.8	48.77	665.0	89.8
黑龙江	Heilongjiang	1521.1	354.3	53.89	2457.2	98.7
上 海	Shanghai	104.7	1593.7	16.69	1683.4	99.5
江 苏	Jiangsu	4055.1	394.6	160.00	14449.2	100.5
浙 江	Zhejiang	2228.3	665.9	148.38	12714.2	105.1
安 徽	Anhui	5149.6	368.1	189.58	10382.2	93.4
福 建	Fujian	2492.1	350.2	87.27	1441.8	104.9
江 西	Jiangxi	3358.0	342.3	114.96	5114.6	93.5
山 东	Shandong	6378.8	361.5	230.57	24655.5	104.7
河 南	Henan	8119.5	352.9	286.54	27128.6	90.7
湖 北	Hubei	3925.3	365.1	143.32	14256.3	94.1
湖 南	Hunan	4729.7	350.6	165.84	6222.9	96.4
广 东	Guangdong					
广 西	Guangxi	4078.9	344.2	140.39	5564.9	106.8
海 南	Hainan	490.4	348.3	17.08	1095.7	97.3
重 庆	Chongqing	2146.2	437.8	93.97	2243.1	73.2
四 川	Sichuan	6243.8	347.3	216.86	14698.6	98.2
贵 州	Guizhou	3214.0	334.0	107.34	5520.5	107.3
云 南	Yunnan	3250.5	346.0	112.47	10041.2	101.1
西 藏	Tibet	242.9	366.7	8.91	698.8	98.7
陕 西	Shaanxi	2550.3	374.7	95.56	4942.6	98.5
甘 肃	Gansu	1930.3	343.7	66.34	3884.3	97.2
青 海	Qinghai	362.7	471.4	17.10	300.9	101.3
宁 夏	Ningxia	356.9	434.8	15.52	831.9	112.6
新 疆	Xinjiang	1102.7	371.7	40.99	1795.1	103.0

22-21 卫生总费用

Total Health Expenditure

年份 Year	卫生总费用(亿元) Total Health Expenditure (100 million yuan)	政府卫生支出 Government Health Expenditure		社会卫生支出 Social Health Expenditure		个人现金卫生支出 Out-of-pocket Health Expenditure		人均卫生费用(元) Per Capita Health Expenditure (yuan)			卫生总费用占GDP比重(%) Health Expenditure as Percentage of GDP (%)
		绝对数(亿元) Level (100 million yuan)	占卫生总费用比重(%) As Percentage of Health Expenditure	绝对数(亿元) Level (100 million yuan)	占卫生总费用比重(%) As Percentage of Health Expenditure	绝对数(亿元) Level (100 million yuan)	占卫生总费用比重(%) As Percentage of Health Expenditure	合计 Total	城市 Urban	农村 Rural	
1978	110.21	35.44	32.16	52.25	47.41	22.52	20.43	11.50			3.02
1979	126.19	40.64	32.21	59.88	47.45	25.67	20.34	12.90			3.11
1980	143.23	51.91	36.24	60.97	42.57	30.35	21.19	14.50			3.15
1981	160.12	59.67	37.27	62.43	38.99	38.02	23.74	16.00			3.27
1982	177.53	68.99	38.86	70.11	39.49	38.43	21.65	17.50			3.33
1983	207.42	77.63	37.43	64.55	31.12	65.24	31.45	20.10			3.48
1984	242.07	89.46	36.96	73.61	30.41	79.00	32.64	23.20			3.36
1985	279.00	107.65	38.58	91.96	32.96	79.39	28.46	26.40			3.09
1986	315.90	122.23	38.69	110.35	34.93	83.32	26.38	29.40			3.07
1987	379.58	127.28	33.53	137.25	36.16	115.05	30.31	34.70			3.15
1988	488.04	145.39	29.79	189.99	38.93	152.66	31.28	44.00			3.24
1989	615.50	167.83	27.27	237.84	38.64	209.83	34.09	54.60			3.62
1990	747.39	187.28	25.06	293.10	39.22	267.01	35.73	65.40	158.80	38.80	4.00
1991	893.49	204.05	22.84	354.41	39.67	335.03	37.50	77.10	187.60	45.10	4.10
1992	1096.86	228.61	20.84	431.55	39.34	436.70	39.81	93.60	222.00	54.70	4.07
1993	1377.78	272.06	19.75	524.75	38.09	580.97	42.17	116.30	268.60	67.60	3.90
1994	1761.24	342.28	19.43	644.91	36.62	774.05	43.95	146.90	332.60	86.30	3.65
1995	2155.13	387.34	17.97	767.81	35.63	999.98	46.40	177.90	401.30	112.90	3.54
1996	2709.42	461.61	17.04	875.66	32.32	1372.15	50.64	221.40	467.40	150.70	3.81
1997	3196.71	523.56	16.38	984.06	30.78	1689.09	52.84	258.60	537.80	177.90	4.05
1998	3678.72	590.06	16.04	1071.03	29.11	2017.63	54.85	294.90	625.90	194.60	4.36
1999	4047.50	640.96	15.84	1145.99	28.31	2260.55	55.85	321.80	702.00	203.20	4.51
2000	4586.63	709.52	15.47	1171.94	25.55	2705.17	58.98	361.90	813.74	214.65	4.62
2001	5025.93	800.61	15.93	1211.43	24.10	3013.89	59.97	393.80	841.20	244.77	4.58
2002	5790.03	908.51	15.69	1539.38	26.59	3342.14	57.72	450.70	987.07	259.33	4.81
2003	6584.10	1116.94	16.96	1788.50	27.16	3678.66	55.87	509.50	1108.91	274.67	4.85
2004	7590.29	1293.58	17.04	2225.35	29.32	4071.35	53.64	583.90	1261.93	301.61	4.75
2005	8659.91	1552.53	17.93	2586.41	29.87	4520.98	52.21	662.30	1126.36	315.83	4.68
2006	9843.34	1778.86	18.07	3210.92	32.62	4853.56	49.31	748.80	1248.30	361.89	4.55
2007	11573.97	2581.58	22.31	3893.72	33.64	5098.66	44.05	875.96	1516.29	358.11	4.35
2008	14535.40	3593.94	24.73	5065.60	34.85	5875.86	40.42	1094.52	1861.76	455.19	4.63
2009	17541.92	4816.26	27.46	6154.49	35.08	6571.16	37.46	1314.26	2176.63	561.99	5.15
2010	19980.39	5732.49	28.69	7196.61	36.02	7051.29	35.29	1490.06	2315.48	666.30	4.98
2011	24345.91	7464.18	30.66	8416.45	34.57	8465.28	34.77	1806.95	2697.48	879.44	5.15
2012	28119.00	8431.98	29.99	10030.70	35.67	9656.32	34.34	2076.67	2999.28	1064.83	5.41
2013	31668.95	9545.81	30.14	11393.79	35.98	10729.34	33.88	2327.37	3234.12	1274.44	5.57

注：1.本表系按当年价格计算核算数，2013年为初步测算数。

2.2001年起卫生总费用不含高等医学教育经费，2006年起包括城乡医疗救助经费。

a) Data in this table are at current prices. Data of 2011 are preliminary data.

b) Since 2011, total health expenditure does not include that of educational expenditure of higher education. Since 2006, it included medical aid expenditure in urban and rural areas.

22-22 社会服务机构基本情况
Statistics on Social Service Institutions

指标	Item	单位数（个） Number of Institutions (unit)		职工人数（万人） Number of Staff and Workers(10 000 persons)	
		2012	2013	2012	2013
社会服务	**Social Services**	**1366650**	**1562298**	**1144.7**	**1197.8**
社会工作	**Social Work**	**179045**	**323061**	**241.4**	**269.3**
提供住宿的社会服务机构	Social Welfare Institutions with Accommodations	48105	45977	39.8	42.4
老年人与残疾人服务机构	Institutions for the Aged and Disabled	44304	42475	33.1	35.6
城市养老服务机构	For the Aged in Urban Areas	6464	7077	9.3	11.0
农村养老服务机构	For the Aged in Rural Areas	32787	30247	15.9	16.4
社会福利院	Social Welfare Homes	1719	1825	4.2	4.5
光荣院	Homes for Disabled Veterans	1399	1425	1.2	1.2
荣誉军人康复医院	Convalescent Hospitals for Honorable Servicemen	43	42	0.5	0.5
复员军人疗养院	Sanatoriums for Ex-serviceman	41	38	0.3	0.3
军休所	Convalescent Home for Retired Military Officers	1851	1821	1.7	1.7
智障与精神疾病服务机构	Social Welfare Institutions for Mental Retardation and Mental Diseases	257	261	2.3	2.5
社会福利医院	Social Welfare Hospitals	156	155	1.3	1.4
复退军人精神病院	Mental Hospitals for Ex-serviceman	101	106	1.0	1.1
儿童收养救助服务机构	Social Welfare Institutions for Children	724	803	1.3	1.4
儿童福利机构	Welfare Institutions for Children	463	529	1.1	1.2
未成年人救助保护中心	Juvenile Rescue and Protection Centers	261	274	0.2	0.2
其他提供住宿的服务机构	Other Social Welfare Institutions with Accommodations	2820	2438	3.1	2.9
生活无着人员救助管理站	Salvation Stations	1770	1891	1.7	1.8
安置农场	Placement Farms	27	26	0.1	0.1
军供站	Serviceman Supply Stations	695	325	0.7	0.6
其他提供住宿的机构	Other Residential Institutions	328	196	0.6	0.4
不提供住宿的社会服务机构	Social Welfare Institutions without Accommodations	130940	277084	201.6	226.9
老龄机构	Institutions for the Aged	2583	2571	1.1	1.0
为残疾人提供服务机构	Service Institutions for the Disabled	20205	18227	149.9	137.3
低保救助对象服务机构	Service Institutions for People under Minimum Living Standard	843	987	0.6	0.7
救灾储备单位	Relief Reserve Units	665	784	0.2	0.2
福利彩票发行机构	Welfare Lottery Issuing Institutions	955	940	0.9	1.1
军队离退休人员管理中心	Management Centers for Retired Military Officers	121	145	0.2	0.2
军队离退休人员活动中心	Activity Centers for Retired Military Officers	25	28	0.1	0.1
烈士纪念建筑物管理机构	Martyr Memorial Building Management Units	1306	1463	1.0	1.0
社区服务机构	Community Services Institutions	200162	251939	47.6	85.3
成员组织和其他社会服务	**Membership Organizations and Other Social Service Institutions**	**1185179**	**1236853**	**901.1**	**926.5**
成员组织	Membership Organizations	1178896	1230412	892.5	917.4
社会组织	Social Organization	499268	547245	613.3	636.7
社会团体	Social Organizations	271131	289026	346.9	353.2
基金会	Foundations	3029	3549	1.9	1.9
民办非企业	Non-enterprise Units Run by NGO	225108	254670	264.5	281.6
自治组织	Autonomy Organizations	679628	683167	279.2	280.7
居委会	Neighborhood Committee	91153	94620	46.9	48.4
村委会	Village Committee	588475	588547	232.3	232.3
其他社会服务	Other Social Service Institutions	6283	6441	8.6	9.1
婚姻服务机构	Marriage Registration Institutions	1926	2059	0.9	1.0
殡葬服务机构	Funeral Service Institutions	4357	4382	7.7	8.1
殡仪馆	Funeral Home	1782	1784	4.5	4.6
公墓	Cemetery	1597	1506	2.3	2.5
骨灰堂	Cineraria		29		0.1
殡葬管理单位	Funeral and Interment Management Institutions	978	1063	0.9	0.9
其他事业单位	**Other Institutions**	**2426**	**2384**	**2.2**	**2.0**
行政机关	**Administration**	**3493**	**3492**	**9.3**	**9.4**

注：自2013年起，社会服务机构基本情况部分指标口径、名称有调整，同时对2012年数据进行修正(下同)。

a) In 2013, the scopes and names of some indicators used under the Social Services Institutions were changed. 2012 data are revised. The same applies to the following tables.

22-23 社会工作师人员情况
Statistics on Social Worker

单位：人 (person)

年份 地区	Year Region	社会工作师 Social Worker 报考人数 Registered for Examination	参考人数 Participants in Examination	合格人数 Qualified	累计合格人数 Accumulated Qualified	助理社会工作师 Junior Social Worker 报考人数 Registered for Examination	参考人数 Participants in Examination	合格人数 Qualified	累计合格人数 Accumulated Qualified
	2008	77698	62953	4192	4192	60139	52419	20648	20648
	2009	46015	35943	4227	8419	38204	31694	6611	27259
	2010	25547	19175	2664	11083	46047	37753	5428	32687
	2011	25500	19426	2338	13421	54515	44100	8068	40755
	2012	34245	26125	6104	19525	92621	75509	23846	64601
	2013	48287	36695	11658	31183	121937	97527	27300	91901
北京	Beijing	3759	3080	1101	3467	11223	9339	2605	11962
天津	Tianjin	690	589	160	506	2415	2063	373	1898
河北	Hebei	1134	831	234	933	1269	1017	362	1564
山西	Shanxi	817	664	157	581	492	379	77	780
内蒙古	Inner Mongolia	649	416	74	193	654	470	130	392
辽宁	Liaoning	2074	1702	481	1245	4638	3780	711	3168
吉林	Jilin	1704	1381	309	460	4772	3819	635	2059
黑龙江	Heilongjiang	1167	881	188	575	2281	1741	355	1788
上海	Shanghai	2694	1902	615	1948	5596	4100	1290	3995
江苏	Jiangsu	5222	4105	1528	3621	15339	12796	3876	12334
浙江	Zhejiang	4065	2823	1129	3166	7183	5230	1740	6953
安徽	Anhui	1838	1035	246	679	3575	2485	723	2323
福建	Fujian	2000	1522	421	958	4737	3925	933	2594
江西	Jiangxi	403	309	97	452	961	758	231	1360
山东	Shandong	2014	1335	482	1843	2526	1978	704	3666
河南	Henan	956	862	278	936	1459	1302	486	2081
湖北	Hubei	1288	1018	257	548	5261	4368	851	2537
湖南	Hunan	1302	928	253	775	3164	2470	578	1963
广东	Guangdong	8294	6615	2503	5277	29549	23892	7914	19350
广西	Guangxi	460	354	93	427	1014	815	222	1398
海南	Hainan	95	86	19	38	139	122	25	106
重庆	Chongqing	1256	965	250	488	2759	2178	556	1325
四川	Sichuan	1547	1227	326	796	4670	3771	840	2656
贵州	Guizhou	194	114	33	90	432	257	64	410
云南	Yunnan	582	382	92	272	932	624	131	784
西藏	Tibet	5	2		3	5	4	1	5
陕西	Shaanxi	465	385	124	289	1457	1270	548	1080
甘肃	Gansu	234	190	48	140	317	255	87	448
青海	Qinghai	97	72	15	51	134	113	19	189
宁夏	Ningxia	247	196	41	109	506	411	36	152
新疆	Xinjiang	1035	724	104	317	2478	1795	197	581

22-24 提供住宿的社会服务机构床位数
Beds of Social Welfare Institutions with Accommodations

单位：万张 (10 000 beds)

年份 Year 地区 Region	床位数 Number of Beds	老年及残疾人床位 The Aged and Disabled	智障和精神疾病床位 Mental Retardation and Mental Diseases	儿童床位 Child	救助及其他社会服务床位 Social Relief and Other	每千人口社会服务床位数(张) Beds of Social Services per 1000 Population (bed)	每千老年人口养老床位数(张) Beds in Elderly Care Institutions per 1 000 Senior Citizens (bed)
1991	82.8	78.3	3.8	0.7		0.71	
1992	89.8	85.2	3.8	0.8		0.77	
1993	92.7	87.4	4.0	0.9	0.4	0.78	
1994	95.5	90.1	4.0	0.9	0.5	0.80	
1995	97.6	91.9	4.0	1.1	0.6	0.81	
1996	100.8	95.0	4.0	1.2	0.6	0.82	
1997	103.1	97.2	4.0	1.3	0.6	0.83	
1998	105.8	99.6	4.1	1.5	0.6	0.85	
1999	108.9	102.4	4.1	1.6	0.8	0.87	
2000	113.0	104.5	4.1	1.8	2.6	0.89	
2001	140.7	114.6	4.2	2.3	19.6	1.10	
2002	141.5	114.9	4.3	2.5	19.8	1.10	
2003	142.9	120.6	4.5	2.7	15.1	1.11	
2004	157.2	139.5	4.5	3.0	10.2	1.21	
2005	180.7	158.1	4.4	3.2	15.0	1.38	10.97
2006	204.5	179.6	4.4	3.2	17.3	1.56	12.05
2007	269.6	242.9	4.7	3.4	18.6	2.04	15.83
2008	300.3	267.4	5.4	4.3	23.2	2.26	16.72
2009	326.5	293.5	5.9	4.8	22.3	2.45	17.56
2010	349.6	316.1	6.1	5.5	21.9	2.61	17.79
2011	396.4	369.2	6.5	6.8	13.9	2.94	19.96
2012	449.3	416.5	6.7	8.7	17.4	3.32	21.48
2013	526.7	493.7	7.4	9.8	15.7	3.87	24.39
北京 Beijing	13.4	12.4	0.1	0.2	0.8	6.35	39.25
天津 Tianjin	5.7	5.4	0.1	0.1	0.1	3.87	24.55
河北 Hebei	41.5	40.1	0.1	0.1	1.2	5.66	36.77
山西 Shanxi	7.6	7.0	0.2	0.1	0.3	2.09	13.02
内蒙古 Inner Mongolia	8.9	8.4	0.2	0.2	0.3	3.58	22.47
辽宁 Liaoning	19.8	18.6	0.2	0.3	0.7	4.50	28.41
吉林 Jilin	9.3	7.8	0.7	0.4	0.3	3.37	19.16
黑龙江 Heilongjiang	11.7	10.7	0.3	0.3	0.5	3.06	18.66
上海 Shanghai	12.1	11.5	0.2	0.3	0.2	5.01	32.08
江苏 Jiangsu	50.5	48.9	0.5	0.4	0.6	6.36	41.39
浙江 Zhejiang	30.8	29.9	0.1	0.3	0.5	5.60	36.54
安徽 Anhui	29.7	28.4	0.1	0.6	0.6	4.93	31.70
福建 Fujian	10.2	9.3	0.4	0.1	0.3	2.71	16.64
江西 Jiangxi	17.4	16.7		0.2	0.5	3.85	24.83
山东 Shandong	48.8	47.2	0.3	0.7	0.6	5.02	32.59
河南 Henan	31.7	30.1	0.2	0.3	1.1	3.37	21.51
湖北 Hubei	25.2	23.4	0.5	0.7	0.6	4.35	27.16
湖南 Hunan	19.0	17.3	0.5	0.5	0.6	2.84	17.42
广东 Guangdong	19.7	17.7	0.4	0.5	1.1	1.85	11.16
广西 Guangxi	13.2	12.4	0.3	0.2	0.4	2.80	17.64
海南 Hainan	1.5	1.5				1.71	11.08
重庆 Chongqing	14.8	14.1	0.2	0.3	0.1	4.98	31.96
四川 Sichuan	39.8	36.3	1.0	0.6	1.9	4.91	30.09
贵州 Guizhou	8.5	7.4	0.3	0.3	0.5	2.41	14.20
云南 Yunnan	7.4	6.4	0.1	0.3	0.6	1.59	9.22
西藏 Tibet	1.0	0.8		0.2	0.1	3.36	17.25
陕西 Shaanxi	10.6	9.7	0.1	0.3	0.5	2.81	17.34
甘肃 Gansu	8.0	7.3	0.1	0.4	0.2	3.10	19.03
青海 Qinghai	1.7	1.4		0.2		2.89	16.18
宁夏 Ningxia	1.2	1.0		0.2		1.85	10.22
新疆 Xinjiang	6.0	4.6	0.3	0.7	0.4	2.63	13.56

注：1.2001年起，社会服务机构床位数口径有所调整，除收养性机构床位数外，还包括了救助类机构床位数、社区类机构床位数以及军休所、军供站等机构床位数。老年人口指60岁及以上老年人口。

2.2011年起，老年及残疾人床位含社区服务床位(含日间照料床位)。

a) Since 2001, coverage of beds of social services institutions has changed. It includes beds of salvation institutions, community institutions, and serviceman recreation habitation, serviceman supply stations, etc. The aged refer to those 60 years old and above.

b) Since 2011, beds of the aged and disabled include community service beds (including day care beds).

22-25 为残疾人提供服务机构情况
Statistics on Services Institutions for the Disabled

年 份 Year 地 区 Region		单位数 (个) Number of Units (unit)	残疾职工 (万人) Disabled Persons (10 000 persons)	利润额 (亿元) Total Profit (100 million yuan)
	2000	40670	72.5	99.0
	2001	37980	69.9	119.5
	2002	35758	68.3	148.3
	2003	33976	67.9	189.9
	2004	32410	66.2	219.0
	2005	31211	63.7	225.2
	2006	30199	55.9	237.8
	2007	24974	56.3	169.3
	2008	23780	61.9	119.2
	2009	22783	62.7	125.4
	2010	22226	62.5	150.8
	2011	21507	62.8	140.1
	2012	20205	59.7	118.4
	2013	18227	53.9	106.9
北 京	Beijing	612	1.1	0.8
天 津	Tianjin	231	0.7	2.9
河 北	Hebei	753	1.8	1.2
山 西	Shanxi	424	1.7	0.4
内蒙古	Inner Mongolia	163	0.5	0.4
辽 宁	Liaoning	1978	4.4	3.4
吉 林	Jilin	419	1.1	
黑龙江	Heilongjiang	534	1.0	
上 海	Shanghai	1091	3.0	16.1
江 苏	Jiangsu	2771	9.5	25.4
浙 江	Zhejiang	2121	7.4	36.3
安 徽	Anhui	357	0.7	0.9
福 建	Fujian	291	0.9	0.4
江 西	Jiangxi	331	1.2	0.6
山 东	Shandong	1298	3.7	9.1
河 南	Henan	937	2.7	0.4
湖 北	Hubei	625	1.6	0.4
湖 南	Hunan	550	1.8	0.1
广 东	Guangdong	151	0.6	0.6
广 西	Guangxi	142	0.3	
海 南	Hainan	12	0.1	
重 庆	Chongqing	741	2.6	6.7
四 川	Sichuan	718	2.3	0.7
贵 州	Guizhou	46	0.1	
云 南	Yunnan	320	1.7	-1.9
西 藏	Tibet	3		
陕 西	Shaanxi	239	0.5	1.8
甘 肃	Gansu	77	0.1	
青 海	Qinghai	36	0.1	
宁 夏	Ningxia	78	0.2	
新 疆	Xinjiang	178	0.6	0.1

22-26 孤儿和家庭儿童收养
Orphans and Children Adopted by Families

年份 Year 地区 Region	孤儿数 (人) Number of Orphans (person)	家庭儿童收养登记总数 (件) Number of Adoption Registration of Children Adopted by Families (case)	中国公民收养登记 Adoption Registration of Chinese Citizens	外国公民收养登记 Adoption Registration of Foreign Citizens	家庭儿童收养比例 (%) Proportion of Children Adopted by Families (%)
1996		18896	14804	4092	
1997		21548	17193	4355	
1998		26498	20611	5887	
1999		38074	31916	6158	
2000		55802	49037	6765	
2001		44706	36089	8617	
2002		45336	35372	9964	
2003		54159	44884	9275	
2004		52603	40084	12519	
2005		49506	35470	14036	
2006		48178	38393	9785	
2007		45192	36893	8299	
2008	67921	42550	37009	5541	65.0
2009	127599	44260	39801	4459	34.8
2010	252110	34529	29618	4911	13.7
2011	509695	31424	27579	3845	6.1
2012	570075	27278	23157	4121	4.8
2013	548845	24460	21230	3230	4.5
北京 Beijing	2374	218	149	69	9.2
天津 Tianjin	835	166	123	43	19.9
河北 Hebei	15278	439	391	48	2.9
山西 Shanxi	16115	255	97	158	1.6
内蒙古 Inner Mongolia	6127	198	155	43	3.2
辽宁 Liaoning	7702	208	193	15	2.7
吉林 Jilin	5880	37	18	19	0.6
黑龙江 Heilongjiang	8121	93	66	27	1.1
上海 Shanghai	2141	316	250	66	14.8
江苏 Jiangsu	19503	2636	2423	213	13.5
浙江 Zhejiang	5204	4037	3956	81	77.6
安徽 Anhui	27076	1046	882	164	3.9
福建 Fujian	6642	1150	1104	46	17.3
江西 Jiangxi	27107	872	619	253	3.2
山东 Shandong	19077	2092	2005	87	11.0
河南 Henan	46844	690	260	430	1.5
湖北 Hubei	29478	1381	1302	79	4.7
湖南 Hunan	51633	844	751	93	1.6
广东 Guangdong	43526	1989	1433	556	4.6
广西 Guangxi	22502	1438	1269	169	6.4
海南 Hainan	2337	174	167	7	7.4
重庆 Chongqing	13532	350	280	70	2.6
四川 Sichuan	30137	1068	1029	39	3.5
贵州 Guizhou	22630	387	311	76	1.7
云南 Yunnan	25371	1278	1175	103	5.0
西藏 Tibet	5576	115	115		2.1
陕西 Shaanxi	13473	357	168	189	2.6
甘肃 Gansu	22411	102	52	50	0.5
青海 Qinghai	16351	60	50	10	0.4
宁夏 Ningxia	7066	35	22	13	0.5
新疆 Xinjiang	26796	429	415	14	1.6

注：2011年以前的“孤儿数”指领取《儿童福利证》的孤儿数，2011年起指失去父母或查找不到生父母的未满18周岁的未成年人数。
家庭儿童收养比例=家庭儿童收养人数/孤儿数×100%。

a) Before 2011, number of orphans referred to the number of orphans who received Children Welfare Credentials, and from 2011, it refers to juveniles under age of 18 who have lost parents or can't find parents. Proportion of Children Adopted by Families=Number of Children Adopted by Families/Number of Orphans×100%.

22-27 社会救助情况
Statistics on Social Relief

单位：万人 (10 000 persons)

年份 Year / 地区 Region	城市居民最低生活保障人数 Number of Urban Residents Receiving Minimum Living Allowance	农村居民最低生活保障人数 Number of Rural Residents Receiving Minimum Living Allowance	农村集中供养五保人数 Rural Households with Centralized Livelihood Guaranteed in Five Aspects	农村分散供养五保人数 Rural Households with Decentralized Livelihood Guaranteed in Five Aspects	传统救济人数 Number of Persons Receiving Traditional Relief
2007	2272.1	3566.3	138.0	393.3	75.0
2008	2334.8	4305.5	155.6	393.0	72.2
2009	2345.6	4760.0	171.8	381.6	62.2
2010	2310.5	5214.0	177.4	378.9	59.5
2011	2276.8	5305.7	184.5	366.5	68.7
2012	2143.5	5344.5	185.3	360.3	79.6
2013	2064.2	5388.0	183.5	353.8	73.0
北京 Beijing	10.4	6.0	0.2	0.2	
天津 Tianjin	16.0	10.7	0.1	1.1	
河北 Hebei	72.8	221.9	8.9	15.0	0.6
山西 Shanxi	85.0	149.8	2.8	13.7	0.8
内蒙古 Inner Mongolia	78.4	125.3	2.8	6.0	2.8
辽宁 Liaoning	96.1	88.4	3.5	10.4	0.7
吉林 Jilin	85.0	80.9	3.0	9.3	2.5
黑龙江 Heilongjiang	143.8	121.5	6.9	7.7	1.4
上海 Shanghai	20.5	3.3	0.1	0.2	
江苏 Jiangsu	33.8	130.1	11.7	8.5	7.8
浙江 Zhejiang	7.2	55.1	3.6	0.1	0.5
安徽 Anhui	78.3	216.1	16.6	27.0	4.9
福建 Fujian	15.8	73.7	1.0	7.8	0.4
江西 Jiangxi	97.8	160.7	11.9	10.9	3.1
山东 Shandong	48.7	259.9	17.1	5.7	0.2
河南 Henan	131.0	390.9	19.7	28.0	2.4
湖北 Hubei	125.9	235.7	8.9	18.0	2.3
湖南 Hunan	143.5	289.3	10.9	40.5	11.3
广东 Guangdong	34.0	163.2	3.3	21.0	0.4
广西 Guangxi	49.4	345.9	2.3	27.2	11.1
海南 Hainan	14.5	24.5	0.2	3.0	2.5
重庆 Chongqing	45.8	62.7	6.2	9.9	1.4
四川 Sichuan	183.6	439.5	26.6	24.4	6.5
贵州 Guizhou	51.3	477.1	2.8	9.7	1.8
云南 Yunnan	104.1	466.5	3.5	18.0	4.5
西藏 Tibet	5.0	32.9	0.8	0.7	
陕西 Shaanxi	67.1	199.9	4.7	8.4	0.5
甘肃 Gansu	87.5	343.3	1.1	11.3	2.2
青海 Qinghai	22.5	40.3	0.4	1.9	
宁夏 Ningxia	18.0	38.2	0.4	1.1	
新疆 Xinjiang	91.7	134.8	1.4	7.2	0.4

22-28 医疗救助情况
Statistics on Medical Aid

年 份 Year / 地 区 Region	资助参加医疗保险人数（万人）Aid for Medical Insurance (10 000 persons)	资助参加合作医疗人数（万人）Aid for Cooperative Medical Care (10 000 persons)	直接医疗救助人数（万人次）Direct Medical Aid (10 000 persons)	资助参加医疗保险支出（万元）Expenses of Medical Insurance (10 000 yuan)	资助参加合作医疗支出（万元）Expenses of Cooperative Medical Insurance (10 000 yuan)	直接医疗救助支出（万元）Expenses for Direct Medical Aid (10 000 yuan)
2005		654.9	199.6		9508.4	48140.3
2006		1317.1	201.3		25888.3	169550.7
2007		2517.3	377.1		47971.5	349149.3
2008	642.6	3432.4	1203.1	38889.0	71024.0	488082.1
2009	1095.9	4059.1	1140.4	58631.3	105035.1	807748.6
2010	1461.2	4615.4	1479.3	76050.0	139619.5	1042328.1
2011	1549.8	4825.3	2144.0	105163.0	220189.0	1469146.5
2012	1387.1	4490.4	2173.7	116470.7	258295.7	1663140.0
2013	1490.1	4868.7	2126.4	144061.2	300427.0	1804596.5
北 京 Beijing	4.7	5.0	14.3	4293.3	430.3	11660.2
天 津 Tianjin	28.5		21.4	11723.3	168.2	15798.2
河 北 Hebei	21.4	193.5	55.1	2365.0	12925.1	50498.9
山 西 Shanxi	62.1	135.7	27.4	4395.5	6656.9	48259.5
内蒙古 Inner Mongolia	59.2	113.2	29.7	3670.1	4918.6	51939.1
辽 宁 Liaoning	23.7	59.0	36.3	4887.5	10900.3	28103.8
吉 林 Jilin	77.1	83.4	75.7	4107.5	8726.9	47027.8
黑龙江 Heilongjiang	145.2	137.6	68.9	12411.7	9383.4	107460.4
上 海 Shanghai	5.1	1.4	6.9	3147.6	168.8	19067.9
江 苏 Jiangsu	32.0	122.0	176.5	8954.4	10798.7	85973.9
浙 江 Zhejiang	5.3	54.0	132.5	880.6	6120.7	72662.6
安 徽 Anhui	35.6	198.5	87.0	2851.7	12223.6	80668.6
福 建 Fujian	5.3	86.5	54.7	484.0	5452.2	29558.5
江 西 Jiangxi	49.9	140.3	58.8	5991.3	10809.4	103455.3
山 东 Shandong	16.4	186.0	28.8	2405.8	14136.5	56418.1
河 南 Henan	70.9	353.4	104.6	3939.9	20619.1	75890.9
湖 北 Hubei	103.6	241.9	92.6	4255.8	15894.2	72276.5
湖 南 Hunan	90.3	213.9	115.5	10123.6	15827.9	85859.8
广 东 Guangdong	40.8	167.3	55.3	7557.4	12839.0	50988.5
广 西 Guangxi	25.1	244.0	41.4	3186.2	12540.5	57661.3
海 南 Hainan	10.8	27.7	15.2	706.9	1369.9	17543.5
重 庆 Chongqing	73.3	130.6	234.0	5265.2	7170.4	63429.9
四 川 Sichuan	149.3	473.5	165.7	12627.2	31294.2	157273.2
贵 州 Guizhou	45.4	446.1	78.6	1728.0	16073.7	65804.1
云 南 Yunnan	104.2	454.9	81.1	7653.3	26226.1	64074.1
西 藏 Tibet	0.1	1.1	3.5	0.7	64.9	9220.7
陕 西 Shaanxi	11.1	90.8	50.8	1780.0	8795.4	92833.7
甘 肃 Gansu	84.0	330.3	69.7	3033.6	7623.3	73197.5
青 海 Qinghai	20.7	42.8	52.9	1827.2	2014.8	25422.0
宁 夏 Ningxia	10.9	33.6	32.8	683.0	1613.7	20094.1
新 疆 Xinjiang	78.1	100.9	59.0	7123.9	6640.3	64473.9

22-29 福利彩票销售情况
Statistics on Welfare Lottery

年份 Year / 地区 Region		福利彩票发行单位(个) Welfare Lottery Issuing Units (unit)	福利彩票销售额(亿元) Sales of Welfare Lottery (100 million yuan)	提取公益金(亿元) Public Welfare Fund from Welfare Lottery (100 million yuan)	公益金支出(亿元) Expenditure of Public Welfare Fund from Welfare Lottery (100 million yuan)
	2000	1253	89.9	24.2	38.7
	2001	1185	139.6	41.9	19.7
	2002	1121	168.0	58.8	25.5
	2003	1145	200.1	70.0	30.6
	2004	1128	226.4	79.2	33.8
	2005	1113	411.2	143.7	52.3
	2006	989	495.7	171.6	52.6
	2007	985	631.6	217.0	77.6
	2008	999	604.0	211.4	119.2
	2009	988	756.0	248.0	113.4
	2010	993	968.0	297.1	121.2
	2011	974	1278.0	388.7	127.9
	2012	955	1510.3	449.4	159.0
	2013	940	1765.3	510.7	195.5
部本级	Ministry Level	1			2.4
北京	Beijing	18	50.9	16.3	9.4
天津	Tianjin	9	30.0	8.7	1.4
河北	Hebei	16	70.4	20.5	7.4
山西	Shanxi	12	29.3	8.8	2.8
内蒙古	Inner Mongolia	16	39.6	12.0	3.3
辽宁	Liaoning	21	92.9	27.0	9.7
吉林	Jilin	53	41.6	11.8	1.7
黑龙江	Heilongjiang	22	44.0	13.4	4.4
上海	Shanghai	17	37.5	11.8	5.9
江苏	Jiangsu	81	128.5	35.8	11.8
浙江	Zhejiang	73	124.5	24.6	14.2
安徽	Anhui	37	59.1	16.5	6.8
福建	Fujian	14	48.0	13.6	5.1
江西	Jiangxi	52	48.7	15.0	6.4
山东	Shandong	19	134.4	37.2	15.0
河南	Henan	73	61.8	17.6	9.8
湖北	Hubei	54	73.8	21.0	8.2
湖南	Hunan	113	60.3	16.9	6.7
广东	Guangdong	68	189.9	64.6	14.1
广西	Guangxi	33	47.7	14.2	5.4
海南	Hainan	3	16.0	3.8	1.5
重庆	Chongqing	1	43.5	13.0	5.3
四川	Sichuan	12	67.8	19.8	7.4
贵州	Guizhou	12	20.2	6.5	3.1
云南	Yunnan	17	49.9	15.5	6.0
西藏	Tibet	1	4.3	1.3	
陕西	Shaanxi	42	63.1	18.4	4.3
甘肃	Gansu	16	33.0	9.4	3.3
青海	Qinghai	2	9.6	2.9	1.5
宁夏	Ningxia	6	10.7	3.2	2.2
新疆	Xinjiang	26	34.0	9.7	8.9

22-30 社会捐赠情况
Statistics on Social Donations

年份 Year / 地区 Region		社会捐赠款物合计（亿元）Total Social Donations (100 million yuan)	社会捐赠款 Donated Money	民政部门 Civil Affairs Department	各类社会组织 Other Social Donations	社会捐赠其他物资折款 Total Value from Other Social Donations in Kinds
	1997	14.0	4.2			9.9
	1998	113.2	50.2	50.2		63.0
	1999	17.8	6.9	5.0	2.0	10.8
	2000	16.3	9.3	5.4	3.9	7.0
	2001	20.0	11.7	7.6	4.1	8.3
	2002	20.8	19.0	11.1	7.9	1.8
	2003	43.4	41.0	29.2	11.9	2.4
	2004	35.1	34.0	17.1	16.9	1.2
	2005	61.9	60.3	31.3	29.0	1.6
	2006	89.5	83.1	43.0	40.1	6.4
	2007	148.4	132.8	50.9	81.9	15.6
	2008	764.0	744.5	479.3	265.2	19.6
	2009	485.9	483.7	66.5	417.2	2.2
	2010	601.7	596.8	179.8	417.0	4.9
	2011	494.9	490.1	96.6	393.5	4.8
	2012	578.8	572.5	101.7	470.8	6.3
	2013	575.1	566.4	107.6	458.8	8.7
部本级	Ministry Level	180.2	180.2	1.3	178.8	
北京	Beijing	40.8	39.7	8.9	30.7	1.1
天津	Tianjin	2.3	2.2	1.3	0.9	0.1
河北	Hebei	2.7	2.7	0.3	2.4	
山西	Shanxi	2.1	2.1	0.5	1.5	
内蒙古	Inner Mongolia	1.6	0.9	0.2	0.7	0.7
辽宁	Liaoning	11.9	11.9	7.6	4.3	
吉林	Jilin	3.8	3.7	2.8	0.9	0.1
黑龙江	Heilongjiang	0.9	0.8	0.5	0.3	0.1
上海	Shanghai	23.2	23.2	1.8	21.4	
江苏	Jiangsu	85.1	82.3	18.1	64.2	2.8
浙江	Zhejiang	56.6	56.5	11.7	44.8	0.1
安徽	Anhui	4.0	4.0	0.4	3.6	
福建	Fujian	5.1	4.5	3.3	1.2	0.6
江西	Jiangxi	2.1	2.1	0.8	1.3	
山东	Shandong	32.8	32.8	11.1	21.7	
河南	Henan	3.2	3.2	0.4	2.8	
湖北	Hubei	6.8	6.7	0.9	5.8	0.1
湖南	Hunan	14.8	14.6	3.8	10.8	0.1
广东	Guangdong	61.2	61.0	17.6	43.4	0.2
广西	Guangxi	0.9	0.9	0.3	0.6	
海南	Hainan					
重庆	Chongqing	7.7	7.3	4.2	3.1	0.4
四川	Sichuan	14.4	12.2	5.7	6.6	2.2
贵州	Guizhou	1.8	1.8	0.9	0.8	
云南	Yunnan	2.7	2.7	0.5	2.2	
西藏	Tibet	0.4	0.4	0.2	0.2	
陕西	Shaanxi	2.5	2.4	1.3	1.1	0.1
甘肃	Gansu	0.7	0.7	0.2	0.5	
青海	Qinghai	0.7	0.7	0.1	0.6	
宁夏	Ningxia	1.6	1.6	0.4	1.2	
新疆	Xinjiang	0.5	0.5	0.2	0.2	

注：社会捐赠其他物资折款指民政部门接收的捐赠衣被和物资。

a) Total value from other social donations in kinds refers to those clothes, quilts and goods received by department of civil affairs.

22-31 优抚安置情况
Statistics on Preferential Treatment and Resettlement

年份 Year / 地区 Region	国家重点优抚对象(万人) State Entitled Groups (10 000 persons)	定期抚恤人数 Number of People Receiving Regular Pension	定期补助人数 Number of People Receiving Regular Subsidy	伤残人员 Injured and Disabled Persons	接收军队离退休人员(人) Number of Retired Veterans Resettled (person)
2007	622.4	48.9	487.1	86.5	28058
2008	633.2	47.9	498.2	87.2	21378
2009	630.7	45.9	497.7	87.2	18904
2010	625.0	44.8	493.5	86.7	13451
2011	852.5	42.2	724.4	85.9	14530
2012	944.4	41.2	818.4	84.9	18570
2013	950.5	36.6	832.6	81.2	38706
北京 Beijing	4.3	0.2	3.0	1.1	8474
天津 Tianjin	4.5	0.1	3.8	0.7	234
河北 Hebei	58.3	2.2	50.7	5.5	1986
山西 Shanxi	18.5	1.0	14.8	2.7	959
内蒙古 Inner Mongolia	6.2	0.3	4.5	1.4	330
辽宁 Liaoning	23.5	0.8	19.6	3.1	4094
吉林 Jilin	12.4	0.5	10.0	1.9	1045
黑龙江 Heilongjiang	14.1	0.7	11.2	2.2	599
上海 Shanghai	4.0	0.6	2.7	0.7	1690
江苏 Jiangsu	49.2	1.6	42.6	5.0	1267
浙江 Zhejiang	26.2	0.5	23.5	2.2	835
安徽 Anhui	50.8	1.4	45.8	3.6	409
福建 Fujian	19.6	1.2	17.1	1.2	616
江西 Jiangxi	34.1	3.0	28.5	2.6	406
山东 Shandong	100.8	4.4	84.6	11.8	2237
河南 Henan	76.5	2.1	67.8	6.5	1498
湖北 Hubei	52.8	3.7	45.5	3.6	2075
湖南 Hunan	89.3	2.8	81.4	5.1	1063
广东 Guangdong	43.4	0.9	40.1	2.4	767
广西 Guangxi	29.8	0.5	28.2	1.1	342
海南 Hainan	2.8	0.3	2.3	0.2	639
重庆 Chongqing	28.6	0.6	25.9	2.1	517
四川 Sichuan	89.2	3.3	79.7	6.1	1414
贵州 Guizhou	26.1	0.5	24.1	1.6	96
云南 Yunnan	37.8	0.8	35.1	1.9	185
西藏 Tibet	0.5	0.3	0.1	0.1	34
陕西 Shaanxi	29.3	1.6	25.3	2.4	2291
甘肃 Gansu	11.7	0.3	10.3	1.1	1188
青海 Qinghai	1.4	0.1	1.0	0.3	370
宁夏 Ningxia	1.1	0.1	0.7	0.3	83
新疆 Xinjiang	3.5	0.2	2.6	0.7	963

22-32 社区服务机构基本情况
Statistics on Community Service Facilities

单位：个 (unit)

年份 Year / 地区 Region	社区服务机构数 Number of Community Service Facilities	社区服务指导中心数 Community Service Guidance Centers	社区服务中心数 Community Service Centers	社区服务站数 Community Service Stations	其他社区服务机构 Other Community Service Facilities	便民、利民服务网点 Number of Convenience Networks	社区服务机构覆盖率(%) Coverage Rate of Community Service Facilities(%)
1993	92946		3711		89235	169503	8.3
1994	98679		4034		94645	204229	8.8
1995	115175		4380		110795	234024	11.0
1996	132309		5055		127254	259201	12.7
1997	138366		5113		133253	307226	13.5
1998	154196		6154		148042	345075	16.2
1999	164962		7623		157339	405740	18.0
2000	187888		6444		181444	451567	22.4
2001	201758		6179		195579	539544	25.5
2002	206743		7898		198845	622986	26.9
2003	203945		7520		196425	668418	27.5
2004	205926		7804		198122	703760	28.5
2005	203275		8479		194796	664764	28.7
2006	160007		8565		151442	457896	22.7
2007	172002		9319	50116	112567	892656	24.7
2008	162976		9873	30021	123082	748684	23.7
2009	174976		10003	53170	111803	692625	25.6
2010	152941		12720	44237	95984	539136	22.4
2011	160352		14391	56156	89805	452868	23.6
2012	200162	809	15497	87931	95925	397222	29.5
2013	251939	890	19014	108377	123658	358518	36.9
北京 Beijing	10467	18	192	6315	3942	11004	154.0
天津 Tianjin	1739	11	215	1282	231	10501	33.1
河北 Hebei	25148	32	424	1564	23128	3397	48.0
山西 Shanxi	3069	18	435	2293	323	6263	10.1
内蒙古 Inner Mongolia	2122	5	960	672	485	8552	15.8
辽宁 Liaoning	5408	26	649	3685	1048	11033	34.6
吉林 Jilin	631	24	350	257		332	5.6
黑龙江 Heilongjiang	2167	37	480	1324	326	8816	18.4
上海 Shanghai	3232	8	204	2699	321	16843	57.4
江苏 Jiangsu	23689	59	1492	14972	7166	56314	110.9
浙江 Zhejiang	24062	30	1822	10957	11253	84291	73.9
安徽 Anhui	5452	41	1060	2587	1764	7940	30.1
福建 Fujian	2917	24	229	1974	690	4853	17.4
江西 Jiangxi	3189	43	352	1082	1712	3701	15.7
山东 Shandong	23991	121	1039	10186	12645	35978	29.5
河南 Henan	2924	44	539	814	1527	1852	5.7
湖北 Hubei	8466	27	545	4442	3452	3190	28.5
湖南 Hunan	8711	67	524	2046	6074	16615	18.6
广东 Guangdong	45233	31	2492	12381	30329	7013	175.1
广西 Guangxi	7595	20	86	533	6956	1387	47.0
海南 Hainan	1578	1	124	1355	98	19	51.7
重庆 Chongqing	4898	11	277	2053	2557	11438	44.4
四川 Sichuan	5552	64	977	3753	758	8466	10.5
贵州 Guizhou	17293	18	1348	11982	3945	14577	91.9
云南 Yunnan	1269	8	97	1151	13	27	8.9
西藏 Tibet	34	2	9	23		2	0.6
陕西 Shaanxi	2868	49	432	2062	325	2654	10.0
甘肃 Gansu	5147	26	970	1742	2409	8845	29.8
青海 Qinghai	169		13	156		1	3.7
宁夏 Ningxia	773	9	74	658	32	8896	28.2
新疆 Xinjiang	2146	16	604	1377	149	3718	18.7

注：1.其他社区服务机构是指民政业务范围以外的其他以提供服务为主的社区服务设施，如：社区性服务站、社区文化服务站、残疾人康复站等。

2.社区服务指导中心是指县级以上建立的，除有一般社区服务中心(站)的职能外，还对社区服务中心和社区服务站的工作具有指导作用的社区服务机构。

a) Other community service facilities refer to those facilities providing services other than civil affair services, for example, community service stations community cultural service stations, recovery stations for the disabled.

b) Community Service Guidance Centers refer to community service agencies established above county level which offer guidance to community service centers and stations besides their functions as common community service centers and stations.

22-33 婚姻服务情况
Statistics on Marriages and Divorces

年份 Year 地区 Region	结婚登记 (万对) Total Number of Registered Marriages (10 000 couples)	内地居民登记结婚 Registered Marriages in the Mainland	初婚 (万人) First Marriages (10 000 persons)	再婚 (万人) Re-marriages (10 000 persons)	涉外及港澳台居民登记结婚 Registered Marriages with Foreigner and the Citizen of Hong Kong, Macao, Taiwan	离婚 (万对) Divorces (10 000 couples)	粗离婚率 (‰) Crude Divorce Rate (‰)
1985	831.30	829.06	1607.63	50.48	2.22	45.79	0.44
1990	951.10	948.69	1819.13	78.24	2.38	80.00	0.69
1991	953.60	950.98	1820.32	81.65	2.64	83.10	0.72
1992	957.50	954.50	1832.10	76.91	2.96	84.96	0.74
1993	915.40	912.16	1747.01	77.32	3.28	91.00	0.77
1994	932.40	929.00	1779.33	78.67	3.38	98.20	0.82
1995	934.10	929.71	1776.07	83.35	4.40	105.60	0.88
1996	938.70	933.96	1781.72	86.20	4.72	113.40	0.93
1997	914.10	909.06	1725.95	92.16	5.08	119.90	0.97
1998	891.70	886.66	1675.37	97.94	5.03	119.20	0.96
1999	885.30	879.91	1659.36	100.46	5.42	120.15	0.96
2000	848.50	842.00	1581.39	102.62	6.49	121.29	0.96
2001	805.00	797.11	1481.74	112.49	7.87	125.05	0.98
2002	786.00	778.80	1440.30	117.10	7.28	117.70	0.90
2003	811.40	803.50	1483.90	123.30	7.83	133.00	1.05
2004	867.20	860.80	1569.60	152.00	6.35	166.50	1.28
2005	823.10	816.60	1483.00	163.10	6.43	178.50	1.37
2006	945.00	938.20	1705.60	184.40	6.82	191.30	1.46
2007	991.40	986.30	1779.70	203.10	5.11	209.80	1.59
2008	1098.30	1093.20	1972.50	224.10	5.10	226.90	1.71
2009	1212.40	1207.50	2168.80	256.00	4.92	246.80	1.85
2010	1241.00	1236.10	2200.90	281.10	4.90	267.80	2.00
2011	1302.36	1297.48	2309.88	294.85	4.88	287.40	2.13
2012	1323.59	1318.27	2361.17	286.02	5.33	310.38	2.29
2013	1346.93	1341.43	2385.96	307.89	5.50	350.01	2.57
北京 Beijing	16.37	16.26	25.16	7.57	0.11	6.46	3.06
天津 Tianjin	10.26	10.22	16.99	3.53	0.04	4.53	3.07
河北 Hebei	74.08	74.03	126.62	21.53	0.05	17.88	2.44
山西 Shanxi	38.40	38.39	71.03	5.77	0.01	6.10	1.68
内蒙古 Inner Mongolia	22.16	22.14	35.51	8.81	0.02	8.07	3.23
辽宁 Liaoning	36.96	36.73	67.18	6.75	0.23	15.21	3.47
吉林 Jilin	25.41	25.30	46.83	3.98	0.11	12.40	4.51
黑龙江 Heilongjiang	37.66	37.45	65.14	10.18	0.21	17.83	4.65
上海 Shanghai	14.95	14.75	22.17	7.74	0.21	6.96	2.88
江苏 Jiangsu	90.38	90.21	158.20	22.55	0.17	21.66	2.73
浙江 Zhejiang	42.22	41.70	71.30	13.14	0.52	13.24	2.41
安徽 Anhui	80.56	80.43	140.12	21.01	0.14	15.62	2.59
福建 Fujian	39.59	38.60	72.48	6.71	0.99	8.26	2.19
江西 Jiangxi	39.37	39.04	71.38	7.37	0.33	8.61	1.90
山东 Shandong	89.14	89.01	151.70	26.58	0.12	22.51	2.31
河南 Henan	126.24	126.14	246.75	5.73	0.11	20.95	2.23
湖北 Hubei	64.58	64.42	120.13	9.02	0.16	15.09	2.60
湖南 Hunan	62.06	61.85	107.04	17.07	0.21	16.73	2.50
广东 Guangdong	87.47	86.65	159.49	15.46	0.82	17.70	1.66
广西 Guangxi	47.19	47.01	86.38	8.00	0.17	9.32	1.97
海南 Hainan	9.12	9.04	16.94	1.30	0.08	1.32	1.47
重庆 Chongqing	30.31	30.23	44.10	16.52	0.08	13.37	4.50
四川 Sichuan	77.68	77.53	124.22	31.15	0.15	26.83	3.31
贵州 Guizhou	42.98	42.94	83.54	2.43	0.04	8.57	2.45
云南 Yunnan	45.21	44.89	80.44	9.98	0.32	9.13	1.95
西藏 Tibet	1.16	1.16	2.28	0.04		0.18	0.57
陕西 Shaanxi	39.57	39.52	68.89	10.25	0.05	8.06	2.14
甘肃 Gansu	18.65	18.63	35.92	1.37	0.01	3.85	1.49
青海 Qinghai	4.75	4.74	8.48	1.01		1.08	1.87
宁夏 Ningxia	6.38	6.38	11.54	1.22	0.01	1.59	2.43
新疆 Xinjiang	26.07	26.04	48.02	4.12	0.03	10.91	4.82

22-34 殡葬服务情况
Statistics on Funeral and Interment Services

年份 地区	Year Region	殡葬类单位数(个) Number of Funeral and Interment Enterprises (unit)	从业人员(人) Employed Persons (person)	火化炉数(台) Number of Cremators (set)	火化数(万具) Cremated Remains (10 000 bodies)	#安葬数 Number of the Buried	火化率(%) Cremation Rate (%)
	2005	3284	68588	5037	450.2	54.8	53.0
	2006	3549	70500	5649	430.2	45.4	48.2
	2007	3669	73227	4838	442.1	53.3	48.4
	2008	3754	74731	4789	453.4	49.9	48.5
	2009	3896	74050	5123	454.2	52.9	48.2
	2010	3951	75230	5229	474.1	60.5	49.0
	2011	4103	75254	5209	468.1	59.9	48.8
	2012	4357	77254	5539	477.7	60.9	49.5
	2013	4382	80768	5743	468.9	62.8	48.2
北京	Beijing	54	1746	90	8.8	1.9	88.1
天津	Tianjin	29	917	71	6.7	0.9	74.4
河北	Hebei	182	3313	361	22.5	1.1	45.0
山西	Shanxi	61	930	60	2.1	0.3	10.4
内蒙古	Inner Mongolia	128	1848	142	6.5	2.2	46.3
辽宁	Liaoning	262	4750	343	28.3	2.6	104.6
吉林	Jilin	146	4545	169	10.8	0.7	77.1
黑龙江	Heilongjiang	152	3397	260	16.8	2.2	73.2
上海	Shanghai	76	3013	93	12.1	6.7	93.2
江苏	Jiangsu	242	4062	510	48.5	6.2	86.6
浙江	Zhejiang	217	3490	343	30.6	3.1	101.9
安徽	Anhui	191	2983	238	26.2	4.0	70.9
福建	Fujian	153	2902	215	19.0	1.4	82.8
江西	Jiangxi	143	2000	202	9.1	1.8	32.5
山东	Shandong	168	3372	477	59.9	1.3	96.6
河南	Henan	254	5863	319	26.3	1.1	41.1
湖北	Hubei	172	3761	310	21.8	3.8	60.7
湖南	Hunan	211	3015	143	8.0	2.3	17.0
广东	Guangdong	283	7444	403	46.5	3.2	93.1
广西	Guangxi	75	1435	88	7.2	0.6	23.8
海南	Hainan	17	313	6	0.3		5.5
重庆	Chongqing	112	1952	117	7.7	1.7	38.5
四川	Sichuan	299	4205	267	20.1	5.7	35.8
贵州	Guizhou	139	3192	117	6.8	1.7	27.3
云南	Yunnan	200	1231	163	5.9	1.5	19.8
西藏	Tibet	2	31	6	0.1		3.9
陕西	Shaanxi	106	2478	85	4.7	2.0	20.5
甘肃	Gansu	69	792	48	1.7	0.7	10.7
青海	Qinghai	32	164	38	0.7		18.4
宁夏	Ningxia	34	211	8	0.4	0.4	12.0
新疆	Xinjiang	173	1413	51	2.8	1.7	25.0

22-35 社会组织情况
Statistics on Social Organizations

年份 地区	Year Region	单位数(个) Number of Institutions (unit)	社会团体 Social Organization	民办非企业单位 Non-enterprise Units Run by NGO	基金会 Fund Organization	年末职工人数(人) Staff and Workers at Year-end (person)	#女性 Female	社会团体 Social Organization	民办非企业单位 Non-enterprise Units Run by NGO	基金会 Fund Organization
	2000	153322	130668	22654						
	2001	210939	128805	82134						
	2002	244509	133297	111212						
	2003	266612	141167	124491	954					
	2004	289432	153359	135181	892					
	2005	319762	171150	147637	975					
	2006	354393	191946	161303	1144	4251850	1062770	2695983	1540476	15391
	2007	386916	211661	173915	1340	4568515	1166211	2885287	1664959	18269
	2008	413660	229681	182382	1597	4758332	1406787	2855858	1892060	10414
	2009	431069	238747	190479	1843	5446666	1581352	3356506	2078160	12000
	2010	445631	245256	198175	2200	6181918	1628947	3960704	2208050	13164
	2011	461971	254969	204388	2614	5992765	1495862	3630298	2348326	14141
	2012	499268	271131	225108	3029	6132774	1777824	3469467	2644621	18686
	2013	547245	289026	254670	3549	6365813	1880817	3531635	2815532	18646
中央级	Central-level	2190	1908	66	216	30769	13241	27578	1459	1732
地　方	Local-level	545055	287118	254604	3333	6335044	1867576	3504057	2814073	16914
北　京	Beijing	8560	3573	4712	275	119336	47079	34641	82394	2301
天　津	Tianjin	4516	2156	2304	56	42573	18833	8728	33500	345
河　北	Hebei	16530	9536	6945	49	248136	65881	132639	115226	271
山　西	Shanxi	11611	6789	4767	55	144909	40286	83050	61727	132
内蒙古	Inner Mongolia	10685	6697	3897	91	80051	24944	50769	28909	373
辽　宁	Liaoning	19494	8859	10572	63	217509	57810	117187	99786	536
吉　林	Jilin	9193	5785	3342	66	94821	17393	74447	20271	103
黑龙江	Heilongjiang	12672	5683	6923	66	173745	65848	130183	43406	156
上　海	Shanghai	11626	3791	7683	152	158334	37242	35071	122192	1071
江　苏	Jiangsu	56234	26164	29626	444	429104	126770	167189	260559	1356
浙　江	Zhejiang	36426	18108	17992	326	350782	103275	137504	212479	799
安　徽	Anhui	20705	11671	8963	71	206418	54939	103731	102493	194
福　建	Fujian	19372	12787	6444	141	253138	49584	186007	66186	945
江　西	Jiangxi	13375	7783	5547	45	183682	53988	102116	81333	233
山　东	Shandong	38976	17807	21083	86	324154	73330	139221	184657	276
河　南	Henan	23577	10896	12583	98	197277	57666	74908	121987	382
湖　北	Hubei	25778	11564	14141	73	265404	99215	134916	129830	658
湖　南	Hunan	21663	11498	9991	174	215004	69931	117506	96916	582
广　东	Guangdong	41317	19000	21883	434	509316	220638	153018	353800	2498
广　西	Guangxi	17370	10940	6393	37	309735	61079	241025	68355	355
海　南	Hainan	4338	2155	2137	46	39414	16159	15791	23460	163
重　庆	Chongqing	13154	6693	6414	47	132323	52179	46713	85154	456
四　川	Sichuan	35050	18866	16075	109	510475	144547	328001	181599	875
贵　州	Guizhou	8295	5141	3122	32	148577	34909	111874	36500	203
云　南	Yunnan	16954	11595	5297	62	379387	131954	322333	56862	192
西　藏	Tibet	589	560	19	10	9529	3395	9389	88	52
陕　西	Shaanxi	17360	9623	7658	79	252911	51448	173947	78472	492
甘　肃	Gansu	13335	10206	3089	40	190626	42148	163808	26409	409
青　海	Qinghai	3039	2022	995	22	18285	4289	13916	4324	45
宁　夏	Ningxia	4002	2958	993	51	36150	11035	29880	6013	257
新　疆	Xinjiang	9259	6212	3014	33	93939	29782	64549	29186	204

22-36 自治组织情况
Statistics on Autonomy Organizations

年份 地区	Year Region	单位数（个） Number of Institutions (unit)	村民委员会 Village Committee	社区居委会 Neighborhood Committee	年末成员数（万人） Member at Year-end (10 000 persons)	#女性 Female	村民委员会 Village Committee	社区居委会 Neighborhood Committee
	2000	840083	731659	108424	363.4	78.0	315.0	48.4
	2001	791867	699974	91893	362.8	76.3	316.4	46.4
	2002	767364	681277	86087	333.8	71.6	294.2	39.6
	2003	740917	663486	77431	358.8	76.5	319.1	39.7
	2004	722050	644166	77884	334.6	68.0	292.1	42.5
	2005	709026	629079	79947	311.1	68.5	265.7	45.4
	2006	704386	623669	80717	287.3	77.6	243.0	44.3
	2007	694715	612709	82006	282.7	71.5	241.1	41.6
	2008	687698	604285	83413	276.0	71.8	233.9	42.2
	2009	683767	599078	84689	277.1	71.9	234.0	43.1
	2010	681715	594658	87057	277.3	71.6	233.4	43.9
	2011	679133	589653	89480	277.3	73.4	231.9	45.4
	2012	679628	588475	91153	279.2	74.2	232.3	46.9
	2013	683167	588547	94620	280.7	76.1	232.3	48.4
北京	Beijing	6797	3938	2859	3.4	1.8	1.4	2.0
天津	Tianjin	5261	3707	1554	2.2	1.0	1.2	1.0
河北	Hebei	52365	48703	3662	18.6	3.2	16.8	1.8
山西	Shanxi	30403	28273	2130	11.2	2.5	10.2	1.0
内蒙古	Inner Mongolia	13407	11173	2234	5.2	1.7	4.1	1.1
辽宁	Liaoning	15628	11609	4019	6.7	2.7	4.3	2.4
吉林	Jilin	11238	9224	2014	4.6	1.5	3.5	1.1
黑龙江	Heilongjiang	11768	8906	2862	5.4	1.8	4.0	1.4
上海	Shanghai	5634	1610	4024	2.7	1.5	0.6	2.1
江苏	Jiangsu	21355	14538	6817	10.8	3.3	7.1	3.6
浙江	Zhejiang	32568	28339	4229	12.4	4.0	10.4	2.0
安徽	Anhui	18107	14925	3182	7.9	2.3	6.2	1.7
福建	Fujian	16722	14441	2281	6.9	1.7	5.8	1.2
江西	Jiangxi	20251	16918	3333	7.7	2.0	6.4	1.3
山东	Shandong	81285	74798	6487	33.1	9.6	30.0	3.1
河南	Henan	51284	46997	4287	21.3	5.0	19.2	2.1
湖北	Hubei	29660	25452	4208	11.8	3.4	9.7	2.0
湖南	Hunan	46888	41922	4966	16.7	4.8	14.6	2.1
广东	Guangdong	25829	19257	6572	11.6	3.4	8.2	3.5
广西	Guangxi	16148	14313	1835	7.9	1.7	6.7	1.1
海南	Hainan	3051	2570	481	1.5	0.3	1.2	0.3
重庆	Chongqing	11039	8318	2721	5.4	1.7	3.8	1.6
四川	Sichuan	53115	46492	6623	21.3	5.0	18.4	2.9
贵州	Guizhou	18815	16859	1956	8.7	1.8	7.6	1.1
云南	Yunnan	14209	12137	2072	7.0	1.5	5.8	1.2
西藏	Tibet	5438	5255	183	2.5	0.7	2.4	0.1
陕西	Shaanxi	28823	26751	2072	10.8	2.6	9.8	1.0
甘肃	Gansu	17250	16022	1228	6.7	1.2	6.1	0.6
青海	Qinghai	4630	4170	460	1.9	0.4	1.7	0.2
宁夏	Ningxia	2745	2269	476	1.2	0.4	0.9	0.3
新疆	Xinjiang	11454	8661	2793	5.8	1.6	4.2	1.6

22-37 残疾人事业基本情况
Basic Statistics on the Work for Persons with Disabilities

项目	Item	2010	2011	2012	2013
康复	**Rehabilitation**				
视力残疾康复	Rehabilitation of Persons with Visual Disability				
白内障复明手术 (万例)	Sight-restoring Surgeries for Cataract Patients (10 000 cases)	79.9	75.8	79.6	74.6
#贫困白内障患者免费手术	Free Surgeries for Poor Cataract Patients	27.3	31.0	33.4	29.1
低视力者配用助视器 (万人)	Persons with Low-vision Fitted with Vision-aids (10 000 persons)	3.3	3.6	11.7	12.9
盲人定向行走训练 (万人)	Blind Persons Receiving Orientation Skill Training (10 000 persons)	1.6	2.5	12.0	12.0
听力语言残疾康复	Rehabilitation of Persons with Hearing and Speech Disability				
新收训聋儿 (万人)	Deaf Children Newly Trained in the year (10 000 persons)	1.9	1.8	2.0	2.0
培训聋儿家长 (万人)	Parents Trained (10 000 persons)	2.3	2.9	3.9	3.9
肢体残疾康复 (万人)	Rehabilitation of Persons with Physical Disability (10 000 persons)				
肢体残疾(脑瘫)儿童机构康复训练	Rehabilitation Training Institutions for Children with Mobility Impairment(Cerebral Palsy)	2.1	1.8	3.0	3.5
肢体残疾人社区、家庭康复训练	Persons with Mobility Impairment Receiving Rehabilitation Training in Communities and Families	11.5	14.9	32.8	31.8
智力残疾康复 (万人)	Rehabilitation of Persons with Intellectual Disability (10 000 persons)				
智力残疾儿童康复训练	Children with Intellectual Disability Receiving Rehabilitation Training	2.7	2.8	11.5	10.1
成年智力残疾人社区、家庭康复	Adults with Intellectual Disability Trained in Communities and Families			2.5	3.1
精神病防治康复	Prevention and Rehabilitation of Mental Illness (PRMI)				
监护精神病人 (万人)	People with Mental Illness under Guardianship (10 000 persons)	416.2	421.2	449.0	461.9
显好率 (%)	Significant Improvement Rate (%)	68.4	68.4	67.2	66.2
社会参与率 (%)	Social Involvement Rate (%)	54.5	53.8	52.6	51.4
孤独症儿童机构训练 (人)	Children with Autism Trained in Institutions (person)	5620	6910	11119	16656
残疾人辅助器具供应服务	Provision of Assistive Devices				
辅助器具供应 (万件)	Assistive Devices Provided (10 000 pieces)	113.9	74.3	114.5	128.3
残疾人假肢装配 (万例)	Prosthesis Installed for the Disabled (10 000 cases)	3.0	3.1	3.9	2.9
残疾人矫形器装配 (万例)	Orthotic Devices for the Disabled (10 000 cases)	2.6	1.5	4.0	4.7
教育	**Education**				
未入学学龄残疾儿童少年 (万人)	School-age Disabled Children Unable to Enter School (10 000 persons)	14.6	12.6	9.1	8.4
特殊教育普通高中在校生 (人)	Students at Special Education Senior High Schools (person)	6067	7207	7043	7313
残疾人中等职业教育在校生 (人)	Students at Secondary Vocational Schools for PWDs (person)	11506	11572	10442	11350
高等院校录取残疾考生 (人)	Disable Students Admitted to Higher Education Institutions (person)	8731	8027	8363	8926
就业	**Employment**				
城镇残疾人新增安排就业 (万人)	Newly Employed PWDs in Urban Areas in the Year (10 000 persons)	32.4	31.8	32.9	36.9
集中就业	Employed in Collective Form	10.2	9.7	10.2	10.7
按比例就业	Employed by Quota Scheme	8.6	7.5	8.0	8.7
个体及其他形式就业	Self-employed or Employed in Other Forms	13.7	14.6	14.7	17.5
社会保障 (万人)	**Social Security (10 000 persons)**				
城镇残疾职工参加社会保险	Urban Workers with Disabilities Covered by Social Insurance	283.2	299.3	280.9	296.7
残疾居民参加城镇居民医疗保险	Residents with Disabilities Covered by the Medical Insurance for Urban Residents	355.9	433.1	498.6	547.3
农村残疾人参加新型农村社会养老保险	Rural PWDs Covered by New Types of Rural Social Pension Insurance	487.1	1232.5	1338.4	1638.3
城乡残疾人纳入最低生活保障	PWDs Covered by the Basic Living Allowance System	927.1	1031.4	1070.5	1093.0
托养残疾人	Fostered PWDs	57.9	60.7	74.7	94.4
扶贫	**Poverty Alleviation**				
扶持农村贫困残疾人 (万人次)	Impoverished PWDs Assisted in Rural Areas (10 000 person-times)	204.0	211.8	229.9	238.7
农村残疾人实用技术培训(万人次)	Vocational Skills Training for PWDs (10 000 person-times)	85.5	92.3	86.1	85.6
农村贫困残疾人危房改造 (万户)	Dilapidated House Renovation for Poor PWDs (10 000 households)	11.8	9.4	13.2	12.2
受益残疾人 (万人)	PWDs Benefited (10 000 persons)	14.5	11.5	15.7	14.4
维权	**Rights Protection**				
贫困残疾人家庭无障碍改造(万户)	Barrier Free Home Renovation for poor PWDs (10 000 households)		10.2	14.1	13.6
残疾人机动轮椅车燃油补贴(万人)	Fuel Subsidy for Motor Wheelchairs of PWDs (10 000 persons)	49.1	41.9	55.4	65.7
组织建设	**Organization Development**				
残疾人人口库持证残疾人 (万人)	PWDs with Disability Certificate in the PWD Database(10 000 persons)	1793.7	2195.1	2527.2	2811.5

注：根据第二次全国残疾人抽样调查及第六次全国人口普查的结果推算，2010年末我国残疾人总数8502万人。

According to the Second China National Sample Survey on Disability and the Six National Population Census results, it is estimated that by the end of 2010, there were 85.02 million persons with disabilities.

主要统计指标解释

医疗卫生机构 指从卫生行政部门取得《医疗机构执业许可证》、《计划生育技术服务许可证》，或从民政、工商行政、机构编制管理部门取得法人单位登记证书，为社会提供医疗保健、疾病控制、卫生监督服务或从事医学科研和医学在职培训等工作的单位。医疗卫生机构包括医院、基层医疗卫生机构、专业公共卫生机构、其他医疗卫生机构。

医院 包括综合医院、中医医院、中西医结合医院、民族医院、各类专科医院和护理院，不包括专科疾病防治院、妇幼保健院和疗养院。

基层医疗卫生机构 包括社区卫生服务中心、社区卫生服务站、街道卫生院、乡镇卫生院、村卫生室、门诊部、诊所(医务室)。

专业公共卫生机构 包括疾病预防控制中心、专科疾病防治机构、妇幼保健机构（含妇幼保健计划生育服务中心）、健康教育机构、急救中心（站）、采供血机构、卫生监督机构、取得《医疗机构执业许可证》或《计划生育技术服务许可证》的计划生育技术服务机构。

其他医疗卫生机构 包括疗养院、临床检验中心、医学科研机构、医学在职教育机构、医学考试中心、农村改水中心、人才交流中心、统计信息中心等卫生事业单位。

卫生人员 指在医院、基层医疗卫生机构、专业公共卫生机构及其他医疗卫生机构工作的职工，包括卫生技术人员、乡村医生和卫生员、其他技术人员、管理人员和工勤人员。一律按支付年底工资的在岗职工统计，包括各类聘任人员(含合同工)及返聘本单位半年以上人员，不包括临时工、离退休人员、退职人员、离开本单位仍保留劳动关系人员、本单位返聘和临聘不足半年人员。

卫生技术人员 包括执业医师、执业助理医师、注册护士、药师（士）、检验技师（士）、影像技师、卫生监督员和见习医（药、护、技）师（士）等卫生专业人员。不包括从事管理工作的卫生技术人员(如院长、副院长、党委书记等)。

执业医师 指《医师执业证》“级别”为“执业医师”且实际从事医疗、预防保健工作的人员，不包括实际从事管理工作的执业医师。执业医师类别分为临床、中医、口腔和公共卫生四类。

执业(助理)医师 指《医师执业证》“级别”为“执业助理医师”且实际从事医疗、预防保健工作的人员，不包括实际从事管理工作的执业助理医师。执业助理医师类别分为临床、中医、口腔和公共卫生四类。

每千人口执业(助理)医师 每千人口执业(助理)医师=(执业医师数+执业助理医师数)/人口数×1000。人口数系年末常住人口。

每千人口卫生技术人员 每千人口卫生技术人员=卫生技术人员数/人口数×1000。人口数系年末常住人口。

每千人口医疗卫生机构床位 每千人口医疗卫生机构床位=医疗卫生机构床位数/人口数×1000。人口数系年末常住人口。

甲乙类法定报告传染病发病率 是指某年某地区每10万人口中甲、乙类法定报告传染病发病数。即甲乙类法定报告传染病发病率=甲、乙类法定报告传染病发病数/人口数×100000。

甲乙类法定报告传染病死亡率 是指某年某地区每10万人口中甲、乙类法定报告传染病死亡数。即甲乙类法定报告传染病死亡率=甲、乙类法定报告传染病死亡数/人口数×100000。

甲乙类法定报告传染病病死率 是指某年某地区甲、乙类法定报告传染病死亡数与发病数之比。即甲乙类法定报告传染病病死率=甲、乙类法定报告传染病死亡数/发病数×100%。

粗死亡率 指年内一定地区的死亡人数与同期平均人数之比，一般以‰表示。

病死率 表示一定时期内(通常为一年)，患某种疾病的死亡人数与患某种疾病发病人数之比，一般以%表示。

孕产妇死亡率 指年内每10万名孕产妇的死亡人数。孕产妇死亡指从妊娠期至产后42天内，由于任何妊娠或妊娠处理有关的原因导致的死亡，但不包括意外原因死亡者。按国际通用计算方法，“孕产妇总数”以“活产数”代替计算。

活产数 指年内妊娠满28周及以上（如孕周不清楚，可参考出生体重达1000克及以上），娩出后有心跳、呼吸、脐带搏动、随意肌收缩四项生命体征之一的新生儿数。

5岁以下儿童死亡率 指年内未满5岁儿童死亡人数与活产数之比，一般以‰表示。

新生儿死亡率 指年内新生儿死亡数与活产数之比。一般以‰表示。新生儿死亡指出生至28天以内(即0–27天)死亡人数。

参加新农合人数 指根据本地新农合实施方案到年内新农合筹资截止时已缴纳新农合资金的人口数。

新农合当年基金支出 指本年度实际从新农合基金帐户中支出用于新农合补偿的资金。

新农合补偿受益人次 指年内新农合参合人员因病就医获得补偿的人次数，包括住院、家庭帐户形式、门诊、特殊病种大额门诊、住院正常分娩、体检和其他补偿人次之和。

新农合本年度筹资总额 指为本年度筹集的、实际进入新农合专用帐户的基金数额。包括本年度中央及地方财政配套资金、农民个人缴纳资金（含民政部门及其他相关部门代

缴的救助资金）、新农合基金本年度产生的全部利息收入及其他渠道实际筹集到的新农合基金额。筹资数额以进入新农合专用帐户的基金数额为准，不含上年结转资金。

卫生总费用 指一个国家或地区在一定时期内，为开展卫生服务活动从全社会筹集的卫生资源的货币总额，按来源法核算。它反映一定经济条件下，政府、社会和居民个人对卫生保健的重视程度和费用负担水平，以及卫生筹资模式的主要特征和卫生筹资的公平性合理性。

政府卫生支出 指各级政府用于医疗卫生服务、医疗保障补助、卫生和医疗保险行政管理、人口与计划生育事务支出等各项事业的经费。

社会卫生支出 指政府支出外的社会各界对卫生事业的资金投入。包括社会医疗保障支出、商业健康保险费、社会办医支出、社会捐赠援助、行政事业性收费收入等。

个人现金卫生支出 指城乡居民在接受各类医疗卫生服务时的现金支付，包括享受各种医疗保险制度的居民就医时自付的费用。可分为城镇居民、农村居民个人现金卫生支出，反映城乡居民医疗卫生费用的负担程度。

人均卫生费用 即某年卫生总费用与同期平均人口数之比。

卫生总费用占 GDP 比重 指某年卫生总费用与同期国内生产总值（GDP）之比。是用来反映一定时期国家对卫生事业的资金投入力度，以及政府和全社会对卫生事业、居民健康的重视程度。

军供站 即军队供应管理单位，指地方政府委托民政部门管理的、独立核算的、为战时或平时军队来往服务的军用饮食供应站、军用供水站、军人转运接待站等单位的总称。

社会工作师 指通过全国社会工作师职业水平考试并取得社会工作师职业水平证书的人员。

每千人口社会服务床位数 指老年及残疾人床位数、智障和精神疾病床位数、儿童床位数、救助及其他社会服务床位数的总和除以当年期末人口数乘以1000。计算公式为：

$$每千人口社会服务床位数=\frac{社会服务床位数}{年末人口数}\times 1000$$

其中，老年及残疾人床位数包括城市养老服务机构、农村养老服务机构、社会福利院、光荣院、荣誉军人康复医院、复员军人疗养院中的相关床位数；智障和精神疾病床位数包括复退军人精神病院和社会福利医院中的相关床位数；儿童床位数包括儿童福利院和流浪儿童救助保护中心中的相关床位数；救助及其他社会服务床位数包括社区养老服务中心、社区养老服务站、生活无着人员救助管理站、其他收养机构、军休所、军供站的相关床位数。

社会福利企业 指以集中安置有一定劳动能力的残疾人就业为目的（残疾职工占生产人员10%以上）、带有社会福利性质的企业总称。社会福利企业分类为：社会福利工厂、假肢厂、其他福利企业。性质分为：国有、集体和其他性质。

孤儿数 指失去父母或查找不到生父母的未满18周岁的未成年人的人数。由地方县级以上民政部门依据有关规定和条件认定。

家庭儿童收养登记总数 指中国公民收养查找不到生父母的弃婴、儿童和福利机构抚养的孤儿以及外国人收养中国儿童并在中国县级及以上民政部门办理儿童收养登记后取得合法收养关系的总件数。县级及以上民政部门办理儿童收养登记一次为一件。

中国公民收养登记 指收养人是中国公民（包括港澳台居民及华侨）的儿童收养登记。

外国公民收养登记 指收养人是具有外国国籍（包括无国籍人）的人员。夫妻共同收养有一方是外国人的，按外国人办理收养登记。

城市居民最低生活保障人数 指在报告期末家庭平均收入在当地规定的最低生活保障线以下的城镇居民数。包括“三无”对象，失业人员和在职、下岗、退休人员等。

农村居民最低生活保障人数 指报告期末在建立农村最低生活保障制度的地区，得到当地政府或集体给予最低生活保障的农业人口家庭人数。

五保户 指无法定抚养义务人，或者虽有法定抚养义务人，但是抚养人无抚养能力的；无劳动能力的；无生活来源的老年人、残疾人和未成年人。

传统救济人数 指国家规定由民政部门救济的特殊人员和60年代精简退职老职工救济人员。特殊人员包括麻风病人、原国民党起义、投诚人员、归侨、台胞台属、宽大释放人员、摘掉右派帽子人员、因公负伤的下乡知青、因计划生育手术事故造成死亡和丧失劳动能力人员等传统民政救济对象。

社区服务机构数 指报告期末设立的社区服务指导中心、社区服务中心、社区服务站、其他社区服务机构的总和数。具有面向老人及其家庭的商品递送、医疗保健、家庭保洁、日间照料、陪伴服务等为社区居家养老服务的设施和突出综合服务的职能。包括党员活动室、就业保障网络、社区卫生服务站、文化活动室、图书室、“爱心超市”、社区捐助接收站点、警务站（室）、老年活动室、未成年人文化活动场所等具有综合服务功能的机构。

社区服务机构覆盖率 计算公式为：

$$社区服务机构覆盖率=\frac{社区服务机构数}{村委会数+居委会数}\times 100\%$$

粗离婚率 指某地区当年离婚对数占该地区年平均人口的比重。计算公式为：

$$粗离婚率=\frac{当年离婚对数}{年平均人口数}\times 1000‰$$

未入学学龄残疾儿童少年 指截止到本年度12月31日，《义务教育法》规定的入学年龄段(6–14周岁或7–15周岁)内的，因各种原因未能入学的各类残疾儿童少年。

城镇残疾人新增安排就业 指本年度通过集中就业、按比例就业、个体就业、公益性岗位就业、辅助性就业及其他形式新安排就业的城镇（非农业户口）残疾人。

集中就业 指城镇残疾人集中在福利企业、工疗机构、盲人按摩机构等单位就业。

按比例就业　指城镇残疾人分散在机关、团体、企事业单位及各种经济组织等单位就业。

个体及其他形式就业　指除集中就业和按比例就业外，城镇残疾人通过公益性岗位就业、个体就业、辅助性就业及其他形式实现就业。其中，公益性岗位就业指城镇残疾人在城镇公共管理和涉及居民利益的非营利性的服务岗位上就业，辅助性就业指通过对城镇智力、精神和重度肢体等残疾人辅助性服务，帮助其从事简单的劳动实现就业。

Explanatory Notes on Main Statistical Indicators

Medical and Health Care Institutions refer to the units which have been qualified the Certification of Health Care Institution, certification of family planning technical service by the administration of public health, or qualified the Certification of Corporate Unit by the civil affairs, administration for industry and commerce, commission office for public sector reform, and engaging in medical care, disease prevention and control, health supervision and inspection, medicine research and on-job training, etc., including: hospitals, health care institutions at grass-root level, specialized public health institutions, and other medical and health care institutions.

Hospitals include general hospitals, hospitals specialized in traditional Chinese medicine, hospitals of integrated traditional Chinese and western medicine, ethnic hospitals, specialized hospitals and nursing hospitals, excluding specialized disease prevention and treatment institutes, maternal and child health care hospitals and convalescent hospitals.

Health Care Institutions at Grass-root Level include community health service centers, community health service stations, urban health centers, township health centers, village clinics, outpatient departments and clinics (health centers).

Specialized Public Health Institutions include centers for disease control and prevention, specialized disease prevention and treatment institutions, women and children care agencies(including women and children health care family planning service center), health education institutions, first aid centers, blood gathering and supplying institutions, health supervision and inspection agencies, and family planning technical service centers that obtained the Certification of Health Care Institution or certification of family planning technical service centers.

Other Medical and Health Care Institutions include sanatoriums, clinical laboratory centers, medicinal scientific research institutions, on-job training institutions, medical examination centers, rural water improvement centers, talent exchange centers, and statistical information centers, etc.

Health Care Employees refer to all employees engaged in the health care institutions, such as hospitals, health care institutions at grass-root level, specialized public health institutions, and other medical and health care institutions, including medical technical personnel, village doctors and assistants, other technical personnel, managerial and service staff. The data is based on the year end payroll, including personnel hired (including contract labor) and re-employed after retirement by the institution for over half a year and excluding temporary workers, retired personnel, resigned personnel, personnel who have left the institution but kept the contract relation and personnel who are re-employed after retirement or temporarily employed for less than half a year.

Medical Technical Personnel refer to the professional staff engaged in health care, including licensed doctors, licensed assistant doctors, registered nurses, pharmacists, laboratory technicians, imaging staff, health care supervisors and intern doctors, pharmacists, nurses, and technical personnel, excluding the medical technical personnel engaged in managerial job (e.g. president, vice president and secretary of the party committee etc).

Licensed Doctors refer to the medical workers who have obtained the licenses of qualified doctors and are employed in medical treatment, disease prevention or healthcare institutions, excluding the licensed doctors engaged in management job. The licensed doctors are divided into 4 categories: clinician, Chinese medicine physicians, dentist and public health physicians.

Licensed Assistant Doctors refer to the medical workers who have obtained the licenses of qualified assistant doctors and are employed in medical treatment, disease prevention or healthcare institutions, excluding the licensed assistant doctors engaged in management job. The classification of licensed assistant doctors is clinician, Chinese medicine, dentist and public health.

Number of Licensed (Assistant) Doctors per 10000 Population The formula is:

Number of Licensed Doctors per 10000 Population = (Number of Licensed Doctors + Number of Licensed Assistant Doctors) / Population *10000

The population is the figure of usual population at year-end.

Number of Medical Technical Personnel per 10000 Population The formula is:

Number of Medical Technical Personnel per 10000 Population = Number of Medical Technical Personnel / Population *10000

The population is the figure of usual population at year-end.

Number of Beds of Medical and Health Care Institutions per 10000 Population the formula is:

Number of Beds of Medical and Health Care Institutions per 10000 Population = Number of Beds of Medical and Health Care Institutions / Population *10000

The population is the figure of usual population at year-end.

Incidence Rate of A and B Type of Notifiable Infectious Diseases refer to the incidence cases notifiable class A and class B infectious diseases per 100 thousand population in the reference region in the reference year. The formula is:

Incidence Rate of A and B Type of Notifiable Infectious Diseases = Incidence Cases Notifiable Class A and Class B

Infectious Diseases / Population *100000

Death Rate of A and B Type of Notifiable Infectious Diseases refer to the death cases notifiable class A and class B infectious diseases per 100 thousand population in the reference region in the reference year. The formula is:

Death Rate of A and B Type of Notifiable Infectious Diseases= Death Cases Notifiable Class A and Class B Infectious Diseases / Population *100000

Mortality Rate of A and B Type Notifiable Infectious Diseases refer to the ratio of death cases notifiable class A and class B infectious diseases to the incidence cases in the reference region in the reference year. The formula is:

Mortality Rate of A and B Type Notifiable Infectious Diseases = Death Cases Notifiable Class A and Class B Infectious Diseases / Incidence Cases *100%

Crude Mortality Rate refers to the ratio of deaths to the average population in a year of the region, and usually is presented by ‰.

Fatality Rate refers to the ratio of deaths caused by a disease to the population infected by it in a give period (generally one year), and usually is presented by %.

Maternal Mortality Rate refers to number of maternal death per 10,000 maternal. Generally refers to maternal mortality from pregnancy to 42 days after parturition due to pregnancy or any treatment of pregnancy, however, accidental deaths are not included. According to internationally accepted calculation method, the live births are used to represent the total number of maternal.

Number of Live Births refers to the number of newborn having one of four indicators like heartbeat, breathing, umbilical cord pulsation and involuntary muscle contraction after childbirth with gestation of at least 28 weeks or above (if the gestation is not clear, then refer to the birth weight of 1000 grams and above).

Mortality Rate of Children under 5 refers to the ratio of deaths of children under 5 in a year to the number of live births, and usually is presented by ‰.

Newborn Mortality Rate refers to the ratio of neonatal deaths in a year to the number of live births, and usually is presented by ‰. Neonatal deaths refer to the deaths of new-birth under the age of 28 days (0-27 days).

Number of Persons Participated in the New Rural Cooperative Medical System refers to the number of persons who have given payment to the new cooperative medical system by the deadline of fundraising during the year according to the implementation plan of the new system.

Expenditure of Funds for the New Rural Cooperative Medical System This Year refers to expenditures on compensation funds for the new rural cooperative medical system from the fund account of new cooperative medical system this year.

Persons Benefited from the Compensation of New Rural Cooperative Medical System refers to the number of person-times of those who participate in the new system and have been compensated for medical treatment in the year, including hospitalization, family account form, out-patient, large special diseases out-patient, normal childbirth in hospital, medical examination and other compensations

Funds Raised for the New Rural Cooperative Medical System within the Reference Year refers to the amount of funds raised within the reference year and put into the special new rural cooperative medical account, including the matching funds of central and local governments, paid money by farmers (including relief funds paid by the civil affairs department and other relevant departments), all the interest income generated this year of the funds and funds actually raised from other channels this year. The amount of funding equals to the funds entering into the special new rural cooperative medical account, excluding the carry-over funds from the previous year.

Total Expenditure on Public Health refers to the total monetary value of health resources in a country or a region collected by the whole society for public health based on source approach. It reflects the attention and affordability of the government, society and individual for public health and the major characteristics, justice and rationality of the health fund-raising model under certain economic circumstance.

Government Expenditure on Public Health refers to the expenditure of the governments at all levels on medical and health care services, medical subsidies, health administration and health insurance management, and undertakings of family planning etc.

Social Expenditure on Public Health refers to all inputs of society except the government in public health including the expenditures on social medical security, commercial health insurance, private expenditure on operation of medical and health care, social donation and contribution, and income from administrative fees etc.

Individual Cash Expenditure on Health refers to expenditure in cash on various health services by rural and urban residents, including self payments of residents within the system of multi-medical insurance. It can be categorized as cash expenditure on health by urban and rural residents and reflects their affordability of public health.

Average Expenditure on Health refers to the ratio of total expenditure on health in a year to the average population.

Ratio of Total Expenditure on Public Health to GDP refers to the ratio of total expenditure on public health in a year to GDP, which indicates the financial support given by a nation to health work and the attention paid on the public health and the health of residents by the government and society.

Military Supply Stations also called units of management of military supply. They are the general name of units such as military food supply stations, military water supply stations, servicemen transfer reception stations, which are managed by departments of civil affairs entrusted by local governments with independent accounting, and provide services to army during the war or peacetime.

Licensed Social Workers refer to those who passed the

National Aptitude Test for Social Workers and obtained the certificates.

Social Service Beds per Thousand Population refer to the total number of social service beds for the elderly, disabled, mentally-retarded, mentally-disabled, children, people in need and others divided by year-end population multiplied by 1000.

The formula is:

$$\text{Social service beds per thousand population} = \frac{\text{number of social service beds for the reference year}}{\text{year - end population}} \times 1000$$

The number of beds for the elderly and disabled includes beds in urban institutions for aged persons, rural institutions for aged persons, social welfare homes, homes for disabled veterans, convalescent hospitals for honourable servicemen and sanatoriums for ex-servicemen. The number of beds for the mentally-retarded and mentally disabled includes beds in mental hospitals for ex-servicemen and the related beds in social welfare hospitals. The number of beds for children includes the beds in social welfare institutions for children and centers for rescuing street children. The number of beds for relief and other social service beds includes the beds in community pension service center, community elderly care service center, salvation station, other adoption institutions, convalescent homes for retired military officers and military supply stations.

Social Welfare Enterprises refer to those welfare-oriented enterprises employing a significant number of handicapped people with certain labour ability (handicapped employees shall exceed 10% of the production staff). They can be categorized as welfare factories, artificial limb plants and other welfare enterprises. They can be in the form of state ownership, collective ownership or other kinds of ownership.

Number of Orphans refers to juveniles under age of 18 that have lost parents or can't find parents. Orphans are affirmed by department of civil affairs at county level according to relevant regulations.

Number of Adoption Registration of Family Children refers to abandoned babies that can't find parents, children and orphans raised by welfare institutions adopted by Chinese citizens, or children adopted by foreign nationals, which have registered in department of civil affairs at county level and above, and gained legal adoption right. One registration means one case.

Adoption Registration of Chinese Citizens refers to adoption registration of children by Chinese citizens, which include persons from Hong Kong, Macao and Taiwan, and overseas Chinese.

Adoption Registration of Foreign Nationals refers to adoption registration of children by foreign nationals, which include stateless persons, or by couples, at least one of whom is of foreign national.

Number of Urban Residents Entitled to Minimum Living Allowances refers to the number of those whose average family income is below a minimum local standard by the end of the reporting period, including both the employed and unemployed, laid off and retired, and those jobless people without stable residence or valid IDs.

Number of Rural Residents Entitled to Minimum Living Allowances refers to the number of those receiving the minimum living allowances from the local government or community in the rural areas where this allowances system is in place as of the end of the reference period.

Households Enjoying Five Guarantees refers to those senior citizens, handicapped or under-aged who, without labour ability, can not make a living by themselves and whose statutory providers are unable to support them or who have no statutory providers at all.

Number of Recipients of Traditional Relief refers to special personnel receiving support from civil affair department according to national regulations and personnel who resigned because of the streamlining in the 1960s. Special personnel include traditional recipients of civil affair support, such as lepers, insurrectionists and surrenders of former KMT, returned overseas Chinese, Taiwan compatriots, personnel pardoned and released early from prisons, personnel removed of the label "rightist", educated youth suffered from work injuries in the "Down to the Countryside Movement" and personnel who have lost their work capacity due to family planning surgeries.

Number of Service Institutions in Communities refers to the total number of community service guidance centers, community service centers, community service stations and other community service institutions at the end of the reporting period. These institutions offer home keeping and elderly care services for the elderly and other families, like commodity delivery, health care, cleaning, adult day care, companion and others. They include comprehensive service institutions, such as party member activity rooms, employment security network, community health care stations, entertainment rooms, libraries, "Benevolence Supermarkets", community donation stations, guard stations, senior activity rooms, cultural activity centers for juveniles and others.

Coverage Rate of Service Institutions in Communities The formula is:

Coverage rate of service facilities in communities = number of service facilities in communities/number of village committees + communities × 100%

Crude Divorce Rate refers to ratio of divorced couples to the annual average population in a certain region for the reference year, the formula is:

$$\text{Crude Divorce Rate} = \frac{\text{number of couples divorced for the reference year}}{\text{annual average population}} \times 1000 ‰$$

Handicapped School-age Children without School Attendance refers to the number of handicapped children of the school age in accordance with the *Law on Compulsory Education* (6 to 14 years old or 7 to 15 years old) who fail to attend any schools for various reasons as of December 31 of the current year.

New Job Created for the Urban Disabled refers to the new jobs created for the urban disabled (non-agricultural household registration) through centralized employment, self-employment, employment of welfare posts, supported employment and other forms.

Centralized Employment refers to the employment of the urban handicapped residents, in a centralized manner, by welfare enterprises, work and treatment agencies, blind massagists' centers and other organizations.

Proportionate Employment refers to the employment of the urban handicapped residents by governmental bodies, organizations, corporate and public institutions, and various economic organizations in a decentralized manner.

Self-employment and Other Forms refer to the employment of the urban disabled through employment of welfare posts, self-employment, supported employment and other forms other than centralized employment and proportionate employment. Employment of welfare posts refer to the employment of the disabled for urban public management and non-profit service posts. Supported employment refers to the employment of the mentally-retarded, mentally-disabled and heavily physically-disabled by offering them assistance and helping them to engage in simple work.

23

文化和体育

Culture and Sports

简 要 说 明

一、本篇资料的主要内容

本篇主要反映新闻出版、广电、文化、文物、档案、体育事业发展情况。

内容包括全国及各地区图书、期刊、报纸、音像制品的出版、印刷、发行以及引进和输出版权情况；全国及各地区广播影视宣传、覆盖、技术等方面的情况；全国及各地区艺术表演团体、公共图书馆、群众艺术馆、博物馆以及国家档案馆等单位的机构、人员、经费和业务活动情况；全国及各地区体育系统运动员获世界冠军、创世界记录以及分技术等级运动员、教练员发展情况。

二、本篇的资料来源

新闻出版、广播、电影、电视资料来自国家新闻出版广电总局；文化资料来自文化部；文物资料来自国家文物局；档案资料来自国家档案局；体育资料来自国家体育总局。

详细资料分别见《中国新闻出版统计资料汇编》（国家新闻出版广电总局编）、《全国广播电影电视业发展指标统计》（国家新闻出版广电总局编）、《中国文化文物统计年鉴》（中华人民共和国文化部编）、《体育事业统计年鉴》（国家体育总局体育经济司编）。

Brief Introduction

I. Main Contents

Data in this chapter mainly reflect the development of news and publication; radio broadcasting, films and television; culture; cultural relics; archives and sports undertakings.

This part covers the publication, printing, issuance, import and export of books, magazines, newspapers and audio and video products in regions and the country as a whole; the advertisement, coverage and technique of radio, film and television programmes in regions and the country as a whole. Data mainly include number of institutions and employed persons, funds and activities of art performance troupes, public libraries, mass art centers, museums and archive institutions at national and local level; world championships won by Chinese athletes, world records chalked up by Chinese athletes and certified athletes and coaches by technical grades.

II. Sources of Data

Data on news and publication, radio broadcasting, films and television are from the State Administration of Publication, Radio, Film and Television. Data on culture are provided by the Ministry of Culture. Data on cultural relics are from State Administration of Cultural Heritage. Data on archives are from State Archives Administration. Data on sports are from General Administration of Sport.

For detailed information please refer to “Collection of China News and Publication Statistical Information” (State Administration of Publication, Radio, Film and Television), “Statistics on National Development Indicators of Radio, Film and Television” (State Administration of Publication, Radio, Film and Television), “China Cultural Relics Yearbook” (Ministry of Culture of the People’s Republic of China), and “Statistical Yearbook of Sports” (Finance Department, General Administration of Sport).

23-1 图书出版情况（2013年）
Statistics on Books Published in China by Categories (2013)

类别	Category	种数（种）Number of Publications (item)	印数（万册）Printed Copies (10 000 copies)	印张（千印张）Printed Sheets (1 000 sheets)
图书总计	**Total**	**444427**	**831048**	**71258143**
使用“中国标准书号”部分合计	**Publications with "China International Standard Book Number"**	**443631**	**828022**	**71115034**
马列主义、毛泽东思想	Marxism-Leninism, Mao Zedong Thought	672	1376	258784
哲学	Philosophy	8195	4799	707561
社会科学总论	General Social Sciences	5256	2815	475262
政治、法律	Politics and Law	17481	16438	2176822
军事	Military Affairs	1555	999	136176
经济	Economics	30144	14444	2471990
文化、科学、教育、体育	Culture, Science, Education and Sports	176189	626091	44792997
语言、文字	Languages	21482	30309	4426106
文学	Literature	46885	50254	5599793
艺术	Arts	25782	18680	1396195
历史、地理	History and Geography	16330	12743	1510386
自然科学总论	General Natural Sciences	915	565	60952
数理科学、化学	Mathematics and Chemistry	7849	4232	657308
天文学、地球科学	Astronomy and Geology	2561	1103	126398
生物科学	Biology	2948	1733	206686
医学、卫生	Medicine and Health Care	18418	12693	1774656
农业科学	Agricultural Science	5070	2296	237767
工业技术	Industrial Technology	45171	19757	3280858
交通运输	Transportation	4901	3144	419855
航空、航天	Aeronautics and Aerospace	463	173	23359
环境科学	Environmental Science	1923	954	98884
综合性图书	General Books	3441	2424	276239
不使用“中国标准书号”部分合计	**Publications without "China International Standard Book Number"**	**796**	**3026**	**143109**
图片	Pictures	796	786	16818
国标(GB)、部标(BB)等标准类文件印品	Standards Publications such as National Standards, Ministry Standards		1900	107297
活页文选、活页歌篇、小件印品等	Loose-leaf Collectanea, Loose-leaf Song and Prints of Small Volume		340	18994

23-2 图书、期刊和报纸出版情况
Number of Books, Magazines and Newspapers Published in China

年份 地区	Year Region	图书 Books Published: 种数(种) Number of Publication (kind)	#新出版 New Publication	总印数(亿册、亿张) Printed Copies (100 million copies)	总印张数(亿印张) Printed Sheets (100 million sheets)	期刊 Magazines Published: 种数(种) Number of Publication (kind)	平均期印数(万册) Average Printed Copies per Issue (10 000 copies)	总印数(亿册) Total Printed Copies (100 million copies)	总印张数(亿印张) Printed Sheets (100 million sheets)	报纸 Newspapers Published: 种数(种) Number of Publication (kind)	平均期印数(万份) Average Printed Copies per Issue (10 000 copies)	总印数(亿份) Total Printed Copies (100 million copies)	总印张数(亿印张) Printed Sheets (100 million sheets)
	1978	14987	11888	37.7	135.4	930	6200	7.6	22.7	186	4280	127.8	113.5
	1980	21621	17660	45.9	195.7	2191	10298	11.3	36.7	188	6236	140.4	141.7
	1985	45603	33743	66.7	282.8	4705	23952	25.6	77.3	1445	19107	246.8	202.8
	1990	80224	55245	56.4	232.1	5751	16156	17.9	48.1	1444	14670	211.3	182.8
	1995	101381	59159	63.2	316.8	7583	19794	23.4	67.0	2089	17644	263.3	359.6
	1996	112813	63647	71.6	360.5	7916	19300	23.1	68.1	2163	17877	274.3	392.4
	1997	120106	66585	73.1	364.0	7918	20046	24.4	73.3	2149	18259	287.6	459.8
	1998	130613	74719	72.4	373.6	7999	20928	25.4	79.9	2053	18211	300.4	540.0
	1999	141831	83095	73.2	391.4	8187	21845	28.5	96.8	2038	18632	318.4	636.7
	2000	143376	84235	62.7	376.2	8725	21544	29.4	100.0	2007	17914	329.3	799.8
	2001	154526	91416	63.1	406.1	8889	20697	28.9	100.9	2111	18130	351.1	938.9
	2002	170962	100693	68.7	456.4	9029	20406	29.5	106.4	2137	18721	367.8	1067.4
	2003	190391	110812	66.7	462.2	9074	19909	29.5	109.1	2119	19072	383.1	1235.6
	2004	208294	121597	64.1	465.6	9490	17208	28.3	110.5	1922	19522	402.4	1524.8
	2005	222473	128578	64.7	493.3	9468	16286	27.6	125.3	1931	19549	412.6	1613.1
	2006	233971	160757	64.1	512.0	9468	16435	28.5	136.9	1938	19703	424.5	1658.9
	2007	248283	136226	62.9	486.5	9468	16697	30.4	157.9	1938	20545	438.0	1700.8
	2008	274123	148978	70.6	561.1	9549	16767	31.0	158.0	1943	21155	442.9	1930.6
	2009	301719	168296	70.4	565.5	9851	16457	31.5	166.2	1937	20837	439.1	1969.4
	2010	328387	189295	71.7	606.3	9884	16349	32.2	181.1	1939	21438	452.1	2148.0
	2011	369523	207506	77.1	634.5	9849	16880	32.9	192.7	1928	21517	467.4	2272.0
	2012	414005	241986	79.2	667.0	9867	16767	33.5	196.0	1918	22762	482.3	2211.0
	2013	444427	255981	83.1	712.6	9877	16453	32.7	194.7	1915	23696	482.4	2097.8
中央	Central Level	182307	106193	22.7	256.1	2883	5907	10.0	75.3	219	3331	80.8	231.0
北京	Beijing	9830	5672	1.3	13.4	170	187	0.4	2.7	35	406	10.9	67.2
天津	Tianjin	5539	3957	0.5	4.5	253	246	0.4	2.0	24	286	8.2	45.9
河北	Hebei	6896	3548	2.4	17.0	229	249	0.5	2.5	64	840	16.4	44.0
山西	Shanxi	4009	2643	1.3	12.9	199	167	0.3	2.2	60	2413	21.9	28.9
内蒙古	Inner Mongolia	3015	1989	0.7	5.0	148	120	0.3	1.3	60	131	2.7	7.4
辽宁	Liaoning	10737	6772	1.2	9.6	323	526	0.9	4.0	70	896	16.3	81.5
吉林	Jilin	21770	12586	2.7	22.6	237	351	1.0	4.6	52	1064	10.0	34.8
黑龙江	Heilongjiang	5247	3832	0.7	5.3	314	266	0.6	2.9	68	475	7.5	28.1
上海	Shanghai	24694	13510	3.3	31.8	635	873	1.6	9.0	73	579	13.1	58.8
江苏	Jiangsu	23268	14143	5.7	39.7	468	441	1.2	4.7	81	1237	28.6	134.0
浙江	Zhejiang	12706	7389	3.8	23.8	223	537	0.8	4.2	69	1163	34.6	162.2
安徽	Anhui	9444	5471	2.6	20.0	186	397	0.6	2.6	51	517	12.5	50.9
福建	Fujian	3320	2283	0.9	7.0	176	231	0.5	2.4	42	609	12.1	56.6
江西	Jiangxi	5583	3562	1.9	12.6	161	273	0.7	2.4	41	1356	12.8	32.9
山东	Shandong	13885	6362	5.0	32.5	269	483	1.2	5.9	87	1077	31.6	157.2
河南	Henan	6889	4204	2.4	17.9	248	399	1.0	4.6	78	1537	21.4	71.2
湖北	Hubei	13900	8445	2.6	20.9	423	1166	3.1	17.8	74	816	19.8	85.9
湖南	Hunan	11468	5611	3.6	24.7	253	557	1.3	5.7	49	652	13.4	52.7
广东	Guangdong	10355	6866	3.3	25.2	388	834	1.7	10.8	101	1734	43.6	386.5
广西	Guangxi	8803	4747	3.4	24.0	182	193	0.5	2.0	54	269	7.2	25.2
海南	Hainan	3431	1134	0.6	4.6	44	49	0.1	0.6	14	91	2.5	8.3
重庆	Chongqing	5356	2363	1.4	8.9	137	262	0.6	3.5	27	288	6.3	32.0
四川	Sichuan	8554	4946	2.3	18.7	351	417	0.8	5.5	89	656	17.0	83.2
贵州	Guizhou	894	667	0.6	4.4	88	84	0.2	0.8	31	150	3.9	16.2
云南	Yunnan	7739	4232	1.7	13.5	128	236	0.4	2.5	42	223	6.5	30.7
西藏	Tibet	658	246	0.1	0.8	35	17	0.0	0.1	23	37	0.8	2.1
陕西	Shaanxi	9395	4967	1.9	16.4	286	281	0.5	3.9	43	290	6.8	43.4
甘肃	Gansu	2907	1521	0.7	5.7	136	491	1.1	5.6	51	220	5.2	11.0
青海	Qinghai	663	331	0.1	1.0	53	29	0.0	0.2	27	51	1.2	4.7
宁夏	Ningxia	2385	1417	0.4	3.0	37	58	0.2	1.6	14	48	1.1	3.3
新疆	Xinjiang	8780	4372	1.3	8.8	214	125	0.2	0.9	102	252	5.7	19.8

23-3 分地区少年儿童读物和课本出版情况（2013年）
Number of Books Published for Children and Textbooks by Region (2013)

地　区	Region	种数(种) Number of Publications (kind)		总印数（万册）Printed Copies (10 000 copies)		总印张(千印张) Printed Sheets (1 000 sheets)	
		儿童读物 Books for Children	课　本 Textbooks	儿童读物 Books for Children	课　本 Textbooks	儿童读物 Books for Children	课　本 Textbooks
全　国	**National Total**	**32400**	**87509**	**45686**	**345002**	**2815938**	**26902976**
中　央	Central Level	7272	52835	9375	101155	499050	10081546
地　方	Local Level	25128	34674	36311	243847	2316888	16821430
北　京	Beijing	2036	579	2480	1207	203300	97343
天　津	Tianjin	680	705	872	1953	45972	156594
河　北	Hebei	598	399	776	13104	43506	869459
山　西	Shanxi	199	44	218	4809	16296	349593
内蒙古	Inner Mongolia	175	876	68	4574	3903	322871
辽　宁	Liaoning	864	2558	1078	2947	85468	226342
吉　林	Jilin	3476	1276	3341	5659	253204	403671
黑龙江	Heilongjiang	454	714	232	2488	18117	161514
上　海	Shanghai	1382	5213	3275	14427	155205	1221093
江　苏	Jiangsu	1826	3278	2151	22871	139939	1500835
浙　江	Zhejiang	2394	1321	5179	11746	389850	750819
安　徽	Anhui	1893	797	1613	11815	115187	859605
福　建	Fujian	161	355	249	3997	13182	278081
江　西	Jiangxi	1627	278	2786	7290	159399	533672
山　东	Shandong	1227	1353	2476	19570	135875	1179715
河　南	Henan	274	1103	372	14277	15024	945576
湖　北	Hubei	367	2407	539	8321	51618	642344
湖　南	Hunan	1119	1208	1310	12523	94946	717778
广　东	Guangdong	541	1329	1040	19794	37232	1351218
广　西	Guangxi	941	381	1743	10639	109189	697691
海　南	Hainan	142	138	676	1552	39423	84646
重　庆	Chongqing	26	1897	34	6440	1160	428753
四　川	Sichuan	892	1772	1120	9976	46633	786711
贵　州	Guizhou	95	84	224	4468	6654	313514
云　南	Yunnan	78	169	57	7323	1947	487611
西　藏	Tibet	3	142	1	879	21	58102
陕　西	Shaanxi	333	1830	553	7990	19872	592564
甘　肃	Gansu	76	98	75	3686	4399	286402
青　海	Qinghai	2	195	5	999	185	68183
宁　夏	Ningxia	135		50	890	2626	63656
新　疆	Xinjiang	1112	2175	1718	5633	107556	385474

23-4 课本出版情况(2013年)
Publication of Textbooks (2013)

项　目	Item	种数（种）Number of Items (number)	#新出版 New Publication	总印数（万册）Printed Copies (10 000)	总印张（千印张）Printed Sheets (1 000)	定价总金额（万元）Total Priced Value (10 000 yuan)
总计	**Total**	**87509**	**30385**	**345002**	**26902976**	**3537624**
大专及以上课本	Textbooks for Colleges and Universities	55811	21139	32423	5730861	1051572
中专、技校课本	Textbooks for Secondary Technical Schools	6573	1851	7585	946386	162683
中学课本	Textbooks for Secondary Schools	8160	1852	166996	12374551	1308818
小学课本	Textbooks for Primary Schools	6461	1391	129378	6673817	760117
业余教育课本	Textbooks for Spare-time Education	4972	2495	3633	593929	141689
扫盲课本	Textbooks for Eliminating Illiteracy	5	5	1	49	10
教学用书	Teaching Materials	5527	1652	4986	583383	112735

23-5 音像制品及电子出版物情况（2013年）
Statistics on Number of Publication of Audio-Video and Electronic Products (2013)

指　标	Item	全国 National	中央 Central Level	地方 Local Government
录像制品出版品种（种）	Number of Publication of Video Products (kind)	7396	3734	3662
激光数码视盘	VCD	1852	1002	850
高密度激光视盘	DVD-V	5353	2620	2733
录像带及其他	VT and Others	191	112	79
其中：新版录像制品	of Which:New Publication of Video Products	5113	2231	2882
激光数码视盘	VCD	677	177	500
高密度激光视盘	DVD-V	4259	1942	2317
录像带及其他	VT and Others	177	112	65
录像制品出版数量(万盒、万张)	Volume of Publication of Video Products(10000 cassettes,10000 discs)	16683.93	5860.50	10823.43
激光数码视盘	VCD	3299.46	2590.67	708.79
高密度激光视盘	DVD-V	13303.15	3258.52	10044.63
录像带及其他	VT and Others	81.32	11.31	70.01
其中：新版录像制品	of Which:New Publication of Video Products	13654.92	3261.09	10393.83
激光数码视盘	VCD	1683.46	1133.93	549.53
高密度激光视盘	DVD-V	11894.41	2115.85	9778.56
录像带及其他	VT and Others	77.05	11.31	65.74
录像制品发行数量	Number Published	10539.53	5168.35	5371.18
录音制品出版品种　(种)	Number of Publication of Audio Products (kind)	9576	4212	5364
录音带	AT	2281	1241	1040
激光唱盘	CD	5356	2064	3292
高密度激光唱盘及其他	DVD-A and Others	1939	907	1032
其中：新版录音制品	of Which:New Publication of Audio Products	5230	1854	3376
录音带	AT	900	234	666
激光唱盘	CD	3376	1309	2067
高密度激光唱盘及其他	DVD-A and Others	954	311	643
录音制品出版数量(万盒、万张)	Volume of Publication of Audio Products(10000 cassettes,10000 discs)	23920.64	18256.25	5664.39
录音带	AT	17924.23	15235.48	2688.75
激光唱盘	CD	4321.38	2284.48	2036.90
高密度激光唱盘及其他	DVD-A and Others	1675.03	736.29	938.74
其中：新版录音制品	of Which:New Publication of Audio Products	7720.25	4902.09	2818.16
录音带	AT	4364.45	3585.20	779.25
激光唱盘	CD	2609.12	1143.40	1465.72
高密度激光唱盘及其他	DVD-A and Others	746.68	173.49	573.19
录音制品发行数量	Volume Issued	23856.32	14697.38	9158.94
电子出版物出版品种(种)	Electronic Publications (kind)	11708	8058	3650
只读光盘	CD-ROM	7279	4436	2843
高密度只读光盘	DVD-ROM	3281	2568	713
交互式光盘及其他	CD-I	1148	1054	94
其中：新版电子出版物	of Which:New Edition of Electronic Publications	6835	4387	2448
只读光盘	CD-ROM	3998	2213	1785
高密度只读光盘	DVD-ROM	2497	1917	580
交互式光盘及其他	CD-I	340	257	83
电子出版物出版数量(万张)	Electronic Publications (10000 discs)	35220.18	27234.61	7985.57
只读光盘	CD-ROM	29596.15	22082.88	7513.27
高密度只读光盘	DVD-ROM	4001.90	3550.46	451.44
交互式光盘及其他	CD-I	1622.13	1601.27	20.86
其中：新版电子出版物	of Which:New Edition of Electronic Publications	11371.20	8821.81	2549.39
只读光盘	CD-ROM	7913.05	5706.52	2206.53
高密度只读光盘	DVD-ROM	3273.21	2949.39	323.82
交互式光盘及其他	CD-I	184.94	165.90	19.04

23-6 全国图书、期刊、报纸进出口情况（2013年）

Statistics on Imports and Exports of Books, Magazines and Newspapers (2013)

指 标	Item	出 口 Exports		进 口 Imports	
		数量（万册、份）Number (10 000 copies)	金额（万美元）Value (10 000 USD)	数量（万册、份）Number (10 000 copies)	金额（万美元）Value (10 000 USD)
总计	**National**	**1992.86**	**6012.40**	**2361.54**	**28048.63**
图书	Books Published	1737.58	5216.38	857.89	12054.66
哲学、社会科学	Philosophy, Social Science	159.54	1750.25	57.23	1632.33
文化、教育	Culture and Education	386.27	1029.52	152.23	1998.77
文学、艺术	Literature and Art	203.52	891.95	176.14	1998.97
自然、科学技术	Natural Science and S&T	62.26	383.84	123.20	3250.18
少儿读物	For Children	724.39	447.31	106.88	476.91
综合性图书	General Books	201.60	713.51	242.21	2697.49
期刊	Magazines Published	215.68	744.85	397.14	14620.06
报纸	Newspapers Published	39.59	51.17	1106.51	1373.92

23-7 全国音像、电子出版物进出口情况(2013年)

Statistics on Audio-Video Products and Electronic Publications (2013)

指 标	Item	出 口 Exports		进 口 Imports	
		数量（盒、张）Number (disc)	金额（万美元）Value (10 000 USD)	数量（盒、张）Number (disc)	金额（万美元）Value (10 000 USD)
总计	**National Total**	**34136**	**122.43**	**285070**	**20022.34**
录音合计	Audio Products	800	0.40	164671	128.93
激光唱片	CDs	800	0.40	164671	128.93
录像合计	Video Products	33236	32.16	16780	13.26
DVD—V	DVD-V	31425	31.46	16780	13.26
VCD	VCD	1811	0.70		
电子出版物	Electronic Publications	100	0.16	103619	73.86
数字出版物	Digital Publications		89.71		19806.29

注：本表数据为全国有出版物进口经营许可证的出版物进出口经营单位数据。

a) Data are from national publication import and export units that have publication import business certificate.

23-8 版权合同登记及引进和输出情况（2013年）
Basic Statistics on Registration of Copyright Contracts and Copyright Import and Export (2013)

单位：项 (item)

项　目	Item	合　计 Total	图　书 Books	录　音 制　品 Audio Products	录　像 制　品 Video Products	电　子 出版物 Electronic Publica- tions	软　件 Software	电　影 Films	电　视 节　目 TV Pro- grams	其　他 Others
版权合同登记	**Registration of Copyright Contracts**	**19521**	**17205**			**183**	**1161**	**44**	**9**	**919**
本年引进版权总数	**Total Number of Copyright Import During the Year**	**18167**	**16625**	**378**	**538**	**72**	**169**		**381**	**4**
美　国	United States	6210	5489	109	474	17	36		83	2
英　国	United Kingdom	2698	2521	38	60	4	9		66	
德　国	Germany	763	707	29	1	1	18		7	
法　国	France	787	772	3			4		8	
俄罗斯	Russia	84	84							
加拿大	Canada	114	111	1			1		1	
新加坡	Singapore	330	310	2			1		17	
日　本	Japan	1905	1852	27		2	18		4	2
韩　国	South Korea	1619	1472	13	2	19	2		111	
香港地区	Hong Kong, China	509	354	55		13	36		51	
澳门地区	Macao, China	7	7							
台湾地区	Taiwan, China	1215	1100	83	1	7	2		22	
其　他	Others	1926	1846	18		9	42		11	
本年输出版权总数	**Total Number of Copyright Export During the Year**	**10401**	**7305**	**300**	**193**	**646**	**20**		**1937**	
美　国	United States	1266	753		1	183			329	
英　国	United Kingdom	731	574			78	20		59	
德　国	Germany	452	328	21		44			59	
法　国	France	243	184						59	
俄罗斯	Russia	125	124		1					
加拿大	Canada	157	46						111	
新加坡	Singapore	532	171			169			192	
日　本	Japan	388	292	24	2	69			1	
韩　国	South Korea	695	656	34	2	3				
香港地区	Hong Kong, China	1051	402	192	183	1			273	
澳门地区	Macao, China	143	24						119	
台湾地区	Taiwan, China	1899	1714			53			132	
其　他	Others	2719	2037	29	4	46			603	

23-9 分地区出版物发行机构数和网点数（2013年）

Issuing Institutions and Spots of Publication by Region (2013)

地区	Region	发行机构合计（处）Issuing Institutions (unit)	国有书店及国有发行点 State-owned Book Store and Issuing Spots	供销社 Supply and Marketing Coopera-tives	出版社 Press	网上书店 Online Bookstore	文化教育广电邮政系统 Cultural, Educational Broad-casting and Postal Systems	新华书店系统外批发网点 Wholesale Spots Outside Xinhua Bookstore	集体个体零售 Collective and Personal Retail	新华书店系统出版社自办发行从业人数（人）Persons Engaged in Own Issuance of Presses of Xinhua Book-store System (person)	国有书店及国有发行点 State-owned Bookstores and Issuing Spots
全　国	**National**	**172447**	**9255**	**839**	**447**	**728**	**38062**	**7984**	**115132**	**147254**	**139046**
中　央	Central Level	140	3		137					2857	1531
地　方	Local Government	172307	9252	839	310	728	38062	7984	115132	144397	137515
北　京	Beijing	9232	124		18	602	2347	1865	4276	5146	4634
天　津	Tianjin	2807	67		13			160	2567	1525	1402
河　北	Hebei	7272	376		7		2107	214	4568	7579	6796
山　西	Shanxi	2830	396	6	7		363	136	1922	5920	5483
内蒙古	Inner Mongolia	1707	179		7			71	1450	2398	2342
辽　宁	Liaoning	6008	294		12		483	366	4853	6190	5893
吉　林	Jilin	3331	113		4	19	985	258	1952	3520	3428
黑龙江	Heilongjiang	2326	197	101	5	1	388	138	1496	3514	3460
上　海	Shanghai	8594	181		71	76	2114	345	5807	3083	1822
江　苏	Jiangsu	14428	884		18	2	2414	238	10872	5734	5596
浙　江	Zhejiang	11004	600		15	1	2208	316	7864	7344	7195
安　徽	Anhui	8568	651		11	3	3582	301	4020	4948	4796
福　建	Fujian	4330	223		3	8	1126	372	2598	3886	3860
江　西	Jiangxi	3455	333	28	6		21	171	2896	3608	3450
山　东	Shandong	8233	529		4		890	191	6619	8008	7988
河　南	Henan	8574	1012		12		2290	290	4970	13461	13285
湖　北	Hubei	4876	119		14	6	600	530	3607	4565	4250
湖　南	Hunan	6150	390		14		4580	163	1003	11022	9840
广　东	Guangdong	12895	409	624	4			453	11405	8296	8267
广　西	Guangxi	4988	250	80	20		1920	78	2640	4150	3930
海　南	Hainan	724	28		4		373	41	278	985	930
重　庆	Chongqing	5230	267		3		897	208	3855	2619	2569
四　川	Sichuan	10496	217			1	3200	238	6840	9024	9024
贵　州	Guizhou	3739	221		3	1	875	128	2511	2239	2116
云　南	Yunnan	8929	253		7		1814	120	6735	3534	3518
西　藏	Tibet	140	61		1		8		70	335	331
陕　西	Shaanxi	4300	197		24		1597	258	2224	4406	4115
甘　肃	Gansu	2206	293		2		82	210	1619	3063	2949
青　海	Qinghai	987	58				189	28	712	666	634
宁　夏	Ningxia	945	31		1	6	439	42	426	659	642
新　疆	Xinjiang	3003	299			2	170	55	2477	2970	2970

23-10 分地区出版印刷生产情况（2013年）
Conditions of Printing by Region (2013)

地区 Region	企业数（个）Number of Enterprises (unit)	工业销售产值（万元）Industrial Sales Value (10 000 yuan)	印刷产量 Output of Printing		装订产量（万令）Output of Bookbinding (10 000 ream)	用纸量（万令）Amount of Paper Used (10 000 ream)
			黑白（万令）Black and White (10 000 ream)	彩色（万对开色令）Color (10 000 bisect color ream)		
全 国 National	**8963**	**14267770.50**	**32607.94**	**255672.47**	**36316.32**	**85621.30**
北 京 Beijing	768	1136034.87	2830.10	16744.48	3192.89	5831.46
天 津 Tianjin	126	189837.66	3151.67	75734.16	3763.71	20525.94
河 北 Hebei	773	750446.78	1420.39	3349.29	3000.16	4038.38
山 西 Shanxi	168	161867.36	292.65	1968.62	300.67	591.21
内蒙古 Inner Mongolia	87	48788.10	84.19	493.57	82.30	214.71
辽 宁 Liaoning	215	238404.27	2043.42	2979.34	818.19	466.01
吉 林 Jilin	212	303623.30	1346.78	2402.87	465.22	1266.12
黑龙江 Heilongjiang	156	133971.22	319.37	2711.73	370.01	681.35
上 海 Shanghai	255	1071368.03	875.35	15302.86	668.04	1499.64
江 苏 Jiangsu	400	812407.24	1250.59	6839.45	1227.09	3349.97
浙 江 Zhejiang	898	2083589.10	1661.62	23824.00	1982.62	5514.22
安 徽 Anhui	283	429519.51	787.67	3802.04	1339.72	1550.91
福 建 Fujian	323	374225.97	490.57	1719.14	301.65	685.78
江 西 Jiangxi	138	265128.87	1081.00	1379.85	911.71	855.82
山 东 Shandong	471	992043.74	3049.72	29884.36	4195.20	8804.91
河 南 Henan	423	384044.30	1087.68	3798.81	1137.16	2340.85
湖 北 Hubei	343	456165.99	1605.98	3490.55	1554.73	2789.26
湖 南 Hunan	495	798291.30	1266.82	5384.87	1916.52	8687.15
广 东 Guangdong	881	1949510.30	2748.55	37587.01	4814.91	7859.90
广 西 Guangxi	175	209476.31	2029.28	3715.84	822.88	2547.06
海 南 Hainan	27	13867.00	73.47	448.05	59.91	123.16
重 庆 Chongqing	193	256271.41	409.88	1004.31	381.20	599.83
四 川 Sichuan	242	259579.47	1234.03	3993.63	1318.23	1484.18
贵 州 Guizhou	168	76297.19	155.32	1630.32	141.21	420.37
云 南 Yunnan	144	231551.03	316.17	1546.85	281.39	713.51
西 藏 Tibet	30	17579.14	37.21	83.55	30.54	79.46
陕 西 Shaanxi	217	418454.75	558.94	2332.57	725.22	1249.58
甘 肃 Gansu	96	75984.49	231.85	449.11	232.74	351.27
青 海 Qinghai	52	23306.65	30.56	177.49	32.12	97.52
宁 夏 Ningxia	82	29375.04	41.88	109.92	44.44	95.18
新 疆 Xinjiang	122	76760.11	95.26	783.79	203.94	306.60

23-11 国家综合档案馆基本情况
Basic Statistics on National Comprehensive Archives

年 份 Year	馆藏档案 (万卷、万件) Number of Archives (10 000 volumes, 10 000 pieces)	照片档案 (万张) Photos (10 000 sheets)	开放档案 (万卷、万件) Archives Open to Public (10 000 volume, 10 000 pieces)	利用档案 (万卷、万件次) Utilized Archives (10 000 volume-times, 10 000 piece-times)	档案馆建筑面积 (万平方米) Floor Space of Archive Institutions (10 000 sq.m)
1991	9637.4	371.0	2094.3	937.0	348.1
1992	10003.5	402.4	2018.7	773.8	255.7
1993	10726.8	435.5	2140.7	891.9	275.9
1994	10782.9	449.6	2454.6	674.4	268.3
1995	11318.3	485.5	2790.3	529.3	282.5
1996	11341.4	494.6	2939.2	485.4	297.5
1997	12222.9	553.0	3304.6	501.0	347.6
1998	12276.5	579.7	3556.5	446.5	310.7
1999	12866.8	584.5	3808.2	508.5	328.4
2000	13314.0	631.7	4072.0	494.4	336.2
2001	13756.6	642.8	4129.7	575.4	342.0
2002	14790.7	720.5	4301.1	548.8	351.0
2003	15945.9	797.4	4618.4	602.6	361.4
2004	17601.5	827.9	4868.3	813.9	376.8
2005	18688.7	908.8	5132.3	868.0	393.1
2006	21656.5	1277.2	5746.3	1166.4	406.1
2007	23675.3	1393.3	5875.5	1244.9	421.9
2008	25051.0	1505.3	6072.2	1257.4	465.4
2009	28089.2	1646.3	6687.4	1308.0	473.3
2010	32198.6	1809.2	7428.6	1417.3	504.4
2011	35445.5	1965.8	7828.4	1564.5	551.1
2012	40547.7	1827.4	8254.6	1521.1	627.1
2013	44759.1	1927.6	8490.0	1477.8	709.3

23-12 档案馆机构和人员情况
Statistics on Archive Institutions and Personnel

单位：个、人 (unit, person)

年 份 Year	国家综合档案馆 National Comprehensive Archives		国家专门档案馆 National Special Archives		部门档案馆 Department Archives		企 业 档案馆数 Enterprise Archive Institutions	文化事业 档案馆数 Culture Archive Institutions	科技事业单位档案馆数 Science and Technology Archive Institutions
	馆 数 Number of Institutions	专职人员 Full-time Personnel	馆 数 Number of Institutions	专职人员 Full-time Personnel	馆 数 Number of Institutions	专职人员 Full-time Personnel			
1991	2957	21657	211	2038	128	2171	229	19	28
1992	2962	22226	206	2082	122	2258	231	19	28
1993	2980	23624	200	2245	122	1448	221	20	31
1994	2983	23568	205	2294	136	2160	209	20	36
1995	3024	24777	216	2484	144	2168	213	27	38
1996	3011	24542	226	2658	134	2072	232	23	44
1997	3021	24904	223	2578	162	2521	228	26	46
1998	3034	24197	232	3200	149	2411	245	27	46
1999	3046	23530	225	3436	142	2123	304	40	59
2000	3070	23701	234	3319	141	1865	307	53	80
2001	3100	23652	243	3448	142	2086	286	47	84
2002	3110	22825	253	3435	148	2109	299	75	93
2003	3121	23086	260	3514	141	1770	300	75	85
2004	3127	23401	258	3591	149	1932	300	79	99
2005	3142	23413	238	3452	145	2020	301	105	63
2006	3154	22689	239	3537	137	1699	216	110	95
2007	3161	21399	245	3737	146	1985	215	126	94
2008	3170	21414	240	3663	154	1886	241	141	87
2009	3191	20949	241	3626	149	1814	233	167	96
2010	3194	19750	252	3833	167	1747	223	160	111
2011	3196	19985	255	3843	170	2121	183	179	124
2012	3237	18009	238	3577	183	2161	204	260	
2013	3325	18106	240	3579	218	2182	189	274	

注：2012年新修订的《全国档案事业统计年报制度》不再细分事业单位的属性，统称"省部属事业单位档案馆"。省部属事业单位包括文化事业档案馆数，科技事业单位档案馆数。

a) The newly revised Annual Report of National Archive Statistics in 2012 does not further subcategorize public institutions by their attributes, but generally called public archive institutions affiliated to ministries or provincial governments. Public institutions affiliated to ministries or provincial governments include cultural archive institutions, and science and technology archive institutions.

23-13 广播电视事业发展情况
Basic Statistics on Radio and Television Industry

指标	Item	2010	2012	2013
广播	**Radio**			
广播节目综合人口覆盖率 (%)	Radio Coverage Rate of the Population (%)	96.78	97.51	97.79
#农村	Rural	95.64	96.60	97.00
广播节目套数 (套)	Number of Radio Programs (set)	2552	2634	2644
#公共广播	Public Radio	2549	2627	2637
付费广播	Pay Radio	3	7	7
公共广播节目播出时间(万小时)	Length of Public Radio Programs Broadcasted(10 000 hours)	1266.0	1338.4	1379.5
广播节目制作时间 (万小时)	Length of Radio Programs Produced (10 000 hours)	681.4	718.8	739.1
电视	**Television**			
电视节目综合人口覆盖率 (%)	TV Coverage Rate of the Population (%)	97.62	98.20	98.42
#农村	Rural	96.78	97.55	97.86
有线广播电视用户数 (万户)	Users of Cable Radio and TV (10 000 households)	18872	21509	22894
#农村	Rural	7293	8432	8911
#数字电视	Users of Digital TV	8870	14303	17160
有线广播电视用户数占家庭总户数比重 (%)	Popularization Rate of Cable Radio and TV (%)	46.40	51.50	54.14
#农村有线广播电视用户数占农村家庭总户数比重	Rural Popularization Rate of Cable Radio and TV	29.35	33.49	35.29
电视节目套数 (套)	Number of TV Programs (set)	3350	3353	3338
#公共电视	Public TV	3272	3273	3250
付费电视	Pay TV	78	80	88
公共电视节目播出时间(万小时)	Length of Public TV Programs Broadcasted (10 000 hours)	1635.50	1698.53	1705.72
电视剧播出数 (万部)	Number of TV Plays Broadcasted (10 000 sets)	24.92	24.23	24.10
#进口电视剧播出数	Imported TV Plays	0.88	0.49	0.36
电视剧播出数 (万集)	Number of TV Plays Broadcasted (10 000 parts)	635.86	662.20	661.42
#进口电视剧播出数	Imported TV Plays	19.51	10.71	9.89
动画电视播出数 (万小时)	Number of Cartoons Broadcasted (10 000 hours)		30.49	29.31
#进口动画电视播出数	Imported Cartoons		1.21	1.40
电视节目制作时间 (万小时)	Length of TV Programs Produced (10 000 hours)	274.29	343.63	339.79
电影	**Movies**			
国有电影制片厂 (个)	State-owned Movie Studios (unit)	38	38	38
电影故事片厂	Feature Film Studios	31	31	31
电影院线 (条)	Movie Circuit (line)	37	40	42
银幕 (块)	Movie Screen (unit)	6256	13118	18195
全国电影票房收入 (亿元)	Domestic Movie Box Office Revenue	101.72	170.73	217.69
#国产电影票房收入	Chinese Movies			127.67
进口电影票房收入	Imported Movies			90.02
电影频道播映收入	Revenue of the Movie Channel Play	20.32	26.81	
国产影片海外销售收入	Sales of Domestic-Produced Movies to Foreign Country	35.17	10.63	
广播电视技术及其他	**TV Technology and Others**			
广播电视总收入 (亿元)	Revenue of Radio and TV (100 million yuan)	2301.87	3268.79	3734.88
广播电视从业人员数 (万人)	Staff and Workers of Radio and TV (10 000 persons)	75.09	82.04	84.43
中、短波转播发射台 (座)	Transmission and Relaying Stations of Medium and Short Wave Broadcast (unit)	822	849	850
调频转播发射台 (万座)	Relaying Stations of Frequency Modulation Broadcasting (10 000 units)	1.16	1.14	1.03
电视转播发射台 (万座)	TV Transmission and Relaying Stations (10 000 units)	1.60	1.48	1.34
微波实有站 (座)	Microwave Stations (unit)	2376	2421	2207

23-14 广播电视节目制作时间
Length of Radio and Television Programs Produced

单位：小时 (hour)

项　目	Item	1995	2005	2010	2011	2012	2013
广播节目制作	**Production of Radio Programs**	**2332164**	**6139227**	**6814226**	**6936960**	**7188245**	**7391245**
新闻	News Programs	353368	1066880	1216632	1295019	1333084	1397353
专题	Special Subject Programs	1054140	1822621	1955180	2016386	2044073	2091787
综艺	General Entertainment Programs	924656	1937290	1942828	1905916	1973796	1976162
广播剧	Radio Play Programs		75456	80181	119477	140493	178163
广告	Advertising Programs		671071	775931	766463	796009	785278
其他	Others		565909	843474	833699	900790	962502
电视节目制作	**Production of TV Programs**	**383513**	**2553861**	**2742949**	**2950490**	**3436301**	**3397834**
新闻	News Programs	80800	637956	719680	802376	886905	866756
专题	Special Subject Programs	193391	525528	640857	775565	892521	854124
综艺	General Entertainment Programs	109322	382350	407849	416289	483174	464977
影视剧	TV Play Programs		193771	93536	75452	163348	201117
广告	Advertising Programs		524892	526839	508294	555192	542823
其他	Others		289364	354188	372515	455161	468035

23-15 广播电视节目播出时间(2013年)
Length of Radio and Television Programs (2013)

单位：小时 (hour)

指　标	Item	总　计 Total	新闻资讯类节目 News	专题服务类节目 Special Subject	综艺益智类节目 General Entertainment	广播(影视)剧类节目 Radio Play	广告类节　目 Advertising	其他类节　目 Others
广播	**All Radio Broadcasting Stations**	**13795461**	**2820087**	**3108653**	**3732369**	**770085**	**1259269**	**2104998**
中央级	Central Level	432014	150205	163562	92581	4686	16518	4462
省级	Provincial Level	1983499	312154	499611	570820	89073	279160	232681
电视	**All Television Stations**	**17057212**	**2352285**	**2108917**	**1419911**	**7366010**	**1951125**	**1858964**
中央级	Central Level	270112	69008	81855	37646	48976	7490	25137
省级	Provincial Level	2237960	293336	407454	161707	776080	292015	307368

23-16 分地区广播电视节目综合人口覆盖情况及制作播出情况（2013年）
Population Coverage of Radio and TV Programs, and Radio and TV Programs Produced and Broadcasted by Region (2013)

地 区	Region	广播节目综合人口覆盖率 Population Coverage Rate of Radio Programs (%)	#农村 Rural	电视节目综合人口覆盖率 Population Coverage Rate of TV Programs (%)	#农村 Rural	公共广播节目套数（套） Number of Public Radio Programs (set)	公共电视节目套数（套） Number of TV Programs (set)	电视剧播出数（部） Number of TV Plays Broadcasted (set)	#进口 Import	动画电视播出数（小时） Number of Cartoons Broadcasted (hour)	#进口 Import
全 国	**National Total**	**97.79**	**97.00**	**98.42**	**97.86**	**2637**	**3250**	**240996**	**3616**	**293140**	**14015**
总局直属	directly under the State Administration					34	34	1500	41	4366	978
北 京	Beijing	100.00	100.00	100.00	100.00	25	26	455	2	5603	105
天 津	Tianjin	100.00	100.00	100.00	100.00	23	24	3309	40	2973	503
河 北	Hebei	99.34	99.11	99.27	99.03	133	178	13140	87	7868	1269
山 西	Shanxi	96.76	94.60	98.45	97.64	111	116	5989	42	7977	172
内蒙古	Inner Mongolia	98.25	96.70	97.64	95.70	125	120	12324	65	11230	85
辽 宁	Liaoning	98.63	97.58	98.72	97.72	110	117	9125	256	7584	450
吉 林	Jilin	98.59	97.99	98.71	98.14	69	76	7010	207	1692	
黑龙江	Heilongjiang	98.60	98.15	98.80	98.44	90	105	7794	190	2717	625
上 海	Shanghai	100.00	100.00	100.00	100.00	21	25	1249	49	13280	2552
江 苏	Jiangsu	99.99	99.99	99.88	99.83	128	130	9910	65	15521	596
浙 江	Zhejiang	99.56	99.46	99.64	99.56	110	114	9290	77	17236	195
安 徽	Anhui	98.34	97.90	98.57	98.19	105	112	10091	175	7630	813
福 建	Fujian	98.20	97.82	98.63	98.37	89	100	3362		7426	192
江 西	Jiangxi	97.42	96.90	98.50	98.15	105	112	10178	323	12747	480
山 东	Shandong	98.49	98.09	98.21	97.79	158	188	11449	102	13562	684
河 南	Henan	98.09	97.71	98.11	97.79	151	166	15132	52	6990	170
湖 北	Hubei	98.80	98.48	98.81	98.41	87	114	13162	80	10074	41
湖 南	Hunan	93.25	89.86	97.40	96.08	100	139	10830	57	22364	869
广 东	Guangdong	99.90	99.80	99.90	99.80	129	134	5803	54	25207	828
广 西	Guangxi	96.24	95.72	98.00	97.73	65	116	6573	63	8656	
海 南	Hainan	96.48	95.37	95.45	93.87	24	15	889		2881	
重 庆	Chongqing	98.30	97.73	98.88	98.51	35	46	4779	277	6973	41
四 川	Sichuan	96.98	96.26	97.89	97.38	123	205	17884	181	16230	580
贵 州	Guizhou	90.00	88.55	94.10	93.41	38	102	2471	107	2038	
云 南	Yunnan	96.27	95.46	97.28	96.71	49	159	9936		10275	347
西 藏	Tibet	94.38	93.22	95.51	94.49	8	12	674	3	877	
陕 西	Shaanxi	97.37	96.76	98.26	97.76	107	123	8559	12	6775	
甘 肃	Gansu	97.69	97.26	98.04	97.65	88	106	6773	5	8291	
青 海	Qinghai	95.74	94.06	96.93	95.98	12	16	973		2075	
宁 夏	Ningxia	96.06	93.31	99.09	98.49	24	28	2026	12	3774	
新 疆	Xinjiang	95.68	95.32	95.95	95.11	161	192	18357	992	20248	1440

23-17 分地区有线广播电视传输干线网络及用户情况（2013年）
Transmission Trunk and Users of Cable Radios and TVs by Region (2013)

地区	Region	有线广播电视传输干线网络总长(万公里) Total Length of Transmission Trunk for Cable Radios and TVs (10 000 km)	有线广播电视用户数(万户) Users of Cable Radios and TVs (10 000 households)	#数字电视 Users of Digital TV	#付费电视 Pay TV	#农村有线广播电视 Users of Rural Cable Radios and TVs	有线广播电视用户数占家庭总户数的比重(%) Popularization Rate of Cable TV Programs (%)	#农村 Rural Areas
全国合计	**National Total**	**381.59**	**22893.80**	**17159.69**	**3498.41**	**8911.32**	**54.14**	**35.29**
北京	Beijing	21.97	636.91	513.60	11.42	105.28	125.06	93.25
天津	Tianjin	0.69	292.29	255.71	18.74	36.58	83.22	29.70
河北	Hebei	17.56	865.82	687.29	61.62	282.83	37.73	17.90
山西	Shanxi	10.07	498.90	344.65	9.29	159.79	38.90	30.00
内蒙古	Inner Mongolia	3.76	317.95	240.98	14.84	84.08	37.76	24.56
辽宁	Liaoning	12.91	995.54	672.85	13.90	257.84	65.98	37.94
吉林	Jilin	9.94	556.48	476.86	120.72	167.18	56.89	35.33
黑龙江	Heilongjiang	18.10	703.87	620.73	88.71	192.88	55.22	34.14
上海	Shanghai	4.34	681.76	518.56	155.91	71.72	130.03	88.22
江苏	Jiangsu	34.37	2249.44	1661.94	316.33	1247.28	93.10	89.40
浙江	Zhejiang	26.25	1449.05	1334.31	316.33	877.54	89.65	73.25
安徽	Anhui	5.01	708.26	348.00	36.69	333.88	33.12	23.06
福建	Fujian	8.87	691.53	489.12	173.07	383.51	66.92	52.57
江西	Jiangxi	11.55	595.19	420.30	83.06	433.62	48.33	49.58
山东	Shandong	30.22	1870.15	1369.49	314.97	1032.60	61.81	52.15
河南	Henan	16.92	1034.36	369.10	26.02	393.54	33.26	19.05
湖北	Hubei	22.91	1045.31	872.14	227.59	470.32	51.48	40.11
湖南	Hunan	11.37	841.06	679.49	155.29	244.89	41.72	21.99
广东	Guangdong	21.35	1960.00	1571.11	175.06	544.20	80.55	47.46
广西	Guangxi	7.74	623.44	370.73	125.88	285.25	45.81	26.91
海南	Hainan	0.86	110.01	92.30	16.99	31.86	42.66	24.02
重庆	Chongqing	15.27	519.53	360.20	112.43	157.03	42.56	21.68
四川	Sichuan	36.32	1450.90	948.31	330.05	651.11	46.52	31.75
贵州	Guizhou	5.57	394.28	394.28	105.80	44.70	32.06	4.50
云南	Yunnan	10.76	520.35	478.51	225.47	165.69	37.50	17.91
西藏	Tibet	0.37	21.52	13.06	1.84	2.70	30.37	5.16
陕西	Shaanxi	4.42	639.47	526.26	205.22	170.18	51.39	23.96
甘肃	Gansu	4.73	207.34	196.09	32.64	23.98	25.75	4.94
青海	Qinghai	0.59	61.90	57.55	18.41	4.44	37.81	4.79
宁夏	Ningxia	1.31	89.80	89.80		1.60	45.65	1.78
新疆	Xinjiang	5.48	261.39	186.36	4.11	53.21	32.54	16.75

23-18 分地区广播电视技术情况(2013年)
Technology Statistics on Radio and TV by Region (2013)

地 区	Region	中、短波转播发射台(座) Transmission and Relaying Stations of Medium and Short Wave Broadcast(unit)	中波发射机(部) Medium Wave Transmitters (set)	短波发射机(部) Sort Wave Transmitters (set)	调频转播发射台(座) Relaying Stations of Frequency Modulation Broadcasting (unit)	调频发射机(部) Frequency Modulation Transmitters (unit)	电视转播发射台(座) TV Transmission and Relaying Stations (unit)	电视发射机(部) TV Program Transmitters (set)	微波实有站(座) Microwave Stations (unit)
总 计	**Total**	**850**	**2397**	**622**	**10334**	**19077**	**13365**	**26840**	**2207**
总局直属	Directly under the State Administration	35	68	276	2	24	339	356	41
北 京	Beijing	1	5		17	25	15	31	10
天 津	Tianjin	5	24	1	14	38	11	34	16
河 北	Hebei	31	49		159	286	253	441	32
山 西	Shanxi	15	40		119	209	180	387	82
内蒙古	Inner Mongolia	57	212	11	554	1105	800	1323	158
辽 宁	Liaoning	34	90		231	366	369	568	90
吉 林	Jilin	34	91		78	280	148	416	133
黑龙江	Heilongjiang	43	106		145	536	181	547	64
上 海	Shanghai	3	8		11	26	11	20	
江 苏	Jiangsu	21	104	1	94	209	83	321	73
浙 江	Zhejiang	36	148		97	262	100	255	88
安 徽	Anhui	23	108		325	595	142	479	100
福 建	Fujian	37	96	2	88	257	73	267	156
江 西	Jiangxi	15	34		425	553	241	434	14
山 东	Shandong	30	103	1	133	243	151	411	38
河 南	Henan	30	103		139	190	153	399	52
湖 北	Hubei	28	86		432	609	908	1191	116
湖 南	Hunan	25	45	1	99	173	179	407	150
广 东	Guangdong	27	97	1	91	278	87	243	212
广 西	Guangxi	20	37	2	261	642	128	388	52
海 南	Hainan	3	7		23	60	23	66	80
重 庆	Chongqing	5	13		60	261	47	137	33
四 川	Sichuan	36	94	2	1586	2152	2195	2920	71
贵 州	Guizhou	11	28	2	261	384	91	279	9
云 南	Yunnan	60	102	2	284	799	185	629	119
西 藏	Tibet	42	151		2636	5151	2060	6474	
陕 西	Shaanxi	14	36	1	171	378	124	238	56
甘 肃	Gansu	30	59	2	702	985	2285	3472	102
青 海	Qinghai	21	63	195	214	333	1134	1659	
宁 夏	Ningxia	12	34		24	64	26	578	26
新 疆	Xinjiang	66	156	122	859	1604	643	1470	34

23-19 电视节目进出口情况(2013年)
Statistics on Imported and Exported TV Programs (2013)

指标	Item	合计 Total	欧洲 Europe	非洲 Africa	美洲 America	#美国 United States
全年电视节目进口总额(万元)	Value of Imported TV Programs (10 000 yuan)	58658	12804	126	10898	10456
#电视剧	TV Play	24498	1939		2420	2420
动画电视	Cartoon	4432	420		1159	1147
纪录片	Documentary	9273	4179		1233	1097
全年电视节目进口量(时)	Time of Imported TV Programs (hour)	18943	6657	11	4863	4603
#电视剧 (部/集)	TV Play (set)	213/6547	30/278	0/0	43/970	42/950
动画电视 (时)	Cartoon (hour)	2879	878		805	639
纪录片 (时)	Documentary (hour)	2637	1195		467	417
全年电视节目出口总额(万元)	Value of Exported TV Programs (10 000 yuan)	18166	3922	900	3265	2796
#电视剧	TV Play	9250	624	548	1280	868
动画电视	Cartoon	4894	2127	313	518	518
纪录片	Documentary	2693	362	39	1271	1217
全年电视节目出口量(时)	Time of Exported TV Programs (hour)	21270	1065	1240	10617	9380
#电视剧 (部/集)	TV Play (set)	243/11180	5/184	11/414	45/2840	39/1564
动画电视 (时)	Cartoon (hour)	2507	223	850	417	417
纪录片 (时)	Documentary (hour)	3241	154	80	2055	1809

23-19 续表 continued

指标	Item	亚洲 Asia	#日本 Japan	#韩国 Republic of Korea	#东南亚 Southeast Asia	#中国香港 Hong Kong, China	#中国台湾 Taiwan, China	大洋洲 Oceania
全年电视节目进口总额(万元)	Value of Imported TV Programs (10 000 yuan)	33835	2292	7683	8557	12626	2676	994
#电视剧	TV Play	20139		7404	6536	4368	1830	
动画电视	Cartoon	2854	1970	60		712	111	
纪录片	Documentary	3472	15	22	13	3422		390
全年电视节目进口量(时)	Time of Imported TV Programs (hour)	7294	1299	1383	813	3612	187	119
#电视剧 (部/集)	TV Play (set)	140/5299		43/1706	22/787	70/2640	5/166	
动画电视 (时)	Cartoon (hour)	1196	1004	30		144	18	
纪录片 (时)	Documentary (hour)	960	12	26	2	920		16
全年电视节目出口总额(万元)	Value of Exported TV Programs (10 000 yuan)	9607	2569	1346	1967	1142	2583	472
#电视剧	TV Play	6598	1546	1126	1516	554	1855	201
动画电视	Cartoon	1937	1018	53	290	235	342	
纪录片	Documentary	941	2	166	105	284	384	80
全年电视节目出口量(时)	Time of Exported TV Programs (hour)	8136	561	763	3549	1481	1782	210
#电视剧 (部/集)	TV Play (set)	177/7541	13/575	19/828	93/3798	16/731	36/1609	5/201
动画电视 (时)	Cartoon (hour)	1018	121	45	422	240	190	
纪录片 (时)	Documentary (hour)	943	7	97	155	294	390	10

23-20 电影综合情况
Basic Statistics on Film Production

年 份 Year	电影故事片厂 (个) Number of Feature Film Studios (unit)	生产故事影片 (部) Feature Films (film)	生产动画影片 (部) Cartoons (reel)	生产科教影片 (部) Popular Science Films (reel)	生产纪录影片 (部) Documentary Films (reel)	生产特种影片 (部) Special Films (reel)
1978	12	46	26	289	202	
1979	17	65	25	349	317	
1980	17	82	32	337	242	
1981	19	105	33	277	276	
1982	19	112	33	284	259	
1983	19	127	37	343	299	
1984	20	144	37	387	337	
1985	20	127	45	357	419	
1986	20	134	46	383	417	
1987	22	146	45	353	347	
1988	22	158	38	344	350	
1989	22	136	53	334	259	
1990	22	134	51	326	296	
1991	22	130	46	351	283	
1992	22	170	56	354	307	
1993	22	154	47	252	300	
1994	22	148	32	182	22	
1995	30	146	37	40	111	
1996	30	110	58	33	39	
1997	31	88	28	34	95	
1998	31	82	9	30	54	
2000	31	91	1	49	10	
2001	27	88	1	56	9	
2002	31	100	2	60	7	
2003	31	140	2	53	6	
2004	31	212	4	30	10	
2005	32	260	7	33	2	
2006	32	330	13	36	13	
2007	32	402	6	34	9	
2008	33	406	16	39	16	2
2009	31	456	27	52	19	4
2010	31	526	16	54	16	9
2011	31	558	24	76	26	5
2012	31	745	33	74	15	26
2013	31	638	29	121	18	18

注：1.本表电影故事片厂指国有电影故事片厂。
2.2005年及以前动画片数为美术片数。

a) The number of feature film studios in this table only includes those approved by the State Council.

b) The real of cartoons refer to the arts films before 2005.

23-21　全国主要文化机构情况
Number of Institutions in Cultural Industry

单位：个　　(unit)

年 份 Year	公共图书馆 Public Libraries	文化馆(站) Cultural Centers	省级、地市级文化馆 Art Centers at Provincial & Prefecture Level	县市级文化馆 Cultural Centers at County & City Level	乡镇(街道)文化站 Township (sub-district) Cultural Centers	博物馆 Museums	艺术表演团体 Art Performance Troupes	艺术表演场馆 Art Performance Places
1978	1218	6893	92	2748	4053	349	3150	1095
1980	1732	8739	218	2912	5609	365	3533	1444
1985	2344	8576	335	2960	5281	711	3317	1377
1986	2406	8913	337	2993	5583	777	3195	2058
1987	2440	8974	348	2973	5653	827	3094	2148
1988	2485	9045	358	2975	5712	903	2985	2081
1989	2512	9037	366	2955	5716	967	2850	2050
1990	2527	9216	366	2955	5895	1013	2805	1955
1991	2535	10507	371	2894	7242	1075	2772	2068
1992	2558	9564	372	2900	6292	1106	2753	2037
1993	2572	10155	370	2886	6899	1130	2707	2024
1994	2589	11276	374	2887	8015	1161	2698	1998
1995	2615	13487	373	2886	10228	1194	2682	1958
1996	2620	45253	392	2892	41969	1219	2664	1934
1997	2628	45449	385	2901	42163	1282	2663	1947
1998	2662	45834	386	2901	42547	1339	2652	1929
1999	2669	45837	389	2905	42543	1363	2632	1911
2000	2675	45321	390	2907	42024	1392	2619	1900
2001	2696	43379	399	2842	40138	1461	2605	1854
2002	2697	42516	389	2854	39273	1511	2587	1829
2003	2709	41816	382	2846	38588	1515	2601	1900
2004	2720	41402	380	2841	38181	1548	2759	1928
2005	2762	41588	375	2851	38362	1581	2805	1866
2006	2778	40088	395	2819	36874	1617	2866	1839
2007	2799	40601	411	2806	37384	1722	4512	1732
2008	2820	41156	389	2829	37938	1893	5114	1662
2009	2850	41959	361	2862	38736	2252	6139	1499
2010	2884	43382	374	2890	40118	2435	6864	1461
2011	2952	43675	379	2906	40390	2650	7055	1429
2012	3076	43876	382	2919	40575	3069	7321	1279
2013	3112	44260	385	2930	40945	3473	8180	1344

注：1.2007年以前艺术表演团体为文化系统内数据，2007年起含非文化部门单位。艺术表演场馆不含民营艺术表演场馆。
2.1996年以前文化站数据未包括其他部门所属乡镇文化站。1996-1998年包括其他部门所属文化站，1999年以后，其他部门所属文化站划归文化部门管理。

a) The Art performance troupes referred to those under the official cultural system before 2007 and expanded the coverage to those both under and outside the official cultural system starting from 2007. The Art Performace Places do not include those of non-state owned.

b) Culture stations did not include township culture stations of other department before 1996, and included culture stations of other department from 1996 to 1998. Since 1999, culture stations of other department was put under Culture Department's administration.

23-22 全国文化文物机构人员情况(2013年)
Number and Personnel in Culture and Cultural Relics Institutions (2013)

机构类别	Category of Institution	机构(个) Number of Institutions (unit)	文化部门 Cultural Department	国有经济 State-owned Economy	集体经济 Collective-owned Economy	其他经济 Other Economy	其他部门 Other Department
总计	**Total**	**292884**	**64686**	**63522**	**311**	**853**	**228198**
艺术业	Arts	9557	3353	2853	201	299	6204
公共图书馆业	Public Libraries	3112	3112	3112			
群众文化服务业	Mass Culture Services	44260	44260	44260			
艺术教育业	Culture and Education	139	139	134	2	3	
文化市场经营机构	Business Units Dealing in Culture Market	220665					220665
文艺科研机构	Art Research Institutions	225	224	221		3	1
文物业	Cultural Relics	7737	6884	6662	64	158	852
其他	Others	7189	6714	6280	44	390	475

23-22 续表 continued

机构类别	Category of Institution	从业人员(人) Number of Employed Persons (person)	文化部门 Cultural Department	国有经济 State-owned Economy	集体经济 Collective-owned Economy	其他经济 Other Economy	其他部门 Other Department
总计	**Total**	**2154948**	**638537**	**580314**	**7454**	**50769**	**1516411**
艺术业	Arts	287183	139900	116239	6747	16914	147283
公共图书馆业	Public Libraries	56320	56320	56320			
群众文化服务业	Mass Culture	164355	164355	164355			
艺术教育业	Culture and Education	12680	12680	12566	16	98	
文化市场经营机构	Business Units Dealing in Culture Market	1313900					1313900
文艺科研机构	Art Research Institutions	4739	4732	4589		143	7
文物业	Cultural Relics	137173	120282	117531	258	2493	16891
其他	Others	178598	140268	108714	433	31121	38330

23-23 全国文化系统艺术表演场馆基本情况(2013年)
Basic Statistics on Art Performance Places in the Official Cultural System (2013)

项　目	Item	机构数(个) Number of Institutions (unit)	从业人员(人) Number of Employed Persons (person)	座席数(个) Seating Capacity (unit)	演(映)出场次(万场次) Number of Performances (10 000 shows)	#艺术演出 Art Performances
总　计	**Total**	**1344**	**26036**	**1027946**	**82.93**	**6.60**
按登记注册类型分	By Status of Registration					
国　有	State-owned	1227	22011	920635	52.72	4.80
集　体	Collective-owned	20	233	10830	0.24	0.14
其　他	Others	97	3792	96481	29.97	1.67
按性质分	By Type of Units					
执行事业会计制度	Adopting Institution Accounting System	964	16430	710195	26.39	3.00
执行企业会计制度	Adopting Enterprise Accounting System	380	9606	317751	56.54	3.60
按机构类型分	By Type of Troupes					
剧场	Theaters	575	11280	436776	13.02	2.79
影剧院	Music Halls and Cinemas	612	10437	452527	63.30	1.95
书场、曲艺场	Storytelling, Recitation and Ballad Places	10	136	808	0.14	0.14
杂技、马戏场	Acrobatics and Circus Places	2	46	3462	0.01	0.01
音乐厅	Concert Halls	13	474	12832	0.20	0.17
综合性	General Performance Theaters	101	3213	105952	5.75	1.52
其他艺术表演场馆	Others	31	450	15589	0.52	0.04
按隶属关系分	By Jurisdiction of Management					
中央	Run by Central Government	7	176	5657	0.08	0.08
省、区、市	Run by Provinces, Autonomous Regions and Municipalities	108	4362	91915	11.95	1.15
地、市	Run by Prefectures (Cities)	367	9283	259040	39.72	2.64
县、市及以下	Run by Counties (Cities) and Others	862	12215	671334	31.18	2.73

23-23 续表 continued

项　目	Item	观众人次(万人次) Number of Audience (10 000 person-times)	#艺术演出 Art Performances	收入合计(万元) Total Income (10 000 yuan)	#财政拨款 Government	#演出收入 Performance Income	支出合计(万元) Expenses (10 000 yuan)
总　计	**Total**	**7776**	**2662**	**426361**	**160313**	**82489**	**417103**
按登记注册类型分	By Status of Registration						
国　有	State-owned	5618	2254	329804	135798	62844	316166
集　体	Collective-owned	64	32	2107	741	166	1646
其　他	Others	2094	376	94450	23773	19479	99291
按性质分	By Type of Units						
执行事业会计制度	Adopting Institution Accounting System	3489	1579	245059	116214	43654	234739
执行企业会计制度	Adopting Enterprise Accounting System	4287	1083	181302	44099	38835	182364
按机构类型分	By Type of Troupes						
剧场	Theaters	2332	1395	230011	106780	53729	216282
影剧院	Music Halls and Cinemas	4110	672	104009	18939	8825	103574
书场、曲艺场	Storytelling, Recitation and Ballad Places	13	13	1687	851	101	1676
杂技、马戏场	Acrobatics and Circus Places	9	9	312		110	312
音乐厅	Concert Halls	165	138	16687	4485	4972	14959
综合性	General Performance Theaters	1065	410	69382	26934	13691	75908
其他艺术表演场馆	Others	83	26	4273	2324	1061	4392
按隶属关系分	By Jurisdiction of Management						
中央	Run by Central Government	43	43	4331	26	2111	4136
省、区、市	Run by Provinces, Autonomous Regions and Municipalities	1123	751	166998	72963	43395	157554
地、市	Run by Prefectures (Cities)	2829	859	152284	45588	21381	160016
县、市及以下	Run by Counties (Cities) and Others	3781	1009	102748	41736	15602	95397

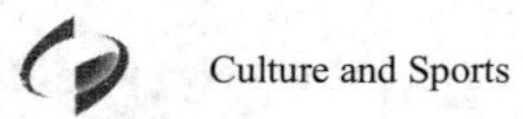

23-24 全国艺术表演团体基本情况(2013年)

项 目	Item	机构(个) Number of Institutions (unit)	从业人员(人) Number of Employed Persons (person)	剧团原创首演剧目(个) Plays Showed this Year (unit)	演出场次(万场次) Number of Performance (10 000 shows)	#国内演出 Domestic Performance	#农村 Rural Performance
总 计	**Total**	**8180**	**260865**	**1357**	**165.11**	**162.81**	**105.07**
按登记注册类型分	By Status of Registration						
国有	State-owned	1752	99035	996	29.63	27.79	18.16
集体	Collective-owned	185	6633	91	5.81	5.62	3.48
其他	Others	6243	155197	270	129.66	129.40	83.43
按隶属关系分	By Jurisdiction of Management						
中央	Run by Central Government	20	5313	26	0.34	0.32	0.07
省、区、市	Run by Provinces, Autonomous Regions and Municipalities	190	28985	259	6.43	5.95	1.73
地、市	Run by Prefectures (Cities)	505	39501	340	9.61	9.00	4.65
县、市及以下	Run by Counties (Cities) and Others	7465	187066	732	148.73	147.55	98.63
按性质分	By Type of Units						
执行事业会计制度	Adopting Institution Accounting System	1601	86470	831	29.21	27.71	18.24
执行企业会计制度	Adopting Enterprise Accounting System	6579	174395	526	135.90	135.10	86.84
按管理部门分	By Management Authority						
文化部门	Cultural Departments	2067	117004	1288	39.81	37.57	23.67
其他部门	Other Departments	6113	143861	69	125.30	125.24	81.41
按剧种分	By Type of Art						
话剧、儿童剧、滑稽剧类	Drama, Children's Play and Comedy Troupes	530	16921	118	6.42	6.36	2.97
歌舞、音乐类	Song and Dance, Musicals	2074	76184	392	28.54	27.97	14.65
京剧、昆曲类	Peking Opera and Kunqu Opera	121	7857	45	2.27	2.25	1.52
地方戏曲类	Local Opera	2384	86110	578	49.38	49.16	42.15
杂技、魔术、马戏类	Acrobatics, Magicand Circus	403	12844	18	18.03	17.00	4.47
曲艺类	Folk Arts	168	3894	33	6.65	6.54	3.12
乌兰牧骑	Ulanmuchi	120	3862	45	1.23	1.19	0.80
综合性艺术表演团体	Comprehensive Art Performance	2380	53193	128	52.59	52.35	35.42

Basic Statistics on Art Performance Troupes (2013)

国内演出观众人次（万人次） Number of Domestic Audience (10 000 person-times)	#农村 Rural Audience	收入合计（万元） Total Income (10 000 yuan)	#财政拨款 Government Budget	#演出收入 Performance Income	支出合计（万元） Total Expenses (10 000 yuan)	政府采购的公益演出活动 Public Shows under Government Procurement	
						演出场次（万场次） Number of Performances (10 000 shows)	观众人次（万人次） Number of Audience (10 000 person-times)
90064	**52973**	**2800266**	**1393811**	**735532**	**2331821**	**9.18**	**9098.21**
28605	19068	1206700	884140	94407	1163324	7.22	7294.06
3449	2596	49920	29121	6387	48531	0.54	432.22
58010	31309	1543647	480550	634738	1119966	1.42	1371.94
542	87	143381	83423	6898	125197	0.04	50.51
4751	1826	567803	396524	80161	565662	1.42	1478.19
8969	5077	463286	349633	47164	444010	2.29	2317.29
75802	45984	1625796	564231	601309	1196952	5.43	5252.23
26404	18359	1045394	797247	133270	1012711	6.22	6331.17
63660	34615	1754872	596564	602262	1319110	2.95	2767.04
34766	23095	1378684	984108	145443	1335598	8.90	8716.30
55298	29879	1421582	409703	590089	996223	0.27	381.91
3678	1452	204833	85138	77548	174773	0.36	265.11
24312	7035	711460	380436	197610	665242	2.33	1995.38
1345	859	391627	357441	13474	137017	0.28	179.50
37759	31184	548132	319395	145432	482310	4.54	5006.11
6188	2479	159399	53402	77892	137274	0.24	200.92
1397	789	54595	24471	22905	49309	0.21	175.94
1007	614	25155	23928	347	24890	0.19	122.43
14378	8560	705064	149601	200324	661007	1.03	1152.84

23-25 全国公共图书馆基本情况（2013年）
Basic Statistics on Public Libraries (2013)

指标	Item	总计 Total	#少儿图书馆 Children's Libraries	按隶属关系分 By Jurisdiction of Management 中央 Run by Central Government	省、区、直辖市(级) Run by Provinces, Autonomous Regions and Municipalities	地市级 Prefecture Level	县市级 County (City) Level	#县图书馆 Run by Counties
机构数（个）	Number of Institutions (unit)	3112	105	1	39	360	2712	1632
从业人员（人）	Number of Employed Persons (person)	56320	2170	1727	7913	14183	32497	15559
总藏量（万册件	Total Collections (10000 copies)	74896	3165	3244	18105	19501	34046	13735
当年购买的报刊种类(万种)	Kinds of Newspapers and Periodicals Purchased This Year (10 000 kinds)	109.12	3.42	1.85	16.56	28.61	62.10	27.40
有效借书证数（万个）	Accumulative Number of Library Cards Distributed (10 000 units)	2877	144	176	459	1010	1232	360
总流通人次（万人次）	Total Number of Circulation (10 000 person-times)	49232	2132	419	7755	14615	26443	8933
#书刊文献外借人次	Borrowing from Libraries	20552	977		2569	6054	11929	4734
书刊文献外借册次（万册次）	Number of Books and Periodicals Lent to Readers (10 000 copies-times)	40868	2285		8265	11878	20725	7153
组织各类讲座次数（次）	Number of Lectures (time)	49474	2622	237	4166	13280	31791	14264
举办展览（个）	Exhibitions Held (unit)	15848	488	53	1327	3371	11097	5795
举办培训班（个）	Training Classes Held (unit)	26198	1719	32	2605	6104	17457	9007
计算机（台）	Computers (set)	195413	6648	3180	19963	41929	130341	68487
#电子阅览室终端数	Terminals in Electronic Media Reading Rooms	116274	3286	368	8261	22369	85276	46032
阅览室坐席数（万个）	Seats of Reading Room (10 000 units)	80.98	2.66	0.44	6.70	20.02	53.82	25.01

23-26 全国群众文化机构基本情况（2013年）
Basic Statistics on Cultural Institutions (2013)

指标	Item	总计 Total	省、区、直辖市(级) Provincial Level	地市级 Prefecture Level	县市级 County (City) Level	#县文化馆 County Cultural Center	乡镇(街道)文化站 Township (sub-district) Cultural Stations	#乡镇文化站 Township Cultural Stations
机构数（个）	Institutions (unit)	44260	31	354	2930	1671	40945	34343
从业人员（人）	Number of Employed Persons (person)	164355	1900	10349	43672	23534	108434	87922
组织文艺活动（次）	Art Performances and Story-telling Sessions (time)	740611	2066	22022	146316	66732	570207	398373
参加文艺活动人次（万人次）	Person-times Attending Art and Cultural Activities (10 000 person-times)	31379	583	2862	12620	6009	15314	11097
举办训练班（次）	Number of Training Courses (time)	390758	2019	22780	83533	31090	282426	179747
参加培训人次（万人次）	Attending Training (10 000 person-times)	3105	40	178	643	249	2244	1488
举办展览个数（个）	Number of Exhibitions (unit)	138225	372	3326	19033	9962	115494	88539
参观展览人次（万人次）	Visiting Exhibitions (10 000 person-times)	9246	255	991	2907	5093	5093	3899
组织各类理论研讨和讲座次数（次）	Number of Theoretical Lectures (time)	23637	577	4030	19030			
参加研讨和讲座人次（万人次）	Attending Theoretical Lectures (10 000 person-times)	441	31	77	333			
藏书（万册）	Books Collected (10 000 copies)	23013	16	50	486	203	22461	17200
拥有计算机台数（台）	Computer Owned (unit)	292218	2250	6308	28242	13062	255418	200735
本年收入合计（亿元）	Revenue this Year (100 million yuan)	166.76	7.03	19.76	53.73	23.77	86.24	67.62
本年支出合计（亿元）	Expenditure this Year (100 million yuan)	163.54	6.80	18.70	52.96	23.49	85.08	66.22
馆办文艺团体（个）	Art Performance Troupes Run by Centers (unit)	6022	93	972	4957	2397		
馆办文艺团体演出场次（场次）	Number of Art Performances Run by Centers (time)	151351	1347	42830	107174	56954		
馆办老年大学（个）	Aging College Run by Centers (unit)	724	13	79	632	333		
群众业余文艺团体（个）	Part-time Art Troupes (unit)	342649	92	5693	54770	26992	282094	204395

23-27 全国文物业基本情况（2013年）
Statistics on Cultural Relics (2013)

项目	Item	机构（个）Number of Institutions (unit)	从业人员（人）Number of Employed Persons (person)	本年收入合计（万元）Total Revenue this Year (10 000 yuan)	本年支出合计（万元）Total Expenditure this Year (10 000 yuan)	资产总计（万元）Total Assets (10 000 yuan)	实际使用房屋建筑面积（万平方米）Floor Space of Buildings Actually Used (10 000 sq.m)
总计	**Total**	**7737**	**137173**	**3645841**	**3415825**	**7674904**	**2115**
按单位性质分	By Kind of Units						
文物科研机构	Scientific and Research Agencies	115	5243	208924	170898	323566	96
文物保护管理机构	Agencies of Cultural Relics Preservation	2809	35334	819557	705411	1031355	245
博物馆	Museums	3473	79075	1755739	1706897	5485990	1700
文物商店	Cultural Relics Shops	71	1596	89630	71732	217327	15
其他文物机构	Other Agencies	1269	15925	771991	760887	616666	58
按隶属关系分	By Jurisdiction of Management						
中央	Central Level	12	3432	194905	174240	611066	64
省、区、市	Provincial Level	297	18147	989394	950265	1926941	248
地、市	Prefecture Level	1444	40402	1088734	988398	2252594	746
县、市	County or City Level	5984	75192	1372808	1302922	2884303	1057
按管理部门分	By Department of Management						
文物部门	Cultural Relics Department	6885	120282	3340921	3095884	5848663	1757
其他部门	Other Department	852	16891	304920	319941	1826241	358

23-27 续表 continued

项目	Item	文物藏品（件/套）Number of Collections (piece/set)	#一级品 Grade One	本年从有关部门接收文物数(件/套) Accepted Cultural Relics from Department This Year (piece/set)	本年藏品征集数（件/套）Collection of Cultural Relics (piece/set)	举办陈列展览（个）Exhibition & Displays (unit)	参观人次（万人次）Spectators (10 000 person-times)
总计	**Total**	**38408146**	**96816**	**127264**	**313553**	**8392**	**9644**
按单位性质分	By Kind of Units						
文物科研机构	Scientific and Research Agencies	1594975	2328	46	50	10	23
文物保护管理机构	Agencies of Cultural Relics Preservation	1906829	8457	14144	8425	732	449
博物馆	Museums	27191601	85707	113070	304839	7650	9172
文物商店	Cultural Relics Shops	7632366	59				
其他文物机构	Other Agencies	82375	265	4	239		
按隶属关系分	By Jurisdiction of Management						
中央	Central Level	2956953	20138	11312	2502	30	133
省、区、市	Provincial Level	14929635	29878	4514	45472	422	938
地、市	Prefecture Level	8583810	25736	31673	97894	2067	3222
县、市	County or City Level	11937748	21064	79765	167685	5873	5351
按管理部门分	By Department of Management						
文物部门	Cultural Relics Department	30406952	92442	78312	191743	6810	8536
其他部门	Other Department	8001194	4374	48952	121810	1582	1108

23-28 分地区艺术表演团体、艺术表演场馆演出情况(2013年)
Statistics on Performance of Art Performance Troupes and Art Performance Places by Region (2013)

地区	Region	艺术表演团体 Art Performance Troupes						艺术表演场馆 Art Performance Places				
		机构数(个) Number of Institutions (unit)	演出场次(万场次) Number of Performances (10 000 shows)	#国内演出 Domestic Performances	#农村 Rural Performances	国内演出观众人次(万人次) Number of Domestic Audience (10 000 person-times)	#农村 Rural Audience	机构数(个) Number of Institutions (unit)	演(映)出场次(万场次) Number of Performances (10 000 shows)	#艺术演出 Art Performances	观众人次(万人次) Number of Audience (10 000 person-times)	#艺术演出 Art Performances
全国	**National Total**	**8180**	**165.11**	**162.81**	**105.07**	**90064**	**52973**	**1344**	**82.93**	**6.60**	**7776**	**2662**
中央	Central Level	20	0.34	0.32	0.07	542	87	7	0.08	0.08	43	43
北京	Beijing	292	2.24	2.17	0.62	983	270	17	1.20	0.29	210	168
天津	Tianjin	58	0.69	0.69	0.21	285	101	26	1.37	0.15	139	63
河北	Hebei	500	7.53	6.97	4.73	5183	3745	77	1.79	0.14	204	60
山西	Shanxi	226	3.93	3.89	3.33	3701	3160	100	9.81	0.85	517	160
内蒙古	Inner Mongolia	144	2.66	2.55	1.31	1373	746	18	0.33	0.04	87	30
辽宁	Liaoning	212	1.81	1.63	0.41	851	269	33	0.43	0.18	152	94
吉林	Jilin	54	0.64	0.64	0.36	424	283	26	1.86	0.12	179	44
黑龙江	Heilongjiang	35	0.50	0.47	0.12	404	86	35	0.12	0.03	55	16
上海	Shanghai	148	3.41	3.39	0.91	1175	209	27	1.53	0.31	215	169
江苏	Jiangsu	291	7.90	7.73	4.20	2663	1474	110	36.82	1.49	2160	273
浙江	Zhejiang	733	14.55	14.53	11.75	9272	6827	61	4.07	0.42	894	261
安徽	Anhui	991	31.73	31.66	24.46	8578	6038	48	1.71	0.30	259	105
福建	Fujian	506	11.02	11.00	9.81	4157	3555	57	4.74	0.08	223	42
江西	Jiangxi	229	5.09	5.06	3.12	2379	1825	51	0.76	0.27	204	95
山东	Shandong	414	5.41	5.31	2.95	3602	2344	93	1.14	0.20	299	162
河南	Henan	429	26.10	26.06	13.70	9122	6631	139	0.96	0.16	229	107
湖北	Hubei	307	3.73	3.69	2.32	2880	1870	53	2.50	0.21	256	140
湖南	Hunan	227	3.55	3.53	2.05	1775	945	58	2.76	0.27	329	129
广东	Guangdong	405	4.24	4.20	2.80	4601	2913	45	1.28	0.22	315	150
广西	Guangxi	59	1.54	1.46	0.37	882	332	19	1.82	0.12	123	58
海南	Hainan	67	0.95	0.95	0.59	972	739	7	0.07	0.03	51	26
重庆	Chongqing	443	4.81	4.74	3.58	1410	903	15	0.06	0.05	19	18
四川	Sichuan	510	7.65	7.59	4.20	12541	1305	42	0.37	0.10	83	51
贵州	Guizhou	106	1.63	1.51	0.66	1229	705	6				
云南	Yunnan	259	3.87	3.82	1.52	2325	1084	18	0.13	0.09	65	40
西藏	Tibet	79	0.46	0.37	0.27	257	161	14	0.05	0.04	10	10
陕西	Shaanxi	119	2.48	2.44	1.66	2681	1880	86	0.82	0.23	248	102
甘肃	Gansu	124	1.93	1.92	1.44	2190	1555	22	0.42	0.02	46	14
青海	Qinghai	37	0.31	0.29	0.14	163	66	16	0.40	0.02	52	4
宁夏	Ningxia	33	0.93	0.86	0.46	596	352	3	0.05	0.00	11	1
新疆	Xinjiang	123	1.45	1.40	0.97	866	516	15	3.48	0.08	98	27

23-29 分地区公共图书馆基本情况(2013年)
Statistics on Public Libraries by Region (2013)

地 区	Region	公共图书馆(个) Number of Public Library (unit)	总藏量(万册件) Total Collections (10 000 copies)	人均拥有公共图书馆藏量(册) Collections of Public Libraries Owned Per Person (copy)	有效借书证 数(万个) Accumulative Number of Library Cards Distributed (10 000 units)	总流通人次(万人次) Total Number of Circulation (10 000 person-times)	#书刊文献外借人次 Borrowing from Libraries	书刊文献外借册次(万册次) Number of Books and Periodicals Lent to Readers (10 000 copies-times)	阅览室座席数(个) Seats of Reading Room (unit)
总 计	**National Total**	**3112**	**74896**	**0.55**	**2877**	**49232**	**20552**	**40868**	**809767**
中 央	Central Level	1	3244		176	419			4411
北 京	Beijing	24	2072	0.98	79	1033	325	893	16002
天 津	Tianjin	31	1474	1.00	58	714	292	658	13526
河 北	Hebei	173	1937	0.26	66	1079	478	727	30348
山 西	Shanxi	127	1466	0.40	25	603	280	404	26050
内蒙古	Inner Mongolia	116	1325	0.53	22	575	285	578	24363
辽 宁	Liaoning	129	3355	0.76	102	1939	773	1750	30523
吉 林	Jilin	66	1597	0.58	28	540	241	462	15645
黑龙江	Heilongjiang	107	1843	0.48	90	822	303	575	21952
上 海	Shanghai	25	7239	3.00	158	3605	1717	6316	22593
江 苏	Jiangsu	113	5770	0.73	367	5047	2450	3997	44431
浙 江	Zhejiang	98	5165	0.94	322	4946	1912	3919	42423
安 徽	Anhui	107	1776	0.29	65	1347	798	1258	27298
福 建	Fujian	91	2467	0.65	79	1809	724	1805	28524
江 西	Jiangxi	114	1990	0.44	70	1165	675	947	28283
山 东	Shandong	153	4422	0.45	158	2355	1430	2158	47068
河 南	Henan	157	2218	0.24	83	1785	960	1465	39766
湖 北	Hubei	112	2648	0.46	108	1763	952	1570	34860
湖 南	Hunan	136	2282	0.34	78	1694	801	1424	30438
广 东	Guangdong	137	6101	0.57	410	7357	1588	3499	75838
广 西	Guangxi	112	2110	0.45	46	1471	439	854	27046
海 南	Hainan	21	377	0.42	13	247	64	153	5671
重 庆	Chongqing	43	1129	0.38	37	1147	429	969	17369
四 川	Sichuan	197	3048	0.38	59	1738	789	1374	40983
贵 州	Guizhou	94	1156	0.33	32	467	262	337	19224
云 南	Yunnan	152	1765	0.38	41	1223	507	870	26376
西 藏	Tibet	78	100	0.32	1	11	4	9	1961
陕 西	Shaanxi	114	1377	0.37	30	879	335	609	18116
甘 肃	Gansu	103	1226	0.47	27	616	304	526	17403
青 海	Qinghai	49	379	0.66	11	114	59	89	3576
宁 夏	Ningxia	26	595	0.91	11	221	131	253	7344
新 疆	Xinjiang	106	1242	0.55	25	502	244	419	20356

23-29 续表 continued

地区 Region	每万人拥有公共图书馆建筑面积(平方米) Floor Space of Buildings of Public Libraries Owned per 10 000 Population (sq.m)	组织各类讲座次数(次) Number of Lectures (time)	参加讲座人次(万人次) Attending Lectures (10 000 person-times)	举办展览(个) Exhibitions Held (unit)	参观展览人次(万人次) Visiting Exhibitions (10 000 person-times)	举办培训班(个) Training Classes Held (unit)	参加培训人次(万人次) Attending Training (10 000 person-times)	计算机(台) Computers (set)	#电子阅览室终端数 Terminals in Electronic Media Reading Rooms
总计 National Total	**85.1**	**49474**	**864.77**	**15848**	**3353.77**	**26198**	**192.70**	**195413**	**116274**
中央 Central Level		237	6.06	53	57.75	32	0.31	3180	368
北京 Beijing	113.8	1731	19.47	296	152.37	717	4.53	3601	1725
天津 Tianjin	168.1	921	12.33	191	90.28	520	2.86	3148	1522
河北 Hebei	52.9	1941	32.57	500	120.56	635	5.53	6774	4171
山西 Shanxi	108.1	1647	23.63	489	69.96	1041	6.40	5821	3976
内蒙古 Inner Mongolia	131.5	971	14.40	295	50.23	401	2.44	5918	3885
辽宁 Liaoning	103.4	2099	34.60	635	178.20	1374	6.97	7032	3508
吉林 Jilin	70.6	973	20.41	259	45.10	279	2.52	4335	2146
黑龙江 Heilongjiang	72.3	918	17.68	421	60.10	403	3.08	5649	3834
上海 Shanghai	171.5	1643	22.20	389	84.06	652	7.25	7071	3121
江苏 Jiangsu	112.1	3003	63.91	911	171.33	1665	12.01	10100	5300
浙江 Zhejiang	135.8	2645	53.95	1228	334.16	2280	13.19	9521	5396
安徽 Anhui	58.7	1431	24.46	538	73.80	718	5.17	7132	5003
福建 Fujian	93.4	2265	30.07	638	179.48	674	5.05	5539	3372
江西 Jiangxi	75.9	1409	41.12	628	147.43	540	5.62	6867	4234
山东 Shandong	73.5	2661	50.18	863	97.31	1182	8.54	10637	6780
河南 Henan	56.8	2454	47.39	737	89.75	876	7.52	8369	5625
湖北 Hubei	88.3	1682	35.37	487	133.20	1029	9.26	7088	4621
湖南 Hunan	56.9	2347	47.22	545	71.51	1248	13.80	6098	4414
广东 Guangdong	102.8	4295	80.62	1318	514.79	1827	12.14	18588	7875
广西 Guangxi	59.6	1505	26.12	634	105.60	1301	7.16	5763	3887
海南 Hainan	91.4	124	2.21	144	18.62	174	1.45	1484	952
重庆 Chongqing	85.1	990	11.79	387	77.32	1100	7.51	3890	2530
四川 Sichuan	59.5	2680	33.46	806	108.60	1333	10.14	9831	6600
贵州 Guizhou	59.9	1414	13.58	289	23.06	471	3.90	4780	2941
云南 Yunnan	73.2	1894	27.70	720	123.14	1412	11.52	7214	5029
西藏 Tibet	120.6	27	0.24	19	1.66	24	0.04	738	581
陕西 Shaanxi	64.1	1323	17.31	461	70.51	956	8.75	5781	3498
甘肃 Gansu	74.9	1024	27.02	354	33.76	346	2.77	4499	2818
青海 Qinghai	79.5	244	2.64	88	2.75	179	0.92	1942	1353
宁夏 Ningxia	163.7	248	4.47	47	5.30	199	0.18	2052	1571
新疆 Xinjiang	90.9	728	20.61	478	62.06	610	4.20	4971	3638

23-30 分地区博物馆基本情况(2013年)
Statistics on Museums by Region (2013)

地 区	Region	机构(个) Number of Institutions (unit)	从业人员(人) Number of Employed Persons (person)	文物藏品(件/套) Number of Collections (piece/set)	本年从有关部门接收文物数(件/套) Accepted Cultural Relics from Department This Year (piece/set)	本年修复文物数(件/套) Cultural Relics Repaired This Year (piece/set)	基本陈列(个) Displays (unit)	举办展览(个) Exhibition (unit)	参观人次(万人次) Spectators (10 000 person-times)
总 计	**National Total**	**3473**	**79075**	**27191601**	**113070**	**304839**	**7650**	**9172**	**63776**
中 央	Central Level	5	2869	2956953	11312	2502	30	133	2522
北 京	Beijing	41	1101	1142291	1	574	70	131	501
天 津	Tianjin	20	669	688456		80	60	50	546
河 北	Hebei	103	3126	271992	448	1056	190	289	2480
山 西	Shanxi	97	2215	598381	3	1447	110	123	1030
内蒙古	Inner Mongolia	72	1412	498069	753	2886	214	119	908
辽 宁	Liaoning	63	2164	444906	26	5799	183	126	1178
吉 林	Jilin	73	1214	361260	15894	8289	105	257	726
黑龙江	Heilongjiang	156	2369	487097	635	6818	284	286	1824
上 海	Shanghai	100	3131	2282961	216	24293	240	390	1768
江 苏	Jiangsu	292	5668	1662661	599	7618	698	960	6118
浙 江	Zhejiang	183	3788	1002041	33	13980	392	1029	3789
安 徽	Anhui	154	2500	670420	1156	2119	378	353	2037
福 建	Fujian	98	1798	482562	4470	8021	243	371	2125
江 西	Jiangxi	137	2972	448996	292	2298	272	225	2657
山 东	Shandong	194	4748	1352501	2559	6114	729	690	4336
河 南	Henan	222	5885	964804	14630	45731	430	477	4181
湖 北	Hubei	170	3360	1668740	471	22159	426	370	2358
湖 南	Hunan	103	2515	510258	16	2919	188	211	2836
广 东	Guangdong	175	3396	996706	1338	7404	394	769	3599
广 西	Guangxi	104	1696	397058	1256	9356	179	171	1253
海 南	Hainan	18	235	39895	15	753	28	59	274
重 庆	Chongqing	71	1897	679375	64	2339	184	129	1916
四 川	Sichuan	188	5417	3141223	230	90739	349	289	4834
贵 州	Guizhou	75	1261	94124	332	1505	111	101	1265
云 南	Yunnan	84	942	1191016	333	2554	208	157	1238
西 藏	Tibet	2	75	63150		180	7	13	34
陕 西	Shaanxi	221	6225	1174563	49106	17966	425	422	2875
甘 肃	Gansu	143	2871	506315	5771	3040	327	289	1767
青 海	Qinghai	22	196	183255	42	574	30	34	54
宁 夏	Ningxia	11	248	74808	136	1504	28	31	111
新 疆	Xinjiang	76	1112	154764	933	2222	138	118	636

23-31 分地区文化及相关产业法人单位数(2013年底)
Number of Legal Persons of Culture and Relavant Industry by Region at Year-end (2013)

单位：个 (unit)

地区	Region	法人单位数 Legal Persons	文化制造业 Cultual Manufacturing	文化批发和零售业 Wholesale and Retail of Culture	文化服务业 Services of Culture
全国	**National Total**	**920749**	**162344**	**140090**	**618315**
北京	Beijing	98351	2420	16234	79697
天津	Tianjin	20127	3135	4199	12793
河北	Hebei	28884	5286	5239	18359
山西	Shanxi	14256	1075	1845	11336
内蒙古	Inner Mongolia	9429	572	1396	7461
辽宁	Liaoning	26597	3227	3682	19688
吉林	Jilin	7940	918	862	6160
黑龙江	Heilongjiang	9689	1029	952	7708
上海	Shanghai	38613	4233	7823	26557
江苏	Jiangsu	95045	22883	15730	56432
浙江	Zhejiang	85735	30321	13293	42121
安徽	Anhui	35255	4847	4529	25879
福建	Fujian	34286	8283	4981	21022
江西	Jiangxi	15809	3961	1052	10796
山东	Shandong	59325	12927	13204	33194
河南	Henan	35142	5250	4738	25154
湖北	Hubei	33800	2856	5491	25453
湖南	Hunan	36071	6180	3434	26457
广东	Guangdong	104488	29539	15910	59039
广西	Guangxi	17548	1787	2227	13534
海南	Hainan	3572	227	463	2882
重庆	Chongqing	21146	2014	3005	16127
四川	Sichuan	26363	2633	1713	22017
贵州	Guizhou	9959	1910	1124	6925
云南	Yunnan	14209	987	1831	11391
西藏	Tibet	846	104	130	612
陕西	Shaanxi	17149	1572	2220	13357
甘肃	Gansu	8887	1034	1237	6616
青海	Qinghai	2167	241	263	1663
宁夏	Ningxia	2770	241	420	2109
新疆	Xinjiang	7291	652	863	5776

23-32 分地区规模以上文化制造业企业基本情况(2013年)
Basic Conditions of Cultural Manufacturing Enterprises above Designated Size by Region (2013)

单位：万元 (10 000 yuan)

地区	Region	企业单位数(个) Number of Enterprises (unit)	年末从业人员(人) Engaged Persons at Year-end (person)	资产总计 Total Assets	营业收入 Business Revenue	营业税金及附加 Taxes and Extra Charges on Business	营业利润 Operating Profit	应交增值税 Value-added Tax Payable
全国	**National Total**	**18076**	**4982795**	**247962237**	**370933096**	**2174900**	**22426117**	**9591777**
北京	Beijing	185	44468	3931217	3156618	16199	178473	106975
天津	Tianjin	324	88368	5870985	10998757	31842	703933	329354
河北	Hebei	562	99955	4940193	8228282	39182	731718	212533
山西	Shanxi	60	16063	622641	481969	3280	22716	12832
内蒙古	Inner Mongolia	40	7250	863092	1417952	4544	174197	19990
辽宁	Liaoning	327	74856	4627135	7442147	41531	467495	131228
吉林	Jilin	80	12272	807631	1024883	28433	78823	28036
黑龙江	Heilongjiang	80	12264	401229	770063	2415	37315	19925
上海	Shanghai	468	110070	8000684	12560300	26071	529131	178137
江苏	Jiangsu	2506	665102	41490826	60777791	212387	4258358	1464508
浙江	Zhejiang	1992	339217	24597928	22445361	100194	1124665	526158
安徽	Anhui	738	136272	7045628	10056889	56096	715666	235539
福建	Fujian	1152	307260	9487400	17832951	101732	1348409	441725
江西	Jiangxi	499	135004	4819328	10539236	150365	947453	394062
山东	Shandong	1837	409690	29516172	47741819	294544	3043497	1476780
河南	Henan	844	270437	12013306	17615400	98929	1613115	444380
湖北	Hubei	443	87750	4756146	7502325	51511	394765	206884
湖南	Hunan	1349	328661	8210744	21445341	433334	1601236	839229
广东	Guangdong	3518	1501613	51685536	84229249	269700	2973018	1539470
广西	Guangxi	268	100582	2794887	4663653	40342	330905	121226
海南	Hainan	6	5449	3359946	796179	4765	65230	35558
重庆	Chongqing	163	43818	2884998	3130663	38324	280663	138726
四川	Sichuan	350	121191	11136783	12106010	95402	451865	544569
贵州	Guizhou	49	6052	369030	608742	5143	62933	19927
云南	Yunnan	81	19375	1161221	1242218	7473	197749	56632
西藏	Tibet	5	750	46425	26209	750	3010	672
陕西	Shaanxi	78	18383	1003828	1214828	15458	118921	53937
甘肃	Gansu	25	6127	172878	138793	1943	4359	2476
青海	Qinghai	16	6927	890889	479139	1768	-38968	4935
宁夏	Ningxia	11	4777	293077	106184	239	-7346	2858
新疆	Xinjiang	20	2792	160455	153146	1007	12813	2521

23-33 分地区限额以上文化批发和零售业企业基本情况(2013年)
Basic Conditions of Enterprises of Wholesale and Retail of Culture above Designated Size by Region (2013)

单位：万元 (10 000 yuan)

地 区	Region	企业单位数（个）Number of Enterprises (unit)	年末从业人员（人）Engaged Persons at Year-end (person)	资产总计 Total Assets	营业收入 Business Revenue	营业税金及附加 Taxes and Extra Charges on Business	营业利润 Operating Profit	应交增值税 Value-added Tax Payable
全 国	**National Total**	**7617**	**501205**	**72356301**	**134256334**	**532597**	**4119009**	**1652998**
北 京	Beijing	477	50904	12998788	19114252	56692	423765	249433
天 津	Tianjin	198	8911	1754912	1790121	6684	55943	24758
河 北	Hebei	175	11380	922885	1061966	4121	31935	10249
山 西	Shanxi	145	7610	866470	1147215	6528	17285	22321
内蒙古	Inner Mongolia	53	2503	199642	214698	2496	-1461	2341
辽 宁	Liaoning	229	9291	877291	1400414	14273	29060	21241
吉 林	Jilin	69	3247	204667	252893	3869	7062	3922
黑龙江	Heilongjiang	78	3708	162875	393053	1305	24440	3808
上 海	Shanghai	344	29594	11134222	29612023	75514	745127	277669
江 苏	Jiangsu	1029	55313	5466776	9591658	58050	488407	171701
浙 江	Zhejiang	680	42485	5747697	10316729	33299	123768	102214
安 徽	Anhui	243	13127	1647486	4106079	8405	124550	32044
福 建	Fujian	279	10837	1429106	2600025	16439	102422	27318
江 西	Jiangxi	39	8984	911164	1411774	11203	139093	21904
山 东	Shandong	529	39729	5429529	9878753	43818	441947	116822
河 南	Henan	424	28419	1702320	2689839	22604	151682	39566
湖 北	Hubei	386	19347	1451375	2622530	24110	161288	33573
湖 南	Hunan	401	18626	1544392	2835458	28688	180143	54200
广 东	Guangdong	969	70318	10420922	19626758	49096	441481	250403
广 西	Guangxi	125	6037	531316	579893	2332	16254	13698
海 南	Hainan	22	1538	160094	112052	559	-3693	2345
重 庆	Chongqing	121	16156	2113186	7204656	16038	204311	65229
四 川	Sichuan	139	16720	1501959	1878020	20348	71532	43572
贵 州	Guizhou	67	2493	405816	305608	2289	13805	7815
云 南	Yunnan	112	9458	1285298	1219072	10614	72501	28559
西 藏	Tibet	4	135	11846	13324	36	246	-278
陕 西	Shaanxi	136	5917	586572	809618	9058	23367	7738
甘 肃	Gansu	86	3818	299990	401664	2082	11115	4776
青 海	Qinghai	7	557	136847	688134	231	1949	1900
宁 夏	Ningxia	22	650	46904	42837	124	721	779
新 疆	Xinjiang	29	3393	403953	335218	1691	18965	11380

23-34 分地区重点文化服务业企业基本情况(2013年)
Basic Conditions of Major Enterprises of Services of Culture by Region (2013)

单位：万元 (10 000 yuan)

地区	Region	企业单位数(个) Number of Enterprises (unit)	年末从业人员(人) Engaged Persons at Year-end (person)	资产总计 Total Assets	营业收入 Business Revenue	营业税金及附加 Taxes and Extra Charges on Business	营业利润 Operating Profit	应交增值税 Value-added Tax Payable
全国	**National Total**	**15658**	**2053781**	**255366267**	**134817457**	**2386916**	**18260977**	**2758287**
北京	Beijing	3319	320451	40380110	29281315	410838	2581599	661011
天津	Tianjin	359	48587	12299375	4225976	54919	449891	89903
河北	Hebei	217	30865	2164754	900600	22279	32403	5567
山西	Shanxi	120	15394	1483784	271341	8678	-12505	4947
内蒙古	Inner Mongolia	78	14048	1494959	547620	8662	44020	24306
辽宁	Liaoning	486	91362	5471442	2945742	59089	181852	33221
吉林	Jilin	79	15107	1288031	423229	10562	61698	7244
黑龙江	Heilongjiang	39	8520	640013	277983	9411	14526	2981
上海	Shanghai	1254	210413	36488132	23087127	268252	2670513	497949
江苏	Jiangsu	2358	285784	31366322	13548811	241660	1797179	212043
浙江	Zhejiang	1018	126232	22919223	12307547	150246	3956639	384652
安徽	Anhui	292	40954	5570609	2017150	33618	261579	30923
福建	Fujian	466	49973	4846304	2174823	50893	281775	34400
江西	Jiangxi	161	24248	1762406	926344	30686	152828	10128
山东	Shandong	861	87556	7901731	2954749	104333	474715	49510
河南	Henan	370	73654	6085037	2569850	56355	401730	35581
湖北	Hubei	578	81433	9464628	4533926	130770	494499	73396
湖南	Hunan	476	56550	8061936	2752520	74349	464299	43730
广东	Guangdong	1919	270523	29503729	20015917	354280	3028511	474036
广西	Guangxi	159	25827	1795031	818310	25888	110643	12713
海南	Hainan	76	12808	1559312	630419	23285	105980	6457
重庆	Chongqing	197	41766	6002109	2092408	53049	122957	19998
四川	Sichuan	268	34334	4192353	1387247	48559	160420	19410
贵州	Guizhou	86	13085	1306724	406966	15966	40153	-2702
云南	Yunnan	151	26205	3281166	916302	25157	91638	6534
西藏	Tibet	3	280	7081	3963	139	1262	76
陕西	Shaanxi	154	28590	6832644	2196832	99035	225733	13340
甘肃	Gansu	44	6208	488227	212847	4384	27765	3060
青海	Qinghai	8	1681	95905	40029	1187	2323	121
宁夏	Ningxia	21	3205	285105	113569	3156	26533	943
新疆	Xinjiang	41	8138	328085	235999	7232	7822	2810

23-35 体育系统机构人员情况（2013年）
Number of Institutions and Engaged Persons of Physical Education System (2013)

单位：个、人 (unit, person)

指标	Item	合计 Total		国家级 National Level	
		机构 Institutions	人员 Persons	机构 Institutions	人员 Persons
总计	**Total**	**7089**	**152342**	**44**	**5047**
体育行政机关	Administrative Agencies of Physical Culture and Sports	3025	27708	1	219
运动项目管理部门	Sports Events Management	300	32358	23	1187
本科院校	Colleges	7	3866	1	1032
职业、运动技术学院	Sports Technical Institutes	20	6859		
体育运动学校	Physical Education and Sports Schools	268	17243		
竞技体校	Competitive Sports School	16	839		
少儿体育运动学校（业余体校）	Spare-time Sports School	1460	21056		
单项运动学校	Physical Education and Sports Schools	23	380		
体育中学	Secondary Schools of Physical Education	30	1610		
训练基地	Training Bases	80	5652	5	680
体育场馆	Stadium and Gymnasium	676	15001	1	352
科研所	Science and Technology Institute	57	1514	1	273
其他事业单位	Other Institutions	1011	15781	11	835
其他	Others	116	2475	1	469

23-35 续表 continued

单位：个、人 (unit, person)

指标	Item	省级 Provincial Level		地级 Prefectural Level		县级 County Level	
		机构 Institutions	人员 Persons	机构 Institutions	人员 Persons	机构 Institutions	人员 Persons
总计	**Total**	**707**	**59048**	**1892**	**47197**	**4446**	**41050**
体育行政机关	Administrative Agencies of Physical Culture and Sports	45	1825	447	7342	2532	18322
运动项目管理部门	Sports Events Management	206	27381	61	3540	10	250
本科院校	Colleges	6	2834				
职业、运动技术学院	Sports Technical Institutes	16	6813	3	46	1	
体育运动学校	Physical Education and Sports Schools	39	3613	183	12550	46	1080
竞技体校	Competitive Sports School	1	318	10	411	5	110
少儿体育运动学校（业余体校）	Spare-time Sports School	21	468	310	8271	1129	12317
单项运动学校	Physical Education and Sports Schools	6	104	13	249	4	27
体育中学	Secondary Schools of Physical Education			16	1017	14	593
训练基地	Training Bases	33	4362	35	450	7	160
体育场馆	Stadium and Gymnasium	57	3173	387	8622	231	2854
科研所	Science and Technology Institute	29	993	26	248	1	
其他事业单位	Other Institutions	228	5930	355	4054	417	4962
其他	Others	20	1234	46	397	49	375

23-36 运动员获世界冠军情况
World Championships Won by Chinese Athletes

年 份 Year	项 数 (项) Number of Events (Item)	人 数 (人) Number of Persons (person)	个 数 (个) Number of Champions (time)
1978	4	4	4
1979	12	20	12
1980	3	3	3
1981	25	53	25
1982	12	31	13
1983	37	50	39
1984	33	46	37
1985	42	70	46
1986	26	56	26
1987	64	72	69
1988	54	59	54
1989	80	83	82
1990	54	61	54
1991	88	86	93
1992	86	68	89
1993	101	106	103
1994	79	86	79
1995	98	187	102
1996	72	58	75
1997	87	96	92
1998	75	89	83
1999	91	129	92
2000	92	109	110
2001	79	138	90
2002	99	123	110
2003	17	94	84
2004	27	175	101
2005	22	159	106
2006	24	169	141
2007	22	217	123
2008	24	151	120
2009	30	223	142
2010	22	180	108
2011	24	198	138
2012	24	140	107
2013	22	164	124

23-37 运动员分项创世界纪录情况（2013年）
World Records Chalked up by Chinese Athletes by Events (2013)

项 目	Item	项 数(项) Number of Events (unit)	人(队)数(人/队) Number of Persons/teams (person/team)	次 数(次) Number of Times (time)
总 计	**Total**	**13**	**7人3队**	**13**
游 泳	Swimming			
自行车	Cycling	1	1人	1
射 击	Shooting	4	1人3队	4
举 重	Weightlifting	4	2人	4
滑 冰	Skating	1	1人	1
滑 翔	Gliding			
航海模型	Marine Modeling	3	2人	3

23-38 分地区分技术等级运动员发展人数（2013年）
Certified Athletes by Region and Technical Grade (2013)

单位：人 (person)

地区	Region	合计 Total	#女 Female	国际级运动健将 International Master of Sports	#女 Female	运动健将 Master of Sports	#女 Female	一级运动员 First Grade	#女 Female	二级运动员 Second Grade	#女 Female
总计	**Total**	**51089**	**18102**	**130**	**66**	**1283**	**565**	**9197**	**3498**	**40479**	**13973**
国家直属	Directly Under the Jurisdiction of State	557	206	23	8	84	32	24	3	426	163
地方合计	Sub-total of Provinces	50532	17896	107	58	1199	533	9173	3495	40053	13810
北京	Beijing	1676	612	5	2	69	26	325	129	1277	455
天津	Tianjin	1100	446	7	3	62	33	203	79	828	331
河北	Hebei	2679	963	5	3	38	8	504	234	2132	718
山西	Shanxi	1610	712			38	17	272	107	1300	588
内蒙古	Inner Mongolia	1468	440	2	2	22	8	272	106	1172	324
辽宁	Liaoning	2716	1031	5	3	79	36	756	263	1876	729
吉林	Jilin	1244	371	2	1	32	16	220	65	990	289
黑龙江	Heilongjiang	1149	426	4	4	71	29	316	135	758	258
上海	Shanghai	2162	897					711	309	1451	588
江苏	Jiangsu	3331	1293	9	7	113	65	692	316	2517	905
浙江	Zhejiang	2256	881	10	5	85	37	545	202	1616	637
安徽	Anhui	1849	715	3	2	30	17	380	161	1436	535
福建	Fujian	1463	555	3	3			201	78	1259	474
江西	Jiangxi	1111	338	4	2	19	13	151	51	937	272
山东	Shandong	4650	1346	23	10	110	49	572	94	3945	1193
河南	Henan	4000	1307	2	2	48	22	492	192	3458	1091
湖北	Hubei	2344	472					214	66	2130	406
湖南	Hunan	1656	645	3	2	32	19	552	222	1069	402
广东	Guangdong	2253	892	10	5	148	57	428	135	1667	695
广西	Guangxi	642	271	1		26	9	133	61	482	201
海南	Hainan	478	111			4	1	65	24	409	86
重庆	Chongqing	1811	694	1		14	6	230	96	1566	592
四川	Sichuan	1950	860	4	2	66	30	374	179	1506	649
贵州	Guizhou	301	108					50	15	251	93
云南	Yunnan	1379	426	2		18	9	158	52	1201	365
西藏	Tibet	8	5			5	2	2	2	1	1
陕西	Shaanxi	685	245	1		35	18	52	27	597	200
甘肃	Gansu	924	277					132	38	792	239
青海	Qinghai	41	15			4	1	29	11	8	3
宁夏	Ningxia	499	187					10	3	489	184
新疆	Xinjiang	1097	355	1		31	5	132	43	933	307

23-39 分项目分技术等级运动员发展人数（2013年）
Certified Athletes by Type of Sports and Technical Grade (2013)

单位：人 (person)

项 目	Item	合 计 Total	#女 Female	国际级运动健将 International Master of Sports	#女 Female	运动健将 Master of Sports	#女 Female	一 级运动员 First Grade	#女 Female	二 级运动员 Second Grade	#女 Female
总 计	**Total**	**51089**	**18102**	**130**	**66**	**1283**	**565**	**9197**	**3498**	**40479**	**13973**
田 径	Track and Field Events	8350	2549	10	5	89	36	830	304	7421	2204
游 泳	Swimming	2865	1269	4	3	72	35	626	264	2163	967
跳 水	Diving	123	67	6	4	32	19	54	28	31	16
水 球	Water Polo	125	55			22	10	83	34	20	11
花样游泳	Synchronized Swimming	47	47			6	6	2	2	39	39
体 操	Gymnastics	329	164	5	3	38	24	118	60	168	77
艺术体操	Rhythmic Gymnastics	88	81			20	20	14	11	54	50
蹦 床	Trampoline	80	37			10	4	34	14	36	19
举 重	Weightlifting	397	161	4	2	27	13	112	45	254	101
拳 击	Boxing	1015	267	2	2	19	7	239	58	755	200
摔 跤	Wrestling	1416	347	1	1	32	17	85	26	1298	303
中国式摔跤	Chinese Wrestling	563	158			21	17	108	44	434	97
柔 道	Judo	971	390			53	16	297	124	621	250
跆 拳 道	Taekwondo	1895	772	1		27	12	479	210	1388	550
自 行 车	Bicycles	402	133	1	1	45	11	215	83	141	38
击 剑	Fencing	450	203			10	8	127	64	313	131
马 术	Equestrian	4	1					2		2	1
现代五项	Modern Pentathlon	37	10	6	2	8	2	18	4	5	2
射 击	Shooting	1155	512	4	3	33	19	559	239	559	251
射 箭	Archery	260	115	2	2	19	7	75	29	164	77
赛 艇	Rowing	780	317	19	6	48	33	312	132	401	146
皮 划 艇	Canoe Kayak	679	170			27	6	308	72	343	92
帆 船	Sailing	117	44	7	7	4	2	79	28	27	7
帆 板	Windsurfing	29	12					13	3	16	9
足 球	Football	5137	1389			81	35	1135	276	3921	1078
篮 球	Basketball	6719	2244	14	8	134	43	879	316	5692	1877
排 球	Volleyball	3189	1404	1	1	9	4	544	237	2635	1162
沙滩排球	Beach Volleyball	109	48					1	1	108	47
乒 乓 球	Table Tennis	2729	1207	2	2	42	23	172	75	2513	1107
羽 毛 球	Badminton	725	299			11	7	105	47	609	245
网 球	Tennis	1419	625			5	5	41	17	1373	603
手 球	Handball	759	299			21	7	62	28	676	264
曲 棍 球	Hockey	310	179	1	1	32	9	67	29	210	140
棒 球	Baseball	291						72		202	

23-39 续表 continued

单位：人 (person)

项 目	Item	合 计 Total	#女 Female	国际级运动健将 International Master of Sports	#女 Female	运动健将 Master of Sports	#女 Female	一 级运动员 First Grade	#女 Female	二 级运动员 Second Grade	#女 Female
垒 球	Softball	236	220	3	3	6	6	109	109	118	102
速度滑冰	Speed Skating	168	40	2	1	10	1	74	18	82	20
短道速滑	Short Track Speed Skating	89	40	1	1	8	2	55	26	25	11
花样滑冰	Figure Skating	27	17	1	1	1		18	12	7	4
冰 球	Ice Hockey	58	18			29	14	7	4	22	
冰 壶	Curling	39	24			1	1	18	11	20	12
高山滑雪	Alpine Skiing	22	8					10	3	12	5
越野滑雪	Cross-Country Skiing	44	14			5	2	14	7	25	5
跳台滑雪	Ski Jumping										
自由式滑雪	Freestyle Skiing	2	1					1		1	1
单板滑雪	Snowboard Skiing	17	9	1	1	3	1	11	7	2	
冬季两项	Biathlon	3						3	1		
技 巧	Acrobatics	55				2	2	45	24	8	7
软式网球	Soft Tennis	33	9					17	3	16	6
武 术	Wushu	4314	1302			64	25	371	137	3878	1140
滑 水	Water-skiing	16	3	1	1			15	2		
蹼 泳	Fin Swimming	38	11			3	2	18	7	17	2
围 棋	Weiqi	748	114	6	1	10	1	36	3	696	109
国际象棋	Chess	387	156	1	1	8	1	78	35	300	119
象 棋	Chinese Chess	302	113	3		11	7	41	17	247	89
登 山	Mountaineering	36	12			23	11	9	1	4	
攀 岩	Rock Climbing	30	11			1	1	8	3	21	7
摩 托 车	Motorcycling										
铁人三项	Triathlon	12	5			2	1	2		8	4
高尔夫球	Golf	6	3			1	1	3	1	2	1
橄 榄 球	Rugby	201	103	.		31	11	52	26	118	66
车辆模型	Model Car	7						3		4	
航海模型	Model Ship	57	19			7	1	24	9	26	9
航空模型	Model Aeroplane	38	4	1		1		12	2	24	2
跳 伞	Parachuting	4	2	1		2	2			1	
滑 翔	Hang Gliding										
速度轮滑	Roller Skating	16	5	1		4	2	5	1	6	2
健 美	Bodybuilding	171	76	8		25	10	52	22	86	44
摩 托 艇	Motorboat	12	3	2	1	3		7	2		
公开水域游泳	Open Water Swimming										
健 美 操	Aerobics	293	147	6	2	8	3	207	99	72	43
五人制足球	Five-a-side Football	33	6							33	6
无线电测向	Radio Direction Finding	11						5	2	6	2
军事五项	Military Pentathlon										

23-40 分地区分等级教练员发展人数（2013年）
Certified Coaches by Region and Grade (2013)

单位：人 (person)

地 区	Region	合 计 Total	#女 Female	国家级 National Level	#女 Female	高 级 Senior Grade	#女 Female	一 级 Medium Grade	#女 Female	二 级 Junior Grade	#女 Female	三 级 Junior Grade	#女 Female
总 计	**Total**	**1518**	**417**	**75**	**7**	**247**	**67**	**411**	**110**	**497**	**146**	**288**	**87**
国家直属	Directly Under the Jurisdiction of State	13	2	4		2	1			5	1	2	
地方合计	Sub-total of Provinces	1505	415	71	7	245	66	411	110	492	145	286	87
北 京	Beijing	27	6	1		7	2	8	3	11	1		
天 津	Tianjin	32	7	6		5	1	6	2	7	3	8	1
河 北	Hebei	27	7	1	1	2		10	3	10	3	4	
山 西	Shanxi	47	15			8	2	17	5	16	6	6	2
内蒙古	Inner Mongolia	23	7			6	2	5	1	7	1	5	3
辽 宁	Liaoning	98	26	7		18	4	20	7	33	11	20	4
吉 林	Jilin	44	10	1		17	4	10	3	12	2	4	1
黑龙江	Heilongjiang	49	8	6	1	14	3	9		7	3	13	1
上 海	Shanghai	48	17	5	1	10	2	10	4	10	4	13	6
江 苏	Jiangsu	85	22	6	1	4	1	26	5	30	9	19	6
浙 江	Zhejiang	79	25	2		19	7	21	7	26	8	11	3
安 徽	Anhui	16	3	2		2	1	3		5	1	4	1
福 建	Fujian	130	49	3		22	13	34	12	48	14	23	10
江 西	Jiangxi	27	9	1		4	2	7	2	8	1	7	4
山 东	Shandong	165	47	3		29	7	41	13	75	23	17	4
河 南	Henan	42	10	2		5	1	17	3	15	5	3	1
湖 北	Hubei	40	4			3	1	22	1	6	1	9	1
湖 南	Hunan	52	17			7		13	5	19	6	13	6
广 东	Guangdong	119	30	14	1	25	6	39	11	27	7	14	5
广 西	Guangxi	33	12	4	2			9	1	16	7	4	2
海 南	Hainan	8	3			1		1	1	4	1	2	1
重 庆	Chongqing	31	10			1	1	5	1	14	4	11	4
四 川	Sichuan	64	15	1		11	2	14	3	15	6	23	4
贵 州	Guizhou	8	5	1		2	1	4	3			1	1
云 南	Yunnan	89	20	3		4	1	19	6	39	9	24	4
西 藏	Tibet	4						3		1			
陕 西	Shaanxi	34	7	2		5		15	3	5		7	4
甘 肃	Gansu	42	10			12	2	11	2	15	4	4	2
青 海	Qinghai												
宁 夏	Ningxia	13	5			2		2	1	5	3	4	1
新 疆	Xinjiang	29	9					10	2	6	2	13	5

主要统计指标解释

广播/电视节目综合人口覆盖率 指根据原国家广电总局制定的《广播电视人口覆盖率统计技术标准和方法》进行统计调查的，在对象区内能接收到由中央、省、地市或县通过无线、有线或卫星等各种技术方式转播的各级广播/电视节目的人口数占全国总人口数的百分比。

艺术表演团体 指由文化部门主办或实行行业管理（经文化行政部门审批或已申报登记并领取相关许可证），专门从事表演艺术等活动的各类专业艺术表演团体，含民间职业剧团。不包括群众业余文艺表演团体。

艺术表演场馆 指由文化部门主办或实行行业管理（经文化市场行政部门审批或已申报登记并领取相关许可证），有观众席、舞台、灯光设备，公开售票、专供文艺团体演出的文化活动场所。

文化市场经营机构 指经文化市场行政部门审批或已申报登记并领取相关许可证的、从事文化经营和文化服务活动的机构。

国家综合档案馆 指由中央或地方各级档案行政管理部门直接管理的，按行政区划或历史时期设置的，收集和管理所辖范围内多种门类档案的档案馆。

等级运动员 指经考核正式批准授予运动员称号的运动员，分为国际级运动健将、运动健将、一级、二级运动员。

等级教练员 指经考核正式批准授予等级教练员职称的教练员，分为国家级、高级、中级、初级教练员。

Explanatory Notes on Main Statistical Indicators

The Population Coverage Rate of Radio/Television refers to the percentage of the whole country's population who can receive radio/television programmes transmitted by national, provincial, municipal or county stations through wireless, cable or satellite techniques, according to *Statistical Standard and Method on Television and Radio Coverage of Population* established by the former State Administration of Broadcasting, Film and Television.

Arts Performance Troupes refer to the various professional performing arts groups, which sponsored by the cultural sectors or guided by the cultural society (approved by the cultural administration authority, or registered and permitted with the relative certificate), including non-governmental troupes. The mass amateur arts performance troupes are not included.

Arts Performance Places refer to the various sites for cultural activities, which sponsored by the cultural sectors or guided by the cultural society (approved by the cultural market administration, or registered and permitted with the relative certificate), with the facility of auditorium, stage and lighting, and selling tickets in public.

Cultural Market Operating Units refer to the units dealing in culture and cultural services, which registered and permitted with the relative certificate by cultural market administration.

National Comprehensive Archives refer to all archives institutions, which are directly managed by the central and local levels archives administration, collecting and keeping various documents and materials by administrative regions or historical periods.

Certified Grade Athletes refer to those who are awarded the title of athletes through assessment. The titles include international level athletes, master of sports, first grade athletes and second grade athletes.

Certified Grade Coaches refer to those who are awarded the title of grade coaches through assessment. The titles include national level coaches, senior grade coaches, medium grade coaches and junior grade coaches.

24

公共管理、社会保障和社会组织

Public Management, Social Security and Social Organizations

简 要 说 明

本篇资料的主要内容和资料来源

本篇主要包括社会参与、公检法司、群众组织和劳动保障情况等内容。

一、社会参与的内容主要包括历届全国人大代表和政协委员情况。资料分别由全国人大和全国政协提供，依全国人大、政协换届情况每五年更新一次。

二、公检法司的内容主要包括公安机关刑事案件立案情况和治安案件查处情况，交通事故情况，人民检察院办案情况，人民法院审理案件和收结案情况以及司法部门律师、公证、调解工作情况。资料分别由公安部、最高人民检察院、最高人民法院和司法部依据统计报表制度整理提供。

三、群众组织的内容主要包括工会组织和妇联干部情况。资料分别由全国总工会和全国妇联依据统计报表制度整理提供。工会资料详见《中国工会统计年鉴》(中华全国总工会编)。

四、劳动保障资料的主要内容包括社会保险基金收支情况，参加城镇企业职工基本养老保险情况，城镇基本医疗保险情况，各地区失业保险、工伤保险、生育保险情况等。资料由人力资源和社会保障部提供。详细资料见《中国劳动统计年鉴》（国家统计局、人力资源和社会保障部编）。

Brief Introduction

Main Contents and Sources of Data

Data in this chapter show statistics on social participation, public security, procuratorial, legal and judicial affairs, mass organizations, labor protection and so on.

I. Data on social participation cover mainly information on representatives to the National People's Congress (NPC) and members of the Chinese People's Political Consultative Conference (CPPCC). Data are provided by NPC and CPPCC respectively. Data on expiration of office terms of NPC and CPPCC are updated every five years.

II. Data on public security, procuratorial, legal and judicial affairs cover information such as criminal cases registered and offense cases handled by the public security agencies, traffic accidents, cases handled by procuratorate's offices, cases accepted and settled by the people's courts, and statistics on lawyers, notarization and mediation. Data are from the Ministry of Public Security, the Supreme People's Procuratorate, the Supreme People's Court and the Ministry of Justice based on statistical reporting form scheme.

III. Data on mass organizations cover information on labor unions and cadres of women's federations, which are provided by All-China Federation of Trade Union and All China Women's Federation based on statistical reporting forms. The detailed information on labor union can be found in *Statistical Yearbook on Chinese Labor Union* (All-China Federation of Trade Union).

IV. Data on labour security mainly include revenue and expenses of social insurance fund, urban employee basic pension insurance, urban basic medical care insurance, unemployment insurance in regions, work injury insurance, maternity insurance, etc. Data are from the Ministry of Human Resources and Social Security. Please refer to "*China Labour Statistical Yearbook*" (National Bureau Statistics, Ministry of Human Resources and Social Security) for detail information.

24-1 历届全国人民代表大会代表人数
Number of Deputies to All the Previous National People's Congresses

单位：人 (person)

届别	Congress	年份 Year	代表总数 Total Number of Deputies	#女代表 Female Deputies	#少数民族代表 Ethnic Minority Deputies	占代表总数比重(%) As Percentage to Total Deputies (%) 女代表 Female Deputies	少数民族代表 Ethnic Minority Deputies
一 届	First Congress	1954	1226	147	177	12.0	14.4
二 届	Second Congress	1959	1226	150	180	12.2	14.7
三 届	Third Congress	1964	3040	542	373	17.8	12.3
四 届	Fourth Congress	1975	2885	653	270	22.6	9.4
五 届	Fifth Congress	1978	3497	740	381	21.2	10.9
六 届	Sixth Congress	1983	2978	632	404	21.2	13.6
七 届	Seventh Congress	1988	2970	634	445	21.3	15.0
八 届	Eighth Congress	1993	2978	626	439	21.0	14.7
九 届	Ninth Congress	1998	2979	650	428	21.8	14.4
十 届	Tenth Congress	2003	2984	604	415	20.2	13.9
十一届	Eleventh Congress	2008	2987	637	411	21.3	13.8
十二届	Twelfth Congress	2013	2987	699	409	23.4	13.7

24-2 历届全国政治协商会议委员人数
Number of Deputies to All the Previous Chinese People's Political Consultative Conferences

单位：人 (person)

届别	Congress	年份 Year	委员总数 Total Number of Deputies	#中国共产党委员 Deputies from the Communist Party of China	#少数民族委员 Ethnic Minority Deputies	占委员总数比重(%) As Percentage to Total Deputies (%) 中国共产党委员 Deputies from the Communist Party of China	少数民族委员 Ethnic Minority Deputies
六 届	Sixth Congress	1983	2042	811	179	39.7	8.8
七 届	Seventh Congress	1988	2038	832	221	40.8	10.8
八 届	Eighth Congress	1993	2093	831	241	39.7	11.5
九 届	Ninth Congress	1998	2195	875	258	39.9	11.8
十 届	Tenth Congress	2003	2238	895	262	40.0	11.7
十一届	Eleventh Congress	2008	2237	892	250	39.9	11.2
十二届	Twelfth Congress	2013	2237	893	258	39.9	11.5

24-3 公安机关立案的刑事案件及构成
Criminal Cases Registered in Public Security Organs and Its Composition

案件类别	Category of Cases	立案（起） Number of Cases Registered (case)		构成（%） Composition (%)	
		2012	2013	2012	2013
合计	**Total**	**6551440**	**6598247**	**100.00**	**100.00**
杀人	Homicide	11286	10640	0.17	0.16
伤害	Injury	163620	161910	2.50	2.45
抢劫	Robbery	180159	146193	2.75	2.22
强奸	Rape	33835	34102	0.52	0.52
拐卖妇女儿童	Abducting Women or Children	18532	20735	0.28	0.31
盗窃	Larceny	4284670	4506414	65.40	68.30
诈骗	Fraud	555823	676771	8.48	10.26
走私	Smuggling	1575	1853	0.02	0.03
伪造、变造货币,出售、购买、运输、持有、使用假币	Forging Currency, Selling, Buying, Transporting, Holding and Using Counterfeit Currency	2194	768	0.03	0.01
其他	Others	1299746	1038861	19.85	15.74

注：2013年共破获刑事案件 2647659 起。
a) The solved criminal cases in 2013 are 2647659 cases.

24-4 公安机关受理和查处治安案件数(2013年)
Cases of Offence Against Public Order Handled by Public Security Organs (2013)

案件类别	Category of Cases	受理（起） Number of Cases Accepted to be Treated (case)	查处（起） Number of Cases Investigated and Treated (case)	每万人口受理案件数（起/万人） Number of Cases Accepted per 10 000 Population (case/10 000 persons)
合计	**Total**	**13307501**	**12746493**	**97.3**
扰乱单位秩序	Disturbing Business Orders	130652	128897	1.0
扰乱公共场所秩序	Disturbing the Orders in Public Places	464682	460004	3.4
寻衅滋事	Causing Quarrels and Making Troubles	90037	85183	0.7
阻碍执行职务	Obstructing Government Workers in Performing Their Duties	33229	32566	0.2
非法携带枪支、弹药、管制工具	Violation of Firearms Control Regulations	63802	63015	0.5
违反危险物质管理规定	Violation of Explosives Control Regulations	19579	19088	0.1
殴打他人	Battering Other Persons	4119105	3992598	30.1
故意伤害	Willfully Injuring Others	294449	277698	2.2
盗窃	Stealing Property	2161720	1920436	15.8
敲诈勒索	Extortion and Blackmail	16079	14137	0.1
抢夺	Robbery and Snatch	30111	24768	0.2
盗窃、损毁公共设施	Stealing and Damaging Public Facilities	12573	11239	0.1
伪造、变造、倒卖有价票证、凭证	Forge/alter/scalp Valuable Coupons or Certificates	7174	7050	0.1
违反旅馆业管理	Violating the Hotel Management Regulations	135868	134759	1.0
违反房屋出租管理	Violating the Rent Control Regulations	208415	207604	1.5
诈骗	Swindling, Seizing and Extorting Property	317701	271918	2.3
卖淫、嫖娼	Prostitution or Soliciting Prostitutes	84375	83891	0.6
赌博	Gambling	393829	390697	2.9
毒品违法活动	Illegal Drug Related Action	540306	536691	4.0
其他	Others	4183815	4084254	32.6

24-5 交通事故情况（2013年）
Basic Statistics on Traffic Accidents (2013)

类　别	Type	发生数（起）Number of Traffic Accidents (case)	死亡人数（人）Number of Deaths (person)	受伤人数（人）Number of Injuries (person)	直接财产损失（万元）Direct Property Losses (10 000 yuan)
总计	**Total**	**198394**	**58539**	**213724**	**103896.6**
#重大事故	Serious Accidents	16	208	259	258.5
#特大事故	Extraordinarily Serious Accidents				
机动车	Vehicles	183404	55316	198317	100034.1
#汽车	Motor Vehicles	138113	42927	143672	90267.1
摩托车	Motorcycles	40858	10463	50635	7643.0
拖拉机	Tractors	3093	1259	2833	864.9
非机动车	Non-motor-driven Vehicles	12839	2019	14261	2368.8
#自行车	Bicycles	1304	300	1209	316.4
行人乘车人	Pedestrians and Passengers	2088	1185	1086	1479.5
其他	Others	63	19	60	14.2

24-6 各地区交通事故情况（2013年）
Basic Statistics on Traffic Accidents by Region (2013)

地　区	Region	发生数（起）Number of Traffic Accidents (case)	死亡人数（人）Number of Deaths (person)	受伤人数（人）Number of Injuries (person)	直接财产损失（万元）Direct Property Losses (10 000 yuan)
全　国	**National Total**	**198394**	**58539**	**213724**	**103896.6**
北　京	Beijing	3063	860	3359	2805.2
天　津	Tianjin	4313	836	4920	3924.2
河　北	Hebei	5204	2501	4770	3938.3
山　西	Shanxi	5303	2133	5520	2889.6
内蒙古	Inner Mongolia	3643	1096	3514	1607.3
辽　宁	Liaoning	5777	2015	5527	2880.4
吉　林	Jilin	2458	1345	2310	3118.5
黑龙江	Heilongjiang	3283	1158	3294	3760.1
上　海	Shanghai	2011	914	1458	986.2
江　苏	Jiangsu	13395	4679	12177	6764.1
浙　江	Zhejiang	18298	4860	18558	7522.8
安　徽	Anhui	17610	2669	20343	7375.6
福　建	Fujian	8521	2138	9501	3408.1
江　西	Jiangxi	2880	1351	2935	3738.2
山　东	Shandong	12879	3748	11971	4970.6
河　南	Henan	6449	1633	6569	3034.9
湖　北	Hubei	5798	1801	6353	4472.8
湖　南	Hunan	8699	1882	11293	6455.5
广　东	Guangdong	25424	5647	28435	8016.9
广　西	Guangxi	3821	2172	3922	1735.4
海　南	Hainan	1976	493	2720	935.0
重　庆	Chongqing	5642	970	7883	1579.3
四　川	Sichuan	9571	2658	11414	5910.5
贵　州	Guizhou	1241	847	1677	1477.9
云　南	Yunnan	3748	1747	4573	2051.6
西　藏	Tibet	717	290	881	865.1
陕　西	Shaanxi	5952	1800	5452	3696.2
甘　肃	Gansu	2915	1435	3336	1212.2
青　海	Qinghai	1065	532	1233	645.2
宁　夏	Ningxia	1794	400	2179	799.5
新　疆	Xinjiang	4944	1929	5647	1319.3

24-7 人民检察院直接立案侦查案件情况（2013年）

Cases under Direct Investigation by People's Procuratorate (2013)

案件分类	Category of Cases	受案（件）Cases Accepted (case)	立案件数（件）Number of Cases Registered (case)	#大案 Major Case	立案人数（人）Person of Cases Registered (person)	#要案 Key Case	结案件数（件）Number of Cases Settled (case)	结案人数（人）Person of Cases Settled (person)
合计	**Total**	**49044**	**37551**	**27681**	**51306**	**2871**	**35903**	**49225**
贪污	Corruption	14381	9494	6865	16167	370	9199	15647
贿赂	Bribery	18885	15940	13395	18101	1867	14778	16808
挪用公款	Misappropriation of Public Funds	2839	2695	2237	3511	105	2730	3547
集体私分	Collective Illegal Possession of Public Funds	212	160		376	59	186	430
巨额财产来源不明	Unstated Source of Large Amount of Properties	129	15		15	5	3	4
滥用职权	Abuse of Power	4945	3650	2462	5043	296	3401	4718
玩忽职守	Dereliction of Duty	5454	4261	2187	5764	125	4217	5680
徇私舞弊	Fraudulent Practice	1164	638	270	874	26	632	865
其他	Others	1035	698	265	1455	18	757	1526

注：结案中含上年旧存（以下各表同）。

a) Data of cases settled include cases turned over from previous year. The same applies to the tables following.

24-8 人民检察院审查批准、决定逮捕犯罪嫌疑人和提起公诉被告人情况（2013年）

Arrests of Criminal Suspects and Defendants under Public Prosecution Approved by People's Procuratorate (2013)

案件分类	Category of Cases	批捕、决定逮捕合计 Total of Arrests		决定起诉合计 Total of Public Prosecutions	
		件 (case)	人 (person)	件 (case)	人 (person)
合计	**Total**	**642671**	**896403**	**958727**	**1369865**
危害公共安全案	Offences Against Public Security	46974	51042	194456	201442
破坏社会主义市场经济秩序案	Offences Against Socialist Economic Order	32146	47017	51727	84202
侵犯公民人身、民主权利案	Offences Against Citizens' Personal and Democratic Rights	125158	161807	176505	237959
侵犯财产案	Offences Against Properties	255104	360344	301184	444401
妨害社会管理秩序案	Offences Against Social Management of Order	168062	258530	202172	355250
危害国防利益案	Offences Against National Defense	203	274	247	338
军人违反职责案	Offences on Dereliction of Duty by Servicemen		6	5	5
贪污贿赂案	Offences on Corruption and Bribery	12963	14679	24780	34722
渎职侵权案	Offences on Abuse and Dereliction of Duty	1529	1767	7044	10162
其他	Others	532	937	607	1384

24-9 人民检察院处理申诉案件情况（2013年）
Appeals Handled by People's Procuratorate (2013)

单位：件 (case)

案件分类	Category of Cases	受案 Cases Accepted	立案复查 Cases Registered for Reinvestigation	结案 Cases Settled	#改变原决定 Original Decision Changed
合计	**Total**	**22646**	**15805**	**15268**	**1636**
不服检察机关处理决定	Appeals against Decision of Procuratorate's Offices	9259	6645	6402	1636
不服不批捕	Appeals against Rejection of Arrest	1468	992	980	136
不服不起诉	Appeals against Rejection of Prosecuting	4357	3258	3060	359
不服撤案	Appeals against Withdrawal of the Case	63	42	43	10
不服原免予起诉	Appeals against Original Exemption of Lawsuit	74	52	56	6
其他	Others	3297	2301	2263	1125
不服法院刑事判决裁定	Appeals against Judgment of Criminal Case	13387	9160	8866	
刑罚执行中被害人申诉	Appeals of the Victim at the Punishment	4761	3361	3245	
刑罚执行中被告人申诉	Appeals of the Defendant at the Punishment	4876	3320	3246	
刑罚执行完毕后被害人申诉	Appeals of the Victim after the Punishment	1162	863	820	
刑罚执行完毕后被告人申诉	Appeals of the Defendant after the Punishment	2588	1616	1555	

24-10 人民检察院出庭公诉情况（2013年）
Public Prosecutions Appearing in Court by People's Procuratorate (2013)

单位：件 (case)

案件类别	Category of Cases	适用简易程序 Summary Procedure Applied	出庭公诉 Public Prosecutions Appearing in Court	一审 First Instance	二审 Second Instance	上诉案 Appeal Cases	抗诉案 Procuratoral Appeal Cases	再审 Retrial
合计	**Total**	**490021**	**420415**	**396010**	**23735**		**5421**	**670**
贪污贿赂	Embazzlement and Bribery	4127	21302	19208	2029		672	65
渎职侵权	Dereliction of Duty and Infringement of Citizens' Right	1070	5702	5481	212		117	9
刑事案件	Criminal Cases	484824	393411	371321	21494		4632	596
军人违反职责	Servicemen's Transgression of Duties							

24-11 人民检察院办理刑事抗诉案件情况（2013年）
Criminal Appeals Handled by People's Procuratorate (2013)

案件类别	Category of Cases	提出抗诉 Presenting Procuratoral Appeal	审判结果 合计 Total Result of Judgement	改判 Revising Judgment		维持原判 Affirming Original Judgment	发回重审 Remanding for Retrial
		(件) (case)	(件) (case)	(件) (case)	(人) (person)	(件) (case)	(件) (case)
合　计	**Total**	**6354**	**4458**	**2490**	**3636**	**807**	**1161**
二审小计	Sub-total of Second Instance	5421	3715	2121	3161	740	854
贪污贿赂案件	Embazzlement and Bribery Cases	672	475	210	264	132	133
渎职侵权案件	Dereliction of Duty and Infingement of Citizens' Right Cases	117	76	26	30	16	34
刑事案件	Criminal Cases	4632	3164	1885	2867	592	687
再审小计	Sub-total of Retrial	933	743	369	475	67	307
贪污贿赂案件	Embazzlement and Bribery Cases	68	65	35	48	4	26
渎职侵权案件	Dereliction of Duty and Infingement of Citizens' Right Cases	16	9	2	4		7
刑事案件	Criminal Cases	729	596	275	366	56	265
申诉部门小计	Sub-total of Appeals	120	73	57	57	7	9

24-12 人民检察院办理民事、行政抗诉案件情况（2013）
Civil and Administrative Appeals Handled by People's Procuratorate (2013)

单位：件 (case)

案件类别	Category of Cases	合计 Total	民事案件 Civil Cases	行政案件 Administrative Cases
受　理	Cases Accepted	164029	133041	30988
提请抗诉	Submitting Procuratoral Appeal	6016	5609	407
抗　诉	Procuratoral Appeal	6018	5727	291
提出再审检察建议	Giving Retrial Procuratorate Suggestion	9520	9186	334
抗诉案件再审	Retrial of Procuratoral Appeal	5962	5781	181
改　判	Revising Judgment	2225	2157	68
发回重审	Remanding for Retrial	686	653	33
调　解	Mediation	1380	1374	6
维持原判	Affirming Original Judgment	1183	1120	63
其　他	Others	488	477	11

24-13 人民检察院受理举报、控告和申诉案件情况（2013年）

Cases of Reporting, Accusation and Petition Handled by People's Procuratorate (2013)

单位：件 (case)

案件类别	Category of Cases	受理 Cases Accepted	处理 Cases Handled	#分送检察机关 Handled by General Office of People's Procuratorate	#转其他机关 Transfering to Other Organs
合计	**Total**	**378582**	**365982**	**203988**	**71231**
首次举报	First Report of an Offence	140392	137280	98402	8491
首次控告	First Accusation	75990	71288	28995	23930
首次申诉	First Petition	162200	157414	76591	38810

24-14 人民检察院纠正违法情况

Law-breaking Cases Rectified by People's Procuratorate

项目	Item	2012	2013
书面提出纠正	**Written Rectification**		
件次合计（件次）	Total of Written Rectification (Case-times)	119445	147316
立案监督小计	Sub-total of Supervision of Cases Filing	49842	57381
监督立案	Supervision of Cases Filing	29372	31754
监督撤案	Supervision of Cases Withdrawed	20470	25627
侦查监督小计	Sub-total of Supervision of Investigation	57280	72718
审查批捕环节	Supervision of Investigation in the Processof Arrests Approved	30584	37684
审查起诉环节	Supervision of Investigation in the Process of Prosecution	26696	35034
刑事审判监督	Supervision of Criminal Trial	12323	17217
刑罚执行监督人次小计(人次)	Sub-total of Supervision of Punishment Execution (person-times)	47911	60750
监管活动	Administration of Prison and Custody	32472	43389
超期羁押	Excessive Custody	588	455
减刑、假释、保外就医	Commutation of Sentence, Parole and Released on Parole for Medical Treatment	14851	16906
已纠正	**Rectified**		
件次合计（件次）	Total of Rectified (Case-times)	115381	141780
立案监督小计	Sub-total of Supervision of Cases Filing	48000	54570
监督立案	Supervision of Cases Filing	27837	29359
监督撤案	Supervision of Cases Withdrawed	20163	25211
侦查监督小计	Sub-total of Supervision of Investigation	55582	70432
审查批捕环节	Supervision of Investigation in the Processof Arrests Approved	30238	36650
审查起诉环节	Supervision of Investigation in the Processof Prosecution	25344	33782
刑事审判监督	Supervision of Criminal Trial	11799	16778
刑罚执行监督人次小计(人次)	Sub-total of Supervision of Punishment Execution (person-times)	47253	60013
监管活动	Administration of Prison and Custody	32165	42873
超期羁押	Excessive Custody	578	432
减刑、假释、保外就医	Commutation of Sentence, Parole and Released on Parole for Medical Treatment	14510	16708

24-15 人民法院审理一审案件情况
First Trial Cases by Courts

单位：件 (case)

年份 Year	收案 Cases Accepted	刑事 Criminal	民事 Civil	经济纠纷 Economic Disputes	行政 Administrative	海事海商 Maritime Affairs
1978	447755	146968	300787			
1979	513789	123846	389943			
1980	763535	197856	565679			
1981	906051	232125	673926			
1982	1024160	245219	778941			
1983	1343164	542648	756436	43553	527	
1984	1355460	431357	838307	84813	983	
1985	1319741	246655	846391	225541	916	238
1986	1611282	299720	989409	321220	632	301
1987	1875229	289614	1213219	366110	5940	346
1988	2290624	313306	1455130	513046	8573	569
1989	2913515	392564	1815385	694907	9934	725
1990	2916774	459656	1851897	591462	13006	753
1991	2901685	427840	1880635	566592	25667	951
1992	3051157	422991	1948786	650601	27125	1654
1993	3414845	403267	2089257	892580	27911	1830
1994	3955475	482927	2383764	1051742	35083	1959
1995	4545676	495741	2718533	1275959	52596	2847
1996	5312580	618826	3093995	1515848	79966	3945
1997	5288379	436894	3277572	1478822	90557	4534
1998	5410798	482164	3375069	1450049	98350	5166
1999	5692434	540008	3519244	1529877	97569	5736
2000	5356294	560432	3412259	1290867	85760	6976
2001	5344934	628996	3459025	1149101	100921	6891
2002	5132199	631348	4420123		80728	
2003	5130760	632605	4410236		87919	
2004	5072881	647541	4332727		92613	
2005	5161170	684897	4380095		96178	
2006	5183794	702445	4385732		95617	
2007	5550062	724112	4724440		101510	
2008	6288831	767842	5412591		108398	
2009	6688963	768507	5800144		120312	
2010	6999350	779595	6090622		129133	
2011	7596116	845714	6614049		136353	
2012	8442657	996611	7316463		129583	
2013	8876733	971567	7781972		123194	

注：1.一审案件指人民法院按照诉讼级别管辖按第一审程序审理的案件。
2.2002年起，经济纠纷和海事海商并入民事案件中。

a) First trial cases refer to cases accepted by people's courts according to the first trial proceedings.
b) Data of civil cases include cases of economic disputes and maritime affairs since 2002.

24-16 人民法院审理刑事一审案件收结案情况（2013年）
First Trial Criminal Cases Accepted and Settled by Courts (2013)

单位：件 (case)

项目	Item	收案 Cases Accepted	结案 Cases Settled
合计	**Total**	**971567**	**953976**
危害公共安全罪	Offences Against Public Security	193275	190435
破坏社会主义市场经济秩序罪	Offences Against Socialist Economic Order	51987	50410
侵犯公民人身权利民主权利罪	Offences Against Citizens' Personal and Democratic Rights	186280	182199
侵犯财产罪	Offences Against Properties	306014	303324
妨害社会管理秩序罪	Offences Against Social Management of Order	201688	197353
危害国防利益罪	Offences Against National Defense	247	236
贪污贿赂罪	Offences on Corruption and Bribery	25416	23941
渎职罪	Offences on Dereliction of Duty	5703	5185
其他	Others	957	893
合计中含自诉案件	Private Prosecution Among the Total	8240	8224

注：结案中含上年旧存(以下各表同)。
a) Data of cases settled include cases turned over from previous year. The same applies to the tables following.

24-17 人民法院审理刑事案件罪犯情况
Criminal Offenders Heard by Courts

单位：人 (person)

年份 Year	刑事罪犯总数 Number of Offenders	#青少年罪犯 Young Offenders	不满18岁 Less Than 18 Years	18岁至25岁 Between 18 and 25 Years	青少年罪犯占刑事罪犯比重(%) Proportion of Young Offenders in the Total (%)
1997	526312	199212	30446	168766	37.9
1998	528301	208076	33612	174464	39.4
1999	602380	221153	40014	181139	36.7
2000	639814	220981	41709	179272	34.5
2001	746328	253465	49883	203582	34.0
2002	701858	217909	50030	167879	31.0
2003	742261	231715	58870	172845	31.2
2004	764441	248834	70086	178748	32.6
2005	842545	285801	82692	203109	33.9
2006	889042	303631	83697	219934	34.2
2007	931745	316298	87506	228792	33.9
2008	1007304	322061	88891	233170	32.0
2009	996666	302023	77604	224419	30.3
2010	1006420	287978	68193	219785	28.6
2011	1050747	282429	67280	215149	26.9
2012	1173406	282990	63782	219208	24.1
2013	1157784	265439	55817	209622	22.9

24-18 人民法院审理婚姻家庭、继承一审案件收结案情况（2013年）
First Trial Civil Cases of Marriage, Family Affairs and Inheritance Accepted and Settled by Courts (2013)

单位：件 (case)

项 目	Item	收 案 Cases Accepted	结 案 Cases Settled					
				调 解 Mediation	判 决 Judgment	驳 回 Reject	撤 诉 With-drawal	其 他 Other
合 计	**Total**	**1651666**	**1611903**	**770437**	**441084**	**6761**	**381538**	**12083**
婚姻家庭	Marriage and Family Affairs	1526279	1500618	713186	410394	5388	360550	11100
离婚	Divorce	1304841	1283427	605491	355797	4321	309066	8752
赡养纠纷	Support Disputes	25128	24434	9596	6635	87	7769	347
抚养、扶养关系纠纷	Upbringing Disputes	48229	47657	30280	8439	145	8501	292
抚育费纠纷	Upbringing Fee Disputes	27394	26829	12297	7888	151	6230	263
其他	Others	120687	118271	55522	31635	684	28984	1446
继承	Inheritance	125387	111285	57251	30690	1373	20988	983
法定继承	Legal Inheritance	45785	44207	30478	7193	252	6012	272
遗嘱继承	Testament Inheritance	6203	5879	2840	1908	47	1033	51
其他	Others	73399	61199	23933	21589	1074	13943	660

24-19 人民法院审理合同纠纷一审案件收结案情况（2013年）
First Trial Cases of Contract Disputes Accepted and Settled by Courts (2013)

单位：件 (case)

项 目	Item	收 案 Cases Accepted	结 案 Cases Settled					
				调 解 Mediation	判 决 Judgment	驳 回 Reject	撤 诉 With-drawal	其 他 Other
合计	**Total**	**4121224**	**3957002**	**1385334**	**1282387**	**49352**	**1174796**	**65133**
借款合同	Loan Contracts	1486786	1419959	481853	544786	13709	357704	21907
买卖合同	Trade Contracts	620185	595807	226115	190425	5687	163042	10538
电信合同	Telecom Contracts	122138	122361	41890	2539	98	76857	977
租赁合同	Lease Contracts	154242	146671	44634	53975	1763	44161	2138
劳动争议	Work Disputes	366668	354725	153959	113368	7255	72990	7153
房地产合同	Real Estate Contracts	163960	158243	65513	55134	1575	33553	2468
供用动力合同	Power Supply Contracts	61226	61170	20023	5817	492	34739	99
建设工程合同	Construction Contracts	99955	91940	26885	35831	1745	24495	2984
农村承包合同	Rural Contracts	23117	22853	8122	6020	411	7633	667
承揽合同	Contracts for Work	70191	66872	24104	21653	685	18857	1573
其他	Others	952756	916401	292236	252839	15932	340765	14629

24-20 人民法院审理权属、侵权纠纷及其他民事一审案件收结案情况（2013年）

First Trial Cases of Disputes of Right, Infringement of Right and Other Civil Affairs Accepted and Settled by Courts (2013)

单位：件 (case)

项目	Item	收案 Cases Accepted	结案 Cases Settled					
				调解 Mediation	判决 Judgment	驳回 Reject	撤诉 With-drawal	其他 Other
合计	**Total**	**2009082**	**1941679**	**692219**	**592560**	**24877**	**330857**	**301166**
所有权及其相关权利	Ownership and Related Rights	262050	251233	79460	84090	6806	75900	4977
特别程序	Special Proceedings	392691	389546	13604	56588	11890	27893	279571
人身权纠纷	Personal Rights	987571	953359	488101	320410	2754	132448	9646
#人身损害赔偿	Compensate for Personal Harm	953888	921164	475739	308301	2414	125535	9175
特殊侵权纠纷	Disputes of Special Infringement of Right	191068	176927	65442	77963	1186	30108	2228
不当得利	Unjustified Enrichment	26854	25498	6410	9570	523	8437	558
票据、证券、股票纠纷	Disputes of Bill, Securities and Stocks	24997	22404	5217	9593	607	5785	1202
其他	Other	123851	122712	33985	34346	1111	50286	2984

24-21 人民法院审理行政一审案件收结案情况（2013年）

First Trial Administrative Cases Accepted and Settled by Courts (2013)

单位：件 (case)

项目	Item	收案 Cases Accepted	结案 Cases Settled						
				维持 Affirmation of Original Judgement	撤销 Cancel	驳回 Reject	撤诉 With-drawal	单独赔偿 Separate Compen-sation	其他 Other
合计	**Total**	**123194**	**120675**	**12800**	**7258**	**8639**	**50521**	**309**	**41148**
土地等资源	Land	18394	17957	1549	1612	1755	6477	40	6524
公安	Public Security	10533	10231	1866	370	395	4739	35	2826
城建	City Construction	19972	19722	1272	1355	1905	8155	60	6975
交通运输	Traffic and Transport	2497	2509	203	62	43	1638	6	557
工商	Industry and Commerce	3785	3701	198	181	246	2038	1	1037
环保	Environment Protection	1102	1090	97	11	74	598		310
计划生育	Family Planning	8203	8153	178	28	59	6158		1730
税务	Tax	362	393	30	15	40	198	1	109
卫生	Health	927	906	59	20	42	436	2	347
乡政府	Townships Government	2116	2062	209	183	241	808	14	607
劳动和社会保障	Labour and Social Security	11704	11445	2401	925	345	4443	5	3326
其他	Other	43599	42506	4738	2496	3494	14833	145	16800

24-22 律师、公证和调解工作基本情况
Basic Statistics on Lawyers, Notarization and Mediation

项　目	Item	2008	2009	2010	2011	2012	2013
律师工作	**Lawyers**						
律师事务所 (个)	Number of Law Offices (unit)	14467	15888	17230	18235	19361	20609
律师工作人员 (人)	Number of Lawyers (person)	156710	173327	195170	214968	232384	248623
#专职律师	Full-time Lawyers	140135	155457	176219	192546	208356	225267
兼职律师	Part-time Lawyers	8116	8764	9294	9740	10108	10550
聘请担任常年法律顾问的单位 (处)	Number of Units with Permanent Legal Advisors (unit)	314876	338179	369129	392456	447993	456847
民事诉讼代理 (件)	Agent of Civil Cases (case)	1401147	1499105	1569043	1693635	1779118	1887156
刑事诉讼辩护及代理(件)	Agent and Defender of Criminal Cases (case)	511971	564204	530800	569330	576050	592486
行政诉讼代理 (件)	Agent of Administrative Action (case)	54666	57286	51011	52136	43312	75659
非诉讼法律事务 (件)	Agent of Non-Litigious Legal Affairs (case)	729218	569304	549453	625229	585358	817703
解答法律询问 (万人次)	Agent of Legal Advisory Services (10 000 person-times)	350.9	383.1	474.5	513.6	436.9	452.3
代写法律事务文书 (万件)	Agent of Legal Documents Written on Behalf of Clients (10 000 cases)	721.0	684.2	723.7	787.4	733.0	706.8
公证工作	**Notarization**						
公证处 (个)	Number of Notary Offices (unit)	3035	3023	3026	3006	3007	2987
公证人员 (人)	Notarial Personnel (person)	33462	23077	24185	25609	26527	29039
#公证员	Notaries	22284	11282	11457	12163	12333	12725
公证员助理	Assistant Notaries	5469	5895	6678	7089	7650	9121
办理公证文书 (万件)	Number of Notarized Documents (10 000 cases)	949.0	1075.1	1104.8	1076.6	1120.8	1258.9
人民调解工作	**Number of People's Mediation**						
专职司法助理员 (人)	Number of Full-time Judicial Assistants (person)	74147	72704	72698	95430	95920	86736
人民调解委员会 (万个)	Number of People's Mediation Committees (10 000 units)	82.7	82.4	81.8	81.1	81.7	82.0
调解人员 (万人)	Number of Mediators (10 000 persons)	479.3	493.9	466.9	433.6	428.1	422.9
调解民间纠纷 (万件)	Number of Civil Disputes Mediated (10 000 cases)	498.1	579.7	841.8	893.5	926.6	943.9

注：2011年起，专职司法助理员统计口径有所调整，地方司法所事业编制专职司法助理员纳入统计。

a) Since 2011, statistical scope of Full-time Judicial Assistants was adjusted, full-time judicial assistants of local office of justice was included in.

24-23 国内公证业务分类(2013年)
Domestic Notarial Services by Type (2013)

分类	Item	办证件数(件) Number of Notarial Documents Issued (case)	比重(%) Percentage (%)
合计	**Total**	**8949765**	**100.00**
合同(协议)	Contracts (Agreements)	2528789	28.30
继承	Inheritance	792586	8.90
单方法律行为	Unilateral Legal Acts	2880111	32.20
现场监督	Field Supervision	254334	2.80
保全证据	Evidence Preservation	215956	2.40
公司章程	Corporation Constitutions	2158	0.02
组织资格	Organization Qualification	3462	0.04
财产权	Property Rights	10400	0.12
身份	Identity	14588	0.16
收养关系	Adoptive Relationship	3093	0.03
婚姻状况	Marital Status	14296	0.16
亲属关系	Kinship Confirmation	85339	0.95
有无违法犯罪记录	Illegal and Criminal Record Check	19791	0.22
其他有法律意义事实	Other Facts of Legal Significance	64615	0.70
证书(执照)	Certificate (Licence)	29523	0.30
签名(印章)	Signature (Seal)	389785	4.40
文本相符	Conformity of Documentation	240715	2.70
赋予执行效力	Executor Force	695887	7.80
执行证书	Certificate of Execution	19028	0.20
抵押登记	Mortgage Registration	76946	0.80
提存	Drawing	6156	0.07
保管	Storage	5482	0.06
其他	Others	596725	6.70

24-24 国内合同(协议)类公证业务分类(2013年)
Domestic Notarization of Contracts (Agreements) by Type (2013)

分类	Item	办证件数(件) Number of Notarial Documents Issued (case)	比重(%) Percentage (%)
合计	**Total**	**2528289**	**100.00**
买卖合同	Trade Contracts	331291	13.10
赠与合同	Gift Contracts	173026	6.80
借款合同	Contracts for Loan of Money	945446	37.30
租赁合同	Leasing Contracts	21145	0.83
承揽合同	Contracts of Hired Work	1314	0.05
建设工程合同	Contracts for Construction Projects	10534	0.41
委托合同	Agency Appointment Contracts	92535	3.66
担保合同	Guarantee Contracts	113413	4.99
土地使用合同	Land Use Contracts	37684	1.49
知识产权合同	Intellectual Property Contracts	656	0.03
承包合同	Contract Agreements	13689	0.54
企业经营合同	Enterprise Operating Contracts	2689	0.11
劳动(劳务)合同	Labor (Labor Service) Contracts	26996	1.07
其他合同	Other Contracts	177165	7.00
合伙协议	Partnership Agreements	6157	0.24
财产分割协议	Property Division Agreements	29613	1.17
财产约定协议	Property Agreement	61673	2.44
抚养协议	Child Support Agreements	7057	0.28
出国留学协议	Studying Abroad Agreement	12207	0.48
拆迁安置协议	Removal and Resettlement Agreements	79284	3.14
赔偿协议	Compensation Agreements	7956	0.31
还款协议	Payment Contracts	70211	2.78
其他	Others	307048	12.10

24-25 涉外公证文书分类(2013年)
Foreign-Related Notarial Documents by Type (2013)

分类	Item	办证件数(件) Number of Notarial Documents Issued (case)	比重(%) Percentage (%)
合计	**Total**	**3444415**	**100.00**
合同(协议)	Contracts (Agreements)	5449	0.16
继承	Inheritance	1139	0.03
委托	Power of Attorney	52349	1.52
声明	Declaration	59874	1.74
遗嘱	Testaments	181	0.01
其他单方法律行为	Other Unilateral Legal Acts	20223	0.59
公司章程	Corporation Constitutions	3565	0.10
组织资格	Organization Qualification	4719	0.13
收养关系	Adoptive Relationship	5789	0.17
婚姻关系	Marital Relationship	156798	4.60
亲属关系	Kinship Confirmation	357590	10.40
出生	Births	471521	13.70
死亡	Deaths	10170	0.30
生存、居住	Survival and Residence	14720	0.40
学历(学位)	Education Background (Academic Degree	206369	6.00
经历	Resume	16627	0.48
职务(职称)	Professional Titles	8787	0.26
身份	Identity	10513	0.30
有无违法犯罪记录	Illegal and Criminal Record Check	423687	12.30
其他有法律意义事实	Other Facts of Legal Significance	49233	1.40
证书(执照)	Certificate (Licence)	227228	6.60
签名(印章)	Signature (Seal)	147615	4.30
文本相符	Conformity of Documentation	733994	21.30
其他	Others	456275	13.20

24-26 调解民间纠纷分类
Number of Civil Disputes Mediated by Type

项目	Item	调解纠纷(件) Civil Disputes (case)		各类纠纷所占比重(%) Percentage(%)	
		2012	2013	2012	2013
合计	**Total**	**9265855**	**9439429**	**100.0**	**100.0**
#婚姻家庭	Family Disputes	1772695	1750137	19.1	18.8
房屋、宅基地	Housing and Housing Sites	626444	625880	6.8	6.7
邻里	Neighbor Disputes	2213346	2276627	23.9	24.4
损害赔偿	Compensation for Damages	730610	745469	7.9	7.9

24-27 劳动争议处理情况
The Disposal of Labor Disputes

项　目	Item	2009	2010	2011	2012	2013
上期未结案数　(件)	**Number of Cases Left Over from Last Period(case)**	**83709**	**77926**	**42308**	**36151**	**34478**
案件受理情况	**Cases Accepted**					
当期案件受理数　(件)	Number of Cases (case)	684379	600865	589244	641202	665760
#集体劳动争议案件数	Number of Collective Labour Disputes	13779	9314	6592	7252	6783
劳动者申诉案件数	Number of Cases Appealed by Laborers	627530	558853	568768	620849	641932
按争议原因分　(件)	By Cause of the Disputes (case)					
劳动报酬	Labour Remuneration	247330	209968	200550	225981	223351
社会保险	Social Insurances			149944	159649	165665
变更劳动合同	Change the Labour Contract					
解除、终止劳动合同	Relieve or End the Labour Contract	43876	31915	118684	129108	147977
其　他	Others					
劳动者当事人数　(人)	Number of Laborers Involved (person)	1016922	815121	779490	882487	888430
#集体劳动争议	Collective Labour Disputes	299601	211755	174785	231894	218521
案件处理情况	**Cases Settled**					
结案数　(件)	Number of Cases Settled (case)	689714	634041	592823	643292	669062
按处理方式分	By Manners of Settlement					
仲裁调解	By Mediation	251463	250131	278873	302552	311806
仲裁裁决	By Arbitrition Lawsuit	290971	266506	244942	268530	283341
其他方式	Others	147280	117404	69008	72210	73915
按处理结果分	By Result of Settlement					
用人单位胜诉	Lawsuit Won by Units	95470	85028	74189	79187	82519
劳动者胜诉	Lawsuit Won by Laborers	255119	229448	195680	213453	217551
双方部分胜诉及其他	Lawsuit Partly Won by Both Parties and Others	339125	319565	322954	350652	368992
案外调解案件数	**Cases Mediated**	**185598**	**163997**	**194338**	**212937**	**215595**

注：2011年起，解除、终止劳动合同的类型进行合并统计。
a) Since 2011, items of Relieve or End the Labour Contract have been merged during statistics.

24-28 工会组织情况
Basic Statistics on Trade Unions

年 份 Year	工会基层组织数（万个） Number of Grassroot Trade Unions (10 000 units)	全国已建工会组织的基层单位的职工与会员人数（万人） Membership and Staff and Workers in Grassroot Trade Unions (10 000 persons)				工会专职工作人员人数（万人） Number of Full-time Personnel of Trade Unions (10 000 persons)
		职工人数 Staff and Workers	#女性 Female	会员人数 Membership	#女性 Female	
1979	32.9	6897.2	2171.7	5147.3		17.9
1980	37.6	7448.2	2518.6	6116.5		24.3
1985	46.5	9643.0	3596.7	8525.8	3149.2	38.1
1990	60.6	11156.9	4291.0	10135.6	3897.7	55.6
1991	61.4	11351.4	4394.8	10389.1	3991.6	58.0
1992	61.7	11223.9	4377.1	10322.5	3974.0	58.0
1993	62.7	11103.8	4359.9	10176.1	3949.6	55.4
1994	58.3	11269.6	4483.2	10202.5	4018.1	56.0
1995	59.3	11321.4	4515.3	10399.6	4116.5	46.8
1996	58.6	11181.4	4500.0	10211.9	4093.1	60.5
1997	51.0	10111.5	4004.8	9131.0	3579.4	57.7
1998	50.4	9716.5	3882.0	8913.4	3546.7	48.4
1999	50.9	9683.0	3797.9	8689.9	3406.2	49.7
2000	85.9	11472.1	4534.5	10361.5	3917.3	48.2
2001	153.8	12997.0	5087.9	12152.3	4696.6	
2002	171.3	14461.5	5157.6	13397.8	4665.2	47.2
2003	90.6	13301.6	5079.3	12340.5	4601.2	46.5
2004	102.0	14436.7	5502.6	13694.9	5135.3	45.6
2005	117.4	15985.3	6016.3	15029.4	5574.8	47.7
2006	132.4	18143.6	6719.3	16994.2	6177.8	54.3
2007	150.8	20452.4	7494.5	19329.0	7042.2	60.2
2008	172.5	22487.5	8168.8	21217.1	7773.8	70.5
2009	184.5	24535.3	8652.6	22634.4	8248.4	74.6
2010	197.6	25345.4	9288.1	23996.5	8871.5	86.4
2011	232.0	27304.7	10211.2	25885.1	9763.6	99.8
2012	266.3	29371.5	11014.5	28021.3	10611.0	107.9
2013	276.7	29946.2	11227.6	28786.9	10886.0	115.6

注：因指标解释调整，2003年以前的工会基层组织数包含部分覆盖单位数。

a) Because of the adjustment of indicator explanation, the number of grassroot trade unions before 2003 contained part of cover units.

24-29 社会保险基金收支及累计结余
Revenue, Expenses and Balance of Social Insurance Fund

单位：亿元 (100 million yuan)

年份 Year	合计 Total	基本养老保险 Basic Pension Insurance	失业保险 Unemployment Insurance	城镇基本医疗保险 Basic Medical Care Insurance	工伤保险 Work Injury Insurance	生育保险 Maternity Insurance
基金收入 Revenue						
1990	186.8	178.8	7.2			
1995	1006.0	950.1	35.3	9.7	8.1	2.9
1996	1252.4	1171.8	45.2	19.0	10.9	5.5
1997	1458.2	1337.9	46.9	52.3	13.6	7.4
1998	1623.1	1459.0	68.4	60.6	21.2	9.8
1999	2211.8	1965.1	125.2	89.9	20.9	10.7
2000	2644.9	2278.5	160.4	170.0	24.8	11.2
2001	3101.9	2489.0	187.3	383.6	28.3	13.7
2002	4048.7	3171.5	213.4	607.8	32.0	21.8
2003	4882.9	3680.0	249.5	890.0	37.6	25.8
2004	5780.3	4258.4	290.8	1140.5	58.3	32.1
2005	6975.2	5093.3	340.3	1405.3	92.5	43.8
2006	8643.2	6309.8	402.4	1747.1	121.8	62.1
2007	10812.3	7834.2	471.7	2257.2	165.6	83.6
2008	13696.1	9740.2	585.1	3040.4	216.7	113.7
2009	16115.6	11490.8	580.4	3671.9	240.1	132.4
2010	19276.1	13872.9	649.8	4308.9	284.9	159.6
2011	25153.3	18004.8	923.1	5539.2	466.4	219.8
2012	30738.8	21830.2	1138.9	6938.7	526.7	304.2
2013	35252.9	24732.6	1288.9	8248.3	614.8	368.4
基金支出 Expenses						
1990	151.9	149.3	2.5			
1995	877.1	847.6	18.9	7.3	1.8	1.6
1996	1082.4	1031.9	27.3	16.2	3.7	3.3
1997	1339.2	1251.3	36.3	40.5	6.1	4.9
1998	1636.9	1511.6	51.9	53.3	9.0	6.8
1999	2108.1	1924.9	91.6	69.1	15.4	7.1
2000	2385.6	2115.5	123.4	124.5	13.8	8.3
2001	2748.0	2321.3	156.6	244.1	16.5	9.6
2002	3471.5	2842.9	182.6	409.4	19.9	12.8
2003	4016.4	3122.1	199.8	653.9	27.1	13.5
2004	4627.4	3502.1	211.3	862.2	33.3	18.8
2005	5400.8	4040.3	206.9	1078.7	47.5	27.4
2006	6477.4	4896.7	198.0	1276.7	68.5	37.5
2007	7887.8	5964.9	217.7	1561.8	87.9	55.6
2008	9925.1	7389.6	253.5	2083.6	126.9	71.5
2009	12302.6	8894.4	366.8	2797.4	155.7	88.3
2010	15018.9	10755.3	423.3	3538.1	192.4	109.9
2011	18652.9	13363.2	432.8	4431.4	286.4	139.2
2012	23331.3	16711.5	450.6	5543.6	406.3	219.3
2013	27916.3	19818.7	531.6	6801.0	482.1	282.8
累计结余 Balance at Year-end						
1990	117.3	97.9	19.5			
1995	516.8	429.8	68.4	3.1	12.7	2.7
1996	696.1	578.6	86.4	6.4	19.7	5.0
1997	831.6	682.8	97.0	16.6	27.7	7.5
1998	791.1	587.8	133.4	20.0	39.5	10.3
1999	1009.8	733.5	159.9	57.6	44.9	13.9
2000	1327.5	947.1	195.9	109.8	57.9	16.8
2001	1622.8	1054.1	226.2	253.0	68.9	20.6
2002	2423.4	1608.0	253.8	450.7	81.1	29.7
2003	3313.8	2206.5	303.5	670.6	91.2	42.0
2004	4493.4	2975.0	385.8	957.9	118.6	55.9
2005	6073.7	4041.0	519.0	1278.1	163.5	72.1
2006	8255.9	5488.9	724.8	1752.4	192.9	96.9
2007	11236.6	7391.4	979.1	2476.9	262.6	126.6
2008	15225.6	9931.0	1310.1	3431.7	384.6	168.2
2009	19006.5	12526.1	1523.6	4275.9	468.8	212.1
2010	23407.5	15787.8	1749.8	5047.1	561.4	261.4
2011	30233.1	20727.8	2240.2	6180.0	742.6	342.5
2012	38106.6	26243.5	2929.0	7644.5	861.9	427.6
2013	45588.1	31274.8	3685.9	9116.5	996.2	514.7

注：1.2007年及以后城镇基本医疗保险基金中包括城镇职工基本医疗保险和城镇居民基本医疗保险。
2.2010年及以后基本养老保险基金中包括城镇职工基本养老保险和城乡居民基本养老保险。
3.工伤保险累计结余中含储备金。

a) Data of basic medical care insurance include both urban workers and urban residence from 2007.

b) Data of the basic pension insurance for 2010 and following years include the basic pension insurances for urban workers and for urban and rural residents.

c) The grand total of work injury insurance at year-end include reserve fund.

24-30 参加基本养老保险人数
Number of People Participated in Basic Pension Insurance

单位: 万人 (10 000 persons)

年 份 Year	年末参加基本养老保险人数 Basic Pension Insurance Participants at Year-end	城镇职工基本养老保险 Urban Employees Basic Pension Insurance					城乡居民基本养老保险 Basic Pension Insurance for Urban and Rural Residents
		合 计 Total	职 工 Number of Employees	#企业(含其他) Enterprises (including others)	离退休人员 Number of Retirees	#企业(含其他) Enterprises (including others)	
1989	5710.3	5710.3	4816.9	4816.9	893.4	893.4	
1990	6166.0	6166.0	5200.7	5200.7	965.3	965.3	
1991	6740.3	6740.3	5653.7	5653.7	1086.6	1086.6	
1992	9456.2	9456.2	7774.7	7774.7	1681.5	1681.5	
1993	9847.6	9847.6	8008.2	8008.2	1839.4	1839.4	
1994	10573.5	10573.5	8494.1	8494.1	2079.4	2079.4	
1995	10979.0	10979.0	8737.8	8737.8	2241.2	2241.2	
1996	11116.7	11116.7	8758.4	8758.4	2358.3	2358.3	
1997	11203.9	11203.9	8670.9	8670.9	2533.0	2533.0	
1998	11203.1	11203.1	8475.8	8475.8	2727.3	2727.3	
1999	12485.4	12485.4	9501.8	8859.2	2983.6	2863.8	
2000	13617.4	13617.4	10447.5	9469.9	3169.9	3016.5	
2001	14182.5	14182.5	10801.9	9733.0	3380.6	3171.3	
2002	14736.6	14736.6	11128.8	9929.4	3607.8	3349.2	
2003	15506.7	15506.7	11646.5	10324.5	3860.2	3556.9	
2004	16352.9	16352.9	12250.3	10903.9	4102.6	3775.0	
2005	17487.9	17487.9	13120.4	11710.6	4367.5	4005.2	
2006	18766.3	18766.3	14130.9	12618.0	4635.4	4238.6	
2007	20136.9	20136.9	15183.2	13690.6	4953.7	4544.0	
2008	21891.1	21891.1	16587.5	15083.4	5303.6	4868.0	
2009	23549.9	23549.9	17743.0	16219.0	5806.9	5348.0	
2010	35984.1	25707.3	19402.3	17822.7	6305.0	5811.6	10276.8
2011	61573.3	28391.3	21565.0	19970.0	6826.2	6314.0	33182.0
2012	78796.3	30426.8	22981.1	21360.9	7445.7	6910.9	48369.5
2013	81968.4	32218.4	24177.3	22564.7	8041.0	7484.8	49750.1

24-31 社会保险基本情况
Basic Statistics of Social Insurance

年 份 Year	失业保险 Unemployment Insurance			城镇基本医疗保险 Urban Basic Medical Care Insurance			工伤保险 Work Injury Insurance		年末参加生育保险人数 (万人) Maternity Insurance Contributors at Year-end (10 000 persons)
	年末参保人数 (万人) Contributors at Year-end (10 000 persons)	全年发放失业保险金人数 (万人) Beneficiaries of Unemployment Insurance Fund (10 000 persons)	全年发放失业保险金 (亿元) Unemployed Relief (100 million yuan)	年末参保人数 (万人) Contributors at Year-end (10 000 persons)	年末参保城镇职工 Staff and Workers	年末参保城镇居民 Residents	年末参保人数 (万人) Contributors at Year-end (10 000 persons)	年末享受工伤待遇的人数 (万人) Beneficiaries at Year-end (10 000 persons)	
1994	7967.8	196.5	5.1	400.3	400.3		1822.1	5.8	915.9
1995	8237.7	261.3	8.2	745.9	745.9		2614.8	7.1	1500.2
1996	8333.1	330.8	13.9	855.7	855.7		3102.6	10.1	2015.6
1997	7961.4	319.0	18.7	1762.0	1762.0		3507.8	12.5	2485.9
1998	7927.9	158.1	20.4	1877.6	1877.6		3781.3	15.3	2776.7
1999	9852.0	271.4	31.9	2065.3	2065.3		3912.3	15.1	2929.8
2000	10408.4	329.7	56.2	3786.9	3786.9		4350.3	18.8	3001.6
2001	10354.6	468.5	83.3	7285.9	7285.9		4345.3	18.7	3455.1
2002	10181.6	657.0	116.8	9401.2	9401.2		4405.6	26.5	3488.2
2003	10372.9	741.6	133.4	10901.7	10901.7		4574.8	32.9	3655.4
2004	10583.9	753.5	137.5	12403.6	12403.6		6845.2	51.9	4383.8
2005	10647.7	677.8	132.4	13782.9	13782.9		8478.0	65.1	5408.5
2006	11186.6	598.1	125.8	15731.8	15731.8		10268.5	77.8	6458.9
2007	11644.6	538.5	129.4	22311.1	18020.0	4291.1	12173.3	96.0	7775.3
2008	12399.8	516.7	139.5	31821.6	19995.6	11826.0	13787.2	117.8	9254.1
2009	12715.5	483.9	145.8	40147.0	21937.4	18209.6	14895.5	129.6	10875.7
2010	13375.6	431.6	140.4	43262.9	23734.7	19528.3	16160.7	147.5	12335.9
2011	14317.1	394.4	159.9	47343.2	25227.1	22116.1	17695.9	163.0	13892.0
2012	15224.7	390.1	181.3	53641.3	26485.6	27155.7	19010.1	190.5	15428.7
2013	16416.8	416.7	203.2	57072.6	27443.1	29629.4	19917.2	195.2	16392.0

24-32 分地区城镇职工基本养老保险情况(2013年)
Statistics on Urban Employee Basic Pension Insurance by Region (2013)

地 区	Region	年末参加城镇职工基本养老保险人数(万人) Urban Employee Basic Pension Insurance Contributors at Year-end (10 000 persons)	职 工 Number of Staff and Workers	离退休人 员 Number of Retirees	基金收支情况(亿元) Revenue and Expenses(100 million yuan) 基金收入 Revenue	基金支出 Expenses	累计结余 Balance at Year-end
全 国	**National Total**	**32218.4**	**24177.3**	**8041.0**	**22680.4**	**18470.4**	**28269.2**
北 京	Beijing	1311.3	1091.3	220.0	1181.3	734.8	1671.3
天 津	Tianjin	520.7	352.3	168.4	466.0	426.3	318.9
河 北	Hebei	1194.7	859.6	335.1	891.1	833.1	813.1
山 西	Shanxi	672.4	491.9	180.5	639.0	477.8	1124.8
内蒙古	Inner Mongolia	496.5	323.8	172.7	461.4	411.3	456.0
辽 宁	Liaoning	1729.5	1171.7	557.8	1422.2	1251.1	1226.6
吉 林	Jilin	655.2	406.8	248.4	462.8	448.2	421.6
黑龙江	Heilongjiang	1062.1	639.9	422.2	845.6	886.0	429.5
上 海	Shanghai	1429.9	992.4	437.5	1563.5	1308.0	1077.0
江 苏	Jiangsu	2582.1	1987.8	594.3	1742.7	1372.4	2516.1
浙 江	Zhejiang	2375.4	1976.5	398.9	1278.0	944.9	2297.0
安 徽	Anhui	811.3	592.2	219.1	605.2	449.1	745.4
福 建	Fujian	812.8	679.6	133.2	412.3	338.7	415.9
江 西	Jiangxi	754.2	547.1	207.0	405.0	352.2	385.0
山 东	Shandong	2259.6	1800.4	459.2	1489.0	1270.5	1857.9
河 南	Henan	1350.0	1024.4	325.6	833.8	711.5	840.0
湖 北	Hubei	1219.4	823.5	395.9	860.5	798.0	817.1
湖 南	Hunan	1091.7	762.2	329.5	733.7	622.1	797.5
广 东	Guangdong	4183.0	3761.7	421.3	1842.5	1050.0	4673.1
广 西	Guangxi	538.4	365.8	172.6	367.8	364.2	446.6
海 南	Hainan	231.5	174.4	57.1	127.3	120.0	101.4
重 庆	Chongqing	773.1	497.8	275.4	607.2	508.0	557.3
四 川	Sichuan	1720.3	1124.1	596.2	1392.9	1107.6	1749.7
贵 州	Guizhou	337.3	254.7	82.6	240.2	178.5	355.2
云 南	Yunnan	384.3	268.6	115.7	333.8	253.8	503.1
西 藏	Tibet	14.0	10.5	3.5	21.0	13.5	32.0
陕 西	Shaanxi	685.0	493.0	191.9	536.2	465.0	414.9
甘 肃	Gansu	288.4	188.5	99.9	258.0	224.7	321.6
青 海	Qinghai	90.3	62.8	27.6	80.7	77.4	82.0
宁 夏	Ningxia	143.8	101.8	41.9	107.6	99.8	166.3
新 疆	Xinjiang	476.3	332.5	143.8	464.8	367.0	644.8
不分地区	Not Classified by Region	24.0	17.6	6.4	7.5	5.1	10.7

注：不分地区合计中，包括中国人民银行、中国农业发展银行数。
a) Data in the category of "Not Classified by Region" include data from the People's Bank of China and Agricultural Development Bank of China.

24-33 分地区城乡居民基本养老保险情况（2013年）
Statistics on Basic Pension Insurance for Urban and Rural Residents by Region (2013)

地 区	Region	参保人数（万人） Contributors at Year-end (10 000 persons)	#达到领取待遇年龄参保人数 Number of Participants Who Have Reached the Prescribed Age of Benifit Entilement	基金收支情况(亿元) Revenue and Expenses(100 million yuan) 基金收入 Revenue	基金支出 Expenses	累计结余 Balance at Year-end
全 国	**National Total**	**49750.1**	**14122.3**	**2052.3**	**1348.3**	**3005.7**
北 京	Beijing	180.1	31.6	29.9	17.1	101.4
天 津	Tianjin	95.5	71.0	50.0	16.7	106.4
河 北	Hebei	3354.2	840.2	99.9	60.6	133.2
山 西	Shanxi	1533.7	345.6	53.9	29.8	76.9
内蒙古	Inner Mongolia	780.3	192.8	44.1	27.3	58.1
辽 宁	Liaoning	1046.9	360.4	42.8	31.1	42.0
吉 林	Jilin	643.1	218.8	24.4	15.0	30.1
黑龙江	Heilongjiang	815.8	244.6	30.4	17.9	44.1
上 海	Shanghai	80.0	46.7	34.1	34.4	72.0
江 苏	Jiangsu	2384.0	942.1	190.4	148.5	340.3
浙 江	Zhejiang	1355.8	577.1	121.1	105.3	129.5
安 徽	Anhui	3308.7	842.8	109.9	63.7	132.8
福 建	Fujian	1467.2	375.4	48.9	29.6	63.9
江 西	Jiangxi	1772.5	416.6	17.9	28.2	39.7
山 东	Shandong	4512.8	1315.2	209.3	138.6	357.8
河 南	Henan	4797.0	1229.5	146.2	95.7	189.8
湖 北	Hubei	2236.3	610.1	78.3	48.3	107.7
湖 南	Hunan	3316.0	888.1	99.1	58.9	110.7
广 东	Guangdong	2346.8	791.3	141.7	90.9	219.5
广 西	Guangxi	1664.0	514.1	7.3	5.8	5.1
海 南	Hainan	272.1	68.1	12.0	7.6	15.2
重 庆	Chongqing	1122.9	377.1	64.8	38.4	66.9
四 川	Sichuan	3001.6	1090.2	145.2	93.9	215.5
贵 州	Guizhou	1487.2	425.5	45.2	30.2	44.0
云 南	Yunnan	2152.7	431.5	63.9	33.5	94.4
西 藏	Tibet	140.4	22.7	4.4	2.8	6.7
陕 西	Shaanxi	1704.9	398.8	65.9	39.8	90.7
甘 肃	Gansu	1238.5	278.3	37.4	21.1	53.0
青 海	Qinghai	216.1	40.3	7.7	4.6	12.0
宁 夏	Ningxia	179.5	36.3	8.0	4.2	12.5
新 疆	Xinjiang	543.6	99.5	18.0	9.0	33.9

注：2012年8月起，新型农村社会养老保险和城镇居民社会养老保险制度全覆盖工作全面启动，合并为城乡居民社会养老保险。

a) Since August, 2012, system of new rural old-age insurance and urban basic pension insurance have started completely, and called basic pension insurance for urban and rural residents as total.

24-34 分地区失业保险情况（2013年）
Statistics of Unemployment Insurance by Region (2013)

地区	Region	年末参加失业保险人数(万人) Unemployment Insurance Contributors at Year-end (10 000 persons)	年末领取失业保险金人数(万人) Beneficiaries of Unemployment Insurance Fund (10 000 persons)	基金收支情况(亿元) Revenue and Expenses (100 million yuan)		
				基金收入 Revenue	基金支出 Expenses	累计结余 Balance at Year-end
全国	**National Total**	**16416.8**	**197.0**	**1288.9**	**531.6**	**3685.9**
北京	Beijing	1025.1	2.4	56.5	32.1	137.0
天津	Tianjin	278.7	2.0	34.1	13.3	98.4
河北	Hebei	505.0	7.1	46.6	19.4	123.2
山西	Shanxi	400.7	3.1	34.1	5.2	109.0
内蒙古	Inner Mongolia	233.4	2.3	24.3	6.3	71.1
辽宁	Liaoning	663.2	7.6	64.6	15.9	192.2
吉林	Jilin	258.8	6.0	24.2	10.4	71.0
黑龙江	Heilongjiang	477.4	7.1	30.7	8.0	118.9
上海	Shanghai	625.7	9.9	99.5	77.9	150.9
江苏	Jiangsu	1389.3	29.9	134.2	62.8	338.7
浙江	Zhejiang	1144.3	7.8	93.3	43.5	283.8
安徽	Anhui	409.0	6.1	32.8	19.0	71.5
福建	Fujian	496.7	4.2	30.0	9.7	103.2
江西	Jiangxi	271.1	1.5	11.1	3.2	44.3
山东	Shandong	1089.6	17.8	57.3	46.3	241.7
河南	Henan	741.3	10.5	41.2	16.2	101.1
湖北	Hubei	511.3	5.2	38.8	9.3	120.3
湖南	Hunan	461.7	6.1	26.2	8.8	78.8
广东	Guangdong	2702.2	8.8	127.7	24.3	407.8
广西	Guangxi	253.4	5.6	24.7	7.7	87.5
海南	Hainan	150.8	2.1	5.4	3.4	28.1
重庆	Chongqing	389.7	3.4	22.9	4.1	71.4
四川	Sichuan	613.5	24.1	81.6	29.4	214.0
贵州	Guizhou	185.2	1.3	18.0	13.1	54.8
云南	Yunnan	232.5	4.5	24.9	4.5	87.6
西藏	Tibet	11.0	0.002	2.0	0.2	9.0
陕西	Shaanxi	339.7	3.2	41.5	16.4	105.1
甘肃	Gansu	163.1	1.0	14.8	2.6	46.8
青海	Qinghai	38.5	0.5	5.0	0.9	19.6
宁夏	Ningxia	71.3	1.1	7.0	1.5	22.7
新疆	Xinjiang	283.9	4.8	33.9	16.2	76.4

24-35 分地区城镇基本医疗保险参保人数(2013年)
Persons Covered of Urban Basic Medical Care Insurance by Region (2013)

单位：万人 (10 000 persons)

地 区	Region	年末参保人数合计 Persons Covered at Year-end	城镇职工 Urban Workers	在岗职工 Staff and Workers	退休人员 Retirees	城镇居民 Urban Non-employment
全 国	**National Total**	**57072.6**	**27443.1**	**20501.3**	**6941.8**	**29629.4**
北 京	Beijing	1514.9	1354.8	1105.0	249.8	160.1
天 津	Tianjin	1001.5	493.1	315.8	177.3	508.4
河 北	Hebei	1674.5	926.3	650.7	275.6	748.2
山 西	Shanxi	1086.3	646.5	479.6	166.9	439.7
内蒙古	Inner Mongolia	986.2	464.5	330.0	134.5	521.7
辽 宁	Liaoning	2333.3	1624.8	1077.9	546.9	708.5
吉 林	Jilin	1378.6	574.9	377.4	197.5	803.7
黑龙江	Heilongjiang	1580.4	868.1	556.5	311.6	712.3
上 海	Shanghai	1650.5	1394.1	955.7	438.4	256.4
江 苏	Jiangsu	3427.6	2274.7	1731.1	543.6	1152.9
浙 江	Zhejiang	4121.1	1791.1	1491.6	299.5	2330.0
安 徽	Anhui	1660.8	716.0	512.7	203.3	944.9
福 建	Fujian	1283.8	703.0	566.6	136.4	580.8
江 西	Jiangxi	1476.6	569.9	380.2	189.8	906.7
山 东	Shandong	3647.9	1809.7	1418.1	391.7	1838.2
河 南	Henan	2297.2	1140.2	826.8	313.4	1157.0
湖 北	Hubei	1960.6	922.8	642.1	280.7	1037.8
湖 南	Hunan	2316.2	799.3	541.7	257.5	1516.9
广 东	Guangdong	9179.8	3473.0	3089.2	383.8	5706.8
广 西	Guangxi	1031.0	466.6	328.8	137.8	564.4
海 南	Hainan	406.5	220.0	169.3	50.6	186.6
重 庆	Chongqing	3234.8	539.5	380.6	158.9	2695.3
四 川	Sichuan	2486.0	1282.0	887.6	394.5	1204.0
贵 州	Guizhou	672.1	344.7	246.6	98.1	327.4
云 南	Yunnan	1118.8	458.0	324.6	133.3	660.8
西 藏	Tibet	54.8	30.6	23.4	7.2	24.3
陕 西	Shaanxi	1244.3	571.7	390.0	181.7	672.5
甘 肃	Gansu	622.8	297.1	206.9	90.2	325.7
青 海	Qinghai	181.3	89.7	62.1	27.6	91.6
宁 夏	Ningxia	565.5	108.6	79.1	29.5	456.9
新 疆	Xinjiang	877.1	488.0	353.7	134.3	389.1

24-36 分地区城镇基本医疗保险基金收支情况（2013年）
Revenue and Expenses of Urban Basic Medical Care Insurance by Region (2013)

单位：亿元 (100 million yuan)

地区	Region	基金收入 Revenue			基金支出 Expenses			累计结余 Balance at the Year-end		
		合计 Total	职工 Workers	居民 Non-employment	合计 Total	职工 Workers	居民 Non-employment	合计 Total	职工 Workers	居民 Non-employment
全国	**National Total**	**8248.3**	**7061.6**	**1186.6**	**6801.0**	**5829.9**	**971.1**	**9116.5**	**8129.3**	**987.1**
北京	Beijing	614.5	601.7	12.8	611.3	598.4	13.0	201.6	192.7	8.8
天津	Tianjin	185.7	159.1	26.6	177.1	156.9	20.1	86.3	75.7	10.6
河北	Hebei	268.1	242.6	25.5	213.2	196.5	16.8	349.8	315.5	34.3
山西	Shanxi	174.9	160.9	14.0	138.3	128.2	10.1	217.4	198.1	19.3
内蒙古	Inner Mongolia	150.4	132.8	17.6	128.7	114.4	14.3	143.9	126.9	17.0
辽宁	Liaoning	348.3	326.8	21.5	312.2	296.4	15.8	347.0	322.8	24.2
吉林	Jilin	127.3	102.7	24.6	105.6	89.7	15.9	178.0	141.8	36.2
黑龙江	Heilongjiang	212.0	187.4	24.6	190.6	170.0	20.6	273.7	239.2	34.5
上海	Shanghai	624.8	600.6	24.3	414.9	394.1	20.8	685.7	679.4	6.3
江苏	Jiangsu	675.0	610.3	64.7	550.4	495.4	55.0	795.8	751.4	44.4
浙江	Zhejiang	628.8	491.6	137.3	508.4	373.1	135.2	758.8	716.5	42.3
安徽	Anhui	191.7	156.7	35.0	152.3	125.6	26.7	215.5	175.3	40.3
福建	Fujian	206.2	190.0	16.1	147.6	133.0	14.7	304.7	294.4	10.3
江西	Jiangxi	125.4	94.5	30.9	95.4	76.4	19.0	155.5	111.1	44.3
山东	Shandong	500.3	443.3	57.0	412.8	366.3	46.5	506.3	456.1	50.2
河南	Henan	247.0	211.7	35.3	193.6	167.7	25.9	310.8	265.8	45.0
湖北	Hubei	232.3	195.1	37.2	209.8	183.8	26.0	242.6	189.2	53.4
湖南	Hunan	216.3	169.5	46.8	189.5	149.6	39.8	222.4	180.8	41.6
广东	Guangdong	908.4	679.0	229.4	685.2	510.5	174.7	1329.9	1142.3	187.6
广西	Guangxi	125.7	108.8	16.9	107.3	97.5	9.9	187.8	158.8	29.0
海南	Hainan	46.6	39.6	7.0	38.6	33.5	5.1	54.6	45.8	8.8
重庆	Chongqing	238.3	143.6	94.7	208.0	131.0	77.0	203.9	152.9	51.0
四川	Sichuan	404.2	323.1	81.1	344.0	271.4	72.6	487.1	430.6	56.5
贵州	Guizhou	84.3	76.3	8.0	80.1	74.1	6.0	82.8	71.5	11.4
云南	Yunnan	166.2	142.0	24.2	145.7	122.5	23.2	175.3	160.8	14.5
西藏	Tibet	14.9	14.0	0.9	11.9	10.5	1.4	25.9	25.9	0.0
陕西	Shaanxi	161.9	137.8	24.1	123.2	103.0	20.2	201.3	175.7	25.6
甘肃	Gansu	90.1	80.2	9.9	85.3	76.2	9.1	85.5	75.2	10.3
青海	Qinghai	40.3	35.9	4.4	37.5	32.0	5.4	49.0	47.5	1.5
宁夏	Ningxia	53.6	33.2	20.4	43.5	24.9	18.7	53.0	38.3	14.7
新疆	Xinjiang	184.6	170.7	13.9	139.0	127.2	11.8	184.4	171.2	13.2

24-37 分地区工伤保险情况（2013年）
Statistics of Work Injury Insurance by Region (2013)

地 区	Region	年末参加工伤保险人数（万人）Work Injury Insurance Contributors at Year-end (10 000 persons)	享受工伤待遇人数（万人）Beneficiaries at Year-end (10 000 persons)	基金收支情况(亿元) Revenue and Expenses (100 million yuan)		
				基金收入 Revenue	基金支出 Expenses	累计结余 Balance at Year-end
全 国	**National Total**	**19917.2**	**195.2**	**614.8**	**482.1**	**996.2**
北 京	Beijing	920.3	4.8	25.6	18.3	29.3
天 津	Tianjin	335.1	3.3	9.5	8.2	13.8
河 北	Hebei	737.0	10.5	28.2	30.3	19.7
山 西	Shanxi	550.0	9.7	28.3	22.1	44.9
内蒙古	Inner Mongolia	277.4	2.2	12.6	7.8	25.1
辽 宁	Liaoning	856.7	13.2	25.4	25.3	41.3
吉 林	Jilin	392.1	5.3	11.6	8.6	14.9
黑龙江	Heilongjiang	493.1	7.2	21.1	18.8	30.1
上 海	Shanghai	904.1	6.6	26.9	26.1	48.0
江 苏	Jiangsu	1487.3	13.6	57.0	48.1	57.3
浙 江	Zhejiang	1826.1	22.6	41.9	34.6	57.2
安 徽	Anhui	473.2	8.1	19.1	12.6	27.0
福 建	Fujian	607.5	3.5	15.8	8.3	40.1
江 西	Jiangxi	431.5	4.5	13.4	8.4	19.3
山 东	Shandong	1371.9	11.2	40.0	31.3	50.6
河 南	Henan	773.1	4.6	21.1	14.2	42.0
湖 北	Hubei	556.9	5.7	13.0	8.8	24.3
湖 南	Hunan	731.2	8.3	27.2	20.4	35.7
广 东	Guangdong	3057.3	16.7	58.8	36.5	194.4
广 西	Guangxi	325.6	1.9	6.9	4.0	20.9
海 南	Hainan	123.4	0.3	2.4	1.1	7.7
重 庆	Chongqing	406.8	8.0	17.5	16.7	7.4
四 川	Sichuan	690.1	8.3	27.5	20.2	41.3
贵 州	Guizhou	260.4	2.3	13.1	11.5	14.6
云 南	Yunnan	334.3	4.4	13.6	11.4	20.7
西 藏	Tibet	14.8	0.0	0.7	0.3	1.6
陕 西	Shaanxi	378.1	3.0	12.6	7.9	26.6
甘 肃	Gansu	167.7	1.8	7.0	5.9	11.2
青 海	Qinghai	52.3	0.6	2.5	2.2	4.4
宁 夏	Ningxia	72.7	0.5	3.1	3.2	8.6
新 疆	Xinjiang	309.5	2.5	11.3	8.8	16.0

注：工伤保险累计结余中含储备金。
a) Balance of work injury insurance includes reserves.

24-38 分地区生育保险情况（2013年）
Statistics of Maternity Insurance by Region (2013)

地 区	Region	年末参加生育保险人数(万人) Maternity Insurance Contributors at Year-end (10 000 persons)	享受待遇人数(万人次) Beneficiaries at Year-end (10 000 person-times)	基金收支情况(亿元) Revenue and Expenses (100 million yuan)		
				基金收入 Revenue	基金支出 Expenses	累计结余 Balance at Year-end
全 国	**National Total**	**16392.0**	**522.0**	**368.4**	**282.8**	**514.7**
北 京	Beijing	883.2	41.1	37.5	34.5	36.5
天 津	Tianjin	249.1	24.8	9.7	7.5	17.8
河 北	Hebei	667.6	15.7	11.2	7.5	16.6
山 西	Shanxi	445.6	5.2	7.8	3.5	13.7
内蒙古	Inner Mongolia	285.0	6.5	6.3	4.3	9.5
辽 宁	Liaoning	752.3	25.9	12.4	13.2	13.3
吉 林	Jilin	365.9	11.2	4.8	3.1	9.4
黑龙江	Heilongjiang	355.1	6.9	5.7	4.0	11.3
上 海	Shanghai	713.9	22.0	33.5	32.6	1.1
江 苏	Jiangsu	1355.6	78.7	36.3	26.9	69.1
浙 江	Zhejiang	1173.2	39.9	25.2	21.3	26.6
安 徽	Anhui	458.5	10.6	8.0	5.8	11.0
福 建	Fujian	539.6	12.1	12.6	8.2	18.5
江 西	Jiangxi	217.8	2.5	2.4	1.0	5.8
山 东	Shandong	974.4	47.1	28.1	22.3	36.8
河 南	Henan	569.6	13.6	11.5	6.3	21.8
湖 北	Hubei	465.3	18.5	8.1	5.0	16.7
湖 南	Hunan	536.0	14.8	8.6	5.6	16.8
广 东	Guangdong	2711.6	45.0	38.5	27.6	59.9
广 西	Guangxi	270.2	7.7	5.8	3.9	11.1
海 南	Hainan	120.2	4.0	2.1	1.5	3.8
重 庆	Chongqing	280.4	10.2	6.5	4.9	8.1
四 川	Sichuan	689.1	18.0	13.8	9.9	21.8
贵 州	Guizhou	238.7	4.4	3.5	2.1	6.4
云 南	Yunnan	270.9	11.2	7.4	7.1	12.3
西 藏	Tibet	20.7	0.5	0.6	0.4	1.0
陕 西	Shaanxi	240.3	4.3	5.3	2.6	10.9
甘 肃	Gansu	135.1	3.2	3.5	2.4	5.3
青 海	Qinghai	42.8	1.7	1.6	0.7	2.2
宁 夏	Ningxia	68.4	3.7	1.9	1.4	2.1
新 疆	Xinjiang	296.1	11.1	8.1	5.5	17.4

主要统计指标解释

人民检察院直接立案侦查案件 指按照管辖的规定，由人民检察院直接立案侦查的贪污贿赂犯罪、渎职犯罪、国家机关工作人员利用职权实施的侵犯公民人身权利和民主权利的犯罪以及经省级人民检察院决定立案侦查的国家机关工作人员利用职权实施的其他重大犯罪案件。

要案 指县、处级以上干部的犯罪案件。该指标主要反映职务犯罪案件中县、处级以上干部被人民检察院依法立案侦查的情况。

批准逮捕 指人民检察院对公安机关、国家安全机关、监狱管理机关提出逮捕的犯罪嫌疑人进行审查，根据事实，依法做出逮捕决定。该指标主要反映人民检察院对提请逮捕犯罪嫌疑人进行审查后依法做出批准逮捕决定的情况。

决定逮捕 指人民检察院对直接立案侦查的案件，认为需要逮捕犯罪嫌疑人时，依据法律做出的逮捕决定。该指标主要反映人民检察院对直接受理的案件行使决定逮捕权的情况。

提起公诉 指人民检察院对公安机关、国家安全机关、监狱管理机关和检察机关侦查部门等移送起诉的案件进行审查，根据事实，做出提起公诉的案件。该指标主要反映人民检察院对各种刑事案件向人民法院提起公诉的情况。

适用简易程序 指人民法院对依法可能判处三年以下有期徒刑、拘役、管制、单处罚金的公诉案件，事实清楚，证据充分，人民检察院建议或者同意适用简易程序的案件 ；告诉才处理的案件；被害人起诉的有证据证明的轻微刑事案件。

提出抗诉 指人民检察院对人民法院的判决、裁定认为确有错误，向人民法院提出对案件重新进行审理的诉讼活动。包括按照第二审程序提出的抗诉和按照审判监督程序（再审程序）提出的抗诉。

撤回抗诉 指上级人民检察院对下级人民检察院按照第二审程序提出的抗诉，经审查，认为抗诉不当时向同级人民法院撤回抗诉，同时通知提出抗诉的下级人民检察院。

立案监督 指人民检察院对侦查机关刑事立案活动的监督。包括对应当立案而不立案的监督和不应立案而立案的监督。

监督立案 包括侦查机关接到要求说明不立案理由后主动立案和执行通知立案两个内容。

监管活动 指人民检察院对监狱等监管改造场所的管理活动进行的监督。

青少年罪犯 指人民法院在报告期内判决发生法律效力的有罪判决中 14 周岁以上不满 25 周岁的罪犯。其中 14 周岁以上不满 18 周岁的罪犯为未成年罪犯。

行政案件 指公民、法人和其他组织不服行政机关作出的具体行政行为，向人民法院提起行政诉讼，人民法院依法审理的案件。

单独赔偿 指单独提起行政赔偿的案件。当事人对行政行为的合法性没有争议，就行政侵权造成的损害赔偿单独提起赔偿诉讼。

公证人员 指在公证处工作的人员总称，包括公证处主任、副主任、公证员、公证员助理(助理公证员)和其他从事辅助性工作的人员。

公证文书 指公证处根据当事人申请，依照事实和法律，按照法定程序制作的，具有法律效力的司法证明文书。

受理劳动争议案件数 指劳动争议仲裁委员会根据国家有关规定，对劳动争议当事人的申请予以审查，符合受理条件而正式立案、准备处理的劳动争议案件数。

城镇职工基本养老保险

1.（参保）职工人数 指报告期末按照国家法律、法规和有关政策规定参加城镇职工基本养老保险并在社保经办机构已建立缴费记录档案的职工人数，包括中断缴费但未终止养老保险关系的职工人数，不包括只登记未建立缴费记录档案的人数。

2.（参保）离退休人员人数 指报告期末参加城镇职工基本养老保险的离休、退休和退职人员的人数。

3.基金收入 指根据国家有关规定，由纳入基本养老保险范围的缴费单位和个人按国家规定的缴费基数和缴费比例缴纳的养老保险基金，以及通过其他方式取得的形成基金来源的收入。包括单位和职工个人缴纳的基本养老保险费、基本养老保险基金利息收入、上级补助收入、下级上解收入、转移收入、财政补贴和其他收入。

4.基金支出 指按照国家政策规定的开支范围和开支标准从养老保险基金中支付给参加基本养老保险的个人的养老金、丧葬抚恤补助，以及由于保险关系转移、上下级之间调剂资金等原因而发生的支出。包括离休金、退休金、退职金、各种补贴、医疗费、死亡丧葬补助费、抚恤救济费、社会保险经办机构管理费、补助下级支出、上解上级支出、转移支出、其他支出等。

5.基金累计结余 指截止报告期末基本养老保险基金收支相抵后的累计余额。

城乡居民基本养老保险

1.参保人数 指报告期末，参加城乡居民养老保险（在经办机构参保登记并已建立缴费记录以及制度实施当年已经年满 60 周岁并在经办机构参保登记）的总人数（不包括已经办理注销登记手续的人数）。

2.达到领取待遇年龄参保人数 指报告期末，实际参保人员中已经通过城乡居民养老保险待遇核定的已经年满 60

周岁的人数。

3. 基金收入 指根据国家有关规定，由参加城乡居民基本养老保险的个人按规定缴费的城乡居民基本养老保险基金，以及通过集体补助、财政补助等其他方式取得的形成基金来源的收入。包括个人缴费收入、集体补助收入、政府补贴收入、利息收入、转移收入、上级补助收入、下级上解收入和其他收入。

4. 基金支出 指按照国家政策规定的开支范围和开支标准从城乡居民基本养老保险基金中支付给参加城乡居民基本养老保险的个人养老金待遇支出，以及由于参保人员跨统筹地区流动而发生的支出等。包括养老金待遇支出、转移支出、补助下级支出、上解上级支出、其他支出。

5. 基金累计结余 指截止报告期末城乡居民基本养老保险基金收支相抵后的累计余额。

基本医疗保险

1. 参保人数 指报告期末按国家有关规定参加相应基本医疗保险的人数。

2. 基金收入 指由用人单位和个人按照国家规定的缴费基数、缴费比例或缴费标准缴纳的基本医疗保险基金，财政补助资金以及通过其他方式取得的形成基金来源的款项，包括：单位缴纳收入、个人缴纳收入、财政补助收入（含医疗救助补助个人收入）、财政补贴收入、利息收入和其他收入。

3. 基金支出 指按照国家政策规定的开支范围和开支标准，从基本医疗保险基金中支付给参保人员的医疗保险待遇支出，以及其他支出。包括住院医疗费用支出、门急诊医疗费用支出、个人账户基金支出、其他支出。

4. 基金累计结余 指截止报告期末基本医疗保险基金累计结余金额。

失业保险

1. 参保人数 指报告期末按照国家法律、法规和有关政策规定参加了失业保险的城镇企业、事业单位的职工及地方政府规定参加失业保险的其他人员的人数。

2. 基金收入 指报告期内筹集的失业保险基金的总额，包括失业保险费收入、利息收入、财政补贴收入、其他收入、转移收入、上级补助收入、下级上解收入。

3. 基金支出 指报告期内为保障失业人员基本生活、促进其再就业等支出的基金总额，包括失业保险金支出、医疗补助金支出、丧葬补助金和抚恤金支出、职业培训和职业介绍补贴支出、农民合同制工人一次性生活补助支出、其他支出、转移支出、上级补助支出、下级上解支出。

4. 基金累计结余 指截止报告期末失业保险基金收支相抵后的累计余额。

工伤保险

1. 参加保险人数 指报告期末依据国家有关规定参加工伤保险的职工人数和有雇工的个体工商户的雇工数。

2. 享受保险待遇人数 指年初至报告期末因工伤或职业病而享受工伤保险待遇的人数。为享受工伤医疗待遇中未评定等级的人数、享受伤残待遇人数以及享受因工死亡待遇人数之和。

3. 基金收入 指根据国家有关规定，由参加工伤保险的单位按国家规定的缴费基数和缴费比例缴纳的工伤保险基金，以及通过其他形式取得的形成基金来源的款项。包括：单位缴纳的社会统筹基金收入、财政补贴收入、利息收入、其他收入。

4. 基金支出 指按照国家政策规定的开支范围和开支标准从工伤保险基金中支付给参加工伤保险的人员及供养直系亲属工伤保险待遇支出及其他支出。包括工伤医疗费、伤残补助金、工亡补助金、护理费、丧葬补助费、工伤预防费用、职业康复费用和其他支出。

5. 基金累计结余 指截止报告期末工伤保险基金累计结余金额。

生育保险

1. 参保人数 指报告期末依据有关规定参加生育保险的人数。

2. 基金收入 指根据国家有关规定，由参加生育保险的单位按照国家规定的缴费基数和缴费比例缴纳的生育保险基金，以及通过其他方式取得的形成基金来源的款项，包括：单位缴纳的基金收入、利息收入和其他收入。

3. 基金支出 指按照国家政策规定的开支范围和开支标准，从生育保险基金中支付给参加生育保险的职工，因妊娠、分娩和计划生育手术而享受的待遇及其他支出。包括：生育津贴、医疗费用支出及其他支出。

4. 基金累计结余 指截止报告期末生育保险基金累计结余金额。

Explanatory Notes on Main Statistical Indicators

Cases Registered and Handled Directly by People's Procuratorate Offices refer to those serious criminal cases that, according to the functional jurisdiction, are registered and handled by the People's Procuratorate Offices, including the ones on bribery and corruption, the ones on abuse and dereliction of duty, offences against citizens' personal and democratic rights by government officials abusing their powers; and that are registered and handled by the provincial Procuratorate offices in relation to other major crimes committed by government officials by abusing their powers.

Key Cases refer to crimes committed by county and director-level officials. This indicator reflects the situation of those county and director-level officials involved in criminal cases registered and handled by People's Procuratorate offices.

Approval for Arrest refers to the decision made by people's procuratorate office, in accordance with the law and relevant facts, to approve the arrest of the suspect(s) as proposed by the public security departments, state security departments or prisons authority. This indicator reflects approved arrests made by people's procuratorate offices that are proposed by related departments.

Decision on Arrest refers to decision made by the people's procuratorate office, in accordance with laws, to arrest the suspect(s) in the cases that are accepted and to be investigated by procurators office. This indicator mainly reflects the implementation of the decision on arrest by people's procuratorate office.

Cases by Public Prosecution refer to those ones that are instituted by People's Procuratorate offices after their examination of such cases transferred by public security organs, national security organs, jail management organs and prosecutorial organs on the bases of the facts found. This indicator reflects the situation of public prosecutions instituted to the people's courts by People's Procuratorate Offices.

Application of Summary Procedure refers to those cases of public prosecution where the suspects might be, according to law, sentenced to fixed-term imprisonment of not more than three years, criminal detention, public surveillance or punishment with fines exclusively by People's Court ;, those cases where the facts are clear and the evidence is sufficient, and for which the People's Procuratorate suggests or agrees to the application of summary procedure; those cases to be handled only upon complaints; and those minor criminal cases prosecuted by the victims with evidence.

Protests Presented refers to those protests presented by local People's Procuratorate at any level who considers that there exists some definite error in a judgment or order of first instance made by a People's Court at the same level to the People's Court at the next higher level, including the protests raised in accordance with the second instance and protests raised in accordance with procedure for trial supervision.

Withdrawal of Protests refers to the actions made by the People's Procuratorate at the next higher level when it considers the protests inappropriate by withdrawing the protests from the People's Court at the same level and notifying the People's Procuratorate at the next lower level.

Case Registration Supervision refers to the actions made by the People's Procuratorate to supervise the registration of criminal cases initiated by investigative authorities, including supervision of the cases which have wrongly not been registered and have wrongly been registered.

Supervision of Case Registration includes both the supervision of those registrations initiated by investigatory authorities and the supervision of those registrations according to notifications after hearing declined reasons for registration.

Supervisory Activities refers to the supervision of the People's Procuratorate over the management of prisons as well as other places of criminal reformation under supervision.

Juvenile Criminals refers to the offenders within the age range of 14 to 25 convicted guilty by the court during the reporting period while those between 14 and 18 are defined as minor offenders.

Administrative Cases refers to the cases filed by citizens, corporations and other organizations against the specific administrative conducts of administrative authorities and handled by the court.

Separate Compensation refers to cases that are separately filed for administrative compensation by the party who has no dispute on the legality of administrative conducts but brings proceedings separately to claim for damages caused by administrative tort.

Notary Personnel refers to people working for notary offices including: directors, deputy directors, notaries, assistant notaries and other people providing assistance.

Notary Documents refer to legally binding judicial notary documents developed at the request of the interested party based on facts and the law following certain legal proceedings.

Number of Labour Disputes Cases Accepted refers to the number of cases of labour disputes submitted that, after being reviewed by the labour dispute arbitration committees in line with the relevant national regulations, are accepted and registered for treatment.

Basic Pension Insurance for Urban Staff and Workers

1. Number of staff and workers covered refers to staff and workers participating in the basic pension insurance for urban staff and workers programme according to national laws, regulations and related policies at the end of the reference period, who have already had payment records in social security management agencies, including those who have interrupt payment without terminating the insurance programme. Those who have registered in the programme but with no payment records are not included.

2. Number of retirees participating in the basic pension insurance programme refers to the number of retirees participating in basic pension insurance for urban staff and workers programmes by the end of the reference period.

3. Revenue of the basic pension insurance programme refers to payments made by employers and individuals participating in the pension insurance programme in accordance with the basis and proportion stipulated in State regulations, and income from other sources that become source of pension insurance fund, including the premium paid by employers and staff and workers, interest income, subsidies from higher level agencies, income as transfer from subordinate agencies, transferred income, government financial subsidies and other income.

4. Expenditure of basic pension insurance programme refer to payment made on pensions and funeral subsidies to those retired and resigned people covered in pension insurance programmes according to related national policies on scope and standard of expenditure. Also included are expenditure which arises due to shift of the insurance relationship or adjustment of funds among agencies. More specifically, included are pensions for resigned people, pensions for retired people, pension for people quitting jobs, various subsidies, medical fees, funeral subsidies, compensation payments, management fees for social security agencies, expenses on subsidies to lower subordinates, expenses as transfer to agencies at higher level, transferred expenditure and other expenditure.

5. Balance of basic pension insurance programme refers to the balance of basic pension insurance funds at the end of the reference period after deducting expenses from revenue.

Basic Pension Insurance for Urban and Rural Residents

1. Number of participants refers to people participating in the basic pension insurance for urban and rural residents programme who registered with the participation and established payment records, and who registered with the participation when they were aged 60 years or above. Those who cancelled their registration are not included.

2. Number of Participants Who Have Reached Prescribed Age of Benefit Entitlement refers to the people who, at the end of the reference period, were 60 years old or above and ratified by the insurance programme as qualified for benefit entitlement among the participants.

3. Revenue of the insurance programme refers to the revenue from the payments made, in accordance with related regulations of the government, by individuals participating in the basic pension insurance for urban and rural residents programme and from the subsidies contributed by their work units, public finance and other sources. It includes the payment by individual participants, subsidies of their work units, subsidies from the public finance, interest income, transferred income, subsidies from higher levels, contributions from lower levels, and income from other sources.

4. Expenditure of the insurance programme refers to payment made to those covered in the basic pension insurance for urban and rural residents programmes according to related national policies on scope and standard of expenditure. Also included are expenditures which arise due to movement of participants among different locations. It includes the payment to the individual participants, transferred expenditures, expenses on subsidies to lower subordinates, expenses as transfer to agencies at higher level, and other expenditures.

5. Balance of insurance programme refers to the balance of basic pension insurance funds for urban and rural residents at the end of the reference period after deducting expenses from revenue.

Basic Medical Care Insurance

1. Number of people participating in the insurance programme refers to people participating in the basic medical care insurance programme according to related regulations at the end of the reference period.

2. Revenue of the insurance programme refers to payments made by employers and individuals participating in the medical care insurance programme in accordance with the basis and proportion stipulated in State regulations, and income from other sources that become source of medical insurance fund, including income paid by units, individual paid income, financial assistance's income (including individual income from medicaid), financial subsidies' income, interest income and other income.

3. Expenditure of the insurance programme refers to payment made to people covered in basic medical care insurance programme within the scope and standards of expenditure according to related national policies, and medical care payment and other expenses, including medical expenses of hospital inpatients, medical expenses for outpatients and emergency patients, payment from individual accounts and other expenditure.

4. Balance of the basic medical care insurance programme refers to the balance of medical care insurance funds at the end of the reference period.

Unemployment Insurance

1. Number of people covered refers to staff and workers in urban enterprises or institutions who have participated in the unemployment insurance programme according to relevant policies and regulations, and other people who have participated according to local government regulations at the end of the reference period.

2. Revenue of the unemployment insurance programme refers to the total unemployment insurance funds raised in the reference period, including unemployment insurance premium, interest income, financial subsidies, other income, transferred income, subsidies from higher level agencies and income as transfer from subordinate agencies.

3. Expenditure of the unemployment insurance programme refers to total expenses during the reference period to guarantee the basic livelihood of unemployed people, and to encourage their re-employment. Included are unemployment relief, medical fees, funeral subsidies, compensation payments, training expenses, management fees for unemployment insurance agencies, subsidies to lower level agencies, expenses as transfer to higher level agencies, transferred expenditure and other expenditure.

4. Balance of the unemployment insurance programme refers to the balance of revenue of the programme after deducting expenses at the end of the reference period.

Work Injury Insurance

1. Number of people covered refers to staff and workers who have participated in the work injury insurance programme and number of employees in private business according to relevant national regulations at the end of the reference period.

2. Number of beneficiaries refers to number of people benefited from work injury insurance, as a result of work injury or occupational disease. It is the sum of beneficiaries from the work injury medical treatment without rating, disabilities and deaths at work places.

3. Revenue of the work injury insurance programme refers to payments made by employers participating in the work injury insurance programme in accordance with the basis and proportion stipulated in State regulations, and income from other sources that become source of work injury insurance fund, including income of social comprehensive funds paid by employers, government financial subsidies, interest income and other income.

4. Expenditure of the work injury insurance programme refers to payments made from work injury insurance funds to those who participated in the work injury insurance programme and their direct dependents within the scope and standards of expenditure according to related national policies, and other expenditure, including medical fees for work injury, injury and disability subsidies, death subsidies, nursing fees, funeral subsidies, injury prevention fees, occupational rehabilitation fees and other expenditure.

5. Balance of the work injury insurance programme refers to the balance of the work injury funds at the end of the reference period.

Maternity Insurance

1. Number of people covered refers to people who have participated in the maternity insurance programme according to relevant regulation at the end of the reference period.

2. Revenue of maternity insurance refers to payments made by employers participating in the maternity insurance programme in accordance with the basis and proportion stipulated in State regulations, and income from other sources that become source of maternity insurance fund, including income of funds paid by employers, interest income and other income.

3. Expenditure of the maternity insurance programme refers to payments made from maternity insurance funds to staff and workers who participate in the maternity insurance programme within the scope and standards of expenditure in accordance with related national policies, expenses paid for pregnancy, child delivery or surgeries related to family planning, and other expenditure, including allowance for child bearing, medical fees and other expenditure.

4. Balance of the maternity programme refers to the balance of the maternity insurance funds at the end of the reference period.

25

城市、农村和区域发展

Urban, Rural and Regional Development

简 要 说 明

一、本篇资料的主要内容

本篇资料反映我国农村、城市、民族自治地方、分区域社会经济发展等基本情况。

二、本篇的资料来源

农村基本情况由国家统计局农村社会经济调查司根据《农林牧渔业统计调查制度》、《县域社会经济基本情况统计报表制度》的有关资料整理提供。

全国城市分布情况及省会城市和计划单列市主要经济指标由各省、自治区、直辖市统计局及城市社会经济调查司依据国家统计局制定的《城市社会经济基本情况统计报表制度》收集整理提供。

城市、县及乡公用事业基本情况及综合水平指标部分的资料由住房和城乡建设部根据其《城市建设统计报表制度》汇总整理提供。

城市公共交通统计资料由交通运输部根据其《城市（县城）客运统计报表制度》中相关报表汇总整理提供。

民族自治地方及少数民族统计资料根据国家民委和国家统计局联合布置的民族自治地方国民经济和社会发展统计报表制度，由有民族自治地方的20个省、自治区、直辖市民委和统计局共同组织实施。

按区域分国民经济和社会发展指标数据均来自本年鉴各专业分省数据，反映东部、中部、西部及东北地区社会经济发展情况。

三、本篇资料的统计范围与统计口径

涉及城市公用事业情况的部分由住房和城乡建设部提供，其执行范围是全国所有设市城市；统计口径为全社会，即在设市城市范围内所有的城市规划管理、投资、建设或经营管理相关设施的单位。

民族自治地方及少数民族统计资料统计范围是5个民族自治区、30个自治州、120个自治县（旗）辖区内的全部单位，全国汇总时不重复计算。统计调查方法为全面调查。另外，全国民族自治地方卫生情况由卫生部提供。民族自治地方行政区划资料是根据民政部编辑的《行政区划简册》汇总整理。

Brief Introduction

I. Main Contents

Data in this chapter present the social and economic development of rural areas, urban areas, ethnic minority autonomous regions, and eastern, central, western and northeastern provinces.

II. Sources of Data

Data on rural conditions are provided by the Department of Rual Social and Economic Survey of the NBS using data from the *Statistical Survey System on Agricultrual, Forestry, Animal Husbandry and Fishery*; Price and the *Statistical Reporting System on the Basic Condition of Social and Economic Activities of Counties*.

Data on distribution of cities in China and major economic indicators of provincial capitals and cities specially designated in the State plan are collected and prepared by the statistical bureaus of the provinces, autonomous regions and municipalities directly under the Central Government and the Department of Urban Social and Economic Survey of the NBS in accordance with the *Statistical Reporting Form System on the Basic Social and Economic Situation of the Cities and Counties*, which is stipulated by the NBS.

Data on basic conditions and overall level of urban public facilities are collected, prepared and provided by the Ministry of Housing and Urban-Rural Development in line with its *Statistical Reporting Form System on Urban Construction*.

Statistics of urban public transport are provided by Transport Department who collected relevant report forms according to *Urban Construction Statistical Report Forms System*.

III. Scope and Coverage of Statistics

Data on urban public facilities are provided by the Ministry of Housing and Urban-Rural Development, which has responsibility covering all cities. Statistically, the data cover all units under the jurisdiction of cities which are engaged in urban planning and management, investment, construction and operation of relevant facilities.

Data on the ethnic minority autonomous regions and the ethnic minorities covers all units under the jurisdiction of the 5 ethnic minority autonomous regions, 30 autonomous prefectures and 120 autonomous counties. Duplicated counts are excluded in the national tabulation. Methodology of data collection is complete enumeration. In addition, data on the public health of the ethnic minority autonomous regions are provided by the Ministry of Health, and data on the divisions of administrative areas of the ethnic minority autonomous regions are tabulated and prepared in accordance with the *Concise Edition of the Divisions of Administrative Areas* compiled by the Ministry of Civil Affairs.

25-1 全部地级及以上城市数(2013年)
Number of Cities at Prefecture Level and Above (2013)

单位：个 (unit)

地 区	Region	合 计 Total	按城市市辖区年末总人口分组 Grouped by Population in Urban Districts (year-end)					
			400万以上 4 million and over	200-400万 2 million-4 million	100-200万 1 million-2 million	50-100万 0.5 million-1 million	20-50万 0.2 million-0.5 million	20万以下 under 0.2 million
全部地级及以上城市	**Total Cities at Prefecture Level and Above**	**290**	**14**	**33**	**86**	**103**	**52**	**2**
北 京	Beijing	1	1					
天 津	Tianjin	1	1					
河 北	Hebei	11		2	2	6	1	
山 西	Shanxi	11		1	1	7	2	
内蒙古	Inner Mongolia	9			3	3	3	
辽 宁	Liaoning	14	1	1	2	9	1	
吉 林	Jilin	8		1	1	3	3	
黑龙江	Heilongjiang	12	1		2	7	2	
上 海	Shanghai	1	1					
江 苏	Jiangsu	13	1	7	4	1		
浙 江	Zhejiang	11	1	2	3	4	1	
安 徽	Anhui	16		2	7	5	2	
福 建	Fujian	9		1	3	1	4	
江 西	Jiangxi	11		1	2	5	3	
山 东	Shandong	17		5	8	4		
河 南	Henan	17	1		7	7	2	
湖 北	Hubei	12	1	1	3	5	2	
湖 南	Hunan	13		1	4	6	2	
广 东	Guangdong	21	2	3	9	5	2	
广 西	Guangxi	14		1	6	4	3	
海 南	Hainan	3			1	1		1
重 庆	Chongqing	1	1					
四 川	Sichuan	18	1		11	6		
贵 州	Guizhou	6		1	1	2	2	
云 南	Yunnan	8		1		3	3	1
西 藏	Tibet	1					1	
陕 西	Shaanxi	10	1		2	6	1	
甘 肃	Gansu	12		1	2	3	6	
青 海	Qinghai	2			1		1	
宁 夏	Ningxia	5			1		4	
新 疆	Xinjiang	2		1			1	

注：本表为公安部的户籍人口数(下表同)。
a) Population at year-end refer to household registrations, which are from the Ministry of Public Security. The same applies to the table following.

25-2 省会城市和计划单列市主要经济指标（2013年）
Main Economic Indicators of Provincial Capitals and Cities Specially Designated in the State Plan (2013)

包括市辖县。
Counties under the jurisdiction of city governments are included.

城市名称	City	年末总人口（万人）Total Population (year-end) (10 000 persons)	地区生产总值（当年价格）（亿元）Gross Regional Product (Current Prices) (100 million yuan)	第一产业 Primary Industry	第二产业 Secondary Industry	第三产业 Tertiary Industry	客运量（万人）Passenger Traffic (10 000 persons)	货运量（万吨）Freight Traffic (10 000 tons)
北京	Beijing	1316	19500.6	161.8	4352.3	14986.4	71056	25865
天津	Tianjin	1004	14370.2	188.5	7276.7	6905.0	29518	50322
石家庄	Shijiazhuang	1003	4863.7	488.7	2359.5	2015.5	13573	35893
太原	Taiyuan	367	2412.9	38.6	1052.1	1322.2	5530	15342
呼和浩特	Hohhot	234	2710.4	134.7	866.7	1708.9	3230	17971
沈阳	Shenyang	727	7158.6	321.6	3698.9	3138.0	24483	21491
大连	Dalian	591	7650.8	477.6	3892.0	3281.2	13293	40557
长春	Changchun	753	5003.2	332.0	2658.7	2012.5	11866	9574
哈尔滨	Harbin	995	5017.0	587.1	1743.9	2686.0	13191	11138
上海	Shanghai	1432	21602.1	129.3	8027.8	13445.1	19117	91352
南京	Nanjing	643	8011.8	204.6	3450.6	4356.6	15616	29099
杭州	Hangzhou	707	8343.5	265.4	3662.0	4416.1	36409	30734
宁波	Ningbo	580	7128.9	276.3	3741.7	3110.8	26354	36145
合肥	Hefei	712	4672.9	247.2	2583.8	1842.0	40107	39131
福州	Fuzhou	655	4678.5	402.3	2133.6	2142.6	19524	19540
厦门	Xiamen	197	3018.2	26.0	1434.8	1557.4	14813	15739
南昌	Nanchang	510	3336.0	157.2	1850.5	1328.3	11758	10534
济南	Jinan	613	5230.2	284.7	2053.2	2892.2	12739	17763
青岛	Qingdao	774	8006.6	352.4	3641.4	4012.8	27428	31318
郑州	Zhengzhou	919	6201.9	147.0	3470.5	2584.4	38643	29307
武汉	Wuhan	822	9051.3	335.4	4396.2	4319.7	29620	44529
长沙	Changsha	663	7153.1	294.6	3947.0	2911.6	37922	27862
广州	Guangzhou	832	15420.1	228.9	5227.4	9963.9	89269	88289
深圳	Shenzhen	310	14500.2	5.2	6296.8	8198.1	201722	29617
南宁	Nanning	724	2803.5	349.9	1110.9	1342.7	8394	32358
海口	Haikou	163	904.6	58.1	217.0	629.5	45538	12168
重庆	Chongqing	3358	12656.7	1016.7	6397.9	5242.0	171388	97404
成都	Chengdu	1188	9108.9	353.2	4181.5	4574.2	124059	43328
贵阳	Guiyang	379	2085.4	81.5	848.6	1155.3	60430	21281
昆明	Kunming	547	3415.3	169.7	1537.1	1708.5	17387	28173
拉萨	Lhasa	60	304.9	11.7	107.6	185.6	1124	689
西安	Xi'an	807	4884.1	217.8	2117.7	2548.7	38289	50119
兰州	Lanzhou	369	1776.3	49.1	820.4	906.7	4837	10531
西宁	Xining	227	978.5	36.1	514.5	427.9	5402	3273
银川	Yinchuan	173	1289.0	55.4	688.6	545.0	4042	15277
乌鲁木齐	Urumqi	263	2202.9	26.3	875.1	1301.4	5427	20135

25-2 续表 1 continued

城市名称	City	公共财政收入 (万元) Budgetary Revenue of Local Governments (10 000 yuan)	公共财政支出 (万元) Budgetary Expenditure of Local Governments (10 000 yuan)	固定资产投资总额 (万元) Total Investment in Fixed Assets (10 000 yuan)	城乡居民储蓄存款年末余额 (万元) Balance of Savings Deposit of Urban and Rural Residents at Year-end (10 000 yuan)	在岗职工平均工资 (元) Average Wage of Staff and Workers (yuan)	年末邮政局(所)数 (处) Number of Postal Offices at Year-end (unit)	年末固定电话用户数 (万户) Number of Subscribers of Fixed Telephones at Year-end (10 000 subscribers)
北　　京	Beijing	36611097	41736563	69826696	229043566	93960.0	918	868.0
天　　津	Tianjin	20790716	25492061	100910313	76123070	68820.0	850	353.0
石 家 庄	Shijiazhuang	3151233	5229442	41862462	41575970	43712.0	205	162.0
太　　原	Taiyuan	2473261	3191090	16707390	33079851	51161.0	140	126.0
呼和浩特	Hohhot	1820177	2948353	15048258	14146189	48797.0	107	81.0
沈　　阳	Shenyang	8009997	8812817	63839125	47654786	52389.0	209	269.0
大　　连	Dalian	8501646	10835360	64781048	44837717	58946.0	235	253.0
长　　春	Changchun	3818178	6329668	32575210	31071578	52220.0	202	183.0
哈 尔 滨	Harbin	4022808	7097811	49400101	35935628	47150.0	352	258.0
上　　海	Shanghai	41095087	45286106	56441312	211856900	91453.0	544	869.0
南　　京	Nanjing	8313076	8509085	50937800	48832900	66222.0	181	306.0
杭　　州	Hangzhou	9452020	8557370	42638732	63397531	64958.0	269	335.0
宁　　波	Ningbo	7928080	9398939	34229529	45623634	63362.0	280	298.0
合　　肥	Hefei	4386226	6308885	46854411	23557723	54177.0	177	177.0
福　　州	Fuzhou	4539690	5338424	38342181	32966518	53420.0	232	214.0
厦　　门	Xiamen	4905996	5167402	13372572	19501009	61754.0	90	174.0
南　　昌	Nanchang	2919097	4193652	28968649	20511635	46892.0	157	127.0
济　　南	Jinan	4820722	5193190	26383337	32677800	55840.0	215	180.0
青　　岛	Qingdao	7889313	10142273	50278649	41405946	55334.0	217	236.0
郑　　州	Zhengzhou	7236091	8161571	44002102	44753233	45066.0	238	243.0
武　　汉	Wuhan	17306543	11228838	59745272	51174300	53684.0	268	294.0
长　　沙	Changsha	5366331	7018238	45933871	34829700	56215.0	254	195.0
广　　州	Guangzhou	11418044	13861349	44545508	124966918	73678.0	244	552.0
深　　圳	Shenzhen	17312618	16908280	25010091	92893700	77721.0	797	490.0
南　　宁	Nanning	2562469	4183976	24326855	23211576	49806.0	193	109.0
海　　口	Haikou	867324	1319978	6493348	10620955	45058.0	58	62.0
重　　庆	Chongqing	16932438	30622648	110607443	96223099	50962.0	1684	580.0
成　　都	Chengdu	8985395	11617542	65010801	81515890	84724.0	460	412.0
贵　　阳	Guiyang	2772077	3936020	30303811	18271371	50654.0	184	102.0
昆　　明	Kunming	4507534	5857610	29315032	33552805	51119.0	301	164.0
拉　　萨	Lhasa	501616	1319166	3302334		69403.0	44	21.0
西　　安	Xi'an	5019751	7298119	50552171	53570459	54388.0	279	305.0
兰　　州	Lanzhou	1244956	2423426	13168629	20215573	49424.0	146	86.0
西　　宁	Xining	671138	2075698	9052938	9725048	176560.0	222	66.0
银　　川	Yinchuan	1345999	2205311	11319781	10152220	56565.0	97	51.0
乌鲁木齐	Urumqi	3019047	3532024	12715924	18963048	56680.0	181	147.0

25-2 续表 2 continued

城市名称	City	社会消费品零售总额（万元） Total Retail Sales of Consumer Goods (10 000 yuan)	货物进出口总额（万美元） Total Value of Import and Export (10 000 USD)	年末实有公共(汽)电车营运车辆数（辆） Number of Public Vehicles under Operation at Year-end (unit)	剧场、影剧院（个） Number of Theaters and Music Halls, Cinemas (unit)	普通高等学校在校学生数（人） Total Enrollment of Regular Institutions of Higher Education (person)	医院、卫生院（个） Hospitals and Health Centers (unit)	执业(助理)医师（人） Licensed (Assistant) Doctors (person)	工业废水排放量（万吨） Total Volume of Industrial Waste Water Discharged (10 000 tons)
北　京	Beijing	83751191	42994170	23592	272	589234	647	85819	9486
天　津	Tianjin	44704286	12852818	9670	29	489919	482	32059	18692
石家庄	Shijiazhuang	19723521	1399873	4552	20		394	27059	27753
太　原	Taiyuan	12814594	916349	2824	19	378728	244	18913	4085
呼和浩特	Hohhot	11423591	159856	3643	14	229258	155	5394	2082
沈　阳	Shenyang	31860936	1432870	5510	45	383543	314	23392	8533
大　连	Dalian	25265048	6882277	5037	6	276275	216	17487	26154
长　春	Changchun	19700410	2041649	4724	30	401823	299	18464	5482
哈尔滨	Harbin	27282938	654323	5990	80	492382	446	22372	4487
上　海	Shanghai	80520011	44139809	16717	116	504771	629	46250	45400
南　京	Nanjing	35317285	5575728	6946	54	807450	208	20662	25291
杭　州	Hangzhou	35311732	6507102	8249	60	471820	301	29686	39186
宁　波	Ningbo	26357078	10032895	4454	48	148954	219	19949	19666
合　肥	Hefei	14808408	1818971	3854	41	443401	481	16353	6018
福　州	Fuzhou	26817155	3142949	4310	31	318343	230	16880	4682
厦　门	Xiamen	9745064	8409432	3880	5	152546	53	8669	27256
南　昌	Nanchang	11327693	972233	3484	9	520148	181	11369	10602
济　南	Jinan	27433506	956606	4652	25	727227	255	22752	8596
青　岛	Qingdao	29868133	7791217	6179	40	300246	285	24113	10641
郑　州	Zhengzhou	25864155	4274948	5745	14	747637	317	20471	11837
武　汉	Wuhan	39166000	2175181	7594	115	966438	242	27767	14700
长　沙	Changsha	28019735	989253	4157	16	573447	279	22936	4049
广　州	Guangzhou	68828473	11888848	13010	54	983051	253	39694	22558
深　圳	Shenzhen	44335936	53735903	30590		82401	119	25358	12012
南　宁	Nanning	14508367	442117	2710	18	441524	205	17772	9752
海　口	Haikou	4900518	513951	1624	9	146231	65	6454	824
重　庆	Chongqing	45997683	6870410	12088	12	707610	1502	55221	33450
成　都	Chengdu	37528793	5058494	10176	21	701701	724	45861	10524
贵　阳	Guiyang	7856629	631806	2286	5	325347	243	12719	2262
昆　明	Kunming	17022979	1742216	4877	7	386097	365	22128	4808
拉　萨	Lhasa	1441086	320515	317	4	19059	274	1661	333
西　安	Xi'an	25480235	1798246	8128	49	752682	381	23885	8973
兰　州	Lanzhou	8438727	405671	2696	18	464824	165	11349	4910
西　宁	Xining	3174604	124115	1885	9	63918	109	7003	2798
银　川	Yinchuan	3480615	241065	1942	12	92469	92	6429	6194
乌鲁木齐	Urumqi	9700498	779767	4149	4	146066	167	13100	4889

注：年末实有公共(汽)电车营运车辆数不包括市辖县。

a) Number of public vehicles under operation at year-end does not include that of counties under the jurisdiction of city governments.

25-3 城市公用事业基本情况
Basic Statistics on City Public Utilities

本表各项指标按全社会范围计算。
Data have covered the public utilities of all city units.

项目	Item	1990	1995	2000	2010	2012	2013
城市建设	**City Areas and Floor Space of Buildings**						
城区面积 (平方公里)	Urban Area (sq.km)	1165970	1171698	878015	178692	183039	183416
建成区面积 (平方公里)	Area of Built Districts (sq.km)	12856	19264	22439	40058	45566	47855
城市建设用地面积 (平方公里)	Area of Land Used for Urban Construction (sq.km)	11608	22064	22114	39758	45751	47109
城市人口密度 (人/平方公里)	Population Density of City Districts (persons/sq.km)	279	322	442	2209	2307	2362
城市供水、燃气及集中供热	**Water Supply, Gas Supply and Heating**						
全年供水总量 (亿立方米)	Annual Volume of Tap Water Supply(100 million cu.m)	382.3	481.6	469.0	507.9	523.0	537.3
#生活用水	Water Consumption for Residential Use	100.1	158.1	200.0	238.8	257.2	267.6
人均生活用水 (吨)	Per Capita Water Consumption for Residential Use(ton)	67.9	71.3	95.5	62.6	62.7	63.3
用水普及率 (%)	Coverage Rate of Urban Population with Access to Tap Water (%)	48.0	58.7	63.9	96.7	97.2	97.6
人工煤气供气量 (亿立方米)	Gaswork Gas Supply (100 million cu.m)	174.7	126.7	152.4	279.9	77.0	62.8
#家庭用量	Consumption of Gaswork Gas for Residential Use	27.4	45.7	63.1	26.9	21.5	16.8
天然气供气量 (亿立方米)	Natural Gas Supply (100 million cu.m)	64.2	67.3	82.1	487.6	795.0	901.0
#家庭用量	Consumption of Natural Gas for Residential Use	11.6	16.4	24.8	117.2	155.8	185.4
液化石油气供气量 (万吨)	Liquefied Petroleum Gas (10 000 tons)	219.0	488.7	1053.7	1268.0	1114.8	1109.7
#家庭用量	Consumption of Liquefied Gas for Residential Use	142.8	370.2	532.3	633.9	608.1	613.1
供气管道长度 (万公里)	Length of Gas Pipelines (10 000 km)	2,4	4.4	8.9	30.9	38.9	43.2
燃气普及率 (%)	Coverage Rate of Urban Population with Access to Gas(%)	19.1	34.3	45.4	92.0	93.2	94.3
集中供热面积 (亿平方米)	Area of Centralized Heating (100 million sq.m)	2.1	6.5	11.1	43.6	51.8	57.2
城市市政设施	**Municipal Infra-structure**						
年末实有道路长度 (万公里)	Length of Paved Roads at Year-end (10 000 km)	9.5	13.0	16.0	29.4	32.7	33.6
每万人拥有道路长度 (公里)	Length of Paved Roads Per 10 000 Persons (km)	3.1	3.8	4.1	7.5	7.7	7.8
年末实有道路面积(亿平方米)	Area of Paved Roads at Year-end (100 million sq.m)	10.2	16.5	23.8	52.1	60.7	64.4
人均拥有道路面积 (平方米)	Per Capita Area of Paved Roads (sq.m)	3.1	4.4	6.1	13.2	14.4	14.9
城市排水管道长度 (万公里)	Length of City Sewage Pipes (10 000 km)	5.8	11.0	14.2	37.0	43.9	46.5
城市公共交通	**Public Traffic**						
年末公共交通车辆运营数(万辆)	Number of Public Vehicles under Operation at Year-end (Buses and Trolley Buses, etc.) (10 000 units)	6.2	13.7	22.6	38.3	43.2	46.1
每万人拥有公交车辆 (标台)	Number of Public Transportation Vehicles Per 10 000 Persons (unit)	2.2	3.6	5.3	11.2	12.1	12.8
出租汽车数 (万辆)	Taxis (10 000 units)	11.1	50.4	82.5	98.6	102.7	105.4
城市绿化和园林	**City Greening**						
城市绿地面积 (万公顷)	Area of Green Land (10 000 hectares)	47.5	67.8	86.5	213.4	236.8	242.7
人均公园绿地面积 (平方米)	Per Capita Area of Parks and Green Land (sq.m)	1.8	2.5	3.7	11.2	12.3	12.6
公园个数 (个)	Number of Parks and Zoos (unit)	1970	3619	4455	9955	11604	12401
公园面积 (万公顷)	Area of Parks (10 000 hectares)	3.9	7.3	8.2	25.8	30.6	33.0
城市环境卫生	**Environmental Sanitation**						
生活垃圾清运量 (万吨)	Volume of Garbage Disposal (10 000 tons)	6767	10671	11819	15805	17081	17239
粪便清运量 (万吨)	Volume of Disposal of Excrement and Urine (10 000 tons)	2385	3066	2829	1951	1812	1682
每万人拥有公厕 (座)	Number of Public Toilets per 10 000 Persons (unit)	3.0	3.0	2.7	3.0	2.9	2.8

注：1.2006年以前“城区面积”为“城市面积”。
2.计算人均和普及率指标所使用的人口数2006年以前为城市人口，2006年起为城区人口与城区暂住人口之和，以公安部门的户籍统计和暂住人口统计为准。

a) Before 2006, Urban Area is the area of the city proper.
b) Per capita data and coverage rate are calculated on the basis of urban population before 2006. Since 2006, those indicators are calculated on the basis of the sum of districts area population and temporarily residing population, which are provided by the Ministry of Public Security.

25-4 分地区城市建设情况（2013年）
Statistics on City Construction by Region (2013)

地 区	Region	城区面积 (平方公里) Urban Area (sq.km)	建成区面积 (平方公里) Area of Built Districts (sq.km)	城市建设用地面积 (平方公里) Area of Land Used for Urban Construction (sq.km)	本年征用土地面积 (平方公里) Land Put in Requisition for State Construction Projects (sq.km)	城市人口密度 (人/平方公里) Population Density of Urban Area (persons/sq.km)
全 国	**National Total**	**183416.1**	**47855.3**	**47108.5**	**1831.6**	**2362**
北 京	Beijing	12187.0	1306.5	1504.8	34.9	1498
天 津	Tianjin	2334.5	747.3	736.4	41.1	2843
河 北	Hebei	6477.9	1787.2	1651.5	28.9	2483
山 西	Shanxi	2998.8	1040.7	972.7	25.9	3526
内蒙古	Inner Mongolia	8355.9	1206.2	1187.5	16.6	1059
辽 宁	Liaoning	13973.9	2386.5	2407.6	105.4	1663
吉 林	Jilin	3596.3	1344.0	1264.0	40.3	3135
黑龙江	Heilongjiang	2765.7	1758.4	1763.7	19.9	4922
上 海	Shanghai	6340.5	998.8	2915.6	35.5	3809
江 苏	Jiangsu	14307.6	3809.6	3874.5	175.2	2016
浙 江	Zhejiang	10991.7	2399.2	2413.2	140.5	1818
安 徽	Anhui	5852.0	1777.3	1763.2	137.4	2359
福 建	Fujian	4298.7	1263.2	1175.0	86.9	2570
江 西	Jiangxi	2113.5	1151.4	1086.2	97.6	4542
山 东	Shandong	21635.3	4187.5	3828.3	100.1	1361
河 南	Henan	4658.0	2289.1	2143.6	41.4	4982
湖 北	Hubei	7348.7	2006.7	2062.1	108.3	2505
湖 南	Hunan	4312.2	1505.0	1444.7	64.4	3317
广 东	Guangdong	16136.5	5232.1	4000.6	84.7	3066
广 西	Guangxi	6103.6	1153.6	1099.4	102.0	1543
海 南	Hainan	1265.0	296.0	288.1	5.1	1946
重 庆	Chongqing	6133.9	1114.9	920.6	81.5	1847
四 川	Sichuan	6432.9	2058.1	2003.7	75.9	2900
贵 州	Guizhou	1828.3	695.4	600.7	12.5	3406
云 南	Yunnan	3337.3	935.8	790.7	66.5	2415
西 藏	Tibet	339.0	120.3	111.1		1820
陕 西	Shaanxi	1555.0	915.0	885.0	21.5	5541
甘 肃	Gansu	1450.1	726.7	657.8	36.3	3916
青 海	Qinghai	559.8	157.4	149.4	7.1	2924
宁 夏	Ningxia	2106.2	420.7	356.7	6.8	1253
新 疆	Xinjiang	1620.2	1064.9	1050.5	31.8	4361

25-5 分地区城市供水情况（2013年）

Basic Statistics on Tap Water Supply in Cities by Region (2013)

地 区	Region	年末供水综合生产能力（万立方米/日）Production Capacity of Tap Water Supply (year-end) (10 000 cu.m/day)	年末供水管道长度（公里）Length of Water Supply Pipelines (year-end) (km)	全年供水总量（万立方米）Total Annual Volume of Water Supply (10 000 cu.m)	#生活用水 For Residential Use	#生产用水 For Productive Use	用水人口（万人）Number of Residents with Access to Tap Water (10 000 persons)	人均日生活用水量（升）Per Capita Daily Consumption of Tap Water for Residential Use (liter)
全 国	**National Total**	**28373.4**	**646413**	**5373022**	**2676463**	**1617412**	**42261.4**	**173.5**
北 京	Beijing	2554.5	32581	187477	131134	27806	1825.1	196.9
天 津	Tianjin	453.5	13411	78631	34479	30794	663.7	142.3
河 北	Hebei	887.8	15207	170173	73751	63945	1606.3	125.8
山 西	Shanxi	434.6	9176	84037	42116	30754	1037.8	111.2
内蒙古	Inner Mongolia	378.1	10290	71578	30283	28153	851.2	97.5
辽 宁	Liaoning	1320.2	33118	278710	107811	98206	2295.0	128.7
吉 林	Jilin	730.8	10608	107419	46084	30392	1058.2	119.3
黑龙江	Heilongjiang	798.1	13207	145192	56598	58701	1299.4	119.3
上 海	Shanghai	1124.0	36217	319072	169254	54228	2415.2	192.0
江 苏	Jiangsu	2902.6	75988	489286	220130	194884	2875.2	209.8
浙 江	Zhejiang	1675.5	49298	304982	140214	115966	1997.4	192.3
安 徽	Anhui	1074.0	20450	161140	82388	49071	1358.5	166.2
福 建	Fujian	721.9	15889	159302	72510	47974	1098.4	180.9
江 西	Jiangxi	444.5	13524	103480	59569	16066	938.1	174.0
山 东	Shandong	1701.9	43944	331898	144835	140888	2940.8	134.9
河 南	Henan	1047.3	19954	188711	82258	73100	2138.6	105.4
湖 北	Hubei	1336.6	27794	261815	141705	61030	1807.3	214.8
湖 南	Hunan	991.0	18208	190166	108712	39456	1385.3	215.0
广 东	Guangdong	3496.5	92361	815410	425963	208926	4822.0	242.0
广 西	Guangxi	684.2	15196	161657	79096	61948	903.4	239.9
海 南	Hainan	152.2	3680	40835	19700	6983	242.1	222.9
重 庆	Chongqing	491.2	10619	104996	61313	25977	1090.5	154.0
四 川	Sichuan	871.4	24832	195829	120879	40645	1711.8	193.5
贵 州	Guizhou	240.7	7845	51339	32158	7315	578.2	152.4
云 南	Yunnan	350.1	8672	72147	37454	15477	789.1	130.0
西 藏	Tibet	34.0	856	11953	7206	1726	59.8	330.0
陕 西	Shaanxi	370.8	6175	88990	54500	20432	831.6	179.5
甘 肃	Gansu	372.1	4974	55059	27602	20790	531.9	142.2
青 海	Qinghai	95.0	2081	24564	10632	9467	162.2	179.6
宁 夏	Ningxia	145.1	2117	29174	13454	11541	254.7	144.7
新 疆	Xinjiang	493.3	8142	87999	42675	24772	693.0	168.7

25-6 分地区城市燃气情况（2013年）
Basic Statistics on Supply of Gas in Cities by Region (2013)

地 区	Region	人工煤气生产能力（万立方米/日）Production Capacity of Gaswork Gas (10 000 cu.m/day)	管道长度（公里）Length of Gas Pipelines (km)			全年供气总量 Volume of Gas Supply			用气人口（万人）Population with Access to Gas (10 000 persons)		
			人工煤气 Coal Gas	天然气 Natural Gas	液化石油气 Liquefied Petroleum Gas	人工煤气（万立方米）Coal Gas (10 000 cu.m)	天然气（万立方米）Natural Gas (10 000 cu.m)	液化石油气（吨）Liquefied Petroleum Gas (ton)	人工煤气 Coal Gas	天然气 Natural Gas	液化石油气 Liquefied Petroleum Gas
全 国	**National Total**	**2284.2**	**30467**	**388473**	**13437**	**627989**	**9009904**	**11097298**	**1943.0**	**23783.4**	**15102.0**
北 京	Beijing			19650	414		989484	472980		1398.6	426.5
天 津	Tianjin			14963	184		281885	49490		651.0	12.7
河 北	Hebei	88.1	3216	11767	326	71058	244012	183591	180.9	1059.0	342.2
山 西	Shanxi	51.7	4355	6064	386	56556	233051	74399	101.8	768.7	145.6
内蒙古	Inner Mongolia	164.0	507	5990	217	3500	104732	69174	40.2	458.7	278.9
辽 宁	Liaoning	335.6	5567	12426	670	59264	97745	495244	573.6	1021.2	639.4
吉 林	Jilin	80.0	1858	5872	88	16575	85834	181420	179.0	423.9	428.1
黑龙江	Heilongjiang	122.8	772	7213	22	8443	111136	218023	89.5	672.6	402.8
上 海	Shanghai	347.4	2962	23156	516	59346	690885	397314	112.4	1447.3	855.5
江 苏	Jiangsu	38.0	270	50187	906	3940	765869	700765	9.0	1906.6	956.6
浙 江	Zhejiang	1.8	112	22813	3106	500	230091	821658	4.3	840.1	1149.6
安 徽	Anhui			15380	259		199095	619620		975.9	351.5
福 建	Fujian	8.0	310	7008	198	2927	112446	277846	19.9	346.9	725.4
江 西	Jiangxi	117.3	1180	7115	160	36049	56127	223399	32.2	429.8	450.9
山 东	Shandong	12.9	345	36672	759	9210	610755	484287	28.0	2085.8	819.1
河 南	Henan	226.1	1051	16591	19	60052	288625	227208	43.1	1307.5	551.8
湖 北	Hubei			17815	267		285324	361641		1106.2	644.0
湖 南	Hunan		440	10167		2765	199746	195167	32.0	639.8	643.1
广 东	Guangdong			21778	4309		1231702	3889033		1380.3	3412.9
广 西	Guangxi	10.6	450	2859	85	4533	22234	309475	46.8	241.8	592.8
海 南	Hainan			1952	18		25280	91151		110.8	122.0
重 庆	Chongqing			13501			324336	87922		955.2	99.5
四 川	Sichuan	511.0	564	28368	201	165003	590236	183581	50.0	1492.1	130.8
贵 州	Guizhou	102.0	2948	854	135	23788	16078	71027	126.6	129.4	210.1
云 南	Yunnan	10.0	3048	828	111	40535	2286	196004	247.7	37.8	290.9
西 藏	Tibet			552			127500	20394		5.0	18.9
陕 西	Shaanxi			9335			238667	32732		712.9	94.9
甘 肃	Gansu	10.8	400	1900		1722	134044	73971	17.8	275.7	162.0
青 海	Qinghai			1035			118969	5366		123.1	15.6
宁 夏	Ningxia		42	3674		132	210854	18444	3.2	177.7	54.2
新 疆	Xinjiang	46.0	71	10986	81	2090	380880	64973	5.0	602.1	73.8

25-7 分地区城市集中供热情况（2013年）
Basic Statistics on Heating in Cities by Region (2013)

地 区	Region	供热能力 Heating Capacity		供热总量 Quantity of Heat Supplied		管道长度 Length of Heating Pipelines		供热面积（万平方米）
		蒸 汽（吨/小时） Steam (ton/hour)	热 水（兆瓦） Hot Water (Mega Watts)	蒸 汽（万吉焦） Steam (10 000 gigajoules)	热 水（万吉焦） Hot Water (10 000 gigajoules)	蒸 汽（公里） Steam (km)	热 水（公里） Hot Water (km)	Area of Centralized Heating (10 000 sq.m)
全 国	**National Total**	**84362**	**403542**	**53242**	**266462**	**12259**	**165877**	**571677**
北 京	Beijing	300	38585	168	33960	44	11192	54591
天 津	Tianjin	3717	21572	1827	11284	566	17423	32897
河 北	Hebei	6975	27441	5599	17730	1052	10002	50220
山 西	Shanxi	1291	23068	942	16699	56	7424	39826
内蒙古	Inner Mongolia	767	33729	671	22367	164	8401	39020
辽 宁	Liaoning	12787	68631	6521	43494	1357	30493	92109
吉 林	Jilin	1536	40576	387	21660	231	16425	42823
黑龙江	Heilongjiang	4874	42296	2433	32978	423	16384	53804
上 海	Shanghai							
江 苏	Jiangsu							
浙 江	Zhejiang	8039	85	9648	1	1195		7710
安 徽	Anhui	4305	182	3071	40	563	15	2329
福 建	Fujian							
江 西	Jiangxi							
山 东	Shandong	25211	39722	14441	25459	4107	28042	75721
河 南	Henan	6008	8568	3010	3843	1444	3239	15152
湖 北	Hubei	1874	278	963	49	221	10	1745
湖 南	Hunan							
广 东	Guangdong							
广 西	Guangxi							
海 南	Hainan							
重 庆	Chongqing							
四 川	Sichuan							
贵 州	Guizhou		239		130		36	190
云 南	Yunnan							
西 藏	Tibet							
陕 西	Shaanxi	4118	8902	2142	4643	550	1210	15963
甘 肃	Gansu	224	14069	245	12205	112	4260	15437
青 海	Qinghai		348		290		179	451
宁 夏	Ningxia	396	8252	153	4322	26	3052	8236
新 疆	Xinjiang	1940	26997	1021	15308	150	8087	23452

25-8 分地区城市市政设施（2013年）
Basic Statistics on Municipal Infrastructure in Cities by Region (2013)

地 区	Region	年末实有道路长度（公里）Length of Paved Roads (year-end) (km)	年末实有道路面积（万平方米）Area of Paved Roads (year-end) (10 000 sq.m)	城市桥梁（座）Number of City Bridges (unit)	城市排水管道长度（公里）Length of City Sewage Pipes (km)	城市污水日处理能力（万立方米）Daily Disposal Capacity of City Sewage (10 000 cu.m)	城市道路照明灯（千盏）Number of Street Lights (1 000 units)
全 国	**National Total**	**336304**	**644155**	**59530**	**464878**	**14652.7**	**21995.5**
北 京	Beijing	7931	13884	2200	13505	401.0	241.7
天 津	Tianjin	6933	12440	809	18644	261.6	293.9
河 北	Hebei	12632	29304	1361	15869	516.8	672.7
山 西	Shanxi	6649	13614	587	6676	179.8	467.0
内蒙古	Inner Mongolia	8223	17418	369	11208	171.4	855.1
辽 宁	Liaoning	16244	28091	1682	16420	825.1	1557.7
吉 林	Jilin	8388	15344	717	9607	262.1	611.9
黑龙江	Heilongjiang	12102	17899	1029	9583	676.2	585.5
上 海	Shanghai	4865	9932	2335	18809	784.6	509.8
江 苏	Jiangsu	36975	66970	13357	62194	1606.5	2876.6
浙 江	Zhejiang	18777	35633	9508	33501	802.6	1343.2
安 徽	Anhui	12287	27070	1390	21891	600.2	766.2
福 建	Fujian	7808	14799	1777	12289	461.5	650.2
江 西	Jiangxi	6865	14652	607	10573	230.4	574.1
山 东	Shandong	37821	74646	4769	46025	872.2	1687.5
河 南	Henan	11236	26843	1250	18297	537.8	796.1
湖 北	Hubei	17502	29180	1875	20030	581.9	562.3
湖 南	Hunan	10911	19735	743	12050	499.2	621.7
广 东	Guangdong	36762	64864	6018	36098	1760.5	1927.3
广 西	Guangxi	7342	14631	677	8309	642.2	592.1
海 南	Hainan	2144	4608	154	3357	86.4	165.2
重 庆	Chongqing	6221	12723	1244	9497	253.8	324.7
四 川	Sichuan	11866	24700	2123	19519	444.0	881.8
贵 州	Guizhou	3118	5967	537	5260	188.5	367.7
云 南	Yunnan	5229	9906	665	6064	233.7	386.8
西 藏	Tibet	407	814	10	546	5.0	19.8
陕 西	Shaanxi	5802	12698	643	6767	250.2	604.2
甘 肃	Gansu	3796	7958	393	3881	166.5	243.0
青 海	Qinghai	902	1785	126	1391	34.2	113.8
宁 夏	Ningxia	2040	4964	151	1362	83.5	211.5
新 疆	Xinjiang	6527	11086	424	5660	233.3	484.3

25-9 分地区城市公共交通情况（2013年）
Basic Statistics on Public Transportation in Cities by Region (2013)

地 区	Region	年末公共交通车辆运营数(辆) Number of Public Vehicles under Operation at Year-end (unit)	公共汽、电车 Bus and Trolley Bus	轨道交通 Subways, Light Rail, Streetcar	运营线路总长度(公里) Length under Operation (km)	公共汽、电车 Bus and Trolley Bus	轨道交通 Subways, Light Rail, Streetcar	公共交通客运总量(万人次) Passengers Transported by Public Vehicles (10 000 person-times)	公共汽、电车 Bus and Trolley Bus	轨道交通 Subways, Light Rail, Streetcar	出租汽车(辆) Number of Taxi (unit)
全 国	**National Total**	**460970**	**446604**	**14366**	**577581**	**575173**	**2408**	**8254548**	**7162676**	**1091872**	**1053580**
北 京	Beijing	27590	23592	3998	20153	19688	465	804775	484306	320469	67046
天 津	Tianjin	10296	9670	626	13603	13460	143	160927	136490	24437	31940
河 北	Hebei	17498	17498		19647	19647		202727	202727		49792
山 西	Shanxi	8957	8957		14655	14655		156364	156364		34906
内蒙古	Inner Mongolia	6721	6721		11123	11123		108685	108685		38120
辽 宁	Liaoning	21387	20929	458	22215	22074	141	435633	403782	31851	79607
吉 林	Jilin	11253	10873	380	12910	12855	55	171378	164143	7235	55096
黑龙江	Heilongjiang	15591	15525	66	14999	14982	17	238156	236759	1397	62699
上 海	Shanghai	20207	16717	3490	24391	23824	567	521676	271048	250628	50612
江 苏	Jiangsu	33380	32710	670	50876	50742	134	489637	439512	50125	49501
浙 江	Zhejiang	25518	25230	288	43797	43749	48	330597	321359	9238	35449
安 徽	Anhui	13023	13023		11068	11068		211012	211012		37833
福 建	Fujian	12414	12414		17030	17030		227004	227004		19391
江 西	Jiangxi	7733	7733		11291	11291		130511	130511		12854
山 东	Shandong	35031	35031		51412	51412		411311	411311		59080
河 南	Henan	18920	18770	150	18171	18145	26	266157	266092	65	45483
湖 北	Hubei	17536	17134	402	16427	16355	72	356217	328874	27343	34394
湖 南	Hunan	14010	14010		13764	13764		271882	271882		24973
广 东	Guangdong	54659	52189	2470	89133	88696	437	1040821	743710	297111	65315
广 西	Guangxi	7611	7611		9733	9733		138161	138161		15249
海 南	Hainan	2670	2670		4022	4022		43756	43756		5594
重 庆	Chongqing	11382	10680	702	17142	16972	170	261391	221342	40049	17096
四 川	Sichuan	22127	21815	312	19975	19927	48	380254	360895	19359	33142
贵 州	Guizhou	5454	5454		5300	5300		139265	139265		15266
云 南	Yunnan	8605	8533	72	15126	15086	40	150294	149918	376	17580
西 藏	Tibet	382	382		963	963		8001	8001		1354
陕 西	Shaanxi	11750	11468	282	8783	8738	45	250732	238542	12190	22684
甘 肃	Gansu	5359	5359		4969	4969		110711	110711		20687
青 海	Qinghai	2083	2083		1979	1979		41760	41760		7119
宁 夏	Ningxia	3192	3192		5342	5342		41664	41664		13189
新 疆	Xinjiang	8631	8631		7583	7583		153091	153091		30529

25-10 分地区城市绿地和园林(2013年)
Basic Statistics on Parks and Green Areas in Cities by Region (2013)

地区	Region	城市绿地面积(公顷) Area of Green Land (hectare)	#公园绿地 Park Green Areas	公园(个) Number of Parks (unit)	公园面积(公顷) Area of Parks (hectare)	建成区绿化覆盖率(%) Green Covered Area as % of Completed Area (%)
全国	**National Total**	**2427221**	**547356**	**12401**	**329841**	**39.7**
北京	Beijing	68438	23223	245	13294	47.1
天津	Tianjin	23196	7279	91	2030	34.9
河北	Hebei	76045	22609	476	15602	41.2
山西	Shanxi	36347	11821	204	8159	40.0
内蒙古	Inner Mongolia	49333	14951	220	11539	36.2
辽宁	Liaoning	120514	25708	347	12877	40.2
吉林	Jilin	38390	13284	173	5280	31.4
黑龙江	Heilongjiang	75064	16478	321	9516	36.0
上海	Shanghai	124295	17142	158	2222	38.4
江苏	Jiangsu	256263	40413	842	18707	42.4
浙江	Zhejiang	127927	24852	1068	15165	40.3
安徽	Anhui	83910	17223	312	10843	39.9
福建	Fujian	57613	13891	529	10906	42.8
江西	Jiangxi	49239	13553	297	8378	45.1
山东	Shandong	193647	49518	733	29466	42.6
河南	Henan	80753	22226	290	11443	37.6
湖北	Hubei	71622	19936	317	10680	38.1
湖南	Hunan	53483	12857	209	9038	37.6
广东	Guangdong	411978	78857	3258	66775	41.5
广西	Guangxi	69870	10812	183	7626	37.7
海南	Hainan	14423	3068	48	1824	42.1
重庆	Chongqing	48123	20436	278	10123	41.7
四川	Sichuan	88894	20908	524	12204	38.4
贵州	Guizhou	34026	7104	63	4528	34.5
云南	Yunnan	34906	8514	626	6166	37.8
西藏	Tibet	3649	557	64	640	18.1
陕西	Shaanxi	33853	10138	173	4320	40.2
甘肃	Gansu	21166	6677	104	3649	32.1
青海	Qinghai	4772	1581	29	949	31.2
宁夏	Ningxia	21919	4621	69	2114	38.5
新疆	Xinjiang	53562	7119	150	3778	36.4

注：公园绿地面积包括综合公园、社区公园、专类公园、带状公园和街旁绿地。

a) Area of park green areas includes comprehensive park, community park, topic park, belt-shaped park and green area nearby street.

25-11 分地区城市市容环境卫生情况（2013年）
Basic Statistics on Urban Sanitation in Cities by Region (2013)

地区	Region	清扫保洁面积（万平方米）Area under Cleaning Program (10 000 sq.m)	生活垃圾清运量（万吨）Volume of Garbage Disposal (10 000 tons)	粪便清运量（万吨）Volume of Excrement and Urine Disposal (10 000 tons)	市容环卫专用车辆设备总数（台）Number of Special Vehicles for Environmental Sanitation (unit)	公共厕所（座）Number of Public Lavatories (unit)	#三类以上 Third Grade and Above
全国	**National Total**	**646014**	**17238.6**	**1682.4**	**126552**	**122541**	**90138**
北京	Beijing	14234	671.7	220.7	9797	5563	5563
天津	Tianjin	10098	200.0	30.9	2482	1193	757
河北	Hebei	24614	585.3	81.7	4331	6540	3895
山西	Shanxi	14659	394.6	76.3	4141	3370	1464
内蒙古	Inner Mongolia	17171	350.1	82.8	2568	4291	1596
辽宁	Liaoning	35713	927.1	98.1	5743	5500	1810
吉林	Jilin	13831	485.4	66.8	4878	3959	979
黑龙江	Heilongjiang	20283	581.9	153.2	5633	6455	2017
上海	Shanghai	17385	735.0	222.0	5237	6223	4470
江苏	Jiangsu	52029	1202.7	81.7	9865	10438	8597
浙江	Zhejiang	34699	1123.3	69.4	6167	7962	6316
安徽	Anhui	24081	455.9	24.8	2765	3122	2579
福建	Fujian	15585	551.8	3.9	2505	3078	3058
江西	Jiangxi	11721	339.0	12.9	1157	1905	1456
山东	Shandong	82996	1007.4	136.3	9645	5733	4876
河南	Henan	25540	805.6	48.3	3777	7089	6383
湖北	Hubei	23456	745.8	19.4	6423	4759	3818
湖南	Hunan	17296	616.8	3.4	3151	3312	2827
广东	Guangdong	75126	2092.1	94.4	10975	9631	9255
广西	Guangxi	12927	302.3	10.0	3097	2156	2052
海南	Hainan	6535	125.3	0.9	869	457	419
重庆	Chongqing	10989	349.8	64.6	1915	2093	1747
四川	Sichuan	21020	750.7	20.2	3970	5404	4381
贵州	Guizhou	5300	248.4	4.1	1987	1280	1046
云南	Yunnan	13713	324.1	15.9	3731	2534	2065
西藏	Tibet	1739	24.1		156	285	160
陕西	Shaanxi	14515	437.3	15.6	2515	3285	3173
甘肃	Gansu	7298	272.8	19.4	1531	1367	1097
青海	Qinghai	2430	74.1	2.0	424	651	280
宁夏	Ningxia	6716	106.0	2.7	1051	671	587
新疆	Xinjiang	12315	352.3	0.3	4066	2235	1415

25-12 分地区城市设施水平（2013年）
Level of Public Facilities in Cities by Region (2013)

地区	Region	城市用水普及率(%) Coverage Rate of Urban Population with Access to Tap Water (%)	城市燃气普及率(%) Coverage Rate of Urban Population with Access to Gas (%)	每万人拥有公共交通车辆(标台) Number of Public Transportation Vehicles Per 10 000 Population (unit)	人均城市道路面积(平方米) Per Capita Area of Paved Roads (sq.m)	人均公园绿地面积(平方米) Per Capita Public Green Areas (sq.m)	每万人拥有公共厕所(座) Number of Public Lavatories Per 10 000 Population (unit)
全　国	**National Average**	**97.56**	**94.25**	**12.78**	**14.87**	**12.64**	**2.83**
北　京	Beijing	100.00	100.00	24.39	7.61	12.72	3.05
天　津	Tianjin	100.00	100.00	18.99	18.74	10.97	1.80
河　北	Hebei	99.85	98.35	12.62	18.22	14.05	4.07
山　西	Shanxi	98.14	96.10	9.90	12.88	11.18	3.19
内蒙古	Inner Mongolia	96.23	87.93	8.57	19.69	16.90	4.85
辽　宁	Liaoning	98.77	96.15	11.19	12.09	11.06	2.37
吉　林	Jilin	93.84	91.43	10.21	13.61	11.78	3.51
黑龙江	Heilongjiang	95.46	85.58	12.62	13.15	12.11	4.74
上　海	Shanghai	100.00	100.00	12.11	4.11	7.10	2.58
江　苏	Jiangsu	99.69	99.59	14.15	23.22	14.01	3.62
浙　江	Zhejiang	99.97	99.80	14.64	17.83	12.44	3.98
安　徽	Anhui	98.40	96.14	10.99	19.61	12.47	2.26
福　建	Fujian	99.42	98.85	12.65	13.40	12.57	2.79
江　西	Jiangxi	97.73	95.10	9.15	15.26	14.12	1.98
山　东	Shandong	99.85	99.58	13.54	25.34	16.81	1.95
河　南	Henan	92.16	81.98	9.07	11.57	9.58	3.05
湖　北	Hubei	98.19	95.09	11.56	15.85	10.83	2.59
湖　南	Hunan	96.86	91.93	10.80	13.80	8.99	2.32
广　东	Guangdong	97.47	96.89	13.08	13.11	15.94	1.95
广　西	Guangxi	95.91	93.58	9.42	15.53	11.48	2.29
海　南	Hainan	98.38	94.59	11.48	18.72	12.47	1.86
重　庆	Chongqing	96.25	93.09	11.57	11.23	18.04	1.85
四　川	Sichuan	91.76	89.68	14.59	13.24	11.21	2.90
贵　州	Guizhou	92.86	74.86	9.60	9.58	11.41	2.06
云　南	Yunnan	97.92	71.53	11.61	12.29	10.56	3.14
西　藏	Tibet	96.95	38.62	7.70	13.19	9.04	4.62
陕　西	Shaanxi	96.52	93.75	16.27	14.74	11.77	3.81
甘　肃	Gansu	93.68	80.22	10.36	14.02	11.76	2.41
青　海	Qinghai	99.08	84.76	14.47	10.90	9.66	3.98
宁　夏	Ningxia	96.51	89.08	13.19	18.81	17.51	2.54
新　疆	Xinjiang	98.08	96.37	14.35	15.69	10.08	3.16

注：人均和普及率指标按城区人口与暂住人口之和计算，以公安部门的户籍统计和暂住人口统计为准。

a) Per capita data and coverage rate are calculated on the basis of the sum of districts area population and temporarily residing population, which are provided by the Ministry of Public Security.

25-13 分地区县城市政公用设施水平(2013年)
Level of National County Seat Service Facilities by Region (2013)

地 区	Region	人口密度(人/平方公里) Population Density (person/sq.km)	人均日生活用水量(升) Daily Water Consumption Per Capita (liter)	用水普及率(%) Water Coverage Rate (%)	燃气普及率(%) Gas Coverage Rate (%)	建成区供水管道密度(公里/平方公里) Density of Water Supply Pipelines in Built District (km/sq.km)	人均道路面积(平方米) Road Surface Area Per Capita (sq.m)
全 国	**National Total**	**1771**	**119.06**	**88.14**	**70.91**	**9.97**	**14.86**
北 京	Beijing						
天 津	Tianjin	1908	88.86	100.00	100.00	12.09	15.56
河 北	Hebei	1924	116.81	95.01	83.28	8.23	20.65
山 西	Shanxi	3390	84.02	96.02	68.67	11.31	13.73
内蒙古	Inner Mongolia	549	79.53	88.74	74.63	9.27	21.18
辽 宁	Liaoning	1488	100.00	84.95	74.99	12.42	10.67
吉 林	Jilin	2889	110.55	77.36	69.08	10.81	8.62
黑龙江	Heilongjiang	2623	80.54	78.42	46.08	9.08	11.69
上 海	Shanghai						
江 苏	Jiangsu	1910	131.35	99.31	97.61	14.44	18.35
浙 江	Zhejiang	912	149.35	99.38	98.59	22.78	19.36
安 徽	Anhui	1815	120.50	90.76	80.51	10.54	17.32
福 建	Fujian	2279	158.96	96.85	95.14	12.21	12.72
江 西	Jiangxi	4404	114.63	93.53	81.10	9.61	16.32
山 东	Shandong	1160	121.38	97.34	90.53	7.99	22.73
河 南	Henan	2423	118.81	65.51	37.04	5.73	13.00
湖 北	Hubei	3018	125.64	90.57	72.96	8.45	14.10
湖 南	Hunan	3789	141.81	90.96	77.65	10.41	12.72
广 东	Guangdong	1040	149.28	86.46	79.95	15.56	10.13
广 西	Guangxi	1094	158.53	88.24	76.23	10.19	12.90
海 南	Hainan	2866	156.52	94.44	92.22	6.05	21.06
重 庆	Chongqing	1923	108.51	90.02	90.62	13.34	9.76
四 川	Sichuan	1118	137.14	83.06	70.04	10.20	10.26
贵 州	Guizhou	1780	102.95	83.19	39.04	7.63	8.19
云 南	Yunnan	3745	109.79	87.22	44.98	11.94	11.52
西 藏	Tibet	2253	196.84	58.38	30.26	3.76	10.14
陕 西	Shaanxi	3752	84.80	88.23	68.91	6.49	12.07
甘 肃	Gansu	4473	65.18	89.09	48.80	8.22	12.31
青 海	Qinghai	1783	102.97	93.95	23.11	8.83	13.56
宁 夏	Ningxia	2745	87.95	84.56	70.98	7.19	32.33
新 疆	Xinjiang	3082	112.50	92.41	76.93	9.48	17.21

25-13 续表 continued

地 区	Region	建成区排水管道密度(公里/平方公里) Density of Sewers in Built District (km/ sq.km)	污水处理率 (%) Wastewater Treatment Rate (%)	污水处理厂集中处理率 Centralized Treatment Rate of Wastewater Treatment Plants	人均公园绿地面积(平方米) Public Recreational Green Space Per Capita (sq.m)	绿化覆盖率 (%) Green Coverage Rate of Built District (%)	建成区绿地率 (%) Green Space Rate of Built District (%)	生活垃圾处理率 (%) Domestic Garbage Treatment Rate (%)	生活垃圾无害化处理率 Domestic Garbage Harmless Treatment Rate
全 国	**National Total**	**7.63**	**78.47**	**76.25**	**9.47**	**29.06**	**24.76**	**82.34**	**66.07**
北 京	Beijing								
天 津	Tianjin	9.47	87.09	87.09	11.92	40.75	35.20	76.31	76.31
河 北	Hebei	7.25	90.25	90.21	10.10	34.74	30.16	85.91	73.61
山 西	Shanxi	8.28	85.81	85.61	10.27	35.75	29.43	46.45	39.96
内蒙古	Inner Mongolia	6.60	83.98	83.98	15.75	27.39	23.37	84.09	80.90
辽 宁	Liaoning	5.48	89.50	89.50	8.80	17.90	15.90	80.28	55.57
吉 林	Jilin	5.78	72.59	72.59	7.94	24.88	20.92	81.40	41.17
黑龙江	Heilongjiang	4.98	59.07	59.07	9.57	19.63	16.19	24.83	17.59
上 海	Shanghai								
江 苏	Jiangsu	11.11	77.80	73.48	10.81	40.26	37.31	98.48	76.15
浙 江	Zhejiang	13.75	84.30	80.62	11.96	38.12	34.57	99.67	98.79
安 徽	Anhui	9.35	91.77	89.90	9.66	31.51	25.50	94.94	78.79
福 建	Fujian	9.53	80.30	78.24	12.77	41.29	37.78	97.23	87.27
江 西	Jiangxi	8.85	66.89	66.89	13.60	40.66	36.46	99.22	37.07
山 东	Shandong	8.93	93.60	93.19	14.58	38.77	32.70	99.00	99.00
河 南	Henan	6.89	76.31	76.31	5.49	16.37	12.74	76.74	76.74
湖 北	Hubei	6.57	72.77	66.43	7.42	24.28	20.12	71.83	47.79
湖 南	Hunan	8.47	83.53	82.72	7.40	28.74	24.72	96.29	88.10
广 东	Guangdong	6.38	73.95	65.18	9.79	32.05	28.32	81.62	39.58
广 西	Guangxi	8.09	80.04	75.42	7.64	29.40	24.47	90.11	84.74
海 南	Hainan	4.84	72.17	72.17	9.33	32.52	27.62	98.30	98.30
重 庆	Chongqing	12.49	94.98	94.98	13.92	39.73	35.90	99.25	99.25
四 川	Sichuan	7.47	65.55	59.50	8.39	30.82	26.77	82.29	69.74
贵 州	Guizhou	4.65	68.56	68.56	3.82	14.26	9.12	54.28	30.72
云 南	Yunnan	9.17	66.40	65.53	7.79	27.52	23.92	93.89	77.76
西 藏	Tibet	2.11	1.35	1.35	2.46	7.48	6.51	5.05	
陕 西	Shaanxi	6.13	79.55	79.55	8.04	27.58	23.05	84.74	77.91
甘 肃	Gansu	5.26	41.17	41.17	6.94	16.15	11.88	88.55	56.21
青 海	Qinghai	4.25	34.14	34.14	4.13	13.65	9.49	92.18	47.09
宁 夏	Ningxia	5.56	52.80	44.10	10.68	24.14	16.78	70.95	11.02
新 疆	Xinjiang	5.50	70.05	57.31	10.24	29.03	26.09	78.30	30.55

25-14 分地区建制镇市政公用设施水平(2013年)
Level of Municipal Public Facilities of Built-up Area of Towns by Region (2013)

地 区	Region	人口密度 (人/平方公里) Population Density (person/sq.km)	人均日生活用水量 (升) Daily Water Consumption Per Capita (liter)	供水普及率 (%) Water Coverage Rate (%)	燃气普及率 (%) Gas Coverage Rate (%)	人均道路面积 (平方米) Road Surface Area Per Capita (sq.m)	排水管道暗渠密度 (公里/平方公里) Density of Drains (km/km2)	人均公园绿地面积 (平方米) Public Recreational Green Space Per Capita (sq.m)	绿化覆盖率 (%) Green Coverage Rate (%)	绿地率 (%) Green Space Rate (%)
全 国	**National Total**	**4947**	**98.58**	**81.73**	**46.44**	**12.26**	**6.75**	**2.37**	**15.42**	**8.64**
北 京	Beijing	4139	102.31	85.43	57.32	13.92	7.13	5.27	21.97	12.77
天 津	Tianjin	4219	88.70	94.93	66.95	16.25	6.45	1.21	18.19	7.46
河 北	Hebei	4582	65.82	81.59	37.44	10.84	2.67	0.52	9.60	4.38
山 西	Shanxi	5240	72.98	86.57	14.28	12.48	5.12	0.91	20.17	8.03
内蒙古	Inner Mongolia	3185	75.77	60.38	15.80	10.23	1.99	1.58	9.43	4.46
辽 宁	Liaoning	3726	81.34	72.27	29.92	12.24	3.96	1.14	10.62	3.17
吉 林	Jilin	3880	76.10	73.25	20.90	10.83	1.99	0.94	5.45	2.13
黑龙江	Heilongjiang	3680	66.04	81.83	18.88	15.34	2.14	1.16	5.31	2.32
上 海	Shanghai	4914	144.82	91.56	85.39	10.25	4.41	2.13	16.26	10.92
江 苏	Jiangsu	5714	103.07	96.38	84.73	17.65	9.84	5.84	25.75	18.69
浙 江	Zhejiang	4925	123.06	78.55	52.62	13.18	6.97	2.29	14.10	9.05
安 徽	Anhui	4933	99.79	68.69	43.94	11.32	6.94	3.28	19.62	11.39
福 建	Fujian	6239	115.13	87.49	62.73	12.59	6.16	7.14	25.18	16.26
江 西	Jiangxi	5081	111.41	67.62	36.56	10.60	5.51	1.56	9.93	5.35
山 东	Shandong	4335	74.31	90.50	56.67	17.19	7.21	4.64	24.93	15.44
河 南	Henan	5530	81.50	74.68	7.38	10.46	4.34	1.70	21.60	4.31
湖 北	Hubei	4856	99.20	84.43	40.94	9.88	5.58	0.92	14.74	7.57
湖 南	Hunan	4950	102.10	70.16	33.11	9.05	4.37	0.87	10.80	6.06
广 东	Guangdong	5098	140.21	85.93	68.28	13.61	19.77	2.60	15.11	9.71
广 西	Guangxi	6997	106.21	85.31	70.22	11.37	7.84	0.43	8.55	4.02
海 南	Hainan	3846	101.08	85.85	75.98	13.47	5.02	2.49	21.22	13.41
重 庆	Chongqing	6882	93.98	91.65	53.65	8.24	7.05	0.66	9.11	5.08
四 川	Sichuan	5248	92.45	78.49	45.20	9.90	5.60	0.63	7.95	3.84
贵 州	Guizhou	5016	91.96	82.62	12.73	8.95	4.14	0.29	10.39	4.04
云 南	Yunnan	6001	88.10	83.88	13.58	8.68	4.66	0.82	5.96	3.77
西 藏	Tibet									
陕 西	Shaanxi	4986	57.59	75.92	17.22	9.06	4.35	0.54	7.48	2.94
甘 肃	Gansu	4311	53.91	72.19	5.30	11.65	2.69	0.56	6.75	3.10
青 海	Qinghai	4585	73.96	55.37	16.67	9.53	2.28	1.87	10.78	6.27
宁 夏	Ningxia	3557	80.61	66.96	21.12	12.89	4.71	0.56	6.26	3.10
新 疆	Xinjiang	3071	78.92	83.90	14.60	20.89	2.31	1.30	15.41	11.38

25-15 分地区乡市政公用设施水平(2013年)

Level of Municipal Public Facilities of Built-up Area of Townships by Region(2013)

地区	Region	人口密度(人/平方公里) Population Density (person/sq.km)	人均日生活用水量(升) Daily Water Consumption Per Capita (liter)	供水普及率(%) Water Coverage Rate (%)	燃气普及率(%) Gas Coverage Rate (%)	人均道路面积(平方米) Road Surface Area Per Capita (sq.m)	排水管道暗渠密度(公里/平方公里) Density of Drains (km/sq.km)	人均公园绿地面积(平方米) Public Recreational Green Space Per Capita (sq.m)	绿化覆盖率(%) Green Coverage Rate (%)	绿地率(%) Green Space Rate (%)
全　国	**National Total**	**4471**	**82.81**	**68.24**	**19.50**	**12.11**	**3.57**	**1.08**	**12.72**	**5.27**
北　京	Beijing	6058	67.56	94.30	80.58	5.24	4.69	0.44	21.50	12.68
天　津	Tianjin	3046	84.03	95.28	35.69	11.11	2.03	0.02	24.30	0.24
河　北	Hebei	4186	63.90	63.43	20.29	11.06	1.51	0.40	9.25	3.41
山　西	Shanxi	4544	63.70	82.85	10.34	13.00	3.46	1.10	19.30	7.77
内蒙古	Inner Mongolia	2871	56.56	50.36	10.66	10.29	0.83	1.94	7.64	3.45
辽　宁	Liaoning	3782	78.60	49.19	10.23	14.33	2.73	0.40	9.27	2.02
吉　林	Jilin	3206	75.36	48.35	10.21	14.35	1.34	0.35	5.34	2.49
黑龙江	Heilongjiang	3119	64.35	73.76	10.86	21.48	1.30	0.53	5.64	2.48
上　海	Shanghai	4345	101.10	99.02	99.02	20.22	12.61	7.98	37.25	28.29
江　苏	Jiangsu	5101	111.81	95.67	78.05	15.91	7.57	4.32	23.81	14.96
浙　江	Zhejiang	5431	116.27	80.36	44.19	14.15	7.49	1.19	12.18	6.76
安　徽	Anhui	4477	94.63	59.40	39.10	12.55	4.90	3.55	19.72	11.42
福　建	Fujian	6720	108.10	86.38	57.02	13.95	7.23	7.21	26.10	13.89
江　西	Jiangxi	4827	106.60	61.23	31.64	12.23	6.25	1.24	10.53	5.76
山　东	Shandong	4315	71.92	84.79	34.18	15.72	6.51	1.40	17.16	8.05
河　南	Henan	5551	73.84	66.26	4.19	10.94	4.32	1.01	21.14	4.13
湖　北	Hubei	4125	98.98	76.98	27.28	10.10	4.39	0.84	10.88	5.25
湖　南	Hunan	4086	102.59	53.58	23.17	9.74	3.40	0.48	11.73	5.34
广　东	Guangdong	3520	151.43	74.05	52.03	16.07	9.04	1.49	20.35	4.80
广　西	Guangxi	7258	97.80	83.26	52.84	10.16	6.41	0.48	10.84	5.97
海　南	Hainan	2731	85.43	91.14	75.18	18.82	3.55	1.29	32.11	19.91
重　庆	Chongqing	5749	84.96	79.01	23.80	11.32	7.26	0.57	9.40	5.07
四　川	Sichuan	4508	77.67	64.74	16.94	9.49	3.75	0.07	6.78	1.66
贵　州	Guizhou	4302	86.78	79.23	6.45	10.36	2.65	0.44	10.45	4.19
云　南	Yunnan	5299	91.10	79.18	10.55	10.10	4.81	0.38	5.68	2.89
西　藏	Tibet									
陕　西	Shaanxi	4231	54.76	65.91	4.81	9.96	3.25	0.26	4.94	2.12
甘　肃	Gansu	3763	50.81	49.42	3.21	13.20	2.30	0.32	9.41	3.43
青　海	Qinghai	5100	75.42	40.80		11.50	0.52		5.98	2.41
宁　夏	Ningxia	3789	58.32	72.90	17.74	14.13	4.08	0.17	9.04	3.89
新　疆	Xinjiang	2907	73.81	77.68	5.18	23.47	0.80	1.38	16.34	11.41

25-16 农村水电建设和发电量、农村用电量
Rural Hydropower Construction and Amount of Electric Power Generation, Electricity Consumption

年 份 Year 地 区 Region	本年完成投资额（万元）Amount of Investment Completed This Year (10 000 yuan)	年末发电设备容量（千瓦）Capability of Electricity Generation Equipment at Year-end (kw)	#本年新增发电设备容量 Newly Increased Capability of Electricity Generation Equipment	在建电站规 模（千瓦）Scale of Electric Power Plant under Construction (kw)	#当年新开工电站规模 Scale of Newly Started Electric Power Station This Year	发电量（万千瓦时）Amount of Electric Power Generation (10 000 kwh)	农村用电量（亿千瓦时）Electricity Consumed in Rural Areas (100 million kwh)
1978							253.1
1980							320.8
1985							508.9
1990	348848	13978100	791000			4181100	844.5
1991	476529	14942700	1009100			4066800	963.2
1992	594081	15728195	964769	4170000		4818494	1106.9
1993	792747	16622781	995124	9600000		5841049	1244.9
1994	1020937	17566675	1163873	10500000		5771834	1473.9
1995	1321689	18721073	1207854	10760000		6316247	1655.7
1996	1442828	20095552	1408342			6496723	1812.7
1997	1452004	21771773	1780352			7221270	1980.1
1998	1585787	23390300	1741631			7560916	2042.2
1999	1833853	25562760	2344285	8717000	386000	7715124	2173.4
2000	2220993	27487791	2060127	7459500	2384000	8755014	2421.3
2001	2133741	28787476	1714454	3547500	1462800	9490187	2610.8
2002	2393195	31044576	1883648	5680800	1419000	10366868	2993.4
2003	3006249	34157792	2702834	10850143	6385500	10966512	3432.9
2004	3762995	38655048	4363322	16652425	5362090	11045527	3933.0
2005	4343826	43090145	4964672	17727677	4284511	13571702	4375.7
2006	4604296	47196651	6403520	20653424	4501575	14835889	4895.8
2007	5117926	53855597	6578193	20944545	4498420	16346041	5509.9
2008	4568884	51274371	4194106	21239258	3787365	16275902	5713.2
2009	4563240	55121211	3807072	12890100	2194445	15672471	6104.4
2010	4398453	59240191	3793551	13700560	2425973	20444256	6632.3
2011	4243988	62123430	3277465	10309266	1585709	17566867	7139.6
2012	3671548	65686071	3399616	9947388	1658258	21729246	7508.5
2013	3457047	71186268	2460601	9477045	1357859	22327712	8549.5
北 京 Beijing		42920				2714	48.5
天 津 Tianjin		5000				1265	69.2
河 北 Hebei	5732	385308	3600	34840	4910	53396	616.4
山 西 Shanxi	8754	185891	11850	65610		34093	99.8
内蒙古 Inner Mongolia		93475	140	9900		16780	59.6
辽 宁 Liaoning	3837	427373	39160	24165	19780	121072	394.8
吉 林 Jilin	47633	514520	16020	259170	19865	175052	48.2
黑龙江 Heilongjiang	22979	294425		113220		95629	67.0
上 海 Shanghai							874.4
江 苏 Jiangsu		41107				5039	1801.9
浙 江 Zhejiang	25237	3900471	70055	102075	46870	961125	904.9
安 徽 Anhui	31193	1031035	28980	31570		226471	138.4
福 建 Fujian	70528	7315815	22235	36570		2506563	346.7
江 西 Jiangxi	39241	3065626	98370	180650	27400	867572	90.9
山 东 Shandong		83972				11867	471.4
河 南 Henan	7866	479492	14890	12600		76926	305.4
湖 北 Hubei	239633	3373583	140281	378210	48800	730672	130.1
湖 南 Hunan	211999	5860837	155069	278805	24305	1853617	118.6
广 东 Guangdong	40941	7258195	94540	122765	39965	2375370	1234.8
广 西 Guangxi	239597	4184546	147264	423265	2300	1265028	68.4
海 南 Hainan	800	396200	15110	57590	25200	130435	9.6
重 庆 Chongqing	156694	2204009	125435	584630	50060	494747	76.1
四 川 Sichuan	717129	10290616	424335	2614459	11700	3912582	163.5
贵 州 Guizhou	286223	2968370	193579	765666	65780	783632	61.9
云 南 Yunnan	654338	10564212	494000	1975970	615070	3456015	82.4
西 藏 Tibet	47908	301719	3918	14400	52714	85956	1.1
陕 西 Shaanxi	103500	1224527	49090	402955	77340	335248	113.0
甘 肃 Gansu	291502	2270258	187110	409470	1500	796950	50.4
青 海 Qinghai	31334	882985	23760	232020	400	358711	4.5
宁 夏 Ningxia		5440				1800	13.8
新 疆 Xinjiang	172450	1421441	101810	346470	223900	548424	83.9
水利部直属 Directly under The Ministry of Water Resources		112900				42961	

注：本表由水利部农村水电及电气化发展局提供。农村水电是以小水电为主体，直接为农村经济社会发展服务的水电站及其供电网络。2013年农村水电统计数据与全国第一次水利普查数据进行了校核，有关数据作了相应调整。

a) Data are from the Rural Hydropower and Electrification Development Bureau of Ministry of Water Resources. Rural hydropower is the small hydropower as mainbody, hydropower and electricity networks directly providing services for rural economic and social development. Data of rural hydropower in 2013 were verified with National First Water Resources Census, and relevant data were adjusted.

25-17 东、中、西部及东北地区国民经济和社会发展主要指标（2013年）

指 标	Item	全国总计 National Total
自然资源	**Natural Resources**	
土地面积 (万平方公里)	Area of Land (10 000 sq.km)	960.0
人口	**Population**	
年底总人口 (万人)	Population at Year-end (10 000 persons)	136072.0
劳动就业	**Employment**	
城镇单位就业人员 (万人)	Number of Employed Persons in Urban Units (10 000 persons)	18108.4
城镇登记失业率 (%)	Registered Unemployment Rate in Urban Area (%)	4.05
国民经济核算	**National Accounting**	
国内(地区)生产总值 (亿元)	Gross Domestic Product (100 million yuan)	568845.2
第一产业	Primary Industry	56957.0
第二产业	Secondary Industry	249684.4
#工业	Industry	210689.4
第三产业	Tertiary Industry	262203.8
人均国内(地区)生产总值 (元)	Per Capita Gross Domestic Product (yuan)	41908
固定资产投资	**Investment in Fixed Assets**	
全社会固定资产投资总额 (亿元)	Total Investment in Fixed Assets (100 million yuan)	446294.1
#房地产开发	Real Estate Development	86013.4
国内商业	**Domestic Trade**	
社会消费品零售总额 (亿元)	Total Retail Sales of Consumer Goods (100 million yuan)	237809.9
对外贸易	**Foreign Trade**	
货物进出口总额 (亿美元)	Total Value of Imports and Exports(100 million USD)	41589.9
出口额	Exports	22090.0
进口额	Imports	19499.9
财政	**Government Finance**	
地方财政收入 (亿元)	Local Governments Revenue (100 million yuan)	69011.2
地方财政支出 (亿元)	Local Governments Expenditure (100 million yuan)	119740.3
物价	**Price Indices**	
居民消费价格指数 (上年=100)	Consumer Price Index (preceding year=100)	102.6
农业	**Agriculture**	
主要农产品产量 (万吨)	Output of Major Farm Products (10 000 tons)	
粮食	Grain	60193.8
棉花	Cotton	629.9
油料	Oil-bearing Crops	3517.0

Main Indicators of National Economic and Social Development by Eastern, Central, Western and Northeastern Provinces (2013)

东部地区 Eastern Provinces		中部地区 Central Provinces		西部地区 Western Provinces		东北地区 Northeastern Provinces	
绝对数 Absolute Figures	占全国比重 (%) As Percentage of National Total	绝对数 Absolute Figures	占全国比重 (%) As Percentage of National Total	绝对数 Absolute Figures	占全国比重 (%) As Percentage of National Total	绝对数 Absolute Figures	占全国比重 (%) As Percentage of National Total
91.6	9.5	102.8	10.7	686.7	71.5	78.8	8.2
51818.9	38.2	36084.7	26.6	36636.9	27.0	10976.3	8.1
8892.1	49.1	3802.2	21.0	3918.8	21.6	1495.3	8.3
3.0		3.4		3.5		3.8	
322258.9	51.2	127305.6	20.2	126002.8	20.0	54442.0	8.6
19893.6	34.9	15014.8	26.4	15700.8	27.6	6347.8	11.1
150996.1	49.2	66363.3	21.6	62356.5	20.3	27045.9	8.8
134282.5	50.2	57888.4	21.6	51709.4	19.3	23634.0	8.8
151369.2	56.8	45927.6	17.2	47945.4	18.0	21048.4	7.9
62405		35357		34491		49606	
179097.6	40.6	105740.2	24.0	109260.9	24.8	46540.0	10.6
41520.8	48.3	16187.5	18.8	18997.1	22.1	9308.0	10.8
124453.1	52.3	48588.9	20.4	42508.6	17.9	22259.0	9.4
34826.9	83.7	2195.7	5.3	2775.5	6.7	1791.9	4.3
18055.3	81.7	1380.6	6.2	1779.3	8.1	874.9	4.0
16771.6	86.0	815.1	4.2	996.2	5.1	917.0	4.7
36752.6	53.3	12035.5	17.4	14444.9	20.9	5778.2	8.4
47369.8	39.6	25495.0	21.3	35564.2	29.7	11311.4	9.4
102.6		102.7		103.1		102.5	
14606.3	24.3	17849.2	29.7	15987.6	26.6	11750.7	19.5
136.8	21.7	126.0	20.0	366.4	58.2	0.7	0.1
832.7	23.7	1510.9	43.0	956.7	27.2	216.7	6.2

25-17 续表

指 标	Item	全国总计 National Total
工业	**Industry**	
主要工业产品产量	Output of Major Industrial Products	
原油 (万吨)	Crude Oil (10 000 tons)	20946.9
水泥 (万吨)	Cement (10 000 tons)	241613.6
粗钢 (万吨)	Crude Steel (10 000 tons)	77904.1
发电量 (亿千瓦小时)	Electricity (100 million kwh)	53975.9
交通运输业	**Transportation**	
铁路营业里程 (公里)	Length of Railways in Operation (km)	103145
公路里程 (公里)	Length of Highways (km)	4356218
#高速公路	Expressways	104438
旅客周转量 (亿人公里)	Total Passenger-kilometer (100 million person-km)	27571.7
货物周转量 (亿吨公里)	Total Freight Ton-kilometer (100 million ton-km)	168013.8
邮电通信业	**Postal and Telecommunication Services**	
邮电业务总量 (亿元)	Total Business Revenue (100 million yuan)	18432.2
教育	**Education**	
普通高等学校	Regular Institutions of Higher Education	
学校数 (个)	Number of Institutions (unit)	2491
本专科招生数 (万人)	New Enrollment of Undergraduates and College Students (10 000 persons)	699.8
本专科在校学生数 (万人)	Total Enrollment of Undergraduates and College Students(10 000 persons)	2468.1
本专科毕业生数 (万人)	Graduates of Undergraduates and College Students (10 000 persons)	638.7
卫生	**Health Care**	
卫生机构数 (个)	Number of Health Care Institutions (unit)	974398
#医院	Hospitals	24709
卫生技术人员 (万人)	Medical Technical Personnel (10 000 persons)	721.1
#执业(助理)医师	Licensed (Assistant) Doctors	279.5
医疗机构床位数 (万张)	Number of Hospital Beds (10 000 beds)	618.2
#医院	Hospitals	457.9
人民生活	**People's Living Conditions**	
城镇居民人均可支配收入(元)	Per Capita Disposable Income of Urban Households (yuan)	26955
农村居民人均纯收入 (元)	Per Capita Net Income of Rural Households (yuan)	8896

注：本表中涉及分地区数据相加不等于全国总计的指标，在计算东、中、西和东北地区占全国的比重时，分母为31个省(区、市)相加的合计数。

continued

东部地区 Eastern Provinces		中部地区 Central Provinces		西部地区 Western Provinces		东北地区 Northeastern Provinces	
绝对数 Absolute Figures	占全国比重 (%) As Percentage of National Total	绝对数 Absolute Figures	占全国比重 (%) As Percentage of National Total	绝对数 Absolute Figures	占全国比重 (%) As Percentage of National Total	绝对数 Absolute Figures	占全国比重 (%) As Percentage of National Total
7928.0	37.8	556.6	2.7	6839.9	32.7	5622.3	26.8
85420.3	35.4	65665.7	27.2	77035.9	31.9	13491.8	5.6
41985.4	53.9	16398.0	21.0	11562.2	14.8	7958.5	10.2
21121.8	39.1	11835.2	21.9	17870.9	33.1	3147.8	5.8
24806	24.0	23230	22.5	39585	38.4	15523	15.1
1076124	24.7	1177399	27.0	1737328	39.9	365370	8.4
32079	30.7	28107	26.9	33843	32.4	10406	10.0
7790.0	35.5	6795.6	31.0	5500.6	25.1	1828.7	8.3
71014.5	48.5	35411.8	24.2	24310.1	16.6	15581.7	10.6
9873.8	53.6	3348.8	18.2	3954.7	21.5	1255.0	6.8
969	38.9	659	26.5	610	24.5	253	10.2
274.1	39.2	193.0	27.6	169.2	24.2	63.5	9.1
972.3	39.4	673.1	27.3	594.1	24.1	228.5	9.3
257.8	40.4	180.0	28.2	143.8	22.5	57.2	8.9
315294	32.4	273133	28.0	309077	31.7	76894	7.9
8595	34.8	5740	23.2	7900	32.0	2474	10.0
295.3	41.0	174.8	24.3	189.2	26.3	60.8	8.4
115.7	41.4	68.2	24.4	71.0	25.4	24.6	8.8
223.4	36.1	161.5	26.1	176.8	28.6	56.4	9.1
172.0	37.6	113.6	24.8	126.7	27.7	45.5	9.9
32472		22736		22710		22875	
12052		8377		6834		9909	

a) As the sum of some indicators by region is different from the national total, while calculating the percentage of eastern, central, western and northeastern provinces to all country, the denominator is the sum of 31 provinces, autonomous regions and municipalities.

25-18 民族自治地方行政区划和人口（2013年）
Administrative Division and Population of Ethnic Minority Autonomous Areas(2013)

省级单位名称	Provinces and Autonomous Regions	地级区划数（个）Number of Regions at Prefecture Level (unit)	#地级市 Cities at Prefecture Level	#自治州 Autonomous Prefecture	县级区划数（个）Number of Regions at County Level (unit)	#县级市 Cities at County Level	#自治县(旗) Autonomous Counties(Qi)	总人口（万人）Total Population in Minority Areas (10 000 persons)	#少数民族人口 Ethnic Minority Population	少数民族人口占自治地方总人口比重(%) Ethnic Minority Population as Percentage to Total Population in Minority Areas(%)
全　国	**National Total**	**77**	**31**	**30**	**705**	**72**	**120**	**18315.96**	**9017.70**	**49.23**
河　北	Hebei				6		6	209.10	125.92	60.22
内蒙古	Inner Mongolia	12	9		102	11	3	2498.00	547.81	21.93
辽　宁	Liaoning				8		8	331.28	176.18	53.18
吉　林	Jilin	1		1	11	6	3	326.42	112.75	34.54
黑龙江	Heilongjiang				1		1	24.81	5.16	20.80
浙　江	Zhejiang				1		1	17.34	1.94	11.16
湖　北	Hubei	1		1	10	2	2	465.94	265.05	56.88
湖　南	Hunan	1		1	15	1	7	524.01	403.98	77.09
广　东	Guangdong				3		3	49.85	18.52	37.15
广　西	Guangxi	14	14		110	7	12	4719.00	2004.00	42.47
海　南	Hainan				6		6	179.66	92.99	51.76
重　庆	Chongqing				4		4	275.44	205.65	74.66
四　川	Sichuan	3		3	51	1	4	769.55	469.20	60.97
贵　州	Guizhou	3		3	46	4	11	1753.73	951.95	54.28
云　南	Yunnan	8		8	78	10	29	2271.56	1285.69	56.60
西　藏	Tibet	7	1		74	1		312.00	304.04	97.45
甘　肃	Gansu	2		2	21	2	7	283.73	163.13	57.49
青　海	Qinghai	6		6	35	3	7	371.97	218.95	58.86
宁　夏	Ningxia	5	5		22	2		668.57	258.24	38.63
新　疆	Xinjiang	14	2	5	101	22	6	2264.00	1406.57	62.13

注：民族自治地方是指5个民族自治区、30个民族自治州和120个民族自治县(旗)的全部民族自治范围，不重复计算。

a) Ethnic minority autonomous areas refer to the areas of 5 ethnic minority autonomous regions, 30 ethnic minority autonomous prefectures, and 120 ethnic minority autonomous counties(Qi), and without repetitive computation.

25-19 少数民族分布的主要地区及人口
Geographic Distribution and Population of Ethnic Minorities

人口数为2010年人口普查机器汇总数据。

Figures of population are obtained from the Population Census in 2010.

民族	Ethnic Name	分布的主要地区	Main Geographic Distribution	人口数(人) Population (person)
蒙古族	Mongolian	内蒙古、辽宁、吉林、河北、黑龙江、新疆	Inner Mongolia, Liaoning, Jilin, Hebei, Heilongjiang and Xinjiang	5981840
回族	Hui	宁夏、甘肃、河南、新疆、青海、云南、河北、山东、安徽、辽宁、北京、内蒙古、天津、黑龙江、陕西、贵州、吉林、江苏、四川	Ningxia, Gansu, Henan, Xinjiang, Qinghai, Yunnan, Hebei, Shandong, Anhui, Liaoning, Beijing, Inner Mongolia, Tianjin, Heilongjiang, Shaanxi, Guizhou, Jilin, Jiangsu and Sichuan	10586087
藏族	Tibetan	西藏、四川、青海、甘肃、云南	Tibet, Sichuan, Qinghai, Gansu and Yunnan	6282187
维吾尔族	Uygur	新疆	Xinjiang	10069346
苗族	Miao	贵州、湖南、云南、广西、重庆、湖北、四川	Guizhou, Hunan, Yunnan, Guangxi, Chongqing, Hubei and Sichuan	9426007
彝族	Yi	云南、四川、贵州	Yunnan, Sichuan and Guizhou	8714393
壮族	Zhuang	广西、云南、广东	Guangxi, Yunnan and Guangdong	16926381
布依族	Bouyei	贵州	Guizhou	2870034
朝鲜族	Korean	吉林、黑龙江、辽宁	Jilin, Heilongjiang and Liaoning	1830929
满族	Manchu	辽宁、河北、黑龙江、吉林、内蒙古、北京	Liaoning, Hebei, Heilongjiang, Jilin, Inner Mongolia and Beijing	10387958
侗族	Dong	贵州、湖南、广西	Guizhou, Hunan and Guangxi	2879974
瑶族	Yao	广西、湖南、云南、广东	Guangxi, Hunan, Yunnan and Guangdong	2796003
白族	Bai	云南、贵州、湖南	Yunnan, Guizhou and Hunan	1933510
土家族	Tujia	湖南、湖北、重庆、贵州	Hunan, Hubei, Chongqing and Guizhou	8353912
哈尼族	Hani	云南	Yunnan	1660932
哈萨克族	Kazak	新疆	Xinjiang	1462588
傣族	Dai	云南	Yunnan	1261311
黎族	Li	海南	Hainan	1463064
傈僳族	Lisu	云南、四川	Yunnan and Sichuan	702839
佤族	Va	云南	Yunnan	429709
畲族	She	福建、浙江、江西、广东	Fujian, Zhejiang, Jiangxi and Guangdong	708651
高山族	Gaoshan	台湾、福建	Taiwan and Fujian	4009
拉祜族	Lahu	云南	Yunnan	485966
水族	Shui	贵州、广西	Guizhou and Guangxi	411847
东乡族	Dongxiang	甘肃、新疆	Gansu and Xinjiang	621500
纳西族	Naxi	云南	Yunnan	326295
景颇族	Jingpo	云南	Yunnan	147828
柯尔克孜族	Kirgiz	新疆	Xinjiang	186708
土族	Tu	青海、甘肃	Qinghai and Gansu	289565
达斡尔族	Daur	内蒙古、黑龙江	Inner Mongolia and Heilongjiang	131992
仫佬族	Mulam	广西	Guangxi	216257
羌族	Qiang	四川	Sichuan	309576
布朗族	Blang	云南	Yunnan	119639
撒拉族	Salar	青海	Qinghai	130607
毛南族	Maonan	广西	Guangxi	101192
仡佬族	Gelao	贵州	Guizhou	550746
锡伯族	Xibe	辽宁、新疆	Liaoning and Xinjiang	190481
阿昌族	Achang	云南	Yunnan	39555
普米族	Pumi	云南	Yunnan	42861
塔吉克族	Tajik	新疆	Xinjiang	51069
怒族	Nu	云南	Yunnan	37523
乌孜别克族	Ozbek	新疆	Xinjiang	10569
俄罗斯族	Russian	新疆、黑龙江	Xinjiang and Heilongjiang	15393
鄂温克族	Ewenki	内蒙古	Inner Mongolia	30875
德昂族	De'ang	云南	Yunnan	20556
保安族	Bonan	甘肃	Gansu	20074
裕固族	Yugur	甘肃	Gansu	14378
京族	Jing	广西	Guangxi	28199
塔塔尔族	Tatar	新疆	Xinjiang	3556
独龙族	Drung	云南	Yunnan	6930
鄂伦春族	Oroqen	黑龙江、内蒙古	Heilongjiang and Inner Mongolia	8659
赫哲族	Hezhen	黑龙江	Heilongjiang	5354
门巴族	Moinba	西藏	Tibet	10561
珞巴族	Lhoba	西藏	Tibet	3682
基诺族	Jino	云南	Yunnan	23143

25-20 民族自治地方国民经济与社会发展主要指标

指 标	Item	总量指标 1990	1995	2000
人口与就业	**Population and Employment**			
人口 （万人）	**Population (10 000 persons)**			
年底总人口	Population at Year-end	15296	16044	16818
#少数民族人口	Ethnic Minority Population	6880	7232	7767
就业	**Employment**			
单位从业人员数 （万人）	Persons Employed in Various Units (10 000 persons)	1543	1672	1733
宏观经济	**Macro Economy**			
地区生产总值 （亿元）	**Gross Regional Product (100 million yuan)**		**4901**	**7486**
第一产业	Primary Industry		1629	2022
第二产业	Secondary Industry		1747	2834
第三产业	Tertiary Industry		1526	2629
人均地区生产总值 （元）	**Per Capita Gross Regional Product (yuan)**		**3055**	**4451**
固定资产 （亿元）	**Fixed Assets (100 million yuan)**			
全社会固定资产投资总额	Total Investment in Fixed Assets		1444	2477
#国有单位	State-owned Units	259.4	983	1553
财政 （亿元）	**Government Finance (100 million yuan)**			
公共财政预算收入	Public Budgetary Revenue	166.7	248	476
公共财政预算支出	Public Budgetary Expenditure	304.4	595	1173
产 业	**Industry**			
农业	**Agriculture**			
耕地面积 （万公顷）	Cultivated Area (10 000 hectares)	1763	1508	2086
灌溉面积 （万公顷）	Irrigated Areas (10 000 hectares)	764	838	936
农林牧渔总产值 （亿元）	Gross Output Value of Agriculture, Forestry, Animal Husbandry and Fishery (100 million yuan)		2537	3200
主要农产品产量	Output of Major Farm Products			
粮食产量 （万吨）	Grain Output (10 000 tons)	5373	5801	6381
棉花产量 （万吨）	Cotton Output (10 000 tons)	47	95	146
油料产量 （万吨）	Oil-bearing Crops Output (10 000 tons)	208	264	353
大牲畜年底头数 （万头）	Number of Large Domestic Animals (year-end)(10 000 heads)	5286	5618	5566
羊年底头数 （万只）	Goats and Sheep (10 000 heads)	11362	11906	13076
猪年底头数 （万头）	Hogs (year-end) (10 000 heads)	5668	7240	8201
工业	**Industry**			
主要工业产品产量	Output of Major Industrial Products			
布 （亿米）	Cloth (100 million m)	7.4	6.9	5.0
机制纸及纸板 （万吨）	Machine-made Paper and Paperboard (10 000 tons)	94	191	175
成品糖 （万吨）	Refined Sugar (10 000 tons)	223	240	498
原煤 （亿吨）	Coal (100 million tons)	1.2	1.7	1.5
原油 （万吨）	Crude Oil (10 000 tons)	1265	1610	2292
发电量 （亿千瓦小时）	Amount of Electric Power Generation (100 million kwh)	739	1187	1712
粗钢 （万吨）	Crude Steel (10 000 tons)	368	700	647
生铁 （万吨）	Pig Iron (10 000 tons)	417	555	725
水泥 （万吨）	Cement (10 000 tons)	1958	4296	5703
建筑业	**Construction**			
建筑业企业人数 （万人）	Number of Employed Persons (10 000 persons)			132
建筑业总产值 （亿元）	Gross Output Value of Construction (100 million yuan)			754
施工房屋面积 （万平方米）	Floor Space of Buildings under Construction (10 000 sq.m)			9232
竣工房屋面积 （万平方米）	Floor Space of Buildings Completed (10 000 sq.m)			5326

Principal Aggregate Indicators on National Economic and Social Development in Ethnic Minority Autonomous Regions

Aggregate Data				指数(%) Index (%) (2013为以下各年) (2013 as Percentage of the Following Years)						平均增长速度(%) Average Annual Growth Rate (%)		
2005	2010	2012	2013	1990	1995	2000	2005	2010	2012	1991–2013	1996–2013	2001–2013
17311	18531	18762	18316	119.7	114.2	108.9	105.8	98.8	97.6	0.8	0.7	0.7
8239	8814	9003	9018	131.1	124.7	116.1	109.5	102.3	100.2	1.2	1.2	1.2
1202	1297	1449	1464	94.9	87.6	84.5	121.8	112.9	101.0	-0.2	-0.7	-1.3
15706	**38989**	**54079**	**59322**		**736.6**	**477.6**	**274.4**	**125.4**	**110.5**		**11.7**	**12.8**
3300	6198	8146	9037		267.7	203.8	154.6	110.4	104.4		5.6	5.6
6419	18809	26550	28567		1245.3	739.6	354.9	131.5	112.3		15.0	16.6
5987	13982	19383	21708		703.5	437.5	254.9	123.1	109.6		11.4	12.0
8991	**22060**	**30871**	**33003**		**1080.4**	**741.4**	**367.0**	**149.6**	**106.9**		**14.1**	**16.7**
8358	29876	43675	52908		3664.0	2136.0	633.0	177.1	121.1		22.1	26.6
3767	12046	15580	18516	7137.8	1884.3	1192.6	491.5	153.7	118.8	20.4	17.7	21.0
1026	3257	5220	6101	3659.9	2459.1	1283.0	594.4	187.3	116.9	16.9	19.5	21.7
3050	10512	16071	17461	5736.3	2934.2	1488.7	572.4	166.1	108.7	19.3	20.6	23.1
2033	2380	2375	2590	146.9	171.7	124.1	127.4	108.8	109.1	1.7	3.0	1.7
1027	1156	1235	1653	216.3	197.2	176.6	160.9	142.9	133.8	3.4	3.8	4.5
5349	10374	13631	17135	4198.4	301.1	229.4	168.3	113.3	106.3	17.6	6.3	6.6
7187	8308	9142	9580	178.3	165.1	150.1	133.3	115.3	104.8	2.5	2.8	3.2
188	248	355	352	749.9	372.6	241.0	187.5	141.9	99.4	9.2	7.6	7.0
372	422	455	479	230.1	181.3	135.5	128.6	113.3	105.3	3.7	3.4	2.4
6153	6068	5486	5368	101.6	95.6	96.4	87.3	88.5	97.9	0.1	-0.3	-0.3
16391	14885	15131	15149	133.3	127.2	115.9	92.4	101.8	100.1	1.3	1.3	1.1
8526	8141	8555	8511	150.2	117.6	103.8	99.8	104.5	99.5	1.8	0.9	0.3
3.5	3.6	2.1	1.7	23.6	25.3	34.9	50.0	48.1	84.5	-6.1	-7.3	-7.8
273	385	513	509	541.4	266.5	290.4	186.7	132.2	99.3	7.6	5.6	8.5
678	907	1102	1283	576.3	535.6	257.5	189.2	141.5	116.4	7.9	9.8	7.5
3.8	10.4	13.8	13.5	1111.9	810.5	920.1	354.1	129.5	97.5	11.0	12.3	18.6
2833	3059	3230	3345	264.5	207.8	146.0	118.1	109.4	103.6	4.3	4.1	3.0
3052	6730	8989	10451	1414.6	880.8	610.3	342.4	155.3	116.3	12.2	12.8	14.9
1846	4005	4019	4672	1268.4	667.8	722.0	253.0	116.6	116.2	11.7	11.1	16.4
2087	4447	5140	5839	1400.2	1052.6	805.5	279.8	131.3	113.6	12.2	14.0	17.4
10156	21653	31247	35513	1814	827	623	350	164	114	13	12	15
142	194	196	218			166	154	112	111			4
1656	5203	6823	8021			1063	484	154	118			20
15964	35052	49144	59673			646.4	373.8	170.2	121.4			15.4
8072	15418	19199	12360			232.1	153.1	80.2	64.4			6.7

25-20 续表

指　　标	Item	总量指标		
		1990	1995	2000
邮电运输	**Transportation, Postal and Telecommunication Services**			
铁路营业里程　(万公里)	Length of Railways in Operation　(10 000 km)	1.31	1.70	1.43
公路通车里程　(万公里)	Highways　(10 000 km)	29	33	42
邮电业务总量　(亿元)	Business Volume of Postal and Telecommunication Services　(100 million yuan)	9	78	297
邮路及农村投递线路总长度　(万公里)	Total Length of Postal Routes and Rural Delivery Routes　(10 000 km)	88	107	110
国内商业	**Domestic Trade**			
社会消费品零售总额(亿元)	Total Retail Sales of Consumer Goods　(100 million yuan)	682	1692	2570
对外经济贸易	**Foreign Trade**			
进出口总额　(亿美元)	Total Value of Imports and Exports　(100 million USD)			86
出口额	Exports			50
进口额	Imports			36
国际旅游	**International Tourism**			
国际旅游人数　(万人次)	Number of International Tourists　(10 000 person-times)			269
旅游外汇收入　(亿美元)	Foreign Exchange Earnings from International Tourism　(100 million USD)			8
金融	**Finance**			
金融机构各项存款　(亿元)	Deposits of National Banking System　(100 million yuan)			7906
金融机构各项贷款　(亿元)	Loans of National Banking System　(100 million yuan)			6548
教育、文化、卫生	**Education, Culture and Public Health**			
教育	**Education**			
在校学生数　(万人)	Total Enrollment　(10 000 persons)			
普通高等学校	Regular Institutions of Higher Education	13.6	18.6	34.2
普通中学	Regular Secondary Schools	610	632	873
普通小学	Regular Primary Schools	1853	1889	1886
专任教师数　(万人)	Full-time Teachers　(10 000 persons)			
普通高等学校	Regular Institutions of Higher Education	2.8	3.7	3.6
普通中学	Regular Secondary Schools	41.5	41.5	47.9
普通小学	Regular Primary Schools	84.8	85.8	89.9
文化	**Culture**			
出版数量	Publications			
图书　(万册)	Books Published　(10 000 copies)	30166	42275	42310
杂志　(万册)	Number of Magazines Issued　(10 000 copies)	7866	7881	8332
报纸　(万份)	Number of Newspapers　(10 000 copies)	79120	94985	123277
卫生	**Public Health**			
医院、卫生院数　(万个)	Number of Hospitals and Health Centers　(10 000 ports)	1.06	1.23	1.25
医院、卫生院床位　(万张)	Number of Beds of Hospitals and Health Centers(10 000 beds)	33.2	35.7	36.1
社会服务	**Social Services**			
福利类收养单位床位数 (万张)	Beds on Social Welfare Institutions　(10 000 beds)			
城镇社区服务设施数　(个)	Number of Urban Community Services Facilities　(unit)			
城乡最低生活保障人数 (万人)	Number of Persons Receiving Minimum Living Allowance in Urban and Rural Areas　(10 000 persons)			

continued

Aggregate Data				指数(%) Index (%) (2013为以下各年) (2013 as Percentage of the Following Years)						平均增长速度(%) Average Annual Growth Rate (%)		
2005	2010	2012	2013	1990	1995	2000	2005	2010	2012	1991–2013	1996–2013	2001–2013
1.69	2.12	2.37	2.52			176.7	149.3	118.8	106.5			4.5
59	91	102	103	350.7	310.1	243.1	174.7	112.9	100.5	5.6	6.5	7.1
892	2456	1322	1527						115.5			
110	127	161	190	216.3	178.2	173.8	173.5	150.2	118.0	3.4	3.3	4.3
4874	11685	15930	17882	2622.8	1056.7	695.8	366.9	153.0	112.3	15.3	14.0	16.1
222	533	821	923			1077.5	416.6	173.0	112.4			20.1
126	331	513	609			1225.4	481.6	183.7	118.7			21.3
95	202	308	314			873.1	330.2	155.6	101.9			18.1
467	820	1226	1436			533.7	307.4	175.1	117.0			13.7
13	30	45	58			768.1	453.0	193.3	127.6			17.0
16324	46622	64118	72957			922.8	446.9	156.5	113.8			18.6
11300	30579	44517	52451			801.0	464.2	171.5	117.8			17.4
100.0	161.9	171.9	178.7	1313.8	960.6	522.4	178.7	110.4	104.0	11.8	13.4	13.6
1082	1050	1021	1000	164.0	158.2	114.5	92.3	95.2	97.9	2.2	2.6	1.0
1668	1536	1479	1438	77.6	76.1	76.2	86.2	93.6	97.2	-1.1	-1.5	-2.1
6.3	9.5	10.1	10.3	368.4	278.8	283.5	163.7	108.9	102.5	5.8	5.9	8.3
61.1	67.4	69.3	68.7	165.5	165.6	143.4	112.4	101.9	99.1	2.2	2.8	2.8
88.1	90.7	88.9	86.1	101.5	100.3	95.7	97.7	94.8	96.8	0.1	0.0	-0.3
41958	43099	54793	64114	212.5	151.7	151.5	152.8	148.8	117.0	3.3	2.3	3.2
10280	8276	12119	14583	185.4	185.0	175.0	141.9	176.2	120.3	2.7	3.5	4.4
169518	174848	187018	191760	242.4	201.9	155.6	113.1	109.7	102.5	3.9	4.0	3.5
1.18	1.20	1.23	1.25	117.8	101.0	99.7	105.2	104.1	101.6	0.7	0.1	0.0
38.4	55.7	65.9	71.9	216.5	201.3	199.0	186.9	129.0	109.1	3.4	4.0	5.4
	27.3	33.9										
	6188.0	8829.0										
	1907.4	2012.3										

主要统计指标解释

供水综合生产能力 指按供水设施取水、净化、送水、出厂输水干管等环节设计能力计算的综合生产能力。包括在原设计能力的基础上，经挖、革、改增加的生产能力。计算时，以四个环节中最薄弱的环节为主确定能力。

供水管道长度 指从送水泵至用户水表之间所有管道的长度。不包括新安装尚未使用、水厂内以及用户建筑物内的管道。

城市供水总量 指报告期供水企业(单位)供出的全部水量。包括有效供水量和漏损水量。

生产运营用水 指在城区范围内生产、运营的农、林、牧、渔业、工业、建筑业、交通运输业等单位在生产、运营过程中的用水。

公共服务用水 指为城区社会公共生活服务的用水。包括行政事业单位、部队营区和公共设施服务、批发零售业、住宿餐饮业以及社会服务业等单位的用水。

居民家庭用水 指城市范围内所有居民家庭的日常生活用水。包括城市居民、农民家庭、公共供水站用水。

用水普及率 指报告期末城区用水人口数与城市人口总数的比率。计算公式：

$$用水普及率=\frac{城区用水人口(含暂住人口)}{城区人口+城区暂住人口}\times 100\%$$

人工煤气生产能力 指报告期末人工燃气生产厂制气、净化、输送等环节的综合生产能力，不包括备用设备能力。一般按设计能力计算，当实际生产能力大于设计能力时，应按实际测定的生产能力计算。测定时应以制气、净化、输送三个环节中最薄弱的环节为主。

供气管道长度 指报告期末从气源厂压缩机的出口或门站出口至各类用户引入管之间的全部已经通气、投入使用的管道长度。不包括煤气生产厂、输配站、液化气储存站、灌瓶站、储配站、气化站、混气站、供应站等厂(站)内的管道。

城市供气总量 指报告期燃气企业(单位)向用户供应的燃气数量。包括销售量和损失量。

燃气普及率 指报告期末城区使用燃气的城市人口数与城市人口总数的比率。其中燃气包括人工煤气、天然气、液化石油气三种。计算公式为：

$$燃气普及率=\frac{城区用气人口(含暂住人口)}{城区人口+城区暂住人口}\times 100\%$$

城市供热能力 指供热企业(单位)向城市热用户输送热能的设计能力。

城市供热总量 指在报告期供热企业(单位)向城市热用户输送全部蒸汽和热水的总热量。

城市供热管道长度 指从各类热源到热用户建筑物接入口之间的全部蒸汽和热水的管道长度。不包括各类热源厂内部的管道长度。

道路长度 指道路长度和与道路相通的桥梁、隧道的长度，按车行道中心线计算。

城市桥梁 指为跨越天然或人工障碍物而修建的构筑物。包括跨河桥、立交桥、人行天桥以及人行地下通道等。

城市排水管道长度 指所有排水总管、干管、支管、检查井及连接井进出口等长度之和。

城市污水日处理能力 指污水处理厂(或污水处理装置)每昼夜处理污水量的设计能力。

年末运营车数 指年末城市用于公共交通运营业务的全部车辆数。新购、新制和调入的运营车辆，自投入之日起开始计算；调出、报废和调作他用的运营车辆，自上级主管机关批准之日起不再计入。

城市绿地面积 指报告期末用作园林和绿化的各种绿地面积。包括公园绿地、生产绿地、防护绿地、附属绿地和其他绿地的面积。

公园绿地 城市中向公众开放的、以游憩为主要功能，有一定的游憩设施和服务设施，同时兼有健全生态、美化景观、防灾减灾等综合作用的绿化用地。包括综合公园、社区公园、专类公园、带状公园和街旁绿地。其中综合公园、专类公园和带状公园面积之和为公园面积。

道路清扫保洁面积 指报告期末对城市道路和公共场所（主要包括城市行车道、人行道、车行隧道、人行过街地下通道、道路附属绿地、地铁站、高架路、人行过街天桥、立交桥、广场、停车场及其他设施等）进行清扫保洁的面积。一天清扫保洁多次的，按清扫保洁面积最大的一次计算。

市容环卫专用车辆设备 指用于环境卫生作业、监察的专用车辆和设备，包括用于道路清扫、冲洗、洒水、除雪、垃圾粪便清运、市容监察以及与其配套使用的车辆和设备。

每万人拥有公共交通车辆 指按城市人口计算的每万人平均拥有的公共交通车辆标台数。计算公式：

$$每万人拥有公共交通车辆=\frac{公共交通运营车标台数}{城区人口+城区暂住人口}$$

Explanatory Notes on Main Statistical Indicators

Production Capacity of Water Supply refers to the designed overall production capacity of water facilities, covering the four segments of water collection, purification, conveyance, and outflow through trunk pipelines. Increased capacity through transformation and innovation projects is included as well. The capacity is determined mainly on the weakest of the above-mentioned four segments.

Length of Water Supply Pipelines refers to the total length of all the pipelines between the water pumps and the user water meters, excluding pipelines newly installed but not used yet, pipeline in the water factory, and pipeline in the user's buildings.

Total Volume of Urban Water Supply refers to the total volume of water supplied by water-works (units) during the reference period, including both the effective water supply and loss during the water supply.

Consumption of Water for Production and Operation Use refers to water consumption in the process of production and operation by production and operation units of agriculture, forestry, animal husbandry, fisheries, industry, construction industry, and transportation industry, etc. in urban areas.

Consumption of Water for Public Service Use refers to water consumption for public service in the urban areas. It includes water consumption of administrative institutions, army camps, public facilities, wholesale and retail, accommodation and catering industry and social service industry, etc.

Consumption of Water for Households Use refers to consumption of water for daily life of all households in cities, including households of urban residents and farmers, and public water supply stations.

Coverage Rate of Urban Population with Access to Tap Water refers to the ratio of the urban population with access to tap water to the total urban population at the end of reference period. The formula is:

$$\text{Coverage of urban population with access to tap water} = \frac{\text{Urban population with access to tap water}}{\text{Urban population}} \times 100\%$$

Production Capacity of Gaswork Gas refers to the overall production capacity of the urban gasworks in gas generation, purification and delivery at the end of the reference period, excluding capacity of the reserved facilities. In general, it is determined by the designed capacity, and when actual production capacity is larger than the designed capacity, the capacity is determined by the actual measurement on the weakest segment in the production, purification and delivery.

Length of Gas Pipelines refers to the total length of pipelines in use between the outlet of the compressor of gas-work or outlet of gas stations and the leading pipe of users, excluding pipelines within gasworks, delivery stations, LPG storage stations, refilling stations, gas-mixing stations and supply stations.

Volume of Gas Supply refers to the total volume of gas provided to users by gas-producing enterprises (units) during the reporting period, including the volume sold and the volume lost.

Coverage Rate of Urban Population with Access to Gas refers to the ratio of the urban population with access to gas to the total urban population at the end of the reference period. Gas here includes artificial coal gas, natural gas and liquefied petroleum gas. The formula is:

$$\text{Coverage rate of urban population with access to gas} = \frac{\text{Urban population with access to gas}}{\text{Urban population}} \times 100\%$$

Heating Capacity in Urban Areas refers to the designed capacity of heating enterprises (units) in supplying heating energy to urban users during the reference period.

Quantity of Heat Supplied in Urban Areas refers to the total quantity of heat from steam and hot water supplied to urban users by heating enterprises (units) during the reference period.

Length of Urban Heating Pipelines refers to the total length of steam or hot water pipelines for sources of heat to the leading pipelines of the buildings of the users, excluding internal pipelines in heat generating enterprises.

Length of Paved Roads refers to the length of roads with paved surface including bridges and tunnels connected with roads. Length of the roads is measured by the central lines.

Urban Bridges refer to bridges built to cross over natural or man-made barriers, including bridges over rivers, overpasses for traffic and for pedestrians, underpasses for pedestrians, etc.

Length of Urban Sewage Pipes refers to the total length of general drainage, trunks, branch and inspection wells, connection wells, inlets and outlets, etc.

Daily Disposal Capacity of Urban Sewage refers to the designed 24-hour capacity of sewage disposal by the sewage treatment works or facilities.

Number of Vehicles under Operation at Year-end refers to the total number of vehicles under operation by public transport enterprises (units) at the end of the year, based on the records of operational vehicles by the enterprises (units).

Area of Urban Green Land refers to the total area occupied for green projects at the end of the reference period, including park green land, production green land, protection green land, green land attached to institutions, and other green areas.

Park Green Area refers to green areas open to the public for amusement and rest with the facilities of amusement, rest and services. Its function includes perfecting ecology, beautifying landscape, and preventing and reducing disaster. Park green areas include comprehensive park, community park, theme park, linear park and roadside green space. Total areas of comprehensive park, topic park and belt-shaped is the area of park.

Road Area Cleaned refers to the area which are regularly cleaned, as at the end of the reference period, at urban roads and public places (mainly including urban roadways, pedestrian walkways, vehicular tunnels, pedestrian underpasses, underground railway stations, lifted roads, pedestrians walk bridges, overpasses, plazas, parking lots and other facilities). If there are several times of cleaning in a day at a location, the area of that time of cleaning with the largest area cleaned will be taken.

Vehicles and Facilities Dedicated to Urban Cleanliness and Environmental Sanitation refer to vehicles and facilities dedicated for use in the operation, management and monitoring of environmental hygiene work. They include vehicles for road cleaning, washing, showering, ice removal, disposal of garbage and human wastes, cleanliness monitoring and related activities.

Public Transportation Vehicles per 10000 Population refers to the number of public transportation vehicles, calculated by urban population, per 10000 population in the city district. The formula for calculation is:

$$\text{Public Transportation Vehicles per 10000 Population} = \frac{\text{Number of Public Transportation Vehicles}}{\text{City District Population}}$$

26

香港特别行政区主要社会经济指标

Main Social and Economic Indicators of Hong Kong Special Administrative Region

简　要　说　明

一、本章资料反映香港特别行政区主要社会、经济发展情况。内容包括：土地、人口、就业、国民收入、国际收支平衡、工业、能源、建筑、运输、对外贸易、政府收支及金融、教育、房屋、卫生、社会保障等方面。

二、本章由香港特别行政区政府统计处向有关政府决策局／部门及公营机构搜集数据，国家统计局国际统计信息中心负责整理、编辑。

三、在统计工作方面，按中华人民共和国“香港特别行政区基本法”的有关原则，香港特别行政区保留其单独运作的统计系统，并负责编制和发布反映香港特别行政区情况的统计数据。由于香港和内地在使用统计名词及概念方面会有所不同，读者在比较两地数据时，请参考以下资料：

（1）本章内的“《中国统计年鉴》与香港特别行政区统计刊物中使用的指标对照表”列出两地概念相近但名称不同的词汇。

（2）本章末的“主要统计指标解释”，载有一些重要概念的解释。

四、香港特别行政区是单独的关税地区，香港与内地之间的贸易，亦需办理进出口报关。在贸易统计方面，香港特别行政区对外贸易统计数据亦包括香港特别行政区与内地的贸易。

五、在外汇统计及与之有关的各方面，港币是香港特别行政区的法定货币，因此，除港币以外的货币（包括人民币）均视作外币。

六、更详细的统计资料及有关的技术细节，可参阅香港特别行政区政府统计处出版的《香港统计月刊》、《香港统计年刊》及各专题统计出版物。

七、本章节表中的符号使用说明：

本章节表中使用的部分符号与《中国统计年鉴》略有差异。“-”表示不适用；“空格”表示没有数字；“#”表示临时数字；“§”表示数字少于单位的一半。

Brief Introduction

I. Data in this chapter show main social and economic developments of the Hong Kong Special Administrative Region (HKSAR), including data on land, population, employment, National Income, Balance of Payments, industry, energy, construction, transportation, external trade, government accounts and finance, education, housing, health and social security.

II. All data in this chapter are collected from the related government bureaux/departments and public organisations by the Census and Statistics Department, the Government of HKSAR, and further tabulated or edited by the International Statistical Information Centre of the National Bureau of Statistics.

III. According to the Basic Law of HKSAR of the People's Republic of China, HKSAR maintains its independent statistical system, and compiles and disseminates statistics on the Region. As Hong Kong and the mainland of China use different statistical concepts, definitions and terminologies, users are advised to make reference of the following materials when using and comparing data of the mainland of China and HKSAR :

1. A Comparison of Common Statistical Terms Used in Publications Compiled by the Census and Statistics Department, the Government of HKSAR and *China Statistical Yearbook*, which lists similar statistical concepts using different terms.

2. The Explanatory Notes on Main Statistical Indicators at the end of this chapter which gives explanation on important statistical indicators.

IV. As Hong Kong is a separate custom territory, trade between Hong Kong and the mainland of China needs customs declaration procedures. In terms of trade statistics, data on Hong Kong's imports and exports include Hong Kong's trade with the mainland of China.

V. As Hong Kong dollar is the legal tender in HKSAR, all other currencies (including Renminbi) are regarded as foreign currencies in compiling foreign exchange statistics and related statistics.

VI. For more detailed statistics and technical details, users are advised to read *Hong Kong Monthly Digest of Statistics, Hong Kong Annual Digest of Statistics* and other publications compiled by the Census and Statistics Department, the Government of HKSAR.

VII. Notations used in this chapter:

Some notations used in this chapter are not agreed with those used *in China Statistical Yearbook*, but with Hong Kong publications. "-" indicates not applicable. "(blank)" indicates not available. "#" indicates provisional figure. "§" indicates the magnitude of figure is less than half of the unit employed.

26-1 主要统计指标概况
Summary of Key Statistics

项 目	Item	2009	2010	2011	2012	2013
香港陆地面积①（平方公里）	**Land Area of Hong Kong① (sq.km)**	**1104**	**1104**	**1104**	**1104**	**1104**
香港岛	Hong Kong Island	80	81	81	81	81
九龙	Kowloon	47	47	47	47	47
新界	New Territories	976	976	976	976	976
人口	**Population**					
年中人口（万人）	Mid-year Population (10 000 persons)	697.3	702.4	707.2	715.5	718.8
粗出生率（‰）	Crude Birth Rate (‰)	11.8	12.6	13.5	12.8	7.9
粗死亡率（‰）	Crude Death Rate (‰)	5.9	6.0	6.0	6.1	5.9
婴儿死亡率（‰）（按每千名登记活产婴儿计算）	Infant Mortality Rate (‰) (per 1 000 Registered Live Births)	1.7	1.7	1.3	1.5	1.6
劳工	**Labour**					
劳动人口（万人）	Labour Force (10 000 persons)	366.0	363.1	370.3	378.5	385.9
劳动人口参与率（%）	Labour Force Participation Rate (%)	60.8	59.6	60.1	60.5	61.2
失业率（%）	Unemployment Rate (%)	5.3	4.3	3.4	3.3	3.4
就业人数（万人）	Number of Employed Persons (10 000 persons)	346.8	347.4	357.6	366.1	372.8
选定行业的就业人数（万人）	Number of Employed Persons in Selected Industries (10 000 persons)					
制造	Manufacturing	15.0	13.3	13.3	13.4	12.6
建筑	Construction	26.2	26.5	27.7	29.1	30.9
进出口贸易及批发	Import/Export Trade and Wholesale	56.2	54.7	53.9	56.4	51.5
零售、住宿及餐饮服务②	Retail, Accommodationand Food Services②	54.5	55.8	57.8	59.1	61.2
运输、仓库、邮政及速递服务、资讯及通讯	Transportation, Storage, Postal and Courier Services, Information and Communications	42.3	42.2	43.4	43.4	44.5
金融、保险、地产、专业及商用服务	Financing, Insurance, Real Estate, Professional and Business Services	63.7	64.1	67.6	68.7	72.0
公共行政、社会及个人服务	Public Administration, Social and Personal Services	86.7	88.5	91.5	93.5	97.8
实际工资指数③（1992年9月=100）	Real Wage index③ (September 1992=100)	113.5	113.5	117.9	118.9	118.7
对外贸易	**External Trade**					
商品贸易	**Merchandise Trade**					
进口（亿港元）	Imports (HKD 100 million)	26924	33648	37646	39122	40607
港产品出口（亿港元）	Domestic Exports (HKD 100 million)	577	695	657	588	544
转口（亿港元）	Re-exports (HKD 100 million)	24113	29615	32716	33755	35053
服务贸易	**Trade in Services**					
服务出口④（亿港元）	Exports of Services④ (HKD 100 million)	5013	6257	7107	7640	8179
服务进口④（亿港元）	Imports of Services④ (HKD 100 million)	4737	5469	5780	5943	5966
国民收入及国际收支平衡	**National Income and Balance of Payments**					
本地生产总值	**Gross Domestic Product (GDP)**					
按2012年环比物量计算⑤	In Chained (2012) dDollars⑤					
年增长率（%）	Annual Growth Rate (%)	-2.5	6.8	4.8	1.5	2.9
本地生产总值（亿港元）	GDP (HKD 100 million)	17930	19144	20060	20371	20968
人均本地生产总值（港元）	Per Capita GDP (HKD)	257146	272540	283670	284721	291728
按当年价格计算	At Current Market Prices					
年增长率（%）	Annual Growth Rate (%)	-2.8	7.1	8.9	5.3	4.3
本地生产总值（亿港元）	GDP (HKD 100 million)	16592	17763	19344	20371	21254
人均本地生产总值（港元）	Per Capita GDP (HKD)	237960	252887	273550	284721	295701
本地居民总收入	**Gross National Income (GNI)**					
按当年价格计算	At Current Market Prices					
本地居民总收入（亿港元）	GNI (HKD 100 million)	17090	18139	19873	20665	21675
人均本地居民总收入（港元）	Per Capita GNI (HKD)	245096	258240	281020	288838	301568
对外初次收入流量净值(亿港元)	Net External Primary Income Flows (HKD 100 million)	498	376	528	295	422
国际收支平衡	**Balance of Payments**					
经常帐户（亿港元）	Current Account (HKD 100 million)	1640	1244	1075	322	395
资本及金融帐户（亿港元）	Capital and Financial Account(HKD 100 million)	-1445	-888	-1132	-677	-405
净误差及遗漏（亿港元）	Net Errors and Omissions (HKD 100 million)	-195	-355	57	355	9
整体的国际收支（亿港元）	Overall Balance of Payments (HKD 100 million)	6125 (盈余) (in surplus)	591 (盈余) (in surplus)	868 (盈余) (in surplus)	1889 (盈余) (in surplus)	579 (盈余) (in surplus)
国际投资头寸⑥	**International Investment Position⑥**					
国际投资头寸净值⑦（亿港元）	Net International Investment Position⑦ (HKD 100 million)	57022	51711	55229	55918	59512
对外金融资产（亿港元）	External Financial Assets (HKD 100 million)	206797	232300	240620	268580	290868
对外金融负债（亿港元）	External Financial Liabilities (HKD 100 million)	149775	180589	185391	212662	231356

26-1 续表 1 continued

项目	Item	2009	2010	2011	2012	2013
消费价格指数	**Consumer Price Indices**					
(2009年10月至2010年9月=100)	(Oct. 2009-Sep. 2010 = 100)					
综合消费价格指数	Composite Consumer Price Index	98.4	100.7	106.0	110.3	115.1
甲类消费价格指数	Consumer Price Index (A)	98.3	100.8	106.4	110.3	115.9
乙类消费价格指数	Consumer Price Index (B)	98.4	100.6	105.8	110.4	114.9
丙类消费价格指数	Consumer Price Index (C)	98.5	100.6	105.8	110.1	114.3
工业生产	**Industrial Production**					
工业生产指数 (2008年=100)	Index of Industrial Production (2008=100)	91.7	95.0	95.7	94.9	95.0
工业电力消费量 (万亿焦耳)	Industrial Electricity Consumption (terajoules)	11143	11080	11104	11282	11190
工业煤气消费量 (万亿焦耳)	Industrial Gas Consumption (terajoules)	902	917	1086	1331	1612
房屋及物业	**Housing and Property**					
永久性居住屋宇单位⑧ (万个)	Number of Permanent Living Quarters⑧(10 000 units)					
公营租住房屋⑨	Public Rental Housing⑨	74.12	74.46	74.71	76.81	77.21
资助出售单位⑩	Subsidised Sale Flats⑩	39.58	39.29	39.12	39.09	39.16
私人房屋⑩	Private Housing⑩	140.94	142.34	145.49	147.06	148.40
总计	Total	254.64	256.10	259.32	262.96	264.77
新落成私人楼宇	Newly Completed Private Buildings					
楼宇数目 (栋)	Number of Blocks (number)	669	278	397	601	678
实用楼面面积 (万平方米)	Usable Floor Area (10 000 sq.m.)					
住宅⑪	Residential⑪	44.3	61.2	47.2	55.8	34.8
非住宅	Non-residential	37.2	52.8	51.9	83.7	48.3
获批准可动工兴建私人楼宇 (栋)	Private Buildings with Consent to Commence Work (number of blocks)					
初次呈交	First Submission	403	512	228	266	448
重大修改	Major Revision	182	259	186	114	522
政府收支、金融、保险 (亿港元)	**Government Accounts, Finance and Insurance (HKD 100 million)**					
政府储备结余⑫⑬	Government's Reserve Balances⑫⑬	5203	5954	6691	7339	7557
政府收入总额⑬⑭	Total Government Revenue⑬⑭	3184	3765	4377	4422	4553
政府开支总额⑬⑭	Total Government Expenditure⑬⑭	2925	3014	3640	3773	4335
货币供应量M_3	Money Supply M_3					
港元⑮	Hong Kong Dollar⑮	36048	38782	40554	45456	48060
外币⑯	Foreign Currency⑯	30220	32781	40257	44248	52792
总计	Total	66268	71563	80811	89704	100852
港汇指数(贸易总值(进口及整体出口)加权) (2010年1月=100)⑰	Effective Exchange Rate Indices for the Hong Kong Dollar (trade (import and export) - weighted) (January 2010=100)⑰	101.9	99.5	94.6	94.9	94.9
运输、通讯、旅游	**Transport, Communications and Tourism**					
进出香港货物	Inward and Outward Movements of Cargo					
总卸下 (万吨)	Total Discharged (10 000 tons)	15567	17282	17519	17214	17942
总装上 (万吨)	Total Loaded (10 000 tons)	11745	12882	13291	12738	12632
集装箱吞吐量 (万标准集装箱)	Container Throughput (10 000 TEUs)	2104	2370	2438	2312	2235
电话服务 (万条操作线路)	Telephone Services (10 000 working lines)	419	426	425	425	432
访港旅客⑱ (万人次)	Visitor Arrivals⑱ (10 000 person-times)	2959.1	3603.0	4192.1	4861.5	5429.9
教育 (人)	**Education (person)**					
小学学生人数	Student Enrolment in Primary Schools	344748	331112	322881	317442	320918
中学学生人数⑲	Student Enrolment in Secondary Schools⑲	481188	458131	472532	422134	398372
大专院校学生人数⑳	Student Enrolment in Institutions⑳	158043	166018	168692	196800	193415
卫生	**Health**					
医生 (人)	Doctors (person)	12424	12620	12818	13006	13203
注册中医 (人)	Registered Chinese Medicine Practitioners (person)	6048	6241	6414	6565	6743
病床 (张)	Hospital Beds (bed)	35062	35522	36121	36579	36720
社会保障	**Social Security**					
综合社会保障援助⑫	Comprehensive Social Security Assistance (CSSA)⑫					
个案数目 (个)	Number of Cases (case)	287822	282732	275383	267623	259422
发放款项 (亿港元)	Amount (HKD 100 million)	190	185	195	198	195
公共福利金⑫	Social Security Allowances (SSA)⑫					
个案数目 (个)	Number of Cases (case)	627816	642979	663237	693389	748797
发放款项 (亿港元)	Amount (HKD 100 million)	89	91	97	106	189
交通意外伤亡援助⑫	Traffic Accident Victims Assistance⑫					
获批个案数目 (个)	Number of Cases Authorised for Payment (case)	7350	7203	7139	7430	7675

26-1 续表 2 continued

注：①面积为当年6月底的数据,包括不在区议会分区内的落马洲河套。
②住宿服务包括酒店、宾馆、旅舍及其他提供短期住宿服务的机构单位。
③实际工资指数是以名义工资指数扣除以2009/10年为基期的甲类消费价格指数而计算出来。
④数字已采纳《2010年国际服务贸易统计手册》内最新的国际建议，包括服务分类及编制方法，以及采用所有权转移原则来记录货品加工及转手商贸活动。因此服务出口及服务进口的数字与表 26-13 内相应的数字并不相同。
⑤以环比物量计算的本地生产总值及其组成部分的参照年，已由2011年重订为2012年。重订参照年会影响以环比物量计算的数值，但不会改变其变动率。
⑥期末头寸。
⑦国际投资头寸净值是对外金融资产总值与对外金融负债总值之间的差额。
⑧数字包括所有住宅屋宇单位及非住宅楼宇内已知作居所用途的屋宇单位，但不包括非住宅用途、酒店及院舍内供住院或在囚人士居住的屋宇单位。
⑨不包括房屋委员会售出的公营租住房屋单位。
⑩包括房屋委员会及香港房屋协会售出而不可在公开市场买卖的屋宇单位。可在公开市场买卖的资助出售单位则归类为私人永久性房屋。
⑪包括住宅楼宇内用作非住宅用途的实用楼面面积，例如：会所/娱乐设施、管理员办事处/宿舍、电机房等。
⑫数字是以相应的财政年度为根据。例如2013年的数字代表2013至2014财政年度数字。
⑬2013/14年的数字有待审计署署长核实。
⑭数额不包括“政府一般收入帐目与各基金之间的转拨”。
⑮所列数字已包括外币掉期存款。
⑯所列数字已扣除外币掉期存款。《中华人民共和国香港特别行政区基本法》说明，港元是香港特别行政区的法定货币。外币指港元以外的其他货币，因而人民币亦视作外币。
⑰由2012年1月3日起公布的新系列。
⑱访港旅客数字包括经澳门访港的非澳门居民。
⑲数字涵盖日、夜校。
⑳是指香港城市大学、香港浸会大学、岭南大学、香港中文大学、香港教育学院、香港理工大学、香港科技大学和香港大学就读学生。数字包括大学教育资助委员会(教资会)资助课程及教资会资助院校本部和辖下持续进修部门开办的本地经评审自资课程的学生人数。

Notes: ①Figures are as at end-June of the year. Figures include land area of Lok Ma Chau Loop which is not covered in District Council districts.
②Accommodation services cover hotels, guesthouses, boarding houses and other establishments providing short term accommodation.
③The Real Wage Indices are derived by deflating the Nominal Wage Indices by the 2009/10-based Consumer Price Index (A).
④Figures have incorporated the latest international recommendations given in the *Manual on Statistics of International Trade in Services 2010*, including the services classification and compilation methods, and adopting the change of ownership principle in recording goods sent abroad for processing and merchanting. Hence, figures on exports of services and imports of services in this table are different from the corresponding figures in Table 26-13.
⑤The reference year for the chain volume measures of GDP and its components has been revised from 2011 to 2012. Re-referencing affects the levels, but not the rates of change, of the chain volume measures.
⑥Position as at end of period.
⑦Net international investment position is the difference between total external financial assets and total external financial liabilities.
⑧Figures include all quarters used for residential purpose as well as quarters known to be used for residential purposes in non-residential buildings. Quarters known to be used for non-residential purpose and those in hotels and accommodation used for inmates of institutions are excluded.
⑨Exclude public rental housing flats sold by the Housing Authority.
⑩Subsidised sale flats include quarters sold by the Housing Authority and Hong Kong Housing Society that cannot be traded in the open market. Those flats that can be traded in the open market are classified as private permanent housing.
⑪Including usable floor area in residential buildings for non-domestic use, such as club house/recreational facilities, caretakers' office/quarters, transformer room, etc.
⑫Figures are for the corresponding financial year. For example, figures for 2013 represent those for financial year 2013/14.
⑬Figures for 2013/14 are subject to audit by the Director of Audit.
⑭Figures exclude "Transfers between the General Revenue Account and Funds".
⑮Figures are adjusted to include foreign currency swap deposits.
⑯Figures are adjusted to exclude foreign currency swap deposits. Hong Kong dollar is the legal tender in the Hong Kong Special Administrative Region, as stated in "The Basic Law of the Hong Kong Special Administrative Region of the People's Republic of China". Foreign currency refers to any currency other than Hong Kong dollar and thus Chinese Renminbi is also treated as a foreign currency.
⑰New series has been released as from 3 January 2012.
⑱Figures include arrival of non-Macao residents via Macao.
⑲Figures cover both day and evening schools.
⑳Refer to City University of Hong Kong, Hong Kong Baptist University, Lingnan University, The Chinese University of Hong Kong, The Hong Kong Institute of Education, The Hong Kong Polytechnic University, The Hong Kong University of Science and Technology and The University of Hong Kong. Figures include students attending University Grants Committee-funded programmes and students attending locally accredited self-financing programmes offered by institution proper and their continuation education arms.

26-2 土地用途分布情况
Land Usage

单位：平方公里 (sq. km)

类别	Class	2009	2010	2011	2012	2013
住宅	**Residential**					
私人住宅①	Private Residential①	25	25	25	25	25
公营房屋②	Public Residential②	16	16	16	16	16
乡郊居所③	Rural Settlements③	35	35	35	35	35
商业	**Commercial**					
商业/商贸和办公室	Commercial/Business and Offices	4	4	4	4	4
工业	**Industrial**					
工业用地	Industrial Land	7	7	7	7	7
工业村	Industrial Estates	3	3	3	3	3
货仓和露天贮物	Warehouse and Open Storage	15	16	16	16	16
机构/休憩	**Institution and Open Space**					
政府、机构和社区设施	Government, Institution and Community Facilities	24	25	25	25	25
休憩用地④	Open Space④	24	24	25	25	25
运输	**Transportation**					
道路	Roads	42	40	40	40	40
铁路	Railways	3	3	3	3	3
机场	Airport	13	13	13	13	13
其它都市或已建设土地	**Other Urban or Built-up Land**					
坟场和火葬场	Cemeteries and Crematoriums	8	8	8	8	8
公用事业设施	Public Utilities	7	7	7	7	7
空置/正在进行建筑工程的土地	Vacant Land/Construction in Progress	16	16	16	16	16
其它	Others	21	21	22	22	22
农业	**Agricultural**					
农地	Agricultural Land	51	51	51	51	51
鱼塘/基围	Fish Ponds/Gei Wais	17	17	17	17	17
林地/灌丛/草地/湿地	**Woodland/Shrubland/Grassland/Wetland**					
林地	Woodland	234	254	249	251	264
灌丛	Shrubland	241	303	293	282	267
草地	Grassland	260	178	191	200	202
红树林和沼泽⑤	Mangrove and Swamp⑤	5	5	5	5	5
荒地	**Barren Land**					
劣地	Badland	5	2	2	2	2
石矿场	Quarries	1	1	1	1	1
岩岸	Rocky Shore	2	4	4	4	4
水体	**Water Area**					
水塘	Reservoirs	24	25	25	25	25
河道和明渠	Streams and Nullahs	5	5	5	5	5
总计⑥	**Total⑥**	**1108 (1104)**	**1108 (1104)**	**1108 (1104)**	**1108 (1104)**	**1108 (1104)**

注：数字为该年年底的数字。

上述于2013年年底土地用途数据，已根据2013年12月的卫星图像、截至2013年年底由内部调查所得的资料，以及各政府部门的其它相关数据而更新。由于部分土地用途分类的定义已经更新，是年数据未必能与往年的数据作直接比较。

①包括私人开发商发展的住宅用地，村屋、资助房屋和临时房屋区除外。

②包括资助房屋和临时房屋区。

③包括村屋和临时搭建物。

④包括公园、运动场、游乐场和康乐设施。

⑤包括高水位线下的红树林和沼泽用地。这部分的土地不应计算在全港的土地总面积内。

⑥根据地政总署数据，括号内数字只包括高水位线上的土地总面积。

Notes: Figures are as at end of the year.

The above land usage figures as at end 2013 have been updated with satellite images dated December 2013, in-house survey information up to end-2013 and other relevant information from various government departments. As definitions of some land use classes have been updated, the figures this year may not be comparable directly to those provided in previous years.

①Includes residential land developed by private developers except village houses, subsidised housing and temporary housing areas.

②Includes subsidised housing and temporary housing areas.

③Includes village housing and temporary structures.

④Includes parks, stadiums, playgrounds and recreational facilities.

⑤Includes mangrove and swamp areas below the High Water Mark., which should not be counted in the total land area of the Territory.

⑥According to Lands Department, figures in brackets include only the total land area above the High Water Mark of the Territory.

26-3 按地区类别及路边情况划分的大气质量(2013年)
Air Quality by Area Type and Roadside Condition (2013)

单位：微克／立方米 (microgram/cu.m.)

地区类别及路边	Area Type and Roadside	全年平均大气污染浓度 Annual Average Air Pollutant Concentrations			
		二氧化硫 Sulphur Dioxide	二氧化氮 Nitrogen Dioxide	总悬浮粒子 Total Suspended Particulates	可吸入悬浮粒子 Respirable Suspended Particulates
市区①	Urban①	13	63	65	47
新市镇②	New Town②	12	51	61	47
郊区③	Rural③	13	11	–	49
路边④	Roadside④	11	120	75	57

注：①包括葵涌、中西区、深水埗、观塘、东区及荃湾。
②包括大埔、沙田、元朗及东涌。
③包括塔门。
④包括铜锣湾、中环及旺角。

Notes: ①Includes Kwai Chung, Central/Western, Sham Shui Po, Kwun Tong, Eastern and Tsuen Wan.
②Includes Tai Po, Sha Tin, Yuen Long and Tung Chung.
③Includes Tap Mun.
④Includes Causeway Bay, Central and Mong Kok.

26-4 按种类划分的日均产生的固体废物量
Average Solid Waste Quantities by Type

单位：吨（每日计） (tonnes per day)

种类	Type	2009	2010	2011	2012
于堆填区弃置的固体废物	Solid Waste Disposed of at Landfills				
都市固体废物①	Municipal Solid Waste①				
家居废物②	Domestic②	6015	6135	5973	6286
商业废物③	Commercial③	2319	2352	2360	2260
工业废物④	Industrial④	629	627	663	732
小计	Sub-total	8963	9114	8996	9278
整体建筑废物①⑤	Overall Construction Waste ①⑤	3121	3584	3331	3440
特殊废物⑥	Special Waste ⑥	1243	1119	1131	1127
总计	**Total**	**13326**	**13817**	**13458**	**13844**
已回收都市固体废物⑦	Municipal Solid Waste Recovered ⑦	8716	9872	8272	5909

注：①都市固体废物包括运往弃置设施的家居废物、商业废物及工业废物，但不包括建筑废物及已回收都市固体废物。
②家居废物包括使用后的住宅固体废物，以及由公共洁净服务收集的废物。
③商业废物包括所有类型的商业活动产生的固体废物。
④工业废物包括由工业活动产生的固体废物，但不包括化学废物及建筑废料。自2007年开始，运往堆填区处置并包括在工业废物类别的废弃混凝土已被重新归类于整体建筑废物，有关的数量已从工业废物类别中扣除。
⑤建筑废物包括由建筑及拆卸活动所产生的废物，但不包括可运往公众填土区作填海用途的物料。在堆填区弃置的整体建筑废物包括来自建筑地盘的建筑废物，以及在建筑地盘以外设立的混凝土配料厂和水泥/砂浆生产厂所产生的废弃混凝土。
⑥特殊废物包括弃置于堆填区的动物尸体、屠房废物、报废货物、滤水厂及污水处理后的污泥、污水处理厂的隔滤物、禽畜废物、医疗废物及化学废物。
⑦都市固体废物回收后会在本地或香港以外地方循环再造。

Notes : ①Municipal solid waste includes domestic waste, commercial waste and industrial waste delivered to disposal facilities but excludes construction waste and recovered municipal solid waste.
②Domestic waste covers post-consumer residential solid waste and refuse collected in public cleansing activities.
③Commercial waste covers solid waste arising from all forms of commercial activities.
④Industrial waste covers solid waste arising from industrial activities but excludes chemical waste and construction waste. Waste concrete delivered to landfills as industrial waste since 2007 was re-grouped under overall construction waste. Its corresponding quantity has been deducted from industrial waste.
⑤Construction waste covers waste arising from construction and demolition activities but excludes material delivered to public filling areas for land reclamation and formation. Overall construction waste received at landfills includes construction waste from construction sites and waste concrete that is generated from concrete batching plants and cement plaster/mortar manufacturing plants not set up inside construction sites.
⑥Special waste includes animal carcasses, abattoir waste, condemned goods, waterworks and sewage treatment sludge, sewage works screening, livestock waste, clinical waste and chemical waste delivered to landfills.
⑦Municipal solid waste recovered will be recycled locally or places outside Hong Kong.

26-5 人口主要指标
Main Indicators of Population

项目	Item	2009	2010	2011	2012	2013
年中人口 (万人)	Mid-year Population (10 000 persons)	697.3	702.4	707.2	715.5	718.8
粗出生率 (‰)	Crude Birth Rate (‰)	11.8	12.6	13.5	12.8	7.9
粗死亡率 (‰)	Crude Death Rate (‰)	5.9	6.0	6.0	6.1	5.9
婴儿死亡率 (‰)	Infant Mortality Rate (‰)	1.7	1.7	1.3	1.5	1.6
自然增长率 (‰)	Rate of Natural Increase (‰)	5.9	6.6	7.5	6.7	2.0
总和生育率①	Total Fertility Rate①	1055	1127	1204	1285	1124
登记结婚数 (对)	Registered Marriages (couple)	51175	52558	58369	60459	55398
登记离婚数 (对)	Divorce Decrees (couple)	17002	18167	19597	21125	22271
出生时平均预期寿命 (年)	Expectation of Life at Birth (year old)					
男	Male	79.8	80.1	80.3	80.7	80.9
女	Female	85.9	86.0	86.7	86.4	86.6

注：①不包括女性外籍家庭佣工。每千名女性的活产婴儿数目。

Note:①Excluding female foreign domestic helpers. Refers to live births per 1000 women.

26-6 劳动人口及失业状况
Labour Force and Unemployment

项目	Item	2009	2010	2011	2012	2013
劳动人口数目(万人)	Labour Force (10 000 persons)	366.0	363.1	370.3	378.5	385.9
男	Male	194.4	193.1	194.3	197.2	199.2
女	Female	171.6	170.0	176.0	181.3	186.6
劳动人口参与率 (%)	Labour Force Participation Rate (%)	60.8	59.6	60.1	60.5	61.2
就业人口 (万人)	Employed Persons (10 000 persons)	346.8	347.4	357.6	366.1	372.8
失业人口 (万人)	Unemployed Persons (10 000 persons)	19.3	15.7	12.7	12.4	13.1
失业率 (%)	Unemployment Rate (%)	5.3	4.3	3.4	3.3	3.4

注：数字是根据每年1月至12月进行的“综合住户统计调查”结果，以及由政府统计处与跨部门人口分布推算小组共同编制按区议会分区划分年中人口估计数字而编制。

Note: Figures are compiled based on data collected in the General Household Survey from January to December of the year concerned as well as the mid-year population estimates by District Council district compiled jointly by the Census and Statistics Department and an inter-departmental Working Group on Population Distribution Projections.

26-7 按行业划分的就业人数
Employed Persons by Industry

单位：万人 (10 000 persons)

行业	Industry	2009	2010	2011	2012	2013
制造	Manufacturing	15.0	13.3	13.3	13.4	12.6
建筑	Construction	26.2	26.5	27.7	29.1	30.9
进出口贸易及批发	Import/Export Trade and Wholesale	56.2	54.7	53.9	56.4	51.5
零售、住宿及膳食服务①	Retail, Accommodation and Food Services①	54.5	55.8	57.8	59.1	61.2
运输、仓库、邮政及速递服务、资讯及通讯	Transportation, Storage, Postal and Courier Services, Information and Communications	42.3	42.2	43.4	43.4	44.5
金融、保险、地产、专业及商用服务	Financing, Insurance, Real Estate, Professional and Business Services	63.7	64.1	67.6	68.7	72.0
公共行政、社会及个人服务	Public Administration, Social and Personal Services	86.7	88.5	91.5	93.5	97.8
其它	Others	2.1	2.3	2.4	2.4	2.3
总计	**Total**	**346.8**	**347.4**	**357.6**	**366.1**	**372.8**

注：数字是根据每年1月至12月进行的“综合住户统计调查”结果，以及由政府统计处与跨部门人口分布推算小组共同编制按区议会分区划分年中人口估计数字而编制。

① 住宿服务包括酒店、宾馆、旅舍及其他提供短期住宿服务的机构单位。

Notes: Figures are compiled based on data collected in the General Household Survey from January to December of the year concerned as well as the mid-year population estimates by District Council district compiled jointly by the Census and Statistics Department and an inter-departmental Working Group on Population Distribution Projections.

① Accommodation services cover hotels, guesthouses, boarding houses and other establishments providing short term accommodation.

26-8 按每月就业收入划分的就业人数
Employed Persons by Monthly Employment Earnings

单位：万人，另有注明除外 (10 000 persons, unless otherwise specified)

每月就业收入(港元)	Monthly Employment Earnings (HKD)	2009	2010	2011	2012	2013
< 3000	< 3000	13.3	11.3	10.1	9.9	11.3
3000 - 3999	3000 - 3999	27.5	27.3	28.2	29.1	28.4
4000 - 4999	4000 - 4999	9.2	8.1	6.8	6.9	8.8
5000 - 5999	5000 - 5999	13.2	11.6	8.5	6.2	6.3
6000 - 6999	6000 - 6999	22.0	20.3	16.5	11.3	9.0
7000 - 7999	7000 - 7999	23.1	23.2	22.2	17.8	14.2
8000 - 8999	8000 - 8999	27.7	27.2	28.9	28.6	22.1
9000 - 9999	9000 - 9999	21.4	21.0	21.3	25.7	24.4
10000 - 11999	10000 - 11999	32.8	35.9	38.2	38.3	40.5
12000 - 13999	12000 - 13999	27.7	29.6	33.0	35.2	36.7
14000 - 15999	14000 - 15999	25.2	25.6	26.0	29.6	31.2
16000 - 17999	16000 - 17999	8.7	8.8	9.8	12.3	15.0
18000 - 19999	18000 - 19999	9.5	9.5	10.1	9.6	11.9
20000 - 24999	20000 - 24999	27.6	27.0	30.1	31.6	33.0
25000 - 29999	25000 - 29999	12.8	13.1	14.7	15.4	16.9
30000 - 34999	30000 - 34999	13.9	14.6	17.1	17.0	16.8
35000 - 39999	35000 - 39999	5.5	5.7	6.4	8.0	8.6
40000 - 44999	40000 - 44999	5.9	6.0	6.0	7.5	8.4
45000 - 49999	45000 - 49999	3.2	3.7	3.8	3.7	4.8
50000 - 59999	50000 - 59999	5.8	6.3	6.8	8.9	9.1
60000 - 79999	60000 - 79999	4.7	5.2	5.8	5.6	7.2
80000 - 99999	80000 - 99999	2.3	2.5	2.6	3.0	3.3
≧ 100000	≧ 100000	3.9	4.1	4.8	5.2	5.1
总 计	Total	346.8	347.4	357.6	366.1	372.8
每月就业收入中位数(港元)	**Median Monthly Earnings (HKD)**	**10500**	**11000**	**11300**	**12000**	**13000**

注：数字是根据每年1月至12月进行的“综合住户统计调查”结果，以及由政府统计处与跨部门人口分布推算小组共同编制按区议会分区划分年中人口估计数字而编制。

Notes : Figures are compiled based on data collected in the General Household Survey from January to December of the year concerned as well as the mid-year population estimates by District Council district compiled jointly by the Census and Statistics Department and an inter-departmental Working Group on Population Distribution Projections.

26-9 按行业划分督导级（不包括经理级与专业雇员）及以下雇员的工资指数
Wage Indices for Employees up to Supervisory Level (Managerial and Professional Employees Are Not Included) by Industry

(1992年9月 = 100) (September 1992 = 100)

行业主类	Industry Section	2009	2010	2011	2012	2013
名义工资指数	**Nominal Wage Index**					
制造	Manufacturing	155.3	153.7	170.0	172.8	180.9
进出口贸易、批发及零售	Import/Export, Wholesale and Retail Trades	166.2	173.5	188.1	195.1	198.8
运输	Transportation	151.6	153.9	161.8	166.4	173.2
住宿及餐饮服务活动①	Accommodation and Food Service Activities①	131.4	135.8	150.6	163.2	169.4
金融及保险活动	Financial and Insurance Activities	174.0	177.9	190.3	201.8	207.5
地产租赁及保养管理	Real Estate Leasing and Maintenance Management	164.0	167.1	186.6	199.8	219.2
专业及商业服务	Professional and Business Services	156.4	162.0	185.8	192.7	208.3
个人服务	Personal Services	187.9	196.3	222.0	240.7	253.8
所有选定行业②	All Selected Industries②	157.9	163.1	178.3	187.5	195.2
实际工资指数③	**Real Wage Index③**					
制造	Manufacturing	111.6	107.0	112.4	109.6	110.0
进出口贸易、批发及零售	Import/Export, Wholesale and Retail Trades	119.5	120.7	124.3	123.7	120.9
运输	Transportation	109.0	107.1	106.9	105.5	105.3
住宿及餐饮服务活动①	Accommodation and Food Service Activities①	94.4	94.5	99.6	103.5	103.0
金融及保险活动	Financial and Insurance Activities	125.1	123.8	125.8	128.0	126.2
地产租赁及保养管理	Real Estate Leasing and Maintenance Management	117.9	116.3	123.3	126.7	133.2
专业及商业服务	Professional and Business Services	112.5	112.8	122.8	122.2	126.6
个人服务	Personal Services	135.1	136.6	146.7	152.6	154.3
所有选定行业②	All Selected Industries②	113.5	113.5	117.9	118.9	118.7

注：指有关年度12月份的数字。
①住宿服务包括酒店、宾馆、旅舍及其他提供短期住宿服务的机构单位。
②指“劳工收入统计调查”内工资统计调查所涵盖的所有行业，包括并没有列出其统计数字的电力及燃气供应业、污水处理及废弃物管理业与出版活动业。
③实际工资指数是以名义工资指数扣除以2009/10年为基期的甲类消费价格指数而计算出来。

Notes : Figures refer to December of the year.
①Accommodation services cover hotels, guesthouses, boarding houses and other establishments providing short term accommodation.
②Figures refer to all industries covered by the wage enquiry of the Labour Earnings Survey, including the electricity and gas supply industry, sewerage and waste management activities industry and publishing activities industry, the statistics of which are not separately shown.
③The Real Wage Indices are derived by deflating the Nominal Wage Indices by the 2009/10-based Consumer Price Index (A).

26-10 本地生产总值
Gross Domestic Product

年 份 Year	本地生产总值(以当年价格计算) Gross Domestic Product (GDP) At Current Market Prices		本地生产总值与上年比较的实际增长(%) GDP Real Growth Rate over the Preceding Year (%)	人均本地生产总值(以当年价格计算) Per Capita GDP At Current Market Prices	
	(亿港元) (HKD 100 million)	(亿美元) (USD 100 million)		(港元) (HKD)	(美元) (USD)
1990	5993	769	3.8	105050	13487
1991	6913	890	5.7	120188	15466
1992	8071	1043	6.2	139148	17975
1993	9310	1203	6.2	157772	20395
1994	10496	1358	6.0	173909	22504
1995	11190	1446	2.4	181772	23497
1996	12353	1597	4.3	191951	24819
1997	13731	1774	5.1	211592	27330
1998	13081	1689	-5.9	199898	25810
1999	12859	1658	2.5	194649	25090
2000	13375	1717	7.7	200675	25757
2001	13211	1694	0.6	196765	25230
2002	12973	1663	1.7	192367	24666
2003	12567	1614	3.1	186704	23976
2004	13169	1691	8.7	194140	24928
2005	14121	1816	7.4	207263	26651
2006	15034	1935	7.0	219240	28223
2007	16508	2116	6.5	238676	30596
2008	17075	2193	2.1	245406	31515
2009	16592	2140	-2.5	237960	30697
2010	17763	2286	6.8	252887	32551
2011	19344	2485	4.8	273550	35143
2012	20371	2626	1.5	284721	36710
2013	21254	2740	2.9	295701	38125

26-11 按当年价格计算的生产法本地生产总值
Gross Domestic Product (GDP) by Economic Activity at Current Prices

单位：亿港元，另有注明除外 (HKD 100 million, unless otherwise specified)

经济活动	Economic Activity	2008	2009	2010	2011	2012
农业及渔业	**Agriculture and Fishing**	**8.28**	**10.49**	**8.79**	**8.61**	**10.34**
工业	**Industry**	**1196.56**	**1140.51**	**1214.97**	**1300.23**	**1395.06**
采矿及采石	Mining and Quarrying	0.97	0.41	0.69	0.83	0.80
制造	Manufacturing	315.06	287.14	304.10	305.78	306.00
电力、燃气和自来水供应及废弃物管理	Electricity, Gas and Water Supply, and Waste Management	396.51	350.32	344.86	338.77	353.82
建筑	Construction	484.03	502.64	565.31	654.84	734.45
服务	**Services**	**14995.29**	**14667.24**	**16149.22**	**17701.66**	**18724.98**
进出口贸易、批发及零售	Import/export, Wholesale and Retail Trades	3992.00	3702.26	4133.08	4929.00	5115.37
住宿及膳食服务①	Accommodation and Food Services①	536.00	487.89	564.18	664.21	720.44
运输、仓库、邮政及速递服务	Transportation, Storage, Postal and Courier Services	983.90	992.08	1379.41	1200.34	1206.09
资讯及通讯	Information and Communications	491.27	478.93	550.24	629.52	708.66
金融及保险	Financing and Insurance	2771.12	2559.00	2837.52	3052.82	3193.12
地产、专业及商用服务	Real Estate, Professional and Business Services	1660.86	1739.03	1884.76	2139.87	2324.16
公共行政、社会及个人服务	Public Administration, Social and Personal Services	2781.00	2881.09	2952.57	3135.85	3376.78
楼宇业权	Ownership of Premises	1779.15	1826.96	1847.45	1950.05	2080.36
以基本价格计算的本地生产总值	**GDP at Basic Prices**	**16200.13**	**15818.24**	**17372.98**	**19010.49**	**20130.38**
产品税	**Taxes on Products**	**582.33**	**546.89**	**687.07**	**694.01**	**635.75**
统计差额②　(%)	**Statistical Discrepancy②　(%)**	**1.7**	**1.4**	**-1.7**	**-1.9**	**-1.9**
以当年价格计算的本地生产总值	**GDP at Current Market Prices**	**17074.87**	**16592.45**	**17763.32**	**19344.33**	**20370.64**

注：以上的统计数字是按“香港标准行业分类2.0版”编制。
①住宿服务包括酒店、宾馆、旅舍及其他提供短期住宿服务的机构单位。
②统计差额是以当时价格计算，以支出法编制的本地生产总值与以生产法编制的本地生产总值之间的差额。这差额是由于在编制过程中数据来源及估算方法有所不同而引致的。统计差额是以占本地生产总值的百分比形式作表达。

Notes: The above statistics are compiled based on the Hong Kong Standard Industrial Classification (HSIC) Version 2.0.
①Accommodation services cover hotels, guesthouses, boarding houses and other establishments providing short term accommodation.
②Statistical discrepancy refers to the difference in values of current price GDP compiled using the expenditure and production approaches, as a result of the adoption of different data sources and estimation methods in the compilation processes. It is expressed as a percentage of GDP.

26-12 按2012年环比物量计算的生产法本地生产总值
Gross Domestic Product (GDP) by Economic Activity in Chained (2012) Dollars

单位：亿港元 (HKD 100 million)

经济活动	Economic Activity	2009	2010	2011	2012	2013
农业及渔业	**Agriculture and Fishing**	**10.32**	**10.85**	**10.89**	**10.34**	**10.47**
工业	**Industry**	**1139.92**	**1227.34**	**1336.48**	**1395.06**	**1401.11**
采矿及采石	Mining and Quarrying	0.90	0.65	0.69	0.80	0.81
制造	Manufacturing	296.28	306.19	308.44	306.00	306.27
电力、燃气和自来水供应及废弃物管理	Electricity, Gas and Water Supply, and Waste Management	347.24	346.59	348.77	353.82	351.40
建筑	Construction	495.60	573.12	678.14	734.45	742.64
服务	**Services**	**16362.92**	**17493.93**	**18401.10**	**18724.98**	**19275.31**
进出口贸易、批发及零售	Import/export, Wholesale and Retail Trades	3945.55	4603.26	5021.69	5115.37	5300.65
住宿及膳食服务①	Accommodation and Food Services①	596.67	653.35	707.84	720.44	747.15
运输、仓库、邮政及速递服务	Transportation, Storage, Postal and Courier Services	1050.89	1114.45	1195.19	1206.09	1236.51
资讯及通讯	Information and Communications	660.62	670.76	689.69	708.66	738.26
金融及保险	Financing and Insurance	2796.20	2972.54	3166.49	3193.12	3373.15
地产、专业及商用服务	Real Estate, Professional and Business Services	2142.80	2196.85	2253.85	2324.16	2327.44
公共行政、社会及个人服务	Public Administration, Social and Personal Services	3180.57	3249.99	3307.19	3376.78	3463.02
楼宇业权	Ownership of Premises	2026.99	2043.43	2058.06	2080.36	2089.13
产品税	**Taxes on Products**	**715.84**	**760.67**	**709.24**	**635.75**	**578.43**

注：以上的统计数字是按"香港标准行业分类2.0版"编制。
以环比物量计算按经济活动划分的本地生产总值的参照年，已由2011年重订为2012年。重订参照年会影响以环比物量计算的数值，但不会改变其变动率。整体物量估计与其组成部分相加的总和可能存在差额。"不可相加性"是环比物量计算的一个技术属性。
①住宿服务包括酒店、宾馆、旅舍及其他提供短期住宿服务的机构单位。

Notes: The above statistics are compiled based on the Hong Kong Standard Industrial Classification (HSIC) Version 2.0.
The reference year for the chain volume measures of GDP by economic activity has been revised from 2011 to 2012. Re-referencing affects the levels, but not the rates of change, of the chain volume measures. A discrepancy may exist between the volume estimate of an aggregate and the sum of its components. "Non-additivity" is a technical feature of the chain volume measures.
①Accommodation services cover hotels, guesthouses, boarding houses and other establishments providing short term accommodation.

26-13 支出法本地生产总值
Gross Domestic Product by Expenditure Component

单位：亿港元，另有注明除外 (HKD 100 million, unless otherwise specified)

本地生产总值组成部分	GDP Components	2009	2010	2011	2012	2013
按当年价格计算	**At Current Market Prices**					
私人消费开支	Private Consumption Expenditure	10136	10902	12244	13150	14045
政府消费开支	Government Consumption Expenditure	1525	1574	1685	1853	1980
固定资本形成总额	Gross Domestic Fixed Capital Formation	3396	3869	4553	5174	5071
存货增减	Changes in Inventories	229	375	117	-37	-23
货物出口(离岸价)	Exports of Goods (f.o.b.)	25001	30684	34201	35918	38164
减：货物进口(离岸价)	Less: Imports of Goods (f.o.b.)	27030	33951	38482	41164	43949
服务出口	Exports of Services	6728	8290	9412	10030	10632
减：服务进口	Less: Imports of Services	3393	3981	4386	4554	4666
本地生产总值	**GDP**	**16592**	**17763**	**19344**	**20371**	**21254**
人均本地生产总值(港元)	**Per Capita GDP (HKD)**	**237960**	**252887**	**273550**	**284721**	**295701**
按2012年环比物量计算①	**In Chained (2012) Dollars①**					
私人消费开支	Private Consumption Expenditure	10982	11653	12631	13150	13720
政府消费开支	Government Consumption Expenditure	1690	1746	1789	1853	1896
固定资本形成总额	Gross Domestic Fixed Capital Formation	4082	4396	4845	5174	5344
存货增减	Changes in Inventories	263	416	118	-37	-17
货物出口(离岸价)	Exports of Goods (f.o.b.)	29066	34102	35277	35918	38288
货物进口(离岸价)	Imports of Goods (f.o.b.)	32287	38146	39952	41164	44198
服务出口	Exports of Services	8111	9306	9816	10030	10579
服务进口	Imports of Services	3887	4317	4468	4554	4643
本地生产总值	**GDP**	**17930**	**19144**	**20060**	**20371**	**20968**
人均本地生产总值(港元)	**Per Capita GDP (HKD)**	**257146**	**272540**	**283670**	**284721**	**291728**

注：①以环比物量计算的本地生产总值及其组成部分的参照年，已由2011年重订为2012年。重订参照年会影响以环比物量计算的数值，但不会改变其变动率。整体物量数值与其组成部分相加的总和可能存在差额。不可相加性是环比物量计算的一个技术属性。

Note: ①The reference year for the chain volume measures of GDP and its components has been revised from 2011 to 2012. Re-referencing affects the levels, but not the rates of change, of the chain volume measures. A discrepancy may exist between the volume estimate of an aggregate and the sum of its components. Non-additivity is a technical feature of the chain volume measures.

26-14 本地居民总收入
Gross National Income

单位：亿港元，另有注明除外 (HKD 100 million, unless otherwise specified)

项　目	Item	2009	2010	2011	2012	2013
以2012年环比物量计算①	**In chained (2012) dollars①**					
本地生产总值	GDP	17930	19144	20060	20371	20968
对外初次收入流量净值	Net External Primary Income Flows	547	404	549	295	420
实质本地居民总收入②	RGNI②	19069	19764	20704	20665	21553
人均本地生产总值(港元)	Per Capita GDP (HKD)	257146	272540	283670	284721	291728
人均实质本地居民总收入(港元)	Per Capita RGNI (HKD)	273479	281370	292781	288838	299862
按当年价格计算	**At Current Market Prices**					
本地生产总值	GDP	16592	17763	19344	20371	21254
对外初次收入流量净值	Net External Primary Income Flows	498	376	528	295	422
本地居民总收入	GNI	17090	18139	19873	20665	21675
人均本地生产总值(港元)	Per Capita GDP (HKD)	237960	252887	273550	284721	295701
人均本地居民总收入(港元)	Per Capita GNI (HKD)	245096	258240	281020	288838	301568

注：①以环比物量计算的本地生产总值、对外初次收入流量净值及实质本地居民总收入的参照年，已由2011年重订为2012年。
②实质本地居民总收入是把贸易价格比率变动的调整及实质对外初次收入流量净值加进实质本地生产总值而得出。

Notes: ①The reference year for the chain volume measures of GDP, net external primary income flows (EPIF) and GNI have been revised from 2011 to 2012.
②Real Gross National Income (RGNI) is obtained by adding the terms of trade adjustment and real net EPIF to real GDP.

26-15 香港国际收支平衡表
Hong Kong's Balance of Payments Account

单位：亿港元　　(HKD 100 million)

标准组成部分①	Standard Component①	2009	2010	2011	2012	2013
经常账户②	**Current Account②**	**1640**	**1244**	**1075**	**322**	**395**
货物	Goods	1030	256	-582	-1467	-2033
服务	Services	276	788	1327	1698	2214
初次收入	Primary Income	498	376	528	295	422
二次收入	Secondary Income	-164	-176	-198	-203	-207
资本及金融账户②	**Capital and Financial Account②**	**-1445**	**-888**	**-1132**	**-677**	**-405**
资本账户	Capital Account	-30	-44	-20	-14	-16
直接投资	Direct Investment	-284	-1220	19	-1026	-1155
证券投资	Portfolio Investment	-3101	-4425	-110	-316	-3336
金融衍生工具	Financial Derivatives	246	187	209	152	81
其他投资	Other Investment	7849	5206	-362	2417	4601
储备资产③	Reserve Assets③	-6125	-591	-868	-1889	-579
净误差及遗漏④	**Net Errors and Omissions④**	**-195**	**-355**	**57**	**355**	**9**
整体的国际收支	**Overall Balance of Payments**	**6125**	**591**	**868**	**1889**	**579**
		(盈余)	**(盈余)**	**(盈余)**	**(盈余)**	**(盈余)**
		(in surplus)	**(in surplus)**	**(in surplus)**	**(in surplus)**	**(in surplus)**

注：由于在2013年年中进行了一项技术性修订工作，货物出口、服务输入及输出数字已作出修订。

①根据国际收支平衡表的会计常规，某标准组成部分的净贷方数字以正数显示，而净借方则以负数显示。

②经常账户差额的正数值显示盈余而负数值则显示赤字。在资本及金融账户方面，正数值显示资金净流入而负数值则显示资金净流出。由于对外资产的增加是属于借方记账而减少则属贷方记账，因此负数值的储备资产显示储备资产的增加，而正数值则显示减少。

③在国际收支平衡架构下储备及非储备资产的估计数字是指交易数字。因估值方式改变(包括价格变动及汇率变动)及重新分类所导致的影响并没计算在内。

④原则上，贷方和借方各项记账的净总和等于零。实际上，由于有关数据是从多个来源搜集得来，贷方和借方记账之间可能由于各种原因而出现差异。为令贷方记账的总和与借方记账的总和相等，须加进一个反映净误差及遗漏的平衡项目。

Notes: Figures of exports of goods, as well as imports and exports of services were revised as a result of a technical revision exercise conducted in mid-2013.

①In accordance with the Balance of Payments accounting rules, a net credit for a standard component is represented by a positive value, and a net debit a negative value.

②A positive value for the balance figure in the current account represents a surplus whereas a negative value represents a deficit. In the capital and financial account, a positive value indicates a net financial inflow while a negative value indicates a net outflow. As increases in external assets are debit entries and decreases are credit entries, a negative value for the reserve assets represents a net increase while a positive value represents net decrease.

③The estimates of reserve and non-reserve assets under the Balance of Payments framework are transaction figures. Effects of valuation changes (including price changes and exchange rate changes) and reclassifications are not taken into account.

④In principle, the net sum of credit entries and debit entries is zero. In practice, discrepancies between the credit and debit entries may occur for various reasons as the relevant data are collected from many sources. Equality between the sum of credit entries and that of debit entries is brought about by the inclusion of a balancing item which reflects net errors and omissions.

26-16 香港国际投资头寸（期末头寸）
Hong Kong's International Investment Position (Position as at End of Period)

单位：亿港元 (HKD 100 million)

概括组成部分	Broad Component	2009	2010	2011	2012	2013
资产	**Assets**	**206797**	**232300**	**240620**	**268580**	**290868**
直接投资	Direct Investment	72044	80780	87677	98726	104855
证券投资	Portfolio Investment	62934	72260	64125	76515	86817
金融衍生工具	Financial Derivatives	3792	4569	5392	6615	6113
其他投资	Other Investment	48989	54717	62420	63420	68956
储备资产	Reserve Assets	19037	19973	21005	23305	24128
负债	**Liabilities**	**149775**	**180589**	**185391**	**212662**	**231356**
直接投资	Direct Investment	77091	90388	91983	105090	111956
证券投资	Portfolio Investment	26432	32185	27928	37435	40305
金融衍生工具	Financial Derivatives	3105	3898	4774	6387	5646
其他投资	Other Investment	43147	54118	60706	63750	73448
国际投资头寸净值①	**Net International Investment Position①**	**57022**	**51711**	**55229**	**55918**	**59512**

注：①国际投资头寸净值是对外金融资产总值与对外金融负债总值之间的差额。

Note: ①Net International Investment Position is the difference between total external financial assets and total external financial liabilities.

26-17 电力、煤气、水消费量
Electricity, Gas and Water Consumption

用　途	Use	2009	2010	2011	2012	2013
电力 （万亿焦耳）	**Electricity (Terajoules)**					
住宅	Domestic	38972	39344	39872	41189	39941
商业	Commercial	98856	99883	100067	102050	101683
工业	Industrial	11143	11080	11104	11282	11190
街灯	Street Lighting	395	397	390	390	387
出口往中国内地	Export to the Mainland of China	13432	9392	10645	6617	5940
总计	Total	162798	160098	162077	161528	159141
煤气 （万亿焦耳）	**Gas (Terajoules)**					
住宅	Domestic	15303	15272	15500	15473	15266
商业	Commercial	11069	11389	11562	11555	11678
工业	Industrial	902	917	1086	1331	1612
总计	Total	27274	27578	28147	28360	28556
水 （万立方米）	**Water (10 000 Cubic Meters)**	**95200**	**93600**	**92300**	**93500**	**93300**

26-18 工业生产指数
Index of Industrial Production

(2008年=100) (Year 2008=100)

行业组别	Industry Grouping	2009	2010	2011	2012	2013
制造业	**Manufacturing**	**91.7**	**95.0**	**95.7**	**94.9**	**95.0**
食品、饮品及烟草制品	Food, Beverages and Tobacco	99.1	105.3	112.8	118.4	122.8
纺织制品	Textiles	77.8	71.3	61.9	58.8	54.2
成衣	Wearing Apparel	70.2	61.6	55.3	43.8	38.9
纸制品、印刷及已储录资料媒体的复制	Paper products, Printing and Reproduction of Recorded Media	92.0	93.3	94.6	91.0	88.0
金属、计算机、电子及光学产品、机械及设备	Metal, Computer, Electronic and Optical Products, Machinery and Equipment	89.6	98.5	89.2	81.1	74.8
其他制造行业	Miscellaneous Manufacturing Industries	96.2	102.4	108.8	114.1	119.9
污水处理、废弃物管理及污染防治活动	**Sewerage, Waste Management and Remediation Activities**	**97.5**	**102.3**	**113.0**	**120.0**	**121.1**

注：以上统计数字是按“香港标准行业分类2.0版”编制。
Note : The above statistics are compiled based on the Hong Kong Standard Industrial Classification (HSIC) Version 2.0.

26-19 按楼宇种类划分的新落成私人楼宇
Newly Completed Private Buildings by Type of Building

楼宇类别	Building Type	2009	2010	2011	2012	2013
住宅楼宇	**Residential**					
楼宇数目 (栋)	Number of Blocks (number)	515	109	212	323	396
实用楼面面积（万平方米）①	Usable Floor Area (10 000 sq.m.)①	20.2	21.1	38.3	28.1	20.5
商住两用楼宇	**Residential/Commercial**					
楼宇数目 (栋)	Number of Blocks (number)	25	50	20	33	96
实用楼面面积(万平方米)	Usable Floor Area (10 000 sq.m.)					
住宅	Residential	21.6	39.8	7.3	22.6	12.2
非住宅	Non-residential	6.1	4.8	3.4	5.0	2.7
商业楼宇	**Commercial**					
楼宇数目 (栋)	Number of Blocks (number)	14	9	13	12	16
实用楼面面积（万平方米）	Usable Floor Area (10 000 sq.m.)	13.9	12.5	18.1	17.6	11.7
工业楼宇	**Industrial**					
楼宇数目 (栋)	Number of Blocks (number)	1	5	16	18	10
实用楼面面积（万平方米）	Usable Floor Area (10 000 sq.m.)	0.3	3.5	12.9	19.7	9.8
其他用途楼宇	**Others**					
楼宇数目 (栋)	Number of Blocks (number)	114	105	136	215	160
实用楼面面积（万平方米）	Usable Floor Area (10 000 sq.m.)					
住宅	Residential	2.5	0.3	1.5	5.1	2.1
非住宅	Non-residential	17.0	31.9	17.5	41.4	24.0
总计	**Total**					
楼宇数目 (栋)	Number of Blocks (number)	669	278	397	601	678
实用楼面面积（万平方米）	Usable Floor Area (10 000 sq.m.)					
住宅①	Residential①	44.3	61.2	47.2	55.8	34.8
非住宅	Non-residential	37.2	52.8	51.9	83.7	48.3

注：①包括住宅楼宇内用作非住宅用途的实用楼面面积，例如：会所/娱乐设施、管理员办事处/宿舍、电机房等。
Note: ①Including usable floor area in residential buildings for non-domestic use, such as club house/recreational facilities, caretakers' office/quarters, transformer room, etc.

26-20 按楼宇种类划分的获批准可动工兴建私人楼宇
Private Buildings with Consents to Commence Work by Type of Building

年份 Year	住宅楼宇 Residential		商住两用楼宇 Residential/Commercial			商业楼宇 Commercial	
	楼宇数目(栋) Number of Blocks (number)	实用楼面面积(万平方米)① Usable Floor Area (10 000 sq.m.)①	楼宇数目(栋) Number of Blocks (number)	实用楼面面积(万平方米) Usable Floor Area (10 000 sq.m.) 住宅 Residential	非住宅 Non-residential	楼宇数目(栋) Number of Blocks (number)	实用楼面面积(万平方米) Usable Floor Area (10 000 sq.m.)
2009							
初次呈交 First Submission	181	20.4	42	15.1	3.1	10	13.2
重大修改 Major Revision	158	11.1	9	7.2	1.5		
2010							
初次呈交 First Submission	345	7.6	18	10.0	1.2	8	13.6
重大修改 Major Revision	154	25.1	98	7.7	1.0		
2011							
初次呈交 First Submission	52	14.1	65	17.9	2.7	14	6.4
重大修改 Major Revision	79	14.8	85	9.0	1.7	3	2.6
2012							
初次呈交 First Submission	102	27.2	69	35.0	5.8	19	15.1
重大修改 Major Revision	86	14.9	2	0.6	0.1		
2013							
初次呈交 First Submission	329	18.1	54	20.1	2.8	21	23.1
重大修改 Major Revision	445	21.1	53	21.1	1.8	2	3.2

26-20 续表 continued

年份 Year	工业楼宇 Industrial		其他用途楼宇 Others			总计 Total		
	楼宇数目(栋) Number of Blocks (number)	实用楼面面积(万平方米) Usable Floor Area (10 000 sq.m.)	楼宇数目(栋) Number of Blocks (number)	实用楼面面积(万平方米) Usable Floor Area (10 000 sq.m.) 住宅 Residential	非住宅 Non-residential	楼宇数目(栋) Number of Blocks (number)	实用楼面面积(万平方米) Usable Floor Area (10 000 sq.m.) 住宅① Residential①	非住宅 Non-residential
2009								
初次呈交 First Submission	15	8.7	155	0.8	24.9	403	36.3	49.9
重大修改 Major Revision	12	1.0	3	0.1	0.4	182	18.4	2.9
2010								
初次呈交 First Submission	9	3.4	132	6.2	45.0	512	23.9	63.3
重大修改 Major Revision			7	0.4	0.9	259	33.2	1.9
2011								
初次呈交 First Submission	13	10.9	84	1.4	18.4	228	33.5	38.4
重大修改 Major Revision	2	§	17	0.7	4.8	186	24.6	9.1
2012								
初次呈交 First Submission	8	4.6	68	0.9	39.2	266	63.0	64.8
重大修改 Major Revision	3	2.4	23	1.1	3.7	114	16.6	6.2
2013								
初次呈交 First Submission	9	10.1	35	0.1	12.7	448	38.4	48.8
重大修改 Major Revision	4	3.7	18	1.0	0.9	522	43.2	9.6

注：①包括住宅楼宇内用作非住宅用途的实用楼面面积，例如：会所/娱乐设施、管理员办事处/宿舍、电机房等。

Note: ①Including usable floor area in residential buildings for non-domestic use, such as club house/recreational facilities, caretakers' office/quarters, transformer room, etc.

26-21 按类型划分的永久性居住屋宇单位数量(3月底的数字)
Number of Permanent Living Quarters by Type (as at End March of the Year)

单位：万个 (10 000 units)

永久性居住屋宇单位类型①	Type of Permanent Living Quarters①	2009	2010	2011	2012	2013
公营租住房屋②	Public Rental Housing②	74.12	74.46	74.71	76.81	77.21
资助出售单位③	Subsidised Sale Flats③	39.58	39.29	39.12	39.09	39.16
私人房屋③	Private Housing③	140.94	142.34	145.49	147.06	148.40
总计	**Total**	**254.64**	**256.10**	**259.32**	**262.96**	**264.77**

注：①包括所有住宅屋宇单位、非住宅楼宇内已知作居所用途的屋宇单位，不包括非住宅用途、酒店、医院和监狱。
②不包括房屋委员会售出的公营租住房屋单位。
③包括房屋委员会及香港房屋协会售出而不可在公开市场买卖的屋宇单位。可在公开市场买卖的资助出售单位则归类为私人永久性房屋。

Notes: ①Figures include all quarters used for residential purpose as well as quarters known to be used for residential purposes in non-residential buildings. Quarters known to be used for non-residential purpose and those in hotels and accommodation used for inmates of institutions are excluded.
②Exclude public rental housing flats sold by the Housing Authority.
③Subsidised sale flats include quarters sold by the Housing Authority and Hong Kong Housing Society that cannot be traded in the the open market. Those flats that can be traded in the open market are classified as private permanent housing.

26-22 按住房租住权划分的家庭住户数目
Domestic Households by Tenure of Accommodation

单位：万户 (10 000 households)

居所租住权	Tenure of Accommodation	2009	2010	2011	2012	2013
总计	**Total**	**229.72**	**232.51**	**235.93**	**238.90**	**240.48**
自置住房住户	Owner-occupiers	122.80	123.37	125.63	124.22	123.02
全租户	Sole Tenants	95.43	98.93	99.96	103.58	106.24
合租户	Co-tenants	2.21	1.48	1.03	1.18	1.14
住房由雇主提供	Provided by Employers	4.75	4.53	4.09	4.50	4.49
其他①	Others①	4.54	4.20	5.23	5.42	5.58

注：数字是根据每年1月至12月进行的“综合住户统计调查”结果，以及由政府统计处与跨部门人口分布推算小组共同编制按区议会分区划分年中人口估计数字而编制。
①包括二房东、三房客及免租户。

Notes : Figures are compiled based on data collected in the General Household Survey from January to December of the year concerned as well as the mid-year population estimates by District Council district compiled jointly by the Census and Statistics Department and an inter-departmental Working Group on Population Distribution Projections.
① Includes main tenants, sub-tenants and rent free households.

26-23 进出香港货物

Inward and Outward Movements of Cargo

单位：万吨 (10 000 tons)

项　目	Item	2009	2010	2011	2012	2013
卸下	**Discharged**					
空运	By Air	126.3	147.9	144.2	146.4	148.8
水运	By Water	13929.3	15426.3	15784.1	15469.9	16227.5
海运	By Ocean	10561.2	11444.7	12018.5	11744.8	11607.1
河运	By River	3368.1	3981.6	3765.6	3725.1	4620.5
道路运输	By Road	1504.4	1705.0	1590.6	1597.8	1565.5
铁路运输①	By Rail①	6.8	2.9	-	-	-
总计	Total	15566.9	17282.1	17519.0	17214.0	17941.9
装上	**Loaded**					
空运	By Air	208.4	264.9	249.6	256.2	263.9
水运	By Water	10367.3	11355.2	11960.3	11458.3	11378.0
海运	By Ocean	5597.9	6755.7	7474.2	7141.2	6816.8
河运	By River	4769.4	4599.5	4486.2	4317.2	4561.2
道路运输	By Road	1167.2	1261.0	1081.1	1023.7	990.2
铁路运输①	By Rail①	1.6	0.7	-	-	-
总计	Total	11744.6	12881.8	13291.0	12738.3	12632.1

注：①数字不包括家畜。香港铁路有限公司已于2010年6月16日起，停办铁路货运业务。

Note : ①Figures exclude livestock. The Mass Transit Railway Corporation Limited had terminated the railway cross-boundary cargo transportation services from 16 June 2010 onwards.

26-24 按主要货物装卸地点划分的集装箱吞吐量

Container Throughput by Main Cargo Handling Location

单位：万标准集装箱单位 (10 000 TEUs)

项　目	Item	2009	2010	2011	2012	2013
集装箱吞吐量	**Container Throughput**	**2104.0**	**2369.9**	**2438.4**	**2311.7**	**2235.2**
集装箱码头	Container Terminals					
抵港	Inward					
载货集装箱	Laden Container	658.4	722.0	738.0	745.2	749.5
空集装箱	Empty Container	94.9	120.9	135.5	136.2	121.0
离港	Outward					
载货集装箱	Laden Container	696.8	794.4	790.8	791.5	776.7
空集装箱	Empty Container	65.8	72.6	77.3	74.6	64.7
集装箱码头以外	Other than Container Terminals					
抵港	Inward					
载货集装箱	Laden Container	211.6	270.4	291.3	237.2	225.9
空集装箱	Empty Container	86.1	81.9	64.6	52.1	51.1
离港	Outward					
载货集装箱	Laden Container	205.8	213.5	249.5	191.3	173.3
空集装箱	Empty Container	84.6	94.4	91.4	83.6	73.2

注：一个标准集装箱单位等同一个20英尺集装箱的容量。

Note : TEU refers to a twenty-foot equivalent unit.

26-25 通讯及互联网服务
Communications and Internet Services

项　　目	Item	2009	2010	2011	2012	2013
邮递服务	**Postal Services**					
信件邮件　(亿件物品)	Letter Mail　(100 million articles)	13.1	12.8	13.0	13.6	12.6
包裹　(万件)	Parcels　(10 000 pcs)	125.4	132.9	139.2	146.8	136.1
电话服务①②（万条操作线路）	**Telephone Services①② (10 000 working lines)**					
住宅	Residential	236.0	240.7	241.2	240.4	247.8
商用	Business	182.9	185.4	184.0	184.4	183.9
总计	Total	418.8	426.0	425.2	424.7	431.7
图文传真②（万条操作线路）	**Fax②　(10 000 working lines)**	**28.6**	**26.0**	**23.3**	**21.4**	**20.2**
对外电话通讯量　(万分钟)	**External Telephone Traffic Volume (10 000 minutes)**					
拨出③	Outgoing③	775859	772715	764610	788811	804303
拨入④	Incoming④	227078	258159	289563	263687	231873
对外专用电报通讯量（万分钟）	**External Telex Traffic Volume (10 000 minutes)**					
发出	Outward	3.9	5.2	3.7	1.1	0.5
收到	Inward	14.1	10.4	7.5	5.4	2.7
本地电报机电讯　(万分钟)	**Internal Telex Traffic　(10 000 minutes)**	**24.4**	**20.5**	**18.8**	**9.0**	**6.3**
公共无线电传呼接收器②(个)	**Public Radio Paging Receivers②　(number)**	**117444**	**104851**	**84495**	**62884**	**49789**
移动电话用户系统②⑤⑥　(个)	**Public Mobile Subscriber Units②⑤⑥　(number)**	**6377392** **(12206910)**	**6816033** **(13416011)**	**7166085** **(14930948)**	**7633930** **(16392841)**	**7847299** **(17194291)**
互联网服务	**Internet Services**					
互联网服务商数目②⑦(个)	**Licensed Internet Service Providers (ISPs)②⑦　(number)**	**189**	**184**	**185**	**186**	**197**
互联网服务商客户数目②⑧(个)	**Number of Customers of Licensed ISPs②⑧**					
拨号上网登记用户户口(不包括互联网储值卡)⑨	Registered Customer Accounts with Dial-up Access (Excluding Internet Pre-paid Calling Cards)⑨	644078	741511	788835	793811	462376
拨号上网储值卡	Internet Pre-paid Cards for Dial-up Access	300				
以私人租用线路接驳的已登记客户户口⑨	Registered Customer Accounts with Leased Line Access⑨	1571	1580	1546	1565	1641
宽带互联网用户户口⑨	Registered Broadband Internet Access Customer Accounts⑨	2033352	2126962	2244514	2264545	2232031
互联网使用量⑧	**Internet Traffic Volume⑧**					
客户通过公共电话网络接驳⑩　(万分钟)	Customer Access via Public Switched Telephone Networks⑩　(10 000 minutes)	25922	17868	16816	18506	22201
客户通过宽带网络接驳　(太字节)⑪	Customer Access via Broadband Networks　(terabytes)⑪	1435691	1652942	1924886	2232256	2581113

注：①数字包括直通内线式电话线、图文传真线及电文线路的直拨服务。由2007年12月起,也包括网际规约(IP)电话或网络电话(VoIP)服务的客户数目。②年底数字。③数字也包括图文传真及数据。④估计数字。
⑤数字不包括储值智能卡。包括储值智能卡的数字于括号内展示。⑥数字包括3G服务。而由2011年开始，数字包括4G服务。
⑦营办商数目包括所有持牌获准提供互联网接驳服务的营办商。
⑧数字为根据互联网服务供应商申报的估计数字，并不包括不属于持牌互联网服务供应商客户的使用者。
⑨已登记客户户口指互联网服务供应商的客户户口(包括免费的客户户口)。拥有超过一个客户登入识别码的登记客户户口只算作一个已登记的客户户口。数字不包括只获提供电邮地址的客户户口。
⑩不包括通过私人租用线路接驳及使用宽带服务的客户。
⑪1个太字节 = 8万亿比特

Notes : ①Figures include direct dialing in lines, facsimile lines and datel lines. Figures from December 2007 onwards include the number of subscribers of IP telephony / voice-over-IP(VoIP) services.
②Figures are as at end of the year. ③Figures also include facsimile and data. ④Estimated figures.
⑤Excluding pre-paid SIM cards. Figures including pre-paid SIM cards are presented in brackets.
⑥Figures include 3G mobile services, and include 4G mobile services starting from 2011.
⑦Including all licenses authorised to provide Internet access services.
⑧Estimated figures are based on the returns from the ISPs and do not include users who are not customers on the licensed ISPs.
⑨Registered customer accounts refer to the customer accounts of ISPs (including those free-of-charge customer accounts). For a registered customer account which has more than one user login ID, it is counted as one registered customer account only. Figures do not include customer accounts which are provided with e-mail addresses only.
⑩Excluding customer access via leased circuits and broadband services.
⑪1 terabyte = 8 terabits.

26-26 商品进出口贸易总额
Total Imports and Exports of Goods

单位：亿港元 (HKD 100 million)

贸易种类	Type of Trade	2009	2010	2011	2012	2013
进口	Imports	26924	33648	37646	39122	40607
港产品出口	Domestic Exports	577	695	657	588	544
转口	Re-exports	24113	29615	32716	33755	35053
整体出口	Total Exports	24691	30310	33373	34343	35597
贸易总额	Total Trade	51614	63959	71018	73465	76204
商品贸易差额	Merchandise Trade Balance	-2233	-3338	-4273	-4778	-5010

26-27 商品进口及港产品出口的主要供应地和目的地
Imports and Domestic Exports of Goods by Major Supplier and Destination

单位：亿港元 (HKD 100 million)

贸易种类／主要国家／地区	Type of Trade/ Main Country/Territory	2009	2010	2011	2012	2013
进口(供应地)	**Imports (Supplier)**	**26924**	**33648**	**37646**	**39122**	**40607**
中国内地	The Mainland of China	12494	15298	16968	18409	19421
日本	Japan	2364	3082	3186	3116	2863
中国台湾	Taiwan, China	1756	2248	2409	2449	2619
新加坡	Singapore	1747	2374	2546	2463	2464
美国	United States of America	1421	1792	2114	2045	2197
港产品出口(目的地)	**Domestic Exports (Destination)**	**577**	**695**	**657**	**588**	**544**
中国内地	The Mainland of China	267	312	307	260	248
美国	United States of America	73	84	72	68	54
新加坡	Singapore	22	29	26	27	25
中国台湾	Taiwan, China	19	28	30	27	24
越南	Vietnam	8	10	11	14	18

26-28 商品转口的主要来源地和目的地
Re-exports of Goods by Major Origin and Destination

单位：亿港元 (HKD 100 million)

贸易种类／主要国家／地区	Type of Trade/ Main Country/Territory	2009	2010	2011	2012	2013
转口(目的地)	**Re-exports (Destination)**	**24113**	**29615**	**32716**	**33755**	**35053**
中国内地	The Mainland of China	12366	15670	17167	18317	19245
美国	United States of America	2779	3237	3236	3317	3259
日本	Japan	1072	1256	1336	1428	1340
印度	India	515	735	929	763	830
中国台湾	Taiwan, China	528	658	823	781	749
转口(来源地)	**Re-exports (Origin)**	**24113**	**29615**	**32716**	**33755**	**35053**
中国内地	The Mainland of China	15033	18210	20150	21044	21599
中国台湾	Taiwan, China	1563	2026	2118	2186	2592
日本	Japan	1777	2169	2204	2281	2083
韩国	Republic of Korea	821	1110	1191	1258	1399
美国	United States of America	838	968	1113	1095	1199

26-29 涉及外发中国内地加工的贸易
Trade Involving Outward Processing in the Mainland of China

项目	Item	2009	2010	2011	2012	2013
涉及外发加工贸易的估计货值　(亿港元)	**Estimated Value of Outward Processing Trade (HKD 100 million)**					
输往中国内地的港产出口货物	Domestic Exports to the Mainland of China	73	58	48	41	41
输往中国内地的转口货物	Re-exports to the Mainland of China	4179	5134	5513	5819	5915
输往中国内地的整体出口货物	Total Exports to the Mainland of China	4252	5191	5561	5860	5956
从中国内地进口的货物	Imports from the Mainland of China	6232	7624	8040	7636	7121
原产地为中国内地经香港输往其他地方的转口货物	Re-exports of the Mainland of China Origin to Other Places	6418	8120	8841	8956	8664
涉及外发加工贸易的估计比重　(%)	**Estimated Proportion of Outward Processing Trade (%)**					
输往中国内地的港产出口货物	Domestic Exports to the Mainland of China	27	19	15	16	17
输往中国内地的转口货物	Re-exports to the Mainland of China	34	33	32	32	31
输往中国内地的整体出口货物	Total Exports to the Mainland of China	34	32	32	32	31
从中国内地进口的货物	Imports from the Mainland of China	50	50	47	41	37
原产地为中国内地经香港输往其他地方的转口货物	Re-exports of the Mainland of China Origin to Other Places	68	73	73	74	72

26-30 按服务组成部分划分的服务出口及进口
Exports and Imports of Services by Service Component

单位：亿港元 (HKD 100 million)

服务组成部分	Service Component	2009	2010	2011	2012	2013
服务出口①②③	**Exports of Services①②③**					
制造服务	Manufacturing Services	§	§	§	§	
保养及维修服务	Maintenance and Repair Services	23	26	24	25	
运输	Transport	1836	2320	2501	2485	
旅游③	Travel③	1272	1725	2215	2565	
建造筑	Construction	11	11	11	26	
保险及退休金服务	Insurance and Pension Services	48	67	66	72	
金融服务②	Financial Services②	875	1016	1119	1207	
知识产权使用费	Charges for the Use of Intellectual Property	30	31	36	40	
电子通讯、电脑及资讯服务	Telecommunications, Computer and Information Services	99	142	171	186	
其他商业服务	Other Business Services	783	881	923	991	
个人、文化及康乐服务	Personal, Cultural and Recreational Services	30	33	37	37	
政府货品及服务	Government Goods and Services	5	5	6	6	
总计	Total	5013	6257	7107	7640	8179
服务进口①③	**Imports of Services①③**					
制造服务	Manufacturing Services	1343	1489	1395	1389	
保养及维修服务	Maintenance and Repair Services	5	5	6	6	
运输	Transport	1010	1220	1394	1426	
旅游③	Travel③	1205	1348	1481	1557	
建造筑	Construction	9	4	6	25	
保险及退休金服务	Insurance and Pension Services	62	93	93	95	
金融服务	Financial Services	244	275	302	305	
知识产权使用费	Charges for the Use of Intellectual Property	132	154	156	157	
电子通讯、电脑及资讯服务	Telecommunications, Computer and Information Services	68	87	98	113	
其他商业服务	Other Business Services	641	777	831	849	
个人、文化及康乐服务	Personal, Cultural and Recreational Services	7	6	7	9	
政府货品及服务	Government Goods and Services	10	12	11	12	
总计	Total	4737	5469	5780	5943	5966
服务出口净额	**Net Exports of Services**	**276**	**788**	**1327**	**1698**	**2214**

注：①数字已采纳《2010年国际服务贸易统计手册》内最新的国际建议，包括服务分类及编制方法，以及采用所有权转移原则来记录货品加工及转手商贸活动。因此服务出口及服务进口的数字与表 26-13 内相应的数字并不相同。

②2010及2011年服务出口的数字已经修订。这是由于在估算中采用了外汇成交的最新基准数据。该基准数据是香港金融管理局透过一项每三年进行一次的统计调查搜集的。

③此外，由于在2013年年中进行了一项技术性修订工作，2009年至2011年服务出口及服务进口的数字亦已作出有关修订。

Notes: ①Figures have incorporated the latest international recommendations given in the Manual on Statistics of International Trade in Services 2010, including the services classification and compilation methods, and adopting the change of ownership principle in recording goods sent abroad for processing and merchanting. Hence, figures on exports of services and imports of services in this table are different from the corresponding figures in Table 26-13.

②Figures on exports of services for 2010 and 2011 have been revised. It is due to adoption of the latest benchmark data on foreign exchange turnover collected through a triennial survey conducted by the Hong Kong Monetary Authority in the estimation.

③Figures on exports of services and imports of services for 2009 to 2011 were also revised as a result of a technical revision exercise conducted in mid-2013.

26-31 按主要目的地和来源地划分的服务出口及进口
Exports and Imports of Services by Major Destination and Source

单位：亿港元 (HKD 100 million)

目的地／来源地	Destination/Source	2009	2010	2011	2012	2013
服务出口①②③	**Exports of Services①②③**					
中国内地	The Mainland of China	1394	1856	2341	2694	
美国	United States of America	944	1140	1146	1147	
英国	United Kingdom	403	490	491	482	
日本	Japan	327	379	372	394	
中国台湾	Taiwan, China	258	315	352	331	
其他	Others	1565	1976	2234	2302	
所有目的地	All Destinations	4891	6156	6936	7351	7879
服务进口①③	**Imports of Services①③**					
中国内地	The Mainland of China	2234	2525	2501	2529	
美国	United States of America	514	593	643	628	
日本	Japan	265	321	324	387	
英国	United Kingdom	248	268	330	325	
新加坡	Singapore	198	237	263	268	
其他	Others	1251	1502	1695	1771	
所有来源地	All Sources	4709	5446	5755	5909	5931

注：①由于非直接计算金融中介服务没有按地区细分数字，本统计表内的数字不包括非直接计算的金融中介服务数字。因此于本统计表内内所有目的地／来源地的数字与表26-30内所有服务的相应数字并不相同。然而，本统计表内的数字亦已采纳《2010年国际服务贸易贸易统计手册》内最新的国际建议，包括服务分类及编制方法，以及采用所有权转移原则来记录货品加工及转手商贸活动。

②2010及2011年服务出口的数字已经修订。这是由于在估算中采用了外汇成交的最新基准数据。该基准数据是香港金融管理局透过一一项每三年进行一次的统计调查搜集的。

③此外，由于在2013年年中进行了一项技术性修订工作，2009年至2011年服务出口及服务进口的数字亦已作出有关修订。

Notes: ①Since data on geographical breakdowns of financial intermediation services indirectly measured (FISIM) are not available, the figures in respect of FISIM are not included in this table. Hence, figures for all destinations/sources in this table are different from the corresponding figures for all services in Table 26-30. Nevertheless, figures in this table have also incorporated the latest international recommendations given in the Manual on Statistics of International Trade in Services 2010, including the services classification and compilation methods, and adopting the change of ownership, principle in recording goods sent abroad for processing and merchanting.

②Figures on exports of services for 2010 and 2011 have been revised. It is due to adoption of the latest benchmark data on foreign exchange turnover collected through a triennial survey conducted by the Hong Kong Monetary Authority in the estimation.

③Figures on exports of services and imports of services for 2009 to 2011 were also revised as a result of a technical revision exercise conducted in mid-2013.

26-32 按主要投资者国家／地区划分的外商直接投资头寸及流动 Position and Flow of Inward Direct Investment by Major Investor Country/Territory

单位：亿港元 (HKD 100 million)

主要投资者国家／地区	Major Investor Country/Territory	以市值计算的外商直接投资 Inward Direct Investment at Market Value					
		年底头寸 Position at End of Year			年间流入 Inflow in Year		
		2010	2011	2012	2010	2011	2012
中国内地	The Mainland of China	31271	30428	35683	2882	3181	2327
英属维尔京群岛	British Virgin Islands	26838	26068	31548	2369	1515	1919
荷兰	Netherlands	5866	5897	6711	260	596	378
百慕大	Bermuda	5385	5953	6158	287	403	730
美国	United States of America	2964	3588	2949	-1529	219	-1208
新加坡	Singapore	1183	1827	2045	122	826	171
日本	Japan	1808	1914	1738	152	50	77
开曼群岛	Cayman Islands	1257	1085	1361	212	200	126
英国	United Kingdom	1193	1053	1297	120	16	439
科克群岛	Cook Islands	658	751	1164	42	63	101
其他	Others	4570	5207	5813	564	450	383
总计	**Total**	**82994**	**83770**	**96466**	**5480**	**7518**	**5443**

26-33 按主要接受投资国家／地区划分的对外直接投资头寸及流动 Position and Flow of Outward Direct Investment by Major Recipient Country/Territory

单位：亿港元 (HKD 100 million)

主要接受投资国家/地区	Major Recipient Country/Territory	对外直接投资 Outward Direct Investment at Market Value					
		年底头寸 Position at End of Year			年间流出 Outflow in Year		
		2010	2011	2012	2010	2011	2012
英属维尔京群岛	British Virgin Islands	30584	33192	39115	2198	2454	2754
中国内地	The Mainland of China	30147	33464	36711	2895	3931	2966
百慕大	Bermuda	2483	2194	2625	238	292	281
英国	United Kingdom	1917	2107	2144	203	131	126
开曼群岛	Cayman Islands	548	1133	1784	-137	468	-161
澳大利亚	Australia	931	953	1121	36	88	122
卢森堡	Luxembourg	818	846	840	769	49	7
加拿大	Canada	737	756	721	-24	-5	-24
美国	United States of America	945	749	622	16	-137	-59
新加坡	Singapore	512	522	615	120	40	105
其他	Others	3763	3549	3804	387	189	353
总计	**Total**	**73386**	**79464**	**90102**	**6701**	**7499**	**6470**

26-34 按母公司所在的国家／地区划分的驻港地区总部数目
Number of Regional Headquarters in Hong Kong by Country/Territory where the Parent Company was Located

单位：个 (unit)

项　目	Item	2009	2010	2011	2012	2013
驻港地区总部数目	**No. of Regional Headquarters in Hong Kong**	**1252**	**1285**	**1340**	**1367**	**1379**
母公司所在的国家／地区	Country/Territory Where the Parent Company Was Located					
美国	United States of America	289	288	315	333	316
日本	Japan	224	224	222	219	245
英国	United Kingdom	115	113	117	122	126
中国内地	The Mainland of China	96	99	97	106	114
德国	Germany	74	72	84	86	81
法国	France	66	62	63	62	66
荷兰	Netherlands	54	52	54	51	46
意大利	Italy	40	43	43	42	44
瑞士	Switzerland	46	47	39	41	43
新加坡	Singapore	43	41	43	42	41
中国台湾	Taiwan, China	19	30	22	31	33
澳大利亚	Australia	22	24	32	34	32
瑞典	Sweden	21	26	31	30	29
加拿大	Canada	12	15	16	18	19
丹麦	Denmark	15	16	16	16	18

注：数字指有关年度6月首个工作日的数字。地区总部是指代表香港境外母公司对区内(即香港及另一个或多个地方)各办事处拥有管理权的一家办事处。如驻港的地区总部属联营机构，其母公司所在的国家／地区可多于一个。

Note : Figures refer to the first working day of June of the year. A regional headquarters is an office that has managerial control over offices in the region (i.e. Hong Kong plus one or more other places) on behalf of its parent company located outside Hong Kong. In the case of a joint-venture regional headquarters in Hong Kong, there may be more than one country/territory where the parent company was located.

26-35 按母公司所在的国家／地区划分的驻港地区办事处数目
Number of Regional Offices in Hong Kong by Country/Territory where the Parent Company was Located

单位：个 (unit)

项　目	Item	2009	2010	2011	2012	2013
驻港地区办事处数目	**Number of Regional Offices in Hong Kong**	**2328**	**2353**	**2412**	**2516**	**2456**
母公司所在的国家／地区	Country/Territory Where the Parent Company Was Located					
美国	United States of America	526	529	525	536	506
日本	Japan	447	405	426	456	484
英国	United Kingdom	213	194	210	210	209
中国台湾	Taiwan, China	138	184	175	180	166
中国内地	The Mainland of China	127	162	151	152	148
德国	Germany	123	120	125	130	133
法国	France	104	105	105	114	114
新加坡	Singapore	91	98	101	93	86
瑞士	Switzerland	61	57	69	75	73
意大利	Italy	51	62	68	71	69
荷兰	Netherlands	49	50	61	74	68
韩国	Korea	44	43	42	38	43
澳大利亚	Australia	46	41	41	48	43
加拿大	Canada	33	33	32	33	31
瑞典	Sweden	42	32	29	31	31

注：数字指有关年度6月首个工作日的数字。地区办事处是指代表香港境外母公司负责协调区内(即香港及另一个或多个地方)各办事处及／或运作的一家办事处。如驻港的地区办事处属联营机构，其母公司所在的国家／地区可多于一个。

Note : Figures refer to the first working day of June of the year. A regional office is an office that coordinates offices and/or operations in the region (i.e. Hong Kong plus one or more other places) on behalf of its parent company located outside Hong Kong. In the case of a joint-venture regional office in Hong Kong, there may be more than one country/territory where the parent company was located.

26-36 按居住国家／地区划分的访港旅客人数
Visitor Arrivals by Country/Territory of Residence

单位：万人次 (10 000 person-times)

居住国家／地区	Country/Territory of Residence	2009	2010	2011	2012	2013
中国内地	The Mainland of China	1795.7	2268.4	2810.0	3491.1	4074.5
南亚及东南亚	South and Southeast Asia	288.5	350.1	375.1	365.2	371.8
中国台湾	Taiwan, China	201.0	216.5	214.9	208.9	210.0
北亚	North Asia	182.3	220.8	230.5	233.3	214.1
欧洲、非洲及中东	Europe, Africa and the Middle East	196.9	217.4	219.4	222.8	225.4
美洲	The Americas	156.8	175.0	182.1	177.8	166.6
澳大利亚、新西兰及南太平洋	Australia, New Zealand and South Pacific	70.8	76.9	75.8	74.1	71.7
中国澳门①	Macao, China①	67.1	78.0	84.3	88.3	95.8
总计	**Total**	**2959.1**	**3603.0**	**4192.1**	**4861.5**	**5429.9**
与上年比较的变动百分比(%)	**Percentage Changes over the Preceding Year(%)**	**0.3**	**21.8**	**16.4**	**16.0**	**11.7**

注：①访港旅客数字包括经澳门访港的非澳门居民。
Note:①Figures include arrival of non-Macao residents via Macao.

26-37 政府储备结余
Government's Reserve Balances

单位：亿港元 (HKD 100 million)

项　目	Item	2009/2010	2010/2011	2011/2012	2012/2013	2013/2014
期初储备结余	Opening Reserve Balances	4943.64	5202.81	5954.02	6690.88	7339.14
收入①	Revenue①	3184.42	3764.81	4377.23	4421.50	4553.46
开支①	Expenditure ①	2890.25	3013.60	3640.37	3773.24	4335.43
债券及票据偿还款项	Repayment of Bonds and Notes	-35.00	-	-	-	-
盈余	Surplus	259.17	751.21	736.86	648.26	218.03
在外汇基金的投资亏损拨备	Write-back of Provision for Loss in Investments with the Exchange Fund	-	-	-	-	-
期末储备结余	Closing Reserve Balances	5202.81	5954.02	6690.88	7339.14	7557.17

注：①数额不包括“政府一般收入帐目与各基金之间的转拨”。
Note: ① Figures exclude “Transfers between the General Revenue Account and Funds”.

26-38 政府收入(一般收入帐目及各基金)
Government Revenue (General Revenue Account and Funds)

单位：亿港元 (HKD 100 million)

项 目	Item	2009/2010	2010/2011	2011/2012	2012/2013	2013/2014
经营收入	**Operating Revenue**					
直接税	Direct Taxes					
入息税及利得税	Earnings and Profits Tax	1231.84	1430.07	1768.22	1824.42	1835.06
间接税	Indirect Taxes					
博彩及彩票税	Bets and Sweeps Tax	127.67	147.59	157.61	165.65	180.66
酒店房租税①	Hotel Accommodation Tax①	-	-	-	-	-
印花税	Stamp Duties	423.83	510.05	443.56	428.80	415.15
飞机乘客离境税	Air Passenger Departure Tax	16.17	18.13	19.47	20.29	22.44
应课税品税项	Duties	64.65	75.51	77.25	89.77	97.20
一般差饷	General Rates	99.57	89.56	97.22	112.04	149.11
车辆税	Motor Vehicle Taxes	48.16	66.57	70.70	74.66	83.38
专利税及特权税	Royalties and Concessions	15.96	24.52	48.49	27.36	44.26
各项收费②(含征税成分的费用)	Fees and Charges② (tax-loaded fees)	48.95	51.13	67.69	51.27	49.51
其他收入	Other Revenue					
罚款、没收及罚金	Fines, Forfeitures and Penalties	11.83	11.59	26.60	12.08	19.57
物业及投资	Properties and Investments	126.01	158.06	169.71	192.68	208.50
贷款、偿款、供款及其他收入	Loans, Reimbursements, Contributions and Other Receipts	32.77	28.87	34.25	34.04	37.90
公用事业	Utilities	34.38	34.83	35.73	36.87	38.85
各项收费②(不包含征税成分的费用)	Fees and Charges② (excluding tax-loaded fees)	55.92	62.50	64.50	64.63	70.13
投资收入	Investment Income					
政府一般收入帐目	General Revenue Account	178.93	178.24	201.05	200.24	196.56
土地基金	Land Fund	111.96	110.78	112.16	111.26	104.64
经营收入总额	**Total Operating Revenue**	**2628.60**	**2998.00**	**3394.21**	**3446.06**	**3552.92**
非经营收入	**Capital Revenue**					
间接税	Indirect Taxes					
遗产税	Estate Duty	1.85	2.13	0.94	1.37	3.88
其他收入	Other Revenue					
其他	Others	59.46	12.12	23.59	158.53	292.40
从房屋委员会收回的款项	Recovery from Housing Authority	8.64	1.42	1.63	2.30	0.94
基金	Funds					
基本工程储备基金(不包括债券收入)	Capital Works Reserve Funds (excluding proceeds of bond issue)	418.77	683.42	884.66	742.38	891.79
资本投资基金	Capital Investment Fund	12.32	13.57	13.86	14.82	16.10
赈灾基金	Disaster Relief Fund	0.12	0.04	0.09	0.01	0.03
贷款基金	Loan Fund	22.76	22.38	23.89	22.40	26.47
公务员退休金储备基金	Civil Service Pension Reserve Fund	13.77	13.63	13.79	13.69	12.87
创新及科技基金	Innovation and Technology Fund	3.23	2.72	2.40	2.14	1.65
奖券基金	Lotteries Fund	14.90	15.38	18.17	17.80	17.57
非经营收入总额	**Total Capital Revenue**	**555.82**	**766.81**	**983.02**	**975.44**	**1000.54**
政府收入总额	**Total Government Revenue**	**3184.42**	**3764.81**	**4377.23**	**4421.50**	**4553.46**

注：①由2008年7月1日起，政府免收“酒店房租税”。
②各项收费之中含征税成分的费用已重新归类为税项收入。

Notes: ①Effective from 1 July 2008, the government waives the charge of hotel accommodation tax.
②The tax-loaded portion of fees and charges is re-classified under tax revenue.

26-39 政府支出(一般收入帐目及各基金)
Government Expenditure (General Revenue Account and Funds)

单位：亿港元 (HKD 100 million)

项目	Item	2009/2010	2010/2011	2011/2012	2012/2013	2013/2014
经营支出	**Operating Expenditure**					
经常支出	**Recurrent Expenditure**					
个人薪酬	Personal Emoluments	507.94	510.18	546.90	582.18	607.10
与员工有关联的支出	Personnel Related Expenses	34.06	35.67	38.69	42.92	47.89
退休金	Pensions	169.11	180.27	197.37	218.43	239.13
部门支出	Departmental Expenses	207.40	210.05	226.14	239.26	252.68
其它费用	Other Charges	428.18	414.76	448.88	479.34	567.20
资助金	Subventions					
教育	Education	291.95	296.16	320.97	340.67	349.58
卫生	Health	324.22	338.00	382.27	424.78	460.48
社会福利	Social Welfare	83.42	85.56	93.04	101.96	108.65
大学	Universities	114.76	110.16	116.33	135.50	149.89
职业训练局	Vocational Training Council	18.65	18.33	19.85	21.61	22.48
杂项	Miscellaneous	32.11	32.59	34.52	36.56	38.81
非经常支出	Non-recurrent	131.87	161.20	539.50	406.21	533.25
经营支出总额	**Total Operating Expenditure**	**2343.67**	**2392.93**	**2964.46**	**3029.42**	**3377.14**
非经营支出	**Capital Expenditure**					
机器、设备及工程	Plant, Equipment and Works	14.15	13.03	14.88	15.83	12.05
资助金	Subventions					
教育	Education	6.24	7.00	6.67	6.88	6.12
卫生	Health	7.17	8.76	7.60	7.79	6.64
职业训练局	Vocational Training Council	0.39	0.34	0.40	0.38	0.34
杂项	Miscellaneous	0.74	0.87	1.18	0.57	0.46
基金	Funds					
基本工程储备基金	Capital Works Reserve Fund	515.82	535.37	608.37	665.27	873.97
资本投资基金	Capital Investment Fund	0.0	14.75	0.12	7.79	0.12
贷款基金	Loan Fund	21.50	19.87	20.61	23.04	41.44
赈灾基金	Disaster Relief Fund	0.99	3.54	0.37	0.54	1.71
创新及科技基金	Innovation and Technology Fund	7.21	7.49	6.55	6.92	7.32
奖券基金	Lotteries Fund	7.37	9.65	9.16	8.81	8.12
非经营支出总额	**Total Capital Expenditure**	**581.58**	**620.67**	**675.91**	**743.82**	**958.29**
政府支出总额	**Total Government Expenditure**	**2925.25**	**3013.60**	**3640.37**	**3773.24**	**4335.43**

26-40 按政策组别划分的公共开支
Public Expenditure by Policy Area Group

单位：亿港元 (HKD 100 million)

项目	Item	2009/2010	2010/2011	2011/2012	2012/2013	2013/2014
社区及对外事务	Community and External Affairs	141.42	151.01	260.33	132.28	277.84
经济	Economic	183.43	173.53	473.02	332.98	373.67
教育	Education	582.40	607.19	678.91	766.000	768.56
环境及食物	Environment and Food	133.99	152.13	177.33	189.11	242.46
卫生	Health	383.87	398.90	452.97	595.72	673.69
房屋	Housing	162.58	169.38	189.18	205.01	231.45
基础建设	Infrastructure	476.75	489.55	525.45	616.95	746.20
保安	Security	298.43	325.77	315.22	339.37	352.78
社会福利	Social Welfare	404.18	405.19	433.46	458.94	555.43
辅助服务	Support	304.87	333.05	350.54	365.43	392.45
总计	**Total**	**3071.92**	**3205.70**	**3856.41**	**4001.79**	**4614.53**

注：2013/2014年度的数字为修订预算。
公共开支包括政府开支及其他公营机构的开支。至于政府只享有股权的机构，包括法定机构，例如机场管理局及香港铁路有限公司，其开支则不包括在内。

Notes: Figures for 2013/2014 are revised estimates.
Public expenditure comprises government expenditure, and expenditure by other public bodies. It does notinclude expenditure by those organisations, including statutory organisations, in which the Government has only an equity position, such as the Airport Authority and the MTR Corporation Limited.

26-41 外币兑换率及港汇指数
Exchange Rates and the Effective Exchange Rate Indices

单位：每单位外币兑换港元 (HKD per unit of foreign currency)

项 目	Item	2009	2010	2011	2012	2013
年内平均数字①	**Average for the year①**					
澳元	Australian Dollar	6.16	7.15	8.04	8.03	7.50
加拿大元	Canadian Dollar	6.83	7.54	7.87	7.76	7.53
人民币	Chinese Renminbi	1.1343	1.1503	1.2069	1.2304	1.2635
欧元	Euro	10.82	10.31	10.84	9.97	10.30
印度卢比	Indian Rupee	0.161	0.170	0.168	0.146	0.134
日元	Japanese Yen	0.0830	0.0888	0.0978	0.0973	0.0796
马来西亚林吉特	Malaysian Ringgit	2.20	2.42	2.55	2.51	2.46
新台币	New Taiwan Dollar	0.243	0.255	0.274	0.268	0.269
菲律宾比索	Philippines Peso	0.167	0.175	0.177	0.186	0.185
英镑	Pound Sterling	12.16	12.01	12.48	12.29	12.13
韩圆	Korean Won	0.0061	0.0067	0.0070	0.0069	0.0071
新加坡元	Singapore Dollar	5.34	5.71	6.20	6.21	6.20
瑞士法郎	Swiss Franc	7.16	7.47	8.82	8.27	8.37
泰铢	Thai Baht	0.226	0.245	0.256	0.250	0.253
美元	US Dollar	7.752	7.769	7.784	7.756	7.756
特别提款权	Special Drawing Right	11.95320	11.85099	12.29413	11.87800	11.78501
港汇指数 (2010年1月=100)②	Effective Exchange Rate Indices for the Hong Kong dollar (January 2010=100) ②					
贸易总值(进口及整体出口)加权	Trade (import and export)-weighted	101.9	99.5	94.6	94.9	94.9
进口货值加权	Import-weighted	102.2	99.2	93.9	94.2	94.7
整体出口货值加权 ③	Export-weighted③	101.6	99.8	95.4	95.6	95.1
年底数字④	**As at end of year④**					
澳元	Australian Dollar	6.98	7.92	7.94	8.05	6.92
加拿大元	Canadian Dollar	7.38	7.78	7.60	7.80	7.29
人民币	Chinese Renminbi	1.1385	1.1816	1.2325	1.2460	1.2800
欧元	Euro	11.20	10.39	10.06	10.22	10.70
印度卢比	Indian Rupee	0.167	0.173	0.147	0.142	0.126
日元	Japanese Yen	0.0841	0.0956	0.1009	0.0901	0.0739
马来西亚林吉特	Malaysian Ringgit	2.26	2.52	2.45	2.53	2.36
新台币	New Taiwan Dollar	0.249	0.275	0.264	0.272	0.267
菲律宾比索	Philippines Peso	0.173	0.178	0.180	0.191	0.178
英镑	Pound Sterling	12.50	12.04	12.06	12.51	12.78
韩圆	Korean Won	0.0067	0.0069	0.0067	0.0073	0.0073
新加坡元	Singapore Dollar	5.54	6.06	5.99	6.34	6.13
瑞士法郎	Swiss Franc	7.53	8.31	8.28	8.47	8.73
泰铢	Thai Baht	0.233	0.259	0.247	0.254	0.236
美元	US Dollar	7.756	7.775	7.766	7.751	7.754
特别提款权	Special Drawing Right	12.15900	11.98913	11.92751	11.91420	11.94116
港汇指数 (2010年1月=100)②	Effective Exchange Rate Indices for the Hong Kong Dollar (January 2010=100)②					
贸易总值(进口及整体出口)加权	Trade (import and export)-weighted	100.3	96.3	94.9	94.2	94.8
进口货值加权	Import-weighted	100.4	95.6	94.3	93.7	94.9
整体出口货值加权③	Export-weighted③	100.2	97.2	95.5	94.9	94.7

注：《中华人民共和国香港特别行政区基本法》说明，港元是香港特别行政区的法定货币。外币指港元以外的其他货币，因而人民币亦视作外币。

①数字是指年内每日电汇或现钞收市中间兑换价的平均值。

②由2012年1月3日起公布的新系列。

③包括转口和港产品出口。

④数字是该年最后一个交易日的电汇或现钞收市中间兑换价。

Notes : Hong Kong Dollar is the legal tender in the Hong Kong Special Administrative Region, as stated in "The Basic Law of the Hong Kong Special Administrative Region of the People's Republic of China". Foreign currency refers to any currency other than the Hong Kong currency. Accordingly, Chinese Renminbi is also treated as foreign currency.

①Figures are the averages of the daily closing middle-market telegraphic transfer rates or notes rates for the year.

②New series has been released as from 3 January 2012.

③Including re-exports and domestic exports.

④Figures are the closing middle-market telegraphic transfer rates or notes rates as at the last trading day of the year.

26-42 货币供应量
Money Supply

单位：亿港元(年底数字) (HKD 100 million, as at end of year)

项　目	Item	2009	2010	2011	2012	2013
法定纸币及硬币的流通量	Legal Tender Notes and Coins in Circulation					
由商业银行发行	Commercial Bank Issues	2001.85	2267.05	2598.15	2916.75	3293.25
由政府发行	Government Issues	87.30	91.82	101.83	102.50	108.91
总计	Total	2089.15	2358.87	2699.98	3019.25	3402.16
由认可机构持有的法定纸币及硬币	Authorized Institutions' Holdings of Legal Tender Notes and Coins	145.96	170.81	216.96	200.60	263.37
由公众持有的法定纸币及硬币	Legal Tender Notes and Coins in Hands of Public	1943.19	2188.06	2483.02	2818.65	3138.79
货币供应量：就外币掉期存款作出调整	Money Supply : Adjusted for Foreign Currency Swap Deposits					
货币供应量 M_1	Money Supply M_1					
港元	Hong Kong Dollar	6712.41	7300.93	7947.26	9209.20	10003.44
外币	Foreign Currency	2305.78	2871.34	3325.93	4564.39	5105.52
总计	Total	9018.19	10172.27	11273.20	13773.59	15108.95
货币供应量 M_2	Money Supply M_2					
港元①	Hong Kong Dollar①	35877.17	38667.88	40462.16	45373.84	47951.30
外币②	Foreign Currency②	30145.93	32694.83	40113.14	44126.21	52613.07
总计	Total	66023.10	71362.71	80575.30	89500.05	100564.37
货币供应量 M_3	Money Supply M_3					
港元①	Hong Kong Dollar①	36048.43	38781.93	40554.04	45455.90	48060.12
外币②	Foreign Currency②	30220.01	32780.67	40256.75	44248.07	52792.31
总计	Total	66268.43	71562.60	80810.79	89703.96	100852.43
货币供应量：未就外币掉期存款作出调整	Money Supply : Unadjusted for Foreign Currency Swap Deposits					
货币供应量 M_2	Money Supply M_2					
港元	Hong Kong Dollar	35873.30	38665.67	40458.82	45371.30	47949.40
外币	Foreign Currency	30149.80	32697.04	40116.47	44128.75	52614.97
总计	Total	66023.10	71362.71	80575.30	89500.05	100564.37
货币供应量 M_3	Money Supply M_3					
港元	Hong Kong Dollar	36044.56	38779.72	40550.71	45453.36	48058.22
外币	Foreign Currency	30223.87	32782.88	40260.09	44250.61	52794.21
总计	Total	66268.43	71562.60	80810.79	89703.96	100852.43

注：《中华人民共和国香港特别行政区基本法》说明，港元是香港特别行政区的法定货币。外币指港元以外的其他货币，因而人民币亦视作外币。

①所列数字已包括外币掉期存款。

②所列数字已扣除外币掉期存款。

Notes : Hong Kong dollar is the legal tender in the Hong Kong Special Administrative Region, as stated in "The Basic Law of the Hong Kong Special Administrative Region of the People's Republic of China". Foreign currency refers to any currency other than the Hong Kong currency. Accordingly, Chinese Renminbi is also treated as foreign currency.

①Figures are adjusted to include foreign currency swap deposits.

②Figures are adjusted to exclude foreign currency swap deposits.

26-43 股票价格指数、证券交易成交额及市场总值
Index of Share Prices, Value of Stock Exchange Turnover and Market Capitalisation

项　　目	Item	2009	2010	2011	2012	2013
香港上市①	**Hong Kong-listed①**					
主板	**Main Board**					
股票价格指数	Index of Share Prices					
恒生指数②（1964年7月31日=100）	Hang Seng Index② (31.7.1964=100)					
最高	High	23099.6	24988.6	24468.6	22718.8	24111.6
最低	Low	11344.6	18971.5	16170.4	18056.4	19426.4
收市	Closing	21872.5	23035.5	18434.4	22656.9	23306.4
分类指数	Sectoral Sub-indexes					
(1984年1月13日= 975.47)	(13.1.1984 = 975.47)					
金融	Finance					
最高	High	37385.1	37707.7	35843.9	31400.5	33930.2
最低	Low	15457.9	28778.5	21253.7	24529.0	27524.7
收市	Closing	34170.8	33789.2	24903.0	31231.6	32225.4
公用事业	Utilities					
最高	High	38609.9	43624.1	49317.8	52920.1	58399.8
最低	Low	33049.6	35796.8	40531.1	43428.5	47185.8
收市	Closing	37585.2	41748.9	45400.9	51797.8	48375.9
地产	Properties					
最高	High	30271.8	33816.1	32369.5	31905.9	34485.1
最低	Low	14226.0	23817.2	19362.7	22215.3	26407.3
收市	Closing	28147.4	29980.3	22812.2	31383.1	28504.9
工商业	Commerce and Industry					
最高	High	11866.0	13611.3	13985.9	13163.7	14340.0
最低	Low	6585.4	10167.5	9923.2	10816.5	10761.6
收市	Closing	11452.9	12974.4	11126.7	13136.2	14026.7
恒生综合指数	Hang Seng Composite Index					
(2000年1月3日= 2 000)	(3.1.2000 = 2 000)					
最高	High	3186.1	3519.3	3435.5	3116.6	3359.8
最低	Low	1634.8	2621.3	2182.4	2491.0	2659.9
收市	Closing	3052.0	3248.2	2546.6	3113.1	3260.7
恒生中国企业指数③	Hang Seng China Enterprises Index③					
(2000年1月3日= 2 000)	(3.1.2000 = 2 000)					
最高	High	13863.0	14219.5	13770.7	11916.1	12354.2
最低	Low	6404.0	10726.5	8058.6	8987.8	8640.9
收市	Closing	12794.1	12692.4	9936.5	11436.2	10816.1
恒生香港中资企业指数	Hang Seng China-Affiliated Corp. Index					
(2000年1月3日= 2 000)	(3.1.2000 = 2 000)					
最高	High	4457.4	4486.6	4460.4	4553.0	4773.7
最低	Low	2749.9	3498.5	3079.3	3545.4	3661.7
收市	Closing	4059.9	4170.2	3682.2	4531.1	4553.6
主板	**Main Board**					
成交金额（亿港元）	Turnover (HKD 100 million)	154394.9	170764.1	170911.2	132675.1	151857.9
市场总值④(亿港元)	Market Capitalisation④(HKD 100 million)	177692.7	209422.8	174526.7	218717.3	239088.0
创业板	**Growth Enterprise Market**					
成交金额（亿港元）	Turnover (HKD 100 million)	757.6	1336.7	629.6	335.4	788.4
市场总值④(亿港元)	Market Capitalisation④(HKD 100 million)	1050.4	1346.7	845.9	784.0	1340.0

注：对于最高和最低指数，恒生指数有限公司是根据期内每日即市指数编制。

①恒生指数系列已于2010年3月8日重整，并按指数成份股的上市地域分类为香港上市、跨市场及内地上市。

②恒生指数的计算方法由总市值加权法改为以流通市值加权法计算，并为每只成份股的比重上限设定为15%。

③H股指数采用流通市值加权法计算，并为每只成份股的比重上限设定为10%。

④年底数字。

Notes : For high and low indices, indexes compiled by the Hang Seng Indexes Company Limited are based on the intraday indices of the period.

①The Hang Seng Family of Indexes were revamped on 8 March 2010. Indexes are classified as Hong Kong-listed, Cross-market and Mainland-listed according to where their constituents are listed.

②The compilation of the Hang Seng Index is switched from a full market capitalisation weighted methodology to a freefloat-adjusted market capitalisation weighted methodology with 15% cap on each constituent weighting.

③The H-shares Index adopts a freefloat-adjusted market capitalisation weighted methodology with a 10% cap on each constituent weighting.

④Year-end figures.

26-44 消费价格指数（2009年10月-2010年9月=100）
Consumer Price Indices (Oct. 2009 - Sep. 2010=100)

项目	Item	权数 Weight	2009	2010	2011	2012	2013
综合消费价格指数	**Composite Consumer Price Index**						
总指数	**All Items**	**100.00**	**98.4**	**100.7**	**106.0**	**110.3**	**115.1**
食品	Food	27.45	98.6	100.9	108.0	114.2	119.3
外出用膳	Meals Bought away from Home	(17.07)	99.0	100.6	105.9	111.6	116.5
食品(不包括外出用膳)	Food(Excluding Meals Bought away from Home)	(10.38)	98.0	101.4	111.4	118.6	123.8
住屋①	Housing①	31.66	100.3	100.6	107.8	113.9	121.5
私人房屋租金	Private Housing Rent	(27.14)	99.6	100.5	107.7	115.1	122.3
公营房屋租金	Public Housing Rent	(2.05)	110.0	101.3	113.4	105.3	122.1
电力、燃气及水	Electricity, Gas and Water	3.10	72.2	103.6	99.2	91.1	97.3
烟酒	Alcoholic Drinks and Tobacco	0.59	96.9	100.1	117.2	120.7	122.5
衣履	Clothing and Footwear	3.45	98.6	100.5	107.3	110.6	112.4
耐用物品	Durable Goods	5.27	101.7	98.7	95.0	93.7	89.7
杂项物品	Miscellaneous Goods	4.17	98.3	100.6	104.4	106.7	109.1
交通	Transport	8.44	98.8	100.8	105.2	108.3	110.8
杂项服务②	Miscellaneous Services②	15.87	98.7	100.7	104.2	107.1	111.1
教育服务	Educational Services	(4.37)	99.2	100.5	103.0	105.8	109.8
资讯及通讯服务	Information and Communications Services	(2.40)	101.0	100.4	97.9	95.2	95.1
医疗服务	Medical Services	(2.74)	99.3	100.7	104.5	107.6	111.1
甲类消费价格指数	**Consumer Price Index (A)**						
总指数	**All Items**	**100.00**	**98.3**	**100.8**	**106.4**	**110.3**	**115.9**
食品	Food	33.68	98.6	100.9	108.4	115.0	120.3
外出用膳	Meals Bought away from Home	(19.23)	98.9	100.6	106.0	111.9	117.0
食品(不包括外出用膳)	Food(Excluding Meals Bought away from Home)	(14.45)	98.1	101.3	111.5	119.1	124.7
住屋①	Housing①	32.19	101.2	100.7	108.6	113.5	122.6
私人房屋租金	Private Housing Rent	(24.78)	99.5	100.6	107.9	115.6	123.5
公营房屋租金	Public Housing Rent	(5.49)	109.9	101.3	113.4	105.3	122.0
电力、燃气及水	Electricity, Gas and Water	4.36	68.9	104.7	100.2	89.1	95.5
烟酒	Alcoholic Drinks and Tobacco	0.91	96.5	100.2	119.2	123.4	125.1
衣履	Clothing and Footwear	2.60	98.9	100.1	106.5	110.3	112.8
耐用物品	Durable Goods	3.73	102.2	98.5	94.4	92.7	88.7
杂项物品	Miscellaneous Goods	3.87	98.4	100.5	103.5	106.3	109.7
交通	Transport	7.22	99.3	100.5	103.6	106.4	108.4
杂项服务②	Miscellaneous Services②	11.44	99.3	100.5	102.7	104.5	107.7
教育服务	Educational Services	(3.35)	99.2	100.4	102.6	105.2	109.2
资讯及通讯服务	Information and Communications Services	(3.19)	101.0	100.4	98.1	95.6	95.7
医疗服务	Medical Services	(2.06)	99.4	100.6	104.2	107.2	110.5
乙类消费价格指数	**Consumer Price Index (B)**						
总指数	**All Items**	**100.00**	**98.4**	**100.6**	**105.8**	**110.4**	**114.9**
食品	Food	27.16	98.6	100.9	107.9	114.4	119.4
外出用膳	Meals Bought away from Home	(17.90)	99.0	100.6	106.0	111.9	116.6
食品(不包括外出用膳)	Food(Excluding Meals Bought away from Home)	(9.26)	98.0	101.4	111.6	119.2	124.6
住屋①	Housing①	31.43	99.9	100.5	107.7	114.5	121.6
私人房屋租金	Private Housing Rent	(28.13)	99.6	100.6	107.9	115.3	122.4
公营房屋租金	Public Housing Rent	(0.72)	110.0	101.3	113.6	105.3	122.4
电力、燃气及水	Electricity, Gas and Water	2.84	72.8	103.2	98.5	91.7	97.8
烟酒	Alcoholic Drinks and Tobacco	0.56	97.1	100.1	117.3	120.7	122.5
衣履	Clothing and Footwear	3.45	98.7	100.2	106.4	109.9	112.3
耐用物品	Durable Goods	5.73	102.2	98.6	94.7	93.7	89.3
杂项物品	Miscellaneous Goods	4.17	98.3	100.7	104.8	107.2	109.4
交通	Transport	8.35	98.8	100.7	104.7	107.7	110.1
杂项服务②	Miscellaneous Services②	16.31	98.6	100.6	104.3	107.2	111.0
教育服务	Educational Services	(4.62)	99.3	100.4	102.7	105.4	109.3
资讯及通讯服务	Information and Communications Services	(2.34)	101.0	100.4	97.7	94.9	94.7
医疗服务	Medical Services	(2.84)	99.1	100.6	104.5	107.8	111.3

26-44 续表 continued

项目	Item	权数 Weight	2009	2010	2011	2012	2013
丙类消费价格指数	**Consumer Price Index (C)**						
总指数	**All Items**	**100.00**	**98.5**	**100.6**	**105.8**	**110.1**	**114.3**
食品	Food	20.87	98.5	100.9	107.3	112.7	117.1
外出用膳	Meals Bought away from Home	(13.55)	98.9	100.7	105.4	110.5	115.3
食品(不包括外出用膳)	Food(Excluding Meals Bought away from Home)	(7.32)	97.7	101.4	110.7	116.7	120.6
住屋①	Housing①	31.36	99.7	100.4	107.1	113.6	120.1
私人房屋租金	Private Housing Rent	(28.45)	99.7	100.4	107.4	114.2	121.0
电力、燃气及水	Electricity, Gas and Water	2.03	78.4	101.7	98.1	95.0	101.0
烟酒	Alcoholic Drinks and Tobacco	0.29	97.8	100.0	111.4	112.9	115.0
衣履	Clothing and Footwear	4.39	98.2	101.1	108.8	111.5	112.2
耐用物品	Durable Goods	6.39	101.0	99.0	95.7	94.3	90.6
杂项物品	Miscellaneous Goods	4.49	98.4	100.6	104.9	106.7	108.2
交通	Transport	9.93	98.4	101.1	107.0	110.6	113.7
杂项服务②	Miscellaneous Services②	20.25	98.5	100.7	105.0	108.7	113.2
教育服务	Educational Services	(5.15)	99.0	100.6	103.7	106.8	110.8
资讯及通讯服务	Information and Communications Services	(1.62)	100.8	100.4	97.8	95.0	94.8
医疗服务	Medical Services	(3.38)	99.5	100.8	104.5	107.8	111.1

注：2009年10月起的消费价格指数是根据2009/10年住户开支统计调查所得的开支权数编制。较早的指数则是根据旧的开支权数而经过按比例换算与新基期的指数拼接。

①除"私人房屋租金"及"公营房屋租金"外，"住屋"类别还包括"管理费及其他住屋杂费"和"保养住所材料"。而丙类消费物价指数中的"住屋"类别并不包括"公营房屋租金"。

②"杂项服务"类别包括"教育服务"、"资讯及通讯服务"、"医疗服务"及其他杂项服务。

Notes : The CPIs from October 2009 onwards are compiled based on expenditure weights obtained from the 2009/10 Household Expenditure Survey. The CPIs for earlier periods are compiled based on old weights and have been re-scaled to the new base period for linking with the new index series.

①Apart from "Private Housing Rent" and "Public Housing Rent", the "Housing" section also includes "Management Fees and Other Housing Charges" and "Materials for House Maintenance". For CPI(C), the "Housing" section does not include "Public Housing Rent".

②"Miscellaneous Services" section includes "Educational Services", "Information and Communications Services", "Medical Services" and other miscellaneous services.

26-45 按四分位开支组别及商品或服务类别划分的住户每月平均开支 Average Monthly Household Expenditure by Commodity/Service Section by Quartile Expenditure Group

商品或服务类别	Commodity/Service Section	总数 Overall		四分位开支组别 Quartile Expenditure Group							
				最低四分位 The Lowest 25%		第二四分位 The Second 25%		第三四分位 The Third 25%		最高四分位 The Highest 25%	
		绝对值(港元) Value (HKD)	百分比 (Percent)	绝对值(港元) Value (HKD)	百分比 (Percent)	绝对值(港元) Value (HKD)	百分比 (Percent)	绝对值(港元) Value (HKD)	百分比 (Percent)	绝对值(港元) Value (HKD)	百分比 (Percent)
食品	Food	5859	27.1	2979	41.1	4767	34.3	6443	30.8	9251	20.8
住房	Housing	7093	32.8	2042	28.2	4620	33.2	6889	33.0	14825	33.3
电力、燃气及水	Electricity, Gas and Water	630	2.9	370	5.1	553	4.0	651	3.1	944	2.1
烟酒	Alcoholic Drinks & Tobacco	133	0.6	86	1.2	123	0.9	139	0.7	184	0.4
衣履	Clothing & Footwear	861	4.0	166	2.3	394	2.8	723	3.5	2160	4.9
耐用物品	Durable Goods	886	4.1	135	1.9	378	2.7	722	3.5	2309	5.2
杂项物品	Miscellaneous Goods	920	4.3	300	4.1	549	3.9	889	4.3	1942	4.4
交通	Transport	1792	8.3	490	6.8	937	6.7	1471	7.0	4271	9.6
杂项服务	Miscellaneous Services	3449	16.0	680	9.4	1586	11.4	2960	14.2	8573	19.3
总数	**All Sections**	**21623**	**100.0**	**7248**	**100.0**	**13908**	**100.0**	**20887**	**100.0**	**44458**	**100.0**
住户总数（户）	**Number of Households (household)**	**1727000**		**432000**		**432000**		**432000**		**432000**	

注：住户开支是由2009年10月至2010年9月进行的住户开支统计调查的结果计算出来。

于2009-2010年住户开支统计调查期间，政府数项一次性的纾困措施减低了住户的开支。本表列载的住户开支数字是指住户获各项宽减后的实际开支。由于进位关系，个别项目的数字或百分比相加可能不等于总数。

Notes: Household expenditures are calculated from the results of the Household Expenditure Survey conducted during October 2009 to September 2010. During the survey period of 2009/10 Household Expenditure Survey, the household expenditure was lowered by a number of Government's one-off relief measures. Household expenditure figures in this table refer to the actual expenditure incurred by households upon enjoying various waivers/concessions. Figures or percentages may not add up to respective totals due to rounding.

26-46 15岁及以上人口受教育程度
Educational Attainment of Population Aged 15 and Above

教育程度 / 性别 Educational Attainment / Sex		2009		2010		2011		2012		2013	
		人数(万人) Number of Persons (10 000 persons)	百分比 (Percent)	人数(万人) Number of Persons (10 000 persons)	百分比 (Percent)	人数(万人) Number of Persons (10 000 persons)	百分比 (Percent)	人数(万人) Number of Persons (10 000 persons)	百分比 (Percent)	人数(万人) Number of Persons (10 000 persons)	百分比 (Percent)
总计	**Total**										
男	Male	280.03	46.49	281.90	46.26	283.98	46.07	286.87	45.87	288.16	45.71
女	Female	322.26	53.51	327.49	53.74	332.46	53.93	338.47	54.13	342.30	54.29
未受教育/学前教育①	No Schooling/Pre-primary①										
男	Male	7.20	1.20	7.94	1.30	7.56	1.23	6.41	1.02	6.22	0.99
女	Female	24.20	4.02	24.53	4.03	23.59	3.83	21.61	3.46	21.42	3.40
小学	Primary										
男	Male	46.37	7.70	44.55	7.31	42.58	6.91	42.66	6.82	41.86	6.64
女	Female	59.41	9.86	57.90	9.50	56.98	9.24	57.95	9.27	57.61	9.14
初中	Lower Secondary										
男	Male	49.02	8.14	48.56	7.97	47.54	7.71	47.32	7.57	47.48	7.53
女	Female	46.75	7.76	46.62	7.65	46.65	7.57	46.90	7.50	46.96	7.45
高中	Upper Secondary										
男	Male	99.03	16.44	100.97	16.57	102.42	16.61	102.75	16.43	100.55	15.95
女	Female	117.16	19.45	120.80	19.82	124.03	20.12	126.68	20.26	125.83	19.96
高等教育	Post-secondary										
非学位课程②	Non-degree Courses②										
男	Male	23.67	3.93	22.48	3.69	22.83	3.70	24.18	3.87	24.89	3.95
女	Female	24.01	3.99	22.51	3.69	22.68	3.68	23.26	3.72	24.39	3.87
学位课程③	Degree Courses③										
男	Male	54.74	9.09	57.39	9.42	61.05	9.90	63.55	10.16	67.17	10.65
女	Female	50.73	8.42	55.13	9.05	58.53	9.49	62.06	9.92	66.10	10.48

注：数字是根据每年1月至12月进行的“综合住户统计调查”结果，以及由政府统计处与跨部门人口分布推算小组共同编制按区议会分区划分年中人口估计数字而编制。“综合住户统计调查”涵盖全港陆上非住院人口，因而并不包括公共机构／社团院舍的住院人士及水上居民。

① 包括所有幼儿园及幼儿中心班级。

② 包括所有在香港或以外地区学院的证书、文凭、高级证书、高级文凭、专业文凭及其它同等程度的高等教育课程。

③ 包括所有在香港或以外地区学院的学士学位、研究生修课及专题研究课程。

Notes: Figures are compiled based on data collected in the General Household Survey from January to December of the year concerned as well as the mid-year population estimates by District Council district compiled jointly by the Census and Statistics Department and an inter-departmental Working Group on Population Distribution Projections. The General Household Survey covers the land-based non-institutional population of Hong Kong and thus does not cover inmates of institutions and persons living on board vessels.

① Including all classes in kindergartens and child care centres.

② Including all certificate, diploma, higher certificate, higher diploma, professional diploma and other post-secondary programmes of equivalent standards in educational institutions within or outside Hong Kong.

③ Including all first degree, taught postgraduate and research postgraduate courses in educational institutions within or outside Hong Kong.

26-47 按教育及培训机构类别划分的学生人数
Student Enrolment by Type of Educational and Training Institution

单位：人 (person)

类别	Type	2009	2010	2011	2012	2013
幼儿园	Kindergarten	140502	148940	157433	164764	169843
小学	Primary School	344748	331112	322881	317442	320918
中学	Secondary School	481188	458131	472532	422134	398372
日校	Day School	469466	449737	467087	418787	395345
其他中学日间课程①	Other Secondary Day Course①	6872	5550	3403	1411	1157
夜校	Evening School	4850	2844	2042	1936	1870
特殊教育	Special Education	8075	7815	8050	8021	7965
特殊学校	Special School	8026	7803	8008	7946	7904
普通学校内的特殊班	Special Classes in Ordinary School	49	12	42	75	61
特殊幼儿中心②	Special child care centre②	1465	1517	1607	1636	1654
感化／住宿院舍③	Correctional/residential home③	67	76	74	82	98
惩教院所	Correctional institutions	398	409	351	371	408
教资会资助院校④	University Grants Committee (UGC) -funded Institution④	158043	166018	168692	196800	193415
全日制	Full-time	104347	112768	118068	148114	148817
证书／文凭课程	Certificate/Diploma	4028	4706	2633	1801	482
副学位课程	Sub-degree	27120	30649	34307	43140	38670
学士学位课程	Undergraduate	59334	61506	63063	82434	85955
研究院修课课程	Taught Postgraduate	7899	9674	11592	13894	16568
研究院研究课程	Research Postgraduate	5966	6233	6473	6845	7142
兼读制	Part-time	53696	53250	50624	48686	44598
证书／文凭课程⑤	Certificate / Diploma⑤	5471	5678	5340	4734	2865
副学位课程	Sub-degree	8442	7868	6919	7844	7100
学士学位课程	Undergraduate	11309	10226	9661	9172	8698
研究院修课课程	Taught Postgraduate	27693	28806	28178	26490	25544
研究院研究课程	Research Postgraduate	781	672	526	446	391
香港树仁大学	Hong Kong Shue Yan University	5478	5309	4944	4929	5287
全日制	Full-time	4744	4776	4833	4900	5218
兼读制	Part-time	734	533	111	29	69
香港公开大学	The Open University of Hong Kong	21074	21809	21305	20781	21955
全日制	Full-time	4111	6059	6650	6876	7736
遥距／兼读制面授	Distance Learning/Part-time Face-to-face	16963	15750	14655	13905	14219
认可高等教育学院	Approved Post-secondary Colleges	1978	3372	3974	7542	8713
全日制	Full-time	1916	3251	3794	7340	8493
兼读制	Part-time	62	121	180	202	220
香港演艺学院	The Hong Kong Academy for Performing Arts	902	901	941	946	931
全日制	Full-time	812	818	834	858	859
非学位程度⑥	Non-degree⑥	340	335	292	141	142
学位程度	Degree	472	483	542	717	717
兼读制	Part-time	90	83	107	88	72
非学位程度⑥	Non-degree⑥	58	46	57	36	19
学位程度	Degree	32	37	50	52	53
职业训练局	Vocational Training Council	64633	62094	52784	56336	59793
全日制	Full-time	48640	46652	38171	42602	46456
技工级课程	Craft Level Courses	2097	1889	2972	2372	4261
技术员级课程	Technician Level Courses	10718	11424	4629	10112	11026
高级技术员级课程	Higher Technician Level Courses	35825	33339	30570	30118	31169
兼读制	Part-time	15993	15442	14613	13734	13337
技工级课程	Craft Level Courses	3034	2923	2841	3360	3585
技术员级课程	Technician Level Courses	2831	2711	2595	1613	1401
高级技术员级课程	Higher Technician Level Courses	10128	9808	9177	8761	8351
其他院校⑦	Other Institutions⑦	8155	9290	8550	10275	8362
全日制	Full-time	6448	7636	7074	9250	7963
兼读制	Part-time	1707	1654	1476	1025	399

26-47 续表 continued

单位：人 (person)

类　　别	Type	2009	2010	2011	2012	2013
建造业议会训练学院	Construction Industry Council Training Academy					
全日制	Full-time	756	778	758	763	906
技工级课程	Craft Level Courses	455	491	471	507	595
技术员级课程	Technician Level Courses	301	287	287	256	311
制衣业训练局	Clothing Industry Training Authority	222	138	86	42	32
全日制	Full-time	198	111	70	24	8
技术员级课程	Technician Level Courses	198	111	70	24	8
兼读制	Part-time	24	27	16	18	24
技工级课程	Craft Level Courses	24	27	16	18	24
医院管理局⑧	Hospital Authority⑧					
全日制	Full-time	1530	1873	1925	1631	1532
菲腊牙科医院⑨	The Prince Philip Dental Hospital⑨	98	128	79	79	78
全日制	Full-time	95	128	73	76	73
兼读制	Part-time	3	-	6	3	5
毅进计划／毅进文凭	Project Yi Jin/Yi Jin Diploma	16732	18359	2962	5440	5209
全日制	Full-time	12232	13687	2192	5040	4597
兼读制	Part-time	4500	4672	770	400	612
提供成人教育／补习／职业课程的院校	Institutes Offering Adult Education/Tutorial/Vocational Courses	273640	245787	243627	218606	213110
日校	Day School	86401	75173	70060	49639	43169
日暨夜校	Day cum Evening School	109818	111786	129646	136266	144724
夜校	Evening School	77421	58828	43921	32701	25217
非本地高等及专业教育课程⑩	Non-local Higher and Professional Education Courses⑩	38900	38600	37000	37100	37800

注：表内列载有关幼儿园、小学、中学、特殊学校、特殊幼儿中心、感化／住宿院舍及惩教院所的数字是截至该年9月为止。“提供成人教育／补习／职业课程的院校”的数字，是截至该年10月为止。至于有关职业训练及高等教育，学年开始和完结月份则会因应各教育及培训机构而有所不同。

2013年职业训练及高等教育的学生人数为临时数字。

①数字是指由提供成人教育／补习／职业课程的私立院校开办的日间中学课程的学生人数。

②为2至6岁的中度及严重残疾儿童提供的教育。

③为行为上有适应问题的儿童／青少年及青少年违法者，提供住院训练服务。

④教资会资助的大专院校是指香港城市大学、香港浸会大学、岭南大学、香港中文大学、香港教育学院、香港理工大学、香港科技大学和香港大学。数字包括教资会资助课程及教资会资助院校本部和辖下持续进修部门开办的本地经评审自资课程的学生人数。

⑤由2009年起，数字只包括为期最少一年的本地课程。

⑥数字包括证书、深造证书、专业证书、文凭、深造文凭及专业文凭课程的学生人数。

⑦其他院校指提供专上课程的私立学校。

⑧数字是指护士训练课程。

⑨数字是指牙科训练课程。

⑩数字包括与非本地机构合办，而学生在修业后可获取非本地高等学术资格的非本地注册或获豁免课程的学生人数。数字计算至最接近的百位数。

Notes: Figures for kindergarten, primary, secondary, special schools, special child care centre, correctional/residential home and correctional institutions are as at September of the respective years. Figures for "Institutes offering adult education/tutorial/vocational courses" are as at October of the respective years. For vocational and post-secondary education, beginning and ending months of academic year vary among educational and training institutions.

Figures for vocational and post-secondary education for 2013 are provisional.

① Figures refer to number of students attending secondary day courses operated by private institutes offering adult education/tutorial/vocational courses.

② Special training and care for moderately and severely disabled children aged 2-6.

③ Residential treatment service for mal-adjusted children/juveniles and young offenders through social work intervention.

④ Refers to City University of Hong Kong, Hong Kong Baptist University, Lingnan University, The Chinese University of Hong Kong, The Hong Kong Institute of Education, The Hong Kong Polytechnic University, The Hong Kong University of Science and Technology and The University of Hong Kong. Figures include students attending UGC-funded programmes and students attending locally accredited self-financing programmes offered by institution proper and their continuation education arms.

⑤ Figures only cover local programmes lasting for at least one academic year since 2009.

⑥ Figures include students in certificate, advanced certificate, professional certificate, diploma, advanced diploma and professional diploma courses.

⑦ Other institutions refer to private schools which provide post-secondary courses.

⑧ Figures refer to nurse training programmes.

⑨ Figures refer to dental training programmes.

⑩ Figures include students attending non-local registered or exempted courses leading to non-local higher academic qualifications and jointly operated with non-local institutions. Figures are rounded to the nearest hundred.

26-48 医疗卫生条件
Conditions of Public Health

项 目	Item	2009	2010	2011	2012	2013
注册医护专业人员 (人)	Number of Registered Healthcare Professionals(person)					
医生	Doctors	12424	12620	12818	13006	13203
中医	Chinese Medicine Practitioners (CMP)					
注册中医	Registered Chinese Medicine Practitioners	6048	6241	6414	6565	6743
有限制注册中医①	Chinese Medicine Practitioners with Limited Registration①	71	66	70	74	61
表列中医②	Listed Chinese Medicine Practitioners②	2786	2772	2746	2733	2715
牙医	Dentists	2126	2179	2215	2258	2310
药剂师	Pharmacists	1878	1954	2050	2127	2285
护士	Nurses	38641	40011	41310	43698	45846
按每千名人口计算的医生数目	Doctors per Thousand Population	1.8	1.8	1.8	1.8	1.8#
医疗机构和病床③	Number of Medical Institutions and Hospital Beds③					
医疗机构 (间)	Medical Institutions (number)	114	116	120	123	127
病床 (张)	Hospital Beds (bed)	35062	35522	36121	36579	36720
按每千名人口计算的病床数目	Beds per Thousand Population	5.0	5.0	5.1	5.1	5.1#

注：数字是指该年年底的数字。

①有限制注册中医可在指定的教育或科研机构进行中医药学方面的临床教学和研究工作，但不得作私人执业，其注册有效期不超过一年。

②表列中医可在中医注册过渡性安排下在香港合法执业，直至食物及卫生局局长日后在宪报上公布的日期为止。表列中医在过渡性安排期间，可分别循直接注,通过注册审核或通过执业资格试成为注册中医。

③包括医院管理局辖下医院及机构、私家医院、护养院及惩教机构的医院。

Notes: Figures are as at end of the year stated.

①CMPs with limited registration are allowed to perform clinical teaching and research in Chinese medicine in the specified educational and scientific research institutions. The registration period of CMPs with limited registration should not exceed one year and they cannot engage in private practice with patients.

②Listed CMPs can practise lawfully in Hong Kong under the transitional arrangements for registration of CMPs until a date to be announced by the Secretary for Food and Health in the Gazette. Listed CMPs may become registered CMPs through direct registration, registration assessment or licensing examination during the transitional arrangements.

③Including Hospital Authority hospitals and institutions, private hospitals, nursing homes and hospitals in correctional institutions.

26-49 社会保障
Social Security

社会保障计划	Social Security Scheme	2009/2010	2010/2011	2011/2012	2012/2013	2013/2014
综合社会保障援助	Comprehensive Social Security Assistance (CSSA)					
处理中的个案数目①(个)	Number of Active Cases① (case)					
年老	Old Age	153274	154096	154176	153237	151183
永久性残疾	Permanent Disability	18192	18491	18376	18351	18362
健康欠佳	Ill Health	25184	25221	25271	25217	25111
单亲	Single Parent	35922	34142	32579	30513	29852
低收入	Low Earnings	15469	14088	11765	9942	8613
失业	Unemployment	32560	29364	26081	23293	20536
其他	Others	7221	7330	7135	7070	5765
总计	Total	287822	282732	275383	267623	259422
发放款项② (亿港元)	Amount② (HKD 100 million)	190	185	195	198	195
公共福利金	Social Security Allowance (SSA)					
处理中的个案数目①(个)	Number of Active Cases① (case)					
伤残津贴	Disability Allowance (DA)	129874	134909	141751	147114	123803
高龄津贴	Old Age Allowance (OAA)	497942	508070	521486	546275	191634
长者生活津贴③	Old Age Living Allowance (OALA)③	-	-	-	-	416166
广东计划④	Guangdong Scheme (GD Scheme)④	-	-	-	-	17194
总计	Total	627816	642979	663237	693389	748797
发放款项② (亿港元)	Amount② (HKD 100 million)	89	91	97	106	189
暴力及执法伤亡赔偿	Criminal and Law Enforcement Injuries Compensation					
获批个案数目 (个)	Number of Cases Authorised for Payment (case)	316	228	202	195	207
交通意外伤亡援助	Traffic Accident Victims Assistance					
获批个案数目 (个)	Number of Cases Authorised for Payment (case)	7350	7203	7139	7430	7675
紧急救济	Emergency Relief					
受助灾民人数 (人)	Number of Victims Assisted (person)	401	630	623	504	531

注：于财政年度终结时的数字。除特别注明外，财政年度是由4月1日至翌年3月31日。

①处理中的个案包括新申请个案，正在复查中的个案，正领取援助款项的个案和已停止领取援助款项等待复查的个案。

②2009/10至2013/14年度的开支包括分别于该年度向综援受助人及公共福利金受惠人额外发放的一个月标准金额及一个月福利金。

③长者生活津贴由2013年4月起实施。符合资格的65岁或以上高龄津贴受惠人及伤残津贴受惠人，已由 2013年4月起陆续转为领取长者生活津贴。

④广东计划由2013年10月起实施。

Notes : Figures are as at end of the financial year. Financial year is from 1 April to 31 March of the next year, unless otherwise specified.

①Active cases refer to cases being handled which include new applications, cases being reviewed, cases being paid and cases suspended for payment pending review.

②Expenditure of 2009/10 to 2013/14 including the provision of one additional month of standard rate of CSSA payment and one additional month of allowance to CSSA and SSA recipients of the year respectively.

③Old Age Living Allowance (OALA) was launched in April 2013. Eligible Old Age Allowance recipients and Disability Allowance recipients aged 65 or above were gradually converted to receive OALA payment with effect from April 2013.

④The Guangdong Scheme was launched in October 2013.

《中国统计年鉴》与香港特别行政区统计刊物中使用的指标对照表

A Comparison of Common Statistical Terms Used in Publications Compiled by the Census and Statistics Department, the Government of the Hong Kong Special Administrative Region and China Statistical Yearbook

对应表号 Table Number	《中国统计年鉴》使用的统计名词 Statistical Terms Used in China Statistical Yearbook	香港特别行政区统计名词及对应英文 Statistical Terms Used in Publications of the Hong Kong Special Administrative Region
1, 7, 11, 12, 30	建筑业	建造业 Construction
1	实际工资指数	实质工资指数 Real Wage Index
1, 11,13, 14	按当年价格计算	以当时市价计算 At Current Market Prices
1, 13, 30, 31	服务出口	服务输出 Exports of Services
1, 13, 30, 31	服务进口	服务输入 Imports of Services
1, 17	消费量	用量 Consumption
1, 24	集装箱	货柜 Container
1, 44	消费价格指数	消费物价指数 Consumer Price Indices
10	实际增长	实质增长 Real Growth Rate
11	支出法	开支面 Expenditure Approach
11	生产法	生产面 Production Approach
11, 12	生产法本地生产总值	按经济活动划分的本地生产总值 GDP by Economic Activity
13	支出法本地生产总值	按开支组成部分划分的本地生产总值 GDP by Expenditure Component
13, 29	货物出口	货品出口 Exports of Goods
13,29	货物进口	货品进口 Imports of Goods
17, 44	水	食水 Water
18	计算机	电脑 Computer
22	住房	居所 Accommodation
25	宽带	宽频 Broadband
29	转口货物	转口货品 Re-exports
46, 47	高等教育	专上教育 Post-secondary
47	幼儿园	幼稚园 Kindergarten

主要统计指标解释

年中人口 是以“居住人口”方法编制，利用“居住人口”方法所编制的人口估计称为“居港人口”。“居港人口”包括“常住居民”和“流动居民”。“常住居民”指两类人士：(a) 在统计时点之前的6个月内，在港逗留最少3个月，又或在统计时点之后的6个月内，在港逗留最少3个月的香港永久性居民，不论在统计时点他们是否身在香港；及 (b) 在统计时点身在香港的香港非永久性居民。至于“流动居民”，是指在统计时点之前的6个月内，在港逗留最少一个月但少于3个月，又或在统计时点之后的6个月内，在港逗留最少1个月但少于3个月的香港永久性居民，不论在统计时点他们是否身在香港。根据新的编制方法，旅客并不包括在香港人口内。

粗出生率 是指某一年内的活产婴儿数目相对该年年中每千名人口的比率。

粗死亡率 是指某一年内的死亡人数相对该年年中每千名人口的比率。

婴儿死亡率 是指某一年内一岁以下婴儿死亡人数相对该年每千名活产婴儿的比率。

总和生育率 是指某年的每一千名妇女，若她们在生育龄期 (即15至49岁) 经历了一如该年的年龄别生育率，其一生中活产子女的平均数目。

出生时平均预期寿命 是指某年出生人士，若其一生经历一如该年的年龄性别死亡率所反映的死亡情况，他／她预期能活的年数。

劳动人口 是指15岁及以上陆上非住院人口，并符合就业人口或失业人口定义的人士。

劳动人口参与率 是指劳动人口占所有15岁及以上陆上非住院人口的比例。

就业人口 包括在统计前7天内有做工赚取薪酬或利润或有一份正式工作的15岁及以上人士。无酬家庭从业人员及在统计前7天内正休假的就业人士亦包括在内。

失业人口 包括所有15岁及以上人士 (a) 在统计前7天内并无职位，且并无为赚取薪酬或利润而工作；及 (b) 在统计前7天内随时可工作；及 (c) 在统计前30天内有找寻工作。一名15岁或以上的人士，如果他/她符合上述 (a) 和 (b) 的条件，但由于相信没有工作可做而在统计前30天内没有找寻工作，仍会被界定为失业，即所谓「因灰心而不求职的人士」。失业人口亦包括那些并无职位，有找寻工作，但由于暂时生病而不能工作的人士；及并无职位，且随时可工作，但由于已为于稍后时间担当的新工作或开展的业务作出安排；或正期待返回原来的工作岗位而没有找寻工作的人士。

失业率 是指失业人士在劳动人口中所占的比例。

每月就业收入 是指统计前一个月从所有工作所获得的收入。就雇员来说，收入包括工资和薪金、花红、佣金、小费、房屋津贴、逾时工作津贴、勤工津贴及其它现金津贴，但不包括补薪。就雇主和自营作业人士而言，收入是指从自己拥有的企业提取作个人及家居用途的款额。如果提取作个人及家居用途的款额资料未能提供，则会搜集有关从业务所得的净收入的数据。

本地生产总值 是指一个经济体的所有居民生产单位，在一个指定的期间内(一般是1年或1季)，未扣除固定资本消耗的生产总值。

人均本地生产总值 是指把该经济体在某统计年的本地生产总值除以该经济体在同年的人口总数所得的数字。

本地居民总收入（前称本地居民生产总值） 指一个经济体的居民透过从事各项经济活动而赚取的总收入，不论该等经济活动是否在该经济体的经济领域内或外进行。换言之，编制本地居民总收入应包括本地居民在该经济领域内或外从事各类经济活动的收入，并扣除非本地居民在该经济领域内从事经济活动的收入。本地居民总收入的计算方法如下：

本地居民总收入
= 本地生产总值 + 对外初次收入流量净值
= 本地生产总值 + 本地居民从经济领域外所赚取的初次收入 − 非本地居民从经济领域内所赚取的初次收入

初次收入 包括投资收益及雇员报酬。投资收益包括：直接投资收益、证券投资收益、其它投资收益及储备资产收益。

人均本地居民总收入 指把该经济体在某统计年的本地居民总收入除以该经济体在同年的人口总数所得的数字。

国际收支平衡 是一项统计报表，有系统地撮录在一个指定期间内 (一般是1年或1季) 某经济体与世界各地之间 (即居民与非居民之间) 进行的经济交易。完整的国际收支平衡表包括两大账户：(a)经常账户；及(b)资本及金融账户。

经常账户 量度居民与非居民之间关于货物、服务、初次收入和二次收入的流量。

货物 在国际收支平衡表内经常账户的货物主要包括一般商品、转手商贸活动下的货物净出口及非货币黄金。

服务 在国际收支平衡表内经常账户的服务主要包括运输服务、旅游服务、保险和退休金服务、金融服务、制造服务及其他服务。

初次收入账户 显示应收及应付的外地款额，作为向非居民提供／从非居民获得可予使用的劳动力、金融资源或自然资源的回报。在国际收支平衡经常账户内初次收入的概念及定义，与本地居民总收入的对外初次收入流量是相同的。

二次收入账户 记录居民与非居民之间的经常转移。经常转移指提供可能即时或短时间内被耗用的实质或金融资源而无同等经济价值作回报的交易。经常转移属单向性质，在国际收支平衡表内是一项用以抵销单边交易的记账。例子包括职工汇款、捐款、官方援助及退休金。

资本账户 量度有关资本转移及非生产、非金融资产（如商标和品牌）的获得和处置的对外交易。资本转移的例子包括债权人减免债务，和涉及获得或处置固定资产的现金转移。

金融账户 记录居民与非居民之间关于金融资产及负债的交易，显示某经济体的对外交易是如何融资的。金融账户内的交易按功能(即投资目的)归类为直接投资、证券投资、金融衍生工具、其它投资及储备资产。

直接投资 指某经济体的投资者对另一经济体内的企业所作的对外投资，并对该企业拥有持久利益及其管理上具有相当程度的影响力或话语权。就统计计算而言，若投资者持有某企业10%或以上的表决权，便视作对该企业的管理具话语权。

证券投资 指对非本地股权证券及债务证券(如中长期债券、货币市场工具）所作的投资，直接投资或储备资产所包括的投资除外。与直接投资者相比，投资在非本地企业所发行的股权证券及债务证券的证券投资者，在该等企业并无持久利益或在管理方面没有影响力。凡持有一间企业不足10%的表决权均视为证券投资。

金融衍生工具 是一种与某个特定的金融工具、指标或商品挂钩的金融工具，使特定的金融风险本身能透过这种工具在金融市场进行交易。金融衍生工具包括期权类合约（如认股权证和期权）及远期类合约（如期货、利率掉期、货币掉期、远期利率协议、远期外汇合约）。

其他投资 指对非居民的其他金融申索和负债，但不属直接投资、证券投资、金融衍生工具或储备资产。其他投资包括不可转让的贷款、货币和存款、贸易信贷和预付款，以及其他资产／负债。

储备资产 是由一个经济体的金融当局（就香港而言，即香港金融管理局）控制的对外资产，并随时可供金融当局用来应付国际收支平衡的财务需要、干预外汇市场以调节该经济体的货币汇率，以及用作其他相关目的（如维持大众对货币及经济的信心，及作为向外地借贷的基础）。

国际投资头寸 是显示一个经济体在某特定时点的对外金融资产及负债存量的资产负债表。对外金融资产及负债的差额即为该经济体的国际投资头寸净值，代表其对世界各地的净申索或净负债。国际投资头寸与国际收支平衡的金融账户完全协调，同样也按投资类别分类。资产和负债分类为直接投资、证券投资、金融衍生工具及其他投资。国际投资头寸的资产方还包括储备资产。有关投资组成部分的详细解释，请参阅国际收支平衡表内金融账户组成部分的解释。

国际投资头寸净值 是对外金融资产总值与对外金融负债总值之间的差额。

工业生产指数 量度本地工业生产量的实际变动，即撇除价格变动因素后的本地生产量的变动情况。

实用楼面面积 指各层楼面面积总和，但不包括楼梯、公共信道空间、升降机等候处、盥洗室、厕所、厨房、及为楼宇提供升降机、空调系统、或类似设施而安装的机械所占用的空间。

获批准可动工兴建楼宇 是指获屋宇署签发“同意书”动工兴建的楼宇。这种“同意书”是发给私人发展计划（包括香港房屋协会的计划）及香港房屋委员会的私人机构参建居屋计划。

初次呈交 就一项建筑工程初次呈交建筑事务监督批准的图则。

重大修改 指经过大规模修改的建筑图则，而这些图则必须从根本上接受重新评估。

自置住房住户 是指住户拥有其居住屋宇单位的业权。

全租户 是指住户向居于别处的人士租住整个屋宇单位自住，没有分租，单位内也没有其它的住户。

合租户 是指两个或以上的住户，分别向居于别处的人士租用部分的屋宇单位居住。

二房东 是指住户向居于别处的人士租住整个屋宇单位，并把部分单位分租予其它住户。

三房客 是指住户向居于同一屋宇单位内的人士租用部分单位居住。

免租 是指住户免费在屋宇单位内居住，不论是否获得业主同意，但不包括本身是业主或由雇主提供住房的住户。

住房由雇主提供 是指住户居住在由其成员之一的雇主提供的住房，包括以象征式租金向雇主租住屋宇单位的住户。假如住户使用由雇主提供的房屋津贴租用住房，则租住权不属于“住房由雇主提供”类别。

进口货物 是指在香港以外出产或制成的货物，输入香港供本地使用或转口，以及再进口的香港产品。其货值是以到岸价值计算。

港产品出口货物 是指香港的天然产品或在香港经过制造工序，以致其基本原料的形状、性质、式样或用途受到永久改变的产品。如果产品在香港只进行简单的稀释、包装、入樽、烘干、简单装配、分类、装饰等过程，则该产品并不能以香港作为来源地。其货值是以离岸价值计算。

转口货物 是指输出曾经自外地输入香港的货物，而这些货物并没有在香港经过任何制造工序，以致永久改变其形状、性质、式样或用途。其货值是以离岸价值计算。

输往中国内地作外发加工用途的出口货物 是指那些从香港或经香港出口往中国内地加工的原料或半制成品，经加工后成为制成品，并以合约安排再进口香港。

从中国内地进口与外发加工有关的货物 是指那些加工后从中国内地进口香港的货物，其中全部或部分原料或半制成品是以合约安排从香港或经香港出口往中国内地加工。

原产地为中国内地而涉及外发中国内地加工、并经香港输往其他地方（中国内地除外）的转口货物 是指那些经香港转口的制成品，其中全部或部分原料或半制成品是以合约安排从香港或经香港出口往中国内地加工，而加工后的货物再进口香港。

直接投资 指某经济体的投资者对另一经济体内的企业所作的对外投资，并对该企业拥有持久利益及在其管理上具有相当程度的影响力或话语权。就统计计算而言，若投资者持有某企业 10%或以上的表决权，便视作对该企业的管理具话语权。直接投资包括股权及投资基金份额，以及债务工具。股权及投资基金份额包括所持有分行的股本、附属及联营公司的股票、投资基金份额，以及收益再投资，即投资者应得但其分行、附属公司、联营公司或投资基金没有分发的利润。债务工具主要涉及公司之间的债务交易，包括母公司与其分行、附属公司及联营公司之间的短期及长期借贷。

外来直接投资 指境外居民在香港居民企业所作的直接投资。跨国企业在香港经营的分行或附属公司，是外来直接投资的典型例子。

向外直接投资 指香港居民投资者在境外的企业所作的直接投资。

直接投资头寸 指某一特定日子香港居民在境外投资的价值或接受外来投资的价值。

直接投资流动 指某一时段内香港居民于境外的投资或接受外来的投资的投入或撤走。

贷款基金 提供资金予如房屋贷款和教育贷款等贷款计划。基金收入主要来自政府一般收入帐目转拨的款项、偿还的贷款及贷款利息。

港汇指数 是量度港元相对其他主要贸易伙伴的货币汇率变动加权平均值的指数，作为反映港元相对各种选定货币强弱的整体指标。由 2012 年 1 月 3 日起公布的新系列港汇指数已取代旧港汇指数系列。新系列指数是以 2010 年 1 月为基期及包括 15 种货币(印度卢比亦被纳入新系列指数中)。

外币兑换率 指外币兑港元的电汇或现钞收市中间兑换价。

认可机构 包括持牌银行、有限制牌照银行及接受存款公司。持牌银行可接受任何金额及期限的存款。随着撤销利率限制的最后阶段在 2001 年 7 月 3 日生效，各类存款利率再无任何限制。至于有限制牌照银行，它们可接受金额不少于港币 50 万元的任何期限的定期存款。接受存款公司则可接受金额不少于港币 10 万元而期限不少于 3 个月的定期存款。有限制牌照银行及接受存款公司均无任何存款利率限制。

外币掉期存款 是指顾客在现货市场购买外币，然后存入认可机构，但同时订下远期合约，将该笔外币（本金加利息）在存款到期时售予认可机构。从分析角度来看，这类掉期存款应当作港元定期存款。

货币供应量（M_1） 是指市民持有的法定纸币和硬币加上持牌银行的客户活期存款。

货币供应量（M_2） 是指货币供应量 M_1 所包括的项目，加上持牌银行的客户储蓄及定期存款，再加上持牌银行发行而由非认可机构持有的可转让存款证。

货币供应量（M_3） 是指货币供应量 M_2 所包括的各项，加上有限制牌照银行及接受存款公司客户的存款，再加上以上两类认可机构发行而由非认可机构持有的可转让存款证。

恒生指数 是以流通市值加权法计算，并为每只成份股的比重上限设定为 15%，该指数内的五十只成份股划分为四个行业类别指数，包括工商、金融、地产及公用事业，其涵盖市值占香港联合交易所主板所有上市股份总市值大约百分之六十。

消费物价指数 量度住户一般所购买的消费商品和服务的价格水平随时间而变动的情况。消费物价指数的按年变动率被广泛地用作反映消费者所面对的通货膨胀的指标。不同的消费物价指数数列反映消费物价转变对不同开支组别的住户的影响。甲类、乙类及丙类消费物价指数分别根据较低、中等及较高开支范围的住户的开支模式编制而成。综合消费物价指数是根据以上所有住户的整体开支模式而编制，反映消费物价转变对整体住户的影响。每个项目的开支权数，是其在住户总开支中所占的比重。开支权数是根据住户开支统计调查的结果而制订的。并会每隔五年更新一次，以确保相应的消费物价指数能准确地反映不同开支范围住户的最新开支模式。

教育程度 是指某人在学校或其它教育机构修读达到的最高教育水平，不论他／她有否完成该课程。计算教育程度时，只包括正式课程，即须最少为期一个学年，入学须具备指定的学历资格（香港公开大学的非学位、副学位、学位及研究生课程除外），以及设有考试或指定评核成绩的程序。

综合社会保障援助计划 是以入息补助方法，为那些在经济上无法自给的人士提供安全网，使他们的入息达到一定水平，以应付生活上的基本需要。申请人必须符合居港规定及通过入息及资产审查。

公共福利金计划 包括普通伤残津贴、高额伤残津贴、高龄津贴、长者生活津贴及广东计划。高龄津贴及伤残津贴其目的分别是为年龄在 70 岁或以上或严重残疾的香港居民，每月提供现金津贴，以应付因年老或严重残疾而引致的特别需要。至于在 2013 年 4 月起实施的长者生活津贴，旨在为年龄在 65 岁或以上有经济需要的香港居民，每月提供特别津贴，以补助他们的生活开支。广东计划由 2013 年 10 月起实施。

暴力及执法伤亡赔偿计划 的目的是提供现金援助给因暴力罪行或因执法人员使用武器执行职务以致受伤的人士或这些人士的受养人（如受害人因伤死亡）。申请人亦无须接受经济状况调查。

交通意外伤亡援助计划 的目的是向道路交通意外受害人，或这些人士的受养人（如受害人因伤死亡）迅速提供经济援助，而无须考虑计划受惠人的经济状况，或有关交通意外是因谁人的过失而造成。援助金按意外受害人的伤亡情况支付；至于财物损失，则不在援助范围内。

紧急救济 天灾或其它不幸事故（例如火灾、台风、水灾、暴雨、山泥倾泻、塌屋）的灾民，及因楼宇成为危楼而遭发出封闭令以致被着令撤离家园的受影响人士，均可获得紧急救济。

Explanatory Notes on Main Statistical Indicators

Mid-year Population is compiled using the "resident population" approach. The population estimate compiled under the "resident population" approach is referred to as the Hong Kong Resident Population, which comprises "Usual Residents" and "Mobile Residents". "Usual Residents" refer to two categories of people: (a) Hong Kong Permanent Residents who have stayed in Hong Kong for at least 3 months during the 6 months before or for at least 3 months during the 6 months after the reference time-point, regardless of whether they are in Hong Kong at the reference time-point; and (b) Hong Kong Non-permanent Residents who are in Hong Kong at the reference time-point. As for "Mobile Residents", they are Hong Kong Permanent Residents who have stayed in Hong Kong for at least 1 month but less than 3 months during the 6 months before or for at least 1 month but less than 3 months during the 6 months after the reference time-point, regardless of whether they are in Hong Kong at the reference time-point. Under the new approach, visitors are not part of the Hong Kong population.

Crude Birth Rate refers to the number of live births in a given year per 1000 mid-year population of that year.

Crude Death Rate refers to the number of deaths in a given year per 1000 mid-year population of that year.

Infant Mortality Rate refers to the number of deaths of age under one in a given year per 1000 live births in that year.

Total Fertility Rate refers to the average number of children that would be born alive to 1000 women during their lifetime if they were to pass through their childbearing ages 15-49 experiencing the age specific fertility rates prevailing in a given year.

Expectation of Life at Birth refers to the number of years of life that a person born in a given year is expected to live if he/she was subject to the prevalent mortality conditions as reflected by the set of age-sex specific mortality rates for that year.

Labour Force refers to the land-based non-institutional population aged 15 and over who satisfy the criteria for being classified as employed population or unemployed population.

Labour Force Participation Rate refers to the proportion of labour force in the total land-based non-institutional population aged 15 and over.

Employed Persons refer to those persons aged 15 and over who have been at work for pay or profit during the 7 days before enumeration or have had formal job attachment. Unpaid family workers and persons who were on leave/holiday during the 7 days before enumeration are included.

Unemployed Persons refer to those persons aged 15 and over who (a) have not had a job and have not performed any work for pay or profit during the 7 days before enumeration; and (b) have been available for work during the 7 days before enumeration; and (c) have sought work during the 30 days before enumeration. If a person aged 15 or over fulfils the conditions (a) and (b) above but has not sought work during the 30 days before enumeration because he/she believes that work is not available, he/she is still classified as unemployed, being regarded as a so-called "discouraged worker". Unemployed population also includes persons without a job who have sought work but have not been available for work because of temporary sickness; and persons without a job who have been available for work but have not sought work because they have made arrangements to take up a new job or to start business on a subsequent date; or were expecting to return to their original jobs.

Unemployment Rate refers to the proportion of unemployed persons in the labour force.

Monthly Employment Earnings refer to earnings from all jobs during the month before enumeration. For employees, they include wage and salary, bonus, commission, tips, housing allowance, overtime allowance, attendance allowance and other cash allowances. However, back pays are excluded. For employers and self-employed, they refer to amounts drawn from the self-owned enterprise for personal and household use. If information on the amounts drawn for personal and household use is not available, data on net earnings from business would be collected instead.

Gross Domestic Product (GDP) is a measure of the total value of production of all resident producing units of an economy in a specified period (typically a year or a quarter), before deducting the consumption of fixed capital.

Per Capita GDP is obtained by dividing the total GDP in a year by the population of that economy in the same year.

Gross National Income (GNI) (formerly known as Gross National Product (GNP)) is a measure of the total income earned by residents of an economy from engaging in various economic activities, irrespective of whether the economic activities are carried out within the economic territory of the economy or outside. In other words, in compiling GNI, income earned by residents from engaging in various economic activities within or outside the economic territory are included, whereas income earned by non-residents from engaging in economic activities within the economic territory are excluded. GNI is computed as follows:

GNI = GDP + Net external primary income flows
= GDP + Primary income earned by residents from outside the economic territory - Primary income earned by non-residents from within the economic territory

Primary income comprises investment income and compensation of employees (CE). Investment income includes direct investment income (DII), portfolio investment income (PII) and other investment income (OII) as well as income on reserve assets (RA).

Per capita GNI of an economy is obtained by dividing GNI in a year by the population of that economy in the same year.

Balance of Payments (BoP) is a statistical statement that systematically summarises, for a specific time period (typically a year or a quarter), the economic transactions of an economy with the rest of the world (i.e. between residents and non-residents). A complete BoP account comprises two broad accounts : (a) the current account; and (b) the capital and financial account.

Current account measures the flows of goods, services, primary income and secondary income between residents and non-residents.

Goods under the BoP current account mainly cover general merchandise, net exports of goods under merchanting and non-monetary gold.

Services under the BoP current account mainly cover transport services, travel services, insurance and pension services, financial services, manufacturing services and other services.

Primary Income Account shows the amounts receivable and payable abroad in return for providing/obtaining use of labour, financial resources or natural resources to/from non-residents. The concepts and definitions of primary income under the current account of the BoP are the same as those of the external primary income flow under GNI.

Secondary Income Account records current transfers between residents and non-residents. Current transfers are transactions in which real or financial resources that are likely to be consumed immediately or shortly are provided without the receipt of equivalent economic values in return. Current transfers are unilateral in nature and are offsetting entries in the BoP account for one-sided transactions. Examples include workers' remittances, donations, official assistance and pensions.

Capital Account measures external transactions in capital transfers, and the acquisition and disposal of non-produced, non-financial assets (such as trademarks and brand names). Examples of capital transfers include forgiveness of debts by creditors, and cash transfers involving the acquisition or disposal of fixed assets.

Financial Account records transactions in financial assets and liabilities between residents and non-residents. It shows how an economy's external transactions are financed. Transactions in the financial account are classified by function (i.e. the purpose of the investment) into direct investment, portfolio investment, financial derivatives, other investment and reserve assets.

Direct Investment refers to external investment in which an investor of an economy acquires a lasting interest and a significant degree of influence or an effective voice in the management of an enterprise located in another economy. For statistical purpose, an effective voice is taken as being equivalent to a holding of 10% or more of the voting power in an enterprise.

Portfolio Investment refers to investment in non-resident equity securities and debt securities (e.g. bonds and notes, money market instruments), other than that included in direct investment or reserve assets. Compared with direct investors, portfolio investors in equity securities and debt securities of non-resident enterprises have no lasting interest or influence in the management of the enterprises concerned. A holding of less than 10% of the voting power in an enterprise is regarded as portfolio investment.

Financial Derivatives are financial instruments that are linked to a specific financial instrument or indicator or commodity, and through which specific financial risks can be traded in financial markets in their own right. Financial derivatives include option-type contracts (e.g. warrants and options) and forward-type contracts (e.g. futures, interest rate swaps, currency swaps, forward rate agreements, forward foreign exchange contracts).

Other Investment refers to other financial claims on and liabilities to non-residents that are not classified as direct investment, portfolio investment, financial derivatives or reserve assets. Other investment includes non-marketable loans, currency and deposits, trade credits and advances, and other assets / liabilities.

Reserve Assets are external assets that are readily available to and controlled by the monetary authority of an economy (which refers to the Hong Kong Monetary Authority in the case of Hong Kong) for meeting balance of payments financing needs, for intervention in exchange markets to regulate the currency exchange rate of that economy, and for other related purposes (such as maintaining confidence in the currency and the economy, and serving as a basis for foreign borrowing).

International Investment Position (IIP) is a balance sheet showing the stock of external financial assets and liabilities of an economy at a particular time point. The difference between the external financial assets and liabilities is the net IIP of the economy, which represents either its net claim on or net liability to the rest of the world. Being fully consistent with the BoP financial account, IIP is also categorised by type of investment. Assets and liabilities are divided into direct investment, portfolio investment, financial derivatives and other investment. The asset side of IIP also includes the reserve assets. For detailed explanation on investment components, please refer to the explanatory notes on the components of the financial account of the BoP account.

Net IIP is the difference between total external financial assets and total external financial liabilities.

Index of Industrial Production measures the changes in local industrial output in real terms, i.e. changes in the volume of local production after discounting the effect of price changes.

Usable Floor Area is defined as the aggregate of the areas of the floor or floors in a storey or a building excluding any staircases, public circulation space, lift landings, lavatories, water-closets, kitchens and any space occupied by machinery for any lift, air-conditioning system or similar service provided for the building.

Buildings with Consents to Commence Work refer to buildings with "Consents" to commence building works issued by the Buildings Department. Such "Consents" are issued to private development projects (including Hong Kong Housing Society's projects) and Hong Kong Housing Authority's development projects under the Private Sector Participation Scheme.

First Submission refers to plans for a building project which are first submitted to the Building Authority for approval.

Major Revision refers to building plans which have been so extensively revised that they must be fundamentally re-assessed.

Owner-occupier refers to a household which owns the quarters it occupies.

Sole Tenant refers to a household which rents the whole quarters it occupies from someone who lives outside the quarters without sharing it with other household(s) or subletting.

Co-tenant refers to two or more households each of which rents part of the quarters from someone who lives outside the quarters.

Main Tenant refers to a household which rents the whole quarters it occupies from someone who lives outside the quarters and sublets part of it to other household(s).

Sub-tenant refers to a household which rents part of the quarters from someone who lives in the same quarters.

Rent Free refers to a household which occupies an accommodation free, with or without the owner's permission. This does not include owner-occupiers or households occupying accommodation provided by employers.

Accommodation Provided by Employer refers to a household which occupies an accommodation provided by the employer of one of the household members. This also includes households occupying quarters leased from employers at a nominal rent. If a household member uses housing allowance given by his/her employer for renting accommodation, the tenure is not regarded as "accommodation provided by employer".

Imports are goods which have been produced or manufactured in places outside the jurisdiction of Hong Kong and brought into Hong Kong for domestic use or for subsequent re-export as well as Hong Kong products re-imported. Their values are recorded on cost, insurance and freight (c.i.f.) basis.

Domestic exports are the natural produce of Hong Kong or products of a manufacturing process in Hong Kong which has changed permanently the shape, nature, form or utility of the basic materials used in manufacture. Processes such as simple diluting, packing, bottling, drying, simple assembling, sorting, decorating, etc., do not confer Hong Kong origin. Their values are recorded on free-on-board (f.o.b.) basis.

Re-exports are products which have previously been imported into Hong Kong and which are re-exported without having undergone in Hong Kong a manufacturing process which has changed permanently the shape, nature, form or utility of the product. Their values are recorded on f.o.b. basis.

Exports to the Mainland of China for Outward Processing refer to raw materials or semi-manufactures exported from or through Hong Kong to the mainland of China for processing with a contractual arrangement for subsequent re-importation of the processed goods into Hong Kong.

Imports from the Mainland of China Related to Outward Processing refer to processed goods imported to Hong Kong from the mainland of China, of which all or part of the raw materials or semi-manufactures have been under contractual arrangement exported from or through Hong Kong to the mainland of China for processing.

Re-exports of the Mainland of China Origin to Other Places (excluding the Mainland of China) Involving Outward Processing in the Mainland of China refer to processed goods re-exported through Hong Kong, of which all or part of the raw materials or semi-manufactures have been exported from or through Hong Kong to the mainland of China for processing with a contractual arrangement for subsequent re-importation of the processed goods into Hong Kong.

Direct Investment refers to external investment in which an investor of an economy acquires a lasting interest and a significant degree of influence or an effective voice in the management of an enterprise located in another economy. For statistical purpose, an effective voice is taken as being equivalent to a holding of 10% or more of the voting power in an enterprise. Direct investment comprises equity and investment fund shares and debt instruments. Equity and investment fund shares include equity in branches, shares in subsidiaries and associates, investment fund shares and reinvestment of earnings, which consist of the investors' share of earnings not distributed by branches, subsidiaries, associates or investment fund. Debt instruments mainly involve inter-company debt transactions. These include short-term and long-term borrowing and lending of funds between parent companies and their branches, subsidiaries and associates.

Inward Direct Investment refers to direct investment in a Hong Kong resident enterprise by a non-Hong Kong resident. Typical examples of inward direct investment are multinational corporations' branches and subsidiaries operating in Hong Kong.

Outward Direct Investment refers to direct investment by a Hong Kong resident in a non-resident enterprise.

Position of Direct Investment refers to the value of investment abroad or investment received from abroad of Hong Kong residents at a specified date.

Flow of Direct Investment refers to the additions/withdrawals of investment abroad or investment received from abroad of Hong Kong residents during a period.

Loan Fund finances loans and advances for such schemes as housing loans and education loans. The main sources of income are appropriations from the General Revenue Account, loan repayments and interest on loans.

Effective Exchange Rate Index (EERI) for the Hong Kong Dollar (HKD) is an index which measures movements in the weighted average of the exchange rate of the HKD against the currencies of major trading partners of Hong Kong. It serves as an indicator for measuring the overall strength of the HKD relative to selected currencies. A new EERI series has been released as from 3 January 2012 to replace the old EERI series. This new series uses January 2010 as the base and includes 15 currencies (the Indian Rupee is added to the new series).

Exchange Rates Between the Hong Kong Dollar and Other Currencies refer to the closing middle market telegraphic transfer rates or notes rates.

Authorized Institutions include licensed banks, restricted licence banks and deposit-taking companies. Licensed banks can accept deposits of any size and any term of maturity. With the final phase of interest rate deregulation came into effect on 3 July 2001, there is no restriction on interest rate payable. As for restricted licence banks, they can accept time deposits in amounts of not less than HK$500,000 with any term of maturity. Deposit-taking companies can however accept time deposits in amounts of not less than HK$100,000 with a term of maturity of at least three months. Both restricted licence banks and deposit-taking companies have no restriction on interest rate payable.

Foreign Currency Swap Deposits refer to deposits involving customers buying foreign currencies in the spot market and placing them as deposits with authorized institutions, while at the same time entering into a contract to sell such foreign currencies (principal plus interest) forward in line with the maturity of such deposits. For most analytical purpose, they should be regarded as Hong Kong dollar time deposits.

Money Supply M_1 refers to the sum of legal tender notes and coins held by the public plus customers' demand deposits placed with licensed banks.

Money Supply M_2 refers to the sum of M_1 plus customers' savings and time deposits with licensed banks, plus negotiable certificates of deposit issued by licensed banks held by non-authorized institutions.

Money Supply M_3 refers to the sum of M_2 plus customer deposits with restricted licence banks (RLBs) and deposit-taking companies (DTCs) plus negotiable certificates of deposit issued by RLBs and DTCs held by non-authorized institutions.

Hang Seng Index is a fressfloat-adjusted market capitalization-weighted index with a 15% cap on each constituent weighting. The 50 constituent stocks of the Hang Seng Index are grouped under four sub-indices, namely Commerce and Industry, Finance, Properties and Utilities. These stocks account for about 60 percent of the total market capitalization of all stocks listed on the Main Board of the Stock Exchange of Hong Kong.

Consumer Price Index (CPI) measures the changes over time in the price level of consumer goods and services generally purchased by households. The year-on-year rate of change in the CPI is widely used as an indicator of the inflation affecting consumers. Different CPI series are compiled to reflect the impact of consumer price changes on households in different expenditure ranges. The CPI(A), CPI(B) and CPI(C) are compiled based on the expenditure patterns of households in the relatively low, medium and relatively high expenditure ranges respectively. A Composite CPI is compiled based on the overall expenditure pattern of all the above households taken together to reflect the impact of consumer price changes on the household sector as a whole. The expenditure weight of each item is the share of the item in the total expenditure of households. Derived from the results of the Household Expenditure Survey, the set of expenditure weights is updated once every five years to ensure that up-to-date expenditure patterns of households in different expenditure ranges are used in the compilation of the respective CPIs.

Educational Attainment refers to the highest level of education ever attained by a person in school or other educational institution, regardless of whether he/she had completed the course. Only formal courses are counted as educational attainment. A formal course shall be one that lasts for at least one academic year, requires specific academic qualifications for entrance (except sub-degree, associate degree, degree and post-graduate courses offered by the Open University of Hong Kong) and includes examinations or specific academic assessment procedures.

The Comprehensive Social Security Assistance Scheme provides a safety net for those who cannot support themselves financially. It is designed to bring their income up to a prescribed level to meet their basic needs. An applicant must satisfy the residence requirements and pass both the income and assets tests.

The Social Security Allowance Scheme which includes Normal Disability Allowance, Higher Disability Allowance, Old Age Allowance, Old Age Living Allowance and Guangdong Scheme. Old Age Allowance and Disability Allowance provides a monthly allowance to Hong Kong residents who are 70 years of age or above or who are severely disabled to meet their special needs arising from old age or disability respectively. Old Age Living Allowance, launched in April 2013, is to provide a special allowance per month to supplement the living expenses of Hong Kong residents aged 65 or above who are in need of financial support. Guangdong Scheme was launched in October 2013.

The Criminal and Law Enforcement Injuries Compensation Scheme aims to provide ex-gratia payments to persons (or to their dependants in cases of death) who are injured as a result of a crime of violence, or by a law enforcement officer using a weapon in the execution of his duty. The Scheme is non-means-tested.

The Traffic Accident Victims Assistance Scheme aims to provide speedy financial assistance to road traffic accident victims (or to their surviving dependants in cases of death) on a non-means tested basis, regardless of the element of fault leading to the occurrence of the accident. Payments are made for personal injuries, while loss of or damage to property is not included.

Emergency Relief is provided for victims of natural and other disasters such as fire, typhoon, flood, rainstorm, landslide, house collapse, and also for evacuees of buildings and premises considered to be dangerous under Closure Orders.

27

澳门特别行政区主要社会经济指标

Main Social and Economic Indicators of Macao Special Administrative Region

简 要 说 明

一、本章资料反映澳门特别行政区主要社会、经济发展情况。内容包括：土地、人口、就业、国民经济核算、工业、能源、建筑、交通通讯、对外贸易、财政金融、物价、教育、卫生、房屋、社会保障等方面。

二、本章由澳门特别行政区政府统计暨普查局提供所有数据，国家统计局国际统计信息中心负责整理、编辑。

三、在统计工作方面，按中华人民共和国“澳门特别行政区基本法”的有关原则，澳门特别行政区保留其单独运作的统计系统，并负责编制和发布反映澳门特别行政区情况的统计数据。由于澳门和内地在使用统计名词及概念方面会有所不同，读者在比较两地数据时，请参考本章末的“主要统计指标解释”。

四、澳门特别行政区是单独的关税地区，澳门与内地之间的贸易，亦需办理进出口报关。在贸易统计方面，澳门特别行政区对外商品贸易统计数据亦包括澳门特别行政区与内地的贸易。

五、在外汇统计及与之有关的各方面，澳门元是澳门特别行政区的法定货币，因此，除澳门元以外的货币（包括人民币）均视作外币。

六、更详细的统计资料及有关的技术细节，可参阅澳门特别行政区政府统计暨普查局出版的《统计月刊》、《统计年鉴》及各专题统计出版物。

七、本章节表中的符号使用说明：“_”表示绝对数值为零；“空格”表示没有数字或未能提供；“..”表示不适用；“o”表示数据小于本表最小单位半数；“#”表示保密资料；“①”等表示本表下有注解。

Brief Introduction

I. Data in this chapter reflect the major social and economic development of the Macao Special Administrative Region, including land; population; employment; national accounts; industry; energy; construction; transportation and communications; external trade; public finance and banking; prices; education; health; housing; and social security.

II. Data in this chapter are provided by the Statistics and Census Service of the Government of Macao Special Administrative Region, which are tabulated and edited by the International Statistical Information Centre of the National Bureau of Statistics.

III. According to the *Basic Law of the Macao Special Administrative Region of the People's Republic of China,* Macao Special Administrative Region maintains its independent statistical system that is responsible to comply and disseminate statistical information on the different aspect of the Special Administrative Region. As Macao and the mainland of China adopt different statistical concepts, definitions and terminology, users are advised to read the Explanatory Notes at the end of this chapter when making comparison between the mainland of China and the Macao Special Administrative Region.

IV. Macao is a separate customs territory; therefore, import and export trade between Macao and the mainland of China also requires customs declaration. In terms of trade statistics, Macao's external merchandise trade data also include trade transaction between Macao and the mainland.

V. The Macao Pataca (MOP) is the legal tender in the Macao Special Administrative Region, all other currencies (including Renminbi) are considered as foreign currencies in statistics on foreign exchange and related data.

VI. Detailed information and technical aspects are available in the *Monthly Bulletin of Statistics*, *Yearbook of Statistics* and other thematic publications published by the Statistics and Census Service of the Government of Macao Special Administrative Region.

VII. Notations used in this chapter:

"-" indicates absolute value equals zero; (blank) indicates no figure provided or not available; ".." indicates not applicable; "o" indicates less than half of the unit employed; "#" indicates confidential data; "①"indicates footnote.

27-1　主要统计指标概况
Summary of Key Statistics

项　　目		Items		2009	2010	2011	2012	2013
人口及生命统计		**Population and Vital Statistics**						
年中人口	(万人)	Mid-year Population	(10 000)	53.5	53.7	55.0	56.8	59.2
出生率	(‰)	Crude Birth Rate	(‰)	8.9	9.5	10.6	12.9	11.1
死亡率	(‰)	Crude Death Rate	(‰)	3.1	3.3	3.4	3.2	3.2
婴儿死亡率	(‰)	Infant Mortality Rate	(‰)	2.1	2.9	2.9	2.5	2.0
(按每千名出生登记活产婴儿计算)		(per 1000 registered live births)						
劳动、就业		**Labour, Employment**						
劳动人口	(万人)	Labour Force	(10 000)	32.3	32.4	33.6	35.0	36.8
劳动力参与率	(%)	Labour Force Participation Rate	(%)	72.3	72.0	72.5	72.4	72.7
失业率	(%)	Unemployment Rate	(%)	3.5	2.8	2.6	2.0	1.8
就业不足率	(%)	Underemployment Rate	(%)	1.8	1.7	1.1	0.8	0.6
就业人口	(万人)	Employed Population	(10 000)	31.2	31.5	32.8	34.3	36.1
建筑业		Construction		3.2	2.7	2.8	3.2	3.5
批发及零售业		Wholesale & Retail Trade		4.1	4.1	4.3	4.2	4.5
酒店及饮食业		Hotels, Restaurants & Similar Activities		4.3	4.3	4.6	5.3	5.4
文娱博彩及其他服务业		Recreational, Cultural, gaming & Other Services		7.4	7.5	8.2	9.0	9.3
对外商品贸易	**(亿澳门元)**	**External Merchandise Trade**	**(100 million MOP)**					
出口		Exports		77	70	70	82	91
本地产品出口		Domestic Exports		30	24	24	23	20
再出口		Re-exports		47	46	46	59	71
进口		Imports		369	441	623	709	810
贸易价格比率	(2011=100)	Terms of Trade	(2011=100)	100.2	99.3	100.0	97.7	97.6
工业生产		**Industrial Production**						
工业电力消耗量	(亿千瓦小时)	Electricity Consumption	(100 million kwh)	1.6	1.6	1.7	1.8	1.8
私人建筑		**Private Sector Construction**						
新建楼宇		Completion of Buildings						
单位数目	(个)	Units	(No.)	3251	4527	1387	2558	1316
总建筑面积	(万平方米)	Gross Floor Area	(10 000 sq.m)	141	127	116	157	56
新动工楼宇		Construction of New Buildings						
单位数目	(个)	Units Started	(No.)	1547	870	2159	1592	2241
总建筑面积	(万平方米)	Gross Floor Area	(10 000 sq.m)	23	18	37	30	240
楼宇单位买卖数目	(个)	Number of Units Sold	(No.)	17310	29617	27624	25419	19237
不动产买卖契约数目	(宗)	Deed of Real Estate Transacted	(No.)	9111	12707	10935	12339	10527
不动产按揭贷款数目	(宗)	Real Estate Mortgage Loans	(No.)	8965	15127	14447	16427	17093
运输、通讯、旅游	**(万次)**	**Transport, Communications, Tourism**	**(10 000)**					
进出澳门重型货运车		Lorries Entering and Departing Macao		40.3	35.8	33.4	32.5	31.1
进出澳门的客船班		Ferry Trips Entering and Departing Macao		13.2	14.7	14.6	14.0	13.8
澳门国际机场的商业航班		Commercial Flights at Macao International Airport		3.7	3.5	3.5	3.9	4.5
登记车辆	(万辆)	Licensed Vehicles	(10 000)	18.9	19.7	20.6	21.7	22.8
电话线	(万条)	Telephone Lines	(10 000)	120.9	129.1	152.0	177.6	188.1
入境旅客	(万人次)	Visitors Arrival	(10 000)	2175	2497	2800	2808	2932
酒店入住率	(%)	Occupancy Rate of Hotels	(%)	71	80	84	84	83
财政收支、货币、金融	**(亿澳门元)**	**Government Accounts, Money and Finance**	**(100 million MOP)**					
财政总收入		Total Government Revenue		699	885	1230	1450	1759
财政总支出		Total Government Expenditure		355	384	456	540	514
货币供应(广义货币供应量M2)		Money Supply (M2)						
总计		Total		2122	2431	2980	3749	4414
澳门元		MOP		597	680	773	909	1064
港元		HKD		1138	1328	1623	2094	2354
其他货币		Other currencies		387	422	583	746	995
本地/私人部门贷款及垫款		Domestic Loans/Advances to the Private Sector		973	1268	1616	1897	2517

27-1 续表 continued

项　　目		Items		2009	2010	2011	2012	2013
消费物价指数		**Consumer Price Index**						
（2008年4月至2009年3月=100）		**(April/2008 - March/2009=100)**						
综合消费价格指数		Composite Consumer Price Index		101.4	104.2	110.3	117.0	123.5
甲类消费价格指数		Consumer Price Index (A)		101.5	103.8	109.5	116.5	123.6
乙类消费价格指数		Consumer Price Index (B)		101.4	104.4	110.6	117.6	123.9
房屋（期末）		**Housing (End-period)**						
公共房屋	（套）	Public Housing	(No.)	7165	8174	8376	8267	12221
教育		**Education**						
幼儿教育学生	（人）	Student of Pre-primary Education	(person)	9776	10804	11787	12669	13395
小学生	（人）	Student of Primary Education	(person)	25326	23785	22646	22231	22862
中学生	（人）	Student of Secondary Education	(person)	38222	37224	35726	33921	32054
高等教育学生	（人）	Student of Higher Education	(person)	23562	25539	26217	27776	29521
医疗		**Health**						
医生	（人）	Doctors	(person)	1292	1330	1438	1482	1514
护士	（人）	Nurses	(person)	1491	1536	1606	1751	1854
病床	（张）	Hospital Beds	(unit)	1109	1173	1222	1354	1366
社会保障		**Social Security**						
受益人数目	（人）	Beneficiaries	(person)	259280	276348	337115	343634	348478
供款单位数目	（人）	Contributors	(person)	34260	34294	19373	19885	20842
总发放援助次数	（万次）	Number of Payments Granted	(10 000)	45.4	52.3	60.7	88.2	125.2
总发放金额	（万澳门元）	Amount Granted	(10 000 MOP)	66815	74840	110225	130563	219689
治安		**Public Security**						
罪案数目	（宗）	Number of Crimes	(No.)	12406	11649	12512	12685	13685
囚犯数目	（期末）	Number of Prisoners	(end-year)	930	929	1030	1112	1154
本地生产总值		**Gross Domestic Product (GDP)**						
按以环比物量(2012年)计算		In Chained (2010) Dollars						
实际增长率	(%)	Growth Rate in Real Terms	(%)	1.7	27.5	21.3	9.1	11.9①
本地生产总值	（亿澳门元）	GDP	(100 million MOP)	2034.7	2594.2	3146.6	3434.2	3842.4①
人均本地生产总值	（万澳门元）	GDP per capita	(10 000 MOP)	38	48.3	57.3	60.3	64.8①
当年价格		At Current Prices						
名义增长率	(%)	Growth Rate in Nominal Terms	(%)	2.3	33.4	29.4	16.9	20.4①
本地生产总值	（亿澳门元）	GDP	(100 million MOP)	1701.7	2269.4	2937.4	3434.2	4134.7①
人均本地生产总值	（万澳门元）	GDP per capita	(10 000 MOP)	31.8	42.3	53.5	60.3	69.8①

注：①数字在日后得到更多资料时会作出修订。
Note: ①Figures are subject to revision as more data become available.

27-2 按堂区划分的陆地面积

Land Area by Parish

单位：平方公里 (sq.km)

分区	Sub-division	2009	2010	2011	2012	2013
总面积	**Total Land Area**	**29.5**	**29.7**	**29.9**	**29.9**	**30.3**
澳门半岛	**Macao Peninsula**	**9.3**	**9.3**	**9.3**	**9.3**	**9.3**
圣安多尼堂区	Santo Antonio	1.1	1.1	1.1	1.1	1.1
望德堂区	Sao Lazaro	0.6	0.6	0.6	0.6	0.6
风顺堂区	Sao Lourenco	1.0	1.0	1.0	1.0	1.0
大堂区	Se	3.4	3.4	3.4	3.4	3.4
花地玛堂区	N.S. de Fatima	3.2	3.2	3.2	3.2	3.2
氹仔	**Taipa Island**	**6.8**	**6.8**	**7.4**	**7.4**	**7.6**
路环	**Coloane Island**	**7.6**	**7.6**	**7.6**	**7.6**	**7.6**
路氹填海区	**CoTai Reclamation Zone**	**5.8**	**6.0**	**5.6**	**5.6**	**5.8**

27-3 人口主要指标

Main Demographic Indicator

项目	Item	2009	2010	2011	2012	2013
年中人口 (万人)	Mid-year Population (10 000 persons)	53.5	53.7	55.0	56.8	59.2
出生率 (‰)	Crude Birth Rate (‰)	8.9	9.5	10.6	12.9	11.1
死亡率 (‰)	Crude Death Rate (‰)	3.1	3.3	3.4	3.2	3.2
婴儿死亡率 (‰)	Infant Mortality Rate (‰)	2.1	2.9	2.9	2.5	2.0
自然增长率 (‰)	Natural Growth Rate (‰)	5.8	6.2	7.3	9.6	7.9
总和生育率	Total Fertility Rate	1.0	1.1	1.2	1.4	1.1
登记结婚 (宗)	Registered Marriages (case)	3035	3103	3545	3783	4153
离婚 (宗)	Registered Divorces (case)	782	889	998	1147	1172
		2006-2009	2007-2010	2008-2011	2009-2012	2010-2013
出生时平均预期寿命(岁)	Life Expectancy at Birth (years)	82.2	82.3	82.3	82.4	82.3
男	Male	79.1	79.2	79.1	79.1	78.9
女	Female	85.1	85.3	85.5	85.7	85.6

27-4 经济活动人口及失业状况

Labour Force and Unemployment

项目	Item	2009	2010	2011	2012	2013
劳动人口 (万人)	Labour Force (10 000 persons)	32.3	32.4	33.6	35.0	36.8
男	Male	16.6	16.5	17.1	18.1	18.9
女	Female	15.7	15.9	16.5	16.9	17.9
就业人口 (万人)	Employed Population (10 000 persons)	31.2	31.5	32.8	34.3	36.1
失业人口 (万人)	Unemployed Population (10 000 persons)	1.1	0.9	0.9	0.7	0.7
失业率 (%)	Unemployment Rate (%)	3.5	2.8	2.6	2.0	1.8

27-5 按行业划分的就业人口
Employed Population by Industry

单位：万人 (10 000 persons)

行业	Industry	2009	2010	2011	2012	2013
总数	**Total**	**31.19**	**31.48**	**32.76**	**34.32**	**36.10**
制造业	Manufacturing	1.64	1.52	1.28	1.03	0.90
水电及气体生产供应业	Electricity, Gas & Water Supply	0.09	0.09	0.13	0.15	0.15
建筑业	Construction	3.18	2.71	2.82	3.23	3.53
批发及零售业	Wholesale & Retail Trades	4.08	4.14	4.34	4.23	4.47
酒店及饮食业	Hotels, Restaurants & Similar Activities	4.32	4.28	4.61	5.30	5.43
运输、仓储及通信业	Transport, Storage & Communications	1.62	1.82	1.60	1.60	1.59
金融业	Financial Intermediation	0.73	0.73	0.81	0.82	0.93
不动产及工商服务业	Real Estate & Business Activities	2.53	2.75	2.80	2.43	2.76
公共行政及社保事务	Public Administration & Social Security	1.97	2.14	2.30	2.51	2.57
教育	Education	1.18	1.15	1.23	1.31	1.43
医疗卫生及社会福利	Health & Social Welfare	0.75	0.81	0.85	0.86	0.91
文娱博彩及其他服务业	Recreational, Cultural, Gaming & Other Services	7,37	7.54	8.20	8.95	9.34
家务工作	Domestic Work	1.60	1.74	1.68	1.80	2.03
其他及不详	Others and Unknown	0.12	0.07	0.10	0.09	0.06

27-6 按行业划分的月工作收入中位数
Median Monthly Employment Earnings by Industry

单位：澳门元 (MOP)

行业	Occupation	2009	2010	2011	2012	2013
总数	**Total**	**8500**	**9000**	**10000**	**11300**	**12000**
制造业	Manufacturing	5000	5700	6500	7500	8500
水电及气体生产供应业	Electricity, Gas & Water Supply	15000	16000	17500	16000	18000
建筑业	Construction	9000	9500	10100	11700	12000
批发及零售业	Wholesale & Retail Trade	7000	7500	8000	9000	10000
酒店及饮食业	Hotels, Restaurants & Similar Activities	6500	7000	7500	8300	8800
运输、仓储及通信业	Transport, Storage & Communications	8500	8500	10000	11000	12300
金融业	Financial Intermediation	12000	13000	12000	14000	16000
不动产及工商服务业	Real Estate & Business Activities	6000	6500	7000	8000	9000
公共行政及社保事务	Public Administration & Social Security	19500	19500	20700	25000	27200
教育	Education	13000	14000	15000	16000	19000
医疗卫生及社会福利	Health & Social Welfare	10300	10000	12000	15000	18200
文娱博彩及其他服务业	Recreational, Cultural, Gaming & Other Services	12000	12000	13000	14500	15300
家务工作	Domestic Work	2800	2900	3000	3100	3400

27-7 本地生产总值(当年价格)
Gross Domestic Product at Current Prices

年 份 Year	本地生产总值 GDP (亿澳门元) (100 million MOP)	(亿美元) (100 million USD)	实际增长率 (%) Growth Rate in Real Terms (%)	人均本地生产总值 GDP per capita (澳门元) (MOP)	(美元) (USD)
1992	386.2	48.4	13.3	104122	13060
1993	443.4	55.6	5.2	115464	14491
1994	494.2	62.1	4.3	124558	15648
1995	554.2	69.5	3.3	135392	16992
1996	563.1	70.7	-0.4	135657	17029
1997	565.6	70.9	-0.3	135547	16997
1998	525.6	65.9	-4.6	124462	15599
1999	502.7	62.9	-2.4	117620	14718
2000	516.3	64.3	5.7	119911	14940
2001	523.3	65.1	2.9	120555	15007
2002	563.0	70.1	8.9	128433	15987
2003	635.8	79.3	12.6	142854	17809
2004	822.9	102.6	26.9	180108	22450
2005	944.7	117.9	8.6	198406	24767
2006	1165.7	145.7	14.4	234123	29263
2007	1450.8	180.5	14.3	278539	34661
2008	1662.7	207.3	3.4	307917	38391
2009	1701.7	213.1	1.7	317575	39775
2010	2269.4	283.6	27.5	422657	52818
2011	2937.4	366.3	21.3	534734	66687
2012	3434.2	429.8	9.1	603495	75532
2013①	4134.7	517.5	11.9	697502	87306

注：①数字在得到更多资料时会作出修订。
Note: ①Figures are subject to revision as more data become available.

27-8 支出法本地生产总值
Expenditure-based Gross Domestic Product

单位：亿澳门元 (100 million MOP)

本地生产总值组成部分	GDP Components	2009	2010	2011	2012	2013①
按当年价格计算	**At Current Prices**					
私人消费支出	Private Consumption Expenditure	455.7	511.0	604.3	689.9	773.0
政府最终消费支出	Government Final Consumption Expenditure	166.9	183.8	209.5	238.0	269.9
固定资本形成总额	Gross Fixed Capital Formation	319.0	283.6	365.6	467.0	528.1
存货增加	Changes in Inventories	2.2	17.4	42.8	39.0	44.2
货物出口	Exports of Goods	86.7	83.2	90.2	118.4	131.2
减:货物进口	Less: Imports of Goods	433.3	520.3	715.2	825.1	944.6
服务出口	Exports of Services	1515.2	2321.2	3194.8	3624.1	4282.3
减:服务进口	Less: Imports of Services	410.7	610.5	854.7	917.0	949.4
本地生产总值	**GDP**	**1701.7**	**2269.4**	**2937.4**	**3434.2**	**4134.7**
人均本地生产总值 (澳门元)	**GDP per capita (MOP)**	**317575**	**422657**	**534734**	**603495**	**697502**
以环比物量(2012年)计算	**In Chained (2012) Dollars**					
私人消费支出	Private Consumption Expenditure	532.9	571.4	634.4	689.9	733.4
政府最终消费支出	Government Final Consumption Expenditure	201.9	211.8	224.1	238.0	252.9
固定资本形成总额	Gross Fixed Capital Formation	400.5	333.2	389.6	467.0	488.7
存货增加	Changes in Inventories	2.5	19.1	43.6	39.0	44.6
货物出口	Exports of Goods	98.6	91.5	91.0	118.4	131.9
减:货物进口	Less: Imports of Goods	499.5	576.5	734.0	825.1	950.0
服务出口	Exports of Services	1783.0	2627.2	3402.3	3624.1	4058.0
减:服务进口	Less: Imports of Services	476.8	684.1	904.2	917.0	917.2
本地生产总值	**GDP**	**2034.7**	**2594.2**	**3146.6**	**3434.2**	**3842.4**
人均本地生产总值 (澳门元)	**GDP per capita (MOP)**	**379720**	**483153**	**572805**	**603495**	**648195**

注：①数字在得到更多资料时会作出修订。
Note: ①Figures are subject to revision as more data become available.

27-9 生产法本地生产总值
Production-based Gross Domestic Product

单位：亿澳门元 (100 million MOP)

经济活动	Economic Activities	2008	2009	2010	2011	2012①
第二产业	**Secondary Sector**	**198.1**	**125.6**	**108.2**	**121.1**	**137.2**
采矿业	Mining and Quarrying	o	o	o	0.1	0.2
制造业	Manufacturing	23.8	16.9	12.4	12.9	15.5
电力、煤气及水供应	Electricity, Gas and Water Supply	13.7	14.6	15.5	15.9	17.4
建筑业	Construction	160.6	94.0	80.2	92.1	104.1
第三产业	**Tertiary Sector**	**952.0**	**1028.2**	**1371.2**	**1757.0**	**2059.3**
批发零售、维修、酒店、餐厅及酒楼业	Wholesale, Retail, Repair, Hotels and Restaurants	141.4	162.1	218.8	285.4	341.8
运输、仓储及通信业	Transport, Storage and Communications	39.3	41.3	53.6	61.4	65.9
金融保险、不动产、租赁及商业服务	Financial Intermediation, Real Estate, Renting and Business Activities	262.5	273.6	283.8	328.5	385.4
公共行政、社会服务及个人服务（包括博彩业）	Public Administration, Other Community, Social and Personal Services (Including gambling)	508.9	551.1	814.9	1081.7	1266.2
生产法本地生产总值（基本价格）	**Production-based GDP at Basic Prices**	**1150.2**	**1153.8**	**1479.3**	**1878.1**	**2196.5**
加产品税	**Add: Taxes on Products**	**450.5**	**471.2**	**730.7**	**1060.5**	**1217.7**
生产法本地生产总值（市场价格）	**Production-based GDP at Current Market Prices**	**1600.7**	**1625.0**	**2210.1**	**2938.6**	**3414.2**
支出法本地生产总值（市场价格）	**Expenditure-based GDP at Current Market Prices**	**1662.7**	**1701.7**	**2269.4**	**2937.4**	**3434.2**
统计差异(%)	**Statistical Discrepancy (%)**	**-3.7**	**-4.5**	**-2.6**	**o**	**-0.6**

注：①数字在得到更多资料时会作出修订。
Note: ①Figures are subject to revision as more data become available.

27-10 生产法本地生产总值结构
Structure of Production-based Gross Domestic Product

单位：% (%)

经济活动	Economic Activities	2008	2009	2010	2011	2012①
第二产业	**Secondary Sector**	**17.2**	**10.9**	**7.3**	**6.4**	**6.2**
采矿业	Mining and Quarrying	o	o	o	o	o
制造业	Manufacturing	2.1	1.5	0.8	0.7	0.7
电力、煤气及水供应业	Electricity, Gas and Water Supply	1.2	1.3	1.0	0.8	0.8
建筑业	Construction	14.0	8.1	5.4	4.9	4.7
第三产业	**Tertiary Sector**	**82.8**	**89.1**	**92.7**	**93.6**	**93.8**
批发零售、维修、酒店、餐厅及酒楼业	Wholesale, Retail, Repair, Hotels and Restaurants	12.3	14.0	14.8	15.2	15.6
运输、仓库及通信业	Transport, Storage and Communications	3.4	3.6	3.6	3.3	3.0
金融、保险、不动产、租赁及商业服务	Financial Intermediation, Real Estate, Renting and Business Activities	22.8	23.7	19.2	17.5	17.5
公共行政、社会服务及个人服务（包括博彩业）	Public Administration, Other Community, Social and Personal Services (Including gambling)	44.2	47.8	55.1	57.6	57.6
以基本价格按生产法估算的本地生产总值	**Production-based GDP at Basic Prices**	**100.0**	**100.0**	**100.0**	**100.0**	**100.0**

注：①数字在得到更多资料时会作出修订。
Note: ①Figures are subject to revision as more data become available.

27-11 电力、燃料及水消耗量
Consumption of Electricity, Fuels and Water

项　目	Item	2009	2010	2011	2012	2013
电力　（万千瓦小时）	**Electricity　(10 000 kwh)**					
住户	Domestic	68229	69657	76568	79205	79732
工业	Industrial	16477	16445	16772	17948	18141
商业及公共照明	Commercial and Public light	261624	279446	292308	323329	331254
燃料	**Fuels**					
重油　（万公升）	Fuel Oil　(10 000 litres)	20095	7134	9801	8768	5745
轻柴油　（万公升）	Gas Oil and Diesel　(10 000 litres)	14819	14782	15653	17472	18838
汽油　（万公升）	Gasoline　(10 000 litres)	6893	7478	8171	8709	9324
液化石油气　（公吨）	L.P.G.　(ton)	39740	40744	42908	43615	44805
水　（万立方米）	**Water　(10 000 cu.m)**	**6812**	**6715**	**7055**	**7528**	**7845**

27-12 按用途划分的建成私人建筑
Completion of Private Sector Construction by End-use

项　目	Item	2009	2010	2011	2012	2013
住宅	Residential					
单位数目(个)	Number of Units	3096	4066	1099	2443	1055
建筑面积(万平方米)	Gross Floor Area(10 000 sq.m)	48.4	51.5	12.9	32.5	9.8
商业及办公室	Commercial and Office					
单位数目(个)	Number of Units	129	427	231	100	252
建筑面积(万平方米)	Gross Floor Area(10 000 sq.m)	5.5	4.2	5.3	4.6	3.9
工业	Industrial					
单位数目(个)	Number of Units	2	-	38	-	2
建筑面积(万平方米)	Gross Floor Area(10 000 sq.m)	1.8	-	3.9	-	0.8
其他用途	Others					
单位数目(个)	Number of Units	24	34	19	15	7
建筑面积(万平方米)	Gross Floor Area(10 000 sq.m)	85.0	71.4	94.3	119.7	41.7
总计	Total					
单位数目(个)	Number of Units	3251	4527	1387	2558	1316
建筑面积(万平方米)	Gross Floor Area(10 000 sq.m)	140.6	127.2	116.3	156.8	56.2

27-13 按用途划分的新动工私人建筑
New Private Sector Construction by End-use

项　目	Item	2009	2010	2011	2012	2013
住宅	Residential					
单位数目(个)	Number of Units	1429	781	2053	1526	2124
建筑面积(万平方米)	Gross Floor Area(10 000 sq.m)	13.2	9.9	21.0	17.9	19.7
商业及办公室	Commercial and Office					
单位数目(个)	Number of Units	69	79	86	49	94
建筑面积(万平方米)	Gross Floor Area(10 000 sq.m)	1.0	1.3	0.8	0.7	1.4
工业	Industrial					
单位数目(个)	Number of Units	37	1	3	1	4
建筑面积(万平方米)	Gross Floor Area(10 000 sq.m)	2.6	0.6	1.0	1.1	0.7
其他用途	Others					
单位数目(个)	Number of Units	12	9	17	16	19
建筑面积(万平方米)	Gross Floor Area(10 000 sq.m)	6.2	6.6	14.0	10.8	217.9
总计	Total					
单位数目(个)	Number of Units	1547	870	2159	1592	2241
建筑面积(万平方米)	Gross Floor Area(10 000 sq.m)	22.9	18.4	36.7	30.4	239.6

27-14 零售业销售额
Value of Retail Sales

单位：亿澳门元 (100 million MOP)

项 目	Item	2009	2010	2011	2012	2013
销售总额	**Total Value of Sales**	**223.54**	**306.42**	**431.58**	**535.17**	**661.26**
百货公司	Department Stores	33.36	44.23	62.94	82.77	103.93
超级市场	Supermarkets	19.07	21.22	26.16	33.46	37.78
汽车	Motor Vehicles	15.28	22.11	29.69	35.67	41.43
钟表金饰	Watches, Clocks and Jewellery	48.09	78.34	123.09	157.78	204.52
成人服装	Adults' Clothing	20.93	28.01	39.24	51.68	61.01
车用燃料	Automotive Fuels	6.81	7.80	10.04	11.90	12.05
家用燃料	Fuel for Household Use	4.93	6.10	6.63	7.09	7.32
家庭电器	Household Electric Appliances	5.30	6.43	6.85	8.41	9.04
药房	Pharmacy	5.88	7.91	11.63	14.01	17.36
其他	Others	63.89	84.27	115.31	132.40	166.82

27-15 按出入境方式统计的对外商品贸易
External Merchandise Trade by Mode of Transport

单位：万吨 (10 000 tons)

项 目	Mode of Transport	2009	2010	2011	2012	2013
入境①	**Imports ①**					
海路	Sea	169.1	169.2	238.4	362.8	466.8
空路	Air	1.3	1.4	1.0	0.6	0.6
陆路	Land	133.6	100.4	89.4	112.1	123.5
其他②	Others ②	7777.6	7630.7	7947.0	8566.4	8661.7
总数	**Total**	**8081.6**	**7901.6**	**8275.8**	**9041.9**	**9252.6**
出境①	**Exports ①**					
海路	Sea	15.9	20.8	26.7	21.9	21.1
空路	Air	2.5	2.8	2.0	1.1	0.9
陆路	Land	8.1	10.2	19.6	19.5	5.6
其他②	Others ②	14.8	13.3	12.9	14.1	15.8
总数	**Total**	**41.4**	**47.0**	**61.2**	**56.5**	**43.6**

注：①包括转运货物。
②包括邮递及以管道运输方式进出澳门的货物。

Notes:①Including transit goods.
②Including external merchandise trade by post and via pipeline.

27-16 集装箱流量
Container Flow

单位：数目 (number)

项 目	Item	2009	2010	2011	2012	2013
入境	Inward	41554	43317	50228	56188	58468
出境	Outward	26553	26571	28535	35082	34243
转口	Trans-shipment	1112	1313	916	615	539

27-17　海路集装箱总吞吐量
Seaborne Container Throughput

单位：标准集装箱　　(TEU)

项　目	Item	2009	2010	2011	2012	2013
入境	Inward	53071	55390	64490	73056	78990
出境	Outward	34574	35090	37199	46705	45724
转口	Trans-shipment	903	838	300	165	259

27-18　通信服务
Communications

项　目	Item	2009	2010	2011	2012	2013
邮递服务　（万件）	**Postal Services　(10 000)**					
信件邮件	Mails	3069	3136	3331	3224	3311
包裹	Parcels	0.8	0.8	0.8	0.8	0.8
电话服务　（万户）	**Telephone Services　(10 000)**					
固网电话用户	Fixed-lined Telephone Users	17.1	16.8	16.6	16.3	15.8
移动电话用户	Mobile Telephone Users	42.0	45.9	52.5	56.5	59.7
储值卡	Stored Value GSM Cards	61.7	66.3	82.8	104.9	112.5
对外电话通讯量　（万分钟）	**International Calls　(10 000 minutes)**					
拨出	Outgoing	25795	31026	34880	38817	39703
拨入	Incoming	19635	23134	24976	26459	28154
互联网	**Internet Services**					
登记用户　(万户)	Registered Subscribers　(10 000)	14.3	17.0	20.9	23.2	26.3
总使用时数　(万小时)	Total Hours Used　(10 000 hours)	34042	42277	52761	67840	81403

27-19　对外商品贸易主要指标
Principal Indicators of External Merchandise Trade

单位：亿澳门元　　(100 million MOP)

贸易种类	Trade Type	2009	2010	2011	2012	2013
出口	Exports	76.7	69.6	69.7	81.6	90.9
本地产品出口	Domestic Exports	29.7	23.9	23.9	22.8	20.1
转口	Re-exports	47.0	45.7	45.8	58.7	70.8
进口	Imports	369.0	441.2	622.9	709.3	810.1
进出口总额	Total Trade	445.7	510.8	692.6	790.9	901.1
进出口差额	Trade Balance	-292.3	-371.6	-553.2	-627.7	-719.2
出口/进口比率（%）	Exports-to-Imports Ratio(%)	20.8	15.8	11.2	11.5	11.2

27-20 按主要原产地和目的地划分的商品进出口
Merchandise Imports and Exports by Major Country/Region

单位：亿澳门元 (100 million MOP)

主要国家/地区	Major Country/Region	2009	2010	2011	2012	2013
进口(原产地)	**Imports (Origin)**					
中国内地	Mainland China	115.7	137.2	191.2	232.0	264.1
中国香港	Hong Kong, China	40.4	46.3	75.9	82.1	105.0
欧盟	European Union	78.1	99.6	155.1	166.5	187.9
日本	Japan	30.4	38.1	39.1	42.4	48.0
中国台湾	Taiwan, China	11.2	10.8	13.3	14.0	13.2
美国	United States of America	22.2	26.2	37.3	36.8	40.8
出口(目的地)	**Exports (Destination)**					
美国	United States of America	13.1	7.8	5.6	5.1	3.6
欧盟	European Union	6.3	4.1	3.8	3.2	2.8
中国内地	Mainland China	11.2	11.0	11.0	13.7	16.1
中国香港	Hong Kong, China	30.1	30.0	31.1	41.0	48.6

27-21 财政收入
Government Revenue

单位：亿澳门元 (100 million MOP)

项　目	Items	2009	2010	2011	2012	2013①
经常收入	**Current Revenue**					
直接税	Direct Taxes	451.9	688.5	983.9	1119.6	1323.9
间接税	Indirect Taxes	14.9	22.0	33.4	49.6	55.2
费用、罚款及其他金钱制裁	Fees, Fines and Other Penalties	10.6	14.1	17.5	18.7	19.7
财产收益	Property Income	38.0	20.9	36.6	35.0	33.6
转移	Transfers	58.5	39.2	57.6	65.2	78.1
耐用品的出售	Sales of Durable Goods	0.1	o	0.1	o	o
劳务及非耐用品的出售	Sales of Services and Non-durable Goods	15.3	6.4	7.9	10.3	11.5
其他经常收入	Other Current Revenue	17.1	2.7	4.9	3.8	3.6
资本收入	**Capital Revenue**					
投资资产的出售	Sales of Fixed Capital	0.1	1.1	2.4	7.8	46.8
转移	Transfers	-	-	-	-	-
财务资产	Financial Assets	1.1	13.9	2.4	2.9	3.7
财务负债	Financial Liabilities	-	-	-	-	-
其他资本收入	Other Capital Revenue	89.6	74.8	82.2	136.3	182.2
非从支付中扣减的退回	Reimbursements Not Deducted from Payments	1.7	1.3	0.7	0.7	1.1
自治机构	**Autonomous Agencies**	-	-	-	-	-
总数	**Total**	**698.7**	**884.9**	**1229.7**	**1449.9**	**1759.5**

注：①数字在日后得到更多资料时会作出修订。
Note: ①Figures are subject to revision as more data become available.

27-22 财政支出
Government Expenditure

单位：亿澳门元 (100 million MOP)

项　目	Items	2009	2010	2011	2012	2013①
经常支出	**Current Expenditure**					
工薪	Payroll	90.6	92.2	108.4	120.9	133.5
货物及劳务	Goods and Services	56.1	61.2	73.4	78.4	84.7
利息	Interest	0.2	-	-	-	-
经常转移	Current Transfers	130.7	154.8	146.0	150.9	183.4
其他经常支出	Other Current Expenditure	26.0	15.6	15.1	18.0	19.2
资本支出	**Capital Expenditure**					
投资	Investments	41.6	53.9	93.5	143.9	77.1
资本转移	Capital Transfers	0.7	0.5	0.5	1.4	0.6
财务活动	Financial Transactions	8.7	5.7	19.0	26.6	15.3
其他资本支出	Other Capital Expenditure	-	-	-	-	-
自治机构	**Autonomous Agencies**	-	-	-	-	-
总数	**Total**	**354.6**	**383.9**	**455.9**	**540.1**	**513.9**

注：①数字在日后得到更多资料时会作出修订。
Note: ①Figures are subject to revision as more data become available.

27-23 货币供应
Money Supply

单位：亿澳门元(年底数字) (100 million MOP (as at end of year))

项　目	Items	2009	2010	2011	2012	2013
狭义货币供应量M_1	**Money Supply (M_1)**	**306.1**	**347.3**	**362.4**	**476.2**	**589.4**
分类一：澳门元	Classification 1: MOP	149.7	158.8	178.7	207.3	260.9
港元	HKD	145.4	173.4	175.4	260.9	318.6
其他货币	Other Currencies	10.9	15.1	8.3	8.0	9.9
分类二：流通货币(澳门元)	Classification 2: Currency in Circulation (MOP)	49.1	54.1	60.8	74.6	89.8
活期存款	Demand Deposits	257.0	293.2	301.6	401.6	499.6
广义货币供应量$M_2$①	**Money Supply (M_2) ①**	**2122.3**	**2430.5**	**2979.6**	**3749.3**	**4414.1**
分类一：澳门元	Classification 1: MOP	597.5	680.4	772.9	909.2	1064.3
港元	HKD	1137.8	1328.1	1623.3	2094.2	2354.5
其他货币	Other Currencies	387.0	422.1	583.4	745.9	995.4
分类二：狭义货币供应量$M_1$②	Classification 2: Money Supply (M_1) ②	306.1	347.3	362.4	476.2	589.4
准货币负债③	Quasi-Monetary Liabilities (QML)③	1816.3	2083.2	2617.2	3273.1	3824.7
储蓄存款	Savings Deposits	825.0	899.4	844.3	1063.8	1167.4
通知存款	Notice Deposits	8.4	6.5	4.1	4.1	4.1
定期存款	Time Deposits	982.3	1176.7	1765.4	2202.6	2652.7

注：① $M_2 = M_1$ + 准货币负债。
② 货币供应量M_1只包括流通货币及活期存款。储蓄存款则变为准货币负债的组成部分。
③ 准货币负债：包括储蓄存款、通知存款、定期存款、其他存款及存款证明书。

Notes: ① $M_2 = M_1$ + Quasi-Monetary Liabilities (QML)
② The definition of M_1 has been revised. Saving Deposits are reclassified as component of the Quasi-Monetary Liabilities (QML), while M_1 includes only Currency in Circulation and Demand Deposits.
③QML:Quasi-Monetary Liabilities, which consist of savings deposits, notice deposits, time deposits, other deposits and certificates of deposit.

27-24 外币兑换率
Exchange Rates

单位：一单位外币兑换的澳门元 (MOP per unit of foreign currency)

项目	Items	2009	2010	2011	2012	2013
年内平均数字	**Average for the Year**					
澳元	Australian Dollar	6.3269	7.3560	8.2814	8.2701	7.7322
欧元	Euro	11.1309	10.6088	11.1685	10.2612	10.6081
韩圆	Korean Won	0.0063	0.0069	0.0072	0.0071	0.0073
美元	US Dollar	7.9842	8.0022	8.0186	7.9899	7.9892
新台币	Taiwan Dollar	0.2418	0.2540	0.2731	0.2701	0.2691
英镑	Pound Sterling	12.5159	12.3650	12.8609	12.6559	12.4911
港元	Hong Kong Dollar	1.0300	1.0300	1.0300	1.0300	1.0300
日元	Japanese Yen	0.0854	0.0913	0.1006	0.1002	0.0820
马来西亚林吉特	Malaysian Ringgit	2.2669	2.4884	2.6241	2.5868	2.5389
新西兰元	New Zealand Dollar	5.0721	5.7722	6.3496	6.4663	6.5499
人民币	P.R. China Renminbi	1.1688	1.1818	1.2387	1.2662	1.3008
新加坡元	Singapore Dollar	5.4955	5.8747	6.3855	6.3931	6.3864
瑞士法郎	Swiss Franc	7.3721	7.6883	9.0878	8.5141	8.6178
年底数字	**As at End of Year**					
澳元	Australian Dollar	7.1671	8.1437	8.1308	8.3038	7.1194
欧元	Euro	11.4645	10.6642	10.3673	10.5628	11.0314
韩圆	Korean Won	0.0069	0.0071	0.0069	0.0075	0.0076
美元	US Dollar	7.9878	8.0158	8.0047	7.9840	7.9868
新台币	Taiwan Dollar	0.2483	0.2749	0.2644	0.2749	0.2668
英镑	Pound Sterling	12.8428	12.3732	12.3308	12.9053	13.1758
港元	Hong Kong Dollar	1.0300	1.0300	1.0300	1.0300	1.0300
日元	Japanese Yen	0.0864	0.0984	0.1030	0.0930	0.0761
马来西亚林吉特	Malaysian Ringgit	2.3342	2.5996	2.5257	2.6070	2.4294
新西兰元	New Zealand Dollar	5.7920	6.1826	6.1888	6.5772	6.5600
人民币	P.R. China Renminbi	1.1698	1.2103	1.2619	1.2828	1.3174
新加坡元	Singapore Dollar	5.6938	6.2205	6.1591	6.5314	6.3062
瑞士法郎	Swiss Franc	7.7128	8.5753	8.5111	8.7496	9.0068

27-25 消费物价指数
Consumer Price Index

2008年4月至2009年3月=100 (04/2008-03/2009=100)

项 目	Items	权数 Weight	2009	2010	2011	2012	2013
综合消费价格指数	**Composite Consumer Price Index**						
总指数	**Global Index**	**100.00**	**101.40**	**104.25**	**110.30**	**117.04**	**123.48**
食品及非酒精饮料	Food and Non-alcoholic Beverages	32.78	102.57	107.41	116.16	126.06	134.41
烟酒	Alcoholic Beverages and Tobacco	1.12	109.08	114.23	115.59	150.61	158.99
服装、鞋	Clothing and Footwear	6.75	104.07	110.84	118.30	122.15	124.63
住房及燃料	Housing and Fuels	22.82	97.80	98.21	101.58	108.45	119.24
家居设备及用品	Household Goods and Furnishings	3.13	101.44	102.94	107.60	114.98	121.30
医疗	Health	2.90	102.08	106.57	113.04	119.61	127.36
交通	Transport	7.88	96.87	102.97	111.97	114.91	117.22
通讯	Communications	3.52	95.64	92.30	82.45	79.01	77.20
康乐及文化	Recreation and Culture	5.93	100.55	104.56	109.95	112.75	117.86
教育	Education	5.16	107.21	99.42	100.93	101.17	99.75
其他商品及服务	Miscellaneous Goods and Services	8.02	104.22	110.61	120.63	127.63	130.25
甲类消费价格指数	**Consumer Price Index (A)**						
总指数	**Global Index**	**100.00**	**101.45**	**103.77**	**109.49**	**116.49**	**123.59**
食品及非酒精饮料	Food and Non-alcoholic Beverages	36.94	102.60	107.54	116.33	126.31	134.75
烟酒	Alcoholic Beverages and Tobacco	1.44	109.23	114.74	115.97	151.88	160.54
服装、鞋	Clothing and Footwear	4.82	104.17	110.95	118.25	122.36	125.17
住房及燃料	Housing and Fuels	27.22	98.11	98.32	101.51	107.42	117.88
家居设备及用品	Household Goods and Furnishings	2.19	101.93	103.47	108.21	114.46	119.77
医疗	Health	2.71	102.76	107.31	114.05	121.13	130.41
交通	Transport	5.78	95.65	100.85	109.38	113.01	115.41
通讯	Communications	4.22	95.64	92.45	82.74	79.10	77.34
康乐及文化	Recreation and Culture	4.71	100.53	105.02	110.73	114.05	118.28
教育	Education	4.00	107.13	99.13	101.74	102.86	101.47
其他商品及服务	Miscellaneous Goods and Services	5.96	103.17	108.31	116.49	123.30	128.28
乙类消费价格指数	**Consumer Price Index (B)**						
总指数	**Global Index**	**100.00**	**101.37**	**104.38**	**110.63**	**117.61**	**123.94**
食品及非酒精饮料	Food and Non-alcoholic Beverages	32.59	102.58	107.42	116.20	126.06	134.40
烟酒	Alcoholic Beverages and Tobacco	1.06	108.60	113.85	115.44	149.96	158.12
服装、鞋	Clothing and Footwear	7.63	103.87	110.59	117.90	121.97	124.42
住房及燃料	Housing and Fuels	20.76	97.82	98.08	101.59	109.57	120.50
家居设备及用品	Household Goods and Furnishings	3.60	101.24	102.50	107.01	114.68	121.43
医疗	Health	2.91	101.68	106.54	113.43	120.26	127.77
交通	Transport	8.04	96.17	102.74	112.49	116.34	118.90
通讯	Communications	3.32	95.50	92.08	81.95	78.38	76.60
康乐及文化	Recreation and Culture	6.45	100.88	104.78	110.28	112.86	117.68
教育	Education	5.03	106.04	99.00	100.43	100.47	98.73
其他商品及服务	Miscellaneous Goods and Services	8.60	104.17	110.56	120.41	127.36	130.11

27-26 按开支五等分位及商品与服务分类统计的每户双周平均消费开支

Average Biweekly Household Expenditure by Quintile Expenditure Group and Section of Goods and Services

商品与服务分类	Goods and Services	总数 Total		最低五分位 The Lowest 20%		第二五分位 The Second 20%	
		澳门元 MOP	百分比 (%)	澳门元 MOP	百分比 (%)	澳门元 MOP	百分比 (%)
消费开支	**Total Expenditure**	**13430**	**100.0**	**4395**	**100.0**	**8437**	**100.0**
食品及非酒精饮料	Food and Non-alcoholic Beverages	3453	25.7	1273	29.0	2409	28.6
烟酒	Tobacco and Alcoholic Beverages	119	0.9	57	1.3	85	1.0
衣履	Clothing	656	4.9	95	2.2	285	3.4
住房及燃料	Housing and Fuels	3452	25.7	1834	41.7	2847	33.7
家居设备及日用品	Housing Equipment and Routine Maintenance of the House	329	2.4	71	1.6	135	1.6
医疗	Health	317	2.4	122	2.8	208	2.5
运输	Transport	1067	7.9	101	2.3	352	4.2
通讯	Communications	314	2.3	130	3.0	235	2.8
康乐及文化	Recreation and Culture	522	3.9	86	2.0	243	2.9
教育	Education	1190	8.9	170	3.9	669	7.9
杂项商品及服务	Miscellaneous Goods and Services	951	7.1	159	3.6	388	4.6
外地消费	Consumption Expenses outside Macao	1063	7.9	296	6.7	580	6.9
住户数目	**Number of Households**	**181074**	**100.0**	**36215**	**20.0**	**36215**	**20.0**

27-26 续表 continued

商品与服务分类	Goods and Services	第三五分位 The Third 20%		第四五分位 The Fourth 20%		最高五分位 The Highest 20%	
		澳门元 MOP	百分比 (%)	澳门元 MOP	百分比 (%)	澳门元 MOP	百分比 (%)
消费开支	**Total expenditure**	**11701**	**100.0**	**15872**	**100.0**	**26747**	**100.0**
食品及非酒精饮料	Food and Non-alcoholic Beverages	3346	28.6	4136	26.1	6101	22.8
烟酒	Tobacco and Alcoholic Beverages	139	1.2	125	0.8	190	0.7
衣履	Clothing	523	4.5	735	4.6	1639	6.1
住房及燃料	Housing and Fuels	3327	28.4	4007	25.2	5243	19.6
家居设备及日用品	Housing Equipment and Routine Maintenance of the House	215	1.8	427	2.7	800	3.0
医疗	Health	263	2.2	370	2.3	619	2.3
运输	Transport	644	5.5	1197	7.5	3039	11.4
通讯	Communications	319	2.7	384	2.4	499	1.9
康乐及文化	Recreation and Culture	385	3.3	684	4.3	1209	4.5
教育	Education	973	8.3	1458	9.2	2678	10.0
杂项商品及服务	Miscellaneous Goods and Services	657	5.6	1128	7.1	2420	9.0
外地消费	Consumption Expenses outside Macao	908	7.8	1221	7.7	2311	8.6
住户数目	**Number of Households**	**36215**	**20.0**	**36215**	**20.0**	**36214**	**20.0**

注：2012/2013住户收支调查结果。

Note: Results of the 2012/2013 Household Budget Survey.

27-27 按受教育程度统计14岁及以上人口
Population Aged 14 and Over by Educational Attainment

项目	Item	2001人口普查 Census 2001		2006中期人口统计 By-census 2006		2011人口普查 Census 2011	
		万人 (10 000 persons)	构成 (%)	万人 (10 000 persons)	构成 (%)	万人 (10 000 persons)	构成 (%)
总计	**Total**	**34.97**	**100.0**	**43.36**	**100.0**	**49.20**	**100.0**
男	Male	16.45	47.0	20.97	48.4	23.35	47.5
女	Female	18.52	53.0	22.39	51.6	25.85	52.5
从未入学/学前教育	No Schooling/Pre-primary Education	2.10	6.0	2.06	4.7	1.63	3.3
男	Male	0.48	1.4	0.50	1.1	0.37	0.7
女	Female	1.62	4.6	1.56	3.6	1.26	2.6
小学	Primary Education	13.64	39.0	13.28	30.6	12.14	24.7
男	Male	6.63	19.0	6.59	15.2	5.78	11.8
女	Female	7.01	20.0	6.69	15.4	6.35	12.9
初中	Junior Secondary Education	9.45	27.0	12.07	27.8	12.30	25.0
男	Male	4.43	12.7	6.00	13.8	6.10	12.4
女	Female	5.02	14.3	6.07	14.0	6.19	12.6
高中	Senior Secondary Education	6.63	18.9	10.43	24.0	14.09	28.6
男	Male	3.32	9.5	5.16	11.9	6.73	13.7
女	Female	3.31	9.5	5.27	12.1	7.36	15.0
高等教育	Higher Education						
高等专科	Non-university Degree	0.75	2.1	0.64	1.5	0.99	2.0
男	Male	0.29	0.8	0.26	0.6	0.46	0.9
女	Female	0.46	1.3	0.38	0.9	0.53	1.1
大学	University	2.39	6.8	4.86	11.2	8.02	16.3
男	Male	1.29	3.7	2.44	5.6	3.88	7.9
女	Female	1.10	3.2	2.42	5.6	4.13	8.4
特殊教育	Special Education	0.02	0.1	0.03	0.1	0.04	0.1
男	Male	0.01	o	0.02	o	0.03	o
女	Female	0.01	o	0.01	o	0.02	o

27-28 按教育机构类别统计的注册学生人数
Students Enrolment by Type of Educational Institutions

单位：人 (person)

类别	Type	2009/2010	2010/2011	2011/2012	2012/2013	2013/2014
幼儿、小学、中学及高等教育	**Pre-primary, Primary, Secondary and Higher Education**	**96886**	**97352**	**96376**	**96597**	**97832**
幼儿	Pre-primary Education	9776	10804	11787	12669	13395
小学	Primary Education	25326	23785	22646	22231	22862
中学	Secondary Education	38222	37224	35726	33921	32054
高等教育	Higher Education	23562	25539	26217	27776	29521
特殊教育	**Special Education**	**502**	**551**	**560**	**582**	**612**

27-29 医疗卫生条件
Health

项　目	Item	2009	2010	2011	2012	2013
医护人员　(人)	**Medical Personnel in Health Care (person)**					
医生	Doctors	1292	1330	1438	1482	1514
牙科医生	Dentists	123	134	143	161	167
牙科技术员	Odontologists	71	67	64	60	58
护士	Nurses	1491	1536	1606	1751	1854
诊断及治疗助理员	Diagnostic and Therapeutic Technical Assistants	450	412	405	465	418
卫生服务助理员	Health Service Assistants	995	980	1038	1278	1289
每千人口对医生	Number of Doctors per 1000 population	2.4	2.5	2.6	2.5	2.5
医疗机构和病床	**Health Care Establishments and Beds**					
医院　(所)	Hospitals (unit)	3	4	4	4	4
病床　(张)	Hospital Beds (unit)	1109	1173	1222	1354	1366
每千人口的病床数	Number of Beds per 1000 population	2.1	2.2	2.2	2.3	2.2

27-30 按住所租住权划分的住户数目
Number of Households by Tenure of Accommodation

单位：户　　(household)

项　目	Item	2002/2003	2007/2008	2012/2013
自置	Owner-occupier	104382	121534	137133
租客	Tenant	17727	35910	35649
二房东	Main Tenant	214	..	..
三房客	Sub-tenant	151	..	..
合租者	Co-tenant	3315	..	..
由雇主提供	Provided by Employer	1023	1853	2035
免租	Rent-free	7520	7890	6257

27-31 社会保障基金发放资料
Payment Granted by Social Security Fund

发放种类	Type of Payment	2011		2012		2013	
		次数 Numbe of Payments	金额 (万澳门元) Amount (10 000 MOP)	次数 Numbe of Payments	金额 (万澳门元) Amount (10 000 MOP)	次数 Numbe of Payments	金额 (万澳门元) Amount (10 000 MOP)
总计	**Total**	**606855**	**110225**	**882441**	**130563**	**1252265**	**219689**
养老金	Old Age Pension	522288	97340	783143	114143	1129369	191792
残疾金	Disability Pension	17962	3431	24507	4447	40011	8772
额外给付	Special Payment	52331	7023	58676	9358	66345	15834
失业津贴	Unemployment Benefit	3228	721	2830	601	3175	885
疾病津贴	Sickness Allowance	2724	332	2609	305	2626	397
出生津贴	Birth Allowance	4488	456	6232	623	5922	762
结婚津贴	Marriage Allowance	2585	259	2784	278	3108	390
丧葬津贴	Funeral Subsidy	1139	148	1490	194	1586	260
肺尘埃沉着病	Compensation for Pneumoconiosis	4	99		108	#	85
因工作关系所引起的债权	Credit Advances to Workers in Enterprises with Financial Claims	99	399	165	501	120	498
特别援助	Special Aid	7	19		7	#	13

主要统计指标解释

本地生产总值 反映每年在澳门特区生产的货物和提供各种服务的总量。本年鉴中的本地生产总值用支出法及生产法估算，支出法等于私人消费支出、政府最终消费支出、固定资本形成总额、库存变化和货物及服务出口净值（出口减进口）的总和。而生产法等于各经济行业的增加值总额的总和，这种方法可以评估澳门特区的产业结构。

婴儿死亡率 参考期内年龄在 1 岁或以下的死亡人数与出生活婴数目的千分比。

自然增长率 参考期内出生人数和死亡人数差额与平均人口之千分比。

出生率 参考期内出生活婴数目与平均人口之千分比。

死亡率 参考期内死亡人数与平均人口之千分比。

幼儿、小学、中学教育 指有系统的，且主要专为儿童及青少年开办的，由幼儿教育至中学教育的课程；中学教育包括职业技术教育。

幼儿教育 为期 3 年，对象是年龄 3–5 岁的儿童。在报名当年的 12 月 31 日年满 3 岁的幼儿可报读幼儿教育第一年。

小学教育 为期 6 年，完成幼儿教育或在报名当年的 12 月 31 日年满 6 岁的儿童可报读小学教育第一年。就读小学的最高年龄为 15 岁。

中学教育 由两个阶段组成：初中教育及高中教育。大学预科不纳入中学教育。

1）初中教育 为期 3 年，合格完成小学教育者可以入读。就读初中最大年龄为 18 岁，但在特别情况下，经教育机构决定，可以逾越此年限。

2）高中教育 为期 3 年，合格完成初中教育者可以入读。就读高中最大年龄为 21 岁，但在特别情况下，经教育机构决定，可以逾越此年限。

职业技术教育 以培训初级及中级程度的技术及专业人员为目的之课程。

高等教育 指透过理论、实践等在科学、文化及技术领域提供的培训教育；高等教育包括大学教育及高等专科教育。

特殊教育 指为有需要人士提供适合其身心发展的受教育机会，包括为资优学生和身心存在障碍的学生(如精神、感官、身体、沟通等方面有特殊教育需要人士)所开办的课程。

劳动人口 在参考期内可参与生产商品或提供服务的年龄在 16 岁及以上人士。包括就业人士及失业人士。

就业人口 在参考期内为赚取报酬、利润或家庭收入而工作最少一小时的年龄在 16 岁及以上人士。包括没有上班但与雇主保持正式工作联系的雇员，以及因某些原因而暂时没有上班的公司东主或股东。

失业人口 在参考期没有工作或与雇主没有正式的工作联系，可随时接受有酬工作或自己做生意，同时在过去 30 日有寻找工作的年龄在 16 岁及以上人士。

就业不足人口 在参考期内不论其职业身份，非自愿地工作少于 35 小时，并可随时接受更多的工作或正在寻找更多工作的就业人士。

劳动力参与率 劳动人口占年龄在 16 岁及以上人士的百分比。

失业率 失业人口占劳动人口的百分比。

就业不足率 就业不足人口占劳动人口的百分比。

旅客 指任何非以澳门特区为常居地的人士，连续在澳门的逗留时间少于一年，其旅游目的并非受雇于澳门特别行政区的居民实体。

酒店入住率 入住客房数量与可供应客房数量之百分比。

进口 将产自外地的货物输入澳门特区，但再进口和转运制度下输入者除外。

出口 将货物输出澳门特区，但暂时出口和转运制度下输出者除外。

本地产品出口 将原产地为澳门特区的任何货物输出澳门特区。

再出口 指原进口的货物未经加工输出澳门特区；或虽加工，但不能取得澳门特区产地资格。

转运 货物经过澳门特区而运到下一目的地。

原产地 农业产品种植之国家／地区、矿产开采之国家／地区、工业产品生产之国家／地区，被视为原产地国家／地区。若工业产品的制造工序于两个或以上的国家／地区进行，应以进行最后转变成型工序的国家／地区为原产地，再包装、分类及混合等工序不能构成最后转变成型工序；当产品入口国对相关货物产地来源有特定规定时，应遵从有关规定。

目的地 目的地是指货物实际最后到达的国家或地区(不论在运输途中有或没有中断)。如有中间国家或地区，只要不在中间国家或地区内进行商业交易，最后到达的国家或地区都可被视为目的地。

贸易价格比率指数 即货物出口单位价格指数与货物进口单位价格指数之比率。

单位 包括住宅、商业、办公室、工业、停车位、酒店及其他单位。

建筑面积 相等于所有楼层楼面面积之总和。楼面面积从外墙起量度，包括大堂、楼梯、升降机所占面积以及所有公用地方面积。

居民消费价格指数 反映澳门特区住户于购买一篮子之指定商品或服务时，在不同时间该等商品或服务之价格变动。

狭义货币供应量 M_1 为流通货币及活期存款之和。

广义货币供应量 M_2 指狭义货币供应量 M_1 加上准货币负债。准货币负债指储蓄存款、通知存款、定期存款、其他存款和存款证明书。

财务活动 由财务资产及财务负债组成。

Explanatory Notes on Main Statistical Indicators

Gross Domestic Product (GDP) reflects the total value of goods produced and services provided by the Macao Special Administrative Region in a year. GDP estimates in this statistical yearbook are compiled under both the expenditure and the production approaches. The expenditure-based GDP is measured as the sum of household consumption expenditure; government final consumption expenditure; gross fixed capital formation; changes in inventories; and net exports (exports less imports) of goods and services. The production-based GDP, which is measured as the sum of gross value added of all economic activities, can be used to evaluate the sectoral structure of Macao.

Infant Mortality Rate Number of infants died under one year old per 1,000 live births within the reference period.

Rate of Natural Increase Difference between births and deaths per 1,000 population within the reference period.

Crude Birth Rate Live births per 1,000 population within the reference period.

Crude Mortality Rate Deaths per 1,000 population within the reference period.

Pre-primary, Primary and Secondary Education Refers to systematic education designed and intended for children and young people by which they may progress from pre-primary through secondary education; secondary education also covers vocational-technical education.

Pre-primary Education Has a duration of 3 years and designated for children aged 3-5 years old. Children reaching 3 years old as at 31st December of the enrolment year are eligible to the first year of pre-primary education.

Primary Education Has a duration of 6 years. Children completing pre-primary education or reaching 6 years old as at 31st December of the enrolment year are eligible to the first year of primary education. The maximum age of attending primary education is 15.

Secondary Education Comprises 2 stages, viz. junior secondary and senior secondary. Pre-university course is not considered as secondary education.

(1)Junior secondary education has a duration of 3 years. Students completing primary education are eligible. The maximum age for this level is 18; however, under special circumstances, schools can accept enrolment outside this age limit.

(2)Senior secondary education has a duration of 3 years. Students completing junior secondary are eligible. The maximum age for this level is 21; however, under special circumstances, schools can accept enrolment outside this age limit.

Vocational Technical Education Aims to provide vocational and technical training to elementary and intermediate personnel.

Higher Education Refers to instruction by theory, practice and the like in science, culture and technology; it includes university education and post-secondary education providing associate degree or diploma programmes.

Special Education Refers to education designed and intended for students who have special needs, such as gifted children and students with mental, sensory, corporal and communication problems, etc., to cope with their mental and physical development.

Economically Active Populaition Individuals aged 16 and above who are available to participate in the production of goods and/or services during the reference period. It comprises the employed and unemployed.

Employed Population Individuals aged 16 and above who work for pay, profit or family gain for at least 1 hour during the reference period. Including employees who are absent from work but have formal job attachment to employer, as well as company owners or shareholders who are temporary away from work because of particular reason.

Unemployed Population Individuals aged 16 and above who do not have a job or formal job attachment during the reference period, are available to work for pay or to start own business, and have sought work during the last 30 days.

Underemployed Population Irrespective of status in employment, employed persons who work involuntarily for less than 35 hours during the reference period, and are available to take on additional work or looking for extra work.

Labour Force Participation Rate The percentage share of economically active poopulation (labour force) to the population aged 16 and above.

Unemployment Rate The percentage share of the unemployed to the labour force.

Underemployment Rate The percentage share of the underemployed to the labour force.

Visitor Any person taking a trip to a main destination outside his/her usual environment, for less than a year, for any main purpose other than to be employed by a resident entity in the place visited (i.e. Macao).

Occupancy Rate of Hotels The percentage share of occupied rooms to the total number of available rooms of the hotel sector.

Imports Entry of foreign produced merchandise to Macao, excluding re-imports and transit.

Exports Merchandise transported out of Macao, excluding temporary exports and transit goods.

Domestic Exports Transport of Macao produced merchandise out of Macao.

Re-exports Transport of merchandise previously imported out of Macao, without processing; even with processing, is not qualified to use Macao as the origin of the merchandise.

Transit Merchandise passing by Macao to the next destination.

Country of Origin Country or territory where the crops are grown, minerals are mined and products are manufactured. If a production process is carried out in two or more countries or territories, the origin will be the country or territory where the processing of the merchandise takes its final form. Repacking, sorting or mixing is not considered as the final phase of processing. When a country has specific rules regarding the country of origin on merchandise imports, those rules shall prevail.

Country of Destination The final country or territory where the goods are delivered, irrespective of interruption during transportation. As far as no commercial exchange has taken place in the transit country or territory, the final country or territory arrived is considered as the destination.

Terms of Trade Index Ratio of the unit value index of exports of goods to that of imports of goods.

Building Unit Including residential, commercial, office and industrial units, parking spaces, hotel and other units.

Gross Floor Area The sum of the area of each floor of the building, measured to the outer surface of the outer walls including the area of lobbies, stairs, lift landings and communal space.

Consumer Price Index reflects the price change of a representative “basket” of goods and services consumed by households of Macao at different periods.

Money Supply (M_1) refers to the sum of currency in circulation and demand deposits.

Money Supply (M_2) refers to the sum of money supply (M_1) and quasi-monetary liabilities; the latter consist of savings deposits, notice deposits, time deposits, other deposits and certificates of deposit.

Financial Transactions comprise financial assets and financial liabilities.

附录一

APPENDIX I

台湾省主要社会经济指标

Main Social and Economic Indicators of Taiwan Province

简 要 说 明

一、本章资料反映台湾地区主要社会、经济发展情况。内容包括：土地、人口、就业、国民经济核算、工业、能源、建筑、交通通讯、对外贸易、财政金融、物价、教育、卫生、房屋、社会保障等方面。

二、本章数据主要来自《台湾统计月报》、《台湾统计年鉴》，国家统计局国际统计信息中心负责整理、编辑。

三、更详细的统计资料及有关的技术细节，可参阅台湾地区政府出版的《统计月报》、《统计年鉴》及各专题统计出版物。

Brief Introduction

I. Data in this chapter reflect the major social and economic development of the Taiwan, including land; population; employment; national accounts; industry; energy; construction; transportation and communications; external trade; public finance and banking; prices; education; health; housing; and social security.

II. Data in this chapter are mainly abstracted from the Monthly Bulletin of Statistics, Yearbook of Statistics, which are tabulated and edited by the International Statistical Information Centre of the National Bureau of Statistics.

III. Detailed information and technical aspects are available in the Monthly Bulletin of Statistics, Yearbook of Statistics and other thematic publications published by the Directorate General of Budget, Accounting and Statistics, Executive Yuan.

附录1-1 主要统计指标概况
Summary of Key Statistics

指标		Item		2009	2010	2011	2012	2013
人口		**Population**						
户籍登记人口数①	(万人)	Year-end Population①	(10 000 persons)	2312	2316	2323	2332	2337
人口自然增长率	(‰)	Natural Growth Rate	(‰)	2.07	0.91	1.88	3.23	1.85
人口密度①	(人/平方公里)	Population Density①	(persons/sq.km)	639	640	642	644	646
性别比①	(女=100)	Sex Ratio①	(female=100)	101	101	101	100	100
劳动、就业		**Labour Force and Employment**						
劳动力人口	(万人)	Labour Force	(10 000 persons)	1092	1107	1120	1134	1145
劳动力参与率	(%)	Labour Force Participation Rate	(%)	57.9	58.1	58.2	58.4	58.4
男		Male		66.4	66.5	66.7	66.8	66.7
女		Female		49.6	49.9	50.0	50.2	50.5
工业就业人口比率	(%)	Employed Persons at Industry as Percentage of Total	(%)	35.9	35.9	36.3	36.2	36.2
服务业就业人口比率	(%)	Employed Persons at Services as Percentage of Total	(%)	58.9	58.8	58.6	58.8	58.9
失业率	(%)	Unemployment Rate	(%)	5.9	5.2	4.4	4.2	4.2
工业及服务业月人均薪资	(新台币元)	Average Monthly Per Capita Wage	(NT$)	42182	44359	45508	45589	45664
工业		Industry		40005	42754	43746	44011	44076
服务业		Services		43923	45656	46933	46850	46921
生活环境		**Habitation**						
月人均用电量	(千瓦小时)	Average Monthly Per Capita Consumption of Electricity	(kwh)	146	147	150	145	146
月人均用水量	(立方米)	Average Monthly Per Capita Consumption of Water	(cu.m)	10.7	11.0	11.0	11.0	11.1
公共安全		**Law and Order**						
刑案发生率	(件/10万人)	Reported Crimes	(Case/100 000 persons)	1673	1607	1499	1364	1281
犯罪人口率	(人/10万人)	Number of Offenders	(person/100 000 persons)	1135	1164	1123	1126	1094
刑案破获率	(%)	Crimes Uncover	(%)	80.7	79.7	79.5	84.0	86.6
少年疑犯人数(12-17岁)	(人)	Young Offenders Between 12 and 17	(person)	10762	11102	13103	15078	12038
火灾发生次数	(次)	Fires	(case)	2621	2186	1772	1574	1451
死伤人数	(人)	Deaths and Injuries	(person)	415	391	385	428	281
机动车肇事率	(件/万辆)	Traffic Accidents of Motor Vehicles	(case/10 000 units)	87	102	107	112	127
道路交通事故伤亡人数		Casualties in Traffic Accidents						
死亡	(人)	Deaths	(person)	2092	2047	2117	2040	1928
受伤	(人)	Injuries	(person)	246994	293764	315201	334082	373568
保险		**Insurance**						
全民健保参保人数	(万人)	National Health Insurance	(10 000 persons)	2303	2307	2320	2328	2346
社保参保人数	(万人)	Social Insurance	(10 000 persons)					
公务员和教师		Government Employee and School Staff		60	60	59	59	59
劳工		Labour		903	940	973	971	975
农民		Farmer		154	151	148	145	141

附录1-1 续表 1 continued

指 标		Item		2009	2010	2011	2012	2013
工业		**Industry**						
受雇者劳动生产力指数	(2011年＝100)	Productivity Index	(2011=100)	85.1	97.1	100.0	99.3	99.4
工业生产指数	(2011年＝100)	Indices of Industrial Production	(2011=100)	77.1	95.8	100.0	99.8	100.4
制造业		Manufacturing		75.5	95.5	100.0	99.7	100.2
建筑业		Construction		102.3	93.0	100.0	107.1	111.1
工业生产价值	(新台币亿元)	Gross Industry Product	(NT$ 100 million)	116016	149384	155638	150615	149453
商业及对外贸易		**Business and External Trade**						
营利事业家数①	(万家)	Number of Enterprises①	(10 000 unit)	118.6	121.4	124.4	126.9	129.8
营利事业销售额	(新台币亿元)	Sales Revenue	(NT$100 million)	301443	363712	380032	377480	385387
货物进出口额	(亿美元)	Total Value of Merchandise Trade	(USD100 million)	3780	5258	5897	5717	5753
出口		Exports		2037	2746	3083	3012	3054
进口		Imports		1744	2512	2814	2705	2699
出（入)超		Trade Surplus (Trade Deficit)		293	234	268	307	355
对日出（入)超		with Japan		-217	-339	-340	-286	-239
对美出（入)超		with United States		54	61	106	94	74
对内地及港出（入)超		with Mainland and Hong Kong		581	772	788	751	770
外销订单	(亿美元)	Order	(USD100 million)	3224	4067	4361	4410	4429
运输通信		**Transportation and Communications**						
交通运输客运人数	(亿人)	Passenger Traffic	(100 million persons)					
铁路		Railway		7.2	7.8	8.6	9.3	9.7
公路		Highway		10.4	11.1	11.6	11.9	12.2
航空	(万人)	Airway	(10 000 persons)					
省内		Domestic		923	973	1048	1068	1055
省外		Non-domestic		2310	2774	2909	3287	3618
高速公路收费站通行车辆数	(万辆次)	Vehicles for Motorway Transportation	(10 000 unit-times)	53957	55506	57123	57351	58978
每百人机动车辆数①	(辆)	Vehicles per 100 Persons①	(unit)	92.4	93.8	95.7	95.8	92.3
港埠货物装卸量	(万计费吨)	Inward and Outward Movements Cargo	(10 000 tons)	60575	65540	67900	69080	70575
旅游	**(万人次)**	**Tourism**	**(10 000 person-times)**					
出省旅游人数		Outbound Tourists		814	942	958	1024	1105
来台湾旅客人数		Inbound Tourists		440	557	609	731	802
财政、金融		**Public Accounts and Finance**						
赋税实征净额②	(新台币亿元)	Revenue②	(NT$100 million)	15303	16222	17646	17967	18341
直接税	(%)	Direct Tax	(%)	62.4	62.1	62.1	60.3	59.5
间接税	(%)	Indirect Tax	(%)	37.6	37.9	37.9	39.7	40.5
外汇存底①	(亿美元)	Foreign Exchange Reserve (USD100 million)①		3482.0	3820.1	3855.5	4031.7	4168.1
汇率		Exchange Rate (NT$ to one unit of foreign currency)						
1美元③	(新台币)	US Dollar③		32.08	30.42	30.32	29.08	29.82
1日元③	(新台币)	Japanese Yen③		0.3491	0.3753	0.3925	0.3383	0.2855
货币总计数$M_2$①	(新台币亿元)	Money Supply M_2 ①	(NT$100 million)	293556	309544	324519	335744	355189
年增率	(%)	Average Annual Growth Rate	(%)	5.8	5.5	4.8	3.5	5.8
存款①	(新台币亿元)	Deposits①	(NT$100 million)	294486	310063	323022	333004	350624
放款与投资①	(新台币亿元)	Loans and Investment①	(NT$100 million)	214823	228037	241729	255488	267206

附录1-1 续表 2 continued

指　　标	Item	2009	2010	2011	2012	2013
再贴现率①　（年息百分比率）	Rediscount Rate①　(% annual)	1.250	1.625	1.875	1.875	1.875
股价指数　（1966年＝100）	Stock Price Index　(1966=100)	6460	7950	8156	7481	8093
国际收支余额　（亿美元）	Balance of Payments (USD 100 million)	541.3	401.7	62.4	154.8	113.2
经常帐户	Current Account	429.2	398.7	416.9	506.7	577.5
资本帐户	Capital Account	-1.0	-1.2	-1.2	-0.8	0.1
金融帐户	Financial Account	134.7	-3.6	-320.5	-316.7	-437.8
价格指数年增长率（2006年=100）(%)	**Price Indices Annual Growth Rate(2006=100)(%)**					
批发	Wholesale Trade Price	-8.7	5.5	4.3	-1.2	-2.4
消费者	Consumer Price	-0.9	1.0	1.4	1.9	0.8
进口	Imports Price	-9.6	7.0	7.7	-1.3	-4.5
出口	Exports Price	-6.6	2.0	0.1	-1.6	-2.1
国民核算　（新台币亿元）	**National Accounts　(NT$100 million)**					
本地居民生产总值	Gross National Product(GNP)	128951	139817	140974	145313	149807
本地生产总值	Gross Domestic Product(GDP)	124811	135521	137091	140771	145606
居民消费	Household Final Consumption	75736	79245	82354	84650	86883
固定资本形成总额	Gross Fixed Capital Formation	23536	28882	28660	27724	28148
商品及服务出口	Exports of Goods and Services	77992	100101	104133	103256	106184
减：商品及服务进口	Less: Imports of Goods and Services	67201	90509	94953	92541	92558
GDP增长率　(%)	GDP Growth Rate　(%)	-1.8	10.8	4.2	1.5	2.1
农业	Agriculture	-3.0	1.8	6.4	-1.6	-0.2
工业	Industry	-4.2	23.1	6.1	1.7	1.9
服务业	Services	-0.5	5.5	3.1	1.0	1.8
产业结构　(%)	Industry Structure　(%)					
农业	Agriculture	1.7	1.6	1.8	1.8	1.7
工业	Industry	28.9	31.0	29.8	29.0	30.0
服务业	Services	69.4	67.4	68.3	69.1	68.3
人均本地居民生产总值(新台币元)	Per Capita GNP at Current Market Prices　(NT$)	558751	604199	607818	624455	641711
人均本地居民生产总值　（美元）	Per Capita GNP at Current Market Prices　(USD)	16901	19090	20625	21082	21558
居民储蓄总值　（新台币亿元）	Gross Deposits　(NT$100 million)	35620	44298	42252	41893	43521
储蓄率　(%)	Deposit Rate　(%)	27.62	31.68	29.97	28.83	29.05

注：①为年底数。②为年度资料。③卖出汇率，且为年底数。
Notes: ①Year-end data. ②Annual data. ③Selling rate, year-end data.

附录1-2 面积和人口主要指标

Main Indicators of Area and Population

资源来源：台湾省《统计月报》（以下各表同）。
Source: Monthly Statistics Bulletin, Taiwan Province. The same applies in the following tables.

项目	Item	2009	2010	2011	2012	2013
土地面积（万平方公里）	Area (10 000 sq.km)	3.6	3.6	3.6	3.6	3.6
户籍登记人口数（万人）	Year-end Population (10 000 persons)	2312.0	2316.2	2322.5	2331.6	2337.4
男	Male	1163.7	1163.5	1164.6	1167.3	1168.5
女	Female	1148.3	1152.7	1157.9	1164.3	1168.9
粗出生率 (‰)	Crude Birth Rate (‰)	8.29	7.21	8.48	9.86	8.53
粗死亡率 (‰)	Crude Death Rate (‰)	6.22	6.30	6.59	6.63	6.68
人口自然增长率 (‰)	Natural Population Growth Rate (‰)	2.07	0.91	1.88	3.23	1.85
一般生育率 (‰)	Fertility Rate (‰)	31	27	32	38	32
结婚率 （对/千人）	Marriage Rate (couple/1000 persons)	5.07	6.00	7.13	6.16	6.32
离婚率 （对/千人）	Divorce Rate (couple/1000 persons)	2.48	2.51	2.46	2.41	2.30
期望寿命 （岁）	Life Expectancy at Birth (year old)					
男	Male	76.03	76.13	75.96	76.16	
女	Female	82.34	82.55	82.63	83.03	
人口的年龄分布 (%)	Age-specific Distribution (%)					
0-14岁	0-14	16.34	15.65	15.08	14.63	14.32
15-64岁	15-64	73.03	73.61	74.04	74.22	74.15
65岁及以上	65 and Over	10.63	10.74	10.89	11.15	11.53
性别比 （女=100）	Sex Ratio (female=100)	101.34	100.94	100.57	100.26	99.96
人口密度(人/平方公里)	Population Density (persons/sq.km)	638.8	640.0	641.7	644.2	645.8

附录1-3 劳动力和就业状况

Labour Force and Employment

项目	Item	2009	2010	2011	2012	2013
劳动力总计 （万人）	Labour Force (10 000 persons)	1091.7	1107.0	1120.0	1134.1	1144.5
男	Male	618.0	624.2	630.4	636.9	640.2
女	Female	473.7	482.8	489.6	497.2	504.3
就业人数 （万人）	Employment (10 000 persons)	1027.9	1049.3	1070.9	1086.0	1096.7
男	Male	577.6	588.0	600.6	608.3	611.6
女	Female	450.2	461.3	470.2	477.7	485.1
就业者行业构成 (%)	Distribution of Employment by Industry(%)	100.0	100.0	100.0	100.0	100.0
农、林、渔、牧业	Agriculture, Forestry, Fishery and Animal Husbandry	5.3	5.2	5.1	5.0	5.0
工业	Industry	35.8	35.9	36.3	36.2	36.2
矿业及土石采取业	Mining and Quarrying	0.05	0.04	0.04	0.04	0.04
制造业	Manufacturing	27.1	27.3	27.5	27.4	27.2
电力及燃气供应业	Electricity, Gas	0.3	0.3	0.3	0.3	0.3
用水供应及污染整治业	Water Supply and Pollution Management	0.7	0.7	0.7	0.8	0.8
建筑业	Construction	7.7	7.6	7.8	7.8	7.9
服务业	Services	58.9	58.8	58.6	58.8	58.9
批发及零售业	Wholesale and Retail Trades	16.9	16.6	16.5	16.6	16.6
运输及仓储业	Transport, Storage, Communications	3.9	3.9	3.8	3.8	3.9
金融及保险业	Finance, Insurance	4.0	4.1	4.0	3.9	3.8
咨讯及通讯传播	Information and Communication	2.0	2.0	2.0	2.1	2.1
住宿及餐饮业	Hotels and Restaurants	6.7	6.9	6.8	6.9	7.1
教育服务业	Education	6.0	5.9	5.9	5.8	5.8
公共行政	Public Administration	3.7	3.7	3.6	3.5	3.5
失业人数 （万人）	Unemployment (10 000 persons)	63.9	57.7	49.1	48.1	47.8
失业率 (%)	Unemployment Rate (%)	5.9	5.2	4.4	4.2	4.2

附录1-4 本地居民生产总值
Gross National Product

年 份 Year	本地居民生产总值 Gross National Product			人均本地居民生产总值 Per Capita Gross National Product	
	新台币亿元 NT $100 million	实际年增长率 % Annual Growth Rate over the Preceding Year %	亿美元① USD 100 million①	新台币元 NT $	美元① USD①
2004	117374	6.4	3511	518280	15503
2005	120311	3.8	3739	529313	16449
2006	125552	5.5	3860	550099	16911
2007	132433	6.0	4033	577869	17596
2008	129348	0.5	4101	562439	17833
2009	128951	-1.1	3901	558751	16901
2010	139817	10.5	4418	604199	19090
2011	140974	3.8	4784	607818	20625
2012	145313	1.8	4906	624455	21082
2013	149807	1.8	5033	641711	21558

注：①按当年汇率折算。
Note: ①Adjusted by current exchange rate of the year.

附录1-5 本地生产总值支出构成
Expenditure on Gross Domestic Product

单位：% (%)

年 份 Year	本地生产总值（新台币亿元） Gross Domestic Product (NT$ 100 million)	居民消费 Household Consumption Expenditure	政府消费 Government Consumption Expenditure	固定资本形成总额 Gross Fixed Capital Formation	存货增加 Changes in Inventories	货物及服务出口 Exports of Goods and Services	减：货物及服务进口 Less: Imports of Goods and Services
2004	113653	59.9	12.7	22.8	0.9	61.4	57.7
2005	117403	60.4	12.5	22.5	0.3	62.5	58.1
2006	122435	59.2	12.0	22.3	0.4	68.0	61.9
2007	129105	58.1	11.8	22.0	0.1	72.1	64.1
2008	126202	60.3	12.4	21.1	1.3	73.0	68.1
2009	124811	60.7	13.0	18.9	-1.2	62.5	53.8
2010	135521	58.5	12.1	21.3	1.1	73.8	66.8
2011	137091	60.1	12.4	20.9	-0.1	76.0	69.3
2012	140771	60.1	12.4	19.7	0.2	73.4	65.7
2013	145606	59.7	11.9	19.3	-0.2	72.9	63.6

附录1-6　本地生产总值产业构成
Gross Domestic Product by Kind of Economic Activity

单位：%　　　　(%)

年　份 Year	本地生产总值(新台币亿元) Gross Domestic Product (NT$ 100 million)	农　业 Agriculture Forestry, Animal Husbandry and Fishery	工　业 Industry	制造业 Manufacturing	水电燃气及污染治理业 Water/Electricity/Gas/Pollution Treatment	建筑业 Construction
2004	113653	1.68	31.75	26.81	1.99	2.53
2005	117403	1.67	31.26	26.53	1.93	2.42
2006	122435	1.61	31.33	26.46	1.84	2.72
2007	129105	1.49	31.38	26.52	1.62	2.78
2008	126202	1.60	29.05	24.83	1.18	2.88
2009	124811	1.73	28.92	23.77	2.04	2.69
2010	135521	1.64	31.00	25.90	1.80	2.81
2011	137091	1.79	29.89	25.19	1.57	2.91
2012	140771	1.78	29.08	24.37	1.54	2.85
2013	145606	1.68	30.00	24.85	1.84	2.89

附录1-6　续表　continued

单位：%　　　　(%)

年　份 Year	服务业 Services	批发及零售业 Wholesale and Retail Trades	金融及保险业 Finance& Insurance	不动产业 Real Estate	咨讯及通讯传播业 Information& Communication
2004	66.57	17.08	7.56	8.15	3.59
2005	67.08	17.63	7.66	8.16	3.49
2006	67.06	17.88	7.28	8.54	3.39
2007	67.12	18.22	7.26	8.53	3.44
2008	69.35	18.95	7.26	8.78	3.61
2009	69.35	18.70	6.42	9.18	3.73
2010	67.36	18.33	6.31	8.59	3.55
2011	68.32	18.83	6.49	8.55	3.55
2012	69.14	18.90	6.54	8.69	3.53
2013	68.32	18.48	6.51	8.77	3.40

附录1-7 农业生产指数
Indices of Agricultural Production

(20011年=100) (2011=100)

年 份 Year	总指数 Total	种植业 Crops	林 业 Forestry	畜牧业 Livestock	渔 业 Fishery
2004	109.2	98.6	196.5	103.3	142.3
2005	103.0	89.3	153.7	100.3	139.4
2006	103.7	97.7	171.1	102.9	119.8
2007	101.2	91.4	117.3	100.4	126.7
2008	96.1	90.9	108.5	95.9	109.5
2009	94.4	91.7	110.3	95.5	99.7
2010	96.4	94.2	101.3	96.8	101.4
2011	100.0	100.0	100.0	100.0	100.0
2012	98.3	95.9	103.6	98.6	102.7

附录1-8 主要农产品产量
Output of Major Crops

单位：万吨 (10 000 tons)

年份 Year	稻米 Rice	槟榔 Pinang	菠萝 Pineapple	芒果 Mango	甘蔗 Sugarcane	茶叶 Tea	花生 Peanuts	香蕉 Banana
2004	143.4	14.3	45.8	18.2	112.9	2.0	6.8	19.0
2005	146.7	13.8	44.0	15.0	87.5	1.9	5.4	14.9
2006	155.8	14.2	49.2	19.1	65.1	1.9	7.2	21.4
2007	136.3	13.4	47.7	21.5	72.1	1.8	5.2	24.2
2008	145.7	14.4	45.2	17.7	70.7	1.7	5.5	20.8
2009	157.8	14.3	43.5	14.0	61.3	1.7	5.7	17.3
2010	145.1	13.2	42.0	13.5	66.5	1.7	6.5	28.8
2011	166.6	12.9	40.1	16.9	65.4	1.7	6.8	30.6
2012	170.0	12.4	39.2	16.7	54.8	1.5	5.7	29.5

附录1-9 工业生产指数
Indices of Industrial Production

2011年=100 (2011=100)

年 份 Year	总指数 General	矿业 Mining	制造业 Manufacturing	电力和燃气业 Electricity& Gas	供水业 Water	建筑业 Construction
2004	72.59	140.32	70.68	92.38	98.95	115.33
2005	75.00	127.09	72.94	96.29	99.48	128.46
2006	78.60	120.75	76.30	98.69	102.31	140.05
2007	84.70	100.25	82.66	101.59	102.59	139.37
2008	83.73	95.68	81.92	99.64	100.76	126.46
2009	77.11	87.63	75.53	96.98	98.47	102.33
2010	95.75	107.67	95.52	99.38	99.80	92.95
2011	100.00	100.00	100.00	100.00	100.00	100.00
2012	99.75	97.27	99.68	99.18	99.40	107.12
2013	100.40	92.33	100.24	101.26	100.10	111.07

附录1-10　主要工业产品产量
Output of Major Industrial Products

年　份 Year	碳酸饮料 (万升) Sodas (10 000 litre)	饲料 (万吨) Feed (10 000 tons)	各种成衣 (万打) Wearing Apparel (10 000 dozens)	纸板 (万吨) Cardboard (10 000 tons)	塑胶外壳 (亿台币) Plastic Cover (10 000 tons)	聚苯乙烯 (万吨) Polystyrene (10 000 tons)	玻璃纤维 (万吨) Glass Fibre (10 000 tons)
2006	34478.9	518.3	1039.9	335.1	190.1	74.1	25.9
2007	30188.2	509.5	935.4	340.6	182.7	84.6	27.0
2008	28217.2	510.6	767.6	291.0	196.3	69.0	25.9
2009	30752.1	515.9	633.3	277.5	156.6	83.7	19.5
2010	29323.8	518.1	702.2	285.0	215.7	91.2	22.6
2011	30607.3	525.6	583.4	293.1	291.3	86.5	26.4
2012	28860.9	525.1	549.7	307.4	305.3	83.1	26.3
2013	27635.3	509.8	498.0	305.5	250.7	85.4	24.8

附录1-10　续表 1 continued

年　份 Year	ABS树脂 (万吨) Acrylonitrile Butadiene (10 000 tons)	涂料 (万吨) Paints (10 000 tons)	钢坯 (万吨) Billet (10 000 tons)	便携式电脑 (万台) Portable Computer (10 000 units)	显示器 (万台) Display (10 000 units)	主机板 (万片) Main Board (10 000 units)
2006	127.3	47.4	1770.6	305.1	187.5	2208.4
2007	132.6	46.6	1926.5	125.7	172.8	1923.0
2008	112.9	42.0	1789.3	75.4	120.2	2322.4
2009	124.5	37.0	1408.6	37.4	114.9	2445.4
2010	136.3	43.0	1897.5	32.8	133.1	2449.0
2011	120.5	42.5	2164.0	319.8	136.1	2582.7
2012	120.8	41.1	1992.7	75.0	154.5	2732.2
2013	120.9	43.6	2146.6	39.7	113.5	2815.4

附录1-10　续表 2 continued

年　份 Year	光碟片 (亿片) Discs (100 million units)	印刷电路板 (万平方英尺) Printing Circuit Board (10000 sq.feet)	电子电容器 (亿只) Electron Capacitor (100 million units)	汽车 (万辆) Car (10 000 units)	数控机床 (台) NC Machine Tools (unit)	发电量 (亿千瓦小时) Electric Power (100 million kwh)
2006	117.2	68548.8	2182.9	30.6	10708	2220.1
2007	111.8	68433.7	2418.8	28.5	12404	2291.5
2008	94.7	69862.7	2503.3	18.2	12699	2252.8
2009	92.8	71039.2	1642.1	22.9	3628	2174.8
2010	88.6	105080.0	1964.4	30.6	9558	2335.0
2011	75.2	110658.0	1735.8	34.7	12944	2386.3
2012	69.0	117894.4	1623.9	34.4	11437	2372.9
2013	65.6	94457.8	1668.7	34.0	9977	2391.7

附录1-11 能源平衡表
Energy Balance Sheet

单位：亿升标准油 (100 000 kl oil equivalent)

项　目	Item	2009	2010	2011	2012	2013
能源总供给	**Total Supply**	**1362.68**	**1425.01**	**1382.36**	**1407.68**	**1431.36**
自产能源	Indigenous Energy	28.60	27.96	28.64	30.73	30.07
原油	Crude Oil	0.16	0.14	0.11	0.11	0.11
天然气	Natural Gas	3.12	2.63	2.93	3.93	3.39
生质能及废弃物	Biomass and waste	19.84	19.03	19.14	18.61	18.37
水力发电	Hydro Power	3.58	4.01	3.82	5.42	5.18
再生能源①	Renewables①	1.89	2.15	2.63	2.66	3.02
进口能源	Imported Energy	1334.08	1397.05	1353.72	1376.95	1401.29
煤及煤产品	Coal & Coal Products	382.51	417.48	433.78	417.88	431.56
原油及石油产品	Crude Oil & Petroleum Products	715.19	713.76	638.11	675.07	681.15
液化天然气	L.N.G	115.99	145.26	159.86	166.94	167.99
核能发电	Nuclear	120.39	120.56	121.97	117.06	120.59
能源总需求	**Total Demand**	**1362.68**	**1425.01**	**1382.36**	**1407.68**	**1431.36**
本地能源消费按部门分	Total Consumption by Sector	1067.82	1133.80	1118.97	1115.32	1143.99
能源部门	Energy Sector	77.77	80.62	80.39	79.13	78.59
运输部门	Transportation Sector	129.06	133.27	135.24	132.63	132.72
工业部门	Industrial Sector	376.76	420.90	431.85	425.65	434.92
农业部门	Agricultural Sector	9.62	9.44	9.67	9.97	9.93
住宅部门	Residential Sector	122.55	122.34	124.86	121.21	120.93
服务业部门	Services Sector	121.61	124.93	123.55	122.92	123.49
非能源消费②	Non-energy Use②	230.45	242.31	213.40	223.81	243.42
出口	Export	207.88	175.84	148.79	182.35	190.50
国际海运及国际航空	International Marine & Aviation Bunkers	37.80	41.77	40.03	36.19	38.05
存货变动	Stock Changes	-12.36	-0.35	-7.04	2.41	-10.29
损耗	Losses	22.12	22.98	23.94	21.62	16.86
误差	Errors	39.70	50.97	57.67	49.79	52.25

注：①再生能源包括太阳光电、风力发电和太阳热能。
　　②非能源消费仅含润滑油、柏油、溶剂油。

Note: ①The renewables include geothermal electricity, solar photovoltaic and wind energy.
　　②Non-energy use refers to lubricating oil, asphalt and solvent oil consumption.

附录1-12 按用途分批准动工的建筑物面积
Floor Space of Authorized Construction Projects by Purpose

单位：万平方米 (10 000 sq.m)

年　份 Year	总计 Total	商业类 Business	工业、仓储类 Industrial & Stores	休闲、文教类 Recreation & Culture and Education	办公、服务类 Office & Service	住宿类 Accommodation 宿舍 Dormitory	住宿类 Accommodation 住宅 Residence
2007	3602	92	616	200	277	60	2158
2008	3272	100	536	206	355	23	1842
2009	2654	119	482	223	258	44	1352
2010	2401	56	443	128	208	20	1332
2011	2589	86	601	150	133	24	1325
2012	2776	61	506	152	193	17	1574
2013	2877	63	509	137	195	19	1689

附录1-13 铁路和公路客货运量

Railway and Highway Passenger and Freight Traffic

年 份 Year	铁 路 Railway				公 路 Highway			
	客运量 (亿人) Passenger Traffic (100 million persons)	客运周转量 (亿人公里) Passenger Kilometres (100 million p-km)	货运量 (亿吨) Freight Traffic (100 million tons)	货物周转量 (亿吨公里) Freight Ton-kilometres (100 million ton-km)	客运量 (亿人) Passenger Traffic (100 million persons)	客运周转量 (亿人公里) Passenger Kilometres (100 million p-km)	货运量 (亿吨) Freight Traffic (100 million tons)	货物周转量 (亿吨公里) Freight Ton-kilometres (100 million ton-km)
2006	5.54	123.52	0.19	9.97	10.14	163.86	5.94	312.18
2007	6.03	157.69	0.17	8.90	10.21	159.79	6.18	305.47
2008	6.90	190.66	0.17	9.33	10.54	157.83	6.04	301.60
2009	7.19	192.77	0.14	7.76	10.39	158.82	5.97	290.71
2010	7.79	209.31	0.15	8.73	11.10	163.07	6.28	296.32
2011	8.64	228.26	0.15	8.53	11.64	170.40	6.38	295.51
2012	9.25	242.08	0.14	8.33	11.92	175.85	6.53	298.51
2013	9.72	253.23	0.11	7.29	12.19	179.10	5.51	384.74

附录1-14 邮政及电信营运量

Post&Telecommunication Services

项 目	Item	2009	2010	2011	2012	2013
邮政	**Post**					
函件 (亿件)	Letters (100 million pieces)					
收寄	Received	26.3	27.3	27.8	27.1	27.0
投递	Mailing	29.4	30.1	31.7	31.7	31.5
包裹 (万件)	Parcels (10 000 pieces)					
收寄	Received	2535.1	2635.2	2721.4	2794.6	2560.0
投递	Mailing	2698.0	2932.6	3019.2	3060.1	2815.9
电信	**Telecommunications**					
市内电话用户数 (万户)	Number of Local (Urban) Telephone Subscribers (10 000 subscribers)	1282.1	1269.6	1267.9	1241.1	1222.9
公共电话话机数 (万部)	Number of Public Telephones (10 000 subscribers)	9.1	8.8	8.2	7.8	7.5
移动电话用户数 (万户)	Number of Mobile Telephones Subscribers (10 000 subscribers)	2695.9	2784.0	2886.2	2944.9	2970.1
无线寻呼机用户数 (万户)	Number of Subscribers of Paging Services (10 000 subscribers)	112.1	109.5	91.2	57.5	
数字式低功率无线电话用户数 (万户)	Digital Low-power Wireless Telephones Subscribers (10 000 subscribers)	137.4	91.7	81.7	77.4	72.4
综合业务数字网用户数(万户)	Number of Subscribers of ISDN (10 000 subscribers)	8.9	10.6	12.3	11.8	10.9
国际互联网用户数 (万户)	Number of Subscribers of Internet Services (10 000 subscribers)	566.8	588.8	609.2	698.8	753.6
国际电话去话分钟数 (万分钟)	International Outgoing Call (10 000 minutes)	419273	465085	466671	494147	380053

附录1-15 货物进出口额
Total Imports and Exports

年 份 Year	按新台币计算（亿元）(NT $ 100 million)			按美元计算（亿美元）(USD 100 million)		
	进出口总额 Total	出口 Exports	进口 Imports	进出口总额 Total	出口 Exports	进口 Imports
2006	138837	72793	66043	4267	2240	2027
2007	152997	80879	72118	4659	2467	2193
2008	155615	80104	75511	4961	2556	2404
2009	124661	67089	57572	3780	2037	1744
2010	166003	86568	79435	5258	2746	2512
2011	173220	90416	82804	5897	3083	2814
2012	169215	89000	80215	5717	3012	2705
2013	170584	90428	80156	5753	3054	2699

附录1-16 货物出口去向和进口来源
Destination of Exports and Origin of Imports

单位：亿美元 (USD 100 million)

项 目	Item	2009	2010	2011	2012	2013
出口去向	**Exports (Major Destination)**					
中国香港	Hong Kong, China	294.5	378.1	400.8	379.3	394.3
日 本	Japan	145.0	180.1	182.3	189.9	192.2
韩 国	Korea, Rep.	73.0	106.8	123.8	118.4	120.8
新加坡	Singapore	86.1	121.0	168.8	200.9	195.2
马来西亚	Malaysia	40.6	59.5	68.9	65.6	81.8
泰 国	Thailand	38.3	52.9	61.4	65.7	63.4
法 国	France	13.7	17.0	17.4	15.6	14.9
德 国	Germany	47.0	65.1	68.7	56.5	56.3
意大利	Italy	17.9	24.5	24.6	18.3	17.2
英 国	United Kingdom	29.8	36.2	46.2	50.7	43.2
加拿大	Canada	14.6	19.5	25.7	25.1	24.1
美 国	United States	235.5	314.7	363.6	329.8	325.6
澳大利亚	Australia	23.5	31.3	36.5	36.5	37.7
印度尼西亚	Indonesia	32.3	45.1	48.4	51.9	51.5
菲律宾	Philippines	44.3	59.8	69.6	88.8	97.7
越 南	Vietnam	59.9	75.3	90.3	84.3	89.3
沙特阿拉伯	Saudi Arabia	6.7	10.0	16.9	18.5	18.2
荷 兰	Netherlands	42.3	52.6	45.8	44.1	44.5
进口来源	**Imports (Major Origin)**					
中国香港	Hong Kong, China	11.2	16.3	16.8	26.6	16.6
日 本	Japan	362.2	519.2	522.0	475.7	431.6
韩 国	Korea, Rep.	105.1	160.6	178.6	150.7	157.7
新加坡	Singapore	48.1	76.4	79.5	81.1	85.4
马来西亚	Malaysia	45.5	77.0	86.0	78.4	81.2
泰 国	Thailand	26.8	38.3	43.9	37.0	37.5
法 国	France	17.8	22.5	27.3	29.6	26.6
德 国	Germany	56.7	82.6	94.3	77.5	82.5
意大利	Italy	18.3	19.5	23.0	20.3	21.1
英 国	United Kingdom	12.3	16.7	19.3	18.4	17.7
加拿大	Canada	11.5	15.3	20.2	16.2	14.8
美 国	United States	181.5	253.8	257.6	236.0	252.0
澳大利亚	Australia	59.7	89.2	109.1	92.9	79.0
印度尼西亚	Indonesia	51.8	60.2	74.3	73.3	71.5
菲律宾	Philippines	16.1	23.2	24.1	21.0	22.0
越 南	Vietnam	9.2	12.8	18.5	22.9	26.3
沙特阿拉伯	Saudi Arabia	86.6	118.6	138.5	147.9	156.0
荷 兰	Netherlands	18.6	32.0	29.4	36.2	46.6

附录1-17 出口与进口货物分类
Composition of Exports and Imports

单位：亿美元 (USD 100 million)

年 份 Year	出 口 Exports				进 口 Imports			
	出口额 Total	农产品 Agricultural Products	农产加工品 Processed Agricultural Products	工业产品 Industrial Products	进口额 Total	资本设备 Capital Goods	原材料 Agricultural & Industrial Raw Materials	消费品 Consumer Goods
2006	2240.2	3.5	18.5	2218.2	2027.0	315.0	1541.9	156.2
2007	2466.8	4.1	18.7	2444.0	2192.5	323.3	1691.8	163.2
2008	2556.3	5.4	21.7	2529.2	2404.5	294.2	1922.4	172.7
2009	2036.7	5.0	18.5	2013.3	1743.7	228.5	1337.4	161.4
2010	2746.0	7.5	21.6	2716.9	2512.4	385.8	1902.0	203.6
2011	3082.6	9.0	26.6	3047.0	2814.4	364.2	2184.3	242.1
2012	3011.8	8.9	30.6	2972.3	2704.7	340.0	2090.8	252.8
2013	3054.4	8.7	30.6	3015.1	2699.0	357.6	2041.4	268.3

附录1-18 来台旅游人数
Inbound Tourists

项 目	Item	2009	2010	2011	2012	2013
来台旅游人数 （万人次）	**Inbound Tourists(10 000 person-times)**	**439.5**	**556.7**	**608.8**	**731.2**	**801.6**
华 侨	Overseas Chinese	162.5	233.2	249.9	348.0	392.0
外国人	Foreigners	277.0	323.6	358.9	383.2	409.6
平均每人停留时间（夜）	**Average Length of Stay (Nights)**	**7.2**	**7.1**	**7.1**	**6.9**	**6.9**

附录1-19 居民消费价格分类指数
Consumer Price Indices

2011年=100 (2011=100)

年 份 Year	总指数 General Index	食品 Food	服装 Clothing	居住 Housing	交通&通讯 Transportation &Communications	医药保健 Medicines and Medical Care	教育娱乐 Education and Entertainment	杂项 Miscellaneous
2006	93.5	87.4	92.8	96.6	96.0	91.3	99.4	90.1
2007	95.2	89.9	95.4	97.5	97.7	94.9	100.0	91.7
2008	98.5	97.6	96.3	99.0	99.9	97.0	101.3	93.3
2009	97.7	97.2	95.6	98.7	95.9	97.6	99.5	95.8
2010	98.6	97.8	97.2	99.2	98.6	98.2	99.5	98.6
2011	100.0	100.0	100.0	100.0	100.0	100.0	100.0	100.0
2012	101.9	104.2	102.5	101.1	100.4	100.9	100.7	102.3
2013	102.7	105.5	102.3	102.1	100.9	102.1	101.0	102.7

附录1-20 各级政府财政收入净额

Net Revenue of Treasury

单位：新台币亿元 (NT $ 100 million)

项　目	Item	2008	2009	2010	2011	2012
总　计	**Total**	**22316**	**21136**	**21156**	**23062**	**23212**
税收收入	Tax	17106	14835	15658	17040	17334
营业盈余及事业收入	Revenue from Enterprises and Institutions	2649	3309	2865	2940	2980
其他收入	Other Revenue	2560	2992	2632	3082	2898
财产孳息收入	Revenue from Profit of Public Properties	142	141	161	142	164
规费收入	Fees	943	920	965	963	960
罚款及赔偿收入	Revenue from Fines & Indemnities	467	414	430	417	667
捐献及赠与收入	Receipts from Donations and Contributions	89	87	122	93	120
资本收回及售价收入	Return of Properties and Sales of Public Properties	504	722	535	673	621
杂项收入	Miscellaneous Revenues	416	708	419	795	367

附录1-21 各级政府财政支出净额

Net Expenditures of Treasury

单位：新台币亿元 (NT $ 100 million)

项　目	Item	2008	2009	2010	2011	2012
总　计	**Total**	**23436**	**26709**	**25668**	**26129**	**26780**
一般政务支出	General Administration	3505	3574	3684	3760	3888
国防支出	National Defence	2622	2977	2869	2890	3047
教育科学文化支出	Expenditures on Education, Science and Culture	4955	5815	5543	5886	5956
经济发展支出	Economic Development	4323	6019	5170	4738	4040
社会福利支出	Social Welfare	3681	3886	4154	4469	5404
社区发展及环境保护支出	Community Development and Environmental Protection	822	916	894	888	845
退休抚恤支出	Retirement Pension and Bereavement Payments	2022	2053	2010	2130	2184
债务支出	Obligations	1347	1295	1196	1211	1249
杂项支出	Miscellaneous	159	173	148	157	166

附录1-22 政　府　公　债

Government Bonds

单位：新台币亿元 (NT $ 100 million)

年　份 Year	合计 Total			台湾省中央政府发行 Taiwan Central Government			市级发行 Municipal Government		
	发行额 Issues	偿还额 Redemption	余额 Outstanding	发行额 Issues	偿还额 Redemption	余额 Outstanding	发行额 Issues	偿还额 Redemption	余额 Outstanding
2006	4680	2255	33847	4400	2137	32393	280	118	1454
2007	4022	2670	35198	3932	2225	34100	90	446	1098
2008	4387	2224	37362	4100	2103	36097	287	121	1265
2009	4956	2608	39709	4700	2502	38296	256	107	1414
2010	6293	2659	43343	6100	2520	41876	193	140	1467
2011	6400	3299	46444	6200	2980	45096	200	319	1348
2012	6884	3983	49345	6650	3982	47763	234	1	1581
2013	6419	3668	52095	6419	3500	50682		168	1413

附录1-23 金融概况
Principal Financial Indicators

年份 Year	货币供应量M_1（新台币亿元） Money Supply M1 (NT $100 million)	流动性负债（新台币亿元） Liquid Liabilities (NT $100 million)	储备货币（新台币亿元） Reserve Money (NT $100 million)	主要金融机构存款（新台币亿元） Deposits (NT $100 million)	主要金融机构放款与投资（新台币亿元） Loans and Investments (NT $100 million)	再贴现率（年息%） Rediscount Rate (% annual)	汇率(卖出价)（新台币/美元） Exchange Rates of Selling (NT $/USD)
2006	82226	350416	18832	258115	201539	2.75	32.65
2007	82200	368449	19475	260525	206269	3.38	32.49
2008	81537	388270	21254	278702	213315	2.00	32.91
2009	105116	416730	23040	294486	214823	1.25	32.08
2010	114571	445203	25018	310063	228037	1.63	30.42
2011	118302	469541	27209	323022	241729	1.88	30.32
2012	124184	496032	29021	333004	255488	1.88	29.08
2013	134708	530162	31208	350624	267206	1.88	29.82

附录1-24 股票交易
Transactions of Listed Stock

单位：新台币亿元 (NT $ 100 million)

年份 Year	上市股票 Listed Stock			总成交额 Total Turnover	日平均成交额 Average Daily Turnover in Value	股价指数(年平均)(1966年=100) Stock Price Index (year average) (1966=100)
	上市公司数(家) Number (unit)	总面值① Total Par Value①	总市值① Total Market Value①			
2006	688	54949	193770	239004	964	6842.04
2007	698	55586	215273	330439	1338	8509.56
2008	718	56904	117065	261154	1049	7024.06
2009	741	57729	210336	296805	1183	6459.56
2010	758	58113	238114	282187	1124	7949.63
2011	790	60268	192162	261974	1061	8155.79
2012	809	62580	213522	202382	810	7481.34
2013	838	64880	245196	189409	770	8092.77

注：① 年底数。
Note:①Year-end data.

附录1-25　入学率和教育经费
Net Enrolment Rate and Public Expenditure for Education

单位：%　　(%)

年　份 Year	粗入学率(6-21岁) Gross Enrolment Rate (aged 6-21)			每千人口高等教育学生数② Higher Education Student per 1000 Population②	15岁以上人口识字率③ Percentage of Literate Aged 15 and Over③	教育经费占GNP比重 Public Expenditure for Education as % of GNP	政府教育经费占政府支出比重 Government Expenditures on Education as % of Total Government Expenditure
	初等教育(6-11岁) Primary Education (aged 6-11)	中等教育(12-17岁) Secondary Education (aged 12-17)	高等教育①(18-21岁) Higher Education① (aged 18-21)				
2004	100.8	98.3	78.1	58.8	97.2	5.6	19.7
2005	100.3	97.9	82.0	58.7	97.3	5.7	20.0
2006	99.5	99.1	83.6	59.1	97.5	5.6	21.2
2007	100.8	98.7	85.3	59.2	97.6	5.4	20.8
2008	100.7	99.2	83.2	59.4	97.8	5.7	20.5
2009	101.4	99.0	82.2	58.7	97.9	6.1	19.9
2010	99.7	100.3	83.8	58.6	98.0	5.6	20.1
2011	100.4	100.0	83.4	58.5	98.2	5.8	20.6
2012	101.4	99.0	84.4	58.2	98.3	5.9	20.2
2013	99.5	100.3	83.9	57.4	98.4		

注：① 不含五专前三年、研究所及进修教育。②不含五专前三年。③年底资料。

Note: ①Exclude the first three years of five-year junior college program, postgraduate study and continuing education.
② Exclude the first three years of five-year junior college program. ③ Year-end data.

附录1-26　科技人员数和科研开发经费
Number of Research Staff, Technicians and Supporting Personnel and Expenditures for R&D

年　份 Year	科技人员数(人) Number of Research Staff, Technicians and Supporting Personnel (person)				科研开发经费 Expenditures for Research and Experimental Development			每万人口研究人员数(人) Number of Research Staff per 10 000 People (person)	研究人员平均一年使用经费(新台币万元) Expenditures for R&D per Research Staff per year (10000 NT)
	总计 Total	研究人员 Research Staff	技术人员 Technicians	支援人员 Assistants	金额(新台币亿元) Total (NT $100 million)	占GDP比重 As % of GDP	政府投入经费所占比重 As % of Government Subsidies		
2004	187001	108891	60425	17684	2632.71	2.32	33.6	48.0	242
2005	195721	115954	62298	17469	2809.80	2.39	31.5	50.9	242
2006	212483	126168	67715	18600	3070.37	2.51	31.4	55.2	243
2007	228551	135918	72709	19924	3313.86	2.57	29.9	59.2	244
2008	240876	143862	77117	19897	3514.05	2.78	28.2	62.4	244
2009	256019	154818	80163	21038	3671.74	2.94	28.9	67.0	237
2010	272563	164874	86667	21022	3949.60	2.91	27.5	71.2	240
2011	287565	173654	91579	22332	4132.93	3.01	26.2	74.8	238
2012	295179	178632	94663	21884	4312.96	3.06	24.8	76.6	241

附录1-27 医院、病床和医务人员情况
Medical Facilities and Health Personnel

年份 Year	医疗机构 (所) Number of Medical Care Facilities (unit)	病床数 (床) Number of Beds (bed)	每万人病床数 (床) Number of Beds per 10 000 Population (bed)	从业医务人员数 (人) Number of Health Personnel (person)	每万人拥有医务人员(人) Number of Health Personnel per 10 000 Population (person)
2006	19682	148962	65.12	206959	90.47
2007	19900	150628	65.61	214748	93.54
2008	20174	152901	66.37	223623	97.07
2009	20306	156740	67.79	233553	101.02
2010	20691	158922	68.61	241156	104.12
2011	21135	160472	69.09	250258	107.75
2012	21437	160900	69.01	258283	110.78

附录1-28 家庭主要设备普及率
Percent of Families Owning Household Appliances

单位：% (%)

年份 Year	彩色电视机 Colour TV Sets	洗衣机 Washing Machines	电话机 Telephone Sets	移动电话 Mobile Phones	空调 Air Conditioners	有线电视频道设备 Cable TV Sets	家用电脑 Home Computers	家用汽车 Automobiles
2004	99.5	96.9	97.6	85.7	85.7	78.5	62.4	58.0
2005	99.5	96.7	97.6	86.2	85.7	79.0	63.2	58.4
2006	99.6	97.1	97.4	88.0	87.5	79.8	66.1	59.1
2007	99.4	97.5	96.7	88.9	87.6	79.9	67.1	58.7
2008	99.4	97.3	96.0	89.8	87.6	81.7	69.3	58.4
2009	99.6	97.4	95.9	90.6	88.4	82.0	70.5	59.2
2010	99.4	97.8	95.7	90.6	89.1	83.0	71.3	57.8
2011	99.2	97.6	96.1	91.7	88.8	82.9	71.9	59.1
2012	99.3	98.1	94.8	92.3	89.9	83.2	72.3	58.4

附录二

APPENDIX II

国际主要社会经济指标

Main Social and Economic Indicators of Other Countries/Regions

简 要 说 明

一、世界主要国家和地区的大部分数据经过联合国等国际组织的调整，口径基本可比。

二、一些国家和地区的最新数据是初步数或估计数。

三、中国数据均未包括香港特别行政区、澳门特别行政区和中国台湾省。

四、本篇数据主要取自有关国际组织的数据库、光盘、年报、月报，每张表均附有资料来源。中国数据除特别说明外，均来自国际组织数据库。

五、一些数据的合计数或相对数，因受进位的影响，不一定等于分项累计数。

六、“空格”表示无该项数据或该项统计数据不详。

Brief Introduction

I. Data for major foreign countries/regions have been adjusted by international organizations such as the United Nations, and the scope and coverage are therefore comparable.

II. The latest data for a certain countries/regions are preliminary or estimated statistics.

III. All data of China do not cover Hong Kong SAR, Macao SAR and Taiwan Province.

IV. Data in this chapter are mainly from databases, CD-ROMs, yearbooks and monthly publications of international organizations. Data for China are all taken from international organization databases unless otherwise specified.

V. Some aggregations or rates/ratios may not add up to the sum of the series because of rounding.

VI. The symbol "(blank)" indicates that data are not available.

附录2-1　2012年国土面积和人口
Surface Area and Population in 2012

资料来源：世界银行数据库。
Source: World Bank Database.

国家或地区	Country or Area	国土面积 (万平方公里) Surface Area (10 000 sq.km)	年中人口数 (万人) Mid-year Population (10 000 persons)	人口增长率 (%) Population Growth (annual %)	人口密度 (人/平方公里) Population Density (persons/sq.km)
世　界	**World**	**13429.0**	**704390**	**1.16**	**54**
中　国	China	960.0	135070	0.49	145
中国香港	Hong Kong, China	0.1	715	1.17	6866
中国澳门	Macao, China		56	1.91	19885
孟加拉国	Bangladesh	14.4	15470	1.19	1188
文　莱	Brunei Darussalam	0.6	41	1.40	78
柬埔寨	Cambodia	18.1	1486	1.76	84
印　度	India	328.7	123669	1.26	416
印度尼西亚	Indonesia	190.5	24686	1.25	136
伊　朗	Iran	174.5	7642	1.32	47
以色列	Israel	2.2	791	1.81	366
日　本	Japan	37.8	12756	-0.20	350
哈萨克斯坦	Kazakhstan	272.5	1680	1.43	6
韩　国	Korea, Rep.	10.0	5000	0.45	515
老　挝	Laos	23.7	665	1.89	29
马来西亚	Malaysia	33.1	2924	1.66	89
蒙　古	Mongolia	156.4	280	1.52	2
缅　甸	Myanmar	67.7	5280	0.85	81
巴基斯坦	Pakistan	79.6	17916	1.69	232
菲律宾	Philippines	30.0	9671	1.72	324
新加坡	Singapore	0.1	531	2.45	7589
斯里兰卡	Sri Lanka	6.6	2033		324
泰　国	Thailand	51.3	6679	0.31	131
越　南	Viet Nam	33.1	8878	1.06	286
埃　及	Egypt	100.2	8072	1.66	81
尼日利亚	Nigeria	92.4	16883	2.79	185
南　非	South Africa	121.9	5119	1.18	43
加拿大	Canada	998.5	3488	1.14	4
墨西哥	Mexico	196.4	12085	1.24	62
美　国	United States	983.2	31391	0.74	34
阿根廷	Argentina	278.0	4109	0.88	15
巴　西	Brazil	851.5	19866	0.87	23
委内瑞拉	Venezuela	91.2	2995	1.53	34
捷　克	Czech Rep.	7.9	1051	0.18	136
法　国	France	54.9	6570	0.50	120
德　国	Germany	35.7	8189	0.11	231
意大利	Italy	30.1	6092	0.32	202
荷　兰	Netherlands	4.2	1677	0.45	497
波　兰	Poland	31.3	3854	0.02	127
俄罗斯	Russia	1709.8	14353	0.40	9
西班牙	Spain	50.6	4622	0.09	94
土耳其	Turkey	78.4	7400	1.28	96
乌克兰	Ukraine	60.4	4559	-0.25	79
英　国	United Kingdom	24.4	6323	0.75	263
澳大利亚	Australia	774.1	2268	1.60	3
新西兰	New Zealand	26.8	443	0.63	17

附录2-2　按三次产业分就业人员构成
Employment by Type of Industry

资料来源：世界银行数据库。
Source: World Bank Database.

单位：%　(%)

国家或地区	Country or Area	第一产业 Primary Industry 2005	第一产业 Primary Industry 2012	第二产业 Secondary Industry 2005	第二产业 Secondary Industry 2012	第三产业 Tertiary Industry 2005	第三产业 Tertiary Industry 2012
中　国	China	44.8	33.6	23.8	30.3	31.4	36.1
中国香港	Hong Kong, China	0.3	0.7	15.1	11.6	84.7	87.7
中国澳门	Macao, China	0.1		25.0	16.0②	74.7	84.0②
孟加拉国	Bangladesh	48.1		14.5		37.4	
柬埔寨	Cambodia		51.0		18.6		30.4
印　度	India	55.8	47.2	19.0	24.7	25.2	28.1
印度尼西亚	Indonesia	44.0	35.1	18.7	21.7	37.2	43.2
伊　朗	Iran	24.7	21.2③	30.3	32.2③	44.8	46.5③
以色列	Israel	2.0	1.7②	21.4	20.4②	75.7	77.1②
日　本	Japan	4.4	3.7④	27.9	25.3④	66.4	69.7④
哈萨克斯坦	Kazakhstan	32.4	25.5	18.0	19.4	49.6	55.1
韩　国	Korea, Rep.	7.9	6.6④	26.8	17.0④	65.2	76.4④
马来西亚	Malaysia	14.6	12.6	29.7	28.4	55.6	59.0
蒙　古	Mongolia	39.9	32.6①	16.8	17.3①	43.3	49.6①
巴基斯坦	Pakistan	43.0	45.1①	20.3	20.7①	36.6	32.1①
菲律宾	Philippines	36.0	32.2	15.6	15.4	48.5	52.5
新加坡	Singapore	1.1	1.1②	21.7	21.8②	77.3	77.1②
斯里兰卡	Sri Lanka	30.7	39.4	25.6	17.7	38.4	41.5
泰　国	Thailand	42.6	39.6	20.2	20.9	37.1	39.4
越　南	Viet Nam		47.4		21.1		31.5
埃　及	Egypt	30.9	29.2①	21.5	23.5①	47.5	47.1①
南　非	South Africa	7.5	4.6①	25.6	24.3①	66.6	62.7①
加拿大	Canada	2.7	2.4③	22.0	21.5③	75.3	76.5③
墨西哥	Mexico	14.9	13.4①	25.5	24.1①	59.0	61.9①
美　国	United States	1.6	1.6④	20.6	16.7④	77.8	81.2④
阿根廷	Argentina	1.1	0.6	23.5	23.4	75.1	75.3
巴　西	Brazil	20.5	15.3①	21.4	21.9①	57.9	62.7①
委内瑞拉	Venezuela	9.7	7.7	20.8	21.2	68.7	70.7
捷　克	Czech Rep.	4.0	3.1	39.5	38.1	56.5	58.8
法　国	France	3.6	2.9	23.7	21.7	72.3	74.9
德　国	Germany	2.4	1.5	29.8	28.2	67.8	70.2
意大利	Italy	4.2	3.7	30.8	27.8	65.0	68.5
荷　兰	Netherlands	3.2	2.5①	19.6	15.3①	72.4	71.5①
波　兰	Poland	17.4	12.6	29.2	30.4	53.4	57.0
俄罗斯	Russia	10.2	9.7②	29.8	27.9②	60.0	62.3②
西班牙	Spain	5.3	4.4	29.7	20.7	65.0	74.9
土耳其	Turkey	29.5	23.6	24.8	26.0	45.8	50.4
乌克兰	Ukraine	19.4	17.2	24.2	20.7	56.4	62.1
英　国	United Kingdom	1.3	1.2	22.2	18.9	76.3	78.9
澳大利亚	Australia	3.6	3.3②	21.3	21.1②	75.1	75.5②
新西兰	New Zealand	7.1	6.6②	22.0	20.9②	70.7	72.5②

注：①2011年数据。②2009年数据。③2008年数据。④2010年数据。
Note:①Data refer to 2011.②Data refer to 2009.③Data refer to 2008.④Data refer to 2010.

附录2-3 失业率
Unemployment Rate

资料来源：国际货币基金组织IFS数据库。
Source: IMF IFS Database.

单位：% (%)

国家或地区	Country or Area	2000	2005	2010	2011	2012	2013
中　　国①	China①	3.1	4.2	4.1	4.1	4.1	4.1
中国香港	Hong Kong, China	5.0	5.6	4.3	3.4	3.3	3.4
中国澳门	Macao, China	6.8	4.1	2.8	2.6	2.0	1.9
文　　莱	Brunei Darussalam		4.1	2.7			
以 色 列	Israel	8.8	9.0	6.7	5.6	6.8	6.2
日　　本	Japan	4.7	4.4	5.1	4.6	4.4	4.0
哈萨克斯坦	Kazakhstan	12.8	8.1	5.8	5.4	5.3	5.2
韩　　国	Korea, Rep.	4.4	3.7	3.7	3.4	3.2	3.1
马来西亚	Malaysia	3.1	3.6	3.3	3.1	3.0	3.1
巴基斯坦	Pakistan	7.8	7.7				
菲 律 宾	Philippines	11.2	11.4	7.3	7.0	7.0	7.1
新 加 坡	Singapore	3.7	4.1	3.1	2.9	2.8	2.8
斯里兰卡	Sri Lanka	7.6	7.7	4.9	4.0		
泰　　国	Thailand	2.4	1.9	1.0	0.7	0.7	0.7
埃　　及	Egypt	9.0	11.0	9.0	12.0	12.7	13.3
南　　非	South Africa	25.0	23.9	24.9	24.8	24.9	24.7
加 拿 大	Canada	6.8	6.8	8.0	7.5	7.2	7.1
墨 西 哥	Mexico	1.6	3.6	5.4	5.2	5.0	4.9
美　　国	United States	4.0	5.1	9.6	9.0	8.1	7.4
阿 根 廷	Argentina	14.7	11.6	7.8	7.5	7.2	7.1
巴　　西	Brazil	9.2	9.8	6.7	6.0	5.5	5.4
委内瑞拉	Venezuela	14.0	12.2	8.5	8.5	7.8	7.5
捷　　克	Czech Rep.	9.0	8.9	9.0	8.5	8.6	7.7
法　　国	France	8.5	8.9	9.3	9.2	9.8	
德　　国	Germany	6.9	11.7	7.7	7.1	6.8	6.9
意 大 利	Italy	10.2	7.7	8.4	8.4	10.7	12.2
荷　　兰	Netherlands	2.6	6.5	5.5	5.4	6.4	8.3
波　　兰	Poland	14.0	18.2	12.1	12.4	12.8	13.5
俄 罗 斯	Russia	10.7	7.6	7.5	6.6	5.5	5.5
西 班 牙	Spain	14.1	9.2	20.1	21.6	25.0	26.4
土 耳 其	Turkey	6.6	10.6	11.9	9.8	9.2	9.7
乌 克 兰	Ukraine	11.7	7.2	8.1	7.9	7.5	7.1
英　　国	United Kingdom	5.5	4.9	7.9	8.1	7.9	7.6
澳大利亚	Australia	6.3	5.0	5.2	5.1	5.2	5.7
新 西 兰	New Zealand	5.9	3.9	6.7	6.5	6.9	6.2

注：①城镇登记失业率。
Note:①Registered unemployment rate in urban areas.

附录2-4 国内生产总值及其增长率
Gross Domestic Product and Its Growth Rate

资料来源：世界银行WDI数据库。
Source: Worldbank WDI Database.

国家或地区	Country or Area	2013 国内生产总值 (亿美元) GDP (100 million USD)	国内生产总值增长率 (%) GDP Growth Rate (%)				
			2005	2010	2011	2012	2013
世　界	**World**	**748999**	**3.62**	**4.07**	**2.83**	**2.39**	**2.19**
中　国	China	92403	11.31	10.45	9.30	7.65	7.67
中国香港	Hong Kong, China	2740	7.39	6.77	4.79	1.55	2.93
孟加拉国	Bangladesh	1299	5.96	6.07	6.71	6.23	6.03
文　莱	Brunei Darussalam	161	0.39	2.60	3.43	0.95	-1.75
柬埔寨	Cambodia	152	13.25	5.96	7.07	7.31	7.46
印　度	India	18768	9.28	10.26	6.64	4.74	5.02
印度尼西亚	Indonesia	8683	5.69	6.22	6.49	6.26	5.78
伊　朗	Iran	3689	4.62	5.89	3.00	3.00	-5.80
以色列	Israel	2914	4.94	5.66	4.57	3.35	3.31
日　本	Japan	49015	1.30	4.65	-0.45	1.45	1.54
哈萨克斯坦	Kazakhstan	2244	9.70	7.30	7.50	5.00	6.00
韩　国	Korea, Rep.	13046	3.92	6.50	3.68	2.29	2.97
老　挝	Laos	111	7.11	8.53	8.04	8.20	8.15
马来西亚	Malaysia	3124	5.33	7.43	5.13	5.64	4.69
蒙　古	Mongolia	115	7.25	6.37	17.51	12.40	11.74
巴基斯坦	Pakistan	2366	7.67	1.61	2.79	4.02	6.07
菲律宾	Philippines	2720	4.78	7.63	3.64	6.81	7.16
新加坡	Singapore	2979	7.49	15.24	6.06	2.50	3.85
斯里兰卡	Sri Lanka	672	6.24	8.02	8.25	6.34	7.25
泰　国	Thailand	3873	4.60	7.81	0.08	7.67	1.77
越　南	Viet Nam	1714	7.55	6.42	6.24	5.25	5.42
埃　及	Egypt	2720	4.47	5.15	1.76	2.21	2.10
尼日利亚	Nigeria	5226	3.44	7.84	4.65	6.75	7.31
南　非	South Africa	3506	5.28	3.14	3.60	2.47	1.89
加拿大	Canada	18251	3.16	3.37	2.53	1.71	2.01
墨西哥	Mexico	12609	3.03	5.11	4.04	3.98	1.07
美　国	United States	168000	3.35	2.51	1.85	2.78	1.88
阿根廷	Argentina	6118	9.20	9.14	8.55	0.95	2.95
巴　西	Brazil	22457	3.16	7.53	2.73	1.03	2.49
委内瑞拉	Venezuela	4383	10.32	-1.49	4.18	5.63	1.34
捷　克	Czech Rep.	1984	6.75	2.47	1.82	-1.02	-0.93
法　国	France	27349	1.83	1.72	2.03	0.01	0.21
德　国	Germany	36348	0.68	4.01	3.33	0.69	0.43
意大利	Italy	20713	0.93	1.72	0.45	-2.37	-1.85
荷　兰	Netherlands	8002	2.05	1.53	0.94	-1.25	-0.82
波　兰	Poland	5175	3.62	3.88	4.45	1.91	1.57
俄罗斯	Russia	20968	6.38	4.50	4.26	3.44	1.32
西班牙	Spain	13583	3.58	-0.20	0.05	-1.64	-1.22
土耳其	Turkey	8202	8.40	9.16	8.77	2.13	4.05
乌克兰	Ukraine	1774	2.70	4.20	5.20	0.20	1.88
英　国	United Kingdom	25223	3.23	1.66	1.12	0.28	1.66
澳大利亚	Australia	15606	3.22	1.96	2.24	3.61	2.66
新西兰	New Zealand	1826	3.51	1.82	2.40	2.31	2.51

附录2-5 人均国内生产总值
GDP per Capita

资料来源：世界银行WDI数据库。
Source: World Bank WDI Database.

单位：美元 (USD)

国家或地区	Country or Area	2000	2005	2010	2011	2012	2013
世 界	**World**	**5405**	**7160**	**9377**	**10259**	**10351**	**10513**
中 国	China	949	1731	4433	5447	6093	6807
中国香港	Hong Kong, China	25757	26650	32550	35143	36708	38124
中国澳门	Macao, China	14128	25190	53046	67062	77196	91376
孟加拉国	Bangladesh	356	421	664	732	750	829
文 莱	Brunei Darussalam	18087	25914	30880	41060	41127	38563
柬埔寨	Cambodia	299	471	783	878	945	1008
印 度	India	457	740	1417	1540	1503	1499
印度尼西亚	Indonesia	790	1273	2947	3470	3551	3475
以色列	Israel	19859	19330	30389	33251	32567	36151
日 本	Japan	37292	35781	43118	46204	46548	38492
哈萨克斯坦	Kazakhstan	1229	3771	9071	11358	12120	13172
韩 国	Korea, Rep.	11948	18657	22151	24156	24454	25977
老 挝	Laos	321	472	1123	1266	1412	1646
马来西亚	Malaysia	4005	5554	8754	10058	10432	10514
蒙 古	Mongolia	474	999	2286	3181	3691	4056
巴基斯坦	Pakistan	514	693	1023	1213	1255	1299
菲律宾	Philippines	1043	1201	2136	2358	2587	2765
新加坡	Singapore	23793	29870	46570	52871	54007	55182
斯里兰卡	Sri Lanka	855	1242	2400	2836	2922	3280
泰 国	Thailand	1969	2690	4803	5192	5480	5779
越 南	Viet Nam	433	699	1334	1543	1755	1911
埃 及	Egypt	1510	1249	2804	2973	3256	3314
尼日利亚	Nigeria	378	804	2294	2519	2722	3010
南 非	South Africa	3020	5186	7176	7831	7314	6618
加拿大	Canada	24032	36029	47465	51791	52409	51911
墨西哥	Mexico	6582	7824	8921	9803	9818	10307
美 国	United States	36467	44314	48358	49855	51755	53143
阿根廷	Argentina	9329	5768	11460	13694	14680	14760
巴 西	Brazil	3694	4739	10978	12576	11320	11208
委内瑞拉	Venezuela	4800	5445	13559	10728	12729	14415
捷 克	Czech Rep.	5734	12738	18950	20585	18690	18861
法 国	France	21775	33819	39448	42578	39759	41421
德 国	Germany	22946	33543	40408	44355	42598	45085
意大利	Italy	19388	30814	34673	36988	33814	34619
荷 兰	Netherlands	24180	39122	46773	49886	45961	47617
波 兰	Poland	4477	7963	12304	13385	12721	13432
俄罗斯	Russia	1772	5338	10710	13324	14091	14612
西班牙	Spain	14414	25904	29732	31118	28282	29118
土耳其	Turkey	4220	7130	10136	10605	10661	10946
乌克兰	Ukraine	636	1829	2974	3575	3873	3900
英 国	United Kingdom	25362	38432	36573	38927	38649	39351
澳大利亚	Australia	21678	34012	51825	62081	67436	67468
新西兰	New Zealand	13483	27526	32846	37226	38680	40842

附录2-6 国内生产总值产业构成
Composition of Gross Domestic Product by Industry

资料来源：世界银行WDI数据库。
Source: World Bank WDI Database.

单位：% (%)

国家或地区	Country or Area	农业增加值占国内生产总值比重 Agriculture as Percentage of GDP		工业增加值占国内生产总值比重 Industry as Percentage of GDP		服务业增加值占国内生产总值比重 Services as Percentage of GDP	
		2000	2012	2000	2012	2000	2012
中　　国	China	15.1	10.1	45.9	45.3	39.0	44.7
中国香港	Hong Kong, China	0.1	0.1	12.4	7.1	87.5	92.9
中国澳门	Macao, China			14.7	6.3	85.3	93.8
孟加拉国	Bangladesh	25.5	17.7	25.3	28.5	49.2	53.9
文　　莱	Brunei Darussalam	1.0	0.7	63.7	71.1	35.3	28.2
柬 埔 寨	Cambodia	37.8	35.6	23.0	24.3	39.1	40.2
印　　度	India	23.0	17.5	26.0	26.2	51.0	56.3
印度尼西亚	Indonesia	15.6	14.5	45.9	46.8	38.5	38.7
伊　　朗	Iran	13.7		36.7		49.5	
日　　本	Japan	1.6	1.2	31.0	25.6	67.4	73.2
哈萨克斯坦	Kazakhstan	8.7	4.7	40.5	39.5	50.9	55.8
韩　　国	Korea, Rep.	4.4	2.5	38.1	38.1	57.5	59.5
老　　挝	Laos	45.2	28.0	16.6	36.2	38.2	35.8
马来西亚	Malaysia	8.6	10.1	48.3	40.9	43.1	49.1
蒙　　古	Mongolia	30.9	16.3	25.0	31.9	44.1	51.8
缅　　甸	Myanmar	57.2		9.7		33.1	
巴基斯坦	Pakistan	25.9	24.4	23.3	22.0	50.8	53.6
菲 律 宾	Philippines	14.0	11.8	34.5	31.1	51.6	57.1
新 加 坡	Singapore	0.1	0.0	34.8	26.7	65.1	73.3
斯里兰卡	Sri Lanka	19.9	11.0	27.3	31.5	52.8	57.5
泰　　国	Thailand	9.0	12.3	42.0	43.6	49.0	44.2
越　　南	Viet Nam	22.7	19.7	34.2	38.6	43.1	41.7
埃　　及	Egypt	16.7	14.5	33.1	39.2	50.1	46.3
尼日利亚	Nigeria	26.0	22.4	52.2	26.7	21.8	50.9
南　　非	South Africa	3.3	2.5	31.8	28.4	64.9	69.1
加 拿 大	Canada	2.3		33.2		64.5	
墨 西 哥	Mexico	3.5	3.5	34.9	36.4	61.6	60.1
美　　国	United States	1.2		23.4		75.4	
阿 根 廷	Argentina	4.3	6.9	23.7	29.6	72.0	63.5
巴　　西	Brazil	5.6	5.3	27.7	26.0	66.7	68.7
委内瑞拉	Venezuela	4.2		49.7		46.1	
捷　　克	Czech Rep.	3.6	2.4	37.5	37.3	58.9	60.4
法　　国	France	2.5	2.0	22.8	18.8	74.7	79.2
德　　国	Germany	1.1	0.8	30.5	30.5	68.4	68.7
意 大 利	Italy	2.8	2.0	27.7	24.3	69.5	73.7
荷　　兰	Netherlands	2.5	1.7	24.8	24.3	72.7	74.0
波　　兰	Poland	5.0		31.7		63.3	
俄 罗 斯	Russia	6.4	3.9	38.0	36.7	55.6	59.4
西 班 牙	Spain	4.2	2.5	31.1	25.9	64.7	71.6
土 耳 其	Turkey	11.3	9.0	31.3	27.1	57.4	63.9
乌 克 兰	Ukraine	17.1	9.3	36.3	29.3	46.6	61.5
英　　国	United Kingdom	0.9	0.7	26.8	20.7	72.3	78.7
澳大利亚	Australia	3.4	2.4	26.8	28.1	69.9	69.4
新 西 兰	New Zealand	8.4		25.5		66.1	

附录2-7　居民最终消费率
Household Final Consumption Rate

资料来源：世界银行WDI数据库。
Source: World Bank WDI Database.
单位：%　(%)

国家或地区	Country or Area	1990	2000	2005	2010	2012	2013
中　国	China	47.0	46.7	38.1	34.7	34.8	34.1
中国香港	Hong Kong, China	57.5	58.6	57.5	61.4	64.6	66.1
中国澳门	Macao, China	39.2	40.2	31.1	22.5	20.1	18.7
孟加拉国	Bangladesh	86.2	77.7	76.4	76.8	76.8	75.8
文　莱	Brunei Darussalam	34.8	29.6	27.4	13.1	18.9	22.7
柬埔寨	Cambodia		89.2	86.1	81.7		
印　度	India	64.6	64.2	57.6	56.4	60.3	61.8
印度尼西亚	Indonesia	58.9	60.7	62.7	56.9	57.9	59.3
伊　朗	Iran	59.3	47.9	45.9			
以色列	Israel	55.6	53.9	55.8	56.9	56.2	
日　本	Japan	53.3	56.5	57.8	59.3	60.7	
哈萨克斯坦	Kazakhstan		62.3	49.0	49.1	48.0	51.2
韩　国	Korea, Rep.	55.3	47.7	50.2	50.3	52.2	52.0
老　挝	Laos		93.5	81.2	68.6	68.9	
马来西亚	Malaysia	51.8	43.8	44.2	47.5	48.9	51.0
蒙　古	Mongolia	68.7	69.6	55.2	53.1	48.7	49.2
巴基斯坦	Pakistan	73.8	75.4	77.0	79.7	82.6	81.1
菲律宾	Philippines	71.5	72.2	75.0	71.6	74.2	73.3
新加坡	Singapore	44.8	42.1	38.6	35.5	37.8	37.7
斯里兰卡	Sri Lanka	75.9	72.1	69.0	65.2	69.6	66.8
泰　国	Thailand	56.8	57.2	57.8	53.7	55.6	53.7
越　南	Viet Nam	84.3	69.9	64.1	66.5	63.3	63.2
埃　及	Egypt	72.6	75.9	71.6	74.7	80.7	81.2
尼日利亚	Nigeria	63.0	52.6	75.2	68.2	59.1	61.3
南　非	South Africa	57.1	63.0	63.1	58.8	61.5	61.2
加拿大	Canada	55.8	54.6	54.1	56.5	55.7	55.6
墨西哥	Mexico	69.6	66.8	68.5	67.5	66.3	67.2
美　国	United States	64.0	66.1	67.1	68.2	68.6	
阿根廷	Argentina	77.1	75.8	65.6	65.2	66.1	66.7
巴　西	Brazil	59.3	64.4	60.3	59.6	62.6	62.6
委内瑞拉	Venezuela	62.1	51.8	46.8	55.9	59.3	
捷　克	Czech Rep.	52.3	51.9	49.3	50.6	50.6	50.7
法　国	France	57.5	56.2	56.9	58.1	57.7	57.5
德　国	Germany	57.7	58.4	58.8	57.5	57.5	57.5
意大利	Italy	57.2	59.9	59.0	60.8	60.9	60.4
荷　兰	Netherlands	49.7	50.4	48.8	45.7	45.6	45.4
波　兰	Poland	48.3	64.1	63.4	61.3	61.4	60.8
俄罗斯	Russia	48.9	46.2	49.4	50.6	49.1	52.0
西班牙	Spain	60.6	59.7	57.8	57.9	59.3	59.3
土耳其	Turkey	68.7	70.5	71.7	71.7	70.2	70.9
乌克兰	Ukraine	57.1	54.4	57.9	62.9	68.9	73.4
英　国	United Kingdom	62.1	65.6	64.7	64.5	65.4	65.7
澳大利亚	Australia	55.8	58.0	57.8	55.4	53.8	54.9
新西兰	New Zealand	60.7	58.7	58.9	58.4	59.6	

附录2-8　农业生产指数
Agricultural Production Indices

资料来源：联合国粮农组织数据库。
Source: United Nations Food and Agriculture Organization Database.

(2004-2006年=100)　　(2004-2006=100)

国家或地区	Country or Area	农业 Agriculture			食品 Food		
		2010	2011	2012	2010	2011	2012
世　界	**World**	**112.8**	**116.7**	**116.9**	**113.2**	**117.0**	**117.2**
中　国	China	119.7	123.6	126.8	120.3	124.0	127.3
孟加拉国	Bangladesh	129.3	133.0	106.6	129.6	132.2	105.2
文　莱	Brunei Darussalam	113.5	132.9	135.5	113.7	133.2	135.8
柬 埔 寨	Cambodia	148.0	169.5	175.3	147.8	169.6	175.4
印　度	India	124.7	131.8	129.9	123.6	130.6	129.2
印度尼西亚	Indonesia	120.5	125.6	132.2	121.3	125.9	132.9
伊　朗	Iran	107.4	107.9	111.5	107.5	108.1	111.7
以 色 列	Israel	104.1	107.2	111.1	104.9	107.5	111.6
日　本	Japan	100.2	99.0	101.7	100.4	99.3	102.0
哈萨克斯坦	Kazakhstan	106.8	142.6	112.5	107.9	144.0	112.7
韩　国	Korea, Rep.	101.9	100.1	102.6	102.0	100.2	102.7
老　挝	Laos	129.8	138.0	155.0	127.7	136.2	151.5
马来西亚	Malaysia	110.4	119.0	120.3	114.9	124.3	125.4
蒙　古	Mongolia	114.6	125.7	133.3	115.4	126.7	134.6
缅　甸	Myanmar	135.3	133.1	139.9	134.9	131.9	139.2
巴基斯坦	Pakistan	110.5	118.6	119.3	113.3	120.3	121.6
菲 律 宾	Philippines	112.7	115.1	119.0	112.9	115.3	119.2
新 加 坡	Singapore	92.3	101.1	105.3	92.3	101.1	105.3
斯里兰卡	Sri Lanka	123.6	119.1	121.4	125.3	119.7	122.9
泰　国	Thailand	114.1	119.1	124.6	116.2	120.5	126.1
越　南	Viet Nam	120.2	126.3	129.4	119.1	124.6	127.6
埃　及	Egypt	109.3	113.6	118.6	110.1	114.2	119.8
尼日利亚	Nigeria	101.7	102.8	108.0	101.6	103.2	108.4
南　非	South Africa	117.6	116.2	120.3	118.2	116.7	120.9
加 拿 大	Canada	102.3	102.0	103.3	102.8	102.7	103.8
墨 西 哥	Mexico	107.7	107.8	113.6	108.0	107.5	113.6
美　国	United States	105.6	102.3	101.6	106.5	103.5	102.6
阿 根 廷	Argentina	115.7	116.3	106.5	115.7	116.0	106.4
巴　西	Brazil	122.1	128.2	126.6	123.2	128.6	127.0
委内瑞拉	Venezuela	105.3	112.7	116.1	105.4	113.0	116.4
捷　克	Czech Rep.	90.8	96.5	88.8	91.0	96.7	88.9
法　国	France	97.2	99.3	98.3	97.3	99.4	98.4
德　国	Germany	102.5	104.0	104.6	102.5	104.0	104.6
意 大 利	Italy	95.3	95.9	86.6	95.3	96.0	86.7
荷　兰	Netherlands	111.2	113.3	111.5	111.3	113.4	111.6
波　兰	Poland	101.1	102.7	107.0	101.1	102.7	107.1
俄 罗 斯	Russia	93.9	116.0	108.5	93.8	115.8	108.3
西 班 牙	Spain	103.2	106.5	89.9	103.6	106.8	90.0
土 耳 其	Turkey	109.9	115.6	121.9	111.3	116.7	123.7
乌 克 兰	Ukraine	106.1	128.2	121.4	106.1	128.2	121.4
英　国	United Kingdom	101.8	103.9	98.6	101.8	103.8	98.5
澳大利亚	Australia	100.3	108.0	117.2	102.2	107.4	116.5
新 西 兰	New Zealand	104.0	106.2	112.6	105.1	107.6	114.2

附录2-9 工业生产指数
Industry Production Indices

资料来源：联合国数据库。
Source: United Nations Database.

(2005年=100) (2005=100)

国家或地区	Country or Area	总指数 General Index			其中：制造业 of Which: Manufacturing		
		2011	2012	2013	2011	2012	2013
中国香港	Hong Kong, China				89.3	89.2	89.3
中国澳门	Macao, China	45.2	41.6		30.6	49.3	
孟加拉国	Bangladesh	148.4	189.9	206.3	148.9	198.5	216.1
文　莱	Brunei Darussalam	87.5	88.2	82.2	92.0	95.9	97.6
印　度	India	152.4	158.6	158.4	159.3	166.2	164.9
印度尼西亚	Indonesia				113.3		
以色列	Israel	126.1	133.9	134.6	125.1	133.9	132.5
日　本	Japan	94.2	92.0	91.2	93.8	91.7	91.0
韩　国	Korea, Rep.	139.2	149.5	150.0	140.1	150.6	151.0
马来西亚	Malaysia	107.1	113.1	115.8	112.2	123.1	126.2
蒙　古	Mongolia	113.7	107.9	109.4	120.3	108.3	110.1
巴基斯坦	Pakistan				111.1	116.9	
菲律宾	Philippines				93.6	101.9	116.2
新加坡	Singapore				141.2	152.7	155.2
斯里兰卡	Sri Lanka				126.5		
泰　国	Thailand				127.7	119.4	115.6
越　南	Viet Nam	156.1	173.9		167.2	183.3	
埃　及	Egypt				129.8	131.4	
南　非	South Africa				98.0	103.1	104.6
加拿大	Canada	88.2			83.0		
墨西哥	Mexico	101.1	107.4	107.9	103.9	113.0	114.6
美　国	United States	95.9	103.2	106.5	93.1	100.7	103.7
阿根廷	Argentina				134.4	141.5	141.2
巴　西	Brazil	115.0	112.5	113.8	114.6	111.9	113.5
委内瑞拉	Venezuela				102.5	106.3	
捷　克	Czech Rep.	110.4	115.9	116.4	113.0	120.7	122.4
法　国	France	89.1	88.7	87.9	86.6	86.7	85.4
德　国	Germany	104.2	110.6	110.5	105.1	112.8	112.8
意大利	Italy	89.0	83.9	81.3	88.9	83.6	81.2
荷　兰	Netherlands	106.7	105.7	106.3	105.7	108.4	107.3
波　兰	Poland	134.4	145.2	148.6	142.0	155.1	159.2
俄罗斯	Russia	109.4	118.8	119.3	112.9	128.2	128.2
西班牙	Spain	83.3	76.2	74.7	82.0	74.6	73.6
土耳其	Turkey	116.4	131.4	135.4	114.3	129.2	134.3
乌克兰	Ukraine	93.8	99.2		91.5	95.3	
英　国	United Kingdom	90.9	87.7	87.4	93.4	93.5	92.8
澳大利亚	Australia	112.3	117.6	123.4	100.5	100.3	99.2
新西兰	New Zealand	96.7	99.9	100.8	88.3	94.8	96.3

附录2-10 消费价格指数
Consumer Price Indices

资料来源：国际货币基金组织数据库。
Source: IFS Database.

(2010年=100) (2010=100)

国家或地区	Country or Area	2005	2008	2009	2011	2012	2013
中　　国①	China①				105.4	108.1	111.0
中国香港	Hong Kong,China	89.5	97.1	97.7	105.3	109.5	114.3
中国澳门	Macao,China	79.7	96.1	97.3	105.8	112.3	118.4
孟加拉国	Bangladesh	69.2	87.7	92.5	110.7	117.6	126.4
文　　莱	Brunei Darussalam	95.5	98.6	99.6	102.0	102.5	102.9
柬 埔 寨	Cambodia	67.8	96.8	96.2	105.5	108.6	111.8
印　　度	India	65.8	80.5	89.3	108.9	119.0	132.0
印度尼西亚	Indonesia	68.7	90.7	95.1	105.4	109.9	116.9
伊　　朗	Iran	48.6	80.0	90.8	120.6	153.6	214.0
以 色 列	Israel	87.8	94.2	97.4	103.5	105.2	106.8
日　　本	Japan	100.4	102.1	100.7	99.7	99.7	100.0
韩　　国	Korea, Rep.	86.1	94.5	97.1	104.0	106.3	107.7
老　　挝	Laos	78.5	94.3	94.4	107.6	112.2	119.3
马来西亚	Malaysia	87.7	97.7	98.3	103.2	104.9	107.1
蒙　　古	Mongolia	59.6	85.4	90.8	109.5	125.9	137.5
缅　　甸	Myanmar	44.5	91.5	92.8	105.0	106.6	112.4
巴基斯坦	Pakistan	55.3	77.3	87.8	111.9	122.8	132.2
菲 律 宾	Philippines	78.7	92.4	96.3	104.6	108.0	111.2
新 加 坡	Singapore	88.0	96.7	97.3	105.3	110.0	112.6
斯里兰卡	Sri Lanka	58.3	91.0	94.1	106.7	114.8	122.7
泰　　国	Thailand	86.6	97.7	96.8	103.8	106.9	109.3
埃　　及	Egypt	57.8	80.4	89.9	110.1	117.9	129.1
尼日利亚	Nigeria	61.9	78.8	87.9	110.8	124.4	134.9
南　　非	South Africa	71.6	89.5	95.9	105.3	111.0	117.3
加 拿 大	Canada	91.9	98.0	98.3	102.9	104.5	105.5
墨 西 哥	Mexico	80.5	91.2	96.0	103.4	107.7	111.8
美　　国	United States	89.6	98.7	98.4	103.2	105.3	106.8
巴　　西	Brazil	79.6	90.8	95.2	106.6	112.4	119.4
捷　　克	Czech Rep.	87.0	97.6	98.6	101.9	105.3	106.8
法　　国	France	92.7	98.4	98.5	102.1	104.1	105.0
德　　国	Germany	92.5	98.6	98.9	102.1	104.1	105.7
意 大 利	Italy	91.0	97.8	98.5	102.7	105.9	107.2
荷　　兰	Netherlands	92.6	97.6	98.7	102.3	104.9	107.5
波　　兰	Poland	86.8	93.8	97.4	104.2	108.1	109.4
俄 罗 斯	Russia	61.4	83.8	93.6	108.4	113.9	121.6
西 班 牙	Spain	89.0	98.5	98.2	103.2	105.7	107.2
土 耳 其	Turkey	65.9	86.7	92.1	106.5	115.9	124.6
乌 克 兰	Ukraine	51.2	78.9	91.4	108.0	108.6	108.3
英　　国	United Kingdom	87.3	94.8	96.8	104.5	107.4	110.2
澳大利亚	Australia	86.4	95.5	97.2	103.4	105.2	107.8
新 西 兰	New Zealand	87.0	95.7	97.7	104.4	105.4	106.3

注：①根据《中国统计年鉴》数据计算得出。
Note:①Calculating with data from China Statiatical Yearbook.

附录2-11 货物进出口额
Total Imports and Exports

资料来源：世界贸易组织数据库。
Source: World Trade Organization Database.
单位：亿美元 (100 million USD)

国家或地区	Country or Area	2012		2013	
		出口 Exports	进口 Imports	出口 Exports	进口 Imports
世界	**World**	**184040**	**186080**	**187840**	**188740**
中国	China	20487	18184	22096	19504
中国香港	Hong Kong, China	4929	5535	5355	6223
中国澳门	Macao, China	10	90	11	103
孟加拉国	Bangladesh	251	342	291	364
文莱	Brunei Darussalam	130	36	116	36
柬埔寨	Cambodia	78	110	91	130
印度	India	2968	4886	3124	4659
印度尼西亚	Indonesia	1885	1904	1835	1874
伊朗	Iran	1040	571	820	490
以色列	Israel	631	754	664	748
日本	Japan	7986	8858	7151	8332
哈萨克斯坦	Kazakhstan	864	464	825	489
韩国	Korea, Rep.	5479	5196	5596	5156
老挝	Laos	23	25	26	29
马来西亚	Malaysia	2275	1964	2283	2060
蒙古	Mongolia	44	67	43	64
缅甸	Myanmar	89	92	103	116
巴基斯坦	Pakistan	246	442	252	447
菲律宾	Philippines	521	654	540	650
新加坡	Singapore	4084	3797	4103	3730
斯里兰卡	Sri Lanka	94	192	99	180
泰国	Thailand	2292	2500	2285	2507
越南	Viet Nam	1145	1138	1321	1321
埃及	Egypt	294	692	280	593
尼日利亚	Nigeria	1150	510	1000	560
南非	South Africa	1000	1272	961	1264
加拿大	Canada	4553	4749	4581	4744
墨西哥	Mexico	3706	3805	3802	3910
美国	United States	15457	23355	15790	23314
阿根廷	Argentina	809	685	830	740
巴西	Brazil	2426	2334	2422	2504
委内瑞拉	Venezuela	973	605	867	535
捷克	Czech Rep.	1570	1414	1614	1433
法国	France	5687	6744	5796	6807
德国	Germany	14051	11632	14528	11873
意大利	Italy	5013	4886	5177	4773
荷兰	Netherlands	6539	5904	6635	5903
波兰	Poland	1854	1991	2021	2036
俄罗斯	Russia	5293	3354	5233	3443
西班牙	Spain	2953	3373	3155	3388
土耳其	Turkey	1525	2365	1518	2517
乌克兰	Ukraine	685	846	633	770
英国	United Kingdom	4728	6906	5413	6544
澳大利亚	Australia	2564	2609	2527	2421
新西兰	New Zealand	373	383	395	396

附录2-12 外商直接投资
Foreign Direct Investment

资料来源：联合国贸发会议FDI数据库。
Source: UNCTAD FDI Database .

单位：亿美元 (100 million USD)

国家或地区	Country or Area	外商直接投资 FDI Inflows			对外直接投资 FDI Outflows		
		2000	2010	2012	2000	2010	2012
世　界	**World**	**14132**	**14085**	**13509**	**12403**	**15049**	**13910**
中　国	China	407	1147	1211	9	688	842
中国香港	Hong Kong, China	705	827	746	700	984	840
中国澳门	Macao, China		28	15		-4	2
孟加拉国	Bangladesh	6	9	10			1
文　莱	Brunei Darussalam	5	6	9			
柬埔寨	Cambodia	1	8	16			
印　度	India	36	211	255	5	159	86
印度尼西亚	Indonesia		138	199		27	54
伊　朗	Iran	2	36	49		3	4
以色列	Israel	70	55	104	33	87	32
日　本	Japan	83	-13	17	316	563	1226
哈萨克斯坦	Kazakhstan	13	116	140		79	16
韩　国	Korea, Rep.	93	101	99	45	284	330
老　挝	Laos		3	3			
马来西亚	Malaysia	38	91	101	20	134	171
蒙　古	Mongolia	1	17	45		1	
缅　甸	Myanmar	2	13	22			
巴基斯坦	Pakistan	3	20	8			1
菲律宾	Philippines	22	13	28	1	6	18
新加坡	Singapore	155	536	567	67	253	231
斯里兰卡	Sri Lanka	2	5	8			1
泰　国	Thailand	34	91	86		45	119
越　南	Viet Nam	13	80	84		9	12
埃　及	Egypt	12	64	28	1	12	2
尼日利亚	Nigeria	13	61	70	2	9	15
南　非	South Africa	9	12	46	3	-1	44
加拿大	Canada	668	291	454	447	347	539
墨西哥	Mexico	183	214	127	4	150	256
美　国	United States	3140	1979	1676	1426	3044	3289
阿根廷	Argentina	104	78	126	9	10	11
巴　西	Brazil	328	485	653	23	116	-28
委内瑞拉	Venezuela	47	18	32	5	18	25
捷　克	Czech Rep.	50	61	106		12	13
法　国	France	433	336	251	1774	646	372
德　国	Germany	1983	574	66	566	1215	669
意大利	Italy	134	92	96	67	327	304
荷　兰	Netherlands	639	-74	-2	756	683	-35
波　兰	Poland	94	139	34		72	-9
俄罗斯	Russia	27	432	514	32	526	511
西班牙	Spain	396	399	277	582	378	-49
土耳其	Turkey	10	90	124	9	15	41
乌克兰	Ukraine	6	65	78		7	12
英　国	United Kingdom	1219	506	624	2354	395	714
澳大利亚	Australia	156	352	570	42	273	161
新西兰	New Zealand	13	4	29	6	5	-5

附录2-13 外汇储备
Foreign Exchange Reserves

资料来源：国际货币基金组织数据库。
Source: International Monetary Fund Database.

单位：亿美元 (100 million USD)

国家或地区	Country or Area	2000	2005	2010	2011	2012	2013
中　国	China	1656	8189	28473	31811	33116	38213
中国香港	Hong Kong, China	1075	1242	2686	2853	3172	3111
中国澳门	Macao, China	33	67	237	340	166	161
孟加拉国	Bangladesh	15	28	99	78	114	166
文　莱	Brunei Darussalam	4	4	12	21	29	30
柬埔寨	Cambodia	5	10	32	33	42	44
印　度	India	373	1310	2678	2629	2617	2677
印度尼西亚	Indonesia	283	329	900	1036	1059	934
以色列	Israel	232	278	693	731	740	796
日　本	Japan	3472	8288	10363	12212	11936	12029
哈萨克斯坦	Kazakhstan	16	61	247	247	216	186
韩　国	Korea, Rep.	959	2100	2869	2982	3169	3356
老　挝	Laos	1	2	6	7	7	
马来西亚	Malaysia	274	694	1023	1290	1349	1305
蒙　古	Mongolia	2	3	21	22	39	20
缅　甸	Myanmar	2	8	57	70	70	
巴基斯坦	Pakistan	15	98	131	135	93	43
菲律宾	Philippines	130	158	540	657	717	738
新加坡	Singapore	795	1155	2237	2354	2568	2705
斯里兰卡	Sri Lanka	10	26	66	62	63	65
泰　国	Thailand	319	505	1657	1652	1711	1590
越　南	Viet Nam	34	91	121	131	252	255
埃　及	Egypt	129	205	324	137	104	123
尼日利亚	Nigeria	99	283	323	326	438	
南　非	South Africa	58	183	354	398	412	419
加拿大	Canada	290	307	449	528	552	584
墨西哥	Mexico	351	730	1149	1375	1535	1686
美　国	United States	312	378	521	519	499	476
阿根廷	Argentina	244	227	466	401	368	250
巴　西	Brazil	324	532	2806	3434	3621	3490
委内瑞拉	Venezuela	126	235	92	60	60	21
捷　克	Czech Rep.	130	291	403	379	424	539
法　国	France	321	240	362	261	304	274
德　国	Germany	497	398	374	381	380	387
意大利	Italy	224	235	357	342	348	355
荷　兰	Netherlands	70	71	89	92	108	117
波　兰	Poland	263	405	863	897	1003	993
俄罗斯	Russia	243	1757	4329	4412	4731	4564
西班牙	Spain	295	86	133	258	282	282
土耳其	Turkey	223	504	790	767	983	1092
乌克兰	Ukraine	11	190	333	304	226	188
英　国	United Kingdom	342	359	493	562	649	696
澳大利亚	Australia	168	410	328	360	378	425
新西兰	New Zealand	36	87	151	152	158	144

附录2-14　国际旅游收支
Expenditures and Receipts of International Tourism

资料来源：世界银行WDI数据库。
Source: World Bank WDI Database.

单位：亿美元　(100 million USD)

国家或地区	Country or Area	国际旅游支出 International Tourism Expenditures			国际旅游收入 International Tourism Receipts		
		2010	2011	2012	2010	2011	2012
世　界	**World**	**10215**	**11375**	**11871**	**11142**	**12495**	**12972**
中　国	China	598	790	1099	502	533	549
中国香港	Hong Kong, China	175	192	202	272	332	380
中国澳门	Macao, China	12	15	17	282	390	445
孟加拉国	Bangladesh	8	8	8	1	1	1
柬埔寨	Cambodia	3	3	4	13	18	20
印　度	India	105	137	141	145	177	183
印度尼西亚	Indonesia	84	87	95	76	90	95
伊　朗	Iran	106	109		26	26	
以色列	Israel	47	49	49	58	60	62
日　本	Japan	393	398	410	154	125	162
哈萨克斯坦	Kazakhstan	15	18	21	12	15	16
韩　国	Korea, Rep.	208	222	224	144	175	197
老　挝	Laos	2	2	2	4	4	5
马来西亚	Malaysia	83	102	115	182	196	203
蒙　古	Mongolia	3	4	4	3	3	5
缅　甸	Myanmar	1	1		1	3	
巴基斯坦	Pakistan	14	19	18	10	11	10
菲律宾	Philippines	42	58	68	32	40	49
新加坡	Singapore	187	214	224	142	181	193
斯里兰卡	Sri Lanka	8	9	12	10	14	18
泰　国	Thailand	72	73	79	238	309	377
越　南	Viet Nam	15	17	19	45	57	68
埃　及	Egypt	27	26	30	136	93	108
尼日利亚	Nigeria	84	95	93	7	7	6
南　非	South Africa	81	84	71	103	107	112
加拿大	Canada	370	412	430	184	200	207
墨西哥	Mexico	90	97	107	126	125	133
美　国	United States	1103	1173	1266	1646	1845	2001
阿根廷	Argentina	64	75	82	56	61	57
巴　西	Brazil	193	251	262	62	68	69
委内瑞拉	Venezuela	22	29	32	8	8	9
捷　克	Czech Rep.	42	47	44	80	85	78
法　国	France	462	539	472	561	660	635
德　国	Germany	912	1002	964	491	534	516
意大利	Italy	331	357	328	401	454	430
荷　兰	Netherlands	198	209	203	187	210	205
波　兰	Poland	91	89	90	100	116	118
俄罗斯	Russia	302	373	481	132	170	179
西班牙	Spain	227	236	217	590	677	632
土耳其	Turkey	58	54	46	263	301	322
乌克兰	Ukraine	41	48	55	47	54	60
英　国	United Kingdom	614	646	662	407	459	460
澳大利亚	Australia	275	333	347	323	342	341
新西兰	New Zealand	30	35	37	49	55	55

附录2-15 货币汇率(年平均价)
Exchange Rate (Period Average)

资料来源：世界银行WDI数据库。
Source: World Bank WDI Database.

单位：1美元合本币数 (local currency unit per US dollar)

国家或地区	Country or Area	2000	2005	2010	2011	2012	2013
中国	China	8.28	8.19	6.77	6.46	6.31	6.20
中国香港	Hong Kong, China	7.79	7.78	7.77	7.78	7.76	7.76
中国澳门	Macao, China	8.03	8.01	8.00	8.02	7.99	7.99
孟加拉国	Bangladesh	52.14	64.33	69.65	74.15	81.86	78.10
文莱	Brunei Darussalam	1.72	1.66	1.36	1.26	1.25	1.25
柬埔寨	Cambodia	3840.75	4092.50	4184.92	4058.50	4033.00	4027.25
印度	India	44.94	44.10	45.73	46.67	53.44	58.60
印度尼西亚	Indonesia	8421.78	9704.74	9090.43	8770.43	9386.63	10461.24
伊朗	Iran	1764.78	8963.96	10254.18	10616.31	12175.55	18414.45
以色列	Israel	4.08	4.49	3.74	3.58	3.86	3.61
日本	Japan	107.77	110.22	87.78	79.81	79.79	97.60
哈萨克斯坦	Kazakhstan	142.13	132.88	147.36	146.62	149.11	152.13
韩国	Korea, Rep.	1130.96	1024.12	1156.06	1108.29	1126.47	1094.85
老挝	Laos	7887.64	10655.17	8258.77	8030.06	8007.76	
马来西亚	Malaysia	3.80	3.79	3.22	3.06	3.09	3.15
蒙古	Mongolia	1076.67	1205.25	1357.06	1265.52	1357.58	1523.93
缅甸	Myanmar	6.52	5.82	5.64	5.44	640.65	933.57
巴基斯坦	Pakistan	53.65	59.51	85.19	86.34	93.40	101.63
菲律宾	Philippines	44.19	55.09	45.11	43.31	42.23	42.45
新加坡	Singapore	1.72	1.66	1.36	1.26	1.25	1.25
斯里兰卡	Sri Lanka	77.01	100.50	113.06	110.57	127.60	129.07
泰国	Thailand	40.11	40.22	31.69	30.49	31.08	30.73
越南	Viet Nam	14167.75	15858.92	18612.92	20509.75	20828.00	20933.40
埃及	Egypt	3.47	5.78	5.62	5.93	6.06	6.87
尼日利亚	Nigeria	101.70	131.27	150.30	154.74	156.81	
南非	South Africa	6.94	6.36	7.32	7.26	8.21	9.66
加拿大	Canada	1.49	1.21	1.03	0.99	1.00	1.03
墨西哥	Mexico	9.46	10.90	12.64	12.42	13.17	12.77
美国	United States	1.00	1.00	1.00	1.00	1.00	1.00
阿根廷	Argentina	1.00	2.90	3.90	4.11	4.54	5.46
巴西	Brazil	1.83	2.43	1.76	1.67	1.95	2.16
委内瑞拉	Venezuela	0.68	2.09	2.58	4.29	4.29	6.05
捷克	Czech Rep.	38.60	23.96	19.10	17.70	19.58	19.57
法国	France	1.09	0.80	0.76	0.72	0.78	0.75
德国	Germany	1.09	0.80	0.76	0.72	0.78	0.75
意大利	Italy	1.09	0.80	0.76	0.72	0.78	0.75
荷兰	Netherlands	1.09	0.80	0.76	0.72	0.78	0.75
波兰	Poland	4.35	3.24	3.02	2.96	3.26	3.16
俄罗斯	Russia	28.13	28.28	30.37	29.38	30.84	31.84
西班牙	Spain	1.09	0.80	0.76	0.72	0.78	0.75
土耳其	Turkey	0.63	1.34	1.50	1.68	1.80	1.90
乌克兰	Ukraine	5.44	5.13	7.94	7.97	7.99	7.99
英国	United Kingdom	0.66	0.55	0.65	0.62	0.63	0.64
澳大利亚	Australia	1.73	1.31	1.09	0.97	0.97	1.04
新西兰	New Zealand	2.20	1.42	1.39	1.27	1.23	1.22

中国统计出版社最新资料书简目

（仅供参考，以最后出书为准）

统计资料

中国统计年鉴 -2014
中国统计摘要 -2014
国际统计年鉴 -2014
金砖国家联合统计手册 -2014
国外资源、能源和环境统计资料汇编 -2013
2014 中国发展报告
中国第三产业统计年鉴 -2014
中国区域经济统计年鉴 -2014
中国劳动统计年鉴 -2014
中国社会统计年鉴 -2014
中国城市统计年鉴 -2014
中国建筑业统计年鉴 -2014
中国人口和就业统计年鉴 -2014
中国工业经济统计年鉴 -2014
中国商品交易市场统计年鉴 -2014
中国房地产统计年鉴 -2014
中国证券期货统计年鉴 -2014
中国环境统计年鉴 -2014
中国能源统计年鉴 -2014
中国民政统计年鉴 -2014
中国贸易外经统计年鉴 -2014
2014 中国地区经济监测报告
中国科技统计年鉴 -2014
中国农村统计年鉴 -2014
中国农产品价格调查年鉴 -2014
中国高技术产业统计年鉴 -2014
中国教育经费统计年鉴 -2014
中国农村贫困监测报告 -2014
全国农产品成本收益资料汇编 -2014
工业企业科技活动资料 -2014
大中型批发零售和住宿餐饮企业统计年鉴 -2014
中国价格统计年鉴 -2014
中国住户调查年鉴 -2014
中国县域统计年鉴 -2014
中国农村全面建设小康监测报告 -2014
中国人才资源统计报告 -2012
中国零售和餐饮连锁企业统计年鉴 -2014
中国民族统计年鉴 -2014
中华人民共和国乡镇行政区划简册 -2014

2014 年省级综合统计年鉴系列

北京　天津　河北　山西　内蒙古　辽宁　吉林
黑龙江　上海　江苏　浙江　安徽　福建　江西
山东　河南　湖北　湖南　广东　广西　海南　重庆
四川　贵州　云南　西藏　陕西　甘肃　青海　宁夏
新疆　新疆生产建设兵团

2014 年市（县）级综合统计年鉴系列

天津滨海新区　石家庄　唐山　邯郸　太原　大同
长治　阳泉　晋城　朔州　晋中　运城　忻州　临汾
呼和浩特　通辽　包头　沈阳　大连　长春　吉林市
四平　哈尔滨　黑龙江垦区　上海浦东新区　南京
苏州　无锡　常州　徐州　南通　泰州　宿迁
连云港　盐城　镇江　淮安　江阴　丹阳　杭州
宁波　绍兴　台州　温州　金华　嘉兴　衢州
舟山　福州　福州经济技术开发区　宁德
厦门经济特区　南昌　上饶　济南　青岛　潍坊
枣庄　郑州　洛阳　三门峡　南阳　商丘　武汉
宜昌　十堰　荆州　咸宁　长沙　广州　东莞　惠州
深圳　桂林　南宁　柳州　来宾　河池　海口
三亚　成都　绵阳　贵阳　昆明　庆阳　西安　兰州
银川　乌鲁木齐

2010 年人口普查资料系列

中国 2010 年人口普查资料　北京　天津　河北
山西　内蒙古　辽宁　吉林　黑龙江　上海　江苏
浙江　安徽　福建　江西　山东　河南　湖北　湖南
广东　广西　海南　重庆　四川　贵州　云南　西藏
陕西　甘肃　青海　宁夏　新疆　新疆生产建设兵团
宁波　昆明
中国分县 2010 年人口普查资料
中国分乡镇、街道 2010 年人口普查资料
广东省各市 2010 年人口普查资料丛书
山西省各市 2010 年人口普查资料丛书
河南省各市 2010 年人口普查资料丛书

New Statistical Yearbooks Published by China Statistics Press

National Statistical Yearbook

China Statistical Yearbook-2014

China Statistical Abstract-2014

International Statistical Yearbook-2014

BRICS Joint Statistical Publication-2014

Statistical Compilation of Foreign Resources, Energy and Environment-2013

China Development Report-2014

China Statistical Yearbook of the Tertiary Industry-2014

China Statistical Yearbook for Regional Economy-2014

China Social Statistics Yearbook-2014

China City Statistical Yearbook-2014

China Labour Statistical Yearbook-2014

China Population and Employment Statistics Yearbook-2014

China Industry Economy Statistical Yearbook-2014

China Statistical Yearbook on Construction-2014

China Real Estate Statistics Yearbook-2014

China Securities and Futures Statistical Yearbook-2014

China Environment Statistical Yearbook-2014

China Energy Statistical Yearbook-2014

Statistical Yearbook of China Commodity Exchange Market-2014

China Trade and External Economics Statistical Yearbook-2014

China Regional Economic Monitoring Report-2014

China Civil Affairs' Statistical Yearbook-2014

China Rural Statistical Yearbook-2014

China Yearbook of Agricultural Price Survey-2014

China Educational Finance Statistical Yearbook-2014

Poverty Monitoring Report of Rural China-2014

China Science and Technology Statistical Yearbook-2014

China Statistics Yearbook on High Technology Industry-2014

Statistics on Science and Technology Activity of Industry Enterprises-2014

China Agricultural Production Cost and Yield Data-2014

China Price Yearbook-2014

China County Statistical Yearbook-2014

China Yearbook of Rural Household Survey-2014

Statistical Yearbook of China Chain Stores of Retail Trades and Catering Services-2014

Statistical Yearbook of Large and Medium-sized Enterprises of Wholesale & Retail Trades and Hotels & Catering Services-2014

China's Ethnic Statistical Yearbook-2014

The Brochure of Administrative Divisions of Township in P. R. China

China Human Resources Report-2012

Provincial Statistical Yearbook in 2014

Beijing Tianjin Hebei Shanxi Inner Mongolia Liaoning Jilin Heilongjiang Shanghai Jiangsu Zhejiang Anhui Fujian Jiangxi Shandong Henan Hubei Hunan Guangdong Guangxi Hainan Chongqing Sichuan Guizhou Yunnan Tibet Shaanxi Gansu Qinghai Ningxia Xinjiang Xinjiang PC Corps

City (or County) Statistical Yearbook in 2014

Tianjin Binhai New Area Shijiazhuang Tangshan Handan Taiyuan Datong Changzhi Yangquan Jincheng Shuozhou Jinzhong Yuncheng Xinzhou Linfen Hohhot Tongliao Baotou Shenyang Dalian Changchun Jilin Siping Harbin Heilongjiang Shanghai Pudong Nanjing Suzhou Wuxi Changzhou Xuzhou Nantong Taizhou Suqian LianyunGang Yancheng Zhenjiang Jiangyin Danyang Hangzhou Ningbo Shaoxing Taizhou Wenzhou Jinhua Jiaxing Quzhou Zhoushan Fuzhou Fuzhou Ningde Xiamen Nanchang Shangrao Jinan Qingdao Weifang Zaozhuang Zhengzhou Luoyang Sanmenxia Nanyang Shangqiu Wuhan Yichang Shiyan Jingzhou Xianning Changsha Guangzhou Dongguan Huizhou Shenzhen Guilin Nanning Liuzhou Laibin Hechi Haikou Sanya Chengdu Mianyang Guiyang Kunming Qingyang Xi'an Lanzhou Yinchuan Urumqi

Data on Population Census in 2010

Tabulation on the 2010 Population Census of China

Beijing Tianjin Hebei Shanxi Inner Mongolia Liaoning Jilin Heilongjiang Shanghai Jiangsu Zhejiang Anhui Fujian Jiangxi Shandong Henan Hubei Hunan Guangdong Guangxi Hainan Chongqing Sichuan Guizhou Yunnan Tibet Shaanxi Gansu Qinghai Ningxia Xinjiang Xinjiang PC Corps Ningbo Kunming

Tabulation on the 2010 Population Census by County

Tabulation on the 2010 Population Census by Township

Guangdong Cities Series

Shanxi Cities Series

Henan Cities Series

Address: No.57 Yuetan Nanjie, Sanlihe, Beijing 100826, P. R. China
China Statistics Press, National Bureau of Statistics of China
Editorial Department: Tel: 008610-63376877, 63376861
E-mail: yearbook@gj.stats.cn
Distribution Department: Tel: 008610-63376907, 68783171
Website http://csp.stats.gov.cn